Remerciements

Consultants de *MATHÉMATIQUES 11*

Les auteurs et les éditeurs de MATHÉMATIQUES 11, Édition de l'Ontario, *désirent remercier les consultants suivants pour leurs commentaires et leurs suggestions. Leur précieuse collaboration a fait de* MATHÉMATIQUES 11, Édition de l'Ontario *un manuel qui répond aux besoins des élèves et des enseignants de l'Ontario.*

Anthony Azzopardi
Toronto Catholic District School Board

Peter Clifford
Toronto District School Board

John Conrad
Waterloo Region District School Board

Chris Dearling
Burlington (Ontario)

Gerry Doerksen
Royal St. George's College

Catherine Dunne
Peel District School Board

Wayne Erdman
Toronto District School Board

Eric Forshaw
Greater Essex County District School Board

Mary-Beth Fortune
Peel District School Board

Jeff Irvine
Peel District School Board

Ann Kajander (Ph.D.)
Lakehead Public Schools

David Kay
Peel District School Board

John Kennedy
District School Board of Niagara

Dianna Knight
Peel District School Board

Sabina Knight
District School Board of Niagara

Mike McGowan
Toronto District School Board

Nick Nolfi
Peel District School Board

Terry Paradellis
Toronto District School Board

Gizele Price
Dufferin Peel Catholic District School Board

Peter Saarimaki
Scarborough (Ontario)

Al Smith
Kawartha Pine Ridge District School Board

Bob Smith
Rainbow District School Board

Susan Smith
Peel District School Board

Gregory Szczachor
Toronto District School Board

Richard Tong
Toronto District School Board

TABLE DES MATIÈRES

C H A P I T R E ❶
Des outils algébriques pour l'étude des fonctions

C H A P I T R E **4**

La trigonométrie

CHAPITRE 5

Les fonctions trigonométriques

CHAPITRE 6

Les suites et les séries

C H A P I T R E ⑦

L'intérêt composé et les annuités

CHAPITRE ⑧

Les lieux géométriques et les coniques

Un survol de ton manuel

Avant d'aller plus loin, voici un suvol de ton manuel qui t'aidera à en comprendre la structure.

L'INTRODUCTION DU CHAPITRE

CONTENUS D'APPRENTISSAGE

- Les contenus d'apprentissage énumérés à la première page de chaque chapitre décrivent les connaissances et les habiletés que l'on s'attend à te voir acquérir et démontrer. On trouve dans ce tableau les numéros de sections dans lesquelles sont étudiés les contenus d'apprentissage se rapportant aux fonctions ainsi qu'aux fonctions et aux relations.

MODÉLISATION MATHÉMATIQUE

- Chaque chapitre débute par la présentation d'un problème concret pouvant être résolu à l'aide d'un modèle mathématique. Ce modèle peut consister entre autres en un graphique, un schéma, une formule, une équation, une table de valeurs ou un modèle informatique.

- Les leçons du chapitre te préparent à résoudre le problème énoncé dans les premières pages, ainsi que des problèmes connexes figurant dans certaines sections. Les problèmes connexes sont signalés par le logo « Modélisation mathématique ».

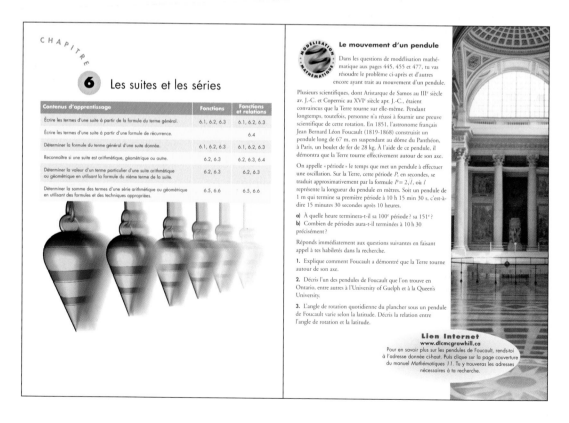

RÉVISION DES HABILETÉS

POINT DE DÉPART

- Chaque chapitre comprend une section de deux pages intitulée *Point de départ* qui précède les sections numérotées et qui passe en revue les habiletés mathématiques requises.

- La première page de cette section traite de ces habiletés dans un contexte intéressant.

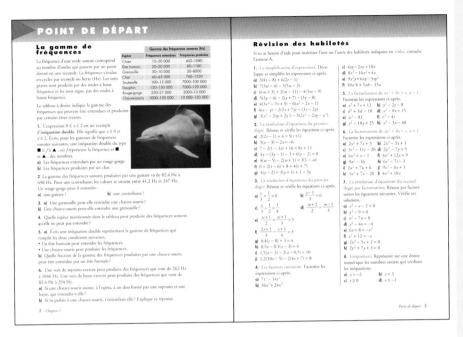

- La seconde page porte le titre *Révision des habiletés*. Chaque habileté indiquée en violet sur cette page figure dans la liste des habiletés de **l'annexe A**, elle aussi **intitulée** *Révision des habiletés*, qui se trouve à la fin du manuel.

ANNEXE A

- Reporte-toi à la liste que constitue l'annexe A si tu as besoin d'aide pour maîtriser l'une ou l'autre des habiletés indiquées en violet dont il est question à la rubrique *Révision des habiletés*, en début de chapitre.

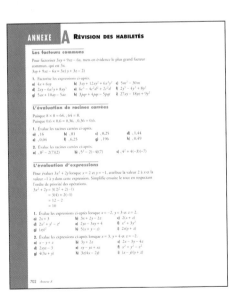

LA PRÉSENTATION DES CONCEPTS

EXPLORATION ET RECHERCHE

- La plupart des sections centrales des chapitres présentent les sujets à l'étude dans un contexte intéressant. On te guide ensuite dans la réalisation d'une activité d'exploration.

- Ces activités font appel au processus de recherche afin que tu puisses découvrir toi-même les concepts nouveaux. Ce processus occupe une place importante dans l'apprentissage des mathématiques.

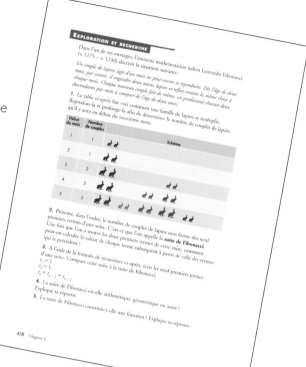

EXEMPLES

- Des exemples avec solutions te feront voir comment utiliser les connaissances que tu viens d'acquérir et comment les étendre. Ils te fourniront aussi des solutions modèles à divers problèmes.

- Les exemples comprennent, le cas échéant, des solutions exigeant l'utilisation d'une calculatrice à affichage graphique.

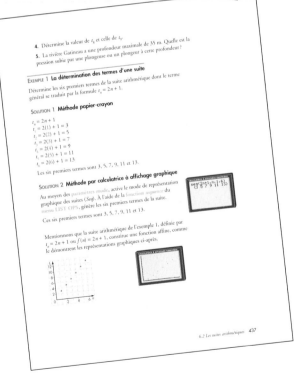

CONCEPTS CLÉS

- À la suite des exemples avec solutions, on te présente un résumé des concepts examinés à l'intérieur de la section.

- Tu peux utiliser ce résumé au moment de faire tes devoirs ou d'étudier.

EXERCICES

- En répondant aux questions de la rubrique *Exercices*, tu auras l'occasion de maîtriser les habiletés mathématiques essentielles en mettant en pratique ce que tu as appris.

APPLICATION, RÉSOLUTION DE PROBLÈMES, COMMUNICATION

- Les mathématiques se révèlent un outil puissant lorsqu'on les applique. Les questions de la rubrique *Application, résolution de problèmes, communication* te permettront d'utiliser ce que tu as appris pour résoudre des problèmes, ainsi que d'appliquer et d'étendre tes connaissances.

- Le titre en rouge de certaines questions renvoie au tableau *Les compétence à l'honneur*. Ces questions te donnent l'occasion d'améliorer une habileté précise mentionnée dans le tableau.

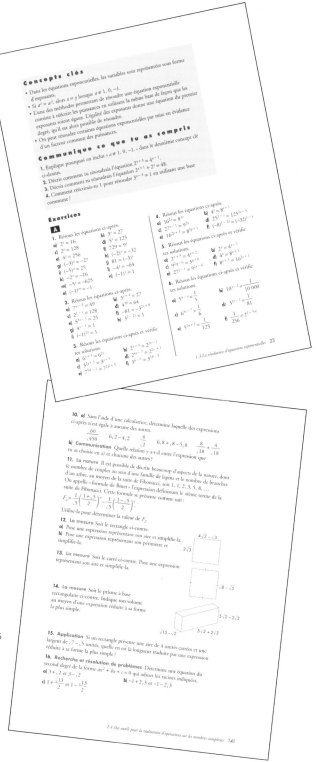

LA TECHNOLOGIE

- Les calculatrices à affichage graphique, les logiciels de géométrie, les appareils de mesure scientifiques et les tableurs sont des outils technologiques qui favoriseront ton apprentissage en te permettant d'explorer les concepts mathématiques avec plus de facilité et de rapidité.

- Nous avons incorporé l'utilisation de ces outils aux activités d'exploration et de recherche, aux exemples avec solutions, aux exercices ainsi qu'aux questions de la rubrique *Application, résolution de problèmes, communication.*

- Deux annexes à la fin du manuel fournissent des instructions précises quant à la manière d'utiliser les différents outils technologiques.

- La rubrique *Lien Internet* te permet d'obtenir des renseignements utiles.

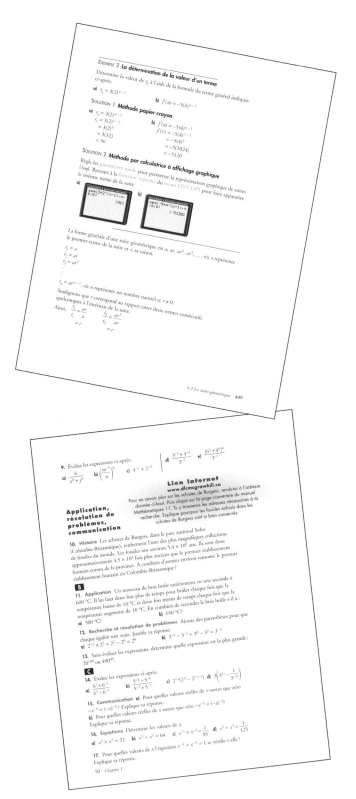

L'annexe B, intitulée *Mode d'emploi de la calculatrice à affichage graphique*,

comprend des instructions détaillées à l'intérieur d'une liste des fonctions utilisées au cours de l'étude du manuel *MATHÉMATIQUES 11*, Édition de l'Ontario.

L'annexe C, intitulée *Les logiciels*,

passe en revue les habiletés essentielles nécessaires à l'utilisation des logiciels Excel de Microsoft, Quattro Pro de Corel, *Zap-a-Graph* et du *Cybergéomètre*.

- Les rubriques *Approfondissement technologique* renferment des instructions additionnelles et offrent l'occasion de faire appel à des outils technologiques dans le cadre d'applications liées au contenu du chapitre.

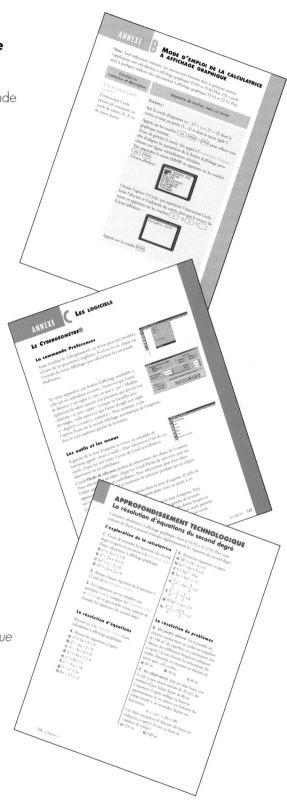

EXPLORATION ET APPLICATION

- Une activité faisant appel au processus de recherche précède la section *Révision des concepts clés* à la fin de chaque chapitre.

- Les problèmes proposés permettent d'explorer et d'étendre les concepts dans un contexte enrichissant.

- Ces problèmes figurent également sous forme de feuilles à reproduire dans le *Guide d'enseignement*.

LE MONDE DU TRAVAIL

- Les activités proposées à l'intérieur de la rubrique *Le monde du travail* t'offrent l'occasion de te renseigner sur des carrières associées aux mathématiques, où l'on fait usage de la matière présentée dans le chapitre.

LA RÉVISION ET L'ÉVALUATION

Plusieurs rubriques du manuel se prêtent à la révision et à l'évaluation :

COMMUNIQUE CE QUE TU AS COMPRIS

- Chaque rubrique *Concepts clés* est suivie de questions ayant pour but de t'aider à communiquer ce que tu as compris de la matière étudiée.

VÉRIFIONS NOS PROGRÈS

- Chaque rubrique *Vérifions nos progrès* renferme des questions visant à évaluer tes connaissances et ta compréhension, tes habiletés en matière de résolution de problèmes et de communication, ainsi que ta capacité d'appliquer ce que tu as appris.

- Cette rubrique figure un peu partout à l'intérieur des chapitres, l'une d'entre elles faisant toujours suite à la rubrique *Vérifions nos connaissances*.

- Ces problèmes figurent également sous forme de feuilles à reproduire dans le *Guide de l'enseignant*.

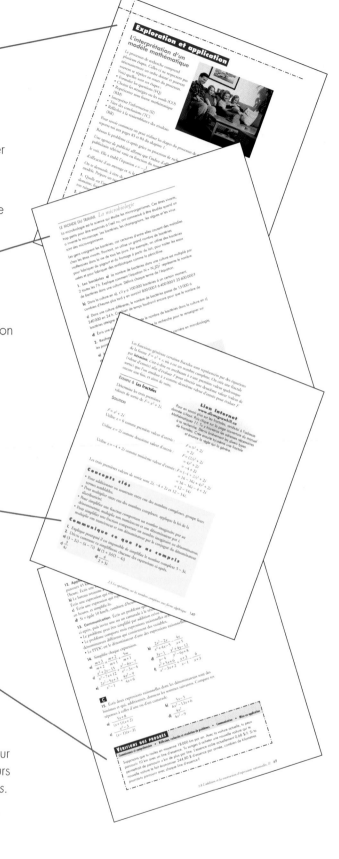

RÉVISION DES CONCEPTS CLÉS

- Tu trouveras à la fin de chaque chapitre des questions devant te permettre de revoir les concepts étudiés à l'intérieur de celui-ci.

- Cette révision se fait section par section, et l'on te renvoie à chacune des rubriques *Concepts clés* à l'intérieur du chapitre.

VÉRIFIONS NOS CONNAISSANCES

- Tous les chapitres comprennent un questionnaire axé sur l'évaluation des habiletés traitées dans le chapitre.

- Chacun de ces questionnaires s'accompagne d'une rubrique *Vérifions nos progrès*, qui comporte une question ouverte visant à évaluer tes connaissances et ta compréhension, tes habiletés en matière de résolution de problèmes et de communication, ainsi que ta capacité d'appliquer ce que tu as appris.

PROBLÈMES STIMULANTS

Dans la rubrique intitulée *Problèmes stimulants*, qui figure à la fin de chaque chapitre, on t'encourage à mettre en application les différentes étapes du processus de recherche ou de résolution de problèmes afin d'élargir ta compréhension.

RÉVISION CUMULATIVE

- Tu trouveras à la fin des chapitres 2, 4, 6 et 8 une rubrique *Révision cumulative* qui passe en revue les concepts abordés à l'intérieur des deux chapitres précédents.

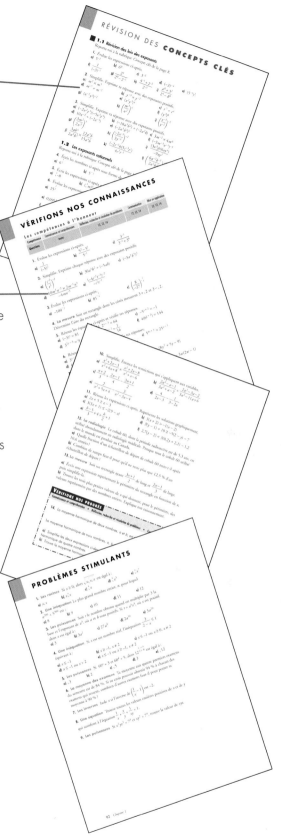

LA RÉSOLUTION DE PROBLÈMES

- Dans les rubriques intitulées *Application, résolution de problèmes, communication*, plusieurs problèmes te sont proposés pour te permettre de développer tes habiletés dans la résolution de problèmes.

- À la fin de chaque chapitre, tu trouveras une rubrique intitulée *Stratégie pour la résolution de problèmes* qui te propose une stratégie de résolution de problèmes précise ainsi que des questions pour t'exercer à l'utiliser.

- À la fin de chaque chapitre, tu trouveras une rubrique intitulée *Résolution de problèmes : L'application des stratégies* qui présente un éventail de problèmes pouvant être résolus à l'aide de différentes stratégies.

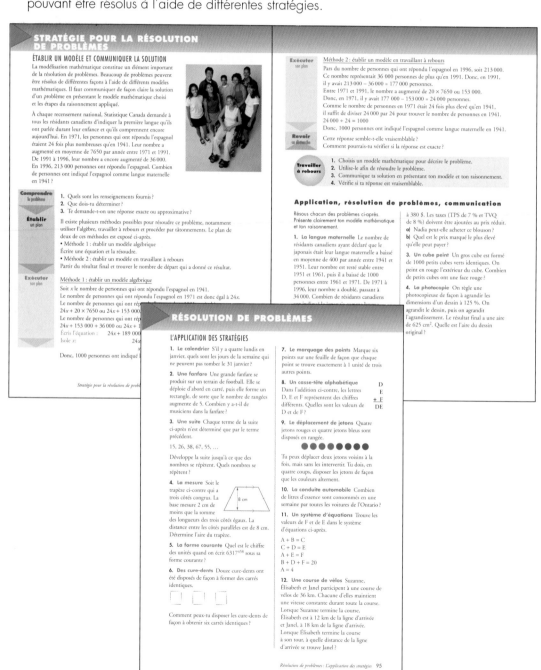

LES ÉLÉMENTS QUI TERMINENT LE MANUEL

ANNEXE A : RÉVISION DES HABILETÉS

- La section intitulée *Révision des habiletés* s'étend des pages 702 à 716.

ANNEXE B : MODE D'EMPLOI DE LA CALCULATRICE À AFFICHAGE GRAPHIQUE

- La section intitulée *Mode d'emploi de la calculatrice à affichage graphique* s'étend des pages 717 à 742.

ANNEXE C : LES LOGICIELS

- La section intitulée *Les logiciels*, qui comprend les logiciels Excel de Microsoft, Quattro Pro de Corel, *Zap-a-Graph* ainsi que le *Cybergéomètre*, s'étend des pages 743 à 773.

RÉPONSES

- Les réponses s'étendent des pages 774 à 811.

GLOSSAIRE

- Les termes mathématiques utilisés dans le manuel sont énumérés et définis dans le glossaire aux pages 812 à 821.

INDEX

- Le manuel comprend deux index, soit un index technologique et un index général, que tu trouveras aux pages 822 à 826.

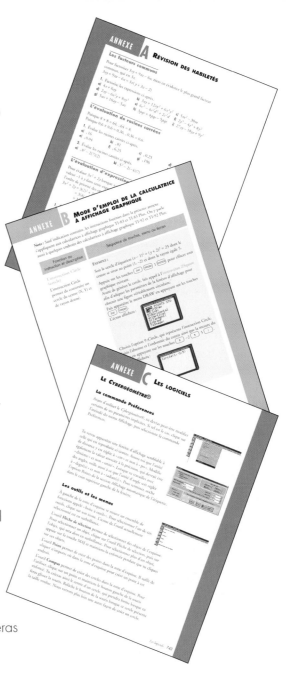

1 Des outils algébriques pour l'étude des fonctions

Contenus d'apprentissage	Fonctions	Fonctions et relations
Simplifier et évaluer des expressions ayant des entiers relatifs et des exposants rationnels à l'aide des lois d'exposants.	1.1, 1.2	1.1, 1.2
Résoudre des équations exponentielles.	1.3	1.3
Additionner, soustraire et multiplier des polynômes.	1.4	1.4
Additionner, soustraire, multiplier et diviser des expressions rationnelles et indiquer les restrictions imposées aux variables.	1.5, 1.6, 1.7, 1.8	1.5, 1.6, 1.7, 1.8
Résoudre des inéquations du premier degré et représenter les solutions sur une droite numérique.	1.9	1.9
Expliquer clairement aux autres élèves la démarche, les différentes stratégies ainsi que les concepts mathématiques utilisés.	tout le manuel	tout le manuel
Présenter des problèmes et leur solution à un groupe et répondre à des questions portant sur la solution des problèmes.	tout le manuel	tout le manuel
Communiquer d'une façon claire et précise la solution d'un problème ou les résultats d'une enquête, oralement ou par écrit, en intégrant efficacement texte et représentations mathématiques.	tout le manuel	tout le manuel
Utiliser de façon appropriée la terminologie mathématique, les symboles mathématiques, les représentations ainsi que les conventions.	tout le manuel	tout le manuel
Utiliser de façon efficace la technologie à capacité graphique.	tout le manuel	tout le manuel

La modélisation algébrique de problèmes

Les médicaments ne sont pas utilisés ou éliminés immédiatement par l'organisme. La demi-vie, ou période biologique, d'un médicament représente le temps nécessaire pour que la quantité de la substance contenue dans l'organisme d'un patient soit réduite à la moitié de sa valeur initiale par suite de processus biologiques. La période biologique varie d'un médicament à l'autre.

La glande thyroïde, située dans la partie antérieure du cou, produit les hormones dont nous avons besoin pour vivre. Les deux plus importantes hormones thyroïdiennes s'appellent, en abrégé, T4 et T3. Les troubles de la glande thyroïde sont très courants ; ils touchent environ 5 % de la population canadienne. L'une de ces maladies – l'hypothyroïdie – se caractérise par une production insuffisante d'hormones. Le traitement consiste à administrer un médicament qui contient l'hormone de synthèse T4. L'organisme est capable de transformer une partie de l'hormone T4 en hormone T3.

Dans les questions de modélisation mathématique, aux pages 25, 60 et 80, tu vas résoudre le problème ci-après et d'autres problèmes qui peuvent être modélisés algébriquement.

La période biologique de l'hormone thyroïdienne T4 est d'environ 6,5 jours. Si une dose de T4 n'est pas suivie d'autres doses :

a) quelle fraction de la dose initiale restera-t-il dans l'organisme après 19,5 jours ?

b) combien de temps s'écoulera-t-il avant qu'il ne reste plus que 6,25 % de la dose initiale ?

Réponds immédiatement aux questions suivantes en faisant appel à tes habiletés dans la recherche.

1. Trouve la période biologique d'un autre médicament. Compare tes résultats avec ceux de tes camarades de classe.

2. Explique comment et pourquoi on tient compte de la période biologique d'un médicament lorsqu'on prescrit des doses répétées.

La gamme de fréquences

La fréquence d'une onde sonore correspond au nombre d'ondes qui passent par un point donné en une seconde. La fréquence s'évalue en cycles par seconde ou hertz (Hz). Les sons graves sont produits par des ondes à basse fréquence et les sons aigus, par des ondes à haute fréquence.

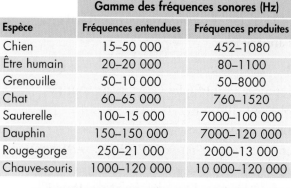

Espèce	Gamme des fréquences sonores (Hz)	
	Fréquences entendues	Fréquences produites
Chien	15–50 000	452–1080
Être humain	20–20 000	80–1100
Grenouille	50–10 000	50–8000
Chat	60–65 000	760–1520
Sauterelle	100–15 000	7000–100 000
Dauphin	150–150 000	7000–120 000
Rouge-gorge	250–21 000	2000–13 000
Chauve-souris	1000–120 000	10 000–120 000

Le tableau à droite indique la gamme des fréquences qui peuvent être entendues et produites par certains êtres vivants.

1. L'expression $0 \leq x \leq 2$ est un exemple d'**inéquation double**. Elle signifie que $x \geq 0$ et $x \leq 2$. Écris, pour les gammes de fréquences sonores suivantes, une inéquation double du type $\blacksquare \leq f \leq \blacktriangle$, où f représente la fréquence et $\blacksquare$ et $\blacktriangle$, des nombres.

a) Les fréquences entendues par un rouge-gorge.

b) Les fréquences produites par un chat.

2. La gamme des fréquences sonores produites par une guitare va de 82,4 Hz à 698 Hz. Pour une contrebasse, les valeurs se situent entre 41,2 Hz et 247 Hz. Un rouge-gorge peut-il entendre :

a) une guitare ?   **b)** une contrebasse ?

3. a) Une grenouille peut-elle entendre une chauve-souris ?

b) Une chauve-souris peut-elle entendre une grenouille ?

4. Quelle espèce mentionnée dans le tableau peut produire des fréquences sonores qu'elle ne peut pas entendre ?

5. a) Écris une inéquation double représentant la gamme de fréquences qui remplit les deux conditions suivantes.

• Un être humain peut entendre les fréquences.

• Une chauve-souris peut produire les fréquences.

b) Quelle fraction de la gamme des fréquences produites par une chauve-souris peut être entendue par un être humain ?

6. Une voix de soprano exercée peut produire des fréquences qui vont de 262 Hz à 1046 Hz. Une voix de basse exercée peut produire des fréquences qui vont de 82,4 Hz à 294 Hz.

a) Si une chauve-souris assiste, à l'opéra, à un duo formé par une soprano et une basse, qui entendra-t-elle ?

b) Si tu parlais à une chauve-souris, t'entendrait-elle ? Explique ta réponse.

Révision des habiletés

Si tu as besoin d'aide pour maîtriser l'une ou l'autre des habiletés indiquées en violet, consulte l'annexe A.

1. La simplification d'expressions Développe et simplifie les expressions ci-après.

a) $3(4t - 8) + 6(2t - 1)$

b) $7(3w - 4) - 5(5w - 3)$

c) $6(m + 3) + 2(m - 11) - 4(3m - 9)$

d) $5(3y - 4) - 2(y + 7) - (3y - 8)$

e) $4(3x^2 - 2x + 5) - 6(x^2 - 2x - 1)$

f) $6(x - y) - 2(2x + 7y) - (3x - 2y)$

g) $3(x^2 - 2xy + 2y^2) - 5(2x^2 - 2xy - y^2)$

2. La résolution d'équations du premier degré Résous et vérifie les équations ci-après.

a) $2(2r - 1) + 4 = 5(r + 1)$

b) $5(x - 3) - 2x = -6$

c) $7 - 2(1 - 3x) + 16 = 8x + 11$

d) $4y - (3y - 1) - 3 + 6(y - 2) = 0$

e) $4(w - 5) - 2(w + 1) = 3(1 - w)$

f) $0 = 2(t - 6) + 8 + 4(t + 7)$

g) $4(y - 2) = 3(y + 1) + 1 - 3y$

3. La résolution d'équations du premier degré Résous et vérifie les équations ci-après.

a) $\dfrac{x}{3} + \dfrac{1}{2} = 0$

b) $\dfrac{y - 1}{3} = 6$

c) $\dfrac{x}{3} - \dfrac{1}{2} = \dfrac{1}{4}$

d) $\dfrac{m + 2}{2} = \dfrac{m - 1}{3}$

e) $\dfrac{w + 1}{2} + \dfrac{w + 1}{3} = 5$

f) $\dfrac{2x + 1}{3} - \dfrac{x + 1}{4} = 3$

g) $0{,}4(c - 8) + 3 = 4$

h) $0{,}5x - 0{,}1(x - 3) = 4$

i) $1{,}5(a - 3) - 2(a - 0{,}5) = 10$

j) $1{,}2(10x - 5) - 2(4x + 7) = 8$

4. Les facteurs communs Factorise les expressions ci-après.

a) $7t^2 - 14t^3$

b) $36x^7 + 24x^5$

c) $4xy - 2xz + 10x$

d) $8x^3 - 16x^2 + 4x$

e) $9x^2y + 6xy - 3xy^2$

f) $10a^2b + 5ab - 15a$

5. La factorisation de $ax^2 + bx + c$, $a = 1$ Factorise les expressions ci-après.

a) $x^2 + 7x + 12$ b) $y^2 - 2y - 8$

c) $d^2 + 3d - 10$ d) $x^2 - 8x + 15$

e) $w^2 - 81$ f) $t^2 - 4t$

g) $y^2 - 10y + 25$ h) $x^2 - 3x - 40$

6. La factorisation de $ax^2 + bx + c$, $a \neq 1$ Factorise les expressions ci-après.

a) $2x^2 + 7x + 3$ b) $2x^2 - 3x + 1$

c) $3t^2 - 11t - 20$ d) $2y^2 - 7y + 5$

e) $6x^2 + x - 1$ f) $4x^2 + 12x + 9$

g) $9a^2 - 16$ h) $6s^2 - 7s - 3$

i) $2u^2 + 7u + 6$ j) $9x^2 - 6x + 1$

k) $3x^2 + 7x - 20$ l) $4v^2 + 10v$

7. La résolution d'équations du second degré par factorisation Résous par factorisation les équations suivantes. Vérifie tes solutions.

a) $x^2 - x - 2 = 0$

b) $y^2 - 9 = 0$

c) $n^2 - 7n = 0$

d) $x^2 - 4x = -4$

e) $6x + 8 = -x^2$

f) $z^2 + 12 = -z$

g) $2x^2 - 5x + 2 = 0$

h) $2y^2 + 7y + 3 = 0$

8. Inéquations Représente sur une droite numérique les nombres entiers qui vérifient les inéquations.

a) $x > -2$ b) $x < 3$

c) $x \geq 0$ d) $x \leq -1$

1.1 Révision des lois des exposants

L'ordre de grandeur représente la valeur approximative d'une quantité exprimée sous la forme d'une puissance de 10.

Le tableau ci-dessous indique certaines vitesses en mètres par seconde, arrondies à l'ordre de grandeur le plus proche.

Entité	Vitesse (m/s)
Lumière (dans l'espace)	10^8
Son (dans l'air)	10^2
Cheval (au galop)	10^1
Être humain (marche)	10^0
Escargot	10^{-3}

1. Exprime 10^0 mètre par seconde sous la forme courante.

2. Utilise la division pour déterminer, en arrondissant à l'ordre de grandeur le plus proche, combien de fois :

a) la lumière est plus rapide que le son ;

b) un cheval est plus rapide qu'un escargot.

3. Écris la règle que tu as utilisée pour diviser deux puissances de 10.

4. Le déplacement de la Lune autour de la Terre, arrondi à l'ordre de grandeur le plus proche, est 10^6 plus rapide que le déplacement d'un escargot. Utilise la multiplication pour exprimer la vitesse de la Lune en mètres par seconde, arrondie à l'ordre de grandeur le plus proche.

5. Écris la règle que tu as utilisée pour multiplier deux puissances de 10.

Voici un résumé des lois des exposants applicables aux nombres entiers.

Loi des exposants pour la multiplication

$$3^2 \times 3^4 = (3 \times 3)(3 \times 3 \times 3 \times 3)$$
$$= 3 \times 3 \times 3 \times 3 \times 3 \times 3$$
$$= 3^6$$

$$a^m \times a^n = \underbrace{(a \times a \times \ldots \times a)}_{m \text{ facteurs}}\underbrace{(a \times a \times \ldots \times a)}_{n \text{ facteurs}}$$
$$= \underbrace{a \times a \times a \times \ldots \times a}_{m + n \text{ facteurs}}$$
$$= a^{m + n}$$

Loi des exposants pour la division

$$\frac{6^5}{6^2} = \frac{6 \times 6 \times 6 \times 6 \times 6}{6 \times 6}$$
$$= 6 \times 6 \times 6$$
$$= 6^3$$

m facteurs

$$\frac{a^m}{a^n} = \frac{\overbrace{a \times a \times a \times \ldots \times a}}{\underbrace{a \times a \times \ldots \times a}}, \ a \neq 0$$

n facteurs

$$= \underbrace{a \times a \times a \times \ldots \times a}$$

$m - n$ facteurs

$$= a^{m-n}$$

Loi des puissances

$$(5^2)^3 = (5 \times 5)^3$$
$$= (5 \times 5)(5 \times 5)(5 \times 5)$$
$$= 5 \times 5 \times 5 \times 5 \times 5 \times 5$$
$$= 5^6$$

$$(a^m)^n = (\underbrace{a \times a \times \ldots \times a})^n$$

m facteurs

$$= \underbrace{(a \times a \times \ldots \times a)}_{m \text{ facteurs}} \times \underbrace{(a \times a \times \ldots \times a)}_{m \text{ facteurs}} \times \ldots \times \underbrace{(a \times a \times \ldots \times a)}_{m \text{ facteurs}}$$

n fois

$$= \underbrace{a \times a \times a \times \ldots \times a}$$

mn facteurs

$$= a^{mn}$$

Puissance d'un produit

$$(5 \times 2)^3 = (5 \times 2) \times (5 \times 2) \times (5 \times 2)$$
$$= 5 \times 5 \times 5 \times 2 \times 2 \times 2$$
$$= 5^3 \times 2^3$$

$$(ab)^m = \underbrace{(ab) \times (ab) \times \ldots \times (ab)}$$

m facteurs

$$= \underbrace{(a \times a \times \ldots \times a)}_{m \text{ facteurs}} \times \underbrace{(b \times b \times \ldots \times b)}_{m \text{ facteurs}}$$

$$= a^m b^m$$

Puissance d'un quotient

$$\left(\frac{2}{5}\right)^3 = \left(\frac{2}{5}\right) \times \left(\frac{2}{5}\right) \times \left(\frac{2}{5}\right)$$
$$= \frac{2 \times 2 \times 2}{5 \times 5 \times 5}$$
$$= \frac{2^3}{5^3}$$

$$\left(\frac{a}{b}\right)^m = \underbrace{\left(\frac{a}{b}\right) \times \left(\frac{a}{b}\right) \times \ldots \times \left(\frac{a}{b}\right)}$$

m facteurs

m facteurs

$$= \frac{\overbrace{a \times a \times \ldots \times a}}{\underbrace{b \times b \times \ldots \times b}}$$

m facteurs

$$= \frac{a^m}{b^m}, \ b \neq 0$$

Une **puissance** est une expression du type a^m ou sa valeur. Tu peux utiliser les lois des exposants pour simplifier une expression comportant une puissance.

EXEMPLE 1 La simplification d'une expression comportant une puissance

Simplifie.

a) $(3a^2b)(-2a^3b^2)$ **b)** $(m^3)^4$ **c)** $(-4p^3q^2)^3$

SOLUTION

a) $(3a^2b)(-2a^3b^2) = 3 \times (-2) \times a^2 \times a^3 \times b \times b^2$
$$= -6a^5b^3$$

b) $(m^3)^4 = m^{3 \times 4}$
$$= m^{12}$$

c) $(-4p^3q^2)^3 = (-4)^3 \times (p^3)^3 \times (q^2)^3$
$$= -64p^9q^6$$

EXEMPLE 2 La simplification de la puissance d'un quotient

Simplifie $\left(\dfrac{6x^5y^3}{8y^4}\right)^2$.

SOLUTION 1

Utilise d'abord la loi de la puissance d'un quotient.
$$\left(\frac{6x^5y^3}{8y^4}\right)^2 = \frac{(6)^2(x^5)^2(y^3)^2}{(8)^2(y^4)^2}$$
$$= \frac{36x^{10}y^6}{64y^8}$$
$$= \frac{9x^{10}}{16y^2}$$

SOLUTION 2

Simplifie d'abord le quotient.
$$\left(\frac{6x^5y^3}{8y^4}\right)^2 = \left(\frac{3x^5}{4y}\right)^2$$
$$= \frac{(3)^2(x^5)^2}{(4)^2(y)^2}$$
$$= \frac{9x^{10}}{16y^2}$$

Les règles de l'exposant zéro et des exposants négatifs sont résumées ci-après.

Exposant zéro

$$\frac{2^3}{2^3} = 2^{3-3}$$

$$= 2^0$$

mais $\dfrac{2^3}{2^3} = 1$

donc $2^0 = 1$

$$\frac{a^m}{a^m} = a^{m-m}$$

$$= a^0$$

mais $\dfrac{a^m}{a^m} = 1$

donc, si $a \neq 0$, $a^0 = 1$

Remarque que 0^0 n'est pas défini.

Exposant négatif

$$2^3 \times 2^{-3} = 2^{3+(-3)}$$

$$= 2^0$$

donc $2^3 \times 2^{-3} = 1$

$\dfrac{2^3 \times 2^{-3}}{2^3} = \dfrac{1}{2^3}$ Divise chaque membre par 2^3.

$$2^{-3} = \frac{1}{2^3}$$

$$a^m \times a^{-m} = a^{m+(-m)}$$

$$= a^0$$

donc $a^m \times a^{-m} = 1$

$\dfrac{a^m \times a^{-m}}{a^m} = \dfrac{1}{a^m}$ Divise chaque membre par a^m.

donc, si $a \neq 0$, $a^{-m} = \dfrac{1}{a^m}$

De même, si $a \neq 0$, $\dfrac{1}{a^{-m}} = a^m$

EXEMPLE 3 La simplification d'une expression comportant un exposant négatif

Simplifie $\dfrac{(-6x^{-2}y)(-9x^{-5}y^{-2})}{3x^2y^{-4}}$. Exprime la réponse en utilisant des exposants positifs.

SOLUTION

$$\frac{(-6x^{-2}y)(-9x^{-5}y^{-2})}{3x^2y^{-4}}$$

Multiplie : $= \dfrac{54x^{-7}y^{-1}}{3x^2y^{-4}}$

Divise : $= 18x^{-9}y^3$

Réécris : $= \dfrac{18y^3}{x^9}$

EXEMPLE 4 L'évaluation d'une expression comportant un exposant zéro et des exposants négatifs

Évalue chaque expression.

a) $\left(\dfrac{3}{4}\right)^{-2}$ b) $\dfrac{(-6)^0}{2^{-3}}$ c) $\dfrac{2^{-4} + 2^{-6}}{2^{-3}}$

SOLUTION 1 Méthode papier-crayon

a) $\left(\dfrac{3}{4}\right)^{-2} = \dfrac{1}{\left(\dfrac{3}{4}\right)^{2}}$

$= \dfrac{1}{\dfrac{9}{16}}$

$= \dfrac{16}{9}$

b) $\dfrac{(-6)^0}{2^{-3}} = \dfrac{1}{2^{-3}}$

$= \dfrac{1}{\dfrac{1}{2^3}}$

$= \dfrac{1}{\dfrac{1}{8}}$

$= 8$

c) $\dfrac{2^{-4} + 2^{-6}}{2^{-3}} = \dfrac{\dfrac{1}{2^4} + \dfrac{1}{2^6}}{\dfrac{1}{2^3}}$

$= \dfrac{\dfrac{2^2 + 1}{2^6}}{\dfrac{1}{2^3}}$

$= \dfrac{2^2 + 1}{2^6} \times \dfrac{2^3}{1}$

$= \dfrac{2^2 + 1}{2^3}$

$= \dfrac{5}{8}$

SOLUTION 2 Méthode par calculatrice à affichage graphique

Le premier résultat affiché par la calculatrice sera peut-être un nombre décimal. Au besoin, convertis le nombre décimal en fraction à l'aide de la ▸fonction Frac.

a)

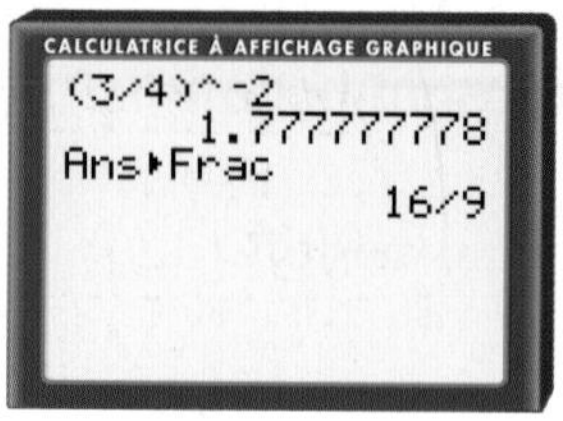

b)

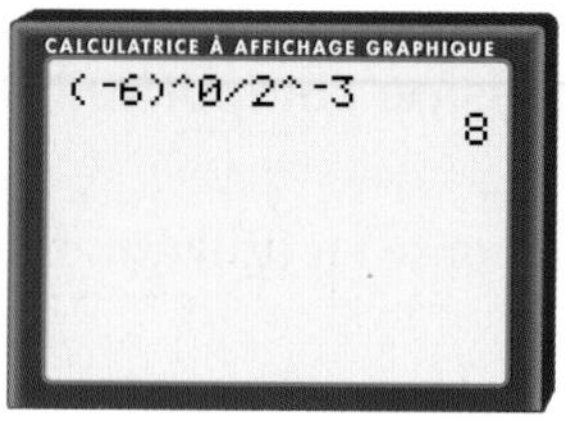

c)

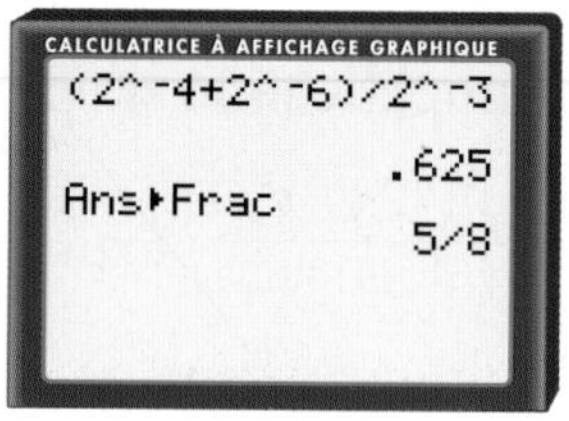

Concepts clés

- La loi des exposants pour la multiplication : $a^m \times a^n = a^{m+n}$
- La loi des exposants pour la division : $a^m \div a^n = a^{m-n}$
- La loi des puissances : $(a^m)^n = a^{mn}$
- La loi de la puissance d'un produit : $(ab)^m = a^m b^m$
- La loi de la puissance d'un quotient : $\left(\dfrac{a}{b}\right)^m = \dfrac{a^m}{b^m}$
- La règle de l'exposant zéro : si $a \neq 0$, $a^0 = 1$
- La règle des exposants négatifs : si $a \neq 0$, $a^{-m} = \dfrac{1}{a^m}$ et $\dfrac{1}{a^{-m}} = a^m$

Communique ce que tu as compris

1. Décris comment tu simplifierais $(-4x^2y^3)(3xy^4)$.

2. Décris comment tu évaluerais $\dfrac{3^{-2}}{3^{-1}+3^{-2}}$ par la méthode papier-crayon.

3. Quelle est la valeur de 0^4 ? Explique ta réponse.

4. Explique pourquoi $a \neq 0$ lorsque la règle des exposants négatifs s'applique.

Exercices

A

1. Exprime les expressions ci-après sous forme d'une puissance de 2.

   a) $2^4 \times 2^3$ b) $2^6 \div 2^2$ c) $(2^4)^3$

   d) 2×2^7 e) $2^3 \times 2^m$ f) $2^7 \div 2^y$

   g) $2^x \div 2^4$ h) $(2^x)^y$ i) $2^{-3} \times 2^4$

   j) $2^{-2} \div 2^{-5}$ k) $(2^3)^{-1}$ l) $2^{-4} \times 2^0$

2. Évalue les expressions ci-après.

   a) 3^{-2} b) 5^0 c) $(-2)^{-4}$

   d) $(2^{-1})^2$ e) $-(-3)^0$ f) $\dfrac{1}{5^{-2}}$

   g) $\dfrac{1}{(-4)^{-1}}$ h) $-(2^3)^{-2}$

3. Simplifie. Exprime les réponses ci-après en utilisant des exposants positifs.

   a) $a^4 \times a^3$ b) $(m^6)(m^2)$

   c) $b^5 \times b^6 \times b$ d) $a \times b^2 \times a^4$

   e) $(x^3)(y)(y^4)(x^5)$ f) $(x^3)(x^{-5})$

   g) $m^{-4} \times m^{-5}$ h) $y^{-1} \times y^{-3} \times y^2$

   i) $a^5 \times a^0$ j) $(a^{-3})(b^{-2})(a^2)$

4. Simplifie. Exprime les réponses ci-après en utilisant des exposants positifs.

   a) $x^6 \div x^3$ b) $m^7 \div m$ c) $t^4 \div t^{-2}$

   d) $y^{-5} \div y^{-3}$ e) $m^4 \div m^0$ f) $t^0 \div t^{-5}$

5. Simplifie. Exprime les réponses ci-après en utilisant des exposants positifs.

   a) $(x^3)^2$ b) $(a^2b^3)^4$ c) $(x^2)^{-1}$

   d) $(t^4)^0$ e) $(a^{-1}b^2)^{-2}$ f) $(x^2y^3)^{-3}$

6. Simplifie. Exprime les réponses ci-après en utilisant des exposants positifs.

   a) $\left(\dfrac{x}{2}\right)^3$ b) $\left(\dfrac{a}{b}\right)^4$ c) $\left(\dfrac{x^2}{y^3}\right)^5$

   d) $\left(\dfrac{x}{3}\right)^{-1}$ e) $\left(\dfrac{a^{-2}}{b^{-3}}\right)^{-2}$

7. Simplifie. Exprime les réponses ci-après en utilisant des exposants positifs.

   a) $5m^4 \times 3m^2$ b) $(4ab^4)(-5a^3b^2)$

   c) $5a(-2ab^2)(-3b^3)$ d) $(-6m^3n^2)(-4mn^5)$

   e) $(7x^2)(6x^{-2})$ f) $(3x^{-2}y^2)(-2x^2y^{-3})$

   g) $(-6a^{-1}b^2)(-a^{-3}b^{-4})$ h) $(-10x^4) \div (-2x)$

   i) $\dfrac{45a^2b^4}{9ab^2}$ j) $\dfrac{(4m^2n^4)(7m^3n)}{14mn^5}$

   k) $\dfrac{3ab^3 \times 10a^4b^2}{15a^2b^6}$ l) $\dfrac{4a^4b^3}{a^5b^6} \times \dfrac{-a^3}{-(b^2)}$

   m) $(35x^5) \div (5x^{-3})$ n) $\dfrac{-54a^5b^{-7}}{-6a^{-2}b^{-3}}$

   o) $(-6m^{-4}n^2) \div (2m^{-1}n^{-6})$

   p) $\dfrac{(-2x^{-3}y)(-12x^{-4}y^{-2})}{6xy^{-3}}$

8. Simplifie. Exprime les réponses ci-après en utilisant des exposants positifs.

   a) $(2m^3)^2$ b) $(-4x^2)^3$

   c) $(-3m^3n^2)^2$ d) $(5c^{-3}d^3)^{-2}$

   e) $(2a^{-3}b^{-2})^{-3}$ f) $(-3x^3y^{-2})^{-4}$

   g) $\left(\dfrac{4x}{3y}\right)^2$ h) $\left(\dfrac{-2a^2}{3y^3}\right)^3$ i) $\left(\dfrac{3a}{-b^4}\right)^4$

   j) $\left(\dfrac{2m^2}{n^3}\right)^{-2}$ k) $\left(\dfrac{6ab^3}{2ab}\right)^3$ l) $\left(\dfrac{4x^{-3}y^4}{8x^2y^{-2}}\right)^{-2}$

9. Évalue les expressions ci-après.

a) $\dfrac{6}{x^0 + y^0}$ **b)** $\left(\dfrac{m^{-3}}{n}\right)^0$ **c)** $4^{-1} + 2^{-3}$ **d)** $\dfrac{3^{-3} + 3^{-4}}{3^{-5}}$ **e)** $\dfrac{(6^4 + 4^6)^0}{3^{-1}}$

Application, résolution de problèmes, communication

Lien Internet

www.dlcmcgrawhill.ca

Pour en savoir plus sur les schistes de Burgess, rends-toi à l'adresse donnée ci-haut. Puis clique sur la page couverture du manuel *Mathématiques 11*. Tu y trouveras les adresses nécessaires à ta recherche. Explique pourquoi les fossiles enfouis dans les schistes de Burgess sont si bien conservés.

10. Histoire Les schistes de Burgess, dans le parc national Yoho (Colombie-Britannique), renferment l'une des plus magnifiques collections de fossiles du monde. Les fossiles ont environ $5,4 \times 10^8$ ans. Ils sont donc approximativement $4,5 \times 10^4$ fois plus anciens que le premier établissement humain connu de la province. À combien d'années environ remonte le premier établissement humain en Colombie-Britannique ?

B

11. Application Un morceau de bois brûle entièrement en une seconde à 600 °C. Il lui faut deux fois plus de temps pour brûler chaque fois que la température baisse de 10 °C et deux fois moins de temps chaque fois que la température augmente de 10 °C. En combien de secondes le bois brûle-t-il à :

a) 500 °C?   **b)** 650 °C?

12. Recherche et résolution de problèmes Ajoute des parenthèses pour que chaque égalité soit vraie. Justifie ta réponse.

a) $2^{-2} \times 2^2 + 2^2 - 2^0 = 2^0$ **b)** $3^{-4} - 3^{-2} \div 3^0 - 3^2 = 3^{-4}$

13. Sans évaluer les expressions, détermine quelle expression est la plus grande : 20^{100} ou 400^{40}.

C

14. Évalue les expressions ci-après.

a) $\dfrac{6^1 + 6^{-1}}{6^1 - 6^{-1}}$ **b)** $\dfrac{5^{-4} - 5^{-6}}{5^{-3} + 5^{-5}}$ **c)** $2^{-n}(2^n - 2^{1+n})$ **d)** $3\left(3^{2x} - \dfrac{1}{3^{-2x}}\right)$

15. Communication a) Pour quelles valeurs réelles de x autres que zéro $-x^{-4} = (-x)^{-4}$? Explique ta réponse.

b) Pour quelles valeurs réelles de x autres que zéro $-x^{-3} = (-x)^{-3}$? Explique ta réponse.

16. Équations Détermine les valeurs de x.

a) $x^2 \times x^3 = 32$ **b)** $x^5 \div x^2 = 64$ **c)** $x^{-1} \times x^{-3} = \dfrac{1}{81}$ **d)** $x^2 \div x^5 = \dfrac{1}{125}$

17. Pour quelles valeurs de x l'équation $x^{-4} + x^{-4} = 1$ se vérifie-t-elle ? Explique ta réponse.

1.2 Les exposants rationnels

Presque toute l'énergie utilisée pour déplacer un navire sert à pousser la vague qui se forme à l'avant. Les navires sont conçus de façon à utiliser le moins d'énergie possible.

Pour s'assurer que le navire consommera peu d'énergie, les concepteurs mettent à l'essai des modèles avant de construire le bâtiment lui-même. Pour calculer la vitesse à utiliser lors de la mise à l'essai du modèle, ils emploient la formule suivante.

$$V_m = \frac{V_r \times L_m^{\frac{1}{2}}}{L_r^{\frac{1}{2}}}$$

où V_m est la vitesse du modèle en mètres par seconde, V_r la vitesse du navire réel en mètres par seconde, L_m la longueur du modèle en mètres et L_r la longueur du navire réel en mètres. Cette formule comprend des puissances comportant des exposants fractionnaires.

EXPLORATION ET RECHERCHE

En appliquant aux exposants la loi des puissances, on peut écrire 9 sous la forme $\left(9^{\frac{1}{2}}\right)^2$, puisque

$$\left(9^{\frac{1}{2}}\right)^2 = 9^{\frac{1}{2} \times 2}$$
$$= 9^1 \text{ ou } 9$$

1. Reproduis les énoncés suivants et complète-les en remplaçant chaque ■ par un nombre naturel. Le premier énoncé a été complété en partie.

a) $9 = \left(9^{\frac{1}{2}}\right)^2$

mais $9 = (3)^2$

donc $\left(9^{\frac{1}{2}}\right)^2 = 3^2$

et $9^{\frac{1}{2}} = ■$

b) $25 = \left(25^{\frac{1}{2}}\right)^2$

mais $25 = (■)^2$

donc $\left(25^{\frac{1}{2}}\right)^2 = (■)^2$

et $25^{\frac{1}{2}} = ■$

c) $8 = \left(8^{\frac{1}{3}}\right)^3$

mais $8 = (■)^3$

donc $\left(8^{\frac{1}{3}}\right)^3 = (■)^3$

et $8^{\frac{1}{3}} = ■$

d) $16 = \left(16^{\frac{1}{4}}\right)^4$

mais $16 = (■)^4$

donc $\left(16^{\frac{1}{4}}\right)^4 = (■)^4$

et $16^{\frac{1}{4}} = ■$

2. Évalue les expressions ci-après.

a) $36^{\frac{1}{2}}$ **b)** $27^{\frac{1}{3}}$ **c)** $81^{\frac{1}{4}}$ **d)** $100^{\frac{1}{2}}$

3. On veut construire un navire de 100 m de long, capable de se déplacer à la vitesse de 15 m/s. Le modèle du navire a 4 m de long. À quelle vitesse le modèle devrait-il être mis à l'essai ?

Lorsqu'on reporte $m = \dfrac{1}{n}$ dans la loi des puissances des exposants, on obtient

$$\left(a^{\frac{1}{n}}\right)^n = a^{\frac{1}{n} \times n}$$
$$= a^1 \text{ ou } a$$

Si $a \geq 0$, on peut utiliser la $n$ième racine de chaque membre de l'équation $\left(a^{\frac{1}{n}}\right)^n = a$, ce qui donne $a^{\frac{1}{n}} = \sqrt[n]{a}$.

Ce résultat donne lieu à la définition suivante.

$a^{\frac{1}{n}} = \sqrt[n]{a}$, où n est un entier positif.

Le symbole $\sqrt[n]{}$ indique une $n$ième racine et $\sqrt[n]{x}$ représente la $n$ième racine principale de x. Par exemple, $64^{\frac{1}{3}} = \sqrt[3]{64}$. L'expression $\sqrt[3]{64}$ se lit comme suit : « la racine cubique de 64 ».

indice   radical

$\sqrt[n]{x}$

radicande

L'extraction de la racine cubique représente l'opération inverse de l'élévation au cube. Pour déterminer la racine cubique de 64, trouve le nombre qui, élevé au cube, donne 64.

Comme $4^3 = 64$, $\sqrt[3]{64} = 4$.

- Si n est un nombre pair, il faut que $a \geq 0$ pour que la $n$ième racine soit un nombre réel. Supposons que n est pair et que a est négatif. Par exemple, si $n = 2$ et que $a = -4$, alors $(-4)^{\frac{1}{2}}$ devient $\sqrt{-4}$. Il n'existe aucune racine carrée réelle de -4.

- Si n est un nombre impair, a peut être n'importe quel nombre réel. Par exemple, si $n = 3$ et que $a = -8$, alors $(-8)^{\frac{1}{3}}$ devient $\sqrt[3]{-8}$ ou -2. Dans ce cas, la racine principale est négative.

Remarque bien comment on utilise les parenthèses avec les exposants fractionnaires. L'expression $\sqrt{-4}$ ne signifie rien dans le système des nombres réels, mais $-\sqrt{4} = -2$. De même, $(-4)^{\frac{1}{2}}$ devient $\sqrt{-4}$, une expression qui n'a aucune signification dans le système des nombres réels. Mais $-4^{\frac{1}{2}}$ devient $-\left(4^{\frac{1}{2}}\right) = -\sqrt{4} = -2$.

EXEMPLE 1 Les exposants sous la forme $\frac{1}{n}$

Évalue les expressions ci-après.

a) $49^{\frac{1}{2}}$ **b)** $(-27)^{\frac{1}{3}}$ **c)** $(-8)^{-\frac{1}{3}}$

SOLUTION

a) $49^{\frac{1}{2}} = \sqrt{49}$
$= 7$

b) $(-27)^{\frac{1}{3}} = \sqrt[3]{-27}$
$= -3$

c) $(-8)^{-\frac{1}{3}} = \dfrac{1}{(-8)^{\frac{1}{3}}}$
$= \dfrac{1}{\sqrt[3]{-8}}$
$= -\dfrac{1}{2}$

Voici deux méthodes qui permettent d'évaluer une expression comportant un exposant fractionnaire dans lequel le numérateur n'est pas 1, par exemple $4^{\frac{3}{2}}$. On utilise la loi des puissances $(a^m)^n = a^{mn}$.

Méthode 1
$$4^{\frac{3}{2}} = \left(4^{\frac{1}{2}}\right)^3$$
$$= \left(\sqrt{4}\right)^3$$
$$= 2^3$$
$$= 8$$

Méthode 2
$$4^{\frac{3}{2}} = (4^3)^{\frac{1}{2}}$$
$$= \sqrt{4^3}$$
$$= \sqrt{64}$$
$$= 8$$

Remarque que $\left(\sqrt{4}\right)^3$ et $\sqrt{4^3}$ ont la même valeur.

Ce résultat donne lieu à la définition suivante pour les exposants rationnels.

$a^{\frac{m}{n}} = \sqrt[n]{a^m} = \left(\sqrt[n]{a}\right)^m$, où m et n sont des entiers positifs.

Si n est un nombre pair, $a \geq 0$.

Si n est un nombre impair, a peut être n'importe quel nombre réel.

Pour calculer $a^{\frac{m}{n}}$:

• utilise la $n$ième racine de a et élève le résultat à la $m$ième puissance ;

$$9^{\frac{3}{2}} = \left(\sqrt{9}\right)^3$$
$$= 3^3$$
$$= 27$$

ou

• élève a à la $m$ième puissance, puis utilise la $n$ième racine.

$$9^{\frac{3}{2}} = \sqrt{9^3}$$
$$= \sqrt{729}$$
$$= 27$$

Habituellement, on utilise d'abord la $n$ième racine.

EXEMPLE 2 Les exposants sous la forme $\dfrac{m}{n}$

Évalue les expressions ci-après.

a) $(-8)^{\frac{4}{3}}$ **b)** $9^{-2,5}$ **c)** $\left(\dfrac{25}{4}\right)^{-\frac{3}{2}}$

SOLUTION 1 Méthode papier-crayon

a)
$$(-8)^{\frac{4}{3}} = \left(\sqrt[3]{-8}\right)^4$$
$$= (-2)^4$$
$$= 16$$

b)
$$9^{-2,5} = 9^{-\frac{5}{2}}$$
$$= \frac{1}{9^{\frac{5}{2}}}$$
$$= \frac{1}{(\sqrt{9})^5}$$
$$= \frac{1}{3^5}$$
$$= \frac{1}{243}$$

c)
$$\left(\frac{25}{4}\right)^{-\frac{3}{2}} = \frac{1}{\left(\frac{25}{4}\right)^{\frac{3}{2}}}$$
$$= \frac{1}{\dfrac{(\sqrt{25})^3}{(\sqrt{4})^3}}$$
$$= \frac{1}{\dfrac{5^3}{2^3}}$$
$$= \frac{1}{\dfrac{125}{8}}$$
$$= \frac{8}{125}$$

SOLUTION 2 Méthode par calculatrice à affichage graphique

Le premier résultat affiché par la calculatrice sera peut-être un nombre décimal. Au besoin, convertis le nombre décimal en fraction à l'aide de la ▶fonction Frac.

a)

b)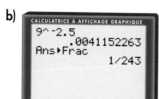

c)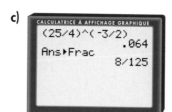

Remarque qu'on utilise des parenthèses.

EXEMPLE 3 L'évaluation de racines approximatives

Sers-toi d'une calculatrice pour évaluer les expressions suivantes au centième près.

a) $2^{3,5}$ **b)** $7^{\frac{2}{3}}$

SOLUTION

a)

Fais une estimation

$2^3 = 8$
$2^4 = 16$
$2^{3,5} \doteq 12$

$$2^{3,5} \doteq 11,31$$

b)

Fais une estimation

$7^{\frac{2}{3}} \doteq 8^{\frac{2}{3}}$
$\doteq 2^2$
$\doteq 4$

$$7^{\frac{2}{3}} \doteq 3,66$$

Concepts clés

- $a^{\frac{1}{n}} = \sqrt[n]{a}$, où n est un entier positif.
- Pour évaluer $a^{\frac{1}{n}}$ ou $\sqrt[n]{a}$ dans le système des nombres réels,
  si n est pair, $a \geq 0$,
  si n est impair, a peut être n'importe quel nombre réel.
- $a^{\frac{m}{n}} = \sqrt[n]{a^m} = \left(\sqrt[n]{a}\right)^m$, où m et n sont des nombres naturels.
- Pour calculer $a^{\frac{m}{n}}$ par la méthode papier-crayon, tu peux soit utiliser la *n*ième racine de a et élever le résultat à la *m*ième puissance, soit élever a à la *m*ième puissance, puis utiliser la *n*ième racine.

Communique ce que tu as compris

1. Décris comment tu évaluerais les expressions ci-après par la méthode papier-crayon.

a) $27^{\frac{1}{3}}$ **b)** $27^{-\frac{1}{3}}$ **c)** $(-27)^{-\frac{1}{3}}$

2. Décris deux façons d'évaluer $8^{\frac{2}{3}}$ par la méthode papier-crayon.

3. Est-il possible d'évaluer les expressions suivantes dans le système des nombres réels ? Explique ta réponse.

a) $16^{\frac{1}{4}}$ **b)** $-16^{\frac{1}{4}}$ **c)** $(-16)^{\frac{1}{4}}$

Exercices

A

1. Écris les expressions ci-après sous forme de radical.

a) $2^{\frac{1}{3}}$ **b)** $37^{\frac{1}{2}}$ **c)** $x^{\frac{1}{2}}$

d) $a^{\frac{3}{5}}$ **e)** $6^{\frac{4}{3}}$ **f)** $6^{\frac{3}{4}}$

g) $7^{-\frac{1}{2}}$ **h)** $9^{-\frac{1}{5}}$ **i)** $x^{-\frac{3}{7}}$

j) $b^{-\frac{6}{5}}$ **k)** $(3x)^{\frac{1}{2}}$ **l)** $3x^{\frac{1}{2}}$

2. Écris les expressions ci-après en te servant d'exposants.

a) $\sqrt{7}$ **b)** $\sqrt{34}$ **c)** $\sqrt[3]{-11}$

d) $\sqrt[5]{a^2}$ **e)** $\sqrt[3]{6^4}$ **f)** $(\sqrt[3]{b})^4$

g) $\dfrac{1}{\sqrt{x}}$ **h)** $\dfrac{1}{\sqrt[3]{a}}$ **i)** $\dfrac{1}{\sqrt[5]{x^4}}$

j) $\sqrt[3]{2b^3}$ **k)** $\sqrt{3x^5}$ **l)** $\sqrt[4]{5t^3}$

3. Évalue les expressions ci-après.

a) $4^{\frac{1}{2}}$ **b)** $125^{\frac{1}{3}}$ **c)** $16^{-\frac{1}{4}}$

d) $(-32)^{\frac{1}{5}}$ **e)** $25^{0,5}$ **f)** $(-27)^{-\frac{1}{3}}$

g) $64^{-\frac{1}{6}}$ **h)** $0,04^{\frac{1}{2}}$ **i)** $81^{0,25}$

j) $0,001^{\frac{1}{3}}$ **k)** $\left(\dfrac{4}{9}\right)^{\frac{1}{2}}$ **l)** $\left(\dfrac{-27}{-8}\right)^{\frac{1}{3}}$

4. Évalue les expressions ci-après.

a) $8^{\frac{2}{3}}$ **b)** $4^{\frac{3}{2}}$ **c)** $9^{2,5}$

d) $81^{\frac{3}{4}}$ **e)** $16^{-\frac{3}{4}}$ **f)** $(-32)^{\frac{2}{5}}$

g) $(-8)^{-\frac{5}{3}}$ **h)** $(-27)^{-\frac{2}{3}}$ **i)** $1^{\frac{5}{3}}$

j) $(-1)^{-\frac{8}{5}}$ **k)** $\left(\dfrac{100}{9}\right)^{\frac{3}{2}}$ **l)** $\left(\dfrac{27}{8}\right)^{-\frac{2}{3}}$

5. Évalue les expressions ci-après dans le système des nombres réels, si c'est possible.

a) $(-9)^{\frac{1}{2}}$ **b)** $100\,000^{\frac{3}{5}}$

c) $\left(\dfrac{27}{8}\right)^{\frac{2}{3}}$ **d)** $3^{\frac{1}{2}} \times 3^{\frac{1}{2}}$

e) $-9^{\frac{1}{2}}$ **f)** $(2^5)^{0,4}$

g) $-8^{\frac{5}{3}}$ **h)** $4^{\frac{3}{2}} \div 16^{\frac{1}{4}}$

i) $(-1)^{-\frac{3}{2}}$ **j)** $\left(\sqrt[3]{5^2}\right)\left(\sqrt[3]{5}\right)$

k) $\left(\dfrac{36}{121}\right)^{-\frac{1}{2}}$ **l)** $81^{0,75}$

m) $(-0,0016)^{\frac{1}{4}}$ **n)** $\dfrac{(0,027)^{-\frac{2}{3}}}{(0,25)^{-\frac{1}{2}}}$

o) $(625^{-1})^{-\frac{1}{4}}$ **p)** $9^{\frac{3}{7}} \times 3^{\frac{1}{7}}$

q) $\left[\left(\sqrt{125}\right)^4\right]^{\frac{1}{6}}$ **r)** $\sqrt[3]{\sqrt{64}}$

s) $\sqrt{\sqrt[3]{729}}$ **t)** $\dfrac{(0,09)^{\frac{1}{2}}}{(0,008)^{\frac{1}{3}} \times 2^{-3}}$

6. Communication Écris une expression équivalente en utilisant des exposants.

a) $\sqrt{\sqrt{x^4}}$ **b)** $\sqrt[3]{\sqrt{x^6}}$

c) $\sqrt{\sqrt{3x^6}}$ **d)** $\sqrt{\sqrt[3]{8x^7}}$

e) $\sqrt{\sqrt{81x^8}}$ **f)** $\left(x^{\frac{2}{3}}y^{\frac{1}{3}}\right)^3$

g) $\left(a^{\frac{1}{3}}b^{\frac{1}{4}}\right)^{12}$ **h)** $\sqrt[3]{-27x}$

i) $(81a^8b^4)^{\frac{1}{4}}$ **j)** $(27x^6y^{-9})^{\frac{2}{3}}$

k) $\left(\sqrt{x^3}\right)\left(\sqrt[3]{x}\right)$ **l)** $\left(\sqrt[3]{x^2}\right)\left(\sqrt[4]{x^3}\right)$

m) $\left(\sqrt[5]{x^3}\right)\left(\sqrt[3]{x^2}\right)$ **n)** $\left(\sqrt[3]{a^2b^4}\right)^2$

o) $\left(\sqrt[4]{a^3b^5}\right)^{\frac{1}{2}}$

7. Fais une estimation, puis trouve la valeur approximative au centième près.

a) $6^{0,4}$ **b)** $3^{2,8}$

c) $4^{-1,2}$ **d)** $5^{\frac{1}{3}}$

e) $7^{-\frac{3}{5}}$ **f)** $10^{\frac{3}{7}}$

Application, résolution de problèmes, communication

8. La construction navale On veut construire un navire de 300 m de long, capable de se déplacer à la vitesse de 12 m/s. Pour vérifier la justesse des calculs, on utilise un modèle de 15 m. À l'aide de la formule présentée au début de cette section, trouve la vitesse à laquelle le modèle devrait être mis à l'essai, au dixième de mètre par seconde près.

B

9. L'horizon Comme la Terre est ronde, on ne peut pas voir au-delà de l'horizon. La distance, d, jusqu'à l'horizon dépend de la hauteur de l'observateur, h, au-dessus du sol. Le rayon de la Terre est r. La formule de la distance jusqu'à l'horizon est

$$d = (2rh + h^2)^{\frac{1}{2}}.$$

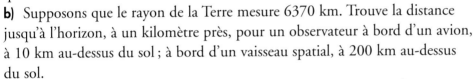

a) Sers-toi du diagramme pour démontrer que la formule est valable.

b) Supposons que le rayon de la Terre mesure 6370 km. Trouve la distance jusqu'à l'horizon, à un kilomètre près, pour un observateur à bord d'un avion, à 10 km au-dessus du sol ; à bord d'un vaisseau spatial, à 200 km au-dessus du sol.

10. La météo Les météorologues ont établi la formule $D = 9{,}4t^{\frac{2}{3}}$ pour décrire les violentes tempêtes comme les tornades et les ouragans. Dans cette formule, D représente le diamètre de la tempête en kilomètres et t heures, la durée de la tempête en heures. Si un ouragan dure environ 18 h, quel est son diamètre, au kilomètre près ?

11. L'exploitation minière Le volume de nickel produit chaque année par le Canada est d'environ 21 000 m³.

a) Si ce volume était contenu dans un cube, quelle serait la longueur de chaque arête au dixième de mètre près ?

b) Compare ce volume de nickel au volume du gymnase de ton école.

12. Application On mesure la fréquence d'une note de piano en vibrations par seconde ou hertz (Hz). La fréquence de chacune des autres notes de l'octave, au-dessus du *do* central, est obtenu en multipliant la fréquence du *do* central par une puissance de $\sqrt[12]{2}$. Le tableau à droite indique la fréquence approximative du *do* central. Reproduis le tableau et complète-le en trouvant la fréquence approximative des autres notes au dixième de hertz près.

Note	Puissance de $\sqrt[12]{2}$	Fréquence (Hz)
do	1	261,6
do dièse	$\sqrt[12]{2}$	
ré	$(\sqrt[12]{2})^2$	
ré dièse	$(\sqrt[12]{2})^3$	
mi	$(\sqrt[12]{2})^4$	
fa	$(\sqrt[12]{2})^5$	
fa dièse	$(\sqrt[12]{2})^6$	
sol	$(\sqrt[12]{2})^7$	
sol dièse	$(\sqrt[12]{2})^8$	
la	$(\sqrt[12]{2})^9$	
la dièse	$(\sqrt[12]{2})^{10}$	
si	$(\sqrt[12]{2})^{11}$	
do	$(\sqrt[12]{2})^{12}$	

C

13. Les équations Évalue x, où x est un nombre naturel.
a) $2^x = 32$ **b)** $3^{x+1} = 81$ **c)** $(-1)^x = 1$
d) $6^{x-2} = 36$ **e)** $2^{2x} = 16$ **f)** $(-1)^x = -1$

14. Recherche et résolution de problèmes a) Les diagrammes à droite représentent deux carrés dont l'aire est un nombre entier. Chacun de ces carrés peut être représenté sur un géoplan 4×4. Si la plus courte distance entre deux chevilles est de 1 unité, quelle est l'aire de chaque carré ?

b) Trois autres carrés dont l'aire est un nombre entier peuvent être représentés sur le même géoplan. Dessine-les.
c) Examine les cinq carrés. Dans quels cas la longueur des côtés n'est pas un nombre entier ? Exprime la longueur de ces côtés en utilisant un exposant fractionnaire.
d) Huit carrés dont l'aire est un nombre entier peuvent être représentés sur un géoplan 5×5. Dessine-les. Utilise des exposants fractionnaires pour exprimer les longueurs des côtés qui ne sont pas des nombres entiers.
e) Reprends d) en utilisant cette fois un géoplan 6×6. Indique le nombre de carrés différents qui peuvent être représentés.
f) Peux-tu généraliser ou conclure quoi que ce soit à partir de cette recherche ?

VÉRIFIONS NOS PROGRÈS

Connaissance et compréhension • Réflexion, recherche et résolution de problèmes • Communication • Mise en application

Si @(a, b, c) signifie $a^b - b^c + c^a$, évalue ou simplifie les expressions ci-après.

a) @(1, -1, 2)   **b)** @$\left(\dfrac{1}{3}, -1, 8\right)$ **c)** @($-0,5$, x, 4)

1.3 La résolution d'équations exponentielles

Les isotopes radioactifs ont de nombreuses utilisations, y compris le diagnostic et le traitement des maladies, et la production d'énergie nucléaire.

Les isotopes radioactifs ne se désintègrent pas tous à la même vitesse. La demi-vie ou période radioactive d'un isotope représente le temps qu'il faut à la moitié d'un échantillon pour se désintégrer. L'équation suivante décrit la désintégration des isotopes radioactifs.

$$A_R = A_D \left(\frac{1}{2}\right)^{\frac{t}{t_{\frac{1}{2}}}}$$

où A_L représente la quantité d'isotope qui reste, A_D la quantité d'isotope au départ, t le temps écoulé et $t_{\frac{1}{2}}$ la période radioactive de l'isotope.

La période radioactive du tungstène 187 est de 1 jour. La désintégration du tungstène 187 est décrite par l'équation suivante.

$$A_R = A_D \left(\frac{1}{2}\right)^{t} \quad \text{où } t \text{ représente le temps écoulé en jours.}$$

Les équations ci-dessus sont des exemples d'**équations exponentielles.**

Dans ces équations, les variables sont représentées sous la forme d'exposants.

EXPLORATION ET RECHERCHE

Résoudre l'équation $8^{x-2} = 2^{x+4}$ signifie déterminer la valeur de x qui vérifie cette équation.

1. Utilise un tableau et procède par tâtonnements afin de déterminer la valeur de x qui vérifie cette équation. La première rangée a été complétée.

ESTIME			VÉRIFIE
Valeur de x	M. G. $= 8^{x-2}$	M. D. $= 2^{x+4}$	M. G. = M. D.?
1	$8^{1-2} = 8^{-1} = \frac{1}{8}$	$2^{1+4} = 2^5 = 32$	Non, M. D. > M. G.

2. a) Dans le membre de gauche de l'équation $8^{x-2} = 2^{x+4}$, remplace la base 8 par une puissance de 2.

b) Utilise une loi des exposants pour simplifier l'exposant dans le membre de gauche.

c) Comme les bases des deux membres sont égales, quel lien doit exister entre les exposants pour que l'équation se vérifie ?

d) Écris une équation du premier degré dans laquelle figurent les deux exposants et résous-la.

3. La solution que tu as trouvée en 2d) est-elle la même que celle que tu as obtenue en procédant par tâtonnements?

4. Sers-toi des résultats obtenus aux questions 2 et 3 pour écrire une règle permettant de résoudre des équations exponentielles.

5. Vérifie ta règle en l'utilisant pour résoudre chacune des équations suivantes. Vérifie chaque solution par substitution.

a) $2^{x+1} = 4^{x-1}$ **b)** $9^{x+4} = 27^{2x}$ **c)** $8^{2x-3} = 16^{1-x}$

d) $25^x = 5^{3x}$ **e)** $2^{4x-1} = 4^x$

6. Supposons qu'un échantillon de tungstène 187 avait au départ une masse de 64 mg et qu'il reste 2 mg.

a) Reporte ces valeurs dans l'équation $A_R = A_D \left(\dfrac{1}{2}\right)^t$, décrite ci-dessus.

b) Exprime $\left(\dfrac{1}{2}\right)^t$ sous la forme d'une puissance de 2.

c) Exprime le membre de droite de l'équation sous forme d'une puissance de 2.

d) Utilise la règle formulée à la question 4 pour isoler t. Combien de temps s'est-il écoulé?

e) Vérifie ta solution par substitution dans l'équation de départ.

L'une des méthodes permettant de résoudre une équation exponentielle consiste à récrire les puissances en utilisant la même base de façon que les exposants soient égaux. L'égalité des exposants donne une équation du premier degré, qu'il est alors possible de résoudre.

Cette méthode de résolution des équations exponentielles repose sur la propriété selon laquelle si $a^x = a^y$, alors $x = y$, lorsque $a \neq 1, 0, -1$.

Exemple 1   La résolution à l'aide d'une base commune

Résous l'équation $4^{x+1} = 2^{x-1}$ et vérifie ta solution.

Solution

La base 4 du membre de gauche est une puissance de 2.

$$4^{x+1} = 2^{x-1}$$

Réécris l'équation en utilisant une base 2 : $(2^2)^{x+1} = 2^{x-1}$

Simplifie les exposants : $\qquad\qquad 2^{2x+2} = 2^{x-1}$

Indique l'égalité des exposants : $\qquad 2x + 2 = x - 1$

Isole x : $\qquad\qquad\qquad\qquad\qquad x = -3$

Vérifie ta solution.

M. G. $= 4^{x+1}$ M. D. $= 2^{x-1}$

$\quad\quad = 4^{-3+1}$ $= 2^{-3-1}$

$\quad\quad = 4^{-2}$ $= 2^{-4}$

$\quad\quad = \dfrac{1}{4^2}$ $= \dfrac{1}{2^4}$

$\quad\quad = \dfrac{1}{16}$ $= \dfrac{1}{16}$

$\quad\quad\quad$ M. G. = M. D.

La solution est $x = -3$.

EXEMPLE 2   Des solutions rationnelles

Résous l'équation $9^{3x+1} = 27^x$ et vérifie ta solution.

SOLUTION

Les deux bases sont des puissances de 3.

$$9^{3x+1} = 27^x$$

Vérifie ta solution.

Réécris l'équation en utilisant une base 3 : $(3^2)^{3x+1} = (3^3)^x$ M. G. $= 9^{3x+1}$ M. D. $= 27^x$

Simplifie les exposants : $\quad\quad\quad 3^{6x+2} = 3^{3x}$ $= 9^{3\left(-\frac{2}{3}\right)+1}$ $= 27^{-\frac{2}{3}}$

Indique l'égalité des exposants : $\quad\quad 6x + 2 = 3x$ $= 9^{-2+1}$ $= \dfrac{1}{\left(\sqrt[3]{27}\right)^2}$

Isole x : $\quad\quad\quad\quad\quad\quad\quad 3x = -2$ $= 9^{-1}$

$\quad\quad\quad\quad\quad\quad\quad\quad\quad\quad x = -\dfrac{2}{3}$ $= \dfrac{1}{9}$ $= \dfrac{1}{3^2}$

La solution est $x = -\dfrac{2}{3}$. $= \dfrac{1}{9}$

$\quad\quad\quad\quad\quad\quad\quad\quad\quad\quad\quad\quad$ M. G. = M. D.

EXEMPLE 3   La résolution à l'aide d'un facteur commun

Résous l'équation $3^{x+2} - 3^x = 216$ et vérifie ta solution.

SOLUTION

$$3^{x+2} - 3^x = 216$$

Vérifie ta solution.

Mets un facteur en évidence : $3^x(3^2 - 1) = 216$ M. G. $= 3^{x+2} - 3^x$ M. D. $= 216$

Simplifie : $\quad\quad\quad\quad\quad 3^x(8) = 216$ $= 3^{3+2} - 3^3$

Divise les deux membres par 8 : $\quad 3^x = 27$ $= 3^5 - 27$

Isole x : $\quad\quad\quad\quad\quad\quad\quad 3^x = 3^3$ $= 243 - 27$

$\quad\quad\quad\quad\quad\quad\quad\quad\quad\quad x = 3$ $= 216$

$\quad\quad\quad\quad\quad\quad\quad\quad\quad\quad\quad\quad\quad\quad$ M. G. = M. D.

La solution est $x = 3$.

Exemple 4   La modélisation de la désintégration exponentielle

On utilise un isotope radioactif, l'iode 131, pour diagnostiquer l'insuffisance thyroïdienne. On injecte de l'iode 131 dans le sang. Si la glande thyroïde fonctionne bien, elle absorbera toute la quantité injectée. La période radioactive de l'iode 131 est de 8,2 jours. On peut donc représenter sa désintégration par l'équation exponentielle

$$A_R = A_D \left(\frac{1}{2}\right)^{\frac{t}{8,2}}$$

où A_R représente la quantité d'iode 131 qui reste, A_D la quantité d'iode 131 au départ et t le temps écoulé en jours. Après combien de temps restera-t-il 25 % de l'iode 131 chez une personne dont la glande thyroïde fonctionne bien ?

Solution

$$25\,\% = \frac{1}{4}$$

donc, $A_R = \frac{1}{4} A_D$

Lien internet
www.dlcmcgrawhill.ca
Pour en savoir plus sur l'utilisation des isotopes radioactifs, rends-toi à l'adresse donnée ci-haut. Puis clique sur la page couverture du manuel *Mathématiques 11*. Tu y trouveras les adresses nécessaires à ta recherche. Écris un court rapport sur l'utilité des isotopes radioactifs.

Écris l'équation : $A_R = A_D \left(\frac{1}{2}\right)^{\frac{t}{8,2}}$

Reporte $A_R = \frac{1}{4} A_D$ dans l'équation : $\qquad \frac{1}{4} A_D = A_D \left(\frac{1}{2}\right)^{\frac{t}{8,2}}$

Divise les deux membres par A_D : $\qquad \frac{1}{4} = \left(\frac{1}{2}\right)^{\frac{t}{8,2}}$

Réécris l'équation en utilisant la base $\frac{1}{2}$: $\quad \left(\frac{1}{2}\right)^2 = \left(\frac{1}{2}\right)^{\frac{t}{8,2}}$

Indique l'égalité des exposants : $\qquad\qquad 2 = \frac{t}{8,2}$

Isole t : $\qquad\qquad\qquad\qquad\qquad 16,4 = t$

Donc, après 16,4 jours, il restera 25 % de l'iode 131 chez une personne dont la glande thyroïde fonctionne bien.

Vérifie ta solution.

Au bout d'une période radioactive, il reste $\frac{1}{2}$ ou 50 %.

Au bout de deux périodes radioactives, il reste $\frac{1}{4}$ ou 25 %.

Deux périodes radioactives égalent $2 \times 8,2$ jours ou 16,4 jours.

Concepts clés

- Dans les équations exponentielles, les variables sont représentées sous forme d'exposants.
- Si $a^x = a^y$, alors $x = y$ lorsque $a \neq 1, 0, -1$.
- L'une des méthodes permettant de résoudre une équation exponentielle consiste à réécrire les puissances en utilisant la même base de façon que les exposants soient égaux. L'égalité des exposants donne une équation du premier degré, qu'il est alors possible de résoudre.
- On peut résoudre certaines équations exponentielles par mise en évidence d'un facteur commun des puissances.

Communique ce que tu as compris

1. Explique pourquoi on inclut « $a \neq 1, 0, -1$. » dans le deuxième concept clé ci-dessus.

2. Décris comment tu résoudrais l'équation $2^{x+3} = 4^{x-1}$.

3. Décris comment tu résoudrais l'équation $2^{x+1} + 2^x = 48$.

4. Comment réécrirais-tu 1 pour résoudre $3^{x-3} = 1$ en utilisant une base commune ?

Exercices

A

1. Résous les équations ci-après.

a) $2^x = 16$
b) $3^x = 27$
c) $2^x = 128$
d) $5^x = 125$
e) $4^y = 256$
f) $729 = 9^z$
g) $(-3)^x = -27$
h) $(-2)^x = -32$
i) $(-5)^a = 25$
j) $81 = (-3)^x$
k) $-2^x = -16$
l) $-4^y = -64$
m) $-5^x = -625$
n) $(-1)^x = 1$
o) $(-1)^m = -1$

2. Résous les équations ci-après.

a) $7^{w-2} = 49$
b) $3^{x+4} = 27$
c) $2^{1-x} = 128$
d) $4^{3k} = 64$
e) $5^{3x-1} = 25$
f) $-81 = -3^{2x+8}$
g) $4^{x-1} = 1$
h) $3^{2-2x} = 1$
i) $(-1)^{2x} = 1$

3. Résous les équations ci-après et vérifie tes solutions.

a) $6^{x+3} = 6^{2x}$
b) $2^{x+3} = 2^{2x-1}$
c) $3^{2y+3} = 3^{y+5}$
d) $2^{4x-7} = 2^{2x+1}$
e) $7^{5d-1} = 7^{2d+5}$
f) $3^{b-5} = 3^{2b-3}$

4. Résous les équations ci-après.

a) $16^{2x} = 8^{3x}$
b) $4^t = 8^{t+1}$
c) $27^{x-1} = 9^{2x}$
d) $25^{2-c} = 125^{2c-4}$
e) $16^{2p+1} = 8^{3p+1}$
f) $(-8)^{1-2x} = (-32)^{1-x}$

5. Résous les équations ci-après et vérifie tes solutions.

a) $2^{x+5} = 4^{x+2}$
b) $2^x = 4^{x-1}$
c) $9^{2q-6} = 3^{q+6}$
d) $4^x = 8^{x+1}$
e) $27^{y-1} = 9^{2y-4}$
f) $8^{x+3} = 16^{2x+1}$

6. Résous les équations ci-après et vérifie tes solutions.

a) $5^{4-x} = \dfrac{1}{5}$
b) $10^{y-2} = \dfrac{1}{10\,000}$
c) $6^{3x-7} = \dfrac{1}{6}$
d) $3^{3x-1} = \dfrac{1}{81}$
e) $5^{2n+1} = \dfrac{1}{125}$
f) $\dfrac{1}{256} = 2^{2-5w}$

7. Résous les équations ci-après et vérifie tes solutions.

a) $4^x = 8$ **b)** $64^z = 16$

c) $(-8)^y = -2$ **d)** $9^{-x} = 3$

e) $2^{9x} = \dfrac{1}{8}$ **f)** $9^{6x} = \dfrac{1}{27}$

g) $2^x = 16^4$ **h)** $2^{-2g} = 32$

i) $9^{2s + 1} = 27$

8. Résous les équations ci-après et vérifie tes solutions.

a) $9^{x + 1} = 27^{2x}$ **b)** $16^y = 64^{2y - 1}$

c) $36^{t - 2} = 216^{-2t}$ **d)** $8^{2x - 1} = 16^{x - 1}$

e) $25^{1 - 3x} = 125^{-x}$ **f)** $16^{3 + k} = 32^{1 - 2k}$

9. Résous les équations ci-après et vérifie tes solutions.

a) $5 = 25^{\frac{x}{2}}$ **b)** $8 = 2^{\frac{x}{3}}$

c) $9^{\frac{y}{5}} = 27$ **d)** $\dfrac{1}{2} = 2^{\frac{a}{3}}$

e) $4^{\frac{x}{4}} = \dfrac{1}{8}$ **f)** $\left(\dfrac{3}{2}\right)^{\frac{m}{2}} = \dfrac{4}{9}$

10. Résous les équations ci-après.

a) $3(5^{x + 1}) = 15$

b) $2(3^{y - 2}) = 18$

c) $5(4^x) = 10$

d) $2(4^{v + 1}) = 1$

e) $2 = 6(3^{4f - 2})$

f) $27(3^{3x + 1}) = 3$

11. Résous les équations ci-après et vérifie tes solutions.

a) $2^{x + 2} - 2^x = 48$

b) $4^{x + 3} + 4^x = 260$

c) $2^{a + 5} + 2^a = 1056$

d) $6^{x + 1} + 6^{x + 2} = 7$

e) $3^{x + 3} - 3^{x + 1} = 648$

f) $10^{z + 4} + 10^{z + 3} = 11$

g) $2^{x + 2} - 2^{x + 5} = -7$

h) $3^{m + 1} + 3^{m + 2} - 972 = 0$

i) $5^{n + 2} - 5^{n + 3} = -2500$

Application, résolution de problèmes, communication

12. Communication Résous l'équation $4^{3x + 3} = 8^{2x + 2}$. Explique ta réponse.

13. La période radioactive La période radioactive du ruthénium 106 est de 1 an. La désintégration du ruthénium 106 peut donc être représentée par l'équation exponentielle

$$A_R = A_D \left(\dfrac{1}{2}\right)^t$$

où t représente le temps écoulé en années. Si un échantillon de départ de ruthénium 106 avait une masse de 128 mg et qu'il reste 2 mg, combien de temps s'est-il écoulé ?

B

14. L'industrie papetière On utilise du strontium 90 dans les appareils qui contrôlent l'épaisseur du papier au cours du processus de fabrication. La période radioactive du strontium 90 est de 28 ans. Détermine le temps écoulé s'il reste la fraction suivante de l'échantillon de départ :

a) $\dfrac{1}{4}$ **b)** $\dfrac{1}{8}$ **c)** $\dfrac{1}{32}$

15. Application La demi-vie biologique de l'hormone thyroïdienne T4 est d'environ 6,5 jours. Si une dose de T4 n'est pas suivie d'autres doses :
a) quelle fraction de la dose initiale restera-t-il dans l'organisme après 19,5 jours ?

b) combien de temps s'écoulera-t-il avant qu'il ne reste plus que 6,25 % de la dose initiale ?

16. La plongée en scaphandre autonome Le pourcentage de la lumière solaire, s, qui éclaire une plongeuse ou un plongeur dans l'eau peut être représenté par l'équation $s = 0,8^p \times 100\,\%$

où p représente la profondeur où se trouve la plongeuse ou le plongeur en mètres.
a) À quelle profondeur le pourcentage de la lumière solaire est-il de 64 % ?
b) Quel pourcentage de la lumière solaire, à l'unité près, éclaire la plongeuse ou le plongeur à une profondeur de 10 m ?

17. Application Détermine la période radioactive de chaque isotope.

a) Après 30 h, il ne reste plus que $\dfrac{1}{64}$ de la masse de départ d'un échantillon de plutonium 243.

b) Après 40,8 années, il ne reste plus que 25 % de la masse de départ d'un échantillon de plomb 210.

c) Après 2 min, il ne reste plus que 6,25 % de la masse de départ d'un échantillon de radium 221.

18. La circulation On utilise le sodium 24 pour diagnostiquer les troubles circulatoires. La période radioactive du sodium 24 est de 14,9 h. Un hôpital achète un échantillon de 40 mg de sodium 24. Après combien de temps n'en restera-t-il que 2,5 mg ?

19. Résous les équations suivantes.

a) $\dfrac{27^x}{9^{2x-1}} = 3^{x+4}$ **b)** $27^x(9^{2x-1}) = 3^{x+4}$ **c)** $27^{x+1} = \left(\dfrac{1}{9}\right)^{2x-5}$

20. Résous les équations suivantes.
a) $2^{x^2+2x} = 2^{x+6}$ **b)** $3^{x^2-2x} = 3^{x-2}$ **c)** $2^{2x^2-3x} = 2^{x^2-2x+12}$

C

21. La période radioactive Après huit jours, la masse d'un échantillon de vanadium 48 ne représente plus que $\dfrac{1}{\sqrt{2}}$ de la masse de départ. Détermine la période radioactive du vanadium 48.

22. Résous les équations et vérifie tes solutions.

a) $\dfrac{2^{2x+1}}{2^{x-3}} = 4$ **b)** $\dfrac{9^{x+4}}{27^{x-1}} = 81$ **c)** $\dfrac{8^{x+2}}{4^{x+3}} = 16^{x-3}$

23. Détermine x et y si $\dfrac{16^{x+2y}}{8^{x-y}} = 32$ et $\dfrac{32^{x+3y}}{16^{x+2y}} = \dfrac{1}{8}$.

La microbiologie est la science qui étudie les micro-organismes. Ces êtres vivants, trop petits pour être examinés à l'œil nu, ont commencé à être étudiés quand on a inventé le microscope. Les bactéries, les champignons, les algues et les virus sont des micro-organismes.

Les gens craignent les bactéries, car certaines d'entre elles causent des maladies chez les êtres vivants. Pourtant, on utilise un grand nombre de bactéries inoffensives dans la vie de tous les jours. Par exemple, on utilise des bactéries pour fabriquer du yogourt et du fromage à partir du lait, pour traiter les eaux usées et pour fabriquer des antibiotiques comme la pénicilline.

1. Les bactéries a) Le nombre de bactéries dans une culture est multiplié par 2 toutes les 7 h. Explique comment l'équation $N = N_0(2)^{\frac{t}{7}}$ représente le nombre de bactéries dans une culture. Définis chaque terme de l'équation.

b) Dans la culture en a), s'il y a 100 000 bactéries à un certain moment, combien d'heures plus tard y en aura-t-il 800 000 ? 6 400 000 ? 25 600 000 ?

c) Dans une culture différente, le nombre de bactéries passe de 15 000 à 240 000 en 24 h. Combien de temps faudra-t-il encore pour que le nombre de bactéries atteigne 480 000 ?

d) Écris une équation qui représente le nombre de bactéries dans la culture en c)

2. Recherche Utilise tes habiletés dans la recherche pour te renseigner sur les points suivants.

a) la scolarité et la formation nécessaires pour faire carrière en microbiologie, et les entreprises qui emploient des microbiologistes ;

b) un aspect de la microbiologie qui est important au Canada.

Défi NOMBRES

Tu as 1023 pièces de monnaie. Comment peux-tu les répartir dans 10 sacs de façon que, si l'on te demande n'importe quel nombre de pièces, tu puisses les donner sans avoir à ouvrir un sac ?

APPROFONDISSEMENT TECHNOLOGIQUE
La résolution d'équations exponentielles à l'aide d'une calculatrice à affichage graphique

La résolution de façon graphique

L'une des méthodes permettant de résoudre l'équation $2^{3x-2} = 4$ à l'aide d'une calculatrice à affichage graphique consiste à entrer les équations $y = 2^{3x-2}$ et $y = 4$ dans l'éditeur Y =, de représenter graphiquement les équations et d'utiliser l'opération *Intersect* pour trouver l'abscisse x du point d'intersection. Au besoin, tu peux utiliser la ▸fonction *Frac* pour afficher la solution sous forme de fraction.

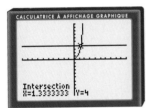 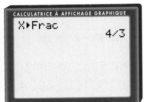

Une autre méthode consiste à réécrire l'équation sous la forme $2^{3x-2} - 4 = 0$, à représenter l'équation $y = 2^{3x-2} - 4$ et à utiliser l'opération *Zéro* pour trouver l'abscisse à l'origine de la courbe.

 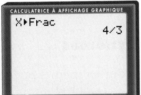

1. Explique pourquoi les deux méthodes décrites ci-dessus sont équivalentes.

2. Résous de façon graphique les équations ci-après.

a) $2^{x-3} = 8$ **b)** $5^{2x-1} = \dfrac{1}{25}$

c) $8^{4x+1} = 2$ **d)** $9^{3x+4} = 3^{2x+1}$

e) $\left(\dfrac{1}{4}\right)^{3x-1} = \left(\dfrac{1}{16}\right)^{x+1}$ **f)** $3(6^{2x-3}) = 108$

g) $2^{x+1} - 2^{x+3} = -6$ **h)** $5^{x+1} + 5^{x+2} = 750$

i) $\dfrac{2^{x+1}}{4^{x-1}} = 2^x$

3. Essaie de résoudre chaque équation de façon graphique. Explique tes résultats.

a) $3^{2x-2} = 9^{x-1}$ **b)** $2^{3x+2} = -2$

La résolution de façon algébrique

Certaines calculatrices à affichage graphique comme la TI-92 et la TI-92 Plus ont une fonction *Solve*, capable de résoudre des équations exponentielles de façon algébrique.

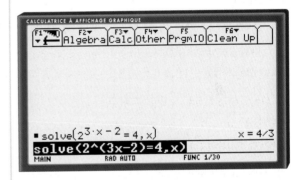

4. Résous les équations ci-après de façon algébrique à l'aide d'une calculatrice à affichage graphique.

a) $7^{2x+4} = 49$ **b)** $-8^{2x+3} = -4^{2-x}$

c) $0,001^{\frac{x}{4}} = 0,1$ **d)** $10(5^{6x+1}) = 6250$

e) $8^{x-1} - 8^{x-2} = 7$ **f)** $9^{2x} = \dfrac{27^{x+1}}{81^{1-x}}$

5. Essaie de résoudre les équations ci-après de façon algébrique à l'aide d'une calculatrice à affichage graphique. Explique tes résultats.

a) $(-4)^{1-2x} = -16$ **b)** $4^{3x+3} = 8^{2x+2}$

1.4 Révision : l'addition, la soustraction et la multiplication de polynômes

Concepts clés

- Pour additionner des polynômes, groupe les termes semblables.
- Pour soustraire un polynôme, additionne son opposé.
- Pour multiplier un polynôme par un monôme, fais appel à la distributivité afin de multiplier chaque terme du polynôme par le monôme.
- Pour multiplier deux binômes, applique la loi de la distributivité ou utilise la méthode PEMD.
- Pour multiplier deux polynômes, multiplie chaque terme du premier polynôme par chaque terme du second.

Communique ce que tu as compris

1. Décris comment tu simplifierais chacune des expressions ci-après.

a) $(2x^2 + 5x + 1) + (x^2 - 3x - 4)$ **b)** $(3x^2 - 2x - 4) - (x^2 + x - 5)$

2. Décris comment tu développerais et simplifierais l'expression $2x(x + 1) - 3x(x - 4)$.

3. Décris comment tu développerais et simplifierais chacune des expressions ci-après.

a) $(3x + 1)(2x - 3)$ **b)** $-2(x - 2)(2x + 1)$

c) $(x + 1)(x - 2) - (x - 3)(x + 2)$

L'addition et la soustraction de polynômes

Tu te souviens que les termes comme $8x$ et $5x$, qui ont les mêmes facteurs variables, portent le nom de termes semblables. Pour simplifier une expression contenant des termes semblables, additionne leurs coefficients.

EXEMPLE 1   L'addition de polynômes

Simplifie $(4x^2 - 7x - 5) + (2x^2 - x + 3)$.

SOLUTION

Pour additionner des polynômes, groupe leurs termes semblables.

$$\begin{aligned}
(4x^2 - 7x - 5) + (2x^2 - x + 3) &= 4x^2 - 7x - 5 + 2x^2 - x + 3 \\
&= 4x^2 + 2x^2 - 7x - x - 5 + 3 \\
&= 6x^2 - 8x - 2
\end{aligned}$$

EXEMPLE 2 **La soustraction de polynômes**

Simplifie $(4s^2 + 5st - 7t^2) - (6s^2 + 3st - 2t^2)$.

SOLUTION

Pour soustraire un polynôme, additionne son opposé.
Multiplie par -1 chaque terme à soustraire.

$$\begin{aligned}
(4s^2 + 5st - 7t^2) - (6s^2 + 3st - 2t^2) &= (4s^2 + 5st - 7t^2) - 1(6s^2 + 3st - 2t^2) \\
&= 4s^2 + 5st - 7t^2 - 6s^2 - 3st + 2t^2 \\
&= 4s^2 - 6s^2 + 5st - 3st - 7t^2 + 2t^2 \\
&= -2s^2 + 2st - 5t^2
\end{aligned}$$

Exercices

1. Simplifie les expressions.

a) $(3x^2 - x + 2) + (4x^2 + 3x - 1)$

b) $(2t^2 + 5t - 7) + (3t^2 - 4t + 6)$

c) $(7m^2 - mn - 8n^2) + (6m^2 + 9mn + 11n^2)$

d) $(-4y^2 + 2xy - 6x^2) + (5y^2 - 6xy + 7y^2)$

e) $(3xy - 2x + 7) + (6xy + 5x - 3)$

f) $(5x + 3y - 8xy) + (6xy + 2x - 5y)$

2. Simplifie les expressions.

a) $(3x^2 - 7x + 3) - (x^2 + 5x - 2)$

b) $(5s^2 + 8s - 12) - (6s^2 - s + 4)$

c) $(9x^2 - 4xy - y^2) - (6y^2 + 3xy + 10x^2)$

d) $(-r^2 + 4rs + s^2) - (6r^2 - rs + 11s^2)$

e) $(3x + 4y - 5z) - (x - y - z)$

f) $(5m - 3n) - (2m - 7n + 4)$

3. Additionne la somme de $3x^2 - 6x + 5$ et $-3x^2 + 6$ à $-x^2 - x - 1$.

4. Additionne $4x + 2y - 7$ à la somme de $-2x + 3y - 2$ et $3x + y - 4$.

5. Soustrais $3t^2 + 4t - 7$ de la somme de $2t^2 - 5t + 3$ et $4t^2 + 2t + 3$.

6. Soustrais la somme de $m^2 + 2m - 3$ et $4m^2 - m + 2$ de $3m^2 + 4m - 1$.

7. **La mesure** Soit un triangle dont le périmètre est égal à $5x - 2y + 3z$. Si deux des côtés mesurent respectivement $3y + z$ et $4x - y + z$, , quelle est la longueur du troisième côté?

Multiplier des polynômes par des monômes

Pour multiplier un polynôme par un monôme, fais appel à la distributivité afin de multiplier chaque terme du polynôme par le monôme.

EXEMPLE 3 Le développement

Développe $3a(2a^2 - 4a - 5)$.

SOLUTION

Fais appel à la distributivité.

$$3a(2a^2 - 4a - 5) = 3a(2a^2 - 4a - 5)$$
$$= 6a^3 - 12a^2 - 15a$$

EXEMPLE 4 Le développement et la simplification

Développe et simplifie $2x(3x - 5) - 4x(x - 7) + 3x(x - 1)$.

SOLUTION

Fais appel à la distributivité pour supprimer les parenthèses.
Puis, groupe les termes semblables.

$$2x(3x - 5) - 4x(x - 7) + 3x(x - 1) = 2x(3x - 5) - 4x(x - 7) + 3x(x - 1)$$
$$= 6x^2 - 10x - 4x^2 + 28x + 3x^2 - 3x$$
$$= 6x^2 - 4x^2 + 3x^2 - 10x + 28x - 3x$$
$$= 5x^2 + 15x$$

Lorsqu'il y a plus d'une série de parenthèses, simplifie l'expression pour supprimer d'abord les parenthèses les plus intérieures.

EXEMPLE 5 Plus d'une série de parenthèses

Développe et simplifie $2[3(2x + 3) - 2(x - 1)]$.

SOLUTION

$$2[3(2x + 3) - 2(x - 1)] = 2(6x + 9 - 2x + 2)$$
$$= 2(4x + 11)$$
$$= 8x + 22$$

Exercices

8. Développe les expressions ci-après.

a) $2(3x + 4)$ **b)** $-5(2 - 3x)$

c) $4y(2y - 3)$ **d)** $-3(3m + 2n)$

e) $2t(4s - 5t)$ **f)** $4(2b^2 + b - 1)$

g) $-2(q^2 - 5b - 4)$ **h)** $3p(2p^2 - p + 4)$

i) $-4g(1 + 3g - 3g^2)$

g) $2(1 - 3s + 2s^2) - (1 - 4s + 5s^2)$

h) $4x(x - 1) + 6x(x + 3)$

i) $3a(2a + 3) + 5a(a - 4) - a(4a + 1)$

j) $2m(1 - 2m) - (2m - 3) + m$

k) $-4x(2x - 1) - x(1 - 2x) + 2x(x + 4)$

l) $2r(3 - r) + 4r(5r + 3) - r(5 - 2r)$

9. Développe et simplifie les expressions ci-après.

a) $2(x - 4) - 3(x - 5)$

b) $3(y^2 - 9x + 5) - 5(y - 4)$

c) $5(3x - 4y) - (2x - 5y) + 7$

d) $4(a - 2b - c) - 6(4a + 2b - 6c)$

e) $3(2x - 9) - 3 - (4x + 1) + 2$

f) $7(3t - 1) - 4(5t + 2) - 6$

10. Développe et simplifie les expressions ci-après.

a) $3[5 + 4(x - 7)]$

b) $-3[2(x - 5) - 4(2x - 3)]$

c) $2[3(2t - 4) + 5(t + 3)]$

d) $4[1 - 2(3y - 1)] + 2[4(y - 6) - 1]$

e) $2x[x + 2(x - 3)] - x(3x - 4)$

f) $3y[1 - y(y - 3)] - [2 - y(y - 4)]$

Multiplier des polynômes

Tu peux faire appel à la distributivité pour multiplier deux binômes.

EXEMPLE 6   L'application de la loi de la distributivité

Développe et simplifie $(2x + 3)(4x - 5)$.

SOLUTION

$$
\begin{aligned}
(2x + 3)(4x - 5) &= 2x(4x - 5) + 3(4x - 5) \\
&= 8x^2 - 10x + 12x - 15 \\
&= 8x^2 + 2x - 15
\end{aligned}
$$

Dans l'exemple 6, on peut obtenir le même résultat en multipliant chaque terme du premier binôme par chaque terme du second. L'abréviation PEMD peut t'aider à te rappeler cette méthode : additionne les produits des Premiers termes, des termes Extérieurs, des termes Médians et des Derniers termes.

$$
\begin{aligned}
(2x + 3)(4x - 5) &= (2x + 3)(4x - 5) \\
&= 8x^2 - 10x + 12x - 15 \\
&= 8x^2 + 2x - 15
\end{aligned}
$$

EXEMPLE 7 **Le développement et la simplification**

Développe et simplifie $3(x - 4)(x + 2) - 2(x + 5)(x - 3)$.

SOLUTION

$$3(x - 4)(x + 2) - 2(x + 5)(x - 3) = 3(x - 4)(x + 2) - 2(x + 5)(x - 3)$$
$$= 3(x^2 + 2x - 4x - 8) - 2(x^2 - 3x + 5x - 15)$$
$$= 3(x^2 - 2x - 8) - 2(x^2 + 2x - 15)$$
$$= 3x^2 - 6x - 24 - 2x^2 - 4x + 30$$
$$= x^2 - 10x + 6$$

Rappelle-toi que certaines calculatrices à affichage graphique comme les modèles TI-92 et TI-92 Plus peuvent effectuer des opérations portant sur des polynômes.

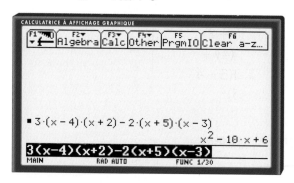

Pour trouver le produit de deux polynômes, multiplie chaque terme du premier polynôme par chaque terme du second. Puis, groupe les termes semblables.

EXEMPLE 8 **La multiplication de trinômes**

Développe et simplifie $(x^2 - 3x - 1)(2x^2 + x - 2)$.

SOLUTION

$$(x^2 - 3x - 1)(2x^2 + x - 2) = 2x^4 + x^3 - 2x^2 - 6x^3 - 3x^2 + 6x - 2x^2 - x + 2$$
$$= 2x^4 + x^3 - 6x^3 - 2x^2 - 3x^2 - 2x^2 + 6x - x + 2$$
$$= 2x^4 - 5x^3 - 7x^2 + 5x + 2$$

EXEMPLE 9 L'élévation au carré d'un trinôme

Développe et simplifie $(y^2 - 2y + 5)^2$.

SOLUTION

$$
\begin{aligned}
(y^2 - 2y + 5)^2 &= (y^2 - 2y + 5)(y^2 - 2y + 5) \\
&= y^4 - 2y^3 + 5y^2 - 2y^3 + 4y^2 - 10y + 5y^2 - 10y + 25 \\
&= y^4 - 4y^3 + 14y^2 - 20y + 25
\end{aligned}
$$

Exercices

11. Développe et simplifie les expressions ci-après.

a) $(x - 7)(x + 6)$ **b)** $(t - 5)(t + 8)$

c) $(y - 3)(y - 9)$ **d)** $(3y - 1)(4y + 7)$

e) $(4x + 3)(2x + 7)$ **f)** $(5 + 2m)(3 - 4m)$

g) $2(8 - x)(5x + 2)$ **h)** $3(2x - 5)^2$

i) $-(5x - 6)(5x + 6)$

12. Développe et simplifie les expressions ci-après.

a) $(7x + 2y)(8x - 7y)$

b) $(3s + t)(2s - 3t)$

c) $(4x - 5y)(3x - 10y)$

d) $3(6w - 11x)(w + 3x)$

e) $(5x^2 - 4x)(3x^2 + 2x)$

f) $(2m - 3m^2)(m^2 + 2m)$

g) $(3x - 4y)^2$

h) $-2(5x + 6y)(5x - 6y)$

i) $5(1 - xy)(1 + xy)$

13. Développe et simplifie les expressions ci-après.

a) $(x - 7)(x + 1) + (x + 6)(x + 2)$

b) $(2t - 1)(t + 4) - (t + 6)(3t + 2)$

c) $2(x - 4)(x + 3) + 5(2x - 1)(x + 6)$

d) $2(2y - 5)(y - 4) - (5y - 3)(y + 4)$

e) $2(m - 3)(m - 4) - 3(m + 5)^2$

f) $3(2x + 3)^2 - (x - 5)^2 - (3x - 4)(x - 5)$

g) $5(2y - 5)(2y + 5) - 4(y - 2)(y + 3) - (2y + 1)^2$

h) $5t^2 - (t - 3)^2 - 2(t^2 - 5t) + 2(2t + 3)^2$

i) $4(x^2 - 3xy) - (x + y)^2 - 2(x - y)(x + y) + 5$

j) $(2r + 3t)(r - t) - 4(r - 2t)^2 + 5(r^2 - t^2)$

Application, résolution de problèmes, communication

14. Communication a) Explique comment le diagramme illustre le produit $(2x + 1)(x + 2y + 3)$.
b) Énonce le produit sous sa forme simplifiée.

	x +	2y +	3
2x	$2x^2$	$4xy$	$6x$
+ 1	x	$2y$	3

15. Développe et simplifie les expressions ci-après.

a) $(x + 3)(x^2 + 2x + 4)$
b) $(y - 2)(y^2 - y - 5)$
c) $(3m + 2)(2m^2 + 3m - 4)$
d) $(t^2 - 5t - 7)(2t + 1)$
e) $(x^2 + 2x - 1)(x^2 - x - 4)$
f) $(y - 2)(y^3 - 2y^2 + 3y - 1)$
g) $(3a^2 - 4a + 2)(a^2 - a - 5)$
h) $(x^3 - 7)(3x^3 + 7)$
i) $(x^2 - 4x + 1)^2$
j) $(2n^2 - n - 1)^2$
k) $(2a - b + 3c)^2$
l) $(2x - 1)(x^3 - 2x^2 + 5x - 3)$
m) $2(x - 1)(x^2 - 3x + 2) - (2x^2 - 3x + 4)(2x + 3)$
n) $4(x - y + z)(x - 2y - 3z) - (x + y + z)^2 - (x - y - 2z)$
o) $(3x - 5)[3 + (2x + 4)(x - 1)]$

16. **a)** Développe $(x + 1)(x + 2)$. Multiplie ensuite le résultat par $x - 3$ et simplifie.

b) Développe $(x + 1)(x - 3)$. Multiplie ensuite le résultat par $x + 2$ et simplifie.

c) Développe $(x - 3)(x + 2)$. Multiplie ensuite le résultat par $x + 1$ et simplifie.

d) L'ordre dans lequel tu multiplies trois binômes modifie-t-il le résultat ?

17. Développe et simplifie les expressions suivantes.

a) $(2x + 1)(x - 3)(4x - 5)$
b) $(x + 2y)(x - 3y)(2x - y)$
c) $(a + b + c + d)^2$

18. **La mesure** Soit le prisme à base rectangulaire ci-contre, dont les dimensions sont représentées par des binômes.

a) Écris une expression simplifiée représentant l'aire du prisme.

b) Écris une expression simplifiée représentant le volume du prisme.

c) Si x égale 7 cm, quelle est l'aire du prisme ? Quel est son volume ?

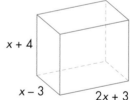

19. **Application** Écris une expression représentant l'aire de la partie ombrée, puis simplifie-la.

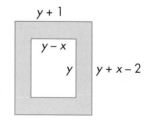

20. **Recherche et résolution de problèmes** Le produit de deux binômes est-il toujours un trinôme ? Explique ta réponse.

21. Développe et simplifie les expressions suivantes.

a) $\left(x + \dfrac{1}{x}\right)\left(x - \dfrac{1}{x}\right)$
b) $\left(y - \dfrac{2}{y}\right)\left(y + \dfrac{3}{y}\right)$

1.5 La simplification d'expressions rationnelles

Officiellement, le Canada a deux sports nationaux : la crosse et le hockey. Le jeu de crosse aurait été inventé par les tribus algonquines de la vallée du Saint-Laurent. Ce sport, très populaire à la fin du XIXe siècle, a jadis fait partie des disciplines olympiques. Les équipes canadiennes de crosse ont remporté la médaille d'or aux Jeux olympiques d'été de 1904 et de 1908.

Il existe deux types de jeux de crosse : la crosse en stade, qui se joue à l'intérieur, et la crosse sur terrain. Lorsqu'elle est pratiquée selon les règlements internationaux, la crosse sur terrain se joue sur un terrain rectangulaire dont la largeur peut être représentée par x et l'aire, par le polynôme $2x^2 - 10x$. Par conséquent, la longueur du terrain peut être représentée par l'expression $\dfrac{2x^2 - 10x}{x}$.

$$x \boxed{\quad 2x^2 - 10x \quad}$$

Cette expression est un exemple d'**expression rationnelle**, autrement dit un quotient dont le numérateur et le dénominateur sont des polynômes. Les expressions suivantes sont également des expressions rationnelles.

$$\frac{3}{x+2} \qquad \frac{y-4}{7} \qquad \frac{x+1}{x+3} \qquad \frac{5y}{y^2-1} \qquad \frac{a^2+b^2}{a^2-b^2}$$

EXPLORATION ET RECHERCHE

1. a) Factorise l'expression de l'aire d'un jeu de crosse, $2x^2 - 10x$, par mise en évidence de x.

b) Inscris l'autre facteur et explique pourquoi il représente la longueur du terrain.

c) Décris comment tu simplifierais l'autre expression représentant la longueur, $\dfrac{2x^2 - 10x}{x}$, pour obtenir la même expression qu'en b).

2. Soit le rectangle à droite dont la largeur est $2y$ et l'aire $2y^2 + 6y$.

a) Factorise l'expression de l'aire par mise en évidence de $2y$.

b) Inscris l'autre facteur et explique pourquoi il représente la longueur.

$$2y \boxed{\quad 2y^2 + 6y \quad}$$

c) Utilise la largeur et l'aire pour écrire une expression rationnelle représentant la longueur.

d) Décris comment tu simplifierais l'expression rationnelle obtenue en c) pour obtenir la même expression qu'en b).

3. Utilise les résultats des questions 1 et 2 pour écrire une règle permettant de simplifier une expression rationnelle dans laquelle le dénominateur est un monôme qui est un facteur du numérateur.

4. Utilise ta règle pour simplifier les expressions suivantes.

a) $\dfrac{4t^2 + 8t}{4t}$ **b)** $\dfrac{10m^3 + 5m^2 + 15m}{5m}$ **c)** $\dfrac{6r^4 - 3r^3 + 6r^2}{3r^2}$

5. Les expressions de la question 1 représentent les dimensions d'un terrain de crosse utilisé aussi bien pour la crosse masculine que pour la crosse féminine.

a) À la crosse féminine, dont les équipes comportent 12 joueuses, x égale 60 m. Quelles sont les dimensions du terrain en mètres ?

b) À la crosse masculine, dont les équipes comportent 10 joueurs, x égale 55 m. Quelles sont les dimensions du terrain en mètres ?

Exemple 1 Un monôme comme dénominateur

Simplifie $\dfrac{24x^3 + 6x^2 + 12x}{6x}$. Énonce la restriction qui s'applique à la variable.

Solution

$$\dfrac{24x^3 + 6x^2 + 12x}{6x}$$

Factorise le numérateur :

$$= \dfrac{6x(4x^2 + x + 2)}{6x}$$

Divise numérateur et dénominateur par le facteur commun, $6x$:

$$= \dfrac{\overset{1}{\cancel{6x}}(4x^2 + x + 2)}{\cancel{6x}}$$

$$= 4x^2 + x + 2$$

La division par 0 n'étant pas définie, tu dois exclure les valeurs de x pour lesquelles $6x = 0$.

$6x = 0$ lorsque $x = 0$, donc $x \neq 0$

Par conséquent, $\dfrac{24x^3 + 6x^2 + 12x}{6x} = 4x^2 + x + 2, \ x \neq 0$

Les valeurs exclues constituent des restrictions qui s'appliquent à la variable.

On aurait pu utiliser une autre méthode pour trouver la solution de l'exemple 1, puisque la loi de la distributivité s'applique également à la division.

Par exemple, $\dfrac{3}{7} = \dfrac{2+1}{7}$

$$= \dfrac{2}{7} + \dfrac{1}{7}$$

Donc, $\dfrac{24x^3 + 6x^2 + 12x}{6x} = \dfrac{24x^3}{6x} + \dfrac{6x^2}{6x} + \dfrac{12x}{6x}$

$$= 4x^2 + x + 2,\ x \neq 0$$

EXEMPLE 2 Un binôme comme dénominateur

Exprime $\dfrac{x}{2x^2 - 4x}$ sous sa forme la plus simple. Énonce les restrictions qui s'appliquent à la variable.

SOLUTION

$$\dfrac{x}{2x^2 - 4x}$$

Factorise le dénominateur : $= \dfrac{x}{2x(x-2)}$

Divise numérateur et dénominateur par le facteur commun, x : $= \dfrac{\overset{1}{\cancel{x}}}{2\cancel{x}(x-2)}$

$$= \dfrac{1}{2(x-2)}$$

Exclus les valeurs de x pour lesquelles $2x^2 - 4x = 0$.
$2x^2 - 4x = 2x(x-2)$, donc $2x^2 - 4x = 0$ lorsque $2x(x-2) = 0$

$2x = 0$ ou $x - 2 = 0$

$x = 0$ ou $x = 2$

Par conséquent, $\dfrac{x}{2x^2 - 4x} = \dfrac{1}{2(x-2)},\ x \neq 0,\ 2.$

EXEMPLE 3 La suppression d'un facteur commun impliquant −1

Simplifie $\dfrac{3-2x}{4x-6}$. Énonce les restrictions qui s'appliquent à la variable.

SOLUTION

$$\dfrac{3-2x}{4x-6}$$

Factorise le dénominateur : $$=\dfrac{3-2x}{2(2x-3)}$$

Factorise le numérateur par mise en évidence de −1 : $$=\dfrac{-1(2x-3)}{2(2x-3)}$$

Divise numérateur et dénominateur par le facteur commun, $(2x-3)$: $$=\dfrac{-1(\cancel{2x-3})}{2(\cancel{2x-3})}$$

$$=\dfrac{-1}{2} \text{ ou } -\dfrac{1}{2}$$

Exclus les valeurs de x pour lesquelles $4x-6=0$.
$4x-6=0$ lorsque $2(2x-3)=0$.

$$2x-3=0$$
$$x=\dfrac{3}{2}$$

Par conséquent, $\dfrac{3-2x}{4x-6}=-\dfrac{1}{2}$, $x\neq\dfrac{3}{2}$.

EXEMPLE 4 Un trinôme comme numérateur et comme dénominateur

Exprime $\dfrac{x^2+3x-10}{x^2+8x+15}$ sous sa forme la plus simple. Énonce les restrictions

qui s'appliquent à la variable.

SOLUTION

$$\dfrac{x^2+3x-10}{x^2+8x+15}$$

Factorise le numérateur et le dénominateur : $$=\dfrac{(x+5)(x-2)}{(x+5)(x+3)}$$

Divise numérateur et dénominateur par le facteur commun, $(x+5)$: $$=\dfrac{(\cancel{x+5})(x-2)}{(\cancel{x+5})(x+3)}$$

$$=\dfrac{x-2}{x+3}$$

Exclus les valeurs de x pour lesquelles $x^2 + 8x + 15 = 0$.

$x^2 + 8x + 15 = (x + 5)(x + 3)$, donc $x^2 + 8x + 15 = 0$ lorsque $(x + 5)(x + 3) = 0$

$$x + 5 = 0 \text{ ou } x + 3 = 0$$
$$x = -5 \quad \text{ou} \quad x = -3$$

Par conséquent, $\dfrac{x^2 + 3x - 10}{x^2 + 8x + 15} = \dfrac{x - 2}{x + 3}$, $x \neq -5, -3$.

EXEMPLE 5 Un trinôme comme numérateur et comme dénominateur

Simplifie $\dfrac{2y^2 - y - 15}{4y^2 - 13y + 3}$. Énonce les restrictions qui s'appliquent à la variable.

SOLUTION

$$\frac{2y^2 - y - 15}{4y^2 - 13y + 3}$$

Factorise le numérateur et le dénominateur :
$$= \frac{(y - 3)(2y + 5)}{(4y - 1)(y - 3)}$$

Divise numérateur et dénominateur par le facteur commun, $(y - 3)$:
$$= \frac{\overset{1}{(y - 3)}(2y + 5)}{(4y - 1)\underset{1}{(y - 3)}}$$

$$= \frac{2y + 5}{4y - 1}$$

Exclus les valeurs de x pour lesquelles $4y^2 - 13y + 3 = 0$.

$4y^2 - 13y + 3 = (4y - 1)(y - 3)$, donc $4y^2 - 13y + 3 = 0$ lorsque $(4y - 1)(y - 3) = 0$

$$4y - 1 = 0 \quad \text{ou } y - 3 = 0$$
$$y = \frac{1}{4} \quad \text{ou} \quad y = 3$$

Par conséquent, $\dfrac{2y^2 - y - 15}{4y^2 - 13y + 3} = \dfrac{2y + 5}{4y - 1}$, $y \neq \dfrac{1}{4}, 3$.

Concepts clés

- Pour simplifier une expression rationnelle :
  a) factorise le numérateur et le dénominateur ;
  b) divise numérateur et dénominateur par les facteurs communs.

- Pour énoncer les restrictions qui s'appliquent à la variable d'une expression rationnelle, détermine les valeurs de la variable pour lesquelles le dénominateur égale 0 et exclus-les.

1. Explique pourquoi $x \neq 3$ est une restriction qui s'applique à la variable dans l'expression $\dfrac{x+4}{x-3}$.

2. Décris comment tu simplifierais $\dfrac{x^2 - x}{x}$.

3. a) Décris comment tu simplifierais $\dfrac{x^2 + 3x + 2}{x^2 - x - 2}$.

b) Décris comment tu déterminerais les restrictions qui s'appliquent à la variable.

4. Écris une expression ne comportant qu'une variable pour le dénominateur d'une expression rationnelle, si les restrictions qui s'appliquent à la variable sont $x \neq 2, -3$.

Exercices

Énonce, dans chaque cas, les restrictions qui s'appliquent à la variable.

A

1. Simplifie les expressions ci-après.

a) $\dfrac{3t^3 + 6t^2 - 15t}{3t}$ **b)** $\dfrac{6a^2 + 9a}{12a^2}$

c) $\dfrac{10y^4 + 5y^3 - 15y^2}{5y}$

d) $\dfrac{14n^4 - 4n^3 + 6n^2 + 8n}{2n^2}$

e) $\dfrac{4m^2 - 8mn}{4mn}$ **f)** $\dfrac{-6x^2y^3}{-18x^3y}$

g) $\dfrac{16a^2bc}{4a^2b^2c^2}$ **h)** $\dfrac{-4x^4y^2z}{20x^3y^3z}$

i) $\dfrac{21m(m-4)}{7m^2}$

2. Écris les expressions ci-après sous leur forme la plus simple.

a) $\dfrac{5x}{5(x+4)}$ **b)** $\dfrac{8t^2(t+5)}{4t(t-5)}$

c) $\dfrac{7x(x-3)}{14x^2(x-3)}$ **d)** $\dfrac{(m-1)(m+2)}{(m+4)(m-1)}$

e) $\dfrac{2x}{2x+8}$ **f)** $\dfrac{y^2}{y^2 + 2y}$

g) $\dfrac{10x}{5x^2 - 15x}$ **h)** $\dfrac{4x}{16x^3 - 12x}$

i) $\dfrac{3xy}{6x^2y - 12xy^2}$

3. Simplifie les expressions ci-après.

a) $\dfrac{6t - 36}{t - 6}$ **b)** $\dfrac{4m + 24}{8m - 24}$

c) $\dfrac{5x - 10}{3x - 6}$ **d)** $\dfrac{a^2 + 2a}{a^2 - 3a}$

e) $\dfrac{8x^2 + 4x}{6x^2 + 3x}$ **f)** $\dfrac{2x^2 - 2x}{2x^2 + 2x}$

g) $\dfrac{4x + 4y}{5x + 5y}$ **h)** $\dfrac{4a^2b + 8ab}{6a^2 - 6a}$

i) $\dfrac{5xy + 10x}{2y^2 + 4y}$

4. Écris les expressions ci-après sous leur forme équivalente la plus simple.

a) $\dfrac{m - 2}{m^2 - 5m + 6}$ **b)** $\dfrac{y^2 + 10y + 25}{y + 5}$

c) $\dfrac{2x + 6}{x^2 - 6x - 27}$ **d)** $\dfrac{r^2 - 4}{5r + 10}$

e) $\dfrac{a^2 + a}{a^2 + 2a + 1}$ **f)** $\dfrac{x^2 - 9}{2x^2y - 6xy}$

g) $\dfrac{2w + 2}{2w^2 + 3w + 1}$ **h)** $\dfrac{3t^2 - 8t + 4}{6t^2 - 4t}$

i) $\dfrac{8z + 6z^2}{9z^2 - 16}$ **j)** $\dfrac{5x^2 + 3xy - 2y^2}{3x^2 + 3xy}$

5. Simplifie les expressions ci-après.

a) $\dfrac{y - 2}{2 - y}$ **b)** $\dfrac{3 - x}{x - 3}$

c) $\dfrac{2t - 1}{4 - 8t}$ **d)** $\dfrac{6 - 10w}{15w - 9}$

e) $\dfrac{x^2 - 1}{1 - x^2}$ **f)** $\dfrac{1 - 4y^2}{8y^2 - 2}$

6. Simplifie les expressions ci-après.

a) $\dfrac{x^2 + 4x + 4}{x^2 + 5x + 6}$ **b)** $\dfrac{a^2 - a - 12}{a^2 - 9a + 20}$

c) $\dfrac{m^2 - 5m + 6}{m^2 + 2m - 15}$ **d)** $\dfrac{y^2 - 8y + 15}{y^2 - 25}$

e) $\dfrac{x^2 - 10x + 24}{x^2 - 12x + 36}$ **f)** $\dfrac{n^2 - n - 2}{n^2 + n - 6}$

g) $\dfrac{p^2 + 8p + 16}{p^2 - 16}$ **h)** $\dfrac{2t^2 - t - 1}{t^2 - 3t + 2}$

i) $\dfrac{6v^2 + 11v + 3}{4v^2 + 8v + 3}$ **j)** $\dfrac{6x^2 - 13x + 6}{8x^2 - 6x - 9}$

k) $\dfrac{3z^2 - 7z + 2}{9z^2 - 6z + 1}$ **l)** $\dfrac{2m^2 - mn - n^2}{4m^2 - 4mn - 3n^2}$

Application, résolution de problèmes, communication

7. Le drapeau de l'Ontario On peut représenter l'aire du drapeau de l'Ontario par le polynôme $x^2 + 3x + 2$ et sa largeur par $x + 1$.

a) Écris une expression rationnelle représentant la longueur du drapeau.

b) Écris l'expression sous sa forme la plus simple.

c) Si x égale 1 unité de longueur, quel est le rapport de la longueur à la largeur du drapeau de l'Ontario ?

B

8. Simplifie les expressions ci-après, si c'est possible.

a) $\dfrac{1 - x}{x - 1}$ **b)** $\dfrac{x - 1}{x + 1}$ **c)** $\dfrac{y^2 + 1}{y^2 - 1}$

d) $\dfrac{3t - 7}{3t - 7}$ **e)** $\dfrac{t^2 - s^2}{(s + t)^2}$ **f)** $\dfrac{x^3 - 2x^2 + 3x}{2x^2 - 4x + 6}$

9. Pour quelles valeurs de x les expressions rationnelles suivantes ne sont-elles pas définies ?

a) $\dfrac{2x - y}{x - y}$ **b)** $\dfrac{4x}{3x + y}$ **c)** $\dfrac{3}{x^3}$

d) $\dfrac{x^2}{x^3 - 8}$ **e)** $\dfrac{x^2 + 3x - 11}{x^2 - 1}$ **f)** $\dfrac{3x^2 + 5xy + 2y^2}{4x^2 - 9y^2}$

10. Communication Indique si chacune des expressions rationnelles suivantes est équivalente à l'expression $\dfrac{x+1}{x-1}$. Explique tes réponses.

a) $\dfrac{x+2}{x-2}$
   b) $\dfrac{x^2+x}{x^2-x}$
   c) $\dfrac{4+4x}{4x-4}$

d) $\dfrac{3x+1}{3x-1}$
   e) $\dfrac{(x+1)^2}{(x-1)^2}$
   f) $\dfrac{1+x}{1-x}$

11. Le cube Soit un cube dont l'arête a une longueur de x. Détermine le rapport du volume à l'aire. Simplifie l'expression, si c'est possible.

12. Application Soit une sphère dont le rayon est r. Détermine le rapport du volume à l'aire. Simplifie l'expression, si c'est possible.

13. Les régularités Voici les quatre premières figures de deux régularités.

Régularité 1

Régularité 2

a) Pour la régularité 1, exprime le nombre d'astérisques dans la $n$ième figure en fonction de n.

b) Pour la régularité 2, le nombre d'astérisques dans la $n$ième figure est représenté par le produit des binômes $(n + \blacktriangle)(n + \blacksquare)$, où $\blacktriangle$ et $\blacksquare$ sont des nombres entiers. Remplace $\blacktriangle$ et $\blacksquare$ dans le produit des binômes par les valeurs exactes.

c) Divise le polynôme obtenu en b) par l'expression obtenue en a).

d) Utilise le résultat obtenu en c) pour calculer combien il y a de fois d'astérisques de plus dans la 10e figure de la régularité 2 que dans la 10e figure de la régularité 1.

e) Si une figure de la régularité 1 comporte 20 astérisques, combien y a-t-il d'astérisques dans la figure correspondante de la régularité 2 ?

f) Si une figure de la régularité 2 comporte 1295 astérisques, combien y a-t-il d'astérisques dans la figure correspondante de la régularité 1 ?

14. La mesure Trouve le rapport de l'aire du carré à l'aire du trapèze. Simplifie l'expression, si c'est possible.

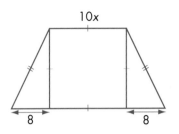

15. Le prisme à base rectangulaire Trouve le rapport du volume à l'aire du prisme rectangulaire représenté ci-contre. Simplifie l'expression, si c'est possible.

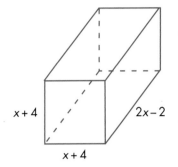

C

16. Écris des expressions rationnelles ne comportant qu'une variable de façon que les restrictions suivantes s'appliquent à la variable.

a) $x \neq 1$ **b)** $y \neq 0, -3$ **c)** $a \neq \dfrac{1}{2}, -\dfrac{3}{4}$ **d)** $t \neq -1, \pm\sqrt{3}$

17. La technologie a) Utilise une calculatrice à affichage graphique pour représenter graphiquement les équations $y = \dfrac{2x^2 + 3x}{x}$ et $y = 2x + 3$ dans la même fenêtre d'affichage standard.
Explique tes observations.
b) Affiche les tables de valeurs des deux équations. Compare-les et explique les valeurs de y lorsque $x = 0$.

18. Recherche et résolution de problèmes a) Soit un cône dont le rayon est r, la hauteur h et la longueur de la génératrice g. Trouve le rapport du volume à l'aire. Simplifie l'expression, si c'est possible.
b) Détermine les valeurs entières de r, h et g, qui permettent d'obtenir, pour le rapport établi en a), une valeur numérique de 1.

Défi MOTS

Lewis Carroll a inventé un jeu de vocabulaire appelé « doublets ». Le but de ce jeu est de transformer un mot en un autre mot en modifiant une lettre à la fois. Pour chaque changement de lettre, le mot créé doit exister. La meilleure solution est celle qui comprend le moins d'étapes. Modifie le mot ARIA pour le mot CLAN en ne changeant qu'une lettre à la fois.

1.6 La multiplication et la division d'expressions rationnelles

Le jeu de badminton a pris naissance en Angleterre vers 1870. Ce sport tire son nom de la demeure du duc de Beaufort, Badminton House, où l'on a joué pour la première fois au badminton. Aujourd'hui, plus de 50 pays, dont le Canada, font partie de la Fédération internationale de badminton.

EXPLORATION ET RECHERCHE

Pour les matches de badminton en équipe, il y a quatre courts de service.

La largeur de chaque court de service est égale à la moitié de la largeur du terrain. La longueur de chaque court de service est égale au tiers de la distance entre les lignes de service long. La largeur du terrain et la distance entre les lignes de service long peuvent être représentées par les expressions ci-dessous.

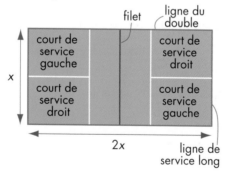

1. a) Écris une expression qui représente la largeur de chaque court de service.

b) Écris une expression qui représente la longueur de chaque court de service.

c) Écris une expression qui représente l'aire de chaque court de service.

Laisse le résultat sous la forme $\dfrac{\blacksquare}{\bullet} \times \dfrac{\blacksquare}{\blacktriangle}$, où chaque numérateur est un monôme et où $\bullet$ et $\blacktriangle$ représentent des nombres entiers.

2. a) Utilise les dimensions x et $2x$ pour écrire une expression qui représente l'aire totale du terrain.

b) Simplifie l'expression.

3. a) Quelle fraction de l'aire totale représente chaque court de service?

b) Écris cette fraction de l'expression que tu as écrite en 2b). Ne la simplifie pas.

4. Quel lien y a-t-il entre l'expression que tu as écrite en 3b) et l'expression représentant l'aire de chaque court de service, en 1c)? Explique ta réponse.

5. Soit le grand rectangle ci-contre, qui a $x - 1$ de large et $x + 5$ de long, et qui est divisé en 12 petits rectangles.

a) Écris une expression qui représente la largeur de chaque petit rectangle.

b) Écris une expression qui représente la longueur de chaque petit rectangle.

c) Écris une expression qui représente l'aire de chaque petit rectangle. Laisse

le résultat sous la forme $\dfrac{\blacksquare}{\bullet} \times \dfrac{\blacksquare}{\blacktriangle}$, où chaque numérateur est un binôme et

où $\bullet$ et $\blacktriangle$ représentent des nombres entiers.

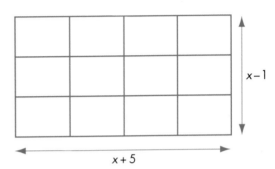

6. a) Utilise les dimensions $x - 1$ et $x + 5$ pour écrire une expression qui représente l'aire du grand rectangle.

b) Développe et simplifie l'expression.

7. a) Quelle fraction du grand rectangle représente chaque petit rectangle?

b) Écris cette fraction de l'expression que tu as écrite en 6b).

8. Quel lien y a-t-il entre les expressions obtenues en 5c) et en 7b)? Explique ta réponse.

9. Écris une règle permettant de multiplier des expressions rationnelles.

10. Multiplie les expressions ci-après. Simplifie le produit, si c'est possible.

a) $\dfrac{x}{3} \times \dfrac{y}{4}$

b) $\dfrac{3}{a} \times \dfrac{a^2}{b}$

c) $\dfrac{x^2}{2} \times \dfrac{4}{xy}$

d) $\dfrac{x+1}{3} \times \dfrac{x-1}{4}$

e) $\dfrac{3t}{2t+1} \times \dfrac{4}{t+2}$

f) $\dfrac{4x^2}{3y^3} \times \dfrac{9y^4}{8x^4}$

11. Dans les expressions qui représentent le terrain de badminton, x égale environ 6 m. Trouve l'aire de chaque court de service en mètres carrés.

On peut multiplier des expressions rationnelles de la même façon qu'on multiplie des fractions.

$$\frac{3}{4} \times \frac{5}{6}$$

Multiplie les numérateurs :
Multiplie les dénominateurs :
$$= \frac{3 \times 5}{4 \times 6}$$

$$= \frac{15}{24}$$

Divise numérateur et dénominateur par le facteur commun :
$$= \frac{5}{8}$$

Pour les expressions rationnelles $\dfrac{P}{Q}$ et $\dfrac{R}{S}$, $\dfrac{P}{Q} \times \dfrac{R}{S} = \dfrac{PR}{QS}$, Q, S $\neq$ 0.

EXEMPLE 1 La multiplication d'expressions rationnelles

Simplifie $\dfrac{3a^3}{2b^2} \times \dfrac{10b^3}{9a^2}$. Énonce les restrictions qui s'appliquent aux variables.

SOLUTION

$$\frac{3a^3}{2b^2} \times \frac{10b^3}{9a^2}$$

Multiplie les numérateurs :
Multiplie les dénominateurs :
$$= \frac{30a^3b^3}{18a^2b^2}$$

Divise numérateur et dénominateur par les facteurs communs :
$$= \frac{5ab}{3}$$

Exclus les valeurs pour lesquelles $2b^2 = 0$ ou $9a^2 = 0$.
$$b = 0 \qquad a = 0$$

Donc, $a \neq 0$, $b \neq 0$.

Par conséquent, $\dfrac{3a^3}{2b^2} \times \dfrac{10b^3}{9a^2} = \dfrac{5ab}{3}$, $a \neq 0$, $b \neq 0$.

Lorsque tu multiplies des expressions rationnelles, tu aurais peut-être avantage à factoriser d'abord les numérateurs et les dénominateurs.

Exemple 2 La multiplication d'expressions rationnelles constituées de polynômes

Simplifie $\dfrac{x^2+x-6}{x^2+2x-15} \times \dfrac{x-3}{x-2}$. Énonce les restrictions qui s'appliquent aux variables.

Solution

$$\dfrac{x^2+x-6}{x^2+2x-15} \times \dfrac{x-3}{x-2}$$

Factorise :
$$= \dfrac{(x+3)(x-2)}{(x+5)(x-3)} \times \dfrac{x-3}{x-2}$$

Multiplie les numérateurs :
Multiplie les dénominateurs :
$$= \dfrac{(x+3)(x-2)(x-3)}{(x+5)(x-3)(x-2)}$$

Divise numérateur et dénominateur par les facteurs communs :
$$= \dfrac{(x+3)\cancel{(x-2)}^{1}\cancel{(x-3)}^{1}}{(x+5)\cancel{(x-3)}_{1}\cancel{(x-2)}_{1}}$$

$$= \dfrac{x+3}{x+5}$$

Exclus les valeurs pour lesquelles $(x+5)(x-3)=0$ ou $x-2=0$.

$x+5=0$ ou $x-3=0$ ou $x-2=0$
$x=-5$ $x=3$ $x=2$

Par conséquent, $\dfrac{x^2+x-6}{x^2+2x-15} \times \dfrac{x-3}{x-2} = \dfrac{x+3}{x+5}$, $x \neq 2, 3, -5$.

On peut diviser des expressions rationnelles de la même façon qu'on divise des fractions.

$$\dfrac{2}{3} \div \dfrac{5}{7}$$

Multiplie par l'inverse :
$$= \dfrac{2}{3} \times \dfrac{7}{5}$$

$$= \dfrac{14}{15}$$

Pour les expressions rationnelles $\dfrac{P}{Q}$ et $\dfrac{R}{S}$, $\dfrac{P}{Q} \div \dfrac{R}{S} = \dfrac{P}{Q} \times \dfrac{S}{R} = \dfrac{PS}{QR}$, $Q, R, S \neq 0$.

Remarque les restrictions qui s'appliquent à Q, à R et à S.

Exemple 3 La division d'expressions rationnelles

Simplifie $\dfrac{2ab}{5c} \div \dfrac{14a^2b^2}{15c^2}$. Énonce les restrictions qui s'appliquent aux variables.

Solution

$$\dfrac{2ab}{5c} \div \dfrac{14a^2b^2}{15c^2}$$

Multiplie par l'inverse :
$$= \dfrac{2ab}{5c} \times \dfrac{15c^2}{14a^2b^2}$$

Multiplie les numérateurs :
Multiplie les dénominateurs :
$$= \dfrac{30abc^2}{70a^2b^2c}$$

Divise numérateur et dénominateur par les facteurs communs :
$$= \dfrac{3c}{7ab}$$

Exclus les valeurs pour lesquelles $5c = 0$, $14a^2b^2 = 0$ ou $15c^2 = 0$.
$5c = 0$ lorsque $c = 0$.
$14a^2b^2 = 0$ lorsque $a = 0$ ou $b = 0$.
$15c^2 = 0$ lorsque $c = 0$.
Donc, $a \neq 0$, $b \neq 0$, $c \neq 0$.

Par conséquent, $\dfrac{2ab}{5c} \div \dfrac{14a^2b^2}{15c^2} = \dfrac{3c}{7ab}$, $a \neq 0$, $b \neq 0$, $c \neq 0$.

Lorsque tu divises des expressions rationnelles, tu aurais peut-être avantage à factoriser d'abord les numérateurs et les dénominateurs.

Exemple 4 La division d'expressions rationnelles constituées de polynômes

Simplifie $\dfrac{x^2 - x - 20}{x^2 - 6x} \div \dfrac{x^2 + 9x + 20}{x^2 - 12x + 36}$. Énonce les restrictions qui

s'appliquent aux variables.

Solution

$$\dfrac{x^2 - x - 20}{x^2 - 6x} \div \dfrac{x^2 + 9x + 20}{x^2 - 12x + 36}$$

Factorise :
$$= \dfrac{(x - 5)(x + 4)}{x(x - 6)} \div \dfrac{(x + 4)(x + 5)}{(x - 6)(x - 6)}$$

Multiplie par l'inverse :

$$= \frac{(x-5)(x+4)}{x(x-6)} \times \frac{(x-6)(x-6)}{(x+4)(x+5)}$$

Multiplie les numérateurs :
Multiplie les dénominateurs :

$$= \frac{(x-5)(x+4)(x-6)(x-6)}{x(x-6)(x+4)(x+5)}$$

Divise numérateur et dénominateur
par les facteurs communs :

$$= \frac{(x-5)\cancel{(x+4)}\cancel{(x-6)}(x-6)}{x\cancel{(x-6)}\cancel{(x+4)}(x+5)}$$

$$= \frac{(x-5)(x-6)}{x(x+5)}$$

Exclus les valeurs pour lesquelles $x(x-6)=0$, $(x+4)(x+5)=0$, ou $(x-6)(x-6)=0$.

$x=0$ ou $x-6=0$ $\quad x+4=0$ ou $x+5=0$ $\quad x-6=0$

$\qquad\qquad x=6 \qquad\quad x=-4 \qquad\quad x=-5 \qquad\quad x=6$

Par conséquent, $\dfrac{x^2-x-20}{x^2-6x} \div \dfrac{x^2+9x+20}{x^2-12x+36} = \dfrac{(x-5)(x-6)}{x(x+5)}$, $x \neq 0, 6, -4, -5$.

Concepts clés

- Pour les expressions rationnelles $\dfrac{P}{Q}$ et $\dfrac{R}{S}$, $\dfrac{P}{Q} \times \dfrac{R}{S} = \dfrac{PR}{QS}$, $Q, S \neq 0$.

- Pour multiplier des expressions rationnelles :
a) factorise les binômes et les trinômes ;
b) multiplie les numérateurs et multiplie les dénominateurs ;
c) divise numérateur et dénominateur par les facteurs communs ;
d) détermine et exclus les valeurs de la variable pour lesquelles le dénominateur est égal à 0.

- Pour les expressions rationnelles $\dfrac{P}{Q}$ et $\dfrac{R}{S}$, $\dfrac{P}{Q} \div \dfrac{R}{S} = \dfrac{P}{Q} \times \dfrac{S}{R} = \dfrac{PS}{QR}$, $Q, R, S \neq 0$.

- Pour diviser des expressions rationnelles :
a) factorise les binômes et les trinômes ;
b) multiplie par l'inverse du diviseur ;
c) multiplie les numérateurs et multiplie les dénominateurs ;
d) divise numérateur et dénominateur par les facteurs communs ;
e) détermine et exclus les valeurs de la variable pour lesquelles le dénominateur est égal à 0.

Communique ce que tu as compris

1. Écris deux expressions rationnelles dont le quotient est $\dfrac{12a}{5b^2}$.

2. Décris comment tu simplifierais $\dfrac{x^2+x}{x^2-5x-6} \times \dfrac{x^2-9}{x^2+2x+1}$.

3. a) Décris comment tu simplifierais $\dfrac{x+1}{x-2} \div \dfrac{x+1}{x-3}$.

b) Quelles restrictions s'appliquent à la variable?

Exercices

Énonce, dans chaque cas, les restrictions qui s'appliquent aux variables.

A

1. Simplifie les expressions ci-après.

a) $\dfrac{y^2}{3} \times \dfrac{8}{y}$

b) $\dfrac{7}{2x^3} \times \dfrac{-x^4}{14}$

c) $\dfrac{-5n^2}{12} \times \dfrac{4}{-15n^5}$

d) $\dfrac{-4m}{9} \times 6$

2. Simplifie les expressions ci-après.

a) $\dfrac{3}{x} \div \dfrac{12}{x^2}$

b) $\dfrac{y^3}{6} \div \dfrac{y^2}{-3}$

c) $\dfrac{-15}{2m^2} \div \dfrac{10}{3m^4}$

d) $\dfrac{-8t^4}{3} \div \dfrac{-6t^2}{5}$

e) $\dfrac{20}{3x^5} \div \dfrac{-15}{8x^2}$

f) $\dfrac{4r^3}{-3} \div 2r^4$

3. Simplifie les expressions ci-après.

a) $\dfrac{3x^3}{2y} \times \dfrac{8y^2}{9x}$

b) $\dfrac{8m^3}{3n^2} \div \dfrac{5m^2}{6n}$

c) $\dfrac{21xy}{4t^2} \times \dfrac{12}{7x^2y}$

d) $\dfrac{-4a}{7b^3} \div \dfrac{-8a^4}{7}$

e) $\dfrac{12m}{-5t} \div \dfrac{8m^2}{-15}$

f) $\dfrac{15a^2b}{4c} \div \dfrac{8abc}{-3}$

4. Simplifie les expressions ci-après.

a) $\dfrac{16ab}{9x^4y^2} \times \dfrac{3x^5y^4}{8a^2b^2}$

b) $\dfrac{6x^2y}{5mn^3} \div \dfrac{9xy}{10mn^4}$

c) $\dfrac{5xy}{6x^2y} \div \dfrac{10xy^2}{9x^3y^2}$

d) $-12a^2b \times \dfrac{4ab^2}{-3ab^3}$

e) $6x^3y^4 \div \dfrac{2xy}{-3}$

f) $\dfrac{4a^2b^2c}{-3ab} \div 6c^2$

5. Simplifie les expressions ci-après.

a) $\dfrac{3}{x-4} \times \dfrac{x-4}{6}$

b) $\dfrac{m+2}{5} \div \dfrac{y+1}{10}$

c) $\dfrac{5(y-2)}{y+1} \times \dfrac{y+1}{10}$

d) $\dfrac{2(x+1)}{x-2} \div \dfrac{x+1}{x-2}$

e) $\dfrac{4a^2b}{3(a+b)} \div \dfrac{-8ab^2}{a+b}$

f) $\dfrac{3(m+4)}{5m} \times \dfrac{6m^3}{2(m+4)}$

6. Simplifie les expressions ci-après.

a) $\dfrac{4x+4}{3x-3} \times \dfrac{6x-6}{5x+5}$

b) $\dfrac{6m^3}{m+3} \times \dfrac{5m+15}{8m^3}$

c) $\dfrac{3a+6}{9a^2} \div \dfrac{a+2}{-3a}$

d) $\dfrac{x^2-4}{x+3} \div \dfrac{4x-8}{3x+9}$

e) $\dfrac{7y^2}{y^2-9} \times \dfrac{4y+12}{14y^3}$

f) $\dfrac{m^2-25}{m^2-16} \div \dfrac{2m-10}{4m+16}$

g) $\dfrac{4x-6}{8x^2y} \times \dfrac{4xy}{6x-9}$

h) $\dfrac{2x^2-8}{6x+3} \div \dfrac{6x-12}{18x+9}$

7. Simplifie les expressions ci-après.

a) $\dfrac{x^2+5x+6}{x^2-6x+5} \times \dfrac{x^2+x-30}{x^2+9x+18}$

b) $\dfrac{a^2+7a+12}{a^2+4a+4} \times \dfrac{a^2-a-6}{a^2-9}$

c) $\dfrac{m^2-3m-4}{m^2+5m} \div \dfrac{m^2-7m+12}{m^2+2m-15}$

d) $\dfrac{12a^2-19a+5}{4a^2-9} \times \dfrac{2a-3}{3a-1}$

e) $\dfrac{2x^2-5x-3}{2x^2-11x+15} \times \dfrac{4x^2-8x-5}{4x^2+4x+1}$

f) $\dfrac{12w^2-5w-2}{8w^2+2w-21} \div \dfrac{12w^2+w-6}{8w^2-2w-15}$

8. Simplifie les expressions ci-après.

a) $\dfrac{x^2-xy-20y^2}{x^2-8xy+15y^2} \div \dfrac{x^2+2xy-8y^2}{x^2-xy-6y^2}$

b) $\dfrac{x^2+3xy}{x^2-xy-42y^2} \times \dfrac{x^2-10xy+21y^2}{x^2-9y^2}$

c) $\dfrac{a^2+15ab+56b^2}{a^2-3ab-54b^2} \div \dfrac{a^2+6ab-16b^2}{a^2+4ab-12b^2}$

d) $\dfrac{9s^2+30st+25t^2}{25s^2-25st-6t^2} \times \dfrac{20s^2-49st+30t^2}{12s^2+5st-25t^2}$

Application, résolution de problèmes, communication

9. Communication Au soccer, la surface de but se trouve à l'intérieur de la surface de réparation et elle en fait partie. Le schéma ci-contre représente les dimensions de la surface de but et de la surface de réparation.

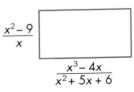

a) Écris une expression qui représente l'aire de la surface de but.

b) Écris une expression qui représente l'aire de la surface de réparation.

c) Combien de fois l'aire de la surface de réparation est-elle plus grande que l'aire de la surface de but ?

d) Le fait que x égale 16,5 m modifie-t-il la réponse que tu as faite en c) ? Explique ton résultat.

10. La mesure Écris l'aire du rectangle ci-contre sous sa forme la plus simple.

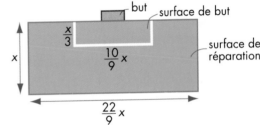

11. La mesure Soit le trapèze ci-contre dont l'aire est égale à $6y^2-5y-6$. Quelle est sa hauteur ?

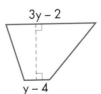

12. La mesure a) Écris, sans la simplifier, une expression représentant l'aire du triangle ABC.

b) Écris, sans la simplifier, une expression représentant l'aire du triangle DEF.

c) Écris une expression représentant le rapport de l'aire du triangle ABC à l'aire du triangle DEF, et simplifie-la.

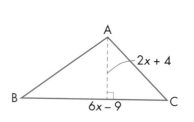
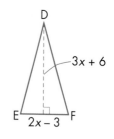

13. Application Écris une expression représentant la fraction de l'aire du grand triangle couverte par le rectangle gris, puis simplifie-la.

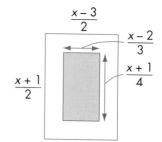

14. Dans les divisions du type $\dfrac{a}{b} \div \dfrac{c}{d}$, il faut examiner les expressions b, c et d pour vérifier si des restrictions s'appliquent aux variables. Explique pourquoi.

15. La mesure Les deux rectangles et le triangle rectangle ci-contre ont des côtés communs. L'aire et la largeur des rectangles sont indiquées. Écris une expression représentant l'aire du triangle, puis simplifie-la.

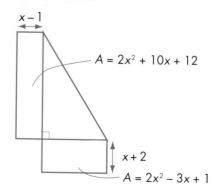

C

16. Quel effet produit l'augmentation de la valeur de y sur la valeur de chacune de ces expressions ? Explique ta réponse.

a) $\dfrac{15y^2 - 2y - 1}{6y^2 + 7y - 3} \times \dfrac{2y - 1}{10y^2 - 3y - 1}$ **b)** $\dfrac{8y^2 + 2y - 1}{6y^2 - y - 2} \div \dfrac{8y - 2}{9y - 6}$

17. Recherche et résolution de problèmes Écris deux couples d'expressions rationnelles différentes dont le produit est égal à $\dfrac{3x^2 + 7xy + 2y^2}{x^2 - y^2}$.

18. Écris quatre couples d'expressions rationnelles différentes dont le produit est égal à $\dfrac{4x^2 - 8x + 4}{2x^2 + 5x - 3}$. Compare tes expressions avec celles d'une ou d'un camarade.

1.7 L'addition et la soustraction d'expressions rationnelles, I

Le ballon dirigeable qui a assuré, du haut des airs, le reportage télévisé de la première Série mondiale jouée au Canada était basé à Miami. Il a parcouru 1610 km pour se rendre de Miami à Washington, puis 634 km pour se rendre à Toronto.

Le vol de Miami à Washington a duré $\dfrac{1610}{v}$ h, où v représente la vitesse moyenne en kilomètres à l'heure.

Le vol de Washington à Toronto a duré $\dfrac{634}{v}$ h.

La durée totale du vol, de Miami à Toronto, a été de $\dfrac{1610}{v} + \dfrac{634}{v}$ h.

L'expression $\dfrac{1610}{v} + \dfrac{634}{v}$ est la somme de deux expressions rationnelles ayant le même dénominateur.

EXPLORATION ET RECHERCHE

Le rectangle A et le rectangle B ci-dessous ont des aires différentes, mais la même largeur. On obtient le rectangle C en disposant les rectangles A et B bout à bout.

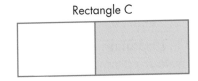

Rectangle A — $x + 2$ — Aire $x^2 + 3x + 1$

Rectangle B — $x + 2$ — Aire $x^2 + 4x + 2$

Rectangle C

1. a) Sers-toi de l'aire des rectangles A et B pour écrire, puis simplifier, une expression représentant l'aire du rectangle C.

b) Quelle est la largeur du rectangle C ?

2. Écris, mais sans diviser, une expression rationnelle représentant la longueur du :

a) rectangle A ;

b) rectangle B.

3. Sers-toi de l'aire et de la largeur du rectangle C pour écrire, mais sans diviser, une expression rationnelle représentant la longueur du rectangle C.

4. Quel lien y a-t-il entre l'expression que tu as écrite à la question 3 et les deux expressions que tu as écrites à la question 2 ? Explique ta réponse.

5. Écris une règle permettant d'additionner deux expressions rationnelles ayant le même dénominateur.

6. Additionne les expressions suivantes.

a) $\dfrac{x}{3} + \dfrac{4x}{3}$

b) $\dfrac{5}{3t} + \dfrac{2}{3t}$

c) $\dfrac{n+1}{n+3} + \dfrac{n-1}{n+3}$

d) $\dfrac{x^2+1}{x^2} + \dfrac{2x^2+1}{x^2}$

7. Le vol du ballon dirigeable, de Miami à Toronto, a duré $\dfrac{1610}{v} + \dfrac{634}{v}$ h.

a) Additionne les expressions rationnelles.

b) Si la vitesse moyenne, v, du ballon dirigeable a été de 85 km/h, combien d'heures le vol a-t-il duré ?

On peut additionner et soustraire les expressions rationnelles ayant un dénominateur commun de la même façon que les fractions ayant un dénominateur commun.

$$\frac{5}{7} + \frac{1}{7} - \frac{2}{7}$$

Réécris l'expression avec le dénominateur commun : $= \dfrac{5+1-2}{7}$

Simplifie le numérateur : $= \dfrac{4}{7}$

EXEMPLE 1 L'addition ou la soustraction d'expressions ayant un dénominateur commun

Simplifie chaque expression. Énonce la restriction qui s'applique à la variable.

a) $\dfrac{3}{x^2} + \dfrac{5}{x^2} - \dfrac{2}{x^2}$

b) $\dfrac{4x-1}{x+2} - \dfrac{x+3}{x+2}$

SOLUTION

a)
$$\frac{3}{x^2} + \frac{5}{x^2} - \frac{2}{x^2}$$

Additionne ou soustrais les numérateurs :
$$= \frac{3 + 5 - 2}{x^2}$$

Simplifie le numérateur :
$$= \frac{6}{x^2}$$

Exclus les valeurs pour lesquelles $x^2 = 0$.
$$x = 0$$

Par conséquent, $\dfrac{3}{x^2} + \dfrac{5}{x^2} - \dfrac{2}{x^2} = \dfrac{6}{x^2}$, $x \neq 0$.

b)
$$\frac{4x - 1}{x + 2} - \frac{x + 3}{x + 2}$$

Soustrais les numérateurs :
$$= \frac{(4x - 1) - (x + 3)}{x + 2}$$

Simplifie le numérateur :
$$= \frac{4x - 1 - x - 3}{x + 2}$$

Simplifie :
$$= \frac{3x - 4}{x + 2}$$

Exclus les valeurs pour lesquelles $x + 2 = 0$.
$$x = -2$$

Par conséquent, $\dfrac{4x - 1}{x + 2} - \dfrac{x + 3}{x + 2} = \dfrac{3x - 4}{x + 2}$, $x \neq -2$.

On peut additionner et soustraire les expressions rationnelles ayant des dénominateurs différents de la même façon que les fractions qui ont des dénominateurs différents.

$$\frac{1}{6} + \frac{3}{4}$$

Réécris l'expression avec un dénominateur commun :
$$= \frac{2}{12} + \frac{9}{12}$$

Additionne les numérateurs :
$$= \frac{11}{12}$$

$$\frac{3}{5} - \frac{1}{2}$$

Réécris l'expression avec un dénominateur commun :
$$= \frac{6}{10} - \frac{5}{10}$$

Soustrais les numérateurs :
$$= \frac{1}{10}$$

On utilise normalement le plus petit dénominateur commun (PPDC),
mais cela n'est pas obligatoire. Si tu utilises un dénominateur commun
plus grand, tu obtiendras la même réponse en réduisant la fraction.

$$\frac{1}{6} + \frac{3}{4} = \frac{4}{24} + \frac{18}{24}$$
$$= \frac{22}{24}$$
$$= \frac{11}{12}$$

EXEMPLE 2 **L'addition et la soustraction d'expressions dont le dénominateur est un nombre entier**

Simplifie $\dfrac{3x+2}{4} + \dfrac{x-4}{8} - \dfrac{2x-1}{6}$.

SOLUTION

Pour trouver le PPDC, détermine le plus petit commun multiple (PPCM)
des dénominateurs 4, 8 et 6. Tu peux trouver le PPCM par factorisation.
Il doit contenir tous les facteurs de 4, 8 et 6.

$4 = 2 \times 2$
$8 = 2 \times 2 \times 2$
$6 = 2 \times 3$
Donc, le PPDC est 24.

Le PPCM est $2 \times 2 \times 2 \times 3 = 24$

$$\frac{3x+2}{4} + \frac{x-4}{8} - \frac{2x-1}{6}$$

Réécris l'expression avec un dénominateur commun :
$$= \frac{6(3x+2)}{6(4)} + \frac{3(x-4)}{3(8)} - \frac{4(2x-1)}{4(6)}$$

$$= \frac{6(3x+2)}{24} + \frac{3(x-4)}{24} - \frac{4(2x-1)}{24}$$

Additionne ou soustrais les numérateurs :
$$= \frac{6(3x+2) + 3(x-4) - 4(2x-1)}{24}$$

Développe le numérateur :
$$= \frac{18x+12+3x-12-8x+4}{24}$$

Simplifie :
$$= \frac{13x+4}{24}$$

Par conséquent, $\dfrac{3x+2}{4} + \dfrac{x-4}{8} - \dfrac{2x-1}{6} = \dfrac{13x+4}{24}$.

Il est parfois nécessaire de factoriser par mise en évidence de −1 dans l'un des dénominateurs pour établir le dénominateur commun.

EXEMPLE 3 La factorisation par mise en évidence de −1 dans un dénominateur

Simplifie $\dfrac{5}{x-3} + \dfrac{2}{3-x}$. Énonce la restriction qui s'applique à la variable.

SOLUTION

Factorise le dénominateur $3 - x$ par mise en évidence de −1.

$$3 - x = -1(-3 + x)$$
$$= -(x - 3)$$

Réécris $\dfrac{2}{3-x}$ de façon qu'il y ait un dénominateur commun.

$$\dfrac{5}{x-3} + \dfrac{2}{3-x} = \dfrac{5}{x-3} + \dfrac{2}{-(x-3)}$$

$$= \dfrac{5}{x-3} - \dfrac{2}{x-3}$$

$$= \dfrac{5-2}{x-3}$$

$$= \dfrac{3}{x-3}$$

Exclus les valeurs pour lesquelles $x - 3 = 0$ ou $3 - x = 0$.

$$x = 3 \qquad 3 = x$$

Par conséquent, $\dfrac{5}{x-3} + \dfrac{2}{3-x} = \dfrac{3}{x-3}$, $x \neq 3$.

Concepts clés

- Pour additionner ou soustraire des expressions rationnelles ayant un dénominateur commun, additionne ou soustrais les numérateurs.
- Pour additionner ou soustraire des expressions rationnelles ayant des dénominateurs différents, réécris les expressions avec un dénominateur commun et additionne ou soustrais les numérateurs.

1. a) Décris comment tu simplifierais $\dfrac{5x}{x+4} - \dfrac{2x}{x+4}$.

   b) Quelle restriction s'applique à la variable?

2. Décris comment tu simplifierais $\dfrac{x+4}{2} + \dfrac{x-3}{6} - \dfrac{x+5}{4}$.

Exercices

Énonce, dans chaque cas, les restrictions qui s'appliquent à la variable.

A

1. Simplifie les expressions ci-après.

   a) $\dfrac{2}{y} + \dfrac{4}{y} - \dfrac{5}{y}$ b) $\dfrac{5}{x^2} - \dfrac{3}{x^2} + \dfrac{6}{x^2}$

   c) $\dfrac{4}{x+3} + \dfrac{5}{x+3}$ d) $\dfrac{x}{x-2} - \dfrac{y}{x-2}$

2. Simplifie les expressions ci-après.

   a) $\dfrac{x+7}{2} + \dfrac{x+4}{2}$ b) $\dfrac{2y-1}{3} + \dfrac{3y-6}{3}$

   c) $\dfrac{3a-1}{a} - \dfrac{4a+2}{a}$ d) $\dfrac{5x-y}{3x} - \dfrac{4x+y}{3x}$

   e) $\dfrac{x^2+4}{x+1} + \dfrac{2x^2}{x+1}$ f) $\dfrac{6t-8}{7} + \dfrac{3-5t}{7}$

   g) $\dfrac{5z}{2z-1} - \dfrac{z-3}{2z-1}$ h) $\dfrac{2x+3}{x^2-1} + \dfrac{3x-4}{x^2-1}$

   i) $\dfrac{4x+1}{x^2+5x+6} + \dfrac{3x+2}{x^2+5x+6}$

   j) $\dfrac{1-2y}{2x^2+3x+1} - \dfrac{5y+3}{2x^2+3x+1}$

3. Trouve le PPCM.

   a) 4, 5, 6

   b) 4, 9, 12

   c) 8, 10, 12

   d) 20, 15, 10

4. Simplifie les expressions ci-après.

   a) $\dfrac{2x}{2} + \dfrac{x}{3}$

   b) $\dfrac{3a}{4} + \dfrac{a}{2} - \dfrac{2a}{6}$

   c) $\dfrac{x}{5} - \dfrac{y}{2} + \dfrac{7}{10}$

   d) $\dfrac{3m}{8} - \dfrac{m}{6} - \dfrac{2m}{3}$

5. Simplifie les expressions ci-après.

   a) $\dfrac{2m+3}{2} + \dfrac{3m+4}{7}$

   b) $\dfrac{4x-3}{4} + \dfrac{x+2}{3}$

   c) $\dfrac{y-5}{6} - \dfrac{2y-3}{4}$

   d) $\dfrac{2x+3y}{5} - \dfrac{4x-y}{2}$

   e) $\dfrac{4t-1}{6} + \dfrac{3t+2}{2} - \dfrac{2t+1}{3}$

   f) $\dfrac{3a-b}{9} - \dfrac{a-2b}{3} - \dfrac{4a-3b}{6}$

   g) $\dfrac{5x-1}{5} + 1 - \dfrac{4x-3}{6}$

6. Simplifie les expressions ci-après.

a) $\dfrac{3}{2-x} + \dfrac{2}{x-2}$

b) $\dfrac{1}{x-1} - \dfrac{1}{1-x}$

c) $\dfrac{a-2}{2a-3} + \dfrac{a+3}{3-2a}$

d) $\dfrac{2y+3}{3-4y} + \dfrac{4+y}{4y-3}$

e) $\dfrac{5x-5}{x^2-9} - \dfrac{3x+1}{9-x^2}$

f) $\dfrac{2x^2+3x+1}{4x^2-9} - \dfrac{x^2-3x-1}{9-4x^2}$

Application, résolution de problèmes, communication

7. La durée de vol a) Écris une expression qui représente le temps, en heures, qu'il faut à un avion pour franchir les 1191 km qui séparent Winnipeg de Calgary à une vitesse moyenne de v km/h.

b) Écris une expression qui représente le temps, en heures, qu'il faut à un avion pour franchir les 685 km qui séparent Calgary de Vancouver à la même vitesse qu'en a).

c) Écris une expression qui représente la durée totale de vol entre Winnipeg et Vancouver via Calgary, puis simplifie-la.

d) Si la vitesse moyenne de l'avion est de 700 km/h, quelle sera la durée totale, en heures, du vol décrit en c) ?

B

8. Application Un jeu de backgammon est constitué de deux rectangles de même taille, appelés « jan », et d'une séparation, appelée « bar ».

a) L'aire de chaque jan peut être représentée par l'expression $x^2 + 8x$ et la largeur par x. Écris une expression qui représente la largeur, l, du jeu en fonction de x.

b) Si la largeur de la cloison est égale à $\dfrac{x}{5}$, écris une expression qui représente la longueur du jeu en fonction de x, puis simplifie-la.

c) Si x égale 15 cm, quelles sont les dimensions de chaque jan ? du jeu ?

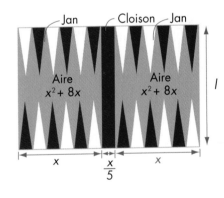

9. Application Soit deux triangles dont les bases, représentées par x, ont la même longueur. La hauteur du premier triangle est égale à $x + 1$. La hauteur du second triangle est égale à $x + 3$. Écris une expression qui représente l'aire totale des deux triangles, puis simplifie-la.

10. Communication Soit le rectangle A et le rectangle B dont la longueur est égale à $2x + 1$. L'aire du rectangle A est égale à $6x^2 + 5x + 1$ et celle du rectangle B est égale à $4x^2 - 4x - 3$.

a) Écris, sans la simplifier, une expression représentant la largeur du rectangle A.

b) Écris, sans la simplifier, une expression représentant la largeur du rectangle B.

c) Soustrais la largeur du rectangle A de la largeur du rectangle B. Simplifie l'expression obtenue.

d) Soustrais la largeur du rectangle B de la largeur du rectangle A. Simplifie l'expression obtenue.

e) Quel lien y a-t-il entre les résultats obtenues en c) et en d) ? Explique ta réponse.

11. La modélisation algébrique des problèmes

Le diamètre du petit cercle ci-contre est d. Le diamètre du grand cercle est $d + 1$.

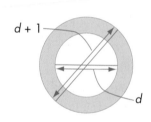

a) Écris une expression représentant l'aire du petit cercle en fonction de d.

b) Écris une expression représentant l'aire du grand cercle en fonction de d.

c) Écris une expression représentant l'aire de la partie ombrée en fonction de d, puis simplifie-la.

d) Si d égale 10 cm, trouve l'aire de la partie ombrée, au dixième de centimètre carré près.

12. La mesure Soit le trapèze ABCD ci-contre, divisé en losange ABCE et en triangle isocèle ADE.

a) Écris une expression qui représente l'aire du triangle en fonction de x.

b) Écris une expression qui représente l'aire du losange en fonction de x.

c) Additionne et simplifie les expressions que tu as écrites en a) et en b).

d) Écris une expression représentant la base la plus longue du trapèze en fonction de x, puis simplifie-la.

e) Utilise la formule de l'aire d'un trapèze pour écrire et simplifier une expression représentant l'aire du trapèze en fonction de x.

f) Compare les expressions trouvées en c) et en e).

C

13. La régularité Un nombre triangulaire peut être représenté par des objets placés en forme de triangle. Les quatre premiers nombres triangulaires sont représentés ci-contre.

a) L'expression permettant de trouver le *n*ième nombre triangulaire peut être représentée sous la forme $\dfrac{n(n+\blacktriangle)}{\blacksquare}$, où $\blacktriangle$ et $\blacksquare$ sont des nombres entiers. Reproduis l'expression et complète-la en trouvant les nombres représentés par les symboles $\blacktriangle$ et $\blacksquare$.

1   3   6   10

b) Écris le 5ᵉ, 6ᵉ, 7ᵉ, 8ᵉ et 9ᵉ nombre triangulaire.

c) Additionne deux nombres triangulaires consécutifs. Quel type de nombre obtiens-tu ?

d) Écris une expression qui représente le $(n+1)$ième nombre triangulaire.

e) Additionne les expressions obtenues en a) et en d). Simplifie le résultat et exprime-le sous forme factorisée.

f) Comment le résultat obtenu en e) explique-t-il le résultat obtenu en c) ?

VÉRIFIONS NOS PROGRÈS

Connaissance et compréhension • Réflexion, recherche et résolution de problèmes • Communication • Mise en application

Ton entreprise fabrique des aimants de réfrigérateur. Les matériaux utilisés dans chaque aimant coûtent 0,14 $. Ton entreprise a également des dépenses de 27 000 $ par année. Le coût par aimant est donc égal à $\dfrac{\text{coûts totaux par année}}{\text{quantité produite par année}}$. Si, l'an prochain, ton entreprise peut fabriquer et vendre deux fois plus d'aimants que cette année, le coût par aimant sera réduit de 0,90 $. Combien d'aimants ton entreprise fabriquera-t-elle et vendra-t-elle cette année ?

1.8 L'addition et la soustraction d'expressions rationnelles, II

Le paresseux à trois doigts d'Amérique du Sud est très lent. Il peut se déplacer deux fois plus rapidement sur un arbre qu'au sol. Si sa vitesse au sol est égale à v mètres à la minute, sa vitesse sur un arbre est égale à $2v$ mètres à la minute. Le paresseux peut parcourir 15 m au sol en $\dfrac{15}{v}$ min et 15 m sur un arbre en $\dfrac{15}{2v}$ min. Pour parcourir 15 m au sol et 15 m sur un arbre, il lui faut en tout $\dfrac{15}{v} + \dfrac{15}{2v}$ min.

L'expression $\dfrac{15}{v} + \dfrac{15}{2v}$ représente la somme de deux expressions rationnelles ayant des dénominateurs différents. Pour additionner ces deux expressions, il faut trouver le PPCM de deux monômes comportant des variables.

1. Pour trouver le PPCM de chaque groupe de monômes, reproduis le tableau ci-après et complète-le.

	Monômes	Forme factorisée	PPCM
a)	$2a^2b$ $6b^2$	$2 \times a \times a \times b$ $2 \times 3 \times b \times b$	
b)	$10x^3$ $15x^2y^2$		
c)	$3xy$ $6yz$ $9xz$		
d)	$5x^3$ $8x^2y$ $10xy^2$		

2. Décris une méthode permettant de trouver mentalement le PPCM de monômes comportant des variables.

3. a) Factorise les binômes $2x + 4$ et $3x + 6$.

b) Écris le PPCM des binômes sous sa forme factorisée.

4. Écris le PPCM de chaque couple d'expressions sous sa forme factorisée.

a) $3a - 9, 4a - 12$

b) $x^2 + x, 2x^2 + 2x$

c) $2y - 6, y^2 - 9$

d) $x^2 + 5x + 6, x^2 + x - 2$

5. Il faut en tout $\dfrac{15}{v} + \dfrac{15}{2v}$ minutes au paresseux pour parcourir 15 m

au sol et 15 m sur un arbre.

a) Indique le dénominateur commun des deux expressions rationnelles.

b) Additionne les expressions.

c) Si v égale 2,5 m/min, combien de temps, en minutes, faut-il en tout au paresseux pour parcourir 15 m au sol et 15 m sur un arbre?

EXEMPLE 1 L'addition ou la soustraction d'expressions dont le dénominateur est un monôme

Simplifie $\dfrac{4}{5a} - \dfrac{3}{2a^2} + \dfrac{1}{a^3}$. Énonce la restriction qui s'applique à la variable.

SOLUTION

Trouve le PPDC.

$5a = 5 \times a$

$2a^2 = 2 \times a \times a$

$a^3 = a \times a \times a$

Le PPDC est $5 \times 2 \times a \times a \times a$ ou $10a^3$.

$$\dfrac{4}{5a} - \dfrac{3}{2a^2} + \dfrac{1}{a^3}$$

Réécris l'expression avec le dénominateur commun :

$$= \dfrac{2a^2(4)}{2a^2(5a)} - \dfrac{5a(3)}{5a(2a^2)} + \dfrac{10(1)}{10(a^3)}$$

$$= \dfrac{8a^2}{10a^3} - \dfrac{15a}{10a^3} + \dfrac{10}{10a^3}$$

Additionne ou soustrais les numérateurs : $= \dfrac{8a^2 - 15a + 10}{10a^3}$

Exclus les valeurs pour lesquelles $5a = 0$ ou $2a^2 = 0$ ou $a^3 = 0$.

$$a = 0 \qquad a = 0 \qquad a = 0$$

Donc, $a \neq 0$.

Par conséquent, $\dfrac{4}{5a} - \dfrac{3}{2a^2} + \dfrac{1}{a^3} = \dfrac{8a^2 - 15a + 10}{10a^3}$, $a \neq 0$.

Exemple 2 Les dénominateurs ayant un binôme comme facteur commun

Simplifie $\dfrac{m}{2m-4} - \dfrac{3}{3m-6} + 1$. Énonce la restriction qui s'applique à la variable.

Solution

$2m - 4 = 2(m-2)$

$3m - 6 = 3(m-2)$

Le PPDC est $2 \times 3 \times (m-2)$ ou $6(m-2)$.

$$\dfrac{m}{2m-4} - \dfrac{3}{3m-6} + 1$$

Réécris l'expression avec un dénominateur commun :
$$= \dfrac{m}{2(m-2)} - \dfrac{3}{3(m-2)} + \dfrac{1}{1}$$

$$= \dfrac{3(m)}{3 \times 2(m-2)} - \dfrac{2(3)}{2 \times 3(m-2)} + \dfrac{6(m-2)(1)}{6(m-2)(1)}$$

$$= \dfrac{3m}{6(m-2)} - \dfrac{6}{6(m-2)} + \dfrac{6(m-2)}{6(m-2)}$$

Additionne ou soustrais les numérateurs :
$$= \dfrac{3m - 6 + 6(m-2)}{6(m-2)}$$

Développe le numérateur :
$$= \dfrac{3m - 6 + 6m - 12}{6(m-2)}$$

Simplifie :
$$= \dfrac{9m - 18}{6(m-2)}$$

Factorise :
$$= \dfrac{3 \times 3 \times (m-2)}{3 \times 2 \times (m-2)}$$

> Le numérateur et le dénominateur ayant des facteurs communs, tu peux simplifier davantage.

Divise numérateur et dénominateur par les facteurs communs :
$$= \dfrac{\overset{1}{3} \times 3 \times (\overset{1}{m-2})}{\underset{1}{3} \times 2 \times (\underset{1}{m-2})}$$

$$= \dfrac{3}{2}$$

Exclus les valeurs pour lesquelles $2m - 4 = 0$ ou $3m - 6 = 0$.

$$m = 2 \qquad\qquad m = 2$$

Donc, $m \neq 2$.

Par conséquent, $\dfrac{m}{2m-4} - \dfrac{3}{3m-6} + 1 = \dfrac{3}{2}$, $m \neq 2$.

EXEMPLE 3 Les dénominateurs ayant des binômes différents comme facteurs

Simplifie $\dfrac{x}{6x+6} + \dfrac{5}{4x-12}$. Énonce les restrictions qui s'appliquent à la variable.

SOLUTION

$6x+6 = 6(x+1)$

$4x-12 = 4(x-3)$

Le PPDC est $12(x+1)(x-3)$.

$$\dfrac{x}{6x+6} + \dfrac{5}{4x-12}$$

$$= \dfrac{x}{6(x+1)} + \dfrac{5}{4(x-3)}$$

Réécris l'expression avec le dénominateur commun :

$$= \dfrac{2(x-3)}{2(x-3)} \times \dfrac{x}{6(x+1)} + \dfrac{3(x+1)}{3(x+1)} \times \dfrac{5}{4(x-3)}$$

$$= \dfrac{2x(x-3)}{12(x+1)(x-3)} + \dfrac{15(x+1)}{12(x+1)(x-3)}$$

Additionne les numérateurs :

$$= \dfrac{2x(x-3) + 15(x+1)}{12(x+1)(x-3)}$$

Développe le numérateur :

$$= \dfrac{2x^2 - 6x + 15x + 15}{12(x+1)(x-3)}$$

Simplifie :

$$= \dfrac{2x^2 + 9x + 15}{12(x+1)(x-3)}$$

Exclus les valeurs pour lesquelles $6x+6 = 0$ ou $4x-12 = 0$.

$$x = -1 \qquad x = 3$$

Donc, $x \neq -1, 3$.

Par conséquent, $\dfrac{x}{6x+6} + \dfrac{5}{4x-12} = \dfrac{2x^2 + 9x + 15}{12(x+1)(x-3)}$, $x \neq -1, 3$.

EXEMPLE 4 Les dénominateurs sous forme de trinômes

Simplifie $\dfrac{4}{y^2+5y+6} - \dfrac{5}{y^2-y-12}$. Énonce les restrictions qui s'appliquent

à la variable.

SOLUTION

$y^2 + 5y + 6 = (y+2)(y+3)$

$y^2 - y - 12 = (y+3)(y-4)$

Le PPDC est $(y+2)(y+3)(y-4)$.

$$\frac{4}{y^2+5y+6}-\frac{5}{y^2-y-12}$$

$$=\frac{4}{(y+2)(y+3)}-\frac{5}{(y+3)(y-4)}$$

Réécris l'expression avec le dénominateur commun :

$$=\frac{y-4}{y-4}\times\frac{4}{(y+2)(y+3)}-\frac{y+2}{y+2}\times\frac{5}{(y+3)(y-4)}$$

$$=\frac{4(y-4)}{(y+2)(y+3)(y-4)}-\frac{5(y+2)}{(y+2)(y+3)(y-4)}$$

Soustrais les numérateurs :

$$=\frac{4(y-4)-5(y+2)}{(y+2)(y+3)(y-4)}$$

Développe le numérateur :

$$=\frac{4y-16-5y-10}{(y+2)(y+3)(y-4)}$$

Simplifie :

$$=\frac{-y-26}{(y+2)(y+3)(y-4)}$$

Exclus les valeurs pour lesquelles $(y+2)(y+3)=0$ ou $(y+3)(y-4)=0$.

$$y+2=0 \quad \text{ou} \quad y+3=0 \qquad y+3=0 \quad \text{ou} \quad y-4=0$$
$$y=-2 \qquad\qquad y=-3 \qquad\qquad y=-3 \qquad\qquad y=4$$

Donc, $y\neq-2,-3,4$.

Par conséquent, $\dfrac{4}{y^2+5y+6}-\dfrac{5}{y^2-y-12}=\dfrac{-y-26}{(y+2)(y+3)(y-4)}$, $y\neq-2,-3,4$.

Concepts clés

- Pour additionner ou soustraire des expressions rationnelles ayant un dénominateur commun sous forme de polynôme, additionne ou soustrais les numérateurs.
- Pour additionner ou soustraire des expressions rationnelles ayant des dénominateurs différents sous forme de polynômes, réécris les expressions avec un dénominateur commun et additionne ou soustrais les numérateurs.

Communique ce que tu as compris

1. a) Décris comment tu simplifierais $\dfrac{5}{x^3}+\dfrac{3}{2x^2}-\dfrac{7}{3x}$.

   b) Quelle restriction s'applique à la variable ?

2. a) Décris comment tu simplifierais $\dfrac{5}{x^2-4}+\dfrac{2}{x^2-x-2}$.

   b) Quelles restrictions s'appliquent à la variable ?

Exercices

Énonce, dans chaque cas, les restrictions qui s'appliquent aux variables.

A

1. Écris une expression équivalente ayant pour dénominateur $12x^2y^2$.

a) $\dfrac{2}{xy}$　　　　**b)** $\dfrac{x}{y}$

c) $\dfrac{5}{3xy^2}$　　　**d)** $\dfrac{-y}{6x^2}$

2. Trouve le PPCM.

a) $10a^2b,\ 4ab^3$　　　**b)** $3m^2n,\ 2mn^2,\ 6mn$

c) $2x^3,\ 6xy^2,\ 4y$　　**d)** $10s^2t^2,\ 20s^2t,\ 15st^2$

3. Simplifie les expressions ci-après.

a) $\dfrac{3}{2x} + \dfrac{4}{5x}$

b) $\dfrac{2}{4y} + \dfrac{3}{3y} - \dfrac{1}{2y}$

c) $\dfrac{1}{2x^2} + \dfrac{3}{3x} - \dfrac{2}{x^3}$

d) $\dfrac{3}{2m^2n} - \dfrac{1}{m^2n^3} + \dfrac{4}{5mn}$

e) $x - \dfrac{2}{x} + 5$

f) $\dfrac{3m+4}{mn} - \dfrac{1}{m} - 2$

g) $\dfrac{4x-1}{3x^2} - \dfrac{2x+3}{x} + \dfrac{5x+2}{5x^2}$

h) $\dfrac{x-2y}{x} - \dfrac{4x+y}{xy} - \dfrac{3x-4y}{y}$

4. Trouve le PPCM de chaque expression. Laisse tes réponses sous la forme factorisée.

a) $3m + 6,\ 2m + 4$

b) $3y - 3,\ 5y + 10$

c) $4m - 8,\ 6m - 18$

d) $8x - 12,\ 10x - 15$

5. Simplifie les expressions ci-après.

a) $\dfrac{4}{x+3} + \dfrac{5}{4x+12}$　　**b)** $\dfrac{1}{3y-15} - \dfrac{2}{y-5}$

c) $\dfrac{t}{t-4} - \dfrac{2t}{3t-12}$　　**d)** $\dfrac{2}{2m+2} + \dfrac{5}{3m+3}$

e) $\dfrac{3}{4y-8} - \dfrac{2}{3y-6}$　　**f)** $\dfrac{1}{4a+2} + \dfrac{4}{6a+3}$

6. Simplifie les expressions ci-après.

a) $\dfrac{2}{x+1} + \dfrac{3}{x+2}$　　**b)** $\dfrac{m}{m-3} - \dfrac{5}{m+2}$

c) $\dfrac{3}{x} + \dfrac{5}{x-1}$　　　**d)** $\dfrac{2}{t-1} + \dfrac{1}{5} + 2$

e) $\dfrac{2x}{x-2} - \dfrac{3x}{x+2}$　　**f)** $\dfrac{4}{3n-1} - \dfrac{3}{2n+3}$

g) $\dfrac{1}{2x-2} + \dfrac{3}{4x-8}$　　**h)** $\dfrac{t}{3t+15} - \dfrac{1}{6t-24}$

i) $\dfrac{4}{2s-12} - \dfrac{s}{5s-5}$　　**j)** $\dfrac{2m}{3m-15} + \dfrac{m}{4m-8}$

7. Énonce le PPCM sous sa forme factorisée.

a) $x + 2,\ x^2 + 4x + 4$

b) $y^2 + 6y + 8,\ y^2 - 4$

c) $t^2 - t - 12,\ t^2 - 3t - 4$

d) $2x - 4,\ x^2 - 3x - 4$

e) $m^2 + 6m + 9,\ m^2 - 2m - 15$

8. Simplifie les expressions ci-après.

a) $\dfrac{2}{x+3} + \dfrac{3}{x^2+5x+6}$

b) $\dfrac{y}{y^2-16} - \dfrac{4}{y+4}$

c) $\dfrac{3x}{x-5} + \dfrac{2x}{x^2-4x-5}$

d) $\dfrac{a}{a^2 - 7a + 12} - \dfrac{2a}{a - 3}$

e) $\dfrac{4}{2x^2 + 3x + 1} + \dfrac{2}{2x + 1}$

f) $\dfrac{6}{2n - 1} - \dfrac{3}{6n^2 - 5n + 1}$

9. Simplifie les expressions ci-après.

a) $\dfrac{2}{m^2 + 4m + 3} + \dfrac{1}{m^2 + 7m + 12}$

b) $\dfrac{1}{x^2 + 4x + 4} - \dfrac{3}{x^2 - 4}$

c) $\dfrac{a}{a^2 - 25} - \dfrac{2}{a^2 - 9a + 20}$

d) $\dfrac{4m}{m^2 - 9m + 18} + \dfrac{2m}{m^2 - 11m + 30}$

e) $\dfrac{5}{3x^2 + 4x + 1} + \dfrac{2}{3x^2 - 2x - 1}$

f) $\dfrac{3y}{4y^2 - 9} - \dfrac{2y}{4y^2 - 12y + 9}$

10. Simplifie les expressions ci-après.

a) $\dfrac{t + 1}{t - 1} + \dfrac{2}{t^2 - 5t + 4}$

b) $\dfrac{y + 1}{y - 1} + \dfrac{y - 1}{y^2 + y - 2}$

c) $\dfrac{x - 2}{x^2 + 4x + 3} - \dfrac{2x + 1}{x + 3}$

d) $\dfrac{n^2 + 4n - 3}{n^2 - 16} + \dfrac{4 - 3n}{3n - 12}$

e) $\dfrac{m + 4}{m^2 - m - 12} - \dfrac{m}{m^2 - 5m + 4}$

f) $\dfrac{a + 2}{a^2 - 1} - \dfrac{a - 1}{a^2 + 2a + 1}$

g) $\dfrac{3w - 4}{w^2 + 5w + 4} + \dfrac{2w - 3}{w^2 + 2w - 8}$

h) $\dfrac{2x - 1}{2x^2 + 3x + 1} + \dfrac{2x + 1}{3x^2 + 4x + 1}$

i) $\dfrac{2z - 1}{4z^2 - 25} - \dfrac{2z + 5}{4z^2 - 8z - 5}$

Application, résolution de problèmes, communication

B

11. Recherche et résolution de problèmes a) Reproduis le tableau et complète-le. Nous avons rempli la première rangée pour toi.

Expressions	Produit	PPCM	PGFC	PPCM × PGFC
$3x, 5x$	$15x^2$	$15x$		$15x^2$
$12, 8$				
$15y^2, 9y$				
$a + 1, a - 1$				
$2t - 2, 3t - 3$				

b) Quel lien y a-t-il entre le produit de PPCM × PGFC (plus grand facteur commun) et le produit de chaque couple d'expressions ?

c) Explique pourquoi la relation que tu as établie en b) existe.

12. Application a) Un bateau patrouilleur de la GRC part de Goderich et parcourt 45 km le long des rives du lac Huron à la vitesse de v kilomètres à l'heure. Écris une expression qui représente la durée du trajet en heures.
b) Le bateau retourne à Goderich à la vitesse de $2v$ kilomètres à l'heure. Écris une expression qui représente la durée du trajet en heures.
c) Écris une expression qui représente la durée totale du trajet aller-retour, en heures, et simplifie-la.
d) Si v égale 10 km/h, combien d'heures a duré le trajet aller-retour ?

13. Communication Écris un problème qui remplit les conditions ci-après, puis invite une ou un camarade à le résoudre :
• Le problème peut être simplifié par addition et/ou soustraction.
• Le problème comporte trois expressions rationnelles ayant des dénominateurs différents qui contiennent des variables.
• Le PPDC est le dénominateur d'une des expressions rationnelles.

14. Simplifie chaque expression.

a) $\dfrac{m+3}{m+2} \times \dfrac{m+2}{m+1} + \dfrac{5m}{m+1}$

b) $\dfrac{2x^2-2x}{x^2+4x-5} - \dfrac{4x}{x+5}$

c) $\dfrac{x^2+2x-15}{x^2-7x+12} + \dfrac{x^2-6x-7}{x^2-3x-4}$

d) $\dfrac{3y-1}{y-4} - \dfrac{y^2+4y-12}{y^2-6y+8}$

e) $\dfrac{2z^2-5z+3}{z^2-1} + \dfrac{4z^2-9}{4z+6}$

f) $\dfrac{x^2+5x+6}{x^2-3x+2} \div \dfrac{x+3}{x-1} - \dfrac{6}{x+3}$

C

15. Écris deux expressions rationnelles dont les dénominateurs sont des binômes et qui, additionnés, donnent les sommes suivantes. Compare tes réponses à celles d'une ou d'un camarade.

a) $\dfrac{5x+8}{(x+1)(x+2)}$

b) $\dfrac{5x-5}{6x^2-13x+6}$

c) $\dfrac{x^2-3}{(x-1)(x-3)}$

d) $\dfrac{4x^2}{4x^2-9}$

VÉRIFIONS NOS PROGRÈS

Connaissance et compréhension • Réflexion, recherche et résolution de problèmes • Communication • Mise en application

Supposons que tu roules en moyenne 18 000 km par an. Avec ta voiture actuelle, tu peux parcourir 10 km avec un litre d'essence. Tu songes à acheter une nouvelle voiture qui te permettrait de parcourir x km de plus par litre. L'essence coûte actuellement 0,68 \$/l. Si ta nouvelle voiture te fait économiser 244,80 \$ d'essence par année, combien de kilomètres pourras-tu parcourir avec chaque litre d'essence ?

APPROFONDISSEMENT TECHNOLOGIQUE
Les expressions rationnelles et la calculatrice à affichage graphique

Effectue les exercices suivants à l'aide d'une calculatrice à affichage graphique (modèle TI-92, TI-92 Plus ou TI-89), capable de simplifier et de traiter des opérations sur des expressions rationnelles. Lorsque tu saisis une expression rationnelle dans la calculatrice, fais attention à la façon dont tu utilises les parenthèses. Vérifie que la calculatrice affiche bien l'expression voulue.

La simplification d'expressions rationnelles

1. Simplifie les expressions ci-après.

a) $\dfrac{3x^2y}{6x^5y^3}$ b) $\dfrac{-42a^9b^2c}{14a^4b^2c^3}$ c) $\dfrac{15p^6q^3rs^2}{-6pq^4r^2s^6}$

Pour simplifier $\dfrac{x^2-x-12}{x^2-10x+24}$ automatiquement, saisis l'expression.

2. Simplifie les expressions ci-après.

a) $\dfrac{4x^3-6x^2+8x}{2x^2}$ b) $\dfrac{3t^3}{12t^4+6t^3-3t^2}$

c) $\dfrac{5m^2+25m}{5m(3-m)}$ d) $\dfrac{8x^3+6x^2-4x}{10x^3+2x^2+4x}$

3. Simplifie les expressions ci-après.

a) $\dfrac{x^2+7x+10}{x^2-3x-10}$ b) $\dfrac{x^2+2xy+y^2}{x^2-y^2}$

c) $\dfrac{12n^2-13n+3}{8n^2+14n-15}$ d) $\dfrac{10m^2-17m+6}{8m^2-14m+5}$

e) $\dfrac{x^4-4}{x^4-4x^2+4}$ f) $\dfrac{(9a^3+4ab^2)(3a^2+ab-2b^2)}{81a^4-16b^4}$

L'utilisation d'expressions rationnelles

4. Simplifie les expressions ci-après contenant une multiplication.

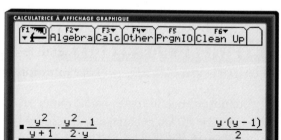

a) $\dfrac{-2m^2n^5}{15}\times\dfrac{3}{m^3n^4}$ b) $\dfrac{12x^2y^3}{25ab}\times\dfrac{5ab^2}{6x^3y^3}$

c) $\dfrac{3a}{4a-12}\times\dfrac{2a-6}{9a^2}$ d) $\dfrac{x^2+2x+1}{x^2-5x+6}\times\dfrac{x-3}{x+1}$

e) $\dfrac{9x^2-4}{8x^2-6x-9}\times\dfrac{4x^2-9}{6x^2+13x+6}$

f) $\dfrac{8p^2-22p+5}{15p^2+14p+3}\times\dfrac{10p^2+p-3}{6p^2-11p-10}$

5. Simplifie les expressions ci-après contenant une division.

a) $\dfrac{3s^3t^4}{4} \div \dfrac{9s^2t^5}{2}$

b) $\dfrac{36y^3z^2}{-7mn^2} \div \dfrac{24yz}{21m^2n}$

c) $\dfrac{2x+4}{3x-9} \div \dfrac{6x+12}{4x-12}$

d) $\dfrac{y^2-3y-18}{y^2-9y+14} \div \dfrac{y^2+7y+12}{y^2-2y-35}$

e) $\dfrac{6m^2+13m-5}{8m^2+16m-10} \div \dfrac{9m^2-4}{6m^2+m-2}$

f) $\dfrac{20x^2+17x+3}{18x^2-3x-10} \div \dfrac{25x^2+30x+9}{18x^2-9x-5}$

6. a) Simplifie $\dfrac{5q-1}{6} + \dfrac{2q+1}{4}$.

b) Si la réponse est affichée sous forme de deux expressions rationnelles ayant des dénominateurs différents, utilise la fonction *common denominator* pour qu'une seule expression rationnelle soit affichée en guise de réponse.

7. Simplifie. Utilise au besoin la fonction *common denominator*.

a) $\dfrac{2x+1}{5} + \dfrac{4x-3}{2}$

b) $\dfrac{2}{y} + \dfrac{5}{y^2} + \dfrac{3}{y^3}$

c) $\dfrac{4}{3n-9} + \dfrac{3}{4n-12}$

d) $\dfrac{t}{4-4t} + \dfrac{3t}{4t-4}$

e) $\dfrac{n+1}{n^2+4n+4} + \dfrac{4n}{2^2-4}$

f) $\dfrac{c+1}{4c^2-2c-2} + \dfrac{c-1}{2c^2+3c+1}$

8. a) Simplifie $\dfrac{5q-1}{6} - \dfrac{2q+1}{4}$.

b) Au besoin, utilise la fonction *common denominator* pour qu'une seule expression rationnelle soit affichée en guise de réponse.

9. Simplifie. Utilise au besoin la fonction *common denominator*.

a) $\dfrac{3z+1}{10} - \dfrac{4z-5}{15}$

b) $\dfrac{3}{2x} - \dfrac{1}{3x^2}$

c) $\dfrac{5}{6r+9} - \dfrac{2}{12r+18}$

d) $\dfrac{5x}{3x+4} - \dfrac{3x}{2x-1}$

e) $\dfrac{2y}{y^2-3y+2} - \dfrac{3y}{y^2-4y+3}$

f) $\dfrac{2t-3}{9t^2+6t+1} - \dfrac{t}{6t^2-19t-7}$

10. Soit un rectangle dont les côtés mesurent $\dfrac{x+3}{4}$ et $\dfrac{x-1}{3}$.

a) Écris une expression qui représente l'aire.

b) Écris une expression qui représente le périmètre et simplifie-la.

c) Écris une expression qui représente le rapport du périmètre à l'aire, et simplifie-la.

d) x peut-il être égal à 1 dans l'expression obtenue en c) ? Explique ta réponse.

1.9 La résolution d'inéquations du premier degré

La Canadienne Catriona LeMay Doan a battu le même jour, à Calgary, le record du monde du 500 m et du 1000 m en patinage de vitesse sur longue piste.

Course	Temps de Catriona	Ancien record du monde
500 m	37,90	38,69
1000 m	76,07	77,65

Comme ses résultats étaient inférieurs aux anciens records du monde (ou comme les anciens records du monde étaient supérieurs à ses résultats), on peut décrire son exploit sous forme d'inéquation. Une **inéquation** mathématique peut contenir un symbole comme $<$, $\leq$, $>$, $\geq$ ou $\neq$.

Dans une **inéquation du premier degré** comme $x + 2 > 7$, l'exposant de la variable est 1. Pour résoudre une inéquation, trouve les valeurs de la variable qui vérifient l'inéquation. Par exemple, l'inéquation $x + 2 > 7$ se vérifie si $x = 5{,}1$, $x = 6$, $x = 7{,}25$ et pour toutes les autres valeurs de x représentées par des nombres réels supérieurs à 5. On dit que ces valeurs *satisfont* à l'inéquation. On écrit la solution ainsi : $x > 5$.

EXPLORATION ET RECHERCHE

1. La vitesse d'un avion de ligne à l'atterrissage est de 240 km/h, mais sa vitesse d'approche est beaucoup plus grande. Les vitesses de descente d'un appareil qui s'apprête à atterrir sont représentées par les inéquations $v - 320 \geq 0$ et $v - 320 \leq 80$, où v est la vitesse en kilomètres à l'heure.

a) Résous les équations $v - 320 = 0$ et $v - 320 = 80$.

b) Résous les inéquations $v - 320 \geq 0$ et $v - 320 \leq 80$ en utilisant la même démarche qu'en a).

2. Quelle est la vitesse de descente la plus basse d'un avion de ligne?

3. Quelle est la vitesse de descente la plus élevée d'un avion de ligne?

4. a) Énumère les trois plus grands nombres entiers qui représentent une solution de $v - 320 \leq 80$.

b) Utilise la substitution pour démontrer que les trois valeurs énumérées en a) satisfont aux deux inéquations.

5. Résous chaque inéquation en appliquant les règles que tu utilises pour résoudre des équations.

a) $4x + 7 < 15$

b) $7x + 2 > 23$

c) $0,8 + 1,3x > 7,3$

d) $\frac{1}{2}x - 5 < 3$

6. a) Le tableau ci-dessous indique les résultats de différentes opérations portant sur les deux membres de l'inégalité $9 > 6$. Reproduis le tableau et complète-le en remplaçant ● par > ou <.

Inégalité de départ	Opération	Inégalité obtenue
$9 > 6$	Ajoute 3	$9 + 3 ● 6 + 3$
$9 > 6$	Soustrais 3	$9 - 3 ● 6 - 3$
$9 > 6$	Multiplie par 3	$9 \times 3 ● 6 \times 3$
$9 > 6$	Multiplie pa –3	$9 \times (-3) ● 6 \times (-3)$
$9 > 6$	Divise par 3	$\frac{9}{3} ● \frac{6}{3}$
$9 > 6$	Divise par –3	$\frac{9}{-3} ● \frac{6}{-3}$

b) Indique les opérations qui ont pour effet d'inverser le sens du symbole d'inégalité.

7. Vérifie la réponse que tu as faite en 6b) en déterminant le résultat des opérations suivantes.

	Inégalité	Opération			Inégalité	Opération
a)	$4 > -3$	Additionne 5		b)	$2 < 6$	Additionne –1
c)	$-3 < -1$	Soustrais 2		d)	$-1 > -4$	Soustrais –2
e)	$2 > -1$	Multiplie par 4		f)	$-3 < -2$	Multiplie par –3
g)	$4 > 3$	Multiplie par 2		h)	$-4 < -3$	Multiplie par –1
i)	$3 < 6$	Divise par 3		j)	$2 > -2$	Divise par –2
k)	$-4 < -2$	Divise par 2		l)	$-4 > -8$	Divise par –4

8. Utilise les résultats obtenus aux questions 6 et 7 pour résoudre les inéquations ci-après. Vérifie tes solutions par substitution.

a) $-4x > 4$

b) $\frac{x}{-3} < 1$

Tu peux résoudre une inéquation du premier degré ne comportant qu'une variable en effectuant les mêmes opérations de chaque côté de l'inéquation de façon à isoler la variable. Lorsque tu multiplies ou que tu divises les deux membres d'une inéquation par un nombre négatif, tu dois inverser le sens du symbole d'inégalité.

Dans les problèmes et dans les exemples suivants, tu dois supposer que toutes les variables représentent des nombres réels.

EXEMPLE 1 La résolution d'une inéquation

Résous l'inéquation $3x - 2 < 13$ et vérifie ta solution.

SOLUTION

$$3x - 2 < 13$$

Additionne 2 aux deux membres : $3x - 2 + 2 < 13 + 2$

$$3x < 15$$

Divise les deux membres par 3 : $\dfrac{3x}{3} < \dfrac{15}{3}$

$$x < 5$$

Vérifie.

Essaie $x = 4$: **M. G.** $= 3x - 2$ **M. D.** $= 13$

$$= 3(4) - 2$$
$$= 10$$
$$\text{M. G.} < \text{M. D.}$$

La solution est tout nombre réel inférieur à 5.

EXEMPLE 2 La résolution d'inéquations et la représentation graphique de leurs solutions

Résous $2(3 - x) - 1 \geq 7$. Représente les solutions graphiquement.

SOLUTION

$$2(3 - x) - 1 \geq 7$$

Développe afin de supprimer les parenthèses : $6 - 2x - 1 \geq 7$

$$5 - 2x \geq 7$$

Soustrais 5 des deux membres : $5 - 2x - 5 \geq 7 - 5$

$$-2x \geq 2$$

Divise les deux membres par -2 : $\dfrac{-2x}{-2} \leq \dfrac{2}{-2}$

$$x \leq -1$$

Lorsque tu multiplies ou que tu divises par un nombre négatif, tu dois inverser le sens du symbole.

Le graphique est représenté ci-contre. Le point fermé situé où $x = -1$ indique que -1 est compris dans les solutions.

EXEMPLE 3 La résolution d'une inéquation comportant des fractions

Résous $\dfrac{3x}{4} + \dfrac{x}{2} > 5$. Représente les solutions graphiquement.

SOLUTION

Le PPDC est 4.

$$\dfrac{3x}{4} + \dfrac{x}{2} > 5$$

Multiplie les deux membres par 4 : $4 \times \left(\dfrac{3x}{4} + \dfrac{x}{2} \right) > 4 \times 5$

$$3x + 2x > 20$$
$$5x > 20$$

Divise les deux membres par 5 : $\dfrac{5x}{5} > \dfrac{20}{5}$

$$x > 4$$

Vérifie.

Essaie $x = 8$: **M. G.** $= \dfrac{3x}{4} + \dfrac{x}{2}$ **M. D.** $= 5$

$$= \dfrac{3(8)}{4} + \dfrac{(8)}{2}$$
$$= 6 + 4$$
$$= 10$$

$$\text{M. G.} > \text{M. D.}$$

La solution est tout nombre réel supérieur à 4.

Le graphique est représenté ci-contre. Le point ouvert situé où $x = 4$ indique que 4 n'est pas compris dans les solutions.

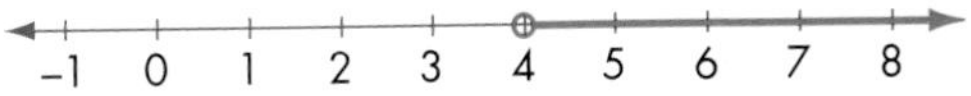

EXEMPLE 4 La résolution d'une inéquation comportant des nombres décimaux

Résous $0,5(x + 4) - 0,2(x + 6) \leq 0,5(x + 1) - 2,8$. Représente les solutions graphiquement.

SOLUTION

$$0,5(x + 4) - 0,2(x + 6) \leq 0,5(x + 1) - 2,8$$

Développe afin de supprimer les parenthèses : $\quad 0,5x + 2 - 0,2x - 1,2 \leq 0,5x + 0,5 - 2,8$

Simplifie : $\quad 0,3x + 0,8 \leq 0,5x - 2,3$

Soustrais 0,8 des deux membres : $\quad 0,3x + 0,8 - 0,8 \leq 0,5x - 2,3 - 0,8$

$$0,3x \leq 0,5x - 3,1$$

Soustrais $0,5x$ des deux membres : $\quad 0,3x - 0,5x \leq 0,5x - 3,1 - 0,5x$

$$-0,2x \leq -3,1$$

Divise les deux membres par $-0,2$: $\quad \dfrac{-0,2x}{-0,2} \geq \dfrac{-3,1}{-0,2}$

$$x \geq 15,5$$

Le graphique est représenté ci-contre.

Remarque qu'on peut aussi résoudre l'exemple 4 en isolant la variable du membre de droite.

Après avoir développé et simplifié

$$0,3x + 0,8 \leq 0,5x - 2,3$$

Additionne 2,3 à chaque membre : $\quad 0,3x + 3,1 \leq 0,5x$

Soustrais $0,3x$ de chaque membre : $\quad 3,1 \leq 0,2x$

Divise les deux membres par 0,2 : $\quad 15,5 \leq x$

$$\text{ou } x \geq 15,5$$

EXEMPLE 5 Une vente de bâtons de randonnée

Les bénévoles d'un club de randonnée pédestre vendent des bâtons pour amasser des fonds. Le coût de fabrication des bâtons comprend des frais fixes de 2000 $ et une somme de 10 $ par bâton. Le prix de vente des bâtons est fixé à 30 $ l'unité. Combien de bâtons doit-on vendre pour que les recettes dépassent le coût ?

SOLUTION 1 Méthode papier-crayon

Soit x le nombre de bâtons fabriqués et vendus.
Le coût de fabrication des bâtons est égal à $C = 2000 + 10x$.
Les recettes tirées de la vente des bâtons sont égales à $R = 30x$.

Pour que les recettes dépassent le coût, il faut que $R > C$,

$$\text{donc } 30x > 2000 + 10x.$$

$$30x > 2000 + 10x$$

Soustrais $10x$ des deux membres : $30x - 10x > 2000 + 10x - 10x$

$$20x > 2000$$

Divise les deux membres par 20 : $\dfrac{20x}{20} > \dfrac{2000}{20}$

$$x > 100$$

Il faut vendre plus de 100 bâtons pour que les recettes dépassent le coût.

Solution 2 Méthode par calculatrice à affichage graphique

Soit x le nombre de bâtons fabriqués et vendus.
Le coût de fabrication des bâtons est égal à $C = 2000 + 10x$.
Les recettes tirées de la vente des bâtons sont égales à $R = 30x$.
Saisis les équations $y = 2000 + 10x$ et $y = 30x$ dans l'éditeur Y = d'une calculatrice à affichage graphique. Représente graphiquement les équations en utilisant les valeurs appropriées des paramètres de la fenêtre d'affichage. Utilise l'opération *Intersect* pour trouver les coordonnées du point d'intersection.

Pour ces droites, les paramètres de la fenêtre d'affichage comprennent Xmin = 0, Xmax = 150, Ymin = 0 et Ymax = 5000.

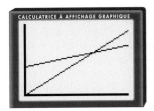 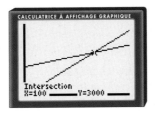

La valeur de x où les droites se coupent est de 100.
Pour que les recettes dépassent le coût, il faut que $R > C$,

$$\text{donc } 30x > 2000 + 10x.$$

La droite qui représente $y = 30x$ est celle qui part de l'origine. Elle se trouve au-dessus de la droite qui représente $y = 2000 + 10x$ lorsque $30x > 2000 + 10x$. Donc, $R > C$ quand $x > 100$.
Il faut vendre plus de 100 bâtons pour que les recettes dépassent le coût.

Concepts clés

- Les résultats des opérations portant sur une inégalité sont résumés dans le tableau ci-dessous. Les inégalités comportant les symboles <, ≥ et ≤. donnent les mêmes résultats. Ces résultats ainsi que les méthodes qu'on utilise pour résoudre des équations peuvent être appliqués à la résolution d'inéquations.

Inégalité de départ	Opération	Inégalité Obtenue
$a > b$	Additionne c	$a + c > b + c$
$a > b$	Soustrais c	$a - c > b - c$
$a > b$	Multiplie par c, $c > 0$	$ac >$, $c > 0$
$a > b$	Multiplie par c, $c < 0$	$ac < bc$, $c < 0$
$a > b$	Divise par c, $c > 0$	$\dfrac{a}{c} > \dfrac{b}{c}$, $c > 0$
$a > b$	Divise par c, $c < 0$	$\dfrac{a}{c} < \dfrac{b}{c}$, $c < 0$

- Dans le graphique des solutions d'une inéquation représentée sur une droite numérique, un point fermé indique que la valeur est incluse tandis qu'un point ouvert indique qu'elle ne l'est pas.

Communique ce que tu as compris

1. Décris chaque étape de la résolution algébrique de $5x - 7 > 2x + 11$.
2. Décris dans quel cas il faut inverser le sens du symbole d'inégalité quand on résout une inéquation de façon algébrique.
3. Explique comment tu écrirais deux inéquations dont la solution est $x \geq 3$ et dans lesquelles chaque membre comporte des variables.
4. Compare les graphiques de $x > -2$ et $x \geq -2$.

Exercices

A

1. Résous les inéquations ci-après, puis vérifie tes réponses.

a) $y + 9 < 11$ **b)** $2w + 5 > 3$
c) $3x - 4 \geq 5$ **d)** $2z + 9 \leq 3$
e) $-3x < 6$ **f)** $4t > 3t - 4$
g) $2(m - 3) \leq 0$ **h)** $4(n + 2) \geq 8$

2. Résous les inéquations ci-après, puis vérifie tes réponses.

a) $2x + 1 > 2$ **b)** $3x + 4 < 2$
c) $6y + 4 \leq 5y + 3$ **d)** $4z - 3 \geq 3z + 2$
e) $7 + 3x < 2x + 9$ **f)** $5(2x - 1) > 5$
g) $2(3x - 2) \leq -4$ **h)** $4(2x + 1) \geq 2$

3. Résous les inéquations ci-après, puis représente tes solutions graphiquement.

a) $6x + 2 \leq 4x + 8$ **b)** $4x - 1 > x + 5$
c) $2(x + 3) < x + 4$ **d)** $3(x - 2) > x - 4$
e) $3(y + 2) \geq 2(y + 1)$ **f)** $3(2z - 1) \leq 2(1 + z)$
g) $6x - 3(x + 1) > x + 5$
h) $2(x - 2) - 1 < 4(1 - x) + 1$

4. Résous les inéquations ci-après.

a) $6 - 2x > 4$

b) $8 - 3x < 5$

c) $3y - 8 \geq 7y + 8$

d) $6 - 3c \leq 2(c - 2)$

e) $4(1 - x) \geq 3(x - 1)$

f) $-2(3 + x) < 4(x - 2)$

g) $4x - 3(2x + 1) \leq 4(x - 3)$

h) $2(3t - 1) - 5t > -6(1 - t) + 7$

5. Résous les inéquations ci-après, puis représente tes solutions graphiquement.

a) $\frac{y}{3} + 2 < 1$

b) $\frac{w}{2} + 2 > 3$

c) $\frac{2x}{3} + 1 \geq 2$

d) $\frac{3z}{4} + 5 \leq -1$

e) $1,2x - 0,1 > 3,5$

f) $0,8x + 2,5 < -2,3$

g) $1,9 \geq 4,9 - 1,5q$

h) $4,6 - 1,8n \leq -0,8$

6. Résous les inéquations ci-après.

a) $2(1,2a + 2,5) > 0,2$

b) $4(1,8 - 0,5x) \leq 5,2$

c) $0,75y - 2,6 < 0,25y - 3,1$

d) $3(1,3n + 0,3) \geq 3,5n + 0,1$

e) $1,5(x + 2) + 1 > 2,5(1 - x) - 0,5$

f) $2(1,5x + 1) - 1 < 5(0,2x + 0,3) - 0,5$

7. Résous les inéquations ci-après.

a) $\frac{x+1}{2} < \frac{x+2}{3}$

b) $\frac{2-x}{2} \geq \frac{2x+1}{4}$

c) $\frac{z+2}{4} > \frac{z-1}{5} + 1$

d) $\frac{2-3x}{2} + \frac{2}{3} \leq \frac{3x-2}{6}$

Application, résolution de problèmes, communication

8. Les fournitures artistiques Karine a un chèque-cadeau de 50 $ d'un magasin de fournitures artistiques. Elle veut acheter un bloc à dessins et quelques marqueurs. Un bloc à dessins coûte 18 $ et un marqueur coûte 4 $, taxes comprises. Utilise l'inéquation $4m + 18 \leq 50$ pour déterminer le nombre de marqueurs, m, qu'elle peut acheter.

9. La mesure Dans le triangle ABC, l'angle A est obtus et mesure $(5x + 10)°$. Résous les inéquations $5x + 10 > 90$ et $5x + 10 < 180$ afin de déterminer les valeurs possibles de x.

B

10. Application Une très grande pizza au fromage et aux tomates coûte 12,25 $ plus 1,55 $ pour chaque garniture supplémentaire.

a) Soit n le nombre de garnitures supplémentaires. Écris une expression comprenant n, qui représente le coût total de la pizza.

b) Supposons que tu as 20 $ en poche. Écris une inéquation permettant de déterminer le nombre de garnitures supplémentaires que tu peux t'offrir, et résous-la.

11. La géométrie Le triangle ABC ci-contre n'est pas un triangle acutangle. L'angle B est le plus grand angle. Il mesure $(4x)°$. Quelles sont les valeurs possibles de x?

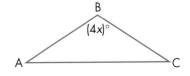

12. Le salaire hebdomadaire Mario gagne 15 $ l'heure après impôt et autres retenues. Il dépense 75 $ par semaine pour ses repas et pour le transport.

a) Écris une expression représentant le revenu net de Mario s'il travaille t heures par semaine.

b) Écris une inéquation permettant de déterminer combien d'heures doit travailler Mario pour qu'il lui reste au moins 450 $ à la fin de la semaine. Résous l'inéquation.

13. Les casquettes de baseball Une équipe de baseball du collège amasse des fonds en vendant des casquettes de baseball. Le coût de fabrication des casquettes comprend des frais fixes de 500 $ et une somme de 7 $ par casquette. Le prix de vente des casquettes est fixé à 15 $ l'unité. Quel est le nombre minimal de casquettes que doit commander l'équipe pour amasser de l'argent ?

14. Les populations Paris et Aylmer sont des villes ontariennes. Entre 1991 et 1996, la population de Paris est passée de 8600 à 9000 habitants. Durant la même période, la population d'Aylmer est passée de 6200 à 7000. Si la population de chaque ville continue d'augmenter au même rythme, après combien de temps la population d'Aylmer devrait-elle dépasser celle de Paris ?

15. La mesure a) Quelles valeurs de x donnent au rectangle ci-contre un périmètre supérieur à 32 cm ?

b) Quelles valeurs de x donnent au rectangle ci-contre une aire inférieure à 40 cm² ?

c) Communication En b), x a-t-il une valeur minimale ? Explique ta réponse.

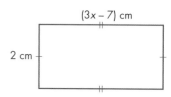

16. La modélisation de problèmes de façon algébrique
Détermine les valeurs de x qui donnent au triangle ci-contre un périmètre qui n'est pas supérieur à 15 et qui n'est pas inférieur à 12.

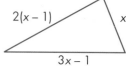

17. Résous $3(x + 2) - 5 \neq 2(1 - x) + 4$. Représente la solution graphiquement.

18. La tombola Une association de bienfaisance veut amasser au moins 90 000 $ pour acheter de l'équipement hospitalier. Un concessionnaire d'automobiles fait don d'une voiture comme prix de la tombola. L'association estime qu'elle peut vendre entre 1500 et 2000 billets. Si la publicité et les autres frais coûtent 4500 $:

a) quel devrait être le prix de chaque billet ?

b) quelle est la fourchette de profits prévue ?

19. Recherche et résolution de problèmes Écris les inéquations suivantes et invite une ou un camarade à les résoudre.

a) Chaque membre comporte des variables et la solution est $x \leq 2$.

b) Chaque membre comporte des parenthèses et la solution est $x > -3$.

c) Les dénominateurs sont 2 et 3 et la solution est $x < 0$.

C

20. Le temps de conduite Jacques part de Hamilton à 10 h et parcourt en voiture les 620 km qui le séparent de Montréal à une vitesse moyenne de 80 km/h. Hakim part de Hamilton 1 h plus tard et il roule vers Montréal à une vitesse moyenne de 100 km/h. Entre quelles heures de la journée Hakim a-t-il été plus éloigné de Hamilton que Jacques ?

21. a) Essaie de résoudre l'équation $4x + 2(x + 1) = 6x - 2$. Quel est le résultat ?

b) Quelles valeurs réelles de x satisfont à l'équation ?

c) Essaie de résoudre l'inéquation $4x + 2(x + 1) > 6x - 2$. Quel est le résultat ?

d) Quelles valeurs réelles de x satisfont à l'inéquation ?

22. La technologie a) Prédis quel sera le graphique de l'expression suivante à l'écran d'une calculatrice à affichage graphique.

$y = (x - 3)(x < 2)$

Vérifie ta prédiction en utilisant une calculatrice à affichage graphique en mode point.

Décris le résultat.

b) Reprends a) en utilisant l'expression $y = (2 - x)(x < 5)$.

c) Reprends a) en utilisant l'expression $y = (x + 4)(x > -4)$.

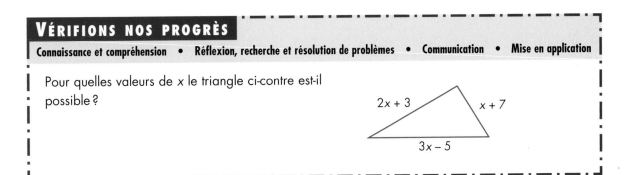

VÉRIFIONS NOS PROGRÈS

Connaissance et compréhension • Réflexion, recherche et résolution de problèmes • Communication • Mise en application

Pour quelles valeurs de x le triangle ci-contre est-il possible ?

$2x + 3$ $x + 7$ $3x - 5$

APPROFONDISSEMENT TECHNOLOGIQUE
La résolution d'inéquations à l'aide d'une calculatrice à affichage graphique

L'affichage de la solution

Certaines calculatrices à affichage graphique peuvent afficher les solutions d'inéquations comportant une variable.

Pour afficher les solutions de $2x + 1 < 3x - 2$, choisis le mode Non relié (dot) dans les paramètres mode et saisis l'inéquation dans l'éditeur Y =, comme cela est indiqué ci-après. Tu peux saisir le symbole d'inéquation en utilisant le menu TEST.

$$Y_1 = 2X + 1 < 3X - 2$$

Représente ensuite graphiquement Y1 dans la fenêtre d'affichage standard.

1. Résous l'inéquation de façon algébrique par la méthode papier-crayon, puis représente graphiquement les solutions.

2. Compare le graphique obtenu à la question 1 avec les solutions affichées par la calculatrice.

3. Utilise l'instruction TRACE pour afficher les valeurs des solutions.

4. Décris comment chacune des fonctions ou opérations suivantes peut te permettre d'obtenir une réponse plus précise qu'à la question 3 :
a) Les instructions du menu ZOOM ;
b) le menu TABLE et le menu TABLE SETUP ;
c) modifier les paramètres de la fenêtre d'affichage.

5. a) Utilise l'instruction TRACE pour trouver la valeur de y correspondant à chaque valeur de x dans les solutions.
b) Explique pourquoi le graphique de la solution ne se trouve pas sur l'axe des x.

6. Utilise le mode Relié (connected) au lieu du mode Non relié (dot) pour représenter graphiquement Y1. Explique pourquoi il faudrait utiliser le mode Non relié (dot).

7. a) Modifie l'inéquation en remplaçant le symbole $<$ par $\leq$. Affiche la solution sur la calculatrice.
b) La calculatrice fait-elle la différence entre $<$ et $\leq$? Explique ta réponse.

La résolution d'inéquations

8. Affiche les solutions de chacune des inéquations ci-après sur une calculatrice à affichage graphique. Dessine chaque résultat dans ton cahier et décris comment il faudrait le modifier pour représenter les solutions au complet. Énonce les solutions de chaque inéquation.
a) $2x + 3 \geq 7$ **b)** $3x - 1 < 8$
c) $2x - 3 > -x$ **d)** $5x + 8 \leq 4x + 5$
e) $-4x + 2 \leq -2$ **f)** $3x + 2 \geq 5x - 6$
g) $2(x - 3) \leq 4x - 2$
h) $3(x - 1) - x > 4(x + 1) - 1$
i) $\dfrac{2}{3}x \geq x - 1$
j) $\dfrac{3}{4}x + \dfrac{2}{3}x - \dfrac{5}{6} < 2(x - 1)$
k) $\dfrac{x - 1}{2} < \dfrac{x - 2}{3}$
l) $3 + \dfrac{x - 3}{6} \leq x$
m) $x - 2 \geq 3x - 1$
n) $4(x + 2) > 2(5 - x)$

9. Certaines calculatrices à affichage graphique comme les modèles TI-92 et TI-92 Plus peuvent résoudre des inéquations de façon algébrique. Si tu disposes d'une telle calculatrice, utilise la fonction *Solve* pour résoudre les inéquations de la question 8. Les symboles d'inéquation se trouvent dans le sous-menu test.

Exploration et application

La modélisation des restrictions de façon graphique

Le processus de recherche comporte plusieurs étapes. Ces étapes ne se déroulent pas nécessairement dans un ordre donné et, bien souvent, on y revient à la fin de la recherche. Ces étapes sont les suivantes :

Formuler les questions (FQ)

Choisir les stratégies ou les outils (SO)

Représenter sous forme mathématique (RM)

Interpréter l'information (II)

Tirer des conclusions (TC)

Réfléchir à la vraisemblance des résultats (RR)

1. Applique le processus d'enquête à la description de la représentation graphique de $y = \dfrac{x}{x^2 - 2x}$.

FQ   Peux-tu reconnaître la forme du graphique correspondant à l'équation ?

FQ   Quelles restrictions s'appliquent à x ?

SO   • Choisis une stratégie permettant de trouver la restriction.

RM, TC   • Détermine les restrictions qui s'appliquent à x.

FQ	Comment les restrictions influencent-elles le graphique ?
SO	• Choisis un outil pour représenter graphiquement l'équation.
RM	• Représente l'équation graphiquement.
II, TC	• Décris ce que tu vois.

FQ	Que se passe-t-il autour de la restriction qui s'applique lorsque $x = 2$?
SO	• Choisis un outil permettant de déterminer la valeur de y à mesure que x se rapproche de 2 dans les deux directions. L'une des méthodes possibles consiste à remplir une table des valeurs.
RM	• Complète une table des valeurs.

x	y		x	y
1,5			2,5	
1,7			2,3	
1,9			2,1	
1,99			2,01	
1,999			2,001	

II, TC	• Décris ce qui arrive à y à mesure que x se rapproche de 2 dans les deux directions.

FQ, SO, RM, II, TC	Que se passe-t-il autour de la restriction qui s'applique lorsque $x = 0$?

FQ, TC, RR	Pourquoi les deux restrictions n'ont-elles pas le même effet sur le graphique ?

FQ	Quelle comparaison peut-on faire entre le graphique de $y = \dfrac{1}{x-2}$ et le graphique de $y = \dfrac{x}{x^2 - 2x}$?
RM, II, TC, RR	• Dessine les deux graphiques.
TC, RR	• Explique les résultats.

2. Utilise tes conclusions pour décrire les effets des restrictions sur les graphiques suivants.

a) $y = \dfrac{x-3}{x^2 - 4x + 3}$　　　　**b)** $y = \dfrac{x^2 - 4}{x - 2}$

RÉVISION DES **CONCEPTS CLÉS**

■ **1.1** Révision des lois des exposants

Reporte-toi à la rubrique *Concepts clés* de la page 8.

1. Évalue les expressions ci-après.

a) 5^{-2} **b)** 6^0 **c)** 3^{-3} **d)** $(-3)^{-4}$ **e)** $(5^{-1})^2$

f) $\dfrac{1}{(-3)^{-1}}$ **g)** $\dfrac{2^3}{2^0 - 2^{-1}}$ **h)** $\dfrac{4^{-1} + 2^{-2}}{2^{-3}}$ **i)** $\dfrac{a^0 + 3^2}{2^4 - b^0}$

2. Simplifie. Exprime ta réponse avec des exposants positifs.

a) $m^2 \times m^5$ **b)** $y^{-3} \times y^{-2}$ **c)** $t^7 \div t^4$

d) $m^{-7} \div m^{-2}$ **e)** $(x^2 y^3)^4$ **f)** $(y^3)^0$

g) $(x^{-2} y^3)^{-2}$ **h)** $\left(\dfrac{m^3}{n^2}\right)^4$ **i)** $\left(\dfrac{x^{-3}}{y^{-2}}\right)^{-2}$

3. Simplifie. Exprime ta réponse avec des exposants positifs.

a) $(-2x^2 y^3)(-5x^3 y^4)$ **b)** $(-18a^3 b^2) \div (-2a^2 b)$ **c)** $3m^{-2} \times 4m^6$

d) $10x^{-2} \div (-2x^{-3})$ **e)** $(-2a^5 b^3)^2$ **f)** $(-3m^{-3} n^{-1})^{-3}$

g) $\left(\dfrac{3m^2}{2n^3}\right)^3$ **h)** $\left(\dfrac{-2x^{-3}}{3y^{-4}}\right)^{-2}$ **i)** $\dfrac{(3x^3 y)(6xy^4)}{-9xy^2}$

j) $\dfrac{3ab^4}{2a^3 b^2} \times \dfrac{12a^5 b}{15a^4 b}$ **k)** $\dfrac{(-2s^{-2} t)(5s^{-3} t^2)}{4s^2 t^{-3}}$ **l)** $\left(\dfrac{6a^{-2} b^{-3}}{2a^2 b^{-1}}\right)^{-2}$

1.2 Les exposants rationnels

Reporte-toi à la rubrique *Concepts clés* de la page 15.

4. Écris les nombres ci-après sous forme de radicaux.

a) $6^{\frac{1}{2}}$ **b)** $5^{-\frac{1}{2}}$ **c)** $7^{\frac{3}{5}}$ **d)** $10^{-\frac{4}{3}}$

5. Écris les expressions ci-après en utilisant des exposants.

a) $\sqrt[3]{-8}$ **b)** $(\sqrt[3]{m})^5$ **c)** $\sqrt[3]{x^2}$ **d)** $\sqrt{\sqrt[5]{4a^4}}$

6. Évalue les expressions ci-après.

a) $25^{\frac{1}{2}}$ **b)** $\left(\dfrac{1}{27}\right)^{\frac{1}{3}}$ **c)** $49^{-\frac{1}{2}}$ **d)** $1^{-\frac{1}{4}}$

e) $0{,}09^{0,5}$ **f)** $(-8)^{-\frac{1}{3}}$ **g)** $0{,}008^{-\frac{1}{3}}$ **h)** $27^{\frac{2}{3}}$

i) $-16^{-\frac{3}{4}}$ **j)** $\left(\dfrac{81}{16}\right)^{\frac{5}{4}}$ **k)** $\left(\dfrac{1}{9}\right)^{2,5}$ **l)** $\left(\dfrac{27}{125}\right)^{-\frac{2}{3}}$

m) $(-32)^{\frac{4}{5}}$ **n)** $(-8^{-1})^{-\frac{1}{3}}$ **o)** $\sqrt{\sqrt{16}}$

7. Simplifie. Au besoin, exprime tes réponses en utilisant des exposants.

a) $\sqrt{\sqrt[3]{y^4}}$　　　　**b)** $\sqrt{\sqrt{81m^8}}$　　　　**c)** $\sqrt[3]{-8x}$

d) $(\sqrt{x^3})(\sqrt{x})$　　　　**e)** $(\sqrt[3]{-64})x$　　　　**f)** $\sqrt[3]{-64x}$

8. La mesure La longueur exacte de l'arête d'un cube est de $\left(\dfrac{5}{2}\right)^{-\frac{2}{3}}$ unités. Détermine le volume du cube.

1.3 La résolution d'équations exponentielles

Reporte-toi à la rubrique *Concepts clés* de la page 23.

9. Résous les équations ci-après et vérifie tes réponses.

a) $2^x = 64$　　　　**b)** $(-5)^x = -125$　　　　**c)** $2^{x+3} = 128$

d) $\dfrac{5^{x-1}}{25} = 1$　　　　**e)** $5^{y+2} = 1$　　　　**f)** $4^{2x+1} = 8$

g) $2(3^{n+2}) = 18$　　　　**h)** $4^{x-2} + 1 = 5$

10. Résous les équations ci-après.

a) $2^{x+5} = 2^{2x-1}$　　　　**b)** $27^{x-2} = 3^{x+6}$　　　　**c)** $8^{2m+2} = 16^{m-2}$

d) $5^{y-1} = 25^{2y-1}$　　　　**e)** $4^{2t+1} = 8^{2t-1}$　　　　**f)** $6^{3x+5} = 36^{3x+6}$

11. Résous les équations ci-après et vérifie tes réponses.

a) $2^{x+3} + 2^x = 288$　　　**b)** $3^{g+3} - 3^{g+2} = 1458$　　　**c)** $-500 = 5^{y+1} - 5^{y+2}$

12. Les bactéries Le nombre de bactéries dans une culture est multiplié par 2 toutes les 3,75 h. Combien de temps faudra-t-il pour que le nombre de bactéries passe de 30 000 à 7 680 000 ?

1.4 L'addition, la soustraction et la multiplication de polynômes

Reporte-toi à la rubrique *Concepts clés* de la page 28.

13. Simplifie les expressions ci-après.

a) $(5x^2 - 4x - 2) + (8x^2 + 3x - 3)$

b) $(2x^2 - 6xy + 7y^2) + (4x^2 + 3xy - 11y^2)$

14. Simplifie les expressions ci-après.

a) $(7y^2 + 4y - 7) - (9y^2 + 3y - 3)$

b) $(3m^2 + mn - 7n^2) - (5m^2 + 3mn - 8n^2)$

15. Développe les expressions ci-après, puis simplifie-les.

a) $4(x + 5) + 3(x - 7)$　　　　　　**b)** $6(3s - 4t) - (7s - t) + 5$

c) $2x(x + 3) - x(3x + 8)$　　　　　　**d)** $3y(y - 2) + 2y(3y + 4) - 4y(2y - 3)$

16. Développe les expressions ci-après, puis simplifie-les.

a) $3[4 - 2(y - 3)] + 4[3(2 - y) - 5]$

b) $2x[2 - x(x - 1)] - [3 - x(x + 20)]$

17. Développe les expressions ci-après, puis simplifie-les.

a) $(y - 8)(y - 9)$ b) $2(7 - 3x)(4 + x)$

c) $3(3x - 1)^2$ d) $(4x + 3y)(2x - 5y)$

18. Développe les expressions ci-après, puis simplifie-les.

a) $(m - 4)(m + 4) + (m - 3)^2$ b) $(x + 6)^2 - (x + 4)(x - 7)$

c) $3(4y + 1)^2 + 2(3y - 4)(2y - 3)$ d) $2(3x - 2y)(x + 3y) - 2(2x - y)^2$

19. Développe les expressions ci-après, puis simplifie-les.

a) $(x - 3)(x^2 - 3x + 2)$ b) $(2t + 1)(3t^2 - t - 1)$

c) $(x^2 + 2x + 3)(x^2 - x - 1)$ d) $(3z^2 - 2z + 1)(2z^2 + 2z - 3)$

20. La mesure Les dimensions d'un rectangle sont $2x + 1$ et $x - 1$. On augmente chaque dimension de 2 unités. Écris une expression représentant l'augmentation de l'aire, puis simplifie-la.

1.5 La simplification d'expressions rationnelles

Reporte-toi à la rubrique *Concepts clés* de la page 39.

21. Simplifie. Énonce les restrictions qui s'appliquent aux variables.

a) $\dfrac{3x}{3x + 9}$ b) $\dfrac{8y^2 - 10xy}{4y}$ c) $\dfrac{5x - 5y}{7x - 7y}$

d) $\dfrac{6x - 10}{5 - 3x}$ e) $\dfrac{3w}{3w^2 - 12w}$ f) $\dfrac{3m^2 - 3m}{4m^2 - 4m}$

g) $\dfrac{t - 2}{t^2 - 3t + 2}$ h) $\dfrac{2a^2 - 7a - 15}{a - 5}$ i) $\dfrac{y^2 - 9}{y^2 + y - 12}$

j) $\dfrac{6n^2 - 7n - 3}{12n^2 + 7n + 1}$

22. Le drapeau de l'Ontario On peut représenter l'aire du drapeau de l'Ontario par l'expression $2x^2 + 4x + 2$ et sa largeur par $x + 1$.

a) Écris une expression représentant la longueur du drapeau, puis simplifie-la.

b) Écris une expression représentant le rapport de la longueur à la largeur du drapeau, puis simplifie-la.

1.6 La multiplication et la division d'expressions rationnelles

Reporte-toi à la rubrique *Concepts clés* de la page 49.

23. Simplifie. Énonce les restrictions qui s'appliquent aux variables.

a) $\dfrac{5x^3}{2y} \times \dfrac{8y}{15x^2}$ **b)** $\dfrac{-4a^3}{3b} \div \dfrac{2a}{3b^2}$ **c)** $\dfrac{3a^2b}{-4xy} \times \dfrac{-5x^2y}{6ab^2}$ **d)** $\dfrac{b^2}{8x^3y} \div \dfrac{3b}{4xy}$

e) $\dfrac{3x-3}{2x+2} \times \dfrac{5x+5}{6x-6}$ **f)** $\dfrac{4m+8}{3n-3} \div \dfrac{2m+6}{7n-7}$

g) $\dfrac{t^2+4t+4}{t-2} \div \dfrac{3t+6}{t^2-5t+6}$ **h)** $\dfrac{2x^2-5x-3}{2x^2-5x+2} \times \dfrac{2x^2+3x-2}{x^2-4x+3}$

i) $\dfrac{6y^2-5y+1}{12y^2-5x-2} \div \dfrac{3y^2-4y+1}{4y^2+3y-1}$

24. La mesure Soit les rectangles B et C ci-contre, accolés au rectangle A. L'aire du rectangle B est de $2t^2 - 3t + 1$. L'aire du rectangle C est de $3t^2 - 2t - 1$. La longueur des deux rectangles est indiquée dans le schéma.

a) Écris une expression rationnelle représentant la largeur du rectangle B.

b) Écris une expression rationnelle représentant la largeur du rectangle C.

c) Écris le produit des expressions obtenues en a) et en b), et simplifie-le.

d) Quel genre de rectangle est le rectangle A? Explique ta réponse.

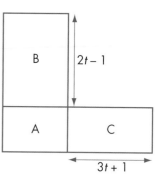

1.7 L'addition et la soustraction d'expressions rationnelles, I

Reporte-toi à la rubrique *Concepts clés* de la page 57.

25. Simplifie. Énonce les restrictions qui s'appliquent aux variables.

a) $\dfrac{5}{x} + \dfrac{1}{x} - \dfrac{8}{x}$ **b)** $\dfrac{2m+1}{m-2} + \dfrac{3m-5}{m-2}$ **c)** $\dfrac{4z-3}{z^2} - \dfrac{3z-1}{z^2}$

d) $\dfrac{2t}{3} - \dfrac{3t}{4} + \dfrac{t}{6}$ **e)** $\dfrac{4x+1}{5} + \dfrac{2x-1}{4}$ **f)** $\dfrac{2a-3b}{6} - \dfrac{3a-2b}{4}$

g) $\dfrac{4}{2y-5} + \dfrac{2}{5-2y}$ **h)** $\dfrac{x^2+5}{x^2-4} - \dfrac{x^2-2}{4-x^2}$ **i)** $\dfrac{2x+5}{x^2+3x+2} - \dfrac{x+4}{x^2+3x+2}$

26. La mesure Soit un triangle dont le périmètre est égal à $\dfrac{9x+1}{4}$.

Si deux des côtés mesurent respectivement $\dfrac{x+1}{2}$ et $\dfrac{2x-1}{2}$, quelle est la longueur du troisième côté?

1.8 L'addition et la soustraction d'expressions rationnelles, II

Reporte-toi à la rubrique *Concepts clés* de la page 66.

27. Simplifie. Énonce les restrictions qui s'appliquent aux variables.

a) $\dfrac{2}{y} + \dfrac{4}{y^2} - \dfrac{1}{y}$

b) $\dfrac{4}{x^2} - \dfrac{5}{xy} + \dfrac{2}{y^2}$

c) $\dfrac{a}{2a-2} + \dfrac{2}{3a-3}$

d) $\dfrac{2}{x+3} - \dfrac{4}{x+1}$

e) $\dfrac{2}{t^2+3t+2} - \dfrac{1}{t^2+t-2}$

f) $\dfrac{x+1}{3x^2+4x+1} + \dfrac{2x-1}{3x^2-5x-2}$

1.9 La résolution d'inéquations du premier degré

Reporte-toi à la rubrique *Concepts clés* de la page 78.

28. Résous les inéquations ci-après, puis vérifie tes réponses.

a) $y + 3 < 9$
b) $3w + 4 > 10$
c) $2x - 5 \geq -7$
d) $4z - 5 \leq 3$
e) $-5k < 10$
f) $2t > t - 8$
g) $3(m - 2) \leq 6$
h) $2(n + 4) \geq 0$

29. Résous les inéquations ci-après.

a) $3x + 2 > -10$
b) $5y + 1 < 1$
c) $7m + 3 \leq 6m + 2$
d) $3z - 8 > 2z + 3$
e) $9 + 5b < 6b + 1$
f) $4(2q - 1) > 4$
g) $3(2b - 2) \leq 6$
h) $2(4 - n) \geq 0$

30. Résous les inéquations ci-après. Représente tes solutions graphiquement.

a) $5m + 4 \leq 3m + 10$
b) $w + 2 > 6w - 8$
c) $2(x - 7) < x + 3$
d) $4(3z - 1) \leq 2(5 - z)$
e) $2(y - 3) + 1 \geq -4(2 - y) + 7$
f) $5n - 2(n + 3) - 1 < 2(n - 5) + 6$

31. Résous les inéquations ci-après.

a) $\dfrac{x}{4} - 3 > -1$

b) $\dfrac{w}{5} + 5 \leq 2$

c) $1,9m + 2,4 < 6,2$

d) $3,3 - 2,6p \geq 8,5$

e) $\dfrac{x+1}{2} > \dfrac{5-x}{2} - 2$

f) $\dfrac{5-w}{4} \geq \dfrac{5-w}{5}$

g) $1,4(y + 3) + 6,1 > 2,5(1 - y)$

h) $3(1,2k + 2) - 12,6 \leq 5(0,3k + 0,8) - 2,2$

32. **La mesure** Soit un triangle dont les côtés mesurent $2x + 1$, $2x + 3$ et $2x - 2$. Quelles valeurs de x donnent au triangle un périmètre :

a) de 44 unités ou plus ?
b) inférieur à 56 unités ?

33. **La collecte de fonds** L'orchestre symphonique organise un dîner-bénéfice dans un hôtel. L'hôtel demande 200 $ pour la location de la salle, plus 60 $ par personne. Chaque billet coûte 100 $. Combien de billets doit-on vendre pour amasser plus de 10 000 $?

VÉRIFIONS NOS CONNAISSANCES

Les compétences à l'honneur

Compétences	Connaissances et compréhension	Réflexion, recherche et résolution de problèmes	Communication	Mise en application
Questions	toutes	12, 13, 14	12, 13, 14	12, 13, 14

1. Évalue les expressions ci-après.

a) $\dfrac{1}{(-5)^2}$ 　　　**b)** $\dfrac{5^2 - 5^1}{5^{-1}}$ 　　　**c)** $\dfrac{3^{-1}}{3^{-2} + 3^0}$

2. Simplifie. Exprime chaque réponse avec des exposants positifs.

a) $\left(\dfrac{s^{-2}}{t^3}\right)^{-3}$ 　　　**b)** $30a^4b^2 \div (-5ab)$ 　　**c)** $(-3a^2b^5)^2$

d) $\dfrac{10m^2n^{-2} \times 2m^{-1}n^4}{-4mn^{-3}}$ 　　**e)** $\dfrac{(-4s^{-2}t^{-3})^{-2}}{-s^2t^{-1}}$

3. Évalue les expressions ci-après.

a) $-100^{-\frac{3}{2}}$ 　　　**b)** $81^{-\frac{3}{4}}$ 　　　**c)** $\left(\dfrac{8}{-27}\right)^{-\frac{2}{3}}$

4. **La mesure** Soit un rectangle dont les côtés mesurent $3 + \sqrt{2}$ et $3 - \sqrt{2}$. Détermine l'aire du rectangle.

5. Résous les équations ci-après et vérifie tes réponses.

a) $(-3)^x = 81$ 　　　**b)** $2^{x-3} = 64$ 　　　**c)** $-5^{x+2} = -1$

d) $3^{2y-3} = 9$ 　　　**e)** $2^{3x+2} = \dfrac{1}{16}$ 　　　**f)** $4(6^{g+2}) = 144$

6. Résous les équations ci-après et vérifie tes réponses.

a) $3^{x-2} = 3^{2x+1}$ 　　　**b)** $2^{x+2} = 4^{x+3}$ 　　　**c)** $5^{4x+2} = 25^{x-1}$

d) $6^{x+2} + 6^x = 222$ 　　**e)** $2^{x+2} - 2^{x+3} = -64$

7. Simplifie les expressions ci-après.

a) $(2x^2 + 3x - 7) + (7x^2 - 6x - 11)$ 　　**b)** $(4y^2 - 7y - 7) - (8y^2 + 5y - 9)$

8. Développe les expressions ci-après, puis simplifie-les.

a) $3t(t - 7) - 2t(4t + 5)$ 　　　**b)** $4w(2w - 3) - 2w(w + 5) - 3w(2w - 1)$

c) $(x - 5)(x + 11)$ 　　　**d)** $3(2x - y)(x - 3y)$

e) $-2(2s + 3t)^2$ 　　　**f)** $2(x - 3)^2 - (2x + 1)(3x + 2)$

g) $3(2x - 3y)(2x + 3y) - (x - y)(3x + y)$

9. Simplifie. Énonce les restrictions qui s'appliquent aux variables.

a) $\dfrac{3x - 3y}{5x - 5y}$ 　　**b)** $\dfrac{2y^2 + 4y}{3y^2 + 6y}$ 　　**c)** $\dfrac{t^2 - 16}{t^2 - t - 12}$ 　　**d)** $\dfrac{2m^2 + m - 3}{3m^2 + 2m - 5}$

10. Simplifie. Énonce les restrictions qui s'appliquent aux variables.

a) $\dfrac{x^2+2x-3}{x^2+6x+8} \times \dfrac{x^2+2x-8}{x^2+x-6}$

b) $\dfrac{2a^2-a-1}{3a^2+a-2} \div \dfrac{2a^2-3a-2}{3a^2-11a+6}$

c) $\dfrac{n+2}{3} + \dfrac{2n-1}{4} - \dfrac{3n+1}{2}$

d) $\dfrac{4}{2x-3} - \dfrac{1}{3-2x}$

e) $\dfrac{2}{x^2+5x+4} - \dfrac{3}{x^2-3x-4}$

11. Résous les expressions ci-après. Représente les solutions graphiquement.

a) $2z+5 \geq z-3$

b) $3(x+2) > -1(x-2)$

c) $3(3z+1) \leq -2(9-z)$

d) $3(y-1)+10 \geq -5(2-y)-7$

e) $\dfrac{h-5}{3} + 4 > \dfrac{h}{2} + 1$

f) $2{,}7(y-2) < 3(0{,}2y+2{,}1) - 1{,}2$

12. La radiologie Le cobalt 60, dont la période radioactive est de 5,3 ans, est utilisé abondamment en radiologie médicale. Presque tout le cobalt 60 utilisé dans le monde est produit au Canada.

a) Quelle fraction d'un échantillon de départ de cobalt 60 reste-t-il après 10,6 années ?

b) Combien de temps faut-il pour qu'il ne reste plus que 12,5 % d'un échantillon de départ ?

13. La mesure Soit un rectangle ayant $\dfrac{3x+1}{2}$ de long et $\dfrac{2x-1}{3}$ de large.

a) Écris une expression représentant le périmètre du rectangle en fonction de x, puis simplifie-la.

b) Trouve les trois plus petites valeurs de x qui donnent, pour le périmètre, des valeurs représentées par des nombres entiers. Explique ton raisonnement.

VÉRIFIONS NOS PROGRÈS

Connaissance et compréhension • Réflexion, recherche et résolution de problèmes • Communication • Mise en application

14. La moyenne harmonique de deux nombres, a et b, est égale à $\dfrac{2}{\dfrac{1}{a}+\dfrac{1}{b}}$.

La moyenne harmonique de trois nombres, a, b et c, est égale à $\dfrac{3}{\dfrac{1}{a}+\dfrac{1}{b}+\dfrac{1}{c}}$.

a) Simplifie les deux expressions ci-dessus et trouve une expression simplifiée pour la moyenne harmonique de quatre nombres.

b) Trouve la moyenne harmonique des nombres 2, 3, 4, 7 et 9.

PROBLÈMES STIMULANTS

1. Les racines Si $x \geq 0$, alors $\sqrt{x\sqrt{x\sqrt{x}}}$ est égal à :

a) $x\sqrt{x}$ **b)** $x\sqrt[4]{x}$ **c)** $\sqrt[8]{x}$ **d)** $\sqrt[8]{x^3}$ **e)** $\sqrt[8]{x^7}$

2. Une inéquation Le plus grand nombre entier, n, pour lequel $n^{200} < 5^{300}$ est :

a) 8   **b)** 9   **c)** 10   **d)** 11   **e)** 12

3. Les puissances Soit r le nombre obtenu quand on multiplie par 3 la base et l'exposant de a^b, où a et b sont positifs. Si $r = a^b x^b$, où x est positif, alors x est égal à :

a) 3   **b)** $3a^2$ **c)** $27a^2$ **d)** $2a^{3b}$ **e)** $3a^{2b}$

4. Une inéquation Si x est un nombre réel, l'inéquation $\dfrac{3}{2-x} \leq 1$ équivaut à :

a) $x \leq -1$ **b)** $x \geq -1,\ x \neq 2$ **c)** $x \leq -1$ ou $x \geq 0,\ x \neq 2$
d) $x \leq -1$ ou $x > 2$ **e)** $x \leq -1$ ou $x \geq -1,\ x \neq 2$

5. Les puissances Si $60^a = 3$ et $60^b = 5$, alors $12^{\frac{1-a-b}{2(1-b)}}$ est égal à :

a) $\sqrt{3}$ **b)** 2   **c)** $\sqrt{5}$ **d)** 3   **e)** $\sqrt{12}$

6. La moyenne des examens Ta moyenne aux quatre premiers examens du semestre est de 84 %. Si tu crois pouvoir obtenir 94 % à chacun des examens qui restent, combien d'autres examens faut-il pour porter ta moyenne à 90 % ?

7. Les inverses Isole x si l'inverse de $\left(\dfrac{1}{x} - 1\right)$ est -2.

8. Une équation Trouve toutes les valeurs entières positives de x et de y qui satisfont à l'équation $\dfrac{1}{x} + \dfrac{x}{y} + \dfrac{1}{xy} = 1$.

9. Les puissances Si $x^2yz^3 = 7^3$ et $xy^2 = 7^9$, trouve la valeur de xyz.

STRATÉGIE POUR LA RÉSOLUTION DE PROBLÈMES

ÉTABLIR UN MODÈLE ET COMMUNIQUER LA SOLUTION

La modélisation mathématique constitue un élément important de la résolution de problèmes. Beaucoup de problèmes peuvent être résolus de différentes façons à l'aide de différents modèles mathématiques. Il faut communiquer de façon claire la solution d'un problème en présentant le modèle mathématique choisi et les étapes du raisonnement appliqué.

À chaque recensement national, Statistique Canada demande à tous les résidants canadiens d'indiquer la première langue qu'ils ont parlée durant leur enfance et qu'ils comprennent encore aujourd'hui. En 1971, les personnes qui ont répondu l'espagnol étaient 24 fois plus nombreuses qu'en 1941. Leur nombre a augmenté en moyenne de 7650 par année entre 1971 et 1991. De 1991 à 1996, leur nombre a encore augmenté de 36 000. En 1996, 213 000 personnes ont répondu l'espagnol. Combien de personnes ont indiqué l'espagnol comme langue maternelle en 1941 ?

Comprendre le problème

1. Quels sont les renseignements fournis ?
2. Que dois-tu déterminer ?
3. Te demande-t-on une réponse exacte ou approximative ?

Établir un plan

Il existe plusieurs méthodes possibles pour résoudre ce problème, notamment utiliser l'algèbre, travailler à rebours et procéder par tâtonnements. Le plan de deux de ces méthodes est exposé ci-après.

• Méthode 1 : établir un modèle algébrique
Écrire une équation et la résoudre.

• Méthode 2 : établir un modèle en travaillant à rebours
Partir du résultat final et trouver le nombre de départ qui a donné ce résultat.

Exécuter son plan

Méthode 1 : établir un modèle algébrique

Soit x le nombre de personnes qui ont répondu l'espagnol en 1941.

Le nombre de personnes qui ont répondu l'espagnol en 1971 est donc égal à $24x$.

Le nombre de personnes qui ont répondu l'espagnol en 1991 est égal à $24x + 20 \times 7650$ ou $24x + 153\,000$.

Le nombre de personnes qui ont répondu l'espagnol en 1996 est égal à $24x + 153\,000 + 36\,000$ ou $24x + 189\,000$.

Écris l'équation : $24x + 189\,000 = 213\,000$
Isole x : $24x = 24\,000$
                                              $x = 1000$

Donc, 1000 personnes ont indiqué l'espagnol comme langue maternelle en 1941.

Méthode 2 : établir un modèle en travaillant à rebours

Pars du nombre de personnes qui ont répondu l'espagnol en 1996, soit 213 000. Ce nombre représentait 36 000 personnes de plus qu'en 1991. Donc, en 1991, il y avait 213 000 – 36 000 = 177 000 personnes.

Entre 1971 et 1991, le nombre a augmenté de 20 × 7650 ou 153 000.

Donc, en 1971, il y avait 177 000 – 153 000 = 24 000 personnes.

Comme le nombre de personnes en 1971 était 24 fois plus élevé qu'en 1941, il suffit de diviser 24 000 par 24 pour trouver le nombre de personnes en 1941.

24 000 ÷ 24 = 1000

Donc, 1000 personnes ont indiqué l'espagnol comme langue maternelle en 1941.

Cette réponse semble-t-elle vraisemblable ?

Comment pourrais-tu vérifier si la réponse est exacte ?

Travailler à rebours

1. Choisis un modèle mathématique pour décrire le problème.
2. Utilise-le afin de résoudre le problème.
3. Communique ta solution en présentant ton modèle et ton raisonnement.
4. Vérifie si ta réponse est vraisemblable.

Application, résolution de problèmes, communication

Résous chacun des problèmes ci-après. Présente clairement ton modèle mathématique et ton raisonnement.

1. La langue maternelle Le nombre de résidants canadiens ayant déclaré que le japonais était leur langue maternelle a baissé en moyenne de 400 par année entre 1941 et 1951. Leur nombre est resté stable entre 1951 et 1961, puis il a baissé de 1000 personnes entre 1961 et 1971. De 1971 à 1996, leur nombre a doublé, passant à 34 000. Combien de résidants canadiens ont indiqué le japonais comme langue maternelle en 1941 ?

2. Un achat de vêtements Nadia a 345 $ à mettre dans un blouson. Chez un marchand qui accorde une remise de 25 % sur le prix marqué, elle voit un blouson à 380 $. Les taxes (TPS de 7 % et TVQ de 8 %) doivent être ajoutées au prix réduit.

a) Nadia peut-elle acheter ce blouson ?

b) Quel est le prix marqué le plus élevé qu'elle peut payer ?

3. Un cube peint Un gros cube est formé de 1000 petits cubes verts identiques. On peint en rouge l'extérieur du cube. Combien de petits cubes ont une face rouge ?

4. La photocopie On règle une photocopieuse de façon à agrandir les dimensions d'un dessin à 125 %. On agrandit le dessin, puis on agrandit l'agrandissement. Le résultat final a une aire de 625 cm². Quelle est l'aire du dessin original ?

RÉSOLUTION DE PROBLÈMES

L'APPLICATION DES STRATÉGIES

1. Le calendrier S'il y a quatre lundis en janvier, quels sont les jours de la semaine qui ne peuvent pas tomber le 31 janvier ?

2. Une fanfare Une grande fanfare se produit sur un terrain de football. Elle se déploie d'abord en carré, puis elle forme un rectangle, de sorte que le nombre de rangées augmente de 5. Combien y a-t-il de musiciens dans la fanfare ?

3. Une suite Chaque terme de la suite ci-après n'est déterminé que par le terme précédent.

15, 26, 38, 67, 55, …

Développe la suite jusqu'à ce que des nombres se répètent. Quels nombres se répètent ?

4. La mesure Soit le trapèze ci-contre qui a trois côtés congrus. La base mesure 2 cm de moins que la somme 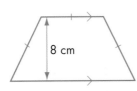 des longueurs des trois côtés égaux. La distance entre les côtés parallèles est de 8 cm. Détermine l'aire du trapèze.

5. La forme courante Quel est le chiffre des unités quand on écrit 6317^{458} sous sa forme courante ?

6. Des cure-dents Douze cure-dents ont été disposés de façon à former des carrés identiques.

Comment peux-tu disposer les cure-dents de façon à obtenir six carrés identiques ?

7. Le marquage des points Marque six points sur une feuille de façon que chaque point se trouve exactement à 1 unité de trois autres points.

8. Un casse-tête alphabétique Dans l'addition ci-contre, les lettres D, E et F représentent des chiffres différents. Quelles sont les valeurs de D et de F ?

$$\begin{array}{r} D \\ E \\ + F \\ \hline DE \end{array}$$

9. Le déplacement de jetons Quatre jetons rouges et quatre jetons bleus sont disposés en rangée.

Tu peux déplacer deux jetons voisins à la fois, mais sans les intervertir. Tu dois, en quatre coups, disposer les jetons de façon que les couleurs alternent.

10. La conduite automobile Combien de litres d'essence sont consommés en une semaine par toutes les voitures de l'Ontario ?

11. Un système d'équations Trouve les valeurs de F et de E dans le système d'équations ci-après.

A + B = C
C + D = E
A + E = F
B + D + F = 20
A = 4

12. Une course de vélos Suzanne, Élisabeth et Janel participent à une course de vélos de 36 km. Chacune d'elles maintient une vitesse constante durant toute la course. Lorsque Suzanne termine la course, Élisabeth est à 12 km de la ligne d'arrivée et Janel, à 18 km de la ligne d'arrivée. Lorsque Élisabeth termine la course à son tour, à quelle distance de la ligne d'arrivée se trouve Janel ?

2 Les fonctions et les équations du second degré

Contenus d'apprentissage	Fonctions	Fonctions et relations
Définir l'ensemble des nombres complexes et les exprimer sous la forme algébrique $a + bi$, où $i^2 = -1$.	2.1	2.1
Déterminer la valeur maximale ou minimale d'une fonction du second degré sous la forme $y = ax^2 + bx + c$, en complétant le carré.	2.2	2.2
Déterminer les racines réelles ou complexes d'équations du second degré en utilisant une méthode appropriée (p. ex., en factorisant, en utilisant la formule quadratique, en complétant le carré) et relier les racines aux abscisses à l'origine de la représentation graphique de la fonction correspondante.	2.3	2.3
Additionner, soustraire, multiplier et diviser des nombres complexes exprimés sous forme algébrique.		2.4, 2.5

Les mesures de longueur et d'aire

Dans les questions de modélisation mathématique aux pages 108, 118 et 132, tu vas résoudre le problème ci-après et d'autres encore faisant intervenir des mesures de longueur et d'aire.

Le drapeau de l'Ontario est toujours deux fois plus long que large.

a) Détermine la longueur de la diagonale de chacun des drapeaux de l'Ontario ci-après. Présente tes réponses sous forme de radicaux réduits à leur plus simple expression.

1

2

2

4

3

6

b) Décris la relation entre la longueur de la diagonale et l'une ou l'autre des dimensions du drapeau de l'Ontario.

c) À l'aide de la relation décrite en b), prédis la longueur de la diagonale d'un drapeau de l'Ontario de 150 cm sur 75 cm. Laisse ta réponse sous forme d'un radical réduit à sa plus simple expression.

d) Décris la relation entre la longueur de la diagonale et l'aire du drapeau de l'Ontario.

e) À l'aide de la relation décrite en d), prédis la longueur de la diagonale d'un drapeau de l'Ontario dont l'aire est de 24 200 cm². Laisse ta réponse sous forme d'un radical réduit à sa plus simple expression.

Réponds immédiatement aux questions suivantes en faisant appel à tes habiletés dans la recherche.

1. Détermine le rapport de la longueur à la largeur du drapeau de chaque province et territoire au pays et de celui du Canada.

2. Indique quels sont les drapeaux de la question 1 dont la longueur de la diagonale correspond à un nombre entier lorsque leurs dimensions se traduisent par des nombres entiers.

3. Selon toi, pourquoi la plupart des drapeaux officiels sont-ils rectangulaires et conçus de manière que le rapport de leur longueur à leur largeur corresponde à un petit nombre entier ?

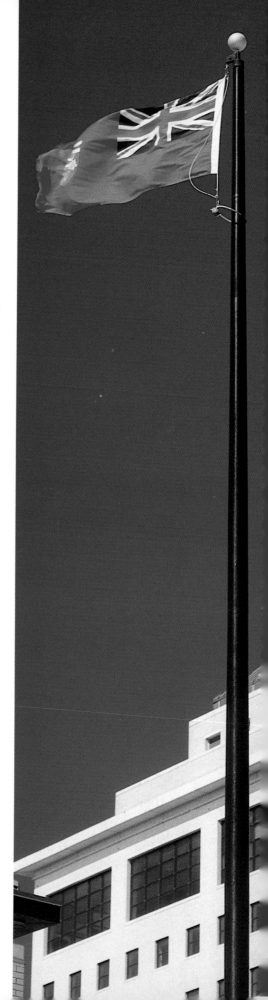

Les bénéfices d'une librairie

Une entreprise cherche actuellement du personnel pour sa nouvelle librairie grande surface. Si elle n'embauche pas assez de gens, le fonctionnement de ce commerce manquera d'efficacité. Par contre, si elle en embauche trop, les coûts liés à leur rémunération seront trop élevés.

Un consultant a indiqué à l'entreprise que la relation entre son bénéfice hebdomadaire moyen B par employée ou employé, en dollars, et le nombre de personnes n employées par la librairie se traduira par l'équation

$$B = -n^2 + 50n - 400.$$

1. Quel est le bénéfice hebdomadaire maximal possible par employée ou employé ?

2. Quel nombre d'employés assure un bénéfice hebdomadaire maximal par employée ou employé ?

3. Quel est le nombre minimal d'employés qui permet d'enregistrer un bénéfice ?

4. Quel est le nombre maximal d'employés qui permet d'enregistrer un bénéfice ?

5. Quel nombre d'employés se traduira par un bénéfice hebdomadaire d'au moins 200 $ par employée ou employé ?

6. Le bénéfice hebdomadaire total de la librairie correspond au produit du nombre de personnes employées et du bénéfice hebdomadaire par employée ou employé.
a) Détermine par tâtonnements si tes réponses aux questions 1 et 2 assurent à la librairie un bénéfice hebdomadaire total aussi élevé que possible.
b) Que devrait faire l'entreprise pour enregistrer un bénéfice hebdomadaire total aussi élevé que possible ?
c) Quel est le bénéfice annuel total le plus élevé que l'entreprise pourrait enregistrer ?

Révision des habiletés

Si tu as besoin d'aide pour maîtriser l'une ou l'autre des habiletés indiquées en violet, consulte l'annexe A.

1. L'évaluation de racines carrées Évalue les racines carrées ci-après.

a) $\sqrt{121}$

b) $\sqrt{225}$

c) $\sqrt{0,09}$

d) $\sqrt{1,69}$

e) $\sqrt{0,0016}$

f) $\sqrt{5^2 - 3^2}$

g) $\sqrt{5^2 + 12^2}$

h) $\sqrt{2 \times 200}$

i) $\sqrt{9^2 - 4(2)(4)}$

j) $\sqrt{6^2 - 4(8)(-2)}$

2. La représentation graphique de fonctions du second degré Esquisse la courbe représentative des fonctions définies par les équations ci-après, puis détermine pour chacune les coordonnées du sommet, l'équation de l'axe de symétrie, la valeur maximale ou minimale et toute coordonnée à l'origine.

a) $y = 2x^2 - 8$

b) $y = -3x^2 + 6$

c) $y = (x - 2)^2 + 3$

d) $y = -2(x + 1)^2 + 8$

3. La résolution graphique d'équations du second degré Résous graphiquement les équations ci-après. Vérifie tes solutions.

a) $x^2 - x - 6 = 0$

b) $x^2 + 5x + 4 = 0$

c) $x^2 - 4 = 0$

d) $x^2 - 6x = 0$

4. La résolution d'équations du second degré par factorisation Résous les équations ci-après par factorisation. Vérifie tes solutions.

a) $x^2 + x - 12 = 0$

b) $x^2 - 10x + 25 = 0$

c) $y^2 + 8y + 15 = 0$

d) $t^2 - 4t - 32 = 0$

e) $2z^2 = 5z + 3$

f) $9s^2 + 6s + 1 = 0$

g) $6w^2 - w = 12$

h) $2x^2 - 12 = 5x$

i) $0 = 5m^2 + 8m + 3$

j) $4x^2 = 15x + 4$

k) $2x^2 - 3x = 0$

l) $9x^2 - 25 = 0$

5. La résolution d'équations du second degré à l'aide d'une formule Résous les équations ci-après à l'aide d'une formule. Vérifie tes solutions.

a) $x^2 + 6x + 8 = 0$

b) $y^2 - 2y - 15 = 0$

c) $4x^2 = 3 + x$

d) $2r^2 - r = 3$

e) $6x^2 + 5x = 6$

f) $6x^2 + 7x - 20 = 0$

6. La résolution d'équations du second degré à l'aide d'une formule Résous les équations ci-après à l'aide d'une formule. Indique tes réponses sous forme de racines exactes et de racines approximatives, au centième près.

a) $x^2 - 3x + 1 = 0$

b) $y^2 + 3y - 3 = 0$

c) $2m^2 - m = 5$

d) $3t^2 = t + 1$

e) $4s^2 + 7s = -1$

f) $x^2 - x - 1 = 0$

g) $2w^2 + 5w + 1 = 0$

h) $3x + 3 = 5x^2$

7. Détermine la valeur de c qui fait de chaque expression ci-après un trinôme carré parfait.

a) $x^2 + 10x + c$

b) $x^2 - 12x + c$

c) $x^2 - 2x + c$

d) $x^2 + 8x + c$

e) $x^2 - 14x + c$

f) $x^2 + 4x + c$

g) $x^2 - 30x + c$

h) $x^2 + 18x + c$

8. La réécriture sous la forme $y = a(x - h)^2 + k$, où $a \neq 1$ Réécris les équations ci-après sous la forme $y = a(x - h)^2 + k$, puis indique pour chacune la valeur maximale ou minimale de y et la valeur de x qui lui est associée.

a) $y = x^2 + 2x - 5$

b) $y = x^2 - 4x + 6$

c) $y = x^2 + 6x + 2$

d) $y = -x^2 + 8x - 6$

e) $y = -x^2 - 6x + 3$

f) $y = -x^2 + 2x - 5$

g) $y = x^2 + 10x$

h) $y = -x^2 + 4x + 1$

9. La réécriture sous la forme $y = a(x - h)^2 + k$, où $a \neq 1$ Réécris les équations ci-après sous la forme $y = a(x - h)^2 + k$, puis indique pour chacune la valeur maximale ou minimale de y et la valeur de x qui lui est associée.

a) $y = 2x^2 - 8x + 3$

b) $y = 3x^2 + 6x - 7$

c) $y = -2x^2 - 12x - 9$

d) $y = -4x^2 + 8x - 2$

e) $y = 2x^2 - 20x + 11$

f) $y = -3x^2 + 18x + 5$

g) $y = 6x^2 - 12x$

h) $y = -5x^2 - 20x + 2$

2.1 L'ensemble des nombres complexes

Il est possible de déterminer la vitesse approximative à laquelle roulait une automobile sitôt avant un accident d'après la longueur des traces laissées par les pneus à partir du moment où l'on a actionné les freins. La formule $v = \sqrt{121l}$ indique la vitesse v de l'automobile, en kilomètres à l'heure, en fonction de la longueur l de ses traces de freinage, en mètres. Or, on peut réduire les radicaux comme $\sqrt{121l}$.

EXPLORATION ET RECHERCHE

Reproduis la table ci-après. Complète-la en remplaçant chaque ■ par un nombre naturel.

$\sqrt{4 \times 9} = \sqrt{■} = ■$ $\sqrt{4} \times \sqrt{9} = ■ \times ■ = ■$

$\sqrt{9 \times 16} = \sqrt{■} = ■$ $\sqrt{9} \times \sqrt{16} = ■ \times ■ = ■$

$\sqrt{25 \times 4} = \sqrt{■} = ■$ $\sqrt{25} \times \sqrt{4} = ■ \times ■ = ■$

$\sqrt{\dfrac{36}{4}} = \sqrt{■} = ■$ $\dfrac{\sqrt{36}}{\sqrt{4}} = \dfrac{■}{■} = ■$

$\sqrt{\dfrac{100}{25}} = \sqrt{■} = ■$ $\dfrac{\sqrt{100}}{\sqrt{25}} = \dfrac{■}{■} = ■$

$\sqrt{\dfrac{144}{9}} = \sqrt{■} = ■$ $\dfrac{\sqrt{144}}{\sqrt{9}} = \dfrac{■}{■} = ■$

1. Compare les deux résultats de chacune des trois premières rangées de cette table.

2. Décris la relation entre $\sqrt{ab}$ et $\sqrt{a} \times \sqrt{b}$ lorsque a et b sont des nombres naturels.

3. La technologie À l'aide d'une calculatrice, vérifie ton énoncé à la question 2 dans le cas des expressions suivantes.

a) $\sqrt{5} \times \sqrt{9}$ **b)** $\sqrt{3} \times \sqrt{7}$

4. Compare les deux résultats de chacune des trois dernières rangées de la table.

5. Décris la relation entre $\sqrt{\dfrac{a}{b}}$ et $\dfrac{\sqrt{a}}{\sqrt{b}}$ lorsque a et b sont des nombres naturels et que $b \neq 0$.

6. La technologie À l'aide d'une calculatrice, vérifie ton énoncé à la question 5 dans le cas des expressions suivantes.

a) $\sqrt{36} \div \sqrt{2}$ 　　　　　　　　　**b)** $\sqrt{15} \div \sqrt{3}$

7. Réécris l'expression $\sqrt{121l}$ sous la forme $\blacksquare \sqrt{l}$, où $\blacksquare$ représente un nombre naturel.

8. Détermine la vitesse d'une automobile selon la longueur indiquée ci-après de ses traces de freinage. Arrondis tes réponses au kilomètre à l'heure, s'il y a lieu.

a) 64 m 　　　　　　**b)** 100 m 　　　　　　**c)** 15 m

On réduit les radicaux à leur plus simple expression en faisant appel aux propriétés suivantes :

• $\sqrt{ab} = \sqrt{a} \times \sqrt{b}$, où $a \geq 0$ et $b \geq 0$;

• $\sqrt{\dfrac{a}{b}} = \dfrac{\sqrt{a}}{\sqrt{b}}$, où $a \geq 0$ et $b > 0$.

Un radical est réduit à sa plus simple expression :

• lorsque le radicande n'a aucun diviseur carré parfait autre que 1 : 　　$\sqrt{8} = 2\sqrt{2}$

• lorsque le radicande ne renferme aucune fraction : 　　$\sqrt{\dfrac{1}{4}} = \dfrac{1}{2}$

• lorsqu'il n'y a aucun radical au dénominateur d'une fraction : 　　$\dfrac{1}{\sqrt{3}} = \dfrac{\sqrt{3}}{3}$

Rappelons que le radicande est l'expression inscrite sous le radical.

EXEMPLE 1 La simplification de radicaux

Simplifie les radicaux suivants.

a) $\sqrt{75}$ 　　　**b)** $\dfrac{\sqrt{48}}{\sqrt{6}}$ 　　　**c)** $\sqrt{\dfrac{2}{9}}$

SOLUTION

a) $\sqrt{75} = \sqrt{25} \times \sqrt{3}$
$\qquad\quad = 5\sqrt{3}$

b) $\dfrac{\sqrt{48}}{\sqrt{6}} = \sqrt{\dfrac{48}{6}}$
$\qquad\quad = \sqrt{8}$
$\qquad\quad = \sqrt{4} \times \sqrt{2}$
$\qquad\quad = 2\sqrt{2}$

c)

$$\sqrt{\frac{2}{9}} = \frac{\sqrt{2}}{\sqrt{9}}$$

$$= \frac{\sqrt{2}}{3} \text{ ou } \frac{1}{3}\sqrt{2}$$

Soulignons que les nombres tels que $\sqrt{75}$ et $\sqrt{\dfrac{2}{9}}$, à l'exemple 1, constituent des **radicaux simples**. Les nombres tels que $5\sqrt{3}$ et $\dfrac{1}{3}\sqrt{2}$ portent quant à eux le nom de **radicaux composés**.

EXEMPLE 2 La multiplication de radicaux

Simplifie les expressions suivantes.

a) $9\sqrt{2} \times 4\sqrt{7}$ **b)** $2\sqrt{3} \times 5\sqrt{6}$

SOLUTION

a)
$$\begin{aligned}
9\sqrt{2} \times 4\sqrt{7} &= 9 \times 4 \times \sqrt{2} \times \sqrt{7} \\
&= 36\sqrt{14}
\end{aligned}$$

b)
$$\begin{aligned}
2\sqrt{3} \times 5\sqrt{6} &= 2 \times 5 \times \sqrt{3} \times \sqrt{6} \\
&= 10\sqrt{18} \\
&= 10 \times \sqrt{9} \times \sqrt{2} \\
&= 10 \times 3 \times \sqrt{2} \\
&= 30\sqrt{2}
\end{aligned}$$

EXEMPLE 3 La simplification d'expressions contenant des radicaux

Simplifie $\dfrac{6 - \sqrt{45}}{3}$.

SOLUTION

$$\begin{aligned}
\frac{6 - \sqrt{45}}{3} &= \frac{6 - \sqrt{9} \times \sqrt{5}}{3} \\
&= \frac{6 - 3\sqrt{5}}{3} \\
&= 2 - \sqrt{5}
\end{aligned}$$

En mathématiques, on peut extraire les racines carrées aussi bien de nombres négatifs que de nombres positifs. Les mathématiciens ont en effet inventé un nombre que l'on définit comme la racine carrée principale de -1. Il s'agit de l'**unité imaginaire** i, laquelle possède les propriétés suivantes :

$$i = \sqrt{-1} \text{ et } i^2 = -1$$

En règle générale, lorsque x représente un nombre réel positif, $\sqrt{-x}$ constitue un **nombre imaginaire pur** que l'on peut définir comme suit :

$$\sqrt{-x} = \sqrt{-1} \times \sqrt{x}$$
$$= i\sqrt{x}$$

Par conséquent, $\sqrt{-5} = \sqrt{-1} \times \sqrt{5}$ **Afin d'éviter toute confusion entre $\sqrt{x}i$ et $\sqrt{xi}$, on écrit $i\sqrt{x}$ plutôt que $\sqrt{x}i$.**
$$= i\sqrt{5}$$

Malgré leur nom, les nombres imaginaires purs sont tous aussi réels que les nombres réels.

Lorsque le radicande consiste en un nombre négatif, il y a une règle additionnelle à respecter pour réduire le radical à sa plus simple expression, soit :

• Un radical est à sa plus simple expression lorsque le radicande est positif.

Les nombres tels que i, $i\sqrt{6}$, $2i$ et $-3i$ constituent des exemples de nombres imaginaires purs réduits à leur plus simple expression.

EXEMPLE 4 La simplification de nombres imaginaires purs

Réduis les nombres suivants à leur plus simple expression.

a) $\sqrt{-25}$ **b)** $\sqrt{-12}$

SOLUTION

a) $\sqrt{-25} = \sqrt{-1} \times \sqrt{25}$
$$= i \times 5$$
$$= 5i$$

b) $\sqrt{-12} = \sqrt{-1} \times \sqrt{12}$
$$= i \times \sqrt{4} \times \sqrt{3}$$
$$= i \times 2 \times \sqrt{3}$$
$$= 2i\sqrt{3}$$

Lorsque l'on multiplie deux nombres imaginaires purs entre eux, on obtient un nombre réel.

EXEMPLE 5 La multiplication de nombres imaginaires purs

Évalue les expressions suivantes.

a) $3i \times 4i$ **b)** $2i \times (-5i)$ **c)** $\left(3i\sqrt{2}\right)^2$

SOLUTION

a) $3i \times 4i = 3 \times 4 \times i^2$
$$= 12 \times (-1)$$
$$= -12$$

b) $2i \times (-5i) = 2 \times (-5) \times i^2$
$$= -10 \times (-1)$$
$$= 10$$

c) $\left(3i\sqrt{2}\right)^2 = 3i\sqrt{2} \times 3i\sqrt{2}$
$$= 3^2 \times i^2 \times \left(\sqrt{2}\right)^2$$
$$= 9 \times (-1) \times 2$$
$$= -18$$

Un **nombre complexe** se définit comme un nombre de la forme $a + bi$, où a et b sont des nombres réels et i représente l'unité imaginaire. On dit de a qu'il s'agit de la **partie réelle** d'un nombre complexe et de b qu'il s'agit de sa **partie imaginaire**. Parmi les nombres complexes figurent $5 + 2i$ et $4 - 3i$. Les nombres complexes s'avèrent utiles en génie, en physique, en électronique et dans beaucoup d'autres domaines scientifiques ou techniques.

Nombres complexes
$a \qquad + \qquad bi$
↑ $\qquad\qquad$ ↑
partie $\qquad$ partie
réelle $\qquad$ imaginaire

Lorsque $b = 0$, $a + bi = a$. De ce fait, on peut envisager tout nombre réel comme un nombre complexe, car il est possible d'écrire 5, par exemple, sous la forme $5 + 0i$.

Lorsque $a = 0$, $a + bi = bi$. Or, les nombres de la forme bi, tels que $7i$, sont des **nombres imaginaires purs**. On qualifie par ailleurs de **nombres imaginaires** les nombres complexes où b n'égale pas 0.

Le schéma ci-après présente en gros l'ensemble des nombres complexes.

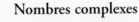

Nombres complexes

$a + bi$, où a et b sont des nombres réels et $i = \sqrt{-1}$.

$b = 0$ $b \neq 0$

Nombres réels

$\left(\text{p. ex., } 5, \sqrt{2}, -7, 3,6, \dfrac{-2}{3}\right)$

Nombres imaginaires

(p. ex., $4 + 3i$, $3 - 2i$)

$a = 0$

Nombres rationnels
Les nombres que l'on
peut exprimer sous forme
du rapport de deux entiers.

$\left(\text{p. ex., } 3, -\sqrt{4}, 0,\overline{27}, -\dfrac{6}{7}\right)$

Nombres irrationnels
Les nombres que l'on ne
peut pas exprimer sous forme
du rapport de deux entiers.

$\left(\text{p. ex., } \sqrt{7}, -\sqrt{2}, \pi\right)$

Nombres imaginaires purs
$\left(\text{p. ex., } 7i, -3i, i\sqrt{2}\right)$

Nombres entiers
Les nombres naturels et leurs opposés.
(p. ex., 4, −4, 0, 9, −9)

Nombres naturels
Les nombres entiers positifs et le zéro.
(p. ex., 0, 3, 7, 11)

Nombres naturels non nuls
Les nombres entiers positifs.
(p. ex., 1, 5, 8, 23)

EXEMPLE 6 La simplification de nombres complexes

Simplifie les expressions suivantes.

a) $3 - \sqrt{-24}$ **b)** $\dfrac{10 + \sqrt{-32}}{2}$

SOLUTION

a) $\begin{aligned}
3 - \sqrt{-24} &= 3 - \sqrt{-1} \times \sqrt{24} \\
&= 3 - i \times \sqrt{4} \times \sqrt{6} \\
&= 3 - i \times 2\sqrt{6} \\
&= 3 - 2i\sqrt{6}
\end{aligned}$

Il est impossible de simplifier davantage l'expression
$3 - 2i\sqrt{6}$, car les deux termes ne sont pas semblables.

b) $\dfrac{10+\sqrt{-32}}{2} = \dfrac{10+\sqrt{-1}\times\sqrt{32}}{2}$

$$= \dfrac{10+i\times\sqrt{16}\times\sqrt{2}}{2}$$

$$= \dfrac{10+i\times 4\sqrt{2}}{2}$$

$$= \dfrac{10+4i\sqrt{2}}{2}$$

$$= 5+2i\sqrt{2}$$

Concepts clés

- On réduit les radicaux à leur plus simple expression en faisant appel aux propriétés suivantes :

  $\sqrt{ab}=\sqrt{a}\times\sqrt{b}$, où $a \geq 0$ et $b \geq 0$;

  $\sqrt{\dfrac{a}{b}}=\dfrac{\sqrt{a}}{\sqrt{b}}$, où $a \geq 0$ et $b > 0$.

- Le nombre i constitue l'unité imaginaire, où $i^2 = -1$ et $i = \sqrt{-1}$.
- Un nombre complexe se définit comme un nombre de la forme $a + bi$, où a et b sont des nombres réels et i représente l'unité imaginaire.

Communique ce que tu as compris

1. Explique la différence entre un radical simple et un radical composé.

2. Décris comment tu réduirais chacune des expressions ci-après à leur plus simple expression.

a) $\sqrt{60}$ **b)** $\dfrac{\sqrt{14}}{\sqrt{2}}$ **c)** $\dfrac{10+\sqrt{20}}{2}$

3. Décris comment tu réduirais chacune des expressions ci-après à leur plus simple expression.

a) $\sqrt{-28}$ **b)** $\dfrac{9+\sqrt{-54}}{3}$

4. Décris comment tu évaluerais $(-3i)^2$.

Exercices

A

1. Réduis les radicaux ci-après à leur plus simple expression.

a) $\sqrt{12}$ **b)** $\sqrt{20}$ **c)** $\sqrt{45}$

d) $\sqrt{50}$ **e)** $\sqrt{24}$ **f)** $\sqrt{63}$

g) $\sqrt{200}$ **h)** $\sqrt{32}$ **i)** $\sqrt{44}$

j) $\sqrt{60}$ **k)** $\sqrt{18}$ **l)** $\sqrt{54}$

m) $\sqrt{128}$ **n)** $\sqrt{90}$ **o)** $\sqrt{125}$

2. Réduis les expressions ci-après à leur plus simple expression.

a) $\dfrac{\sqrt{14}}{\sqrt{7}}$　　**b)** $\dfrac{\sqrt{10}}{\sqrt{2}}$　　**c)** $\dfrac{\sqrt{60}}{\sqrt{3}}$　　**d)** $\dfrac{\sqrt{40}}{\sqrt{5}}$

e) $\dfrac{\sqrt{33}}{\sqrt{3}}$　　**f)** $\dfrac{\sqrt{7}}{\sqrt{4}}$　　**g)** $\dfrac{\sqrt{20}}{\sqrt{9}}$　　**h)** $\dfrac{3\sqrt{8}}{\sqrt{2}}$

i) $\dfrac{27\sqrt{15}}{3\sqrt{5}}$　　**j)** $\dfrac{12\sqrt{75}}{4\sqrt{3}}$　　**k)** $\dfrac{4\sqrt{2}}{\sqrt{8}}$　　**l)** $\dfrac{2\sqrt{2}}{\sqrt{18}}$

3. Simplifie les expressions ci-après.

a) $\sqrt{2} \times \sqrt{10}$　　　　**b)** $\sqrt{3} \times \sqrt{6}$

c) $\sqrt{15} \times \sqrt{5}$　　　　**d)** $\sqrt{7} \times \sqrt{11}$

e) $4\sqrt{3} \times \sqrt{7}$　　　　**f)** $3\sqrt{6} \times 3\sqrt{6}$

g) $2\sqrt{2} \times 3\sqrt{6}$　　　　**h)** $2\sqrt{5} \times 3\sqrt{10}$

i) $3\sqrt{3} \times 4\sqrt{15}$　　　　**j)** $4\sqrt{7} \times 2\sqrt{14}$

k) $\sqrt{6} \times \sqrt{3} \times \sqrt{2}$　　**l)** $2\sqrt{7} \times 3\sqrt{1} \times \sqrt{7}$

4. Simplifie les expressions ci-après.

a) $\dfrac{10+15\sqrt{5}}{5}$　**b)** $\dfrac{21-7\sqrt{6}}{7}$　**c)** $\dfrac{6+\sqrt{8}}{2}$

d) $\dfrac{12-\sqrt{27}}{3}$　**e)** $\dfrac{-10-\sqrt{50}}{5}$　**f)** $\dfrac{-12+\sqrt{48}}{4}$

5. Simplifie les expressions ci-après.

a) $\sqrt{-9}$　　**b)** $\sqrt{-25}$　　**c)** $\sqrt{-81}$　　**d)** $\sqrt{-5}$

e) $\sqrt{-13}$　**f)** $\sqrt{-23}$　**g)** $\sqrt{-12}$　**h)** $\sqrt{-40}$

i) $\sqrt{-54}$　**j)** $-\sqrt{-4}$　**k)** $-\sqrt{-20}$　**l)** $-\sqrt{-60}$

6. Évalue les expressions ci-après.

a) $5i \times 5i$　　　　　**b)** $2i \times 3i$

c) $(-2i) \times (-2i)$　　**d)** $(-3i) \times (-4i)$

e) $2i \times (-5i)$　　　**f)** $(-3i) \times 6i$

7. Simplifie les expressions ci-après.

a) i^3　　　　　　　**b)** i^4

c) i^5　　　　　　　**d)** $4i \times 5i$

e) $5i^2$　　　　　　　**f)** $-i^7$

g) $3(-2i)^2$　　　　　**h)** $i(4i)^3$

i) $(3i)(-6i)$　　　　　**j)** $(i\sqrt{2})^2$

k) $-(i\sqrt{5})^2$　　　　**l)** $(i\sqrt{6})(-i\sqrt{6})$

m) $(2i\sqrt{3})^2$　　　　**n)** $(-5i\sqrt{2})^2$

o) $(4i\sqrt{5})(-2i\sqrt{5})$

8. Simplifie les expressions ci-après.

a) $4+\sqrt{-20}$　　　　**b)** $7-\sqrt{-18}$

c) $10+\sqrt{-75}$　　　**d)** $11-\sqrt{-63}$

e) $-2-\sqrt{-90}$　　　**f)** $-6-\sqrt{-52}$

9. Simplifie les expressions ci-après.

a) $\dfrac{15+20i\sqrt{5}}{5}$　　　**b)** $\dfrac{14-28i\sqrt{6}}{14}$

c) $\dfrac{10-\sqrt{-16}}{2}$　　　**d)** $\dfrac{12+\sqrt{-27}}{3}$

e) $\dfrac{-8+\sqrt{-32}}{4}$　　　**f)** $\dfrac{-21-\sqrt{-98}}{7}$

Application, résolution de problèmes, communication

10. Exprime chacun des nombres ci-après sous forme d'entier.

a) $\sqrt{5^2}$　　**b)** $(\sqrt{5})^2$　　**c)** $\sqrt{(-5)^2}$　　**d)** $-\sqrt{5^2}$　　**e)** $-(\sqrt{5})^2$　　**f)** $-\sqrt{(-5)^2}$

B

11. Communication Associe chacun des nombres ci-après à un ou à plusieurs des ensembles suivants : nombres réels, nombres rationnels, nombres irrationnels, nombres complexes, nombres imaginaires, nombres imaginaires purs.
Explique chaque fois ton raisonnement.

a) $\sqrt{5}$　　　　**b)** $\sqrt{-4}$　　　　**c)** $1+\sqrt{3}$　　　　**d)** $3+i\sqrt{6}$

12. La mesure Indique l'aire exacte du triangle ci-contre sous forme d'un radical réduit à sa plus simple expression.

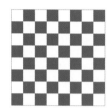

13. La mesure Soit un carré dont l'aire est de 675 cm². Indique la longueur de ses côtés sous forme d'un radical réduit à sa plus simple expression.

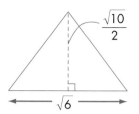

14. Application Il existe plusieurs variantes des échecs. La plupart d'entre elles se jouent sur un plateau carré divisé en un certain nombre de cases. Certaines variantes exigent toutefois un échiquier différent de celui à 64 cases habituellement associé à ce jeu.

a) Soit un échiquier dont chaque case a 2 cm de côté et dont chaque diagonale mesure $\sqrt{800}$ cm. Combien de cases cet échiquier comprend-il ?

b) Soit une variante japonaise des échecs appelée *chu shogi*, laquelle se joue sur un échiquier dont chaque case a 3 cm de côté et dont chaque diagonale mesure $\sqrt{2592}$ cm. Combien de cases l'échiquier associé à cette variante comprend-il ?

Lien Internet
www.dlcmcgrawhill.ca
Pour en savoir plus sur les variantes des échecs, rends-toi à l'adresse donnée ci-haut. Puis clique sur la page couverture du manuel *Mathématiques 11*. Tu y trouveras les adresses nécessaires à ta recherche. Décris sommairement les règles d'une variante ayant retenu ton attention.

15. Les régularités a) Simplifie i^2, i^3, i^4, i^5, i^6, i^7, i^8, i^9, i^{10}, i^{11} et i^{12}.

b) Décris la régularité associée à ces valeurs.

c) Décris la manière de simplifier i^n, où n représente un nombre naturel.

d) Simplifie i^{48}, i^{94}, i^{85} et i^{99}.

16. Les mesures de longueur et d'aire

a) Détermine la longueur de la diagonale de chacun des drapeaux de l'Ontario ci-après. Présente tes réponses sous forme de radicaux réduits à leur plus simple expression.

b) Décris la relation entre la longueur de la diagonale et l'une ou l'autre des dimensions du drapeau de l'Ontario.

c) À l'aide de la relation décrite en b), prédis la longueur de la diagonale d'un drapeau de l'Ontario de 150 cm sur 75 cm. Laisse ta réponse sous forme d'un radical réduit à sa plus simple expression.

d) Décris la relation entre la longueur de la diagonale et l'aire du drapeau de l'Ontario.

e) À l'aide la relation décrite en d), prédis la longueur de la diagonale d'un drapeau de l'Ontario dont l'aire est de 24 200 cm². Laisse ta réponse sous forme d'un radical réduit à sa plus simple expression.

C

17. Communication Vérifie si $x=-i\sqrt{3}$ constitue une solution de l'équation $x^2 + 3 = 0$. Justifie ton raisonnement.

18. Simplifie chacune des expressions ci-après en la réécrivant tout d'abord sous forme du produit de deux racines cubiques.

a) $\sqrt[3]{16}$ **b)** $\sqrt[3]{32}$ **c)** $\sqrt[3]{54}$ **d)** $\sqrt[3]{81}$

19. Les équations Résous les équations ci-après. Présente tes réponses sous forme de radicaux réduits à leur plus simple expression.

a) $x\sqrt{2}=\sqrt{14}$ **b)** $5x=\sqrt{50}$ **c)** $\dfrac{x}{\sqrt{3}}=\sqrt{6}$ **d)** $\dfrac{\sqrt{30}}{x}=\sqrt{5}$

20. a) Explique les restrictions $a \geq 0$ et $b \geq 0$ dans le cas de la propriété $\sqrt{ab}=\sqrt{a}\times\sqrt{b}$.

b) La propriété $\sqrt{\dfrac{a}{b}}=\dfrac{\sqrt{a}}{\sqrt{b}}$ s'accompagne des restrictions $a \geq 0$ et $b > 0$. Pourquoi la seconde restriction n'est-elle pas $b \geq 0$?

DÉFI *régularité*

Soit le nombre entier positif de deux chiffres 21. Lorsque l'on en soustrait 9, le résultat obtenu, c'est-à-dire 12, présente les deux mêmes chiffres mais dans l'ordre inverse.

1. Énumère tous les nombres entiers positifs formés de deux chiffres dont l'ordre est ainsi inversé lorsque l'on en soustrait 9.

2. Trouve tous les nombres entiers positifs formés de deux chiffres dont l'ordre est ainsi inversé lorsque l'on en soustrait :

a) 18   **b)** 27   **c)** 36

3. Décris verbalement la régularité en cause.

4. À l'aide de cette régularité, trouve tous les nombres entiers positifs formés de deux chiffres dont l'ordre est inversé lorsque l'on en soustrait :

a) 54   **b)** 72

2.2 La détermination de la valeur maximale ou minimale d'une fonction du second degré : compléter le carré

Le Festival international de la liberté, qui se déroule à la fin de juin à Windsor (Ontario) et à Detroit (Michigan), a pour but de célébrer la Fête du Canada et l'anniversaire de l'Indépendance américaine. Il se termine par un feu d'artifice dont on lance les fusées à partir de chalands qui mouillent dans la rivière de Detroit.

EXPLORATION ET RECHERCHE

La hauteur h, en mètres, d'un objet propulsé dans les airs se traduit par la formule

$$h = -\frac{1}{2}gt^2 + v_0 t + h_0$$

où g représente l'accélération due à la pesanteur (laquelle est d'environ 9,8 m/s^2 sur la Terre), t, le temps écoulé en secondes, v_0, la vitesse initiale de l'objet en mètres par seconde et h_0, sa hauteur initiale en mètres.

Lors d'un feu d'artifice, on lance la plupart des fusées à partir de tubes d'acier. Soit une fusée lancée d'une hauteur de 1,5 m au-dessus de l'eau, à une vitesse initiale de 39,2 m/s.

1. Reporte les valeurs connues dans la formule pour obtenir l'équation de la hauteur de cette fusée, h, en fonction du temps.

2. Réécris cette équation sous la forme $y = ax^2 + bx + c$.

3. Complète le carré afin d'obtenir une équation de la forme $y = a(x - h)^2 + k$.

4. Quelle est la hauteur maximale atteinte par la fusée ? Justifie ton raisonnement.

5. Une fois que la fusée est lancée, combien de secondes met-elle à atteindre sa hauteur maximale ? Justifie ton raisonnement.

6. Décris une façon de déterminer la hauteur maximale de la fusée sans compléter le carré.

Si l'on veut déterminer, en complétant le carré, la valeur maximale ou minimale d'une fonction du second degré définie par une équation de la forme $y = ax^2 + bx + c$, il faut en réécrire l'équation sous la forme $y = a(x - h)^2 + k$. La valeur maximale ou minimale de la fonction correspond en effet à k lorsque $x = h$. Si $a > 0$, k représente la valeur minimale de la fonction, alors que si $a < 0$, k en représente la valeur maximale.

EXEMPLE 1 **La détermination d'une valeur minimale**

En complétant le carré, détermine la valeur minimale de la fonction définie par $y = 4x^2 - 24x + 31$.

SOLUTION

Factorise les deux premiers termes par la mise en évidence du coefficient de x^2. Complète ensuite le carré.

$$y = 4x^2 - 24x + 31$$
$$= [4x^2 - 24x] + 31$$

Groupe les termes renfermant la variable x :

Factorise les deux premiers termes par la mise en évidence du coefficient de x^2 :
$$= 4[x^2 - 6x] + 31$$

Complète le carré à l'intérieur des crochets :
$$= 4[x^2 - 6x + 9 - 9] + 31$$

Pose le trinôme carré parfait sous forme du carré d'un binôme : $= 4[(x - 3)^2 - 9] + 31$

Développe pour supprimer les crochets :
$$= 4(x - 3)^2 - 36 + 31$$

Simplifie :
$$= 4(x - 3)^2 - 5$$

La fonction atteint une valeur minimale de -5 lorsque $x = 3$.

On peut représenter la solution graphiquement.

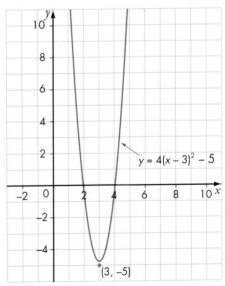

$y = 4(x - 3)^2 - 5$

$(3, -5)$

Exemple 2 La détermination d'une valeur maximale

En complétant le carré, détermine la valeur maximale de la fonction définie par $y = -0,3x^2 - 2,4x + 7,3$.

Solution

Factorise les deux premiers termes par la mise en évidence du coefficient de x^2. Complète ensuite le carré.

$$y = -0,3x^2 - 2,4x + 7,3$$
$$= [-0,3x^2 - 2,4x] + 7,3$$

Groupe les termes renfermant la variable x :
Factorise les deux premiers termes par la mise en évidence du coefficient de x^2 :

$$= -0,3[x^2 + 8x] + 7,3$$

Complète le carré à l'intérieur des crochets :

$$= -0,3[x^2 + 8x + 16 - 16] + 7,3$$

Pose le trinôme carré parfait sous forme du carré d'un binôme :

$$= -0,3[(x + 4)^2 - 16] + 7,3$$

Développe pour supprimer les crochets :

$$= -0,3(x + 4)^2 + 4,8 + 7,3$$

Simplifie :

$$= -0,3(x + 4)^2 + 12,1$$

La fonction atteint une valeur maximale de 12,1 lorsque $x = -4$.

On peut représenter la solution graphiquement.

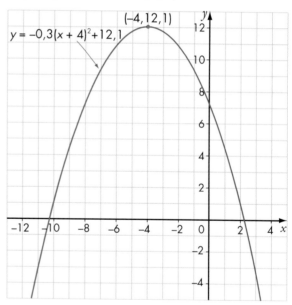

Dans certains cas, il faut utiliser des fractions afin de pouvoir compléter le carré.

Exemple 3 L'utilisation de fractions afin de compléter le carré

En complétant le carré, détermine la valeur maximale de la fonction définie par $y = 5x - 3x^2$.

Solution

Réécris l'équation sous la forme
$y = a(x - h)^2 + k$.

On peut représenter la solution graphiquement.

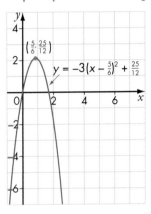

$$y = 5x - 3x^2$$
$$= -3x^2 + 5x$$
$$= [-3x^2 + 5x]$$
$$= -3\left[x^2 - \frac{5}{3}x\right]$$
$$= -3\left[x^2 - \frac{5}{3}x + \frac{25}{36} - \frac{25}{36}\right] \qquad \frac{1}{2} \times \frac{5}{3} = \frac{5}{6} \qquad \left(\frac{5}{6}\right)^2 = \frac{25}{36}$$
$$= -3\left[\left(x - \frac{5}{6}\right)^2 - \frac{25}{36}\right]$$
$$= -3\left(x - \frac{5}{6}\right)^2 + \frac{25}{12}$$

La valeur maximale est de $\dfrac{25}{12}$ lorsque $x = \dfrac{5}{6}$.

Il est possible de représenter la solution de l'exemple 3 à l'aide d'une calculatrice à affichage graphique. En effet, les opérations Maximum et Minimum permettent de déterminer la valeur maximale ou minimale d'une fonction. On peut aussi recourir au besoin à la fonction ▶Frac pour afficher la valeur obtenue sous forme de fraction.

EXEMPLE 4 L'écriture de l'équation d'une fonction

Trouve le plus petit produit de deux nombres dont la différence égale 8.

SOLUTION

Il faut ici réduire au minimum le produit p de deux nombres.
Soit n l'un de ces nombres.
Comme la différence entre eux égale 8, on peut représenter l'autre
nombre par $n - 8$ ou par $n + 8$.
L'une ou l'autre expression peut servir à résoudre le problème.
Nous utiliserons ici $n - 8$.

$p = n \times (n - 8)$
$\quad = n^2 - 8n$

Pose l'équation sous la forme $y = a(x - h)^2 + k$.

$p = n^2 - 8n$
$\quad = n^2 - 8n + 16 - 16$
$\quad = (n - 4)^2 - 16$

> **Résous le même problème en représentant les deux nombres par n et $n + 8$. Compare les solutions obtenues.**

La valeur minimale de la fonction est de -16 lorsque $n = 4$.
Par conséquent, -16 est le plus petit produit de deux nombres dont
la différence égale 8.

EXEMPLE 5 La collecte de fonds

Le conseil étudiant compte présenter cette année encore un spectacle d'artistes
amateurs dans le but de recueillir des fonds pour une œuvre de bienfaisance.
L'an dernier, les billets se vendaient 11 $ l'unité et 400 personnes ont assisté
au spectacle. Les membres du conseil ont décidé d'augmenter cette année
le prix des billets. Ils ont déterminé que chaque augmentation de 1 $ fera
diminuer de 20 le nombre de billets vendus. À quel prix le conseil étudiant
devrait-il vendre les billets pour maximiser les recettes ?

SOLUTION

Soit x le nombre d'augmentations de 1 $.
Le prix d'un billet sera ainsi de $(11 + x)$.
Le nombre de billets vendus sera de $(400 - 20x)$.
Les recettes R générées par la vente de billets correspondent à
(nombre de billets vendus) × (prix d'un billet).
Par conséquent, $R = (11 + x)(400 - 20x)$.
Détermine la valeur maximale de la fonction définie par cette équation.

$R = (11 + x)(400 - 20x)$

$\quad = 4400 - 220x + 400x - 20x^2$

$\quad = -20x^2 + 180x + 4400$

$\quad = [-20x^2 + 180x] + 4400$

$\quad = -20[x^2 - 9x] + 4400$

$\quad = -20[x^2 - 9x + 20{,}25 - 20{,}25] + 4400$

$\quad = -20[(x - 4{,}5)^2 - 20{,}25] + 4400$

$\quad = -20(x - 4{,}5)^2 + 405 + 4400$

$\quad = -20(x - 4{,}5)^2 + 4805$

> Si la demie du coefficient de x correspond à un nombre décimal, il peut être plus facile d'utiliser la notation décimale que la notation fractionnaire.
>
> Dans le présent cas, $-\dfrac{9}{2} = -4{,}5$ et $(-4{,}5)^2 = 20{,}25$.

La fonction atteint une valeur maximale de 4805 lorsque $x = 4{,}5$.

Il faudrait donc augmenter le prix des billets de 4,50 $ pour maximiser les recettes. Par conséquent, un prix de 11 $ + 4,50 $ ou 15,50 $ le billet générera des recettes maximales.

Concepts clés

- Pour déterminer la valeur maximale ou minimale d'une fonction du second degré définie par une équation de la forme $y = ax^2 + bx + c$, réécris son équation sous la forme $y = a(x - h)^2 + k$, en complétant le carré.
- La valeur maximale ou minimale d'une fonction du second degré définie par une équation de la forme $y = a(x - h)^2 + k$ correspond à k lorsque $x = h$. Si $a > 0$, k représente la valeur minimale de la fonction, alors que si $a < 0$, k en représente la valeur maximale.

Communique ce que tu as compris

1. Décris comment tu déterminerais la valeur de c qui fait de l'expression $x^2 + 3x + c$ un trinôme carré parfait.

2. Décris les étapes que tu réaliserais pour déterminer, en complétant le carré, la valeur maximale ou minimale de la fonction définie par $y = -2x^2 - 8x + 11$.

3. Comment peut-on déterminer si une fonction du second degré admet une valeur maximale ou minimale sans compléter le carré ni représenter graphiquement la fonction ?

Exercices

A

1. Détermine la valeur de c qui fait de chaque expression ci-après un trinôme carré parfait.

a) $x^2 + 6x + c$

b) $x^2 - 20x + c$

c) $x^2 - 3x + c$

d) $x^2 + 5x + c$

e) $x^2 + x + c$

f) $x^2 - x + c$

g) $x^2 + 0{,}8x + c$

h) $x^2 - 0{,}05x + c$

i) $x^2 - 2{,}4x + c$

j) $x^2 + 13{,}7x + c$

k) $x^2 - \dfrac{2}{3}x + c$

l) $x^2 + \dfrac{x}{6} + c$

2. Détermine la valeur maximale ou minimale de la fonction définie par chacune des équations ci-après et la valeur de x qui y est associée.

a) $y = x^2 + 12x - 7$

b) $y = -x^2 + 6x + 1$

c) $y = 13 + x^2 - 20x$

d) $y = -x^2 - 14x - 5$

e) $y = 10 - 10x - x^2$

f) $y = 2x^2 + 12x$

g) $y = 3x^2 - 12x + 11$

h) $y = -2x^2 - 4x + 1$

i) $y = -36x + 6x^2 - 5$

j) $y = 0,3x^2 + 1,2x - 0,5$

k) $y = 0,2x^2 + 1,6x + 3,1$

l) $y = -0,4x^2 - 2,4x$

3. Détermine la valeur maximale ou minimale de la fonction définie par chacune des équations ci-après et la valeur de x qui y est associée.

a) $y = x^2 + 3x + 1$

b) $y = x^2 - x - 2$

c) $y = 3x^2 + 2x$

d) $y = -4x^2 + 4x - 9$

e) $y = -\dfrac{1}{3}x^2 + 2x + 4$

f) $y = -2x^2 + 3x - 2$

g) $y = -x^2 - 5x$

h) $y = 3x^2 - 0,6x + 1$

i) $y = -2x^2 - 0,8x - 2$

j) $y = 0,5x^2 + x + 2$

k) $y = -3x^2 + 4x$

l) $y = 0,5x^2 - 0,6x$

m) $y + 4 = -x^2 + 1,8x$

n) $y = -0,2x^2 + 0,5x - 2$

Application, résolution de problèmes, communication

4. a) Trouve le plus petit produit de deux nombres dont la différence égale 12.

b) Quels sont ces deux nombres?

5. a) Trouve le plus petit produit de deux nombres dont la différence égale 9.

b) Quels sont ces deux nombres?

6. a) Trouve le plus grand produit de deux nombres dont la somme égale 23.

b) Quels sont ces deux nombres?

B

7. Un jeu de nombres On fournit à une élève les instructions suivantes : « Choisis un nombre au hasard et élève-le au carré. Soustrais de ce carré le nombre initial multiplié par 8. Ajoute 35 à la valeur obtenue. Trouve le plus petit résultat final possible et le nombre initial qui le génère. »

a) Soit x le nombre initial et y le résultat final. Écris une équation représentant les instructions fournies à l'élève.

b) Détermine le plus petit résultat final possible et le nombre initial qui le génère.

8. Un jeu de nombres On fournit à un élève les instructions suivantes : « Choisis un nombre au hasard. Soustrais de 375 ce nombre multiplié par 10 et ce nombre élevé au carré. Trouve le plus grand résultat final possible et le nombre initial qui le génère. »

a) Soit x le nombre initial et y le résultat final. Écris une équation représentant les instructions fournies à l'élève.

b) Détermine le plus grand résultat final possible et le nombre initial qui le génère.

9. La vente au détail Une boutique de vêtements de sport offre des casquettes portant l'emblème de l'équipe locale de baseball. L'an dernier, elle a vendu 600 de ces casquettes à 15 $ l'unité. Le directeur de la boutique compte en augmenter le prix. Selon une enquête réalisée auprès de la clientèle, chaque augmentation de 1 $ fera diminuer les ventes annuelles de 30 unités.

a) Quel prix devrait-on demander pour maximiser les recettes annuelles ?

b) Quelles sont les recettes annuelles maximales que peut générer la vente de ces casquettes ?

10. Soit deux nombres dont la somme égale 13.

a) Détermine la valeur minimale de la somme de leurs carrés.

b) Quels sont ces deux nombres ?

11. Détermine la valeur maximale ou minimale de y et la valeur de x qui y est associée.

a) $y = x^2 - 9$ **b)** $y = -4x^2 + 25$

12. La mesure Détermine l'aire maximale, en centimètres carrés, d'un triangle dont la somme de la base et de la hauteur égale 13 cm.

13. La mesure Soit un rectangle de $3x$ sur $5 - 2x$.

a) Quelle est l'aire maximale de ce rectangle ?

b) Quelle valeur de x lui donne une aire maximale ?

14. La trajectoire d'un projectile La hauteur h, en mètres, d'un objet propulsé dans les airs se traduit par la formule

$$h = -\frac{1}{2}gt^2 + v_0 t + h_0$$

où g représente l'accélération due à la pesanteur (laquelle est d'environ 9,8 m/s^2 sur la Terre), t, le temps écoulé en secondes, v_0, la vitesse initiale de l'objet en mètres par seconde et h_0, sa hauteur initiale en mètres. Soit un projectile lancé d'une hauteur de 2,1 m au-dessus du sol, à une vitesse initiale de 34,3 m/s.

a) Quelle est, en mètres, la hauteur maximale atteinte par ce projectile ?

b) Une fois que le projectile est lancé, combien de secondes met-il à atteindre sa hauteur maximale ?

15. La mesure Soit un triangle dont la hauteur mesure $2x$ et la base, $7 - 4x$.

a) Quelle est l'aire maximale de ce triangle ?

b) Quelle valeur de x lui donne une aire maximale ?

16. Application La trajectoire d'une balle lancée au baseball se traduit par
$$h = -0{,}004d^2 + 0{,}14d + 2$$
où h représente la hauteur de la balle, en mètres, et d, la distance horizontale en mètres qui sépare la balle de la personne l'ayant lancée.

a) Quelle est la hauteur maximale atteinte par cette balle ?

b) À quelle distance horizontale de la personne ayant lancé la balle celle-ci se trouve-t-elle lorsqu'elle atteint sa hauteur maximale ?

c) De quelle hauteur au-dessus du sol la balle a-t-elle été lancée ?

17. Application Dans un milieu de culture approprié, l'aire totale d'une colonie cellulaire s'accroît à un rythme correspondant à la fonction du second degré définie par
$$A = -0{,}008t^2 + 0{,}04t$$
où A représente le taux d'accroissement de l'aire totale, en millimètres carrés à l'heure, et t, le temps écoulé, en heures, depuis que les cellules ont commencé à se multiplier. Détermine le taux d'accroissement maximal de l'aire totale et le temps nécessaire pour l'atteindre.

18. Les ponts naturels Le pont naturel Owachomo fait partie du Natural Bridges National Monument au Utah. Si l'on reproduit cette arche naturelle en situant l'origine à l'une de ses extrémités, la courbe obtenue se traduit par l'équation
$$h = -0{,}043d^2 + 2{,}365d$$
où h représente la hauteur de l'arche, en mètres, et d, la distance horizontale en mètres depuis l'origine.

a) Quelle est, au centième de mètre près, la hauteur maximale de l'arche ?

b) Quelle est la largeur de l'arche à sa base ?

19. Les mesures de longueur et d'aire On veut créer un enclos rectangulaire à l'aide d'une clôture longue de 70 m.

a) S'il faut clôturer les quatre côtés de l'enclos, quelle en est la superficie maximale possible en mètres carrés ?

b) Quelles dimensions l'enclos doit-il avoir en a) pour présenter la superficie maximale possible ?

c) Si l'enclos doit être délimité d'un côté par le mur d'une grange et qu'il faille le clôturer sur ses trois autres côtés, quelle est sa superficie maximale possible en mètres carrés ?

d) Quelles dimensions l'enclos doit-il avoir en c) pour présenter la superficie maximale possible ?

20. La pesanteur Le tableau ci-contre indique la valeur approximative de l'accélération due à la pesanteur, g, sur trois planètes différentes. Imagine que sur chacune de ces planètes, on lance un ballon vers le haut, d'une hauteur de 2 m, à une vitesse initiale de 20 m/s.

Planète	Valeur de g (m/s²)
Mercure	4
Neptune	12
Vénus	9

a) Écris l'équation d'une fonction correspondant à la hauteur du ballon sur chaque planète, et ce, en reportant les valeurs connues dans la formule $h = -\dfrac{1}{2}gt^2 + v_0 t + h_0$, où g représente l'accélération due à la pesanteur, t, le temps écoulé en secondes, v_0, la vitesse initiale du ballon en mètres par seconde et h_0, sa hauteur initiale en mètres.

b) Pour chaque planète, détermine la hauteur maximale que le ballon atteindrait et le nombre de secondes qu'il mettrait à y parvenir.

21. Recherche et résolution de problèmes Soit $y = x^2 + kx + 3$. Détermine la ou les valeurs de k telles que la valeur minimale de cette fonction est un nombre entier. Explique ton raisonnement.

22. Soit $y = -4x^2 + kx - 1$. Détermine la ou les valeurs de k telles que la valeur maximale de cette fonction est un nombre entier. Explique ton raisonnement.

VÉRIFIONS NOS PROGRÈS

Connaissance et compréhension • Réflexion, recherche et résolution de problèmes • Communication • Mise en application

Un important concessionnaire d'une marque d'automobiles vend en moyenne 80 véhicules neufs par mois, et ce, au prix du fabricant majoré de 6000 $. En raison de l'inflation, il a décidé d'accroître cette marge bénéficiaire. Or, la directrice commerciale a déterminé que chaque augmentation de 100 $ fera diminuer les ventes mensuelles de 1 unité. Quelle marge le concessionnaire devrait-il adopter pour maximiser les recettes ?

2.3 La résolution d'équations du second degré

Compléter le carré, comme nous l'avons fait à la section 2.2 pour déterminer la valeur maximale ou minimale d'une fonction du second degré, offre aussi un moyen de résoudre des équations du second degré.

À l'époque de la Rome antique, un forum consistait en un vaste espace entouré d'édifices. Il s'agissait d'un lieu de rencontre et d'activités publiques.

La ville romaine de Pompéi fut détruite par l'éruption du Vésuve en l'an 79, mais une couche de cendre en a préservé les édifices et les rues. Des fouilles continues permettent aujourd'hui d'y découvrir comment vivaient les citoyennes et les citoyens de l'Empire romain.

EXPLORATION ET RECHERCHE

Le forum de Pompéi présentait la forme d'un rectangle mesurant 120 m de plus en longueur qu'en largeur.

1. a) Soit x la largeur de ce forum.

Construis une expression sous forme développée représentant son aire.

b) L'aire du forum de Pompéi était de 6400 m². Écris une équation dont l'expression en a) forme le membre de gauche et la valeur numérique de l'aire, le membre de droite.

2. a) Ajoute un nombre au membre de gauche pour en faire un carré parfait.

b) Pourquoi faut-il ajouter ce même nombre au membre de droite ?

c) Réécris le membre de gauche sous forme du carré d'un binôme et simplifie le membre de droite.

d) Extrais la racine carrée de chaque membre.

e) Isole x.

3. Faut-il rejeter l'une ou l'autre des valeurs de x? Explique ta réponse.

4. a) Quelle était la largeur du forum de Pompéi ?

b) Quelle était sa longueur ?

5. a) Décris deux autres méthodes algébriques permettant de résoudre cette même équation.

b) Laquelle des trois méthodes préfères-tu ? Explique ta réponse.

6. Résous chaque équation ci-après à l'aide de la méthode de ton choix.

a) $x^2 + 4x = 12$ **b)** $x^2 - 2x = 3$ **c)** $x^2 + 6x = -8$

Il arrive qu'une équation admette une solution dans un certain ensemble de nombres, mais non dans un autre. L'équation $x + 1 = 0$ n'admet ainsi aucune solution dans l'ensemble des nombres naturels. Elle en admet par contre une, soit $x = -1$, dans l'ensemble des nombres entiers. De même, l'équation $x^2 - 2 = 0$ n'admet aucune solution dans l'ensemble des nombres rationnels, mais elle en admet deux, soit $x = \pm\sqrt{2}$, dans l'ensemble des nombres réels.

L'équation $x^2 + 1 = 0$ n'admet aucune solution dans l'ensemble des nombres réels. Si l'on tente de la résoudre, on obtient :

$$x^2 = -1$$
$$\text{et } x = \pm\sqrt{-1}.$$

Étant donné que $i = \sqrt{-1}$, les solutions de cette équation peuvent s'écrire sous la forme i et $-i$. Elles appartiennent à l'ensemble des nombres imaginaires purs. Beaucoup d'équations du second degré ont pour racines des nombres imaginaires ou des nombres imaginaires purs.

Toute fonction du second degré admet deux zéros, c'est-à-dire deux valeurs de la variable indépendante pour lesquelles la valeur de la fonction est nulle. Lorsque la courbe représentative d'une fonction du second degré coupe l'axe des x, les zéros de cette fonction sont des zéros réels, c'est-à-dire des nombres réels. Il peut s'agir de deux zéros réels soit distincts ou égaux. Lorsque la courbe représentative d'une fonction du second degré ne coupe pas l'axe des x, les zéros de cette fonction sont de type imaginaire. Ces trois possibilités sont représentées graphiquement ci-après.

deux zéros réels distincts

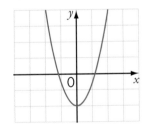

deux zéros réels égaux

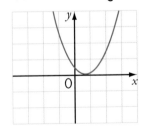

deux zéros imaginaires

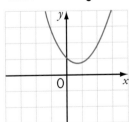

Les équations du second degré correspondant aux fonctions illustrées ci-dessus admettent respectivement deux racines réelles distinctes, deux racines réelles égales et deux racines imaginaires.

La méthode algébrique consistant à compléter le carré fournit les solutions exactes d'une équation du second degré. L'une des étapes du processus fait appel au principe de la racine carrée.

À titre d'exemple,

si $(x + 2)^2 = 9$,

alors $x + 2 = \pm 3$

$x + 2 = 3$ ou $x + 2 = -3$

$x = 1$ ou $x = -5$

EXEMPLE 1 **La résolution d'équations : compléter le carré**

Résous l'équation $x^2 - 6x - 27 = 0$ en complétant le carré.

SOLUTION

Ajoute 27 à chaque membre de l'équation :
Ajoute à chaque membre le carré de la moitié du coefficient de x :

$$x^2 - 6x - 27 = 0$$
$$x^2 - 6x = 27$$

$$x^2 - 6x \; +9 = 27 \; +9$$
$$x^2 - 6x + 9 = 36$$

Réécris le membre de gauche sous forme du carré d'un binôme :
Extrais la racine carrée de chaque membre :
Isole x :

$$(x - 3)^2 = 36$$
$$x - 3 = \pm 6$$
$$x - 3 = 6 \text{ ou } x - 3 = -6$$
$$x = 9 \quad \text{ou} \quad x = -3$$

Les racines sont 9 et -3.

On peut présenter graphiquement la solution de l'exemple 1. L'équation en cause admet deux racines réelles distinctes. La courbe représentative de la fonction correspondante se caractérise par deux zéros réels distincts.

Soulignons que les racines de l'équation $x^2 - 6x - 27 = 0$ sont en fait les abscisses à l'origine de la courbe représentative de la fonction correspondante, définie par $y = x^2 - 6x - 27$.

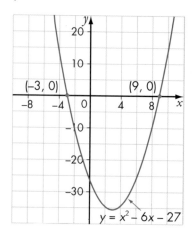

Pour résoudre une équation en complétant le carré lorsque le coefficient de x^2 est différent de 1, divise au préalable chaque terme de l'équation par le coefficient de x^2.

EXEMPLE 2 **La résolution d'équations : compléter le carré lorsque $a \neq 1$**

Résous l'équation $2x^2 - 5x - 1 = 0$ en complétant le carré. Indique tes réponses sous forme de racines exactes et de racines approximatives, au centième près.

SOLUTION

$$2x^2 - 5x - 1 = 0$$

Divise les deux membres de l'équation par 2 : $x^2 - \dfrac{5}{2}x - \dfrac{1}{2} = 0$

Ajoute $\dfrac{1}{2}$ à chaque membre : $x^2 - \dfrac{5}{2}x = \dfrac{1}{2}$

Complète le carré : $x^2 - \dfrac{5}{2}x + \dfrac{25}{16} = \dfrac{1}{2} + \dfrac{25}{16}$

Réécris le membre de gauche sous forme du carré d'un binôme : $\left(x - \dfrac{5}{4}\right)^2 = \dfrac{33}{16}$

Extrais la racine carrée de chaque membre : $x - \dfrac{5}{4} = \pm\dfrac{\sqrt{33}}{4}$

Isole x : $x = \dfrac{5}{4} \pm \dfrac{\sqrt{33}}{4}$

$$x = \dfrac{5 \pm \sqrt{33}}{4}$$

Soulignons que les abscisses à l'origine de la courbe représentative de $y = 2x^2 - 5x - 1$ constituent les racines de l'équation $2x^2 - 5x - 1 = 0$.

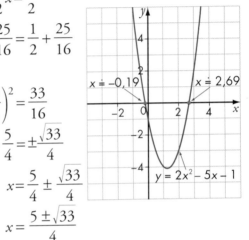

Les racines exactes sont $\dfrac{5 + \sqrt{33}}{4}$ et $\dfrac{5 - \sqrt{33}}{4}$.

Fais une estimation

$$\sqrt{33} \doteq 6$$

$$\dfrac{5 + 6}{4} \doteq 3 \qquad \dfrac{5 - 6}{4} = -\dfrac{1}{4}$$

Au centième près, les racines approximatives sont 2,69 et −0,19.

EXEMPLE 3 **La détermination de racines complexes : compléter le carré**

Résous l'équation $3x^2 + 2x + 6 = 0$ en complétant le carré.

SOLUTION

$$3x^2 + 2x + 6 = 0$$

Divise les deux membres de l'équation par 3 :

$$x^2 + \frac{2}{3}x + 2 = 0$$

Soustrais 2 de chacun :

$$x^2 + \frac{2}{3}x = -2$$

Ajoute à chaque membre le carré de la moitié du coefficient de x :

$$x^2 + \frac{2}{3}x + \frac{1}{9} = -2 + \frac{1}{9}$$

Réécris le membre de gauche sous forme du carré d'un binôme :

$$\left(x + \frac{1}{3}\right)^2 = \frac{-17}{9}$$

Extrais la racine carrée de chaque membre :

$$x + \frac{1}{3} = \frac{\pm\sqrt{-17}}{3}$$

$$x + \frac{1}{3} = \frac{\pm\sqrt{-1} \times \sqrt{17}}{3}$$

Fais appel à la définition de i :

$$x + \frac{1}{3} = \frac{\pm i\sqrt{17}}{3}$$

Isole x :

$$x = \frac{-1 \pm i\sqrt{17}}{3}$$

Les racines sont $\dfrac{-1 + i\sqrt{17}}{3}$ et $\dfrac{-1 - i\sqrt{17}}{3}$.

On peut présenter graphiquement la solution de l'exemple 3. L'équation en cause admet deux racines imaginaires. La courbe représentative de la fonction correspondante ne coupe pas l'axe des x et se caractérise par deux abscisses à l'origine imaginaires.

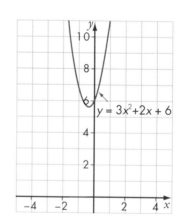

Exemple 4 La résolution d'équations par factorisation

Résous l'équation $4x^2 - 11x = x - 9$ par factorisation. Vérifie ta solution.

Solution

$$4x^2 - 11x = x - 9$$

Pose l'équation sous la forme $ax^2 + bx + c = 0$: $\quad 4x^2 - 12x + 9 = 0$

Factorise le membre de gauche : $\quad (2x - 3)(2x - 3) = 0$

Utilise la propriété du produit zéro : $\quad 2x - 3 = 0 \quad \text{ou} \quad 2x - 3 = 0$

$$2x = 3 \quad \text{ou} \qquad 2x = 3$$

$$x = \frac{3}{2} \qquad\qquad x = \frac{3}{2}$$

Vérifie ta solution.

Soit $x = \dfrac{3}{2}$,

$$
\begin{aligned}
\textbf{M.G.} &= 4x^2 - 11x & \textbf{M.D.} &= x - 9 \\
&= 4\left(\frac{3}{2}\right)^2 - 11\left(\frac{3}{2}\right) & &= \frac{3}{2} - 9 \\
&= 4\left(\frac{9}{4}\right) - \frac{33}{2} & &= \frac{3 - 18}{2} \\
&= 9 - \frac{33}{2} & &= -\frac{15}{2} \\
&= \frac{18 - 33}{2} \\
&= -\frac{15}{2}
\end{aligned}
$$

$$\text{M.G.} = \text{M.D.}$$

Il y a deux racines égales, $\dfrac{3}{2}$ et $\dfrac{3}{2}$.

On peut présenter graphiquement la solution de l'exemple 4. L'équation en cause admet deux racines réelles égales. La courbe représentative de la fonction correspondante se caractérise par deux abscisses à l'origine réelles égales.

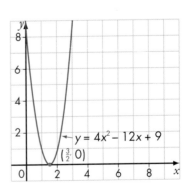

La résolution d'équations à l'aide de la formule

Résous l'équation $x^2 - 2x + 3 = 0$ à l'aide de la formule.

SOLUTION

Dans le cas de $x^2 - 2x + 3 = 0$, $a = 1$, $b = -2$ et $c = 3$.

Recours à la formule :

$$x = \frac{-b \pm \sqrt{b^2 - 4ac}}{2a}$$

$$= \frac{-(-2) \pm \sqrt{(-2)^2 - 4(1)(3)}}{2(1)}$$

$$= \frac{2 \pm \sqrt{4 - 12}}{2}$$

$$= \frac{2 \pm \sqrt{-8}}{2}$$

$$= \frac{2 \pm \sqrt{-1} \times \sqrt{8}}{2}$$

Fais appel à la définition de i : $$= \frac{2 \pm i\sqrt{8}}{2}$$

Simplifie : $$= \frac{2 \pm 2i\sqrt{2}}{2}$$

$$= 1 \pm i\sqrt{2}$$

Les racines sont $1 + i\sqrt{2}$ et $1 - i\sqrt{2}$.

Soulignons que la courbe représentative de $y = x^2 - 2x + 3$ ne coupe pas l'axe des x.

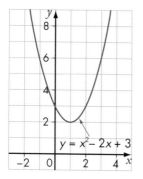

$y = x^2 - 2x + 3$

EXEMPLE 6 **La vérification de racines imaginaires**

Résous et vérifie l'équation $x^2 + 4 = 0$.

SOLUTION

$$x^2 + 4 = 0$$

Soustrais 4 de chaque membre : $$x^2 = -4$$
Extrais la racine carrée de chaque membre : $$x = \pm\sqrt{-4}$$
Simplifie : $$x = \pm\sqrt{-1} \times \sqrt{4}$$

$$= \pm 2i$$

$$x = 2i \text{ ou } x = -2i$$

Vérifie ta solution.

Soit $x = 2i$,

M.G. $= x^2 + 4$	**M.D.** $= 0$
$= (2i)^2 + 4$	
$= 2^2 \times i^2 + 4$	
$= 4 \times (-1) + 4$	
$= -4 + 4$	
$= 0$	

$$\text{M.G.} = \text{M.D.}$$

Soit $x = -2i$,

M.G. $= x^2 + 4$	**M.D.** $= 0$
$= (-2i)^2 + 4$	
$= (-2)^2 \times i^2 + 4$	
$= 4 \times (-1) + 4$	
$= -4 + 4$	
$= 0$	

$$\text{M.G.} = \text{M.D.}$$

Les racines sont $2i$ et $-2i$.

Exemple 7 L'aménagement d'une salle à manger

Le plan préliminaire d'une nouvelle maison comprend une salle à manger rectangulaire de 5 m sur 4 m. Or, les personnes qui font construire cette maison souhaitent avoir une salle à manger plus grande, d'une superficie de 25 m². L'architecte a décidé de modifier le plan de la maison en ajoutant une bande d'une même largeur à deux côtés adjacents de la salle à manger, comme le montre le schéma ci-contre. Quelle devrait être la largeur de cette bande, au millième de mètre près ?

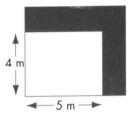

Solution

Soit x la largeur de la bande en mètres.

Écris une équation comportant x et résous-la.

La salle à manger redessinée mesurera $(5 + x)$ sur $(4 + x)$.

Sa superficie sera de 25 m².

Pose l'équation : $(5 + x)(4 + x) = 25$

Développe son membre de gauche : $20 + 9x + x^2 = 25$

Réécris le tout sous la forme $ax^2 + bx + c = 0$: $x^2 + 9x - 5 = 0$

Dans le cas de $x^2 + 9x - 5 = 0$, $a = 1$, $b = 9$ et $c = -5$.

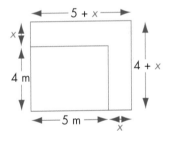

Recours à la formule :

$$x = \frac{-b \pm \sqrt{b^2 - 4ac}}{2a}$$

$$= \frac{-9 \pm \sqrt{9^2 - 4(1)(-5)}}{2}$$

$$= \frac{-9 \pm \sqrt{81 + 20}}{2}$$

$$= \frac{-9 \pm \sqrt{101}}{2}$$

$$x = \frac{-9 + \sqrt{101}}{2} \quad \text{ou} \quad x = \frac{-9 - \sqrt{101}}{2}$$
$$\doteq 0{,}525 \qquad\qquad \doteq -9{,}525$$

Fais une estimation

$$\frac{-9 + 10}{2} = 0{,}5 \qquad \frac{-9 - 10}{2} = -9{,}5$$

```
CALCULATRICE À AFFICHAGE GRAPHIQUE
(-9+√(101))/2
        .5249378106
(-9-√(101))/2
        -9.524937811
■
```

Comme la largeur ne peut être négative, la racine −9,525 se révèle impossible et doit être rejetée.

Au millième de mètre près, la bande devrait avoir 0,525 m de largeur.

Concepts clés

- Pour résoudre une équation du second degré en complétant le carré, complète tout d'abord le carré, puis extrais la racine carrée de chaque membre de l'équation afin d'en obtenir les racines.
- Pour résoudre une équation du second degré par factorisation, pose cette équation sous la forme $ax^2 + bx + c = 0$, factorise ensuite son membre de gauche, puis recours à la propriété du produit zéro. Résous les deux équations ainsi obtenues afin de connaître les racines.
- Pour résoudre une équation du second degré à l'aide de la formule, écris-la sous la forme $ax^2 + bx + c = 0$, où $a \neq 0$, puis reporte la valeur de a, de b et de c dans la formule $x = \dfrac{-b \pm \sqrt{b^2 - 4ac}}{2a}$ afin de déterminer les racines.

Communique ce que tu as compris

1. Décris comment tu résoudrais $x^2 + 6x + 7 = 0$ en complétant le carré.
2. Décris comment tu résoudrais $2x^2 + 7x = -3$ par factorisation.
3. Décris comment tu résoudrais $x^2 = 1 - x$ à l'aide de la formule.

Exercices

A

1. Indique la valeur de k qui fait de chaque expression ci-après un trinôme carré parfait. Réécris ensuite ce trinôme sous forme du carré d'un binôme.

a) $x^2 + 10x + k$
b) $w^2 - 14w + k$
c) $x^2 + 7x + k$
d) $p^2 - 5p + k$
e) $x^2 + \dfrac{4}{3}x + k$
f) $d^2 - \dfrac{2}{3}d + k$
g) $x^2 + 1{,}4x + k$
h) $x^2 - 0{,}06x + k$

2. Résous les équations ci-après.

a) $(x + 3)^2 = 9$
b) $(x - 10)^2 - 1 = 0$
c) $(s - 1)^2 = 4$
d) $(y - 4)^2 - 25 = 0$
e) $4 = \left(x + \dfrac{1}{2}\right)^2$
f) $\left(x - \dfrac{1}{3}\right)^2 = \dfrac{1}{9}$
g) $\left(a + \dfrac{3}{4}\right)^2 = \dfrac{9}{16}$
h) $(n - 0{,}5)^2 = 1{,}21$
i) $(x + 0{,}4)^2 - 0{,}01 = 0$

3. Résous les équations ci-après en complétant le carré. Indique tes réponses exactes à l'aide d'expressions réduites à leur forme la plus simple.

a) $x^2 + 6x + 4 = 0$

b) $w^2 - 4w - 11 = 0$

c) $t^2 + 8t - 7 = 0$

d) $x^2 - 10x = 3$

e) $d^2 = 7d - 9$

f) $0 = x^2 - 5x + 2$

g) $x - 3 = -x^2$

h) $4 + y^2 = 20y$

4. Résous les équations ci-après en complétant le carré. Indique tes réponses exactes à l'aide d'expressions réduites à leur forme la plus simple.

a) $2x^2 + 8x + 5 = 0$

b) $3x^2 - 6x + 2 = 0$

c) $6x^2 + 3x - 2 = 0$

d) $0 = 3w^2 - 5w - 2$

e) $2x - 6 = -5x^2$

f) $1 - 2z = 5z^2$

g) $\frac{1}{2}x^2 + x - 13 = 0$

h) $0{,}3y^2 - 0{,}2y = 0{,}3$

5. Résous les équations ci-après en complétant le carré. Arrondis tes réponses au centième près.

a) $x^2 + 2x - 1 = 0$

b) $x^2 - 4x + 1 = 0$

c) $d^2 + d = 7$

d) $0 = 2r^2 - 8r + 3$

e) $7x + 4 = -2x^2$

f) $\frac{2}{3}x^2 - 2x - 3 = 0$

g) $\frac{1}{4}n^2 + n = -\frac{1}{8}$

h) $1{,}2x^2 - 3x - 6 = 0$

6. Résous les équations ci-après en complétant le carré.

a) $x^2 + x + 6 = 0$

b) $y^2 - 2y + 8 = 0$

c) $x^2 + 6x = -17$

d) $2x^2 - 3x + 6 = 0$

e) $2n^2 + 4 = 5n$

f) $3m^2 + 8m + 8 = 0$

g) $\frac{1}{2}x^2 + x + 1 = 0$

h) $0{,}1g^2 - 0{,}3g + 0{,}5 = 0$

7. Résous les équations ci-après.

a) $(x - 4)(x + 7) = 0$

b) $(2y + 3)(y - 1) = 0$

c) $(3z + 1)(4z + 3) = 0$

d) $(2x - 5)(2x - 5) = 0$

8. Résous les équations ci-après par factorisation. Vérifie tes solutions.

a) $x^2 + 3x - 40 = 0$

b) $x^2 - x = 12$

c) $y^2 = 12y - 36$

d) $z^2 - 30 = -z$

e) $a^2 - 4 = 3a$

f) $b^2 - 5b = 0$

g) $m^2 = 5m + 14$

h) $t^2 = 16$

i) $t^2 + 25 = -10t$

j) $x^2 = 6x + 16$

9. Résous les équations ci-après par factorisation. Vérifie tes solutions.

a) $4x^2 - 3 = 11x$

b) $4y^2 - 17y = -4$

c) $9z^2 = -24z - 16$

d) $3x^2 = 4x + 15$

e) $4x^2 = 25$

f) $2m^2 + 9m = 5$

g) $8t^2 = 1 - 2t$

h) $y - 2 = -6y^2$

i) $6x^2 + 7x + 2 = 0$

j) $5z^2 + 44z = 60$

k) $9r^2 - 16 = 0$

l) $2x^2 = -18 - 12x$

10. Résous les équations ci-après par factorisation.

a) $3p^2 = 15 - 4p$

b) $3x^2 + 7x = 0$

c) $4r^2 + 9 = 12r$

d) $4y^2 - 11y - 3 = 0$

e) $3t^2 + 13t = 10$

f) $2x^2 - 5x = 0$

g) $6n^2 = n + 5$

h) $6t^2 + 7t = 3$

i) $4m^2 - 12 = 13m$

j) $9x^2 - 17x + 8 = 0$

k) $\frac{x^2}{4} + x + 1 = 0$

l) $\frac{x^2}{2} - \frac{x}{3} - \frac{1}{6} = 0$

11. Résous les équations ci-après à l'aide de la formule.

a) $4x^2 - 12x + 5 = 0$

b) $3y^2 + 5y = 28$

c) $2m^2 = 15 + m$

d) $2z^2 + 3 = 5z$

e) $3r^2 - 20 = 7r$

f) $4x^2 = 11x + 3$

g) $5a^2 - a = 4$

h) $15 + w - 6w^2 = 0$

12. Résous les équations ci-après à l'aide de la formule. Exprime tes réponses sous forme de racines exactes et de racines approximatives, au centième près.

a) $3x^2 + 6x + 1 = 0$

b) $2t^2 + 6t = -3$

c) $4y^2 + 7 - 12y = 0$

d) $m^2 + 4 = -6m$

e) $2z^2 = 6z - 1$

f) $2x^2 = 11$

g) $3r^2 - 3r = 1$

h) $3n - 1 + n^2 = 0$

i) $3x^2 = 2 - 6x$

j) $5 + 5t - t^2 = 0$

k) $0{,}1 - 0{,}3m = 0{,}2m^2$

l) $\frac{x}{2} + 1 = \frac{7x^2}{2}$

m) $y^2 + \frac{y}{6} - \frac{1}{2} = 0$

n) $\frac{t^2}{5} - \frac{1}{2} = \frac{t}{5}$

13. Résous les équations ci-après à l'aide de la méthode la plus appropriée.

a) $x^2 + 2x + 2 = 0$ **b)** $x^2 - 4x + 8 = 0$

c) $z^2 + 5z + 8 = 0$ **d)** $n^2 - 3n + 3 = 0$

e) $x^2 - x + 7 = 0$ **f)** $-y^2 + 3y - 9 = 0$

g) $2x^2 + 3x + 3 = 0$ **h)** $3m^2 - 4m = -2$

i) $5x^2 + 5x + 2 = 0$ **j)** $4y - 1 = 5y^2$

14. Résous et vérifie les équations ci-après.

a) $x^2 + 9 = 0$ **b)** $y^2 + 16 = 0$

c) $2k^2 + 50 = 0$ **d)** $5z^2 = -500$

e) $n^2 + 20 = 0$ **f)** $6c^2 + 72 = 0$

g) $-2x^2 - 16 = 0$ **h)** $\dfrac{x^2}{2} - \dfrac{x^2}{3} = -1$

Application, résolution de problèmes, communication

15. Le Parthénon Situé à Athènes, en Grèce, cet immense temple a été construit en 447 av. J.-C. Sa base forme un rectangle de 300 m de périmètre. Elle a une aire de 4400 m². Quelles sont les dimensions de la base ?

16. Le jardinage Soit une pelouse rectangulaire de 7 m sur 5 m. On veut aménager une plate-bande d'une même largeur le long de deux côtés adjacents de cette pelouse, comme le montre le schéma ci-contre. Si les fleurs que l'on a achetées pour la garnir permettent de couvrir une superficie de 6,25 m², quelle largeur la plate-bande doit-elle avoir ?

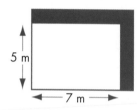

B

17. La mesure Soit un triangle dont la base mesure 2 cm de plus que la hauteur et dont l'aire est de 5 cm². Détermine la longueur de sa base, au dixième de centimètre près.

18. La mesure Soit un rectangle qui mesure 2 m de plus en longueur qu'en largeur et dont l'aire est de 20 m². Détermine les dimensions de ce rectangle, au dixième de mètre près.

19. Les nombres entiers La somme d'un nombre entier et de son carré égale 210. Trouve ce nombre.

20. La mesure Soit un carré de $x + 1$ de côté dont l'aire est de 6 unités carrées. Détermine la valeur de x, au centième près.

21. Les nombres Soit deux nombres dont la somme égale 14 et le produit, 37. Quels sont ces deux nombres :

a) sous une forme exacte, exprimés chacun par une expression réduite à sa forme la plus simple ?

b) exprimés au millième près ?

22. Les nombres Lorsque l'on soustrait un nombre de la moitié de son carré, on obtient 13. Indique les valeurs exactes possibles de ce nombre au moyen d'expressions réduites à leur forme la plus simple.

23. Application Soit deux nombres entiers positifs dont l'un correspond au triple de l'autre. Lorsque l'on additionne leur somme à leur produit, on obtient 224. Détermine ces deux nombres.

24. Les nombres naturels Soit deux nombres naturels dont la différence égale 3. Si la somme de leurs carrés égale 89, quels sont ces deux nombres ?

25. L'architecture Est-il possible de dessiner un édifice dont le rez-de-chaussée rectangulaire aura 50 m de périmètre et 160 m^2 de superficie ? Justifie ta réponse.

26. La construction d'une clôture Est-il possible de délimiter sur trois côtés un terrain rectangulaire de 100 m^2 de superficie en construisant une clôture de la longueur totale indiquée ? Si oui, quelles sont les dimensions du terrain ?

a) 30 m **b)** 25 m

27. La mesure L'aire d'un rectangle de 44 cm de périmètre peut-elle être égale aux valeurs indiquées ci-après ? Si oui, détermine les dimensions de ce rectangle.

a) 125 cm^2 **b)** 121 cm^2 **c)** 117 cm^2

28. Résous les équations ci-après. Indique les solutions exactes à l'aide d'expressions réduites à leur forme la plus simple.

a) $x(x + 3) = 2x(x + 5) + 1$

b) $3(n - 1)^2 = (n + 1)(2n + 1)$

c) $\dfrac{1}{2}(r + 2)^2 = \dfrac{1}{3}(2r - 1)^2$

d) $(4x - 1)(3x + 7) = (5x - 1)(2x + 3) - 6$

29. Le football La fonction définie par $h = -5t^2 + 20t + 2$ indique la hauteur approximative h d'un ballon de football, en mètres, selon le temps écoulé t, en secondes, depuis qu'il a été lancé. Ce ballon a touché le sol avant qu'un receveur de passes ne parvienne à s'en approcher.

a) Combien de temps le ballon a-t-il passé dans les airs, au dixième de seconde près ?

b) Pendant combien de secondes se trouvait-il à une hauteur d'au moins 17 m ?

30. La mesure Soit un triangle rectangle dont l'hypoténuse mesure 3 cm de plus que le deuxième côté le plus long. L'un de ses deux côtés perpendiculaires mesure 3 cm de plus que l'autre. Détermine la longueur de chaque côté de ce triangle.

31. Les nombres Soit deux nombres dont la somme égale 31. Détermine la valeur exacte de ces nombres lorsque leur produit égale chacune des valeurs ci-après. Présente tes réponses à l'aide d'expressions réduites à leur forme la plus simple.

a) 240 **b)** 230 **c)** 250 **d)** $\dfrac{385}{4}$

32. La technologie a) Représente graphiquement l'équation $y = x^2 - 2x + 2$ à l'aide d'une calculatrice à affichage graphique.

b) Décris les résultats obtenus lorsque l'on tente de déterminer les zéros de la fonction correspondante au moyen de l'opération zéro.

c) Refais la même chose qu'en b) dans le cas d'une autre fonction du second degré ayant des zéros imaginaires.

33. Recherche et résolution de problèmes Quelles valeurs de k font de $x^2 + kx + \dfrac{49}{4}$ un trinôme carré parfait ?

34. Un objet en vol La hauteur h, en mètres, d'un objet tiré en l'air à partir du sol, à une vitesse de 50 m/s, se traduit approximativement par l'équation $h = -5t^2 + 50t$, où t représente le temps écoulé, en secondes, depuis son lancement. Cet objet atteindra-t-il chacune des hauteurs indiquées ci-après ? Si oui, au bout de combien de secondes ?

a) 45 m   **b)** 125 m   **c)** 150 m

35. Communication Une équation du second degré peut-elle admettre une racine réelle et une racine imaginaire ? Justifie ta réponse au moyen d'exemples.

36. Résous et vérifie les équations ci-après.
a) $(3t + 2)^2 = (2t - 5)^2$ **b)** $(x - 3)(x + 3) = 7$
c) $(y - 1)^2 = 2y - 3$ **d)** $(m - 2)(m + 2) - 3(m + 5) + 1 = 0$

37. Résous les équations ci-après. Exprime tes réponses sous forme de racines exactes et de racines approximatives, au centième près.
a) $(x + 5)(x - 1) = -2$ **b)** $(m + 2)^2 + 7(m + 2) = 3$
c) $2r(r + 2) - 3(1 - r) = 0$ **d)** $(2x - 5)^2 - (x + 1)^2 = 2$

38. Résous les équations ci-après.
a) $(x + 6)(2x + 5) + 8 = 0$ **b)** $(2n - 1)^2 = 5(n - 3)$
c) $\dfrac{(w + 1)^2}{3} = -\dfrac{1}{4}$ **d)** $2x(x + 3) - 6 = x(4 - x)$

39. Les mesures de longueur et d'aire On compte peindre une œuvre sur un mur de 15 m de longueur et de 12 m de hauteur. Cette peinture murale sera bordée sur chaque côté d'une bande de même largeur. Si cette peinture doit couvrir 75 % de l'aire du mur, quelle devra être la largeur de la bande qui l'entoure, au centième de mètre près ?

C

40. Résous les équations ci-après en isolant x. Pour ce faire, complète le carré.
a) $x^2 + 2x = k$ **b)** $kx^2 - 2x = k$ **c)** $x^2 = kx + 1$

41. Écris une équation de second degré de la forme $ax^2 + bx + c = 0$ qui admet les racines indiquées.
a) $\sqrt{5}$ et $-\sqrt{5}$ **b)** $2i$ et $-2i$

42. Détermine les valeurs de k qui font de $x^2 + (k + 7)x + (7k + 1)$ un trinôme carré parfait.

43. Résous $x^2 + bx + c = 0$ en isolant x. Pour ce faire, complète le carré.

44. Résous les équations ci-après en isolant x.

a) $x^2 - t = 0$ **b)** $ax^2 - b = 0$ **c)** $rx^2 + tx = 0$ **d)** $x^2 - mx - t = 0$

45. Le discriminant On appelle « discriminant » la quantité inscrite sous le radical de la formule pour résoudre une équation du second degré, soit $b^2 - 4ac$. Que peut-on conclure au sujet de la valeur du discriminant lorsqu'une équation admet :

a) deux racines réelles égales ? **b)** deux racines réelles distinctes ?

c) deux racines imaginaires ?

VÉRIFIONS NOS PROGRÈS

Connaissance et compréhension • **Réflexion, recherche et résolution de problèmes** • **Communication** • **Mise en application**

Démontre que l'équation $2x^2 - 5x + 2 = 0$ admet deux racines qui sont l'inverse l'une de l'autre. Dans quelles conditions une équation du second degré de la forme $ax^2 + bx + c = 0$ admet-elle deux racines qui sont l'inverse l'une de l'autre ?

LE MONDE DU TRAVAIL *L'édition*

On publie chaque année au Canada des milliers d'ouvrages, y compris des livres, des magazines, des journaux, des publications multimédias et des documents électroniques. L'édition fournit du travail à des milliers de personnes au pays et représente plusieurs milliards de dollars dans notre économie. Une bonne part de ce secteur d'activité se retrouve en Ontario.

1. La vente de livres Une maison d'édition s'attend à vendre par Internet 5000 exemplaires d'un livre nouvellement publié si elle en fixe le prix à 30 $ l'unité. Selon ses prévisions, chaque réduction du prix de 2 $ lui permettrait d'en vendre 500 exemplaires de plus.

a) Pour que la vente de ce livre lui rapporte 156 000 $, combien d'exemplaires la maison d'édition doit-elle en vendre et à quel prix ?

b) Si ses prévisions sont justes, la vente de ce livre pourrait-elle lui rapporter 160 000 $? Explique ta réponse.

2. Recherche À l'aide de tes habiletés dans la recherche, renseigne-toi sur une profession du secteur de l'édition. Voici quelques exemples possibles : journaliste, directrice ou directeur littéraire, dessinatrice-maquettiste ou dessinateur-maquettiste et spécialiste en commercialisation. Décris les études et la formation requises pour exercer cette profession et donne un aperçu des tâches qu'elles permettent d'accomplir.

APPROFONDISSEMENT TECHNOLOGIQUE
La résolution d'équations du second degré

Certaines calculatrices à affichage graphique, dont la TI-92 et la TI-92 Plus, sont conçues de façon à pouvoir résoudre algébriquement les équations du second degré.

L'exploration de la calculatrice

1. Essaie de résoudre les équations du second degré ci-après en recourant à la fonction *Solve* d'une calculatrice à affichage graphique.

a) $x^2 + 3x + 1 = 0$
b) $x^2 - 2x + 4 = 0$
c) $2x^2 + x - 2 = 0$
d) $3x^2 + 2x + 2 = 0$

2. Résous chaque équation de la question 1 à l'aide de la fonction *cSolve*.

3. En t'appuyant sur tes résultats aux questions 1 et 2, compare les fonctions *Solve* et *cSolve* en ce qui touche à leur capacité de résoudre les équations du second degré.

La résolution d'équations

Recours ici à la fonction *cSolve* d'une calculatrice à affichage graphique.

4. Résous les équations ci-après.

a) $x^2 + 5x + 3 = 0$
b) $y^2 - 4y - 2 = 0$
c) $x^2 - 3x + 6 = 0$
d) $n^2 + 3n + 7 = 0$
e) $x^2 + 8x = 3$
f) $z^2 - 5z = -8$
g) $2 - t^2 = 3t$
h) $8x - 17 = x^2$

5. Résous les équations ci-après.

a) $3k^2 + 2k - 4 = 0$
b) $4x^2 + 8x + 5 = 0$
c) $4 = 5a^2 - 10a$
d) $3w - 6w^2 = -1$
e) $\frac{5}{2}x^2 - 2x - \frac{3}{4} = 0$
f) $\frac{y^2}{3} - \frac{y}{2} + \frac{3}{2} = 0$
g) $0,5m^2 + m = 2,5$
h) $\frac{x-1}{2} - \frac{x+1}{3} = x^2$

La résolution de problèmes

6. Un jardin clôturé Est-il possible de clôturer entièrement un jardin rectangulaire de 150 m² de superficie en construisant une clôture des différentes longueurs indiquées ci-après? Si oui, fournis les dimensions du jardin. Arrondis tes réponses au dixième de mètre près, s'il y a lieu.

a) 60 m   **b)** 50 m   **c)** 40 m

7. Un objet lancé Soit un objet lancé vers le ciel, à une vitesse initiale de 20 m/s, du sommet d'une falaise haute de 80 m. L'équation ci-après indique sa hauteur approximative h, en mètres, en fonction du temps écoulé t, en secondes, depuis son lancement.

$$h = -5t^2 + 20t + 80$$

Cet objet atteindra-t-il chacune des hauteurs indiquées ci-après? Si oui, au bout de combien de temps?

a) 110 m   **b)** 100 m

2.4 Des outils pour la réalisation d'opérations sur les nombres complexes

Des cellules solaires sont fixées à la surface des satellites. Ces cellules convertissent l'énergie du rayonnement solaire en énergie électrique. Elles présentent diverses formes afin de couvrir la presque totalité de la surface d'un satellite.

EXPLORATION ET RECHERCHE

Voici un dessin à l'échelle représentant trois cellules solaires de forme triangulaire et trois de forme rectangulaire. Ces cellules sont reliées les unes aux autres pour former un panneau solaire triangulaire. Les dimensions indiquées sont en centimètres.

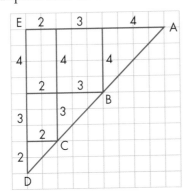

1. Calcule la longueur des segments de droite AB, BC et CD. Indique tes réponses sous forme de radicaux réduits à leur plus simple expression.

2. Explique pourquoi on qualifie les trois radicaux de la question 1 de *radicaux semblables*.

3. À l'aide du grand triangle rectangle ADE, construis une expression représentant la longueur de $\overline{AD}$. Indique ta réponse sous forme d'un radical réduit à sa plus simple expression.

4. Quelle relation y a-t-il entre la longueur de $\overline{AD}$ et celle de $\overline{AB}$, de $\overline{BC}$ et de $\overline{CD}$?

5. Compare les radicaux par lesquels tu as représenté la longueur de $\overline{AB}$, de $\overline{BC}$, de $\overline{CD}$ et de $\overline{AD}$. Énonce ensuite une règle pour l'addition des radicaux semblables.

6. La technologie À l'aide d'une calculatrice, vérifie ta règle dans le cas de chaque expression ci-après.

a) $3\sqrt{2} + 4\sqrt{2}$ **b)** $\sqrt{7} + 2\sqrt{7} + 3\sqrt{7}$

7. Simplifie les expressions ci-après.

a) $3\sqrt{5} + 6\sqrt{5}$ **b)** $4\sqrt{3} + 5\sqrt{3} + \sqrt{3}$

8. a) Décris une méthode permettant d'énoncer une règle pour la soustraction des radicaux semblables à partir des renseignements fournis par le même schéma.

b) Énonce cette règle et vérifie-la.

c) Simplifie $5\sqrt{6} - 2\sqrt{6}$.

EXEMPLE 1 L'addition et la soustraction de radicaux

Simplifie les expressions suivantes.

a) $\sqrt{12} + \sqrt{18} - \sqrt{27} + \sqrt{8}$ **b)** $4\sqrt{3} + 3\sqrt{20} - \sqrt{12} + 6\sqrt{45}$

SOLUTION

Réduis les radicaux à leur plus simple expression, puis groupe ceux qui sont semblables.

a)
$$\begin{aligned}
\sqrt{12} + \sqrt{18} - \sqrt{27} + \sqrt{8} &= \sqrt{4} \times \sqrt{3} + \sqrt{9} \times \sqrt{2} - \sqrt{9} \times \sqrt{3} + \sqrt{4} \times \sqrt{2} \\
&= 2\sqrt{3} + 3\sqrt{2} - 3\sqrt{3} + 2\sqrt{2} \\
&= -\sqrt{3} + 5\sqrt{2}
\end{aligned}$$

b)
$$\begin{aligned}
4\sqrt{3} + 3\sqrt{20} - \sqrt{12} + 6\sqrt{45} &= 4\sqrt{3} + 3 \times \sqrt{4} \times \sqrt{5} - \sqrt{4} \times \sqrt{3} + 6 \times \sqrt{9} \times \sqrt{5} \\
&= 4\sqrt{3} + 3 \times 2\sqrt{5} - 2\sqrt{3} + 6 \times 3\sqrt{5} \\
&= 4\sqrt{3} + 6\sqrt{5} - 2\sqrt{3} + 18\sqrt{5} \\
&= 2\sqrt{3} + 24\sqrt{5}
\end{aligned}$$

EXEMPLE 2 La multiplication de la forme monôme x binôme

Développe et simplifie $3\sqrt{2}\left(2\sqrt{6} + \sqrt{10}\right)$.

SOLUTION

Applique la loi de la distributivité.

$$\begin{aligned}
3\sqrt{2}\left(2\sqrt{6} + \sqrt{10}\right) &= 3\sqrt{2}\left(2\sqrt{6} + \sqrt{10}\right) \\
&= 3\sqrt{2} \times 2\sqrt{6} + 3\sqrt{2} \times \sqrt{10} \\
&= 6\sqrt{12} + 3\sqrt{20} \\
&= 6 \times 2\sqrt{3} + 3 \times 2\sqrt{5} \\
&= 12\sqrt{3} + 6\sqrt{5}
\end{aligned}$$

EXEMPLE 3 La multiplication de la forme binôme x binôme

Simplifie $\left(3\sqrt{2} + 4\sqrt{5}\right)\left(4\sqrt{2} - 3\sqrt{5}\right)$.

SOLUTION

Multiplie chaque terme de la première parenthèse par chaque terme de la seconde.

$$\left(3\sqrt{2} + 4\sqrt{5}\right)\left(4\sqrt{2} - 3\sqrt{5}\right) = \left(3\sqrt{2} + 4\sqrt{5}\right)\left(4\sqrt{2} - 3\sqrt{5}\right)$$

Les flèches indiquent les multiplications à effectuer dans l'ordre.

$$= 12\sqrt{4} - 9\sqrt{10} + 16\sqrt{10} - 12\sqrt{25}$$
$$= 24 - 9\sqrt{10} + 16\sqrt{10} - 60$$
$$= -36 + 7\sqrt{10}$$

Rappelons que pour qu'un radical soit réduit à sa plus simple expression, il ne doit y avoir aucun radical au dénominateur d'une fraction.

EXEMPLE 4 Les fractions comportant un radical au dénominateur

Réduis $\dfrac{1}{3\sqrt{2}}$ à sa plus simple expression.

SOLUTION

Multiplie le numérateur et le dénominateur par $\sqrt{2}$. Cela revient à multiplier la fraction par 1.

$$\frac{1}{3\sqrt{2}} = \frac{1}{3\sqrt{2}} \times \frac{\sqrt{2}}{\sqrt{2}}$$
$$= \frac{1 \times \sqrt{2}}{3\sqrt{2} \times \sqrt{2}}$$
$$= \frac{\sqrt{2}}{3 \times 2}$$
$$= \frac{\sqrt{2}}{6}$$

L'exemple 4 décrit le processus de **rationalisation du dénominateur**.
On a en effet converti le dénominateur constitué d'un nombre irrationnel
en un nombre rationnel.

Lorsque deux nombres présentent respectivement la forme $a\sqrt{b} + c\sqrt{d}$ et $a\sqrt{b} - c\sqrt{d}$,
où a, b, c et d sont des nombres rationnels, il s'agit de **conjugués**. Or, le produit
de deux conjugués consiste toujours en un nombre rationnel.

EXEMPLE 5 La multiplication de nombres conjugués

Simplifie $\left(\sqrt{7} + 2\sqrt{3}\right)\left(\sqrt{7} - 2\sqrt{3}\right)$.

SOLUTION

$$
\begin{aligned}
\left(\sqrt{7} + 2\sqrt{3}\right)\left(\sqrt{7} - 2\sqrt{3}\right) &= \left(\sqrt{7} + 2\sqrt{3}\right)\left(\sqrt{7} - 2\sqrt{3}\right) \\
&= \sqrt{49} - 2\sqrt{21} + 2\sqrt{21} - 4\sqrt{9} \\
&= 7 - 12 \\
&= -5
\end{aligned}
$$

Les nombres conjugués peuvent servir à simplifier une fraction comportant
la somme ou la différence de deux radicaux au dénominateur.

EXEMPLE 6 La rationalisation de dénominateurs binomiaux

Réduis $\dfrac{5}{2\sqrt{6} - \sqrt{3}}$ à sa plus simple expression.

SOLUTION

Multiplie le numérateur et le dénominateur par le conjugué de $2\sqrt{6} - \sqrt{3}$,
qui est $2\sqrt{6} + \sqrt{3}$.

$$
\begin{aligned}
\frac{5}{2\sqrt{6} - \sqrt{3}} &= \frac{5}{2\sqrt{6} - \sqrt{3}} \times \frac{2\sqrt{6} + \sqrt{3}}{2\sqrt{6} + \sqrt{3}} \\
&= \frac{5\left(2\sqrt{6} + \sqrt{3}\right)}{4\sqrt{36} - \sqrt{9}} \\
&= \frac{10\sqrt{6} + 5\sqrt{3}}{24 - 3} \\
&= \frac{10\sqrt{6} + 5\sqrt{3}}{21}
\end{aligned}
$$

Concepts clés

- Pour simplifier une expression comportant des radicaux, réduis les radicaux à leur plus simple expression, puis additionne ou soustrais entre eux les radicaux semblables.
- Pour multiplier des expressions ayant la forme de binômes, applique la loi de la distributivité et additionne ou soustrais entre eux les radicaux semblables.
- Pour simplifier une expression comportant un radical au dénominateur, multiplie le numérateur et le dénominateur par ce radical.
- Pour simplifier une expression comportant la somme ou la différence de radicaux au dénominateur, multiplie le numérateur et le dénominateur par le conjugué du dénominateur.

Communique ce que tu as compris

1. Explique la signification du terme *radicaux semblables*.
2. Décris comment tu simplifierais chacune des expressions ci-après.

a) $\sqrt{24} + \sqrt{54}$

b) $2\sqrt{2}(\sqrt{10} - 3\sqrt{2})$

c) $(\sqrt{3} + \sqrt{5})(2\sqrt{3} - 4\sqrt{5})$

d) $\dfrac{5}{\sqrt{6}}$

e) $\dfrac{2}{\sqrt{5} + \sqrt{3}}$

Exercices

A

1. Simplifie les expressions ci-après.

a) $2\sqrt{5} + 3\sqrt{5} + 6\sqrt{5}$

b) $4\sqrt{3} + 2\sqrt{3} - \sqrt{3}$

c) $6\sqrt{2} - \sqrt{2} + 7\sqrt{2} - 3\sqrt{2}$

d) $5\sqrt{7} + 3\sqrt{7} - 2\sqrt{7}$

e) $8\sqrt{10} - 2\sqrt{10} - 7\sqrt{10}$

f) $\sqrt{2} - 3\sqrt{2} - 9\sqrt{2} + 11\sqrt{2}$

g) $\sqrt{5} + \sqrt{5} + \sqrt{5} + \sqrt{5}$

2. Simplifie les expressions ci-après.

a) $5\sqrt{3} + 2\sqrt{6} + 3\sqrt{3}$

b) $8\sqrt{5} - 3\sqrt{7} + 7\sqrt{7} - 4\sqrt{5}$

c) $2\sqrt{2} + 3\sqrt{10} + 5\sqrt{2} - 4\sqrt{10}$

d) $7\sqrt{6} - 4\sqrt{13} - \sqrt{13} + \sqrt{6}$

e) $9\sqrt{11} - \sqrt{11} + 6\sqrt{14} - 3\sqrt{14} - 2\sqrt{11}$

f) $12\sqrt{7} + 9 - 3\sqrt{7} + 4$

g) $8 + 7\sqrt{11} - 9 - 9\sqrt{11}$

3. Simplifie les expressions ci-après.

a) $\sqrt{12} + \sqrt{27}$

b) $\sqrt{20} + \sqrt{45}$

c) $\sqrt{18} - \sqrt{8}$

d) $\sqrt{50} + \sqrt{98} - \sqrt{2}$

e) $\sqrt{75} + \sqrt{48} + \sqrt{27}$

f) $\sqrt{54} + \sqrt{24} + \sqrt{72} - \sqrt{32}$

g) $\sqrt{28} - \sqrt{27} + \sqrt{63} + \sqrt{300}$

4. Simplifie les expressions ci-après.

a) $8\sqrt{7} + 2\sqrt{28}$ **b)** $3\sqrt{50} - 2\sqrt{32}$

c) $5\sqrt{27} + 4\sqrt{48}$ **d)** $3\sqrt{8} + \sqrt{18} + 3\sqrt{2}$

e) $\sqrt{5} + 2\sqrt{45} - 3\sqrt{20}$

f) $4\sqrt{3} + 3\sqrt{20} - 2\sqrt{12} + \sqrt{45}$

g) $3\sqrt{48} - 4\sqrt{8} + 4\sqrt{27} - 2\sqrt{72}$

5. Développe et simplifie les expressions ci-après.

a) $\sqrt{2}(\sqrt{10} + 4)$

b) $\sqrt{3}(\sqrt{6} - 1)$

c) $\sqrt{6}(\sqrt{2} + \sqrt{6})$

d) $2\sqrt{2}(3\sqrt{6} - \sqrt{3})$

e) $\sqrt{2}(\sqrt{3} + 4)$

f) $3\sqrt{2}(2\sqrt{6} + \sqrt{10})$

g) $(\sqrt{5} + \sqrt{6})(\sqrt{5} + 3\sqrt{6})$

h) $(2\sqrt{3} - 1)(3\sqrt{3} + 2)$

i) $(4\sqrt{7} - 3\sqrt{2})(2\sqrt{7} + 5\sqrt{2})$

j) $(3\sqrt{3} + 1)^2$

k) $(2\sqrt{2} - \sqrt{5})^2$

l) $(2 + \sqrt{3})(2 - \sqrt{3})$

m) $(\sqrt{6} - \sqrt{2})(\sqrt{6} + \sqrt{2})$

n) $(2\sqrt{7} + 3\sqrt{5})(2\sqrt{7} - 3\sqrt{5})$

6. Simplifie les expressions ci-après.

a) $\dfrac{1}{\sqrt{3}}$ **b)** $\dfrac{2}{\sqrt{5}}$ **c)** $\dfrac{2}{\sqrt{7}}$

d) $\dfrac{\sqrt{1}}{\sqrt{2}}$ **e)** $\dfrac{5\sqrt{5}}{2\sqrt{3}}$ **f)** $\dfrac{2\sqrt{2}}{\sqrt{18}}$

g) $\dfrac{4\sqrt{2}}{\sqrt{8}}$ **h)** $\dfrac{3\sqrt{5}}{\sqrt{3}}$ **i)** $\dfrac{4\sqrt{7}}{2\sqrt{14}}$

j) $\dfrac{3\sqrt{6}}{4\sqrt{10}}$ **k)** $\dfrac{7\sqrt{11}}{2\sqrt{3}}$ **l)** $\dfrac{2\sqrt{5}}{5\sqrt{2}}$

7. Simplifie les expressions ci-après.

a) $\dfrac{1}{\sqrt{2} + 2}$ **b)** $\dfrac{3}{\sqrt{5} - 1}$

c) $\dfrac{\sqrt{2}}{\sqrt{6} - 3}$ **d)** $\dfrac{2}{\sqrt{6} + \sqrt{3}}$

e) $\dfrac{3}{\sqrt{5} - \sqrt{2}}$ **f)** $\dfrac{\sqrt{3}}{\sqrt{3} + \sqrt{2}}$

g) $\dfrac{2\sqrt{6}}{2\sqrt{6} + 1}$ **h)** $\dfrac{\sqrt{2} - 1}{\sqrt{2} + 1}$

i) $\dfrac{\sqrt{2} + \sqrt{5}}{\sqrt{6} - \sqrt{10}}$ **j)** $\dfrac{2\sqrt{7} + \sqrt{5}}{3\sqrt{7} - 2\sqrt{5}}$

Application, résolution de problèmes, communication

8. La mesure Indique le périmètre du quadrilatère ci-contre sous forme d'un radical réduit à sa plus simple expression.

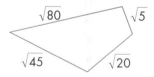

B

9. Sans l'aide d'une calculatrice, dispose les expressions ci-après en ordre décroissant.

$$\sqrt{3}(\sqrt{3} + 1),\ (\sqrt{3} + 1)(\sqrt{3} - 1),\ (1 - \sqrt{3})^2,\ (\sqrt{3} + 1)^2$$

10. a) Sans l'aide d'une calculatrice, détermine laquelle des expressions ci-après n'est égale à aucune des autres.

$$\frac{60}{\sqrt{450}} \qquad 6\sqrt{2} - 4\sqrt{2} \qquad \frac{4}{\sqrt{2}} \qquad 6\sqrt{8} + \sqrt{8} - 5\sqrt{8} \qquad \frac{8}{\sqrt{18}} + \frac{4}{\sqrt{18}}$$

b) Communication Quelle relation y a-t-il entre l'expression que tu as choisie en a) et chacune des autres?

11. La nature Il est possible de décrire beaucoup d'aspects de la nature, dont le nombre de couples au sein d'une famille de lapins et le nombre de branches d'un arbre, au moyen de la suite de Fibonacci, soit 1, 1, 2, 3, 5, 8, …
On appelle « formule de Binet » l'expression définissant le *n*ième terme de la suite de Fibonacci. Cette formule se présente comme suit:

$$F_n = \frac{1}{\sqrt{5}} \left(\frac{1+\sqrt{5}}{2} \right)^n - \frac{1}{\sqrt{5}} \left(\frac{1-\sqrt{5}}{2} \right)^n.$$

Utilise-la pour déterminer la valeur de F_2.

12. La mesure Soit le rectangle ci-contre.
a) Pose une expression représentant son aire et simplifie-la.
b) Pose une expression représentant son périmètre et simplifie-la.

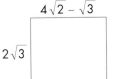

13. La mesure Soit le carré ci-contre. Pose une expression représentant son aire et simplifie-la.

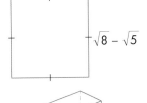

14. La mesure Soit le prisme à base rectangulaire ci-contre. Indique son volume au moyen d'une expression réduite à sa forme la plus simple.

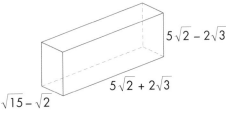

15. Application Si un rectangle présente une aire de 4 unités carrées et une largeur de $\sqrt{7} - \sqrt{5}$ unités, quelle en est la longueur traduite par une expression réduite à sa forme la plus simple?

16. Recherche et résolution de problèmes Détermine une équation du second degré de la forme $ax^2 + bx + c = 0$ qui admet les racines indiquées.

a) $3 + \sqrt{2}$ et $3 - \sqrt{2}$

b) $-1 + 2\sqrt{3}$ et $-1 - 2\sqrt{3}$

c) $1 + \dfrac{\sqrt{13}}{2}$ et $1 - \dfrac{\sqrt{13}}{2}$

17. Simplifie les expressions ci-après.

a) $\sqrt[3]{16} + \sqrt[3]{54}$

b) $\sqrt[3]{24} + \sqrt[3]{81}$

c) $2\left(\sqrt[3]{32}\right) + 5\left(\sqrt[3]{108}\right)$

d) $\sqrt[3]{54} + 5\left(\sqrt[3]{16}\right)$

e) $\sqrt[3]{16} - \sqrt[3]{54}$

f) $\sqrt[3]{108} - \sqrt[3]{32}$

g) $2\left(\sqrt[3]{40}\right) - \sqrt[3]{5}$

h) $5\left(\sqrt[3]{48}\right) - 2\left(\sqrt[3]{162}\right)$

18. La mesure À l'aide d'une expression réduite à sa forme la plus simple, détermine le rapport de l'aire du plus grand cercle ci-contre à celle du plus petit.

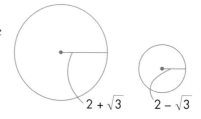

$2 + \sqrt{3}$ $2 - \sqrt{3}$

19. La géométrie analytique À l'aide d'une expression réduite à sa forme la plus simple, indique le périmètre des triangles ci-après.

a)

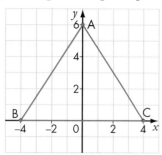

b)

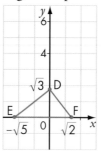

20. L'équation L'énoncé $\sqrt{a + b} = \sqrt{a} + \sqrt{b}$ est-il toujours vrai, parfois vrai ou toujours faux ? Justifie ta réponse.

DÉFI *logique*

Une société de transport assure la liaison de Montréal à Toronto et de Toronto à Montréal. Un autobus quitte ainsi chacune de ces deux villes toutes les heures de 6 h à 20 h. Chaque voyage dure 5,5 h, car tous les autobus roulent à la même vitesse et empruntent le même trajet. La conductrice de l'autobus à bord duquel tu te trouves salue de la main chaque collègue qu'elle rencontre en sens inverse. Combien de fois agitera-t-elle la main au cours du voyage si ton autobus a quitté Toronto :

a) à 14 h ?   b) à 18 h ?   c) à 6 h ?

APPROFONDISSEMENT TECHNOLOGIQUE
Les radicaux et les calculatrices à affichage graphique

Certaines calculatrices à affichage graphique, dont la TI-92 et la TI-92 Plus, sont conçues de façon à pouvoir simplifier les expressions comportant des radicaux et effectuer des opérations sur elles.

La réduction de radicaux à leur plus simple expression

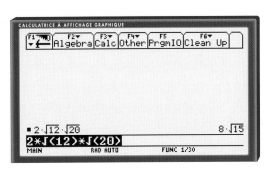

1. Simplifie les expressions ci-après.

a) $\sqrt{425}$ **b)** $\sqrt{294}$ **c)** $\sqrt{507}$

d) $\sqrt{8} \times \sqrt{10}$ **e)** $2\sqrt{21} \times \sqrt{35}$ **f)** $3\sqrt{15} \times 4\sqrt{20}$

2. Simplifie les expressions ci-après.

a) $\dfrac{3}{\sqrt{27}}$ **b)** $\dfrac{5}{\sqrt{112}}$ **c)** $\dfrac{-4}{\sqrt{32}}$

d) $\dfrac{\sqrt{192}}{\sqrt{6}}$ **e)** $\dfrac{\sqrt{75}}{\sqrt{162}}$ **f)** $\dfrac{\sqrt{88}}{\sqrt{33}}$

Les opérations sur les expressions comportant des radicaux

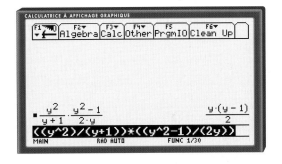

3. Simplifie les expressions ci-après.

a) $\sqrt{20} + \sqrt{45}$ **b)** $\sqrt{72} + \sqrt{98} + \sqrt{242}$

c) $\sqrt{63} - \sqrt{28}$ **d)** $\sqrt{54} - \sqrt{96}$

e) $5\sqrt{27} + 3\sqrt{12}$ **f)** $7\sqrt{90} - 6\sqrt{40}$

g) $2\sqrt{125} + 4\sqrt{5} - 3\sqrt{80}$

h) $3\sqrt{99} - 6\sqrt{44} - 2\sqrt{11}$

4. Développe et simplifie les expressions ci-après.

a) $\sqrt{5}\left(\sqrt{10} + \sqrt{15}\right)$ **b)** $\sqrt{6}\left(\sqrt{18} - \sqrt{3}\right)$ **c)** $2\sqrt{3}\left(\sqrt{27} + 5\sqrt{24}\right)$

d) $4\sqrt{7}\left(3\sqrt{21} - 2\sqrt{14}\right)$ **e)** $\left(2\sqrt{5} - 3\sqrt{3}\right)\left(2\sqrt{5} + 3\sqrt{3}\right)$ **f)** $\left(4\sqrt{11} + 5\sqrt{2}\right)^2$

g) $\left(3\sqrt{6} - 5\sqrt{10}\right)^2$ **h)** $\left(4\sqrt{3} - 3\sqrt{2}\right)\left(5\sqrt{2} - 2\sqrt{3}\right)$

5. Simplifie les expressions ci-après.

a) $\dfrac{2}{\sqrt{3} + \sqrt{2}}$ **b)** $\dfrac{\sqrt{5}}{\sqrt{10} - \sqrt{5}}$ **c)** $\dfrac{3\sqrt{3}}{2\sqrt{6} - 3\sqrt{2}}$

d) $\dfrac{4 - \sqrt{10}}{7 - 2\sqrt{10}}$ **e)** $\dfrac{\sqrt{6} + 2\sqrt{3}}{\sqrt{6} - 2\sqrt{3}}$ **f)** $\dfrac{3\sqrt{7} - 2\sqrt{2}}{3\sqrt{2} - 2\sqrt{7}}$

6. La mesure Soit un triangle dont l'aire est de 12 unités carrées et dont la base mesure $4 + \sqrt{2}$ unités. Écris une expression réduite à sa forme la plus simple représentant la hauteur de ce triangle.

2.5 Les opérations sur les nombres complexes sous forme algébrique

Produite par ordinateur, l'image ci-contre porte le nom de « fractale ». Les fractales ont de nombreux usages. Elles permettent entre autres de créer des images synthétiques réalistes pour le cinéma et de comprimer les signaux de télévision haute définition afin qu'on puisse les diffuser au moyen des chaînes existantes. Les météorologues utilisent les fractales pour étudier la forme des nuages, tandis que les sismologues s'en servent pour étudier les tremblements de terre. Avant de pouvoir comprendre comment on génère les fractales, il te faut en apprendre davantage sur les nombres complexes.

EXPLORATION ET RECHERCHE

1. Décris chaque étape de l'addition suivante.
$$(2 + 5x) + (4 - 3x) = 2 + 5x + 4 - 3x$$
$$= 2 + 4 + 5x - 3x$$
$$= 6 + 2x$$

2. a) Simplifie $(4 + 3i) + (7 - 2i)$ en réalisant les étapes de la question 1.
b) Explique pourquoi il est impossible de simplifier davantage le nombre complexe ainsi obtenu.

3. Décris chaque étape de la soustraction suivante.
$$(5 - 2x) - (3 - 7x) = 5 - 2x - 3 + 7x$$
$$= 5 - 3 - 2x + 7x$$
$$= 2 + 5x$$

4. Simplifie $(3 - 6i) - (7 - 8i)$ en réalisant les étapes de la question 3.

5. Quels résultats obtient-on lorsque l'on effectue les opérations indiquées ci-après sur les nombres complexes $a + bi$ et $c + di$?
a) $(a + bi) + (c + di)$ **b)** $(a + bi) - (c + di)$

6. Énonce une règle pour l'addition ou la soustraction de nombres complexes.

7. Simplifie les expressions ci-après.
a) $(2 - 5i) + (5 - 4i)$ **b)** $(3 + 2i) - (7 - i)$

8. Décris chaque étape de la multiplication suivante.
$$(2 + 3x)(1 - 4x) = 2 - 8x + 3x - 12x^2$$
$$= 2 - 5x - 12x^2$$

9. a) Simplifie $(3 + 4i)(2 - 5i)$ en réalisant les étapes de la question 8.

b) Explique comment on peut simplifier le dernier terme de l'expression ainsi obtenue.

c) Réécris cette expression sous sa forme la plus simple.

d) Énonce une règle pour la multiplication de nombres complexes.

10. Simplifie les expressions ci-après.

a) $(3 + i)(2 + 3i)$　　　　**b)** $(1 - 2i)(5 - 2i)$

Rappelons qu'un nombre complexe est un nombre de la forme $a + bi$ dont a constitue la partie réelle et b, la partie imaginaire. Étant donné qu'il comporte deux parties, tout nombre complexe peut être représenté par un couple (a, b). Or, on peut représenter graphiquement ce couple au moyen d'un repère orthonormal dans ce que l'on appelle un **plan complexe**. Dans un plan complexe, l'axe des x devient l'**axe des réels** et l'axe des y, l'**axe des imaginaires**.

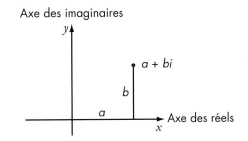

On dit d'un nombre complexe de la forme $a + bi$ qu'il est exprimé sous **forme algébrique**, le couple (a, b) fournissant les coordonnées rectangulaires du point $a + bi$ dans le plan complexe. On dit que le nombre $a + bi$ est l'affixe du point (a, b).

Pour additionner ou soustraire entre eux des nombres complexes sous forme algébrique, additionne ou soustrais leurs termes semblables, c'est-à-dire leurs parties réelles et leurs parties imaginaires.

Exemple 1 L'addition et la soustraction de nombres complexes

Simplifie les expressions suivantes.

a) $(6 - 3i) + (5 + i)$

b) $(2 - 3i) - (4 - 5i)$

Pour effectuer ces opérations à l'aide d'une calculatrice à affichage graphique, règles-en les paramètres mode de façon à activer le mode $a + bi$ (forme algébrique).

Solution

a) $(6 - 3i) + (5 + i) = 6 - 3i + 5 + i$
$$= 6 + 5 - 3i + i$$
$$= 11 - 2i$$

b) $(2 - 3i) - (4 - 5i) = 2 - 3i - 4 + 5i$
$$= 2 - 4 - 3i + 5i$$
$$= -2 + 2i$$

CALCULATRICE À AFFICHAGE GRAPHIQUE
(6-3i)+(5+i)
　　　　　　　11-2i
(2-3i)-(4-5i)
　　　　　　　-2+2i

On peut multiplier des nombres complexes sous forme algébrique en appliquant la loi de la distributivité.

EXEMPLE 2 La multiplication de nombres complexes

Simplifie les expressions suivantes.

a) $2i(3 + 4i)$ **b)** $(1 - 2i)(4 + 3i)$ **c)** $(1 - 4i)^2$

SOLUTION

Applique la loi de la distributivité.

a) $2i(3 + 4i) = 2i(3 + 4i)$
$$= 6i + 8i^2$$
$$= 6i + 8(-1)$$
$$= -8 + 6i$$

N'oublie pas de régler les paramètres mode de façon à utiliser le mode $a + bi$ (forme algébrique).

CALCULATRICE À AFFICHAGE GRAPHIQUE

```
2i(3+4i)
              -8+6i
(1-2i)(4+3i)
              10-5i
(1-4i)²
             -15-8i
```

b) $(1 - 2i)(4 + 3i) = (1 - 2i)(4 + 3i)$
$$= 4 + 3i - 8i - 6i^2$$
$$= 4 - 5i - 6i^2$$
$$= 4 - 5i - 6(-1)$$
$$= 4 - 5i + 6$$
$$= 10 - 5i$$

c) $(1 - 4i)^2 = (1 - 4i)(1 - 4i)$
$$= 1 - 4i - 4i + 16i^2$$
$$= 1 - 8i + 16(-1)$$
$$= 1 - 8i - 16$$
$$= -15 - 8i$$

Puisque i correspond à un radical, $\sqrt{-1}$, toute fraction renfermant i au dénominateur n'est pas réduite à sa plus simple expression.
Pour la simplifier, rationalise son dénominateur.

EXEMPLE 3 La rationalisation du dénominateur

Simplifie $\dfrac{5}{2i}$.

SOLUTION

Multiplie le numérateur et le dénominateur par i. Cela revient à multiplier la fraction par 1.

$$\frac{5}{2i} = \frac{5}{2i} \times \frac{i}{i}$$

$$= \frac{5i}{2i^2}$$

$$= \frac{5i}{2(-1)}$$

$$= \frac{5i}{-2}$$

$$= -\frac{5i}{2}$$

On doit ici utiliser des parenthèses, car $5/2i$ se traduit par $\frac{5}{2}i$ pour la calculatrice.

Rappelons que les nombres de la forme $a\sqrt{b} + c\sqrt{d}$ et $a\sqrt{b} - c\sqrt{d}$ sont des conjugués. Or, puisque i représente le radical $\sqrt{-1}$, les nombres complexes de la forme $a + bi$ et $a - bi$ offrent des exemples de conjugués et portent ainsi le nom de **nombres complexes conjugués**.

Pour simplifier une fraction comportant un nombre complexe de deux termes au dénominateur, multiplie son numérateur et son dénominateur par le conjugué du dénominateur.

EXEMPLE 4 La rationalisation de dénominateurs ayant la forme d'un binôme

Simplifie $\dfrac{2 + 3i}{1 - 2i}$.

SOLUTION

Multiplie le numérateur et le dénominateur par le conjugué de $1 - 2i$, qui est $1 + 2i$.

$$\frac{2+3i}{1-2i} = \frac{2+3i}{1-2i} \times \frac{1+2i}{1+2i}$$

$$= \frac{(2+3i)(1+2i)}{(1-2i)(1+2i)}$$

$$= \frac{2+4i+3i+6i^2}{1+2i-2i-4i^2}$$

$$= \frac{2+7i+6(-1)}{1-4(-1)}$$

$$= \frac{2+7i-6}{1+4}$$

$$= \frac{-4+7i}{5}$$

Recours à la fonction ▸Frac pour convertir les nombres décimaux en fractions. Soulignons que $7/5i$ se traduit par $\frac{7}{5}i$ pour la calculatrice.

Exemple 5 **La vérification de racines imaginaires**

Résous et vérifie $x^2 - 4x + 6 = 0$.

Solution

Recours à la formule.
Dans l'équation $x^2 - 4x + 6 = 0$, $a = 1$, $b = -4$ et $c = 6$.

$$x = \frac{-b \pm \sqrt{b^2 - 4ac}}{2a}$$

$$= \frac{-(-4) \pm \sqrt{(-4)^2 - 4(1)(6)}}{2}$$

$$= \frac{4 \pm \sqrt{16 - 24}}{2}$$

$$= \frac{4 \pm \sqrt{-8}}{2}$$

$$= \frac{4 \pm 2i\sqrt{2}}{2}$$

$$= 2 \pm i\sqrt{2}$$

$$x = 2 + i\sqrt{2} \quad \text{ou} \quad x = 2 - i\sqrt{2}$$

Vérifie ta solution.
Soit $x = 2 + i\sqrt{2}$,

M.G. $= x^2 - 4x + 6$ 　　　　　　　　　M.D. $= 0$

$\quad = (2 + i\sqrt{2})^2 - 4(2 + i\sqrt{2}) + 6$

$\quad = (2 + i\sqrt{2})(2 + i\sqrt{2}) - 4(2 + i\sqrt{2}) + 6$

$\quad = 4 + 4i\sqrt{2} - 2 - 8 - 4i\sqrt{2} + 6$

$\quad = 0$

$$\text{M.G.} = \text{M.D.}$$

Soit $x = 2 - i\sqrt{2}$,

M.G. $= x^2 - 4x + 6$ 　　　　　　　　　M.D. $= 0$

$\quad = (2 - i\sqrt{2})^2 - 4(2 - i\sqrt{2}) + 6$

$\quad = (2 - i\sqrt{2})(2 - i\sqrt{2}) - 4(2 - i\sqrt{2}) + 6$

$\quad = 4 - 4i\sqrt{2} - 2 - 8 + 4i\sqrt{2} + 6$

$\quad = 0$

$$\text{M.G.} = \text{M.D.}$$

Les racines sont $2 + i\sqrt{2}$ et $2 - i\sqrt{2}$.

Les fonctions générant certaines fractales sont représentées par des équations de la forme $F = z^2 + c$, où z est un nombre complexe. On crée une fractale par **itération**, c'est-à-dire en attribuant à z une première valeur quelconque (valeur d'entrée) afin d'évaluer F pour obtenir une deuxième valeur (valeur de sortie) que l'on attribue à z comme deuxième valeur d'entrée pour évaluer F encore une fois, et ainsi de suite.

EXEMPLE 6 **Les fractales**

Détermine les trois premières valeurs de sortie de $F = z^2 + 2i$.

SOLUTION

Lien Internet
www.dlcmcgrawhill.ca
Pour en savoir plus sur les fractales, rends-toi à l'adresse donnée ci-haut. Puis clique sur la page couverture du manuel *Mathématiques 11*. Tu y trouveras les adresses nécessaires à ta recherche. Décris brièvement les divers types de fractales. Crée ensuite toi-même une fractale et énonce la règle qui la génère.

$F = z^2 + 2i$

Utilise $z = 0$ comme première valeur d'entrée :
$$F = 0^2 + 2i$$
$$= 2i$$

Utilise $z = 2i$ comme deuxième valeur d'entrée :
$$F = (2i)^2 + 2i$$
$$= 4i^2 + 2i$$
$$= -4 + 2i$$

Utilise $z = -4 + 2i$ comme troisième valeur d'entrée :
$$F = (-4 + 2i)^2 + 2i$$
$$= 16 - 16i + 4i^2 + 2i$$
$$= 16 - 16i - 4 + 2i$$
$$= 12 - 14i$$

Les trois premières valeurs de sortie sont $2i$, $-4 + 2i$ et $12 - 14i$.

Concepts clés

- Pour additionner ou soustraire entre eux des nombres complexes, groupe leurs termes semblables.
- Pour multiplier entre eux des nombres complexes, applique la loi de la distributivité.
- Pour simplifier une fraction comportant un nombre imaginaire pur au dénominateur, multiplie son numérateur et son dénominateur par i.
- Pour simplifier une fraction comportant un nombre imaginaire au dénominateur, multiplie son numérateur et son dénominateur par le conjugué du dénominateur.

Communique ce que tu as compris

1. Explique pourquoi il est impossible de simplifier le nombre complexe $5 - 3i$.

2. Décris comment tu simplifierais chacune des expressions ci-après.

a) $(3 - 2i) - (4 - 7i)$ **b)** $(5 + 3i)(1 - 4i)$

c) $\dfrac{3}{4i}$ **d)** $\dfrac{4}{2 + 3i}$

Exercices

A

1. Simplifie les expressions ci-après.
a) $(4 + 2i) + (3 - 4i)$
b) $(2 - 5i) + (1 - 6i)$
c) $(3 - 2i) - (1 + 3i)$
d) $(6 - i) - (5 - 7i)$
e) $(4 + 6i) + (7i - 6)$
f) $(i - 8) + (4i - 3)$
g) $(9i - 6) - (10i - 3)$
h) $(3i + 11) - (6i - 13)$
i) $2(1 - 7i) + 3(4 - i)$
j) $-3(2i - 4) - (5 + 6i)$

2. Simplifie les expressions ci-après.
a) $2(4 - 3i)$ **b)** $3i(1 + 2i)$
c) $-4i(3 - 5i)$ **d)** $2i(3i^2 - 4i + 2)$
e) $(2 - 4i)(1 + 3i)$ **f)** $(3 + 4i)(3 - 5i)$
g) $(3i - 1)(4i - 5)$ **h)** $(1 - 5i)(1 + 5i)$
i) $(1 + 2i)^2$ **j)** $(4i - 3)^2$
k) $(i - 1)^2$ **l)** $(i^2 - 1)^2$

3. Simplifie les expressions ci-après.
a) $\dfrac{2}{i}$ **b)** $\dfrac{4}{3i}$ **c)** $\dfrac{7}{4i}$
d) $\dfrac{-6}{5i}$ **e)** $\dfrac{5}{-2i}$ **f)** $-\dfrac{3}{7i}$

4. Simplifie les expressions ci-après.
a) $\dfrac{3 + i}{i}$ **b)** $\dfrac{2 - 2i}{i}$ **c)** $\dfrac{5 + 2i}{2i}$
d) $\dfrac{3 - 4i}{-3i}$ **e)** $-\dfrac{4 + 3i}{2i}$

5. Indique le conjugué de chacun des nombres complexes ci-après.
a) $3 + 2i$ **b)** $7 - 3i$
c) $5 - 4i$ **d)** $6 + 7i$

6. Simplifie les expressions ci-après.
a) $\dfrac{3}{2 - i}$ **b)** $\dfrac{5}{1 + 2i}$ **c)** $\dfrac{2i}{3 - 2i}$
d) $\dfrac{i}{4 + 3i}$ **e)** $\dfrac{4 + i}{3 - i}$ **f)** $\dfrac{2 - 2i}{3 + i}$
g) $\dfrac{2 + 3i}{2 - 3i}$ **h)** $\dfrac{-4 - 3i}{-2 + 2i}$

7. Résous et vérifie les équations ci-après.
a) $x^2 + 2x + 2 = 0$ **b)** $y^2 - 4y + 8 = 0$
c) $x^2 - 6x + 10 = 0$ **d)** $n^2 + 4n + 6 = 0$
e) $z^2 - 2z = -6$ **f)** $x^2 = 8x - 19$

Application, résolution de problèmes, communication

8. Les fractales Détermine les quatre premières valeurs de sortie de $F = z^2$ lorsque la première valeur d'entrée est $(1 - i)$.

B

9. Application On utilise les nombres imaginaires dans le domaine de l'électricité. Voici trois grandeurs élémentaires que l'on peut mesurer ou calculer dans le cas d'un circuit électrique :
- L'intensité du courant, I, exprimée en ampères (symbole A) ;
- La résistance ou l'impédance, Z, exprimée en ohms (symbole Ω) ;
- La force électromotrice, E, appelée aussi parfois « tension » et exprimée en volts (symbole V).

La formule $E = IZ$ traduit la relation entre ces trois grandeurs. Afin d'éviter toute confusion avec le symbole de l'intensité I d'un courant électrique, les ingénieures et les ingénieurs représentent l'unité imaginaire par j au lieu de i.

a) Soit un circuit où l'intensité du courant est de $(8 + 3j)$ et l'impédance, de $(4 - j)\ \Omega$. Quelle en est la tension ?

b) Soit un circuit de 110 V où l'intensité du courant est de $(5 + 3j)$. Quelle en est l'impédance ?

c) Soit un circuit de 110 V dont l'impédance est de $(6 - 2j)\ \Omega$. Quelle est ici l'intensité du courant ?

10. Communication a) Détermine les quatre premières valeurs de sortie de $F = iz$ lorsque la première valeur d'entrée est $(1 + i)$.

b) Prédis les quatre valeurs de sortie suivantes de $F = iz$. Explique ton raisonnement.

11. Soit $y = x^2 + 4x + 5$. Détermine la valeur de y correspondant à chacune des valeurs de x indiquées ci-après.

a) $1 + i$ **b)** $-2 + i$ **c)** $1 - i$

12. Simplifie les expressions ci-après.

a) $(4 + i)^2 + (1 - 3i)^2$ **b)** $(3 - 2i)^2 - (4 + 3i)^2$

c) $2i(6 + 3i) - i(3 - 2i)$ **d)** $3i(-2 + 3i) + 4i(-3 + 2i)$

e) $(3 + i)(2 + i)(1 - i)$ **f)** $(4 - 2i)(-1 + 3i)(3 - i)$

13. La factorisation Il est impossible de factoriser le binôme $a^2 + b^2$ dans l'ensemble des nombres réels. On peut cependant le factoriser dans l'ensemble des nombres complexes. Factorise $a^2 + b^2$.

14. L'inverse Détermine l'inverse de $a + bi$ sous forme algébrique.

15. Les équations du second degré Écris une équation du second degré qui admet les paires de racines indiquées.

a) $1 + i$ et $1 - i$ **b)** $\dfrac{3 + 2i}{2}$ et $\dfrac{3 - 2i}{2}$

16. Communication Suppose que les coefficients de l'équation du second degré $ax^2 + bx + c = 0$ sont des nombres réels et ses racines, des nombres complexes. Explique pourquoi ses racines sont nécessairement des conjugués.

C

17. Détermine les valeurs de x et de y qui rendent vraie chacune des équations ci-après.

a) $3x + 4yi = 15 - 16i$ **b)** $2x - 5yi = 6(1 + 5i)$

c) $(x + y) + (x - y)i = 10 + 3i$ **d)** $(x - 2y) - (3x + 4y)i = 4 - 2i$

18. Le plan complexe Lorsqu'un point d'affixe $a + bi$ est situé sur l'axe des imaginaires dans le plan complexe, que peut-on conclure au sujet des éléments ci-après ? Explique pourquoi.

a) la valeur de a ; **b)** la valeur de b.

18. La transformation Nomme la transformation dans le plan complexe qui transforme un point en un point ayant pour affixe le conjugué de l'affixe du point initial.

20. Les équations bicarrées On peut résoudre les équations du quatrième degré de la forme $ax^4 + bx^2 + c = 0$ appelées « équations bicarrées » en recourant aux mêmes méthodes que dans le cas des équations du second degré. Ainsi, pour résoudre l'équation $x^4 - x^2 - 12 = 0$, factorise tout d'abord son membre de gauche. Pose ensuite chaque facteur égal à zéro et isoles-y x.

$$x^4 - x^2 - 12 = 0$$
$$(x^2 - 4)(x^2 + 3) = 0$$
$$x^2 - 4 = 0 \quad \text{ou} \quad x^2 + 3 = 0$$
$$x^2 = 4 \qquad x^2 = -3$$
$$x = \pm 2 \qquad x = \pm\sqrt{-3}$$
$$x = \pm i\sqrt{3}$$

Les solutions sont 2, -2, $i\sqrt{3}$ et $-i\sqrt{3}$.

Résous les équations bicarrées ci-après.

a) $x^4 - 8x^2 + 16 = 0$ **b)** $x^4 + 2x^2 + 1 = 0$ **c)** $x^4 + 3x^2 - 4 = 0$
d) $x^4 - 5x^2 + 6 = 0$ **e)** $y^4 - y^2 - 6 = 0$ **f)** $3r^4 - 5r^2 + 2 = 0$
g) $2x^4 + 5x^2 + 3 = 0$ **h)** $2x^4 + x^2 = 6$ **i)** $4a^4 - 1 = 0$
j) $9x^4 - 4x^2 = 0$

21. Les équations bicarrées Une équation bicarrée peut-elle admettre trois racines réelles et une racine imaginaire ? Justifie ta réponse.

22. Les racines quatrièmes a) Quelles sont les deux racines carrées de 1 et les deux racines carrées de -1 dans l'ensemble des nombres complexes ?

b) Quelles sont les racines quatrièmes de 1 dans l'ensemble des nombres complexes ?

c) Quelles sont les racines quatrièmes de -1 dans l'ensemble des nombres complexes ?

VÉRIFIONS NOS PROGRÈS

Connaissance et compréhension • Réflexion, recherche et résolution de problèmes • Communication • Mise en application

a) Écris le nombre 25 de deux manières sous forme du produit de deux nombres complexes conjugués, $a + bi$ et $a - bi$, où a et b sont des entiers non négatifs.

b) Trouve un autre carré parfait que l'on peut écrire de deux manières sous forme du produit de deux nombres complexes conjugués, $a + bi$ et $a - bi$, où a et b sont des entiers non négatifs.

c) Décris la méthode la plus efficace pour trouver d'autres nombres satisfaisant aux mêmes conditions.

Exploration et application

L'interprétation d'un modèle mathématique

Le processus de recherche comprend plusieurs étapes. Celles-ci ne respectent pas nécessairement un ordre donné et peuvent souvent se répéter au cours du processus. Voici quelles sont ces étapes :

- Formuler les questions (FQ)
- Choisir les stratégies ou les outils (CO)
- Représenter sous forme mathématique (RM)
- Interpréter l'information (II)
- Tirer des conclusions (TC)
- Réfléchir à la vraisemblance des résultats (RR)

Pour savoir comment on peut réaliser les étapes du processus de recherche, reporte-toi aux pages 83 et 84 du chapitre 1.

Résous le problème ci-après grâce au processus de recherche.

Une agence de publicité affirme que l'indice d'efficacité d'un message publicitaire télévisé varie en fonction du nombre de fois qu'une personne le voit. Elle a établi l'équation $e = -\dfrac{1}{90}n^2 + \dfrac{2}{3}n$, où e représente l'indice d'efficacité d'un message et n, le nombre de fois où il a été vu.

On te demande, à titre de spécialiste en mathématiques, d'interpréter ce modèle. Prépare un rapport répondant aux questions ci-après.

1. Quelle est l'image, formée des valeurs possibles de e, et quel est le domaine, formé des valeurs correspondantes de n ? Explique et justifie ton raisonnement.

2. Décris les conclusions que l'on peut tirer de ce modèle sous forme d'une fonction du second degré.

3. Fournis une esquisse d'un modèle graphique possible démontrant la relation entre l'indice d'efficacité e et le nombre de fois n où le message a été vu. Justifie ton modèle.

RÉVISION DES **CONCEPTS CLÉS**

2.1 L'ensemble des nombres complexes

Reporte-toi à la rubrique *Concepts clés* de la page 106.

1. Réduis les radicaux ci-après à leur plus simple expression.

a) $\sqrt{18}$　　　**b)** $\sqrt{32}$　　　**c)** $\sqrt{500}$

2. Simplifie les expressions ci-après.

a) $\dfrac{\sqrt{40}}{\sqrt{8}}$　　**b)** $\dfrac{\sqrt{70}}{\sqrt{10}}$　　**c)** $\dfrac{6\sqrt{30}}{\sqrt{5}}$　　**d)** $\dfrac{\sqrt{200}}{\sqrt{2}}$

3. Simplifie les expressions ci-après.

a) $\sqrt{10} \times \sqrt{6}$　　**b)** $3\sqrt{5} \times 2\sqrt{10}$

4. Simplifie les expressions ci-après.

a) $\dfrac{6+9\sqrt{5}}{3}$　　**b)** $\dfrac{5+\sqrt{50}}{5}$　　**c)** $\dfrac{4-\sqrt{20}}{2}$

5. Simplifie les expressions ci-après.

a) $\sqrt{-49}$　　**b)** $\sqrt{-18}$　　**c)** $\sqrt{-80}$

6. Évalue les expressions ci-après.

a) $5i \times 6i$　　**b)** $9i \times (-4i)$　　**c)** $(-4i)^2$　　**d)** $\left(i\sqrt{3}\right)^2$

7. Simplifie les expressions ci-après.

a) $5-\sqrt{-36}$　　**b)** $3+\sqrt{-20}$　　**c)** $\dfrac{6+\sqrt{-27}}{3}$

8. La mesure Soit un rectangle dont les côtés mesurent respectivement $2\sqrt{15}$ et $3\sqrt{5}$. Indique l'aire de ce rectangle sous forme d'un radical réduit à sa plus simple expression.

9. La mesure Indique l'aire du triangle ci-contre sous forme d'un radical réduit à sa plus simple expression.

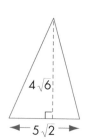

2.2 La détermination de la valeur maximale ou minimale d'une fonction du second degré: compléter le carré

Reporte-toi à la rubrique *Concepts clés* de la page 115.

10. Détermine la valeur de c qui fait de chaque expression ci-après un trinôme carré parfait.

a) $x^2 + 10x + c$ **b)** $x^2 - 16x + c$ **c)** $x^2 - 5x + c$ **d)** $x^2 + 0{,}6x + c$

11. Détermine la valeur maximale ou minimale de la fonction définie par chacune des équations ci-après et la valeur de x qui y est associée.

a) $y = x^2 + 6x - 3$ **b)** $y = x^2 - 12x + 21$ **c)** $y = -x^2 - 8x + 2$

d) $y = 10x - x^2 - 1$ **e)** $y = 2x^2 + 6x + 15$ **f)** $y = -3x^2 - 12x - 9$

g) $y = 3 + x^2 - 5x$ **h)** $y = x - x^2 - 4$ **i)** $y = 4x^2 + 2x - 1$

j) $y + 1{,}5x = -0{,}5x^2$

12. a) Trouve le plus petit produit de deux nombres dont la différence égale 17.

b) Quels sont ces deux nombres?

13. La mesure La somme de la base et de la hauteur d'un triangle égale 21 cm. Détermine l'aire maximale de ce triangle, en centimètres carrés.

14. Un parterre de fleurs Rolande veut clôturer une partie de sa pelouse afin d'y aménager un parterre de fleurs. Quelle est l'aire maximale qu'elle peut délimiter si elle dispose du matériel requis pour installer 30 m de clôture?

15. Le basket-ball La trajectoire d'un ballon lancé au basket-ball se traduit par l'équation $h = -0{,}125d^2 + 2{,}5$, où h représente la hauteur du ballon, en mètres, et d la distance horizontale en mètres qui le sépare de la personne l'ayant lancé.

a) Détermine la hauteur maximale atteinte par ce ballon.

b) À quelle distance horizontale de la personne ayant lancé le ballon celui-ci se trouve-t-il lorsqu'il atteint sa hauteur maximale?

c) De quelle hauteur au-dessus du sol le ballon a-t-il été lancé?

2.3 La résolution d'équations du second degré

Reporte-toi à la rubrique *Concepts clés* de la page 128.

16. Indique la valeur de k qui fait de chaque expression ci-après un trinôme carré parfait. Réécris ensuite ce trinôme sous forme du carré d'un binôme.

a) $x^2 + 8x + k$ **b)** $y^2 - 18y + k$ **c)** $m^2 + m + k$

d) $r^2 - 7r + k$ **e)** $t^2 + \dfrac{3}{2}t + k$ **f)** $w^2 - 0{,}04w + k$

17. Résous les équations ci-après en complétant le carré. Présente tes réponses sous forme de racines exactes (réduites à leur forme la plus simple) et de racines approximatives, au centième près.

a) $x^2 + 4x + 1 = 0$ **b)** $t^2 - 6t - 4 = 0$ **c)** $x^2 + 11 = 8x$

d) $r^2 + 14 = 10r$ **e)** $y^2 - 3y = 5$ **f)** $w^2 + 7w - 17 = 0$

g) $x^2 + 5x + 1 = 0$ **h)** $2a^2 - 6a + 3 = 0$ **i)** $3z^2 + 5z + 1 = 0$

j) $2x - 5 + 6x^2 = 0$ **k)** $0,6t^2 - 0,5t = 0,1$ **l)** $-1 = \dfrac{1}{2}y^2 - 2y$

18. Résous les équations ci-après en complétant le carré.

a) $x^2 + 4x + 5 = 0$ **b)** $n^2 - n + 1 = 0$ **c)** $x^2 + 3x = -5$

d) $2x^2 + 2x + 3 = 0$ **e)** $4g^2 + 3g + 1 = 0$ **f)** $0,5y^2 + 2,5 = -2y$

19. Résous les équations ci-après par factorisation. Vérifie tes solutions.

a) $x^2 + 13x + 36 = 0$ **b)** $y^2 - y = 56$ **c)** $m^2 - 36 = 0$

d) $t^2 + 6 = 5t$ **e)** $w^2 + 24w + 144 = 0$ **f)** $4x^2 = 9$

g) $2y^2 + 5y = -2$ **h)** $3x^2 + 3 = -10x$ **i)** $3t^2 = 5t + 2$

j) $3z^2 - 7z + 2 = 0$ **k)** $6a^2 - 17a = -12$ **l)** $9x^2 - 3x - 20 = 0$

20. Résous les équations ci-après à l'aide de la formule. Présente tes réponses sous forme de racines exactes (réduites à leur forme la plus simple) et de racines approximatives, au centième près.

a) $x^2 - 6x - 40 = 0$ **b)** $t^2 - 2t = 24$ **c)** $y^2 + 9y + 9 = 0$

d) $k^2 - 10k = 9$ **e)** $0 = a^2 + 6a + 6$ **f)** $2x^2 - 7x + 3 = 0$

g) $5w^2 + w - 4 = 0$ **h)** $3m^2 - 2m = 2$ **i)** $4b^2 - 2b = 15$

j) $2r^2 = -8r - 3$ **k)** $8y^2 = 9 + 3y$ **l)** $4 = 5x + 3x^2$

21. Résous les équations ci-après à l'aide de la formule.

a) $x^2 - 5x = -9$ **b)** $0 = 4x^2 + 4x + 3$ **c)** $3m^2 - 2m + 4 = 0$

d) $2y^2 + 9y + 11 = 0$ **e)** $0,2k^2 + 1 = 0,1k$ **f)** $\dfrac{x^2}{2} + \dfrac{x}{5} = -\dfrac{1}{2}$

22. Résous et vérifie les équations ci-après.

a) $x^2 + 16 = 0$ **b)** $-5y^2 - 45 = 0$ **c)** $9x^2 + 4 = 0$

23. **Une piscine et sa plage** Soit une piscine rectangulaire de 10 m sur 4 m entourée d'une plage partout de même largeur. Cette piscine et sa plage ont ensemble une aire de 135 m². Quelle est la largeur de la plage?

24. **La mesure** Un rectangle de 46 cm de périmètre peut-il avoir une aire de 120 cm²?

25. **Les nombres réels** Détermine si deux nombres réels dont la somme égale 17 peuvent avoir un produit égal à chacune des valeurs indiquées ci-après. Dans l'affirmative, détermine ces deux nombres.

a) 60   **b)** 52   **c)** 80

2.4 Des outils pour la réalisation d'opérations sur les nombres complexes

Reporte-toi à la rubrique *Concepts clés* de la page 139.

26. Simplifie les expressions ci-après.

a) $3\sqrt{2} + 7\sqrt{2} - 5\sqrt{2}$ **b)** $7\sqrt{3} - 2\sqrt{6} + 5\sqrt{6} - 3\sqrt{3}$

c) $\sqrt{45} + \sqrt{80}$ **d)** $\sqrt{12} - \sqrt{27}$

e) $\sqrt{18} - \sqrt{50} + \sqrt{32}$ **f)** $2\sqrt{20} - 3\sqrt{125} + 3\sqrt{80}$

g) $5\sqrt{18} - \sqrt{40} - 2\sqrt{128} + \sqrt{90}$ **h)** $2\sqrt{27} + 3\sqrt{28} - 5\sqrt{63} - 3\sqrt{12}$

27. Simplifie les expressions ci-après.

a) $\sqrt{3}(\sqrt{2} + 5)$ **b)** $\sqrt{2}(\sqrt{10} - \sqrt{6})$ **c)** $(4\sqrt{2} + \sqrt{5})(\sqrt{2} - 3\sqrt{5})$

d) $(2\sqrt{3} + \sqrt{5})^2$ **e)** $(\sqrt{7} - \sqrt{3})(\sqrt{7} + \sqrt{3})$ **f)** $(3\sqrt{6} + 5\sqrt{2})(3\sqrt{6} - 5\sqrt{2})$

28. Simplifie les expressions ci-après.

a) $\dfrac{1}{\sqrt{5}}$ **b)** $\dfrac{\sqrt{2}}{\sqrt{3}}$ **c)** $\dfrac{4}{3\sqrt{2}}$ **d)** $\dfrac{\sqrt{3}}{4\sqrt{10}}$

29. Simplifie les expressions ci-après.

a) $\dfrac{2}{\sqrt{3} - 1}$ **b)** $\dfrac{4}{\sqrt{5} + \sqrt{2}}$ **c)** $\dfrac{2\sqrt{3}}{\sqrt{2} - 5}$ **d)** $\dfrac{2\sqrt{7} - \sqrt{3}}{3\sqrt{7} + 2\sqrt{3}}$

30. **La mesure** Soit un carré de $4 - \sqrt{5}$ de côté. Pose une expression représentant son aire et simplifie-la.

2.5 Les opérations sur les nombres complexes sous forme algébrique

Reporte-toi à la rubrique *Concepts clés* de la page 149.

31. Simplifie les expressions ci-après.

a) $(7 + 3i) + (5 - 6i)$ **b)** $(9 - 2i) - (11 + 4i)$

c) $(5i - 3)(2i + 5)$ **d)** $(2 - 3i)^2$

32. Simplifie les expressions ci-après.

a) $\dfrac{3}{2i}$ **b)** $\dfrac{-2}{i}$ **c)** $\dfrac{4 + 3i}{i}$ **d)** $\dfrac{5 - 2i}{3i}$

33. Simplifie les expressions ci-après.

a) $\dfrac{4}{3 + i}$ **b)** $\dfrac{2i}{1 - 3i}$ **c)** $\dfrac{1 + 2i}{1 - 4i}$ **d)** $\dfrac{5 - 3i}{2 + 4i}$

34. Résous et vérifie les équations ci-après.

a) $x^2 + 2x + 7 = 0$ **b)** $y^2 - 4y + 11 = 0$ **c)** $n^2 + 3 = -2n$

35. **Les fractales** En utilisant $z = 0$ comme première valeur d'entrée, détermine les trois premières valeurs de sortie de $F = z^2 - 2i$.

VÉRIFIONS NOS CONNAISSANCES

Les compétences à l'honneur

Compétences	Connaissance et compréhension	Réflexion, recherche et résolution de problèmes	Communication	Mise en application
Questions	Toutes	8, 10	6, 9, 10	8, 10

1. Simplifie les expressions ci-après.

a) $\sqrt{50}$ **b)** $\sqrt{44}$ **c)** $\sqrt{80}$ **d)** $\sqrt{7} \times \sqrt{5}$

e) $2\sqrt{3} \times \sqrt{6}$ **f)** $\dfrac{\sqrt{72}}{\sqrt{6}}$ **g)** $5\sqrt{10} \times 3\sqrt{2}$ **h)** $\dfrac{8 - \sqrt{40}}{2}$

2. Simplifie les expressions ci-après.

a) $\sqrt{-36}$ **b)** $-\sqrt{-48}$ **c)** $5(-3i)^2$

d) $6 - \sqrt{-36}$ **e)** $5 + \sqrt{-18}$ **f)** $\dfrac{12 - \sqrt{-27}}{3}$

3. Détermine la valeur maximale ou minimale de la fonction définie par chacune des équations ci-après et la valeur de x qui y est associée.

a) $y = -4x^2 - 8x + 5$ **b)** $y = x^2 - 7x + 2$ **c)** $y = -2x^2 + 5x + 5$

4. Résous les équations ci-après en complétant le carré. Présente tes réponses sous forme de racines exactes (réduites à leur forme la plus simple) et de racines approximatives, au centième près.

a) $2x^2 - 7x + 2 = 0$ **b)** $3t^2 = 4t + 5$

5. Résous les équations ci-après en complétant le carré.

a) $5x^2 - 2x + 2 = 0$ **b)** $2x^2 + 4x + 5 = 0$

6. Résous les équations ci-après par factorisation. Vérifie tes solutions.

a) $2x^2 - 7x = 4$ **b)** $3x^2 = 6 - 7x$

7. Résous les équations ci-après à l'aide de la formule. Indique tes réponses au moyen d'expressions réduites à leur forme la plus simple.

a) $x^2 + 3x - 5 = 0$ **b)** $8c = 1 + 5c^2$
c) $n^2 - 5n = -13$ **d)** $3x^2 = -3x - 7$

8. L'encadrement Avant d'encadrer une photographie de 10 cm sur 8 cm, on a décidé de la monter en passe-partout. Ce passe-partout aura la même largeur de chaque côté. Son aire sera égale à celle de la photographie. Quelle sera la largeur de ce passe-partout, au dixième de centimètre près ?

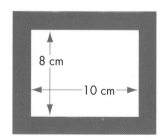

9. Nomme trois méthodes pour résoudre une équation du second degré. Illustre chacune au moyen d'un exemple. Explique pourquoi l'équation de chaque exemple se prête le mieux à la méthode de résolution en cause.

VÉRIFIONS NOS PROGRÈS

Connaissance et compréhension • Réflexion, recherche et résolution de problèmes • Communication • Mise en application

10. Détermine la ou les valeurs de k telles que la courbe représentative de $y = 9x^2 + 3kx + k$:

a) coupe l'axe des x en un seul point;

b) coupe l'axe des x en deux points;

c) ne coupe pas l'axe des x.

Réponds aux questions 11 à 15 seulement si tu as étudié les sections 2.4 et 2.5.

11. Simplifie les expressions ci-après.

a) $\sqrt{48} - \sqrt{27} + \sqrt{12}$ 　　　　**b)** $3\sqrt{40} + 5\sqrt{28} - \sqrt{63} - 2\sqrt{90}$

12. Simplifie les expressions ci-après.

a) $\sqrt{6}\left(3\sqrt{2} + 2\sqrt{8}\right)$ 　　**b)** $\left(2 - \sqrt{3}\right)\left(1 + 3\sqrt{3}\right)$ 　　**c)** $\left(3\sqrt{2} - 2\right)^2$

13. Simplifie les expressions ci-après.

a) $\dfrac{2}{\sqrt{7}}$ 　　　　　**b)** $\dfrac{3}{\sqrt{3} - 4}$ 　　　　　**c)** $\dfrac{5}{2\sqrt{6} + \sqrt{3}}$

14. La mesure Détermine l'aire d'un rectangle dont les côtés mesurent respectivement $3 + \sqrt{2}$ et $3 - \sqrt{2}$.

15. Simplifie les expressions ci-après.

a) $(8 - 3i) + (5 - 5i)$ 　　**b)** $(7 + 2i) - (9 - 6i)$ 　　**c)** $(6 - 3i)(2 + 5i)$

d) $\dfrac{5}{3i}$ 　　　　　**e)** $\dfrac{5 - 4i}{2i}$ 　　　　　**f)** $\dfrac{3 - 2i}{3 + 4i}$

PROBLÈMES STIMULANTS

1. Les équations Écris une équation de la forme $y = ax^2 + bc + c$ correspondant à la fonction du second degré dont la courbe représentative passe par les points $(8, 0)$, $(0, 8)$ et $(-2, 0)$.

2. Les racines Détermine les racines de $x^2 + \left(\dfrac{k^2 + 1}{k}\right)x + 1 = 0$.

3. L'évaluation Évalue x^6 lorsque $\left(\dfrac{2}{x} - \dfrac{x}{2}\right)^2 = 0$.

4. Les racines réelles Détermine toutes les valeurs de k telles que les racines de l'équation $x - k(x - 1)(x - 2) = 0$ sont réelles.

5. Les facteurs Détermine toutes les valeurs de k telles qu'en factorisant $3x^2 + kx + 5$ on obtient un produit de deux facteurs binomiaux affectés de coefficients entiers.

6. Les nombres entiers positifs Démontre qu'il existe neuf couples de nombres entiers positifs (m, n) tels que $m^2 + 3mn + 2n^2 - 10m - 20n = 0$.

7. La mesure Soit les triangles ci-après. La différence de longueur entre l'hypoténuse du triangle ABC et celle du triangle XYZ est de 3. La longueur de l'hypoténuse AB égale x, la longueur de l'hypoténuse XY égale $\sqrt{x - 1}$ et AB > XY. Détermine la longueur de chaque hypoténuse.

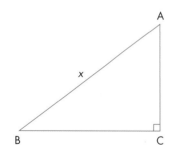
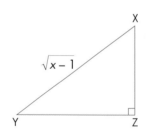

CHERCHER UNE RÉGULARITÉ

La capacité de reconnaître les régularités joue un rôle important dans beaucoup de domaines professionnels. En météorologie, par exemple, on fait appel à la dynamique, soit la branche des mathématiques associée aux forces et à leurs relations avec les régularités de mouvement.

La dynamique s'applique en particulier à la configuration des vents et des précipitations. Afin de prédire l'endroit et le moment où une tornade pourrait survenir, les météorologues sont à l'affût des cisaillements horizontaux du vent, qui créent des nuages en forme d'enclume. Les météorologues s'intéressent également aux régularités détectées à l'aide d'un radar Doppler, lequel indique la vitesse et la direction des précipitations.

Beaucoup de nombres entiers positifs peuvent être exprimés sous forme d'une différence de carrés. Ainsi :

$24 = 7^2 - 5^2$ ou $5^2 - 1^2$;
$21 = 11^2 - 10^2$ ou $5^2 - 2^2$.

Quels sont les nombres entiers positifs que l'on ne peut pas exprimer sous forme d'une différence de carrés ?

Comprendre le problème

1. Quels sont les renseignements fournis ?
2. Que dois-tu déterminer ?
3. Te demande-t-on une réponse exacte ou approximative ?

Établir un plan

Éxécuter son plan

Construis une table afin de déterminer lesquels parmi les 20 premiers nombres entiers positifs ne peuvent être exprimés sous forme d'une différence de carrés. Trouve la régularité en cause et utilise-la pour généraliser tes résultats.

Nombre	Différence de carrés	Nombre	Différence de carrés
1	$1^2 - 0^2$	11	$6^2 - 5^2$
2	impossible	12	$4^2 - 2^2$
3	$2^2 - 1^2$	13	$7^2 - 6^2$
4	$2^2 - 0^2$	14	impossible
5	$3^2 - 2^2$	15	$8^2 - 7^2$ ou $4^2 - 1^2$
6	impossible	16	$5^2 - 3^2$ ou $4^2 - 0^2$
7	$4^2 - 3^2$	17	$9^2 - 8^2$
8	$3^2 - 1^2$	18	impossible
9	$5^2 - 4^2$ ou $3^2 - 0^2$	19	$10^2 - 9^2$
10	impossible	20	$6^2 - 4^2$

Les nombres entiers positifs 2, 6, 10, 14 et 18 ne peuvent pas être exprimés sous forme d'une différence de carrés.

À l'intérieur de la table, un nombre sur quatre, à partir de 2, ne peut être exprimé sous forme d'une différence de carrés.

De façon générale, les nombres entiers positifs représentés par l'expression $4n - 2$, où n est un entier positif, ne peuvent être exprimés sous forme d'une différence de carrés.

Comment pourrais-tu vérifier cette réponse ?

1. Trouve une régularité à partir des renseignements fournis.
2. Résous le problème à l'aide de cette régularité.
3. Vérifie la vraisemblance de ta réponse.

Application, résolution de problèmes, communication

1. Les produits a) Copie les expressions ci-après et complète-les.

$$143 \times 14 = \blacksquare$$
$$143 \times 21 = \blacksquare$$
$$143 \times 28 = \blacksquare$$
$$143 \times 35 = \blacksquare$$
$$143 \times 42 = \blacksquare$$

b) Explique la régularité en cause.
c) À l'aide de cette régularité, prédis la valeur de 143×98. Vérifie ensuite ta prédiction.

2. Un casse-tête numérique Détermine le nombre manquant.

43	51	16	24
19	13	45	39
56	61	21	26
24	44	29	$\blacksquare$

3. Les tables de valeurs Détermine la règle définissant la relation entre x et y dans chaque table ci-après. Reproduis ensuite chaque table et complète-la.

a)

x	y
1	10
2	14
3	18
4	22
9	$\blacksquare$
$\blacksquare$	98
52	$\blacksquare$

b)

x	y
0	2
1	3
2	6
3	11
8	$\blacksquare$
$\blacksquare$	123
15	$\blacksquare$

c)

x	y
0	−1
1	1
2	3
3	5
5	$\blacksquare$
10	$\blacksquare$
$\blacksquare$	127

d)

x	y
1	2
3	3
5	4
7	5
11	$\blacksquare$
$\blacksquare$	20
99	$\blacksquare$

4. Les astérisques a) Combien d'astérisques la figure suivante de l'ensemble ci-après comprendra-t-elle ?

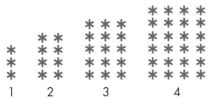

b) À l'aide de la régularité en cause, construis une expression représentant le nombre d'astérisques de la *n*ième figure.

c) Combien d'astérisques comptera la 30ᵉ figure de cet ensemble ? la 50ᵉ ?

d) Quelle figure comportera 483 astérisques ?

5. Le reste Quel est le reste lorsque l'on divise 2^{75} par 10 ?

6. Les suites Quels sont les deux nombres suivants de la suite ci-après ?

   9   18   11   16   13   14   15   12

7. L'addition de chiffres Soit chaque nombre ci-après. Additionne les chiffres qui le composent, puis additionne les chiffres formant le résultat obtenu. Refais la même chose, au besoin, jusqu'à ce que tu arrives à un nombre d'un seul chiffre.

   128   979   68 576   2 843 976

a) Quelle relation y a-t-il entre le chiffre final obtenu et le chiffre du milieu du nombre initial ?

b) Additionne tous les chiffres de chaque nombre initial, à l'exception de celui du milieu. Que remarques-tu au sujet des résultats obtenus ?

c) Indique un nombre de 9 chiffres, un de 11 chiffres et un de 15 chiffres respectant la même régularité.

8. Un casse-tête numérique Quel nombre devrait-on inscrire dans le dernier triangle ci-après ?

9. L'application de règles Suivant un ensemble de règles donné, il existe deux manières d'exprimer le nombre 2 sous forme de la somme d'un ou de plusieurs entiers positifs, soit :

$$2 = 2$$
$$2 = 1 + 1$$

Selon ces mêmes règles, il existe quatre manières d'exprimer le nombre 3 sous forme de la somme d'un ou de plusieurs entiers positifs, soit :

$$3 = 3$$
$$3 = 2 + 1$$
$$3 = 1 + 2$$
$$3 = 1 + 1 + 1$$

Si l'on applique ces mêmes règles, combien y a-t-il de manières d'exprimer le nombre 17 sous forme de la somme d'un ou de plusieurs entiers positifs ?

10. La lettre manquante Indique la lettre manquante.

C	G	N	■	V	W
4	7	3	5	1	6

11. Un tournoi de handball Soit un tournoi de handball auquel a participé une ou un élève de chaque école. Chaque élève a affronté tous les autres à trois reprises au cours du tournoi. Il y a eu au total 63 matchs. Combien d'élèves prenaient part au tournoi ?

RÉSOLUTION DE PROBLÈMES

L'APPLICATION DES STRATÉGIES

1. La rencontre Rashad a quitté Sault-Sainte-Marie en automobile à 9 h pour se rendre à Ottawa, à 780 km de là. Il roulait à une vitesse moyenne de 80 km/h. Thomas est parti d'Ottawa trois heures plus tard, au volant de son automobile, à destination de Sault-Sainte-Marie. Sa vitesse moyenne était de 70 km/h. Rashad et Thomas circulaient sur la même autoroute. À quelle distance d'Ottawa et à quelle heure se sont-ils croisés ?

2. La géométrie Soit un triangle dont les côtés mesurent respectivement $x + 2$, $8 - x$ et $4x - 1$. Indique la ou les valeurs de x qui en font un triangle isocèle.

3. Les dés On te fournit un dé normal portant les chiffres 1 à 6. Quel chiffre compris entre 0 et 6 inclusivement devrais-tu inscrire sur les différentes faces d'un second dé pour que la probabilité soit la même d'obtenir n'importe quel total de 1 à 12 en lançant ces deux dés ?

4. Le triple saut Suppose qu'un saut à cloche-pied, une foulée et un saut en longueur présentent chacun une longueur déterminée. Ainsi, p sauts à cloche-pied égalent q foulées, r sauts en longueur égalent s sauts à cloche-pied et t sauts en longueur égalent x mètres. À combien de foulées correspond un mètre ?

5. La mesure Soit un triangle de 12 cm de hauteur dont la longueur des côtés, en centimètres, se traduit par trois nombres entiers consécutifs. L'aire de ce triangle, en centimètres carrés, correspond aussi à un nombre entier. Quelle est la longueur de chaque côté ?

6. Des tiges à couper Soit 12 tiges ayant chacune 13 unités de longueur. On doit les couper en sections de 3, de 4 et de 5 unités de longueur. Ces sections serviront à former 13 triangles dont chacun aura un côté de 3 unités, un de 4 unités et un de 5 unités. Comment devrait-on couper les tiges ?

7. Les suites Soit une suite géométrique dont le 9e terme est 40 et le 12e, 5. Quel est son premier terme ?

8. Les équations Dans les équations ci-après, les lettres R, S et T représentent chacune un nombre entier. Détermine leurs valeurs possibles.

$$R + S - T = 8$$
$$R \times S \times T = 48$$
$$R - S - T = 0$$

9. Les quotients a) Quel quotient obtient-on lorsque l'on divise tout nombre formé de trois chiffres identiques par la somme de ces trois chiffres ?

b) Explique pourquoi ce quotient est toujours le même.

c) Existe-t-il un quotient constant dans le cas des nombres formés de quatre chiffres identiques ? de cinq chiffres identiques ? de tout nombre de chiffres identiques ? Explique tes réponses.

10. Un marchethon Josée et ses amies et amis ont réalisé un marchethon pour une bonne cause. Sans jamais s'arrêter, ils ont emprunté une route plane pour ensuite gravir une colline puis en redescendre et revenir à leur point de départ le long de la route plane. Ils ont ainsi marché pendant six heures. Leur vitesse était de 4 km/h sur le plat, de 3 km/h en montée et de 6 km/h en descente. Quelle distance ont-ils parcourue ?

11. Des cercles sécants Un cercle de 3 cm de rayon en coupe un autre de 4 cm de rayon. Aux points d'intersection de ces deux cercles, leurs rayons sont perpendiculaires. Quelle est la différence d'aire entre leurs portions non communes ?

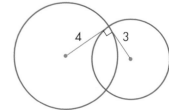

RÉVISION CUMULATIVE : LES CHAPITRES 1 ET 2

Chapitre 1

1. Évalue les expressions ci-après.

a) $(-4)^{-3}$ **b)** $\dfrac{3^0+4^0}{2^{-1}}$ **c)** $\dfrac{5^2-3^3}{4^{-2}-4^{-1}}$

d) $27^{-\frac{1}{3}}$ **e)** $-16^{-\frac{3}{4}}$ **f)** $\left(\dfrac{-125}{8}\right)^{\frac{2}{3}}$

2. Simplifie les expressions ci-après.

a) $2x^{-3} \times 4x^7$ **b)** $6a^2 \div (-2a^{-3})$

c) $(-2y^{-1}z^2)^3$ **d)** $\dfrac{4x^2y^2}{10xy} \times \dfrac{5xy^{-2}}{6x^{-3}y^3}$

3. Résous les équations ci-après.

a) $6^{2x-1} = \dfrac{1}{36}$ **b)** $5^{x+3} - 5^{x+1} = 600$

4. Simplifie les expressions ci-après.

a) $(3x^2 + 4x - 1) - (x^2 - 2x - 2)$
b) $(2a^2 - 3ab + b^2) + (3a^2 + ab - 2b^2)$

5. Développe et simplifie les expressions ci-après.

a) $4y[1 + 2y(1 - y)] + y[2(2y + 1) - 3]$
b) $(3z + 1)(2z^2 - 3z - 4)$
c) $2(a + 2b)^2 - 3(a - b)(2a + b)$

6. Simplifie les expressions ci-après. Indique toute restriction qui s'y applique.

a) $\dfrac{2t+4}{t^2+6t+8}$ **b)** $\dfrac{2x^2-3x+1}{3x^2-2x-1}$

c) $\dfrac{t^2+6t+9}{t^2-6t+9} \times \dfrac{3t-9}{2t+6}$

d) $\dfrac{2x^2+5x+2}{2x^2-3x-9} \div \dfrac{2x^2+3x-2}{2x^2+x-3}$

e) $\dfrac{4}{3y+1} + \dfrac{5}{1-3y}$

f) $\dfrac{4}{2m^2-m-1} - \dfrac{2}{m^2+2m-3}$

7. Résous les inéquations ci-après. Représente graphiquement leurs solutions.

a) $5k - 8 \leq 7 + 2k$
b) $2(m - 3) - 5 > 3(4 - m) + 2$
c) $\dfrac{q+1}{2} \geq \dfrac{5+q}{3}$

Chapitre 2

1. Simplifie les expressions ci-après.

a) $2\sqrt{14} \times 3\sqrt{2}$ **b)** $\dfrac{\sqrt{80}}{\sqrt{10}}$ **c)** $\dfrac{9+\sqrt{45}}{6}$

d) $\sqrt{-54}$ **e)** $-\sqrt{-24}$ **f)** $-3(4i)^2$

g) $5i(-2i)$ **h)** $2 - \sqrt{-27}$ **i)** $\dfrac{4+\sqrt{20}}{2}$

2. Détermine la valeur maximale ou minimale de la fonction définie par chacune des équations ci-après.

a) $y = x^2 - 5x - 1$ **b)** $y = -3x^2 + 4x + 2$

3. Résous les équations ci-après par factorisation.

a) $3y^2 + 7y + 4 = 0$ **b)** $6x^2 - 5x = 4$

4. Résous les équations ci-après en complétant le carré. Présente tes réponses en réduisant toute expression à sa forme la plus simple.

a) $w^2 + 3w + 4 = 0$ **b)** $2x^2 - 3x = 3$

c) $\dfrac{1}{2}y^2 - 4y + 2 = 0$

5. Résous les équations ci-après à l'aide de la formule. Présente tes réponses en réduisant toute expression à sa forme la plus simple.

a) $x^2 - 4x - 11 = 0$ **b)** $3x^2 + 4x = 7$

6. **Un jardin floral** Soit un jardin floral rectangulaire de 7 m sur 6 m entouré d'une bande de gazon partout de même largeur. Si ce jardin et la bande de gazon qui l'entoure ont ensemble une aire de 90 m², quelle est la largeur de la bande de gazon ?

Réponds à la question 7 seulement si tu as étudié les sections 2.4 et 2.5.

7. Simplifie les expressions ci-après.

a) $2\sqrt{12} + 4\sqrt{20} - 3\sqrt{27} - 5\sqrt{45}$

b) $\sqrt{3}(\sqrt{6} + \sqrt{21})$ **c)** $(2\sqrt{3} - 3\sqrt{2})(\sqrt{5} + 4\sqrt{3})$

d) $\dfrac{2\sqrt{5}}{3\sqrt{2}}$ **h)** $(5 + 4i)^2$

e) $\dfrac{\sqrt{2}-\sqrt{3}}{2\sqrt{3}+3\sqrt{2}}$ **i)** $\dfrac{3i}{2-5i}$

f) $(5 - 2i) - (6 + i)$

g) $(3 + 7i)(2 - 3i)$ **j)** $\dfrac{4+3i}{1+2i}$

3 Les transformations des graphiques de fonctions

Contenus d'apprentissage	Fonctions	Fonctions et relations
Définir le terme fonction.	3.1	3.1
Utiliser correctement la notation fonctionnelle en substituant dans la fonction et en l'évaluant.	tout le chapitre	tout le chapitre
Déterminer, par exploration, les caractéristiques des fonctions définies par $f(x) = \sqrt{x}$ et $f(x) = \dfrac{1}{x}$.	3.2	3.2
Expliquer la relation entre une fonction et sa réciproque en faisant appel à des fonctions affines, du second degré, et aux fonctions définies par $f(x) = \sqrt{x}$ et $f(x) = \dfrac{1}{x}$.	3.5	3.5
Représenter les réciproques de fonctions à l'aide de la notation fonctionnelle dans des situations appropriées.	3.5	3.5
Représenter les transformations (c.-à-d. la translation, la réflexion, l'élongation) de fonctions définies par $f(x) = x$, $f(x) = x^2$ et $f(x) = \sqrt{x}$, en utilisant la notation fonctionnelle.	3.3, 3.4, 3.5, 3.6, 3.7	3.3, 3.4, 3.5, 3.6, 3.7
Décrire, en interprétant la notation fonctionnelle, la relation entre le graphique d'une fonction et son image après une ou plusieurs transformations.	3.3, 3.4, 3.5, 3.6, 3.7	3.3, 3.4, 3.5, 3.6, 3.7
Déterminer le domaine et l'image de la transformée d'une fonction définie par $f(x) = x$, $f(x) = x^2$ et $f(x) = \sqrt{x}$.	3.3, 3.4, 3.5, 3.6, 3.7	3.3, 3.4, 3.5, 3.6, 3.7

La chute d'un objet

La navette spatiale s'en remet à la pesanteur pour revenir sur la Terre. En effet, sa descente cesse d'être propulsée lorsque son altitude devient inférieure à 13 700 m environ. La navette descend vers la piste d'atterrissage à un angle de 19° par rapport à l'horizontale. Il s'agit là d'un angle beaucoup plus prononcé que celui de 3° qui caractérise la descente propulsée d'un avion de ligne.

Dans les questions de modélisation mathématique aux pages 191, 219, 232 et 242, tu vas résoudre le problème ci-après et d'autres encore ayant trait à la chute d'un objet.

La hauteur approximative au-dessus du sol d'un objet que l'on a laissé tomber du sommet d'un édifice correspond à la fonction définie par

$$h(t) = -5t^2 + d$$

où $h(t)$ représente la hauteur en mètres de l'objet t secondes après le début de sa chute et d, la hauteur en mètres de laquelle on l'a laissé tomber. Le tableau ci-contre indique la hauteur de trois grands édifices situés au Canada.

Édifice	Hauteur (m)
Pétro-Canada 1 (Calgary)	210
Two Bloor West (Toronto)	148
Complexe G (Québec)	126

a) Écris l'équation des trois fonctions représentant la hauteur au-dessus du sol d'un objet en chute libre t secondes après qu'on l'a laissé tomber du sommet de chacun de ces édifices. Nomme ces fonctions f(P-C1), f(TBW) et f(CG).

b) Représente graphiquement $h(t)$ par rapport à t pour ces trois fonctions, soit en traçant leurs graphiques dans un même plan cartésien ou en les faisant apparaître ensemble dans la fenêtre d'affichage d'une calculatrice à affichage graphique.

c) Quelle transformation ferait correspondre au graphique de f(P-C1) celui de f(TBW) ?

d) Quelle transformation ferait correspondre au graphique de f(CG) celui de f(TBW) ?

e) Quelle transformation ferait correspondre au graphique de f(P-C1) celui de f(CG) ?

Réponds immédiatement aux questions suivantes en faisant appel à tes habiletés dans la recherche.

1. La vitesse d'un objet en chute libre augmente jusqu'à ce qu'elle atteigne une certaine limite. Or, cette limite varie d'un objet à l'autre. Quels sont les éléments qui influent sur la vitesse limite de chute d'un objet ?

2. Aristote croyait que la vitesse de chute d'un objet augmente en fonction de sa masse. Galilée a toutefois démontré qu'il n'en est rien. Comment a-t-il réfuté cette théorie ?

La physiologie humaine

Le cœur

1. Le cœur d'une personne normale au repos expulse environ 5 l de sang par minute. De ce fait, le volume de sang V, en litres, expulsé par le cœur à l'intérieur d'une période t exprimée en minutes se traduit par l'équation $V = 5t$.

a) Soit $V = y$ et $t = x$. Construis une table de valeurs et représente graphiquement l'équation indiquée. Attribue la même échelle aux deux axes.

b) Quel quadrant as-tu utilisé ? Justifie ta réponse.

2. Pendant une compétition, le cœur d'une ou d'un athlète d'élite peut expulser 30 l de sang par minute, de sorte que $V = 30t$.

a) Soit $V = y$ et $t = x$. Représente graphiquement cette équation dans le plan cartésien utilisé à la question 1.

b) Comment les ordonnées des points ayant une même abscisse différente de zéro se comparent-elles d'un graphique à l'autre ?

c) Y a-t-il des points communs aux deux graphiques ?

3. a) Intervertis les abscisses et les ordonnées de la table de valeurs à la question 1, de façon à transformer chaque point (x, y) en un point (y, x). Représente graphiquement, dans le plan cartésien tracé à la question 1, les points ainsi obtenus.

b) Indique ce que représente le graphique produit en intervertissant les coordonnées de chaque point.

4. a) Trace la droite d'équation $y = x$ dans le plan cartésien utilisé à la question 3.

b) Fais subir au graphique de la question 1 une réflexion par rapport à la droite d'équation $y = x$. Comment le résultat obtenu se compare-t-il au graphique de la question 3 ?

La respiration

5. Au repos, une personne normale respire environ 12 fois par minute.

a) Écris une équation correspondant au nombre de respirations par rapport au temps exprimé en minutes.

b) Représente graphiquement cette équation.

6. À l'aide du graphique tracé à la question 5, représente graphiquement une équation correspondant au temps écoulé, en minutes, par rapport au nombre de respirations. Explique ton raisonnement.

Révision des habiletés

Si tu as besoin d'aide pour maîtriser l'une ou l'autre des habiletés indiquées en violet, consulte l'annexe A.

1. Les translations Trouve l'image du point $(-3, -2)$ après une translation :

a) de 4 unités vers le haut ;

b) de 6 unités vers le bas ;

c) de 3 unités vers la gauche ;

d) de 5 unités vers la droite ;

e) de 2 unités vers le bas et de 4 unités vers la droite ;

f) de 8 unités vers le haut et de 9 unités vers la gauche ;

g) de 7 unités vers le bas et de 10 unités vers la gauche ;

h) de 12 unités vers le haut et de 11 unités vers la droite.

2. Les translations Nomme la translation qui applique le premier point de chaque paire ci-après sur le second.

a) $(7, 0)$ à $(-5, 0)$ **d)** $(-1, -3)$ à $(-7, -8)$

b) $(3, 4)$ à $(3, 12)$ **e)** $(-6, 12)$ à $(5, -9)$

c) $(8, -2)$ à $(0, -3)$ **f)** $(-11, 3)$ à $(-4, -16)$

3. Les translations Soit le triangle ABC défini par les sommets A(1, 3), B(−2, −1) et C(4, −3). Dessine ce triangle sur du papier quadrillé et détermine les coordonnées de son image par une translation :

a) de 3 unités vers le bas et de 4 unités vers la gauche ;

b) de 2 unités vers le haut et de 3 unités vers la droite ;

c) de 4 unités vers le bas et de 5 unités vers la droite.

4. Les réflexions Soit le triangle ABC défini par les sommets A(−2, 4), B(−4, 1) et C(5, −2). Dessine ce triangle sur du papier quadrillé et détermine les coordonnées de son image par une réflexion :

a) par rapport à l'axe des x ;

b) par rapport à l'axe des y ;

c) par rapport à l'axe des x, puis par rapport à l'axe des y.

5. Les agrandissements et les rétrécissements Décris l'agrandissement ou le rétrécissement qui applique la courbe représentative de $y = x^2$ sur celle des équations ci-après.

a) $y = 3x^2$ **b)** $y = \dfrac{1}{3}x^2$

6. Les réflexions Décris la réflexion qui applique la courbe représentative de $y = 2x^2$ sur celle de $y = -2x^2$.

7. Les translations Décris la translation qui applique la courbe représentative de $y = x^2$ sur celle des équations ci-après.

a) $y = x^2 + 3$ **b)** $y = x^2 - 7$

c) $y = (x - 4)^2$ **d)** $y = (x + 6)^2$

e) $y = (x + 3)^2 - 8$ **f)** $y = (x - 7)^2 + 2$

8. La représentation graphique de fonctions du second degré Esquisse la parabole représentative des fonctions définies par les équations ci-après. Indique pour chacune l'orientation de l'ouverture, les coordonnées du sommet, l'équation de l'axe de symétrie, le domaine, l'image ainsi que la valeur maximale ou minimale.

a) $y = x^2 - 4$ **b)** $y = -2x^2 + 5$

c) $y = (x - 2)^2 + 3$ **d)** $y = -(x + 3)^2 - 5$

9. Les translations **a)** Fais subir au graphique de $y = x$ une translation de 1 unité vers le haut.

b) Fais subir au graphique de $y = x$ une translation de 1 unité vers la gauche.

c) Compare les résultats obtenus en a) et en b).

d) Fais subir au graphique de $y = x^2$ une translation de 1 unité vers le haut.

e) Fais subir au graphique de $y = x^2$ une translation de 1 unité vers la gauche.

f) Compare les résultats obtenus en d) et en e).

g) Explique toute différence entre tes réponses en c) et en f).

3.1 Les fonctions

Les colis cubiques de 6 cm, 7 cm et 8 cm d'arête ont respectivement un volume de 6^3 ou 216 cm³, 7^3 ou 343 cm³ et 8^3 ou 512 cm³. Or, on peut écrire ces valeurs sous forme de **relation**, c'est-à-dire d'un ensemble de couples (x, y). On a ainsi la relation {(6, 216), (7, 343), (8, 512)}. Tout ensemble de couples constitue une relation.

Une fonction consiste en une relation particulière. On appelle **fonction** un ensemble de couples qui associe à chaque valeur de x une et une seule valeur de y.

La relation {(1, 5), (2, 6), (3, 7), (4, 8)} est une fonction, car elle ne fait correspondre à chaque valeur de x qu'une seule valeur de y.

La relation {(2, 7), (3, 8), (3, 9), (4, 10)} n'est pas une fonction, car lorsque x égale 3, il existe deux valeurs possibles de y, soit 8 et 9.

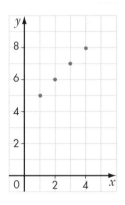

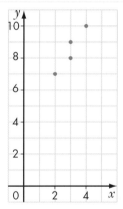

Voici la représentation graphique de deux relations.

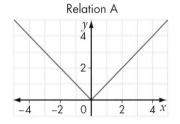

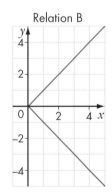

La relation A est une fonction. En effet, elle associe à chaque valeur de x une seule valeur de y. Ainsi, lorsque x égale -3, y égale 3.

La relation B n'est pas en fonction. En effet, elle associe à chaque valeur de x, à l'exception de 0, deux valeurs de y. Ainsi, lorsque x égale 2, y égale 2 ou -2.

EXPLORATION ET RECHERCHE

Les mathématiques jouent un rôle important dans le secteur de l'emballage. Les emballages présentent des formes et des dimensions variées.

Il est possible de fabriquer une boîte sans couvercle à partir d'un carré de fer-blanc en y découpant un petit carré dans chaque coin pour ensuite plier ses bords vers le haut. Les schémas ci-après montrent que lorsqu'on découpe un carré de 1 cm de côté aux quatre coins d'un carré de fer-blanc de 18 cm de côté, on obtient une boîte sans couvercle de 16 cm de côté et de 1 cm de hauteur dont le volume égale $16 \times 16 \times 1$ ou 256 cm^3.

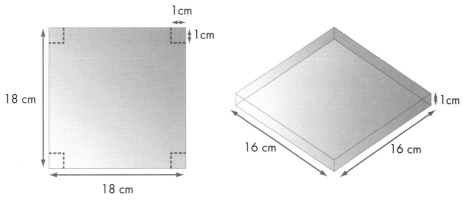

1. Reproduis la table ci-après et complète-la, ou crée une feuille de calcul dans le but de déterminer :

a) le volume maximal que peut avoir une boîte sans couvercle fabriquée à partir d'un carré de fer-blanc de 18 cm de côté duquel on découpe dans chaque coin un carré dont la longueur des côtés, en centimètres, correspond à un nombre entier ;

b) la longueur que doivent avoir les côtés des carrés découpés pour que la boîte obtenue présente un volume maximal.

Longueur des côtés des carrés découpés (cm)	Dimensions de la boîte (cm)	Volume de la boîte (cm³)
1	$16 \times 16 \times 1$	256
2		
3		

2. a) À partir des données de la question 1, énumère un ensemble de couples de la forme (longueur des côtés des carrés découpés, volume de la boîte).

b) Représente graphiquement le volume de la boîte par rapport à la longueur des côtés des carrés découpés.

c) Le graphique obtenu traduit-il une fonction ? Justifie ta réponse.

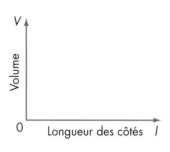

3. a) Représente graphiquement la longueur des côtés des carrés découpés par rapport au volume de la boîte.

b) Le graphique obtenu traduit-il une fonction ? Justifie ta réponse.

4. Explique pourquoi tes réponses à la question 1 pourraient intéresser une entreprise d'emballage.

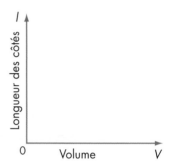

Pour déterminer si une relation constitue une fonction, on peut entre autres la représenter graphiquement, puis procéder au **test de la droite verticale**. En effet, si une quelconque droite verticale passe par plus d'un point du graphique, la relation n'est pas une fonction.

EXEMPLE 1 **Le test de la droite verticale**

Détermine si les relations représentées ci-après sont des fonctions.

a)

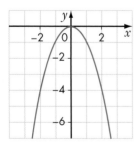

b)

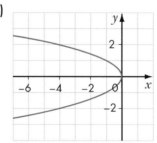

SOLUTION

a) Cette relation est une fonction. En effet, aucune droite verticale ne passe par plus d'un point du graphique.

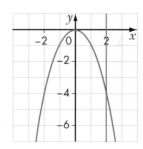

b) Cette relation n'est pas une fonction. En effet, la droite verticale représentée passe par deux points du graphique, soit $(-4, 2)$ et $(-4, -2)$, de sorte qu'il existe deux valeurs possibles de y pour une même valeur de x.

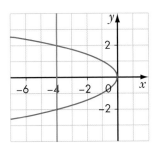

EXEMPLE 2 **La chute d'un objet**

La distance approximative d, en mètres, parcourue par un objet en chute libre se traduit par l'équation $d = 5t^2$, où t représente le temps écoulé, en secondes, depuis qu'on a laissé tomber l'objet.

a) Représente graphiquement cette équation.

b) Détermine si la relation en cause est une fonction.

SOLUTION

a) Comme la distance d varie en fonction du temps t, on qualifie d de **variable dépendante** et t de **variable indépendante**. Or, il est d'usage de représenter graphiquement la variable dépendante par rapport à la variable indépendante, c'est-à-dire d'inscrire la variable dépendante sur l'axe vertical et la variable indépendante sur l'axe horizontal.

Représente graphiquement d en fonction de t, soit au moyen d'un crayon et de papier, d'une calculatrice à affichage graphique ou d'un logiciel approprié. La courbe se situera dans le quadrant I, car les valeurs de d et de t ne peuvent être négatives.

t	d
0	0
1	5
2	20
3	45
4	80
5	125

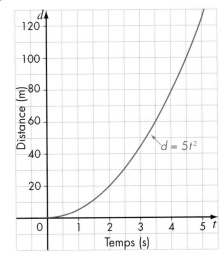

On a réglé ici les paramètres de la fenêtre d'affichage afin que Xmin = 0, Xmax = 6, Ymin = 0 et Ymax = 130.

b) Étant donné qu'il n'existe qu'une seule valeur possible de d pour chaque valeur de t, cette relation est une fonction.

Dans le cas d'une fonction, on peut dire de la variable dépendante que sa valeur est fonction de celle de la variable indépendante. Ainsi, dans l'exemple 2, la distance parcourue d dépend ou est fonction du temps écoulé t.

L'ensemble des premiers éléments des couples d'une relation constitue le **domaine** de cette relation. Dans le cas de la relation {(1, 2), (3, 4), (5, 6), (7, 8)}, le domaine est {1, 3, 5, 7}.

L'ensemble des seconds éléments des couples d'une relation constitue l'**image** de cette relation. Dans le cas de la relation {(1, 2), (3, 4), (5, 6), (7, 8)}, l'image est {2, 4, 6, 8}.

On peut définir une fonction comme un ensemble de couples qui associe à chaque élément du domaine un et un seul élément de l'image.

EXEMPLE 3 La détermination du domaine et de l'image

Indique le domaine et l'image des relations présentées ou définies ci-après. Détermine également si ces relations constituent une fonction.

a) {(−2, 2), (−3, 3), (−4, 4), (−3, 5), (−1, 6)}

b) $y = x^2$

c) $y = -2x + 3$

SOLUTION

a) Le domaine est {−4, −3, −2, −1}.

L'image est {2, 3, 4, 5, 6}.

Cette relation n'est pas une fonction, car elle associe à l'élément −3 du domaine deux éléments de l'image, soit 3 et 5.

b) Représente graphiquement la relation définie par $y = x^2$. Utilise soit un crayon et du papier, une calculatrice à affichage graphique ou un logiciel approprié.

x	y
−3	9
−2	4
−1	1
0	0
1	1
2	4
3	9

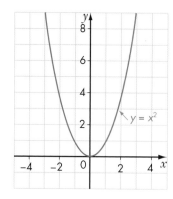

On a réglé ici les paramètres de la fenêtre d'affichage afin que Xmin = −5, Xmax = 5, Ymin = −2 et Ymax = 9.

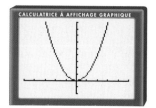

Comme x peut être tout nombre réel, le domaine correspond à l'ensemble des nombres réels.

Comme la valeur de y est toujours supérieure ou égale à 0, l'image correspond à l'ensemble des réels y tels que $y \geq 0$.

Cette relation est une fonction, car elle associe à chaque élément du domaine un et un seul élément de l'image.

c) Représente graphiquement la relation définie par $y = -2x + 3$. Utilise soit un crayon et du papier, une calculatrice à affichage graphique ou un logiciel approprié.

x	y
−2	7
−1	5
0	3
1	1
2	−1
3	−3

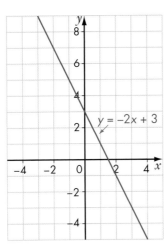

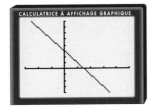

On a réglé ici les paramètres de la fenêtre d'affichage afin que Xmin = −3, Xmax = 5, Ymin = −4 et Ymax = 8.

Comme x peut être tout nombre réel, le domaine correspond à l'ensemble des nombres réels.
Comme y peut être tout nombre réel, l'image correspond à l'ensemble des nombres réels.
Cette relation est une fonction, car à chaque élément du domaine est associé un et un seul élément de l'image.

À l'intérieur d'une équation telle que $y = 2x + 3$, la valeur de y est fonction de celle de x. La notation fonctionnelle permet de nommer toute équation définissant ainsi une fonction.

        notation xy notation fonctionnelle
         $y = 2x + 3$ $f(x) = 2x + 3$

En notation fonctionnelle, le symbole f désigne une fonction. L'expression $f(x)$ constitue un autre nom donné à la variable y. Elle désigne l'image de x par la fonction f. Cette expression se lit « image de x par f » ou « f de x ».

Toute fonction ressemble à une machine. Lorsqu'on lui fournit une valeur d'entrée x tirée de son domaine, elle produit une valeur de sortie $f(x)$. Cette valeur de sortie est déterminée par la règle de correspondance de la fonction.

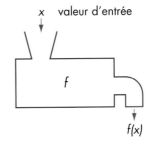

Pour toute valeur de x, la machine génère une et une seule valeur de sortie $f(x)$.

Pour déterminer $f(5)$ dans le cas de la fonction
définie par $f(x) = 2x + 3$, attribue la valeur 5
à x dans $f(x) = 2x + 3$.

Or, lorsque x égale 5, la valeur de y ou $f(5)$ égale 13,
car $2 \times 5 + 3 = 13$.

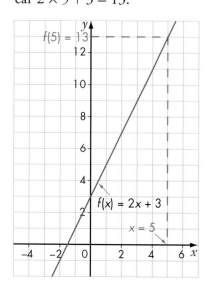

EXEMPLE 4 L'évaluation d'une fonction

Sachant que $f(x) = 3x + 1$, détermine les valeurs ci-après.

a) $f(6)$ **b)** $f(-2)$ **c)** $f(0)$

SOLUTION

a) $f(x) = 3x + 1$
$f(6) = 3(6) + 1$
$= 19$

b) $f(x) = 3x + 1$
$f(-2) = 3(-2) + 1$
$= -5$

c) $f(x) = 3x + 1$
$f(0) = 3(0) + 1$
$= 1$

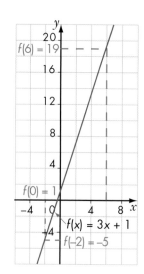

Concepts clés

- Une fonction est un ensemble de couples à l'intérieur duquel il n'existe qu'une seule valeur de y pour chaque valeur de x.
- Si une quelconque droite verticale passe par plus d'un point du graphique d'une relation, cette relation n'est pas une fonction.
- L'ensemble des premiers éléments des couples d'une relation constitue le domaine de cette relation. L'ensemble des seconds éléments des couples d'une relation en constitue l'image.
- La notation fonctionnelle permet de nommer toute équation définissant une fonction.
- En notation fonctionnelle, l'expression $f(x)$ constitue un autre nom donné à la variable y et désigne l'image de x par la fonction f.

Communique ce que tu as compris

1. a) Toute fonction est-elle aussi une relation ? Justifie ta réponse au moyen d'exemples.

b) Toute relation est-elle aussi une fonction ? Justifie ta réponse au moyen d'exemples.

2. Décris comment tu déterminerais si les relations ci-après sont des fonctions.

a) $\{(0, 2), (1, 3), (2, 4), (1, 5), (0, 6)\}$

b) $\{(-2, 4), (-1, 1), (0, 0), (1, 1), (2, 4)\}$

3. Décris comment tu déterminerais si les graphiques ci-après représentent une fonction.

a)
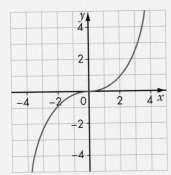

b)
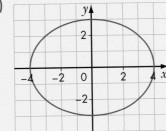

4. Décris comment tu déterminerais le domaine et l'image des relations présentées ou définies ci-après.

a) $\{(2, -3), (3, -1), (4, 1), (5, 3)\}$ **b)** $y = 3x + 2$

5. Décris comment tu évaluerais $f(4)$ dans le cas de la fonction définie par $f(x) = 2x - 3$.

Exercices

A

1. Détermine si les relations représentées ci-après sont des fonctions.

a)

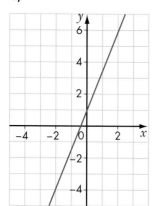

b)

c)

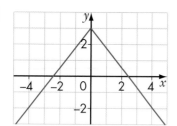

d)

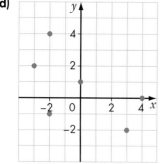

2. Indique le domaine et l'image des relations représentées ci-après.

a) {(0, 5), (1, 6), (2, 7), (3, 8)}
b) {(1, 4), (2, 3), (2, 5)}
c) {(−2, −1), (−1, 0), (0, −1), (1, 2), (2, −1)}
d) {(−2, 1), (0, 1), (3, 1), (4, 1), (7, 1)}

e)

x	y
−2	5
−1	3
0	−1
1	−4
2	−5

f)

x	y
0	−1
0	0
0	2
0	4

3. Indique le domaine et l'image des relations représentées ci-après.

a)

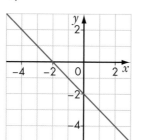

b)

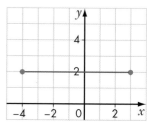

c)

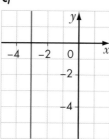

d)

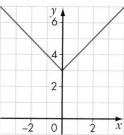

e)

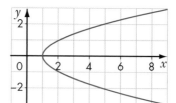

f)

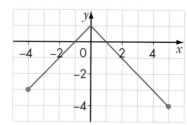

g) **h)**

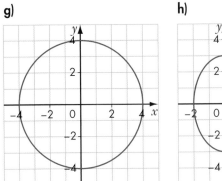

4. a) Représente graphiquement l'équation $y = x^2 - 3$.

b) Cette équation définit-elle une fonction ?

5. Détermine si les relations définies par les équations ci-après sont des fonctions.

a) $y = 2 - 4x$

b) $y = 2x^2 + 3x - 5$

c) $x^2 + y^2 = 25$

6. Sachant que $f(x) = x - 5$, détermine les valeurs ci-après.

a) $f(8)$ **b)** $f(5)$ **c)** $f(1)$

d) $f(0)$ **e)** $f(-2)$

7. Sachant que $g(x) = 3x + 4$, détermine les valeurs ci-après.

a) $g(2)$ **b)** $g(0)$ **c)** $g(-1)$

d) $g(-3)$ **e)** $g(0{,}5)$

8. Sachant que $f(x) = x^2 + 2x - 1$, détermine les valeurs ci-après.

a) $f(0)$ **b)** $f(5)$ **c)** $f(-2)$

d) $f(1{,}5)$ **e)** $f(-0{,}5)$

9. Sachant que $h(x) = 2x^2 - 3x + 6$, détermine les valeurs ci-après.

a) $h(1)$ **b)** $h(10)$ **c)** $h(-3)$

d) $h(0{,}5)$ **e)** $h(5)$

10. Sachant que $f(n) = -4n^2 + 5$, détermine les valeurs ci-après.

a) $f(0)$ **b)** $f(1)$ **c)** $f(4)$

d) $f(-3)$ **e)** $f(-1{,}5)$

Application, résolution de problèmes, communication

11. Énumère les couples de la fonction définie par $f(x) = 7x - 1$ lorsque son domaine est $\{-1, 0, 2, 5\}$.

12. Sachant que $f(x) = 4x + 1$, détermine la valeur de x lorsque $f(x)$ égale les valeurs ci-après.

a) 21 **b)** −7 **c)** 53 **d)** −19 **e)** 11

13. Décris la représentation graphique d'une relation dont le domaine et l'image sont tous deux constitués d'un seul nombre réel.

14. Le coût Le coût d'achat C, en dollars, d'un certain type de stylo à bille varie selon le nombre n que l'on en achète et se traduit par l'équation $C = 1{,}25n$.

a) Nomme la variable dépendante et la variable indépendante.

b) Le coût est-il fonction du nombre de stylos achetés ? Justifie ta réponse.

B

15. Détermine si les relations décrites ci-après sont des fonctions. Dans l'affirmative, nomme la variable dépendante et la variable indépendante.

a) Le temps qu'il faut pour parcourir 100 km en automobile et la vitesse à laquelle on roule.

b) L'âge des élèves et le nombre de disques compacts qu'ils possèdent.

c) Le nombre de billets vendus pour une représentation théâtrale scolaire et les recettes générées par la vente de ces billets offerts à 8 $ l'unité.

16. Lorsqu'un point se situe sur l'axe des $f(x)$ d'un plan cartésien, quelle en est l'abscisse ? Justifie ta réponse.

17. Lorsqu'une relation se traduit par une droite verticale, s'agit-il également d'une fonction ? Justifie ta réponse.

18. Détermine l'image des fonctions définies ci-après lorsque leur domaine est {−2, 0, 0,5, 3}.

a) $f(x) = 2x - 1$ **b)** $f(x) = 8x^2 - 4x + 7$

19. Application Mario vend du matériel de cinéma maison. Il touche un salaire hebdomadaire et une commission proportionnelle aux ventes qu'il effectue. On peut déterminer sa rémunération $R(v)$, en dollars, pour une semaine donnée à partir du chiffre de ses ventes v, en dollars, au cours de la même semaine, cela à l'aide des fonctions définies ci-après.

Lorsque le chiffre de ses ventes est de 3000 $ ou moins : $R(v) = 0,05v + 400$

Lorsque le chiffre de ses ventes dépasse 3000 $: $R(v) = 0,06v + 400$

a) Interprète verbalement ces deux fonctions.

b) Nomme la variable dépendante et la variable indépendante de chaque équation.

c) Indique le domaine et l'image de chaque fonction.

d) Quelle est la rémunération de Mario pour une semaine où le chiffre de ses ventes s'établit à 2000 $? à 4500 $?

20. La mesure L'aire $A(r)$ d'un cercle varie selon son rayon r et se traduit par $A(r) = \pi r^2$. Indique le domaine et l'image de cette fonction.

21. a) Détermine le domaine et l'image de la relation définie par $x^2 + y^2 = 1$.

b) Cette relation est-elle une fonction ?

22. La réduction des prix Nicolas possède une boutique de vêtements où tout est actuellement en solde, les prix ayant été réduits de 25 %.

a) Écris une équation représentant le prix réduit d'un article en fonction de son prix régulier.

b) Quel est le prix régulier d'une chemise actuellement soldée à 42 $?

23. La mesure a) Écris une équation représentant l'aire totale d'un cube en fonction de la longueur de ses arêtes.

b) Détermine l'aire totale d'un cube de 2,5 cm d'arête.

24. Recherche et résolution de problèmes Nathalie veut construire pour ses chevaux un enclos rectangulaire aussi vaste que possible. Cet enclos sera délimité d'un côté par le mur d'une grange. Nathalie dispose du matériel nécessaire pour ériger 100 m de clôture le long de ses trois autres côtés.

a) Écris une équation représentant la superficie de l'enclos en fonction de sa largeur.

b) Détermine la superficie maximale de l'enclos et les dimensions qui y sont associées.

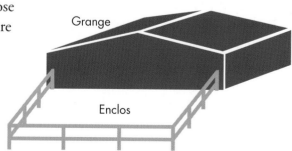

Grange

Enclos

25. Communication Le graphique de $2x - 3y = 6$ traduit-il une fonction? Justifie ta réponse.

26. L'algèbre Sachant que $f(x) = x^2 + 4x$, détermine la ou les valeurs de x lorsque $f(x)$ égale les valeurs ci-après.

a) 5   **b)** -4 **c)** 0   **d)** -3

C

27. a) Esquisse le graphique d'une fonction dont le domaine est constitué de tous les nombres réels et l'image, des nombres réels inférieurs ou égaux à -3.

b) Esquisse le graphique d'une relation, autre qu'une fonction, dont le domaine est constitué de tous les nombres réels et l'image, des nombres réels inférieurs ou égaux à -3.

28. Le jogging Carmen pratique la course à pied sur une piste dont elle fait plusieurs fois le tour à une vitesse constante.

a) La distance qu'elle parcourt est-elle fonction du temps qu'elle passe à courir? Justifie ta réponse.

b) La distance qui sépare Carmen de son point de départ est-elle fonction du temps qu'elle passe à courir? Justifie ta réponse.

29. Décris comment la valeur de $\dfrac{f(4) - f(1)}{4 - 1}$ est liée au graphique de $f(x) = 6x - 5$.

30. L'algèbre Résous algébriquement le système d'équations ci-après.
$f(x) = 2x - 3$
$f(x) = 3x + 2$

31. La mesure Exprime l'aire d'un cercle en fonction de sa circonférence.

32. L'algèbre a) Soit $f(x) = 4x + 3$. Pose une expression représentant $f(2a)$ et simplifie-la.

b) Soit $f(x) = 2 - 3x$. Pose une expression représentant $f(n + 1)$ et simplifie-la.

c) Soit $g(x) = x^2 + 1$. Pose une expression représentant $g(m - 1)$ et simplifie-la.

d) Soit $f(x) = 2x^2 - 3$. Pose une expression représentant $f(2k + 1)$ et simplifie-la.

e) Soit $g(x) = x^2 + 4x - 1$. Pose une expression représentant $g(3t - 1)$ et simplifie-la.

f) Soit $f(x) = 3x^2 - 2x + 4$. Pose une expression représentant $f(3 - 2w)$ et simplifie-la.

3.2 Exploration: Les caractéristiques des fonctions définies par $f(x) = \sqrt{x}$ et $f(x) = \dfrac{1}{x}$

Les caractéristiques de la fonction définie par $f(x) = \sqrt{x}$

1. a) Trace le graphique de $y = \sqrt{x}$ à la main, en reproduisant et en complétant au préalable la table de valeurs ci-contre, ou génère-le à l'aide d'une calculatrice à affichage graphique.

Rappelons que $f(x)$ est un autre nom donné à la variable y.

x	0	1	4	9	16
y					

b) Pourquoi ce graphique ne figure-t-il que dans le quadrant I ?

c) Quel est le domaine de la fonction définie par $y = \sqrt{x}$?

d) La valeur de y finit-elle par atteindre un maximum ? Explique ta réponse.

e) Quelle est l'image de la fonction définie par $y = \sqrt{x}$?

Lien Internet
www.dlcmcgrawhill.ca

Pour en savoir plus sur les origines du symbole appelé « radical », rends-toi à l'adresse donnée ci-haut. Puis clique sur la page couverture du manuel *Mathématiques 11*. Tu y trouveras les adresses nécessaires à ta recherche. Rédige un bref exposé sur les origines et l'histoire du radical.

2. a) Trace le graphique de $y = \sqrt{x}$ à la main dans le plan cartésien où figure déjà celui de $y = x^2$, en reproduisant et en complétant au préalable la table de valeurs ci-après, ou fais apparaître ces deux graphiques ensemble dans la fenêtre d'affichage d'une calculatrice à affichage graphique.

x	3	2	1	0	–1	–2	–3
y							

b) Quel est le domaine de la fonction définie par $y = x^2$?

c) Quelle est son image ?

3. Décris la relation entre la courbe représentative de $y = \sqrt{x}$ et celle de $y = x^2$.

4. a) Représente graphiquement $y = -\sqrt{x}$ dans le même plan cartésien que $y = \sqrt{x}$ et $y = x^2$ ou fais apparaître leurs graphiques ensemble dans la fenêtre d'affichage d'une calculatrice à affichage graphique.

b) Pourquoi le graphique de $y = -\sqrt{x}$ ne figure-t-il que dans le quadrant IV ?

c) Quel est le domaine de la fonction définie par $y = -\sqrt{x}$?

d) Quelle est son image ?

e) Décris la relation entre les courbes représentatives de $y = \sqrt{x}$, $y = -\sqrt{x}$ et $y = x^2$.

Les caractéristiques de la fonction définie par $f(x) = \dfrac{1}{x}$

5. a) Trace le graphique de $y = \dfrac{1}{x}$ à la main, en complétant au préalable les tables de valeurs ci-après, ou génère-le au moyen d'une calculatrice à affichage graphique.

x	$\frac{1}{4}$	$\frac{1}{3}$	$\frac{1}{2}$	1	2	3	4
y							

x	$-\frac{1}{4}$	$-\frac{1}{3}$	$-\frac{1}{2}$	–1	–2	–3	–4
y							

b) Pourquoi le graphique de $y = \dfrac{1}{x}$ ne figure-t-il que dans les quadrants I et III ?

6. Reproduis et complète les tables de valeurs ci-après pour la fonction définie par $y = \dfrac{1}{x}$.

Table 1

x	1	10	100	1000
y				

x	1	0,1	0,01	0,001
y				

Table 2

x	–1	–10	–100	–1000
y				

x	–1	–0,1	–0,01	–0,001
y				

7. Soit la branche du graphique correspondant à la table 1 de la question 6.
a) Qu'arrive-t-il à la valeur de y à mesure que celle de x augmente ?
b) La valeur de y finit-elle par atteindre 0 ? Explique ta réponse.
c) Qu'arrive-t-il à la valeur de y à mesure que celle de x diminue ?
d) La valeur de y finit-elle par atteindre un maximum ? Explique ta réponse.

8. Soit la branche du graphique correspondant à la table 2 de la question 6.
a) Qu'arrive-t-il à la valeur de y à mesure que celle de x diminue ?
b) La valeur de y finit-elle par atteindre 0 ? Explique ta réponse.
c) Qu'arrive-t-il à la valeur de y à mesure que celle de x augmente ?
d) La valeur de y finit-elle par atteindre un minimum ? Explique ta réponse.

9. Une droite dont une courbe s'approche de plus en plus s'appelle **asymptote**. Ce mot vient du grec *asumptôtos*, qui signifie « ne se rencontrant pas ». Tous les exemples d'asymptotes présentés dans ce manuel consistent en une droite dont une courbe s'approche sans jamais la couper ni la toucher. La droite définie par $x = 0$ est une asymptote verticale du graphique de $y = \dfrac{1}{x}$. La fonction d'équation $y = \dfrac{1}{x}$ est indéfinie lorsque x égale 0, car le dénominateur ne peut être nul. Puisque le graphique de $y = \dfrac{1}{x}$ comporte une rupture au point où $x = 0$, on dit qu'il s'agit d'une **courbe discontinue** au point où $x = 0$.

a) Quel est le domaine de la fonction définie par $y = \dfrac{1}{x}$?

b) Quelle est son image ?

10. a) Représente graphiquement $y = x$ dans le même plan cartésien que $y = \dfrac{1}{x}$ ou fais apparaître leurs graphiques ensemble dans la fenêtre d'une calculatrice à affichage graphique.
b) Quel est le domaine de la fonction définie par $y = x$?
c) Quelle est son image ?

11. Décris la relation entre le graphique de $y = \dfrac{1}{x}$ et celui de $y = x$.

3.3 Les translations horizontales et verticales des graphiques de fonctions

Lorsqu'on laisse tomber un objet du haut d'un pont enjambant un cours d'eau, la hauteur approximative de cet objet au-dessus de l'eau se traduit par

$$h(t) = -5t^2 + d$$

où $h(t)$ représente la hauteur en mètres de l'objet t secondes après le début de sa chute et d, la hauteur en mètres du pont.

EXPLORATION ET RECHERCHE

1. La table ci-contre indique la hauteur approximative en mètres de trois ponts bien connus situés au Canada. Écris l'équation de trois fonctions correspondant à la hauteur d'un objet au-dessus de l'eau t secondes après qu'on l'a laissé tomber du haut de chacun de ces ponts.

Pont	Hauteur (m)
Pont Ambassador	45
Pont de la Confédération	60
Pont suspendu de Capilano	70

2. Représente graphiquement $h(t)$ par rapport à t pour ces trois fonctions, soit en traçant leurs graphiques dans un même plan cartésien ou en les faisant apparaître ensemble dans la fenêtre d'affichage d'une calculatrice à affichage graphique.

3. Dans quel quadrant les trois courbes obtenues se trouvent-elles ? Explique pourquoi.

4. Comment se compare l'ordonnée d'un point sur la courbe du Pont de la Confédération avec l'ordonnée d'un point sur la courbe du pont Ambassador, si l'abscisse est la même ? Explique pourquoi.

5. Comment se compare l'ordonnée d'un point sur la courbe du pont suspendu de Capilano avec l'ordonnée d'un point sur la courbe du pont Ambassador, si l'abscisse est la même ? Explique pourquoi.

6. Représente graphiquement $y = -5x^2 + c$ pour $c = 45$, $c = 60$ et $c = 70$, soit en traçant trois courbes dans un même plan cartésien ou en les générant ensemble à l'aide d'une calculatrice à affichage graphique. Si les trois fonctions en cause ont pour domaine l'ensemble des nombres réels, comment leurs représentations graphiques se comparent-elles à celles de $h(t)$ par rapport à t à la question 2 ? Explique pourquoi.

7. Comment les trois graphiques de la question 6 se comparent-ils à celui de $y = x^2$ à l'intérieur du même domaine ? Explique pourquoi.

EXEMPLE 1 Les translations verticales positives

a) Représente graphiquement $y = x^2$ et $y = x^2 + 2$ dans un même plan cartésien.

b) Comment la courbe représentative de $y = x^2$ se compare-t-elle à celle de $y = x^2 + 2$?

SOLUTION

a) $y = x^2$ $\qquad$ $y = x^2 + 2$

x	y
3	9
2	4
1	1
0	0
−1	1
−2	4
−3	9

x	y
3	11
2	6
1	3
0	2
−1	3
−2	6
−3	11

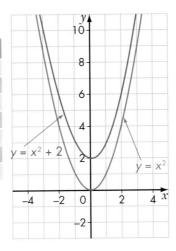

On a réglé ici les paramètres de la fenêtre d'affichage afin que Xmin = −4, Xmax = 4, Ymin = 0 et Ymax = 12.

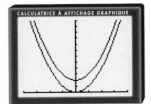

Soulignons qu'il est possible de réaliser les transformations présentées dans ce chapitre à l'aide d'un logiciel comme Zap-a-Graph. Pour en savoir plus sur la façon de procéder, reporte-toi à la section de l'annexe C traitant de ce logiciel.

b) La courbe représentative de $y = x^2$ et celle de $y = x^2 + 2$ sont congruentes.

On obtient la courbe représentative de $y = x^2 + 2$ en faisant subir à celle de $y = x^2$ une translation verticale de 2 unités en direction positive, c'est-à-dire vers le haut.

On peut aussi générer la courbe représentative de $y = x^2 + 2$ en ajoutant 2 à l'ordonnée de chaque point de la courbe représentative de $y = x^2$. Tout point (x, y) de la courbe représentative de $y = x^2$ a pour image le point $(x, y + 2)$ de la courbe représentative de $y = x^2 + 2$.

D'après leurs graphiques, les deux fonctions ont un même domaine, mais leurs images diffèrent. Leur domaine correspond à l'ensemble des nombres réels. La fonction définie par $y = x^2$ a pour image l'ensemble des réels y tels que $y \geq 0$ et celle qui est définie par $y = x^2 + 2$, l'ensemble des réels y tels que $y \geq 2$.

EXEMPLE 2 Les translations verticales

Comment la courbe représentative de $y = \sqrt{x} + 3$ et celle de $y = \sqrt{x} - 2$ se comparent-elles à la courbe représentative de $y = \sqrt{x}$ lorsque $x \geq 0$?

SOLUTION

$y=\sqrt{x}$	
x	**y**
0	0
1	1
4	2
9	3
16	4

$y=\sqrt{x}+3$	
x	**y**
0	3
1	4
4	5
9	6
16	7

$y=\sqrt{x}-2$	
x	**y**
0	–2
1	–1
4	0
9	1
16	2

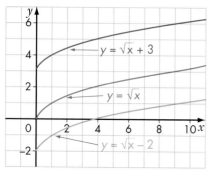

On a réglé ici les paramètres de la fenêtre d'affichage **afin que Xmin = 0, Xmax = 18, Ymin = –3 et Ymax = 8.**

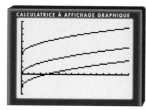

La courbe représentative de $y=\sqrt{x}+3$ est l'image de celle de $y=\sqrt{x}$ par une translation de 3 unités vers le haut. Tout point (x, y) de la courbe représentative de $y=\sqrt{x}$ a pour image le point $(x, y+3)$ de la courbe représentative de $y=\sqrt{x}+3$.

De même, la courbe représentative de $y=\sqrt{x}-2$ est l'image de celle de $y=\sqrt{x}$ par une translation de 2 unités vers le bas. Tout point (x, y) de la courbe représentative de $y=\sqrt{x}$ a pour image le point $(x, y-2)$ de la courbe représentative de $y=\sqrt{x}-2$.

Ces trois courbes sont congruentes et chaque fonction a pour domaine l'ensemble des réels x tels que $x \geq 0$. Leur image correspond à l'ensemble des réels y tels que $y \geq 0$ dans le cas de $y=\sqrt{x}$, $y \geq 3$ dans le cas de $y=\sqrt{x}+3$ et $y \geq -2$ dans le cas de $y=\sqrt{x}-2$.

On peut appliquer les conclusions tirées des exemples 1 et 2 à toutes les fonctions, en les généralisant comme suit :

Le graphique de $y = f(x) + k$ est congruent à celui de $y = f(x)$.
Lorsque $k > 0$, le graphique de $y = f(x) + k$ est l'image de celui de $y = f(x)$ par une translation de k unités vers le haut.
Lorsque $k < 0$, le graphique de $y = f(x) + k$ est l'image de celui de $y = f(x)$ par une translation de k unités vers le bas.

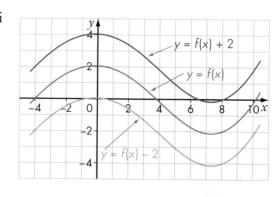

EXEMPLE 3 Les translations horizontales

Comment la courbe représentative de $y=\sqrt{x+2}$ et celle de $y=\sqrt{x-3}$ se comparent-elles à la courbe représentative de $y=\sqrt{x}$?

SOLUTION

Construis trois tables de valeurs, en attribuant à x des valeurs pratiques, ou utilise une calculatrice à affichage graphique.

$y=\sqrt{x}$

x	y
0	0
1	1
4	2
9	3
16	4

$y=\sqrt{x+2}$

x	y
–2	1
–1	2
2	3
7	4
14	5

$y=\sqrt{x-3}$

x	y
3	0
4	1
7	2
12	3
19	4

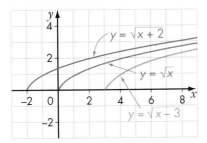

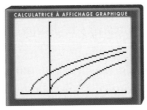

On a réglé ici les paramètres de la fenêtre d'affichage afin que Xmin = –3, Xmax = 8, Ymin = 0 et Ymax = 5.

Ces trois courbes sont congruentes.

On obtient la courbe représentative de $y=\sqrt{x+2}$ en faisant subir à celle de $y=\sqrt{x}$ une translation de 2 unités vers la gauche.

On peut aussi générer la courbe représentative de $y=\sqrt{x+2}$ en soustrayant 2 à l'abscisse de chaque point de la courbe représentative de $y=\sqrt{x}$.

Tout point (x, y) de la courbe représentative de $y=\sqrt{x}$ a pour image le point $(x-2, y)$ de la courbe représentative de $y=\sqrt{x+2}$.

De même, on obtient la courbe représentative de $y=\sqrt{x-3}$ en faisant subir à celle de $y=\sqrt{x}$ une translation de 3 unités vers la droite.

On peut aussi générer la courbe représentative de $y=\sqrt{x-3}$ en ajoutant 3 à l'abscisse de chaque point de la courbe représentative de $y=\sqrt{x}$.

Tout point (x, y) de la courbe représentative de $y=\sqrt{x}$ a pour image le point $(x + 3, y)$ de la courbe représentative de $y=\sqrt{x-3}$.

Ces trois fonctions ont une même image, soit l'ensemble des réels y tels que $y \geq 0$.

Leur domaine correspond à l'ensemble des réels x tels que $x \geq 0$ dans le cas de $y=\sqrt{x}$, $x \geq -2$ dans le cas de $y=\sqrt{x+2}$ et $x \geq 3$ dans le cas de $y=\sqrt{x-3}$.

On peut appliquer les conclusions tirées de l'exemple 3 à toutes les fonctions, en les généralisant comme suit :

Le graphique de $y = f(x - h)$ est congruent à celui de $y = f(x)$.

Lorsque $h > 0$, le graphique de $y = f(x - h)$ est l'image de celui de $y = f(x)$ par une translation de h unités vers la droite.

Lorsque $h < 0$, le graphique de $y = f(x - h)$ est l'image de celui de $y = f(x)$ par une translation de h unités vers la gauche.

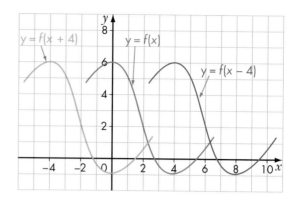

EXEMPLE 4 Les translations horizontales et verticales

Esquisse la courbe représentative de $y = (x - 3)^2 + 4$.

SOLUTION

Esquisse la courbe représentative de $y = x^2$.

Fais-lui subir une translation de 3 unités vers la droite pour obtenir la courbe représentative de $y = (x - 3)^2$.

Fais subir à la courbe représentative de $y = (x - 3)^2$ une translation de 4 unités vers le haut pour obtenir celle de $y = (x - 3)^2 + 4$.

Tout point (x, y) de la courbe représentative de $y = x^2$ a pour image le point $(x + 3, y + 4)$. Le point $(0, 0)$ a ainsi pour image le point $(3, 4)$.

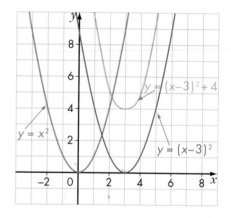

On pourrait représenter graphiquement les trois fonctions de l'exemple 4 à l'aide d'une calculatrice à affichage graphique. Il ne serait cependant pas nécessaire de générer la courbe représentative de $y = x^2$ ou celle de $y = (x - 3)^2$ avant de produire celle de $y = (x - 3)^2 + 4$.

On a réglé ici les paramètres de la fenêtre d'affichage afin que Xmin = −4, Xmax = 7, Ymin = −2 et Ymax = 10.

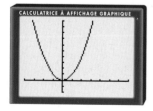 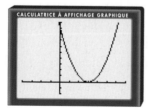 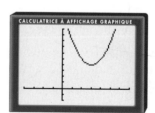

Concepts clés

- Le graphique d'une fonction et son image par translation sont congruents.
- Le tableau ci-après décrit brièvement les translations que peut subir le graphique de la fonction définie par $y = f(x)$.

Translation	Forme mathématique	Effet
Verticale	$y = f(x) + k$	Si $k > 0$, déplacement de k unités vers le haut. Si $k < 0$, déplacement de k unités vers le bas.
Horizontale	$y = f(x - h)$	Si $h > 0$, déplacement de h unités vers la droite. Si $h < 0$, déplacement de h unités vers la gauche.

Communique ce que tu as compris

1. Décris comment tu esquisserais la courbe représentative de chacune des équations ci-après, à partir de celle de $y = \sqrt{x}$.

a) $y = \sqrt{x} + 4$ **b)** $y = \sqrt{x - 4}$ **c)** $y = \sqrt{x - 4} - 3$

2. Décris comment tu esquisserais la courbe représentative de chacune des équations ci-après, à partir de celle de $y = x^2$.

a) $y = x^2 - 5$ **b)** $y = (x - 5)^2$ **c)** $y = (x + 5)^2 + 4$

3. Décris comment tu déterminerais le domaine et l'image des fonctions définies par les équations ci-après.

a) $y = x^2 + 4$ **b)** $y = x - 4$ **c)** $y = \sqrt{x - 5} - 3$

Exercices

A

1. Soit une fonction définie par $y = f(x)$. Décris comment on peut générer le graphique des fonctions définies ci-après à partir de celui de $y = f(x)$.

a) $y = f(x) + 5$ **b)** $y = f(x) - 6$
c) $y = f(x - 4)$ **d)** $y = f(x + 8)$
e) $y - 3 = f(x)$ **f)** $y + 7 = f(x)$
g) $y = f(x + 3) - 5$ **h)** $y = f(x - 6) + 2$
i) $y = f(x - 5) - 7$ **j)** $y = f(x + 2) + 9$

2. En transformant la courbe représentative de $y = f(x)$, on a obtenu celle de $y = f(x - h) + k$. Détermine la valeur de h et de k après une translation :

a) de 6 unités vers le haut ;
b) de 8 unités vers le bas ;
c) de 3 unités vers la droite ;
d) de 5 unités vers la gauche ;
e) de 2 unités vers la gauche et de 4 unités vers le bas ;
f) de 7 unités vers la droite et de 7 unités vers le haut.

3. Indique le domaine et l'image des fonctions définies par les équations ci-après.

a) $y = x + 2$ **b)** $y = x - 4$
c) $y = x^2 - 3$ **d)** $y = (x - 2)^2$
e) $y = (x + 5)^2 - 1$ **f)** $y = \sqrt{x + 1}$
g) $y = \sqrt{x - 5}$ **h)** $y = \sqrt{x - 3} + 6$

4. Esquisse le graphique des fonctions définies ci-après à partir de celui de chaque fonction $y = f(x)$ représentée ici.

a) $y = f(x) - 4$ **b)** $y = f(x) + 2$

c) $y = f(x - 4)$ **d)** $y = f(x + 2)$

e) $y = f(x - 3) - 2$ **f)** $y = f(x + 4) + 3$

i)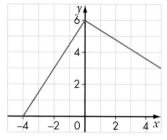

ii)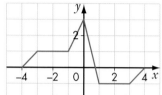

iii)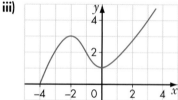

iv)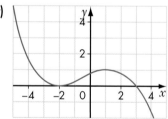

5. Soit les plans cartésiens ci-après, où la courbe en bleu est l'image de la courbe en rouge par une translation. Écris l'équation des fonctions représentées en bleu. Vérifie tes réponses à l'aide d'une calculatrice à affichage graphique.

a)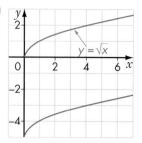

b)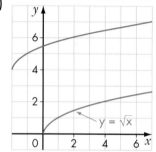

c)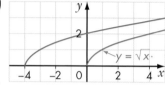

6. Au moyen de transformations, esquisse le graphique des fonctions définies par les équations ci-après à partir de celui de $y = x$.

a) $y = x + 4$ **b)** $y = x - 5$

c) $y = (x - 4)$ **d)** $y = (x + 2)$

e) $y = (x + 5) - 2$ **f)** $y = (x - 1) + 6$

7. Au moyen de transformations, esquisse le graphique des fonctions définies par les équations ci-après à partir de celui de $y = \sqrt{x}$.

a) $y = \sqrt{x + 7}$ **b)** $y + 3 = \sqrt{x}$

c) $y = \sqrt{x + 3}$ **d)** $y = \sqrt{x - 4}$

e) $y = \sqrt{x - 6} + 3$ **f)** $y = \sqrt{x + 5} + 4$

8. Au moyen de transformations, esquisse le graphique des fonctions définies par les équations ci-après à partir de celui de $y = x^2$.

a) $y = x^2 + 3$ **b)** $y + 2 = x^2$

c) $y = (x - 7)^2$ **d)** $y = (x + 6)^2$

e) $y = (x + 4)^2 - 3$ **f)** $y = (x - 5)^2 + 5$

Application, résolution de problèmes, communication

9. La chute d'un objet La hauteur approximative au-dessus du sol d'un objet que l'on a laissé tomber du sommet d'un édifice correspond à la fonction définie par

$$h(t) = -5t^2 + d$$

où $h(t)$ représente la hauteur en mètres de l'objet t secondes après le début de sa chute et d, la hauteur en mètres de laquelle on l'a laissé tomber. Le tableau ci-contre indique la hauteur de trois grands édifices situés au Canada.

Édifice	Hauteur (m)
Petro-Canada 1 (Calgary)	210
Two Bloor West (Toronto)	148
Complexe G (Québec)	126

a) Écris l'équation des trois fonctions représentant la hauteur au-dessus du sol d'un objet en chute libre t secondes après qu'on l'a laissé tomber du sommet de chacun de ces édifices. Nomme ces fonctions f (P-C1), f (TBW) et f (CG).

b) Représente graphiquement $h(t)$ par rapport à t pour ces trois fonctions, soit en traçant leurs graphiques dans un même plan cartésien ou en les faisant apparaître ensemble dans la fenêtre d'affichage d'une calculatrice à affichage graphique.

c) Quelle transformation ferait correspondre au graphique de f (P-C1) celui de f (TBW) ?

d) Quelle transformation ferait correspondre au graphique de f (CG) celui de f (TBW) ?

e) Quelle transformation ferait correspondre au graphique de f (P-C1) celui de f (CG) ?

B

10. Les réparations à domicile Hélène et Marc réparent les appareils électroménagers. Lorsqu'elle effectue une visite, Hélène exige 45 $, plus 35 $ l'heure en frais de main-d'œuvre. Marc demande quant à lui 40 $ par visite, plus 35 $ l'heure en frais de main-d'œuvre. Écris une équation représentant le coût C d'une visite, en dollars, par rapport au nombre d'heures travaillées t :

a) dans le cas d'Hélène ;   **b)** dans le cas de Marc.

c) Quel lien y a-t-il entre les graphiques associés à ces deux équations ? Justifie ta réponse.

11. Communication Lorsque l'on fait subir au graphique de $y = 2x + 3$ une translation de 1 unité vers la droite et de 2 unités vers le haut, quel lien y a-t-il entre l'image obtenue et le graphique initial ? Justifie ta réponse.

12. Application Beaucoup d'entreprises rémunèrent leur personnel selon une échelle où le salaire varie en fonction du nombre d'années de service. Soit une entreprise utilisant l'échelle salariale définie par $S(a) = 25\,000 + 2250a$, où $S(a)$ représente le salaire en dollars et a, le nombre d'années de service. Le syndicat vient d'obtenir de la direction qu'elle accorde une hausse de salaire de 1000 $ à tout le personnel.

a) Quelle transformation cette hausse fait-elle subir au graphique de $S(a)$?

b) Écris l'équation de la fonction représentant l'échelle salariale à la suite de cette hausse.

c) Fournis un domaine et une image vraisemblables pour la fonction en b). Justifie ton raisonnement.

13. La fonction du plus grand entier Le symbole $[x]$ représente le plus grand entier inférieur ou égal à x. On a ainsi $[4] = 4$, $[4,83] = 4$ et $[-5,3] = -6$.

On peut voir ici le graphique de la fonction du plus grand entier définie par $y = [x]$.

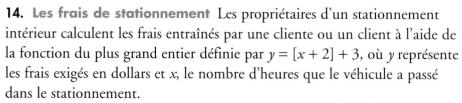

a) Explique la signification des cercles vides et des cercles pleins de ce graphique.

b) Indique le domaine et l'image de la fonction définie par $y = [x]$.

c) Esquisse le graphique de $y = [x] + 2$, $y = [x - 3]$ et $y = [x + 4] - 1$ au moyen de transformations.

14. Les frais de stationnement Les propriétaires d'un stationnement intérieur calculent les frais entraînés par une cliente ou un client à l'aide de la fonction du plus grand entier définie par $y = [x + 2] + 3$, où y représente les frais exigés en dollars et x, le nombre d'heures que le véhicule a passé dans le stationnement.

a) Esquisse le graphique de cette fonction.

b) Combien faut-il payer pour laisser son véhicule dans ce stationnement pendant 30 min ? 1 h ? 1 h 25 min ? 3 h 1 min ?

15. Quelle transformation fait correspondre au graphique de :

a) $y = f(x - 4)$ celui de $y = f(x + 3)$?

b) $y = f(x) + 5$ celui de $y = f(x) - 7$?

16. Décris une translation verticale que l'on pourrait faire subir à la courbe représentative de $y = \sqrt{x}$ pour que l'image obtenue passe par le point $(4, 0)$.

17. Recherche et résolution de problèmes Le graphique de $y = x + 3$ peut être l'image de celui de $y = x$ par une translation verticale de 3 unités vers le haut ou une translation horizontale de 3 unités vers la gauche. Explique pourquoi.

C

18. La chimie a) La concentration en acide d'une solution s'exprime entre autres en proportion de son volume. Une quantité de 40 ml d'une solution acide à 30 % renferme ainsi un volume d'acide pur de $40 \times \dfrac{30}{100}$ ou 12 ml et un volume d'eau de $40 - 12$ ou 28 ml. De même, en mélangeant 5 ml d'acide pur à 20 ml d'eau, on obtient 25 ml d'une solution dont la concentration en acide est de $\dfrac{5}{25} \times 100$ % ou 20 %. Suppose que l'on ajoute de l'eau à 50 ml d'une solution acide à 40 %. Écris une équation représentant la concentration en acide $C(x)$ en fonction du volume d'eau ajouté x.

b) Représente graphiquement $C(x)$ par rapport à x.

c) Quelle est la concentration en acide après l'ajout de 10 ml d'eau ?

d) Écris une équation représentant la concentration en acide en fonction du volume d'eau ajouté à 40 ml d'une solution acide à 50 %.

e) Représente graphiquement $C(x)$ par rapport à x en d).

f) Quelle transformation ferait correspondre au graphique en e) le graphique en b) ?

LE MONDE DU TRAVAIL *La médecine vétérinaire*

Il y a beaucoup plus d'animaux domestiques que de personnes au Canada. On compte en effet plus de 12 millions de têtes de bétail et 10 millions de porcs dans les fermes du pays, sans parler des millions de chiens et de chats qui habitent dans nos foyers. Ce sont des spécialistes en médecine vétérinaire qui assurent à ces animaux et à d'autres les soins médicaux dont ils ont besoin.

1. L'âge des chiens et des chats Comme les êtres humains, les animaux domestiques ont des besoins médicaux différents selon leur âge. Ils vieillissent toutefois différemment des êtres humains. L'âge équivalant chez l'être humain à celui d'un petit chien de 3 ans ou plus dont la masse est inférieure ou égale à 11 kg environ est donné par la formule

$$h(a) = 4a + 20$$

où h représente le nombre d'années équivalent chez l'être humain et a, l'âge de l'animal. De même, l'âge équivalant chez l'être humain à celui d'un chat de compagnie de 3 ans ou plus est donné par la formule

$$h(a) = 4a + 15$$

où h représente le nombre d'années équivalent chez l'être humain et a, l'âge de l'animal.

a) Représente graphiquement h par rapport à a pour les chats et les petits chiens de 3 à 15 ans (domaine), soit en traçant ces deux graphiques dans un même plan cartésien ou en les faisant apparaître ensemble dans la fenêtre d'affichage d'une calculatrice à affichage graphique.

b) Décris comment ces deux graphiques sont liés par une transformation.

c) Soit un chat et un petit chien tous deux nés le même jour et âgés de plus de 3 ans. Comment se comparent les valeurs équivalant chez l'être humain à leurs âges respectifs ? Justifie ta réponse.

d) Si l'on traduit leur âge par le nombre d'années équivalent chez l'être humain, les chats et les petits chiens vieillissent-ils au même rythme après l'âge de 3 ans ? Justifie ta réponse.

e) Si l'on traduit leur âge par le nombre d'années équivalent chez l'être humain, les chats et les petits chiens vieillissent-ils au même rythme à partir de la naissance ? Comment le sais-tu ?

2. Recherche À l'aide de tes habiletés dans la recherche, renseigne-toi :

a) sur la formation requise pour exercer la profession de médecin vétérinaire ;

b) sur les organisations qui emploient des vétérinaires ;

c) sur les autres carrières liées au soin des animaux.

3.4 Les réflexions des graphiques de fonctions

On superpose un plan cartésien à une vue en coupe de la grande pyramide de Gizeh, de telle manière que l'axe des y passe par le sommet de la pyramide. L'axe des x coupe en leur milieu deux côtés opposés de la base carrée de ce monument. Les deux segments de droite inclinés de la vue en coupe, soit $\overline{AB}$ et $\overline{AC}$, correspondent à la hauteur de deux des faces triangulaires de la pyramide.

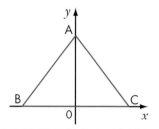

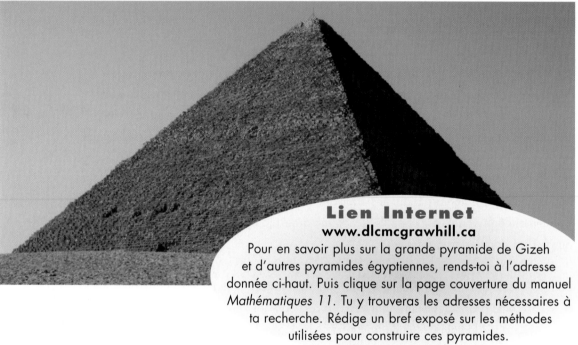

Lien Internet
www.dlcmcgrawhill.ca
Pour en savoir plus sur la grande pyramide de Gizeh et d'autres pyramides égyptiennes, rends-toi à l'adresse donnée ci-haut. Puis clique sur la page couverture du manuel *Mathématiques 11*. Tu y trouveras les adresses nécessaires à ta recherche. Rédige un bref exposé sur les méthodes utilisées pour construire ces pyramides.

EXPLORATION ET RECHERCHE

1. Reproduis et complète les tables de valeurs ci-après, puis esquisse le graphique des deux équations de chaque paire dans un même plan cartésien.

a) $y = \sqrt{x}$ $y = -\sqrt{x}$ **b)** $y = x^2$ $y = -x^2$

x	y	x	y	x	y	x	y
0		0		−2		−2	
1		1		−1		−1	
4		4		0		0	
9		9		1		1	
16		16		2		2	

2. À la question 1a), comment les ordonnées se comparent-elles dans le cas des points du graphique de $y = \sqrt{x}$ et de celui de $y = -\sqrt{x}$ qui ont une même abscisse ? En quoi ces deux graphiques se ressemblent-ils ? En quoi diffèrent-ils ?

3. À la question 1b), comment les ordonnées se comparent-elles dans le cas des points du graphique de $y = x^2$ et de celui de $y = -x^2$ qui ont une même abscisse? En quoi ces deux graphiques se ressemblent-ils? En quoi diffèrent-ils?

4. Formule une hypothèse au sujet de la relation entre le graphique de $y = f(x)$ et celui de $y = -f(x)$.

5. Vérifie ton hypothèse en représentant graphiquement les équations de chaque paire ci-après à l'aide d'une calculatrice à affichage graphique.

a) $y = \sqrt{x - 1}$ et $y = -\sqrt{x - 1}$

b) $y = (x + 3)^2$ et $y = -(x + 3)^2$

6. Reproduis et complète les tables de valeurs ci-après, puis esquisse le graphique des deux équations de chaque paire dans un même plan cartésien.

a) $y = x + 2$ $\qquad$ $y = (-x) + 2$ $\qquad\qquad$ **b)** $y = 2x - 4$ $\qquad$ $y = 2(-x) - 4$

x	y		x	y		x	y		x	y
-2			-2			-2			-2	
-1			-1			-1			-1	
0			0			0			0	
1			1			1			1	
2			2			2			2	

7. À la question 6a), comment les abscisses se comparent-elles dans le cas des points du graphique de $y = x + 2$ et de celui de $y = (-x) + 2$ qui ont une même ordonnée? En quoi ces deux graphiques se ressemblent-ils? En quoi diffèrent-ils?

8. À la question 6b), comment les abscisses se comparent-elles dans le cas des points du graphique de $y = 2x - 4$ et de celui de $y = 2(-x) - 4$ qui ont une même ordonnée? En quoi ces deux graphiques se ressemblent-ils? En quoi diffèrent-ils?

9. Formule une hypothèse au sujet de la relation entre le graphique de $y = f(x)$ et celui de $y = f(-x)$.

10. Vérifie l'hypothèse que tu as formulée à la question 9 en représentant graphiquement les équations de chaque paire ci-après à l'aide d'une calculatrice à affichage graphique.

a) $y = \sqrt{x}$ et $y = \sqrt{-x}$ $\qquad\qquad$ **b)** $y = (x - 4)^2$ et $y = (-x - 4)^2$

11. On peut représenter l'une des hauteurs de la vue en coupe de la grande pyramide de Gizeh par l'équation $y = 1{,}27x + 146$. S'agit-il de la hauteur AB ou AC? Justifie ta réponse.

12. Quelle est l'équation définissant l'autre hauteur? Justifie ta réponse.

EXEMPLE 1 Une étude comparative de $y = f(x)$ et $y = -f(x)$

a) Soit le graphique ci-contre de $y = f(x)$. Représente graphiquement $y = -f(x)$ dans le même plan cartésien.

b) Décris la relation entre le graphique de $y = -f(x)$ et celui de $y = f(x)$.

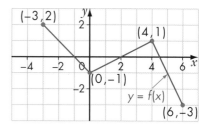

SOLUTION

a) À l'aide du graphique fourni, crée une table de valeurs pour la fonction définie par $y = f(x)$. Construis ensuite une table de valeurs pour la fonction définie par $y = -f(x)$, puis trace son graphique.

$y = f(x)$ $\qquad$ $y = -f(x)$

x	y
−3	$f(-3) = 2$
0	$f(0) = -1$
4	$f(4) = 1$
6	$f(6) = -3$

x	y
−3	$-f(-3) = -2$
0	$-f(0) = 1$
4	$-f(4) = -1$
6	$-f(6) = 3$

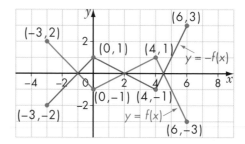

b) Le graphique de $y = f(x)$ et celui de $y = -f(x)$ sont congruents.

On peut réécrire $y = -f(x)$ sous la forme $y = -1f(x)$, de sorte que l'ordonnée de chaque point du graphique de $y = -f(x)$ égale celle du point correspondant du graphique de $y = f(x)$ multipliée par −1.

Tout point (x, y) du graphique de $y = f(x)$ a pour image le point $(x, -y)$ du graphique de $y = -f(x)$. Le point $(-3, 2)$ a ainsi pour image le point $(-3, -2)$, et le point $(6, -3)$, le point $(6, 3)$.

Ces deux graphiques ont les mêmes abscisses à l'origine.

Le graphique de $y = -f(x)$ est l'image de celui de $y = f(x)$ par une réflexion par rapport à l'axe des x.

Comme cela a été mentionné, les deux graphiques de l'exemple 1 ont les mêmes abscisses à l'origine. L'ordonnée des points situés sur l'axe des x étant 0, la transformation de graphique $y = f(x)$ en celui de $y = -f(x)$ n'a sur ces points aucun effet. Les points qui demeurent ainsi inchangés à la suite d'une transformation du graphique portent le nom de points fixes ou **points invariants**.

De façon générale, tout point (x, y) du graphique de la fonction définie par $y = f(x)$ a pour image le point $(x, -y)$ de celui de la fonction définie par $y = -f(x)$. Le graphique de $y = -f(x)$ est l'image de celui de $y = f(x)$ après une réflexion par rapport à l'axe des x. Les points situés sur l'axe des x sont invariants, leur ordonnée étant 0.

Si, à l'exemple 1, on définissait $y = f(x)$ au moyen de l'équation $f(x) = x - 1$, $y = -f(x)$ se traduirait par l'équation $y = -(x - 1)$ ou $y = -x + 1$. Le graphique de $y = -f(x)$ serait l'image de celui de $y = f(x)$ par une réflexion par rapport à l'axe des x. Ces deux graphiques auraient les mêmes abscisses à l'origine. Il y aurait un point invariant, soit $(1, 0)$.

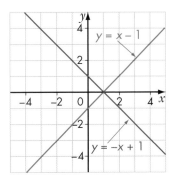

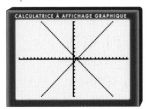

On peut adapter la fenêtre d'affichage à l'aide de l'instruction *ZSquare* du menu ZOOM.

EXEMPLE 2 Une étude comparative de $y = f(x)$ et $y = f(-x)$

Soit $f(x) = 2x + 1$.
a) Écris une équation correspondant à $f(-x)$.
b) Représente graphiquement $y = f(x)$ et $y = f(-x)$ dans un même plan cartésien ou fais apparaître leurs graphiques ensemble dans la fenêtre d'affichage d'une calculatrice à affichage graphique.
c) Décris la relation entre le graphique de $y = f(-x)$ et celui de $y = f(x)$.

SOLUTION

a) Remplace x par $-x$ dans $2x + 1$.
$2(-x) + 1 = -2x + 1$
Par conséquent, $f(-x) = -2x + 1$.
b) Représente graphiquement ces deux fonctions au moyen d'un crayon et de papier ou d'une calculatrice à affichage graphique.

$y = 2x + 1$ $\qquad$ $y = -2x + 1$

x	y
-2	-3
-1	-1
0	1
1	3
2	5

x	y
2	-3
1	-1
0	1
-1	3
-2	5

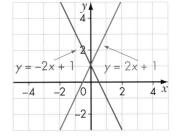

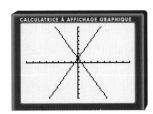

c) Le graphique de $y = f(x)$ et celui de $y = f(-x)$ sont congruents. Tout point (x, y) du graphique de $y = 2x + 1$ a pour image le point $(-x, y)$ du graphique de $y = -2x + 1$. Le point $(2, 5)$ a ainsi pour image le point $(-2, 5)$, et le point $(-1, -1)$, le point $(1, -1)$. Ces deux graphiques ont la même ordonnée à l'origine. Le graphique de $y = -2x + 1$ est l'image de celui de $y = 2x + 1$ par une réflexion par rapport à l'axe des y.

Il y a un point invariant, (0, 1). Le domaine et l'image de ces fonctions affines correspondent à l'ensemble des nombres réels.

De façon générale, tout point (x, y) du graphique de la fonction définie par $y = f(x)$ a pour image le point $(-x, y)$ du graphique la fonction définie par $y = f(-x)$. Le graphique de $y = f(-x)$ est l'image de celui de $y = f(x)$ après une réflexion par rapport à l'axe des y. Les points situés sur l'axe des y sont invariants, leur abscisse étant 0.

Voici en bref le résultat de la réflexion d'un graphique par rapport à l'axe des x ou des y.

Réflexion par rapport à l'axe des x

Le graphique de $y = -f(x)$ est l'image de celui de $y = f(x)$ par une réflexion par rapport à l'axe des x.

Réflexion par rapport à l'axe des y

Le graphique de $y = f(-x)$ est l'image de celui de $y = f(x)$ par une réflexion par rapport à l'axe des y.

EXEMPLE 3 **La réflexion du graphique d'une fonction racine**

Sachant que $f(x) = \sqrt{x - 2}$, écris une équation pour chacune des fonctions définies ci-après, décris le lien entre son graphique et celui de $y = f(x)$, esquisse ces deux courbes et indique le domaine et l'image de chaque fonction ainsi que tout point invariant.

a) $y = -f(x)$ **b)** $y = f(-x)$

SOLUTION

a) Dans le cas de $y = f(x)$ Dans le cas de $y = -f(x)$
$$y = \sqrt{x - 2} \qquad\qquad y = -\sqrt{x - 2}$$

Le graphique de $y = -f(x)$ est l'image de celui de $y = f(x)$ après une réflexion par rapport à l'axe des x.

Ces deux graphiques ont la même abscisse à l'origine, soit 2.

Dans le cas de $y = f(x)$, le domaine correspond à l'ensemble des réels x tels que $x \geq 2$ et l'image, à l'ensemble des réels y tels que $y \geq 0$.

Dans le cas de $y = -f(x)$, le domaine correspond à l'ensemble des réels x tels que $x \geq 2$ et l'image, à l'ensemble des réels y tels que $y \leq 0$.

Il y a un point invariant, $(2, 0)$.

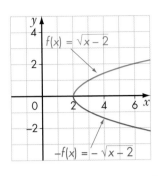 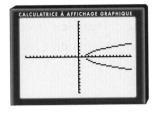

b) Dans le cas de $y = f(x)$ ..... Dans le cas de $y = f(-x)$
$$y = \sqrt{x-2}$$ ..... $$y = \sqrt{-x-2}$$

Le graphique de $y = f(-x)$ est l'image de celui de $y = f(x)$ après une réflexion par rapport à l'axe des y.

Dans le cas de $y = f(x)$, le domaine correspond à l'ensemble des réels x tels que $x \geq 2$ et l'image, à l'ensemble des réels y tels que $y \geq 0$.

Dans le cas de $y = f(-x)$, le domaine correspond à l'ensemble des réels x tels que $x \leq -2$ et l'image, à l'ensemble des réels y tels que $y \geq 0$.

Il n'y a aucun point invariant.

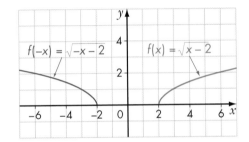 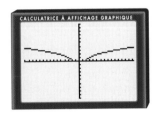

EXEMPLE 4 **La réflexion du graphique d'une fonction du second degré**

Soit $f(x) = x^2 + 1$,

a) Écris deux équations correspondant respectivement à $y = -f(x)$ et à $y = f(-x)$

b) Décris la relation entre le graphique de chacune des équations en a) et celui de $y = f(x)$, puis esquisse ces trois courbes dans un même plan cartésien.

SOLUTION

a) Dans le cas de $y = f(x)$ ..... Dans le cas de $y = -f(x)$
$$y = x^2 + 1$$ ..... $$y = -x^2 - 1$$

Dans le cas de $y = f(x)$ ..... Dans le cas de $y = f(-x)$
$$y = x^2 + 1$$ ..... $$y = (-x)^2 + 1$$
$$y = x^2 + 1$$

b) Le graphique de $y = -f(x)$ est l'image de celui de $y = f(x)$ après une réflexion par rapport à l'axe des x. La courbe représentative de $y = x^2 + 1$ étant symétrique par rapport à l'axe des y, le graphique obtenu demeure inchangé lorsque l'on remplace x par $-x$. Le graphique de $y = f(x)$ et celui de $y = f(-x)$ sont par conséquent identiques.

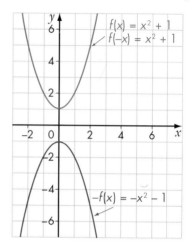
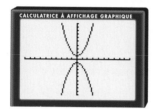

EXEMPLE 5 La réflexion du graphique d'une fonction du second degré

Sachant que $f(x) = x^2 + 6x$, écris une équation pour chacune des fonctions définies ci-après, décris le lien entre son graphique et celui de $y = f(x)$, esquisse chaque courbe et indique tout point invariant.

a) $y = -f(x)$ **b)** $y = f(-x)$

SOLUTION

a) Dans le cas de $y = f(x)$, $y = x^2 + 6x$.

Le graphique de $y = x^2 + 6x$ consiste en une parabole ouverte vers le haut. Comme l'équation $x^2 + 6x = 0$ a pour racines $x = 0$ et $x = -6$, les abscisses à l'origine de la courbe représentative de $y = x^2 + 6x$ sont 0 et -6.

Le sommet se trouve sur l'axe de symétrie, de sorte que son abscisse est -3.

Or, lorsque $x = -3$, $y = (-3)^2 + 6(-3)$
$$= 9 - 18$$
$$= -9$$

Le sommet se situe donc au point $(-3, -9)$.

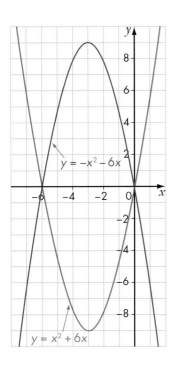

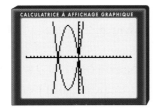

Esquisse la courbe représentative de $y = f(x)$ à l'aide des points $(0, 0)$, $(-6, 0)$ et $(-3, -9)$.

Dans le cas de $y = -f(x)$
$$y = -(x^2 + 6x)$$
$$= -x^2 - 6x$$

Le graphique de $y = -f(x)$ est l'image de celui de $y = f(x)$ après une réflexion par rapport à l'axe des x.

Dans le cas de $y = f(x)$, le domaine correspond à l'ensemble des nombres réels et l'image, à l'ensemble des réels y tels que $y \geq -9$.

Dans le cas de $y = -f(x)$, le domaine correspond à l'ensemble des nombres réels et l'image, à l'ensemble des réels y tels que $y \leq 9$.

Les deux graphiques ont les mêmes abscisses à l'origine, soit 0 et -6.

Il y a deux points invariants, $(0, 0)$ et $(-6, 0)$.

b) Dans le cas de $y = f(-x)$

$$y = (-x)^2 + 6(-x)$$
$$= x^2 - 6x$$

Le graphique de $y = f(-x)$ est l'image de celui de $y = f(x)$ après une réflexion par rapport à l'axe des y. Ces deux fonctions ont pour domaine l'ensemble des nombres réels et pour image, l'ensemble des réels y tels que $y \geq -9$.

Les deux graphiques se coupent au point $(0, 0)$.

Il y a un point invariant, $(0, 0)$.

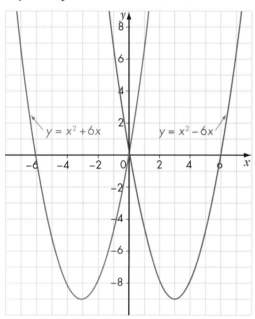

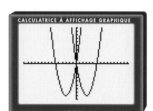

Concepts clés

- Le graphique d'une fonction et son image par une réflexion par rapport à l'axe des x ou des y sont congruents.
- Le graphique de $y = -f(x)$ est l'image de celui de $y = f(x)$ après une réflexion par rapport à l'axe des x.
- Le graphique de $y = f(-x)$ est l'image de celui de $y = f(x)$ après une réflexion par rapport à l'axe des y.
- Les points qui demeurent inchangés à la suite d'une transformation portent le nom de points invariants.

Communique ce que tu as compris

1. Décris comment tu déterminerais l'équation de $y = -f(x)$ et celle de $y = f(-x)$ sachant que $f(x) = \sqrt{x - 3}$.

2. Décris comment tu déterminerais l'équation de $y = -f(x)$ et celle de $y = f(-x)$ sachant que $f(x) = x^2 + 8x$.

3. Soit $f(x) = x^2 - 4x$. Décris comment tu trouverais tout point invariant à la suite d'une réflexion par rapport :

a) à l'axe des x ;   **b)** à l'axe des y.

Exercices

A

1. Reproduis chacun des graphiques ci-après de $y = f(x)$ et représente graphiquement $y = -f(x)$ ainsi que $y = f(-x)$ dans ce même plan cartésien.

a)

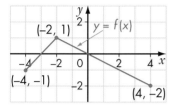

b)

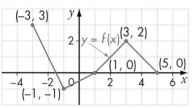

c)

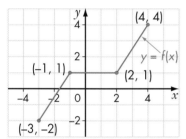

2. Soit les plans cartésiens ci-après, où le graphique en bleu est l'image du graphique en rouge par une réflexion par rapport à l'axe des x. On te fournit l'équation des graphiques en rouge. Indique celle des graphiques en bleu.

a)

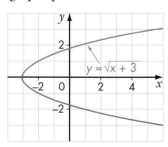

b)

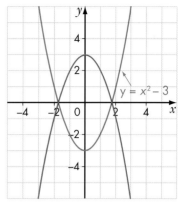

c)

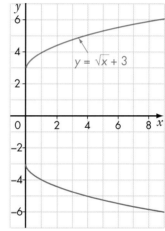

d)

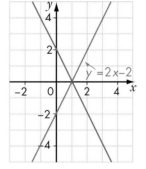

3. Soit les plans cartésiens ci-après, où le graphique en bleu est l'image du graphique en rouge par une réflexion par rapport à l'axe des y. On te fournit l'équation des graphiques en rouge. Indique celle des graphiques en bleu.

a)

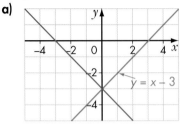

b)

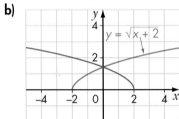

c)

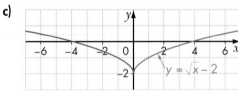

d)

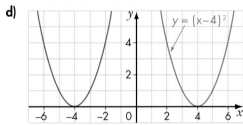

4. Représente graphiquement $y = f(x)$ et esquisse le graphique de :

a) $y = g(x)$, l'image du graphique de $f(x) = x + 1$ par une réflexion par rapport à l'axe des x ;

b) $y = h(x)$, l'image du graphique de $f(x) = \sqrt{x} + 5$ par une réflexion par rapport à l'axe des y ;

c) $y = g(x)$, l'image du graphique de $f(x) = x^2 - 4$ par une réflexion par rapport à l'axe des x ;

d) $y = h(x)$, l'image du graphique de $f(x) = \sqrt{x} + 5$ par une réflexion par rapport à l'axe des y.

5. a) Sachant que $f(x) = 2x - 4$, écris deux équations définissant respectivement $y = -f(x)$ et $y = f(-x)$.
b) Esquisse le graphique de ces trois fonctions dans un même plan cartésien.
c) Pour chaque réflexion, trouve tout point invariant.
d) Indique le domaine et l'image de chaque fonction.

6. a) Sachant que $f(x) = -3x + 2$, écris deux équations définissant respectivement $y = -f(x)$ et $y = f(-x)$.
b) Esquisse le graphique de ces trois fonctions dans un même plan cartésien.
c) Pour chaque réflexion, trouve tout point invariant.

7. a) Sachant que $f(x) = x^2 - 4x$, écris deux équations définissant respectivement $y = -f(x)$ et $y = f(-x)$.
b) Esquisse le graphique de ces trois fonctions dans un même plan cartésien.
c) Pour chaque réflexion, trouve tout point invariant.

8. a) Sachant que $f(x) = x^2 - 9$, écris deux équations définissant respectivement $y = -f(x)$ et $y = f(-x)$.
b) Esquisse le graphique de ces trois fonctions dans un même plan cartésien.
c) Pour chaque réflexion, trouve tout point invariant.

9. a) Sachant que $f(x) = (x + 4)(x - 2)$, écris deux équations définissant respectivement $y = -f(x)$ et $y = f(-x)$.
b) Esquisse le graphique de ces trois fonctions dans un même plan cartésien.
c) Indique le domaine et l'image de chacune de ces fonctions.

10. a) Sachant que $f(x) = \sqrt{x+4}$, écris deux équations définissant respectivement $y = -f(x)$ et $y = f(-x)$.

b) Esquisse le graphique de ces trois fonctions dans un même plan cartésien.

c) Indique le domaine et l'image de chacune de ces fonctions.

11. a) Sachant que $f(x) = \sqrt{x+4}$, écris deux équations définissant respectivement $y = -f(x)$ et $y = f(-x)$.

b) Esquisse le graphique de ces trois fonctions dans un même plan cartésien.

c) Indique le domaine et l'image de chacune de ces fonctions.

Application, résolution de problèmes, communication

12. La grande pyramide de Gizeh On superpose un plan cartésien à une vue en coupe de la grande pyramide de Gizeh, de telle manière que l'axe des y passe par le sommet de la pyramide. L'axe des x passe par deux sommets opposés de la base carrée de ce monument. Les deux segments de droite inclinés de la vue en coupe, soit $\overline{AD}$ et $\overline{AE}$, correspondent à deux arêtes opposées de la pyramide.

a) On peut représenter l'une des arêtes de la vue en coupe par l'équation $y = 0,9x + 146$. S'agit-il de l'arête AD ou AE ? Justifie ta réponse.

b) Quelle est l'équation définissant l'autre arête ? Justifie ta réponse.

B

13. Communication Quelle relation y a-t-il entre la courbe représentative de $y = x^2 - 2x$ et celle de $y = 2x - x^2$? Explique ta réponse.

14. a) Soit la fonction définie par $f(x) = x^2 - x - 6$. Détermine les coordonnées des points d'intersection de son graphique avec l'axe des x et celui des y.

b) À l'aide des points trouvés en a), esquisse le graphique de $y = -f(x)$ et celui de $y = f(-x)$.

15. Un toit en pente Soit le schéma ci-contre, où un plan cartésien est superposé à la vue en coupe d'un toit en pente d'une hauteur h et d'une largeur l, en mètres. L'une des moitiés de la vue en coupe se traduit par l'équation $y = -0,7x + 1,9$.

a) Quelle équation définit son autre moitié ?

b) Quelle est la hauteur h du toit ?

c) Quelle est la largeur l du toit au dixième de mètre près ?

d) Indique le domaine et l'image de la fonction correspondant à chacune des moitiés du toit.

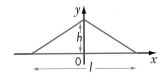

16. Les réflexions successives **a)** Reproduis le graphique ci-contre de $y = f(x)$. Esquisse ensuite celui de chaque relation obtenue en procédant à une réflexion par rapport à l'axe des y, puis à une autre par rapport à l'axe des x.

b) Reproduis le graphique ci-contre de $y = f(x)$. Esquisse ensuite celui de chaque relation obtenue en procédant à une réflexion par rapport à l'axe des x, puis à une autre par rapport à l'axe des y.

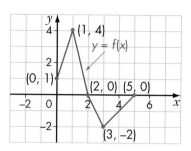

17. Recherche et résolution de problèmes Lorsque l'on fait subir au graphique de $y = f(x)$ une réflexion par rapport à l'axe des x et que l'on soumet l'image ainsi obtenue à une réflexion par rapport à l'axe des y, un même point demeure invariant dans les deux cas. Indique quel est ce point et explique ton raisonnement.

18. a) Sachant que $f(x) = \sqrt{x - 3}$, écris trois équations définissant respectivement $y = -f(x)$, $y = f(-x)$ et $y = -f(-x)$.

b) Esquisse le graphique de ces quatre fonctions dans un même plan cartésien.

c) Indique le domaine et l'image de chacune de ces fonctions.

19. a) Sachant que $f(x) = (x + 1)^2$, écris trois équations définissant respectivement $y = -f(x)$, $y = f(-x)$ et $y = -f(-x)$.

b) Esquisse le graphique de ces quatre fonctions dans un même plan cartésien.

c) Indique le domaine et l'image de chacune de ces fonctions.

20. Application Soit la suite $-7, -4, 1, 8, \ldots$, où le nombre -7 occupe la position 1, le nombre -4, la position 2, et ainsi de suite.

a) Construis une équation reliant chaque nombre n à sa position p à l'intérieur de la suite.

b) Refais la même chose qu'en a) pour la suite $7, 4, -1, -8, \ldots$

c) Quel lien y a-t-il entre la représentation graphique de ces deux suites ?

d) Indique le domaine et l'image de chacune de ces suites.

C

21. a) Sachant que $f(x) = \sqrt{25 - x^2}$, écris deux équations définissant respectivement $y = -f(x)$ et $y = f(-x)$.

b) Représente graphiquement ces trois fonctions ensemble à l'aide d'une calculatrice à affichage graphique.

c) Pour chaque réflexion, trouve tout point invariant.

d) Indique le domaine et l'image de chaque fonction.

22. Combien y a-t-il de points invariants lorsque l'on transforme la courbe représentative de $f(x) = x^2 - 3$ pour obtenir celle de $y = f(-x)$? Justifie ta réponse.

23. Lorsqu'une droite n'est ni horizontale ni verticale, quelle relation y a-t-il entre sa pente et la pente de son image par chacune des réflexions indiquées ci-après ? Justifie tes réponses.

a) Une réflexion par rapport à l'axe des x ;   **b)** Une réflexion par rapport à l'axe des y.

VÉRIFIONS NOS PROGRÈS

Connaissance et compréhension • **Réflexion, recherche et résolution de problèmes** • **Communication** • **Mise en application**

Une table de billard se caractérise entre autres par le fait que toute boule qui frappe l'un de ses rebords est déviée sous un angle égal à son angle d'impact. Ainsi, pour déterminer à quel endroit une boule doit frapper le rebord de la table, on vise la réflexion de la boule que l'on souhaite lui faire heurter, comme on peut le voir ci-contre.

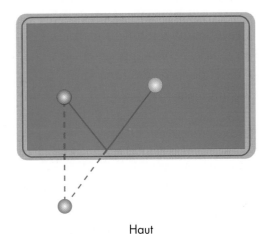

Haut

Gauche   Droite

Bas

a) Indique sur du papier quadrillé la direction où il faut pousser la boule n° 1 pour qu'elle heurte la boule n° 2 après avoir été déviée par le rebord du bas.

b) Indique sur du papier quadrillé la direction où il faut pousser la boule n° 1 pour qu'elle heurte la boule n° 2 après avoir été déviée par le rebord de gauche.

c) Indique sur du papier quadrillé la direction où il faut pousser la boule n° 1 pour qu'elle heurte la boule n° 2 après avoir été déviée par le rebord du haut ou du bas, puis par celui de gauche ou de droite.

d) Si l'on superpose à la table un plan cartésien dont on situe l'origine dans le coin inférieur gauche, la boule n° 1 se trouvera au point (5, 6) et la boule n° 2, au point (11, 3). Détermine les coordonnées du point où la boule n° 1 doit frapper le rebord du bas en a) et nomme ce point H.

e) Détermine l'équation de la trajectoire suivie par la boule n° 1 pour atteindre le point H.

f) Détermine l'équation de la trajectoire suivie par la boule n° 1 du point H à la boule n° 2.

g) Quelle relation y a-t-il entre la pente de la droite en e) et celle de la droite en f) ? Justifie ta réponse.

3.5 Les fonctions réciproques

Les fonctions réciproques sont des fonctions d'un type particulier qui s'annulent les unes les autres. Les tables ci-contre présentent les valeurs d'entrée et de sortie des fonctions réciproques définies par $f(x) = 2x + 1$ et $g(x) = \dfrac{x-1}{2}$.

$$f(x) = 2x + 1$$

Entrée, x	Sortie, f(x)
0	1
1	3
2	5
3	7

$$g(x) = \dfrac{x-1}{2}$$

Entrée, x	Sortie, g(x)
1	0
3	1
5	2
7	3

On peut voir que l'ensemble de sortie de la première fonction, soit *f*, devient l'ensemble d'entrée de la seconde, soit *g*. La fonction *g* annule les effets de la fonction *f*. On peut déterminer les couples de *g* en intervertissant les coordonnées de chaque couple de *f*.

EXPLORATION ET RECHERCHE

Les Jeux paralympiques constituent le deuxième plus grand événement sportif à l'échelle mondiale, après les Jeux olympiques. Au-delà de 4000 athlètes représentant plus de 100 pays ont participé aux Jeux paralympiques de Sydney, en Australie. Le Canada y a terminé cinquième au classement général, avec 38 médailles d'or, 33 d'argent et 25 de bronze. La coureuse et le coureur en fauteuil roulant Chantal Petitclerc et Jeff Adams comptent parmi les athlètes canadiens ayant obtenu une médaille d'or.

1. Les coureuses et les coureurs en fauteuil roulant peuvent s'inscrire à différentes épreuves, du 100 m au marathon. La table ci-contre fournit des données relatives à certaines épreuves se déroulant sur une piste de 400 m. Reproduis-la et complète-la.

Distance d (km)	Nombre de tours n
5	
3	
1,5	
	2
	1
	0,5

2. a) Écris une équation de la forme $d(n) = \blacksquare n$, où d représente la distance à parcourir lors de l'épreuve, en kilomètres, et n, le nombre de tours à effectuer.

b) Quelle opération l'expression $d(n)$ réalise-t-elle sur chaque valeur d'entrée ?

c) Énumère les couples de cette fonction.

3. a) Écris une équation de la forme $n(d) = \blacksquare d$, où n représente le nombre de tours à effectuer lors de l'épreuve et d, la distance à parcourir, en kilomètres.

b) Quelle opération la fonction $n(d)$ réalise-t-elle sur chaque valeur d'entrée ?

c) Énumère tous les couples de cette fonction.

4. Comment peut-on déterminer les couples de la fonction définie par $n(d)$ à partir de ceux de la fonction définie par $d(n)$?

5. Les fonctions définies par $d(n)$ et $n(d)$ sont-elles réciproques ? Justifie ta réponse.

6. Comment le domaine de chacune de ces fonctions se compare-t-il à l'image de l'autre ?

7. Trouve la réciproque g de chacune des fonctions définies ci-après.

a) $f(x) = 2x$ **b)** $f(x) = \dfrac{3x}{4}$ **c)** $f(x) = x + 2$ **d)** $f(x) = x - 4$

Comme cela a été mentionné précédemment, une relation est un ensemble de couples. On peut ainsi déterminer la réciproque d'une relation en intervertissant son domaine et son image.

Relation
$(-3, 4)$, $(0, 7)$, $(2, 9)$

Réciproque
$(4, -3)$, $(7, 0)$, $(9, 2)$

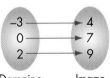

Domaine   Image

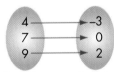

Domaine   Image

Nous avons également vu qu'une fonction est une relation particulière. À chaque élément de son domaine est associé un et un seul élément de son image. Lorsque la réciproque d'une fonction f est elle aussi une fonction, on dit qu'il s'agit de la fonction réciproque de f et on la note f^{-1}.

La notation f^{-1} se lit « réciproque de f ».

Soulignons que le nombre -1 n'est pas un exposant dans f^{-1}, de sorte que $f^{-1} \neq \dfrac{1}{f}$.

EXEMPLE 1 L'interversion des coordonnées

a) Trouve la réciproque f^{-1} de la fonction f dont les couples sont
$\{(-2, -8), (0, -2), (3, 4), (4, 7)\}$.

b) Représente graphiquement ces deux fonctions.

SOLUTION

a) Intervertis les deux éléments de chaque couple.
$f^{-1} = \{(-8, -2), (-2, 0), (4, 3), (7, 4)\}$

b) La représentation graphique de f figure ici en rouge et celle de f^{-1}, en bleu.

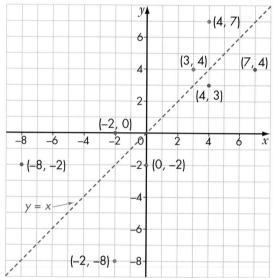

En intervertissant les abscisses et les ordonnées du graphique de la fonction f à l'exemple 1, on lui fait subir une réflexion par rapport à la droite d'équation $y = x$. La représentation graphique de f^{-1} constitue de ce fait l'image de celle de f par une réflexion par rapport à la droite d'équation $y = x$. Ces deux représentations graphiques sont symétriques par rapport à la droite d'équation $y = x$. Si l'on pliait le plan cartésien le long de cette droite, la représentation graphique de f se superposerait exactement à celle de f^{-1}.

Pour trouver la réciproque d'une fonction, on peut entre autres inverser les opérations indiquées par cette fonction.

L'expression $f(x) = 2x + 3$, par exemple, dénote que l'on doit multiplier x par 2, puis ajouter 3 au résultat. Si l'on inverse ces opérations, il faut désormais soustraire 3 de x, puis diviser le résultat par 2.

La réciproque de f est ainsi définie par $f^{-1}(x) = \dfrac{x-3}{2}$.

Soit $x = 6$. Vérifie que la réciproque de la fonction annule les effets de la fonction.

$$f(x) = 2x + 3 \quad \begin{array}{cccc} \text{Entrée} & \text{Multiplie par 2} & \text{Ajoute 3} & \text{Sortie} \\ 6 & \xrightarrow{\hspace{1cm}} 12 & \xrightarrow{\hspace{1cm}} & 15 \end{array}$$

$$\begin{array}{cccc} \text{Sortie} & \text{Divise par 2} & \text{Soustrais 3} & \text{Entrée} \\ 6 & \xleftarrow{\hspace{1cm}} 12 & \xleftarrow{\hspace{1cm}} & 15 \end{array} \quad f^{-1}(x) = \dfrac{x-3}{2}$$

Les fonctions définies par $f(x) = 2x + 3$ et $f^{-1}(x) = \dfrac{x-3}{2}$ sont réciproques, car elles s'annulent l'une l'autre.

Une façon d'inverser les opérations indiquées par une fonction consiste à intervertir ses variables.

EXEMPLE 2 **La réciproque d'une fonction affine**

a) Détermine la réciproque de la fonction définie par $f(x) = 4x + 3$.

b) Cette réciproque est-elle une fonction ?

SOLUTION

a)
$$f(x) = 4x + 3$$
Remplace $f(x)$ par y : $y = 4x + 3$
Intervertis x et y : $x = 4y + 3$
Isole y : $x - 3 = 4y$
$$\frac{x-3}{4} = y$$

La réciproque de f est définie $f^{-1}(x) = \dfrac{x-3}{4}$.

b) La réciproque de f constitue une fonction, car on ne peut trouver qu'une seule valeur possible de y pour chaque valeur de x.

La fonction réciproque de l'exemple 2 peut être définie par une équation de la forme pente-ordonnée à l'origine, ou $y = mx + b$. On a alors $y = \dfrac{x}{4} - \dfrac{3}{4}$.

Cette réciproque est une fonction affine définissant une droite dont la pente est $\dfrac{1}{4}$ et l'ordonnée à l'origine, $-\dfrac{3}{4}$. Lorsque l'on représente graphiquement $f(x) = 4x + 3$ et $f^{-1}(x) = \dfrac{x}{4} - \dfrac{3}{4}$ dans un même plan cartésien ou que l'on génère leurs graphiques ensemble à l'aide d'une calculatrice à affichage graphique, on obtient deux droites qui sont l'image l'une de l'autre par une réflexion par rapport à la droite d'équation $y = x$.

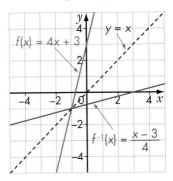

Il suffit de régler le style du graphique dans l'éditeur Y= pour que la droite d'équation y = x soit pointillée. On peut aussi adapter la fenêtre d'affichage à l'aide de l'instruction ZSquare du menu ZOOM.

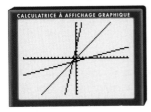

De façon générale, à tout point (x, y) du graphique de $y = f(x)$ correspond un point (y, x) du graphique de sa réciproque, soit $x = f(y)$. Le graphique de $x = f(y)$ est l'image de celui de $y = f(x)$ par une réflexion par rapport à la droite d'équation $y = x$. Tout point situé sur cette droite est invariant, son abscisse et son ordonnée étant identiques. Le point $(-1, -1)$ est ainsi invariant dans l'exemple 2.

EXEMPLE 3 La réciproque d'une fonction du second degré

a) Détermine la réciproque de la fonction définie par $f(x) = x^2 - 1$.

b) Représente graphiquement f et sa réciproque.

c) La réciproque de f est-elle une fonction ?

d) Détermine le domaine et l'image de f ainsi que de sa réciproque.

SOLUTION

a)

$$f(x) = x^2 - 1$$

Remplace $f(x)$ par y : $y = x^2 - 1$

Intervertis x et y : $x = y^2 - 1$

Isole y : $x + 1 = y^2$

Extrais la racine carrée de chaque membre : $\pm\sqrt{x+1} = y$

La réciproque est donc définie par $f^{-1}(x) = \pm\sqrt{x+1}$.

b) La courbe représentative de f et celle de f^{-1} figurent ci-après.

Pour produire à la main la courbe représentative de $f^{-1}(x) = \pm\sqrt{x+1}$, trace séparément la branche définie par $y = \sqrt{x+1}$ et celle définie par $y = -\sqrt{x+1}$.

Pour représenter graphiquement f et f^{-1} à l'aide d'une calculatrice à affichage graphique, recours à l'instruction *DrawInv*. On peut utiliser cette instruction sans avoir déterminé l'équation de f^{-1}.

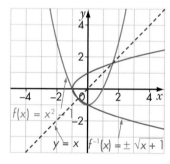

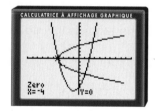

c) Dans le cas de la réciproque f^{-1}, il existe deux valeurs possibles de y pour chaque valeur de x, à l'exception de $x = -1$. En d'autres termes, la courbe représentative de f^{-1} échoue au test de la droite verticale. La réciproque f^{-1} n'est donc pas une fonction.

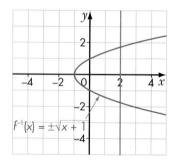

Rappelons qu'un graphique ne représente pas une fonction lorsque l'on peut tracer une droite verticale qui le coupe en plus d'un point.

d) Dans le cas de $f(x) = x^2 - 1$, le domaine correspond à l'ensemble des nombres réels et l'image, à l'ensemble des réels y tels que $y \geq -1$.

Dans le cas de $f^{-1}(x) = \pm\sqrt{x+1}$, le domaine correspond à l'ensemble des réels x tels que $x \geq -1$ et l'image, à l'ensemble des nombres réels.

EXEMPLE 4 **La restriction du domaine de f**

a) Détermine l'équation de la réciproque de la fonction définie par $f(x) = x^2 + 2$.

b) Représente graphiquement f et sa réciproque.

c) La réciproque de f est-elle une fonction ? Dans la négative, restreins le domaine de f afin que sa réciproque soit une fonction.

SOLUTION

a)

$$f(x) = x^2 + 2$$

Remplace $f(x)$ par y : $\qquad y = x^2 + 2$

Intervertis x et y : $\qquad x = y^2 + 2$

Isole y : $\qquad x - 2 = y^2$

Extrais la racine carrée de chaque membre : $\pm\sqrt{x-2} = y$

Par conséquent, $f^{-1}(x) = \pm\sqrt{x-2}$.

b) On peut voir ici la courbe représentative de f et celle de f^{-1}.

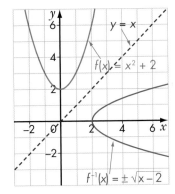

c) Le test de la droite verticale révèle que la réciproque f^{-1} n'est pas une fonction. Sa courbe représentative comporte deux branches définies respectivement par $y = \sqrt{x-2}$ et $y = -\sqrt{x-2}$.

Une branche ou l'autre réussirait le test de la droite verticale. Par conséquent, si l'on restreint le domaine de f de manière que sa réciproque f^{-1} ne corresponde qu'à une seule branche, f^{-1} sera une fonction.

Ainsi, en limitant le domaine de f aux réels x tels que $x \geq 0$ et en faisant subir à la courbe représentative de $f(x) = x^2 + 2$, où $x \geq 0$, une réflexion par rapport à la droite d'équation $y = x$, on obtient la fonction réciproque définie par $f^{-1}(x) = \sqrt{x-2}$. Ces deux fonctions sont représentées graphiquement ci-contre.

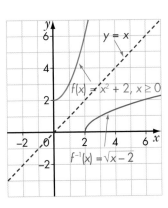

EXEMPLE 5 La location d'une automobile

Le coût de la location d'une automobile pour la journée s'établit à 40 $,
plus 0,10 $ par kilomètre parcouru.

a) Soit c le coût total de location et d la distance parcourue, en kilomètres.
Écris une expression pour $c(d)$ représentant le coût total d'une location
d'une journée.

b) Détermine l'équation de la réciproque de cette fonction.

c) Que représente la réciproque ?

d) Fournis un exemple de l'utilisation que l'on peut faire de la réciproque.

SOLUTION

a) $c(d) = 0,1d + 40$

b) Remplace c par y et d par x : $\qquad\qquad y = 0,1x + 40$

Intervertis x et y : $\qquad\qquad\qquad\qquad x = 0,1y + 40$

Isole y : $\qquad\qquad\qquad\qquad\qquad x - 40 = 0,1y$

$$\frac{x - 40}{0,1} = y$$

$$10(x - 40) = y$$

$$10x - 400 = y$$

Comme les variables x et y ont été interverties, x
correspond à c et y, à d dans l'équation définissant
la réciproque.

> En isolant d dans $c = 0,1d + 40$,
> on obtient l'équation définissant
> la réciproque.

La réciproque est par conséquent $d(c) = 10c - 400$.

c) La réciproque indique la distance que l'on peut parcourir pour un coût
de location donné.

d) La distance associée à un coût de location de 48 $ pour la journée
correspond à

$d = 10(48) - 400$

$ = 480 - 400$

$ = 80$

On peut donc parcourir 80 km pour un coût de location total de 48 $.

Soulignons que toute valeur attribuée à c dans la réciproque ne peut être
inférieure à 40, car le tarif minimal exigé pour la journée s'établit à 40 $ et
la distance parcourue ne peut être négative.

Concepts clés

- Une fonction f et sa réciproque f^{-1} s'annulent l'une l'autre.
- On peut déterminer la réciproque d'une fonction en intervertissant le domaine et l'image de cette fonction.
- On peut déterminer la réciproque d'une fonction en intervertissant x et y dans l'équation qui définit cette fonction.
- La représentation graphique de $x = f(y)$ est l'image de celle de $y = f(x)$ par une réflexion par rapport à la droite d'équation $y = x$.
- La représentation graphique d'une fonction et celle de sa réciproque sont congruentes et l'une est l'image de l'autre par une réflexion par rapport à la droite d'équation $y = x$.

Communique ce que tu as compris

1. Décris comment tu déterminerais la réciproque de $f = \{(-2, 4), (1, 3), (4, 7), (8, 11)\}$.

2. Décris comment tu déterminerais la réciproque de la fonction définie par $f(x) = 4x + 7$.

3. Décris comment tu déterminerais la réciproque de la fonction définie par $f(x) = x^2 - 5$.

Exercices

A

1. À l'aide des couples indiqués, détermine la réciproque des fonctions ci-après. Représente graphiquement chaque fonction et sa réciproque.

a) $f = \{(0, 2), (1, 3), (2, 4), (3, 5)\}$

b) $g = \{(-1, -3), (1, -2), (3, 4), (5, 0), (6, 1)\}$

2. À l'aide des couples indiqués, détermine la réciproque des fonctions ci-après. Indique s'il s'agit d'une fonction.

a) $f = \{(-2, 3), (-1, 2), (0, 0), (4, -2)\}$

b) $g = \{(4, -2), (2, 1), (1, 3), (0, -2), (-3, -3)\}$

3. Esquisse le graphique de la réciproque des fonctions représentées ci-après.

a)

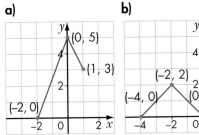

b)

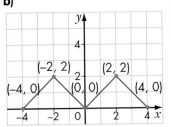

c)

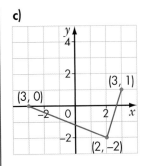

d)

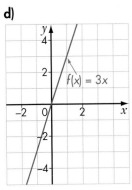

e)

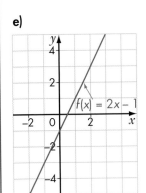

f)

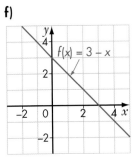

g)

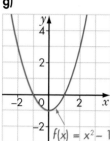

h)

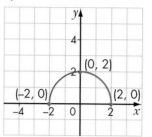

i)

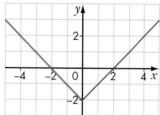

4. Isole x dans les équations suivantes.

a) $f(x) = 3x + 2$ **b)** $f(x) = \dfrac{12 - 2x}{3}$

c) $f(x) = 3 - 4x$ **d)** $f(x) = \dfrac{x + 3}{4}$

e) $f(x) = \dfrac{x}{2} - 5$ **f)** $f(x) = x^2 + 3$

5. Déterminer l'équation de la réciproque des fonctions définies ci-après.

a) $f(x) = x - 1$ **b)** $f(x) = \dfrac{x}{2}$

c) $f(x) = x + 3$ **d)** $f(x) = \dfrac{4}{3}x$

e) $f(x) = 2x + 1$ **f)** $f(x) = \dfrac{x + 2}{3}$

g) $g(x) = \dfrac{5}{2}x - 4$ **h)** $h(x) = 0{,}2x + 1$

6. Détermine l'équation de la réciproque des fonctions définies ci-après. Représente graphiquement chaque fonction et sa réciproque.

a) $f(x) = x + 2$ **b)** $f(x) = 4x$

c) $f(x) = 3x - 2$ **d)** $f(x) = x$

e) $f(x) = 3 - x$ **f)** $f(x) = \dfrac{x - 2}{3}$

7. Détermine l'équation de la réciproque des fonctions définies ci-après et indique s'il s'agit d'une fonction.

a) $f(x) = 2x - 5$ **b)** $f(x) = \dfrac{x + 3}{4}$

c) $f(x) = \dfrac{x}{4} + 3$ **d)** $f(x) = 5 - x$

8. Détermine si les paires d'équations ci-après définissent des fonctions réciproques.

a) $f(x) = x + 5$ et $g(x) = x - 5$

b) $f(x) = 7x$ et $g(x) = \dfrac{x}{7}$

c) $f(x) = 2x - 1$ et $g(x) = \dfrac{x + 1}{2}$

d) $f(x) = x - 3$ et $g(x) = 3 - x$

e) $f(x) = \dfrac{x}{3} - 4$ et $g(x) = 3x - 4$

f) $g(x) = \dfrac{x}{3} - 5$ et $h(x) = 3x + 5$

g) $h(x) = \dfrac{x - 8}{4}$ et $k(x) = 4(x + 2)$

9. Démontre algébriquement et graphiquement que les paires d'équations ci-après définissent des fonctions réciproques.

a) $y = 3x + 4$ et $y = \dfrac{1}{3}(x - 4)$

b) $y = 3 - 2x$ et $y = -\dfrac{1}{2}(x - 3)$

10. Soit chacune des fonctions définies ci-après.
a) Détermine l'équation de sa réciproque.
b) Représente graphiquement f et sa réciproque.
c) Indique le domaine et l'image de f ainsi que de sa réciproque.

i) $f(x) = x^2 - 3$
ii) $f(x) = x^2 + 1$
iii) $f(x) = -x^2$
iv) $f(x) = -x^2 - 1$
v) $f(x) = (x - 2)^2$
vi) $f(x) = (x + 1)^2$

11. Soit les plans cartésiens ci-après, où le graphique en bleu est l'image du graphique en rouge par une réflexion par rapport à la droite d'équation $y = x$. On te fournit l'équation des graphiques en rouge. Indique celle des graphiques en bleu.

a)

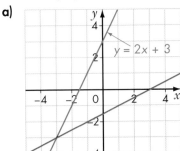

b)

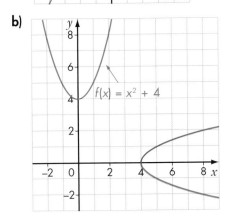

12. Détermine si les paires d'équations ci-après définissent des fonctions réciproques.

a) $y = x^2 - 3$ et $y = \sqrt{x+3}$

b) $y = x^2 + 1$ et $y = \sqrt{x+1}$

13. Détermine l'équation de la réciproque des fonctions définies par les équations ci-après. Si cette réciproque est une fonction, indique son domaine et son image.

a) $y = 2x - 3$ **b)** $y = 2 - 4x$

c) $y = 3(x - 2)$ **d)** $y = \dfrac{1}{2}(x - 6)$

e) $y = x^2$ **f)** $y = x^2 + 2$

g) $y = x^2 - 4$ **h)** $y = 2x^2 - 1$

i) $y = (x - 3)^2$ **j)** $y = (x + 2)^2$

14. Soit chacune des fonctions définies ci-après.

a) Détermine l'équation de sa réciproque.

b) Représente graphiquement f et sa réciproque.

c) Indique le domaine et l'image de f ainsi que de sa réciproque.

i) $f(x) = x^2$, où $x \geq 0$

ii) $f(x) = x^2 - 2$, où $x \geq 0$

iii) $f(x) = x^2 + 4$, où $x \leq 0$

iv) $f(x) = 3 - x^2$, où $x \geq 0$

v) $f(x) = (x - 4)^2$, où $x \geq 4$

vi) $f(x) = (x + 3)^2$, où $x \leq -3$

15. Détermine l'équation de la réciproque des fonctions définies par les équations ci-après.

a) $y = \sqrt{x - 2}$ **c)** $y = \sqrt{x^2 + 9}$

b) $y = \sqrt{3 - x}$

16. Soit chacune des fonctions définies ci-après.

a) Détermine l'équation de sa réciproque f^{-1}.

b) Représente graphiquement f et sa réciproque.

c) Restreins le domaine de f de telle manière que f^{-1} soit aussi une fonction.

d) Représente graphiquement f et f^{-1} en restreignant le domaine de f.

i) $f(x) = x^2 + 3$ **ii)** $f(x) = 2x^2$

iii) $f(x) = x^2 - 1$ **iv)** $f(x) = -x^2$

v) $f(x) = 1 - x^2$ **vi)** $f(x) = (x - 2)^2$

vii) $f(x) = (4 - x)^2$ **viii)** $f(x) = -(x + 5)^2$

17. a) Détermine l'équation de la réciproque de $f(x) = \dfrac{1}{x}$.

b) Cette réciproque est-elle une fonction ? Justifie ta réponse.

18. Communication a) Détermine l'équation de la réciproque de $f(x) = \sqrt{x}$.

b) Cette réciproque est-elle une fonction ? Justifie ta réponse.

Application, résolution de problèmes, communication

19. La location d'une fourgonnette Le coût de la location d'une fourgonnette pour la journée s'établit à 50 $, plus 0,15 $ par kilomètre parcouru.

a) Écris l'équation d'une fonction représentant le coût total $c(d)$ d'une location d'une journée, en dollars, par rapport à la distance parcourue d, en kilomètres.

b) Détermine l'équation de la réciproque de cette fonction.

c) Que représente la réciproque ?

d) Quel est son domaine ?

B

20. La mesure a) Soit x le rayon d'un cercle. Écris l'équation d'une fonction f représentant la circonférence par rapport au rayon.

b) Détermine l'équation de la réciproque de cette fonction.

c) Cette réciproque est-elle une fonction ?

d) Que représente cette réciproque ?

21. Application a) Soit x le rayon d'une sphère. Écris l'équation d'une fonction f représentant l'aire totale par rapport au rayon.

b) Détermine l'équation de la réciproque de cette fonction.

c) Indique l'image et le domaine de cette réciproque.

d) Cette réciproque est-elle une fonction ?

e) Que représente cette réciproque ?

22. La vente au détail À l'occasion d'un solde, un marchand d'appareils ménagers a réduit de 30 % le prix de tous les articles qu'il offre.

a) Écris l'équation d'une fonction représentant le prix réduit d'un article par rapport à son prix régulier.

b) Détermine l'équation de la réciproque de cette fonction.

c) Que représente cette réciproque ?

23. Le marché des changes À une époque, le dollar canadien valait 0,70 $ US.

a) Écris l'équation d'une fonction représentant la valeur a du dollar américain par rapport à la valeur c du dollar canadien.

b) Détermine l'équation de la réciproque de cette fonction. Arrondis le coefficient au centième près.

c) Utilise cette réciproque pour convertir 150 $ US en dollars canadiens.

24. La géologie On peut déterminer approximativement la température, en degrés Celsius, des roches sous la surface terrestre en multipliant par 35 la profondeur en kilomètres à laquelle elles se trouvent et en ajoutant 20 au résultat obtenu.

a) Soit p la profondeur en kilomètres à laquelle se trouvent certaines roches. Écris l'équation d'une fonction T représentant la température de ces roches, en degrés Celsius, par rapport à leur profondeur.

b) Détermine l'équation de la réciproque de cette fonction.

c) À quelle profondeur les roches ont-elles une température de 90 °C ?

25. La rémunération hebdomadaire Julie travaille dans une boutique de vêtements. Elle reçoit 400 $ par semaine, plus une commission égale à 5 % des ventes qu'elle effectue.

a) Écris l'équation d'une fonction décrivant sa rémunération hebdomadaire totale par rapport au chiffre de ses ventes.

b) Détermine l'équation de la réciproque de cette fonction.

c) Que représente cette réciproque ?

d) Une semaine, Julie a gagné 575 $. Calcule le total des ventes qu'elle a effectuées au cours de cette période.

26. La mesure La relation entre la mesure de tout angle intérieur i d'un polygone régulier et son nombre de côtés n se traduit par $i(n) = 180 - \dfrac{360}{n}$.

a) Détermine la mesure de tout angle intérieur d'un heptagone régulier.

b) Détermine l'équation de la réciproque de cette fonction.

c) À l'aide de cette réciproque, détermine quel type de polygone régulier présente des angles intérieurs de 144°.

27. La chute d'un objet Lorsqu'on laisse tomber un objet d'une hauteur de 80 m, sa hauteur approximative $h(t)$ au-dessus du sol, en mètres, t secondes après le début de sa chute se traduit par $h(t) = -5t^2 + 80$.

a) Représente graphiquement cette fonction.

b) Détermine l'équation de sa réciproque et représente-la graphiquement.

c) Sa réciproque est-elle une fonction ? Justifie ta réponse.

d) Que représente cette réciproque ?

e) Au bout de combien de temps l'objet se trouve-t-il à 35 m du sol ?

f) Combien de temps cet objet met-il à atteindre le sol ?

28. a) Sachant que $f(x) = 2x - 4$, écris trois équations définissant respectivement $y = -f(x)$, $y = f(-x)$ et $y = f^{-1}(x)$.

b) Esquisse le graphique de ces quatre fonctions dans un même plan cartésien.

c) Pour chaque réflexion, trouve tout point invariant.

29. a) Sachant que $f(x) = -3x + 2$, écris trois équations définissant respectivement $y = -f(x)$, $y = f(-x)$ et $y = f^{-1}(x)$.

b) Esquisse le graphique de ces quatre fonctions dans un même plan cartésien.

c) Pour chaque réflexion, trouve tout point invariant.

30. a) Sachant que $f(x) = \sqrt{x+3}$, écris trois équations définissant respectivement $y = -f(x)$, $y = f(-x)$ et $y = f^{-1}(x)$.

b) Esquisse le graphique de ces quatre fonctions dans un même plan cartésien.

31. Écris l'équation de la droite qu'on obtient en faisant subir à la droite définie par $x = 2$ une réflexion par rapport à la droite d'équation $y = x$.

32. Les réflexions successives Reproduis le graphique ci-contre de $y = f(x)$. Esquisse ensuite celui de chaque relation qu'on obtient en procédant à une réflexion par rapport à l'axe des y, puis à une autre par rapport à l'axe des x et à une autre par rapport à la droite d'équation $y = x$.

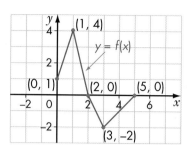

C

33. Recherche et résolution de problèmes Écris l'équation de quatre fonctions qui sont chacune leur propre réciproque.

34. Si la fonction f comprend le couple $(2, 3)$, sa réciproque f^{-1} peut-elle comprendre les couples ci-après ? Justifie tes réponses.
a) $(3, 4)$ **b)** $(4, 2)$

35. La géométrie analytique Détermine l'aire de la figure délimitée par les graphiques de $f(x) = 4 - x$, $g(x) = 12 - 3x$ et g^{-1}.

36. a) La relation définie par $y = k$, où k est une constante, est-elle une fonction ? Justifie ta réponse.
b) La réciproque de la relation définie par $y = k$ est-elle une fonction ? Justifie ta réponse.

37. Quelle est la réciproque de la réciproque d'une fonction ? Justifie ta réponse.

38. La pente Lorsqu'une droite n'est ni horizontale ni verticale, quelle relation y a-t-il entre sa pente et celle de sa réciproque ?

39. a) De combien de manières peut-on restreindre le domaine de $f(x) = x^2 + 3$ pour que sa réciproque soit une fonction ? Donne des exemples et utilise des graphiques pour justifier ta réponse.
b) De combien de manières peut-on restreindre le domaine de $f(x) = x^2 + 3$ pour que sa réciproque ne soit pas une fonction ? Donne des exemples et utilise des graphiques pour justifier ta réponse.

VÉRIFIONS NOS PROGRÈS

Connaissance et compréhension • Réflexion, recherche et résolution de problèmes • Communication • Mise en application

a) Esquisse le graphique de la fonction définie par $f(x) = \sqrt{x}$.
b) Dans le même plan cartésien, représente graphiquement $y = f^{-1}(x)$, $y = f^{-1}(-x)$ et $y = -f^{-1}(-x)$.
c) Compare le graphique de $y = f(x)$ à celui de $y = -f^{-1}(-x)$. Quelle est l'équation de l'axe de réflexion si l'on génère le graphique de $y = -f^{-1}(-x)$ en faisant subir une seule réflexion à celui de $y = f(x)$?

3.6 Les élongations des graphiques de fonctions

L'horloge de la tour de Heritage Hall, à Vancouver, est connue sous le nom de Little Ben. Elle est l'œuvre de l'entreprise qui a construit Big Ben, une célèbre horloge située à Londres, en Angleterre. Il s'agit en fait d'une horloge mécanique à balancier.

Or, la période d'un balancier, ou pendule, sur la Terre se traduit par l'équation $P = 2\sqrt{l}$, où P représente la période en secondes et l, la longueur du balancier, en mètres. Comme la pesanteur varie d'un astre à l'autre à l'intérieur du système solaire, la fonction correspondante varie également. Elle est ainsi définie par $P = 5\sqrt{l}$ sur la Lune et par $P = 8\sqrt{l}$ sur Pluton.

EXPLORATION ET RECHERCHE

1. Soit $y = P$ et $x = l$. Représente graphiquement les trois fonctions mentionnées plus haut et la fonction définie par $y = \sqrt{x}$, en traçant leurs graphiques dans un même plan cartésien ou en les générant ensemble à l'aide d'une calculatrice à affichage graphique.

$y = \sqrt{x}$		$y = 2\sqrt{x}$		$y = 5\sqrt{x}$		$y = 8\sqrt{x}$	
x	**y**	**x**	**y**	**x**	**y**	**x**	**y**
0		0		0		0	
1		1		1		1	
4		4		4		4	
9		9		9		9	
16		16		16		16	

2. Dans le cas des fonctions définies par $y = \sqrt{x}$ et $y = 2\sqrt{x}$, comment se comparent les ordonnées de deux points quelconques ayant une même abscisse différente de zéro ? Explique pourquoi.

3. Dans le cas des fonctions définies par $y = \sqrt{x}$ et $y = 5\sqrt{x}$, comment se comparent les ordonnées de deux points quelconques ayant une même abscisse différente de zéro ? Explique pourquoi.

4. Dans le cas des fonctions définies par $y = \sqrt{x}$ et $y = 8\sqrt{x}$, comment se comparent les ordonnées de deux points quelconques ayant une même abscisse différente de zéro ? Explique pourquoi.

5. a) Si l'on transportait Little Ben sur Pluton, la période de son balancier serait de 9,8 s. Quelle est la longueur de son balancier, au dixième de mètre près ?

b) Si l'on transportait Little Ben sur la Lune, quelle serait la période de son balancier, au dixième de seconde près ?

EXEMPLE 1 **Les élongations verticales**

a) Reproduis le graphique ci-contre de $y = f(x)$. Dans le même plan cartésien, représente graphiquement $y = 3f(x)$ et $y = 0,5f(x)$.

b) Décris la relation entre les graphiques de $y = 3f(x)$ et $y = 0,5f(x)$ respectivement et celui de $y = f(x)$.

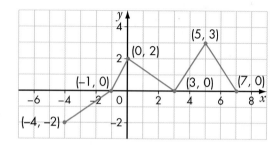

SOLUTION

a) À l'aide du graphique fourni, crée une table de valeurs pour $y = f(x)$.

Construis ensuite une table de valeurs pour $y = 3f(x)$ et pour $y = 0,5f(x)$, puis trace le graphique de ces fonctions.

$y = f(x)$ $\qquad$ $y = 3f(x)$ $\qquad$ $y = 0,5f(x)$

x	y
7	0
5	3
3	0
0	2
−1	0
−4	−2

x	y
7	0
5	9
3	0
0	6
−1	0
−4	−6

x	y
7	0
5	1,5
3	0
0	1
−1	0
−4	−1

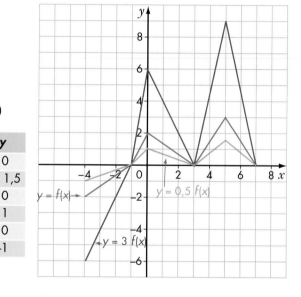

b) Soit le graphique de $y = f(x)$ et celui de $y = 3f(x)$. Tout point (x, y) du graphique de $y = f(x)$ a pour image par transformation le point $(x, 3y)$ du graphique de $y = 3f(x)$. Le graphique de $y = 3f(x)$ est l'image de celui de $y = f(x)$ par un agrandissement vertical de rapport 3.

Soit le graphique de $y = f(x)$ et celui de $y = 0,5f(x)$. Tout point (x, y) du graphique de $y = f(x)$ a pour image par transformation le point $(x, 0,5y)$ du graphique de $y = 0,5f(x)$. Le graphique de $y = 0,5f(x)$ est l'image de celui de $y = f(x)$ par un rétrécissement vertical de rapport 0,5.

Les graphiques de $y = f(x)$, $y = 3f(x)$ et $y = 0,5f(x)$ ne sont pas congruents.

Dans l'exemple 1, les points $(7, 0)$, $(3, 0)$ et $(-1, 0)$ sont communs aux graphiques des trois fonctions. Rappelons qu'il s'agit de points invariants, puisqu'ils demeurent inchangés à la suite des transformations. Les trois fonctions étudiées ont le même domaine, soit l'ensemble des réels x tels que $-4 \leq x \leq 7$, mais leur image diffère. Celle-ci correspond en effet à l'ensemble des réels y tels que $-2 \leq y \leq 3$ dans le cas de $y = f(x)$, $-6 \leq y \leq 9$ dans le cas de $y = 3f(x)$ et $-1 \leq y \leq 1{,}5$ dans le cas de $y = 0{,}5f(x)$.

Il ressort de cet exemple qu'une élongation peut consister en un agrandissement ou un rétrécissement. Elle est **agrandissement** lorsque le rapport est supérieur à 1 et **rétrécissement** lorsque le rapport est inférieur à 1.

EXEMPLE 2 **L'élongation verticale du graphique d'une fonction du second degré**

a) Représente graphiquement $y = x^2$, $y = 2x^2$ et $y = \dfrac{2}{3}x^2$ dans un même plan cartésien.

b) Décris la relation entre les graphiques de $y = 2x^2$ et $y = \dfrac{2}{3}x^2$ respectivement et celui de $y = x^2$.

SOLUTION

a) Construis trois tables de valeurs, en attribuant à x des valeurs pratiques, ou utilise une calculatrice à affichage graphique.

$y = x^2$

x	y
3	9
2	4
1	1
0	0
−1	1
−2	4
−3	9

$y = 2x^2$

x	y
3	18
2	8
1	2
0	0
−1	2
−2	8
−3	18

$y = \dfrac{2}{3}x^2$

x	y
6	24
3	6
0	0
−3	6
−6	24

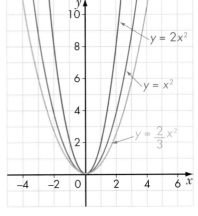

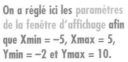

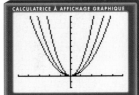

On a réglé ici les paramètres de la fenêtre d'affichage afin que Xmin = −5, Xmax = 5, Ymin = −2 et Ymax = 10.

b) Soit $y = 2x^2$, ce qui correspond à $y = 2(x^2)$. Tout point (x, y) de la courbe représentative de $y = x^2$ a pour image par transformation le point $(x, 2y)$ de la courbe représentative de $y = 2x^2$. La courbe représentative de $y = 2x^2$ est l'image de celle de $y = x^2$ par un agrandissement vertical de rapport 2.

Soit $y = \dfrac{2}{3}x^2$, ce qui correspond à $y = \dfrac{2}{3}(x^2)$. Tout point (x, y) de la courbe représentative de $y = x^2$ a pour image par transformation le point $\left(x, \dfrac{2}{3}y\right)$ de la courbe représentative de $y = \dfrac{2}{3}x^2$. La courbe représentative de $y = \dfrac{2}{3}x^2$ est l'image de celle de $y = x^2$ par un rétrécissement vertical de rapport $\dfrac{2}{3}$.

Ces trois fonctions ont un même domaine, soit l'ensemble des nombres réels, et une même image, soit l'ensemble des réels y tels que $y \geq 0$.

De façon générale, pour toute fonction définie par $y = f(x)$, on peut générer le graphique de la fonction définie par $y = af(x)$, où a est un nombre réel quelconque, en multipliant par a l'ordonnée de chaque point du graphique de $y = f(x)$.

Tout point (x, y) du graphique de $y = f(x)$ a pour image par transformation le point (x, ay) du graphique de $y = af(x)$.

Lorsque $a > 1$, on note un agrandissement vertical de rapport a.

Lorsque $0 < a < 1$, on note un rétrécissement vertical de rapport a.

EXEMPLE 3 **Les élongations horizontales**

Compare le graphique ci-contre de $y = f(x)$ à celui des fonctions définies ci-après.

a) $y = f(2x)$

b) $y = f\left(\dfrac{1}{2}x\right)$

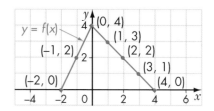

SOLUTION

a) À l'aide du graphique fourni, crée une table de valeurs pour $y = f(x)$. Construis ensuite une table de valeurs pour $y = f(2x)$. Assure-toi que tu attribues à x des valeurs pratiques.

$y = f(x)$

x	y
–2	0
–1	2
0	4
1	3
2	2
3	1
4	0

$y = f(2x)$

x	y
–1	$f(2 \times (-1)) = f(-2) = 0$
–0,5	$f(2 \times (-0,5)) = f(-1) = 2$
0	$f(2 \times 0) = f(0) = 4$
0,5	$f(2 \times 0,5) = f(1) = 3$
1	$f(2 \times 1) = f(2) = 2$
1,5	$f(2 \times 1,5) = f(3) = 1$
2	$f(2 \times 2) = f(4) = 0$

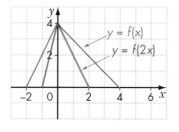

Ces deux fonctions ont une même image, soit l'ensemble des réels y tels que $0 \le y \le 4$. Le domaine de $y = f(x)$ correspond à l'ensemble des réels x tels que $-2 \le x \le 4$ et celui de $y = f(2x)$, à l'ensemble des réels x tels que $-1 \le x \le 2$.

Soulignons qu'il n'est pas pratique d'attribuer à x une valeur telle que -2 ou 4 dans le cas de $y = f(2x)$, car $f(2 \times (-2)) = f(-4)$ et $f(2 \times 4) = f(8)$. Or, $f(-4)$ et $f(8)$ sont des valeurs indéfinies dans le cas de la fonction $y = f(x)$.

Pour toute valeur de x différente de zéro, chaque point du graphique de $y = f(2x)$ se situe deux fois plus près de l'axe des y que le point correspondant du graphique de $y = f(x)$.

Tout point (x, y) du graphique de $y = f(x)$ a pour image par transformation le point $\left(\dfrac{x}{2}, y\right)$ du graphique de $y = f(2x)$. Le graphique de $y = f(2x)$ est l'image de celui de $y = f(x)$ par un rétrécissement horizontal de rapport $\dfrac{1}{2}$.

b) Reporte-toi à la table de valeurs en a) pour $y = f(x)$.

Construis ensuite une table de valeurs pour $y = f\left(\dfrac{1}{2}x\right)$. Assure-toi que tu attribues à x des valeurs pratiques.

$y = f(x)$

x	y
–2	0
–1	2
0	4
1	3
2	2
3	1
4	0

$y = f\left(\dfrac{1}{2}x\right)$

x	y
–4	$f\left(\dfrac{1}{2} \times (-4)\right) = f(-2) = 0$
–2	$f\left(\dfrac{1}{2} \times (-2)\right) = f(-1) = 2$
0	$f\left(\dfrac{1}{2} \times (0)\right) = f(0) = 4$
2	$f\left(\dfrac{1}{2} \times 2\right) = f(1) = 3$
4	$f\left(\dfrac{1}{2} \times 4\right) = f(2) = 2$
6	$f\left(\dfrac{1}{2} \times 6\right) = f(3) = 1$
8	$f\left(\dfrac{1}{2} \times 8\right) = f(4) = 0$

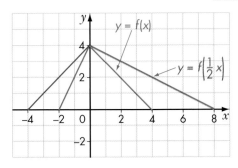

Ces deux fonctions ont une même image, soit l'ensemble des réels y tels que $0 \leq y \leq 4$. Le domaine de $y = f(x)$ correspond à l'ensemble des réels x tels que $-2 \leq x \leq 4$ et celui de $y = f\left(\dfrac{1}{2}x\right)$, à l'ensemble des réels x tels que $-4 \leq x \leq 8$.

Pour toute valeur de x différente de zéro, chaque point du graphique de $y = f\left(\dfrac{1}{2}x\right)$ se situe deux fois plus loin de l'axe des y que le point correspondant du graphique de $y = f(x)$. Tout point (x, y) du graphique de $y = f(x)$ a pour image par transformation le point $(2x, y)$ du graphique de $y = f\left(\dfrac{1}{2}x\right)$.

Le graphique de $y = f\left(\dfrac{1}{2}x\right)$ est l'image de celui de $y = f(x)$ par un agrandissement horizontal de rapport 2.

Le point (0, 4) est invariant dans le cas des deux transformations de l'exemple 3, car il se situe sur l'axe des y.

EXEMPLE 4 L'élongation horizontale du graphique d'une fonction racine

Compare les graphiques de $y=\sqrt{2x}$ et $y=\sqrt{\dfrac{1}{2}x}$ respectivement à celui de $y=\sqrt{x}$.

SOLUTION

Construis trois tables de valeurs en attribuant à x des valeurs pratiques.

$y=\sqrt{x}$

x	y
0	0
1	1
4	2
9	3
16	4

$y=\sqrt{2x}$

x	y
0	0
0,5	1
2	2
4,5	3
8	4

$y=\sqrt{\dfrac{1}{2}x}$

x	y
0	0
2	1
8	2
18	3
32	4

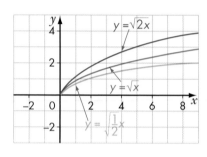

On a réglé ici les paramètres de la fenêtre d'affichage **afin que Xmin = 0, Xmax = 35, Ymin = 0 et Ymax = 10.**

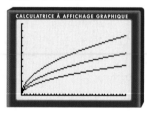

La courbe représentative de $y=\sqrt{2x}$ est l'image de celle de $y=\sqrt{x}$ par un rétrécissement horizontal de rapport $\dfrac{1}{2}$.

La courbe représentative de $y=\sqrt{\dfrac{1}{2}x}$ est l'image de celle de $y=\sqrt{x}$ par un agrandissement horizontal de rapport 2.

Ces trois fonctions ont un même domaine, soit l'ensemble des réels x tels que $x \geq 0$, et une même image, soit l'ensemble des réels y tels que $y \geq 0$.

De façon générale, pour toute fonction définie par $y = f(x)$, on peut générer le graphique de la fonction définie par $y = f(kx)$, où k est un nombre réel quelconque, en divisant par k l'abscisse de chaque point du graphique de $y = f(x)$.

Tout point (x, y) du graphique de $y = f(x)$ a pour image par transformation le point $\left(\dfrac{x}{k}, y\right)$ du graphique de $y = f(kx)$.

Lorsque $k > 1$, le graphique de $y = f(x)$ fait l'objet d'un rétrécissement horizontal de rapport $\dfrac{1}{k}$.

Lorsque $k < 1$, le graphique de $y = f(x)$ fait l'objet d'un agrandissement horizontal de rapport $\dfrac{1}{k}$.

EXEMPLE 5 Les élongations verticales et horizontales

a) Reproduis le graphique ci-contre de $y = f(x)$. Compare les graphiques de $y = 3f(x)$ et $y = f\left(\dfrac{1}{2}x\right)$ respectivement à celui de $y = f(x)$.

b) Compare le graphique de $y = 3f\left(\dfrac{1}{2}x\right)$ à celui de $y = f(x)$.

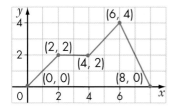

SOLUTION

a) Construis trois tables de valeurs en attribuant à x des valeurs pratiques.

$y = f(x)$

x	y
0	0
2	2
4	2
6	4
8	0

$y = 3f(x)$

x	y
0	0
2	6
4	6
6	12
8	0

$y = f\left(\dfrac{1}{2}x\right)$

x	y
0	0
4	2
8	2
12	4
16	0

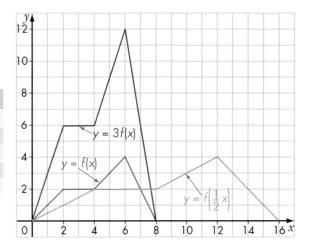

Le graphique de $y = 3f(x)$ est l'image de celui de $y = f(x)$ par un agrandissement vertical de rapport 3.

Le graphique de $y = f\left(\dfrac{1}{2}x\right)$ est l'image de celui de $y = f(x)$ par un agrandissement horizontal de rapport 2.

b) Fais tout d'abord subir au graphique de $y = f(x)$ la transformation définie par $y = 3f(x)$.

Soumets ensuite le graphique de $y = 3f(x)$ à la transformation définie par $y = f\left(\dfrac{1}{2}x\right)$ afin d'obtenir la transformée $y = 3f\left(\dfrac{1}{2}x\right)$.

$y = f(x)$

x	y
0	0
2	2
4	2
6	4
8	0

$y = 3f(x)$

x	y
0	0
2	6
4	6
6	12
8	0

$y = 3f\left(\dfrac{1}{2}x\right)$

x	y
0	0
4	6
8	6
12	12
16	0

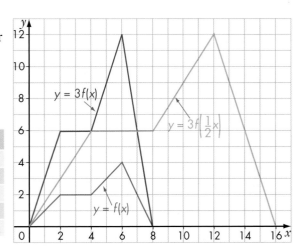

Le graphique de $y = 3f\left(\dfrac{1}{2}x\right)$ est l'image de celui de $y = f(x)$ par un agrandissement vertical de rapport 3 et un agrandissement horizontal de rapport 2.

Mentionnons qu'à l'exemple 5 b) on aurait pu soumettre d'abord le graphique de $y = f(x)$ à la transformation définie par $y = f\left(\dfrac{1}{2}x\right)$, pour ensuite réaliser la transformation définie par $y = 3f(x)$ afin d'en arriver à $y = 3f\left(\dfrac{1}{2}x\right)$.

$y = f(x)$

x	y
0	0
2	2
4	2
6	4
8	0

$y = f\left(\dfrac{1}{2}x\right)$

x	y
0	0
4	2
8	2
12	4
16	0

$y = 3f\left(\dfrac{1}{2}x\right)$

x	y
0	0
4	6
8	6
12	12
16	0

Concepts clés

- Le tableau ci-après décrit brièvement les élongations que peut subir le graphique de la fonction définie par $y = f(x)$.

Élongation	Forme mathématique	Effet
Verticale	$y = af(x)$	Si $a > 1$, agrandissement vertical de rapport a. Si $0 < a < 1$, rétrécissement vertical de rapport a.
Horizontale	$y = f(kx)$	Si $k > 1$, rétrécissement horizontal de rapport $\dfrac{1}{k}$. Si $0 < k < 1$, agrandissement horizontal de rapport $\dfrac{1}{k}$.

- Lorsque l'on fait subir au graphique d'une fonction une élongation horizontale et une élongation verticale, l'image obtenue sera la même peu importe l'ordre dans lequel on réalise ces deux transformations.

Communique ce que tu as compris

1. Soit $y = f(x)$. Décris la différence entre le graphique de $y = 0{,}5f(x)$ et celui de $y = 2f(x)$.

2. Soit $y = f(x)$. Décris la différence entre le graphique de $y = f(2x)$ et celui de $y = f(0{,}5x)$.

3. Soit le graphique ci-contre de $y = f(x)$. Décris comment les coordonnées des points du graphique des fonctions définies par les équations ci-après se comparent à celles des points du graphique de $y = f(x)$.

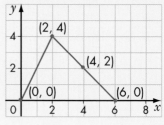

a) $y = 2f(x)$ **b)** $y = f\left(\dfrac{1}{2}x\right)$ **c)** $y = 2f\left(\dfrac{1}{2}x\right)$

Exercices

A

1. À partir du graphique fourni de $y = f(x)$, esquisse celui des fonctions définies ci-après. Indique le domaine et l'image de chacune des fonctions.

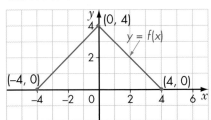

a) $y = 2f(x)$ **b)** $y = \dfrac{1}{2}f(x)$

c) $y = f(2x)$ **d)** $y = f\left(\dfrac{1}{2}x\right)$

e) $y = 2f\left(\dfrac{1}{2}x\right)$ **f)** $y = \dfrac{1}{2}f\left(\dfrac{1}{2}x\right)$

g) $y = 2f(2x)$ **h)** $y = 0{,}5f(2x)$

2. À partir du graphique fourni de $y = f(x)$, esquisse celui des fonctions définies ci-après. Indique le domaine et l'image de chacune des fonctions.

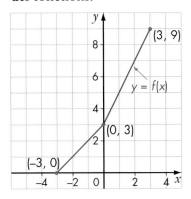

a) $y = 2f(x)$ **b)** $y = \dfrac{1}{3}f(x)$

c) $y = f(3x)$ **d)** $y = f\left(\dfrac{1}{3}x\right)$

e) $y = f\left(\dfrac{1}{2}x\right)$ **f)** $y = \dfrac{1}{3}f(3x)$

3. Soit le graphique ci-après de $y = f(x)$.

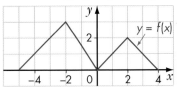

Dans chaque cas, exprime $g(x)$ et $h(x)$ en fonction de $f(x)$.

a)

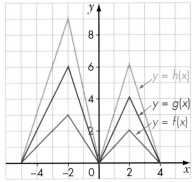

b)

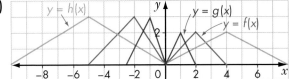

4. Soit les fonctions définies par les trois équations de chaque ensemble ci-après.

a) Esquisse leurs graphiques dans un même plan cartésien ou génère-les ensemble à l'aide d'une calculatrice à affichage graphique.

b) Décris la relation entre les graphiques de la deuxième et de la troisième fonction et celui de la première.

c) Indique tout point invariant.

i) $y = x$, $y = 2x$ et $y = \dfrac{1}{2}x$

ii) $y = x^2$, $y = 3x^2$ et $y = \dfrac{1}{2}x^2$

iii) $y = \sqrt{x}$, $y = 3\sqrt{x}$ et $y = 1{,}5\sqrt{x}$

iv) $y = x^2$, $y = (2x)^2$ et $y = \left(\dfrac{1}{2}x\right)^2$

5. Décris comment on peut générer le graphique des fonctions définies ci-après à partir de celui de $y = f(x)$.

a) $y = 3f(x)$ **b)** $y = \dfrac{1}{2}f(x)$

c) $y = 2f(x)$ **d)** $y = \dfrac{1}{3}f(x)$

e) $y = f(2x)$ **f)** $y = f\left(\dfrac{1}{2}x\right)$

g) $y = f(4x)$

6. Décris comment on peut générer le graphique des fonctions définies ci-après à partir de celui de $y = f(x)$.

a) $y = 3f(2x)$ **b)** $y = \dfrac{1}{2}f\left(\dfrac{1}{3}x\right)$

c) $y = 4f\left(\dfrac{1}{2}x\right)$ **d)** $y = \dfrac{1}{3}f(3x)$

e) $y = 2f(4x)$ **f)** $y = 5f\left(\dfrac{1}{2}x\right)$

7. Soit les plans cartésiens ci-après, où le graphique en bleu est l'image du graphique en rouge par une élongation. On te fournit l'équation des graphiques en rouge. Indique celle des graphiques en bleu. Vérifie tes réponses à l'aide d'une calculatrice à affichage graphique.

a)
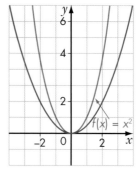

b)
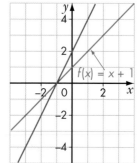

c)
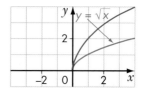

Application, résolution de problèmes, communication

8. À l'aide de transformations et des zéros de la fonction du second degré définie par $f(x) = (x + 4)(x - 2)$, détermine les zéros des fonctions définies ci-après.

a) $y = 3f(x)$ **b)** $y = f\left(\dfrac{1}{2}x\right)$ **c)** $y = f(2x)$

B

9. La distance de freinage La distance nécessaire à une automobile pour s'immobiliser est directement proportionnelle au carré de sa vitesse. Ainsi, la distance de freinage d'une automobile sur une chaussée asphaltée sèche correspond approximativement à $d(v) = 0{,}006v^2$, où $d(v)$ représente la distance de freinage en mètres et v, la vitesse de l'automobile en kilomètres à l'heure. De même, la distance de freinage correspond approximativement à $d(v) = 0,009v^2$ sur une chaussée asphaltée humide et à $d(v) = 0,04v^2$ sur une chaussée couverte de verglas.

a) Sur chaque type de chaussée mentionné, quelle est la distance de freinage d'une automobile roulant à 80 km/h ?

b) Indique un domaine et une image vraisemblables pour $d(v) = 0,006v^2$, $d(v) = 0,009v^2$ et $d(v) = 0,04v^2$.

c) Soit $y = d(v)$ et $x = v$. À l'aide d'une calculatrice à affichage graphique, représente graphiquement ensemble ces trois fonctions et celle qui est définie par $y = x^2$.

d) Compare les courbes représentatives de $y = 0,006x^2$, $y = 0,009x^2$ et $y = 0,04x^2$ à celle de $y = x^2$.

10. En transformant la fonction définie par $y = f(x)$, on a obtenu $y = af(kx)$. Détermine la valeur de a et de k après :

a) un agrandissement vertical de rapport 4 ;

b) un rétrécissement horizontal de rapport $\dfrac{1}{3}$;

c) un rétrécissement vertical de rapport $\dfrac{1}{2}$ et un agrandissement horizontal de rapport 3 ;

d) un agrandissement vertical de rapport 2 et un rétrécissement horizontal de rapport $\dfrac{1}{4}$.

11. Soit le graphique ci-contre de $f(x) = \sqrt{16 - x^2}$. Au moyen de transformations, esquisse le graphique des fonctions définies ci-après. Indique le domaine et l'image de chacune des fonctions.

a) $y = 3f(x)$ **b)** $y = \dfrac{1}{2}f(x)$

c) $y = f(2x)$ **d)** $y = f\left(\dfrac{1}{2}x\right)$

e) $y = 2f(x)$ **f)** $y = f(4x)$

12. Application À l'aide de transformations et des zéros de la fonction polynomiale définie par $f(x) = x(x + 3)(x - 6)$, détermine les zéros des fonctions définies ci-après.

a) $y = f(3x)$ **b)** $y = 2f(x)$

c) $y = f\left(\dfrac{1}{2}x\right)$ **d)** $y = f(2x)$

13. Communication Décris la relation entre le graphique de
$y = \dfrac{(x-2)(x+2)}{3}$ et celui de $y = x^2 - 4$. Justifie ta réponse.

14. La chute d'un objet Soit un objet qu'on laisse tomber d'une hauteur initiale de x mètres. La hauteur approximative h de cet objet au-dessus du sol, en mètres, t secondes après le début de sa chute correspond à $h = -5t^2 + x$ sur la Terre et à $h = -0,8t^2 + x$ sur la Lune. Il en résulte les fonctions définies par $h(t) = -5t^2 + 20$ et $h(t) = -0,8t^2 + 20$ dans le cas d'un objet qu'on laisse tomber d'une hauteur initiale de 20 m.

a) Représente graphiquement $h(t)$ par rapport à t pour ces deux fonctions, soit en traçant leurs graphiques dans un même plan cartésien ou en les faisant apparaître ensemble dans la fenêtre d'affichage d'une calculatrice à affichage graphique.

b) Recherche et résolution de problèmes Décris la transformation qui ferait correspondre à la courbe représentative de $h(t) = -0,8t^2 + 20$ celle de $h(t) = -5t^2 + 20$. Justifie ton raisonnement.

c) Explique la signification du point commun à ces deux courbes.

d) Indique le domaine et l'image de chaque fonction.

C

15. La fonction du plus grand entier Esquisse le graphique de $y = [x]$. À partir de celui-ci, génère par transformation le graphique des fonctions définies ci-après. Vérifie tes solutions à l'aide d'une calculatrice à affichage graphique.

a) $y = [2x]$ **b)** $y = [0,5x]$ **c)** $y = 2[x]$

16. a) Décris l'élongation horizontale qui fait correspondre à la courbe représentative de $y = \sqrt{x}$ celle de $y = \sqrt{4x}$.

b) Décris l'élongation verticale qui fait correspondre à la courbe représentative de $y = \sqrt{x}$ celle de $y = 2\sqrt{x}$.

c) Comment la courbe représentative de $y = \sqrt{4x}$ et celle de $y = 2\sqrt{x}$ se comparent-elles ?

d) Comment les transformations en a) et en b) se comparent-elles ? Explique pourquoi.

Défi **LOGIQUE**

Reproduis le schéma ci-contre. Indique deux façons de le diviser, le long de ses lignes, en quatre figures congruentes.

3.7 Les combinaisons de transformations

En raison de sa simplicité mathématique, le triangle rectangle présentant les rapports 3, 4 et 5 demeure aussi intéressant aujourd'hui qu'il l'était il y a des milliers d'années. En architecture, l'hypoténuse d'un tel triangle correspond à la pente d'un escalier facile à monter ou à descendre lorsque son côté de rapport 4 en forme la base.

Certains édifices ont par ailleurs un toit en A. C'est le cas du musée Alexander-Graham-Bell à Baddeck (Nouvelle-Écosse). Or, vus en coupe, beaucoup de toits en A présentent la forme d'un triangle isocèle.

Dans certains cas, il est possible de créer un triangle isocèle en réunissant deux triangles rectangles présentant les rapports 3, 4 et 5. Il existe deux types de triangles isocèles que l'on peut construire de cette façon.

EXPLORATION ET RECHERCHE

1. À partir d'une table de valeurs, représente graphiquement les fonctions définies par les équations ci-après pour faire voir le triangle rectangle que forme le graphique de chacune des fonctions avec l'axe des x et celui des y.

a) $y = -\dfrac{3}{4}x + 3$, où $x \geq 0$ et $y \geq 0$

x	y
4	
2	
0	

b) $y = -\dfrac{4}{3}x + 4$, où $x \geq 0$ et $y \geq 0$

x	y
3	
1,5	
0	

2. Quelle est la longueur des côtés du triangle de la question 1a) ?

3. Quelle est la longueur des côtés du triangle de la question 1b) ?

4. Quelles transformations doit-on faire subir à la droite d'équation $y = x$ pour obtenir la droite définie par l'équation $y = -\dfrac{3}{4}x + 3$?

5. Quelles transformations doit-on faire subir à la droite d'équation $y = x$ pour obtenir la droite définie par l'équation $y = -\dfrac{4}{3}x + 4$?

6. Les transformations demandées aux questions 4 et 5 doivent-elles être réalisées dans un ordre particulier ou le résultat obtenu est-il le même peu importe l'ordre choisi ? Justifie ta réponse.

7. Quelle transformation pourrait-on faire subir au triangle de la question 1a) pour qu'il forme avec son image un triangle isocèle ? Y a-t-il plus d'une réponse possible ? Justifie ta réponse.

8. Réponds de nouveau à la question 7 dans le cas du triangle de la question 1b).

9. Indique les dimensions et la hauteur de chacun des triangles isocèles que l'on peut créer aux questions 7 et 8.

Dans la présente section, tu devras soumettre des fonctions à différentes combinaisons de transformations (translations, agrandissements, rétrécissements, réflexions). Afin de simplifier les choses et d'obtenir les résultats voulus, réalise ces transformations dans l'ordre suivant :
- Agrandissements et rétrécissements ;
- Réflexions ;
- Translations.

En d'autres termes, effectue toute multiplication (agrandissement, rétrécissement ou réflexion) avant toute addition ou soustraction (translation).

EXEMPLE 1 L'élongation verticale et la réflexion

a) Reproduis le graphique ci-contre de $y = f(x)$. Dans le même plan cartésien, représente graphiquement $y = -3f(x)$ et $y = -\dfrac{1}{2}f(x)$.

b) Décris la relation entre les graphiques de $y = -3f(x)$ et $y = -\dfrac{1}{2}f(x)$ respectivement et celui de $y = f(x)$.

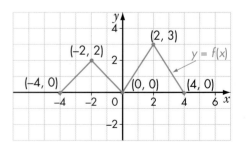

SOLUTION

a) À l'aide du graphique fourni, crée une table de valeurs pour la fonction définie par $y = f(x)$.

Construis ensuite une table de valeurs pour $y = -3f(x)$ et pour $y = -\frac{1}{2}f(x)$, puis trace le graphique de ces deux fonctions.

$y = f(x)$

x	y
4	0
2	3
0	0
-2	2
-4	0

$y = -3f(x)$

x	y
4	$-3(0) = 0$
2	$-3(3) = -9$
0	$-3(0) = 0$
-2	$-3(2) = -6$
-4	$-3(0) = 0$

$y = -\frac{1}{2}f(x)$

x	y
4	$-\frac{1}{2}(0) = 0$
2	$-\frac{1}{2}(3) = -1,5$
0	$-\frac{1}{2}(0) = 0$
-2	$-\frac{1}{2}(2) = -1$
-4	$-\frac{1}{2}(0) = 0$

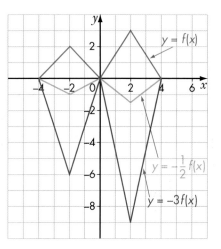

b) Tout point (x, y) du graphique de la fonction définie par $y = f(x)$ a pour image le point $(x, -3y)$ du graphique $y = -3f(x)$.

Le graphique de $y = -3f(x)$ est l'image de celui de $y = f(x)$ par un agrandissement vertical de rapport 3 et une réflexion par rapport à l'axe des x.

Tout point (x, y) du graphique de la fonction définie par $y = f(x)$ a pour image le point $\left(x, -\frac{1}{2}y\right)$ du graphique de $y = -\frac{1}{2}f(x)$.

Le graphique de $y = -\frac{1}{2}f(x)$ est l'image de celui de $y = f(x)$ par un rétrécissement vertical de rapport $\frac{1}{2}$ et une réflexion par rapport à l'axe des x.

Les trois fonctions de l'exemple 1 ont le même domaine, soit l'ensemble des réels x tels que $-4 \leq x \leq 4$. Leur image correspond à l'ensemble des réels y tels que $0 \leq y \leq 3$ dans le cas de $y = f(x)$, $-9 \leq y \leq 0$ dans le cas de $y = -3f(x)$ et $-1,5 \leq y \leq 0$ dans le cas de $y = -\frac{1}{2}f(x)$. Les points $(4, 0)$, $(0, 0)$ et $(-4, 0)$ sont ici invariants.

Exemple 2 **La transformation des graphiques de fonctions du second degré**

Esquisse la courbe représentative de $y = x^2$ et celle de $y = \frac{1}{2}(x+4)^2 - 5$.

Solution

Esquisse la courbe représentative de $y = x^2$.

Pour générer la courbe représentative de $y = \frac{1}{2}(x+4)^2 - 5$, trace tout d'abord celle de $y = \frac{1}{2}x^2$, qui est l'image de la courbe représentative de $y = x^2$ par

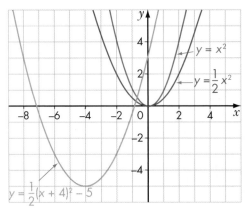

On peut générer directement la courbe représentative de la transformée à l'aide d'une calculatrice à affichage graphique.

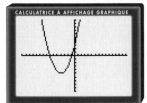

un rétrécissement vertical de rapport $\frac{1}{2}$. Procède ensuite à une translation horizontale de 4 unités vers la gauche et à une translation verticale de 5 unités vers le bas.

Tu obtiendras ainsi la courbe représentative de $y = \frac{1}{2}(x+4)^2 - 5$.

En présence d'une équation telle que $y = (3x+6)^2$ ou $y = \sqrt{-x+5}$, mets en évidence le coefficient du terme en x afin de reconnaître plus facilement les caractéristiques de la fonction.

L'équation $y = (3x+6)^2$ devient ainsi $y = (3(x+2))^2$. De ce fait, la courbe représentative de $y = (3x+6)^2$ est l'image de celle de $y = x^2$ par un rétrécissement horizontal de rapport $\frac{1}{3}$ et une translation de 2 unités vers la gauche.

L'équation $y = \sqrt{-x+5}$ devient ainsi $y = \sqrt{-(x-5)}$. De ce fait, la courbe représentative de $y = \sqrt{-x+5}$ est l'image de celle de $y = \sqrt{x}$ par une réflexion par rapport à l'axe des y et une translation de 5 unités vers la droite.

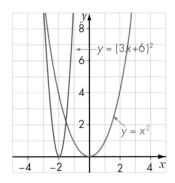

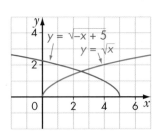

EXEMPLE 3 La transformation des graphiques de fonctions racine

Sachant que $f(x) = \sqrt{x}$, esquisse la courbe représentative de $y = f(x)$ et celle de $y = 2f(-x - 3) + 4$.

SOLUTION

Esquisse la courbe représentative de $y = \sqrt{x}$.
La courbe représentative de $y = 2f(-x - 3) + 4$
correspond à celle de $y = 2\sqrt{-x - 3} + 4$.
Réécris $y = 2\sqrt{-x - 3} + 4$ sous la forme
$y = 2\sqrt{-(x + 3)} + 4$.
Pour générer la courbe représentative de
$y = 2\sqrt{-(x + 3)} + 4$, trace tout d'abord celle
de $y = 2\sqrt{x}$, qui est l'image de la courbe
représentative de $y = \sqrt{x}$ par un agrandissement
vertical de rapport 2.
Trace ensuite la courbe représentative de $y = 2\sqrt{-x}$, qui est l'image
de celle de $y = 2\sqrt{x}$ par une réflexion par rapport à l'axe des y.
Pour terminer, procède à une translation horizontale de 3 unités vers
la gauche et à une translation verticale de 4 unités vers le haut.
Tu obtiendras ainsi la courbe représentative de $y = 2f(-x - 3) + 4$
ou $y = 2\sqrt{-x - 3} + 4$.

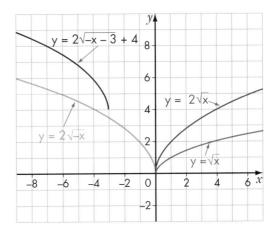

Le domaine de
$y = 2\sqrt{-x - 3} + 4$
correspond à l'ensemble
des réels x tels que
$x \leq -3$ et son image,
à l'ensemble des réels
y tels que $y \geq 4$.

EXEMPLE 4 L'élongation verticale et la réflexion des graphiques de fonctions racine

Compare les courbes représentatives de $y = \sqrt{-x}$, $y = \sqrt{-2x}$ et $y = \sqrt{-\dfrac{1}{2}x}$ respectivement
à celle de $y = \sqrt{x}$.

SOLUTION

Construis quatre tables de valeurs, en attribuant à x des valeurs pratiques, ou utilise une
calculatrice à affichage graphique.

$y = \sqrt{x}$

x	y
0	0
1	1
4	2
9	3
16	4

$y = \sqrt{-x}$

x	y
0	0
−1	1
−4	2
−9	3
−16	4

$y = \sqrt{-2x}$

x	y
0	0
$-\dfrac{1}{2}$	1
−2	2
$-\dfrac{9}{2}$	3
−8	4

$y = \sqrt{-\dfrac{1}{2}x}$

x	y
0	0
−2	1
−8	2
−18	3
−32	4

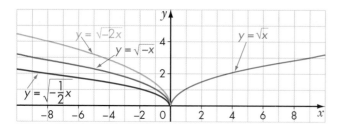

On a réglé ici les paramètres de la fenêtre d'affichage afin que Xmin = −9, Xmax = 9, Ymin = −1 et Ymax = 5.

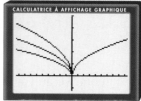

La courbe représentative de $y=\sqrt{-x}$ est l'image de celle de $y=\sqrt{x}$ après une réflexion par rapport à l'axe des y.

La courbe représentative de $y=\sqrt{-2x}$ est l'image de celle de $y=\sqrt{x}$ après un rétrécissement horizontal de rapport $\frac{1}{2}$ et une réflexion par rapport à l'axe des y.

La courbe représentative de $y=\sqrt{-\frac{1}{2}x}$ est l'image de celle de $y=\sqrt{x}$ après un agrandissement horizontal de rapport 2 et une réflexion par rapport à l'axe des y.

EXEMPLE 5 **La construction d'équations**

On fait subir à la courbe représentative de $y=\sqrt{x}$ un agrandissement vertical de rapport 5, une réflexion par rapport à l'axe des x ainsi qu'une translation de 6 unités vers la droite et de 3 unités vers le bas. Écris l'équation de sa transformée.

SOLUTION

Après un agrandissement vertical de rapport 5, $y=\sqrt{x}$ devient $y=5\sqrt{x}$. Une réflexion par rapport à l'axe des x transforme l'équation de cette fonction en $y=-5\sqrt{x}$.

Le graphique défini par $y=-5\sqrt{x}$ subit ensuite une translation de 6 unités vers la droite et de 3 unités vers le bas, d'où $y=-5\sqrt{x-6}-3$.

L'équation de la transformée est donc $y=-5x\sqrt{x-6}-3$.

On peut représenter la solution graphiquement.

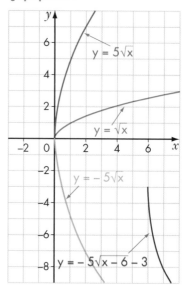

EXEMPLE 6 La transformation des graphiques de fonctions du second degré

Sachant que $f(x) = x^2$, esquisse la courbe représentative de $y = f(x)$ et celle de $y = -f(2(x - 5)) + 6$.

SOLUTION

Esquisse la courbe représentative de $y = x^2$.
La courbe représentative de $y = -f(2(x - 5)) + 6$ correspond à celle de $y = -(2(x - 5))^2 + 6$.
Pour générer la courbe représentative de $y = -(2(x - 5))^2 + 6$, trace tout d'abord celle de $y = (2x)^2$, qui est l'image de la courbe représentative de $y = x^2$ par un rétrécissement horizontal de rapport $\dfrac{1}{2}$.

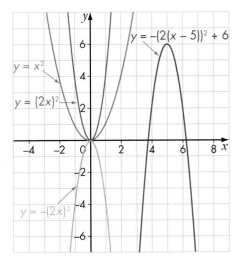

Trace ensuite la courbe représentative de $y = -(2x)^2$, qui est l'image de celle de $y = (2x)^2$ par une réflexion par rapport à l'axe des x.

Pour terminer, procède à une translation horizontale de 5 unités vers la droite et à une translation verticale de 6 unités vers le haut.
Tu obtiendras ainsi la courbe représentative de $y = -f(2(x - 5)) + 6$ ou $y = -(2(x - 5))^2 + 6$.

Concepts clés

- Effectue toute combinaison de transformations dans l'ordre suivant :
  * Agrandissements et rétrécissements ;
  * Réflexions ;
  * Translations.
- Au besoin, mets en évidence le coefficient du terme en x afin de reconnaître plus facilement les caractéristiques de la fonction.

Communique ce que tu as compris

1. Nomme la combinaison de transformations que doit subir $y = x^2$ pour générer la transformée définie par les équations ci-après.
a) $y = -x^2 + 4$ b) $y = -3(x - 1)^2 + 5$
2. Décris comment tu tracerais la courbe représentative de $y = 2\sqrt{x + 3} - 7$.
3. Décris comment tu tracerais la courbe représentative de $y = \sqrt{-x} - 4$.

Exercices

A

1. Décris comment on peut générer le graphique des fonctions définies ci-après à partir de celui de $y = f(x)$.

a) $y = 2f(x) + 3$ **b)** $y = \frac{1}{2}f(x) - 2$

c) $y = f(x + 4) + 1$ **d)** $y = 3f(x - 5)$

e) $y = f\left(\frac{1}{2}x\right) - 6$ **f)** $y = f(2x) + 1$

2. Décris comment on peut générer le graphique des fonctions définies ci-après à partir de celui de $y = f(x)$.

a) $y = -2f(x)$ **b)** $y = -\frac{1}{3}f(x)$

c) $y = f(-4x)$ **d)** $y = f\left(-\frac{1}{2}x\right)$

3. Décris comment on peut générer le graphique des fonctions définies ci-après à partir de celui de $y = f(x)$.

a) $y = -f(2x)$ **b)** $y = 3f(-2x)$

c) $y = -\frac{1}{2}f\left(\frac{1}{3}x\right)$ **d)** $y = 4f(x - 6) + 2$

e) $y = -2f(x) - 3$ **f)** $y = -f(x - 3) + 1$

g) $y = 3f(2x) - 6$ **h)** $y = \frac{1}{2}f\left(\frac{1}{2}x\right) - 4$

4. Soit le graphique suivant de $y = f(x)$.

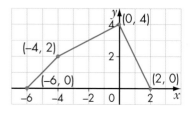

Esquisse le graphique des fonctions définies ci-après. Indique le domaine et l'image de chacune des fonctions ainsi que tout point invariant.

a) $y = f(x - 4) + 2$ **b)** $y = f(x + 2) - 4$

c) $y = \frac{1}{2}f(x) - 3$ **d)** $y = f(2x) + 3$

e) $y = -2f(x)$ **f)** $y = f(-x) - 2$

g) $y = f\left(-\frac{1}{2}x\right)$ **h)** $y = -\frac{1}{2}f(-2x)$

5. À partir du graphique ci-contre de $y = f(x)$, esquisse celui des fonctions définies ci-après. Indique le domaine et l'image de chacune des fonctions.

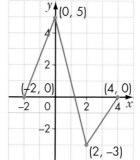

a) $y = f(x - 3) + 3$
b) $y = -f(x) + 1$
c) $y = f(2x) - 3$
d) $y = 3f(x) - 2$
e) $y = f(-x) + 2$ **f)** $y = 2f(-x)$

6. Soit les équations de chaque ensemble ci-après. Dans un même plan cartésien, esquisse dans l'ordre le graphique des fonctions qu'elles définissent.

a) $y = x$
$y = 3x$
$y = 3(x - 2) + 10$

b) $y = x^2$
$y = 2x^2$
$y = 2(x + 2)^2 - 3$

c) $y = x$
$y = 0,5x$
$y = -0,5(x - 4) + 2$

d) $y = x^2$
$y = \left(\frac{1}{2}x^2\right)$
$y = \left(\frac{1}{2}(x + 3)^2\right) + 3$

e) $y = \sqrt{x}$
$y = \sqrt{2x}$
$y = -\sqrt{2x}$
$y = -\sqrt{2(x - 1)} - 3$

f) $y = \sqrt{x}$
$y = 2\sqrt{x}$
$y = 2\sqrt{-x}$
$y = 2\sqrt{-(x - 3)} + 5$

7. Décris comment on peut générer le graphique des fonctions définies ci-après à partir de celui de $y = f(x)$.

a) $y = f(2(x - 4))$ **b)** $y = f(-(x + 1)) - 1$

c) $y = f(3(x + 4)) + 5$ **d)** $y = -2f(4(x - 2))$

e) $y = f(-x + 2)$ **f)** $y = f(2x + 8) - 4$

g) $y = f(4 - x) + 5$ **h)** $y = f(3x - 6) + 8$

8. Sachant que $f(x) = x^2$, esquisse le graphique des fonctions définies ci-après. Indique le domaine et l'image de chacune des fonctions.

a) $y = f(x - 3) + 1$ **b)** $y = 2f(x + 5) - 4$

c) $y = \dfrac{1}{2}f\left(\dfrac{1}{2}x\right) + 3$ **d)** $y = -f(2(x - 2)) - 3$

e) $y = f(3 - x) + 2$ **f)** $y = -\dfrac{1}{2}f(2x + 6) - 2$

9. Sachant que $f(x) = \sqrt{x}$, esquisse le graphique des fonctions définies ci-après. Indique le domaine et l'image de chacune des fonctions.

a) $y = f(x - 5) - 4$ **b)** $y = 3f(x + 3) + 2$

c) $y = \dfrac{1}{2}f(2(x - 1)) - 2$ **d)** $y = 2f(3x - 9) + 1$

e) $y = -f(-x) + 5$ **f)** $y = -2f(4 - x) - 3$

10. **La technologie** La saisie d'écran ci-après montre la courbe représentative de $y = (x + 2)^2 + 3$ et son image après une réflexion par rapport à l'axe des x et une autre par rapport à l'axe des y. Écris l'équation de cette image.

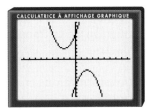

11. **La technologie** On fait subir à la courbe représentative de $y = x^2$ un agrandissement vertical de rapport 3, une translation de 4 unités vers la droite et une autre de 2 unités vers le bas. Écris l'équation de sa transformée. Vérifie ta solution à l'aide d'une calculatrice à affichage graphique.

12. **La technologie** On fait subir à la courbe représentative de $y = \sqrt{x}$ un agrandissement horizontal de rapport 2, une réflexion par rapport à l'axe des y et une translation de 6 unités vers la droite. Écris l'équation de sa transformée. Vérifie ta solution à l'aide d'une calculatrice à affichage graphique.

Application, résolution de problèmes, communication

13. **Le chalet de ski** Le graphique des fonctions définies par les équations ci-après et l'axe des x forment la vue en coupe du toit d'un chalet de ski.

$$y = \dfrac{5}{3}x + 10, \text{ où } -6 \leq x \leq 0 \text{ et } 0 \leq y \leq 10$$

$$y = -\dfrac{5}{3}x + 10, \text{ où } 0 \leq x \leq 6 \text{ et } 0 \leq y \leq 10$$

a) Représente graphiquement ces deux fonctions dans un même plan cartésien ou génère leurs graphiques ensemble à l'aide d'une calculatrice à affichage graphique.

b) Détermine la longueur des côtés et la hauteur du triangle isocèle formé par leurs graphiques et l'axe des x. Au besoin, arrondis tes réponses au dixième d'unité près.

c) Quelles transformations doit-on faire subir à $y = x$ pour obtenir la fonction définie par l'équation $y = \dfrac{5}{3}x + 10$? par l'équation $y = -\dfrac{5}{3}x + 10$?

B

14. Application La hauteur y, en mètres, d'une fusée de détresse tirée vers le ciel à partir d'une petite embarcation se traduit par l'équation

$$y = -5(x - 4)^2 + 80$$

où x représente le temps écoulé, en secondes, depuis le lancement de la fusée.

a) Décris comment on peut obtenir la courbe représentative de $y = -5(x - 4)^2 + 80$ en transformant celle de $y = x^2$.

b) Interprète l'équation de la transformée pour déterminer la hauteur maximale que la fusée atteint et le temps qu'elle met à y parvenir.

15. À l'aide de transformations et des zéros de la fonction du second degré définie par $f(x) = (x + 2)(x - 6)$, détermine les zéros des fonctions définies ci-après.

a) $y = -2f(x)$ **b)** $y = f(-2x)$ **c)** $y = 2f(-x)$

d) $y = -\dfrac{1}{2}f\left(\dfrac{1}{2}x\right)$ **e)** $y = -f(x + 1)$ **f)** $y = f(-x - 2)$

16. Communication À partir du graphique ci-contre de $f(x) = \sqrt{16 - x^2}$, esquisse celui des fonctions définies ci-après. Indique le domaine et l'image de chacune des fonctions.

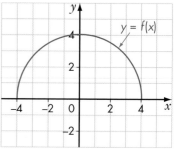

a) $y = -\dfrac{1}{2}f(x)$ **b)** $y = f(-2x)$

c) $y = \dfrac{1}{2}f(x) + 5$ **d)** $y = -\dfrac{1}{2}f(x) - 3$

e) $y = (f(x) - 3) - 2$ **f)** $y = -2f(x + 6) + 5$

17. En transformant le graphique de la fonction définie par $y = f(x)$, on a obtenu celui de $y = af(k(x - h)) + q$. Détermine la valeur de a, de k, de h et de q après :

a) un agrandissement vertical de rapport 3 et une réflexion par rapport à l'axe des y ;

b) un rétrécissement vertical de rapport $\dfrac{1}{3}$, un agrandissement horizontal de rapport 2, une translation de 6 unités vers la droite et une autre de 1 unité vers le bas ;

c) un agrandissement vertical de rapport 2, un rétrécissement horizontal de rapport $\dfrac{1}{2}$, une réflexion par rapport à l'axe des x, une réflexion par rapport à l'axe des y, une translation de 7 unités vers la gauche et une autre de 4 unités vers le haut.

18. La chute d'un objet Soit un objet qu'on laisse tomber d'une hauteur initiale de x mètres. Sur la Terre, la hauteur approximative h de cet objet au-dessus du sol, en mètres, t secondes après le début de sa chute correspond à $h(t) = -5t^2 + x$. Sur la Lune, elle correspond à $h(t) = -0,8t^2 + x$.
Il en résulte les fonctions définies par $h(t) = -5t^2 + 20$ et $h(t) = -0,8t^2 + 20$ dans le cas d'un objet qu'on laisse tomber d'une hauteur initiale de 20 m.

a) Fais subir à la courbe représentative de $h(t) = -5t^2 + 20$ une translation de 105 unités vers le haut. Explique la signification du point que le graphique ainsi obtenu et celui de $h(t) = -0,8t^2 + 20$ ont en commun.

b) Sur Jupiter, la hauteur approximative d'un objet qu'on laisse tomber se traduit par $h(t) = -12,8t^2 + x$. Lorsque la hauteur initiale est de 320 m, on a donc $h(t) = -12,8t^2 + 320$. Représente graphiquement $h(t)$ par rapport à t dans le cas de $h(t) = -12,8t^2 + 320$ et de $h(t) = -0,8t^2 + 20$, soit en traçant ces deux graphiques dans un même plan cartésien ou en les générant ensemble à l'aide d'une calculatrice à affichage graphique.

c) Recherche et résolution de problèmes Décris la ou les transformations qui feraient correspondre à la courbe représentative de $h(t) = -0,8t^2 + 20$ celle de $h(t) = -12,8t^2 + 320$. Justifie ton raisonnement.

d) Explique la signification du point que les deux courbes en c) ont en commun.

e) Indique le domaine et l'image de chaque fonction en c).

C

19. a) Décris comment on peut générer la courbe représentative de $y = 2\sqrt{x} + 1$ à partir de celle de $y = \sqrt{x}$.

b) Décris comment on peut générer la courbe représentative de $y = \sqrt{4x + 4}$ à partir de celle de $y = \sqrt{x}$.

c) Quelle relation y a-t-il entre la courbe représentative de $y = 2\sqrt{x} + 1$ et celle de $y = \sqrt{4x + 4}$? Justifie ta réponse.

20. Décris comment on peut générer la courbe représentative de $y = -\sqrt{x + 2} - 3$ à partir de celle de $y = x^2$, où $x \leq 0$.

21. a) Agrandis verticalement le graphique de $y = x$ dans un rapport de 2. Fais-le ensuite glisser de 3 unités vers la gauche et de 5 unités vers le bas. Compare le graphique obtenu à celui de $y = 2x + 1$. Explique tes observations.

b) Si l'on fait subir les mêmes transformations au graphique de $y = x^2$ plutôt qu'à celui de $y = x$, le graphique obtenu correspondra-t-il à celui de $y = 2x^2 + 1$? Justifie ta réponse.

VÉRIFIONS NOS PROGRÈS

Connaissance et compréhension • **Réflexion, recherche et résolution de problèmes** • **Communication** • **Mise en application**

Soit un segment de droite horizontal limité par les points (0, 0) et (2, 0) ; un segment de droite vertical limité par les points (0, 0) et (0, 2) ; un demi-cercle de centre (1, 0) et de rayon 1, limité par les points (0, 0) et (0, 2) et passant par le point (1, 1).

a) Esquisse les lettres minuscules moulées que l'on peut générer en faisant subir des transformations à ces figures.

b) Quels seraient les autres types de transformations nécessaires pour obtenir les autres lettres de l'alphabet?

Exploration et application

Les frises et leurs motifs

Certaines frises portent un dessin qui se répète dans un sens donné. Ce type de motif repose sur des transformations. Beaucoup de civilisations en ont fait usage au fil des siècles pour décorer des édifices, des tissus, des poteries, etc.

Une façon de créer un tel motif consiste à produire un dessin de base sur du papier quadrillé pour ensuite lui faire subir des transformations. On peut voir ici un exemple d'un tel dessin.

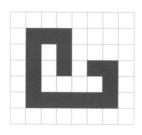

1. Décris comment on a recouru à des transformations pour créer les motifs ci-après à partir d'un dessin de base.

a)

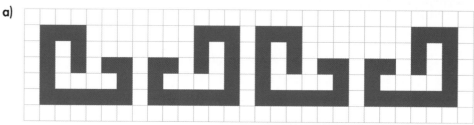

b)

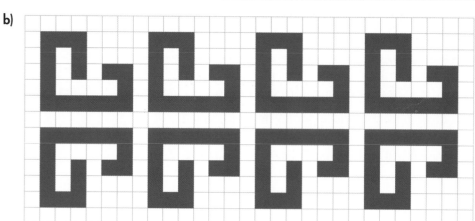

c)

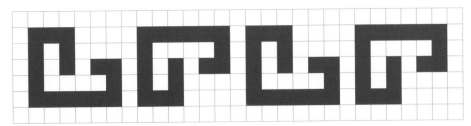

2. On a créé le motif de la frise ci-après à l'aide de triangles équilatéraux de 2 unités de côté.

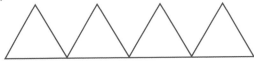

Imagine que l'on superpose un plan cartésien à ce motif, comme cela est montré ici.

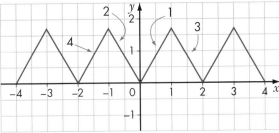

a) Quelle est la pente exacte du segment de droite 1 ?

b) Écris une équation correspondant au segment de droite 1.

3. À l'aide de transformations, pose une équation correspondant au segment de droite :

a) 2 ;   **b)** 3 ;   **c)** 4.

4. a) Crée toi-même le motif d'une frise à partir d'un dessin de base de ton choix.

b) Décris comment tu as recouru à des transformations pour créer ce motif.

c) Indique un usage que l'on pourrait faire de ton motif et explique pourquoi tu as choisi cet usage.

5. Recherche En recourant à tes habiletés dans la recherche, détermine comment on classe les motifs des frises et combien il en existe de types.

RÉVISION DES **CONCEPTS CLÉS**

■ **3.1 Les fonctions**

Reporte-toi à la rubrique *Concepts clés* de la page 177.

1. Indique si les relations représentées ci-après sont des fonctions.

a)
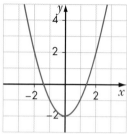

b)
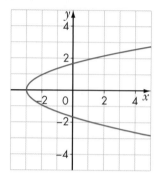

c)
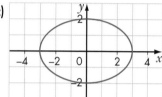

d)
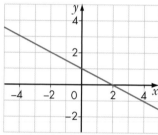

e)
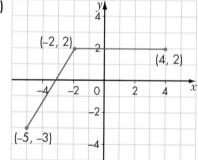

f)
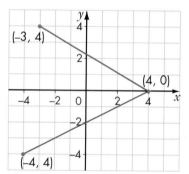

2. Indique le domaine et l'image des relations représentées ci-après.

a)
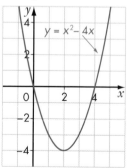

b)
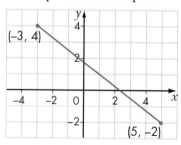

c)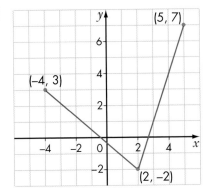

d)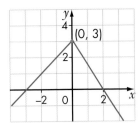

3. Sachant que $f(x) = 7 - 3x$, détermine les valeurs ci-après.

a) $f(4)$ **b)** $f(8)$ **c)** $f(0)$ **d)** $f(-1)$ **e)** $f(-4)$

f) $f(0,5)$ **g)** $f(-0,1)$ **h)** $f(100)$ **i)** $f(5000)$

4. Sachant que $f(x) = 2x^2 + x - 8$, détermine les valeurs ci-après.

a) $f(1)$ **b)** $f(0)$ **c)** $f(-2)$ **d)** $f(-4)$ **e)** $f(0,5)$

f) $f(-1,5)$ **g)** $f(-0,2)$ **h)** $f(60)$ **i)** $f(-100)$

5. Indique l'image des fonctions définies ci-après, leur domaine étant $\{-3, -1, 2, 4\}$.

a) $f(x) = 4x - 5$ **b)** $f(x) = -3x^2 + 2x - 1$

6. L'algèbre a) Soit $f(x) = 5x + 2$. Pose une expression représentant $f(3a)$ et simplifie-la.

b) Soit $f(x) = 4 - 7x$. Pose une expression représentant $f(n - 4)$ et simplifie-la.

c) Soit $f(x) = 3x^2 + 2x - 5$. Pose une expression représentant $f(2k + 3)$ et simplifie-la.

7. Le coût Le coût C, en dollars, d'un certain type d'eau embouteillée varie selon le nombre de bouteilles n que l'on achète et se traduit par l'équation $C = 2,50n$.

a) Nomme la variable dépendante et la variable indépendante.

b) Le coût est-il fonction du nombre de bouteilles achetées? Justifie ta réponse.

8. a) Écris une équation représentant l'aire totale d'une sphère en fonction de son rayon.

b) Indique le domaine et l'image de cette fonction.

3.2 Exploration: Les caractéristiques des fonctions définies par $f(x) = \sqrt{x}$ et $f(x) = \dfrac{1}{x}$

9. Soit la fonction définie par $y = \sqrt{x}$.

a) Quel est son domaine?   **b)** Quelle est son image?

10. Décris la relation entre le graphique de $y = x^2$ et celui de $y = \sqrt{x}$.

11. Soit la fonction définie par $y = \dfrac{1}{x}$.

a) Quel est son domaine ? **b)** Quelle est son image ?

12. Décris la relation entre le graphique de $y = x$ et celui de $y = \dfrac{1}{x}$.

3.3 Les translations horizontales et verticales des graphiques de fonctions

Reporte-toi à la rubrique *Concepts clés* de la page 189.

13. Soit une fonction définie par $y = f(x)$. Décris comment on peut générer le graphique des fonctions définies ci-après à partir de celui de $y = f(x)$.

a) $y = f(x) - 3$ **b)** $y = f(x + 6)$

c) $y = f(x - 4) - 5$ **d)** $y + 5 = f(x)$

14. Soit les plans cartésiens ci-après, où la courbe en bleu est l'image de la courbe en rouge par une translation. Écris l'équation des fonctions représentées en bleu. Vérifie tes réponses à l'aide d'une calculatrice à affichage graphique.

a)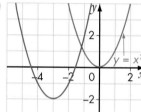

b)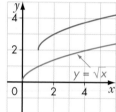

15. Soit les deux fonctions $y = f(x)$ représentées ici.

a)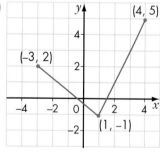

b)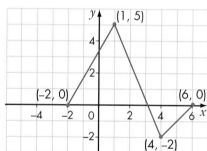

À partir du graphique de chacune des fonctions, esquisse celui des fonctions définies ci-après.

i) $y = f(x) - 3$ **ii)** $y = f(x) + 4$ **iii)** $y = f(x - 3)$

iv) $y = f(x + 4)$ **v)** $y = f(x + 3) - 2$ **vi)** $y = f(x - 2) + 3$

16. Au moyen de transformations, esquisse le graphique des fonctions définies par les équations ci-après à partir de celui de $y = x$.

a) $y = (x - 5)$ **b)** $y = (x + 6)$

c) $y = (x + 2) - 3$ **d)** $y = (x - 3) + 5$

17. Au moyen de transformations, esquisse le graphique des fonctions définies par les équations ci-après à partir de celui de $y = \sqrt{x}$. Indique le domaine et l'image de chaque fonction.

a) $y = \sqrt{x-4}$

b) $y = \sqrt{x+5}$

c) $y = \sqrt{x-2}+3$

d) $y = \sqrt{x+4}-3$

18. Au moyen de transformations, esquisse le graphique des fonctions définies par les équations ci-après à partir de celui de $y = x^2$. Indique le domaine et l'image de chaque fonction.

a) $y = (x-5)^2$

b) $y = (x+7)^2$

c) $y = (x+2)^2 - 6$

d) $y = (x-3)^2 + 4$

19. La location d'une péniche En juillet et en août, le coût $C(d)$ fixé par une entreprise pour la location d'une péniche se traduit par $C(d) = 120d + 100$, où d représente la durée de la location, en jours.

a) Que représente le nombre 100 à l'intérieur de cette équation ?

b) Indique le domaine et l'image de cette fonction.

c) Quelle transformation ferait correspondre à la courbe représentative de $C(d) = 120d$ celle de $C(d) = 120d + 100$?

d) En juin et en septembre, l'entreprise réduit de 40 $ le coût total de toute location. Écris l'équation de la fonction s'appliquant en juin et en septembre.

3.4 Les réflexions des graphiques de fonctions

Reporte-toi à la rubrique *Concepts clés* de la page 201.

20. Soit les deux fonctions représentées ici.

a)

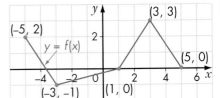

b)

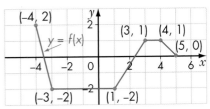

À partir du graphique de chacune, trace celui des fonctions définies ci-après, accompagné de son équation.

i) $y = -f(x)$

ii) $y = f(-x)$

21. Représente graphiquement $y = f(x)$ et esquisse les graphiques demandés. Indique le domaine et l'image de chaque fonction et de sa transformée.

a) $y = g(x)$, l'image du graphique de $f(x) = \sqrt{x+2}$ par une réflexion par rapport à l'axe des y ;

b) $y = h(x)$, l'image du graphique de $f(x) = -2x + 4$ par une réflexion par rapport à l'axe des x ;

c) $y = k(x)$, l'image du graphique de $f(x) = x^2 + 6$ par une réflexion par rapport à l'axe des y.

22. a) Sachant que $f(x) = 3 - 2x$, écris deux équations définissant respectivement $y = -f(x)$ et $y = f(-x)$.

b) Esquisse le graphique de ces trois fonctions dans un même plan cartésien.

c) Pour chaque réflexion, trouve tout point invariant.

23. a) Sachant que $f(x) = x^2 + 6x$, écris deux équations définissant respectivement $y = -f(x)$ et $y = f(-x)$.

b) Esquisse le graphique de ces trois fonctions dans un même plan cartésien.

c) Pour chaque réflexion, trouve tout point invariant.

24. a) Sachant que $f(x) = x^2 - 4$, écris deux équations définissant respectivement $y = -f(x)$ et $y = f(-x)$.

b) Esquisse le graphique de ces trois fonctions dans un même plan cartésien.

c) Pour chaque réflexion, trouve tout point invariant.

25. a) Sachant que $f(x) = \sqrt{x} - 4$, écris deux équations définissant respectivement $y = -f(x)$ et $y = f(-x)$.

b) Esquisse le graphique de ces trois fonctions dans un même plan cartésien.

c) Pour chaque réflexion, trouve tout point invariant.

26. a) Sachant que $f(x) = \sqrt{x - 5}$, écris deux équations définissant respectivement $y = -f(x)$ et $y = f(-x)$.

b) Esquisse le graphique de ces trois fonctions dans un même plan cartésien.

c) Pour chaque réflexion, trouve tout point invariant.

27. Un toit en A Soit le schéma ci-contre, où un plan cartésien est superposé à la vue en coupe d'un toit en A d'une hauteur h et d'une largeur l, en mètres. L'une des moitiés de la vue en coupe se traduit par l'équation $y = -1,6x + 4$.

a) Quelle équation définit son autre moitié ?

b) Quelle est la hauteur h du toit ?

c) Quelle est la largeur l du toit ?

d) Indique le domaine et l'image de la fonction correspondant à chacune des moitiés du toit.

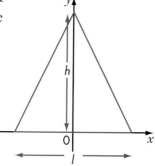

3.5 Les réciproques de fonctions

Reporte-toi à la rubrique *Concepts clés* de la page 215.

28. Soit $f = \{(-1, 5), (3, -2), (2, 2), (0, 3)\}$.

a) Représente graphiquement cette fonction et sa réciproque.

b) La réciproque est-elle une fonction ? Justifie ta réponse.

29. Trouve l'équation de la réciproque des fonctions définies ci-après. Indique le domaine et l'image de chaque fonction et de sa réciproque.

a) $f(x) = x + 7$

b) $f(x) = \dfrac{x - 4}{3}$

c) $f(x) = 3x - 1$

d) $f(x) = x^2 - 5$

e) $f(x) = (x + 2)^2$

f) $f(x) = \sqrt{x - 3}$

30. Esquisse le graphique de la réciproque des fonctions représentées ci-après.

a)

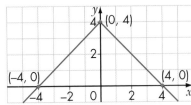

b)

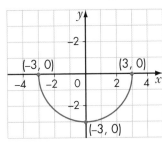

31. Détermine si les paires d'équations ci-après définissent des fonctions réciproques.

a) $y = 5x - 1$

$y = \dfrac{x+1}{5}$

b) $y = 2x + 8$

$y = 8 - \dfrac{1}{2}x$

32. a) Trouve la réciproque de la fonction définie par $f(x) = 3 - x^2$.

b) Représente graphiquement $y = f(x)$ et sa réciproque.

c) Restreins le domaine de f de telle manière que f^{-1} soit aussi une fonction.

d) Représente graphiquement chaque fonction en restreignant le domaine de f.

e) Indique le domaine et l'image de chaque fonction.

33. Indique tout point invariant dans le cas des fonctions définies ci-après et de leur réciproque.

a) $f(x) = 3x + 2$

b) $f(x) = 5x - 8$

34. La vente au détail À l'occasion d'un solde, un marchand de meubles a réduit de 40 % le prix de tous les articles qu'il offre.

a) Écris l'équation d'une fonction représentant le prix réduit d'un article par rapport à son prix régulier.

b) Trouve la réciproque de cette fonction.

c) Que représente cette réciproque ?

3.6 Les élongations des graphiques de fonctions

Reporte-toi à la rubrique *Concepts clés* de la page 228.

35. À partir du graphique ci-contre de $y = f(x)$, esquisse celui des fonctions définies ci-après. Indique le domaine et l'image de chacune des fonctions.

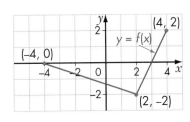

a) $y = 3f(x)$ 　　**b)** $y = f\left(\dfrac{1}{2}x\right)$ 　　**c)** $y = 2f\left(\dfrac{1}{2}x\right)$

36. Soit les fonctions définies par les trois équations de chaque ensemble ci-après.

a) Esquisse leurs graphiques dans un même plan cartésien ou génère-les ensemble à l'aide d'une calculatrice à affichage graphique.

b) Décris la relation entre les graphiques de la deuxième et de la troisième fonction et celui de la première.

c) Indique tout point invariant.

i) $y = x$, $y = 4x$, $y = 0,5x$

ii) $y = x^2$, $y = 2x^2$, $y = 0,5x^2$

iii) $y = \sqrt{x+3}$, $y = 2\sqrt{x+3}$, $y = \dfrac{1}{4}\sqrt{x+3}$

37. À l'aide de transformations et des zéros de la fonction du second degré définie par $f(x) = (x-6)(x+4)$, détermine les zéros des fonctions définies ci-après.

a) $y = 2f(x)$ **b)** $y = f(2x)$ **c)** $y = f(0,5x)$

38. Soit le graphique ci-contre de $f(x) = \sqrt{36 - x^2}$. Au moyen de transformations, esquisse le graphique des fonctions définies ci-après. Indique le domaine et l'image de chacune des fonctions.

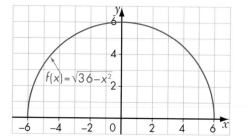

a) $y = 2f(x)$

b) $y = 0,5f(x)$

c) $y = f(3x)$

39. Décris comment on peut générer le graphique des fonctions définies ci-après à partir de celui de $y = f(x)$.

a) $y = 4f(x)$ **b)** $y = f(3x)$

c) $y = \dfrac{1}{2}f(2x)$ **d)** $y = 3f\left(\dfrac{1}{2}x\right)$

3.7 Les combinaisons de transformations

Reporte-toi à la rubrique *Concepts clés* de la page 239.

40. Soit les équations de chaque paire ci-après. Au moyen de transformations, esquisse le graphique des fonctions qu'elles définissent.

a) $y = x - 4$
  $y = -(x - 4)$

b) $y = \sqrt{x+2}$
  $y = -3\sqrt{x+2}$

c) $y = (x - 3)^2$
  $y = -\dfrac{1}{4}(x-3)^2$

d) $y = x^2 + 4$
  $y = -2x^2 + 4$

41. Décris comment on peut générer le graphique des fonctions définies ci-après à partir de celui de $y = f(x)$.

a) $y = 3f(x + 2) - 4$ **b)** $y = -2f(x) + 5$

c) $y = 0,5f(4x) + 2$ **d)** $y = f(2(x + 1))$

e) $y = -f(0,5(x - 3)) + 1$ **f)** $y = 3f(4 - x) - 7$

42. Sachant que $f(x) = x^2$, esquisse le graphique des fonctions définies ci-après. Indique le domaine et l'image de chacune des fonctions.

a) $y = 2f(x + 3) - 4$ **b)** $y = -f(x - 5) + 6$

c) $y = 0,5f(0,5(x + 4)) - 3$ **d)** $y = -2f(2x - 4) + 3$

43. Sachant que $f(x) = \sqrt{x}$, esquisse le graphique des fonctions définies ci-après. Indique le domaine et l'image de chacune des fonctions.

a) $y = f(x - 3) + 4$ **b)** $y = -2f(x + 4) - 5$

c) $y = -3f(2 - x) - 2$ **d)** $y = f(-0,5x + 3) + 2$

44. On fait subir à la courbe représentative de $y = \sqrt{x}$ un agrandissement vertical de rapport 4, une réflexion par rapport à l'axe des y, une translation de 5 unités vers la gauche et une autre de 4 unités vers le haut. Écris l'équation de sa transformée.

45. À partir du graphique ci-contre de $f(x) = \sqrt{16 - x^2}$, esquisse celui des fonctions définies ci-après.

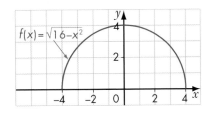

a) $y = 3f(x) - 4$

b) $y = -0,5f(-0,5x) + 6$

c) $y = 2f(x - 3) + 4$

46. Une hausse salariale On a augmenté de 6 % le salaire annuel de chaque employée et employé d'une usine de montage d'automobiles afin de l'indexer au coût de la vie, puis on a accordé à tout le personnel une augmentation de 2000 $ pour le récompenser de sa productivité.

a) Définis l'équation de la fonction qui fait correspondre au salaire annuel précédent P le salaire annuel actuel A.

b) L'ordre dans lequel on a accordé les augmentations a-t-il de l'importance ? Justifie ta réponse.

VÉRIFIONS NOS CONNAISSANCES

Les compétences à l'honneur

Compétences	Connaissance et compréhension	Réflexion, recherche et résolution de problèmes	Communication	Mise en application
Questions	Toutes	15	4, 5, 6, 14, 15	12, 13, 14, 15

1. Indique si chaque ensemble de couples ci-après constitue une fonction.

a) $\{(2, 4), (3, 5), (7, 9), (2, -5), (3, -7)\}$

b) $\{(5, 4), (4, 3), (3, 2), (2, 1), (1, 0)\}$

c) $\{(-1, 6), (0, -6), (1, -6), (2, -6)\}$

2. Indique le domaine et l'image des relations représentées ci-après.

a)

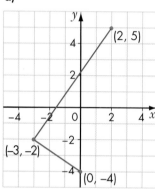

b)

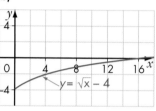

c)

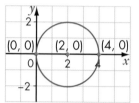

3. Sachant que $f(x) = 3 - 2x^2$, détermine les valeurs ci-après.

a) $f(5)$ **b)** $f(-2)$ **c)** $f(-5)$ **d)** $f(0)$

e) $f(7)$ **f)** $f(-0,5)$ **g)** $f(3a)$ **h)** $f(2a - 1)$

4. Décris le graphique des fonctions définies par les équations ci-après.

a) $y = \sqrt{x}$ **b)** $y = \dfrac{1}{x}$

5. À partir du graphique ci-contre de $y = f(x)$, esquisse celui des fonctions définies ci-après.

a) $y = f(x) + 3$ **b)** $y = -0,5f(x)$

c) $y = f\left(-\dfrac{1}{2}x\right)$ **d)** $y = -2f(-x)$

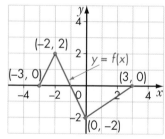

6. Décris comment on peut générer le graphique des fonctions définies ci-après à partir de celui de $y = f(x)$.

a) $y = f(x) + 4$ **b)** $y = f(x - 2) - 3$ **c)** $y = -f(x + 5) - 1$

d) $y = \dfrac{1}{3}f(-3x) + 5$ **e)** $y = -2f(2(x + 3)) + 6$ **f)** $y = 2f(-x + 2) - 4$

7. Soit les plans cartésiens ci-après, où le graphique en bleu résulte d'une transformation du graphique en rouge. On te fournit l'équation des graphiques en rouge. Indique celle des graphiques en bleu, de même que le domaine et l'image de la fonction représentée.

a)
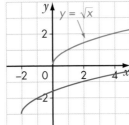

b)
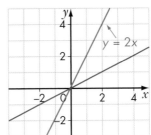

c)
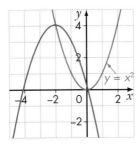

8. Trouve l'équation de la réciproque des fonctions définies par les équations ci-après. Leur réciproque est-elle une fonction ? Justifie tes réponses.

a) $y = 3x - 5$ **b)** $y = x^2 - 7$

9. Soit les équations de chaque paire ci-après. Esquisse dans un même plan cartésien le graphique des deux fonctions qu'elles définissent.

a) $y = x + 3$ et $y = -2(x + 3)$

b) $y = \sqrt{x}$ et $y = \sqrt{x - 4}$

c) $y = \sqrt{x}$ et $y = -\sqrt{x + 4} + 3$

d) $y = (x + 1)^2$ et $y = -\dfrac{1}{2}(x + 1)^2 - 3$

10. On fait subir à la courbe représentative de $y = x^2$ un agrandissement vertical de rapport 2, une translation de 3 unités vers la gauche et une autre de 4 unités vers le haut. Écris l'équation de sa transformée, puis indique le domaine et l'image de la fonction qu'elle représente.

11. On fait subir à la courbe représentative de $f(x) = \sqrt{x}$ un rétrécissement horizontal de rapport 0,5, une réflexion par rapport à l'axe des x et une translation de 4 unités vers la gauche. Écris l'équation de sa transformée, puis indique le domaine et l'image de la fonction qu'elle représente.

12. a) Sachant que $f(x) = x^2 - 10x$, écris deux équations définissant respectivement $y = -f(x)$ et $y = f(-x)$.
b) Esquisse le graphique de ces trois fonctions dans un même plan cartésien.
c) Pour chaque réflexion, trouve tout point invariant.
d) Indique le domaine et l'image de chaque fonction.

13. a) Sachant que $f(x) = \sqrt{x} - 3$, écris deux équations définissant respectivement $y = -f(x)$ et $y = f(-x)$.
b) Esquisse le graphique de ces trois fonctions dans un même plan cartésien.
c) Pour chaque réflexion, trouve tout point invariant.
d) Indique le domaine et l'image de chaque fonction.

14. La fabrication Une entreprise fabrique des portes de garage. La relation entre le nombre de portes p qu'elle produit en une semaine et le nombre d'heures de travail h que nécessite leur fabrication se traduit par l'équation $p = 1{,}8\sqrt{h}$.
a) Combien de portes est-il possible de fabriquer en une semaine grâce à 500 heures de travail ?
b) Écris l'équation de la réciproque de cette fonction et explique sa signification.
c) Combien d'heures de travail faut-il par semaine pour assurer une production hebdomadaire de 25 portes ou plus ?

VÉRIFIONS NOS PROGRÈS

Connaissance et compréhension • **Réflexion, recherche et résolution de problèmes** • **Communication** • **Mise en application**

15. Beaucoup d'entreprises rémunèrent leur personnel selon une échelle où le salaire varie en fonction du nombre d'années de service. Soit une entreprise utilisant l'échelle salariale définie par $S(a) = 25\,000 + 3000a - 150a^2$ pour les 10 premières années de service et par $S(a) = 500\sqrt{a - 10} + 40\,000$ pour les années ultérieures, où $S(a)$ représente le salaire en dollars et a, le nombre d'années de service. Le comité de négociation du syndicat demande une augmentation salariale de 1000 $ pour chaque membre du personnel. Les personnes représentant l'entreprise proposent une hausse de 2,75 %.
a) Décris la transformation que chaque augmentation ferait subir au graphique des fonctions données.
b) Écris l'équation des fonctions représentant l'échelle salariale à la suite de chaque augmentation.
c) Fournis un domaine et une image vraisemblables pour chaque fonction en b).
d) Si tu travailles à cet endroit depuis 5 ans, laquelle des deux augmentations envisagées serait plus avantageuse pour toi ? Justifie ta réponse.
e) Si tu travailles à cet endroit depuis 19 ans, laquelle des deux augmentations envisagées serait plus avantageuse pour toi ? Justifie ta réponse.

PROBLÈMES STIMULANTS

1. Paire ou impaire Une fonction paire vérifie l'égalité $f(x) = f(-x)$ pour toute valeur de x à l'intérieur de son domaine, tandis qu'une fonction impaire vérifie l'égalité $f(-x) = -f(x)$ pour toute valeur de x à l'intérieur de son domaine. Indique si les fonctions définies ci-après sont paires, impaires ou autres.

a) $f(x) = -2x + 1$ **b)** $f(x) = 3x^2 - 4$ **c)** $f(x) = \sqrt{x}$

d) $f(x) = \dfrac{1}{x}$ **e)** $f(x) = x^2 - x$

2. Une image par réflexion On fait subir à la droite définie par $2x - 3y + 6 = 0$ une réflexion par rapport à la droite d'équation $y = -x$. Détermine l'équation de son image par cette réflexion.

3. La fonction puissance Une fonction définie par une équation de la forme $f(x) = ax^n$, où $a \neq 0$ et n est un nombre entier, porte le nom de fonction puissance. Quel lien y a-t-il entre l'exposant à l'intérieur de l'équation d'une telle fonction et la symétrie de son graphique?

4. La réciproque d'une fonction Soit $f(x) = \dfrac{ax + b}{cx + d}$, où $x \neq -\dfrac{d}{c}, \dfrac{a}{c}$. Détermine l'équation de f^{-1}.

5. Les polygones réguliers Un polygone régulier présentant x côtés est entièrement entouré de x polygones réguliers comptant chacun n côtés. Lorsque $x = 4$, $n = 8$, comme on peut le voir dans le schéma ci-contre. Quelle est la valeur de n lorsque $x = 10$?

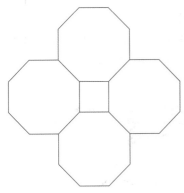

6. La réflexion Soit G le graphique de $y = \dfrac{1}{x}$ et H son image par une réflexion par rapport à la droite d'équation $y = 2x$. On peut écrire l'équation de H sous la forme $12x^2 + bxy + cy^2 + d = 0$. Détermine la valeur de b, de c et de d.

STRATÉGIE POUR LA RÉSOLUTION DE PROBLÈMES

RÉSOUDRE DES PROBLÈMES D'ESTIMATION (ENRICHISSEMENT)

Combien de mots le quotidien de ta région publie-t-il en une année ? Les problèmes d'estimation de ce genre s'appellent « problèmes de Fermi ». Ils portent le nom du physicien Enrico Fermi, qui aimait présenter ce type de problèmes à ses étudiantes et étudiants à l'University of Chicago. On peut devoir effectuer plusieurs estimations pour résoudre un problème de Fermi. Assure-toi que tu indiques toute supposition sur laquelle reposent tes estimations.

Combien de ballons de soccer faudrait-il environ pour remplir le SkyDome lorsque son toit est fermé ?

Comprendre
le problème

1. Quels sont les renseignements fournis ?
2. Que dois-tu déterminer ?
3. Te demande-t-on une réponse exacte ou approximative ?

Établir
un plan

Le problème posé a trait au volume.

Tu dois ici estimer le nombre de petits objets identiques dont on aurait besoin pour remplir un objet de plus grandes dimensions. Or, on peut déterminer ce nombre n au moyen de la formule

n = (gros volume) ÷ (petit volume)

Certains renseignements nécessaires ne figurent cependant pas dans l'énoncé du problème. Pour les trouver, tu pourrais recourir à tes habiletés dans la recherche. Tu découvrirais ainsi que le volume intérieur du SkyDome est d'environ 1,6 million de mètres cubes lorsque son toit est fermé et qu'un ballon de soccer a environ 22 cm de diamètre.

Suppose qu'un ballon de soccer s'apparente à un cube de 22 cm ou 0,22 m d'arête. Le volume de ce cube est de $0,22^3$ ou environ 0,01 m^3.

Par conséquent, $n = \dfrac{1\,600\,000}{0,01}$

$= 160\,000\,000$

Il faudrait donc environ 160 millions de ballons de soccer pour remplir le SkyDome lorsque son toit est fermé.

Cette réponse semble-t-elle vraisemblable ?

Est-il possible d'améliorer ton estimation ?

Résoudre des problèmes de Fermi

1. Trouve les renseignements dont tu as besoin.
2. Détermine la ou les suppositions à faire.
3. Résous le problème par une estimation.
4. Vérifie la vraisemblance du résultat de ton estimation.

Beaucoup de problèmes de Fermi t'obligeront à utiliser tes habiletés dans la recherche pour trouver certains renseignements manquants. Tu pourras puiser ces renseignements dans Internet ou les obtenir par un autre moyen ; ainsi, tu pourras consulter un ouvrage de référence, effectuer des mesures ou interroger une ou un spécialiste. Voici un problème de Fermi dont l'énoncé ne fournit pas tous les renseignements nécessaires à sa résolution.

Combien de litres d'essence l'automobile d'une famille consomme-t-elle en une année ?

La consommation d'essence d'une automobile varie en fonction de plusieurs éléments, dont la taille du véhicule, l'endroit où il circule le plus (en ville ou sur la route) et la boîte de vitesses dont il est équipé (manuelle ou automatique).

Suppose qu'il est ici question d'une automobile de série intermédiaire équipée d'une boîte automatique, utilisée surtout en ville et parcourant quelque 25 000 km par année. Selon les recherches effectuées, ce véhicule consomme environ 12 l d'essence aux 100 km.

Dans ces conditions, sa consommation annuelle d'essence est d'environ $25\,000 \times \dfrac{12}{100}$ ou 3000 l.

Application, résolution de problèmes, communication

À l'aide de tes habiletés dans la recherche, trouve tout renseignement manquant. Résous ensuite les problèmes ci-après.

1. Les pièces de 10 cents Combien de pièces de 10 cents faudrait-il environ pour couvrir le plancher de tous les corridors de ton école?

2. Les pièces de un dollar Estime le volume d'un million de pièces de un dollar ou huards.

3. Les fontaines Estime le nombre de litres d'eau que gaspillerait une fontaine si l'on en laissait jaillir l'eau sans arrêt pendant toute une année scolaire.

4. Les ballons de basket-ball Combien de ballons de basket-ball faudrait-il environ pour remplir l'intérieur de ton école?

5. Les édifices Combien d'édifices de tout type y a-t-il environ en Ontario?

6. Internet Combien de familles branchées à Internet y a-t-il environ en Ontario?

7. Le lait Estime le nombre total de litres de lait que consomment annuellement au Canada les élèves de la 1re à la 12e année.

8. Les journaux Estime le nombre de mots que publie le quotidien de ta région en une année.

9. Les trottoirs Combien de kilomètres de trottoirs y a-t-il environ en Ontario?

10. Les piscines Combien de temps faudrait-il environ pour remplir une piscine municipale à l'aide d'un tuyau d'arrosage?

11. Les magasins à grande surface Estime le nombre de magasins à grande surface au Canada.

12. Le Soleil et la Terre Si le Soleil était creux, combien de sphères de la taille de la Terre faudrait-il environ pour le remplir?

13. Les cinémas Combien de cinémas y a-t-il environ au Canada?

14. Les balles de tennis Estime le nombre de balles de tennis qu'il faudrait pour remplacer toute l'eau contenue dans le lac Supérieur.

15. Les téléviseurs Combien de téléviseurs y a-t-il environ au Canada?

16. Les circulaires Estime le nombre de circulaires publicitaires que reçoivent les ménages ontariens en une année.

17. Les élèves Si tous les élèves de 11e année du Canada se tenaient côte à côte, les uns collés aux autres, quelle serait la longueur de la ligne ainsi formée?

18. La conduite automobile En Ontario, combien d'élèves du secondaire environ détiennent un permis de conduire?

19. L'énoncé de problèmes Énonce un problème semblable à celui de la question 1. Fais-le résoudre par une ou un camarade de classe.

RÉSOLUTION DE PROBLÈMES

L'APPLICATION DES STRATÉGIES

1. Le basket-ball Cinq joueurs de basket-ball, A, B, C, D et E, se précipitent sur le terrain en ordre croissant de grandeur. Chaque joueur, à l'exception du premier, a une masse supérieure de 1 kg à celle du joueur qui le précède. La masse totale des cinq joueurs est de 310 kg.

La masse de E est supérieure de 1 kg à celle de A.

La masse de B est supérieure de 2 kg à celle de A.

La masse de C est supérieure de 1 kg à celle de D.

La masse de E est inférieure de 3 kg à celle de C.

Quelle est la masse de chaque joueur ?

2. La géométrie Sachant que $\overline{AC} = \overline{BC}$, $\overline{CD} = \overline{CE}$ et $\angle ACD = 50°$, détermine la mesure de l'angle BDE.

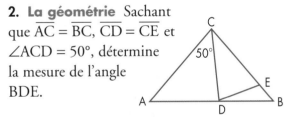

3. Les soustractions En effectuant les deux soustractions ci-après, on obtient le même résultat.

$$\begin{array}{r} 3\ 0\ 0 \\ -\ X\ Y\ 3 \\ \hline \end{array} \qquad \begin{array}{r} 3\ X\ Y \\ -\ 3\ 0\ 0 \\ \hline \end{array}$$

Détermine la valeur de X et de Y.

4. Les timbres Tu disposes d'un nombre illimité de timbres de trois cents et de cinq cents. Quels sont les frais de port que tu ne peux pas acquitter avec ces timbres ?

5. Les boîtes Soit cinq boîtes, A, B, C, D et E, renfermant chacune des livres. La masse totale de A et B est de 24 kg ; celle de B et C, de 27 kg ; celle de C et D, de 23 kg ; celle de D et E, de 16 kg ; et celle de A, C et E, de 32 kg. Quelle est la masse de chaque boîte ?

6. La traversée de l'Atlantique Chaque jour, à midi, un navire quitte Halifax à destination de Lisbonne. À cette même heure, chaque jour, un autre navire quitte Lisbonne pour se rendre à Halifax. Chaque traversée dure exactement six jours. Lorsqu'un navire en croise un autre, les deux se saluent par radio. Au cours d'une même traversée, combien de messages un navire parti de Halifax enverra-t-il à des navires provenant de Lisbonne ?

7. Le vélo Un matin, Danielle s'est rendue de chez elle à l'école en vélo. Roulant à 9 km/h, elle est arrivée en retard de 10 min. Le lendemain, Danielle a quitté la maison à la même heure, mais elle a roulé à une vitesse de 12 km/h, arrivant ainsi en avance de 10 min. Quelle est la distance de chez elle à l'école ?

8. Les carrés magiques Reproduis le schéma ci-contre. Complète-le en inscrivant un nombre impair dans les quatre cases vides afin que la somme des nombres de chaque rangée, chaque colonne et chaque diagonale égale 48.

	22	
4	16	28
	10	

9. La notation courante Quel est le dernier chiffre du produit suivant exprimé en notation courante ?

$(3^1)(3^2)(3^3) \ldots (3^{298})(3^{299})(3^{300})$

10. La fanfare La directrice d'une fanfare juge que ses membres devraient pouvoir former un rectangle. Elle a décidé que la ligne formée par les côtés de ce rectangle devrait compter le même nombre de musiciennes et de musiciens que son intérieur.

a) Combien de membres la fanfare peut-elle compter ? Indique toutes les réponses possibles.

b) Démontre algébriquement que tu as trouvé les seules solutions de ce problème.

4 La trigonométrie

Contenus d'apprentissage	Fonctions	Fonctions et relations
Déterminer sin x, cos x et tan x pour un angle x supérieur à 90° en utilisant une technique appropriée (p. ex., angles remarquables, cercle unitaire) et déterminer deux angles qui correspondent à une valeur donnée d'une fonction trigonométrique.	4.2, 4.4	4.2, 4.4
Résoudre des problèmes en deux et en trois dimensions portant sur des triangles rectangles ou obliques à l'aide de rapports sinus, cosinus et tangente, de la loi des sinus et de la loi du cosinus, y compris le cas ambigu.	4.1, 4.3, 4.4, 4.5	4.1, 4.3, 4.4, 4.5

MODÉLISATION MATHÉMATIQUE

La navigation

Dans les questions de la rubrique *Modélisation mathématique*, aux pages 274, 293, 310 et 311, tu résoudras le problème ci-après et d'autres encore portant sur la navigation.

Entre 1857 et 1860, la Grande-Bretagne a financé la construction de 10 phares en Amérique du Nord britannique afin de remplacer des aides à la navigation désuètes qui nuisaient à la croissance économique. Ces phares ont été baptisés « Lumières impériales ». Quatre d'entre eux ont été érigés aux abords du fleuve Saint-Laurent et les six autres, sur la rive orientale du lac Huron. Le phare de Point Clark, sur le lac Huron, a 28,3 m de haut. Du sommet du phare, l'angle de dépression vers un navire est de 3,3°. À quelle distance du phare, au mètre près, se trouve le navire ?

Réponds immédiatement aux questions suivantes en faisant appel à tes habiletés dans la recherche.

1. Décris le lien entre l'histoire de la navigation et la mise au point de moyens précis de mesure du temps.

2. Décris l'utilisation qu'on fait aujourd'hui des deux aides à la navigation suivantes :
a) La radio ; **b)** Les satellites.

POINT DE DÉPART

La parallaxe

Tiens un crayon à bout de bras devant toi et regarde-le. Ferme ensuite un œil, rouvre-le et ferme l'autre œil. Tu constateras que la position du crayon semble changer par rapport à l'arrière-plan. Cet effet s'appelle la parallaxe. Comme la parallaxe est mesurée en degrés, on peut s'en servir pour déterminer, à l'aide de la trigonométrie, la distance à laquelle se trouve un objet.

Lien Internet
www.dlcmcgrawhill.ca
Pour en savoir plus sur la parallaxe, rends-toi à l'adresse donnée ci-haut. Puis clique sur la page couverture du manuel *Mathématiques 11*. Tu y trouveras les adresses nécessaires à ta recherche. Rédige un bref rapport sur tes découvertes.

L'astronome allemand Friedrich Wilhelm Bessel (1784-1846) passe pour avoir été le premier à utiliser la parallaxe pour déterminer la distance de la Terre à une étoile. Il a étudié l'étoile 61 Cygni, située dans la constellation du même nom. Il a comparé les positions de l'étoile sur le fond du ciel au cours de différentes nuits, à six mois d'intervalle. Il a annoncé les résultats de son travail en 1838.

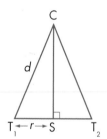

Dans le diagramme ci-contre, S représente le Soleil, C représente l'étoile 61 Cygni et T_1 et T_2 représentent les positions opposées de la Terre autour du Soleil.

Bessel a déterminé que la déviation angulaire de la position de l'étoile, indiquée par l'angle E_1CE_2 et causée par la rotation de la Terre autour du Soleil, était égale à $1,7 \times 10^{-4}$ degrés.

1. La parallaxe annuelle équivaut à la moitié de la déviation angulaire, soit l'angle SCE_1 ou l'angle SCE_2 dans le diagramme. Détermine la parallaxe annuelle, en degrés, de l'étoile 61 Cygni selon la notation scientifique.

2. Si r, le rayon moyen de l'orbite de la Terre autour du Soleil, est égal à $1,5 \times 10^8$ km, calcule la distance d en kilomètres. Exprime ta réponse selon la notation scientifique, en arrondissant la partie décimale au dixième près.

3. En astronomie, les distances sont habituellement exprimées en années-lumière – une année-lumière étant la distance que la lumière parcourt dans l'espace en une année. La vitesse de la lumière est égale à 3×10^5 km/s. Exprime d au dixième d'année-lumière près.

4. La distance entre la Terre et l'étoile 61 Cygni est établie actuellement à 11,1 années-lumière. Sers-toi de ce résultat pour calculer, en travaillant à rebours, une valeur plus précise pour l'angle E_1CE_2.

Révision des habiletés

Si tu as besoin d'aide pour maîtriser l'une ou l'autre des habiletés indiquées en violet, consulte l'annexe A.

1. Les rapports trigonométriques Sers-toi du théorème de Pythagore pour calculer la longueur du troisième côté de chaque triangle rectangle. Trouve ensuite le sinus, le cosinus et la tangente de chaque angle aigu. Exprime tes réponses sous forme de fractions irréductibles.

a)
b)

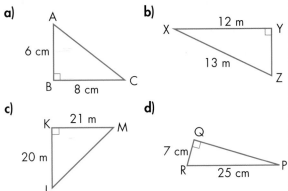

c)
d)

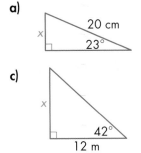
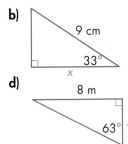

2. Indique chacune des valeurs suivantes, au millième près.

a) sin 27°   **b)** cos 56°   **c)** tan 78°

d) cos 7°   **e)** tan 40°   **f)** sin 62°

3. Indique la mesure de chaque angle, au degré près.

a) sin D = 0,602   **b)** cos A = 0,309

c) tan C = 0,445   **d)** tan R = 2,246

e) sin X = 0,978   **f)** cos W = 0,951

4. La détermination de la longueur d'un côté d'un triangle rectangle Calcule x, au dixième d'unité près.

a)
b)

c)
d)

e)
f)

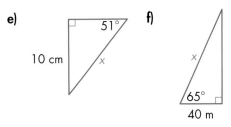

5. La mesure d'un angle d'un triangle rectangle Calcule $\angle x$, au degré près.

a)
b)

c)
d)

e)
f)

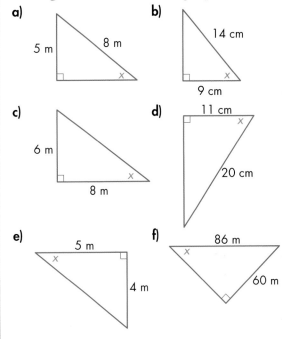

6. La résolution d'équations représentant des proportions Isole x. Exprime tes réponses sous forme décimale. Au besoin, arrondis au centième près.

a) $\dfrac{x}{3,15} = 11,8$ **b)** $\dfrac{x}{9,73} = \dfrac{7,65}{0,46}$

c) $\dfrac{91,24}{83,56} = \dfrac{x}{71,77}$ **d)** $\dfrac{12,56}{x} = \dfrac{19,83}{27,77}$

e) $\dfrac{0,57}{0,81} = \dfrac{1,52}{x}$ **f)** $\dfrac{1,38}{x} = \dfrac{5,72}{4,11}$

4.1 Révision de la trigonométrie des triangles rectangles

Dans la nouvelle intitulée *Le rituel des Musgrave*, Sherlock Holmes doit se rendre en un point précis pour trouver la solution d'une énigme. Il part de la souche d'un orme et marche 20 pas vers le nord, puis 10 pas vers l'est, ensuite 4 pas vers le sud et, enfin, 2 pas vers l'ouest.

1. Soit D le point de départ de Holmes et A son point d'arrivée. Dessine un schéma de ses déplacements. Relie D et A. Trace un autre segment de droite afin que $\overline{DA}$ soit l'hypoténuse d'un triangle rectangle.

2. Combien mesurent les côtés perpendiculaires du triangle rectangle ?

3. Quel rapport trigonométrique peux-tu utiliser pour trouver l'angle D à partir des longueurs des côtés perpendiculaires ?

4. Calcule l'angle D, au degré près.

5. Quelles méthodes pourrais-tu utiliser pour trouver la longueur $\overline{DA}$ en pas ?

6. Combien mesure $\overline{DA}$, au pas près ?

7. Dans quelle direction Holmes aurait-il pu marcher et combien de pas aurait-il faits pour aller directement de D à A ?

8. Une fois parvenu au point A, Holmes tourne son regard vers le point D au niveau du sol. Quel angle, au degré près, la ligne de visée forme-t-elle avec le sol ? Supposons que le sol est plat et que la hauteur des yeux de Holmes au-dessus du sol correspond à peu près à la longueur de 2 pas.

Les principaux rapports trigonométriques sont

sinus $\theta = \dfrac{\text{côté opposé}}{\text{hypoténuse}}$

cosinus $\theta = \dfrac{\text{côté adjacent}}{\text{hypoténuse}}$

tangente $\theta = \dfrac{\text{côté opposé}}{\text{côté adjacent}}$

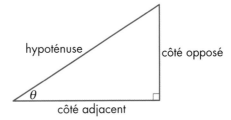

Résoudre un triangle rectangle signifie déterminer les longueurs de côtés manquantes et les mesures d'angles manquantes.

EXEMPLE 1 La résolution d'un triangle rectangle dont un angle et un côté sont connus

Dans le triangle ABC, $\angle B = 90°$, $\angle A = 18,6°$ et $b = 11,3$ cm.
Résous le triangle en déterminant :
a) la mesure d'angle manquante ;
b) les longueurs de côtés manquantes, au dixième de centimètre près.

SOLUTION

a) En utilisant l'information fournie,
$$\angle C = 90° - 18,6°$$
$$= 71,4°$$

b) À partir du diagramme,

$$\frac{a}{11,3} = \sin 18,6°$$
$$a = 11,3 \times \sin 18,6°$$
$$\doteq 3,6$$

$$\frac{c}{11,3} = \cos 18,6°$$
$$c = 11,3 \times \cos 18,6°$$
$$\doteq 10,7$$

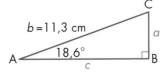

Vérifie les paramètres mode pour t'assurer que la calculatrice est en mode degré.

Dans le triangle ABC, $\angle C = 71,4°$, $a = 3,6$ cm et $c = 10,7$ cm.

EXEMPLE 2 La résolution d'un triangle rectangle dont deux côtés sont connus

Dans le triangle DEF, $\angle E = 90°$, $d = 7,4$ m et $f = 6,5$ m.
Résous le triangle en déterminant :

a) les mesures d'angles manquantes, au dixième de degré près ;

b) la longueur de côté manquante, au dixième de mètre près.

SOLUTION

a) À partir du diagramme,

$$\tan D = \frac{7,4}{6,5}$$
$$\angle D \doteq 48,7°$$
$$\angle F = 90° - 48,7°$$
$$= 41,3°$$

b) À partir du diagramme,

$$\sin 48,7° = \frac{7,4}{e}$$
$$e \times \sin 48,7° = 7,4$$
$$e = \frac{7,4}{\sin 48,7°}$$
$$\doteq 9,9$$

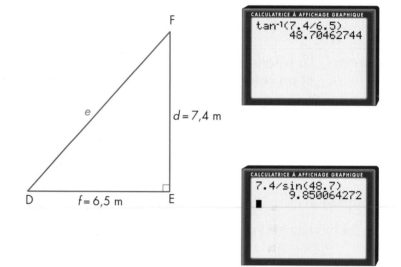

Dans le triangle DEF, $\angle D = 48,7°$, $\angle F = 41,3°$ et $e = 9,9$ m.

Si tu es au bord d'une falaise surplombant la mer et que tu regardes un voilier, l'angle que ta ligne de visée forme avec l'horizontale s'appelle l'**angle de dépression**. Si tu regardes un hélicoptère dans le ciel, l'angle que ta ligne de visée forme avec l'horizontale s'appelle l'**angle d'élévation**.

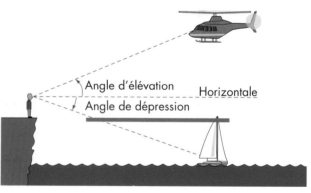

EXEMPLE 3 **Les thuyas géants**

Cathedral Grove, dans l'île de Vancouver, est une forêt humide formée de sapins et de thuyas géants. Depuis un point situé à 40 m du pied d'un thuya, l'angle d'élévation du sommet de l'arbre est de 65°. Détermine la hauteur du thuya, au mètre près.

SOLUTION

Trace un diagramme et nomme-le.
Représente la hauteur du thuya par h.

$$\frac{h}{40} = \tan 65°$$
$$h = 40\tan 65°$$
$$\doteq 86$$

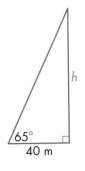

La hauteur du thuya est de 86 m, au mètre près.

Sur la Terre, un parallèle de latitude est un cercle parallèle à l'équateur.

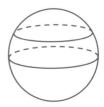

EXEMPLE 4 **Un parallèle de latitude**

Détermine la longueur du 35ᵉ parallèle, à 10 kilomètres près. Suppose que le rayon de la Terre est de 6380 km.

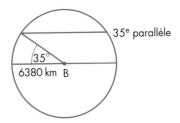

SOLUTION

Dans le diagramme, B est le centre de la Terre et A est un point sur l'équateur. D est le centre du cercle défini par le 35ᵉ parallèle et E est un point sur ce cercle. DE est le rayon, r, du 35ᵉ parallèle.

L'angle BDE est droit.
BA = BE, puisque les deux sont des rayons de la Terre.
∠DEB = ∠ABE (angles alternes-internes)

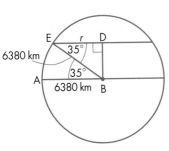

Dans le triangle DEB,

$$\frac{r}{6380} = \cos 35°$$

$$r = 6380\cos 35°$$

$$\doteq 5226$$

La longueur du 35ᵉ parallèle de latitude est égale à sa circonférence *C*.

$$C = 2\pi r$$

$$\doteq 2\pi(5226)$$

$$\doteq 32\,840$$

Fais une estimation

$$2 \times 3 \times 5000 = 30\,000$$

Pour remettre la dernière réponse à l'emplacement du curseur, appuie sur la touche 2ⁿᵈ, puis sur la touche (–).

La longueur du 35ᵉ parallèle de latitude est de 32 840 km, à 10 kilomètre près.

EXEMPLE 5 Les colonnes rocheuses

Les colonnes rocheuses sont de curieuses formations géologiques, sculptées par le vent et l'eau, qu'on peut apercevoir dans les rivières et les lacs de plusieurs parcs nationaux de l'Ontario. Un géologue veut déterminer la hauteur d'une colonne rocheuse qui se dresse dans une rivière. Il installe un théodolite au point C et détermine que l'angle ACB mesure 28,5°. Il trace ensuite une ligne CD, perpendiculaire à $\overline{BC}$. La longueur $\overline{CD}$ est de 10 m et $\angle CDB = 56,4°$. Si la hauteur du théodolite est de 1,6 m, quelle est la hauteur de la colonne rocheuse, au dixième de mètre près ?

SOLUTION

Détermine la longueur $\overline{AB}$, puis ajoute la hauteur du théodolite pour obtenir la hauteur de la colonne rocheuse.

Dans le triangle BCD,

$$\frac{BC}{CD} = \tan \angle BCD$$

$$\frac{BC}{10} = \tan 56,4°$$

$$BC = 10\tan 56,4°$$

$$BC \doteq 15,1$$

Dans le triangle ABC,

$$\frac{AB}{BC} = \tan \angle ACB$$

$$\frac{AB}{15,1} = \tan 28,5°$$

$$AB = 15,1\tan 28,5°$$

$$AB \doteq 8,2$$

$$8,2 + 1,6 = 9,8$$

Donc, la hauteur de la colonne rocheuse est de 9,8 m, au dixième de mètre près.

Concepts clés

- Pour tout angle aigu θ d'un triangle rectangle,

$$\sin \theta = \frac{\text{côté opposé}}{\text{hypoténuse}} \qquad \cos \theta = \frac{\text{côté adjacent}}{\text{hypoténuse}}$$

$$\tan \theta = \frac{\text{côté opposé}}{\text{côté adjacent}}$$

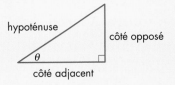

- Pour résoudre un triangle rectangle à l'aide de la trigonométrie, lorsque la mesure d'un angle aigu et la longueur d'un côté sont connues, détermine :
  a) la mesure du troisième angle en utilisant la somme des angles du triangle ;
  b) la mesure des deux autres côtés en utilisant les rapports du sinus, du cosinus ou de la tangente.

- Pour résoudre un triangle rectangle à l'aide de la trigonométrie, lorsque les longueurs de deux côtés sont connues, détermine :
  a) la mesure d'un angle en utilisant le rapport du sinus, du cosinus ou de la tangente ;
  b) la mesure du troisième angle en utilisant la somme des angles du triangle ;
  c) la mesure du troisième côté en utilisant le rapport du sinus, du cosinus ou de la tangente.

- Pour résoudre un problème portant sur deux triangles rectangles à l'aide de la trigonométrie :
  a) utilise un diagramme qui illustre l'information fournie, ainsi que les longueurs de côtés ou les mesures d'angles manquantes ;
  b) détermine les deux triangles qui peuvent servir à résoudre le problème, puis planifie leur utilisation ;
  c) exécute ton plan.

Communique ce que tu as compris

1. Décris comment tu résoudrais le triangle ABC, si $\angle B = 90°$, $\angle A = 36°$ et $c = 12$ cm.

2. Décris comment tu résoudrais le triangle RST, si $\angle S = 90°$, $s = 22$ cm et $t = 15$ cm.

3. Décris la différence entre un angle d'élévation et un angle de dépression.

4. Explique comment tu déterminerais la mesure de l'angle A.

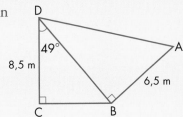

Exercices

A

1. Résous chaque triangle. Arrondis chaque longueur de côté à l'unité près et chaque mesure d'angle au degré près.

a)

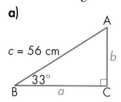

b)

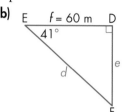

c)

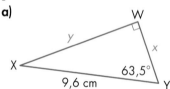

d)

Q $r = 13$ cm   P

$p = 8$ cm q

R

2. Résous chaque triangle. Arrondis chaque longueur de côté au dixième d'unité près et chaque mesure d'angle au dixième de degré près.

a)

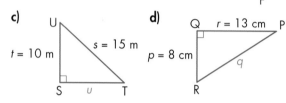

b)

L

57,4° n

m M

20,3 m

N

c)

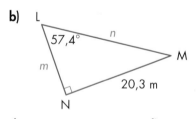

d)

K

72,3 cm j

J

68,8 cm   L

3. Résous chaque triangle. Au besoin, arrondis les réponses au dixième près.
a) Dans le triangle XYZ, $\angle X = 90°$, $x = 9,5$ cm, $z = 4,2$ cm
b) Dans le triangle KLM, $\angle M = 90°$, $\angle K = 37°$, $m = 12,3$ cm
c) Dans le triangle ABC, $\angle A = 90°$, $\angle B = 55,1°$, $b = 4,8$ m
d) Dans le triangle DEF, $\angle E = 90°$, $d = 18,2$ cm, $f = 14,9$ cm

4. Détermine la mesure de l'angle θ, au dixième de degré près.

a)

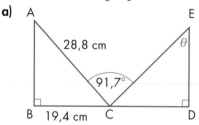

b)

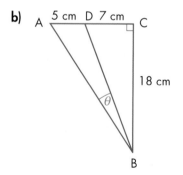

c)

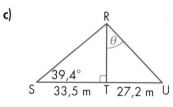

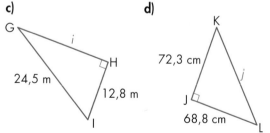

d)

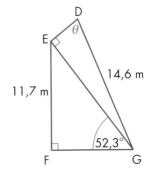

5. Détermine la longueur AB, au dixième de mètre près.

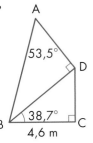

6. Détermine la longueur RS, au dixième de centimètre près.

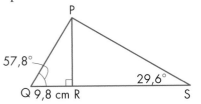

7. Détermine la longueur FH, au dixième de mètre près.

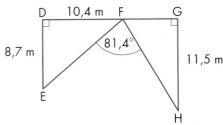

8. Détermine la longueur RT, au centimètre près.

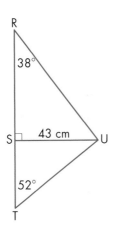

9. Détermine la longueur MN, au dixième de centimètre près.

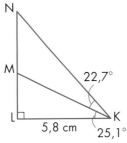

10. Détermine la longueur AB, au mètre près.

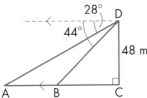

Application, résolution de problèmes, communication

11. Le barrage Mica Le barrage Mica, l'un des trois barrages érigés sur le fleuve Columbia en Colombie-Britannique, est le plus haut du Canada. D'un point situé à 600 m de la base du barrage, l'angle d'élévation vers le sommet est de 22°. Quelle est la hauteur du barrage, au mètre près ?

12. Le cercle arctique Détermine, à 10 kilomètres près, la longueur du cercle arctique, situé à 66,55° Nord. Suppose que le rayon de la Terre mesure 6380 km.

13. La topographie Une topographe a mesuré la hauteur d'une paroi rocheuse verticale en prenant les mesures indiquées. Si la hauteur de son théodolite était de 1,7 m, détermine la hauteur de la paroi AB, au dixième de mètre près.

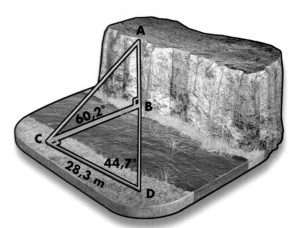

14. Communication a) Détermine l'aire du triangle DEF, au dixième de mètre carré près.

b) Que dois-tu savoir d'autre au minimum (côtés, angles) pour pouvoir calculer l'aire du triangle DEF?

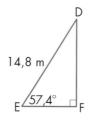

15. La latitude a) Détermine la longueur du 20ᵉ parallèle de latitude, à 10 kilomètres près. Suppose que le rayon de la Terre mesure 6380 km.

b) Détermine la longueur du parallèle de latitude du lieu où tu vis, à 10 kilomètres près.

16. Application Entre 1857 et 1860, la Grande-Bretagne a financé la construction de 10 phares en Amérique du Nord britannique afin de remplacer des aides à la navigation désuètes qui nuisaient à la croissance économique. Ces phares ont été baptisés « Lumières impériales ». Quatre d'entre eux ont été érigés aux abords du fleuve Saint-Laurent et les six autres, sur la rive orientale du lac Huron. Le phare de Point Clark, sur le lac Huron, a 28,3 m de haut. Du sommet du phare, l'angle de dépression vers un navire est de 3,3°. À quelle distance du phare, au mètre près, se trouve le navire?

17. Recherche et résolution de problèmes Démontre que la longueur de chaque parallèle de latitude est égale à la longueur de l'équateur multipliée par le cosinus de l'angle de latitude.

18. La mesure Détermine le volume du prisme à base triangulaire ci-contre, au centimètre cube près.

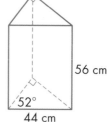

C

19. La grande pyramide La grande pyramide de
Chéops a une base carrée d'environ 230 m de côté. Les
quatre faces triangulaires de la pyramide sont congruentes
et isocèles. La hauteur de chaque face triangulaire forme
un angle de 52° avec la base. Détermine, au degré près,
la mesure de chaque angle formé à la base des faces
triangulaires.

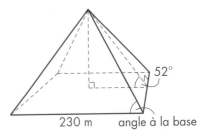

230 m angle à la base

20. La géométrie a) Le triangle ABC est acutangle.
Démontre qu'on peut déterminer l'aire A du triangle ABC
à l'aide de la formule $A = 0,5ac\sin B$.

b) Démontre qu'on peut aussi déterminer l'aire A du triangle
ABC à l'aide de la formule $A = 0,5ab\sin C$.

c) Trouve l'autre formule, semblable à celles qui ont été utilisées
en a) et en b), pour déterminer l'aire du triangle ABC.

d) Décris la régularité observée dans les formules.

e) Quelle information te suffit-il de posséder pour déterminer l'aire
d'un triangle acutangle ? Explique ta réponse.

f) Détermine l'aire du triangle ci-contre, au dixième de mètre
carré près.

g) Détermine l'aire du triangle ci-contre, au dixième
de centimètre carré près.

h) Les formules utilisées en a), b) et c) peuvent-elles s'appliquer
aux triangles obtusangles ? Explique et justifie ton raisonnement
à l'aide de diagrammes.

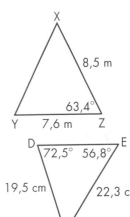

Une araignée et une mouche sont sur un mur ; l'araignée est à 100 cm au-dessus de la
mouche. La mouche commence à se déplacer horizontalement à la vitesse de 10 cm/s. Après
1 s, l'araignée commence à se déplacer en ligne droite deux fois plus vite que la mouche
afin de l'intercepter. Dans quelle direction se déplace l'araignée et quelle distance la mouche
aura-t-elle parcourue quand les deux insectes se rencontreront ?

4.2 Le sinus et le cosinus d'angles supérieurs à 90°

Les rapports trigonométriques ont été définis en fonction des côtés et des angles aigus de triangles rectangles. On peut aussi les définir par rapport à des angles trigonométriques dans un plan cartésien.

Dans le diagramme ci-contre, l'angle θ est un angle trigonométrique.

Le sommet de l'angle θ est à l'origine. L'une des demi-droites, appelée **côté initial**, est fixe sur la partie positive de l'axe des x. L'autre demi-droite, appelée **côté terminal**, tourne autour de l'origine. La mesure de l'angle correspond à celle de la rotation du côté terminal à partir du côté initial.

La claquette à droite, utilisée à la télévision et au cinéma, forme des angles semblables à des angles trigonométriques. On inscrit sur l'ardoise le titre du film ou de l'émission, le nom de la réalisatrice ou du réalisateur ainsi que le numéro de la scène et celui de la prise. Au début de chaque prise, on fait claquer la planchette supérieure sur la planchette inférieure. Au montage, on utilise le bruit du claquement et l'image du bras qui fait claquer les planchettes pour synchroniser les images avec la bande sonore.

| BOBINE A 131 | SCØNE 130 | PRISE 3 |

QUATRE GARÇONS DANS LE VENT
EN VEDETTE: LES BEATLES
RÉALISATEUR: RICHARD LESTER
CAMÉRAMAN: DEREK V. BROWNE
DATE: 20 FÉVRIER 1964

EXPLORATION ET RECHERCHE

1. Reproduis le tableau ci-contre et remplis-le à l'aide d'une calculatrice. Arrondis chaque valeur au dix millième près.

2. Comment évolue la valeur de sin A quand la mesure de l'angle A passe de 0° à 90° ? de 90° à 180° ?

3. a) Pour quelles paires d'angles la valeur du sinus est-elle la même ?
b) Quelle relation y a-t-il entre les angles de chacune de ces paires ?

Angle A	sin A	cos A
0°		
15°		
30°		
45°		
60°		
75°		
90°		
105°		
120°		
135°		
150°		
165°		
180°		

4. Si sin A = sin 40°, quelles sont les mesures possibles de l'angle A entre 0° et 180° ?

5. Si sin B = sin 130°, quelles sont les mesures possibles de l'angle B entre 0° et 180° ?

6. Comment évolue la valeur de cos A quand la mesure de l'angle A passe de 0° à 90° ? de 90° à 180° ?

7. a) En quoi cos 30° et cos 150° sont-ils semblables ? En quoi sont-ils différents ?
b) En quoi cos 165° et cos 15° sont-ils semblables ? En quoi sont-ils différents ?

8. La mesure de l'angle formé par la claquette dans l'illustration est de 15°.
a) Y a-t-il un angle obtus dont le sinus est égal au sinus d'un angle de 15° ? Explique ta réponse.
b) Y a-t-il un angle obtus dont le cosinus est égal au cosinus d'un angle de 15° ? Explique ta réponse.

Soit (x, y) un point situé sur le côté terminal d'un angle trigonométrique θ.

Le côté opposé à θ est y et le côté adjacent à θ est x. On peut déterminer l'hypoténuse, r, à l'aide du théorème de Pythagore.

Lorsque la rotation d'un angle trigonométrique dépasse 90°, l'angle est représenté comme ci-dessous dans le plan cartésien.

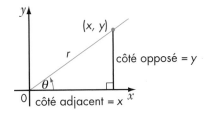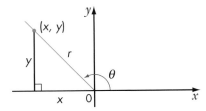

$$r = \sqrt{x^2 + y^2}$$

Les rapports trigonométriques sont exprimés en fonction de x, y et r.

$$\sin \theta = \frac{y}{r} \qquad \cos \theta = \frac{x}{r}$$

Exemple 1 Le sinus et le cosinus d'angles inférieurs à 90°

Le point (5, 12) se trouve sur le côté terminal d'un angle trigonométrique θ. Détermine $\sin \theta$ et $\cos \theta$.

Solution

Trace l'angle trigonométrique. Crée un triangle en traçant une perpendiculaire entre le point (5, 12) et l'axe des x.

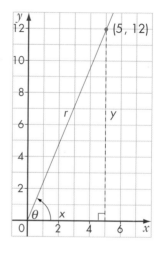

$$r^2 = x^2 + y^2$$
$$r = \sqrt{x^2 + y^2}$$
$$= \sqrt{5^2 + 12^2}$$
$$= \sqrt{169}$$
$$= 13$$

$$\sin \theta = \frac{y}{r} \qquad \cos \theta = \frac{x}{r}$$
$$= \frac{12}{13} \qquad\quad = \frac{5}{13}$$

Exemple 2 Le sinus et le cosinus d'angles supérieurs à 90°

Le point (−4, 3) se trouve sur le côté terminal d'un angle trigonométrique θ. Détermine $\sin \theta$ et $\cos \theta$.

Solution

Trace l'angle trigonométrique. Crée un triangle en traçant une perpendiculaire entre le point (−4, 3) et l'axe des x.

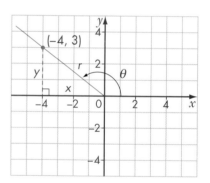

$$r^2 = x^2 + y^2$$
$$r = \sqrt{x^2 + y^2}$$
$$= \sqrt{(-4)^2 + 3^2}$$
$$= \sqrt{16 + 9}$$
$$= \sqrt{25}$$
$$= 5$$

$$\sin \theta = \frac{y}{r} \qquad \cos \theta = \frac{x}{r}$$
$$= \frac{3}{5} \qquad\quad = \frac{-4}{5} \text{ ou } -\frac{4}{5}$$

P(a, b) se trouve sur le côté terminal d'un angle trigonométrique θ.

Donc, P′($-a$, b) se trouve sur le côté terminal de l'angle $(180° - \theta)$, après réflexion dans l'axe des y.

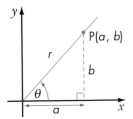 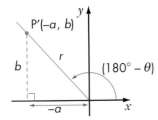

Dans les deux cas, $r = \sqrt{a^2 + b^2}$

$$\sin \theta = \frac{b}{r} \qquad\qquad \sin (180° - \theta) = \frac{b}{r}$$

$$= \frac{b}{\sqrt{a^2 + b^2}} \qquad\qquad = \frac{b}{\sqrt{a^2 + b^2}}$$

Donc, $\sin \theta = \sin (180° - \theta)$
ou $\sin (180° - \theta) = \sin \theta$

$$\cos \theta = \frac{a}{r} \qquad\qquad \cos (180° - \theta) = \frac{-a}{r}$$

$$= \frac{a}{\sqrt{a^2 + b^2}} \qquad\qquad = \frac{-a}{\sqrt{a^2 + b^2}}$$

Donc, $\cos \theta = -\cos (180° - \theta)$
ou $\cos (180° - \theta) = -\cos \theta$

Par exemple,
$\sin 123° = \sin (180° - 57°)$
$\qquad\quad = \sin 57°$
$\qquad\quad \doteq 0,8387$
et $\cos 123° = \cos (180° - 57°)$
$\qquad\qquad = -\cos 57°$
$\qquad\qquad \doteq -0,5446$

Exemple 3 L'évaluation des sinus et des cosinus à l'aide d'une calculatrice

Évalue au dix millième près.

a) sin 133°

b) cos 119,7°

Solution

a)

sin 133° ≐ 0,7314

b)

cos 119,7° ≐ −0,4955

Exemple 4 La détermination des mesures d'angles à l'aide d'une calculatrice

Détermine la mesure de l'angle A, au dixième de degré près, si 0° ≤ ∠A ≤ 180°.

a) sin A = 0,3214

b) cos A = −0,5804

Solution

a)

Le sinus d'un angle est positif lorsque le côté terminal se trouve dans le premier ou le deuxième quadrant.

Donc, ∠A = 18,7° ou ∠A = 180° − 18,7°

$$= 161,3°$$

b)

Le cosinus d'un angle est négatif lorsque le côté terminal se trouve dans le deuxième quadrant.

Donc, ∠A = 125,5°

Concepts clés

- $\sin(180° − \theta) = \sin \theta$
- $\cos(180° − \theta) = −\cos \theta$

Communique ce que tu as compris

1. Le point (−12, 5) se trouve sur le côté terminal d'un angle trigonométrique θ, $0° \leq \theta \leq 180°$. Décris comment tu déterminerais $\sin \theta$ et $\cos \theta$.

2. Décris l'évolution de $\sin \theta$ tandis que la mesure de θ augmente de 0° à 180°.

3. Décris l'évolution de $\cos \theta$ tandis que la mesure de θ augmente de 0° à 180°.

Exercices

A

1. Si le point donné se trouve sur le côté terminal d'un angle trigonométrique A, $0° \leq \angle A \leq 180°$, détermine $\sin A$ et $\cos A$.

a) (6, 8)   **b)** (−5, 12)

2. Évalue au dix millième près.

a) $\cos 144°$ **b)** $\sin 105°$ **c)** $\sin 167°$
d) $\cos 92°$ **e)** $\cos 134,7°$ **f)** $\sin 121,3°$
g) $\sin 178,8°$ **h)** $\cos 113,1°$ **i)** $\sin 156,4°$

3. Détermine la mesure de l'angle A, si $0° \leq \angle A \leq 180°$. Au besoin, arrondis au dixième de degré près.

a) $\sin A = 0,5$ **b)** $\cos A = 0,5$
c) $\cos A = −0,5$ **d)** $\sin A = 0,2568$
e) $\cos A = 0,4561$ **f)** $\cos A = −0,5603$
g) $\sin A = 0,5736$ **h)** $\cos A = −0,0876$
i) $\sin A = 1$ **j)** $\cos A = −1$

Application, résolution de problèmes, communication

4. Si le point (0, 2) se trouve sur le côté terminal de l'angle trigonométrique A, $0° \leq \angle A \leq 180°$, combien mesure l'angle A ?

B

5. Deux angles trigonométriques sont supplémentaires et ont des côtés terminaux perpendiculaires. Combien mesurent ces angles ?

6. L'algèbre Le point P(k, 24) se trouve à 25 unités de l'origine. Si P se trouve sur le côté terminal d'un angle trigonométrique, détermine, pour chaque valeur de k :

a) le sinus de l'angle ;
b) le cosinus de l'angle.

7. Communication Si ton manuel ouvert est posé à plat devant toi, le bas des deux pages forme un angle de 180°. Décris l'évolution du sinus et du cosinus de l'angle lorsque tu refermes le livre.

8. Application L'amplitude A d'un pendule correspond à la distance horizontale maximale parcourue par le poids à partir de sa position d'équilibre. Le déplacement x correspond à la distance horizontale réelle parcourue par le poids à partir de sa position d'équilibre à un moment précis. La relation entre le déplacement et l'amplitude est représentée par l'équation $x = A\sin\dfrac{360t}{T}$, où t est le temps

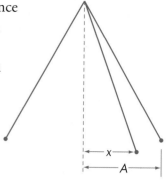

écoulé depuis le passage du poids à sa position d'équilibre et T, le temps qu'il faut au pendule pour effectuer une oscillation complète.

a) Un pendule a une amplitude de 10 cm et effectue une oscillation complète en 2 s. À quelle distance de sa position d'équilibre, au centimètre près, le poids se trouve-t-il quand t égale 0,25 s, 0,5 s, 0,75 s et 1 s ?

b) Sers-toi des résultats obtenus en a) pour décrire le mouvement du pendule de $t = 0$ à $t = 1$.

9. Recherche et résolution de problèmes a) Trouve trois paires d'angles aigus pour lesquelles le sinus du premier angle est égal au cosinus du second angle.

b) Quelle relation y a-t-il entre les angles de chaque paire que tu as trouvée en a) ?

c) Trouve trois paires d'angles formées d'un angle aigu et d'un angle obtus et pour lesquelles le sinus du premier angle est égal au cosinus du second angle.

d) Quelle relation y a-t-il entre les angles de chaque paire que tu as trouvée en c) ?

10. Si le point donné se trouve sur le côté terminal d'un angle trigonométrique A, $0° \leq \angle A \leq 180°$, détermine la mesure de l'angle A, au dixième de degré près.

a) (4, 3) **b)** (12, 5) **c)** (−6, 8) **d)** (−24, 7)

C

11. Soit les angles trigonométriques obtus A et B. Le point P (−3, 4) se trouve sur le côté terminal de l'angle A. Le point Q (−9, 12) se trouve sur le côté terminal de l'angle B. Quelle relation y a-t-il entre les angles A et B ?

12. Démontre que pour tout angle aigu θ :

a) $\sin(90° - \theta) = \cos\theta$ **b)** $\cos(90° - \theta) = \sin\theta$

4.3 La loi des sinus et la loi du cosinus

La Tour de la Paix domine les édifices du Parlement. Elle est surmontée d'un mât en bronze au sommet duquel flotte le drapeau canadien.

D'un point situé à 25 m du pied de la tour, l'angle d'élévation vers le sommet est de 74,8°. Du même point, l'angle d'élévation vers le mât est de 76,3°.

EXPLORATION ET RECHERCHE

Sers toi du diagramme ci-contre pour déterminer la hauteur du mât. Les données fournies sont indiquées dans le diagramme. DC représente la hauteur du mât et BC, la hauteur de la tour.

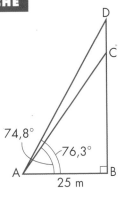

1. Détermine la hauteur du mât, au dixième de mètre près, en n'utilisant que des triangles rectangles.

2. a) Énumère les mesures que tu utiliserais pour déterminer la hauteur du mât en appliquant la loi du cosinus au triangle ACD.

b) Détermine ces mesures.

c) Fais appel à la loi du cosinus pour déterminer la hauteur du mât, au dixième de mètre près.

3. a) Énumère les mesures que tu utiliserais pour déterminer la hauteur du mât en appliquant la loi des sinus au triangle ACD.

b) Détermine ces mesures.

c) Fais appel à la loi des sinus pour déterminer la hauteur du mât, au dixième de mètre près.

4. Compare les résultats obtenus aux questions 1, 2 et 3. Quelle méthode préfères-tu ? Explique ta réponse.

Tu as déjà appliqué la loi des sinus et la loi du cosinus à des triangles acutangles. Tu as constaté que ces deux lois s'appliquent aussi aux triangles obtusangles.

On peut élaborer comme suit la loi des sinus pour les triangles acutangles et les triangles obtusangles.

Dans le triangle ABC, trace AD perpendiculairement à BC ou à son prolongement. AD est la hauteur h du triangle ABC.

Triangle acutangle   Triangle obtusangle

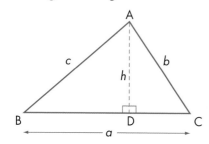   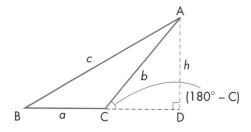

Dans le triangle ACD, $\dfrac{h}{b} = \sin C$ Dans le triangle ACD, $\dfrac{h}{b} = \sin(180° - C)$ **Rappelle-toi que** $(180° - \theta) = \sin\theta$.

$\qquad\qquad h = b\sin C$ $\qquad\qquad\qquad\qquad \dfrac{h}{b} = \sin C$

$\qquad\qquad\qquad\qquad\qquad\qquad h = b\sin C$

Dans le triangle ABD, $\dfrac{h}{c} = \sin B$ Dans le triangle ABD, $\dfrac{h}{c} = \sin B$

$\qquad\qquad h = c\sin B$ $\qquad\qquad\qquad\qquad h = c\sin B$

Dans les deux types de triangles, acutangle et obstusangle,

$$c\sin B = b\sin C$$

Divise les deux membres par bc : $\qquad \dfrac{c\sin B}{bc} = \dfrac{b\sin C}{bc}$

Simplifie : $\qquad\qquad\qquad\qquad \dfrac{\sin B}{b} = \dfrac{\sin C}{c}$

En traçant la hauteur à partir de C, on peut démontrer que

$$\dfrac{\sin A}{a} = \dfrac{\sin B}{b}$$

En réunissant les résultats, on obtient les formes suivantes de la loi des sinus :

$$\dfrac{\sin A}{a} = \dfrac{\sin B}{b} = \dfrac{\sin C}{c} \qquad\qquad \dfrac{a}{\sin A} = \dfrac{b}{\sin B} = \dfrac{c}{\sin C}$$

Exemple 1 La loi des sinus avec deux angles et un côté connus

Dans le triangle RST, $\angle S = 40°$, $\angle T = 21°$ et $r = 46$ cm.
Détermine t, au centimètre près.

Solution

Fais un diagramme.

Détermine la mesure de l'angle R.
$\angle R = 180° - 40° - 21°$
$\quad = 119°$

Fais appel à la loi des sinus pour
déterminer la valeur de t.

$$\frac{t}{\sin T} = \frac{r}{\sin R}$$

$$\frac{t}{\sin 21°} = \frac{46}{\sin 119°}$$

$$t = \frac{46\sin 21°}{\sin 119°}$$

$$t \doteq 19$$

Donc, $t = 19$ cm, au centimètre près.

Exemple 2 La loi des sinus avec deux côtés et un angle opposé connus

Dans le triangle PQR, $\angle P = 105,2°$, $p = 23,2$ cm et $r = 18,5$ cm. Résous le
triangle. Au besoin, arrondis chaque longueur de côté au dixième de centimètre
près et la mesure de chaque angle au degré près.

Solution

Fais un diagramme.

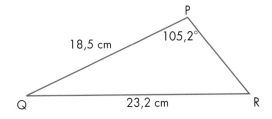

Fais appel à la loi des sinus pour déterminer
la mesure de l'angle R.

$$\frac{\sin R}{r} = \frac{\sin P}{p}$$

$$\frac{\sin R}{18,5} = \frac{\sin 105,2°}{23,2}$$

$$\sin R = \frac{18,5\sin 105,2°}{23,2}$$

$$\angle R \doteq 50,3°$$

Détermine la mesure de l'angle Q.

$\angle Q = 180° - 105{,}2° - 50{,}3°$

$\quad = 24{,}5°$

Fais appel à la loi des sinus pour déterminer la valeur de q.

$$\frac{q}{\sin Q} = \frac{p}{\sin P}$$

$$\frac{q}{\sin 24{,}5°} = \frac{23{,}2}{\sin 105{,}2°}$$

$$q = \frac{23{,}2\sin 24{,}5°}{\sin 105{,}2°}$$

$$\doteq 10{,}0$$

Dans le triangle PQR, $\angle R = 50{,}3°$, $\angle Q = 24{,}5°$ et $q = 10{,}0$ cm.

On peut élaborer comme suit la loi du cosinus pour les triangles acutangles et les triangles obstusangles.

Dans le triangle ABC, trace AD perpendiculairement à BC ou à son prolongement. AD est la hauteur h du triangle ABC.

Triangle acutangle

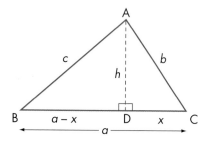

Dans le triangle ADC, $\dfrac{x}{b} = \cos C$

$\quad\quad x = b\cos C$

et $b^2 = h^2 + x^2$

Dans le triangle ABD, $c^2 = h^2 + (a - x)^2$

$$\quad = h^2 + a^2 - 2ax + x^2$$

$$= a^2 + (h^2 + x^2) - 2ax$$

$$c^2 = a^2 + b^2 - 2ab\cos C$$

Triangle obtusangle

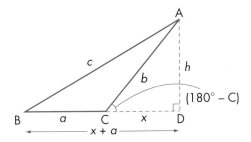

Dans le triangle ADC, $\dfrac{x}{b} = \cos(180° - C)$

$x = b\cos(180° - C)$ **Rappelle-toi que $(180° - \theta) = -\cos\theta$.**

$= -b\cos C$

et $b^2 = h^2 + x^2$

Dans le triangle ABD, $c^2 = h^2 + (a + x)^2$

$= h^2 + a^2 + 2ax + x^2$

$= a^2 + (h^2 + x^2) + 2ax$

$= a^2 + b^2 + 2a(-b\cos C)$

$c^2 = a^2 + b^2 - 2ab\cos C$

La loi du cosinus prend les formes suivantes :

$a^2 = b^2 + c^2 - 2bc\cos A$ $\qquad\qquad \cos A = \dfrac{b^2 + c^2 - a^2}{2bc}$

$b^2 = a^2 + c^2 - 2ac\cos B$ $\qquad\qquad \cos B = \dfrac{a^2 + c^2 - b^2}{2ac}$

$c^2 = a^2 + b^2 - 2ab\cos C$ $\qquad\qquad \cos C = \dfrac{a^2 + b^2 - c^2}{2ab}$

EXEMPLE 3 **La loi du cosinus avec trois côtés connus**

Dans le triangle ABC, $a = 9,6$ m, $b = 20,6$ m et $c = 14,7$ m. Résous le triangle. Arrondis la mesure de chaque angle au dixième de degré près.

SOLUTION

Fais un diagramme.

Fais appel à la loi du cosinus pour déterminer la mesure d'un angle.

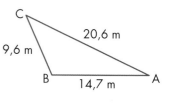

$$\cos B = \frac{a^2 + c^2 - b^2}{2ac}$$

$$= \frac{9{,}6^2 + 14{,}7^2 - 20{,}6^2}{2(9{,}6)(14{,}7)}$$

$$\angle B \doteq 114{,}3°$$

Fais appel à la loi des sinus pour déterminer la mesure de l'angle A.

$$\frac{\sin A}{a} = \frac{\sin B}{b}$$

$$\frac{\sin A}{9{,}6} = \frac{\sin 114{,}3°}{20{,}6}$$

$$\sin A = \frac{9{,}6 \sin 114{,}3°}{20{,}6}$$

$$\angle A \doteq 25{,}1°$$

Détermine la mesure de l'angle C.

$$\angle C = 180° - 114{,}3° - 25{,}1°$$

$$= 40{,}6°$$

Dans le triangle ABC, $\angle A = 25{,}1°$, $\angle B = 114{,}3°$ et $\angle C = 40{,}6°$.

EXEMPLE 4 La loi du cosinus avec deux côtés et l'angle qu'ils forment connus

Détermine la longueur CD, au dixième
de mètre près.

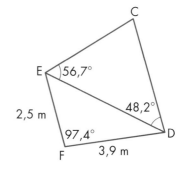

Solution

Sers-toi du triangle DEF et de la loi du cosinus pour déterminer la longueur DE.

$$DE^2 = DF^2 + EF^2 - 2(DF)(EF)\cos F$$
$$= 3,9^2 + 2,5^2 - 2(3,9)(2,5)\cos 97,4°$$
$$DE \doteq 4,9$$

Sers-toi du triangle CED pour déterminer la mesure de l'angle C.

$$\angle C = 180° - 56,7° - 48,2°$$
$$\angle C = 75,1°$$

Sers-toi du triangle CED et de la loi des sinus pour déterminer la longueur CD.

$$\frac{CD}{\sin 56,7°} = \frac{4,9}{\sin 75,1°}$$
$$CD = \frac{4,9\sin 56,7°}{\sin 75,1°}$$
$$CD \doteq 4,2$$

CD = 4,2 m, au dixième de mètre près.

Concepts clés

- La loi des sinus prend les formes suivantes :

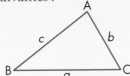 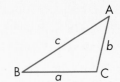

$$\frac{a}{\sin A} = \frac{b}{\sin B} = \frac{c}{\sin C}$$
$$\frac{\sin A}{a} = \frac{\sin B}{b} = \frac{\sin C}{c}$$

- On peut faire appel à la loi des sinus pour résoudre un triangle dont on connaît :

  a) les mesures de deux angles et la longueur d'un côté ;

  b) les longueurs de deux côtés et la mesure de l'angle opposé à l'un de ces côtés.

- La loi des cosinus prend les formes suivantes :

$$a^2 = b^2 + c^2 - 2bc\cos A \qquad \cos A = \frac{b^2 + c^2 - a^2}{2bc}$$

$$b^2 = a^2 + c^2 - 2ac\cos B \qquad \cos B = \frac{a^2 + c^2 - b^2}{2ac}$$

$$c^2 = a^2 + b^2 - 2ab\cos C \qquad \cos C = \frac{a^2 + b^2 - c^2}{2ab}$$

- On peut faire appel à la loi du cosinus pour résoudre un triangle dont on connaît :

  a) les longueurs de deux côtés et la mesure de l'angle qu'ils forment ;

  b) les longueurs des trois côtés.

Communique ce que tu as compris

1. Décris comment tu résoudrais chacun des triangles ci-après.
Justifie la méthode que tu as choisie.

a)

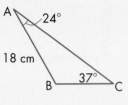

b)

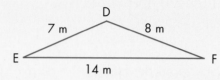

c)

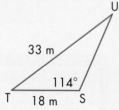

d)

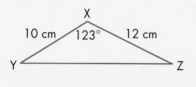

2. Explique pourquoi tu ne peux pas d'abord
appliquer la loi des sinus pour résoudre
le triangle XYZ.

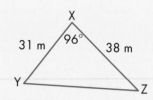

3. Explique pourquoi tu ne peux pas d'abord
appliquer la loi du cosinus pour résoudre
le triangle KLM.

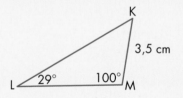

Exercices

A

1. Détermine la longueur du côté indiqué,
au dixième près.

a)

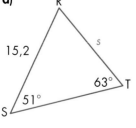

b)

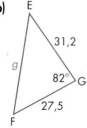

c)

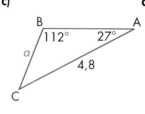

d)

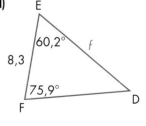

e)

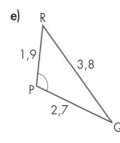

f)

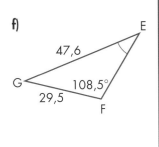

2. Détermine la mesure de l'angle indiqué, au dixième de degré près.

a)

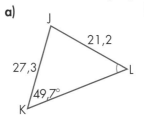

b)

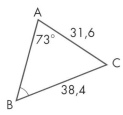

c)

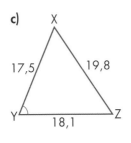

d)

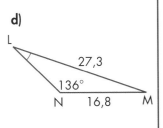

e)

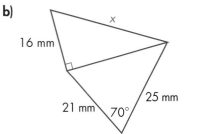

f)

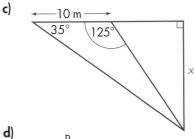

3. Résous chaque triangle. Au besoin, arrondis tes réponses au dixième près.

a) Dans le triangle ABC, $\angle A = 84°$, $\angle C = 40°$, $a = 5,6$ m.

b) Dans le triangle PQR, $\angle R = 28,5°$, $p = 10,4$ cm, $r = 6,3$ cm.

c) Dans le triangle LMN, $\angle M = 62°$, $l = 16,9$ m, $n = 15,1$ m.

d) Dans le triangle UVW, $\angle W = 123,9°$, $\angle V = 22,2°$, $v = 27,5$ km.

e) Dans le triangle XYZ, $\angle X = 92,3°$, $y = 3,1$ cm, $z = 2,8$ cm.

f) Dans le triangle FGH, $f = 12,6$ m, $g = 8,5$ m, $h = 6,3$ m.

4. Détermine la longueur du côté indiqué, au dixième près.

a)

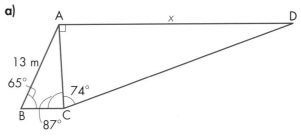

b)

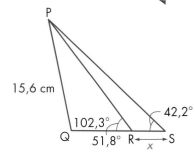

c)

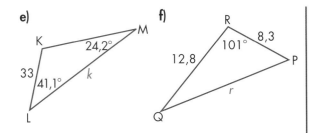

d)

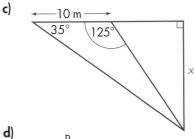

e)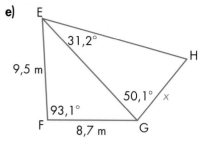

f)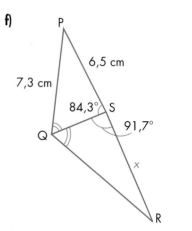

5. Détermine la mesure de l'angle indiqué, au dixième de degré près.

a)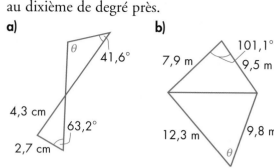

b)

c)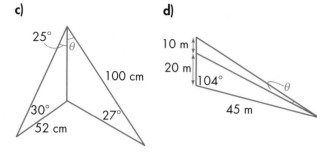

d)

Application, résolution de problèmes, communication

6. Résous le triangle ABC. Arrondis tes réponses au dixième près.

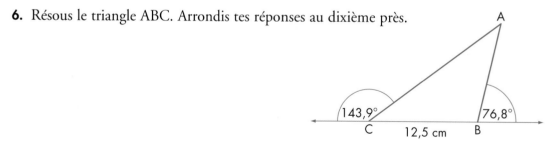

7. **La mesure** Un triangle isocèle a deux côtés de 5,5 cm de long et deux angles de 32,4°. Détermine :

a) le périmètre du triangle, au dixième de centimètre près ;

b) l'aire du triangle, au dixième de centimètre carré près.

B

8. **Recherche et résolution de problèmes** L'aéroport X est situé à 150 km à l'est de l'aéroport Y. Un avion se trouve à 240 km de l'aéroport Y et, à partir de la direction plein ouest, la ligne qui joint l'aéroport Y à l'avion forme un angle de 23° dans le sens des aiguilles d'une montre. À quelle distance l'avion se trouve-t-il de l'aéroport X, au kilomètre près ?

9. Application Pour déterminer la hauteur de la Tour de la Paix, sur la colline parlementaire à Ottawa, on prend des mesures à partir d'une base de triangulation AB. On détermine que AB = 50 m, ∠XAY = 42,6°, ∠XAB = 60° et ∠ABX = 81,65°. Calcule la hauteur de la Tour de la Paix, au mètre près.

Lien Internet
www.dlcmcgrawhill.ca
Pour en savoir plus sur l'histoire et la construction des édifices du Parlement, rends-toi à l'adresse donnée ci-haut. Puis clique sur la page couverture du manuel *Mathématiques 11*. Tu y trouveras les adresses nécessaires à ta recherche. Rédige un bref rapport.

10. La navigation Deux navires quittent en même temps Port Hope, sur le lac Ontario. Le premier navire se déplace à la vitesse de 12 km/h et suit un cap de 235°. Le second se déplace à la vitesse de 15 km/h et suit un cap de 105°. À quelle distance, au kilomètre près, les deux navires se trouveront-ils l'un de l'autre après 4 h ?

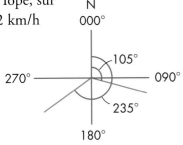

11. La mesure Détermine l'aire du triangle XYZ, au dixième de mètre carré près.

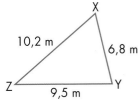

12. Communication a) Fais appel à la loi du cosinus pour déterminer la valeur de *x*, au dixième près.
b) Fais appel au théorème de Pythagore pour déterminer la valeur de *x*, au dixième près.
c) Explique pourquoi les deux méthodes donnent le même résultat avec un triangle rectangle.

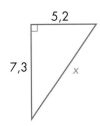

13. La loi des sinus et les triangles rectangles Le triangle ABC ci-contre est un triangle rectangle. Écris chacun des rapports

$\dfrac{a}{\sin A}$, $\dfrac{b}{\sin B}$ et $\dfrac{c}{\sin C}$ en fonction de *a*, *b* ou *c* et vérifie

que $\dfrac{a}{\sin A} = \dfrac{b}{\sin B} = \dfrac{c}{\sin C}$ dans un triangle rectangle.

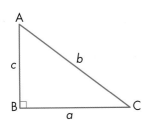

14. Le canyon Stikine Le canyon Stikine, en Colombie-Britannique, est souvent appelé le « Grand Canyon du Canada ». Deux points X et Y sont observés depuis une ligne AB de 30 m de long, tracée du côté opposé du canyon. Les angles mesurés depuis les points A et B sont les suivants : ∠XAY = 31,3°, ∠XBY = 18,5°, ∠ABX = 25,6° et ∠BAY = 27,9°. Détermine la distance entre X et Y, au mètre près.

15. La géométrie Fais appel à la loi du cosinus pour démontrer que les angles opposés d'un parallélogramme sont congrus.

16. La mesure Dans le triangle RST, RS = 4,9 m, ST = 3,7 m et RT = 8,1 m. Détermine l'aire du triangle RST, au dixième de mètre carré près.

17. La mesure Dans le triangle ABC, BC = 46 m, ∠A = 42,2° et ∠B = 39,5°. Détermine l'aire du triangle ABC, au dixième de mètre carré près.

18. La mesure Détermine le volume du prisme droit ci-contre, au centimètre cube près.

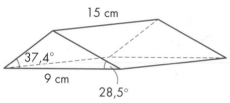

19. La mesure Détermine le volume du prisme droit ci-contre, au centimètre cube près.

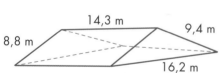

20. La géométrie analytique Les sommets du triangle PQR sont P(1, 5), Q(6, −7) et R(−2, 1). Détermine les mesures des angles, au dixième de degré près.

VÉRIFIONS NOS PROGRÈS

Connaissance et compréhension • Réflexion, recherche et résolution de problèmes • Communication • Mise en application

On a plié un triangle équilatéral ABC de telle manière que son sommet A se trouve à présent sur BC au point D. Sachant que BD = 1 et DC = 2, détermine la longueur :

a) AP   **b)** AQ   **c)** PQ

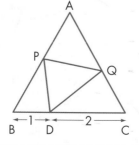

LE MONDE DU TRAVAIL *L'arpentage*

L'arpentage consiste à mesurer scientifiquement les éléments topographiques naturels et artificiels de la surface de la Terre. Les arpenteuses et les arpenteurs accomplissent un large éventail de tâches qui exigent une connaissance très précise des lieux. Les distances et les angles qu'ils déterminent servent, entre autres, à réaliser des cartes, à situer correctement des immeubles et d'autres structures, et à délimiter des propriétés.

Le Canada étant le deuxième pays du monde par sa superficie, le levé topographique du pays a représenté une tâche colossale. Ainsi, il a fallu près de 60 ans pour délimiter la frontière canado-américaine, qui passe notamment par les Grands Lacs. Plus de 150 années de travail ont permis de créer des cartes détaillées de toutes les régions du Canada.

1. Du point P, la distance jusqu'aux deux extrémités d'un étang est respectivement de 450 m et de 520 m. L'angle formé par les lignes de visée est de 115°. Détermine la longueur de l'étang, à 10 mètres près.

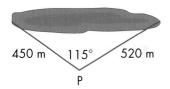

450 m   115°   520 m

P

2. Recherche Utilise tes habiletés dans la recherche pour te renseigner sur les points suivants :

a) la scolarité et la formation nécessaires pour faire carrière en arpentage, et les entreprises qui emploient des arpenteuses et des arpenteurs ;

b) l'utilisation qu'on fait du matériel d'arpentage, y compris les instruments à commande manuelle, électroniques et photographiques, ainsi que l'utilisation de la technologie des satellites ;

c) le travail accompli par la Commission géologique du Canada en ce qui concerne l'exploration et l'arpentage du territoire canadien.

Défi RÉGULARITÉ

a) Reproduis et complète la régularité.

$11^2 = $ �▧▨▩

$101^2 = $ ▧▨▩▪

$1001^2 = $ ▨▩▪▫

b) Décris la régularité dans tes propres mots.

c) Explique pourquoi la régularité fonctionne.

d) Écris les deux lignes suivantes de la régularité.

e) Utilise la régularité pour déterminer $\sqrt{100\,000\,020\,000\,001}$.

APPROFONDISSEMENT TECHNOLOGIQUE
L'utilisation du *Cybergéomètre*®
pour explorer le cas CCA

L'exploration du cas CCA

1. Procède comme suit pour créer un triangle ABC dans lequel ∠A = 50°, AC = 6 cm, et CB = 5 cm.

a) Construis un segment de base PQ. Dans le menu **Construction**, sélectionne la commande **Point sur un objet**. Mets en surbrillance les points A et Q, et mesure la distance qui les sépare. Au besoin, éloigne le point A du point Q, afin que la distance dépasse 8 cm.

b) Construis le segment de droite AC. Mesure le segment de droite AC et l'angle CAQ. Fais glisser le point C afin que AC = 6 cm et ∠CAQ = 50°.

c) Trace le segment de droite EF dans un coin inoccupé de l'écran. Mesure la longueur $\overline{EF}$ et fais glisser son extrémité afin que EF = 5 cm.

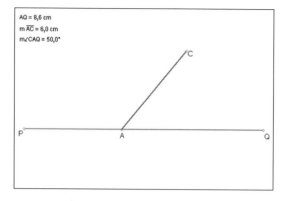

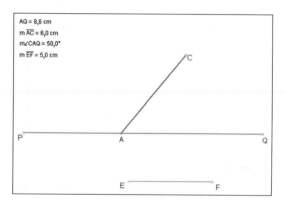

d) Mets en surbrillance le point C et le segment EF. Dans le menu **Construction**, sélectionne la commande **Cercle de centre et de rayon**. Tu créeras ainsi un cercle qui coupe deux fois le segment PQ. Mets en surbrillance le segment PQ et le cercle. Dans le menu **Construction**, sélectionne la commande **Point d'intersection**. Nomme les deux points d'intersection B1 et B2.

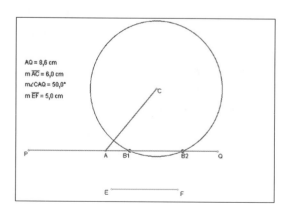

e) Construis un segment de droite reliant C à B1 et construis un segment de droite reliant C à B2. Mesure chaque segment. Combien de triangles différents remplissent les conditions suivantes : ∠A = 50°, AC = 6 cm et CB = 5 cm ?

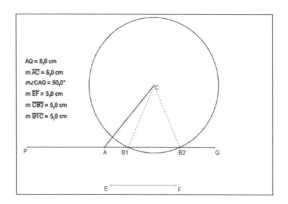

2. Procède comme suit pour créer un triangle ABC, dans lequel ∠A = 120° et AC = 6 cm.

a) Utilise le segment de base dont les extrémités sont nommées P et Q. Dans le menu **Construction**, sélectionne la commande **Point sur un objet**. Nomme ce point A.

b) Utilise l'outil **Point** pour construire un point dans un coin inoccupé de l'écran, au-dessus du segment PQ. Nomme ce point C. Construis le segment de droite AC. Mesure le segment de droite AC et l'angle QAC. Fais glisser le point C jusqu'à ce que AC = 6 cm et ∠QAC = 120°.

c) Pour compléter le triangle, un troisième point B doit être placé sur le segment de droite AQ. Construis le segment EF dans un coin inoccupé de l'écran. Mesure la longueur $\overline{EF}$. Mets en surbrillance le point C et le segment EF. Dans le menu **Construction**, sélectionne la commande **Cercle de centre et de rayon**. En faisant glisser le point F, tu modifies le rayon du cercle.

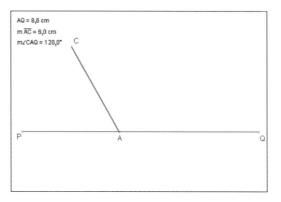

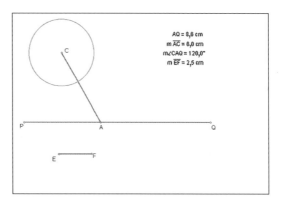

d) Fais glisser le point F jusqu'à ce que le cercle de centre C coupe le segment de droite PQ en un point situé à la droite du point A. Sélectionne la commande **Point d'intersection** dans le menu **Construction** pour créer le point B. Construis le segment de droite CB. Mesure la longueur $\overline{CB}$.

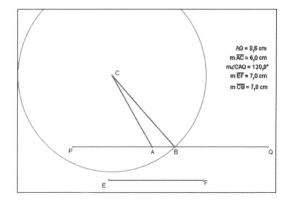

AQ = 8,6 cm
m $\overline{AC}$ = 6,0 cm
m∠CAQ = 120,0°
m $\overline{EF}$ = 7,0 cm
m $\overline{CB}$ = 7,0 cm

e) Le triangle ABC remplit à présent les conditions établies : ∠A = 120° et AC = 6 cm. Rapproche le point F du point E afin de modifier les longueurs $\overline{EF}$ et $\overline{CB}$.

i) Pour quelles valeurs de CB n'y a-t-il aucun triangle ?

ii) Pour quelles valeurs de CB y a-t-il un triangle ?

iii) Y a-t-il des valeurs de CB qui donnent deux triangles ?

Généralisations

1. Pour généraliser, examine des constructions qui ne donnent aucun triangle, qui donnent un seul triangle et qui donnent deux triangles.

a) Construis un point P sur le segment de droite PQ et un point C au-dessus du segment. Mesure la longueur $\overline{AC}$ et l'angle A. Affiche le nom du segment de droite AC et renomme-le b. Construis un segment de droite EF et mesure sa longueur. Construis un cercle de centre C et de rayon EF.

b) Fais glisser le point F afin de déterminer la fourchette des longueurs $\overline{EF}$ qui ne réalisent pas l'intersection du cercle et du segment PQ. Inscris ces valeurs sur ton cahier. Fais glisser le point F jusqu'à ce que le cercle coupe le segment PQ en deux points. Nomme ces points B1 et B2, comme le montre l'illustration. Mesure le segment de droite CB1 et nomme-le a1. Mesure

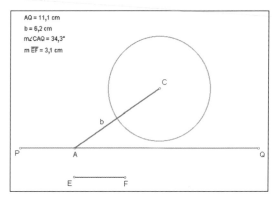

AQ = 11,1 cm
b = 6,2 cm
m∠CAQ = 34,3°
m $\overline{EF}$ = 3,1 cm

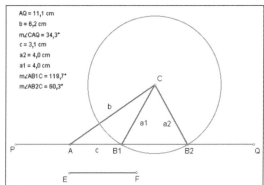

AQ = 11,1 cm
b = 6,2 cm
m∠CAQ = 34,3°
c = 3,1 cm
a2 = 4,0 cm
a1 = 4,0 cm
m∠AB1C = 119,7°
m∠AB2C = 60,3°

le segment CB2 et nomme-le a2. Mesure les angles AB1C et AB2C. Fais glisser le point F et inscris la fourchette des longueurs qui créent deux triangles.

c) Énonce la condition qui doit être remplie pour qu'il n'y ait qu'un seul triangle dans la construction. Quel angle est créé au point B ?

d) Utilise un rapport trigonométrique approprié pour calculer la valeur exacte du côté CB en fonction de l'angle A et du côté b, de telle sorte qu'il n'y ait qu'un seul triangle. Quel lien y a-t-il entre cette valeur et la fourchette de valeurs obtenues en b) (aucun triangle et deux triangles) ?

e) Généralise les conditions, applicables à la longueur du côté BC, pour n'obtenir aucun triangle, pour obtenir un seul triangle et pour obtenir deux triangles.

f) Si tu connaissais la mesure de l'angle A et la longueur du côté AC, comment déterminerais-tu que la longueur du côté BC ne donnerait aucun triangle, donnerait un triangle ou donnerait deux triangles ?

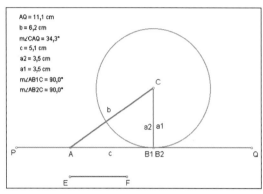

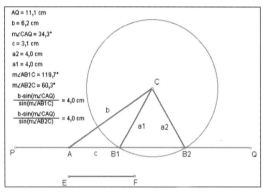

2. Sers-toi de la calculatrice intégrée au *Cybergéomètre®* pour compléter le calcul de la loi des sinus pour ta construction, comme l'illustre le diagramme.

a) Quelle est la relation entre les deux angles AB1C et AB2C ?

b) Explique pourquoi les valeurs résultant des calculs sont égales.

4.4 La loi des sinus : le cas ambigu

Il y a, au Canada, 1,3 million de kilomètres carrés de terres humides, ce qui représente près de 25 % de toutes les terres humides dans le monde. Ces marais et ces marécages permettent de réduire les inondations et constituent des épurateurs d'eau naturels.

Les terres humides offrent un habitat à une foule d'espèces animales et végétales. Des millions d'oiseaux aquatiques utilisent les terres humides comme étapes dans leur migration ou comme lieux de nidification.

EXPLORATION ET RECHERCHE

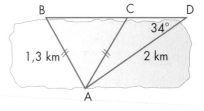

Une arpenteuse est en train de faire le levé d'un marais qui doit être désigné « zone protégée ». Elle installe des repères en quatre points autour des berges et s'en sert pour effectuer différentes mesures. Les repères situés aux points B, C et D forment une ligne droite. L'angle ADC mesure 34°. La distance en ligne droite de A à D est de 2 km. Elle est de 1,3 km entre A et B et entre A et C.

1. L'angle ABD et l'angle ACD peuvent-ils être congrus ? Explique ta réponse.

2. Écris, pour le triangle ABC, une équation sous la forme sin ∠ABD = ■ pour exprimer sin ∠ABD en fonction de AD, de AB et de sin ∠ADB.

3. Écris, pour le triangle ACD, une équation sous la forme sin ∠ACD = ■ pour exprimer sin ∠ACD en fonction de AD, de AC et de sin ∠ADB.

4. En te servant des équations obtenues aux questions 2 et 3, que peux-tu conclure au sujet du lien qui existe entre les valeurs de sin ∠ABD et de sin ∠ACD ?

5. Si tu reportais des valeurs connues dans les équations et si tu utilisais une calculatrice pour déterminer les mesures des angles ABD et ACD, quel lien y aurait-il entre les résultats ? Explique ta réponse.

6. Sans faire appel à la loi des sinus, démontre pourquoi la réponse obtenue à la question 5 est vraie.

7. Complète le calcul effectué à la question 5 et interprète le résultat.

8. Le diagramme que tu as utilisé offre un exemple de cas ambigu de la loi des sinus. Explique pourquoi le mot « ambigu » est approprié.

Lorsque deux côtés et un angle non compris d'un triangle sont connus, le triangle peut ne pas être unique. Les mesures fournies peuvent ne donner aucun triangle ou encore donner un ou deux triangles.

Supposons que dans le triangle ABC, les longueurs de côtés a et b ainsi que la mesure de l'angle A sont connues, et supposons que $\angle A < 90°$. Si $a \geq b$, il y a un triangle.

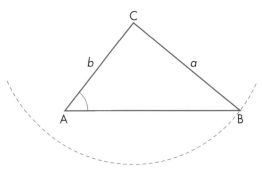

Si $a < b$, il y a trois possibilités.

Si $a = b\sin A$, il y a un triangle et $\angle B = 90°$.	Si $a < b\sin A$, il n'y a aucun triangle.	Si $a > b\sin A$, il y a deux triangles.

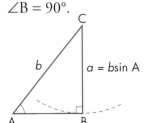

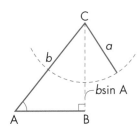

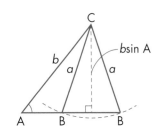

La situation où l'on obtient deux triangles est illustrée ci-après. Dans le triangle isocèle, les angles opposés aux côtés égaux sont congrus.

Comme ils forment une ligne droite, les angles adjacents x et y sont supplémentaires. Ainsi, dans le cas ambigu, les deux valeurs possibles de l'angle ABC sont supplémentaires.

Rappelle-toi que les sinus des angles supplémentaires sont égaux.
Par exemple, sin 30° = 0,5 et sin 150° = 0,5.

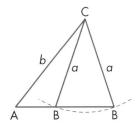

Si $\angle A \geq 90°$, il y a deux possibilités.

Si $a \leq b$, il n'y a aucun triangle.

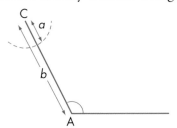

Si $a > b$, il y a un triangle.

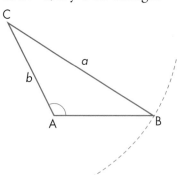

On peut résumer comme suit la résolution de triangles dont on connaît la longueur de deux côtés et la mesure de l'angle opposé à l'un des côtés :

- Dans le triangle ABC, la mesure de l'angle aigu A et les longueurs de côtés a et b sont connues.

  Si $a \geq b$, il y a une solution.
  Si $a < b$ et que $b\sin A$ est la hauteur de C à AB, il y a trois possibilités.
  Si $a < b\sin A$, il n'y a pas de solution.
  Si $a = b\sin A$, il y a une solution et le triangle ABC est un triangle rectangle.
  Si $a > b\sin A$, il y a deux solutions.

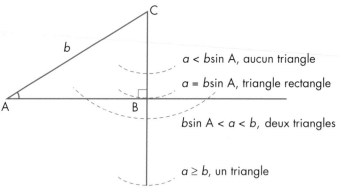

- Dans le triangle ABC, la mesure de l'angle droit ou obtus A ainsi que les longueurs de côtés a et b sont connues.
  Si $a \leq b$, il n'y a pas de solution.
  Si $a > b$, il y a une solution.

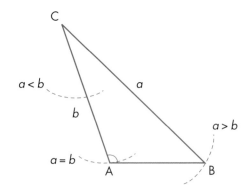

Résous le triangle ABC, où $\angle A = 44{,}3°$, $a = 11{,}5$ m et $b = 7{,}7$ m. Arrondis au besoin la longueur du côté au dixième de mètre près et les angles au dixième de degré près.

SOLUTION

Fais un diagramme.

Comme l'angle A est connu et que $a > b$, il y a une solution.

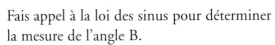

Fais appel à la loi des sinus pour déterminer la mesure de l'angle B.

$$\frac{\sin B}{b} = \frac{\sin A}{a}$$

$$\frac{\sin B}{7{,}7} = \frac{\sin 44{,}3°}{11{,}5}$$

$$\sin B = \frac{7{,}7\sin 44{,}3°}{11{,}5}$$

$$\angle B \doteq 27{,}9°$$

Détermine la mesure de l'angle C.

$$\angle C = 180° - 44{,}3° - 27{,}9°$$
$$= 107{,}8°$$

Fais appel à la loi des sinus pour déterminer la valeur de c.

$$\frac{c}{\sin C} = \frac{a}{\sin A}$$

$$\frac{c}{\sin 107{,}8°} = \frac{11{,}5}{\sin 44{,}3°}$$

$$c = \frac{11{,}5\sin 107{,}8°}{\sin 44{,}3°}$$

$$c \doteq 15{,}7$$

Donc, $\angle B = 27{,}9°$, $\angle C = 107{,}8°$ et $c = 15{,}7$ m.

EXEMPLE 2 **Deux solutions**

Résous le triangle ABC, où $\angle A = 29{,}3°$, $b = 20{,}5$ cm et $a = 12{,}8$ cm. Arrondis au besoin la longueur du côté au dixième de mètre près et les angles au dixième de degré près.

SOLUTION

Fais un diagramme.

Donc, $b\sin A = 20{,}5\sin 29{,}3°$

$\doteq 10$

Comme $b\sin A < a < b$, il y a deux positions possibles pour le point B et deux solutions.

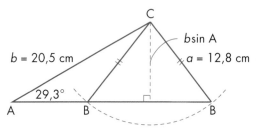

Fais d'abord appel à la loi des sinus pour déterminer les deux mesures possibles de l'angle ABC.

$$\frac{\sin B}{b} = \frac{\sin A}{a}$$

$$\frac{\sin B}{20{,}5} = \frac{\sin 29{,}3°}{12{,}8}$$

$$\sin B = \frac{20{,}5\sin 29{,}3°}{12{,}8}$$

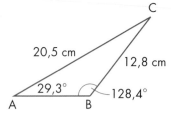

Donc, $\angle B \doteq 51{,}6°$ ou $\angle B \doteq 180° - 51{,}6°$

$\doteq 128{,}4°$

Résous les deux triangles ABC.

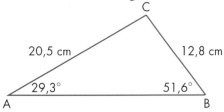

$\angle C = 180° - 29{,}3° - 51{,}6°$ ou $99{,}1°$

Fais appel à la loi des sinus ou à la loi du cosinus pour déterminer la valeur de c.

Avec la loi des sinus,

$$\frac{c}{\sin C} = \frac{a}{\sin A}$$

$$\frac{c}{\sin 99{,}1°} = \frac{12{,}8}{\sin 29{,}3°}$$

$$c = \frac{12{,}8\sin 99{,}1°}{\sin 29{,}3°}$$

$\doteq 25{,}8$

$\angle C = 180° - 29{,}3° - 128{,}4°$ ou $22{,}3°$

Fais appel à la loi des sinus ou à la loi du cosinus pour déterminer la valeur de c.

Avec la loi des sinus,

$$\frac{c}{\sin C} = \frac{a}{\sin A}$$

$$\frac{c}{\sin 22{,}3°} = \frac{12{,}8}{\sin 29{,}3°}$$

$$c = \frac{12{,}8\sin 22{,}3°}{\sin 29{,}3°}$$

$\doteq 9{,}9$

Donc, il y a deux solutions : $\angle B = 51{,}6°$, $\angle C = 99{,}1°$ et $c = 25{,}8$ cm

ou $\angle B = 128{,}4°$, $\angle C = 22{,}3°$ et $c = 9{,}9$ cm.

EXEMPLE 3 La corde d'un cercle

Soit un segment de droite de 15 cm PC tracé à un angle de 47° à partir d'un segment de droite horizontal PT. Un cercle de centre C, dont le rayon mesure 12 cm, coupe PT aux points R et S. Calcule la longueur de la corde RS, au dixième de centimètre près.

SOLUTION

Fais un diagramme.

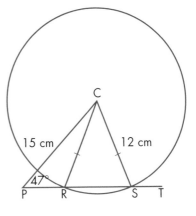

Dans le triangle PCS, fais appel à la loi des sinus pour déterminer la mesure de l'angle PSC.

$$\frac{\sin \angle PSC}{PC} = \frac{\sin \angle CPS}{CS}$$

$$\frac{\sin \angle PSC}{15} = \frac{\sin 47°}{12}$$

$$\sin \angle PSC = \frac{15\sin 47°}{12}$$

$$\angle PSC \doteq 66,1°$$

Dans le triangle RCS, CR = CS, donc $\angle RSC = \angle SRC = 66,1°$.

$$\angle RCS = 180° - 66,1° - 66,1°$$
$$= 47,8°$$

Fais appel à la loi des sinus ou à la loi du cosinus pour déterminer la longueur de RS.
Avec la loi du cosinus,

$$RS^2 = CR^2 + CS^2 - 2(CR)(CS)\cos \angle RCS$$
$$= 12^2 + 12^2 - 2(12)(12)\cos 47,8°$$
$$RS \doteq 9,7$$

La longueur de la corde RS est de 9,7 cm, au dixième de centimètre près.

EXEMPLE 4 Un phare installé en mer

Un phare à feu tournant, installé en mer, fournit un bon éclairage jusqu'à une distance de 250 m. Un point situé sur le rivage se trouve à 500 m du phare. De ce point, la ligne de visée jusqu'au phare forme un angle de 20° avec le rivage. Sur quelle longueur, au mètre près, le rivage est-il bien éclairé par le phare ?

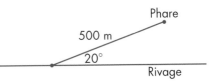

SOLUTION

Complète le diagramme en utilisant l'information fournie. Nomme A le point situé sur le rivage et B le phare.

Considère la lumière projetée par le phare. Si le phare éclaire une partie du rivage, alors deux points situés sur le rivage se trouvent à 250 m du phare. Nomme un point C, proche du point A, et un point D, plus éloigné du point A. CD représente la longueur du rivage éclairée par le phare.

Le phare éclaire une zone circulaire dont le rayon est de 250 m. CD représente la corde du cercle.

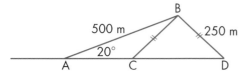

Utilise le triangle ABD et la loi des sinus pour déterminer la mesure de l'angle D.

$$\frac{\sin D}{AB} = \frac{\sin A}{BD}$$

$$\frac{\sin D}{500} = \frac{\sin 20°}{250}$$

$$\sin D = \frac{500 \sin 20°}{250}$$

$$\angle D \doteq 43,2°$$

Dans le triangle BCD, détermine la mesure de l'angle CBD.
Comme le triangle BCD est isocèle, $\angle BCD = 43,2°$.

$$\angle CBD = 180° - 43,2° - 43,2°$$
$$= 93,6°$$

Utilise le triangle BCD et la loi des sinus pour déterminer la mesure de CD.

$$\frac{CD}{\sin \angle CBD} = \frac{BC}{\sin \angle D}$$

$$\frac{CD}{\sin 93,6°} = \frac{250}{\sin 43,2°}$$

$$CD = \frac{250 \sin 93,6°}{\sin 43,2°}$$

$$CD \doteq 364$$

Donc, la partie du rivage éclairée par le phare mesure 364 m, au mètre près.

Concepts clés

- Dans le triangle ABC, ∠A < 90° et les longueurs de côtés a et b sont connues.

  a) Si $a \geq b$, il y a une solution.

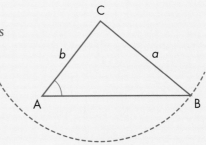

  b) Si $a < b$, il y a trois possibilités :

| $a = b\sin A$; il y a une solution. | $a < b\sin A$; il n'y a pas de solution | $a > b\sin A$; il y a deux solutions. |

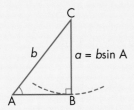 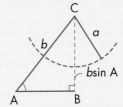 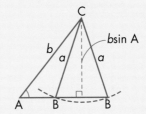

- Dans le triangle ABC, ∠A ≥ 90° et les longueurs de côtés a et b sont connues.

  a) Si $a \leq b$, il n'y a pas de solution.

  b) Si $a > b$, il y a une solution.

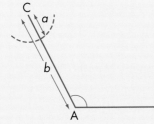 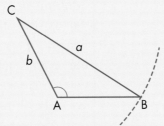

Communique ce que tu as compris

1. Dans le triangle DEF, ∠D = 61°, $d = 9$ cm et $f = 8$ cm. Décris comment tu déterminerais le nombre de solutions pour le triangle.

2. Dans le triangle RST, ∠S = 35°, $t = 7$ cm et $s = 5$ cm. À partir de quel sommet calculerais-tu la hauteur du triangle pour déterminer le nombre de solutions ? Justifie ton raisonnement.

3. Dans le triangle WXY, ∠W = 110° et $x = 10$ cm. Décris comment tu déterminerais la ou les valeurs de la longueur w :

a) qui donnent une solution ; **b)** qui ne donnent aucune solution.

Exercices

A

1. Détermine les mesures des angles x et y, au dixième de degré près.

a)

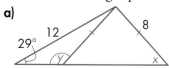

b)

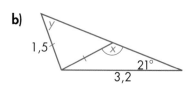

c)

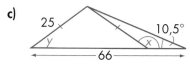

d)

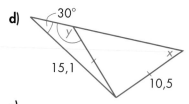

e)

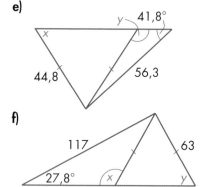

f)

2. Détermine le nombre de triangles qu'on peut obtenir avec les mesures fournies. Détermine ensuite les mesures des autres angles dans chaque triangle possible. Au besoin, arrondis au dixième de degré près.

a) △ABC, dans lequel $\angle A = 42°$, $a = 30$ cm et $b = 25$ cm

b) △ABC, dans lequel $\angle B = 27°$, $b = 25$ cm et $c = 30$ cm

c) △PQR, dans lequel $\angle P = 30°$, $p = 24$ cm et $q = 48$ cm

d) △KLM, dans lequel $\angle M = 37,3°$, $m = 85$ cm et $l = 90$ cm

e) △UVW, dans lequel $\angle W = 38,7°$, $w = 10$ cm et $v = 25$ cm

f) △ABC, dans lequel $\angle B = 48°$, $c = 15,6$ m et $b = 12,6$ m

g) △XYZ, dans lequel $\angle X = 120°$, $x = 40$ cm et $z = 20$ cm

h) △DEF, dans lequel $\angle E = 144°$, $e = 10,5$ m et $f = 12,5$ m

3. Résous chaque triangle. Au besoin, arrondis les mesures d'angles au dixième de degré près et les longueurs de côtés au dixième de centimètre près.

a) △ABC, dans lequel $\angle A = 45°$, $a = 30$ cm et $b = 24$ cm

b) △XYZ, dans lequel $\angle Y = 32,7°$, $y = 54$ cm et $x = 25$ cm

c) △PQR, dans lequel $\angle R = 40,3°$, $r = 35,2$ cm et $q = 40,5$ cm

d) △FGH, dans lequel $\angle G = 105°$, $f = 3,5$ cm et $g = 6,1$ cm

e) △RST, dans lequel $\angle T = 50,2°$, $s = 10,5$ cm et $t = 7,1$ cm

f) △DEF, dans lequel $\angle E = 71,2°$, $e = 29,5$ cm et $f = 30,3$ cm

g) △BCD, dans lequel $\angle C = 143°$, $d = 12,5$ cm et $c = 8,9$ cm

h) △LMN, dans lequel $\angle L = 42,8°$, $l = 15,8$ cm et $n = 18,5$ cm

4. Calcule :

a) les mesures des angles BCD et BDA, au dixième de degré près ;

b) la longueur CD, au dixième de centimètre près.

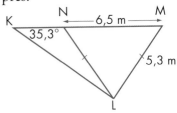

5. Détermine la longueur KL, au dixième de mètre près.

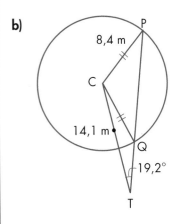

6. Un cercle de centre C, dont le rayon mesure 5,5 cm, coupe un segment de droite AB aux points D et E. Si ∠CAB = 48,9° et AC = 6,4 cm, quelle est la longueur de la corde DE, au dixième de centimètre près ?

7. Détermine, dans chaque cercle, la longueur de la corde PQ, au dixième de mètre près.

a)

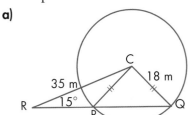

b)

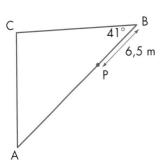

Application, résolution de problèmes, communication

8. Un projecteur Un projecteur dans un parc fournit un éclairage jusqu'à une distance de 100 m. Un point situé sur une piste cyclable se trouve à 150 m du projecteur. La ligne de visée jusqu'au projecteur forme un angle de 23° avec la piste. Sur quelle longueur, au mètre près, la piste est-elle éclairée ?

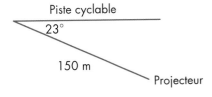

B

9. Application Un jardin triangulaire est entouré d'une clôture. Un chien est attaché à une chaîne de 5 m de long, elle-même attachée à la clôture au point P. Un coin B de la clôture se trouve à 6,5 m de P et forme un angle de 41°, comme l'illustre le diagramme. Détermine la longueur totale de la portion de clôture que le chien peut atteindre, au dixième de mètre près, s'il ne peut se rendre jusqu'au côté AC.

10. La géométrie analytique Détermine, au centième près, la longueur de la corde dans les cercles ci-après.

a)
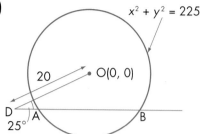

b)
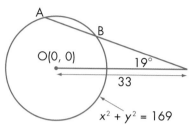

11. Les incendies de forêt Depuis son poste d'observation, une garde forestière repère un incendie à la position 050°. Elle estime la distance du feu à 10 km. Un second poste d'observation se trouve plein est par rapport au premier. Le garde forestier qui s'y trouve évalue la distance du feu à 8 km. À quelle distance, au kilomètre près, les deux postes se trouvent-ils l'un de l'autre ?

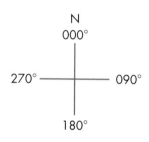

12. Des travaux routiers On veut creuser une tranchée à l'aide d'une pelle mécanique afin d'enfouir des tuyaux sous une route. Le bras de la pelle est articulé au point A et les deux sections du bras mesurent respectivement 3,8 m et 2,7 m. Si l'opérateur maintient la première section à un angle de 43° par rapport à l'horizontale et qu'il ne déplace que la deuxième section, quelle longueur de tranchée, au dixième de mètre près, creusera-t-il en actionnant une seule fois la deuxième section ?

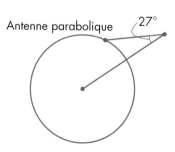

13. La navigation Un pétrolier établit un contact radio avec un poste de garde côtière, depuis une position située à 110 km au nord-ouest de ce poste. Le pétrolier navigue plein sud à la vitesse de 25 km/h. Le radar du poste de garde côtière a une portée de 90 km. Pendant combien de temps, au dixième d'heure près, le pétrolier devrait-il être visible à l'écran du radar ?

14. Application Un satellite est lancé à 1000 km au-dessus de la Terre. Une antenne parabolique est installée de telle façon que deux segments de droite tracés entre le satellite et l'antenne et entre le satellite et le centre de la Terre forment un angle de 27°, comme l'illustre le diagramme. Si un signal est transmis par le satellite à la vitesse de 3×10^8 m/s, dans combien de temps, au millième de seconde près, atteindra-t-il l'antenne ? Suppose que le rayon de la Terre est de 6370 km.

15. Le jardinage Un système d'arrosage souterrain forme un angle de 34,5° avec une clôture. Les jets d'eau se trouvent à 10 m les uns des autres et ont une portée de 12 m. Détermine, au dixième de mètre près, la longueur de la portion de clôture qui est mouillée par les jets d'eau.

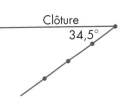

16. La géométrie analytique Soit un segment de droite PQ dont les extrémités sont P(0, 0) et Q(5, 12). Le point R doit être à la verticale de P. Détermine les coordonnées de R (si elles existent) pour chacune des longueurs QR ci-après. Au besoin, arrondis au centième près.

a) 5 **b)** 8 **c)** 4 **d)** 15

C

17. Recherche et résolution de problèmes Des triangles sont formés par l'intersection des droites d'équations $y = x$, $y = 2x$, $y = -2x$ et $y = -4$, comme l'illustre le diagramme. Résous les triangles ABC et ABD.

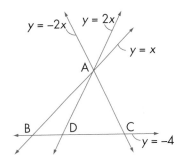

18. La mesure Démontre que le rapport des aires des triangles ACD et ACB correspond au rapport ci-après.

$$\frac{\text{aire } \triangle ACD}{\text{aire } \triangle ACB} = \frac{\sin \angle ACD}{\sin \angle ACB}$$

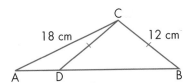

19. La navigation Trois navires A, B et C naviguent en ligne droite en suivant un cap de 240°. Le navire A est le premier et le navire C ferme la marche. Une bouée de navigation se trouve à la position 025° par rapport au navire A. Elle est à 2,5 km du navire A et à 2 km des navires B et C. Quelle est, au degré près, la position de la bouée par rapport au navire C? au navire B?

VÉRIFIONS NOS PROGRÈS

Connaissance et compréhension • **Réflexion, recherche et résolution de problèmes** • **Communication** • **Mise en application**

L'éclairage à basse tension est un effet paysager très populaire. Deux sentiers se croisent à un angle de 30°. L'un des sentiers est éclairé et le premier projecteur A est placé au croisement, comme l'illustre la figure. Les autres projecteurs sont situés à 5 m les uns des autres et chacun d'eux projette un éclairage jusqu'à une distance de 6 m. Détermine, au dixième de mètre près, sur quelle longueur le deuxième sentier :

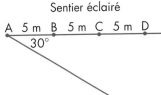

a) est éclairé ;

b) est éclairé par les projecteurs B et C ;

c) est éclairé par le projecteur C ou le projecteur D.

Exploration et application

La loi du cosinus et le cas ambigu

Le cas ambigu peut se présenter quand deux côtés et un angle non compris (CCA) d'un triangle sont connus. Il peut alors être possible de construire ou de résoudre zéro, un ou deux triangles.

1. Fais appel à la loi du cosinus pour déterminer la longueur de côté c. Combien y a-t-il de triangles possibles ? Explique ta réponse.

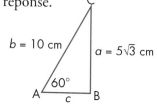

2. Supposons qu'on attribue à la longueur de côté a les valeurs ci-après. En te servant de la loi du cosinus pour calculer la longueur de côté c, détermine le nombre de triangles possibles. Explique ton raisonnement.

a) 9 cm   **b)** 12 cm   **c)** 8 cm

3. a) Détermine la longueur de la corde LM, au dixième de centimètre près, en faisant appel d'abord à la loi des sinus, puis à la loi du cosinus.

b) Quelle méthode préfères-tu ? Justifie ton choix.

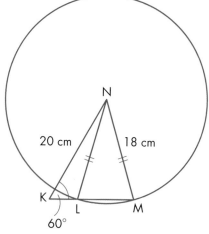

4. Fais appel à la loi du cosinus pour déterminer si chaque ensemble de mesures donnera un triangle, deux triangles ou ne donnera aucun triangle. Résous les triangles obtenus. Au besoin, arrondis les longueurs de côtés au dixième de centimètre près et les mesures d'angles au dixième de degré près.

a) Dans le triangle ABC, $\angle A = 37°$, $a = 3$ cm et $c = 4$ cm.

b) Dans le triangle LMN, $\angle M = 41,2°$, $m = 6,5$ cm et $n = 8,9$ cm.

c) Dans le triangle ABC, $\angle A = 30°$, $a = 5,7$ cm et $b = 11,4$ cm.

d) Dans le triangle FGH, $\angle G = 102,5°$, $g = 9,8$ cm et $f = 10,9$ cm.

RÉVISION DES **CONCEPTS CLÉS**

■ **4.1** Révision de la trigonométrie des triangles rectangles

Reporte-toi à la rubrique *Concepts clés* de la page 271.

1. Résous les triangles ci-après. Arrondis chaque longueur de côté au dixième d'unité près et chaque angle au dixième de degré près.

a)

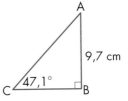

b)

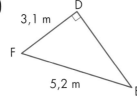

c) Dans le △DEF, ∠D = 90°, ∠E = 25° et f = 4,8 cm.

d) Dans le △KLM, ∠K = 90°, m = 12,4 cm et l = 8,8 cm.

2. Détermine la mesure de l'angle θ, au dixième de degré près.

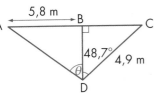

3. Détermine la longueur XY, au mètre près.

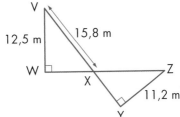

4. **Une tour de bureaux** La Bourse de Toronto est installée dans la Tour de la Bourse. Du sommet de l'édifice, l'angle de dépression vers un point situé au sol, à 100 m de la base de l'édifice, est de 55,6°. Détermine la hauteur de la tour, au mètre près.

5. **Un cube** Soit A, B et C trois sommets d'un cube. Détermine la mesure de l'angle ACB, au dixième de degré près.

4.2 Le sinus et le cosinus d'angles supérieurs à 90°

Reporte-toi à la rubrique *Concepts clés* de la page 281.

6. Le point (20, 21) est situé sur le côté terminal d'un angle trigonométrique θ. Détermine sin θ et cos θ.

7. Le point (−8, 6) est situé sur le côté terminal d'un angle trigonométrique θ. Détermine sin θ et cos θ.

8. Évalue les expressions ci-après, au dix millième près.

a) sin 92°　　　**b)** cos 100°　　　**c)** sin 129,3°　　　**d)** cos 163,7°

9. Détermine la mesure de l'angle A, au dixième de degré près, si 0° ≤ ∠A ≤ 180°.

a) sin A = 0,6157　**b)** cos A = 0,2756　**c)** sin A = 0,9903　**d)** cos A = −0,8988

10. a) Si sin A = 0,5 et que les angles A et B sont complémentaires, quelle est la mesure de l'angle B ?

b) Si cos C = −0,5 et que les angles C et D sont supplémentaires, quelle est la mesure de l'angle D ?

4.3 La loi des sinus et la loi du cosinus

Reporte-toi à la rubrique *Concepts clés* de la page 290.

11. Résous les triangles ci-après. Au besoin, arrondis tes réponses au dixième près.

a) Dans le triangle ABC, ∠B = 52,5°, ∠C = 73,4° et *b* = 36,6 cm.

b) Dans le triangle RST, *r* = 12,6 m, *s* = 11,5 m et *t* = 13,2 m.

c) Dans le triangle EFG, ∠F = 67,8°, *f* = 12,6 m et *e* = 9,8 m.

d) Dans le triangle WXY, ∠W = 58,3°, *x* = 31,4 cm et *y* = 22,5 cm.

e) Dans le triangle DEF, ∠E = 101,3°, ∠F = 47,8° et *d* = 24,6 cm.

f) Dans le triangle ABC, ∠B = 133,4°, *c* = 11,4 m et *a* = 9,8 m.

g) Dans le triangle XYZ, ∠X = 128,8°, *x* = 31,3 m et *y* = 8,2 m.

h) Dans le triangle STU, *s* = 12,4 cm, *t* = 18,8 cm et *u* = 10,2 cm.

i) Dans le triangle PQR, ∠Q = 31,4°, *r* = 8,7 m et *p* = 15,2 m.

12. Détermine l'aire des triangles ci-après, à l'unité carrée près.

a)

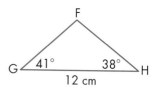

b)

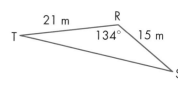

13. Détermine la longueur *x*, au dixième de mètre près.

a)

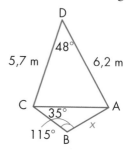

b)

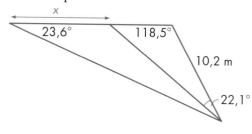

14. Détermine la mesure de l'angle θ, au dixième de degré près.

a)

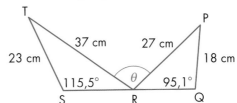

b)

15. **La géométrie** La longueur de la base d'un triangle isocèle est de 30 m. L'angle opposé à la base mesure 32°. Détermine le périmètre du triangle, au mètre près.

16. **La navigation aérienne** Depuis son aéroport d'attache, un hélicoptère-ambulance parcourt 35 km en suivant un cap de 330° afin de prendre un blessé. Puis il parcourt 25 km en suivant un cap de 090° jusqu'à l'hôpital. Quelle distance parcourra-t-il et quel cap suivra-t-il pour retourner directement à son aéroport d'attache ?

17. **Une toiture** Une maison a 7 m de large et 20 m de long. La pente du toit est de 35°, comme l'illustre la figure. On doit recouvrir de bardeaux les deux parties rectangulaires qui forment le dessus du toit, au coût de 25$/m². Calcule le coût total, au dollar près.

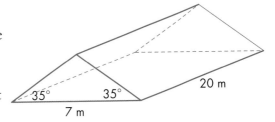

4.4 La loi des sinus : le cas ambigu

Reporte-toi à la rubrique *Concepts clés* de la page 307.

18. Détermine le nombre de triangles qu'on peut créer à partir des mesures fournies. Puis, détermine les mesures des autres angles et de l'autre côté de chaque triangle possible. Au besoin, arrondis au dixième près.

a) Soit un triangle GHI, où $\angle G = 20°$, $g = 2$ cm, $h = 5$ cm
b) Soit un triangle XYZ, où $\angle X = 43°$, $x = 2$ m, $y = 4$ m
c) Soit un triangle ABC, où $\angle B = 104,5°$, $c = 1,4$ m, $b = 3,9$ m
d) Soit un triangle KLM, où $\angle L = 26,1°$, $m = 6,5$ m, $l = 4,2$ m

19. Détermine les mesures des angles QRS et QSP, au dixième de degré près, et la longueur RS, au dixième de centimètre près.

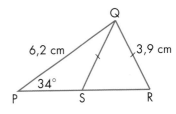

VÉRIFIONS NOS CONNAISSANCES

Les compétences à l'honneur

Compétences	Connaissance et compréhension	Réflexion, recherche et résolution de problèmes	Communication	Mise en application
Questions	Toutes	9, 10, 11, 12	6, 7, 10	10, 11, 12

1. Résous les triangles ci-après. Au besoin, arrondis au dixième près.

a) Dans le triangle ABC, ∠A = 90°, a = 2,5 m et c = 1,6 m.

b) Dans le triangle DEF, ∠E = 90°, ∠F = 31,8° et d = 50,2 cm.

2. Détermine la longueur DE, au dixième de centimètre près.

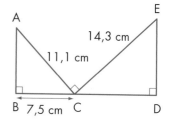

3. Le point (−12, 9) est situé sur le côté terminal d'un angle trigonométrique θ. Détermine sin θ et cos θ.

4. Évalue, au dix millième près.

a) sin 82,3°   **b)** cos 19,9°   **c)** sin 149,5°   **d)** cos 159,2°

5. Détermine la mesure de l'angle A, au dixième de degré près, si 0° ≤ ∠A ≤ 180°.

a) sin A = 0,6678   **b)** cos A = −0,5519

6. Si le cosinus d'un angle est égal à −0,4328, l'angle peut-il être aigu ? Explique ta réponse.

7. Si le sinus d'un angle est égal à 0,3781, l'angle peut-il être obtus ? Explique ta réponse.

8. Résous les triangles ci-après. Au besoin, arrondis chaque réponse au dixième près.

a)
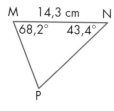

b)
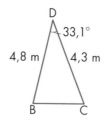

c)
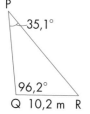

d)
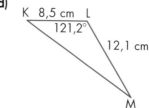

e) Dans le triangle ABC, $a = 38{,}4$ m, $b = 25{,}2$ m et $c = 19{,}3$ m.

f) Dans le triangle GHI, $\angle G = 98{,}8°$, $g = 42{,}7$ cm et $h = 30{,}1$ cm.

9. Une falaise inaccessible Pour déterminer la hauteur XY d'une falaise inaccessible, un arpenteur consigne les données de l'illustration ci-contre. Si la hauteur du théodolite utilisé est de 1,7 m, détermine la hauteur de la falaise, au dixième de mètre près.

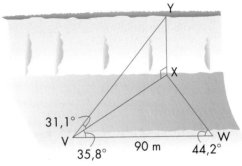

10. Détermine le nombre de triangles qu'on peut créer à partir des mesures fournies. Puis, détermine les mesures des autres angles et de l'autre côté de chaque triangle possible. Au besoin, arrondis les longueurs de côtés au dixième d'unité près et les mesures d'angles au dixième de degré près.

a) Soit un triangle ABC, où $\angle A = 125°$, $a = 3$ m, $b = 5$ m

b) Soit un triangle STU, où $\angle S = 29°$, $s = 3{,}5$ cm, $t = 6$ cm

c) Soit un triangle XYZ, où $\angle X = 96{,}3°$, $x = 2{,}5$ m, $y = 0{,}8$ m

d) Soit un triangle FGH, où $\angle G = 41{,}7°$, $g = 7{,}2$ cm, $h = 9{,}9$ cm

11. La distance entre les centres des cercles A et B est de 60 m. Chaque cercle a un rayon de 40 m. Le point C se trouve sur le cercle de centre B. $\angle BAC = 41°$. Quelles sont les longueurs possibles AC, au mètre près ?

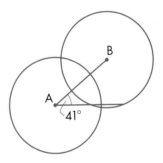

12. Un avion décolle d'un porte-avions et se dirige plein nord à 500 km/h. À partir de la direction plein sud, le porte-avions suit un cap à 35 km/h, formant un angle de 30° dans le sens des aiguilles d'une montre. Si l'avion a 4 h d'autonomie de vol, quelle est la distance maximale qu'il peut parcourir vers le nord, en conservant assez de carburant pour pouvoir revenir au porte-avions ?

PROBLÈMES STIMULANTS

1. Des droites perpendiculaires Dans le triangle PQR, ∠PQR = 120°, PQ = 3 et QR = 4. Si on construit des droites perpendiculaires à PQ au point P et à QR au point R, et qu'on les prolonge pour qu'elles se croisent au point T, alors la longueur RT sera de :

a) 3   **b)** $\dfrac{8}{\sqrt{3}}$ **c)** 5   **d)** $\dfrac{11}{2}$ **e)** $\dfrac{10}{\sqrt{3}}$

2. Des rubans Deux rubans ayant chacun 1 cm de large se chevauchent selon un angle θ, comme l'illustre la figure ci-contre. L'aire de la partie ombrée, en centimètres carrés, est de :

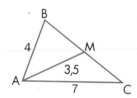

a) $\sin \theta$ **b)** $\dfrac{1}{\sin \theta}$ **c)** $\dfrac{1}{1 - \cos \theta}$

d) $\dfrac{1}{\tan \theta}$ **e)** $\dfrac{1}{1 - \sin \theta}$

3. Une longueur inconnue Soit le triangle LMP, où ∠M = 30°, LM = 150 et LP = $50\sqrt{3}$. Détermine la longueur MP.

4. La médiane Les côtés AB et AC du triangle ABC mesurent respectivement 4 et 7 unités. La médiane AM mesure 3,5 unités. Détermine la longueur BC.

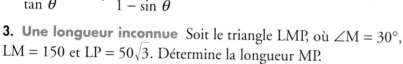

5. Un triangle isocèle Soit un triangle isocèle ABC, où $a = b = \sqrt{3}$ et $c \geq 3$. Détermine la plus petite mesure possible de l'angle C.

6. Un dodécagone régulier Un dodécagone régulier est inscrit dans un cercle dont le rayon mesure r cm. Détermine l'aire du dodécagone.

7. Un polygone régulier Un polygone régulier de n côtés est inscrit dans un cercle de rayon r. Si l'aire du polygone est de $2r^2\sqrt{2}$, combien de côtés a-t-il ?

STRATÉGIE POUR LA RÉSOLUTION DE PROBLÈMES

UTILISER UN SCHÉMA

Un schéma peut être utile pour résoudre de nombreux problèmes. Le problème proposé ci-après est adapté d'un manuel de mathématiques rédigé en Chine il y a 2000 ans et intitulé *Chiu chang suan-shu*.

Un arbre mesure 20 m de haut et a une circonférence de 3 m. Une plante grimpante pousse jusqu'au sommet, après s'être enroulée 7 fois autour du tronc. Quelle est la longueur de la plante ?

Comprendre le problème

1. Quels sont les renseignements fournis ?
2. Que dois-tu déterminer ?
3. Te demande-t-on une réponse exacte ou approximative ?

Établir un plan

La plante s'est enroulée 7 fois autour du tronc.

Imagine que la base de la plante est fixe et qu'on fait rouler l'arbre 7 fois vers la droite sur le sol. À mesure que l'arbre roule sur lui-même, la plante se déroule.

Si l'arbre est perpendiculaire au sol, la plante devient l'hypoténuse d'un triangle rectangle formé par le sol et le tronc de l'arbre.

Détermine la longueur de l'hypoténuse du triangle.

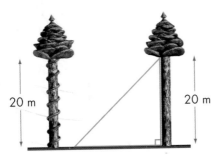

Exécuter son plan

Supposons que la longueur de la plante est égale à p mètres.

La circonférence de l'arbre est de 3 m. Chaque fois que l'arbre roule sur lui-même, il parcourt 3 m sur le sol. En 7 rotations, il parcourt 7×3 ou 21 m.

Applique le théorème de Pythagore au triangle rectangle.

$$p^2 = 21^2 + 20^2$$
$$= 441 + 400$$
$$= 841$$
$$p = \sqrt{841}$$
$$= 29$$

Fais une estimation

$$\sqrt{900} = 30$$

La longueur de la plante est de 29 m.

Cette réponse semble-t-elle vraisemblable ?

Y a-t-il une autre façon de déterminer la longueur p dans le triangle ?

Utiliser un schéma

1. Dessine un schéma représentant la situation.
2. Utilise ce schéma pour résoudre le problème.
3. Vérifie si ta réponse est vraisemblable.

Application, résolution de problèmes, communication

1. Un escalier tournant Un escalier s'enroule autour d'une tour de surveillance des incendies de 60 m de haut. Le diamètre de la tour est de 1,6 m et l'escalier fait 6 tours à l'extérieur de la tour. Quelle est la longueur de l'escalier, au mètre près ?

2. Une plante grimpante Si une plante grimpante de 30 m de long s'enroule 5 fois autour d'un arbre de 22 m de haut, jusqu'au sommet, quel est le rayon du tronc, au centimètre près ?

3. Un tunnel de chemin de fer Un train de 100 m de long entre dans un tunnel de 400 m à la vitesse de 90 km/h. Combien de secondes lui faut-il pour traverser complètement le tunnel ?

4. Le passage de la rivière Trois personnes hardies et trois personnes timides doivent traverser une rivière dans une chaloupe qui ne peut contenir que deux personnes. Une seule personne timide et une seule personne hardie savent nager. Pour des raisons de sécurité, il doit y avoir un nageur dans la chaloupe à chaque traversée. Il ne doit jamais y avoir plus de personnes hardies que de personnes timides sur une rive ou sur l'autre. Comment les six personnes traverseront-elles la rivière ?

5. Des trains qui passent Deux trains, formés l'un et l'autre d'une locomotive et de 40 wagons, roulent en sens contraire sur la même voie ferrée. La voie ferrée comporte une voie d'évitement qui peut contenir une locomotive et 20 wagons, comme l'illustre la figure. Les locomotives peuvent pousser ou tirer les wagons aux deux extrémités du train. Comment les trains passeront-ils ?

6. L'araignée et la mouche Une pièce a 10 m de long, 10 m de large et 3 m de haut. Une araignée qui est sur le plancher, dans un coin de la pièce, aperçoit une mouche au plafond, dans le coin opposé, en diagonale. Si la mouche ne bouge pas, quelle est la plus courte distance que l'araignée peut franchir pour attraper l'insecte, au dixième de mètre près ?

7. La mesure Un point P se trouve dans un rectangle ABCD. Si $\overline{PA}$ mesure 5 cm, $\overline{PB}$, 4 cm et PC, 3 cm, quelle est la longueur $\overline{PD}$?

8. La géométrie analytique Les coordonnées des extrémités d'une des diagonales d'un carré sont (8, 11) et (4, 5). Quelles sont les coordonnées des extrémités de l'autre diagonale ?

9. Colorier une grille Chaque petit carré d'une grille 2 × 2 doit être peint en rouge, en noir ou en blanc. Combien y a-t-il de combinaisons de couleurs différentes, si les rotations ne sont pas permises ?

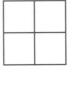

10. La mesure Un point P, situé dans le plan d'un triangle équilatéral, se trouve à 4 cm, à 6 cm et à 9 cm des sommets du triangle. Quelle est la longueur des côtés du triangle ?

11. Le dessin en perspective Le cube ci-contre était formé de 8 petits cubes identiques. On a retiré un cube. Dessine la forme que tu verrais si ta ligne de visée correspondait à la diagonale qui va du coin manquant D au coin opposé E.

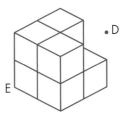

12. Des cure-dents Les cure-dents ci-contre sont disposés de façon à former 5 carrés identiques. Déplace 3 cure-dents de façon à obtenir 4 carrés identiques.

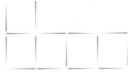

13. Des bateaux patrouilleurs Un bateau patrouilleur quitte la rive nord d'un lac au moment même où un autre bateau patrouilleur quitte la rive sud du lac. Les deux bateaux, qui naviguent à une vitesse constante, se croisent à 500 m de la rive nord. Ils poursuivent leur route jusqu'à la rive opposée, puis retournent à leur point de départ. Ils se croisent de nouveau à 200 m de la rive sud. Détermine la distance entre les deux rives du lac.

14. La formulation de problèmes Écris un problème qui peut être résolu à l'aide d'un schéma. Invite une ou un camarade à le résoudre.

RÉSOLUTION DE PROBLÈMES

L'APPLICATION DES STRATÉGIES

1. Des pneus de camion Tu dois effectuer un voyage de 27 000 km à bord d'un camion tout-terrain à quatre roues motrices. Chaque pneu a une durée de vie de 12 000 km. Les 4 pneus du camion sont neufs et tu as 5 pneus neufs à l'arrière. Comment peux-tu utiliser les 9 pneus pour effectuer ton voyage ?

2. Des billes Il y a 20 billes dans un sac : 8 billes jaunes, 7 billes bleues et 5 billes vertes. Quel est le nombre maximal de billes que tu peux tirer sans regarder, pour faire en sorte qu'il reste dans le sac au moins 4 billes d'une couleur et au moins 3 billes d'une autre couleur ?

3. Des triangles équilatéraux Chaque côté d'un triangle équilatéral mesure 2 cm. On relie les milieux des côtés pour former un triangle équilatéral inscrit. Si on continue ainsi sans fin, quelle sera la somme des périmètres des triangles ?

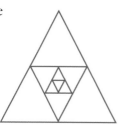

4. Des nombres premiers Le nombre 13 est un nombre premier dont les deux chiffres sont différents. Si tu inverses les chiffres, tu obtiens 31, un autre nombre premier. Combien d'autres paires de nombres de deux chiffres différents, comme 13 et 31, sont des nombres premiers ?

5. Des gouttes de lait Combien de gouttes y a-t-il environ dans un contenant de lait de 1 l ?

6. La vitesse à vélo Une cycliste est montée au sommet d'une colline à la vitesse de 4 km/h et elle est redescendue par le même chemin à 12 km/h. Si elle n'a fait aucun arrêt, quelle a été sa vitesse moyenne pour tout le trajet ?

7. La mesure La somme des longueurs de côtés d'un triangle rectangle est de 18 cm. La somme des carrés des longueurs de côtés est de 128 cm². Quelle est l'aire du triangle ?

8. Un cube On replie le développement ci-contre pour obtenir un cube. Quelle face sera opposée à la face A ?

9. Des livres Une collection comprend 5 livres, qui ont été publiés à 6 ans d'intervalle. La somme des années de publication est de 9970. En quelle année a été publié le premier livre ?

10. Des carrés parfaits Le nombre 144 est un carré parfait. La somme des chiffres de 144 est 9, qui est aussi un carré parfait. Combien d'autres nombres de trois chiffres ont cette propriété ?

11. Les ventes de cartes Un magasin ouvert 7 jours par semaine a commencé à vendre des cartes de vœux le 1er mai. Le 2 mai, elle en a vendu 3 de plus que la veille. Elle a continué ainsi à vendre 3 cartes de plus que la veille jusqu'au 9 mai, où elle a vendu en tout 171 cartes. Combien de cartes a-t-elle vendues le 7 mai ?

RÉVISION CUMULATIVE : LES CHAPITRES 3 ET 4

Chapitre 3

1. Si $f(x) = 2x^2 - 5x + 1$, détermine la valeur de :

a) $f(0)$ **b)** $f(3)$ **c)** $f(-2)$ **d)** $f(0,5)$

2. Soit la représentation graphique de $y = f(x)$. Trace la représentation graphique des équations ci-après.

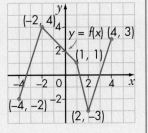

a) $y = f(x) + 4$

b) $y = f(x - 3)$

c) $y = f(x + 2) - 1$ **e)** $y = -f(x)$

d) $y = f(-x)$ **f)** $y = -f(-x)$

3. Détermine $f^{-1}(x)$. Indique si la réciproque est une fonction.

a) $f(x) = 2x + 5$ **b)** $f(x) = x^2 - 4$

4. Soit la représentation graphique de $y = f(x)$ représentée ci-contre. Trace la représentation graphique des équations ci-après.

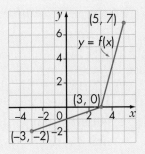

a) $y = 2f(x)$ **b)** $y = \dfrac{1}{2}f(x)$

c) $y = f(3x)$ **d)** $y = \dfrac{1}{2}f\left(\dfrac{1}{2}x\right)$

5. Représente graphiquement les fonctions définies par les équations ci-après sur le même plan cartésien. Indique le domaine et l'image de chaque fonction.

a) $y = \sqrt{x}$ et $y = -\sqrt{x - 2} + 4$

b) $y = x^2$ et $y = 2(x + 3)^2 - 5$

6. Décris comment on peut obtenir la représentation graphique des équations ci-après à partir du graphique de $y = f(x)$.

a) $y = -5f(x) + 3$ **b)** $y = 4f\left(\dfrac{1}{2}x\right) + 2$

c) $y = 2f(x + 3) - 4$ **d)** $y = f(7(x - 5)) + 1$

e) $y = -f(8(x + 7))$ **f)** $y = \dfrac{1}{3}f(2x - 6) - 9$

Chapitre 4

1. Détermine la mesure de l'angle θ, au dixième de degré près.

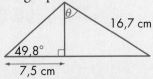

2. Si $0° \le \angle A \le 180°$, détermine la mesure de l'angle A, au dixième de degré près.

a) $\cos A = -0,7732$ **b)** $\sin A = 0,2853$

3. Le point $(-20, 21)$ se trouve sur le côté terminal d'un angle trigonométrique θ. Détermine $\sin \theta$ et $\cos \theta$.

4. Résous les triangles ci-après. Au besoin, arrondis tes réponses au dixième près.

a) Dans le triangle JKL, $\angle K = 125°$, $\angle L = 21°$, $l = 8$ cm

b) Dans le triangle ABC, $\angle A = 43,5°$, $b = 12,5$ cm, $c = 10,8$ cm

c) Dans le triangle DEF, $\angle D = 32,1°$, $e = 8,1$ m, $d = 3,8$ m

5. Détermine la longueur de la corde AB, au dixième de centimètre près.

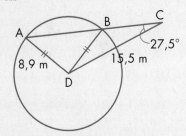

6. **La navigation** Deux navires quittent en même temps Providence Bay, dans l'île Manitoulin. L'un navigue à 10 km/h en suivant un cap de 280° ; l'autre navigue à 13 km/h en suivant un cap de 165°. Quelle distance séparera ces deux navires après 2 h, au kilomètre près ?

5 Les fonctions trigonométriques

Contenus d'apprentissage	Fonctions	Fonctions et relations
Déterminer sin x, cos x et tan x pour un angle x supérieur à 90° en utilisant une technique appropriée et déterminer deux angles qui correspondent à une valeur donnée d'une fonction trigonométrique.	5.2	5.2
Représenter les transformations de fonctions définies par $f(x) = \sin x$ et $f(x) = \cos x$, en utilisant la notation fonctionnelle.	5.5, 5.6	5.5, 5.6
Déterminer le domaine et l'image de la transformée d'une fonction définie par $f(x) = \sin x$ et $f(x) = \cos x$.	5.4	5.4
Définir le terme radian.	5.1	5.1
Décrire la relation entre le degré et le radian.	5.1	5.1
Exprimer, dans le cadre d'applications, des mesures d'angles en radians en terme de π et sous la forme approximative d'un nombre réel.	5.1	5.1
Déterminer les valeurs exactes de sinus, cosinus et tangente des angles remarquables de 0, $\frac{\pi}{6}$, $\frac{\pi}{4}$, $\frac{\pi}{3}$, $\frac{\pi}{2}$ et leurs multiples plus petits ou égaux à 2π.	5.2	5.2
Démontrer des identités trigonométriques simples en utilisant l'identité de Pythagore, $\sin^2 x + \cos^2 x = 1$, et l'identité du quotient tan $x = \dfrac{\sin x}{\cos x}$.	5.7	5.7
Résoudre des équations trigonométriques ayant la forme d'équations du premier et du second degré dans l'intervalle $0 \le x \le 2\pi$.	5.8	5.8
Utiliser les radians avec aisance pour résoudre des équations et pour tracer des graphiques.	5.5, 5.6, 5.8	5.5, 5.6, 5.8
Esquisser les courbes représentatives de $y = \sin x$ et $y = \cos x$ et décrire leurs propriétés périodiques.	5.4	5.4
Déterminer, par exploration, à l'aide de la calculatrice à capacité graphique ou d'un logiciel équivalent, l'effet de transformations simples sur les graphiques et les équations de $y = \sin x$ et $y = \cos x$.	5.5, 5.6	5.5, 5.6
Déterminer l'amplitude, la période, le déphasage, le domaine et l'image de sinusoïdes définies par $y = a\sin(kx + d) + c$ ou $y = a\cos(kx + d) + c$.	5.6	5.6
Tracer l'esquisse de fonctions sinusoïdales simples.	5.4, 5.5, 5.6	5.4, 5.5, 5.6
Déterminer l'équation d'une fonction sinusoïdale à partir de sa représentation graphique et de ses caractéristiques.	5.5, 5.6	5.5, 5.6

Contenus d'apprentissage	Fonctions	Fonctions et relations
Tracer la courbe représentative de $y = \tan x$, identifier la période, le domaine et l'image de la fonction et expliquer l'existence des asymptotes.	5.4	5.4
Identifier les propriétés d'un phénomène périodique, tiré de domaines d'application variés, pouvant être modélisé par des fonctions sinusoïdales.	5.3, 5.5, 5.6	5.3, 5.5, 5.6
Expliquer, en situation, le lien entre les propriétés d'une fonction sinusoïdale et les paramètres de son équation dans un intervalle donné.	5.5, 5.6	5.5, 5.6
Prédire avec justesse les effets sur un modèle mathématique d'une application d'une fonction sinusoïdale quand on fait varier les conditions dans cette application.	5.5, 5.6	5.5, 5.6
Formuler et résoudre des problèmes tirés de diverses applications pouvant être modélisées par une fonction sinusoïdale et communiquer la solution de façon claire en justifiant les étapes de son raisonnement et en utilisant les représentations mathématiques appropriées.	5.5, 5.6	5.5, 5.6

Les cycles des océans

MODÉLISATION MATHÉMATIQUE

Les gens de mer doivent être familiarisés avec les cycles des océans, qui se déroulent avec régularité. Le mouvement des vagues et les heures des marées constituent deux cycles réguliers.

Dans les questions de la rubrique *Modélisation mathématique*, aux pages 362, 377, 388, 389 et 390, tu résoudras le problème ci-après et d'autres problèmes portant sur les cycles des océans.

Un point situé sur l'océan s'élève et s'abaisse au passage des vagues. Supposons qu'une vague passe toutes les 4 s et que la hauteur de la vague, entre sa crête et son creux, est de 0,5 m.

a) Représente graphiquement la hauteur du point par rapport à sa hauteur moyenne lors d'un cycle complet, à partir de la crête de la vague.

b) Utilise des valeurs exactes pour écrire une équation du type $h(t) = a\cos kt$ représentant la hauteur du point $h(t)$ mètres par rapport à sa hauteur moyenne en fonction du temps t secondes.

c) Si tu remplaces les secondes par des minutes sur l'axe des t, quel effet cette transformation aura-t-elle sur le graphique et quelle sera la nouvelle équation ?

Réponds immédiatement aux questions suivantes en faisant appel à tes habiletés dans la recherche.

1. Quelles forces exercées sur l'océan provoquent :
a) les marées ?　　b) les vagues ?

2. Pourquoi y a-t-il chaque jour deux marées hautes et deux marées basses ?

3. Si la marée est haute d'un côté de la Terre, la marée est-elle haute ou basse du côté opposé ? Explique ta réponse.

Les heures de lumière

Le nombre d'heures de lumière au cours d'une journée s'appelle une « photopériode ». Le terme « photopériodisme » désigne la réaction aux variations de la photopériode.

Le photopériodisme est important en biologie, car les êtres vivants ne réagissent pas tous de la même façon aux variations de la photopériode. Ainsi, les plantes fleurissent à différentes époques de l'année.

Le photopériodisme est également important en géologie et en météorologie, car les variations de la photopériode déterminent les cycles de réchauffement et de refroidissement de la Terre, et influencent le temps qu'il fait.

Le graphique ci-après indique le nombre approximatif d'heures de lumière à Niagara Falls au cours d'une année.

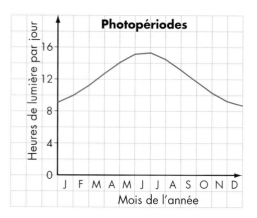

1. Reproduis le graphique et ajoutes-y une deuxième année. Explique et justifie ton raisonnement.

2. Fais une estimation du plus grand nombre d'heures de lumière dans une journée à Niagara Falls.

3. Fais une estimation du plus petit nombre d'heures de lumière dans une journée à Niagara Falls.

4. Fais une estimation du pourcentage de jours dans une année où la photopériode est d'au moins :

a) 11 h   b) 14 h

5. Si tu comparais le graphique de Kapuskasing (Ontario) avec celui de Niagara Falls, que constaterais-tu ? Explique et justifie ton raisonnement.

6. Si tu comparais un graphique des heures d'obscurité à Niagara Falls avec le graphique des heures de lumière, que constaterais-tu ? Formule une hypothèse.

7. Vérifie ton hypothèse en esquissant le graphique des heures d'obscurité durant une période de deux ans sur la même grille qu'à la question 1.

8. Quel lien existe-t-il entre les graphiques obtenus à la question 7 ?

Révision des habiletés

Si tu as besoin d'aide pour maîtriser l'une ou l'autre des habiletés indiquées en **violet**, consulte l'annexe A.

1. **Les rapports trigonométriques** Dans les deux triangles ci-après, détermine le sinus, le cosinus et la tangente de chaque angle aigu, au millième près.

a)
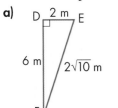

b)
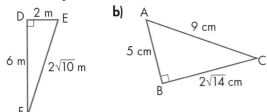

2. Pour chacun des points ci-après, situés sur le côté terminal d'un angle trigonométrique θ, détermine $\sin \theta$ et $\cos \theta$. Au besoin, arrondis tes réponses au millième près.

a) $(7, 6)$ **b)** $(-5, 4)$ **c)** $(-8, 1)$
d) $(0, 6)$ **e)** $(-9, 0)$

3. Le graphique de $y = f(x)$ est représenté ci-après.

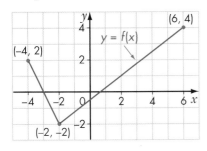

Esquisse le graphique des équations ci-après.

a) $y = 2f(x)$ **b)** $y = f(2x)$
c) $y = \frac{1}{2}f\left(\frac{1}{2}x\right)$ **d)** $y = 3f\left(\frac{1}{3}x\right)$

4. Soit la fonction définie par $y = f(x)$. Décris comment on peut obtenir les fonctions ci-après à partir du graphique de $y = f(x)$.

a) $y = f(x) - 8$ **b)** $y = f(x - 7)$
c) $y = f(x + 5) + 9$ **d)** $y = f(x - 6) - 3$

5. Le graphique de $y = f(x)$ est représenté ci-après.

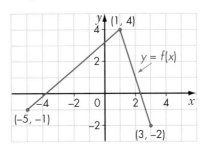

Trace et nomme les paires de graphiques définis ci-après.

a) $y = f(x)$ et $y = -f(x)$
b) $y = f(x)$ et $y = f(-x)$

6. Décris comment on peut obtenir le graphique de chacune des équations ci-après à partir du graphique de $y = f(x)$.

a) $y = 2f(x) + 5$ **b)** $y = f(2(x + 1)) - 2$
c) $y = \frac{1}{3}f\left(\frac{1}{2}(x - 4)\right)$ **d)** $y = -3f(x - 1) + 5$

7. Esquisse le graphique de chacune des équations ci-après.

a) $y = (x - 2)^2 + 3$ **d)** $y = \frac{1}{2}\sqrt{x} + 1$
b) $y = -2(x + 4)^2 - 5$ **e)** $y = 2\sqrt{x - 1} - 3$
c) $y = \frac{1}{2}(x + 3)^2$ **f)** $y = -3\sqrt{2(x - 5)} - 2$

8. **La résolution d'équations du second degré par factorisation** Résous les équations ci-après par factorisation. Vérifie tes solutions.

a) $t^2 - t - 42 = 0$ **b)** $m^2 + 13m = -40$
c) $w^2 + 80 = 18w$ **d)** $r^2 - 81 = 0$
e) $3n^2 + 15 = 14n$ **f)** $15x^2 + 22x + 8 = 0$
g) $8z^2 + 18z - 5 = 0$
h) $3k^2 - 2k = 0$
i) $4d^2 - 20d + 25 = 0$
j) $16x^2 - 9 = 0$

5.1 Les radians et la mesure d'angles

Pour décrire la position d'un lieu sur la Terre, les cartographes utilisent une grille formée de cercles orientés nord-sud et est-ouest. Les cercles qui passent par les pôles s'appellent les méridiens de longitude. Les cercles parallèles à l'équateur s'appellent les parallèles de latitude. Chaque méridien de longitude a un rayon égal au rayon de la Terre. Le rayon des parallèles de latitude varie en fonction de la latitude.

EXPLORATION ET RECHERCHE

1. On dit que l'angle au centre θ intercepte l'arc AB. Supposons que la longueur de l'arc AB est égale au rayon du cercle r. Évalue la mesure de l'angle θ. Justifie ton estimation.

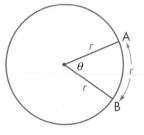

2. Les villes de London et de Moosonee, en Ontario, ont à peu près la même longitude, 81° O. Le diagramme ci-contre représente une section circulaire de la Terre entre 81° O et 99° E. Détermine la mesure de chacun des angles ci-après.

a) $\angle$ECN   **b)** $\angle$ECO   **c)** angle rentrant $\angle$ECS

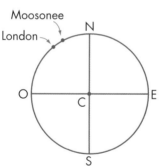

3. Quelle fraction de la circonférence du cercle représente la longueur de l'arc intercepté par chaque angle de la question 2 ?

4. Si le rayon du cercle est r, quelle est la circonférence du cercle en fonction de r et de π ?

5. Quelle est, en fonction de r et de π, la longueur de l'arc intercepté par chacun des angles de la question 2 ?

6. Le rayon de la Terre est d'environ 6400 km. Quelle est la longueur des trois arcs en fonction de π ?

7. Décris une méthode permettant de déterminer la longueur d'un arc de cercle à l'aide du rayon et de la fraction de la circonférence correspondant à la longueur de l'arc.

8. La latitude de London est de 43° N et celle de Moosonee est de 51,4° N. Détermine, au kilomètre près, la distance entre les deux villes le long du méridien 81° O.

9. Si la longueur d'un arc de méridien de longitude est égale au rayon de la Terre (environ 6400 km), exprime en fonction de π la mesure de l'angle au centre qui intercepte l'arc.

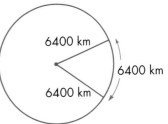

10. Si le rayon d'un cercle est égal à r et que la longueur d'un arc est égale à r, exprime la mesure de l'angle au centre qui intercepte l'arc :
a) en fonction de π ;   **b)** au dixième de degré près.

11. Compare ta réponse en 10b) avec l'estimation que tu as faite à la question 1. Explique, s'il y a lieu, la différence entre les deux valeurs.

Rappelle-toi qu'un angle est trigonométrique lorsque son sommet est à l'origine et que le côté initial est fixe sur la partie positive de l'axe des x. Le côté terminal tourne sur lui-même autour de l'origine. Si la rotation s'effectue dans le sens contraire des aiguilles d'une montre, la mesure de l'angle est positive.

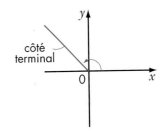

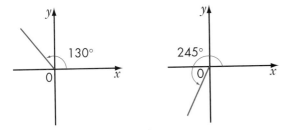

Lorsque le côté terminal tourne sur lui-même, il effectue une ou plusieurs révolutions.

S'il effectue exactement une révolution dans le sens contraire des aiguilles d'une montre, l'angle mesure 360°.

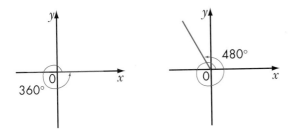

Le degré est une unité utilisée couramment en trigonométrie pour mesurer les angles. À la fin du XIXᵉ siècle, les mathématiciens et les physiciens ont constaté qu'ils avaient besoin d'une autre unité, appelée **radian**, pour simplifier certains calculs.

Le radian est la mesure de l'angle au centre d'un cercle qui intercepte un arc dont la longueur est égale au rayon du cercle.

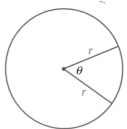

longueur de l'arc = r

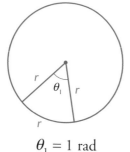

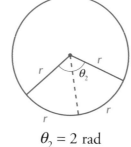

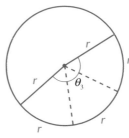

$\theta_1 = 1$ rad $\qquad$ $\theta_2 = 2$ rad $\qquad$ $\theta_3 = 3$ rad

L'abréviation « rad » signifie « radian ».

Dans les diagrammes, les arcs mesurent r, $2r$ et $3r$.

L'arc mesurant $3r$ n'est pas un demi-cercle.

Donc, $\theta_1 = 1$ $\qquad$ $\theta_2 = 2$ $\qquad$ $\theta_3 = 3$

$\qquad\quad = \dfrac{r}{r}$ $\qquad\quad = \dfrac{2r}{r}$ $\qquad\quad = \dfrac{3r}{r}$

Ces relations entraînent la généralisation suivante.

$$\theta = \frac{a}{r} \text{ ou nombre de radians } = \frac{\text{longueur de l'arc}}{\text{rayon}}$$

Comme $\theta = \dfrac{a}{r}$, alors $a = r\theta$, $\theta > 0$

où a est la longueur de l'arc, r est le rayon et θ est la mesure de l'angle, en radians.

Il est à noter que, lorsque les mesures d'angles sont exprimées en radians, on omet souvent l'unité rad. Par exemple, si on donne 2 ou π comme mesure d'angle, tu dois supposer qu'il s'agit de 2 rad et de π rad.

EXEMPLE 1 L'utilisation de *a* = *rθ*

Détermine la valeur représentée dans chaque diagramme.

a)

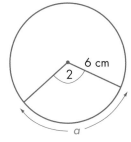

b)

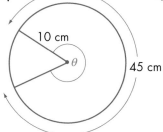

c)

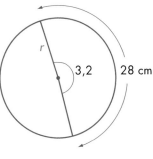

SOLUTION

a)
$$a = r\theta$$
$$a = 6 \times 2$$
$$= 12$$
Donc, $a = 12$ cm

b)
$$\theta = \frac{a}{r}$$
$$\theta = \frac{45}{10}$$
$$= 4,5$$
Donc, $\theta = 4,5$ rad

c)
$$r = \frac{a}{\theta}$$
$$r = \frac{28}{3,2}$$
$$= 8,75$$
Donc, $r = 8,75$ cm

Pour convertir des degrés en radians, tu dois établir la relation entre les deux.

Dans une mesure en degrés, une révolution est égale à 360°.
Dans une mesure en radians, une révolution est égale à

$$\frac{\text{longueur de l'arc}}{\text{rayon}} = \frac{2\pi r}{r}$$
$$= 2\pi \text{ rad}$$

Donc, la relation entre les degrés et les radians est
$$2\pi \text{ rad} = 360°$$
qu'on peut simplifier comme suit : π rad = 180° ou 1 rad = $\left(\dfrac{180}{\pi}\right)°$

Aussi, comme 180° = π rad

alors, 1° = $\left(\dfrac{\pi}{180}\right)$ rad

EXEMPLE 2 La conversion des radians en degrés

Convertis les radians en degrés. Au besoin, arrondis au dixième de degré près.

a) $\dfrac{\pi}{6}$ **b)** $\dfrac{5\pi}{4}$ **c)** 2,2

SOLUTION

Pour convertir des radians en degrés, multiplie le nombre de radians par $\left(\dfrac{180}{\pi}\right)^\circ$.

a) $\dfrac{\pi}{6}$ rad $= \dfrac{\pi}{6}\left(\dfrac{180}{\pi}\right)^\circ$

$= 30^\circ$

b) $\dfrac{5\pi}{4}$ rad $= \dfrac{5\pi}{4}\left(\dfrac{180}{\pi}\right)^\circ$

$= 225^\circ$

c) 2,2 rad $= 2,2\left(\dfrac{180}{\pi}\right)^\circ$

$\doteq 126,1^\circ$

CALCULATRICE À AFFICHAGE GRAPHIQUE
2.2(180/π)
126.0507149

Fais une estimation

$\dfrac{2}{3} \times 180 = 120$

EXEMPLE 3 La conversion des degrés en radians de façon exacte

Détermine la mesure exacte en radians, en fonction de π.

a) 45° **b)** 60° **c)** 210°

SOLUTION

Pour convertir des degrés en radians, multiplie le nombre de degrés par $\left(\dfrac{\pi}{180}\right)$ radians.

a) $45^\circ = 45\left(\dfrac{\pi}{180}\right)$

$= \dfrac{45\pi}{180}$

$= \dfrac{\pi}{4}$ rad

b) $60^\circ = 60\left(\dfrac{\pi}{180}\right)$

$= \dfrac{60\pi}{180}$

$= \dfrac{\pi}{3}$ rad

c) $210^\circ = 210\left(\dfrac{\pi}{180}\right)$

$= \dfrac{210\pi}{180}$

$= \dfrac{7\pi}{6}$ rad

EXEMPLE 4 La conversion des degrés en radians de façon approximative

Convertis les degrés en radians, au centième près.

a) 30°   **b)** 240°

SOLUTION

a) $30° = 30\left(\dfrac{\pi}{180}\right)$
$\doteq 0,52$ rad

Fais une estimation

$$\dfrac{30 \times 3}{180} = \dfrac{90}{180} = 0,5$$

b) $240° = 240\left(\dfrac{\pi}{180}\right)$
$\doteq 4,19$ rad

Fais une estimation

$$\dfrac{240 \times 3}{180} = \dfrac{720}{180} = 4$$

Lorsqu'un objet tourne autour du centre d'un cercle ou d'un axe, comme dans le diagramme ci-contre, sa vitesse angulaire ω est égale à la vitesse à laquelle l'angle au centre θ change. La vitesse angulaire est habituellement exprimée en radians par seconde.

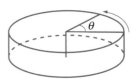

EXEMPLE 5 La vitesse angulaire

Un petit moteur électrique tourne à 2000 t/min. Exprime la vitesse angulaire en radians par seconde, de façon exacte et de façon approximative, au centième près.

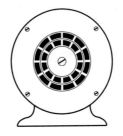

L'abréviation « t » signifie « tour ».

SOLUTION

Un tour complet du moteur représente 2π radians.

2000 t/min $= 2000 \times 2\pi$ rad/min

$\qquad = \dfrac{2000 \times 2\pi}{60}$ rad/s

$\dfrac{2000 \times 2\pi}{60} = \dfrac{200\pi}{3}$

$\qquad \doteq 209,44$

Fais une estimation

$$\dfrac{200 \times 3}{3} = 200$$

La vitesse angulaire exacte est de $\dfrac{200\pi}{3}$ ou approximativement de 209,44 rad/s, au centième près.

Concepts clés

- Pour tout angle θ au centre d'un cercle de rayon r qui intercepte un arc de longueur a, le nombre de radians $= \dfrac{\text{longueur de l'arc}}{\text{rayon}}$ ou $\theta = \dfrac{a}{r}$.

- π rad $= 180°$ ou 1 rad $= \left(\dfrac{180}{\pi}\right)°$

  Pour convertir des radians en degrés, multiplie le nombre de radians par $\left(\dfrac{180}{\pi}\right)°$.

- Comme $180° = \pi$ rad, $1° = \dfrac{\pi}{180}$ rad

  Pour convertir des degrés en radians, multiplie le nombre de degrés par $\left(\dfrac{\pi}{180}\right)$ radians.

Communique ce que tu as compris

1. Décris comment tu déterminerais la longueur d'arc a dans le diagramme ci-contre.

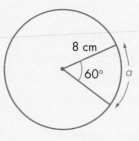

2. Décris comment tu convertirais $\dfrac{9}{5}\pi$ rad en degrés.

3. Décris comment tu convertirais $25°$ en radians.

Exercices

A

1. Convertis les radians ci-après en un nombre exact de degrés.

a) $\dfrac{\pi}{3}$ b) $\dfrac{\pi}{4}$

c) 2π d) $\dfrac{\pi}{2}$

e) $\dfrac{3}{4}\pi$ f) $\dfrac{3}{2}\pi$

g) 4π h) $\dfrac{5}{6}\pi$

i) $\dfrac{\pi}{18}$ j) $\dfrac{11}{3}\pi$

k) $\dfrac{7}{6}\pi$ l) 5π

2. Convertis les degrés ci-après en un nombre exact de radians, exprimés en fonction de π.

a) 40° **b)** 75° **c)** 10° **d)** 120°

e) 225° **f)** 315° **g)** 330° **h)** 240°

i) 540° **j)** 1080°

3. Détermine, au dixième près, le nombre approximatif de degrés correspondant aux radians ci-après.

a) 2,5 **b)** 1,75 **c)** 0,35 **d)** 1,25

e) $\dfrac{5}{7}\pi$ **f)** $\dfrac{3}{11}\pi$ **g)** $\dfrac{17}{13}\pi$ **h)** 0,5

i) 3,14 **j)** 1,21

4. Détermine, au centième près, le nombre approximatif de radians correspondant aux degrés ci-après.

a) 60° **b)** 150° **c)** 80° **d)** 145°

e) 230° **f)** 325° **g)** 56,4° **h)** 128,5°

i) 255,4° **j)** 310,5°

5. Détermine, au dixième près, la longueur *a* de chacun des arcs ci-après.

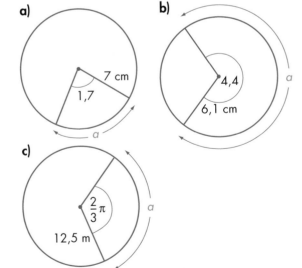

6. Détermine la mesure approximative de l'angle *θ*, au centième de radian près et au dixième de degré près.

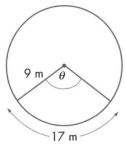

7. Détermine, au dixième près, la longueur *r* de chacun des rayons ci-après.

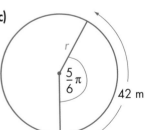

Application, résolution de problèmes, communication

8. Détermine la valeur représentée dans chaque diagramme. Arrondis les longueurs au dixième de mètre près et les mesures d'angles au centième de radian près.

a)

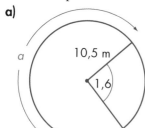

b)

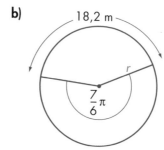

c)

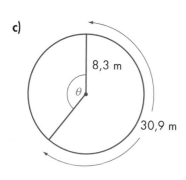

9. Un pendule L'extrémité d'un pendule de 100 cm de long oscille selon un arc de 5 cm de long. Détermine en radians la mesure de l'angle d'oscillation du pendule. Exprime la mesure de façon exacte et de façon approximative, au centième près.

10. La géométrie Exprime en radians la mesure de chaque angle d'un triangle équilatéral de façon exacte et de façon approximative, au centième près.

11. Un moteur électrique Un moteur électrique tourne à 3000 t/min. Détermine la vitesse angulaire en radians par seconde de façon exacte et de façon approximative, au centième près.

B

12. Le lancer du disque Un discobole effectue 2,5 t sur lui-même avant de lancer le disque. Exprime l'angle de rotation du discobole en radians de façon exacte et de façon approximative, au centième près.

13. Un angle mesure $\frac{\pi}{8}$ rad. Détermine la mesure exacte en radians :

a) de l'angle supplémentaire ;

b) de l'angle complémentaire.

14. La géométrie Le rapport entre les mesures des angles aigus d'un triangle rectangle est de 2 : 3. Écris la mesure en radians de ces angles de façon exacte et de façon approximative, au centième près.

15. Recherche et résolution de problèmes Combien de fois, au dixième près, un angle de 2 rad est-il plus grand qu'un angle de 2° ?

16. La géographie a) Combien de radians représentent les rotations de la Terre sur elle-même dans une année bissextile ? Exprime ta réponse de façon exacte.

b) En combien d'heures la Terre effectue-t-elle une rotation de 150° ?

c) En combien d'heures la Terre effectue-t-elle une rotation de $\frac{7}{3}\pi$ rad ?

17. Application Le restaurant tournant de la Tour CN effectue $\frac{5}{6}$ de révolution en une heure. Si Paul et Virginie dînent au restaurant de 19 h 15 à 21 h 35, quel sera l'angle de rotation de leur table ? Exprime ta réponse en radians de façon exacte et de façon approximative, au dixième près.

18. Un moteur Le moteur d'un petit avion a une vitesse angulaire de 1100 t/min. Exprime l'angle de rotation du moteur en 1 s :

a) en degrés ;

b) en radians de façon exacte et de façon approximative, au radian près.

19. Une montre Exprime l'angle de rotation de la trotteuse d'une montre en 1 s :

a) en degrés ;

b) en radians de façon exacte et de façon approximative, au centième près.

20. Une horloge a) Exprime la vitesse angulaire de la petite aiguille d'une horloge en révolutions par jour.

b) Détermine le radian de l'angle de rotation de la petite aiguille entre 15 h le vendredi et 9 h le lundi suivant. Exprime ta réponse de façon exacte et de façon approximative, au centième près.

21. Les disques compacts Un disque compact de musique tourne à l'intérieur du lecteur à des vitesses différentes. La vitesse angulaire est de 500 t/min lorsque la lecture s'effectue près du centre et elle diminue à 200 t/min lorsque la lecture s'effectue près du bord extérieur.

a) Près du centre, à combien de radians correspond chaque seconde de rotation du disque compact ? Exprime ta réponse de façon exacte et de façon approximative, au centième près.

b) Près du bord extérieur, à combien de degrés correspond chaque seconde de rotation du disque compact ?

c) Dans les ordinateurs, les vitesses angulaires des cédéroms sont des multiples des valeurs utilisées dans les lecteurs de disques compacts. Dans un lecteur 1X, la vitesse angulaire est la même que dans les lecteurs de disques compacts ; un lecteur 2X est deux fois plus rapide, un lecteur 4X est quatre fois plus rapide, et ainsi de suite. Près du centre du cédérom, à combien de degrés correspond chaque seconde de rotation dans un lecteur 12X ? dans un lecteur 40X ? dans un lecteur 50X ?

d) Près du bord extérieur du cédérom, à combien de radians correspond chaque seconde de rotation dans un lecteur 24X ? Exprime ta réponse de façon exacte et de façon approximative, au radian près.

22. La grande roue Une grande roue de 32 m de rayon effectue deux révolutions chaque minute.

a) Détermine la vitesse angulaire exacte, en radians par seconde.

b) Quelle distance, au mètre près, une personne parcourt-elle dans la grande roue en 3 min ?

23. Un satellite météo Un satellite météo effectue une orbite circulaire complète autour de la Terre toutes les 3 h. Le satellite se trouve à 2500 km au-dessus de la Terre et le rayon de la Terre est d'environ 6400 km. Quelle distance parcourt le satellite en 1 min, au kilomètre près ?

24. Une roue La vitesse angulaire d'une roue qui tourne est de 8 rad/s.

a) Exprime la vitesse angulaire, au dixième de révolution par minute près.

b) Si le rayon de la roue est de 20 cm, quelle distance, au centimètre près, parcourra-t-elle en 10 s ?

25. L'orbite d'un satellite La vitesse angulaire d'un satellite effectuant une orbite circulaire est de 0,002 rad/s.

a) Combien de temps, à la seconde près, faut-il au satellite pour effectuer une orbite complète ?

b) Quelle est la vitesse du satellite, au dixième de kilomètre par seconde près, s'il se trouve à 800 km au-dessus de la Terre et que le rayon de la Terre est d'environ 6400 km ?

26. Un satellite de navigation Les signaux d'un satellite de navigation maritime N peuvent être captés par tous les bateaux situés dans l'arc AB, comme l'illustre le diagramme. L'angle du signal est de 15°. Quelle est la longueur de l'arc AB, à 100 kilomètres près ?

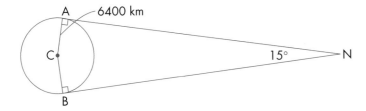

C

27. Des rapports trigonométriques Donne la valeur exacte des sinus et des cosinus ci-après. Explique ton raisonnement.

a) $\sin\left(\dfrac{\pi}{2}\text{ rad}\right)$ **b)** $\cos\left(\dfrac{\pi}{3}\text{ rad}\right)$

c) $\sin\left(\dfrac{5\pi}{6}\right)$ **d)** $\cos\left(\dfrac{2\pi}{3}\right)$

28. La vitesse d'un pneu Une voiture roule à 100 km/h. Ses pneus ont 36 cm de rayon.

a) Détermine la vitesse angulaire d'un pneu, au dixième de révolution par seconde près.

b) À combien de radians, au radian près, correspondront 30 s de rotation du pneu ?

29. Communication L'équateur et le cercle arctique ont des latitudes différentes. Si une personne se trouve à la latitude de l'équateur et une autre à la latitude du cercle arctique, quelle différence y aura-t-il entre elles en ce qui concerne les valeurs ci-après, par rapport à l'axe de rotation de la Terre ? Explique ton raisonnement.

a) La vitesse angulaire, en radians par heure ;

b) La vitesse, en kilomètres à l'heure.

30. Les grades Un système de mesure d'angles utilise une unité appelée « grade ». Le cercle est divisé en 400 parties égales. Chaque partie est appelée « grade ». Donc, une révolution complète égale 400 gr.

a) Détermine le sinus et le cosinus d'un angle de 100 gr.

b) Exprime 100 gr en degrés et en radians exacts.

c) Exprime un radian en grades de façon exacte et de façon approximative, au centième près.

VÉRIFIONS NOS PROGRÈS

Connaissance et compréhension • **Réflexion, recherche et résolution de problèmes** • **Communication** • **Mise en application**

L'orbite de la Terre autour du Soleil peut être représentée approximativement par un cercle de 150 millions de kilomètres de rayon. La Terre accomplit une révolution en 365 jours et elle tourne sur son axe, d'ouest en est, en 24 h. Supposons que la Terre est une sphère de 6370 km de rayon.

a) Détermine, en kilomètres à l'heure, la vitesse de la Terre sur son orbite autour du Soleil.

b) Détermine, en radians par heure, la vitesse angulaire de la Terre sur son orbite autour du Soleil.

c) Détermine, en kilomètres à l'heure, la vitesse d'un point situé à l'équateur par rapport à l'axe de la Terre.

d) Détermine la vitesse du pôle Nord par rapport à l'axe de la Terre.

e) Détermine la vitesse de Vancouver, situé à 49° au nord de l'équateur, par rapport à l'axe de la Terre.

f) Détermine la vitesse du sommet de la Tour CN, qui a 533 m de haut et qui est à 44° au nord de l'équateur, par rapport à l'axe de la Terre.

LE MONDE DU TRAVAIL *L'artisanat*

Des milliers de Canadiennes et de Canadiens vivent de l'artisanat : poterie, soufflage du verre, impression sur tissu, joaillerie, etc. Des sondages indiquent qu'environ 5 % des Canadiennes et des Canadiens consacrent plus de sept heures par semaine à l'artisanat. Dans certains cas, il s'agit d'un passe-temps, mais pour nombre de gens, l'artisanat est un moyen de subsistance ou un revenu d'appoint.

1. Un tour de potier Un tour de potier de 16 cm de rayon accomplit 30 t en 10 s.

a) Détermine la vitesse angulaire du tour, en radians par seconde.

b) Quelle distance, au dixième de centimètre près, un point situé sur le bord extérieur du tour parcourt-il en 0,1 s ?

2. Utilise tes habiletés dans la recherche pour te renseigner sur les points suivants au sujet d'un métier d'art qui t'intéresse :

a) La façon dont on apprend le métier ;

b) Les habiletés et l'équipement nécessaires ;

c) L'utilisation qu'on fait des mathématiques dans ce métier.

5.2 Les rapports trigonométriques d'un angle

Les grues, qu'on utilise pour soulever des objets lourds, jouent un rôle essentiel dans les industries de la construction et du transport. Il en existe différents modèles, mais chaque grue comporte habituellement un appareil de levage appelé « treuil », qui tire ou relâche un câble métallique.

Dans un modèle de grue, le câble s'élève le long d'un tube droit appelé « flèche » (ou « bras »), qu'on peut lever ou abaisser en modifiant son angle d'inclinaison. Le câble est fixé à une poulie au sommet de la flèche. On attache les objets lourds au crochet situé à l'extrémité du câble et on utilise le treuil pour les soulever ou les abaisser.

La manœuvre d'une grue exige des compétences hautement spécialisées. Pour régler la position de la flèche, la grutière ou le grutier utilise des notions de trigonométrie, comme on le verra dans l'exemple 5.

EXPLORATION ET RECHERCHE

En trigonométrie, on utilise souvent des angles de 30°, de 45° et de 60°, auxquels on donne parfois le nom d' « angles remarquables ». Les triangles rectangles dans lesquels on observe ces angles sont parfois appelés « triangles remarquables ».

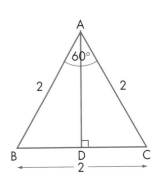

1. Le triangle ABC est un triangle équilatéral dont les côtés mesurent 2 unités. AD coupe l'angle BAC pour former deux triangles congrus, les triangles ABD et ACD. Ces deux triangles s'appellent des triangles 30°-60°-90°. Quelle est la longueur BD ?

2. Détermine la longueur AD. Exprime ta réponse sous forme de radical.

3. Reprends les questions 1 et 2 en utilisant des triangles équilatéraux ayant les longueurs de côtés ci-après. Exprime la longueur AD sous forme de radical réduit à sa plus simple expression.

a) 4 unités ;　　　**b)** 10 unités.

4. Décris la relation entre les longueurs de côtés dans un triangle 30°-60°-90°.

5. Utilise un des triangles 30°-60°-90° pour déterminer les valeurs exactes du sinus, du cosinus et de la tangente de 30° et de 60°.

6. Le triangle DEF est un triangle rectangle isocèle dont les côtés congrus DE et DF mesurent 1 unité. Ce triangle s'appelle un triangle 45°-45°-90°. Détermine la longueur EF. Exprime ta réponse sous forme de radical.

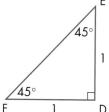

7. Reprends la question 6 en utilisant des triangles rectangles isocèles dont les côtés congrus ont les longueurs ci-après. Exprime la longueur $\overline{EF}$ sous forme de radical réduit à sa plus simple expression.

a) 2 unités ;   **b)** 6 unités.

8. Décris la relation entre les longueurs de côtés dans un triangle 45°-45°-90°.

9. Utilise un des triangles 45°-45°-90° pour déterminer les valeurs exactes du sinus, du cosinus et de la tangente de 45°.

L'angle θ ci-contre est trigonométrique.
Le point P(x, y) est situé sur le côté terminal.
Selon le théorème de Pythagore, $r = \sqrt{x^2 + y^2}$.
Rappelle-toi que tu as déterminé les rapports entre le sinus et le cosinus d'un angle trigonométrique θ, où $0° \leq \theta \leq 180°$. Nous allons maintenant étendre le domaine de θ afin d'englober toutes les mesures d'angles, et nous inclurons le rapport de la tangente de tout angle trigonométrique.

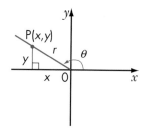

Pour tout angle trigonométrique θ ayant un point P(x, y) sur le côté terminal et où $r = \sqrt{x^2 + y^2}$, les trois principaux rapports trigonométriques sont définis comme suit en fonction de x, y et r :

$$\sin \theta = \frac{y}{r} \qquad \cos \theta = \frac{x}{r} \qquad \tan \theta = \frac{y}{x}$$

EXEMPLE 1 **Le sinus, le cosinus et la tangente d'un angle**

Le point P(−3, −6) se trouve sur le côté terminal d'un angle trigonométrique θ. Détermine la valeur exacte de sin θ, cos θ et tan θ.

SOLUTION

Esquisse l'angle trigonométrique. Construis un triangle PAO en traçant une perpendiculaire entre le point P(−3, −6) et l'axe des x.

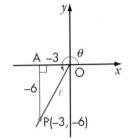

$$r^2 = x^2 + y^2$$
$$r = \sqrt{x^2 + y^2}$$
$$= \sqrt{(-3)^2 + (-6)^2}$$
$$= \sqrt{9 + 36}$$
$$= \sqrt{45}$$
$$= 3\sqrt{5}$$

$$\sin \theta = \frac{y}{r} \qquad\qquad \cos \theta = \frac{x}{r} \qquad\qquad \tan \theta = \frac{y}{x}$$

$$= \frac{-6}{3\sqrt{5}} \qquad\qquad = \frac{-3}{3\sqrt{5}} \qquad\qquad = \frac{-6}{-3}$$

$$= \frac{-2}{\sqrt{5}} \text{ ou} -\frac{2}{\sqrt{5}} \qquad = \frac{-1}{\sqrt{5}} \text{ ou} -\frac{1}{\sqrt{5}} \qquad = 2$$

Donc, $\sin \theta = -\dfrac{2}{\sqrt{5}}$, $\cos \theta = -\dfrac{1}{\sqrt{5}}$ et $\tan \theta = 2$.

Le tableau ci-après indique les signes des rapports trigonométriques.

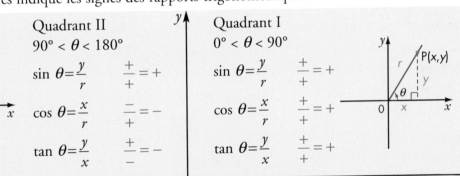

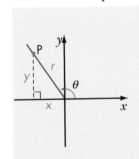

Quadrant II
$90° < \theta < 180°$

$$\sin \theta = \frac{y}{r} \qquad \frac{+}{+} = +$$

$$\cos \theta = \frac{x}{r} \qquad \frac{-}{+} = -$$

$$\tan \theta = \frac{y}{x} \qquad \frac{+}{-} = -$$

Quadrant I
$0° < \theta < 90°$

$$\sin \theta = \frac{y}{r} \qquad \frac{+}{+} = +$$

$$\cos \theta = \frac{x}{r} \qquad \frac{+}{+} = +$$

$$\tan \theta = \frac{y}{x} \qquad \frac{+}{+} = +$$

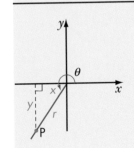

Quadrant III
$180° < \theta < 270°$

$$\sin \theta = \frac{y}{r} \qquad \frac{-}{+} = -$$

$$\cos \theta = \frac{x}{r} \qquad \frac{-}{+} = -$$

$$\tan \theta = \frac{y}{x} \qquad \frac{-}{-} = +$$

Quadrant IV
$270° < \theta < 360°$

$$\sin \theta = \frac{y}{r} \qquad \frac{-}{+} = -$$

$$\cos \theta = \frac{x}{r} \qquad \frac{+}{+} = +$$

$$\tan \theta = \frac{y}{x} \qquad \frac{-}{+} = -$$

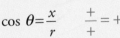

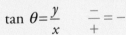

Le schéma ci-contre indique les rapports trigonométriques positifs dans chaque quadrant.

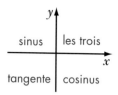

Le théorème de Pythagore permet de démontrer que le rapport entre les longueurs de côtés d'un triangle 30°-60°-90° est de 1 à $\sqrt{3}$ à 2 ou $1 : \sqrt{3} : 2$. Le rapport entre les longueurs de côtés d'un triangle 45°-45°-90° est de 1 à 1 à $\sqrt{2}$ ou $1 : 1 : \sqrt{2}$. On utilise ces triangles remarquables pour déterminer les rapports trigonométriques exacts d'angles remarquables.

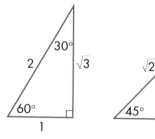

θ en degrés	θ en radians	$\sin \theta$	$\cos \theta$	$\tan \theta$
30°	$\dfrac{\pi}{6}$	$\dfrac{1}{2}$	$\dfrac{\sqrt{3}}{2}$	$\dfrac{1}{\sqrt{3}}$
45°	$\dfrac{\pi}{4}$	$\dfrac{1}{\sqrt{2}}$	$\dfrac{1}{\sqrt{2}}$	1
60°	$\dfrac{\pi}{3}$	$\dfrac{\sqrt{3}}{2}$	$\dfrac{1}{2}$	$\sqrt{3}$

EXEMPLE 2 Les rapports trigonométriques exacts d'angles mesurés en degrés

Détermine la valeur exacte du sinus, du cosinus et de la tangente de 120°.

SOLUTION

Esquisse l'angle trigonométrique. Construis un triangle en traçant une perpendiculaire entre le côté terminal et l'axe des x. L'angle formé par le côté terminal et l'axe des x mesure 60°. Donc, le triangle obtenu est un triangle 30°-60°-90°.

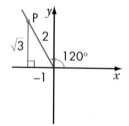

Choisis un point P sur le côté terminal, de sorte que $r = 2$. Il s'ensuit que $x = -1$ et $y = \sqrt{3}$.

$$\sin \theta = \frac{y}{r} \qquad \cos \theta = \frac{x}{r} \qquad \tan \theta = \frac{y}{x}$$

$$\sin 120° = \frac{\sqrt{3}}{2} \qquad \cos 120° = \frac{-1}{2} \text{ ou } -\frac{1}{2} \qquad \tan 120° = \frac{\sqrt{3}}{-1} \text{ ou } -\sqrt{3}$$

Donc, $\sin 120° = \dfrac{\sqrt{3}}{2}$, $\cos 120° = -\dfrac{1}{2}$ et $\tan 120° = -\sqrt{3}$.

EXEMPLE 3 **Les rapports trigonométriques exacts d'angles mesurés en radians**

Détermine la valeur exacte de :

a) $\sin \dfrac{7}{4}\pi$ **b)** $\cos \dfrac{5}{6}\pi$

SOLUTION

a) Esquisse l'angle trigonométrique. Construis un triangle en traçant une perpendiculaire entre le côté terminal et l'axe des x.

$$\dfrac{7}{4}\pi \text{ rad} = \dfrac{7}{4}\pi\left(\dfrac{180}{\pi}\right)^{\circ}$$
$$= 315^{\circ}$$

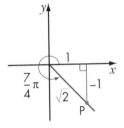

L'angle formé par le côté terminal et l'axe des x mesure 45°.
Donc, le triangle obtenu est un triangle 45°-45°-90°.
Choisis un point P sur le côté terminal, de sorte que $r = \sqrt{2}$.
Il s'ensuit que $x = 1$ et $y = -1$.

$$\sin \theta = \dfrac{y}{r}$$

$$\sin \dfrac{7}{4}\pi = \dfrac{-1}{\sqrt{2}} \text{ ou } -\dfrac{1}{\sqrt{2}}$$

Donc, $\sin \dfrac{7}{4}\pi = -\dfrac{1}{\sqrt{2}}$.

b) Esquisse l'angle trigonométrique. Construis un triangle en traçant une perpendiculaire entre le côté terminal et l'axe des x.

$$\dfrac{5}{6}\pi \text{ rad} = \dfrac{5}{6}\pi\left(\dfrac{180}{\pi}\right)^{\circ}$$
$$= 150^{\circ}$$

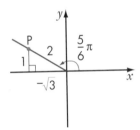

L'angle formé par le côté terminal et l'axe des x mesure 30°.
Donc, le triangle obtenu est un triangle 30°-60°-90°.
Choisis un point P sur le côté terminal, de sorte que $r = 2$.
Il s'ensuit que $x = -\sqrt{3}$ et $y = 1$.

$$\cos \theta = \dfrac{x}{r}$$

$$\cos \dfrac{5}{6}\pi = \dfrac{-\sqrt{3}}{2} \text{ ou } -\dfrac{\sqrt{3}}{2}$$

Donc, $\cos \dfrac{5}{6}\pi = -\dfrac{\sqrt{3}}{2}$.

Exemple 4 Les rapports trigonométriques d'un angle droit

Détermine la valeur du sinus, du cosinus et de la tangente de 90°.

Solution

Esquisse l'angle trigonométrique.
Choisis le point P(0, 1) sur le côté terminal de l'angle.
Par conséquent, $x = 0$, $y = 1$ et $r = 1$.

$$\sin \theta = \frac{y}{r} \qquad \cos \theta = \frac{x}{r} \qquad \tan \theta = \frac{y}{x}$$

$$\sin 90° = \frac{1}{1} \qquad \cos 90° = \frac{0}{1} \qquad \tan 90° = \frac{1}{0}$$

$$= 1 \qquad\qquad = 0$$

Comme la division par 0 n'est pas définie, tan 90° n'est pas définie.

Donc, sin 90° = 1, cos 90° = 0 et tan 90° n'est pas définie.

Exemple 5 La manœuvre d'une grue

Une grutière ou un grutier peut déplacer la flèche de sa grue de façon à modifier l'angle d'inclinaison. Là où celui-ci se trouve, près d'édifices et de câbles électriques, sa valeur minimale est de 30° et sa valeur maximale est de 60°. Si la flèche a 10 m de long, détermine le déplacement vertical de l'extrémité de la flèche lorsque l'angle d'inclinaison passe de la valeur minimale à la valeur maximale. Exprime ta réponse de façon exacte et de façon approximative, au dixième de mètre près.

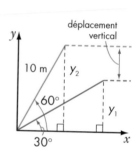

Solution

a) Dans le diagramme ci-contre, le déplacement vertical est égal à $y_2 - y_1$.
Sers-toi des valeurs exactes des rapports trigonométriques de 30° et de 60° pour écrire les expressions correspondant à y_2 et à y_1.

$$\sin 30° = \frac{y_1}{10} \qquad\qquad \sin 60° = \frac{y_2}{10}$$

$$\frac{1}{2} = \frac{y_1}{10} \qquad\qquad \frac{\sqrt{3}}{2} = \frac{y_2}{10}$$

$$\frac{10}{2} = y_1 \qquad\qquad \frac{10\sqrt{3}}{2} = y_2$$

$$5 = y_1 \qquad\qquad 5\sqrt{3} = y_2$$

Le déplacement vertical est de

$$y_2 - y_1 = 5\sqrt{3} - 5$$
$$\doteq 3,7$$

Le déplacement vertical est de $5\sqrt{3} - 5$ m de façon exacte, ou de 3,7 m de façon approximative, au dixième de mètre près.

Concepts clés

- Pour tout angle trigonométrique θ ayant un point $P(x, y)$ sur le côté terminal et où $r = \sqrt{x^2 + y^2}$, les trois principaux rapports trigonométriques sont définis comme suit en fonction de x, y et r:

$$\sin \theta = \frac{y}{r} \qquad \cos \theta = \frac{x}{r} \qquad \tan \theta = \frac{y}{x}$$

- Le schéma ci-contre indique les rapports trigonométriques positifs dans chaque quadrant.

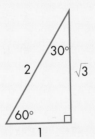

- Les deux triangles remarquables qui permettent de déterminer la valeur exacte du sinus, du cosinus et de la tangente d'angles remarquables sont représentés ci-contre.

triangle 30°-60°-90°   triangle 45°-45°-90°

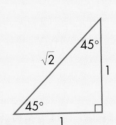

Communique ce que tu as compris

1. Le point $P(3, -4)$ se trouve sur le côté terminal d'un angle trigonométrique θ. Décris comment tu déterminerais la valeur exacte de $\sin \theta$, $\cos \theta$ et $\tan \theta$.

2. Décris comment tu déterminerais la valeur exacte de $\tan \frac{2}{3}\pi$.

3. Décris comment tu déterminerais la valeur exacte de $\sin 135°$.

4. Décris comment tu déterminerais la valeur exacte de $\cos 270°$.

Exercices

A

1. Les coordonnées d'un point P, situé sur le côté terminal d'un angle trigonométrique θ, sont indiquées, où $0 \le \theta \le 2\pi$. Détermine la valeur exacte de sin θ, cos θ et tan θ.

a)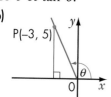

b)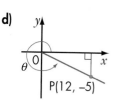

c)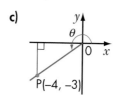

d)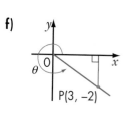

e)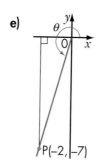

f)

2. Les coordonnées d'un point P, situé sur le côté terminal d'un angle trigonométrique θ, sont indiquées, où $0 \le \theta \le 2\pi$. Détermine la valeur exacte de sin θ, cos θ et tan θ.

a) P(6, 5) **b)** P(−1, 8)

c) P(−2, −5) **d)** P(6, −1)

e) P(2, −4) **f)** P(−3, −9)

g) P(3, 3) **h)** P(−2, 6)

3. Détermine la valeur exacte de chaque rapport trigonométrique ci-après.

a) sin 30° **b)** tan 315°

c) cos 240° **d)** tan 150°

e) cos 225° **f)** sin 45°

g) cos 330° **h)** sin 300°

4. Détermine la valeur exacte de chaque rapport trigonométrique ci-après.

a) $\sin \dfrac{5}{4}\pi$ **b)** $\tan \dfrac{11}{6}\pi$

c) $\cos \dfrac{\pi}{6}$ **d)** $\cos \dfrac{7}{4}\pi$

e) $\tan \dfrac{4}{3}\pi$ **f)** $\cos \dfrac{7}{6}\pi$

g) $\sin \dfrac{5}{6}\pi$ **h)** $\cos \dfrac{3}{4}\pi$

Application, résolution de problèmes, communication

5. La flèche d'une grue La flèche d'une grue a 12 m de long. Vu les caractéristiques du chantier de construction, l'angle d'inclinaison de la flèche a une valeur minimale de 30° et une valeur maximale de 45°. Détermine le déplacement vertical de l'extrémité de la flèche :

a) de façon exacte ;

b) de façon approximative, au dixième de mètre près.

6. Soit un angle trigonométrique θ, dont le côté terminal se trouve dans le quadrant indiqué et où $0 \leq \theta \leq 2\pi$. Un rapport trigonométrique est fourni. Détermine la valeur exacte des deux autres rapports trigonométriques.

a) $\sin \theta = \dfrac{4}{5}$, quadrant II

b) $\cos \theta = -\dfrac{2}{3}$, quadrant III

c) $\tan \theta = -\dfrac{5}{2}$, quadrant IV

d) $\sin \theta = -\dfrac{3}{7}$, quadrant III

7. Soit un angle trigonométrique θ, où $0 \leq \theta \leq 2\pi$. Un rapport trigonométrique est fourni. Détermine la valeur exacte des deux autres rapports trigonométriques.

a) $\sin \theta = \dfrac{1}{3}$

b) $\cos \theta = \dfrac{3}{5}$

c) $\tan \theta = \dfrac{1}{4}$

d) $\cos \theta = -\dfrac{1}{2}$

e) $\tan \theta = -\dfrac{8}{5}$

f) $\sin \theta = -\dfrac{5}{6}$

8. Application Un cargo est amarré à un quai. À marée basse, une rampe de déchargement descend du navire jusqu'au quai, formant un angle de 30° par rapport à l'horizontale. À marée haute, le navire est plus près du quai et la rampe forme un angle de 45° par rapport à l'horizontale.

a) Détermine la variation de la distance horizontale entre le navire et le quai de la marée basse à la marée haute. Exprime cette variation de façon exacte et de façon approximative, au centième de mètre près.

b) Détermine la variation de la hauteur de l'extrémité supérieure de la rampe au-dessus du quai de la marée basse à la marée haute. Exprime cette variation de façon exacte et de façon approximative, au centième de mètre près.

9. Des ponts basculants On appelle « pont basculant » un ouvrage habituellement construit sur un cours d'eau et qui peut être relevé pour laisser passer de gros navires. Certains ponts basculants sont articulés à une seule extrémité tandis que d'autres, à double volée, s'ouvrent en deux par le milieu. Un pont basculant à double volée a 80 m de long. Lorsqu'il est relevé, chaque moitié forme un angle de 60° par rapport à l'horizontale. À quelle distance se trouvent alors les extrémités supérieures des deux moitiés du pont ?

10. Le mât d'un drapeau Un mât est retenu par deux paires de haubans attachés à 8 m au-dessus du sol. Une des paires de haubans forme des angles de 45° tandis que l'autre paire forme des angles de 60°. Quelle paire de haubans est la plus longue au total, et par combien de mètres, au dixième de mètre près ?

11. Si $0° \leq A \leq 360°$, détermine les mesures possibles de l'angle A.

a) $\sin A = \frac{1}{\sqrt{2}}$ **b)** $\cos A = \frac{1}{2}$ **c)** $\tan A = 1$ **d)** $\sin A = \frac{\sqrt{3}}{2}$

e) $\cos A = -\frac{1}{\sqrt{2}}$ **f)** $\tan A = -\sqrt{3}$ **g)** $\cos A = -\frac{\sqrt{3}}{2}$ **h)** $\sin A = -\frac{1}{2}$

i) $\tan A = -1$ **j)** $\tan A = -\frac{1}{\sqrt{3}}$ **k)** $\cos A = -\frac{1}{2}$

12. Le tableau ci-contre indique les rapports trigonométriques d'un angle droit comme celui de l'exemple 4. Reproduis-le et complète-le en déterminant les rapports trigonométriques d'angles de 0°, 180°, 270° et 360°.

		Mesure de l'angle				
		0°	90°	180°	270°	360°
Rapport	sin θ		1			
	cos θ		0			
	tan θ		n.d.			

13. Si $0 \leq A \leq 2\pi$ et $\cos A = \frac{1}{\sqrt{2}}$, détermine les valeurs de :

a) sin A **b)** tan A

14. Si $0 \leq A \leq 2\pi$ et $\tan A = -\sqrt{3}$, détermine les valeurs de :

a) sin A **b)** cos A

C

15. Recherche et résolution de problèmes Si le côté le plus court d'un triangle 30°-60°-90° a la même longueur que le côté le plus court d'un triangle 45°-45°-90°, quel est le rapport entre le périmètre du premier triangle et le périmètre du second triangle, au centième près ?

16. Si le côté le plus long d'un triangle 30°-60°-90° a la même longueur que le côté le plus court d'un triangle 45°-45°-90°, quel est le rapport entre l'aire du premier triangle et l'aire du second triangle, au centième près ?

17. Communication Le côté terminal d'un angle trigonométrique θ a une pente de −1. Si $0 \leq \theta \leq 2\pi$, quelles sont les valeurs possibles des rapports ci-après ? Explique ta réponse.

a) sin θ **b)** cos θ **c)** tan θ

18. Détermine la valeur exacte de chacune des expressions ci-après.

a) $\sin 30° \sin 45° \sin 60°$ **b)** $\sin 30° \cos 30° + \sin 60° \cos 60°$

c) $\sin 60° \cos 30° + \sin 30° \cos 60°$ **d)** $2\sin 30° \cos 30°$

e) $\frac{5\tan 60°}{\cos 30°}$

ENRICHISSEMENT
Les angles de rotation positifs et négatifs

Les angles que tu as utilisés jusqu'ici mesuraient de 0° à 360° ou de 0 à 2π.
D'autres mesures sont également possibles.

La mesure d'un angle trigonométrique est déterminée par la rotation depuis
le côté initial jusqu'au côté terminal. Si la rotation s'effectue dans le sens
inverse des aiguilles d'une montre, l'angle est positif. Si elle s'effectue dans
le sens des aiguilles d'une montre, l'angle est négatif.

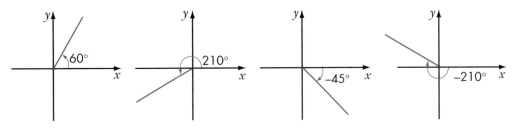

Si le côté terminal accomplit exactement une révolution dans le sens inverse
des aiguilles d'une montre, l'angle mesure 360°. Si le côté terminal
accomplit exactement une révolution dans le sens des aiguilles d'une montre,
l'angle mesure −360°.

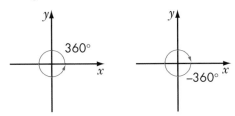

Lorsque le côté terminal tourne autour de son axe, il peut accomplir une ou
plusieurs révolutions.

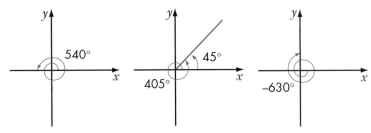

Si tu traces, dans le même plan cartésien, un angle trigonométrique de
420° et un autre de 60°, les deux angles auront le même côté terminal.
Deux angles trigonométriques ayant le même côté terminal s'appellent
des **angles coterminaux**.

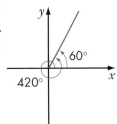

Le sinus, le cosinus et la tangente des angles positifs

Pour déterminer la valeur exacte du sinus, du cosinus et de la tangente de 135°, trace d'abord l'angle trigonométrique. Construis ensuite un triangle en traçant une perpendiculaire entre le côté terminal et l'axe des x. L'angle formé par le côté terminal et l'axe des x mesure 45°.

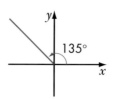

Le triangle obtenu est un triangle 45°-45°-90°.
Choisis un point P sur le côté terminal de sorte que $r = \sqrt{2}$.
Il s'ensuit que $x = -1$ et $y = 1$.

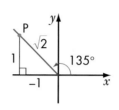

$$\sin \theta = \frac{y}{r} \qquad\qquad \cos \theta = \frac{x}{r} \qquad\qquad \tan \theta = \frac{y}{x}$$

$$\sin 135° = \frac{1}{\sqrt{2}} \qquad \cos 135° = \frac{-1}{\sqrt{2}} \text{ ou } -\frac{1}{\sqrt{2}} \qquad \tan 135° = \frac{1}{-1}$$
$$= -1$$

On peut utiliser la même méthode pour déterminer la valeur exacte du sinus, du cosinus et de la tangente de 510°. Dans ce cas, l'angle formé par le côté terminal et l'axe des x mesure 30°.

Le triangle obtenu est un triangle 30°–60°–90°.
Choisis un point P sur le côté terminal de sorte que $r = 2$
Il s'ensuit que $x = -\sqrt{3}$ et $y = 1$.

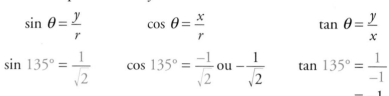

$$\sin \theta = \frac{y}{r} \qquad\qquad \cos \theta = \frac{x}{r} \qquad\qquad \tan \theta = \frac{y}{x}$$

$$\sin 510° = \frac{1}{2} \qquad \cos 510° = \frac{-\sqrt{3}}{2} \text{ ou } -\frac{\sqrt{3}}{2} \qquad \tan 510° = \frac{1}{-\sqrt{3}} \text{ ou } -\frac{1}{\sqrt{3}}$$

Pour déterminer la valeur exacte du sinus, du cosinus et de la tangente de 630°, trace d'abord l'angle trigonométrique. Choisis le point P(0, −1) sur le côté terminal de l'angle.

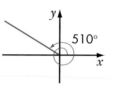

Par conséquent, $x = 0$, $y = -1$ et $r = 1$.

$$\sin \theta = \frac{y}{r} \qquad\qquad \cos \theta = \frac{x}{r} \qquad\qquad \tan \theta = \frac{y}{x}$$

$$\sin 630° = \frac{-1}{1} \qquad\qquad \cos 630° = \frac{0}{1} \qquad\qquad \tan 630° = \frac{-1}{0}$$
$$= -1 \qquad\qquad\qquad = 0$$

Comme la division par 0 n'est pas définie, tan 630° n'est pas définie.

1. Détermine la valeur exacte du sinus, du cosinus et de la tangente des angles ci-après.

a) 390°   **b)** 405°   **c)** 690°   **d)** 450°

e) $\dfrac{7}{3}\pi$ **f)** $\dfrac{13}{4}\pi$ **g)** 3π **h)** $\dfrac{10}{3}\pi$

2. Détermine la valeur exacte des rapports trigonométriques ci-après.

a) cos 495°   **b)** tan 480°   **c)** sin 660°

d) cos 720°   **e)** tan 570°   **f)** sin 390°

Le sinus, le cosinus et la tangente des angles négatifs

Pour déterminer la valeur exacte du sinus, du cosinus et de la tangente de −135°, trace d'abord l'angle trigonométrique.
Construis ensuite un triangle en traçant une perpendiculaire entre le côté terminal et l'axe des x.
L'angle formé par le côté terminal et l'axe des x mesure 45°.
Le triangle obtenu est un triangle 45°-45°-90°.
Choisis un point P sur le côté terminal de sorte que $r = \sqrt{2}$.
Il s'ensuit que $x = -1$ et $y = -1$.

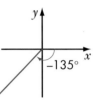

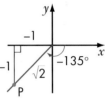

$$\sin \theta = \frac{y}{r} \qquad\qquad \cos \theta = \frac{x}{r} \qquad\qquad \tan \theta = \frac{y}{x}$$

$$\sin (-135°) = \frac{-1}{\sqrt{2}} \text{ ou } -\frac{1}{\sqrt{2}} \quad \cos (-135°) = \frac{-1}{\sqrt{2}} \text{ ou } -\frac{1}{\sqrt{2}} \quad \tan (-135°) = \frac{-1}{-1}$$
$$= 1$$

On peut utiliser la même méthode pour déterminer la valeur exacte du sinus, du cosinus et de la tangente de −420°. Dans ce cas, l'angle formé par le côté terminal et l'axe des x mesure 60°.

Le triangle obtenu est un triangle 30°-60°-90°.
Choisis un point P sur le côté terminal de sorte que $r = 2$.
Il s'ensuit que $x = 1$ et $y = -\sqrt{3}$.

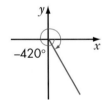

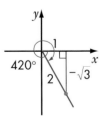

$$\sin \theta = \frac{y}{r} \qquad\qquad \cos \theta = \frac{x}{r} \qquad\qquad \tan \theta = \frac{y}{x}$$

$$\sin (-420°) = \frac{-\sqrt{3}}{2} \text{ ou } -\frac{\sqrt{3}}{2} \quad \cos (-420°) = \frac{1}{2} \quad \tan (-420°) = \frac{-\sqrt{3}}{1} \text{ ou } -\sqrt{3}$$

Pour déterminer la valeur exacte du sinus, du cosinus et de la tangente d'un angle de $-180°$, trace d'abord l'angle trigonométrique.

Choisis le point $P(-1, 0)$ sur le côté terminal de l'angle.

Par conséquent, $x = -1$, $y = 0$ et $r = 1$.

$$\sin \theta = \frac{y}{r} \qquad \cos \theta = \frac{x}{r} \qquad \tan \theta = \frac{y}{x}$$

$$\sin (-180°) = \frac{0}{-1} \qquad \cos (-180°) = \frac{-1}{1} \qquad \tan (-180°) = \frac{0}{-1}$$

$$= 0 \qquad\qquad\qquad = -1 \qquad\qquad\qquad = 0$$

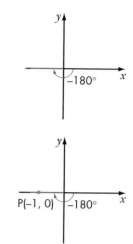

3. Détermine la valeur exacte du sinus, du cosinus et de la tangente des angles ci-après.

a) $-60°$ **b)** $-225°$ **c)** $-90°$ **d)** $-150°$

e) $-\dfrac{3}{2}\pi$ **f)** $-\dfrac{11}{6}\pi$ **g)** $-\dfrac{3}{4}\pi$ **h)** $-\pi$

4. Détermine la valeur exacte des rapports trigonométriques ci-après.

a) $\sin (-540°)$ **b)** $\cos (-450°)$

c) $\sin (-630°)$ **d)** $\cos (-510°)$

e) $\sin (-405°)$ **f)** $\cos (-675°)$

5.3 La modélisation du comportement périodique

On trouve plusieurs exemples de comportement périodique dans la nature. Parmi les exemples bien connus, il y a le lever et le coucher du soleil de même que la marée haute et la marée basse. Le rythme cardiaque de l'être humain suit aussi un schéma périodique. Parmi les exemples moins connus, il y a le mouvement des ondes sonores et des ondes lumineuses. Même certaines espèces animales présentent un schéma périodique, en ce sens que leurs populations augmentent et diminuent dans le temps.

Lien Internet
www.dlcmcgrawhill.ca
Pour en savoir plus sur la grande roue la plus grosse du monde, rends-toi à l'adresse donnée ci-haut. Puis clique sur la page couverture du manuel *Mathématiques 11*. Tu y trouveras les adresses nécessaires à ta recherche.

EXPLORATION ET RECHERCHE

La grande roue Cosmoclock 21 est la plus grosse du monde et se trouve à Yokohama, au Japon. Elle a un diamètre d'environ 100 m.

Supposons que tu montes dans la grande roue avec un groupe de camarades de classe. Comme l'illustre le diagramme, tu es au point A(50, 0) quand le dernier des 60 sièges à remplir est au point D. Le tour débute quand tu es au point A. La roue tourne dans le sens inverse des aiguilles d'une montre à une vitesse constante. Il lui faut une minute pour accomplir une révolution.

1. Trouve les coordonnées des points B, C et D.

2. Reproduis et complète la table ci-après en inscrivant ta hauteur relative par rapport à l'axe des *x* après les rotations indiquées.

Rotation de la roue (degrés)	0	90°	180°	270°	360°	450°	540°	720°
Hauteur par rapport à l'axe des x (mètres)	0							

3. Inscris les points sur une grille comme la grille ci-contre, puis relie-les afin de démontrer la relation entre ta hauteur *h*, par rapport à l'axe des *x*, et l'angle de rotation *r*.

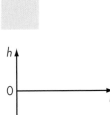

4. a) Le graphique semble-t-il être linéaire, du second degré ou ni l'un ni l'autre?
b) Décris le graphique.

5. a) Prédis quel sera le graphique de ta hauteur, par rapport à l'axe des x, en comparaison du temps écoulé, en secondes, pendant deux révolutions complètes de la roue. Justifie ton raisonnement.

b) Complète une table de valeurs comme celle de la question 2, mais remplace la rotation de la roue, en degrés, par le temps écoulé, en secondes.

c) Trace le graphique de ta hauteur par rapport à l'axe des x, en comparaison du temps écoulé.

d) Compare le graphique obtenu avec ta prédiction en a). Explique, s'il y a lieu, la différence entre les deux.

Une fonction est **périodique** si elle comporte une série de valeurs y qui se répètent à intervalles réguliers. Une série complète s'appelle un **cycle**. Un cycle peut débuter n'importe où sur un graphique. La longueur horizontale d'un cycle s'appelle la **période** de la fonction. La période de la fonction représentée dans le graphique ci-après est de 4 unités.

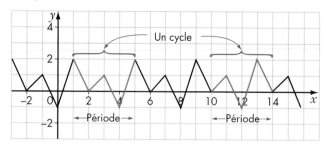

EXEMPLE 1 **Les fonctions**

Détermine si les fonctions ci-après sont périodiques. Si c'est le cas, décris la période.

a)

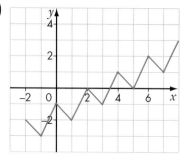

b)

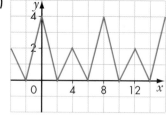

SOLUTION

a) Le graphique représente une série de courbes semblables, mais la série de valeurs y dans l'une des sections du graphique ne se répète pas dans les autres parties. Donc, la fonction n'est pas périodique.

b) La série de valeurs y dans l'une des sections du graphique se répète à intervalles réguliers dans les autres sections. La fonction est périodique.

Pour déterminer la période d'une fonction, trouve les coordonnées du point situé au début du cycle. Trouve ensuite les coordonnées du point situé au début du cycle suivant.

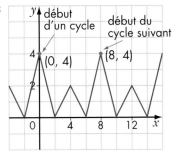

Les coordonnées des deux points sont (0, 4) et (8, 4). Soustrais les abscisses.

$8 - 0 = 8$

Le cycle se répète toutes les 8 unités, donc la période de la fonction est de 8.

EXEMPLE 2 La détermination des valeurs de la fonction

La période du graphique ci-contre est de 7.
Détermine la valeur de :

a) $f(6)$ **b)** $f(20)$

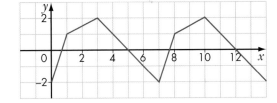

SOLUTION

a) Dans le graphique, $f(6) = -1$.

b) Comme la période de la fonction est de 7, alors :

$$f(6) = f(6 + 7)$$
$$= f(6 + 7 + 7)$$
$$= f(20)$$

Par conséquent, $f(20) = -1$.

En général, une fonction f est périodique s'il existe un nombre positif p tel que $f(x + p) = f(x)$ pour chaque valeur de x dans le domaine de f. La plus petite valeur positive de p est la période de la fonction.

Dans toute fonction périodique, l'**amplitude** est définie comme étant la moitié de la différence entre la valeur maximale et la valeur minimale de la fonction.

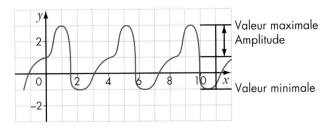

Pour la fonction ci-contre, la valeur maximale est de 3 et la valeur minimale est de −1.

$$\text{Amplitude} = \frac{1}{2}(3 - (-1))$$

L'amplitude est toujours positive.

$$= \frac{1}{2}(4)$$
$$= 2$$

L'amplitude de cette fonction est de 2.

EXEMPLE 3 Le jogging

André fait du jogging sur une piste en ligne droite de 800 m de long.
Il part à un bout de la piste et maintient une vitesse constante de 8 km/h.

a) Représente la distance, en mètres, qui le sépare du point de départ
par rapport au temps écoulé, en minutes, pendant qu'il effectue quatre
longueurs de piste.

b) Détermine la période et l'amplitude de la fonction.

c) Indique le domaine et l'image.

SOLUTION

a) $\text{vitesse} = \dfrac{\text{distance}}{\text{temps}}$

donc, $\text{temps} = \dfrac{\text{distance}}{\text{vitesse}}$

La piste mesure 800 m ou 0,8 km.

André parcourt une longueur de piste en $\dfrac{0,8}{8}$ ou 0,1 h, c'est-à-dire 6 min.

Après 6 min, André se trouve à 800 m de son point de départ. Après encore
6 min (donc 12 min en tout), il est de retour à son point de départ.
Par conséquent, trois des points du graphique de la distance par rapport au
temps sont situés en (0, 0), (6, 800) et (12, 0).
On relie ces points par des segments de droite, car André maintient une
vitesse constante.
La série se poursuit jusqu'à ce qu'André ait couru quatre longueurs de piste,
comme l'illustre le graphique ci-contre.

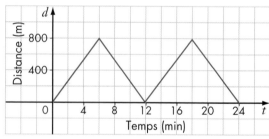

b) La période de la fonction est de 12 min.

L'amplitude de la fonction est représentée par l'expression $\dfrac{1}{2}(800 - 0) = 400$.

Donc, l'amplitude est de 400 m.

c) Le domaine est l'ensemble des réels tels que $0 \le t \le 24$.
L'image est l'ensemble des réels tels que $0 \le d \le 800$.

Concepts clés

- Une fonction est périodique si elle comporte une série de valeurs y qui se répètent à intervalles réguliers.
- Une série complète de valeurs d'une fonction périodique s'appelle un cycle.
- La distance horizontale entre le début d'un cycle et le début du cycle suivant s'appelle la période.
- Une fonction f est périodique s'il existe un nombre positif p tel que $f(x + p) = f(x)$ pour chaque valeur de x dans le domaine de f. La longueur de la période est égale à la plus petite valeur positive de p.
- L'amplitude d'une fonction périodique est égale à la moitié de la différence entre la valeur maximale et la valeur minimale de la fonction. L'amplitude est toujours positive.

Communique ce que tu as compris

Réponds aux questions 1 à 3 au sujet de la fonction périodique représentée ci-contre.

1. Décris comment tu déterminerais la période de la fonction.

2. Décris comment tu déterminerais :

a) $f(4)$ **b)** $f(5)$ **c)** $f(8)$ **d)** $f(13)$

3. Décris comment tu déterminerais l'amplitude de la fonction.

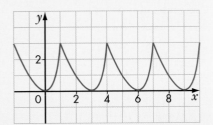

Exercices

A

1. Indique si le graphique est périodique ou non périodique. Justifie ta décision.

a)

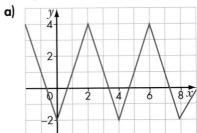

b)

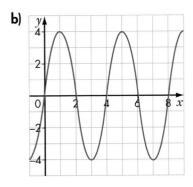

c)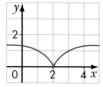

d)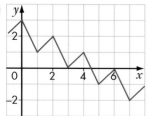

e)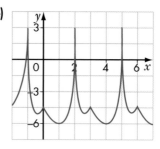

f)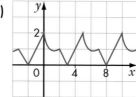

2. Détermine la période et l'amplitude des fonctions ci-après.

a)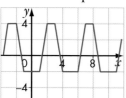

b)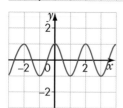

c)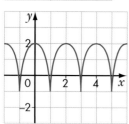

d)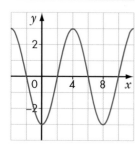

3. Communication Esquisse un graphique d'une fonction périodique ayant la période et l'amplitude indiquées. Compare tes graphiques avec ceux de tes camarades.

a) Une période de 6 et une amplitude de 4 ;

b) Une période de 3 et une amplitude de 5 ;

c) Une période de 2 et une amplitude de 2.

4. Une fonction périodique f a une période de 12. Si $f(7) = -2$ et $f(11) = 9$, détermine la valeur de :

a) $f(43)$ **b)** $f(79)$ **c)** $f(95)$ **d)** $f(-1)$

5. Détermine la valeur maximale, la valeur minimale, l'amplitude, la période, le domaine et l'image des fonctions ci-après.

a)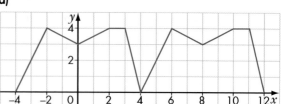

b)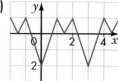

Application, résolution de problèmes, communication

B

6. Application Anne s'entraîne en nageant à une vitesse constante dans une piscine de 50 m de long. Il lui faut 1 min pour parcourir une longueur.

a) Représente graphiquement la distance, en mètres, qui la sépare du point de départ par rapport au temps écoulé, en minutes, pendant qu'elle nage six longueurs.

b) Détermine la période et l'amplitude de la fonction.

c) Indique le domaine et l'image.

d) Après un mois d'entraînement, Anne augmente sa vitesse de 10 %. Si elle nage six longueurs de piscine, quelle sera la différence entre la période et l'amplitude par rapport aux valeurs obtenues en b) ? Explique ta réponse.

7. Recherche et résolution de problèmes Est-il possible de représenter chacune des situations ci-après par une fonction périodique ? Explique ta réponse.

a) L'heure du lever du soleil à Lively (Ontario) enregistrée chaque jour pendant 3 ans ;

b) Le nombre de voitures de tourisme achetées chaque année en Ontario entre 1990 et 2000 ;

c) La température mensuelle moyenne dans ta communauté, enregistrée chaque mois pendant deux ans.

8. Une grande roue La grande roue d'une fête foraine a un diamètre de 32 m et son centre se trouve à 18 m au-dessus du sol. Elle accomplit une révolution complète toutes les 30 s. Une personne monte dans la grande roue.

a) Représente graphiquement la hauteur de cette personne au-dessus du sol, en mètres, par rapport au temps écoulé, en secondes, pendant un tour de 2 min, si sa position de départ est tout au bas de la roue.

b) Détermine la période et l'amplitude de la fonction.

c) Indique le domaine et l'image de la fonction.

9. Le climat On a enregistré pendant trois ans les températures maximales de mi-saison à Dorset (Ontario). Les résultats sont reproduits ci-contre.

a) Trace un graphique des températures par rapport aux dates. Dessine une fonction périodique qui représente les données le plus exactement possible.

b) Sers-toi du graphique pour évaluer approximativement la période et l'amplitude de la fonction.

Saison	Date	Température (°C)
Hiver	5 février 1998	−9
Printemps	2 mai 1998	16
Été	3 août 1998	25
Automne	2 novembre 1998	3
Hiver	5 février 1999	−10
Printemps	2 mai 1999	17
Été	3 août 1999	27
Automne	2 novembre 1999	3
Hiver	5 février 2000	−10
Printemps	2 mai 2000	16
Été	3 août 2000	26
Automne	2 novembre 2000	3

10. Les cycles des océans Le cycle des marées est un comportement périodique qui peut être modélisé par une fonction périodique. Chaque jour, à différents endroits dans le monde, on enregistre la hauteur de la marée par rapport au niveau moyen des basses eaux. Les données concernant les marées hautes et les marées basses d'un lieu quelconque sont représentées ci-contre. Fais une estimation de la période et de l'amplitude de la fonction que tu utiliserais pour représenter le cycle des marées à cet endroit.

Heure	Hauteur de la marée (m)
10:40	0,3
16:52	2,7
23:05	0,3
05:17	2,7

11. La recherche Utilise tes habiletés dans la recherche pour présenter un exemple de fonction périodique qui n'est pas mentionné dans cette section. Esquisse la fonction et décris sa période et son amplitude.

12. La formulation et la résolution de problèmes Formule un problème portant sur chacun des sujets ci-après. Vérifie que tu peux résoudre ces problèmes, puis invite une ou un camarade à les résoudre.

a) Les cycles des océans ;

b) Les grandes roues.

C

13. Si une fonction périodique comporte un nombre entier de cycles, quelle est la relation entre la période et le domaine ? Explique ta réponse.

14. Quel rapport y a-t-il entre l'amplitude d'une fonction périodique et son image ? Explique ta réponse.

15. La rotation de la Terre Un point situé sur l'équateur tourne autour de l'axe de la Terre. Sa distance depuis son point de départ par rapport au temps constitue une fonction périodique.

a) Quelle est la période de la fonction ? Explique ta réponse.

b) Quelle est l'amplitude de la fonction ? Explique ta réponse.

Défi **NOMBRES**

Si $\dfrac{9^{28} - 9^{27}}{8} = 3^x$, quelle est la valeur de x?

5.4 Recherche : La représentation graphique de $f(x) = \sin x$, $f(x) = \cos x$ et $f(x) = \tan x$

La représentation graphique de $y = \sin x$

1. Reproduis et complète la table de valeurs ci-après, où $y = \sin x$, $0° \leq x \leq 360°$. Inscris la valeur exacte de sin x pour chaque valeur de x. Inscris aussi, au besoin, la valeur décimale de sin x, arrondie au dixième près.

Valeur de x (radians)	0	$\frac{\pi}{6}$	$\frac{\pi}{3}$	$\frac{\pi}{2}$	$\frac{2\pi}{3}$	$\frac{5\pi}{6}$	π	$\frac{7\pi}{6}$	$\frac{4\pi}{3}$	$\frac{3\pi}{2}$	$\frac{5\pi}{3}$	$\frac{11\pi}{6}$	2π
Valeur de x (degrés)	0	30	60	90	120	150	180	210	240	270	300	330	360
Valeur exacte de sin x	0	$\frac{1}{2}$	$\frac{\sqrt{3}}{2}$										
Valeur décimale de sin x	0	0,5	0,9										

2. Utilise les valeurs décimales de sin x pour représenter les coordonnées $(x, \sin x)$ sur une grille comme celle qui est reproduite ci-contre. Relie les points afin d'obtenir une courbe.

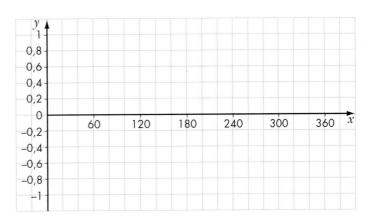

3. a) Quelle est la valeur maximale de la fonction définie par $y = \sin x$?

b) Quelles valeurs de x correspondent à la valeur maximale de y?

4. a) Quelle est la valeur minimale de la fonction définie par $y = \sin x$?

b) Quelles valeurs de x correspondent à la valeur minimale de y?

5. Quelle est l'amplitude de la fonction définie par $y = \sin x$?

6. a) Formule une hypothèse au sujet de l'aspect du graphique de $y = \sin x$ si le domaine est $0° \leq x \leq 720°$.

b) Utilise ton hypothèse pour esquisser le graphique de $y = \sin x$ si le domaine est $0° \leq x \leq 720°$.

7. Vérifie l'hypothèse formulée à la question 6a) en représentant $y = \sin x$ à l'aide d'une calculatrice à affichage graphique. Dans les paramètres mode, sélectionne *Degree*. Règle les variables de la fenêtre de façon à inclure Xmin = 0, Xmax = 720, Ymin = −1,5 et Ymax = 1,5. Affiche le graphique. Compare le résultat avec celui que tu as obtenu à la question 6b).

8. a) Formule une hypothèse au sujet de l'aspect du graphique de $y = \sin x$ si le domaine est $-360° \leq x \leq 720°$.
b) Utilise ton hypothèse pour esquisser le graphique de $y = \sin x$ si le domaine est $-360° \leq x \leq 720°$.

9. Vérifie l'hypothèse formulée à la question 8a) en représentant $y = \sin x$ à l'aide d'une calculatrice à affichage graphique. En mode *Degree*, règle les variables de la fenêtre de façon à inclure Xmin = −360, Xmax = 720, Ymin = −1,5 et Ymax = 1,5. Affiche le graphique. Compare le résultat avec celui que tu as obtenu à la question 8b).

10. a) Le graphique de $y = \sin x$ est-il périodique ? Explique ta réponse.
b) Si c'est le cas, quelle est la période de ce graphique ?

11. Comment peux-tu vérifier que $y = \sin x$ définit une fonction ?

12. Détermine les propriétés ci-après de la fonction définie par $y = \sin x$.
a) Quel est son domaine ?   **b)** Quelle est son image ?

La représentation graphique de $y = \cos x$

13. Reproduis et complète la table de valeurs ci-après, où $y = \cos x$, $0° \leq x \leq 360°$. Inscris la valeur exacte de $\cos x$ pour chaque valeur de x. Inscris aussi, au besoin, la valeur décimale de $\cos x$, arrondie au dixième près.

Valeur de x (radians)	0	$\frac{\pi}{6}$	$\frac{\pi}{3}$	$\frac{\pi}{2}$	$\frac{2\pi}{3}$	$\frac{5\pi}{6}$	π	$\frac{7\pi}{6}$	$\frac{4\pi}{3}$	$\frac{3\pi}{2}$	$\frac{5\pi}{3}$	$\frac{11\pi}{6}$	2π
Valeur de x (degrés)	0	30	60	90	120	150	180	210	240	270	300	330	360
Valeur exacte de cos x													
Valeur décimale de cos x													

14. Utilise les valeurs décimales de $\cos x$ pour représenter $y = \cos x$, $0° \leq x \leq 360°$, dans le même plan cartésien que $y = \sin x$.

15. Quelle est l'amplitude de la fonction définie par $y = \cos x$?

16. a) Formule une hypothèse au sujet de l'aspect du graphique de $y = \cos x$ si le domaine est $0° \leq x \leq 720°$.

b) Utilise ton hypothèse pour tracer le graphique de $y = \cos x$ si le domaine est $0° \leq x \leq 720°$.

17. Vérifie l'hypothèse formulée à la question 16a) en représentant $y = \cos x$ à l'aide d'une calculatrice à affichage graphique. Compare le résultat avec celui que tu as obtenu à la question 16b).

18. a) Formule une hypothèse au sujet de l'aspect du graphique de $y = \cos x$ si le domaine est $-360° \leq x \leq 720°$.

b) Utilise ton hypothèse pour tracer le graphique de $y = \cos x$ si le domaine est $-360° \leq x \leq 720°$.

19. Vérifie l'hypothèse formulée à la question 18a) en représentant $y = \cos x$, où $-360° \leq x \leq 720°$, à l'aide d'une calculatrice à affichage graphique. Compare le résultat avec celui que tu as obtenu à la question 18b).

20. a) Le graphique de $y = \cos x$ est-il périodique ? Explique ta réponse.

b) Si c'est le cas, quelle est la période de ce graphique ?

21. Comment peux-tu vérifier que $y = \cos x$ définit une fonction ?

22. Détermine les propriétés ci-après de la fonction définie par $y = \cos x$.

a) Quel est son domaine ?   **b)** Quelle est son image ?

23. Compare les graphiques de $y = \sin x$ et de $y = \cos x$. En quoi sont-ils semblables ? En quoi sont-ils différents ?

La représentation graphique de y = tan x

24. Reproduis et complète la table de valeurs ci-après, où $y = \tan x$. Au besoin, arrondis les valeurs décimales de tan x au dixième près.

Valeur de x (degrés)	0	45	60	70	80	90	100	110	120	135	150	180
Valeur décimale de tan x												
Valeur de x (degrés)	225	240	250	260	270	280	290	300	315	330	360	
Valeur décimale de tan x												

25. Représente graphiquement $y = \tan x$ sur une grille comme celle qui est reproduite ci-contre.

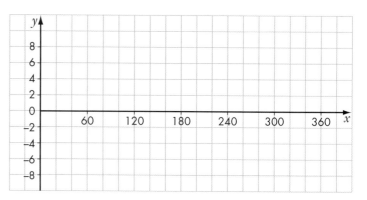

26. Comment évolue la valeur de tan x quand x passe de 0° à 90° ?

27. a) Quelle est la valeur de tan x quand $x = 90°$?
b) Comment cette valeur est-elle représentée sur le graphique ?

28. Comment évolue la valeur de tan x quand x passe de 90° à 270° ?

29. a) Quelle est la valeur de tan x quand $x = 270°$?
b) Comment cette valeur est-elle représentée sur le graphique ?

30. a) Formule une hypothèse au sujet de l'aspect du graphique de $y = \tan x$ si le domaine est $0° \leq x \leq 720°$.
b) Utilise ton hypothèse pour esquisser le graphique de $y = \tan x$ si le domaine est $0° \leq x \leq 720°$.

31. Vérifie l'hypothèse formulée à la question 30a) en représentant $y = \tan x$, où $0° \leq x \leq 720°$, à l'aide d'une calculatrice à affichage graphique. Compare le résultat avec celui que tu as obtenu à la question 30b).

32. a) Formule une hypothèse au sujet de l'aspect du graphique de $y = \tan x$ si le domaine est $-360° \leq x \leq 720°$.
b) Utilise ton hypothèse pour esquisser le graphique de $y = \tan x$ si le domaine est $-360° \leq x \leq 720°$.

33. Vérifie l'hypothèse formulée à la question 32a) en représentant $y = \tan x$, où $-360° \leq x \leq 720°$, à l'aide d'une calculatrice à affichage graphique. Compare le résultat avec celui que tu as obtenu à la question 32b).

34. a) Le graphique de $y = \tan x$ est-il périodique ? Explique ta réponse.
b) Si c'est le cas, quelle est la période de ce graphique ?

35. La fonction définie par $y = \tan x$ a-t-elle une valeur maximale ? une valeur minimale ? Explique ta réponse.

36. Comment peux-tu vérifier que $y = \tan x$ définit une fonction ?

37. Détermine les propriétés ci-après de la fonction définie par $y = \tan x$.
a) Quel est son domaine ?   **b)** Quelle est son image ?

5.5 Les élongations des graphiques de fonctions périodiques

Les ondes lumineuses peuvent être modélisées par des fonctions sinusoïdales. Le graphique ci-après représente des ondes lumineuses bleues et rouges. L'unité utilisée dans l'axe des x est le nanomètre, où 1 nanomètre (1 nm) est égal à un milliardième de mètre, ou 10^{-9} m.

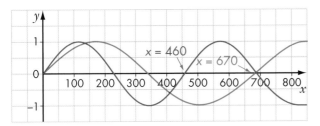

Il est à noter que les graphiques des deux types d'ondes sont des transformations de $y = \sin x$. On utilisera ces graphiques dans l'exemple 5.

EXPLORATION ET RECHERCHE

1. Reproduis et complète la table de valeurs ci-après en déterminant les valeurs décimales de sin x et de 2sin x. Au besoin, arrondis les valeurs au dixième près.

x (degrés)	0	30	60	90	120	150	180	210	240	270	300	330	360
sin x	0	0,5											
2sin x	0	1											

2. Esquisse les graphiques des fonctions définies par $y = \sin x$ et par $y = 2\sin x$ sur une grille semblable à celle qui est reproduite ci-contre.

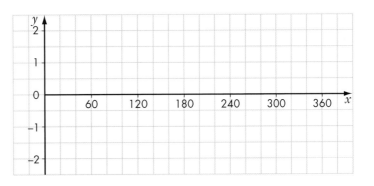

3. Pour les graphiques de la question 2, détermine :
a) les amplitudes ; **b)** les périodes ; **c)** les points invariants.

4. Quelle transformation peut-on appliquer à $y = \sin x$ pour obtenir $y = 2\sin x$?

5. a) Formule une hypothèse sur la façon dont le graphique de $y = \frac{1}{2}\sin x$ se compare au graphique de $y = \sin x$.

b) Utilise ton hypothèse pour esquisser sur la même grille les graphiques de $y = \sin x$ et de $y = \frac{1}{2}\sin x$, où le domaine est $0° \leq x \leq 360°$.

6. Vérifie l'hypothèse formulée à la question 5a) en représentant $y = \sin x$ et $y = \frac{1}{2}\sin x$, où $0° \leq x \leq 360°$, à l'aide d'une calculatrice à affichage graphique. Compare le résultat avec celui que tu as obtenu à la question 5b).

7. Pour les graphiques de la question 6, détermine :

a) les amplitudes ;   **b)** les périodes ;   **c)** les points invariants.

8. Quelle transformation peut-on appliquer au graphique de $y = \sin x$ pour obtenir celui de $y = \frac{1}{2}\sin x$?

9. Si $a > 0$, écris un énoncé décrivant l'effet, en termes de transformation, de a sur le graphique de $y = a\sin x$.

10. Si $a > 0$, formule une hypothèse au sujet de l'effet, en termes de transformation, de a sur le graphique de $y = a\cos x$.

11. Vérifie l'hypothèse formulée à la question 10 en représentant $y = \cos x$, $y = 2\cos x$ et $y = \frac{1}{2}\cos x$, où $0° \leq x \leq 360°$, à l'aide d'une calculatrice à affichage graphique.

12. Pour les graphiques de la question 11, détermine :

a) les amplitudes ;   **b)** les périodes ;   **c)** les points invariants.

EXPLORATION ET RECHERCHE

1. Reproduis et complète la table de valeurs ci-après pour $y = \sin x$ et $y = 2\sin x$. Au besoin, arrondis les valeurs au dixième près.

x (degrés)	0	30	60	90	120	150	180	210	240	270	300	330	360
sin x	0	0,5											
sin 2x	0	0,9											

2. Esquisse les graphiques des fonctions définies par $y = \sin x$ et par $y = \sin 2x$ sur la même grille.

3. Pour les graphiques de la question 2, détermine :

a) les amplitudes ;   **b)** les périodes ;   **c)** les points invariants.

4. Quelle transformation peut-on appliquer au graphique de $y = \sin x$ pour obtenir celui de $y = \sin 2x$?

5. a) Formule une hypothèse sur la façon dont le graphique de $y = \sin \frac{1}{2}x$ se compare au graphique de $y = \sin x$.

b) Utilise ton hypothèse pour tracer sur la même grille les graphiques de $y = \sin x$ et de $y = \sin \frac{1}{2}x$, où le domaine est $0° \leq x \leq 720°$.

6. Vérifie l'hypothèse formulée à la question 5a) en représentant $y = \sin x$ et $y = \sin \frac{1}{2}x$, où $0° \leq x \leq 720°$, à l'aide d'une calculatrice à affichage graphique. Compare le résultat avec celui que tu as obtenu à la question 5b).

7. Pour les graphiques de la question 6, détermine :
a) les amplitudes ;   **b)** les périodes ;   **c)** les points invariants.

8. Quelle transformation peut-on appliquer au graphique de $y = \sin x$ pour obtenir celui de $y = \sin \frac{1}{2}x$?

9. Si $k > 0$, écris un énoncé décrivant l'effet, en termes de transformation, de k sur le graphique de $y = \sin kx$.

10. Si $k > 0$, formule une hypothèse au sujet de l'effet, en termes de transformation, de k sur le graphique de $y = \cos kx$.

11. Vérifie l'hypothèse formulée à la question 10 en représentant $y = \cos x$, $y = \cos 2x$ et $y = \cos \frac{1}{2}x$, où $0° \leq x \leq 720°$, à l'aide d'une calculatrice à affichage graphique.

12. Pour les graphiques de la question 11, détermine :
a) les amplitudes ;   **b)** les périodes ;   **c)** les points invariants.

Les transformations qui s'appliquent aux graphiques de fonctions algébriques s'appliquent aussi aux graphiques de fonctions trigonométriques.

Si $a > 1$, les graphiques de $y = a\sin x$ et $y = a\cos x$ sont l'image de graphiques de $y = \sin x$ et $y = \cos x$ par un agrandissement vertical de rapport a. L'amplitude de chaque fonction est a.

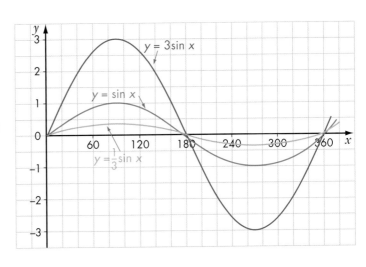

Si $0 < a < 1$, les graphiques de $y = a\sin x$ et $y = a\cos x$ sont l'image des graphiques de $y = \sin x$ et $y = \cos x$ par une réduction verticale de rapport a. L'amplitude de chaque fonction est a.

La méthode des cinq points constitue un moyen pratique d'esquisser le graphique d'une fonction sinus ou d'une fonction cosinus à partir de son amplitude et de sa période. Cette méthode est basée sur le fait que chaque cycle d'une fonction sinus comprend un maximum, un minimum et trois zéros, tandis que chaque cycle d'une fonction cosinus comprend deux maximums, un minimum et deux zéros. Comme ces cinq points sont espacés régulièrement sur l'axe des x, ils divisent la période en quatre quarts.

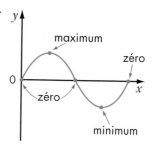

Soit le graphique d'une fonction sinus dont l'amplitude est de 3 et la période, de 2π. Comme les cinq points divisent la période en quarts, les coordonnées de ces points seront $(0, 0)$, $\left(\dfrac{\pi}{2}, 3\right)$, $(\pi, 0)$, $\left(\dfrac{3\pi}{2}, -3\right)$ et $(2\pi, 0)$.

Pour esquisser le graphique, utilise, pour l'axe des x et l'axe des y, des échelles à peu près égales, par exemple $\pi \doteq 3$. Représente les cinq points dans le cycle, puis relie-les par une courbe.

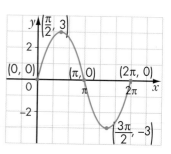

EXEMPLE 1 La représentation de $y = a\cos x$

Représente un cycle du graphique de $y = 4\cos x$, à partir de $(0, 0)$, où $x \geq 0$. Indique le domaine et l'image de la fonction dans ce cycle.

Les transformations représentées dans ce chapitre peuvent être réalisées à l'aide d'un logiciel de représentation graphique comme Zap-a-Graph. Pour de plus amples renseignements, reporte-toi à la section concernant le Zap-a-Graph, à l'annexe C.

SOLUTION

Le graphique de $y = 4\cos x$ est l'image du graphique de $y = \cos x$ par un agrandissement vertical de rapport 4. L'amplitude est de 4, donc la valeur maximale est de 4 et la valeur minimale est de -4.
La période de la fonction $y = 4\cos x$ est de 2π.

Utilise la méthode des cinq points pour esquisser le graphique. Les cinq points divisent la période en quarts.
Par conséquent, les coordonnées des cinq points sont

$(0, 4)$, $\left(\dfrac{\pi}{2}, 0\right)$, $(\pi, -4)$, $\left(\dfrac{3\pi}{2}, 0\right)$ et $(2\pi, 4)$.

Représente les cinq points dans le cycle, puis relie-les par une courbe. Nomme le graphique.

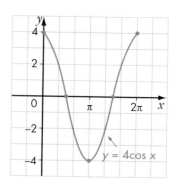

Le domaine de la fonction dans ce cycle est l'ensemble des réels tels que $0 \leq x \leq 2\pi$.
L'image de la fonction dans ce cycle est l'ensemble des réels tels que $-4 \leq y \leq 4$.

Si $k > 1$, les graphiques de $y = \sin kx$ et
$y = \cos kx$ sont l'image des graphiques
de $y = \sin x$ et $y = \cos x$ par un agrandissement
horizontal de rapport $\dfrac{1}{k}$. La période de chaque

fonction est de $\dfrac{2\pi}{k}$ ou $\dfrac{360°}{k}$.

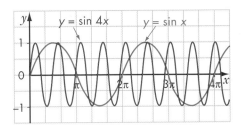

Si $0 < k < 1$, les graphiques de $y = \sin kx$
et $y = \cos kx$ sont l'image des graphiques
de $y = \sin x$ et $y = \cos x$ par un
agrandissement horizontal de rapport k.
La période de chaque fonction est de
$\dfrac{2\pi}{k}$ ou $\dfrac{360°}{k}$.

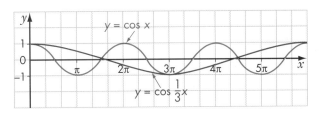

Exemple 2 La représentation de $y = \sin kx$

Représente un cycle du graphique de $y = \sin 3x$, à partir de $(0, 0)$, où $x \geq 0$.
Indique le domaine et l'image de la fonction dans ce cycle.

Solution

Le graphique de $y = \sin 3x$ est l'image du graphique de $y = \sin x$ par
une réduction horizontale de rapport $\dfrac{1}{3}$.

L'amplitude est de 1 ; donc, la valeur maximale est de 1 et la valeur minimale
est de -1.

La période de la fonction est de $\dfrac{2\pi}{3}$.

Utilise la méthode des cinq points pour esquisser le graphique.
Les cinq points divisent la période en quarts.
Par conséquent, les coordonnées des cinq points sont
$(0, 0)$, $\left(\dfrac{\pi}{6}, 1\right)$, $\left(\dfrac{\pi}{3}, 0\right)$, $\left(\dfrac{\pi}{2}, -1\right)$ et $\left(\dfrac{2\pi}{3}, 0\right)$.

Représente les cinq points dans le cycle, puis relie-les
par une courbe. Nomme le graphique.

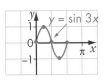

Le domaine de la fonction dans ce cycle est l'ensemble
des réels tels que $0 \leq x \leq \dfrac{2\pi}{3}$.

L'image de la fonction dans ce cycle est l'ensemble
des réels tels que $-1 \leq y \leq 1$.

EXEMPLE 3 La représentation d'une fonction sinus

Une fonction sinus a une amplitude de 4 et une période de 6π. Si un cycle du graphique débute à l'origine et que $x \geq 0$, représente un cycle de cette fonction.

SOLUTION

Le cycle débute à l'origine et l'amplitude est de 4. Donc, la valeur maximale est de 4 et la valeur minimale est de -4.
La période de la fonction est de 6π.

Utilise la méthode des cinq points pour esquisser le graphique. Les cinq points divisent la période en quarts. Par conséquent, les coordonnées des cinq points sont

$(0, 0)$, $\left(\dfrac{3\pi}{2}, 4\right)$, $(3\pi, 0)$, $\left(\dfrac{9\pi}{2}, -4\right)$ et $(6\pi, 0)$.

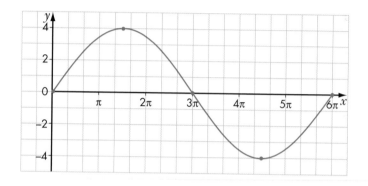

Représente les cinq points dans le cycle, puis relie-les par une courbe.

EXEMPLE 4 La représentation de $y = a\cos kx$, où $-\pi \leq x \leq \pi$

Esquisse le graphique de $y = 3\cos 2x$ dans l'intervalle $-\pi \leq x \leq \pi$.

SOLUTION

Le graphique de $y = 3\cos 2x$ est l'image du graphique de $y = \cos x$ par un agrandissement vertical de rapport 3 et une réduction horizontale de rapport $\dfrac{1}{2}$.

L'amplitude est de 3 ; donc, la valeur maximale est de 3 et la valeur minimale est de -3.

La période de la fonction est de $\dfrac{2\pi}{2}$ ou π.

Utilise la méthode des cinq points pour esquisser le graphique, où $0 \leq x \leq \pi$.
Les cinq points divisent la période en quarts.
Par conséquent, les coordonnées des cinq points sont

$(0, 3)$, $\left(\dfrac{\pi}{4}, 0\right)$, $\left(\dfrac{\pi}{2}, -3\right)$, $\left(\dfrac{3\pi}{4}, 0\right)$ et $(\pi, 3)$.

Représente les cinq points dans le cycle, puis relie-les par une courbe. Nomme le graphique.

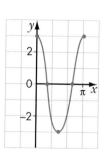

Utilise la régularité pour esquisser le graphique dans le domaine voulu. Nomme le graphique.

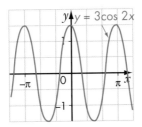

Tu peux vérifier le graphique à l'aide d'une calculatrice en mode Radian, où Xmin = 0 et Xmax = π.

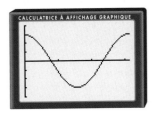

EXEMPLE 5 Les équations d'ondes lumineuses

Les graphiques des fonctions sinus permettent de modéliser les ondes de lumière rouge et de lumière bleue, où les unités de x sont les nanomètres. Écris les équations des ondes de lumière rouge et des ondes de lumière bleue :

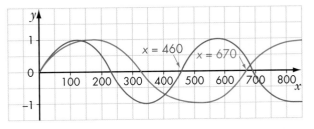

a) de façon exacte ;

b) de façon approximative, au millième près.

SOLUTION

a) L'amplitude est de 1 pour les deux couleurs. Selon le graphique, un cycle de lumière rouge mesure 670 nm. Donc, la période est de 670.

$$\text{Période} = \frac{2\pi}{k}$$

$$670 = \frac{2\pi}{k}$$

$$k = \frac{2\pi}{670} \text{ ou } \frac{\pi}{335}$$

L'équation de la lumière rouge est

$$y = \sin\left(\frac{\pi x}{335}\right), \text{ si on utilise des valeurs exactes.}$$

b) Dans l'équation de la lumière rouge,

$$k = \frac{\pi}{335}$$
$$\doteq 0,009$$

L'équation approximative des ondes de lumière rouge est $y = \sin 0,009x$.

Selon le graphique, un cycle de lumière bleue mesure 460 nm. Donc, la période est de 460.

$$\text{Période} = \frac{2\pi}{k}$$

$$460 = \frac{2\pi}{k}$$

$$k = \frac{2\pi}{460} \text{ ou } \frac{\pi}{230}$$

L'équation de la lumière bleue est

$$y = \sin\left(\frac{\pi x}{230}\right).$$

Dans l'équation de la lumière bleue,

$$k = \frac{\pi}{230}$$
$$\doteq 0,014$$

L'équation approximative des ondes de lumière bleue est $y = \sin 0,014x$.

Concepts clés

- Les élongations verticales et horizontales des fonctions sinus et des fonctions cosinus peuvent être résumées comme suit :

Élongation	Forme mathématique	Effet sur le graphique de $y = \sin x$ ou de $y = \cos x$
Verticale	$y = a\sin x$ $y = a\cos x$	Si $a > 1$, agrandissement vertical de rapport a. Si $0 < a < 1$, réduction verticale de rapport a.
Horizontale	$y = \sin kx$ $y = \cos kx$	Si $k > 1$, réduction horizontale de rapport $\frac{1}{k}$.
		Si $0 < k < 1$, agrandissement horizontal de rapport $\frac{1}{k}$.

- Si $y = a\sin x$ ou $y = a\cos x$, où $a > 0$, l'amplitude est a.
- Si $y = \sin kx$ ou $y = \cos kx$, où $k > 0$, la période est de $\dfrac{2\pi}{k}$ ou $\dfrac{360°}{k}$.

Communique ce que tu as compris

1. Décris comment tu déterminerais l'amplitude et la période de la fonction définie par $y = 2\cos 4x$.

2. Décris comment tu déterminerais l'amplitude et la période du graphique ci-contre.

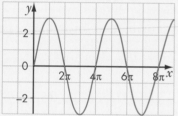

3. Décris comment tu esquisserais un cycle du graphique de $y = \dfrac{1}{2}\sin 3x$, en partant de $(0, 0)$, où $x \geq 0$.

4. Décris comment tu esquisserais un cycle du graphique de $y = 5\cos \dfrac{1}{2}x$, où $-\pi \leq x \leq \pi$.

Exercices

A

1. Esquisse un cycle du graphique des fonctions définies par chacune des équations ci-après. Indique le domaine et l'image de la fonction dans le cycle.

a) $y = 3\sin x$

b) $y = 5\cos x$

c) $y = 1,5\sin x$

d) $y = \dfrac{2}{3}\cos x$

2. Détermine la période, en degrés et en radians, des fonctions définies par chacune des équations ci-après.

a) $y = \sin 6x$

b) $y = \cos 4x$

c) $y = \cos \dfrac{2}{3}x$

d) $y = 8\sin \dfrac{2}{3}x$

e) $y = 5\sin \dfrac{1}{6}x$

f) $y = 7\cos 8x$

3. Esquisse un cycle du graphique des fonctions définies par chacune des équations ci-après. Indique le domaine et l'image de la fonction dans le cycle.

a) $y = \sin 2x$ **b)** $y = \cos 3x$

c) $y = \sin 6x$ **d)** $y = \cos \dfrac{1}{4}x$

e) $y = \sin \dfrac{3}{4}x$ **f)** $y = \cos \dfrac{1}{3}x$

4. Écris l'équation et esquisse un cycle complet de chaque fonction sinus. Chaque graphique débute à l'origine, où $x \geq 0$.

a) Amplitude de 6, période de 180° ;

b) Amplitude de 1,5, période de 240° ;

c) Amplitude de 0,8, période de 3π ;

d) Amplitude de 4, période de 6π.

5. Écris l'équation et esquisse un cycle complet de chaque fonction cosinus.

a) Amplitude de 3, période de 180° ;

b) Amplitude de 0,5, période de 720° ;

c) Amplitude de 4, période de 4π ;

d) Amplitude de 2,5, période de 5π.

6. Esquisse un cycle du graphique des fonctions définies par chacune des équations ci-après.

a) $y = 3\sin 2x$ **b)** $y = 4\cos 3x$

c) $y = \dfrac{1}{2}\sin \dfrac{1}{2}x$ **d)** $y = \dfrac{5}{3}\sin \dfrac{2}{3}x$

e) $y = 2\sin 4x$ **f)** $y = 2,5\cos \dfrac{4}{5}x$

7. Détermine l'équation de chacune des fonctions sinus représentées ci-après.

a)

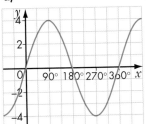

b)

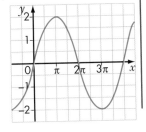

c)

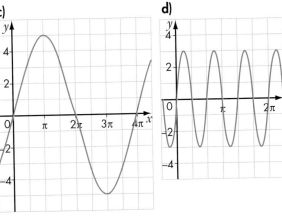

d)

8. Détermine l'équation de chacune des fonctions cosinus représentées ci-après.

a)

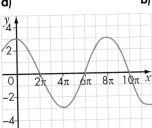

b)

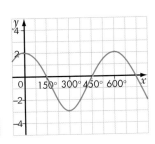

c)

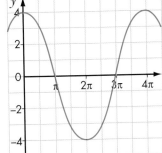

d)

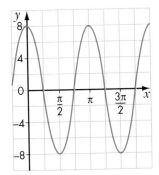

9. Esquisse les graphiques des fonctions définies ci-après.

a) $y = 4\sin x$, où $-2\pi \leq x \leq 2\pi$

b) $y = \dfrac{1}{2}\cos 3x$, où $-\pi \leq x \leq \pi$

c) $y = 3\cos 4x$, où $-2\pi \leq x \leq \pi$

d) $y = 2\sin \dfrac{1}{5}x$, où $-5\pi \leq x \leq 5\pi$

10. Trouve les points invariants lorsque le graphique de $y = \sin x$ est transformé et a pour image le graphique des équations ci-après.

a) $y = 5\sin x$ **b)** $y = \sin 4x$

c) $y = 2\sin 3x$ **d)** $y = 0{,}5\sin 0{,}5x$

11. Trouve les points invariants lorsque le graphique de $y = \cos x$ est transformé et a pour image le graphique des équations ci-après.

a) $y = 2{,}5\cos x$ **b)** $y = \cos 3x$

c) $y = 3\cos 2x$ **d)** $y = 4\cos 0{,}5x$

12. Indique le domaine, l'image, l'amplitude et la période de chacune des fonctions définies ci-après.

a) $y = 3{,}5\sin x$ **b)** $y = \cos 2{,}5x$

c) $y = 2\sin \dfrac{1}{6}x$ **d)** $y = \dfrac{1}{4}\cos \dfrac{1}{2}x$

Application, résolution de problèmes, communication

13. Les couleurs Les graphiques des fonctions sinus permettent de modéliser les ondes de lumière jaune, verte et violette. Les unités de l'axe des x sont les nanomètres. Écris les équations des différentes ondes :

a) de façon exacte ;

b) de façon approximative, au millième près.

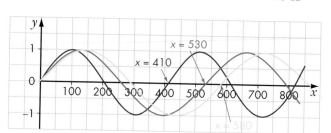

B

14. Communication Représente graphiquement $y = \sin x$ et $y = \cos x$, où $0 \leq x \leq 360°$.

a) Pour quelles valeurs de x $\sin x$ est-il plus grand que $\cos x$?

b) Pour quelles valeurs de x $\sin x$ est-il plus petit que $\cos x$?

c) Pour quelles valeurs de x $\sin x$ est-il égal à $\cos x$?

15. Le son Les sons purs produits par un diapason peuvent être représentés sous forme de sinusoïdes par un appareil scientifique appelé « oscilloscope ». Pour la note *la* au-dessus du *do* central, l'équation de la courbe est $y = 10\sin 880\pi x$.

a) Détermine l'amplitude et la période.

b) Décris comment $y = \sin x$ pourrait être transformé en $y = 10\sin 880\pi x$.

16. Application La fréquence d'une fonction périodique équivaut au nombre de cycles accomplis en une seconde. Cette valeur, mesurée en hertz (Hz), est identique à l'inverse de la période d'une fonction périodique. Si t est mesuré en secondes, quelle est la fréquence de :

a) $y = \sin t$? **b)** $y = \cos t$? **c)** $y = \sin 2t$? **d)** $y = 4\cos \dfrac{t}{2}$?

17. Les cycles des océans Un point situé sur l'océan s'élève et s'abaisse au passage des vagues. Supposons qu'une vague passe toutes les 4 s et que la hauteur de la vague, entre sa crête et son creux, est de 0,5 m.

a) Représente graphiquement la hauteur du point par rapport à sa hauteur moyenne lors d'un cycle complet, à partir de la crête de la vague.

b) Utilise des valeurs exactes pour écrire une équation du type $h(t) = a\cos kt$ représentant la hauteur du point $h(t)$ mètres par rapport à sa hauteur moyenne en fonction du temps t secondes.

c) Si tu remplaces les secondes par des minutes sur l'axe des t, quel effet cette transformation aura-t-elle sur le graphique et quelle sera la nouvelle équation ?

18. Les biorythmes Selon la théorie des biorythmes, trois cycles influencent la vie des gens en créant des jours favorables et des jours défavorables. Le cycle physique a une période de 23 jours, le cycle émotionnel a une période de 28 jours et le cycle intellectuel a une période de 33 jours. Les cycles peuvent être représentés graphiquement sous forme de courbes sinusoïdales ayant une amplitude de 1, la date de naissance de la personne étant considérée comme le point de départ de chaque type de cycle.

a) Écris l'équation d'une fonction sinus pour représenter chaque type de cycle.

b) Représente les cycles pour les 100 premiers jours de la vie d'une personne.

c) À quel âge les trois types de cycles atteignent-ils pour la première fois leur valeur maximale le même jour ?

19. L'électricité Le voltage V, en volts, du circuit de courant alternatif d'une maison est représenté par l'équation $V(t) = 170\sin 120\pi t$, où t est le temps en secondes.

a) Détermine l'amplitude et la période de cette fonction.

b) La fréquence du courant équivaut au nombre de cycles accomplis en 1 s. Détermine la fréquence.

c) Représente graphiquement deux cycles de la fonction.

20. L'électricité Une génératrice produit un voltage V, en volts, représenté par l'équation $V(t) = 120\cos 30\pi t$, où t est le temps en secondes. Représente graphiquement la fonction si $0 \leq t \leq 0,5$.

C

21. Recherche et résolution de problèmes a) Utilise des esquisses pour prédire les graphiques de $y = \dfrac{1}{\sin x}$ et $y = \dfrac{1}{\cos x}$, où $0 \leq x \leq 4\pi$.

b) Utilise une calculatrice à affichage graphique pour vérifier tes prédictions.

5.6 Les translations et les combinaisons de transformations

C'est dans la baie de Fundy qu'on observe les plus fortes marées du monde. Dans un secteur de la baie, la marée haute fait monter les eaux 6 m au-dessus du niveau moyen de la mer et la marée basse les fait descendre 6 m au-dessous du niveau moyen de la mer. La marée accomplit un cycle toutes les 12 h environ. La hauteur des eaux peut être modélisée par une fonction sinus. Cette fonction sera modélisée dans l'exemple 6.

EXPLORATION ET RECHERCHE

1. Reproduis et complète la table ci-après en déterminant les valeurs décimales de sin x et de sin $x + 2$. Au besoin, arrondis les valeurs au dixième près.

x (degrés)	0	45	90	135	180	225	270	315	360
sin x	0	0,7							
sin x + 2	0	2,7							

2. Esquisse les graphiques des fonctions définies par $y = \sin x$ et $y = \sin x + 2$ sur une grille comme celle qui est reproduite ci-contre.

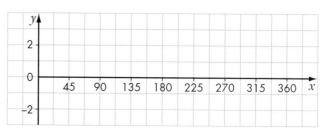

3. Pour les graphiques de la question 2, détermine :
a) les amplitudes ;   **b)** les périodes.

4. Quelle transformation peut-on appliquer au graphique de $y = \sin x$ pour obtenir celui de $y = \sin x + 2$?

5. a) Formule une hypothèse sur la façon dont le graphique de $y = \sin x - 1$ se compare au graphique de $y = \sin x$.
b) Utilise ton hypothèse pour esquisser sur la même grille les graphiques de $y = \sin x$ et $y = \sin x - 1$ dans l'intervalle $0° \leq x \leq 360°$.

6. Vérifie l'hypothèse formulée à la question 5a) en représentant $y = \sin x$ et $y = \sin x - 1$, où $0° \leq x \leq 360°$, à l'aide d'une calculatrice à affichage graphique. Compare le résultat avec celui que tu as obtenu à la question 5b).

7. Pour les graphiques de la question 6, détermine :
a) les amplitudes ; **b)** les périodes.

8. Quelle transformation peut-on appliquer au graphique de $y = \sin x$
pour obtenir celui de $y = \sin x - 1$?

9. Écris un énoncé décrivant l'effet, en termes de transformation,
de c sur le graphique de $y = \sin x + c$.

10. Formule une hypothèse au sujet de l'effet, en termes de transformation,
de c sur le graphique de $y = \cos x + c$.

11. Vérifie l'hypothèse formulée à la question 10 en représentant $y = \cos x$,
$y = \cos x + 2$ et $y = \cos x - 1$, où $0° \le x \le 360°$, à l'aide d'une calculatrice
à affichage graphique.

12. Pour les graphiques de la question 11, détermine :
a) les amplitudes ; **b)** les périodes.

EXPLORATION ET RECHERCHE

1. Reproduis et complète la table ci-après en déterminant les valeurs de $\sin x$
et de $\sin (x + 45°)$. Au besoin, arrondis les valeurs au dixième près.

x (degrés)	0	45	90	135	180	225	270	315	360
sin x	0	0,7							
sin (x + 45)	0,7	1							

2. Esquisse les graphiques des
fonctions définies par $y = \sin x$
et $y = \sin (x + 45°)$ sur une
grille comme celle qui est
reproduite ci-contre.

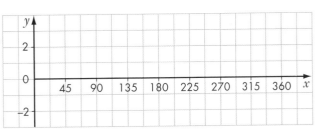

3. Pour les graphiques de la question 2, détermine :
a) les amplitudes ; **b)** les périodes.

4. Quelle transformation peut-on appliquer au graphique de $y = \sin x$
pour obtenir celui de $y = \sin (x + 45°)$?

5. a) Formule une hypothèse sur la façon dont le graphique
de $y = \sin (x - 45°)$ se compare au graphique de $y = \sin x$.
b) Utilise ton hypothèse pour esquisser sur la même grille les graphiques
de $y = \sin x$ et $y = \sin (x - 45°)$ dans l'intervalle $0° \le x \le 360°$.

6. Vérifie l'hypothèse formulée à la question 5a) en représentant $y = \sin x$
et $y = \sin (x - 45°)$, où $0° \le x \le 360°$, à l'aide d'une calculatrice à affichage
graphique. Compare le résultat avec celui que tu as obtenu à la question 5b).

7. Pour les graphiques de la question 6, détermine :

a) les amplitudes ; **b)** les périodes.

8. Quelle transformation peut-on appliquer au graphique de $y = \sin x$ pour obtenir celui de $y = \sin (x - 45°)$?

9. Écris un énoncé décrivant l'effet, en termes de transformation, de d sur le graphique de $y = \sin (x - d)$.

10. Formule une hypothèse au sujet de l'effet, en termes de transformation, de d sur le graphique de $y = \cos (x - d)$.

11. Vérifie l'hypothèse formulée à la question 10 en représentant $y = \cos x$, $y = \cos (x + 45°)$ et $y = \cos (x - 45°)$, où $0° \leq x \leq 360°$, à l'aide d'une calculatrice à affichage graphique.

12. Pour les graphiques de la question 11, détermine :

a) les amplitudes ; **b)** les périodes.

Les translations verticales qui s'appliquent aux graphiques de fonctions algébriques peuvent aussi s'appliquer aux graphiques de fonctions trigonométriques.

Si $c > 0$, les graphiques de $y = \sin x + c$ et $y = \cos x + c$ sont l'image, par translation de c unités vers le haut, des graphiques de $y = \sin x$ et $y = \cos x$.

Si $c < 0$, les graphiques de $y = \sin x + c$ et $y = \cos x + c$ sont l'image, par translation de c unités vers le bas, des graphiques de $y = \sin x$ et $y = \cos x$.

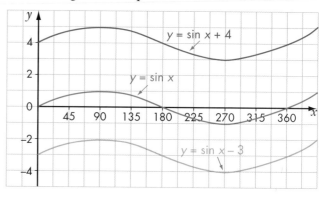

Comme pour les graphiques de fonctions algébriques, les combinaisons de transformations des graphiques de fonctions trigonométriques s'effectuent dans l'ordre suivant :

• Les agrandissements et les réductions ;
• Les réflexions ;
• Les translations.

EXEMPLE **1** **La représentation de** $y = a\sin x + c$

Représente un cycle du graphique de $y = 2\sin x + 3$.
Indique le domaine et l'image de la fonction dans ce cycle.

SOLUTION

Esquisse d'abord le graphique de $y = 2\sin x$.

Ce graphique est l'image du graphique de $y = \sin x$ par un agrandissement
vertical de rapport 2.

L'amplitude est de 2 ; donc, la valeur maximale est de 2 et la valeur
minimale est de −2.

La période de la fonction $y = 2\sin x$ est de 2π.

Utilise la méthode des cinq points pour esquisser le graphique.

Les cinq points divisent la période en quarts.

Par conséquent, les coordonnées des cinq points sont

$(0, 0)$, $\left(\dfrac{\pi}{2}, 2\right)$, $(\pi, 0)$, $\left(\dfrac{3\pi}{2}, -2\right)$ et $(2\pi, 0)$.

Représente les cinq points dans le cycle, puis relie-les par une courbe.

Fais subir au graphique une translation de 3 unités vers
le haut pour obtenir le graphique de $y = 2\sin x + 3$.
Nomme le graphique.

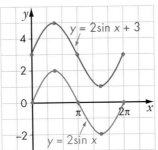

Le domaine de la fonction dans ce cycle est $0 \le x \le 2\pi$.
L'image de la fonction dans ce cycle est l'ensemble
des réels tels que $1 \le y \le 5$.

Les translations horizontales qui s'appliquent aux graphiques de fonctions
algébriques peuvent aussi s'appliquer aux graphiques de fonctions
trigonométriques.

Si $d > 0$, les graphiques de $y = \sin (x - d)$ et $y = \cos (x - d)$ sont l'image,
par translation de d unités vers la droite, des graphiques de $y = \sin x$
et $y = \cos x$.

Si $d < 0$, les graphiques de $y = \sin (x - d)$ et $y = \cos (x - d)$ sont l'image,
par translation de d unités vers la gauche, des graphiques de $y = \sin x$
et $y = \cos x$.

Dans le cas de fonctions trigonométriques, une translation horizontale est
souvent appelée **déphasage**.

EXEMPLE 2 La représentation de $y = a\cos (x - d)$

Représente un cycle du graphique de $y = 0{,}5\cos \left(x + \dfrac{\pi}{2}\right)$.

Indique le domaine, l'image et le déphasage de la fonction dans ce cycle.

SOLUTION

Esquisse d'abord le graphique de $y = 0{,}5\cos x$.

Ce graphique est l'image du graphique de $y = \cos x$ par une réduction verticale de rapport 0,5.

L'amplitude est de 0,5 ; donc, la valeur maximale est de 0,5 et la valeur minimale est de $-0{,}5$.

La période de la fonction $y = 0{,}5\cos x$ est de 2π.

Utilise la méthode des cinq points pour esquisser le graphique.

Les cinq points divisent la période en quarts.

Par conséquent, les coordonnées des cinq points sont

$(0, 0{,}5)$, $\left(\dfrac{\pi}{2}, 0\right)$, $(\pi, -0{,}5)$, $\left(\dfrac{3\pi}{2}, 0\right)$ et $(2\pi, 0{,}5)$.

Représente les cinq points dans le cycle, puis relie-les par une courbe.

Fais subir au graphique une translation de $\dfrac{\pi}{2}$ unités vers la gauche pour obtenir le graphique

de $y = 0{,}5\cos\left(x + \dfrac{\pi}{2}\right)$.

Nomme le graphique.

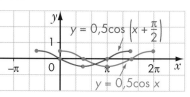

Le domaine de la fonction dans ce cycle est l'ensemble des réels tels que $-\dfrac{\pi}{2} \leq x \leq \dfrac{3\pi}{2}$.

L'image de la fonction dans ce cycle est l'ensemble des réels tels que $-0{,}5 \leq y \leq 0{,}5$.

Le déphasage est de $\dfrac{\pi}{2}$ unités vers la gauche.

EXEMPLE 3 La représentation de $y = a\sin k(x - d)$

Représente un cycle du graphique de $y = 3\sin 2\left(x - \dfrac{\pi}{4}\right)$.

Indique le domaine, l'image et le déphasage de la fonction dans ce cycle.

SOLUTION

Esquisse d'abord le graphique de $y = 3\sin 2x$.

Ce graphique est l'image du graphique de $y = \sin x$ par un agrandissement

vertical de rapport 3 et une réduction horizontale de rapport $\dfrac{1}{2}$.

L'amplitude est de 3 ; donc, la valeur maximale est de 3 et la valeur minimale est de -3.

La période de la fonction $y = 3\sin 2x$ est de $\dfrac{2\pi}{2}$ ou π.

Utilise la méthode des cinq points pour esquisser
le graphique.

Les cinq points divisent la période en quarts.

Par conséquent, les coordonnées des cinq points sont

$(0, 0)$, $\left(\dfrac{\pi}{4}, 3\right)$, $\left(\dfrac{\pi}{2}, 0\right)$, $\left(\dfrac{3\pi}{4}, -3\right)$ et $(\pi, 0)$.

Représente les cinq points dans le cycle,
puis relie-les par une courbe.

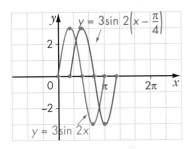

Fais subir au graphique une translation de $\dfrac{\pi}{4}$ unités vers la droite pour obtenir

le graphique de $y = 3\sin 2\left(x - \dfrac{\pi}{4}\right)$. Nomme le graphique.

Le domaine de la fonction dans ce cycle est l'ensemble des réels tels

que $\dfrac{\pi}{4} \le x \le \dfrac{5\pi}{4}$.

L'image de la fonction dans ce cycle est l'ensemble des réels tels que $-3 \le y \le 3$.

Le déphasage est de $\dfrac{\pi}{4}$ unités vers la droite.

Au besoin, factorise par mise en évidence du coefficient du terme x pour
déterminer plus facilement les caractéristiques du graphique.

EXEMPLE 4 **La représentation de $y = a\cos k(x - d) + c$**

Représente le graphique de $y = 4\cos\left(\dfrac{1}{2}x + \dfrac{\pi}{2}\right) - 1$, où $-4\pi \le x \le 4\pi$.

SOLUTION

Factorise par mise en évidence du coefficient du terme x.

$y = 4\cos\left(\dfrac{1}{2}x + \dfrac{\pi}{2}\right) - 1$ devient $y = 4\cos \dfrac{1}{2}(x + \pi) - 1$

Esquisse maintenant le graphique de $y = 4\cos \dfrac{1}{2}x$.

Ce graphique est l'image du graphique de $y = \cos x$ par un agrandissement
vertical de rapport 4 et un agrandissement horizontal de rapport 2.
L'amplitude est de 4 ; donc, la valeur maximale est de 4 et la valeur
minimale est de -4.

La période de la fonction $y = 4\cos \dfrac{1}{2}x$ est de $\dfrac{2\pi}{\frac{1}{2}}$ ou 4π.

Utilise la méthode des cinq points pour esquisser le graphique.

Les cinq points divisent la période en quarts.

Par conséquent, les coordonnées des cinq points sont

$(0, 4)$, $(\pi, 0)$, $(2\pi, -4)$, $(3\pi, 0)$ et $(4\pi, 4)$.

Représente les cinq points dans le cycle, puis relie-les par une courbe.

Fais subir au graphique une translation de π unités vers la gauche et de 1 unité vers le bas pour obtenir le graphique de $y = 4\cos \frac{1}{2}(x + \pi) - 1$, où $-\pi \leq x \leq 3\pi$. Nomme le graphique.

Utilise la régularité pour esquisser le graphique dans l'intervalle $-4\pi \leq x \leq 4\pi$. Nomme le graphique.

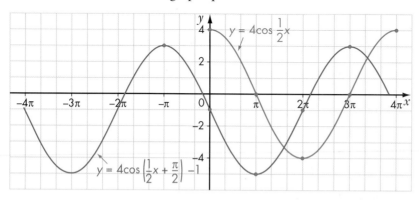

EXEMPLE 5 **La représentation lorsque $a < 1$**

Représente le graphique de $y = -4\sin\left(x - \dfrac{\pi}{2}\right)$, où $0 \leq x \leq 4\pi$.

SOLUTION

Esquisse d'abord le graphique de $y = 4\sin x$.

Ce graphique est l'image du graphique de $y = \sin x$ par un agrandissement vertical de rapport 4.

L'amplitude est de 4 ; donc, la valeur maximale est de 4 et la valeur minimale est de -4.

La période de la fonction $y = 4\sin x$ est de 2π.

Utilise la méthode des cinq points pour esquisser le graphique.

Les cinq points divisent la période en quarts.

Par conséquent, les coordonnées des cinq points sont

$(0, 0)$, $\left(\dfrac{\pi}{2}, 4\right)$, $(\pi, 0)$, $\left(\dfrac{3\pi}{2}, -4\right)$ et $(2\pi, 0)$.

Représente les cinq points dans le cycle, puis relie-les par une courbe.

Rappelle-toi que le graphique de $y = -f(x)$ est l'image du graphique de $y = f(x)$ par une réflexion par rapport à l'axe des x. Fais alors subir au graphique de $y = 4\sin x$ une réflexion par rapport à l'axe des x afin d'obtenir le graphique de $y = -4\sin x$.

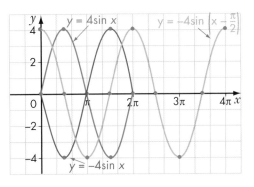

Fais subir à ce dernier graphique une translation de $\dfrac{\pi}{2}$ unités vers la droite pour obtenir le graphique de $y = -4\sin\left(x - \dfrac{\pi}{2}\right)$, où $\dfrac{\pi}{2} \le x \le \dfrac{5\pi}{2}$.

Utilise la régularité pour esquisser le graphique dans l'intervalle $0 \le x \le 4\pi$. Nomme le graphique.

Il est à noter que tous les graphiques des exemples 1 à 5 peuvent être obtenus directement à l'aide d'une calculatrice à affichage graphique. Le graphique représenté ci-contre est celui de l'exemple 5 : $y = -4\sin\left(x - \dfrac{\pi}{2}\right)$, où $0 \le x \le 4\pi$.

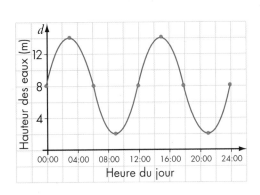

La calculatrice est en mode Radian et les variables de la fenêtre d'affichage comprennent Xmin = 0, Xmax = 4π, Ymin = -5 et Ymax = 5.

EXEMPLE 6 Les marées de la baie de Fundy

Dans un secteur de la baie de Fundy, la marée haute fait monter les eaux 6 m au-dessus du niveau moyen de la mer et la marée basse les fait descendre 6 m au-dessous du niveau moyen de la mer. La marée accomplit un cycle toutes les 12 h environ. Supposons que les variations de la hauteur des eaux peuvent être modélisées par une fonction sinus.
a) Si, à minuit, la hauteur des eaux est égale au niveau moyen de la mer et que la marée monte, trace un graphique représentant les variations de la hauteur des eaux au cours des 24 h suivantes, en supposant qu'à marée basse la hauteur des eaux est de 2 m.
b) Écris une équation correspondant au graphique.
c) Si, à 2 h, la hauteur des eaux est égale au niveau moyen de la mer et que la marée monte, écris l'équation d'un graphique représentant les variations de la hauteur des eaux au cours des 24 h suivantes.

SOLUTION

a) À marée basse, la hauteur des eaux est de 2 m, soit 6 m au-dessous du niveau moyen de la mer. Donc, le niveau moyen de la mer, atteint à minuit, est de 8 m. La hauteur maximale des eaux est de $8 + 6 = 14$ m. Utilise les valeurs connues pour représenter un cycle de 12 h de la hauteur des eaux par rapport au temps. Utilise la régularité pour représenter les variations sur 24 h.

b) L'amplitude a est de 6 m.

La période est de 12 h.

$$12 = \frac{2\pi}{k}$$

$$k = \frac{\pi}{6}$$

Le graphique a subi une translation de 8 unités vers le haut. Donc, $c = 8$.

L'équation qui représente les variations de la hauteur des eaux au fil du temps est

$$h = 6\sin\frac{\pi t}{6} + 8$$

c) Si la hauteur des eaux est égale au niveau moyen de la mer à 2 h, elle est alors de 8 m. Le graphique subit une translation de 2 h vers la droite.

L'équation est $h = 6\sin\frac{\pi}{6}(t - 2) + 8$.

Concepts clés

- Les combinaisons de transformations s'effectuent dans l'ordre suivant :
  * Les agrandissements et les réductions ;
  * Les réflexions ;
  * Les translations.
- La translation horizontale d'une fonction trigonométrique s'appelle un déphasage.
- Au besoin, factorise par une mise en évidence du coefficient du terme x afin de reconnaître plus facilement les caractéristiques d'un graphique.

Communique ce que tu as compris

1. Décris comment tu trouverais les transformations du graphique de $y = \sin x$ qui permettent d'obtenir les graphiques des fonctions définies par les équations ci-après.

a) $y = 3\sin\frac{1}{2}x - 3$ **b)** $y = 6\sin 3(x - 2\pi)$ **c)** $y = -2\sin(x + \pi) + 2$

2. Décris comment tu trouverais les transformations du graphique de $y = \cos x$ qui permettent d'obtenir le graphique de la fonction définie par $y = 3\cos(4x - \pi)$.

3. Décris comment tu esquisserais le graphique d'un cycle de la fonction définie par $y = 2\sin 2\left(x + \frac{\pi}{2}\right) - 3$.

Exercices

A

1. Détermine la translation verticale et le déphasage du graphique de chacune des fonctions définies ci-après par rapport à celui de $y = \sin x$.

a) $y = \sin x + 3$

b) $y = \sin x - 1$

c) $y = \sin (x - 45°)$

d) $y = \sin \left(x - \dfrac{3\pi}{4} \right)$

e) $y = \sin (x - 60°) + 1$

f) $y = \sin \left(x + \dfrac{\pi}{3} \right) + 4$

g) $y = \sin \left(x + \dfrac{3\pi}{8} \right) - 0,5$

h) $y = \sin (x - 15°) - 4,5$

2. Détermine la translation verticale et le déphasage du graphique de chacune des fonctions définies ci-après par rapport à celui de $y = \cos x$.

a) $y = \cos x + 6$

b) $y = \cos x - 3$

c) $y = \cos \left(x + \dfrac{\pi}{2} \right)$

d) $y = \cos (x + 72°)$

e) $y = \cos (x - 30°) - 2$

f) $y = \cos \left(x + \dfrac{\pi}{6} \right) + 1,5$

g) $y = \cos (x + 110°) + 25$

h) $y = \cos \left(x - \dfrac{5\pi}{12} \right) - 3,8$

3. Esquisse un cycle du graphique de chacune des fonctions définies ci-après. Indique l'amplitude, la période, le domaine et l'image des fonctions dans ce cycle.

a) $y = 3\sin x + 2$

b) $y = 2\cos x - 2$

c) $y = 1,5\sin x - 1$

d) $y = \dfrac{1}{2}\cos x + 1$

4. Esquisse un cycle du graphique de chacune des fonctions définies ci-après. Indique l'amplitude, la période, le domaine, l'image et le déphasage des fonctions dans ce cycle.

a) $y = 2\sin (x - \pi)$

b) $y = \cos \left(x - \dfrac{\pi}{2} \right)$

c) $y = \dfrac{1}{2}\sin \left(x + \dfrac{\pi}{2} \right)$

d) $y = 3\cos \left(x + \dfrac{\pi}{4} \right)$

e) $y = -\cos \left(x + \dfrac{\pi}{2} \right)$

5. Détermine l'amplitude, la période, la translation verticale et le déphasage du graphique de chacune des fonctions définies ci-après par rapport à celui de $y = \sin x$.

a) $y = 2\sin x - 3$

b) $y = 0,5\sin (2x) - 1$

c) $y = 6\sin 3(x - 20°)$

d) $y = -5\sin 2\left(x - \dfrac{\pi}{6} \right) + 1$

6. Détermine l'amplitude, la période, la translation verticale et le déphasage du graphique de chacune des fonctions définies ci-après par rapport à celui de $y = \cos x$.

a) $y = \cos x + 3$

b) $y = \cos 3(x - 90°)$

c) $y = -3\cos 4\left(x - \dfrac{\pi}{4} \right) + 5$

d) $y = 0,8\cos \dfrac{2}{3}\left(x - \dfrac{\pi}{3} \right) - 7$

7. Esquisse un cycle du graphique de chacune des fonctions définies ci-après. Indique l'amplitude, la période, le domaine, l'image et le déphasage des fonctions dans ce cycle.

a) $y = \sin 2\left(x + \dfrac{\pi}{4} \right)$

b) $y = 2\cos 2\left(x - \dfrac{\pi}{4} \right) + 1$

c) $y = 3\sin \dfrac{1}{2}(x - \pi) - 2$

d) $y = 4\cos \dfrac{1}{3}(x + 2\pi) - 4$

e) $y = -3\sin 2\left(x - \dfrac{\pi}{4} \right) + 2$

8. Communication Esquisse un cycle du graphique de chacune des fonctions définies ci-après. Indique l'amplitude, la période, le domaine, l'image et le déphasage des fonctions dans ce cycle.

a) $y = \sin\left(2x - \dfrac{\pi}{2}\right)$ **b)** $y = \cos\left(\dfrac{1}{2}x - \pi\right) - 2$

c) $y = 2\sin(3x - \pi) + 2$

d) $y = -3\cos(2x - 4\pi) - 1$

9. Écris une équation correspondant à la fonction dont les caractéristiques sont indiquées, où T est le type, A est l'amplitude, P est la période, V est la transformation verticale et H est la transformation horizontale.

	T	A	P	V	H
a)	sinus	8	2π	−6	aucune
b)	cosinus	7	π	2	aucune
c)	sinus	1	4π	3	π à droite
d)	cosinus	10	$\dfrac{\pi}{2}$	aucune	$\dfrac{\pi}{2}$ à gauche

10. Esquisse le graphique de chacune des fonctions définies ci-après. Indique l'image.

a) $y = 2\sin x + 2$, où $0 \le x < 3\pi$

b) $y = -\cos 3x - 2$, où $-\pi \le x \le \pi$

c) $y = 3\cos\left(x - \dfrac{\pi}{6}\right)$, où $-2\pi \le x \le 2\pi$

d) $y = 4\sin 2\left(x + \dfrac{\pi}{4}\right) - 1$, où $-\pi \le x \le \pi$

e) $y = -2\sin\left(2x - \dfrac{\pi}{3}\right) + 1$, où $-\pi \le x \le \pi$

f) $y = 5\cos\left(\dfrac{1}{3}x - \dfrac{\pi}{3}\right) + 2$, où $-\pi \le x \le 3\pi$

g) $y = 2\sin\left(2x + \dfrac{\pi}{8}\right)$, où $-2\pi \le x \le 2\pi$

11. Chaque graphique représente une partie de la fonction sinus définie par une équation du type $y = a\sin k(x - d) + c$. Détermine la valeur de a, k, d et c dans chaque cas. Représente la fonction graphiquement pour vérifier tes réponses.

a)

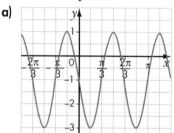

b)

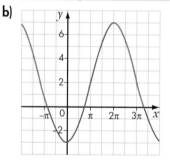

Application, résolution de problèmes, communication

B

12. Les cycles des océans La hauteur des eaux dans un port est de 21 m à marée haute et de 11 m à marée basse. La marée accomplit un cycle environ toutes les 12 h.

a) Formule une équation correspondant à la hauteur des eaux par rapport au temps t heures après la marée basse.

b) Trace le graphique de la fonction sur une période de 48 h après la marée basse, laquelle s'est produite à 14 h.

c) Indique les heures où les eaux atteignent leur hauteur :

i) maximale ; **ii)** minimale ; **iii)** moyenne.

d) Fais une estimation de la hauteur des eaux à :

i) 17 h ; **ii)** 21 h.

e) Fais une estimation des heures où les eaux atteignent :

i) 14 m ; **ii)** 20 m ; **iii)** au moins 18 m.

13. Application Un objet, fixé à l'extrémité d'un ressort, oscille de haut en bas. Le déplacement de l'objet y, en centimètres, en fonction du temps t, en secondes, est représenté par l'équation $y = 2{,}4\cos\left(12t + \dfrac{\pi}{6}\right)$.

a) Esquisse deux cycles du graphique de la fonction.

b) Quelle est la distance maximale des deux points entre lesquels l'objet oscille ?

c) Quelle est la période de la fonction ? Indique le nombre exact de secondes, en fonction de π, et le nombre approximatif de secondes, au centième près.

14. Les cycles des océans La hauteur des eaux près d'un quai est de 6 m à marée haute. Après 6 h, la hauteur des eaux est de 3 m. Supposons que le cycle dure 12 h.

a) Formule une équation correspondant à la hauteur des eaux par rapport à sa hauteur moyenne, en fonction du temps t, en heures, depuis la marée haute.

b) Trace un graphique de la hauteur des eaux par rapport au temps pendant 48 h après la marée haute.

c) Détermine la hauteur des eaux à $t = 8$ h, 15 h, 20 h et 30 h.

d) Prédis le changement subi par l'équation si la première période débute à marée basse.

e) Vérifie la prédiction que tu as faite en d) en traçant le graphique et en formulant l'équation correspondante.

15. Un ressort Un objet suspendu à un ressort oscille de haut en bas. La distance entre le point le plus élevé et le point le plus bas est de 30 cm et il faut 4 s à l'objet pour accomplir 5 cycles. Pour les premiers cycles, la distance à partir de la position moyenne $d(t)$ centimètres par rapport au temps t secondes est modélisée par une fonction sinus.

a) Esquisse un graphique de deux cycles de cette fonction.

b) Écris une équation qui décrit la distance à laquelle se trouve l'objet par rapport à sa position moyenne en fonction du temps.

16. Une grande roue Une grande roue de 7 m de rayon accomplit une révolution toutes les 16 s. Le bas de la roue se trouve à 1,5 m au-dessus du sol.

a) Trace un graphique représentant les variations de la hauteur d'une personne au-dessus du sol en fonction du temps pendant trois révolutions, si elle part du point le plus bas de la roue.

b) Formule l'équation correspondant au graphique.

c) Prédis le changement subi par le graphique et par l'équation si la grande roue tourne plus lentement.

d) Vérifie la prédiction que tu as faite en c) en traçant le graphique pendant trois révolutions et en formulant l'équation correspondante, si la roue accomplit une révolution toutes les 20 s.

17. Une grande roue Une grande roue de 10 m de rayon accomplit une révolution toutes les 12 s. Trace un graphique et formule une équation représentant la hauteur d'une personne au-dessus ou au-dessous du centre de rotation pendant deux révolutions effectuées dans le sens inverse des aiguilles d'une montre, si elle part :

a) du point A ; **b)** du point B ; **c)** du point C.

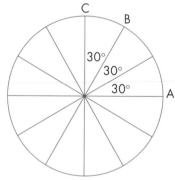

18. La valeur de c, dans une équation du type $y = a\sin k(x - d) + c$, influence-t-elle les éléments ci-après ? Explique ta réponse.

a) L'amplitude ;

b) La période ;

c) Les valeurs maximale et minimale de la fonction ;

d) Le déphasage.

19. Les cycles des océans Dans un port, la hauteur des eaux $h(t)$ mètres peut être représentée approximativement par la fonction

$h(t) = 2,5\sin 0,164\pi(t - 1,5) + 13,4$, où t représente le temps en heures.

a) Représente graphiquement la fonction, où $0 \le t \le 24$, à l'aide d'une calculatrice à affichage graphique.

b) Détermine la période, au dixième d'heure près.

c) Un paquebot de croisière a besoin d'au moins 12 m d'eau pour accoster en toute sécurité. Pendant combien d'heures, dans chaque période, cela est-il possible ? Arrondis ta réponse au dixième d'heure près.

20. La formulation et la résolution de problèmes Formule un problème portant sur les éléments ci-après. Vérifie que tu peux résoudre ces problèmes, puis invite une ou un camarade à les résoudre.

a) Le déplacement vertical d'un ressort ; **b)** Le mouvement d'une roue.

C

21. L'équation d'une fonction sinus peut être exprimée sous la forme $y = a\sin k(x - d) + c$.

Indique ce que tu sais au sujet de a, k, d et c pour que chacun des énoncés ci-après se vérifie.

a) La période est supérieure à 2π.

b) L'amplitude est inférieure à 1 unité.

c) Le graphique passe par l'origine.

d) Le graphique n'a pas d'abscisse à l'origine.

22. a) Prédis la relation qui existe entre le graphique de $y = \sin(x + 45°)$ et le graphique de $y = \sin(x - 315°)$.

b) Vérifie ta prédiction à l'aide d'une calculatrice à affichage graphique et explique tes observations.

23. a) Prédis la relation qui existe entre le graphique de $y = \sin x$ et le graphique de $y = \cos\left(x - \dfrac{\pi}{2}\right)$.

b) Vérifie ta prédiction à l'aide d'une calculatrice à affichage graphique et explique tes observations.

VÉRIFIONS NOS PROGRÈS

Connaissance et compréhension • **Réflexion, recherche et résolution de problèmes** • **Communication** • **Mise en application**

La population de rongeurs d'une région varie en fonction du nombre de prédateurs. Tu peux, en tout temps, prédire la population de rongeurs $r(t)$ en utilisant la fonction $r(t) = 2500 + 1500\sin\dfrac{\pi t}{4}$, où t représente le nombre d'années écoulées depuis 1976.

a) Durant le premier cycle de cette fonction, quel a été le nombre maximal de rongeurs et en quelle année cela s'est-il produit ?

b) Quel a été le nombre maximal de rongeurs durant un cycle ?

c) Quelle est la période de cette fonction ?

d) Prédis le nombre de rongeurs qu'il y aura en 2014.

e) Modifie la fonction de façon à représenter un cycle de population de rongeurs qui dure 5 ans.

Lien Internet

www.dlcmcgrawhill.ca

Pour en savoir plus sur la simulation d'une relation prédateur-proie, rends-toi à l'adresse donnée ci-haut. Puis clique sur la page couverture du manuel *Mathématiques 11*. Tu y trouveras les adresses nécessaires à ta recherche. Rédige un rapport sur tes découvertes.

APPROFONDISSEMENT TECHNOLOGIQUE
La régression sinusoïdale

Tu peux te servir d'une calculatrice à affichage graphique pour obtenir l'équation d'une sinusoïde qui modélise un ensemble de données. Affiche le menu STAT EDIT et enregistre les données dans deux listes. Crée ensuite un nuage de points à l'aide du menu STAT PLOT. Sélectionne les variables appropriées de la fenêtre d'affichage ou utilise l'instruction *ZoomStat* pour les établir automatiquement. Sers-toi de l'instruction *SinReg* (régression sinusoïdale) pour déterminer l'équation de la courbe la mieux ajustée. Note que le domaine de l'équation déterminée à l'aide de cette instruction est exprimé en radians.

1. La calculatrice affiche l'équation de la sinusoïde la mieux ajustée sous la forme $y = a\sin(bx + c) + d$. Explique ce que signifient a, b, c et d dans ce type d'équation.

2. Représente graphiquement la sinusoïde la mieux ajustée et détermine l'équation correspondante. Écris l'équation sous la forme $y = a\sin k(x - d) + c$. Arrondis les décimales au centième près.

a)

x	y
0	0
0,5π	1
π	0
1,5π	–1
2π	0

b)

x	y
0	1
0,5	0
1	–1
1,5	0
2	1

c)

x	y
1	4
2	2,5
3	1
4	2,5
5	4

d)

x	y
2	–5
4	–2
6	1
8	–2
10	–5

3. Quelles sont les équations exactes du type $y = a\sin k(x - d) + c$ qui correspondent aux courbes de la question 2? Explique ta réponse.

4. La température On a enregistré la température à 4 h d'intervalle un jour d'été.

Heure	Température (°C)
0 h	18,1
4 h	15,6
8 h	20,5
12 h	25,4
16 h	28,1
20 h	24,7

a) Représente graphiquement la sinusoïde la mieux ajustée et détermine l'équation correspondante. Arrondis les décimales au centième près.

b) Utilise le graphique pour faire une estimation de la température à 6 h 30, au dixième de degré près.

c) Pendant combien de temps, au dixième d'heure près, la température est-elle d'au moins 25 °C?

5. La lumière du jour La table ci-après indique le nombre d'heures de lumière par jour à Thunder Bay, à différentes époques de l'année.

Jour de l'année	Heures de lumière
16	8,72
75	11,82
136	15,18
197	15,83
259	12,68
320	9,18

a) Représente graphiquement la sinusoïde la mieux ajustée et détermine l'équation correspondante. Arrondis les décimales au millième près.

b) Détermine le pourcentage de jours, au cours de l'année, où il y a moins de 10 h de lumière par jour. Arrondis à l'unité près.

5.7 Les identités trigonométriques

Un joueur frappe un ballon au sol. La hauteur maximale atteinte par le ballon est déterminée par la formule

$$h = \frac{v_0{}^2 \sin^2 x}{2g}$$

Dans cette formule, h mètres représente la hauteur maximale atteinte par le ballon, v_0 mètres par seconde représente la vitesse initiale du ballon, x représente l'angle formé par la trajectoire du ballon par rapport au sol et g représente l'accélération due à la pesanteur.

Il existe une autre formule permettant de déterminer la hauteur maximale atteinte par le ballon :

$$h = \frac{v_0{}^2 \cos^2 x \tan^2 x}{2g}$$

Si l'on établit un rapport d'égalité entre les deux expressions, on obtient l'équation suivante, qui sera démontrée dans l'exemple 5 :

$$\frac{v_0{}^2 \sin^2 x}{2g} = \frac{v_0{}^2 \cos^2 x \tan^2 x}{2g}$$

Cette équation s'appelle une **identité trigonométrique**. Une identité trigonométrique est une équation qui se vérifie pour toutes les valeurs de la variable pour lesquelles les expressions des deux membres de l'équation sont définies.

EXPLORATION ET RECHERCHE

1. Reproduis et complète la table ci-contre en utilisant des valeurs exactes pour $\sin x$, $\cos x$ et $\tan x$.

x	sin x	cos x	tan x
30°			
45°			
60°			
120°			
135°			
150°			

2. Détermine la valeur exacte de $\dfrac{\sin x}{\cos x}$ pour chaque angle de la table.

3. Formule une hypothèse au sujet de la relation entre $\dfrac{\sin x}{\cos x}$ et $\tan x$.

4. Vérifie l'hypothèse que tu as formulée à la question 3 pour d'autres valeurs de x pour lesquelles les deux expressions sont définies. Peux-tu trouver un contre-exemple ?

5. On écrit habituellement les termes $(\sin x)^2$ et $(\cos x)^2$ sous la forme $\sin^2 x$ et $\cos^2 x$. Détermine la valeur de $\sin^2 x + \cos^2 x$ pour chaque angle de la table.

6. Formule une hypothèse au sujet de la valeur de $\sin^2 x + \cos^2 x$.

7. Vérifie l'hypothèse que tu as formulée à la question 6 pour d'autres valeurs de x pour lesquelles l'expression est définie. Peux-tu trouver un contre-exemple?

Dans cette section, nous dériverons deux identités trigonométriques de leurs définitions. Considérons d'abord le rapport $\dfrac{\sin \theta}{\cos \theta}$.

$$\sin \theta = \frac{y}{r}$$

$$\cos \theta = \frac{x}{r}$$

$$\frac{\sin \theta}{\cos \theta} = \frac{y}{r} \times \frac{r}{x}$$

$$= \frac{y}{x}$$

Par définition, $\tan \theta = \dfrac{y}{x}$.

Par conséquent, $\dfrac{\sin \theta}{\cos \theta} = \tan \theta$ ou $\dfrac{\sin x}{\cos x} = \tan x$.

Cette identité s'appelle une **identité du quotient**.

Cette identité peut également se présenter sous la forme

$$\frac{\sin^2 \theta}{\cos^2 \theta} = \tan^2 \theta \text{ ou } \frac{\sin^2 x}{\cos^2 x} = \tan^2 x$$

Considérons maintenant $\sin^2 \theta + \cos^2 \theta$.

$$\sin^2 \theta + \cos^2 \theta = \frac{y^2}{r^2} + \frac{x^2}{r^2}$$

$$= \frac{y^2 + x^2}{r^2}$$

$$= \frac{r^2}{r^2}$$

$$= 1$$

> Rappelle-toi que tu peux utiliser indifféremment θ et x comme variable d'angle.

> On écrit habituellement $(\sin \theta)^2$ et $(\cos \theta)^2$ sous la forme $\sin^2 \theta$ et $\cos^2 \theta$.

Donc, l'identité est $\sin^2 \theta + \cos^2 \theta = 1$ ou $\sin^2 x + \cos^2 x = 1$.

Cette identité est parfois appelée l'**identité de Pythagore**.

L'identité de Pythagore peut également se présenter sous la forme

$$\sin^2 \theta = 1 - \cos^2 \theta \text{ ou } \sin^2 x = 1 - \cos^2 x$$

$$\text{et } \cos^2 \theta = 1 - \sin^2 \theta \text{ ou } \cos^2 x = 1 - \sin^2 x$$

Pour prouver qu'une équation est une identité, il suffit de démontrer qu'un des membres de l'équation est équivalent à l'autre membre. Considère chaque membre de l'équation de façon indépendante. La meilleure méthode consiste à réduire l'expression la plus complexe sous la forme exacte de l'autre expression.

EXEMPLE 1 La démonstration d'une identité

Prouve que $\dfrac{\cos x \tan x}{\sin x} = 1$.

SOLUTION

$$\text{M.G.} = \frac{\cos x \tan x}{\sin x}$$

Utilise l'identité du quotient : $= \dfrac{\cos x \sin x}{\sin x \cos x}$

Simplifie : $= 1$

$$\text{M.D.} = 1$$

M.G. = M.D., donc $\dfrac{\cos x \tan x}{\sin x} = 1$

EXEMPLE 2 La démonstration d'une identité

Prouve que $\cos x = \dfrac{1}{\cos x} - \sin x \tan x$.

SOLUTION

$$\text{M.D.} = \frac{1}{\cos x} - \sin x \tan x$$

Utilise l'identité du quotient : $= \dfrac{1}{\cos x} - \dfrac{\sin x \sin x}{\cos x}$

Simplifie : $= \dfrac{1 - \sin^2 x}{\cos x}$

Utilise l'identité de Pythagore : $= \dfrac{\cos^2 x}{\cos x}$

Simplifie : $= \cos x$

$$\text{M.G.} = \cos x$$

M.G. = M.D., donc $\cos x = \dfrac{1}{\cos x} - \sin x \tan x$

Pour l'équation $\dfrac{\sin^2 x}{1 - \cos x} = 1 + \cos x$:

a) trace un graphique pour démontrer que l'équation semble être une identité ;

b) prouve que l'équation est une identité.

SOLUTION

a) Sers-toi d'une calculatrice à affichage graphique.

Affiche l'éditeur Y=, puis saisis $y = \dfrac{\sin^2 x}{1 - \cos x}$ sous Y1 et $y = 1 + \cos x$ sous Y2.

Règle au besoin les paramètres de la fenêtre d'affichage et affiche les deux graphiques dans la même fenêtre. Tu aurais peut-être avantage à régler le style de graphique (dans l'éditeur Y=) de façon à épaissir le second graphique. Le second graphique sera alors affiché au-dessus du premier.

Comme les graphiques semblent identiques, l'équation constitue apparemment une identité.

Les variables de la fenêtre d'affichage comprennent Xmin = −20, Xmax = 20, Ymin = −3 et Ymax = 3, la calculatrice étant en mode Radian.

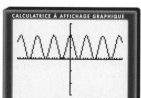

b)
$$\text{M.G.} = \frac{\sin^2 x}{1 - \cos x}$$

Utilise l'identité de Pythagore :
$$= \frac{1 - \cos^2 x}{1 - \cos x}$$

Factorise la différence des carrés :
$$= \frac{(1 - \cos x)(1 + \cos x)}{1 - \cos x}$$

Simplifie :
$$= 1 + \cos x$$

$$\text{M.D.} = 1 + \cos x$$

$\text{M.G.} = \text{M.D.}$, donc $\dfrac{\sin^2 x}{1 - \cos x} = 1 + \cos x$

EXEMPLE 4 La démonstration d'une identité à l'aide d'un dénominateur commun

Prouve l'identité $\dfrac{1}{1 - \sin x} - \dfrac{1}{1 + \sin x} = \dfrac{2\tan x}{\cos x}$.

SOLUTION

L'expression la plus complexe est à gauche.

Le dénominateur commun du membre de gauche est $(1 - \sin x)\,(1 + \sin x)$.

$$\text{M.G.} = \frac{1}{1-\sin x} - \frac{1}{1+\sin x}$$

Réécris avec un dénominateur commun :
$$= \frac{(1+\sin x)-(1-\sin x)}{(1-\sin x)(1+\sin x)}$$

Simplifie :
$$= \frac{1+\sin x - 1 + \sin x}{(1-\sin x)(1+\sin x)}$$

$$= \frac{2\sin x}{1-\sin^2 x}$$

Utilise l'identité de Pythagore :
$$= \frac{2\sin x}{\cos^2 x}$$

$$= \frac{2\sin x}{\cos x \cos x}$$

Utilise l'identité du quotient :
$$= \frac{2\tan x}{\cos x}$$

$$\text{M.D.} = \frac{2\tan x}{\cos x}$$

M.G. = M.D., donc $\dfrac{1}{1-\sin x} - \dfrac{1}{1+\sin x} = \dfrac{2\tan x}{\cos x}$

EXEMPLE 5 Un ballon projeté dans les airs

Tu as vu, au début de cette section, que l'équation
$\dfrac{v_0{}^2\sin^2 x}{2g} = \dfrac{v_0{}^2\cos^2 x \tan^2 x}{2g}$ est formée de deux expressions qui permettent
de déterminer la hauteur maximale atteinte par un ballon frappé à partir du
sol. Prouve que $\dfrac{v_0{}^2\sin^2 x}{2g} = \dfrac{v_0{}^2\cos^2 x \tan^2 x}{2g}$ est une identité.

SOLUTION

$$\text{M.D.} = \frac{v_0{}^2\cos^2 x \tan^2 x}{2g} \qquad \text{M.G.} = \frac{v_0{}^2\sin^2 x}{2g}$$

$$= \frac{v_0{}^2\cos^2 x \sin^2 x}{2g\cos^2 x}$$

$$= \frac{v_0{}^2\sin^2 x}{2g}$$

M.G. = M.D., donc $\dfrac{v_0{}^2\sin^2 x}{2g} = \dfrac{v_0{}^2\cos^2 x \tan^2 x}{2g}$

- Une identité trigonométrique est une équation qui se vérifie pour toutes les valeurs de la variable pour lesquelles les expressions des deux membres de l'équation sont définies.
- Pour prouver qu'une équation est une identité, réduis d'abord l'expression la plus complexe et transforme-la sous la forme exacte de l'autre expression.
- L'identité du quotient est $\dfrac{\sin x}{\cos x} = \tan x$.
- L'identité de Pythagore se présente sous les trois formes suivantes :

$$\sin^2 x + \cos^2 x = 1$$
$$\sin^2 x = 1 - \cos^2 x$$
$$\cos^2 x = 1 - \sin^2 x$$

Communique ce que tu as compris

1. Décris comment tu prouverais que l'équation $\sin x \tan x = \cos x \tan^2 x$ est une identité.

2. Quelle serait la première étape de ta démonstration de l'identité $(1 + \sin x)(1 - \sin x) = \cos^2 x$? Explique ton choix.

3. Décris comment tu utiliserais une calculatrice à affichage graphique pour démontrer que l'équation $\tan^2 x \cos^2 x = 1 - \cos^2 x$ semble être une identité.

Exercices

A

1. Donne une expression équivalente à chacune des expressions ci-après.

a) $\cos x \tan x$ **b)** $\sin^2 x$

c) $\cos^2 x$ **d)** $\tan^2 x$

e) $\tan x \sin x$ **f)** $1 - \sin^2 x$

g) $\sin x \tan x \cos x$ **h)** $1 - \cos^2 x$

i) $\sin^2 x + \cos^2 x$

2. Prouve chacune des identités ci-après.

a) $\dfrac{\sin x}{\tan x} = \cos x$

b) $\sin x \cos x \tan x = 1 - \cos^2 x$

c) $\dfrac{1 - \cos^2 x}{\sin x} = \sin x$

d) $\sin^2 x + \dfrac{\sin x \cos x}{\tan x} = 1$

e) $1 + \dfrac{1}{\tan^2 x} = \dfrac{1}{\sin^2 x}$

f) $2\sin^2 x - 1 = \sin^2 x - \cos^2 x$

g) $\dfrac{1}{\cos x} - \cos x = \sin x \tan x$

h) $\sin x + \tan x = \tan x (1 + \cos x)$

i) $\dfrac{1}{1 - \sin^2 x} = 1 + \tan^2 x$

j) $\cos^2 x - \sin^2 x = 2\cos^2 x - 1$

k) $\sin^2 x + \cos^2 x + \tan^2 x = \dfrac{1}{\cos^2 x}$

l) $\dfrac{\sin x}{\sin x + \cos x} = \dfrac{\tan x}{1 + \tan x}$

m) $\dfrac{1 + \tan^2 x}{1 - \tan^2 x} = \dfrac{1}{\cos^2 x - \sin^2 x}$

3. Utilise une calculatrice à affichage graphique pour démontrer que chaque équation semble être une identité. Prouve ensuite que l'équation est une identité.

a) $\cos x \tan x = \sin x$

b) $\sin x + \tan x = \tan x\,(1 + \cos x)$

c) $1 + \tan^2 x = \dfrac{1}{\cos^2 x}$

d) $\cos^2 x = \sin^2 x + 2\cos^2 x - 1$

e) $\dfrac{1}{1 + \sin x} + \dfrac{1}{1 - \sin x} = \dfrac{2}{\cos^2 x}$

f) $\tan^2 x - \sin^2 x = \sin^2 x \tan^2 x$

4. Prouve chacune des identités ci-après.

a) $\dfrac{1}{\sin^2 x} + \dfrac{1}{\cos^2 x} = \dfrac{1}{\sin^2 x \cos^2 x}$

b) $\tan x + \dfrac{1}{\tan x} = \dfrac{1}{\sin x \cos x}$

c) $\dfrac{1}{1 - \cos x} + \dfrac{1}{1 + \cos x} = \dfrac{2}{\sin^2 x}$

d) $(\sin x + \cos x)^2 = 1 + 2\sin x \cos x$

e) $(1 - \cos^2 x)\left(1 + \dfrac{1}{\tan^2 x}\right) = 1$

f) $\dfrac{1 + 2\sin x \cos x}{\sin x + \cos x} = \sin x + \cos x$

g) $\dfrac{\sin x}{1 - \cos x} - \dfrac{1 + \cos x}{\sin x} = 0$

h) $\sin^2 x - \sin^4 x = \cos^2 x - \cos^4 x$

i) $(1 + \tan^2 x)(1 - \cos^2 x) = \tan^2 x$

j) $\dfrac{\sin x - 1}{\sin x + 1} = \dfrac{-\cos^2 x}{(\sin x + 1)^2}$

Application, résolution de problèmes, communication

5. Un pendule conique On donne le nom de pendule conique à un pendule dont le poids et le fil décrivent la surface d'un cône. La relation entre la longueur du fil L et l'angle x que le fil forme avec la verticale est représentée par la formule $L = \dfrac{g}{\omega^2 \cos x}$, où g est l'accélération due à la pesanteur et ω est la vitesse angulaire du poids autour de la verticale, en radians par seconde. On peut aussi exprimer cette relation par la formule $L = \dfrac{g \tan x}{\omega^2 \sin x}$.

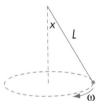

a) Vérifie que les deux formules sont équivalentes quand $x = \dfrac{\pi}{6}$.

b) Prouve que $\dfrac{g}{\omega^2 \cos x} = \dfrac{g \tan x}{\omega^2 \sin x}$ est une identité.

6. Un ballon projeté dans les airs Lorsqu'un ballon se trouvant au sol est projeté dans les airs, on peut déterminer le temps qu'il passe dans les airs à l'aide de la formule

$$t = \frac{2v_0 \sin x}{p}$$

Dans cette formule, t secondes représente le temps passé dans les airs, v_0 mètres par seconde représente la vitesse initiale du ballon, x représente l'angle formé par la trajectoire du ballon par rapport au sol et p représente l'accélération due à la pesanteur.

a) Écris une autre formule permettant de déterminer le temps que le ballon passe dans les airs.

b) Afin d'obtenir une équation, établis un rapport d'égalité entre les expressions trigonométriques de la formule qui est fournie et de celle que tu as trouvée en a).

c) Utilise une calculatrice à affichage graphique pour vérifier si l'équation semble être une identité.

d) Si l'équation semble être une identité, prouve qu'elle en est une.

e) La formule de la distance horizontale d mètres parcourue par un ballon au sol qu'on projette dans les airs est $d = \dfrac{2v_0{}^2 \sin x \cos x}{p}$. Écris une autre formule représentant la distance horizontale.

f) Afin d'obtenir une équation, établis un rapport d'égalité entre les expressions trigonométriques des deux formules définies en e). Utilise une calculatrice à affichage graphique pour vérifier si l'équation semble être une identité.

g) Si l'équation semble être une identité, prouve qu'elle en est une.

B

7. Prouve chacune des identités ci-après.

a) $\sin^4 x - \cos^4 x = \sin^2 x - \cos^2 x$

d) $\dfrac{\cos x - \sin x - \cos^3 x}{\cos x} = \sin^2 x - \tan x$

b) $\sin^4 x + 2\sin^2 x \cos^2 x + \cos^4 x = 1$

c) $\dfrac{4}{\cos^2 x} - 5 = 4\tan^2 x - 1$

e) $\dfrac{\sin^2 x - 6\sin x + 9}{\sin^2 x - 9} = \dfrac{\sin x - 3}{\sin x + 3}$

8. Trouve un contre-exemple permettant de démontrer que chaque équation n'est pas une identité.

a) $\sin x = \sqrt{\sin^2 x}$

b) $\cos x = \sqrt{\cos^2 x}$

9. La technologie Utilise des radians pour résoudre les problèmes suivants.

a) Représente graphiquement dans la même fenêtre d'affichage $y = \sin x$ et $y = x$, où $-0,2 \leq x \leq 0,2$ et $-0,2 \leq y \leq 0,2$. Les graphiques donnent-ils à penser que $\sin x = x$ est une identité?

b) Reprends a) pour $-2 \leq x \leq 2$ et $-2 \leq y \leq 2$.

c) Écris une conclusion au sujet de la vérification des identités de façon graphique.

10. Application Utilise les définitions de x, y et r de sin x et de cos x pour prouver l'identité ci-après.

$$\frac{\cos \theta}{1 - \sin \theta} = \frac{1 + \sin \theta}{\cos \theta}$$

11. Recherche et résolution de problèmes Détermine si les équations ci-après sont des identités.

a) $\dfrac{1}{\tan x} + \cos x = \dfrac{\cos x(1 + \sin x)}{\sin x}$ **b)** $\dfrac{1}{\tan x} + \cos x = \tan x + \sin x$

c) $\dfrac{1}{\tan x} + \cos x = \dfrac{2 \cos x}{\sin x}$

12. Communication Explique pourquoi tu crois que l'équation $(a + b)^2 = a^2 + 2ab + b^2$ peu être appelée une identité albébrique.

13. L'algèbre Si $x = a\cos \theta - b\sin \theta$ et que $y = a\sin \theta + b\cos \theta$, démontre que $x^2 + y^2 = a^2 + b^2$.

14. Si $1 - \cos^2 x = \sin^2 x$ est une identité, l'équation $\sqrt{1 - \cos^2 x} = \sin x$ est-elle aussi une identité ? Explique comment tu le sais.

15. a) Démontre de façon graphique que $\sin^2 x + \cos^2 x = (\sin x + \cos x)^2$ n'est pas une identité. Explique ton raisonnement.

b) Explique comment tu peux déterminer, à partir du graphique, s'il existe des valeurs de x pour lesquelles l'équation se vérifie.

16. Dresse une liste de stratégies pouvant être utiles pour prouver des identités trigonométriques et décris des situations dans lesquelles tu utiliserais chaque stratégie. Compare ta liste avec celle de tes camarades de classe.

C

17. La formulation de problèmes a) Crée une identité trigonométrique ne figurant pas dans cette section.

b) Invite une ou un camarade de classe à vérifier de façon graphique que ton équation est peut-être une identité. Si c'est le cas, demande-lui de prouver l'identité.

18. La technologie a) Utilise un graphique pour démontrer que l'équation $\dfrac{\cos^2 x - 1}{\cos x + 1} = \cos x - 1$ semble être une identité.

b) Compare les fonctions définies par chaque membre de l'équation en affichant une table de valeurs. Détermine une valeur de x pour laquelle les valeurs des deux fonctions ne sont pas les mêmes. As-tu démontré que l'équation n'est pas une identité ? Explique ta réponse.

19. Prouve que $\dfrac{\tan x \sin x}{\tan x + \sin x} = \dfrac{\tan x - \sin x}{\tan x \sin x}$.

5.8 Les équations trigonométriques

Pour calculer l'angle de relèvement d'un tronçon courbe d'autoroute, un ingénieur utilise l'équation $\tan x = \dfrac{v^2}{224\,000}$, où x représente l'angle de relèvement et v représente la limite de vitesse dans la courbe, en kilomètres à l'heure. L'équation $\tan x = \dfrac{v^2}{224\,000}$ est un exemple d'équation trigonométrique. On l'utilisera dans l'exemple 6.

Une **équation trigonométrique** est une équation qui renferme une ou plusieurs fonctions trigonométriques. Voici d'autres exemples d'équations trigonométriques :
$$\sin^2 x + \cos^2 x = 1 \qquad 2\cos x - 1 = 0$$

L'équation $\sin^2 x + \cos^2 x = 1$ est une identité. Rappelle-toi qu'une identité trigonométrique est une équation qui se vérifie pour toutes les valeurs de la variable pour lesquelles les expressions des deux membres de l'équation sont définies.

L'équation $2\cos x - 1 = 0$ n'est pas une identité, car elle ne se vérifie que pour certaines valeurs de x. Résoudre une équation trigonométrique qui n'est pas une identité signifie déterminer toutes les valeurs de la variable x qui vérifient l'équation.

EXPLORATION ET RECHERCHE

1. Pour représenter graphiquement le système $y = 2x + 3$ et $y = 9 - x$, utilise l'éditeur Y= pour saisir Y1 = 2X + 3 et Y2 = 9 − X. Représente graphiquement les équations dans la fenêtre d'affichage standard.

2. Utilise l'opération Intersection pour déterminer les coordonnées du point d'intersection.

3. Établis un rapport d'égalité entre les membres de droite des deux équations de la question 1 et résous algébriquement l'équation obtenue en isolant x.

4. Compare les valeurs de x déterminées aux questions 2 et 3. Explique tes conclusions.

5. Pour représenter graphiquement les équations $y = 4\cos x$ et $y = 1 + 2\cos x$, utilise l'éditeur Y= pour saisir Y1 = 4 cos(X) et Y2 = 1 + 2cos(X). Sélectionne le mode *Degree* dans les paramètres mode. Règle les variables de la fenêtre d'affichage pour que $0° \le x \le 360°$ et $-5 \le y \le 5$ en saisissant Xmin = 0, Xmax = 360, Ymin = −5 et Ymax = 5. Affiche le graphique.

6. Utilise l'opération Intersection pour déterminer les coordonnées du point d'intersection.

7. Établis un rapport d'égalité entre les membres de droite des deux équations de la question 5 et résous algébriquement l'équation obtenue en isolant cos *x*.

8. Si $0° \le x \le 360°$, quelles valeurs de *x*, en degrés, correspondent à la valeur de cos *x* à la question 7 ?

9. Compare les valeurs de *x* déterminées aux questions 6 et 8. Explique tes conclusions.

EXEMPLE 1 **La résolution d'une équation trigonométrique**

Résous $\sqrt{2}\sin\theta - 1 = 0$ dans l'intervalle $0° \le \theta \le 360°$.

SOLUTION 1 **Méthode papier-crayon**

$$\sqrt{2}\sin\theta - 1 = 0$$

Additionne 1 dans chaque membre : $\quad \sqrt{2}\sin\theta = 1$

Divise les deux membres par $\sqrt{2}$: $\qquad \sin\theta = \dfrac{1}{\sqrt{2}}$

Le sinus d'un angle est positif dans le premier et le deuxième quadrant.

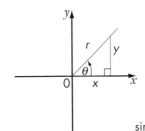

$$\sin\theta = \frac{y}{r}$$

Les solutions sont 45° et 135°.

En radians, les solutions sont $\dfrac{\pi}{4}$ et $\dfrac{3\pi}{4}$.

Utilise la définition des rapports pour te rappeler dans quels quadrants les rapports trigonométriques sont positifs.

Solution 2 Méthode par calculatrice à affichage graphique

Représente graphiquement la fonction trigonométrique connexe
$y = \sqrt{2}\sin x - 1$, où $0° \leq x \leq 360°$.

Dans les paramètres mode, sélectionne le mode *Degree*.

Détermine l'abscisse à l'origine en utilisant l'opération Zéro.

Le graphique coupe l'axe des x à 45° et à 135°.

Les solutions sont 45° et 135°.

En radians, les solutions sont $\theta = \dfrac{\pi}{4}$ et $\dfrac{3\pi}{4}$.

Les variables de la fenêtre d'affichage comprennent Xmin = 0, Xmax = 360, Ymin = –3 et Ymax = 1.

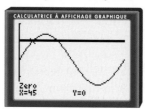
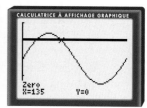

Exemple 2 La résolution d'une équation trigonométrique

Détermine les solutions exactes de $3\cos \theta = \cos \theta + 1$, si $0° \leq \theta \leq 360°$.

Solution 1 Méthode papier-crayon

$$3\cos \theta = \cos \theta + 1$$

Soustrais $\cos \theta$ des deux membres : $\quad 2\cos \theta = 1$

Divise les deux membres par 2: $\quad \cos \theta = \dfrac{1}{2}$

Le cosinus d'un angle est positif dans le premier et le quatrième quadrant.

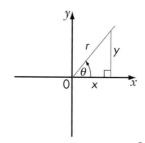
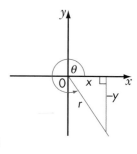

$$\cos \theta = \frac{x}{r}$$

Les solutions exactes sont 60° et 300°.

En radians, les solutions exactes sont $\dfrac{\pi}{3}$ et $\dfrac{5\pi}{3}$.

Solution 2 Méthode par calculatrice à affichage graphique

Représente graphiquement $y = 3\cos x$ et $y = \cos x + 1$ dans la même fenêtre d'affichage, où $0° \leq x \leq 360°$. Utilise l'opération Intersection pour déterminer les coordonnées du point d'intersection.

Les graphiques se coupent à $x = 60°$ et à $x = 300°$.

Les solutions sont 60° et 300°.

En radians, les solutions sont $\dfrac{\pi}{3}$ et $\dfrac{5\pi}{3}$.

Il existe une autre méthode permettant de résoudre l'exemple 2 à l'aide d'une calculatrice à affichage graphique. Il s'agit de réécrire $3\cos x = \cos x + 1$ sous la forme $2\cos x - 1 = 0$. On peut résoudre cette dernière équation en représentant graphiquement $y = 2\cos x - 1$ et en utilisant l'opération Zéro pour déterminer les abscisses à l'origine.

Les variables de la fenêtre d'affichage comprennent Xmin = 0, Xmax = 360, Ymin = –4 et Ymax = 4.

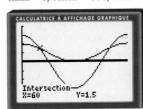

Les variables de la fenêtre d'affichage comprennent Xmin = 0, Xmax = 360, Ymin = –4 et Ymax = 2.

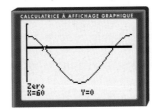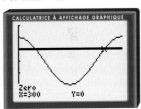

Exemple 3 La résolution par factorisation

Résous l'équation $2\cos^2 x - \cos x - 1 = 0$ dans l'intervalle $0 \leq x \leq 2\pi$.

Solution

$$2\cos^2 x - \cos x - 1 = 0$$

Factorise le membre de gauche : $(2\cos x + 1)(\cos x - 1) = 0$

Utilise la propriété du produit de zéro : $2\cos x + 1 = 0$ ou $\cos x - 1 = 0$

$$2\cos x = -1 \qquad \cos x = 1$$

$$\cos x = -\frac{1}{2} \qquad x = 0 \text{ ou } 2\pi$$

$$x = \frac{2\pi}{3} \text{ ou } \frac{4\pi}{3}$$

La solution peut être modélisée de façon graphique. Les variables de la fenêtre d'affichage comprennent Xmin = 0, Xmax = 360, Ymin = –3 et Ymax = 3.

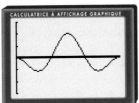

Les solutions sont 0, $\dfrac{2\pi}{3}$, $\dfrac{4\pi}{3}$ et 2π.

EXEMPLE 4 La résolution par factorisation

Résous l'équation $2\sin^2 x - 7\sin x + 3 = 0$, où $0 \leq x \leq 2\pi$. Exprime les solutions de façon exacte et de façon approximative, au centième de radian près.

SOLUTION

$$2\sin^2 x - 7\sin x + 3 = 0$$

Factorise le membre de gauche : $(\sin x - 3)(2\sin x - 1) = 0$

Utilise la propriété du produit de zéro : $\sin x - 3 = 0$ ou $2\sin x - 1 = 0$

$$\sin x = 3 \qquad 2\sin x = 1$$

$$\sin x = \frac{1}{2}$$

$$x = \frac{\pi}{6} \text{ ou } \frac{5\pi}{6}$$

Il n'y a pas de solution de $\sin x = 3$, puisque toutes les valeurs de $\sin x$ sont inférieures ou égales à 1.

Les solutions exactes sont $\frac{\pi}{6}$ et $\frac{5\pi}{6}$.

Les solutions approximatives sont 0,52 et 2,62.

EXEMPLE 5 L'utilisation d'une identité trigonométrique

Résous l'équation $6\cos^2 x - \sin x - 5 = 0$, où $0° \leq x \leq 360°$.
Arrondis les solutions au dixième de degré près.

SOLUTION

Utilise l'identité de Pythagore $\cos^2 x = 1 - \sin^2 x$ pour écrire une équation équivalente formée uniquement de la fonction sinus.

$$6\cos^2 x - \sin x - 5 = 0$$

Remplace $\cos^2 x$ par $1 - \sin^2 x$: $6(1 - \sin^2 x) - \sin x - 5 = 0$

Développe : $6 - 6\sin^2 x - \sin x - 5 = 0$

Simplifie : $-6\sin^2 x - \sin x + 1 = 0$

Multiplie les deux membres par -1 : $6\sin^2 x + \sin x - 1 = 0$

Factorise le membre de gauche : $(2\sin x + 1)(3\sin x - 1) = 0$

Utilise la propriété du produit de zéro : $2\sin x + 1 = 0$ ou $3\sin x - 1 = 0$

$$2\sin x = -1 \quad \text{ou} \quad 3\sin x = 1$$

$$\sin x = -\frac{1}{2} \quad \text{ou} \quad \sin x = \frac{1}{3}$$

$$x = 210° \text{ ou } 330° \qquad x \doteq 19,5° \text{ ou } 160,5°$$

Les solutions sont 19,5°, 160,5°, 210° et 330°.

EXEMPLE 6 Les angles de relèvement

Les ingénieures et les ingénieurs utilisent l'équation $\tan x = \dfrac{v^2}{224\,000}$ pour
calculer l'angle de relèvement d'un tronçon courbe
d'autoroute. Dans cette équation, x représente l'angle de relèvement
et v représente la limite de vitesse dans la courbe, en kilomètres à l'heure.

a) Calcule l'angle de relèvement, au dixième de degré près, si la limite
de vitesse est de 100 km/h.

b) L'angle de relèvement des quatre virages de la piste de courses
d'Indianapolis est de 9,2°. Quelle est la vitesse maximale dans ces virages,
au kilomètre à l'heure près ?

SOLUTION

a)

$$\tan x = \frac{v^2}{224\,000}$$

$$= \frac{100^2}{224\,000}$$

$$x \doteq 2{,}6°$$

L'angle de relèvement est de 2,6°, au dixième de degré près.

b)

$$\frac{v^2}{224\,000} = \tan x$$

$$v^2 = 224\,000\tan x$$
$$v = \sqrt{224\,000\tan x}$$
$$v = \sqrt{224\,000\tan 9{,}2°}$$
$$v \doteq 190$$

La vitesse maximale est de 190 km/h, au kilomètre à l'heure près.

Concepts clés

- Pour résoudre une équation trigonométrique qui n'est pas une identité,
  détermine toutes les valeurs de la variable qui vérifient l'équation.
- On peut résoudre une équation trigonométrique :
  a) par les méthodes papier-crayon qu'on utilise pour résoudre les équations
  algébriques ;
  b) de façon graphique à l'aide d'une calculatrice à affichage graphique.
- Les réponses peuvent être exprimées en degrés ou en radians.

Communique ce que tu as compris

1. Décris comment tu résoudrais $2\sin x - \sqrt{3} = 0$, où $0° \leq x \leq 360°$.

2. Décris comment tu résoudrais $2\cos^2 x - 3\cos x + 1 = 0$, où $0 \leq x \leq 2\pi$. Justifie ta méthode.

3. Explique pourquoi l'équation $\cos x - 2 = 0$ n'a pas de solution.

Exercices

A

1. Résous chaque équation, où $0 \leq x \leq 2\pi$.

a) $\sin x = 0$

b) $2\cos x + 1 = 0$

c) $\tan x = 1$

d) $\sqrt{2}\sin x + 1 = 0$

e) $2\cos x - \sqrt{3} = 0$

f) $2\sin x + \sqrt{3} = 0$

2. Résous chaque équation, où $0 \leq x \leq 360°$.

a) $\sin x + 1 = 0$

b) $\sqrt{2}\cos x - 1 = 0$

c) $2\sin x - \sqrt{3} = 0$

d) $\sqrt{2}\cos x + 1 = 0$

e) $2\sin x + 1 = 0$

f) $\tan x = -1$

3. Résous chaque équation, où $0° \leq x \leq 360°$.

a) $2\cos^2 x - 7\cos x + 3 = 0$

b) $3\sin x = 2\cos^2 x$

c) $2\sin^2 x - 3\sin x - 2 = 0$

d) $\sin^2 x - 1 = \cos^2 x$

e) $\tan^2 x - 1 = 0$

f) $2\sin^2 x + 3\sin x + 1 = 0$

g) $2\cos^2 x + 3\sin x - 3 = 0$

4. Résous chaque équation, où $0 \leq x \leq 2\pi$. Exprime les solutions de façon exacte et de façon approximative, au centième de radian près.

a) $\sin^2 x - 2\sin x - 3 = 0$

b) $2\cos^2 x = \sin x + 1$

c) $2\sin x \cos x + \sin x = 0$

d) $\sin^2 x = 6\sin x - 9$

e) $\sin^2 x + \sin x = 0$

f) $\cos x = 2\sin x \cos x$

5. Isole x dans l'intervalle $0° \leq x \leq 360°$. Arrondis les solutions approximatives au dixième de degré près.

a) $4\cos x - 3 = 0$

b) $1 + \sin x = 4\sin x$

c) $6\cos^2 x - \cos x - 1 = 0$

d) $9\sin^2 x - 6\sin x + 1 = 0$

e) $16\cos^2 x - 4\cos x + 1 = 0$

f) $6\cos^2 x + \sin x - 4 = 0$

6. Isole x dans l'intervalle $0 \leq x \leq 2\pi$. Donne les solutions exactes, si c'est possible. Sinon, arrondis au centième de radian près.

a) $\sin x - 3\sin x \cos x = 0$

b) $6\cos^2 x + \cos x - 1 = 0$

c) $8\cos^2 x + 14\cos x = -3$

d) $8\sin^2 x - 10\cos x - 11 = 0$

Application, résolution de problèmes, communication

7. La réfraction de la lumière Le diagramme ci-contre illustre la déviation que subit un rayon de lumière lorsqu'il entre dans l'eau. Cette déviation s'appelle une réfraction. Dans le diagramme, *i* représente l'angle d'incidence et *r* représente l'angle de réfraction. L'indice de réfraction de l'eau *n* est défini comme suit :

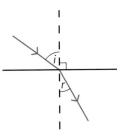

$$n = \frac{\sin i}{\sin r}$$

a) L'indice de réfraction de l'eau a une valeur de 1,33. Détermine, au dixième de degré près, l'angle de réfraction d'un rayon dont l'angle d'incidence est de 40°.

b) Énonce les restrictions qui s'appliquent à la valeur de *r* dans l'équation ci-dessus. Explique ta réponse.

B

8. Un triangle isocèle a) Démontre que l'aire *A* d'un triangle isocèle ayant une base *b* et des angles congrus de mesure *x* peut être déterminée à l'aide de l'équation $A = \dfrac{b^2 \tan x}{4}$.

b) Soit un triangle isocèle dans lequel $A = 40$ cm^2 et $b = 8$ cm. Utilise l'équation pour déterminer *x*, au dixième de degré près.

9. Application Dans le triangle rectangle ABC, BD ⊥ AC, AC = 4 et BD = 1.

a) Démontre que $\sin A \cos A = \dfrac{1}{4}$.

b) Décris comment tu utiliserais une calculatrice à affichage graphique pour déterminer la mesure de l'angle A en degrés.

c) Détermine la mesure exacte de l'angle A en degrés.

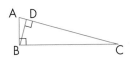

10. Résous les équations dans l'intervalle $0 \le x \le 2\pi$. Donne les solutions exactes, si c'est possible. Sinon, arrondis au centième de radian près.

a) $\tan^2 x - 4\tan x = 0$ **b)** $\tan^2 x - 5\tan x + 6 = 0$

c) $\tan^2 x - 4\tan x + 4 = 0$ **d)** $6\tan^2 x - 7\tan x + 2 = 0$

11. Résous les équations dans l'intervalle $0° \le x \le 360°$. Vérifie tes solutions.

a) $2\sin x \tan x - \tan x - 2\sin x + 1 = 0$

b) $\cos x \tan x - 1 + \tan x - \cos x = 0$

12. a) Représente graphiquement $y = \sin x$ et $y = 0,5$, où $0° \le x \le 360°$.

b) Pour quelles valeurs de *x* est-ce que $\sin x \ge 0,5$?

c) Pour quelles valeurs de *x* est-ce que $\sin x \le 0,5$?

13. a) Communication Explique brièvement par écrit, en donnant des exemples, la différence entre les expressions « identité trigonométrique » et « équation trigonométrique ».

b) Recherche et résolution de problèmes Si $(\cos x + \sin x)^2 + (\cos x - \sin x)^2 = k$, pour quelles valeurs de k l'équation est-elle une identité ?

C

14. Résous chaque équation dans l'intervalle $0° \leq x \leq 360°$.

a) $\sin 2x = 1$ **b)** $\cos 2x = -1$ **c)** $2\sin 2x = 1$

d) $2\cos 2x = 1$ **e)** $\sqrt{2}\cos 2x = 1$ **f)** $2\sin 2x = \sqrt{3}$

g) $2\cos 2x = -\sqrt{3}$ **h)** $\sin 2x = 0$ **i)** $2\sin 0,5x = 1$

15. La technologie Utilise une calculatrice à affichage graphique pour déterminer les solutions exactes, en degrés, des équations ci-après, où $0° \leq x \leq 360°$.

a) $\cos 2x = \cos x$ **b)** $\sin 2x = 2\cos x$ **c)** $\tan x = \sin 2x$

16. La technologie a) Décris comment tu utiliserais une calculatrice à affichage graphique pour résoudre l'équation $\sin (\cos x) = 0$, où $0° \leq x \leq 360°$.

b) Détermine les solutions exactes de l'équation.

VÉRIFIONS NOS PROGRÈS

Connaissance et compréhension • **Réflexion, recherche et résolution de problèmes** • **Communication** • **Mise en application**

La section transversale d'un égout pluvial a la forme d'un trapèze isocèle. La base la plus courte et les deux côtés égaux mesurent 2 m, et x représente la mesure de l'angle formé par la base la plus longue avec les côtés congrus.

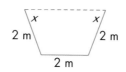

a) Écris une expression correspondant à l'aire A de la section transversale, en fonction de $\sin x$ et de $\cos x$.

b) Décris comment tu utiliserais une calculatrice à affichage graphique pour déterminer la valeur de x, en degrés, si l'aire de la section transversale est de 5 m².

c) Détermine la valeur de x, au degré près.

Défi NOMBRES

Inscris les chiffres de 1 à 9 dans les carrés de manière que chaque énoncé soit vrai. Sers-toi de la priorité des opérations.

$$\blacksquare \times \blacksquare - \blacksquare = 2$$

$$(\blacksquare + \blacksquare) \div \blacksquare = 2$$

$$\blacksquare + \blacksquare - \blacksquare = 2$$

Exploration et application

La modélisation de doubles hélices

1. Des escaliers en colimaçon La rampe ascendante et la rampe descendante de deux escaliers en colimaçon, situés à l'intérieur d'un immeuble, ont la forme d'une double hélice. Les escaliers ont 25 m de haut et les rampes forment 6 pas (périodes), à partir du bas des escaliers jusqu'en haut. Chaque escalier a 2,2 m de large. La projection (vue latérale) de la rampe descendante, représentée dans le schéma ci-contre, peut être modélisée approximativement dans le plan cartésien par la formule $y = 1,1\sin 1,5x$, où x est exprimé en radians et y en mètres. Établis au moins deux modèles qui représentent la projection de la rampe ascendante. Explique tes modèles.

■ Rampe ascendante

■ Rampe descendante

2. L'ADN Un brin d'ADN a également la forme d'une double hélice. La projection du côté « descendant » forme 2,5 pas (périodes) sur une distance de 17 nm, où 1 nm = 10^{-9} m.

a) Si la projection a 2 nm de large, établis un modèle qui représente la projection du côté descendant d'un brin d'ADN. Justifie ton modèle.

b) Établis un modèle qui représente la projection du côté « ascendant » d'un brin d'ADN. Explique ton modèle.

■ **5.1 Les radians et la mesure d'angles**

Reporte-toi à la rubrique *Concepts clés* de la page 334.

1. Convertis les radians ci-après en un nombre exact de degrés.

a) $\dfrac{2\pi}{3}$ **b)** $\dfrac{5\pi}{2}$ **c)** $\dfrac{3\pi}{5}$ **d)** $\dfrac{2\pi}{9}$ **e)** $\dfrac{8\pi}{3}$ **f)** 4π

2. Convertis les degrés ci-après en un nombre exact de radians, exprimés en fonction de π.

a) $50°$ **b)** $270°$ **c)** $135°$ **d)** $210°$ **e)** $225°$ **f)** $720°$

3. Détermine, au dixième près, le nombre approximatif de degrés correspondant aux radians ci-après.

a) $3,5$ **b)** $\dfrac{\pi}{7}$ **c)** $0,75$ **d)** $\dfrac{5\pi}{11}$ **e)** $1,45$ **f)** $\dfrac{7\pi}{13}$

4. Détermine, au centième près, le nombre approximatif de radians correspondant aux degrés ci-après.

a) $30°$ **b)** $120°$ **c)** $70°$ **d)** $46,4°$ **e)** $231,6°$ **f)** $315,1°$

5. Détermine, au dixième près, la longueur de chacun des arcs a ci-après.

a)

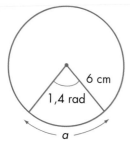

b)

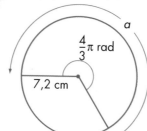

6. Détermine la mesure approximative de l'angle θ, au centième de radian près et au dixième de degré près.

a)

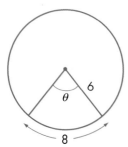

b)

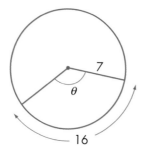

7. Détermine, au dixième près, la longueur de chacun des rayons *r* ci-après.

a) **b)**

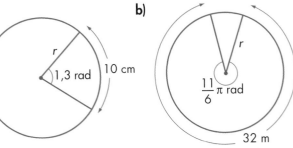

8. **Un moteur électrique** Un moteur électrique tourne à 2400 t/min. Détermine la vitesse angulaire en radians par seconde, de façon exacte et de façon approximative, au centième près.

9. **La géométrie** La mesure en radians de l'angle aigu d'un triangle rectangle est $\frac{\pi}{5}$.

a) Quel est la mesure exacte en radians de l'autre angle aigu ?

b) Quelle est la mesure exacte en degrés de chaque angle aigu ?

5.2 Les rapports trigonométriques d'un angle

Reporte-toi à la rubrique *Concepts clés* de la page 347.

10. Les coordonnées d'un point P, situé sur le côté terminal d'un angle trigonométrique θ, sont indiquées, où $0 \le \theta \le 2\pi$. Détermine la valeur exacte de sin θ, cos θ et tan θ.

a) P(4, 5) **b)** P(−2, 7) **c)** P(−3, −6) **d)** P(7, −4)

11. Détermine la valeur exacte de chaque rapport trigonométrique.

a) cos 30° **b)** tan 225° **c)** sin 210° **d)** cos 150°

12. Détermine la valeur exacte de chaque rapport trigonométrique.

a) $\sin \frac{\pi}{6}$ **b)** $\cos \frac{4\pi}{3}$ **c)** $\tan \frac{7\pi}{4}$ **d)** $\cos \frac{5\pi}{6}$

13. Soit un angle trigonométrique θ, dont le côté terminal se trouve dans le quadrant indiqué et où $0 \le \theta \le 2\pi$. Détermine la valeur exacte des deux autres rapports trigonométriques.

a) $\sin \theta = \frac{2}{5}$, quadrant II **b)** $\cos \theta = -\frac{4}{7}$, quadrant III

c) $\tan \theta = -\frac{5}{6}$, quadrant IV

14. Si $0° \le A \le 360°$, détermine les mesures possibles de l'angle A.

a) $\sin A = \frac{1}{2}$ **b)** $\cos A = \frac{1}{\sqrt{2}}$ **c)** $\tan A = -\sqrt{3}$ **d)** $\cos A = \frac{\sqrt{3}}{2}$

5.3 La modélisation du comportement périodique

Reporte-toi à la rubrique *Concepts clés* de la page 359.

15. Le graphique de $y = f(x)$ est représenté ci-contre.

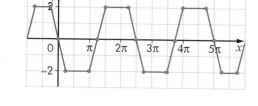

a) Explique pourquoi la fonction est périodique.

b) Détermine la période et l'amplitude.

c) Détermine la valeur de :

i) $f(2\pi)$ **ii)** $f(3\pi)$ **iii)** $f(9\pi)$

16. Esquisse le graphique d'une fonction périodique dont la période est de 18 et l'amplitude, de 5.

5.4 Recherche : la représentation graphique de $f(x) = \sin x$, $f(x) = \cos x$ et $f(x) = \tan x$

17. a) Esquisse le graphique de $y = \sin x$ et de $y = \cos x$ si le domaine est $-180° \leq x \leq 450°$.

b) Détermine la période, l'amplitude et l'image de chaque fonction définie par ces équations.

18. a) Esquisse le graphique de $y = \tan x$, où $-180° \leq x \leq 450°$.

b) Détermine la période, le domaine et l'image de la fonction définie par l'équation.

5.5 Les élongations des graphiques de fonctions périodiques

Reporte-toi à la rubrique *Concepts clés* de la page 374.

19. Esquisse un cycle du graphique de chacune des fonctions définies ci-après. Indique le domaine et l'image des fonctions dans ce cycle.

a) $y = 4\sin x$ **b)** $y = \dfrac{1}{2}\cos x$ **c)** $y = \sin 3x$

d) $y = \cos 2x$ **e)** $y = \sin \dfrac{1}{3}x$ **f)** $y = \cos \dfrac{3}{4}x$

20. Détermine la période, en degrés et en radians, de chacune des fonctions définies ci-après.

a) $y = \sin 2x$ **b)** $y = \cos \dfrac{3}{2}x$

c) $y = 2\sin \dfrac{1}{2}x$ **d)** $y = 1{,}5\cos 0{,}25x$

21. Écris l'équation et esquisse un cycle complet de chacune des fonctions sinus ci-après. Chaque graphique débute à l'origine, où $x \geq 0$.

a) Amplitude de 4, période de 3π ;   **b)** Amplitude de 2, période de π.

22. Esquisse un cycle du graphique de chacune des fonctions définies ci-après.

a) $y = 2\sin 2x$

b) $y = 5\cos 3x$

c) $y = 4\sin \frac{1}{2}x$

d) $y = \frac{2}{3}\cos \frac{1}{3}x$

23. Esquisse le graphique de chacune des fonctions définies ci-après. Indique l'image, l'amplitude et la période de chaque fonction.

a) $y = 5\sin 4x$, où $-\pi \leq x \leq \pi$

b) $y = 0,5\cos 3x$, où $-\pi \leq x \leq \pi$

c) $y = 3\cos \frac{1}{3}x$, où $-6\pi \leq x \leq 6\pi$

d) $y = 2\sin \frac{2}{3}x$, où $-6\pi \leq x \leq 6\pi$

24. Un pendule d'horloge Un pendule d'horloge accomplit un cycle complet toutes les 2 s. La mesure maximale de l'angle du pendule par rapport à la verticale est de 12°.

a) Exprime la mesure de l'angle formé par le pendule avec la verticale en fonction du temps. Suppose que la relation est une fonction sinus.

b) Trace le graphique de la fonction si $0 \leq t \leq 6$, en partant de la position verticale.

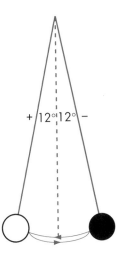

5.6 Les translations et les combinaisons de transformations

Reporte-toi à la rubrique *Concepts clés* de la page 386.

25. Esquisse un cycle du graphique de chacune des fonctions définies ci-après. Indique le domaine, l'image, l'amplitude, la période et le déphasage des fonctions dans ce cycle.

a) $y = 4\sin x - 3$

b) $y = 3\cos x + 2$

c) $y = 2\sin\left(x - \frac{\pi}{2}\right)$

d) $y = \frac{1}{2}\cos\left(x + \frac{\pi}{2}\right)$

26. Esquisse un cycle du graphique de chacune des fonctions définies ci-après. Indique le domaine, l'image, l'amplitude, la période et le déphasage des fonctions dans ce cycle.

a) $y = 2\sin \frac{3}{2}x$

b) $y = -3\cos \frac{1}{4}x$

27. Esquisse un cycle du graphique de chacune des fonctions ci-après. Indique le domaine, l'image, l'amplitude, la période et le déphasage des fonctions dans ce cycle.

a) $y = 2\sin 2\left(x - \frac{\pi}{4}\right)$

b) $y = 3\cos 2\left(x + \frac{\pi}{4}\right) - 1$

c) $y = -\sin \frac{1}{3}(x - 2\pi) + 3$

d) $y = 2\cos \frac{1}{2}(x - \pi) + 1$

e) $y = \frac{1}{2}\sin\left(\frac{1}{2}x - \pi\right) - 2$

f) $y = -2\cos(3x - \pi) + 2$

28. Écris une équation correspondant à la fonction dont les caractéristiques sont indiquées.

	Type	Amplitude	Période	Translation verticale	Translation horizontale
a)	Sinus	3	2π	-4	π à droite
b)	Cosinus	5	π	1	$\dfrac{\pi}{2}$ à gauche

29. Esquisse le graphique de chacune des fonctions définies ci-après. Indique l'image.

a) $y = 3\cos x - 2$, où $0 \leq x < 3\pi$

b) $y = -2\sin 2x + 2$, où $-\pi \leq x \leq \pi$

c) $y = \dfrac{1}{2}\sin\left(x + \dfrac{\pi}{4}\right)$, où $-2\pi \leq x \leq \pi$

d) $y = 5\cos 2\left(x - \dfrac{\pi}{2}\right) + 1$, où $-2\pi \leq x \leq 2\pi$

e) $y = -2\cos\left(2x + \dfrac{\pi}{3}\right) - 1$, où $-\pi \leq x \leq \pi$

f) $y = -4\sin\left(\dfrac{1}{3}x - \pi\right)$, où $-\pi \leq x \leq 3\pi$

30. Une grande roue Une grande roue de 9,5 m de rayon accomplit une révolution toutes les 10 s. Le bas de la roue se trouve à 1,2 m au-dessus du sol.

a) Formule l'équation de la fonction sinus qui permet de déterminer la hauteur d'une personne au-dessus du sol, en mètres, en fonction du temps, en secondes, si elle part du point le plus bas de la roue.

b) Esquisse le graphique représentant deux cycles complets.

31. Les marées La hauteur des eaux dans un port est de 8 m à marée basse et de 20 m à marée haute. La marée accomplit un cycle environ toutes les 12 h.

a) Formule une équation correspondant à la hauteur des eaux $d(t)$ mètres par rapport au temps t heures après la marée haute, laquelle s'est produite à 3 h.

b) Trace le graphique de la fonction sur une période de 48 h après la marée haute.

5.7 Les identités trigonométriques

Reporte-toi à la rubrique *Concepts clés* de la page 398.

32. Prouve chacune des identités ci-après.

a) $\dfrac{1 - \sin^2 x}{\cos x} = \cos x$

b) $\dfrac{\tan x}{\sin x} = \dfrac{1}{\cos x}$

c) $\dfrac{\sin x \cos x}{\tan x} = 1 - \sin^2 x$

d) $\cos^2 x + \dfrac{\sin x \cos x}{\tan x} = 2\cos^2 x$

e) $1 + \tan^2 x = \dfrac{1}{\cos^2 x}$

f) $\cos^2 x - \sin^2 x = 2\cos^2 x - 1$

g) $\dfrac{1}{\sin x} - \sin x = \dfrac{\cos x}{\tan x}$

h) $\dfrac{1 - \tan^2 x}{1 + \tan^2 x} = \cos^2 x - \sin^2 x$

33. Utilise une calculatrice à affichage graphique pour démontrer que chaque équation semble être une identité. Prouve ensuite que l'équation est une identité.

a) $\dfrac{1}{1 + \cos x} + \dfrac{1}{1 - \cos x} = \dfrac{2}{\sin^2 x}$

b) $\dfrac{1 + \cos x}{\sin x} - \dfrac{\sin x}{1 - \cos x} = 0$

34. Prouve chacune des identités ci-après.

a) $(\sin x - \cos x)(\sin x + \cos x) = 2\sin^2 x - 1$

b) $(\sin x - \cos x)^2 = 1 - 2\sin x \cos x$

c) $1 + \tan^2 x = \dfrac{1}{\cos^2 x}$

d) $\cos^2 x - \cos^4 x = \cos^2 x \sin^2 x$

e) $(1 - \cos^2 x)(1 + \tan^2 x) = \tan^2 x$

f) $\dfrac{\sin x}{1 - \cos x} - \dfrac{1 + \cos x}{\sin x} = 0$

5.8 Les équations trigonométriques

Reporte-toi à la rubrique *Concepts clés* de la page 407.

35. Résous chaque équation, où $0 \le x \le 2\pi$.

a) $\cos x = 0$

b) $2\sin x - 1 = 0$

c) $\tan x = -1$

d) $\sqrt{2}\sin x = 1$

e) $2\cos x - 3 = 0$

f) $2\sin x + \sqrt{3} = 0$

g) $\sqrt{2}\cos x + 1 = 0$

h) $\cos x - 1 = 0$

i) $\tan x = \sqrt{3}$

36. Résous chaque équation, où $0 \le x \le 2\pi$.

a) $\cos^2 x - 1 = \sin^2 x$

b) $2\cos^2 x + 3\cos x = -1$

c) $\sin^2 x + \sin x - 2 = 0$

d) $\sin x \cos x - \sin x = 0$

e) $2\sin^2 x + 1 = 3\sin x$

f) $\cos x + 1 = 2\sin^2 x$

g) $2\cos^2 x - 5\cos x + 3 = 0$

h) $2\sin^2 x - 7\sin x = 4$

i) $\cos^2 x + 4 = 4\cos x$

37. Résous dans l'intervalle $0° \le x \le 360°$. Exprime les solutions en degrés et en radians. Arrondis au dixième de degré près et au centième de radian près.

a) $5\cos x - 4 = 0$

b) $3\sin x = 3 - \sin x$

c) $9\cos^2 x + 6\cos x + 1 = 0$

d) $6\sin^2 x - 7\sin x + 2 = 0$

VÉRIFIONS NOS CONNAISSANCES

Les compétences à l'honneur

Compétences	Connaissance et compréhension	Réflexion, recherche et résolution de problèmes	Communication	Mise en application
Questions	Toutes	11, 12, 13	7, 8, 9, 11, 13	9, 10, 11, 12, 13

1. Convertis chaque mesure de radians en degrés. Au besoin, arrondis au dixième de degré près.

a) $\dfrac{5}{3}\pi$ **b)** $\dfrac{7}{6}\pi$ **c)** $1{,}7$

2. Détermine, au centième près, le nombre approximatif de radians correspondant aux degrés ci-après.

a) $60°$ **b)** $205°$ **c)** $312{,}6°$

3. Les coordonnées d'un point P, situé sur le côté terminal d'un angle trigonométrique θ, sont indiquées, où $0° \le \theta \le 2\pi$. Détermine la valeur exacte de $\sin\theta$, $\cos\theta$ et $\tan\theta$.

a) P$(-4, 6)$ **b)** P$(5, -3)$

4. Détermine la valeur exacte de chaque rapport trigonométrique.

a) $\tan\dfrac{5}{4}\pi$ **b)** $\sin\dfrac{4}{3}\pi$ **c)** $\cos 120°$ **d)** $\sin 330°$

5. Si $0° \le A \le 360°$, détermine les mesures possibles de l'angle A.

a) $\sin A = -\dfrac{1}{\sqrt{2}}$ **b)** $\cos A = \dfrac{\sqrt{3}}{2}$ **c)** $\tan A = -1$

6. a) Esquisse le graphique de $y = \tan x$, où $-2\pi \le x \le \pi$.
b) Détermine la période, le domaine et l'image de la fonction définie par l'équation.

7. Esquisse un cycle du graphique de chacune des fonctions définies ci-après. Indique le domaine, l'image, l'amplitude, la période et le déphasage des fonctions dans ce cycle.

a) $y = 4\sin 3x$ **b)** $y = -3\cos\dfrac{1}{2}x$

c) $y = 2\cos 2\left(x - \dfrac{\pi}{4}\right)$ **d)** $y = -4\sin\dfrac{1}{2}(x + \pi) + 2$

e) $y = 3\sin(3x - \pi) - 2$

8. Esquisse le graphique de chacune des fonctions définies ci-après. Indique l'image, l'amplitude, la période et le déphasage de chaque fonction.

a) $y = 4\sin 2x - 3$, où $0 \le x \le \pi$ **b)** $y = -2\cos\dfrac{1}{2}(x - \pi)$, où $0 \le x \le 4\pi$

c) $y = -3\sin(2x + \pi) - 1$, où $-\pi \le x \le 2\pi$

9. Les marées La hauteur moyenne des eaux dans le port d'une rivière à marées est de 4 m. À marée basse, la hauteur des eaux est de 2 m. La marée accomplit un cycle environ toutes les 12 h.

a) Formule une équation correspondant à la hauteur des eaux $d(t)$ mètres par rapport à la hauteur moyenne, en fonction du temps t heures après la marée basse, laquelle s'est produite à 15 h.

b) Trace le graphique de la fonction sur une période de 48 h après la marée basse.

10. La tension artérielle a) La fonction $p(t) = 20\sin 2\pi t + 100$ modélise la tension artérielle d'une personne au repos, où $p(t)$ représente la tension artérielle, en millimètres de mercure, et t représente le temps, en secondes. Esquisse un graphique de cette fonction, où $0 \le t \le 3$.

b) Détermine la période de la fonction utilisée en a), puis décris ce que la période représente.

c) La fonction $p(t) = 20\sin 4\pi t + 100$ modélise la tension artérielle d'une personne qui fait de l'exercice. Esquisse un graphique de cette fonction, où $0 \le t \le 3$.

d) Détermine la période de la fonction utilisée en c), puis décris ce que la période représente.

e) Détermine l'amplitude de chaque fonction et décris ce que l'amplitude représente.

11. Prouve chacune des identités ci-après.

a) $\dfrac{\cos^2 x}{1 + 2\sin x - 3\sin^2 x} = \dfrac{1 + \sin x}{1 + 3\sin x}$

b) $\dfrac{\sin x + \tan x}{\cos x + 1} = \tan x$

c) $\dfrac{\tan x}{1 + \tan x} = \dfrac{\sin x}{\sin x + \cos x}$

d) $(2\sin x + 3\cos x)^2 + (3\sin x - 2\cos x)^2 = 13$

12. Résous chaque équation, où $0 \le x \le 2\pi$.

a) $\cos x = \sqrt{3} - \cos x$

b) $\cos x \sin x - \cos x = 0$

c) $2\sin^2 x + 5\sin x + 3 = 0$

d) $4\sin^2 x - 1 = 0$

VÉRIFIONS NOS PROGRÈS

Connaissance et compréhension • **Réflexion, recherche et résolution de problèmes** • **Communication** • **Mise en application**

13. Dans un lieu de villégiature, le chiffre mensuel de la population active $f(x)$, en milliers de personnes, peut être modélisé par la fonction

$f(x) = 2{,}3\sin \dfrac{\pi}{6}(x + 1) + 5{,}5$, où x représente le mois

(1 = janvier, 2 = février, et ainsi de suite).

a) Environ combien de personnes travaillent en août ?

b) Durant quel mois la population active est-elle à son plus haut niveau ? Utilise le modèle de la fonction pour justifier ta réponse.

c) Deux mois par an, environ 5500 personnes travaillent. Quels sont ces deux mois ?

PROBLÈMES STIMULANTS

1. Une intersection Combien de fois un cercle quelconque coupe-t-il le graphique de $y = \sin x$?

a) Pas plus de 2 fois ;

b) Pas plus de 4 fois ;

c) Pas plus de 6 fois ;

d) Pas plus de 8 fois ;

e) Plus de 16 fois.

2. La somme des racines Détermine la somme des racines de $\tan^2 x - 9\tan x + 1 = 0$, où $0 \le x \le 2\pi$.

3. Si..., alors... Si $f\left(\dfrac{x}{x+1}\right) = \dfrac{1}{x}$ pour toutes les valeurs de x sauf 0, 1 et $0 < \theta < \dfrac{\pi}{2}$, alors simplifie $f\left(\dfrac{1}{\cos^2 \theta}\right)$.

4. Sin x cos x Si $\sin x = 3\cos x$, combien vaut $\sin x \cos x$?

5. La fonction sinus Le graphique ci-contre représente la fonction définie par $y = a\sin b\theta$. Détermine $\tan k$.

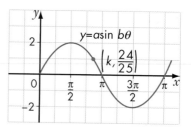

6. Le nombre de racines Si $0 < x < 2\pi$, détermine le nombre de racines de $2\sin^3 x - 5\sin^2 x + 2\sin x = 0$.

7. Sin x Si $8\tan x = 3\cos x$, où $0 < x < \pi$, détermine la valeur de $\sin x$.

8. La preuve Prouve que $1 - \dfrac{\sin^2 x}{1 + \cos x} - \dfrac{\cos^2 x}{1 + \tan x} = \sin x \cos x$.

STRATÉGIE POUR LA RÉSOLUTION DE PROBLÈMES

LA RÉSOLUTION D'UN PROBLÈME PLUS SIMPLE

Certains problèmes sont plus faciles à résoudre lorsqu'on les décompose en problèmes plus simples. La solution du problème plus simple peut aider à résoudre le problème de départ.

À la fin d'une pièce de théâtre, les 13 membres de la troupe sont présentés au public. Ils attendent derrière le rideau que leur nom soit annoncé. Le premier membre prend place sur la scène devant le public. Le deuxième membre peut se placer à droite ou à gauche du premier. Le troisième membre de la troupe peut se placer à droite ou à gauche des deux autres. Le même choix se pose aux 10 autres membres. Chaque membre se place ainsi à l'une ou l'autre extrémité de la rangée de comédiens. De combien de façons les 13 membres de la troupe peuvent-ils être placés sur la scène ?

Comprendre le problème

1. Quels sont les renseignements fournis ?
2. Que dois-tu déterminer ?
3. Te demande-t-on une réponse exacte ou approximative ?

Établir un plan

Dresse la liste de toutes les façons possibles de placer les trois ou quatre premiers membres de la troupe. Vérifie ensuite s'il y a une régularité.

Exécuter son plan

Comédiens	Combinaisons possibles				Nombre de combinaisons
A	A				1
A, B	AB		BA		2
A, B, C	CAB	ABC	CBA	BAC	4
A, B, C, D	DCAB CABD DABC ABCD DCBA CBAD DBAC BACD				8

Les nombres de façons sont tous des puissances de 2.
$1 = 2^0$, $2 = 2^1$, $4 = 2^2$ et $8 = 2^3$.
Dans chaque cas, l'exposant de la puissance de 2 est un de moins que le nombre de membres de la troupe sur scène.
Pour n membres, le nombre de façons est de 2^{n-1}.
Pour 13 membres, le nombre de façons est de 2^{13-1} ou 2^{12} ou 4096.

Revoir sa démarche

Il y 4096 façons possibles de placer les membres de la troupe.

Y a-t-il une autre façon de résoudre le problème ?

La résolution d'un problème plus simple

1. Divise le problème en plus petites parties.
2. Résous le problème.
3. Vérifie si la réponse est vraisemblable.

Application, résolution de problèmes, communication

1. Les opérations Évalue.

$1 \times 2 - 2 \times 2 + 3 \times 2 - 4 \times 2 \ldots - 100 \times 2$

2. Les nombres entiers Pour combien de nombres entiers entre 0 et 1000 la somme des chiffres est-elle 9 ?

3. Les différences Détermine la valeur exacte de la différence ci-après.

$(5\,555\,555\,555)^2 - (4\,444\,444\,445)^2$

4. Les périmètres La première figure a la forme d'un n, la deuxième figure a la forme de 2 n, et ainsi de suite.

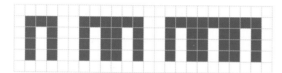

Si les petits carrés de la grille mesurent 1 unité sur 1 unité, quel est le périmètre de la 60ᵉ figure ?

5. Les cartes numérotées Tu as un jeu de cartes numérotées de 1 à 100. Tu essaies de grouper les cartes deux par deux afin que, dans chaque paire, la somme des nombres soit 94. Combien de paires formeras-tu ?

6. Les transformations Examine les transformations suivantes à partir du nombre 119.

119 $1^2 + 1^2 + 9^2 = 83$
 83 $8^2 + 3^2 = 73$
 73 $7^2 + 3^2 = 58$
 58 $5^2 + 8^2 = 89$

et ainsi de suite.

Si tu effectues les mêmes transformations avec le nombre 42, quel nombre obtiendras-tu après 500 transformations ?

7. L'argent Combien de kilogrammes un million de dollars en pièces de 2 $ pèse-t-il de plus qu'un million de dollars en billets de 10 $?

8. Les chiffres Sans utiliser de calculatrice, détermine le nombre de chiffres que comporte le nombre n, si $n = 2^{23} + 5^{19}$.

9. Une table numérique Les nombres entiers sont disposés comme ceci.

Rangée	Nombre				
1	1				
2	2	3			
3	4	5	6		
4	7	8	9	10	
5	11	12	13	14	15
et ainsi de suite					

a) Écris une expression correspondant au dernier nombre de chaque rangée en fonction du numéro de la rangée.

b) Quel est le dernier nombre de la 38ᵉ rangée ?

c) Quel nombre se trouve dans la 22ᵉ colonne de la 56ᵉ rangée ?

10. La somme Évalue l'expression suivante.

$1 + 2 + 3 + \ldots + 1000 + \ldots + 3 + 2 + 1$

11. Les triangles a) Détermine le nombre de triangles dans chaque figure.

b) Combien de triangles y a-t-il dans la 17ᵉ figure ? dans la 99ᵉ figure ?

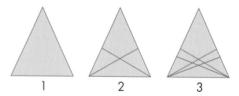

12. La formulation de problèmes Écris un problème qu'on peut résoudre en résolvant un problème plus simple. Invite une ou un camarade de classe à le résoudre.

L'APPLICATION DES STRATÉGIES

1. Les nombres naturels Trois nombres naturels donnent le même résultat quand on les additionne et quand on les multiplie.

$1 + 2 + 3 = 1 \times 2 \times 3$

Il n'y a qu'un seul groupe de quatre nombres naturels qui a la même propriété.

$1 + 1 + 2 + 4 = 1 \times 1 \times 2 \times 4$

Il y a trois groupes de cinq nombres naturels, tous inférieurs à 6, qui ont cette propriété. Quels sont-ils ?

2. a) Si $9x + 24 = A[x + B(x + C)]$, et que A, B et C sont des nombres entiers, détermine la valeur de A, de B et de C.
b) Si $-4x + 40 = A[x + B(x + C)]$, et que A, B et C sont des nombres entiers, détermine la valeur de A, de B et de C.

3. Des pièces de monnaie Tu as neuf pièces semblables. L'une des pièces est fausse et plus légère que les autres. Comment peux-tu la reconnaître en utilisant une balance à fléau seulement deux fois ?

4. Le baseball a) Utilise l'information ci-après pour esquisser un graphique de la distance parcourue par la balle à partir du marbre en fonction du temps.
Le lanceur lance la balle. Le frappeur expédie la balle au champ droit. La balle frappe la clôture et elle est attrapée par le joueur de champ droit. Le joueur de champ droit lance la balle vers le deuxième but et elle est attrapée par l'arrêt-court.
b) Utilise la même information pour esquisser le graphique de la hauteur de la balle en fonction du temps.

5. Des nombres La somme de deux nombres est 3. Le produit de ces nombres est 2.
a) Détermine les deux nombres.

b) Détermine la somme des inverses de ces nombres.

6. Un carrelage Un plancher rectangulaire est formé de carreaux identiques. Il y a 40 carreaux sur la longueur et 30 carreaux sur la largeur. Si tu traces une diagonale d'un coin à l'autre du plancher, combien de carreaux traversera-t-elle ?

7. Un bulletin Anne a obtenu en moyenne 87 % à ses 6 derniers examens. Sa note la plus élevée a été de 95 % ; elle a obtenu cette note à un seul examen. Quelle est la note la plus basse qu'elle a pu obtenir à l'un des examens ?

8. Du papier à lettres Louis et Alice achètent des boîtes de papier à lettres identiques. Louis écrit des lettres de une page et Alice écrit des lettres de trois pages. Louis utilise toutes les enveloppes et il lui reste 50 feuilles de papier. Alice utilise tout le papier et il lui reste 50 enveloppes. Combien de feuilles y a-t-il dans chaque boîte ?

9. Des cercles qui se coupent Un cercle de 3 cm de rayon coupe un cercle de 4 cm de rayon. Aux points d'intersection, les rayons sont perpendiculaires. Détermine la différence entre les aires des parties des cercles qui ne se chevauchent pas.

10. Des emblèmes d'équipes professionnelles Quel pourcentage environ des personnes habitant ta ville ou ton village possède au moins une pièce d'habillement portant le nom ou l'emblème d'une équipe professionnelle ?

6 Les suites et les séries

Contenus d'apprentissage	Fonctions	Fonctions et relations
Écrire les termes d'une suite à partir de la formule du terme général.	6.1, 6.2, 6.3	6.1, 6.2, 6.3
Écrire les termes d'une suite à partir d'une formule de récurrence.		6.4
Déterminer la formule du terme général d'une suite donnée.	6.1, 6.2, 6.3	6.1, 6.2, 6.3
Reconnaître si une suite est arithmétique, géométrique ou autre.	6.2, 6.3	6.2, 6.3, 6.4
Déterminer la valeur d'un terme particulier d'une suite arithmétique ou géométrique en utilisant la formule du nième terme de la suite.	6.2, 6.3	6.2, 6.3
Déterminer la somme des termes d'une série arithmétique ou géométrique en utilisant des formules et des techniques appropriées.	6.5, 6.6	6.5, 6.6

MODÉLISATION MATHÉMATIQUE

Le mouvement d'un pendule

Dans les questions de modélisation mathématique aux pages 445, 455 et 477, tu vas résoudre le problème ci-après et d'autres encore ayant trait au mouvement d'un pendule.

Plusieurs scientifiques, dont Aristarque de Samos au IIIe siècle av. J.-C. et Copernic au XVIe siècle apr. J.-C., étaient convaincus que la Terre tourne sur elle-même. Pendant longtemps, toutefois, personne n'a réussi à fournir une preuve scientifique de cette rotation. En 1851, l'astronome français Jean Bernard Léon Foucault (1819-1868) construisit un pendule long de 67 m, en suspendant au dôme du Panthéon, à Paris, un boulet de fer de 28 kg. À l'aide de ce pendule, il démontra que la Terre tourne effectivement autour de son axe.

On appelle « période » le temps que met un pendule à effectuer une oscillation. Sur la Terre, cette période P, en secondes, se traduit approximativement par la formule $P = 2\sqrt{l}$, où l représente la longueur du pendule en mètres. Soit un pendule de 1 m qui termine sa première période à 10 h 15 min 30 s, c'est-à-dire 15 minutes 30 secondes après 10 heures.

a) À quelle heure terminera-t-il sa 100e période ? sa 151e ?
b) Combien de périodes aura-t-il terminées à 10 h 30 précisément ?

Réponds immédiatement aux questions suivantes en faisant appel à tes habiletés dans la recherche.

1. Explique comment Foucault a démontré que la Terre tourne autour de son axe.

2. Décris l'un des pendules de Foucault que l'on trouve en Ontario, entre autres à l'University of Guelph et à la Queen's University.

3. L'angle de rotation quotidienne du plancher sous un pendule de Foucault varie selon la latitude. Décris la relation entre l'angle de rotation et la latitude.

Lien Internet
www.dlcmcgrawhill.ca

Pour en savoir plus sur les pendules de Foucault, rends-toi à l'adresse donnée ci-haut. Puis clique sur la page couverture du manuel *Mathématiques 11*. Tu y trouveras les adresses nécessaires à ta recherche.

POINT DE DÉPART

À la découverte des suites

Les régularités associées à des nombres ou à des lettres

1. Décris la régularité associée à chaque suite ci-après et indique ses trois termes suivants.

a) 4, 7, 10, 13, …

b) 3, 6, 12, 24, …

c) 1, 2, 4, 7, 11, 16, …

d) 4, 12, 6, 18, 9, …

e) 2, 3, 9, 10, 30, …

f) 3, 4, 7, 11, 18, 29, …

g) 9, 27, 45, 63, …

h) 2, 5, 10, 17, 26, …

i) 11, 8, 3, 5, −2, 7, …

2. Décris la régularité associée à chaque suite ci-après et indique ses trois termes suivants.

a) A, D, G, J, …

b) A, D, B, E, C, F, D, …

c) A, C, D, F, G, I, J, …

d) 1, Z, 4, Y, 8, X, 13, …

Les régularités associées à des figures

3. Soit les figures ci-contre, composées d'astérisques formant un I.

a) Combien d'astérisques comportera la quatrième figure de cet ensemble ? la cinquième ?

b) Décris verbalement la régularité en cause.

c) Construis une expression représentant le nombre d'astérisques de la *n*ième figure en fonction de *n*.

d) D'après l'expression que tu as construite en c), combien y aura-t-il d'astérisques dans la 65ᵉ figure ? dans la 100ᵉ ?

4. Soit les figures ci-après. Si l'on ne compte que les petits triangles intérieurs, la figure 1 en comprend un seul, la figure 2 en comprend 4 et la figure 3 en comprend 16.

1   2   3

a) Combien de petits triangles intérieurs renfermera la quatrième figure de cet ensemble ? la cinquième ?

b) Décris verbalement la régularité en cause.

c) Combien de petits triangles intérieurs la 10ᵉ figure comprendra-t-elle ?

d) Construis une expression représentant le nombre de petits triangles intérieurs de la *n*ième figure en fonction de *n*.

Révision des habiletés

Si tu as besoin d'aide pour maîtriser l'une ou l'autre des habiletés indiquées en **violet**, consulte l'annexe A.

1. Les lois des exposants Évalue chaque expression.

a) 2^7 **b)** $(-3)^4$ **c)** $3^4 \times 3^3$

d) $4^8 \div 4^5$ **e)** $(2^3)^4$ **f)** $3(2)^5$

g) $2(-5)^3$ **h)** $-3(-2)^7$ **i)** $-8(-1)^6$

2. Les lois des exposants Simplifie chaque expression.

a) $(3x^4)(5x^2)$ **b)** $16y^4 \div 2y^2$

c) $-24x^7 \div 6x^3$ **d)** $-36a^6 \div (-3a^6)$

e) $(-7t^6)(-4t^2)$ **f)** $(11g^5)(-4g^3)$

3. L'évaluation d'expressions Évalue chaque expression pour $x = 2$.

a) $(-x)^2$ **b)** 5^x

c) $(x-4)^3$ **d)** $(1-2x)^5$

e) $\dfrac{x(3^x-1)}{x-1}$ **f)** $\dfrac{3(x^6-1)}{x-1}$

4. L'évaluation d'expressions Évalue chaque expression pour $y = -3$.

a) $2y^2$ **b)** $-2y^3$

c) $(-y)^2$ **d)** $-y^2$

e) 2^y **f)** $(y-3)^2$

g) $\dfrac{y(2+y)^7}{y-1}$ **h)** $\dfrac{(y+2)(y-1)}{y+4}$

5. La simplification d'expressions Simplifie chaque expression.

a) $4(x-3) - 2(3x+5)$

b) $2y(y-4) + y^2 - 7(y+2)$

c) $4(z-5) - (z-3) - 2z + 1$

d) $6(3t+4) - 2(t-6) - (t+5)$

6. L'évaluation d'expressions Évalue chaque expression pour $x = 3$, $y = 2$ et $z = -1$.

a) $3xy + 4xz + 2yz$

b) $2x^2y - xz - 4z^2$

c) $3x(5-z) - (3-y) + 4(z-x)$

d) $zx^2 - 4yz^2 - 3xy^2$

e) $\dfrac{y}{2}[2z + x(y-1)]$ **f)** $\dfrac{z(x^y-1)}{x-1}$

7. La résolution d'équations du premier degré Résous et vérifie chaque équation.

a) $2x + 7 = 6$ **d)** $0,2x + 3 = x + 7$

b) $\dfrac{2}{3}n - 11 = -5$ **e)** $2(d+1) - 4 = -18$

c) $5y - 4 = 26 + 3y$ **f)** $15 = 3(z-5) + 6$

8. La résolution d'équations du premier degré Résous chaque équation.

a) $5(a-7) - 3(a+5) = 10$

b) $3(2d-1) = 4(d-6) - 5$

c) $5(n+3) - 4 + 3(n-1) = 8$

d) $3(y+1) - 4(y-3) - (y+5) = -5$

e) $5 = 2(3d-1) - 4(d+2) - 11$

9. Les lois des exposants Détermine la valeur de x par tâtonnements.

a) $4^x = 256$ **b)** $2^x = 128$

c) $3^{x-1} = 81$ **d)** $2^{x+1} = 256$

e) $7^{x-1} = 343$ **f)** $10^{x+1} = 1\,000\,000$

10. La représentation graphique d'équations Trace le graphique de chaque équation, le domaine étant $\{1, 2, 3, 4, 5\}$.

a) $y = x + 4$ **b)** $y = 2x - 3$

c) $y = x^2$ **d)** $y = -x^2$

11. La résolution de systèmes linéaires Résous et vérifie chaque système.

a) $\begin{aligned} x + 3y &= 16 \\ x + 8y &= 31 \end{aligned}$ **b)** $\begin{aligned} 3x + 2y &= -7 \\ 4x - 5y &= 6 \end{aligned}$

c) $\begin{aligned} 8x + 3y &= 4 \\ 2x + 7y &= 1 \end{aligned}$ **d)** $\begin{aligned} y &= 3x - 7 \\ y &= -2x - 2 \end{aligned}$

e) $\begin{aligned} \dfrac{x}{2} + \dfrac{y}{3} &= 7 \\ \dfrac{x}{4} - \dfrac{y}{9} &= 1 \end{aligned}$ **f)** $\begin{aligned} \dfrac{x}{3} + \dfrac{y}{5} &= 0 \\ \dfrac{x}{6} - \dfrac{y}{2} &= 6 \end{aligned}$

6.1 Les suites

Une **suite** numérique consiste en un ensemble de nombres classés dans un ordre déterminé et généralement séparés les uns des autres par une virgule. Le premier terme d'une suite est noté t_1, le deuxième, t_2, le troisième, t_3, et ainsi de suite. Le $n$ième terme d'une suite est noté t_n.

Il existe des suites se terminant par un nombre quelconque et d'autres s'étendant à l'infini. En voici trois exemples.

5, 7, 9, 11
2, 6, 18, 54   Les points de suspension dénotent une suite infinie.
80, 40, 20, 10, …

Dans le cas de la première de ces trois suites, $t_1 = 5$, $t_2 = 7$, $t_3 = 9$ et $t_4 = 11$.

EXPLORATION ET RECHERCHE

Les spirales sont très répandues. Les plus spectaculaires ne sont autres que certaines galaxies de l'univers.

Figure 1   Figure 2

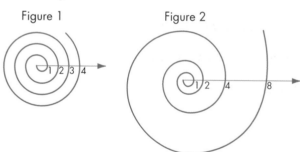

Deux exemples de spirales courantes sont présentés ci-après. Nous y avons indiqué la distance du centre de ces spirales à chacune de leurs boucles successives.

La spirale de la figure 1 a été définie par Archimède, d'où son nom de spirale d'Archimède. Celle de la figure 2 consiste en une spirale de type exponentiel.

À l'intérieur de chaque spirale, les distances par rapport au centre forment une suite.

Dans le cas de la première   Dans le cas de la seconde

$t_1 = 1$	$t_1 = 1$
$t_2 = 2$	$t_2 = 2$
$t_3 = 3$	$t_3 = 4$
$t_4 = 4$	$t_4 = 8$

1. Quelle relation y a-t-il entre les termes de la première suite ?

2. Détermine la valeur de t_5, de t_6 et de t_7 à l'intérieur de cette suite.

3. Quelle relation y a-t-il entre les termes de la seconde suite ?

4. Détermine la valeur de t_5, de t_6 et de t_7 à l'intérieur de cette suite.

5. Un rouleau de ruban constitue une spirale d'Archimède. Fournis deux autres exemples de ce type de spirale.

6. Recherche Notre galaxie offre un exemple d'une spirale de type exponentiel. À l'aide de tes habiletés dans la recherche, trouves-en un autre exemple.

7. Explique pourquoi les spirales à l'intérieur desquelles les distances par rapport au centre obéissent à une régularité telle que 1, 2, 4, 8, … ou 1, 3, 9, 27, … sont dites de type exponentiel.

Lien Internet
www.dlcmcgrawhill.ca
Pour en savoir plus sur les galaxies, rends-toi à l'adresse donnée ci-haut. Puis clique sur la page couverture du manuel *Mathématiques 11*. Tu y trouveras les adresses nécessaires à ta recherche. Nomme quelques galaxies en forme de spirale et décris quelques galaxies n'appartenant pas à cette catégorie.

Une régularité permet parfois d'établir une règle générale servant à déterminer les termes d'une suite. C'est ce que l'on appelle la formule du terme général t_n d'une suite.

Soit la suite 1, 3, 5, 7, …

$t_n = 2n - 1$
$t_1 = 2(1) - 1 = 1$
$t_2 = 2(2) - 1 = 3$
$t_3 = 2(3) - 1 = 5$
$t_4 = 2(4) - 1 = 7$

Soit la suite 1, 3, 9, 27, …

$t_n = 3^{n-1}$
$t_1 = 3^{1-1} = 3^0 = 1$
$t_2 = 3^{2-1} = 3^1 = 3$
$t_3 = 3^{3-1} = 3^2 = 9$
$t_4 = 3^{4-1} = 3^3 = 27$

À l'intérieur de chacune, la valeur de tout terme est fonction de n.

EXEMPLE 1 La construction d'une suite à partir de la formule du terme général

À l'aide de la formule définissant son terme général, trouve les cinq premiers termes de chaque suite, puis représente graphiquement t_n en fonction de n.

a) $t_n = 3n - 2$ **b)** $t_n = n^2 + 1$

SOLUTION 1 Méthode papier-crayon

a) $t_n = 3n - 2$
$t_1 = 3(1) - 2 = 1$
$t_2 = 3(2) - 2 = 4$
$t_3 = 3(3) - 2 = 7$
$t_4 = 3(4) - 2 = 10$
$t_5 = 3(5) - 2 = 13$

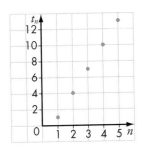

b)
$$t_n = n^2 + 1$$
$$t_1 = (1)^2 + 1 = 2$$
$$t_2 = (2)^2 + 1 = 5$$
$$t_3 = (3)^2 + 1 = 10$$
$$t_4 = (4)^2 + 1 = 17$$
$$t_5 = (5)^2 + 1 = 26$$

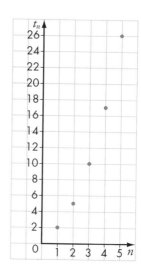

Solution 2 Méthode par calculatrice à affichage graphique

Au moyen des paramètres mode, active le mode de représentation graphique des suites (*Seq*). À l'aide de la fonction *sequence* du menu *LIST OPS*, génère les cinq premiers termes de la suite. Enregistre-les à l'intérieur de la liste L2. Génère également les cinq premiers nombres naturels et enregistre-les à l'intérieur de la liste L1. Recours ensuite au menu STAT PLOTS et à l'instruction *ZoomStat* pour créer un nuage de points représentant L2 en fonction de L1.

a)

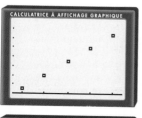

b)

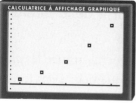

La première saisie d'écran en a) pourrait se présenter comme ci-dessus, car si l'on omet d'indiquer le pas de progression de *n*, celui-ci adopte la valeur par défaut 1.

Sur les graphiques de l'exemple 1, chaque valeur de *n* est associée à une seule valeur de t_n. Ces graphiques représentent donc chacun une fonction. Une suite constitue en général une fonction dont le domaine est l'ensemble des entiers positifs 1, 2, 3, 4, … ou un sous-ensemble de celui-ci. Les termes de la suite sont les éléments de l'image de la fonction. Une suite constituant une fonction, on peut écrire la formule de son terme général en notation fonctionnelle.

EXEMPLE 2 La formule du terme général en notation fonctionnelle

Détermine la valeur de t_8 à l'aide de la formule du terme général indiquée ci-après en notation fonctionnelle.

a) $f(n) = 5 - 2n$ **b)** $f(n) = 2n^2 - 1$

SOLUTION

a)
$$f(n) = 5 - 2n$$
$$f(8) = 5 - 2(8)$$
$$= 5 - 16$$
$$= -11$$

b)
$$f(n) = 2n^2 - 1$$
$$f(8) = 2(8)^2 - 1$$
$$= 2(64) - 1$$
$$= 127$$

Lorsque l'on utilise une calculatrice à affichage graphique, on peut saisir une suite sous forme d'une fonction de la variable indépendante *n*. Soit la fonction de l'exemple 2b). Au moyen des paramètres mode, active le mode de représentation graphique des suites (*Seq*) et le mode point (*dot*). Fais apparaître l'éditeur Y= des suites et saisis $2n^2 - 1$ pour définir la fonction u(*n*).

Une fois cette fonction définie, ta calculatrice à affichage graphique pourra te fournir l'un ou l'autre des termes de la suite ou un ensemble d'entre eux. En appuyant sur la touche TABLE, tu feras apparaître tous les termes de la suite.

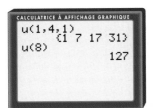

À la première étape, on aurait pu saisir u(1,4) au lieu de u(1,4,1), le pas de progression par défaut étant de 1.

Pour représenter graphiquement les quatre premiers termes de la suite, règle les paramètres de la fenêtre d'affichage afin que *n*Min égale 1 et *n*Max égale 4, puis attribue une valeur appropriée à Xmin, à Xmax, à Ymin et à Ymax. Appuie ensuite sur la touche GRAPH pour faire apparaître le graphique.

Dans le présent cas, Xmin = 0, Xmax = 5, Ymin = 0 et Ymax = 35.

EXEMPLE 3 La détermination de la formule du terme général

a) Trouve la formule du terme général de la suite 4, 7, 10, 13, …

b) À l'aide de cette formule, calcule la valeur de t_{35} et de t_{50}.

SOLUTION

a) Trouve une régularité et utilise-la pour construire une expression représentant chaque terme en fonction de son rang.

$t_1 = 4$ ou $3(1) + 1$
$t_2 = 7$ ou $3(2) + 1$
$t_3 = 10$ ou $3(3) + 1$
$t_4 = 13$ ou $3(4) + 1$

Par conséquent, $t_n = 3(n) + 1$ ou $3n + 1$

La formule du terme général est $t_n = 3n + 1$.

b)
$$t_{35} = 3(35) + 1 \qquad\qquad t_{50} = 3(50) + 1$$
$$= 106 \qquad\qquad\qquad\qquad\quad = 151$$

Concepts clés

- Une suite numérique consiste en un ensemble ordonné de nombres.
- La formule du terme général, t_n ou $f(n)$, permet de déterminer les termes d'une suite en attribuant à n le rang de chaque terme.
- Pour déterminer la formule du terme général d'une suite, trouve une régularité et utilise-la afin de construire une expression représentant chaque terme en fonction de son rang.

Communique ce que tu as compris

1. Décris comment tu trouverais les quatre premiers termes de la suite dont le terme général est défini par la formule $t_n = 3n + 5$.

2. Décris comment tu déterminerais la valeur du 10e terme de la suite dont le terme général est défini par la formule $f(n) = 7 - 4n$.

3. a) Décris comment tu déterminerais la formule du terme général de la suite 4, 8, 12, 16, …

b) Décris comment tu utiliserais la formule obtenue en a) pour déterminer la valeur de t_{44}.

Exercices

A

1. À l'aide de la formule définissant son terme général, détermine les cinq premiers termes de chaque suite, puis représente-les graphiquement.

a) $t_n = 3n$
b) $t_n = 2n + 4$
c) $t_n = 5 - 2n$
d) $f(n) = 10 - n$
e) $t_n = 2^n$
f) $f(n) = n^2 - 1$

2. Trouve la formule du terme général des suites ci-après, puis indique leurs trois termes suivants.

a) 5, 10, 15, 20, …
b) 2, 3, 4, 5, …
c) 6, 5, 4, 3, …
d) 1, 4, 9, 16, …
e) 2, 4, 6, 8, …
f) −3, −6, −12, −24, …
g) −1, 0, 1, 2, …
h) 0,1, 0,2, 0,3, 0,4, …
i) $\dfrac{1}{2}, \dfrac{2}{3}, \dfrac{3}{4}, \dfrac{4}{5}, …$
j) $x, 2x, 3x, 4x, …$
k) 1, 1 + d, 1 + 2d, 1 + 3d, …

3. Énumère les quatre premiers termes de chaque suite dont le terme général est ici défini.

a) $t_n = 3(n - 1)$
b) $t_n = (n - 1)^2$
c) $f(n) = \dfrac{1}{n}$
d) $f(n) = \dfrac{n + 1}{n}$
e) $t_n = (n + 1)(n - 1)$
f) $t_n = (-1)^n$
g) $t_n = 2^{n-1}$
h) $f(n) = 2^n - 1$
i) $f(n) = \dfrac{n - 1}{n + 1}$
j) $t_n = (-1)^{n-1}$
k) $f(n) = \dfrac{1}{3^n}$
l) $f(n) = \dfrac{1}{2^n} + 1$

4. Détermine la valeur des termes indiqués.

a) $t_n = 2n + 7$; t_6 et t_{15}
b) $t_n = 8n - 5$; t_9 et t_{11}
c) $f(n) = 12 + 5n$; $f(3)$ et $f(10)$
d) $f(n) = 9 - 4n$; $f(4)$ et $f(8)$
e) $t_n = n^2 + 4$; t_3 et t_7
f) $t_n = \dfrac{n - 2}{2}$; t_4 et t_{12}
g) $f(n) = (n - 3)^2$; $f(2)$ et $f(15)$

Application, résolution de problèmes, communication

5. Énumère les quatre premiers termes de chacune des suites représentées ici, puis trouve la formule de leur terme général.

a)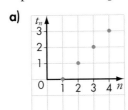

b)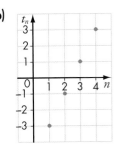

c)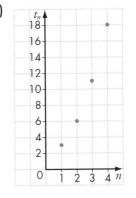

d)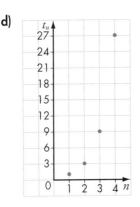

6. Les grues blanches Un jardin zoologique canadien possédant initialement 16 grues blanches a décidé d'en faire naître 20 autres par année. Il conserve quelques-unes de ces grues en vue de la reproduction et relâche les autres dans la nature. À la fin de l'an dernier, 136 grues au total avaient ainsi passé du temps au zoo. Si le jardin zoologique maintient sa politique, combien de grues y auront passé du temps à la fin de cette année ? à la fin de l'an prochain ?

B

7. La production d'or Le Canada se classe au cinquième rang des producteurs d'or à l'échelle mondiale. À la fin d'une année donnée, les mines canadiennes avaient produit environ 198 t d'or depuis leur ouverture. Si la production annuelle moyenne était alors de 4,5 t, prédis la production totale :

a) au bout de l'année suivante ;

b) au bout de 2 ans ;

c) au bout de 20 ans.

8. La coiffure Le rythme de croissance des cheveux chez l'être humain est d'environ 0,25 cm par semaine. Or, Sandra a décidé de laisser pousser ses cheveux, actuellement longs de 10 cm.

a) Quelle sera la longueur de ses cheveux dans une semaine ? dans deux semaines ? dans six semaines ?

b) Combien de semaines ses cheveux mettront-ils à passer de 10 cm à 15 cm de longueur ?

9. Communication La Terre se situe à environ 150 000 000 km du Soleil. Pour les astronomes, cette distance correspond à une unité astronomique (U.A.). On peut exprimer en unités astronomiques la distance séparant le Soleil des planètes. Ainsi, une planète deux fois plus éloignée du Soleil que la Terre se trouverait à 2 U.A. du Soleil. En 1776, l'astronome Johann Bode découvrit une suite qui permettait selon lui de déterminer la distance, en unités astronomiques, séparant chaque planète du Soleil.

Planète	Distance selon Bode (U.A.)	Distance réelle (U.A.)
Mercure	$\dfrac{(0+4)}{10}$	0,387
Vénus	$\dfrac{(3+4)}{10}$	0,723
Terre	$\dfrac{(6+4)}{10}$	1
Mars	$\dfrac{(12+4)}{10}$	1,524
Astéroïdes	$\dfrac{(24+4)}{10}$	2,3 à 3,3
Jupiter		5,203
Saturne		9,555
Uranus		19, 22
Neptune		30,11
Pluton		39,84

a) Donne une définition de la suite de Bode.

b) Reproduis cette suite et prolonge-la pour les cinq planètes les plus éloignées.

c) À l'aide de la suite de Bode, calcule la distance séparant chaque planète du Soleil.

d) Compare tes réponses en c) aux distances réelles indiquées. Nomme la première planète dont la distance établie par Bode s'éloigne de la réalité.

10. **Application** Pour se tenir en forme, Jonathan a fait du vélo pendant 30 min et il a ensuite marché d'un bon pas pendant 15 min. Il a dépensé 1000 kJ (kilojoules) d'énergie en faisant du vélo et 20 kJ d'énergie à la minute en faisant de la marche.

a) Combien d'énergie a-t-il dépensée au total après avoir marché pendant 1 min? 5 min? 15 min?

b) Écris la formule du terme général de la suite en cause.

11. **Les sièges d'un stade** La première rangée d'une section d'un stade compte 30 sièges, la deuxième, 32, la troisième, 34, et ainsi de suite. Il y a en tout 60 rangées.

a) Indique les cinq premiers termes de la suite en cause.

b) Écris la formule du terme général de cette suite.

c) Combien y a-t-il de sièges dans la 60ᵉ rangée?

12. **Recherche et résolution de problèmes** Soit la suite 1, 2, 4, … Peux-tu prédire son quatrième terme? Justifie ta réponse.

C

13. a) Construis trois suites différentes de ton cru.

b) Décris verbalement chacune de ces suites.

c) Écris la formule du terme général de chacune.

14. **La dépréciation d'une automobile** Un concessionnaire a déterminé qu'une automobile neuve vendue 60 000 $ se dépréciera de 20 % au cours de la première année. Au cours de la deuxième année, elle perdra 20 % de la valeur qu'elle présentait à la fin de la première année. Elle se dépréciera ensuite chaque année de 20 % par rapport à la fin de l'année précédente.

a) Quelle sera la valeur de cette automobile à la fin de la première année? à la fin de la deuxième?

b) Établis une formule permettant de déterminer la valeur de l'automobile à la fin de la *n*ième année.

c) Au bout de combien d'années cette automobile vaudra-t-elle environ 10 000 $?

Défi **NOMBRES**

Sans recourir à une calculatrice, indique laquelle des expressions suivantes est la plus élevée : 3^{99} ou $3^{97} + 3^{97} + 3^{97}$. Décris ton raisonnement.

6.2 Les suites arithmétiques

Toute suite telle que 2, 5, 8, 11, …, où la différence entre deux termes consécutifs est une constante, porte le nom de **suite arithmétique**. Le premier terme, t_1, d'une suite arithmétique est représenté par la lettre a. On obtient chaque terme subséquent en additionnant à celui qui le précède une constante d appelée **raison arithmétique**.

EXPLORATION ET RECHERCHE

Pendant 200 ans environ, les entreprises forestières ont utilisé la rivière Gatineau pour transporter le bois provenant du Bouclier canadien. On y flottait les billes jusqu'à la rivière des Outaouais. Selon les évaluations, 2 % des centaines de millions de billes ainsi transportées par les eaux de la rivière Gatineau ont coulé avant d'arriver à destination. Celles qui se trouvent à une profondeur où l'oxygène est rare sont très bien conservées. Des plongeuses et des plongeurs en scaphandre autonome s'affairent aujourd'hui à les récupérer à des fins commerciales.

Or, durant toute plongée, on subit une pression correspondant à la somme de la pression de l'air et de celle de l'eau. Cette pression augmente à mesure que l'on s'enfonce sous l'eau, et ce, selon une suite arithmétique. Lorsque la pression atmosphérique est de 100 kPa (kilopascals), la pression sous l'eau atteint environ 110 kPa à 1 m de profondeur, 120 kPa à 2 m de profondeur, et ainsi de suite.

1. Reproduis la table ci-après et complète-la en fonction de cette suite.

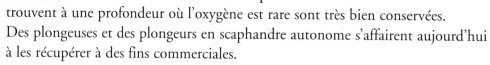

	Terme				
	t_1	t_2	t_3	t_4	t_5
Pression (kPa)	100	110	120	130	140
Pression (kPa) exprimée à l'aide de 100 et de 10	100	100 +1(10)			
Pression (kPa) exprimée à l'aide de a et de d	a	$a +$			

2. Quelles sont la valeur de a et celle de d à l'intérieur de cette suite ?

3. Lorsque tu construis une expression représentant un terme à l'aide de a et de d, tu établis en fait la formule de ce terme. Quelle est la formule de t_6 ? de t_8 ? de t_9 ?

4. Détermine la valeur de t_8 et celle de t_9.

5. La rivière Gatineau a une profondeur maximale de 35 m. Quelle est la pression subie par une plongeuse ou un plongeur à cette profondeur ?

EXEMPLE 1 **La détermination des termes d'une suite**

Détermine les six premiers termes de la suite arithmétique dont le terme général se traduit par la formule $t_n = 2n + 1$.

SOLUTION 1 **Méthode papier-crayon**

$t_n = 2n + 1$
$t_1 = 2(1) + 1 = 3$
$t_2 = 2(2) + 1 = 5$
$t_3 = 2(3) + 1 = 7$
$t_4 = 2(4) + 1 = 9$
$t_5 = 2(5) + 1 = 11$
$t_6 = 2(6) + 1 = 13$

Les six premiers termes sont 3, 5, 7, 9, 11 et 13.

SOLUTION 2 **Méthode par calculatrice à affichage graphique**

Au moyen des paramètres mode, active le mode de représentation graphique des suites (*Seq*). À l'aide de la fonction *sequence* du menu LIST OPS, génère les six premiers termes de la suite.

Ces six premiers termes sont 3, 5, 7, 9, 11 et 13.

Mentionnons que la suite arithmétique de l'exemple 1, définie par $t_n = 2n + 1$ ou $f(n) = 2n + 1$, constitue une fonction affine, comme le démontrent les représentations graphiques ci-après.

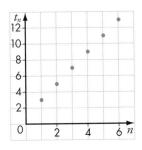

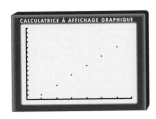

EXEMPLE 2 La détermination de la valeur d'un terme

Détermine la valeur de t_{10} à l'aide de la formule du terme général indiquée ci-après.

a) $t_n = 7 + 4n$ **b)** $f(n) = 5n - 8$

SOLUTION 1 Méthode papier-crayon

a) $t_n = 7 + 4n$
$t_{10} = 7 + 4(10)$
    $= 7 + 40$
    $= 47$

b) $f(n) = 5n - 8$
$f(10) = 5(10) - 8$
     $= 50 - 8$
     $= 42$

SOLUTION 2 Méthode par calculatrice à affichage graphique

Au moyen des paramètres mode, active le mode de représentation graphique des suites (*Seq*). Recours à la fonction *sequence* du menu LIST OPS pour faire apparaître le 10e terme de la suite.

a)

b)

La forme générale d'une suite arithmétique est
$a, a + d, a + 2d, a + 3d, \ldots$
où a représente le premier terme de la suite et d, sa raison.
$t_1 = a$
$t_2 = a + d$
$t_3 = a + 2d$
.
.
.
$t_n = a + (n - 1)d$, où n représente un entier positif.

Soulignons que d correspond à la différence entre deux termes consécutifs quelconques à l'intérieur de la suite.
Ainsi,
$t_2 - t_1 = (a + d) - a$
     $= d$
$t_3 - t_2 = (a + 2d) - (a + d)$
     $= a + 2d - a - d$
     $= d$

EXEMPLE 3 La détermination de la formule du terme général

Détermine la formule du terme général t_n et la valeur de t_{19} dans le cas de la suite arithmétique 8, 12, 16, …

SOLUTION

Dans le cas de cette suite, $a = 8$ et $d = 4$.

$$t_n = a + (n-1)d$$

Reporte $a = 8$ et $d = 4$: $\quad = 8 + (n-1)4$

Développe le tout : $\quad = 8 + 4n - 4$

Simplifie : $\quad = 4n + 4$

Voici trois façons de déterminer la valeur de t_{19}.

Méthode 1	*Méthode 2*	*Méthode 3*
$t_n = a + (n-1)d$	$t_n = 4n + 4$	Recourir à une calculatrice à affichage graphique.

Méthode 1

$t_{19} = a + (19 - 1)d$

$\quad = a + 18d$

$\quad = 8 + 18(4)$

$\quad = 8 + 72$

$\quad = 80$

Méthode 2

$t_{19} = 4(19) + 4$

$\quad = 76 + 4$

$\quad = 80$

Par conséquent, $t_n = 4n + 4$ et $t_{19} = 80$.

EXEMPLE 4 La détermination du nombre de termes que compte une suite

Combien y a-t-il de termes à l'intérieur de la suite –3, 2, 7, …, 152 ?

SOLUTION

Dans le cas de cette suite, $a = -3$, $d = 5$ et $t_n = 152$.

Reporte ces valeurs dans la formule du terme général, puis isole n.

$$t_n = a + (n-1)d$$

Reporte les valeurs connues : $152 = -3 + (n-1)5$

Développe le tout : $152 = -3 + 5n - 5$

Simplifie : $152 = 5n - 8$

Isole n : $152 + 8 = 5n - 8 + 8$

$$160 = 5n$$

$$\frac{160}{5} = \frac{5n}{5}$$

$$32 = n$$

La suite compte 32 termes.

EXEMPLE 5 La détermination du terme général à partir de deux termes connus

Soit une suite arithmétique où $t_7 = 121$ et $t_{15} = 193$. Trouve les trois premiers termes de cette suite et son terme général t_n.

SOLUTION

Reporte les valeurs connues dans la formule du $n$ième terme afin d'établir un système d'équations. Résous ensuite ce système.

$$t_n = a + (n-1)d$$

Représente t_7 par une équation : $121 = a + (7-1)d$

$121 = a + 6d$ (1)   **L'équation (1) est la première équation.**

Représente t_{15} par une équation : $193 = a + (15-1)d$

$193 = a + 14d$ (2)

Soustrais (1) de (2) : $72 = 8d$

Isole d : $9 = d$

Reporte $d = 9$ dans (1) : $121 = a + 6(9)$

Isole a : $121 = a + 54$

$67 = a$ **Tu peux vérifier ta solution en reportant $a = 67$ et $d = 9$ dans (2).**

Puisque $a = 67$ et $d = 9$, les trois premiers termes de la suite sont 67, 76 et 85.

Pour définir t_n, reporte $a = 67$ et $d = 9$ dans la formule du $n$ième terme.

$$t_n = a + (n-1)d$$
$$t_n = 67 + (n-1)9$$

Simplifie : $t_n = 67 + 9n - 9$

$$t_n = 9n + 58$$

Les trois premiers termes sont donc 67, 76 et 85, et $t_n = 9n + 58$.

Concepts clés

- La forme générale d'une suite arithmétique est a, $a + d$, $a + 2d$, $a + 3d$, ...,
où a représente le premier terme de la suite et d, sa raison.
- La formule du $n$ième terme, t_n ou $f(n)$, d'une suite arithmétique est
$t_n = a + (n - 1)d$, où n représente un entier positif.

Communique ce que tu as compris

1. Décris comment tu trouverais les six premiers termes de la suite
arithmétique dont le terme général est défini par la formule $t_n = 4n - 3$.

2. a) Décris comment tu déterminerais la formule du terme général de
la suite arithmétique 3, 8, 13, 18, ...

b) Décris comment tu déterminerais la valeur de t_{46} à l'intérieur de cette suite.

3. Décris comment tu déterminerais combien de termes forment la suite
5, 10, 15, ..., 235.

4. Décris comment tu déterminerais le terme général d'une suite arithmétique
où $t_5 = 11$ et $t_{12} = 25$.

Exercices

A

1. Trouve les trois termes suivants de chaque suite arithmétique ci-après.

a) 3, 7, 11, ...

b) 33, 27, 21, ...

c) −23, −18, −13, ...

d) 25, 18, 11, ...

e) 5,8, 7,2, 8,6, ...

f) $\dfrac{3}{4}, \dfrac{5}{4}, \dfrac{7}{4}, \ldots$

2. Détermine les quatre premiers termes de chaque suite arithmétique dont la
formule du terme général figure ci-après.

a) $t_n = 3n + 5$

b) $f(n) = 2n - 7$

c) $t_n = 4n - 1$

d) $f(n) = 6 - n$

e) $t_n = -5n - 2$

f) $f(n) = \dfrac{n+3}{2}$

3. Détermine la valeur du terme indiqué de chaque suite arithmétique dont la
formule du terme général figure ci-après.

a) $t_n = 2n - 5$; t_{11}

b) $t_n = 4 + 3n$; t_{15}

c) $f(n) = -4n + 5$; t_{10}

d) $f(n) = 0,1n - 1$; t_{25}

e) $t_n = 2,5n + 3,5$; t_{30}

f) $f(n) = \dfrac{2n-1}{3}$; t_{12}

4. Indique lesquelles parmi les suites ci-après sont de type arithmétique. Fournis la valeur de a et celle de d dans le cas des suites arithmétiques.

a) 5, 9, 13, 17, …

b) 1, 6, 10, 15, 19, …

c) 2, 4, 8, 16, 32, …

d) −1, −4, −7, −10, …

e) 1, −1, 1, −1, 1, …

f) $\dfrac{1}{2}, \dfrac{2}{3}, \dfrac{3}{4}, \dfrac{4}{5}, \dots$

g) −4, −2,5, −1, 0,5, …

h) $y, y^2, y^3, y^4, \dots$

i) $x, 2x, 3x, 4x, \dots$

j) $c, c+2d, c+4d, c+6d, \dots$

5. À partir des valeurs indiquées de a et de d, détermine les cinq premiers termes de la suite arithmétique correspondante.

a) $a = 7$, $d = 2$

b) $a = 3$, $d = 4$

c) $a = -4$, $d = 6$

d) $a = 2$, $d = -3$

e) $a = -5$, $d = -8$

f) $a = \dfrac{5}{2}$, $d = \dfrac{1}{2}$

g) $a = 0$, $d = -0,25$

h) $a = 8$, $d = x$

i) $t_1 = 6$, $d = y + 1$

j) $t_1 = 3m$, $d = 1 - m$

6. Détermine la formule du terme général et la valeur des termes indiqués dans le cas de chaque suite arithmétique ci-après.

a) 6, 8, 10, … ; t_{10} et t_{34}

b) 12, 16, 20, … ; t_{18} et t_{41}

c) 9, 16, 23, … ; t_9 et t_{100}

d) −10, −7, −4, … ; t_{11} et t_{22}

e) −4, −9, −14, … ; t_{18} et t_{66}

f) $\dfrac{1}{2}, \dfrac{3}{2}, \dfrac{5}{2}, \dots$; t_{12} et t_{21}

g) 5, −1, −7, … ; t_8 et t_{14}

h) 7, 10, 13, … ; t_{15} et t_{30}

i) 10, 8, 6, … ; t_{13} et t_{22}

j) $x, x+4, x+8, \dots$; t_{14} et t_{45}

7. Détermine le nombre de termes que comporte chaque suite arithmétique ci-après.

a) 10, 15, 20, … , 250

b) 1, 4, 7, … , 121

c) 40, 38, 36, … , −30

d) −11, −7, −3, … , 153

e) −2, −8, −14, … , −206

f) $-6, -\dfrac{7}{2}, -1, \dots, 104$

g) $x + 2, x + 9, x + 16, \dots, x + 303$

8. Détermine la valeur de a et celle de d ainsi que la formule du terme général t_n dans le cas des suites arithmétiques comprenant les termes suivants.

a) $t_5 = 16$ et $t_8 = 25$

b) $t_{12} = 52$ et $t_{22} = 102$

c) $t_{50} = 140$ et $t_{70} = 180$

d) $t_2 = -12$ et $t_5 = 9$

e) $t_7 = -37$ et $t_{10} = -121$

f) $t_8 = 166$ et $t_{12} = 130$

g) $t_4 = 2,5$ et $t_{15} = 6,9$

h) $t_3 = 4$ et $t_{21} = -5$

9. Soit une suite arithmétique dont le troisième terme est 24 et le neuvième, 54.

a) Quel est son premier terme ?

b) Quelle est la formule de son terme général ?

10. Soit une suite arithmétique dont le 4e terme est 14 et le 11e, -35.

a) Quels sont ses quatre premiers termes ?

b) Quelle est la formule de son terme général ?

Application, résolution de problèmes, communication

11. Soit la suite arithmétique représentée graphiquement ci-contre.

a) Quels sont ses cinq premiers termes ?

b) Quelles sont la valeur de t_{50} et celle de t_{200} à l'intérieur de cette suite ?

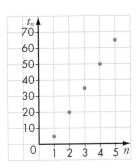

B

12. Trouve la raison arithmétique de la suite dont le terme général est défini par $t_n = 2n - 3$.

13. Reproduis les suites arithmétiques ci-après et complète-les. Pour chacune, représente graphiquement t_n en fonction de n.

a) ■, ■, 14, ■, 26   **b)** ■, 3, ■, ■, -18

14. Les Jeux olympiques Les premiers Jeux olympiques d'été de l'ère moderne ont eu lieu à Athènes (Grèce) en 1896. On comptait présenter ces jeux tous les quatre ans, de sorte que les années en cause forment une suite arithmétique.

a) Quelles sont la valeur de a et celle de d à l'intérieur de cette suite ?

b) Recherche Certains Jeux olympiques ont dû être annulés. Lesquels et pourquoi ?

c) Quel est le rang des termes correspondant aux années au cours desquelles les Jeux olympiques ont été annulés ?

d) Quel est le rang du terme correspondant aux prochains Jeux olympiques d'été ?

15. Les multiples Combien y a-t-il de multiples de 5 de 15 à 450 ?

16. Soit une suite arithmétique de raison 15 dont le 18e terme est 262. Quel est son premier terme ?

17. Les déplacements routiers Barrie se situe au nord de Toronto à une distance de 60 km en automobile. Si tu quittes Barrie pour te diriger vers le nord en roulant à 80 km/h, à quelle distance te trouveras-tu de Toronto au bout :

a) d'une heure ?   **b)** de deux heures ?   **c)** de t heures ?

18. Recherche et résolution de problèmes Des comètes s'approchent et s'éloignent de la Terre à intervalles réguliers. Ainsi, la comète de Halley atteint le point de son orbite le plus rapproché de la Terre environ tous les 76 ans. De même, on s'attend à ce que la comète de Finlay atteigne le point de son orbite le plus rapproché de la Terre en 2009 et en 2037 ainsi qu'à trois reprises dans l'intervalle. Quelles sont les années où cette comète passera le plus près de la Terre entre 2009 et 2037 ?

19. Les travaux d'électricité Annabelle est électricienne. Lorsqu'elle effectue une visite, elle exige 60 $ plus une somme établie selon un tarif horaire. Elle demande ainsi 420 $ pour une visite de 8 heures.

a) Quel est son tarif horaire ?

b) Combien demandera-t-elle pour une visite de 5 heures ?

20. La rémunération Franco dirige un centre de culture physique. Il reçoit un salaire annuel de 25 000 $, auquel s'ajoute une somme de 200 $ par abonnement vendu. Combien gagne-t-il au total durant l'année s'il vend 71 abonnements ? 88 abonnements ? 104 abonnements ?

21. Les tailles des bagues La taille d'une bague fait référence à un diamètre intérieur normalisé. Le tableau ci-contre indique le diamètre intérieur associé à cinq tailles différentes.

Taille de la bague	Diamètre intérieur (mm)
1	12,37
2	13,2
3	14,03
4	14,86
5	15,69

a) Détermine la formule du terme général de la suite formée par ces diamètres intérieurs.

b) À l'aide de cette formule, trouve le diamètre intérieur d'une bague de taille 13.

22. L'étalage de marchandises L'un des étalages d'un magasin consiste en une pile de boîtes triangulaire. Le nombre de boîtes des différentes rangées de cette pile forme une suite arithmétique. La 3e rangée à partir de la base compte 41 boîtes, et la 12e, 23 boîtes.

a) Combien de boîtes la première rangée (du bas) comprend-elle ?

b) Quelle est la formule du terme général de cette suite ?

c) Quel est le nombre maximal possible de rangées de boîtes ?

23. Application À leur première séance d'entraînement, les membres d'une équipe de soccer ont effectué 8 sprints de 40 m pour améliorer leur endurance. À chaque séance d'entraînement subséquente, ils ont effectué 2 sprints de plus que lors de la séance précédente.

a) Quelles sont la valeur de a et celle de d à l'intérieur de la suite en cause ?

b) Indique la formule du terme général de cette suite.

c) Combien de sprints les membres de l'équipe ont-ils effectués lors de leur 15e séance d'entraînement ? Combien de mètres ont-il ainsi parcourus ?

24. Les régularités Combien de points la 51e figure de cet ensemble comprendra-t-elle ?

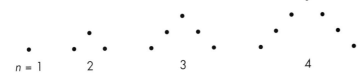

$n = 1$ 2   3   4

25. Les régularités Soit les figures ci-contre, composées d'astérisques formant un U.

a) Combien d'astérisques la quatrième figure de cet ensemble comptera-t-elle ?

b) Quelle est la formule du terme général de la suite formée par le nombre d'astérisques de chaque figure ?

c) Combien d'astérisques la 25e figure comptera-t-elle ?

d) Quelle figure comportera 139 astérisques ?

```
*       *   *   *       *
*       *   *   *       *
* *     * * *   * * * *
* * *   * * * * * * * * *
  1       2         3
```

26. L'astronomie Il s'écoule 29,53 jours d'une pleine lune à l'autre. Soit une année où la première pleine lune a eu lieu 12,31 jours après le début de l'année.

a) Combien de jours après le début de l'année la neuvième pleine lune a-t-elle eu lieu ?

b) À quelle heure la neuvième pleine lune a-t-elle eu lieu ?

27. Soit une suite arithmétique dont le 8e terme est 5,3 et le 14e, 8,3. Quel est son 5e terme ?

28. Communication a) À l'aide des différences, explique pourquoi la représentation graphique de t_n en fonction de n est linéaire dans le cas d'une suite arithmétique.

b) Explique pourquoi les points de cette représentation graphique ne sont pas reliés par une droite.

29. Le mouvement d'un pendule On appelle « période » le temps que met un pendule à effectuer une oscillation. Sur la Terre, cette période P, en secondes, se traduit approximativement par la formule $P = 2\sqrt{l}$, où l représente la longueur du pendule en mètres. Soit un pendule de 1 m qui termine sa première période à 10 h 15 min 30 s, c'est-à-dire 15 minutes 30 secondes après 10 heures.

a) À quelle heure terminera-t-il sa 100e période ? sa 151e ?

b) Combien de périodes aura-t-il terminées à 10 h 30 précisément ?

30. Le mouvement d'un pendule Réponds de nouveau à la question 29 pour un pendule de 9 m soumis aux conditions prévalant sur la Terre.

31. Le mouvement d'un pendule La période d'un pendule varie selon l'accélération due à la pesanteur et ne serait donc pas la même sur la Lune que sur la Terre. Sur la Lune, cette période P, en secondes, se traduirait approximativement par la formule $P = 5\sqrt{l}$, où l représente la longueur du pendule en mètres. Réponds de nouveau à la question 29 pour un pendule de 1 m soumis aux conditions prévalant sur la Lune.

32. **La mesure** Soit un triangle rectangle dont la longueur des côtés forme une suite arithmétique de raison 2. Quelle est la longueur de ses côtés ?

33. La somme des deux premiers termes d'une suite arithmétique égale 16. La somme de son deuxième et de son troisième terme égale 28. Quels sont les trois premiers termes de cette suite ?

34. **a)** Comment la somme du premier et du quatrième terme d'une suite arithmétique se compare-t-elle à la somme de son deuxième et de son troisième terme ? Explique ta réponse.
b) Trouve deux autres paires de termes dont les sommes présentent la même relation que dans le cas des deux paires indiquées en a).

35. Les quatre premiers termes d'une suite arithmétique sont 4, 13, 22 et 31. Lequel des nombres ci-après appartient à cette suite ?   316   317   318   319   320

36. **L'algèbre** Soit une suite arithmétique dont le premier terme correspond à $3x + 2y$ et le troisième, à $7x$. Construis une expression représentant le deuxième terme de cette suite.

37. **L'algèbre** Détermine la valeur que x doit avoir pour que chacune des suites ci-après soit arithmétique.
a) 2, 8, 14, $4x$, ...
b) 1, 3, 5, $2x - 1$, ...
c) $x - 2$, $x + 2$, 5, 9, ...
d) $x - 4$, 6, x, ...
e) $x + 8$, $2x + 8$, $-x$, ...

38. **L'algèbre** Indique la valeur de x qui fait des trois expressions indiquées des termes consécutifs d'une suite arithmétique.
a) $2x - 1$, $4x$ et $5x + 3$
b) x, $0,5x + 7$ et $3x - 1$
c) $2x$, $3x + 1$ et $x^2 + 2$

39. **L'algèbre** Détermine le premier terme, la raison et le terme général de la suite arithmétique où $t_7 = 3 + 5x$ et $t_{11} = 3 + 23x$.

40. **L'algèbre** Démontre que $t_n - t_{n-1} = d$ pour toute suite arithmétique.

VÉRIFIONS NOS PROGRÈS

Connaissance et compréhension • Réflexion, recherche et résolution de problèmes • Communication • Mise en application

3, 14, 25, ... et 2, 9, 16, ... sont deux suites arithmétiques. Détermine les 10 premiers termes semblables aux deux suites.

DÉFI *logique*

Soit une boîte renfermant cinq cubes de couleur et un espace vide de mêmes dimensions que l'un des cubes.

Les déplacements s'effectuent ici comme aux dames. Un cube peut donc glisser directement dans un espace vide ou passer par-dessus un autre cube pour l'atteindre. Trouve le nombre minimal de déplacements requis pour inverser l'ordre des cubes.

6.3 Les suites géométriques

À l'intérieur de la suite 2, 10, 50, 250, ..., on détermine chaque terme suivant le premier en multipliant par 5 le terme qui le précède. De ce fait, le rapport entre deux termes consécutifs de cette suite est une constante.

$$\frac{10}{2} = 5 \qquad \frac{50}{10} = 5 \qquad \frac{250}{50} = 5$$

C'est ce que l'on appelle une **suite géométrique**. Le rapport entre deux termes consécutifs d'une telle suite porte le nom de **raison géométrique**. La suite 2, 10, 50, 250, ... a une raison géométrique de 5.

Le premier terme, t_1, d'une suite géométrique est représenté par la lettre a. On obtient chaque terme subséquent en multipliant celui qui le précède par la raison géométrique r.

EXPLORATION ET RECHERCHE

Un piano acoustique comporte 88 touches. Chaque touche produit une note d'une fréquence différente. On mesure cette fréquence en hertz (Hz). Un hertz correspond à une vibration par seconde. La première note du registre d'un piano, et la plus grave, est un *la* d'une fréquence de 27,5 Hz.

Le registre d'un piano comprend huit *la*. Le deuxième a une fréquence deux fois plus élevée que le premier, soit 55 Hz. Le troisième a une fréquence deux fois plus élevée que le deuxième, soit 110 Hz. Chaque *la* subséquent a une fréquence deux fois plus élevée que celui qui le précède.

Les quatre premiers *la* ont respectivement une fréquence de 27,5 Hz, 55 Hz, 110 Hz et 220 Hz. Or, les nombres 27,5, 55, 110 et 220 forment une suite géométrique.

1. Reproduis la table ci-après et complète-la en fonction de cette suite.

	Note							
	La_1	La_2	La_3	La_4	La_5	La_6	La_7	La_8
Fréquence (Hz)	27,5	55	110	220				
Fréquence (Hz) exprimée à l'aide de 27,5 et de puissances de 2	27,5	$27,5 \times 2^1$						
Fréquence (Hz) exprimée à l'aide de a et de r	a	$a \times$						

2. Quelles sont la valeur de a et celle de r à l'intérieur de cette suite?

3. Lorsque tu construis une expression représentant un terme à l'aide de a et de r, tu établis en fait la formule de ce terme. Quelle est la formule de t_6? de t_7? de t_8?

4. Détermine la valeur de t_6, de t_7 et de t_8.

5. Écris la formule du terme général de cette suite géométrique.

6. Le registre d'un piano comprend sept *sol* dont la fréquence double de l'un à l'autre. Le *sol* le plus grave a une fréquence de 49 Hz. Détermine la fréquence du plus aigu.

7. Décris en quoi la formule du terme général d'une suite arithmétique et celle du terme général d'une suite géométrique se ressemblent et en quoi elles diffèrent.

8. Indique la formule du terme général de la suite 2, –10, 50, –250, …

Exemple 1 **La détermination des termes d'une suite**

Détermine les cinq premiers termes de la suite géométrique dont le terme général se traduit par la formule $t_n = 5(-2)^{n-1}$.

Solution 1 **Méthode papier-crayon**

$t_n = 5(-2)^{n-1}$

$t_1 = 5(-2)^{1-1}$	$t_2 = 5(-2)^{2-1}$	$t_3 = 5(-2)^{3-1}$	$t_4 = 5(-2)^{4-1}$	$t_5 = 5(-2)^{5-1}$
$= 5(-2)^0$	$= 5(-2)^1$	$= 5(-2)^2$	$= 5(-2)^3$	$= 5(-2)^4$
$= 5(1)$	$= 5(-2)$	$= 5(4)$	$= 5(-8)$	$= 5(16)$
$= 5$	$= -10$	$= 20$	$= -40$	$= 80$

Les cinq premiers termes sont 5, –10, 20, –40 et 80.

Solution 2 **Méthode par calculatrice à affichage graphique**

Règle les paramètres mode pour permettre la représentation graphique de suites (*Seq*). À l'aide de la fonction *sequence* du menu LIST OPS, génère les cinq premiers termes de la suite.

Ces cinq premiers termes sont 5, –10, 20, –40 et 80.

EXEMPLE 2 La détermination de la valeur d'un terme

Détermine la valeur de t_6 à l'aide de la formule du terme général indiquée ci-après.

a) $t_n = 3(2)^{n-1}$ **b)** $f(n) = -5(4)^{n-1}$

SOLUTION 1 Méthode papier-crayon

a) $t_n = 3(2)^{n-1}$
$t_6 = 3(2)^{6-1}$
  $= 3(2)^5$
  $= 3(32)$
  $= 96$

b) $f(n) = -5(4)^{n-1}$
$f(6) = -5(4)^{6-1}$
  $= -5(4)^5$
  $= -5(1024)$
  $= -5120$

SOLUTION 2 Méthode par calculatrice à affichage graphique

Règle les paramètres mode pour permettre la représentation graphique de suites (*Seq*). Recours à la fonction *sequence* du menu LIST OPS pour faire apparaître le sixième terme de la suite.

a)
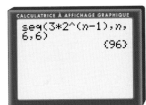

b)
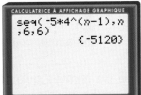

La forme générale d'une suite géométrique est a, ar, ar^2, ar^3, ..., où a représente le premier terme de la suite et r, sa raison.

$t_1 = a$
$t_2 = ar$
$t_3 = ar^2$
.
.
.
$t_n = ar^{n-1}$, où n représente un nombre naturel et $r \neq 0$.

Soulignons que r correspond au rapport entre deux termes consécutifs quelconques à l'intérieur de la suite.

Ainsi, $\dfrac{t_2}{t_1} = \dfrac{ar}{a}$ $\dfrac{t_3}{t_2} = \dfrac{ar^2}{ar}$
        $= r$ $= r$

EXEMPLE 3 La détermination de la formule du terme général

Détermine la formule du terme général t_n et la valeur de t_6 dans le cas de la suite géométrique 2, 6, 18, …

SOLUTION

Dans le cas de la suite indiquée, $a = 2$ et $r = 3$.

$$t_n = ar^{n-1}$$
Reporte $a = 2$ et $r = 3$: $= 2(3)^{n-1}$

La formule du terme général est $t_n = 2(3)^{n-1}$.

Voici trois façons de déterminer la valeur de t_6.

Méthode 1	*Méthode 2*	*Méthode 3*
$t_n = ar^{n-1}$	$t_n = 2(3)^{n-1}$	Recourir à une calculatrice à affichage graphique.

Méthode 1

$t_6 = 2(3)^{6-1}$
$\quad = 2(3)^5$
$\quad = 2(243)$
$\quad = 486$

Méthode 2

$t_6 = 2(3)^{6-1}$
$\quad = 2(3)^5$
$\quad = 2(243)$
$\quad = 486$

Méthode 3

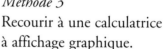

Par conséquent, $t_n = 2(3)^{n-1}$ et $t_6 = 486$.

EXEMPLE 4 La détermination du nombre de termes que compte une suite

Détermine le nombre de termes que comprend la suite géométrique 3, 6, 12, …, 384.

SOLUTION

Dans le cas de cette suite, $a = 3$, $r = 2$ et $t_n = 384$.

Reporte ces valeurs dans la formule du $n$ième terme, puis isole n.

$$t_n = ar^{n-1}$$

Reporte les valeurs connues : $384 = 3(2)^{n-1}$

Divise chaque membre par 3 : $\dfrac{384}{3} = \dfrac{3(2)^{n-1}}{3}$

Simplifie : $128 = 2^{n-1}$

Transforme 128 en une puissance de 2 : $2^7 = 2^{n-1}$

Établis une égalité entre les exposants : $7 = n - 1$

Isole n : $8 = n$

La suite compte 8 termes.

EXEMPLE 5 La détermination du terme général à partir de deux termes connus

Soit une suite géométrique où $t_5 = 1875$ et $t_7 = 46\,875$. Trouve les trois premiers termes de cette suite et son terme général t_n.

SOLUTION

Reporte les valeurs connues dans la formule du $n$ième terme afin d'établir un système d'équations. Résous ensuite ce système.

$$t_n = ar^{n-1}$$

Représente t_5 par une équation :
$$1875 = ar^{5-1}$$
$$1875 = ar^4 \qquad (1)$$

Représente t_7 par une équation :
$$46\,875 = ar^{7-1}$$
$$46\,875 = ar^6 \qquad (2)$$

Divise (2) par (1) :
$$\frac{46\,875}{1875} = \frac{ar^6}{ar^4}$$
$$25 = r^2$$

Isole r :
$$\pm 5 = r$$

Puisque $r = 5$ ou $r = -5$, il y a deux solutions possibles.

Reporte $r = 5$ dans (1) :
$$1875 = a(5)^4$$
$$1875 = 625a$$

Isole a :
$$3 = a$$

Puisque $a = 3$ et $r = 5$, les trois premiers termes de la suite sont 3, 15 et 75.

Reporte $a = 3$ et $r = 5$ dans la formule du $n$ième terme.
$$t_n = ar^{n-1}$$
$$t_n = 3(5)^{n-1}$$

Reporte $r = -5$ dans (1) :
$$1875 = a(-5)^4$$
$$1875 = 625a$$

Isole a :
$$3 = a$$

Puisque $a = 3$ et $r = -5$, les trois premiers termes de la suite sont 3, -15 et 75.

Reporte $a = 3$ et $r = -5$ dans la formule du $n$ième terme.
$$t_n = ar^{n-1}$$
$$t_n = 3(-5)^{n-1}$$

Par conséquent, les trois premiers termes sont 3, 15 et 75 et $t_n = 3(5)^{n-1}$, ou les trois premiers termes sont 3, -15 et 75 et $t_n = 3(-5)^{n-1}$.

Concepts clés

- La forme générale d'une suite géométrique est a, ar, ar^2, ar^3, ..., où a représente le premier terme de la suite et r, sa raison.
- La formule du $n$ième terme, t_n ou $f(n)$, d'une suite géométrique est $t_n = ar^{n-1}$, où n représente un entier positif.

Communique ce que tu as compris

1. Soit une suite de nombres présentés en ordre croissant. Décris comment tu déterminerais s'il s'agit d'une suite arithmétique, géométrique ou autre.

2. Décris comment tu déterminerais les cinq premiers termes de la suite géométrique dont le terme général est défini par la formule $t_n = 4(3)^{n-1}$.

3. a) Décris comment tu déterminerais la formule du terme général de la suite géométrique 4, 8, 16, 32, ...

b) Décris comment tu déterminerais la valeur de t_{12} à l'intérieur de cette suite.

4. Décris comment tu déterminerais combien de termes forment la suite 5, 10, 20, ..., 1280.

5. Décris comment tu déterminerais le terme général d'une suite géométrique où $t_3 = 28$ et $t_4 = 56$.

Exercices

A

1. Indique si chacune des suites ci-après est arithmétique, géométrique ou autre, puis trouve ses deux termes suivants.

a) 1, 4, 9, 16, ...

b) 1, 2, 4, 8, ...

c) 7, 14, 21, 28, ...

d) 1, 2, 4, 7, 11, ...

e) 20, 16, 12, 8, ...

f) 32, 16, 8, 4, ...

g) $\dfrac{11}{3}$, $\dfrac{10}{3}$, $\dfrac{8}{3}$, $\dfrac{5}{3}$, ...

h) 0,5, 1,5, 4,5, 13,5, ...

2. Indique la raison et les trois termes suivants de chaque suite géométrique ci-après.

a) 1, 3, 9, 27, ...

b) 5, 10, 20, 40, ...

c) 2, −8, 32, −128, ...

d) 7, −7, 7, −7, ...

e) 0,5, 5, 50, 500, ...

f) $\dfrac{1}{3}$, $\dfrac{2}{3}$, $\dfrac{4}{3}$, $\dfrac{8}{3}$, ...

g) 64, 32, 16, 8, ...

h) 800, −400, 200, −100, ...

3. Énumère les cinq premiers termes des suites géométriques résultant des valeurs suivantes.

a) $a = 4$ et $r = 3$ **b)** $a = 20$ et $r = 4$

c) $a = 1024$ et $r = 0,5$ **d)** $a = 0,043$ et $r = 10$

e) $a = 8$ et $r = -1$ **f)** $a = -10$ et $r = -5$

4. Détermine les quatre premiers termes de chaque suite géométrique dont la formule du terme général figure ci-après.

a) $t_n = 4(2)^{n-1}$

b) $t_n = 10(3)^{n-1}$

c) $t_n = 2(-2)^{n-1}$

d) $f(n) = 5(-3)^{n-1}$

e) $t_n = -3(2)^{n-1}$

f) $t_n = -2(-3)^{n-1}$

g) $f(n) = 0,5(4)^{n-1}$

h) $t_n = -(-1)^{n-1}$

i) $f(n) = 200(0,5)^{n-1}$

j) $f(n) = -1000(-0,1)^{n-1}$

5. Détermine la formule du terme général et la valeur des termes indiqués dans le cas de chaque suite géométrique ci-après.

a) $2, 4, 8, \dots$; t_7 et t_{12}

b) $1, 5, 25, \dots$; t_6 et t_9

c) $4, 12, 36, \dots$; t_8 et t_{10}

d) $64, 32, 16, \dots$; t_7 et t_{10}

e) $6, 0,6, 0,06, \dots$; t_6 et t_8

f) $-3, 6, -12, \dots$; t_7 et t_9

g) $729, -243, 81, \dots$; t_6 et t_{10}

h) $4, -40, 400, \dots$; t_8 et t_{12}

6. Détermine le nombre de termes que comporte chaque suite géométrique ci-après.

a) $4, 12, 36, \dots , 2916$

b) $3, 6, 12, \dots , 1536$

c) $2, -4, 8, \dots , -1024$

d) $4374, 1458, 486, \dots , 2$

e) $\dfrac{1}{2}, \dfrac{1}{4}, \dfrac{1}{8}, \dots , \dfrac{1}{1024}$

f) $\dfrac{1}{25}, \dfrac{1}{5}, 1, \dots , 625$

g) $\dfrac{2}{81}, \dfrac{4}{27}, \dfrac{8}{9}, \dots , 6912$

h) $-409,6, 102,4, -25,6, \dots , 0,025$

7. À partir des deux termes indiqués, trouve la formule du terme général de la suite géométrique correspondante.

a) $t_3 = 36$, $t_4 = 108$ **b)** $t_2 = 6$, $t_3 = -12$

c) $t_4 = 64$, $t_5 = 32$ **d)** $t_2 = 4$, $t_4 = 64$

e) $t_5 = 80$, $t_7 = 320$ **f)** $t_3 = 99$, $t_5 = 11$

Application, résolution de problèmes, communication

8. La mesure Soit trois triangles dont les angles intérieurs mesurent 30°, 60° et 90° et dont la longueur des côtés est indiquée sur la figure. Détermine la longueur des côtés du quatrième triangle de cette suite.

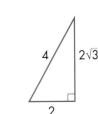
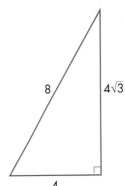

B

9. Le ballon Un ballon gonflé à l'hélium présente initialement un volume de 20 000 cm³. Toutes les 24 heures, il perd le cinquième de l'hélium qu'il renferme.

a) Écris les termes de la suite indiquant le volume du ballon au début de la première journée et des quatre suivantes.

b) Quelle est la raison géométrique de cette suite?

c) Quel volume d'hélium y aura-t-il à l'intérieur du ballon au début des sixième et septième jours?

10. La démographie Pendant 10 ans, la population d'une ville a augmenté chaque année de 5 % par rapport à l'année précédente. Si cette ville comptait initialement 200 000 habitants, quelle était sa population au bout de ces 10 ans?

11. La pompe à vide À chaque course de son piston, une pompe à vide aspire le tiers de l'air encore présent à l'intérieur d'un récipient. À l'unité près, quel pourcentage de la quantité initiale d'air restera-t-il dans le récipient lorsque le piston aura effectué 10 courses?

12. La photocopie Beaucoup de photocopieurs peuvent reproduire un document à une échelle réduite. La plupart peuvent en réduire les dimensions tout au plus à 64 % de leurs valeurs initiales. En utilisant un photocopieur ainsi réglé, combien de reproductions successives devra-t-on effectuer pour réduire une image à moins de 10 % de sa taille initiale?

13. La biologie Soit une bactérie qui se divise en deux toutes les 10 minutes. Si ce taux de division se maintient, combien y aura-t-il de bactéries au bout de deux heures?

14. Soit une suite dont les deux premiers termes sont 3 et 6.

a) Énumère ses cinq premiers termes s'il s'agit d'une suite arithmétique.

b) Énumère ses cinq premiers termes s'il s'agit d'une suite géométrique.

c) Représente graphiquement ces deux suites et compare leurs graphiques.

15. Quel rang occupe 2916 dans la suite géométrique 4, 12, 36, … ?

16. Application Le taux de désintégration d'une substance radioactive varie d'un isotope à l'autre. On appelle « demi-vie » ou « période radioactive » le temps que met la moitié de tout échantillon à se désintégrer. Le baryum 123 a une demi-vie de 2 min.

a) Écris une équation permettant de déterminer la quantité restante de tout échantillon de baryum 123 au bout de n demi-vies.

b) On s'est procuré un échantillon frais de 80 mg de baryum 123 afin de réaliser une expérience. Il a fallu 10 min pour préparer le matériel avant de procéder. Quelle masse de baryum 123 restait-il au moment où l'on a entrepris l'expérience?

17. Communication La suite qu'on obtient en multipliant chaque terme d'une suite géométrique par un même nombre est-elle aussi géométrique ? Explique ta réponse.

18. Un timbre rare On s'attend à ce que la valeur d'un timbre rare suive une progression géométrique d'une année à l'autre. Or, elle est actuellement de 800 $ et devrait atteindre 1250 $ dans deux ans. Quelle sera la valeur du timbre :

a) dans un an ? **b)** dans trois ans ?

19. a) La représentation graphique de t_n en fonction de n est-elle linéaire ou non dans le cas d'une suite géométrique ?

b) À l'aide des premières différences, explique ta réponse en a).

20. Le mouvement d'un pendule Un pendule décrit un arc de 50 cm à sa première oscillation. La longueur de l'arc qu'il décrit à chaque oscillation subséquente correspond à 0,97 de celle de l'arc associé à son oscillation précédente. Quelle sera, au centième de centimètre près, la longueur de l'arc associé :

a) à sa 10ᵉ oscillation ? **b)** à sa 15ᵉ oscillation ?

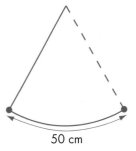

50 cm

C

21. L'algèbre Démontre que $t_n \div t_{n-1} = r$ pour toute suite géométrique.

22. L'algèbre Détermine la valeur que x doit avoir pour que chacune des suites ci-après soit géométrique.

a) 4, 8, 16, $3x + 2$, … **b)** 2, 6, $5x - 2$, …

23. Recherche et résolution de problèmes Les longueurs des côtés d'un triangle peuvent-elles être des termes consécutifs d'une suite géométrique ? Explique ton raisonnement.

24. L'algèbre Soit une suite géométrique dont les trois premiers termes sont w, x et y. Exprime y en fonction de w et de x. Vérifie ta solution à l'aide des trois premiers termes d'une suite géométrique quelconque.

25. La moyenne géométrique Lorsque a, x et b sont trois termes consécutifs d'une suite géométrique, x constitue la moyenne géométrique de a et b. Détermine la moyenne géométrique de :

a) 2 et 8 **b)** 5 et 180 **c)** m et n

26. Détermine le premier terme, la raison et le terme général des suites géométriques renfermant les termes indiqués.

a) $t_5 = 48$ et $t_8 = 384$ **b)** $t_3 = 24$ et $t_6 = -192$

27. L'algèbre Détermine le premier terme, la raison et le terme général des suites géométriques renfermant les termes indiqués.

a) $f(3) = 5x^6$ et $f(10) = 5x^{20}$ **b)** $f(4) = 8x^3$ et $f(9) = 256x^8$

28. L'algèbre Trouve la valeur des termes indiqués de chaque suite géométrique ci-après.

a) $2x, 4x^2, 8x^3, \ldots ; t_n$ et t_{10} **b)** $\dfrac{1}{2}, \dfrac{x}{4}, \dfrac{x^2}{8}, \ldots ; t_n$ et t_6

c) $\dfrac{1}{x^4}, \dfrac{1}{x^2}, 1, \ldots ; t_n$ et t_{25} **d)** $3x^{10}, -3x^9, 3x^8, \ldots ; t_n$ et t_{20}

LE MONDE DU TRAVAIL *La comptabilité*

Toute organisation a besoin de surveiller et de noter ses activités financières. Ce sont les comptables qui se chargent d'évaluer les activités financières d'une organisation et de faire un rapport sur celles-ci. Les origines de leur profession remontent aux temps anciens. La première réunion officielle de comptables tenue en Amérique du Nord a eu lieu à Montréal en 1879.

Les rapports comptables sont utilisés à l'intérieur même d'une organisation dans le but de planifier l'avenir. On les met aussi à la disposition de certains intervenants de l'extérieur, comme les banques et les autorités fiscales, qui ont besoin de connaître la situation financière de l'organisation. Ces intervenants font eux aussi appel à des comptables pour interpréter les rapports reçus et surveiller leurs propres activités financières.

1. L'amortissement L'Agence des douanes et du revenu du Canada veille à l'application des lois fiscales du pays. Elle accorde certaines déductions pour l'amortissement du matériel utilisé à des fins commerciales. Le taux d'amortissement annuel applicable est de 30 % dans le cas du matériel informatique. Imagine que tu es comptable et que l'entreprise pour laquelle tu travailles vient d'acquérir du matériel informatique valant actuellement 60 000 $.

a) Calcule la valeur que l'Agence des douanes et du revenu du Canada attribuera à ce matériel dans quatre ans.

b) Au moment de remplir chaque année la déclaration d'impôts de l'entreprise, tu peux demander une déduction égale à la perte de valeur subie par le matériel informatique au cours de l'année. Calcule la déduction que tu pourras demander dans le cas de la quatrième année.

2. Recherche Fais appel à tes habiletés dans la recherche pour trouver la signification des titres professionnels des comptables, soit CA, CMA et CGA. Compare les études et la formation qu'exige chacun de ces titres, puis décris quelques cheminements de carrière possibles pour leurs détentrices et détenteurs.

6.4 Les formules de récurrence

Dans les sections précédentes, tu as construit des suites à partir de la formule de leur terme général. La formule $t_n = 2n + 3$ ou $f(n) = 2n + 3$, par exemple, définit la suite arithmétique 5, 7, 9, 11, 13, …

De même, la formule $t_n = 2^{n-1}$ ou $f(n) = 2^{n-1}$ donne lieu à la suite géométrique 1, 2, 4, 8, 16, …

Ce sont là des **formules explicites**. Elles permettent de calculer la valeur de tout terme à l'intérieur d'une suite sans que l'on connaisse celle du précédent. Ainsi, le 10e terme de la suite définie par $t_n = 2n + 3$ correspond à $2(10) + 3$ ou 23.

Or, il est parfois plus simple de déterminer la valeur d'un terme à l'intérieur d'une suite à partir d'un ou plusieurs des termes qui le précèdent. Les formules que l'on peut utiliser pour ce faire s'appellent **formules de récurrence**.

Une formule de récurrence comprend au moins deux parties. Ses différentes parties fournissent la valeur du ou des premiers termes de la suite, de même qu'une équation permettant de déterminer la valeur de tout autre terme de la suite à partir de celle du ou des termes qui le précèdent. Voici un exemple d'une telle formule :

$t_1 = 5$
$t_n = t_{n-1} + 2$

La première partie de cette formule indique que le premier terme est 5. Sa seconde partie révèle que l'on obtiendra chaque terme subséquent en ajoutant 2 à celui qui le précède. La suite en cause est donc 5, 7, 9, 11, 13, … Cette formule de récurrence définit par conséquent la même suite que la formule explicite $t_n = 2n + 3$.

Dans l'un de ses ouvrages, l'éminent mathématicien italien Leonardo Fibonacci (v. 1175 – v. 1240) décrivit la situation suivante :

Un couple de lapins âgés d'un mois ne peut encore se reproduire. Dès l'âge de deux mois, par contre, il engendre deux autres lapins et refait ensuite la même chose à chaque mois. Chaque nouveau couple fait de même, en produisant chacun deux descendants par mois à compter de l'âge de deux mois.

1. La table ci-après fait voir comment une famille de lapins se multiplie. Reproduis-la et prolonge-la afin de déterminer le nombre de couples de lapins qu'il y aura au début du neuvième mois.

Début du mois	Nombre de couples	Schéma
1	1	
2	1	
3	2	
4	3	
5	5	

2. Présente, dans l'ordre, le nombre de couples de lapins sous forme des neuf premiers termes d'une suite. C'est ce que l'on appelle la **suite de Fibonacci**. Une fois que l'on a trouvé les deux premiers termes de cette suite, comment peut-on calculer la valeur de chaque terme subséquent à partir de celle des termes qui le précèdent ?

3. À l'aide de la formule de récurrence ci-après, écris les neuf premiers termes d'une suite. Compare cette suite à la suite de Fibonacci.
$t_1 = 1$
$t_2 = 1$
$t_n = t_{n-1} + t_{n-2}$

4. La suite de Fibonacci est-elle arithmétique, géométrique ou autre ? Explique ta réponse.

5. La suite de Fibonacci constitue-t-elle une fonction ? Explique ta réponse.

EXEMPLE 1 La construction d'une suite arithmétique à partir d'une formule de récurrence

Écris les cinq premiers termes de la suite définie par la formule de récurrence
$t_1 = 11$
$t_n = t_{n-1} - 4$

SOLUTION

Selon la première partie de cette formule, le premier terme est 11.
Selon la seconde partie de cette formule,

$$t_2 = t_1 - 4 \qquad t_3 = t_2 - 4$$
$$= 11 - 4 \qquad = 7 - 4$$
$$= 7 \qquad = 3$$
$$t_4 = t_3 - 4 \qquad t_5 = t_4 - 4$$
$$= 3 - 4 \qquad = -1 - 4$$
$$= -1 \qquad = -5$$

Après avoir trouvé le deuxième terme de la suite, comme on le voit ici, appuie plusieurs fois sur la touche ENTER pour en obtenir d'autres.

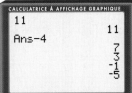

Les cinq premiers termes de la suite sont
11, 7, 3, –1 et –5.

Soulignons qu'il s'agit d'une suite arithmétique ayant comme premier terme 11 et comme raison –4. Cette même suite pourrait être définie par la formule explicite $t_n = 15 - 4n$ ou $f(n) = 15 - 4n$.

EXEMPLE 2 La construction d'une suite géométrique à partir d'une formule de récurrence

Écris les cinq premiers termes de la suite définie par la formule de récurrence
$t_1 = 2$
$t_n = -3t_{n-1}$

SOLUTION

Selon la première partie de cette formule, le premier terme est 2.
Selon la seconde partie de cette formule,

$$t_2 = -3 \times t_1 \qquad t_3 = -3 \times t_2$$
$$= -3 \times 2 \qquad = -3 \times (-6)$$
$$= -6 \qquad = 18$$
$$t_4 = -3 \times t_3 \qquad t_5 = -3 \times t_4$$
$$= -3 \times 18 \qquad = -3 \times (-54)$$
$$= -54 \qquad = 162$$

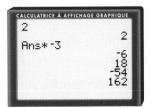

Les cinq premiers termes de la suite sont 2, –6, 18, –54 et 162.

Soulignons qu'il s'agit d'une suite géométrique ayant comme premier terme 2 et comme raison –3. Cette même suite pourrait être définie par la formule explicite $t_n = 2(-3)^{n-1}$ ou $f(n) = 2(-3)^{n-1}$.

Les saisies d'écran associées à ces deux exemples montrent comment on peut utiliser la touche ENTER d'une calculatrice à affichage graphique pour générer par récurrence les termes d'une suite. Cette méthode est toutefois laborieuse lorsque l'on veut obtenir plusieurs termes. Une autre possibilité consiste à régler les paramètres mode de façon à activer le mode de représentation graphique des suites (*Seq*) et le mode point (*dot*), puis à faire appel à l'éditeur Y= des suites pour saisir la suite sous forme d'une fonction. On peut alors recourir à la touche TABLE pour faire apparaître les termes de la suite.

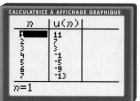

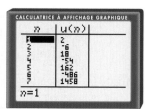

Concepts clés

- Une formule permettant de calculer la valeur du *n*ième terme d'une suite sans que l'on ne connaisse aucun des termes qui le précèdent s'appelle une formule explicite.
- Une formule servant à calculer la valeur d'un terme à l'intérieur d'une suite à partir de celle du ou des termes qui le précèdent s'appelle une formule de récurrence.
- Une formule de récurrence comprend au moins deux parties. Sa ou ses premières parties indiquent la valeur du ou des premiers termes de la suite. Sa dernière partie consiste en une équation pouvant servir à calculer la valeur de chacun des autres termes à partir de celle du ou des termes qui le précèdent.

Communique ce que tu as compris

1. Décris la différence entre une formule de récurrence et une formule explicite.
2. Décris la différence entre déterminer le 15ᵉ terme d'une suite à l'aide d'une formule explicite et le faire à l'aide d'une formule de récurrence.
3. Explique pourquoi une formule de récurrence doit comprendre au moins deux parties.
4. Décris comment tu établirais une formule explicite pour la suite définie par la formule de récurrence $t_1 = 2$; $t_n = t_{n-1} + 4$.
5. Explique pourquoi la formule de récurrence $t_1 = 1$; $t_n = 2t_{n-1}$ génère la même suite que la formule de récurrence $f(1) = 1$; $f(n) = 2f(n-1)$.

Exercices

A

1. À l'aide de la formule de récurrence indiquée, trouve les cinq premiers termes de chaque suite.

a) $t_1 = 4$; $t_n = t_{n-1} + 3$

b) $t_1 = 3$; $t_n = t_{n-1} - 2$

c) $t_1 = -1$; $t_n = 2t_{n-1}$

d) $t_1 = 48$; $t_n = 0{,}5t_{n-1}$

e) $t_1 = 6$; $t_n = t_{n-1} + 2n$

f) $t_1 = -2$; $t_n = 4t_{n-1} + n^2$

g) $t_1 = 2$; $t_n = t_{n-1} - 2n + 1$

h) $t_1 = -3$; $t_n = 4 - 2t_{n-1}$

2. À l'aide de la formule de récurrence indiquée, trouve les cinq premiers termes de chaque suite.

a) $t_1 = 3$; $t_2 = 5$; $t_n = t_{n-2} - t_{n-1}$

b) $t_1 = -2$; $t_2 = 3$; $t_n = 2t_{n-2} + t_{n-1}$

c) $t_1 = 2$; $t_2 = 1$; $t_n = t_{n-2} + t_{n-1} - 2n$

d) $t_1 = 1$; $t_2 = -2$; $t_n = t_{n-2} \times t_{n-1}$

e) $t_1 = -1$; $t_2 = 2$; $t_3 = 4$; $t_n = 2t_{n-3} - t_{n-2} + 3t_{n-1}$

f) $t_1 = 1$; $t_2 = 1$; $t_n = (t_{n-2})^2 + (t_{n-1})^2$

3. À l'aide de la formule de récurrence indiquée, trouve les six premiers termes de chaque suite.

a) $f(1) = 12$; $f(n) = f(n-1) + 6$

b) $f(1) = 4$; $f(n) = 3f(n-1)$

c) $f(1) = 1{,}5$; $f(2) = 2{,}5$; $f(n) = f(n-1) + f(n-2)$

d) $f(1) = -1$; $f(2) = 1$; $f(n) = f(n-1) \div f(n-2)$

4. À l'aide de la formule de récurrence indiquée, trouve les six premiers termes de chaque suite.

a) $t_1 = 5$; $t_{n+1} = t_n + 1$

b) $t_1 = 80$; $t_{n+1} = \dfrac{t_n}{2}$

c) $t_1 = -1$; $t_{n+1} = 3(t_n + 1)$

d) $t_1 = 1$; $t_2 = 1$; $t_{n+2} = t_{n+1} - t_n$

5. Établis une formule explicite pour la suite associée à chacune des formules de récurrence ci-après.

a) $t_1 = 1$; $t_n = t_{n-1} - 4$

b) $t_1 = 2$; $t_n = 3t_{n-1}$

c) $t_1 = 20$; $t_n = -\dfrac{1}{2}t_{n-1}$

d) $t_1 = \dfrac{1}{2}$; $t_n = \dfrac{1}{2}t_{n-1}$

Application, résolution de problèmes, communication

6. Vérifie que la suite définie par la formule de récurrence $t_1 = 10$; $t_n = t_{n-1} - 2$ est arithmétique.

7. Vérifie que la suite définie par la formule de récurrence $t_1 = 20$; $t_n = 0{,}5t_{n-1}$ est géométrique.

8. La suite définie par la formule de récurrence $t_1 = 5$; $t_n = t_{n-1} + n - 4$ est-elle arithmétique, géométrique ou autre ? Explique ta réponse.

9. Un agencement de carrés Soit la régularité dont les quatre premières figures sont ici présentées.

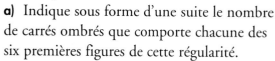
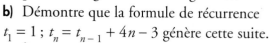
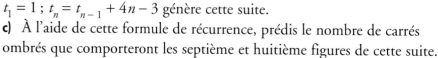
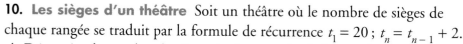

a) Indique sous forme d'une suite le nombre de carrés ombrés que comporte chacune des six premières figures de cette régularité.

b) Démontre que la formule de récurrence $t_1 = 1$; $t_n = t_{n-1} + 4n - 3$ génère cette suite.

c) À l'aide de cette formule de récurrence, prédis le nombre de carrés ombrés que comporteront les septième et huitième figures de cette suite.

10. Les sièges d'un théâtre Soit un théâtre où le nombre de sièges de chaque rangée se traduit par la formule de récurrence $t_1 = 20$; $t_n = t_{n-1} + 2$.

a) Détermine le nombre de sièges de chacune des huit premières rangées.

b) Établis une formule explicite représentant le nombre de sièges de la $n$ième rangée.

11. Application Hans a versé 3000 $ pour acheter un ordinateur. La valeur de cet ordinateur au début de chaque année, à compter de la date d'achat, se traduit par la formule de récurrence $t_1 = 3000$; $t_n = 0{,}4t_{n-1}$.

a) Détermine la valeur de l'ordinateur au début de chacune des six premières années.

b) Quel est le taux de dépréciation annuel de cet ordinateur ?

c) Établis une formule explicite représentant le $n$ième terme de cette suite.

12. a) Écris les six premiers termes de la suite définie par la formule de récurrence $t_1 = 1$; $t_n = t_{n-1} + 2n - 1$.

b) Qu'est-ce que tous les nombres de cette suite ont en commun ?

c) Établis une formule explicite représentant le $n$ième terme de cette suite.

13. Établis une formule explicite pour la suite associée à chacune des formules de récurrence ci-après.

a) $t_1 = \dfrac{1}{2}$; $t_n = t_{n-1} + \dfrac{1}{n(n+1)}$ 　　　**b)** $t_1 = 0$; $t_n = t_{n-1} + \dfrac{2}{n(n+1)}$

c) $t_1 = 2$; $t_n = t_{n-1} - \dfrac{1}{n(n-1)}$

14. Communication Détermine la valeur du huitième terme d'une suite à l'aide de la formule explicite $t_n = n^2 - 5n + 2$ et de la formule de récurrence $t_1 = -2$; $t_n = t_{n-1} + 2(n-3)$.

a) Quelle méthode papier-crayon préfères-tu ? Explique ta réponse.

b) Quelle méthode préfères-tu si tu fais appel à une calculatrice à affichage graphique ? Explique ta réponse.

C

15. L'algèbre a) Écris les cinq premiers termes de la suite définie par la formule de récurrence $t_1 = x$ et $t_n = x \times \dfrac{t_{n-1}}{2}$.

b) Établis une formule explicite représentant le *n*ième terme de cette suite.

16. Détermine la somme des 600 premiers termes de la suite définie par la formule de récurrence ci-après.

$t_1 = 2$
$t_2 = 5$
$t_n = t_{n-1} - t_{n-2}$

17. a) Recherche et résolution de problèmes Établis une formule explicite représentant le *n*ième terme de la suite géométrique définie par chacune des formules de récurrence ci-après.

$t_1 = 1$; $t_n = 2t_{n-1}$
$t_1 = -5$; $t_n = 3t_{n-1}$
$t_1 = 4$; $t_n = 0,5t_{n-1}$

b) Décris la régularité associée à la relation entre les deux formules se rapportant à chaque suite.

c) À l'aide de cette régularité, prédis la formule explicite dans le cas de la suite géométrique définie par la formule de récurrence $t_1 = 1000$; $t_n = 0,1t_{n-1}$.

d) Vérifie ta prédiction en c).

18. a) Établis une formule explicite représentant le *n*ième terme de la suite arithmétique définie par chacune des formules de récurrence ci-après.

$t_1 = 5$; $t_n = t_{n-1} + 2$
$t_1 = 6$; $t_n = t_{n-1} - 2$
$t_1 = -8$; $t_n = t_{n-1} + 5$

b) Décris la régularité associée à la relation entre les deux formules se rapportant à chaque suite.

c) À l'aide de cette régularité, prédis la formule explicite dans le cas de la suite arithmétique définie par la formule de récurrence $t_1 = 19$; $t_n = t_{n-1} - 6$.

d) Vérifie ta prédiction en c).

19. Communication On laisse tomber une balle d'une hauteur de 2 m. Cette balle rebondit, atteignant chaque fois une hauteur égale à 70 % de celle d'où elle a entrepris sa chute précédente.

a) Détermine la hauteur que la balle atteint à chacun de ses cinq premiers rebonds.

b) Établis une formule de récurrence représentant la hauteur de la balle à la fin de chaque rebond.

c) Établis une formule explicite pour cette suite.

20. La tour de Hanoï Le but de ce jeu consiste à faire passer une tour d'anneaux de l'une des trois tiges à une autre en effectuant le moins de déplacements possible. Comme le montre la figure ci-contre, ces anneaux ont chacun une taille différente. Voici les règles du jeu :

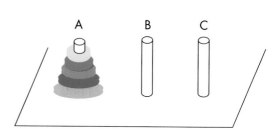

- On ne peut déplacer qu'un seul anneau à la fois.
- Il ne faut jamais poser un anneau plus grand sur un anneau plus petit.

Si la tige A ne porte qu'un seul anneau, il suffit d'un déplacement pour le transférer à la tige C.

a) Si la tige A porte deux anneaux, on peut transférer ces anneaux à la tige C au moyen de trois déplacements. Décris comment.

b) Détermine le nombre minimal de déplacements requis pour faire passer trois anneaux, puis quatre, puis cinq de la tige A à la tige C.

c) Explique comment on peut déterminer le nombre minimal de déplacements requis en faisant appel à la récurrence.

d) Établis une formule explicite permettant de calculer le nombre minimal de déplacements requis pour un nombre donné d'anneaux.

e) Quel est le nombre minimal de déplacements requis dans le cas de huit anneaux ?

VÉRIFIONS NOS PROGRÈS

Connaissance et compréhension • Réflexion, recherche et résolution de problèmes • Communication • Mise en application

Marie vient de lancer sa propre entreprise. Son plan d'affaires prévoit des bénéfices annuels que l'on peut représenter par la formule de récurrence
$B_1 = 10\,000$; $B_n = 1,25 B_{n-1}$.

a) Quel est le pourcentage prévu d'augmentation des bénéfices d'une année à l'autre ?

b) Quelle est l'augmentation prévue des bénéfices, en dollars, de la quatrième à la cinquième année ?

c) La formule indiquée pourrait-elle demeurer valable indéfiniment ? Justifie ta réponse.

d) Établis une formule explicite représentant le *nième* terme de ces mêmes prévisions de bénéfices.

6.5 Les séries arithmétiques

Voici une suite arithmétique : 1, 3, 5, 7, 9, …

L'expression de l'addition des termes d'une suite, comme 1 + 3 + 5 + 7 + 9 + …, porte le nom de **série**. Une **série arithmétique** se définit comme l'expression de l'addition des termes d'une suite arithmétique.

À l'intérieur de cette série, S_5 représente la somme des cinq premiers termes, de sorte que $S_5 = 25$.

EXPLORATION ET RECHERCHE

Le but du jeu de rotation, une variante du billard américain, consiste à mettre les billes dans les trous selon l'ordre de leurs numéros, soit 1 à 15. La personne qui pousse une bille dans un trou récolte un nombre de points égal au numéro de cette bille. Le total des points possibles au début d'une partie correspond à la somme des nombres 1 à 15, c'est-à-dire à la somme de la série arithmétique 1 + 2 + 3 + … + 15.

On peut déterminer cette somme en additionnant directement les nombres en cause. Une autre méthode consiste à chercher une régularité associée aux sommes des séries arithmétiques plus simples que voici.

a) 1 + 2 + 3 **b)** 1 + 2 + 3 + 4 **c)** 1 + 2 + 3 + 4 + 5

1. Quelle est la somme des séries en a), b) et c) ?

2. Quelle est la moyenne de l'ensemble des termes de chaque série ?

3. Combien de termes chaque série comprend-elle ?

4. Quelle relation y a-t-il entre la somme de chaque série et le nombre de termes qu'elle comprend ainsi que leur moyenne ?

5. Quelle est la moyenne du premier et du dernier terme de chaque série ?

6. Quelle relation y a-t-il entre la moyenne du premier et du dernier terme de chaque série et celle de l'ensemble de ses termes ?

7. Énonce une règle permettant de déterminer la somme d'une série arithmétique à partir du nombre de termes qu'elle comprend ainsi que de la moyenne du premier et du dernier de ses termes.

8. À l'aide de cette règle, détermine la somme des numéros des 15 billes.

9. Décris une situation où l'on aurait avantage à faire appel à ta règle au lieu d'additionner directement tous les termes d'une série arithmétique.

10. Détermine la somme des séries arithmétiques suivantes.

a) $1 + 3 + ... + 29$ **b)** $2 + 4 + ... + 40$ **c)** $350 + 345 + ... + 5$

À l'âge de huit ans, le mathématicien Carl Gauss se servit de la méthode décrite ci-après pour déterminer la somme des nombres naturels 1 à 100.

Soit S_{100} la somme des 100 premiers nombres naturels positifs. Écris les termes de cette série en ordre croissant, puis en ordre décroissant.

$$S_{100} = \quad 1 + \quad 2 + \quad 3 + ... + \quad 98 + \quad 99 + 100$$

Inverse l'ordre :
$$S_{100} = 100 + \quad 99 + \quad 98 + ... + \quad 3 + \quad 2 + \quad 1$$

Effectue l'addition :
$$2S_{100} = 101 + 101 + 101 + ... + 101 + 101 + 101$$
$$= 100(101)$$

Divise les deux membres par 2 :
$$\frac{2S_{100}}{2} = \frac{100(101)}{2}$$
$$S_{100} = 5050$$

La même méthode peut servir à établir la formule de la somme d'une série arithmétique de forme générale.

La suite arithmétique de forme générale
$$a, (a + d), (a + 2d), ... , (t_n - d), t_n$$
comprend n termes dont le premier est a et le dernier, t_n.

La somme de la série correspondante est

$$S_n = \quad a \quad + (a + d) + (a + 2d) + ... + (t_n - d) + \quad t_n$$

Inverse l'ordre :
$$S_n = \quad t_n \quad + (t_n - d) + (t_n - 2d) + ... + (a + d) + \quad a$$

Effectue l'addition :
$$2S_n = (a + t_n) + (a + t_n) + (a + t_n) \quad + ... + (a + t_n) + (a + t_n)$$
$$2S_n = n(a + t_n)$$

Divise les deux membres par 2 : $S_n = \dfrac{n}{2}(a + t_n)$ (1)

La mention (1) indique qu'il s'agit de la formule 1.

Reporte $t_n = a + (n - 1)d$ dans la formule (1).

$$S_n = \frac{n}{2}[a + a + (n - 1)d]$$

$$S_n = \frac{n}{2}[2a + (n - 1)d] \qquad (2)$$

EXEMPLE 1 La somme d'une série dont on connaît les premiers termes

Détermine la somme des 60 premiers termes de chaque série.

a) $5 + 8 + 11 + \ldots$ **b)** $-6 - 8 - 10 - \ldots$

SOLUTION

a) $a = 5$, $d = 3$ et $n = 60$

$$S_n = \frac{n}{2}[2a + (n-1)d]$$

$$S_{60} = \frac{60}{2}[2(5) + (60-1)3]$$

$$= 30(10 + 177)$$
$$= 30(187)$$
$$= 5610$$

> **Fais une estimation**
>
> $30 \times 200 = 6000$

b) $a = -6$, $d = -2$ et $n = 60$

$$S_n = \frac{n}{2}[2a + (n-1)d]$$

$$S_{60} = \frac{60}{2}[2(-6) + (60-1)(-2)]$$

$$= 30(-12 - 118)$$
$$= 30(-130)$$
$$= -3900$$

On pourrait aussi trouver la somme des séries de cet exemple au moyen d'une calculatrice à affichage graphique. La méthode décrite ici nécessite la formule du terme général. Règle les paramètres mode pour permettre la représentation graphique des suites (*Seq*). À l'aide de la fonction *sequence* du menu LIST OPS, génère les 60 premiers termes de la série. Appuie sur la touche (STO▸) pour enregistrer cette liste sous L1. Utilise ensuite la fonction *sum* du menu LIST MATH pour obtenir la somme recherchée.

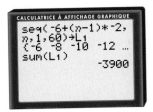

EXEMPLE 2 La somme d'une série dont on connaît le premier et le dernier terme

Détermine la somme de la série arithmétique $5 + 9 + 13 + \ldots + 201$.

Solution 1 Méthode papier-crayon

Pour être en mesure d'utiliser la formule (1) ou la formule (2), il faut connaître le nombre de termes.

Dans le cas de la série indiquée, $a = 5$, $d = 4$ et $t_n = 201$.

$$t_n = a + (n-1)d$$

Reporte les valeurs connues : $201 = 5 + (n-1)4$

Développe le tout : $201 = 5 + 4n - 4$

Simplifie : $201 = 4n + 1$

Isole n : $200 = 4n$

$$50 = n$$

Voici deux manières de déterminer la somme.

À l'aide de la formule (1)

$$S_n = \frac{n}{2}(a + t_n)$$

$$S_{50} = \frac{50}{2}(5 + 201)$$

$$= 25(206)$$

$$= 5150$$

À l'aide de la formule (2)

$$S_n = \frac{n}{2}[2a + (n-1)d]$$

$$S_{50} = \frac{50}{2}[2(5) + (50-1)4]$$

$$= 25(206)$$

$$= 5150$$

Fais une estimation

$$25 \times 200 = 5000$$

Solution 2 Méthode par calculatrice à affichage graphique

Règle les paramètres mode pour permettre la représentation graphique des suites (*Seq*). À l'aide de la fonction *sequence* du menu LIST OPS, génère les termes de la série. Appuie sur la touche [STO] pour enregistrer cette liste sous L1. Utilise ensuite la fonction *sum* du menu LIST MATH pour obtenir la somme recherchée.

Concepts clés

- Lorsque l'on connaît les premiers termes d'une série arithmétique, on peut déterminer la somme de ses n premiers termes à l'aide de la formule $S_n = \frac{n}{2}[2a + (n-1)d]$.

- Lorsque l'on connaît le premier et le dernier terme d'une série arithmétique, on peut en déterminer la somme à l'aide de la formule $S_n = \frac{n}{2}(a + t_n)$ ou de la formule $S_n = \frac{n}{2}[2a + (n-1)d]$.

Communique ce que tu as compris

1. Explique la différence entre une suite arithmétique et une série arithmétique.

2. Décris comment tu déterminerais la valeur de S_{30} dans le cas de la série $4 + 6 + 8 + \ldots$

3. Décris comment tu déterminerais la somme de la série $5 + 10 + 15 + \ldots + 105$.

Exercices

A

1. Détermine la somme des 100 premiers termes de chaque série arithmétique ci-après.

a) $1 + 5 + 9 + ...$ **b)** $2 + 5 + 8 + ...$

c) $10 + 8 + 6 + ...$ **d)** $0 - 3 - 6 - ...$

2. Trouve la somme demandée dans le cas de chaque série arithmétique ci-après.

a) $2 + 4 + 6 + ... ; S_{10}$

b) $10 + 15 + 20 + ... ; S_{20}$

c) $-2 + 4 + 10 + ... ; S_{30}$

d) $40 + 38 + 36 + ... ; S_{18}$

e) $80 + 76 + 72 + ... ; S_{15}$

f) $1,5 + 2,5 + 3,5 + ... ; S_{18}$

3. Détermine la somme des séries arithmétiques suivantes.

a) $4 + 6 + 8 + ... + 200$

b) $3 + 7 + 11 + ... + 479$

c) $100 + 90 + 80 + ... - 50$

d) $-8 - 5 - 2 + ... + 139$

e) $18 + 12 + 6 + ... - 216$

f) $-7 - 11 - 15 - ... - 171$

g) $\dfrac{5}{2} + 4 + \dfrac{11}{2} + ... + 100$

h) $6 - \dfrac{16}{3} - \dfrac{14}{3} - ... - 12$

4. Détermine la somme des séries arithmétiques dont le premier et le dernier terme figurent ci-après.

a) $a = 6, t_9 = 24$

b) $a = 3, t_{12} = 36$

c) $f(1) = 5, f(10) = -13$

d) $a = -4, t_{22} = -46$

e) $a = 4,5, t_{11} = 19,5$

f) $f(1) = 20, f(31) = 110$

g) $a = -5, t_{45} = 17$

h) $a = -0,3, t_{51} = -10,3$

Application, résolution de problèmes, communication

5. Détermine la somme :

a) des 50 premiers nombres entiers positifs ;

b) des 100 premiers nombres entiers positifs impairs ;

c) des 75 premiers multiples positifs de 3 ;

d) des 100 premiers nombres entiers positifs pairs.

6. Les sièges d'un théâtre Soit un théâtre où l'on dénombre 30 sièges dans la première rangée, 31 dans la deuxième, 32 dans la troisième, et ainsi de suite. S'il y a 20 rangées en tout, quel est le nombre total de sièges ?

B

7. Détermine la somme :

a) des multiples positifs de 5 jusqu'à 500 ;

b) des multiples positifs de 7 jusqu'à 245.

8. Communication Démontre que le membre de droite de la formule $S_n = \dfrac{n}{2}[2a + (n-1)d]$ représente le produit du nombre de termes que comprend une série et de la moyenne de ses premier et dernier termes.

9. Les régularités Soit la régularité formée au départ des quatre figures ci-contre. Si l'on prolonge cette régularité, combien de carrés ses 50 premières figures comprendront-elles au total ?

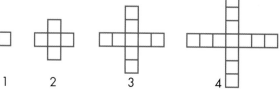

10. La fanfare Lorsque les membres d'une fanfare se placent en formation, on en compte 8 à l'avant, puis 10 dans la rangée suivante, puis 12, et ainsi de suite. S'il y a 12 rangées au total, combien de membres cette fanfare comprend-elle ?

11. Les hausses de salaire Michèle est biologiste de la vie marine. Elle a accepté un emploi rapportant 46 850 $ la première année et 56 650 $ la huitième année. Son salaire forme une suite arithmétique comportant huit termes.

a) Quelle augmentation salariale peut-elle s'attendre à recevoir chaque année ?

b) Quel sera son salaire au cours de la sixième année ?

c) À quelle année son salaire excédera-t-il 50 000 $ pour la première fois ?

d) Combien Michèle gagnera-t-elle au total au cours de ces huit années ?

12. La mesure Soit un triangle de 30 unités de périmètre dont la longueur des côtés forme une suite arithmétique. Quelle est la longueur possible de ses côtés s'il ne peut s'agir que de nombres entiers ?

13. La chute d'un objet Un objet qu'on laisse tomber d'une hauteur égale à celle de l'édifice Fairbanks à Toronto met environ 5 s à atteindre le sol. Il parcourt 4,9 m durant la première seconde de sa chute, 14,7 m durant la deuxième, 24,5 m durant la troisième, et ainsi de suite. Quelle est la hauteur de l'édifice Fairbanks ?

14. L'étalage de marchandises Soit une pyramide de boîtes dont les trois derniers niveaux sont ici représentés. Si cette pyramide comprend en tout 12 niveaux respectant chacun la même régularité, combien y a-t-il de boîtes au total ?

15. La trajectoire d'une fusée Une fusée en accélération s'élève de 10 m au cours de la première seconde, de 40 m au cours de la deuxième et de 70 m au cours de la troisième. Si cette suite arithmétique se prolonge, quelle sera l'altitude de la fusée au bout de 20 s ?

16. Application Une boutique de vêtements a commandé 300 chandails. Dès la première semaine, elle en a vendu 20, à 100 $ l'unité. La semaine suivante, elle en a réduit le prix de 10 $ et en a vendu 40 autres. Une autre réduction de prix de 10 $ lui a permis de vendre 60 chandails la troisième semaine. Si cette régularité s'est maintenue :

a) en combien de semaines a-t-on écoulé les 300 chandails ?

b) quel était le prix de vente de ces chandails la dernière semaine ?

17. Des piles de tuyaux Soit des tuyaux empilés de la manière représentée ci-contre. Détermine combien de tuyaux renferme une pile comprenant :

a) 6 rangées, dont la première compte 12 tuyaux ;

b) 10 rangées, dont la première compte 15 tuyaux.

18. La construction N'ayant pas terminé les travaux à la date prévue, l'entreprise chargée de la construction d'une bibliothèque a dû assumer une pénalité de 1000 $ pour sa première journée de retard, de 1500 $ pour sa deuxième, de 2000 $ pour sa troisième, et ainsi de suite. Si son retard lui a coûté au total 115 000 $, combien de jours lui a-t-il fallu de plus que prévu pour terminer les travaux ?

19. Soit une série arithmétique où $t_2 = 10$ et $t_5 = 31$. Détermine la somme de ses 16 premiers termes.

20. Soit une série arithmétique où $f(3) = 11$ et $f(7) = 13$. Détermine la somme de ses 20 premiers termes.

21. Recherche et résolution de problèmes Les mesures des angles intérieurs d'un hexagone forment une suite arithmétique. Si le plus grand de ces angles mesure 130°, combien mesurent les autres ?

C

22. Construis 4 séries arithmétiques différentes comprenant chacune 5 termes dont la somme égale 100. Compare tes séries à celles d'une ou d'un de tes camarades de classe.

23. Soit une série arithmétique de raison 3 dont la somme des 8 premiers termes égale 148. Quels sont ses trois premiers termes ?

24. Détermine le premier et le dernier terme d'une série arithmétique formée de 50 termes dont la raison est 6 et dont la somme égale 7850.

25. La somme des trois premiers termes d'une série arithmétique égale 24 et leur produit égale 312. Quel est le quatrième terme de cette série ?

26. Trouve les cinq premiers termes de la série arithmétique où $t_{12} = 35$ et $S_{20} = 610$.

27. L'algèbre Détermine la somme des séries arithmétiques suivantes.

a) $4x + 6x + \ldots + 22x$ b) $(x + y) + (x + 2y) + \ldots + (x + 10y)$

6.6 Les séries géométriques

Voici une suite géométrique, 3, 6, 12, 24, …, où $a = 3$ et $r = 2$.

On appelle **série géométrique** l'expression de l'addition des termes d'une telle suite.
La série géométrique correspondant à la suite géométrique présentée plus haut est
$3 + 6 + 12 + 24 + \ldots$, où $a = 3$ et $r = 2$.
À l'intérieur de cette série, S_3 représente la somme des trois premiers termes, de sorte que
$$S_3 = 3 + 6 + 12$$
$$= 21$$

EXPLORATION ET RECHERCHE

Rose a décidé d'établir son arbre généalogique en remontant six générations afin d'y inclure ses deux parents, ses quatre grands-parents, ses huit arrière-grands-parents, et ainsi de suite. Pour remonter six générations, elle a dû se renseigner sur un nombre de personnes égal à la somme de la série géométrique
$$S_6 = 2 + 4 + 8 + 16 + 32 + 64$$

1. a) En recourant à l'addition, détermine le nombre total de personnes sur lesquelles Rose a dû se renseigner.

b) Afin d'en arriver à une autre méthode permettant de déterminer la somme de cette série, écris tout d'abord une équation représentant la somme de ses six premiers termes et fais-en l'équation (1).
$$S_6 = 2 + 4 + 8 + 16 + 32 + 64 \quad (1)$$
Multiplie ensuite chaque membre de l'équation (1) par la raison géométrique 2 et fais du résultat obtenu l'équation (2).
$$2S_6 = 4 + 8 + 16 + 32 + 64 + 128 \quad (2)$$
Réécris les équations (1) et (2) de manière à aligner les termes égaux de leurs membres de droite.
$$S_6 = 2 + 4 + 8 + 16 + 32 + 64 \quad (1)$$
$$2S_6 = \quad\ \ 4 + 8 + 16 + 32 + 64 + 128 \quad (2)$$
Soustrais l'équation (1) de l'équation (2). Ne simplifie pas le membre de droite.

c) Le membre de droite indique la différence entre deux termes de la série $2 + 4 + 8 + 16 + \ldots$ Quels sont ces deux termes?

d) Simplifie le membre de droite. Quelle est la valeur de S_6?

e) Quels sont les deux nombres qu'il faut soustraire l'un de l'autre pour connaître la valeur de S_8 à l'intérieur de cette série?

2. a) Sachant que $S_5 = 1 + 3 + 9 + 27 + 81$, détermine la valeur de S_5 au moyen de l'addition.

b) Prédis le terme suivant de cette série et soustrais-en son premier terme.

c) Compare ta réponse en b) à ta réponse en a).

d) Par quel facteur devras-tu diviser ta réponse en b) pour obtenir la bonne somme?

e) Quelle est la différence entre le facteur que tu as trouvé en d) et la raison géométrique de cette série?

3. Reprends la question 2 en examinant cette fois la série $S_4 = 3 + 12 + 48 + 192$.

4. Explique pourquoi il n'est pas nécessaire d'effectuer une division pour obtenir la bonne réponse en d) et en e) à la question 1.

5. a) En t'appuyant sur tes réponses aux questions 1 à 4, décris deux façons de déterminer la somme d'une série géométrique.

b) Dans quelles situations chaque méthode se révèle-t-elle la meilleure?

La méthode établie à la rubrique *Exploration et Recherche* peut servir à créer une formule permettant de déterminer la somme S_n d'une série géométrique de forme générale.

Soit la série géométrique de forme générale
$$S_n = a + ar + ar^2 + \ldots + ar^{n-1},$$

où S_n représente la somme de n termes.

Pose cette série :	$S_n = a + ar + ar^2 + \ldots + ar^{n-1}$	(1)
Multiplie chaque membre par r :	$rS_n = ar + ar^2 + \ldots + ar^{n-1} + ar^n$	(2)
Soustrais (1) de (2) :	$rS_n - S_n = -a \qquad + ar^n$	
Réécris le membre de droite :	$rS_n - S_n = ar^n - a$	
Factorise le membre de gauche	$S_n(r - 1) = ar^n - a$	
Divise les deux membres par $(r - 1)$:	$S_n = \dfrac{ar^n - a}{r - 1}, \ r \neq 1$	

La somme correspond au terme suivant moins le premier terme divisé par la raison géométrique moins 1.

$$\text{ou } S_n = \frac{a(r^n - 1)}{r - 1}, \text{ où } r \neq 1$$

Par conséquent, on peut déterminer la somme S_n des premiers n termes d'une série géométrique à l'aide de la formule

$$S_n = \frac{a(r^n - 1)}{r - 1}, \text{ où } r \neq 1$$

EXEMPLE 1 La somme d'une série géométrique lorsque $r > 0$

Détermine la valeur de S_8 dans le cas de la série $2 + 8 + 32 + \dots$

SOLUTION

$a = 2$, $r = 4$ et $n = 8$

$$S_n = \frac{a(r^n - 1)}{r - 1}$$

$$S_8 = \frac{2(4^8 - 1)}{4 - 1}$$

$$= \frac{2(4^8 - 1)}{3}$$

$$= 43\,690$$

```
CALCULATRICE À AFFICHAGE GRAPHIQUE
2(4^8-1)/3
              43690
```

La somme des 8 premiers termes égale $43\,690$.

EXEMPLE 2 La somme d'une série géométrique lorsque $r < 0$

Détermine la valeur de S_9 dans le cas de la série $3 - 9 + 27 \dots$

SOLUTION

$a = 3$, $r = -3$ et $n = 9$

$$S_n = \frac{a(r^n - 1)}{r - 1}$$

$$S_9 = \frac{3((-3)^9 - 1)}{-3 - 1}$$

$$= \frac{3((-3)^9 - 1)}{-4}$$

$$= 14\,763$$

```
CALCULATRICE À AFFICHAGE GRAPHIQUE
3((-3)^9-1)/-4
              14763
```

La somme des 9 premiers termes égale $14\,763$.

Exemple 3 La somme d'une série géométrique dont on connaît le premier et le dernier terme

Détermine la somme de la série $4 + 12 + 36 + \ldots + 2916$.

Solution

Pour être en mesure d'utiliser la formule $S_n = \dfrac{a(r^n - 1)}{r - 1}$, il faut connaître le nombre de termes.

Dans le cas de la série indiquée, $a = 4$, $r = 3$ et $t_n = 2916$.

$$t_n = ar^{n-1}$$

Reporte les valeurs connues : $2916 = 4(3)^{n-1}$

Divise les deux membres par 4 : $\dfrac{2916}{4} = \dfrac{4(3)^{n-1}}{4}$

Simplifie : $729 = 3^{n-1}$

Transforme 729 en une puissance de 3 : $3^6 = 3^{n-1}$

Établis une égalité entre les exposants : $6 = n - 1$

Isole n : $7 = n$

Cette série compte 7 termes.

$$S_n = \frac{a(r^n - 1)}{r - 1}$$

$$S_7 = \frac{4(3^7 - 1)}{3 - 1}$$

$$= \frac{4(3^7 - 1)}{2}$$

$$= 4372$$

La somme de la série égale 4372.

On pourrait aussi trouver les sommes des exemples 1 à 3 au moyen d'une calculatrice à affichage graphique. La méthode décrite ici nécessite la formule du terme général.

À l'aide de la fonction *sequence* du menu LIST OPS, génère les termes à additionner. Appuie sur la touche (STO▸) pour enregistrer cette liste sous L1. Utilise ensuite la fonction *sum* du menu LIST MATH pour obtenir la somme recherchée.

Concepts clés

- On peut déterminer la somme des n premiers termes d'une série géométrique à l'aide de la formule $S_n = \dfrac{a(r^n - 1)}{r - 1}$.

- Lorsque l'on connaît au moins les deux premiers termes d'une série géométrique et le dernier, on peut déterminer combien de termes la composent en reportant ces valeurs dans $t_n = ar^{n-1}$ pour ensuite isoler n.

Communique ce que tu as compris

1. Explique en quoi une série géométrique et une série arithmétique se ressemblent et en quoi elles diffèrent.

2. Décris comment tu déterminerais la valeur de S_{15} dans le cas de la série $4 + 8 + 16 + \ldots$

3. Décris comment tu déterminerais la somme de la série $5 + 15 + 45 + \ldots + 10\,935$.

Exercices

A

1. Trouve la somme demandée dans le cas de chaque série géométrique ci-après.

a) $1 + 2 + 4 + \ldots$; S_{12}

b) $1 + 4 + 16 + \ldots$; S_7

c) $3 + 15 + 75 + \ldots$; S_6

d) $2 - 6 + 18 - \ldots$; S_8

e) $3 - 6 + 12 - \ldots$; S_9

f) $256 + 128 + 64 + \ldots$; S_6

g) $972 + 324 + 108 + \ldots$; S_7

h) $1 - \dfrac{1}{2} + \dfrac{1}{4} - \ldots$; S_6

2. Détermine la valeur de S_n dans le cas de chaque série géométrique ici définie.

a) $a = 5$, $r = 3$, $n = 8$

b) $a = 4$, $r = -3$, $n = 10$

c) $a = 625$, $r = 0,6$, $n = 5$

d) $f(1) = 4$, $r = 0,5$, $n = 7$

e) $a = 100\,000$, $r = -0,1$, $n = 5$

f) $f(1) = \dfrac{1}{2}$, $r = -5$, $n = 6$

3. Détermine la somme des séries géométriques suivantes.

a) $1 + 2 + 4 + \ldots + 256$

b) $1 + 3 + 9 + \ldots + 2187$

c) $2 - 4 + 8 - \ldots + 512$

d) $5 - 15 + 45 - \ldots + 3645$

e) $729 + 243 + 81 + \ldots + 1$

f) $1200 + 120 + 12 + \ldots + 0,0012$

4. Détermine la valeur de S_{10} dans le cas d'une série géométrique où $f(1) = 0,8$ et $f(2) = 1,6$.

5. Détermine la valeur de S_{15} dans le cas d'une série géométrique où $f(1) = 2$ et $f(2) = -8$.

Application, résolution de problèmes, communication

6. La généalogie Imagine que tu établis ton arbre généalogique en remontant 10 générations. Sur combien de tes ancêtres devras-tu te renseigner ?

B

7. Les régularités Les 4 premiers rectangles d'une suite mesurent respectivement 2 cm sur 3 cm, 2 cm sur 9 cm, 2 cm sur 27 cm et 2 cm sur 81 cm. Si l'on prolonge cette suite, quel sera le total de l'aire de ses 10 premiers rectangles ?

8. La mesure On construit des carrés de plus en plus grands de la manière représentée ici. La longueur de leurs côtés forme une suite géométrique commençant à 10 cm. Soit les 10 premiers carrés de cette suite.

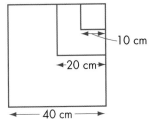

a) Détermine la somme de leurs périmètres.

b) Détermine la somme de leurs aires.

9. Communication Certaines entreprises recourent à une chaîne téléphonique pour aviser leur personnel lorsqu'elles ferment pour la journée en raison du mauvais temps. Imagine que la première personne d'une telle chaîne en appelle quatre autres. Chacune de ces personnes effectue à son tour quatre appels, et ainsi de suite. Combien de personnes auront été avisées au bout de six vagues d'appels ?

10. La loterie Le gros lot d'une loterie est de 100 000 $. Chaque numéro gagnant subséquent rapporte un lot égal à 40 % du lot précédent. Quelle est la somme totale versée en prix si l'on tire six numéros gagnants ?

11. Application À mesure qu'une montgolfière s'élève, l'air à l'intérieur de son enveloppe refroidit. Si on ne le réchauffe pas, la vitesse ascensionnelle de la montgolfière diminue de minute en minute. Suppose qu'une montgolfière s'élève de 50 m au cours de la première minute. À chaque minute subséquente, elle s'élève d'une hauteur égale à 70 % de celle qui a été parcourue durant la minute précédente. Quelle sera son altitude, au mètre près, au bout de 7 min ?

12. Détermine la valeur de a à l'intérieur des séries géométriques où :
a) $S_7 = 70\,993$ et $r = 4$; **b)** $S_6 = -364$ et $r = -3$; **c)** $S_5 = 310$ et $r = 0,5$.

13. Le club des milliardaires François compte devenir milliardaire. Il a décidé de mettre un cent de côté le premier jour, deux cents le deuxième, quatre cents le troisième, et ainsi de suite en doublant chaque jour le nombre de cents.

a) Combien d'argent aura-t-il mis de côté au bout de 20 jours ?

b) Combien de jours lui faudrait-il pour devenir milliardaire ?

c) Selon toi, le plan de François présente-t-il des lacunes ? Explique ta réponse.

14. Le mouvement d'un pendule Un pendule décrit un arc de 40 cm à sa première oscillation. La longueur de l'arc qu'il décrit à chaque oscillation subséquente correspond à 0,98 de celle de l'arc associé à son oscillation précédente. Quelle sera, au centième de centimètre près, la longueur totale parcourue par l'extrémité inférieure de ce pendule au cours de ses 20 premières oscillations ?

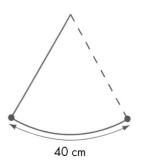

40 cm

C

15. Recherche et résolution de problèmes Soit la figure ci-contre. Le carré extérieur a 16 cm de côté. On a construit chaque carré subséquent en reliant les milieux des côtés du précédent. Détermine la somme de l'aire de tous ces carrés.

16. Les rebonds d'une balle On lance une balle dans les airs. Elle s'élève de 16 m, puis tombe au sol et rebondit pour atteindre une hauteur égale à la moitié de sa hauteur précédente et ensuite retomber. Indique la distance totale que cette balle aura parcourue au moment de toucher le sol pour la sixième fois si elle continue à rebondir de cette manière.

17. Soit une série géométrique formée de trois termes dont la somme égale 42. Son troisième terme correspond à la somme de ses deux premiers termes multipliée par 3,2. Quels sont ses trois termes ?

18. Détermine la somme des huit premiers termes de la suite définie par $f(x) = 4^{x-1}$, où x représente un entier positif.

19. L'algèbre Détermine une expression simplifiée pour S_{15} dans le cas de la série $3 + 3x^2 + 3x^4 + \ldots$

20. Les échecs On raconte que le roi indien Shirham offrit à l'inventeur des échecs, Sissa ben Dahir, la récompense de son choix. Sissa demanda à recevoir un grain de blé pour la première case d'un échiquier, 2 grains de blé pour la deuxième, 4 grains de blé pour la troisième, 8 grains de blé pour la quatrième, et ainsi de suite pour chacune des 64 cases.

a) Combien de grains Sissa ben Dahir a-t-il demandés en tout ?

b) Recherche Si chaque grain de blé a une masse de 65 mg, comment la masse de blé demandée par Sissa se compare-t-elle à la production annuelle mondiale de blé ?

VÉRIFIONS NOS PROGRÈS

Connaissance et compréhension • Réflexion, recherche et résolution de problèmes • Communication • Mise en application

Soit une série géométrique où $t_2 = 36$ et $t_5 = 972$. Détermine la somme de ses huit premiers termes.

Exploration et application

Le lien entre les suites et les systèmes d'équations

1. Résous le système d'équations suivant :

$$2x + 5y = 8$$
$$7x + 3y = -1$$

Les coefficients de chaque équation, y compris son terme constant, forment une suite arithmétique.

2. Soit le système d'équations suivant :

$$Ax + By = C$$
$$Px + Qy = R$$

Les coefficients A, B et C forment ici une suite arithmétique et les coefficients P, Q et R en forment une autre. Démontre que $(x, y) = (-1, 2)$ constitue toujours une solution de ce système.

3. Qu'en est-il si ces coefficients forment une suite géométrique ? Existe-t-il alors une solution ? Existe-t-il une solution générale ? S'il y a une solution, présente-la. Dans le cas contraire, démontre qu'il n'y en a pas.

4. Applique les idées examinées ici à au moins un autre type de suite. Présente une solution possible ou démontre qu'il n'en existe aucune.

RÉVISION DES **CONCEPTS CLÉS**

■ **6.1** Les suites

Reporte-toi à la rubrique *Concepts clés* de la page 432.

1. À l'aide de la formule définissant son terme général, trouve les cinq premiers termes de chaque suite, puis représente graphiquement t_n ou $f(n)$ en fonction de n.

a) $t_n = 2n + 1$ **b)** $t_n = n^2 - 3$

c) $f(n) = 7 - 2n$ **d)** $t_n = 3^n - 1$

2. Trouve le 10e terme de chaque suite dont la formule du terme général figure ci-après.

a) $t_n = \dfrac{3n + 2}{n - 2}$ **b)** $f(n) = 2n^2 - 5$

3. Détermine la valeur des termes indiqués.

a) $t_n = 5n - 4$; t_6 et t_{14} **b)** $f(n) = 7 - 4n$; t_5 et t_9

c) $t_n = n^2 - 5$; t_7 et t_{10} **d)** $f(n) = \dfrac{n + 2}{2}$; t_8 et t_{30}

4. Détermine la formule du terme général des suites ci-après, puis trouve la valeur de t_{12} à l'intérieur de chacune.

a) 4, 8, 12, 16, … **b)** 1, 3, 5, 7, …

c) 2, 5, 10, 17, … **d)** −6, −11, −16, −21, …

5. Les ongles Un ongle humain allonge d'environ 0,6 mm par semaine. Si sa portion visible est longue de 15 mm, quelle sera la longueur de cet ongle au bout :

a) d'une semaine ? **b)** de deux semaines ? **c)** de quatre semaines ?

6.2 Les suites arithmétiques

Reporte-toi à la rubrique *Concepts clés* de la page 441.

6. Trouve les trois termes suivants de chaque suite arithmétique ci-après.

a) 9, 15, 21, … **b)** 6, 1, −4, …

c) −3,5, −1, 1,5, … **d)** 1, $\dfrac{1}{2}$, 0, …

7. Détermine les quatre premiers termes de chaque suite arithmétique dont la formule du terme général figure ci-après.

a) $t_n = 5n + 2$ **b)** $t_n = 4n - 1$ **c)** $f(n) = 6 - 3n$

d) $f(n) = -5n + 3$ **e)** $t_n = \dfrac{2n - 1}{3}$ **f)** $f(n) = 0,2n + 4$

8. À partir des valeurs indiquées de *a* et de *d*, détermine les cinq premiers termes de la suite arithmétique correspondante.

a) $a = 3$, $d = 5$ **b)** $a = -5$, $d = 2$

c) $a = 4$, $d = -3$ **d)** $a = 0$, $d = -2,3$

9. Détermine la formule du terme général et la valeur du terme indiqué de chaque suite arithmétique ci-après.

a) 3, 5, 7, ... ; t_{30} **b)** −2, −6, −10, ... ; t_{25}

c) −4, 3, 10, ... ; t_{18}

10. Détermine le nombre de termes que comporte chaque suite arithmétique ci-après.

a) 4, 9, 14, ... , 169   **b)** 19, 11, 3, ... , −229

11. Détermine la valeur de *a* et celle de *d* ainsi que la formule du terme général t_n dans le cas des suites arithmétiques comprenant les termes suivants.

a) $t_7 = 9$ et $t_{12} = 29$ **b)** $t_4 = 12$ et $t_{11} = -2$

12. Les régularités Soit les rectangles ci-contre formés d'astérisques.

a) Combien d'astérisques composeront le quatrième rectangle de cet ensemble ? le cinquième ?

b) Indique la formule du terme général de la suite formée par le nombre d'astérisques de chaque rectangle.

c) Prédis le nombre d'astérisques que comptera le 25ᵉ rectangle.

d) Quel rectangle sera formé de 92 astérisques ?

13. Le soccer La Coupe du monde de soccer féminin s'est déroulée pour la première fois en 1991. Cette compétition a ensuite eu lieu en 1995 puis en 1999.

a) Établis une formule permettant de déterminer en quelle année cette compétition aura lieu pour la *n*ième fois.

b) Prédis en quelle année cette compétition se déroulera pour la 35ᵉ fois.

6.3 Les suites géométriques

Reporte-toi à la rubrique *Concepts clés* de la page 452.

14. Indique si chacune des suites ci-après est arithmétique, géométrique ou autre, puis trouve ses deux termes suivants.

a) 1, 8, 27, 64, ...   **b)** 1, 3, 9, 27, ...

c) 6, 12, 18, 24, ...   **d)** 64, −32, 16, −8, ...

e) 15, 14, 12, 9, 5, ...   **f)** 3, 2,7, 2,4, 2,1, ...

15. À partir des valeurs indiquées de a et de r, détermine les cinq premiers termes de la suite géométrique correspondante.

a) $a = 6$ et $r = 4$

b) $a = 5$ et $r = -2$

c) $a = -3$ et $r = -5$

d) $a = 10$ et $r = 0,1$

16. Détermine les cinq premiers termes de chaque suite géométrique dont la formule du terme général figure ci-après.

a) $t_n = 3(2)^{n-1}$

b) $t_n = 2(-3)^{n-1}$

c) $f(n) = 4(-2)^{n-1}$

d) $f(n) = -(4)^{n-1}$

e) $t_n = -2(-2)^{n-1}$

f) $t_n = -1000(0,5)^{n-1}$

17. Détermine la formule du terme général et la valeur du terme indiqué de chaque suite géométrique ci-après.

a) $3, 6, 12, \ldots$; t_{10}

b) $2, 8, 32, \ldots$; t_8

c) $27, 9, 3, \ldots$; t_6

d) $1, -3, 9, \ldots$; t_7

18. Détermine le nombre de termes que comporte chaque suite géométrique ci-après.

a) $1, 2, 4, \ldots, 1024$

b) $16\,384, 4096, \ldots, 1$

19. Détermine le premier terme, la raison et le terme général des suites géométriques renfermant les termes indiqués.

a) $t_4 = 24$ et $t_6 = 96$

b) $t_2 = -6$ et $t_5 = -162$

20. **La population** Le Canada comptait environ 3,5 millions d'habitants en 1870, 7 millions en 1910, 14 millions en 1950 et 28 millions en 1990. Prédis quelle sera la population du Canada en 2070 si cette progression se poursuit.

21. **La chimie nucléaire** On appelle « demi-vie » ou « période radioactive » le temps que met la moitié d'un échantillon d'un isotope radioactif à se désintégrer. L'iode 131 a une demi-vie de huit jours.

a) Écris une équation permettant de déterminer la quantité restante de tout échantillon d'iode 131 au bout de n demi-vies.

b) Si un hôpital reçoit 200 mg d'iode 131, quelle quantité lui restera-t-il au bout de 32 jours ?

6.4 Les formules de récurrence

Reporte-toi à la rubrique *Concepts clés* de la page 460.

22. À l'aide de la formule de récurrence indiquée, trouve les cinq premiers termes de chaque suite.

a) $t_1 = 19$; $t_n = t_{n-1} - 8$

b) $f(1) = -5$; $f(n) = f(n-1) + 3$

c) $t_1 = -1$; $t_n = -2t_{n-1}$

d) $f(1) = 8$; $f(n) = 0{,}5f(n-1)$

e) $t_1 = 3$; $t_2 = 3$; $t_n = t_{n-1} + t_{n-2}$

f) $t_1 = -12$; $t_n = t_{n-1} + 3n$

g) $t_1 = 11$; $t_n = 2t_{n-1} - n^2$

h) $t_1 = -1$; $t_2 = 1$; $t_n = t_{n-1} \div t_{n-2}$

23. Écris les cinq premiers termes de la suite définie par chacune des formules de récurrence ci-après. Indique si chaque suite est arithmétique, géométrique ou autre.

a) $t_1 = 2$; $t_n = 4t_{n-1}$

b) $t_1 = 0$; $t_n = 3t_{n-1} + n - 1$

c) $t_1 = -3$; $t_n = t_{n-1} - 4$

24. Établis une formule explicite pour la suite associée à chacune des formules de récurrence ci-après.

a) $t_1 = -5$; $t_n = t_{n-1} + 3$

b) $t_1 = 3$; $t_n = 4t_{n-1}$

c) $t_1 = 40$; $t_n = 0{,}5t_{n-1} + n$

25. Les régularités Soit la régularité dont les quatre premières figures sont ici présentées. La partie ombrée de la première figure a une aire de 3 unités carrées.

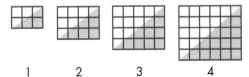

1   2   3   4

a) Détermine laquelle parmi les formules de récurrence ci-après définit la suite formée par l'aire de la partie ombrée de chaque figure.

$$t_1 = 3$$
$$t_n = t_{n-1} + 3(n-1)$$

$$t_1 = 3$$
$$t_n = t_{n-1} + 2n - 1$$

$$t_1 = 3$$
$$t_n = t_{n-1} + n + 1$$

b) À l'aide de la formule de récurrence appropriée, prédis l'aire de la partie ombrée de la cinquième figure, puis de la sixième.

c) Établis une formule explicite générant la suite associée à l'aire de la partie ombrée des figures.

26. Les courses en taxi Dans une certaine ville, le prix d'une course en taxi comprend une somme initiale fixe et un montant calculé selon le nombre de dixièmes de kilomètre parcourus. On peut représenter les prix possibles, en dollars, par la formule de récurrence

$$t_1 = 3 \, ; \, t_n = t_{n-1} + 0,2$$

a) Quelle est la somme initiale fixe demandée ?

b) Quel est le tarif exigé pour chaque dixième de kilomètre parcouru ?

c) Établis une formule explicite représentant le prix possible des courses en taxi dans cette ville. Définis chacune des variables en cause.

d) Calcule le prix demandé pour une course de 4,5 km.

6.5 Les séries arithmétiques

Reporte-toi à la rubrique *Concepts clés* de la page 468.

27. Trouve la somme demandée dans le cas de chaque série arithmétique ci-après.

a) $3 + 8 + 13 + \ldots \, ; \, S_{20}$

b) $-20 - 18 - 16 \ldots \, ; \, S_{25}$

c) $-2,5 + 1 + 4,5 + \ldots \, ; \, S_{27}$

28. Détermine la somme des séries arithmétiques suivantes.

a) $7 + 10 + 13 + \ldots + 70$

b) $65 + 59 + 53 + \ldots - 85$

c) $1 + \dfrac{5}{4} + \dfrac{3}{2} + \ldots + 20$

29. Détermine la valeur de S_n dans le cas de chaque série arithmétique ici définie.

a) $a = 3$, $t_n = 147$, $n = 19$

b) $a = -1$, $t_n = -37$, $n = 10$

30. Les nombres entiers Détermine la somme des 50 plus grands nombres entiers négatifs.

31. La mesure Soit un quadrilatère dont la longueur des côtés forme une suite arithmétique. Ce quadrilatère a un périmètre de 38 cm et son côté le plus court mesure 5 cm. Quelle est la longueur de ses autres côtés ?

32. Une pile de rondins Soit une pile de rondins triangulaire dont la rangée supérieure compte un seul rondin. Chaque rangée subséquente comprend un rondin de plus que celle qui la surmonte. Si la dernière rangée du bas est formée de 21 rondins, combien de rondins la pile comprend-elle en tout ?

6.6 Les séries géométriques

Reporte-toi à la rubrique *Concepts clés* de la page 476.

33. Trouve la somme demandée dans le cas de chaque série géométrique ci-après.

a) $2 + 4 + 8 + 16 + \dots$; S_{10}

b) $1 - 3 + 9 - 27 + \dots$; S_9

c) $1024 + 512 + 256 + \dots$; S_6

d) $4 - 8 + 16 - 32 + \dots$; S_{12}

34. Détermine la valeur de S_n dans le cas de chaque série géométrique ici définie.

a) $a = 1$, $r = 3$, $n = 9$

b) $a = 6$, $r = -2$, $n = 7$

c) $a = 8$, $r = 0,5$, $n = 6$

d) $a = -3$, $r = -1$, $n = 10$

35. Détermine la valeur de S_7 dans le cas d'une série géométrique où $f(1) = 1\,000\,000$ et $f(2) = -500\,000$.

36. Détermine la somme des séries géométriques suivantes.

a) $5 + 10 + 20 + \dots + 1280$

b) $2 + 6 + 18 + \dots + 4374$

c) $-4 + 12 - 36 + \dots + 972$

d) $3645 - 1215 + 405 - \dots + 5$

37. Les régularités Soit la régularité dont les quatre premières figures sont ici présentées. Chaque figure se compose de carrés de 1 cm². Détermine le total de l'aire des neuf premières figures de cette régularité.

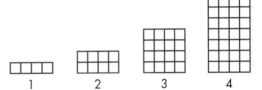

38. Les rebonds d'une balle On lance une balle dans les airs. Elle s'élève de 6,4 m, puis tombe au sol et rebondit pour atteindre une hauteur égale à 60 % de sa hauteur précédente et ensuite retomber. Indique la distance totale que cette balle aura parcourue au moment de toucher le sol pour la cinquième fois si elle continue à rebondir de cette manière.

VÉRIFIONS NOS CONNAISSANCES

Les compétences à l'honneur

Compétences	Connaissance et compréhension	Réflexion, recherche et résolution de problèmes	Communication	Mise en application
Questions	Toutes	11, 12, 13	5, 6, 13, 15	11, 12, 13

1. À l'aide de la formule définissant son terme général, trouve les cinq premiers termes de chaque suite, puis représente graphiquement t_n ou $f(n)$ en fonction de n.

a) $t_n = 2n - 3$ **b)** $f(n) = n^2 + 3$

2. Trouve le 12e terme de chaque suite dont la formule du terme général figure ci-après.

a) $t_n = 4 + 3n$ **b)** $f(n) = (n + 1)^2$

3. Détermine la valeur des termes indiqués.

a) $t_n = 6n - 1$; t_8 et t_{24}
b) $f(n) = 8 + 3n^2$; t_6 et t_{20}

4. Détermine les cinq premiers termes de chaque suite dont la formule du terme général figure ci-après.

a) $t_n = 0,5n + 3$ **b)** $f(n) = 5 - 3n$
c) $t_n = 6(2)^{n-1}$ **d)** $f(n) = 10(-2)^{n-1}$

5. Détermine la formule du terme général de chaque suite ci-après, puis trouve la valeur de t_{21} à l'intérieur de chacune.

a) 6, 10, 14, 18, …   **b)** −5, −11, −17, −23, …

6. Détermine la formule du terme général de chaque suite ci-après, puis trouve la valeur de t_8 à l'intérieur de chacune.

a) 1, 4, 16, 64, …   **b)** 10 000, −5000, 2500, −1250, …

7. Trouve la somme demandée dans le cas de chaque série arithmétique ci-après.

a) $4 + 11 + 18 + …1$; S_{15} **b)** $99 + 88 + 77 + …$; S_{20}

8. Détermine la somme de la série arithmétique $-12 - 9 - 6 - … + 39$.

9. Trouve la somme demandée dans le cas de chaque série géométrique ci-après.

a) $7 + 14 + 28 + 56 + …$; S_9 **b)** $2000 - 400 + 80 - …$; S_6

10. Détermine la somme de la série géométrique $7 - 21 + 63 - … - 1701$.

11. La navette spatiale Lors du vol où Roberta Bondar se trouvait à bord, la navette spatiale a décollé à 10 h environ pour ensuite effectuer une orbite autour de la Terre toutes les 90 min. À quelle heure la navette a-t-elle complété sa neuvième orbite?

12. La prolifération bactérienne Soit une culture bactérienne dont le nombre d'individus double toutes les 30 min. Si l'on y a dénombré 10 000 bactéries à 16 h, combien y en aura-t-il à 20 h le même jour?

VÉRIFIONS NOS PROGRÈS

Connaissance et compréhension • Réflexion, recherche et résolution de problèmes • Communication • Mise en application

13. a) La suite que l'on obtient en additionnant le même nombre à chaque terme d'une suite géométrique est-elle elle aussi géométrique? est-elle arithmétique? Explique ta réponse.

b) La suite que l'on obtient en multipliant chaque terme d'une suite arithmétique par un même nombre est-elle elle aussi arithmétique? est-elle géométrique? Explique ta réponse.

c) En additionnant une suite arithmétique à une suite géométrique, terme par terme, obtient-on une suite arithmétique ou géométrique? Explique ta réponse.

Réponds aux questions 14 et 15 seulement si tu as étudié la section 6.4.

14. Écris les quatre premiers termes résultant de chacune des formules de récurrence ci-après.

a) $t_1 = 7$; $t_n = t_{n-1} - 3$ **b)** $t_1 = -2$; $t_n = t_{n-1} + n$

c) $t_1 = 2000$; $t_n = -0,4t_{n-1}$ **d)** $t_1 = 2$; $t_2 = 3$; $t_n = t_{n-1} - t_{n-2}$

15. Établis une formule explicite pour la suite associée à chacune des formules de récurrence ci-après.

a) $t_1 = 2$; $t_n = 5t_{n-1}$ **b)** $t_1 = -7$; $t_n = t_{n-1} + 8$

PROBLÈMES STIMULANTS

1. Compter à rebours Une personne se met à compter à rebours par intervalles de 7, à partir de 888, d'où 888, 881, 874, et ainsi de suite. Lequel des nombres ci-après devra-t-elle mentionner?

a) 35   **b)** 34   **c)** 33   **d)** 32   **e)** 31

2. Les nombres entiers positifs Soit h la somme des n premiers nombres entiers positifs pairs et k la somme des n premiers nombres entiers positifs impairs. On a alors $h - k$ égale:

a) $\dfrac{n}{2}$ **b)** $\dfrac{n}{2} - 1$ **c)** n **d)** $-n$ **e)** $n - 1$

3. Les suites arithmétiques Indique lequel des nombres à quatre chiffres ci-après est le plus grand faisant partie de la suite arithmétique 1, 6, 11, 16, 21, …

a) 9995   **b)** 9996   **c)** 9997   **d)** 9998   **e)** 9999

4. Les nombres entiers pairs Indique lequel des nombres ci-après est le plus grand de 50 nombres entiers pairs consécutifs dont la somme égale 3250.

a) 64   **b)** 66   **c)** 112   **d)** 114   **e)** 116

5. Le calendrier En 1986, le 1er janvier était un mercredi. Quel jour le 1er janvier tombait-il en 1992?

6. Une table de nombres entiers Soit la table ci-après, où les nombres entiers supérieurs à 1 sont disposés trois par rangée, à l'intérieur de cinq colonnes. Si l'on prolonge cette table en respectant la régularité établie, dans quelle colonne le nombre 1000 figurera-t-il?

A	B	C	D	E
2	3	4		
		7	6	5
8	9	10		
		13	12	11
14	15	16		
		19	18	17

7. La danse en ligne Soit une danse en ligne où l'on avance de deux pas pour ensuite reculer de un. Si l'on se trouve à 10 pas du mur, combien de pas devra-t-on faire pour l'atteindre en exécutant cette danse?

8. Les pages d'un livre On a écrit au total 216 chiffres pour paginer l'ensemble d'un livre. Détermine le nombre de pages que renferme ce livre.

9. Les équations du second degré Soit une équation du second degré de la forme $ax^2 + bx + c = 0$ où a, b et c sont des nombres réels positifs formant une suite géométrique a, b, c, … Décris les racines de cette équation.

STRATÉGIE POUR LA RÉSOLUTION DE PROBLÈMES

PROCÉDER PAR TÂTONNEMENTS

Une façon de résoudre un problème consiste à estimer une réponse et à vérifier ensuite si elle est exacte. Dans le cas contraire, on peut répéter le processus jusqu'à ce que l'on arrive à la bonne réponse.

Lorsqu'on laisse tomber une balle, elle rebondit en touchant le sol et regagne alors une certaine proportion de sa hauteur initiale. À chaque rebond successif, la balle s'élève jusqu'à une hauteur toujours égale au même pourcentage de la hauteur maximale atteinte à son rebond précédent.

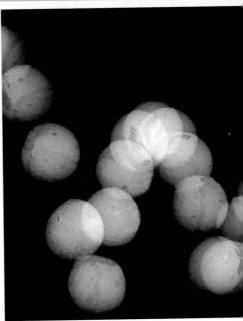

Prenons une balle qui regagne à chaque rebond 70 % de sa hauteur antérieure. Si on la laisse tomber d'une hauteur de 150 cm, cette balle s'élèvera de $0,7 \times 150$ ou 105 cm à son premier rebond et de $0,7 \times 105$ ou 73,5 cm à son deuxième rebond.

Soit une balle qui regagne à chaque rebond 75 % de sa hauteur antérieure. Si on la laisse tomber d'une hauteur de 2 m ou 200 cm, elle atteindra à son $n$ième rebond une hauteur h, en centimètres, se traduisant par l'équation

$$h = 200(0,75)^n$$

À quel rebond cette balle atteindra-t-elle une hauteur d'environ 20 cm ?

Comprendre le problème

1. Quels sont les renseignements fournis ?
2. Que dois-tu déterminer ?
3. Te demande-t-on une réponse exacte ou approximative ?

Établir un plan

Construis une table. Estime la valeur de n. Utilise la valeur estimée pour calculer la hauteur au $n$ième rebond. Si le résultat obtenu n'est pas d'environ 20 cm, estime encore une fois la valeur de n et calcule de nouveau la hauteur.

Éxécuter son plan

Réponses estimées		Vérification
n	Calcul de la valeur de h	La valeur de h est-elle d'environ 20 cm ?
5	$200(0,75)^5 \doteq 47$	h trop élevée
10	$200(0,75)^{10} \doteq 11$	h trop faible
9	$200(0,75)^9 \doteq 15$	h trop faible
8	$200(0,75)^8 \doteq 20$	20 parfaite !

Revoir sa démarche

La balle atteint une hauteur d'environ 20 cm à son huitième rebond.

Cette réponse te semble-t-elle vraisemblable ?

Pourrait-on résoudre ce problème graphiquement ?

1. Estime une réponse possible.
2. Vérifie cette réponse par rapport à un fait connu.
3. Au besoin, modifie ta réponse estimée et vérifie-la de nouveau.

Application, résolution de problèmes, communication

Réponds aux questions 1 à 4 par une estimation écrite. Compare tes réponses à celles d'une ou d'un de tes camarades de classe. Utilise ensuite tes habiletés dans la recherche pour déterminer la valeur exacte dans chaque cas.

1. Les lacs Quelle est, en kilomètres carrés, la superficie du plus vaste lac entièrement situé au Canada ?

2. La population étudiante Combien y a-t-il d'élèves effectuant actuellement leur 11ᵉ année en Ontario ?

3. Le Sentier transcanadien Ce sentier est le plus long en son genre dans le monde.
a) Quelle est sa longueur totale ?
b) Quelle est sa longueur en Ontario ?

4. Les aéroports a) Combien y a-t-il d'aéroports au Canada ?
b) Combien d'entre eux ont une ou plusieurs pistes avec revêtement ?

5. Un casse-tête numérique Reproduis le schéma ci-après. Inscris-y cinq des chiffres 1 à 9 dans les cercles appropriés afin qu'au moins un des nombres formés de deux chiffres reliés par un segment de droite soit divisible par 13 ou par 7. Les chiffres reliés entre eux peuvent être jumelés dans un sens ou dans l'autre.

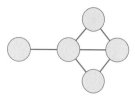

6. Une boîte de céréales Le devant d'une boîte de céréales a une aire de 532 cm², chacun de ses côtés a une aire de 140 cm² et son fond a une aire de 95 cm². Quel est le volume de cette boîte ?

7. La recherche de chiffres Quels doivent être les chiffres A, B et C pour que l'équation ci-après se vérifie ?

$$(AA)^2 = BBCC$$

8. Un casse-tête numérique Reproduis le schéma ci-après. Inscris-y les chiffres 1 à 9 dans les cercles appropriés afin que la somme de chaque alignement de 3 chiffres égale 18. Nous y avons déjà disposé les chiffres 6 et 1 pour toi.

9. Un jeu de lettres Soit l'addition ci-après, où chaque lettre représente un chiffre différent. Détermines-y la valeur de O, de M, de E et de T.

$$
\begin{array}{r}
MET \\
MET \\
MET \\
+ MET \\
\hline
OTE
\end{array}
$$

10. Les casernes de pompiers Soit une circonscription où il y a 35 villes disposées comme dans le schéma ci-après. Chacun des segments de droite les plus courts de ce schéma représente une route longue de 10 km. Des planificateurs régionaux ont suggéré d'établir une caserne de pompiers dans certaines de ces villes afin qu'aucune d'entre elles ne se trouve à plus de 10 km en automobile d'une caserne de pompiers. Quel est le nombre minimal de casernes que l'on devra construire ?

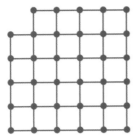

11. Un carré magique Dans un carré magique, la somme des nombres de chaque rangée, chaque colonne et chaque diagonale est la même, soit ici 15. Déplace les nombres inscrits dans le carré ci-après afin que la somme des nombres de chaque rangée, chaque colonne et chaque diagonale soit différente l'une de l'autre, et n'égale pas 15.

6	1	8
7	5	3
2	9	4

12. La création d'égalités Crée des égalités en remplaçant chaque ■ ci-après par un nombre entier différent de 0 à 9 et chaque ● par le symbole ×, ÷, + ou −.

13. Les nombres entiers Soit les quatre nombres entiers positifs A, B, C et D. On obtient le même résultat en additionnant 4 à A qu'en soustrayant 4 de B, en divisant C par 4 et en multipliant D par 4. Si la somme de A, B, C et D égale 100, quels sont ces 4 nombres ?

14. Des ensembles de nombres À l'aide des chiffres 1 à 9, on a composé trois nombres dont le deuxième correspond au double du premier et le troisième, au triple du premier.

$$1\ 9\ 2$$
$$3\ 8\ 4$$
$$5\ 7\ 6$$

a) En modifiant l'ordre des chiffres à l'intérieur de chacun des trois nombres indiqués, on peut créer un autre ensemble de nombres qui satisfait aux mêmes conditions. Quel est cet ensemble de nombres ?

b) Il existe deux autres ensembles de trois nombres qui satisfont aux mêmes conditions. On obtient l'un en modifiant l'ordre des chiffres à l'intérieur des nombres de l'autre. Quels sont ces deux ensembles de nombres ?

15. L'énoncé de problèmes Énonce un problème que l'on peut résoudre en procédant par tâtonnements. Fais-le résoudre par une ou un de tes camarades de classe.

L'APPLICATION DES STRATÉGIES

1. La mesure Soit un hexagone régulier et un triangle équilatéral ayant le même périmètre. À quelle fraction de l'aire de l'hexagone correspond l'aire du triangle ?

2. Les clés Dans combien d'ordres différents peut-on fixer quatre clés distinctes à un porte-clés ?

3. Les puissances Les puissances de 3 sont 3^0, 3^1, 3^2, 3^3, ... ou 1, 3, 9, 27, ... En ne recourant qu'à l'addition ou à la soustraction de puissances de 3, on peut exprimer les nombres 5, 26 et 35 comme suit :

$$5 = 3 + 1 + 1$$
$$26 = 27 - 1$$
$$35 = 27 + 9 - 1$$

Combien y a-t-il de nombres entiers de 1 à 50 qu'il est impossible d'exprimer à l'aide de trois puissances de 3 ou moins, si l'on ne recourt qu'à l'addition et à la soustraction ?

4. Les valeurs décimales Si on écrit le nombre $-\dfrac{1}{7}$ sous forme décimale, quel est le 53e chiffre après la virgule ?

5. La mesure Les points A, B, Q, D et C sont situés sur un cercle. $\angle BAQ = 41°$ et $\angle DCQ = 37°$. Quelle est la somme de $\angle P$ et $\angle AQC$?

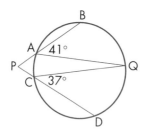

6. Les chiffres Combien de nombres naturels formés de trois chiffres ne comportent aucun des chiffres suivants : 1, 2, 4, 5, 6, 8 et 9 ?

7. Le recouvrement Imagine qu'un domino couvre deux cases d'un damier. Si l'on supprime une case à deux extrémités opposées du damier, comme le montre la figure ci-contre, est-il possible de couvrir entièrement la surface restante de dominos ?

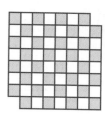

8. La pelouse Soit une pelouse circulaire de 10 m de rayon que l'on doit gazonner. Pour ce faire, on peut acheter des bandes de gazon larges de 40 cm. Quelle devra être approximativement la longueur totale de ces bandes ?

9. La géométrie Soit la figure ci-contre représentant le triangle isocèle RST, où RS = RT, et le triangle équilatéral ABC. Exprime la mesure de l'angle x en fonction de celle des angles y et z.

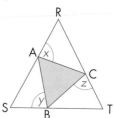

10. Les nombres entiers Soit l'addition ci-après, où D, E et F représentent trois chiffres différents. Détermines-y la valeur de D, de E et de F.

$$\begin{array}{r} D\,E\,F \\ D\,E\,F \\ +\ D\,E\,F \\ \hline E\,E\,E \end{array}$$

11. La circulation piétonnière Au cours d'une heure, environ combien de personnes circulant à pied peuvent passer devant le même endroit le long d'un chemin large de 4 m ?

RÉVISION CUMULATIVE : LES CHAPITRES 5 ET 6

Chapitre 5

1. Trouve l'équivalent en degrés des mesures ici exprimées en radians. Arrondis tes réponses au dixième, s'il y a lieu.

a) $\dfrac{\pi}{9}$ **b)** $\dfrac{3\pi}{8}$ **c)** $3{,}1$

2. Trouve l'équivalent exact en radians des mesures ici exprimées en degrés. Présente tes réponses en terme de π.

a) $80°$ **b)** $260°$ **c)** $570°$

3. Détermine la valeur exacte de sin, cos et tan dans le cas de l'angle θ, sachant que le point $P(-2, -3)$ est situé sur le côté terminal de cet angle et que $0 \le \theta \le 2\pi$.

4. Détermine la valeur exacte des rapports trigonométriques ci-après.

a) $\cos 315°$ **b)** $\sin 240°$ **c)** $\tan 210°$

5. Soit une fonction périodique f dont la période est de 15. Sachant que $f(5) = 13$ et $f(40) = -5$, détermine les valeurs ci-après.

a) $f(110)$ **b)** $f(200)$ **c)** $f(-80)$

6. Esquisse un cycle de la sinusoïde définie par les équations ci-après. Indique la période et l'amplitude dans chaque cas.

a) $y = \dfrac{1}{2}\cos 2x$ **b)** $y = 3\sin 2x$

7. Esquisse un cycle de la sinusoïde définie par les équations ci-après. Indique la période, l'amplitude, la translation verticale et le déphasage dans chaque cas.

a) $y = \sin\left(x - \dfrac{\pi}{3}\right) - 3$

b) $y = \dfrac{1}{2}\cos(3x - \pi) - 5$

8. Démontre que l'identité suivante est vraie.
$$(1 - \sin^2 x)(1 + \tan^2 x) = 1$$

9. Résous l'équation trigonométrique ci-après pour $0° \le x \le 360°$. Arrondis ta solution au dixième de degré, le cas échéant.
$$4\sin^2 x - 4\sin x - 3 = 0$$

Chapitre 6

1. À l'aide de la formule définissant son terme général, trouve les cinq premiers termes de chaque suite, puis représente graphiquement t_n ou $f(n)$ en fonction de n.

a) $t_n = 2(n - 1)$ **b)** $f(n) = n^2 + 5$

c) $t_n = 0{,}5(2)^{n-1}$

2. Selon la valeur des termes ci-après de la suite 9, 15, 21, …,

a) détermine t_n **b)** détermine t_{25}

3. Détermine le nombre de termes que comportent les suites ci-après.

a) 251, 243, 235, …, -205

b) -4, -12, -36, …, -8748

4. Détermine la formule du terme général et la valeur de t_{12} dans le cas de la suite géométrique -1, 2, -4, 8, …

5. Détermine la valeur de S_{12} à l'intérieur de la série arithmétique $-35 - 25 - 15 - …$

6. Détermine la somme de la série arithmétique $21 + 23 + 25 + … + 43$

7. Détermine la valeur de S_{10} à l'intérieur de la série géométrique $-2 + 4 + -8 …$

8. Détermine la somme de la série géométrique $1280 - 640 + 320 - … + 5$

9. **La mesure** Soit un quadrilatère dont la mesure des angles intérieurs forme une suite arithmétique. Si le plus grand de ces angles est de $96°$, combien mesurent les autres?

Réponds aux questions 10 et 11 seulement si tu as étudié la section 6.4.

10. Écris les cinq premiers termes résultant de chacune des formules de récurrence ci-après.

a) $t_1 = -6$; $t_n = t_{n-1} + 5$

b) $t_1 = 800$; $t_n = -0{,}25 t_{n-1}$

c) $t_1 = -2$; $t_2 = -1$; $t_n = t_{n-1} \times t_{n-2}$

11. Établis une formule explicite pour la suite associée à la formule de récurrence $t_1 = 10$; $t_n = t_{n-1} - 3$.

7 L'intérêt composé et les annuités

Contenus d'apprentissage	Fonctions	Fonctions et relations
Développer les formules pour calculer la valeur finale d'un placement à intérêt composé, la valeur actuelle et la valeur finale d'une annuité, en utilisant la formule du nième terme d'une série géométrique et la formule pour la somme des n premiers termes d'une série géométrique.	7.2, 7.3, 7.4, 7.5, 7.6	7.2, 7.3, 7.4, 7.5, 7.6
Résoudre des problèmes d'intérêts composés et de valeurs actuelles.	7.2, 7.3, 7.4	7.2, 7.3, 7.4
Résoudre des problèmes d'annuité et en déterminer la valeur finale et la valeur actuelle.	7.5, 7.6	7.5, 7.6
Démontrer une compréhension des liens entre l'intérêt simple, les suites arithmétiques et la croissance linéaire.	7.1, 7.3	7.1, 7.3
Démontrer une compréhension des liens entre l'intérêt composé, les suites géométriques et la croissance exponentielle.	7.2, 7.3	7.2, 7.3
Analyser les effets sur les résultats d'un plan d'épargne à long terme lorsqu'on en fait varier les conditions.	7.2, 7.4, 7.5, 7.6	7.2, 7.4, 7.5, 7.6
Décrire la méthode utilisée pour calculer les intérêts payés pendant l'amortissement d'une hypothèque et comparer cette méthode à l'intérêt composé mensuellement et calculé chaque mois.	7.7, 7.8	7.7, 7.8
Générer des tables d'amortissement pour des hypothèques à l'aide d'un tableur ou d'un logiciel approprié.	7.7, 7.8	7.7, 7.8
Analyser les effets de varier les conditions pour rembourser une hypothèque.	7.7, 7.8	7.7, 7.8
Communiquer la solution d'un problème et les résultats d'une enquête en justifiant les étapes de son raisonnement.	7.1, 7.2, 7.3, 7.4, 7.5, 7.6, 7.7, 7.8	7.1, 7.2, 7.3, 7.4, 7.5, 7.6, 7.7, 7.8

La prise de décisions financières

Durant toute ta vie, tu auras à prendre des décisions financières. L'information, l'expérience et la compréhension peuvent t'aider à prendre des décisions judicieuses en matière d'emprunt et de placement. Pour acheter une voiture, tu devras peut-être économiser l'argent nécessaire, faire un emprunt ou les deux. Pour acquérir une propriété, tu devras normalement payer comptant une partie de la somme (versement initial) et emprunter le reste (hypothèque). Pour créer ta propre entreprise, tu devras utiliser tes économies ou obtenir un prêt. Pour épargner en vue de ta retraite, tu pourras investir dans un régime qui te procurera un revenu régulier.

Dans les questions de modélisation mathématique aux pages 510, 533, 542 et 569, tu vas résoudre le problème ci-après et d'autres encore ayant trait à la prise de décisions financières.

Supposons que, le jour de ta naissance, tes parents ont déposé 4000 $ dans un compte rapportant des intérêts composés de 5,9 % par an, calculés semi-annuellement. Combien d'argent y aura-t-il dans le compte le jour de ton 19e anniversaire? Si les intérêts composés étaient calculés mensuellement (et non semi-annuellement), combien y aurait-il de plus dans ton compte le jour de ton 19e anniversaire?

Réponds immédiatement aux questions suivantes.

Jean veut acheter une voiture d'occasion avec l'argent tiré d'un emploi à temps partiel. Il doit choisir entre deux modalités de paiement : 150 $ par mois pendant 7 ans ou 200 $ par mois pendant 4 ans.

1. Quelle formule coûte le moins cher ?

2. Quelles raisons peuvent inciter Jean à choisir la première formule ?

3. Quelles raisons peuvent l'inciter à choisir la seconde formule ?

4. Quelle formule Jean devrait-il choisir, selon toi ? Justifie ta réponse à l'aide des raisons invoquées aux questions 2 et 3.

5. Quels autres renseignements pourraient aider Jean à prendre une décision éclairée ?

POINT DE DÉPART

La comparaison des coûts

1. Max peut acheter une chaîne stéréophonique en payant 599 $ maintenant ou 750 $ dans un an.

a) Quels facteurs lui suggérerais-tu de prendre en considération avant de choisir l'une ou l'autre formule ? En quoi ces facteurs différeraient-ils des facteurs que tu suggérerais à une autre personne ?

b) Quelles raisons donnerais-tu à Max pour le convaincre de tenir compte de ces facteurs ?

c) Quelles hypothèses fait-on au sujet du choix de l'une ou l'autre formule par Max ? Que suggérerais-tu de faire au sujet de ces hypothèses ?

2. Suzie veut prendre des leçons de soccer pendant un an. Le club qu'elle choisit offre les modalités de paiement suivantes :

Formule A : payer une somme globale de 919 $, une semaine avant le début des cours.

Formule B : payer 300 $ maintenant, 350 $ dans 4 mois et 350 $ dans 8 mois.

Formule C : payer 95 $ par mois pendant un an.

a) Combien Suzie paiera-t-elle en tout si elle choisit la formule :

i) A ? **ii)** B ? **iii)** C ?

b) Quels facteurs rendraient acceptable la décision de Suzie de choisir la formule :

i) la plus chère ? **ii)** la moins chère ?

c) Renseigne-toi sur les modalités de paiement de leçons qui t'intéressent. Choisis une formule. Explique comment tu as pris cette décision. Indique s'il y a une autre formule que tu pourrais envisager de choisir.

3. Supposons que tu t'occupes de louer une patinoire pour une équipe de hockey amateur. La patinoire locale propose les formules suivantes : 55 $/h pour au moins 2 h par semaine, 62 $/h pour 1 h à 2 h par semaine et 68 $/h pour moins de 1 h par semaine. Compte tenu de leurs engagements, les membres de l'équipe ne peuvent prédire le nombre d'heures pendant lesquelles ils pourront s'exercer durant la saison. Quelle formule choisirais-tu ? Explique comment tu justifierais ta décision auprès de l'équipe.

Révision des habiletés

Si tu as besoin d'aide pour maîtriser l'une ou l'autre des habiletés indiquées en **violet**, consulte l'annexe A.

1. Écris les trois termes suivants.

a) $100, 100(0,05), 100(0,05)^2, 100(0,05)^3, \ldots$

b) $100, 106, 112, 118, \ldots$

c) $1 + 0,06, (1 + 0,06)^2, (1 + 0,06)^3, \ldots$

2. La résolution d'équations du premier degré Isole i.

a) $120 = 100i$

b) $250 = 500i(2)$

c) $2500 = Ci(10)$

d) $I = 400i$

e) $300 = 2000it$

f) $I = Cit$

3. La résolution d'équations du premier degré Isole C.

a) $100 = C(0,02)$

b) $200 = C(0,05)(2)$

c) $400 = C(0,04)$

d) $I = Cit$

4. La résolution d'équations du premier degré Isole t.

a) $80 = 1000(0,04)t$

b) $360 = 1200(0,06)t$

c) $216 = 450(0,08)t$

d) $5400 = 30\,000(0,02)t$

e) $I = Cit$

5. Les lois des exposants Évalue les expressions ci-après. Arrondis au millième près.

a) $(1,04)^4$

b) $(1,02)^{-18}$

c) $(1,055)^5$

d) $(1,098)^{-32}$

e) $(1,08)^{-7}$

f) $(1,065)^{11}$

g) $(1,015)^8$

h) $(1,045)^{20}$

i) $(1,225)^{-3}$

j) $(1,13)^{-6}$

k) $(1,01)^{-15}$

l) $(1,07)^{19}$

6. Évalue les expressions ci-après.

a) $5000(1 + 0,035)^6$

b) $900\,000(1 + 0,031)^{-30}$

c) $75\,000(1 + 0,006)^{-8}$

d) $38\,000(1 + 0,015)^4$

e) $142\,000(1 + 0,0525)^{-7}$

7. Évalue les expressions ci-après.

a) $\dfrac{300[(1,025)^{16} - 1]}{0,025}$

b) $\dfrac{1000[(1,007)^7 - 1]}{0,007}$

c) $\dfrac{48\,000[(1,009)^{12} - 1]}{0,009}$

8. Exprime chaque pourcentage sous forme décimale.

a) 15 %

b) 6,13 %

c) 0,8 %

d) 4,75 %

e) 1,3 %

f) 0,25 %

g) 7 %

h) 3,05 %

i) 8,25 %

9. Calcule.

a) 10 % de 1000

b) 6 % de 1250

c) 8,25 % de 20 000

d) 7,6 % de 12 390

e) 5,25 % de 10 500 $

f) 12,5 % de 2254 $

g) 4,5 % de 2000 $

h) 0,9 % de 27 355

10. Calcule le coût total de chaque article, si la TPS est de 7 % et la TVP, de 8 %.

a) Une chaîne stéréophonique de 1999 $;

b) Une voiture de 21 515 $;

c) Un téléviseur de 1499 $;

d) Un ordinateur de 1898 $.

7.1 Exploration : L'intérêt simple, les suites arithmétiques et la croissance linéaire

Lorsque tu places de l'argent dans une banque ou une autre institution financière, celle-ci te verse des intérêts pour utiliser cette somme afin de gagner elle-même de l'argent. Lorsque tu empruntes de l'argent, tu paies des intérêts sur le prêt.

On peut te verser de **l'intérêt simple**, ce qui signifie que seul l'argent déposé au départ produit de l'intérêt. Si tu déposes 1000 $ au taux d'intérêt simple de 5 % par an, seul le montant de départ, 1000 $, produira de l'intérêt chaque année.

L'intérêt simple

L'argent placé ou emprunté s'appelle le **capital**. Le **taux d'intérêt** représente le pourcentage du capital reçu ou payé en intérêt. La somme du capital et de l'intérêt s'appelle le **montant**.

1. Supposons que tu places 1000 $ au taux d'intérêt simple de 5 % par an.

a) Combien d'intérêts te versera-t-on la première année ?

b) Quel sera le montant après 1 an ?

c) Comme il s'agit d'intérêts simples, les intérêts de la première année ne sont pas réinvestis. Combien d'intérêts te versera-t-on la deuxième année ?

d) Combien d'intérêts auras-tu reçu en tout après 2 ans ?

e) Quel sera le montant après 2 ans ?

2. Complète la table ci-dessous jusqu'à la 10ᵉ année. La somme placée est de 1000 $ au taux d'intérêt simple de 5 % par an. Inscris dans la deuxième rangée tes réponses à la question 1.

Nombre d'années	Capital ($)	Taux d'intérêt (%)	Intérêts ($)	Montant ($)
1	1000	0,05	50	1050
2				
3				

3. Représente graphiquement les valeurs de la table de la question 2, en inscrivant le temps, en années, sur l'axe horizontal et le montant, en dollars, sur l'axe vertical. Relie les points.

4. Examine les valeurs de la colonne « Montant » de la table.

a) Quel genre de suite observes-tu ? Explique ta réponse.

b) Quel est le premier terme de la suite ?

c) Quelle est la différence entre les termes consécutifs de cette suite ? Comment appelle-t-on la différence ?

d) Utilise tes réponses en b) et en c) pour écrire une formule représentant le $n$ième terme de la suite. Utilise la table pour vérifier ta formule pour t_n.

5. a) Reporte $n = 1, 2, 3, …, 10$ dans la formule que tu as établie à la question 4d) pour t_n afin de déterminer $t_1, t_2, t_3, …, t_{10}$.

b) Représente graphiquement les valeurs établies en a) en inscrivant n sur l'axe horizontal et t_n sur l'axe vertical. Relie les points.

6. Utilise la table de la question 2.

a) Soit C le capital, en dollars, i le taux d'intérêt exprimé sous forme décimale et t le temps, en années. Écris une expression permettant de déterminer les intérêts.

b) Soit I les intérêts, en dollars. Utilise l'expression obtenue en a) pour écrire une formule montrant la relation entre I, C, i et t. Vérifie ta formule en l'appliquant aux valeurs de la table.

c) Soit M le montant, en dollars. Écris une formule montrant la relation entre M, C et I. Vérifie ta formule en l'appliquant aux valeurs de la table.

d) Reporte I dans la formule obtenue en c) afin d'écrire une formule dans laquelle M est exprimé en fonction de C, de i et de t. Vérifie ta formule à l'aide de la table.

7. a) Reporte $t = 1, 2, 3, …, 10$ dans la formule obtenue pour M à la question 6d) afin de déterminer le montant après chaque année jusqu'à la 10ᵉ année.

b) Représente graphiquement les valeurs obtenues en a) en inscrivant t sur l'axe horizontal et M sur l'axe vertical. Relie les points.

8. Examine les graphiques des questions 3, 5 et 7.

a) Quelle forme ont-ils?

b) Quelle est l'ordonnée à l'origine de chaque graphique?

c) Que représente chaque ordonnée à l'origine par rapport au placement de 1000 $?

d) Quelle est la pente de chaque graphique?

e) Que représente chaque pente par rapport au placement de 1000 $?

f) Utilise l'ordonnée à l'origine et la pente pour écrire une équation sous la forme $y = mx + b$.

g) Représente graphiquement l'équation créée en f).

9. Si les points représentant une relation forment une ligne droite, la relation est une fonction affine.

a) Les graphiques sont-ils linéaires ou non linéaires? Explique ta réponse.

b) Pourquoi est-il acceptable de relier les points de chaque graphique?

c) Utilise un graphique pour évaluer le montant pendant une période de 1 à 10 ans.

d) Utilise une formule pour vérifier ton estimation.

e) Applique ta formule à t_n afin de déterminer le montant après 20 ans.

f) Applique ta formule à M pour déterminer le montant après 20 ans. Compare cette valeur avec celle que tu as obtenue pour t_{20} en e). Explique ton résultat.

10. Supposons que tu as placé 1000 $ au taux d'intérêt simple de 6,75 % par an.

a) Prédis l'aspect du graphique représentant ce placement, si le temps en années est inscrit sur l'axe horizontal et si le montant en dollars est inscrit sur l'axe vertical.

b) Quelle sera le montant après:

i) 1 an?   **ii)** 2 ans?   **iii)** 3 ans?   **iv)** 4 ans?   **v)** 5 ans?

c) Nomme le genre de suite correspondant aux montants obtenus en b).

d) Indique le premier terme et la raison de la suite.

e) Écris la formule correspondant à t_n de la suite. Vérifie ta formule pour $n = 1, 3, 5$.

f) Représente graphiquement la formule obtenue en e) en inscrivant n sur l'axe horizontal et t_n sur l'axe vertical. Relie les points.

g) Écris une équation sous la forme $y = mx + b$ pour représenter ton graphique.

h) Compare ton graphique avec la prédiction que tu as faite en a).

11. Utilise les résultats obtenus pour décrire la relation entre l'intérêt simple, les suites arithmétiques et la croissance linéaire. Fais référence à ta table, à tes graphiques et à tes formules dans tes explications.

7.2 Les intérêts composés

On appelle **intérêts composés** des intérêts qui sont réinvestis à intervalles réguliers. L'intérêt est alors ajouté au capital et il produit ainsi de l'intérêt durant la période suivante, qu'on appelle la **période d'intérêt composé**. Si on place 4000 $ au taux de 6,25 % par an, composé annuellement, l'intérêt s'ajoute au capital à la fin de l'année. L'année suivante, l'intérêt est versé sur la somme du capital et de l'intérêt accumulé. De même, si on emprunte 4000 $ au taux de 6,25 % par an, composé annuellement, l'intérêt s'ajoute au capital à la fin de l'année.

Chacun a ses raisons d'épargner ou d'emprunter. Ainsi, Marc emprunte 3000 $ pour suivre un cours de technologie. Diane veut placer 10 000 $ dans un régime enregistré d'épargne-retraite et obtenir le meilleur rendement possible. Gabrielle veut placer de l'argent afin de pouvoir mettre à niveau les ordinateurs de son entreprise dans 5 ans.

EXPLORATION ET RECHERCHE

Martin et Normande placent 2000 $ pour leur petite-fille Linda, le jour de ses 12 ans, afin qu'elle puisse s'en servir pour ses études le jour de ses 18 ans. L'argent est placé dans un compte qui produit 8 % d'intérêt par an, composé annuellement.

1. a) Utilise la formule de l'intérêt simple pour déterminer l'intérêt produit la première année.

b) Quel est le montant dans le compte après 1 an ?

c) Comme il s'agit d'intérêts composés, l'intérêt de la première année est réinvesti avec le capital pour l'année suivante. Quel est le capital de la deuxième année ?

d) Utilise la formule de l'intérêt simple pour déterminer, au cent près, l'intérêt produit sur le capital de la deuxième année.

e) Quel est le montant dans le compte après 2 ans ?

2. Complète la table ci-dessous jusqu'au 18e anniversaire de Linda. Rappelle-toi que Linda retire l'argent le jour de ses 18 ans. Inscris dans la deuxième rangée tes réponses à la question 1.

Comme l'intérêt est réinvesti, utilise le montant à la fin de l'année comme capital de l'année suivante.

Anniversaire	Nombre d'années	Capital ($)	Taux d'intérêt (%)	Intérêt ($)	Montant ($)
12	1	2000,00	0,08	160,00	2160,00
13	2	2160,00			
14	3				

3. a) Quel genre de suite représentent les valeurs de la colonne « Montant » de la table ? Explique ta réponse.

b) Écris la formule du $n$ième terme t_n dans ce genre de suite.

4. a) Dans la suite représentant le montant du placement de Martin et Normande, quelle est la valeur de :

i) a ?   **ii)** t ?

b) Utilise les valeurs de a et de t pour écrire t_n pour le $n$ième terme de cette suite.

c) Utilise t_n pour vérifier la formule du $n$ième terme pour :

i) t_1 **ii)** t_2 **iii)** t_3 **iv)** t_4 **v)** t_7

5. a) Soit M le montant, C le capital, i le taux d'intérêt par période d'intérêt composé et n le nombre de périodes d'intérêt composé. Reporte ces variables dans la formule de la suite représentant le $n$ième terme de la question 4 b) afin d'obtenir la formule des intérêts composés.

b) Vérifie ta formule en substituant des valeurs à C, à i et à n et en calculant M pour le montant du placement.

6. a) Si le capital placé est C et si le taux d'intérêt annuel est i, quelle est le montant accumulé après :

i) 1 an ?   **ii)** 2 ans ?   **iii)** 3 ans ?   **iv)** 4 ans ?   **v)** 5 ans ?

b) Écris les montants obtenus en a) sous forme de suite.

c) Quelle est la valeur de a dans cette suite ?

d) Quelle est la valeur de t ?

7. Utilise les résultats obtenus pour décrire la relation entre les intérêts composés et le genre de suite représenté par le placement de Martin et Normande.

La formule d'une suite géométrique peut servir à élaborer la formule du montant M avec des intérêts composés,

$$M = C(1 + i)^n$$

où M représente le montant à l'échéance du placement ou de l'emprunt, C représente le capital placé, i représente le taux d'intérêt par période d'intérêt composé et n représente le nombre de périodes d'intérêt composé.

EXEMPLE 1 La détermination du montant, les intérêts étant composés annuellement

Pour suivre un cours de technologie, Marc emprunte 3000 $ au taux d'intérêt de 4,75 % par an, composé annuellement. Il projette de rembourser le prêt en 5 ans.

a) Combien d'argent devra-t-il après 5 ans ?

b) Combien d'intérêts paiera-t-il pour le prêt ?

SOLUTION 1 Méthode papier-crayon

a) Utilise la formule des intérêts composés.

Marc emprunte 3000 $, donc $C = 3000$.

Le taux d'intérêt est de 4,75 % par an, composé annuellement, donc $i = 0,0475$.

La durée du prêt est de 5 ans et les intérêts sont composés annuellement pendant 5 périodes d'intérêt composé, donc $n = 5$.

$$M = C(1 + i)^n$$

Reporte les valeurs connues dans l'équation : $\quad = 3000(1 + 0,0475)^5$

Simplifie : $\quad = 3000(1,0475)^5$

$\quad \doteq 3783,48$

Marc devra 3783,48 $ après 5 ans.

b) L'intérêt correspond au montant payé après 5 ans moins la somme empruntée.

Marc paiera 783,48 $ d'intérêts sur le prêt.

SOLUTION 2 Méthode par calculatrice à affichage graphique

a) Établis les paramètres mode à 2 décimales. Dans le menu de l'application Finance, sélectionne TVM *Solver*.

Saisis les valeurs connues.

La durée est de 5 ans, donc N = 5.

Le taux d'intérêt est de 4,75 % par an, donc I = 4,75.

Marc emprunte 3000 $, donc PV = 3000.

Les intérêts sont composés annuellement, donc C/Y = 1.

L'intérêt étant calculé à la fin de chaque période d'intérêt composé, sélectionne END.

Déplace le curseur sur FV afin de déterminer la valeur future du prêt et appuie sur ALPHA SOLVE. Comme Marc remboursera le montant (ou valeur future), FV est négatif.

Marc devra 3783,48 $ après 5 ans.

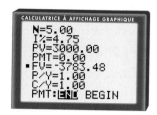

b) Marc paiera 783,48 $ d'intérêts sur le prêt, comme cela a été établi en b) dans la solution 1

3783,48 − 3000 = 783,48

Marc paiera 783,48 $ d'intérêts sur le prêt.

EXEMPLE 2 **Comparaison de l'effet de différentes périodes d'intérêt composé**

Diane veut placer 10 000 $ dans un régime enregistré d'épargne-retraite (REER). Elle a le choix entre un placement de 9 ans produisant 6 % d'intérêt par an, composé semi-annuellement, et un placement de 9 ans produisant 5,95 % d'intérêt par an, composé mensuellement. Quel placement devrait-elle choisir ? Pourquoi ?

Semi-annuellement signifie « deux fois par an ».

SOLUTION 1 **Méthode papier-crayon**

Utilise la formule des intérêts composés.

Pour le placement à 6 % d'intérêt par an, composé semi-annuellement, la somme placée est de 10 000 $, donc $C = 10\ 000$.

Comme i représente le taux d'intérêt par période d'intérêt composé, la valeur de i correspond au taux d'intérêt par an divisé par le nombre de périodes d'intérêt composé dans une année.

Les intérêts étant composés semi-annuellement, divise le taux d'intérêt par 2 afin de déterminer le taux d'intérêt pour chaque période d'intérêt composé.

$0,06 \div 2 = 0,03$, donc $i = 0,03$.

La somme étant placée durant 9 ans avec des intérêts composés semi-annuellement, multiplie le nombre d'années par 2 afin de déterminer le nombre de périodes d'intérêt composé.

$9 \times 2 = 18$, donc $n = 18$.

Comme n représente le nombre de périodes d'intérêt composé, la valeur de n correspond au nombre d'années multiplié par le nombre de périodes d'intérêt composé dans une année.

$$M = C(1 + i)^n$$

Reporte les valeurs connues dans l'équation :
$$= 10\ 000(1 + 0,03)^{18}$$

Simplifie :
$$= 10\ 000(1,03)^{18}$$
$$\doteq 17\ 024,33$$

À 6 % d'intérêt par an, composé semi-annuellement, la somme placée par Diane vaudrait 17 024,33 $ après 9 ans.

Pour le placement à 5,95 % d'intérêt par an, composé mensuellement, la somme placée est de 10 000 $, donc $C = 10\ 000$.

Les intérêts étant composés mensuellement, divise le taux d'intérêt par 12 afin de déterminer le taux d'intérêt pour chaque période d'intérêt composé. $0,0595 \div 12 \doteq 0,004\ 958\ 333$, donc $i \doteq 0,004\ 958\ 333$.

La somme étant placée durant 9 ans avec des intérêts composés mensuellement, multiplie le nombre d'années par 12 afin de déterminer le nombre de périodes d'intérêt composé. $9 \times 12 = 108$, donc $n = 108$.

$$M = C(1 + i)^n$$

Reporte les valeurs connues dans l'équation : $\doteq 10\ 000(1 + 0,004\ 958\ 333)^{108}$
Simplifie : $= 10\ 000(1,004\ 958\ 333)^{108}$
$\doteq 17\ 060,43$

À 5,95 % d'intérêt par an, composé mensuellement, la somme placée par Diane vaudrait 17 060,43 $ après 9 ans.

La somme placée par Diane vaudrait 17 024,33 $ à 6 % d'intérêt par an, composé semi-annuellement, et 17 060,43 $ à 5,95 % d'intérêt par an, composé mensuellement. Elle devrait donc choisir le placement à 5,95 % d'intérêt par an, composé mensuellement.

Solution 2 Méthode par calculatrice à affichage graphique

Établis les paramètres mode à 2 décimales. Dans le menu de l'application Finance, sélectionne TVM *Solver*.

Saisis les valeurs connues de la somme placée à 6 % d'intérêt par an, composé semi-annuellement.
La durée est de 9 ans, donc N = 9.
Le taux d'intérêt est de 6 % par an, donc I = 6.
Comme il s'agit d'un placement, PV est négatif.
Diane place 10 000 $, donc PV = −10 000.
Les intérêts sont composés semi-annuellement, donc C/Y = 2.
L'intérêt étant calculé à la fin de chaque période d'intérêt composé, sélectionne END.

Déplace le curseur sur FV afin de déterminer la valeur future et appuie sur ALPHA SOLVE.

À 6 % d'intérêt par an, composé semi-annuellement, la somme placée par Diane vaudrait 17 024,33 $ après 9 ans.

Lorsque C/Y est égal à 2, la calculatrice multiplie automatiquement N par 2 et divise I par 2.

CALCULATRICE À AFFICHAGE GRAPHIQUE
N=9.00
I%=6.00
PV=-10000.00
PMT=0.00
•FV=17024.33
P/Y=1.00
C/Y=2.00
PMT:END BEGIN

Saisis les valeurs connues de la somme placée à 5,95 % d'intérêt par an, composé mensuellement.

La durée est de 9 ans, donc N = 9.

Le taux d'intérêt est de 5,95 % par an, donc I = 5,95.

Comme il s'agit d'un placement, PV est négatif. Diane place 10 000 $, donc PV = −10 000.

Les intérêts sont composés mensuellement, donc C/Y = 12.

L'intérêt étant calculé à la fin de chaque période d'intérêt composé, sélectionne END.

Déplace le curseur sur FV afin de déterminer la valeur future et appuie sur ALPHA SOLVE.

À 5,95 % d'intérêt par an, composé mensuellement, la somme placée par Diane vaudrait 17 060,43 $ après 9 ans.

La somme placée par Diane vaudrait 17 024,33 $ à 6 % d'intérêt par an, composé semi-annuellement, et 17 060,43 $ à 5,95 % d'intérêt par an, composé mensuellement. Elle devrait donc choisir le placement à 5,95 % d'intérêt par an, composé mensuellement.

EXEMPLE 3 **La détermination du taux d'intérêt à l'aide d'une calculatrice à affichage graphique**

Gabrielle a 26 000 $ à placer. Elle voudrait que cette somme lui rapporte 40 000 $ dans 5 ans afin qu'elle puisse mettre à niveau les ordinateurs de son entreprise. Quel taux d'intérêt, au centième de pourcentage près, composé trimestriellement, devrait-elle obtenir pour atteindre son objectif ?

Trimestriellement signifie « tous les trois mois » ou « quatre fois par année ».

SOLUTION

Établis les paramètres mode à 2 décimales. Dans le menu de l'application Finance, sélectionne TVM *Solver.*

Saisis les valeurs connues.

La durée est de 5 ans, donc N = 5.

Comme il s'agit d'un placement, PV est négatif. Gabrielle place 26 000 $, donc PV = −26 000.

La valeur accumulée voulue dans 5 ans est de 40 000 $, donc FV = 40 000.

Les intérêts sont composés trimestriellement, donc C/Y = 4.

L'intérêt étant calculé à la fin de chaque période d'intérêt composé, sélectionne END.

Déplace le curseur sur I afin de déterminer le taux d'intérêt par an et appuie sur ALPHA SOLVE. Comme le nombre de décimales est fixé à 2, la calculatrice arrondit le taux d'intérêt au centième de pour cent près.

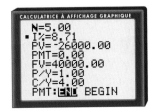

Gabrielle doit obtenir un taux d'intérêt de 8,71 % par an, composé trimestriellement, pour atteindre son objectif.

Tu peux vérifier ce taux d'intérêt en inscrivant 0 vis-à-vis de FV et en déterminant FV.

Concepts clés

- Les intérêts composés constituent une application financière des suites géométriques.
- La formule du montant avec intérêts composés est $M = C(1 + i)^n$, où M représente le montant à l'échéance du placement ou de l'emprunt, C représente le capital placé, i représente le taux d'intérêt par période d'intérêt composé et n représente le nombre de périodes d'intérêt composé.
- Dans $M = C(1 + i)^n$, $i = a \div N$, où a représente le taux d'intérêt par année et N représente le nombre de périodes d'intérêt composé, et $n = aN$, où a représente le nombre d'années.

Communique ce que tu as compris

1. Explique ce que signifient M, C, i et n dans la formule des intérêts composés.

2. Décris comment tu déterminerais le montant et l'intérêt d'un placement de 2000 $ après 5 ans, au taux d'intérêt de 6 % par an, composé semi-annuellement.

3. Supposons qu'on emprunte 60 000 $ pour 3 ans au taux d'intérêt de 8 % par an, composé mensuellement. Décris comment tu déterminerais la valeur de i et de n afin de les reporter dans la formule des intérêts composés.

4. a) Décris comment tu utiliserais une calculatrice à affichage graphique pour déterminer le taux d'intérêt, au centième de pour cent près, composé trimestriellement, qui ferait passer la valeur d'un placement de 12 000 $ à 15 000 $ en 6 ans.

b) Décris comment tu utiliserais une calculatrice à affichage graphique pour déterminer, au mois près, combien il faut de temps pour qu'une somme de 7500 $, placée à 7 % d'intérêt par an, composé mensuellement, vaille 10 000 $.

c) Explique les avantages qu'offre l'utilisation d'une calculatrice à affichage graphique en a) et en b).

Exercices

A

1. Le taux d'intérêt d'un placement est de 6 % par an. Quel est le taux d'intérêt de chaque période d'intérêt composé :

a) semi-annuellement ?

b) trimestriellement ?

c) mensuellement ?

d) quotidiennement (une année qui n'est pas bissextile) ?

2. Combien y a-t-il de périodes d'intérêt composé dans chaque prêt dont les intérêts sont composés :

a) trimestriellement pendant 1 an ?

b) annuellement pendant 1 an ?

c) mensuellement pendant 3 ans ?

d) annuellement pendant 5 ans ?

e) semi-annuellement pendant 2 ans ?

f) trimestriellement pendant 6 ans ?

3. Quel est le montant de chacun des prêts suivants ?

a) 500 $ à 5 % d'intérêt par an, composé annuellement pendant 3 ans ;

b) 45 500 $ à 10,5 % d'intérêt par an, composé semi-annuellement pendant 5 ans ;

c) 1000 $ à 4,75 % d'intérêt par an, composé mensuellement pendant 4 ans ;

d) 96 000 $ à 11 % d'intérêt par an, composé trimestriellement pendant 2 ans ;

e) 140 000 $ à 9,8 % d'intérêt par an, composé annuellement pendant 7 ans.

4. Détermine le montant du placement et de l'intérêt.

a) 2000 $ placés pendant 5 ans à 12 % d'intérêt par an, composé annuellement ;

b) 32 500 $ placés pendant 1 an à 8,25 % d'intérêt par an, composé semi-annuellement ;

c) 10 000 $ placés pendant 2 ans à 5,75 % d'intérêt par an, composé trimestriellement ;

d) 8000 $ placés pendant 6 ans à 10,5 % d'intérêt par an, composé mensuellement.

5. Détermine le montant de chaque placement.

a) 2200 $ placés pendant 5 ans à 12 % d'intérêt par an, composé mensuellement ;

b) 4400 $ placés pendant 7 ans à 7,25 % d'intérêt par an, composé annuellement ;

c) 12 600 $ placés pendant 4 ans à 6,75 % d'intérêt par an, composé trimestriellement ;

d) 500 000 $ placés pendant 10 ans à 9,25 % d'intérêt par an, composé semi-annuellement.

Application, résolution de problèmes, communication

6. Un placement Reza a placé 1000 $ pendant 1 an à 6 % d'intérêt par an. Quel est le montant si les intérêts sont composés :

a) semi-annuellement ?

b) trimestriellement ?

c) mensuellement ?

7. Un emprunt André a emprunté 9500 $ pour 3 ans à 11,6 % d'intérêt par an, composé trimestriellement.

a) Combien devait-il après 3 ans ?

b) Combien d'intérêts a-t-il payé ?

B

8. Un emploi d'été Oscar place les 3200 $ qu'il a gagnés à un concours de dissertation. Il obtient 6,5 % d'intérêt par an, composé mensuellement. Combien aura-t-il après 18 mois ?

9. Une chaîne stéréophonique Zaineb a le choix entre acheter maintenant une chaîne stéréophonique qui coûte 695 $ (TPS et TVP en sus) et placer l'argent et acheter la chaîne dans un an. Son compte produit 7,35 % d'intérêt par an, composé mensuellement. Si elle peut acheter la chaîne au même prix l'an prochain, combien économiserait-elle en plaçant l'argent ?

10. Un CPG Anita utilise les 8000 $ qu'elle a épargné sur le salaire de son premier emploi pour acheter un certificat de placement garanti (ou CPG) à 5,75 % d'intérêt, composé annuellement. Combien vaudra le CPG après 2 ans ?

11. Les obligations d'épargne du Canada Marie économise pour ses études collégiales. Son emploi d'été lui a permis d'épargner 1585 $. Si elle place l'argent à sa banque pendant 2 ans, elle obtiendra 4,85 % d'intérêt, composé semi-annuellement. Des obligations d'épargne du Canada lui rapporteraient par contre 6,3 % d'intérêt, composé annuellement, pendant 2 ans.

a) Quel est le meilleur placement ?

b) Quelle est la différence d'intérêts ?

12. Un REER Liliane et Paul placent 5000 $ dans leur régime enregistré d'épargne-retraite (REER), à 6 % d'intérêt par an, composé trimestriellement. Quel sera le montant accumulé à 60 ans si Liliane dépose l'argent le jour de ses 38 ans et Paul, le jour de ses 48 ans ?

13. Des vacances Katie économise pour se payer des vacances aux Bahamas. Le 1ᵉʳ janvier, elle place 750 $ à 8,2 % d'intérêt, composé semi-annuellement. Le 1ᵉʳ juillet, elle place encore 750 $ au même taux. Quel sera le montant total le 1ᵉʳ juillet suivant ?

14. Un voyage Noëlle place 2517 $ dans un compte dont les intérêts composés sont calculés mensuellement. Elle veut avoir 3000 $ dans 3 ans pour faire un voyage en Europe. Quel taux d'intérêt, au centième de pour cent près, composé mensuellement, doit-elle obtenir ?

15. Recherche et résolution de problèmes Renseigne-toi sur les taux d'intérêt aujourd'hui et il y a 20 ans.

a) Rédige l'énoncé d'un problème à propos d'un emprunt effectué à ces taux.

b) Fais résoudre ton problème par une ou un camarade de ta classe. Comparez vos solutions.

16. Une suite géométrique Utilise la formule d'une suite géométrique pour répondre à une question de cette section. Compare la solution obtenue avec la solution originale.

17. Une comparaison Simone peut placer 1550 $ pour 2 ans à 5 % d'intérêt, composé annuellement, à 4,95 % d'intérêt, composé semi-annuellement, ou à 4,9 % d'intérêt, composé mensuellement.

a) Prédis le taux qui rapportera le plus et le taux qui rapportera le moins.

b) Vérifie ta prédiction et classe les taux par ordre croissant par rapport au profit.

18. Application Joanne dépose 13 600 $ dans un compte qui rapporte 8,2 % d'intérêt par an, composé mensuellement. Un ami a accepté de lui vendre 15 900 $ une camionnette d'occasion pour son entreprise d'aménagements paysagers. Elle devra payer la TPS sur le prix de la camionnette.

a) Dans combien de temps, au mois près, aura-t-elle assez d'argent dans son compte pour acheter la camionnette ?

b) Combien de mois plus tôt, au mois près, pourrait-elle acheter la camionnette si le taux d'intérêt passait à 9,3 % par an, composé mensuellement ?

19. La prise de décisions financières Supposons que, le jour de ta naissance, tes parents ont déposé 4000 $ dans un compte qui rapporte 5,9 % d'intérêt par an, composé semi-annuellement. Quel sera le montant accumulé le jour de tes 19 ans ? Quelle serait la différence de montant le jour de tes 19 ans si les intérêts composés étaient calculés mensuellement plutôt que semi-annuellement ?

20. Communication a) À quel taux d'intérêt, au centième de pour cent près, composé mensuellement, doublerais-tu en 10 ans une somme de 50 000 $ placée à la banque ?

b) Explique la stratégie que tu as utilisée en a).

c) Utilise un exemple pour illustrer le pourcentage obtenu en a).

21. Le code de Hammourabi Vers 1800 av. J.-C., Hammourabi, roi de Babylone, a élaboré un code (c'est-à-dire un ensemble de lois) qui fixait le taux d'intérêt maximal à 33 % par an, composé annuellement, pour les prêts de céréales, et à 20 % par an, composé annuellement, pour les prêts d'argent.

a) Combien de temps fallait-il, à l'année près, pour que la valeur d'un prêt de céréales soit multipliée par 3 ?

b) Combien de temps fallait-il, à l'année près, pour que la valeur d'un prêt d'argent soit multipliée par 3 ?

22. Vrai ou faux Indique si les énoncés ci-après, qui concernent des placements rapportant des intérêts composés, sont vrais ou faux. Justifie ta réponse par une explication ou par des exemples.

a) Plus la période d'intérêt composé augmente, plus le montant augmente.

b) Plus le taux d'intérêt est faible, plus l'intérêt est élevé.

c) Plus la durée diminue, plus l'intérêt obtenu diminue.

d) Un taux d'intérêt plus faible peut donner un montant plus élevé si on augmente le nombre de périodes d'intérêt composé.

e) Un taux d'intérêt plus faible donne toujours un montant plus élevé si on augmente le nombre de périodes d'intérêt composé.

VÉRIFIONS NOS PROGRÈS

Connaissance et compréhension • Réflexion, recherche et résolution de problèmes • Communication • Mise en application

Paul a déposé de l'argent dans un compte d'épargne qui rapporte 5 % d'intérêt par an, composé semi-annuellement. Si les intérêts composés étaient plutôt calculés annuellement, le montant serait-il inférieur ou supérieur pour la même période ? Si les intérêts composés étaient plutôt calculés trimestriellement, le montant serait-il inférieur ou supérieur pour la même période ? Explique tes deux réponses de façon générale et en donnant des exemples. Quel serait le taux équivalent au taux d'intérêt de 5 % par an, composé semi-annuellement, si les intérêts composés étaient calculés annuellement ?

7.3 Exploration: Les intérêts composés, les suites géométriques et la croissance exponentielle

Les banques et les institutions financières offrent plusieurs types de comptes et de placements. Lorsque tu places ou que tu empruntes de l'argent, le taux d'intérêt influe fortement sur l'intérêt payé ou reçu. Une étape importante pour déterminer la formule qui te convient le mieux consiste à te renseigner sur les taux d'intérêt et à les comparer.

Dans le cas des **intérêts composés**, l'argent placé ou emprunté s'appelle le **capital**. Le **taux d'intérêt** représente le pourcentage du capital reçu ou payé en intérêt. La somme du capital et de l'intérêt s'appelle le **montant**. Le montant représente le capital de la période d'intérêt composé suivante.

CERTIFICATS DE DÉPÔT

SEMAINE DU 24-10
DÉPÔT MIN. DE 1000 $

	TAUX	RENDEMENT ANNUEL
3 MOIS	2,60 %	2,63 %
6 MOIS	3,20 %	3,25 %
1 AN	3,94 %	4,00 %
18 MOIS	4,67 %	4,75 %
2 ANS	4,67 %	4,75 %
30 MOIS	4,67 %	4,75 %
3 ANS	4,67 %	2,50 %

MARCHÉ MONÉTAIRE
REER   3 91
3 85   4 52
18 MOIS   4 45   4 52
4 45

Les intérêts composés

1. Complète la table ci-dessous jusqu'à la 10ᵉ année. La somme placée est de 1000 $ et le taux d'intérêt est de 5 % par an, composé annuellement.

Nombre d'années	Capital ($)	Taux d'intérêt (%)	Intérêt ($)	Montant ($)
1	1000,00	0,05	50,00	1050,00
2	1050,00			1102,50
3				
4				

2. Représente graphiquement les valeurs de la table de la question 1, en inscrivant le temps, en années, sur l'axe horizontal et le montant, en dollars, sur l'axe vertical. Relie les points.

3. a) Quel genre de suite représentent les valeurs de la colonne « Montant » ? Comment le sais-tu ?

b) Quelle est la valeur de a ?

c) Quelle est la valeur de r ?

d) Utilise les valeurs de a et de r pour écrire une formule représentant le $n$ième terme de la suite. Utilise la table pour vérifier ta formule pour t_n.

4. a) Reporte $n = 1, 2, 3, \ldots, 10$ dans la formule que tu as établie à la question 3d) pour t_n afin de déterminer t_1, t_2, t_3, $\ldots$, t_{10}.

b) Représente graphiquement les valeurs établies en a) en inscrivant n sur l'axe horizontal et t_n sur l'axe vertical. Relie les points.

5. a) Utilise la formule des intérêts composés pour déterminer le montant accumulé après chaque année jusqu'à la 10ᵉ année.

b) Représente graphiquement les valeurs obtenues en a) en inscrivant n sur l'axe horizontal et M sur l'axe vertical. Relie les points.

c) À partir de la formule obtenue en a), écris une formule qui utilise les variables x et y. Comme n est représenté sur l'axe horizontal, remplace n par x. Comme M est représenté sur l'axe vertical, remplace M par y.

6. Examine les graphiques des questions 2, 4 et 5.

a) Quelle forme ont-ils ?

b) Quelle est l'ordonnée à l'origine de chaque graphique ?

c) Que représente chaque ordonnée à l'origine par rapport au placement de 1000 $?

d) Que représentent les points situés sur la courbe de chaque graphique par rapport au placement de 1000 $?

7. On appelle **fonction exponentielle** une fonction dans laquelle l'une des variables est un exposant. Le graphique d'une fonction exponentielle modélise la croissance exponentielle.

a) Les formules représentant le placement sont-elles des fonctions exponentielles ?

b) Les graphiques représentant le placement sont-ils linéaires ou non linéaires ? Explique ta réponse.

c) Les graphiques représentant le placement modélisent-ils la croissance exponentielle ? Explique ta réponse.

8. a) Pourquoi faut-il relier les points de chaque graphique ?

b) Utilise un des graphiques pour évaluer le montant accumulé pendant une période de 1 à 10 ans. Utilise la formule correspondant à t_n pour vérifier ton estimation.

c) Utilise la formule correspondant à t_n pour déterminer le montant accumulé après 20 ans.

d) Utilise la formule correspondant à M pour déterminer le montant accumulé après 20 ans.

e) Compare les montants obtenus en c) et en d). Explique les résultats.

9. Supposons que tu as placé 1000 $ à 6,75 % d'intérêt par an, composé annuellement.

a) Prédis l'aspect du graphique représentant ce placement si le temps en années est inscrit sur l'axe horizontal et si le montant en dollars est inscrit sur l'axe vertical.

b) Quel sera le montant accumulé après :

i) 1 an ? **ii)** 2 ans ? **iii)** 3 ans ? **iv)** 4 ans ? **v)** 5 ans ?

c) Nomme la suite correspondant aux montants obtenus en b).

d) Indique le premier terme et la raison de la suite.

e) Écris la formule correspondant à t_n de la suite. Vérifie ta formule pour $n = 1, 3, 5$.

f) Représente graphiquement la formule obtenue en e) en inscrivant n sur l'axe horizontal et t_n sur l'axe vertical. Relie les points.

g) Compare ton graphique avec la prédiction que tu as faite en a).

10. Utilise les résultats obtenus pour décrire la relation entre les intérêts composés, les suites géométrique et la croissance exponentielle. Fais référence à ta table, à tes graphiques et à tes formules dans tes explications.

La comparaison des intérêts composés et de l'intérêt simple

Il y a deux types d'obligations d'épargne du Canada : les obligations ordinaires et les obligations à intérêts composés. Les obligations ordinaires rapportent de l'intérêt simple. Chaque année, l'intérêt est posté à la détentrice ou au détenteur ou déposé dans son compte en banque. Les obligations à intérêts composés rapportent des intérêts composés. L'intérêt est donc réinvesti et le montant accumulé de l'obligation est payé au moment de l'encaissement.

11. Reproduis et complète la table ci-dessous, qui concerne une obligation d'épargne ordinaire (à intérêt simple) de 6 % par an, pendant 8 ans.

Obligation d'épargne ordinaire			
Année	Capital ($)	Intérêt ($)	Montant ($)
1	500,00	30,00	
2			560,00

12. Identifie le genre de suite représenté dans la table. Écris la formule correspondant au $n$ième terme t_n.

13. Utilise la formule pour déterminer t_1, t_5 et t_8.

14. Utilise la formule $M = C + Cit$ pour déterminer le montant après 5 ans et 6 ans.

15. Écris l'équation correspondant au montant sous la forme $y = mx + b$.

16. Complète une table comme la table ci-dessous. Il s'agit d'une obligation d'épargne au taux d'intérêt de 6 % par an, composé annuellement, pendant 8 ans.

Obligation d'épargne à intérêts composés			
Année	Capital ($)	Intérêt ($)	Montant ($)
1	500,00	30,00	
2			561,80

17. Trouve la suite représentée dans la table. Écris la formule correspondant au $n$ième terme t_n.

18. Utilise la formule pour déterminer t_1, t_5 et t_8.

19. Utilise la formule des intérêts composés pour déterminer le montant après 5 ans et 6 ans.

20. Dans la formule correspondant à t_n, remplace n par x et t_n par y, et écris une équation comportant les variables x et y.

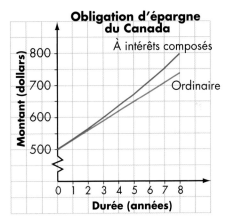

21. Le graphique ci-haut permet de comparer les montants calculés dans les tables ci-dessus. Détermine si chaque graphique représente une croissance linéaire ou une croissance exponentielle. Explique ta décision. Utilise dans tes explications les termes suivants : intérêt simple, intérêts composés, suite arithmétique, suite géométrique, croissance linéaire et croissance exponentielle.

22. a) Quelles raisons pourraient inciter une personne à choisir les obligations d'épargne du Canada ordinaires ?

b) Quelles raisons pourraient inciter une personne à choisir les obligations d'épargne du Canada à intérêts composés ?

c) Si tu avais 100 000 $ à placer, choisirais-tu les obligations d'épargne du Canada ordinaires, les obligations d'épargne du Canada à intérêts composés, un peu des deux ou ni les unes ni les autres ? Justifie ta décision.

Lien Internet
www.dlcmcgrawhill.ca
Pour en savoir plus sur les différents types d'obligations d'épargne du Canada offertes actuellement et sur leurs taux d'intérêt, rends-toi à l'adresse donnée ci-haut. Puis clique sur la page couverture du manuel *Mathématiques 11*. Tu y trouveras les adresses nécessaires à ta recherche. Rédige un rapport sur les obligations offertes actuellement.

7.4 La valeur actuelle

Bien souvent, les gens qui placent de l'argent souhaitent obtenir un montant précis à une date ultérieure afin d'atteindre l'objectif qu'ils se sont fixé. Ainsi, Raymonde espère pouvoir acheter une maison dans 3 ans et elle estime qu'un paiement initial de 70 000 $ serait suffisant. Les grands-parents de Ravi veulent avoir 150 000 $ au moment de leur retraite, dans 9 ans. L'orchestre de l'école Saint-Luc projette de placer pour 2 ans l'argent recueilli lors d'une campagne de financement afin d'obtenir les 8000 $ nécessaires pour effectuer un voyage en France. Olivia compare les différents placements qu'elle peut effectuer pour avoir, dans 4 ans, les 26 000 $ nécessaires pour démarrer son entreprise.

Le capital placé ou emprunté s'appelle la **valeur actuelle** du placement ou du prêt. Pour obtenir un montant précis, intérêts compris, à partir d'une valeur actuelle, il suffit de connaître le taux d'intérêt, la période d'intérêt composé et la durée du placement ou du prêt.

EXPLORATION ET RECHERCHE

Raymonde espère pouvoir acheter une maison dans 3 ans et elle estime qu'un paiement initial de 70 000 $ serait suffisant. Elle veut savoir combien d'argent elle doit placer dès maintenant, à 6,25 % d'intérêt, composé annuellement, pour obtenir cette somme. L'argent placé par Raymonde représente la valeur actuelle *VA* du placement.

Le schéma chronologique ci-dessous illustre l'accroissement annuel de la valeur du placement.

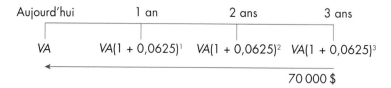

1. a) Quel est le taux d'intérêt pour chaque période d'intérêt composé ?

b) Quelle expression, dans le schéma chronologique, représente la valeur du placement à chacun des moments suivants :

i) Aujourd'hui   **ii)** Après 1 an ?   **iii)** Après 2 ans ?   **iv)** Après 3 ans ?

c) Quel est le montant après 3 ans ?

d) Écris une formule comprenant le montant obtenu en c) et l'expression équivalente obtenue en b). Isole *VA*.

e) Calcule la valeur actuelle du placement de Raymonde, au cent près.

2. a) Ordonne les valeurs du placement de Raymonde de façon à obtenir une suite, en utilisant *VA* comme premier terme.

b) Quel genre de suite ces valeurs forment-elles ? Explique pourquoi.

c) Dans la suite représentant le placement de Raymonde, quelle est la valeur de :

i) *a* ? **ii)** *r* ?

d) Utilise les valeurs de *a* et de *r* pour écrire la formule pour le *n*ième terme t_n de cette suite.

e) Utilise t_n pour calculer :

i) t_1 **ii)** t_2 **iii)** t_3 **iv)** t_4

f) Que remarques-tu au sujet de t_4 ?

3. Détermine la formule de la valeur actuelle. Soit *VA* la valeur actuelle ou le premier terme, *M* le montant à l'échéance du placement, *i* le taux d'intérêt par période d'intérêt composé et *n* le nombre de périodes d'intérêt composé. Reporte ces variables dans la formule du *n*ième terme de la suite correspondant au placement de Raymonde. Utilise un exposant négatif pour exprimer la formule sous forme de produit.

4. a) Écris la formule des intérêts composés.

b) Comme la valeur actuelle *VA* d'un placement représente le capital *C* dans la formule des intérêts composés, remplace *C* par *VA* dans la formule des intérêts composés.

c) Isole *VA* et utilise les règles des exposants pour réécrire la formule obtenue avec un exposant négatif.

5. Raymonde effectue un autre placement afin d'avoir 5000 $ dans 5 ans pour rénover la maison qu'elle achètera. Elle place l'argent à 7,5 % d'intérêt par an, composé annuellement. Détermine la valeur actuelle de la somme dont Raymonde a besoin pour ses rénovations en utilisant :

a) la formule correspondant à t_n ;

b) la formule des intérêts composés (rappelle-toi que le capital représente la valeur actuelle) ;

c) la formule correspondant à *VA*.

6. Utilise les résultats obtenus pour décrire la relation entre la valeur actuelle et le genre de suite représenté par le placement de Raymonde, et pour décrire la relation entre la formule de la valeur actuelle et la formule des intérêts composés.

La formule d'une suite géométrique peut servir à élaborer la formule de la valeur actuelle VA d'un placement ou d'un emprunt dont les intérêts sont composés,

$$VA = \frac{M}{(1 + i)^n} \text{ ou } VA = M(1 + i)^{-n}$$

où VA représente la valeur actuelle, M représente le montant à l'échéance du placement ou de l'emprunt, i représente le taux d'intérêt par période d'intérêt composé et n représente le nombre de périodes d'intérêt composé.

EXEMPLE 1 La détermination de la valeur actuelle avec les intérêts composés annuellement

Les grands-parents de Ravi voudraient avoir 150 000 $ lorsqu'ils prendront leur retraite, dans 9 ans. Combien d'argent devraient-ils placer maintenant à 5,75 % d'intérêt par an, composé annuellement, pour obtenir ce résultat ?

SOLUTION 1 Méthode papier-crayon

Utilise la formule de la valeur actuelle.

Les grands-parents de Ravi veulent avoir 150 000 $, donc $M = 150\,000$.
Le taux d'intérêt, composé annuellement, est de 5,75 % par an,
donc $i = 0,0575$.
La durée du placement est de 9 ans et les intérêts sont composés annuellement, donc $n = 9$.

$$VA = M(1 + i)^{-n}$$

Reporte les valeurs connues dans l'équation : $= 150\,000(1 + 0,0575)^{-9}$
Simplifie : $= 150\,000(1,0575)^{-9}$
$\doteq 90\,691,77$

Les grands-parents de Ravi devraient placer 90 691,77 $.

SOLUTION 2 Méthode par calculatrice à affichage graphique

Établis les paramètres mode à 2 décimales. Dans le menu de l'application Finance, sélectionne TVM *Solver*.

Saisis les valeurs connues.

La durée est de 9 ans, donc N = 9.

Le taux d'intérêt est de 5,75 % par an, donc I = 5,75.

Les grands-parents de Ravi veulent que le montant (ou la valeur future) soit de 150 000 $, donc FV = 150 000.

Les intérêts sont composés annuellement, donc C/Y = 1.

Les paiements étant effectués à la fin de chaque intervalle, sélectionne END.

Déplace le curseur sur PV afin de déterminer la valeur actuelle et appuie sur ALPHA SOLVE. Comme le placement est remboursé, PV est négatif.

Les grands-parents de Ravi devraient placer 90 691,77 $.

EXEMPLE 2 La détermination de la valeur actuelle avec les intérêts composés mensuellement

L'orchestre de l'école Saint-Luc veut organiser une campagne de financement afin de pouvoir effectuer un voyage en France dans 2 ans. L'argent recueilli sera déposé pendant 24 mois dans un compte rapportant 4,5 % d'intérêt par an, composé mensuellement. L'orchestre espère obtenir ainsi 8000 $.

a) Combien d'argent l'orchestre doit-il recueillir pour atteindre cet objectif ?

b) Combien d'intérêts l'orchestre doit-il obtenir pour atteindre cet objectif ?

SOLUTION 1 Méthode papier-crayon

a) Utilise la formule de la valeur actuelle.

L'orchestre veut obtenir 8000 $, donc $M = 8000$.

Le taux d'intérêt est de 4,5 % par an, composé mensuellement, donc divise le taux d'intérêt par 12.

$0,045 \div 12 = 0,003\ 75$, donc $i = 0,003\ 75$.

La durée du placement est de 2 ans et les intérêts sont composés mensuellement, donc $n = 24$.

$$VA = M(1 + i)^{-n}$$

Reporte les valeurs connues dans l'équation : $= 8000(1 + 0,00375)^{-24}$

Simplifie : $= 8000(1,00375)^{-24}$

$\doteq 7312,68$

L'orchestre doit recueillir 7312,68 $ pour atteindre cet objectif.

b) L'intérêt est le montant à l'échéance du placement moins la somme placée.

L'orchestre doit obtenir 687,32 $ d'intérêts pour atteindre cet objectif.

Solution 2 **Méthode par calculatrice à affichage graphique**

a) Établis les paramètres mode à 2 décimales. Dans le menu de l'application Finance, sélectionne TVM *Solver*.
Saisis les valeurs connues.
Le taux d'intérêt est de 4,5 % par an, donc I = 4,5.
L'orchestre veut que le montant (ou la valeur future) soit de 8000 $, donc FV = 8000.
Les intérêts sont composés mensuellement, donc C/Y = 12.
Les paiements étant effectués à la fin de chaque intervalle, sélectionne END.

Déplace le curseur sur PV afin de déterminer la valeur actuelle et appuie sur ALPHA SOLVE. Comme le placement est remboursé, PV est négatif.
L'orchestre doit recueillir 7312,68 $ pour atteindre cet objectif.

$I = M - VA$
$= 8000 - 7312,68$
$= 687,32$

b) L'orchestre doit obtenir 687,32 $ d'intérêts pour atteindre cet objectif, comme cela a été montré dans la solution 1b).

Exemple 3 **Comparaison de l'effet de différents taux d'intérêt**

Olivia veut démarrer son entreprise dans 4 ans et elle estime qu'elle aura alors besoin de 26 000 $. Elle doit choisir entre un placement à 5,1 % d'intérêt par an, composé semi-annuellement, et un placement à 4,9 % d'intérêt par an, composé trimestriellement. Combien d'argent doit-elle placer pour faire la meilleure affaire ?

Solution 1 **Méthode papier-crayon**

Utilise la formule de la valeur actuelle.

Pour le placement à 5,1 % d'intérêt par an, composé semi-annuellement, Olivia veut obtenir 26 000 $, donc $M = 26\ 000$.
Le taux d'intérêt est de 5,1 % par an, composé semi-annuellement.
$0,051 \div 2 = 0,0255$, donc $i = 0,0255$.
La somme est placée durant 4 ans avec des intérêts composés semi-annuellement.
$4 \times 2 = 8$ périodes d'intérêt composé, donc $n = 8$.

$$VA = M(1 + i)^{-n}$$

Reporte les valeurs connues dans l'équation : $\quad = 26\,000(1 + 0{,}0255)^{-8}$

Simplifie : $\qquad\qquad\qquad\qquad\qquad = 26\,000(1{,}0255)^{-8}$

$\qquad\qquad\qquad\qquad\qquad\qquad\qquad \doteq 21\,256{,}32$

À 5,1 % d'intérêt par an, composé semi-annuellement, Olivia
doit placer 21 256,32 $.

Pour le placement à 4,9 % d'intérêt par an, composé trimestriellement,
Olivia veut obtenir 26 000 $, donc $M = 26\,000$.

Le taux d'intérêt est de 4,9 % par an, composé trimestriellement.

$0{,}049 \div 4 = 0{,}01225$, donc $i = 0{,}01225$.

La somme est placée durant 4 ans avec des intérêts composés trimestriellement.

$4 \times 4 = 16$ périodes d'intérêt composé, donc $n = 16$.

$$VA = M(1 + i)^{-n}$$

Reporte les valeurs connues dans l'équation : $\quad = 26\,000(1 + 0{,}01225)^{-16}$

Simplifie : $\qquad\qquad\qquad\qquad\qquad = 26\,000(1{,}01225)^{-16}$

$\qquad\qquad\qquad\qquad\qquad\qquad\qquad \doteq 21\,397{,}78$

À 4,9 % d'intérêt par an, composé trimestriellement, Olivia doit
placer 21 397,78 $.

Olivia doit placer 21 256,32 $ pour faire la meilleure affaire.

SOLUTION 2 Méthode par calculatrice à affichage graphique

Établis les paramètres mode à 2 décimales. Dans le menu de l'application Finance,
sélectionne TVM *Solver*.

Saisis les valeurs connues de la somme placée à 5,1 % d'intérêt par an,
composé semi-annuellement.

La durée est de 4 ans, donc N = 4.

Le taux d'intérêt est de 5,1 % par an, donc I = 5,1.

Olivia veut que le montant (ou la valeur future) soit de 26 000 $,
donc FV = 26 000.

Les intérêts sont composés semi-annuellement, donc C/Y = 2.

Les paiements étant effectués à la fin de chaque intervalle,
sélectionne END.

Déplace le curseur sur PV afin de déterminer la valeur actuelle et appuie
sur ALPHA SOLVE. Comme le placement est remboursé, PV est négatif.

À 5,1 % d'intérêt par an, composé semi-annuellement, Olivia doit
placer 21 256,32 $.

Saisis les valeurs connues de la somme placée à 4,9 % d'intérêt par an, composé trimestriellement.

La durée est de 4 ans, donc N = 4.

Le taux d'intérêt est de 4,9 % par an, donc I = 4,9.

Olivia veut que le montant (ou la valeur future) soit de 26 000 $, donc FV = 26 000.

Les intérêts sont composés trimestriellement, donc C/Y = 4.

Les paiements étant effectués à la fin de chaque intervalle, sélectionne END.

Déplace le curseur sur PV afin de déterminer la valeur actuelle et appuie sur ALPHA SOLVE. Comme la valeur actuelle est remboursée, PV est négatif.

À 4,9 % d'intérêt par an, composé trimestriellement,
Olivia doit placer 21 397,78 $.

Olivia doit placer 21 256,32 $ pour faire la meilleure affaire.

Concepts clés

- La valeur actuelle constitue l'application financière des suites géométriques.
- La formule de la valeur actuelle VA d'un placement ou d'un prêt est
  $VA = \dfrac{M}{(1 + i)^n}$ ou $VA = M(1 + i)^{-n}$, où VA représente la valeur actuelle,
  M représente le montant à l'échéance du placement ou de l'emprunt, i représente le taux d'intérêt par période d'intérêt composé et n représente le nombre de périodes d'intérêt composé.

Communique ce que tu as compris

1. La valeur actuelle d'une somme de 2000 $, placée pour 2 ans à 8 % d'intérêt, composé trimestriellement, serait-elle plus élevée si les intérêts étaient composés semi-annuellement ? Justifie ta réponse.

2. Décris comment tu déterminerais la valeur actuelle si tu voulais obtenir 1000 $ dans 3 ans en plaçant l'argent à 6 % d'intérêt par an, composé :

a) annuellement ;

c) trimestriellement ;

b) semi-annuellement ;

d) mensuellement.

3. Explique pourquoi les formules $VA = \dfrac{M}{(1 + i)^n}$ et $VA = M(1 + i)^{-n}$ donnent la même valeur actuelle.

Exercices

A

1. Quel est le taux d'intérêt par période d'intérêt composé de chacun des placements suivants ?

a) 4,5 % par an, composé semi-annuellement ;

b) 5,1 % par an, composé trimestriellement ;

c) 8 % par an, composé annuellement ;

d) 9 % par an, composé mensuellement.

2. Une somme placée à 6,25 % d'intérêt par an donne 12 000 $ au bout de 7 ans. Quelle est la valeur actuelle de chaque période d'intérêt composé :

a) annuellement ?

b) semi-annuellement ?

c) trimestriellement ?

d) mensuellement ?

3. En te basant sur les valeurs actuelles de la question 2, établis une relation entre la durée de la période d'intérêt composé et la valeur actuelle du placement.

4. Quelle est la valeur actuelle de chacun des placements suivants ?

a) 9000 $ après 5 ans, à 5,6 % d'intérêt par an, composé semi-annuellement ;

b) 50 000 $ après 9 mois, à 11 % d'intérêt par an, composé trimestriellement ;

c) 100 000 $ après 3 ans, à 3 % d'intérêt par an, composé mensuellement ;

d) 78 840 $ après 9 ans, à 4,8 % d'intérêt par an, composé annuellement ;

e) 250 000 $ après 1 an, à 8,75 % d'intérêt par an, composé trimestriellement.

Application, résolution de problèmes, communication

5. Pour avoir 22 000 $ après 5 ans, combien faut-il placer aujourd'hui à 5,1 % d'intérêt par an, composé semi-annuellement ?

6. L'achat d'une voiture Combien d'argent Jessica devrait-elle déposer dans un compte rapportant 8 % d'intérêt par an, composé semi-annuellement, pour pouvoir acheter, dans 2 ans, une voiture de 17 900 $?

7. Les études Suzie veut payer les études de sa nièce. Combien d'argent doit-elle placer, le jour de la naissance de sa nièce, pour que celle-ci ait 22 000 $ le jour de ses 18 ans, si le taux d'intérêt est de 7 % par an, composé trimestriellement ?

B

8. Un paiement initial Combien d'argent Samantha doit-elle placer à 6,25 % par an, composé semi-annuellement, pour pouvoir effectuer un paiement initial de 40 000 $ sur une maison dans 10 ans ?

9. Communication Combien d'argent Gilbert doit-il placer pour avoir 32 000 $ dans 5 ans, si le taux d'intérêt est de 8,25 %, composé semi-annuellement ?

10. Le remboursement d'un emprunt Pour payer ses études, Daniel a emprunté de l'argent à 3 % d'intérêt par an, composé semi-annuellement, et devra rembourser 5000 $ dans 2 ans. Son emploi d'été lui ayant rapporté plus que prévu, il veut rembourser son emprunt à sa valeur actuelle. Combien paiera-t-il ?

11. La meilleure affaire Stéphanie veut placer de l'argent afin d'avoir 10 000 $ après 8 ans. Si le taux d'intérêt est de 6,3 % par an, quelle période d'intérêt composé – trimestrielle ou mensuelle – exige le plus d'argent au départ ? Combien de plus ?

12. Application Une banque propose un taux d'intérêt sur les placements de 7,4 % par an, composé annuellement.
a) Prédis le taux d'intérêt, composé trimestriellement, qui donnerait une valeur actuelle proche de celle du taux proposé.
b) Utilise une calculatrice à affichage graphique pour vérifier ta prédiction à l'aide de quelques exemples.

13. Recherche et résolution de problèmes Selon toi, les banques préfèrent-elles annoncer, pour leurs prêts, un taux d'intérêt composé annuellement, semi-annuellement, mensuellement ou quotidiennement ? Utilise la formule de la valeur actuelle ou encore des exemples de calcul de la valeur actuelle de différents placements pour appuyer ta réponse.

14. a) Explique la relation qui existe entre la formule de la valeur actuelle et la formule des intérêts composés.
b) Décris comment on peut utiliser la formule des intérêts composés pour vérifier la solution d'un problème consistant à déterminer la valeur actuelle.
c) Utilise la description que tu as donnée en b) pour vérifier la solution d'une des questions de cette section.

C

15. L'achat d'une fourgonnette Une fourgonnette coûte 32 000 $, TPS et TVP en sus. Un concessionnaire prédit que, dans 3 ans, le nouveau modèle coûtera 15 % de plus. Combien devrais-tu placer à 7,25 % d'intérêt par an, composé semi-annuellement, pour pouvoir acheter le nouveau modèle dans 3 ans ?

16. Un changement de taux Liliane veut économiser 20 000 $. Quel capital, placé pendant 5 ans à 6 % d'intérêt par an, composé semi-annuellement, puis pendant 3 ans à 6,5 % d'intérêt par an, composé trimestriellement, lui permettra d'atteindre cet objectif dans 8 ans ?

17. Le double Utilise la formule de la valeur actuelle.

a) Prédis l'effet qu'aurait, sur la valeur actuelle d'un placement, le fait de doubler le montant souhaité à l'échéance.

b) Explique comment la formule de la valeur actuelle justifie ta prédiction en a).

c) Fais la démonstration de ta prédiction à l'aide de quelques exemples en utilisant différentes périodes d'intérêt composé.

d) Le fait de doubler la durée d'un placement a-t-il le même effet sur la valeur actuelle que le fait de doubler le montant souhaité à l'échéance ? Justifie ta réponse par une explication assortie d'exemples.

18. Un second placement Marie place 6800 $ à 7 % d'intérêt par an, composé trimestriellement, pendant 2 ans. Elle place ensuite le montant plus une somme additionnelle à 6,5 % d'intérêt par an, composé semi-annuellement, pendant 3 ans. Si elle veut avoir 15 000 $ à l'échéance du second placement, quelle somme doit-elle ajouter au montant ?

19. L'énoncé de problème Renseigne-toi sur deux taux d'intérêt offerts sur les placements.

a) Utilise ces taux pour rédiger l'énoncé d'un problème consistant à déterminer la valeur actuelle de 38 000 $.

b) Résous le problème.

c) Fais résoudre ton problème par une ou un camarade de ta classe. Comparez vos solutions.

Défi RÉGULARITÉ

La différence de $10^2 - 10^1$, exprimée sous sa forme courante, est 90.

1. Exprime chacune des différences ci-après sous sa forme courante.

a) $10^3 - 10^1$ **b)** $10^4 - 10^1$ **c)** $10^3 - 10^2$

d) $10^4 - 10^3$ **e)** $10^5 - 10^2$ **f)** $10^6 - 10^4$

2. Dans la différence de $10^m - 10^n$, exprimée sous sa forme courante, où m et n sont des entiers positifs et où $m > n$:

a) combien y a-t-il de 9 ? **b)** combien y a-t-il de 0 ?

3. Utilise la régularité découverte à la question 2 pour écrire chacune des différences ci-après sous sa forme courante.

a) $10^9 - 10^6$ **b)** $10^{11} - 10^{10}$ **c)** $10^{16} - 10^{12}$

4. Détermine et décris la régularité correspondant à la différence de $10^a - 10^b$, exprimée sous sa forme courante, où a et b sont des entiers négatifs et où $a > b$.

5. Utilise la régularité découverte à la question 4 pour écrire chacune des différences ci-après sous sa forme courante.

a) $10^{-5} - 10^{-6}$ **b)** $10^{-3} - 10^{-8}$ **c)** $10^{-1} - 10^{-7}$ **d)** $10^{-9} - 10^{-14}$

7.5 Le montant d'une annuité de fin de période

Nigel économise 700 $ par année en vue d'un voyage. Rachid met de côté 200 $ à la fin de chaque mois pour étudier à l'université. Janine dépose 875 $ à la fin de chaque période de 3 mois pendant 3 ans. Marcel épargne afin d'acheter une chaîne audiovisuelle domestique ; il met de côté le même montant à la fin de chaque mois pendant 18 mois.

Les placements effectués par Nigel, Rachid, Janine et Marcel s'appellent des annuités. Une **annuité** est une série de versements égaux effectués à intervalles réguliers. Dans le cas d'une **annuité de fin de période**, chaque versement est effectué à la fin de chaque **période de versement** ou **intervalle de versement**. Un intervalle de versement correspond au temps écoulé entre deux versements successifs. Le terme « annuité » suppose des versements annuels, mais les intervalles de versements peuvent avoir n'importe quelle durée.

EXPLORATION ET RECHERCHE

Le 30 juin dernier, Nigel a décidé d'économiser en vue d'un voyage qu'il compte faire lorsqu'il obtiendra son diplôme. Le 30 juin suivant et chaque année à la même date pendant 3 autres années, il déposera 700 $ dans un compte qui rapporte 4,5 % par an, composé annuellement. Complète le schéma ci-dessous afin de déterminer la somme que Nigel aura accumulée lorsqu'il fera le dernier dépôt.

Le schéma chronologique ci-dessous indique la valeur de chaque dépôt au moment du dernier dépôt de Nigel.

Aujourd'hui

| 30 juin | 30 juin | 30 juin | 30 juin | 30 juin |

$700(1 + 0,045)^3$

$700(1 + 0,045)^2$

$700(1 + 0,045)^1$

700

1. a) Quel est le taux d'intérêt pour chaque période ?
b) Pendant combien d'années le quatrième dépôt aura-t-il été dans le compte ? Quelle sera sa valeur au moment du dernier dépôt ?

Dans tes calculs, arrondis à une décimale de plus que le résultat final prévu. Tu réduiras ainsi les variations causées par l'arrondissement.

c) Pendant combien d'années le troisième dépôt aura-t-il été dans le compte ? Quelle sera sa valeur au moment du dernier dépôt ?

d) Pendant combien d'années le deuxième dépôt aura-t-il été dans le compte ? Quelle sera sa valeur, au dixième de cent près, au moment du dernier dépôt ?

e) Pendant combien d'années le premier dépôt aura-t-il été dans le compte ? Quelle sera sa valeur, au dixième de cent près, au moment du dernier dépôt ?

f) Lorsque Nigel fera le dernier dépôt, quelle sera la somme des dépôts effectués dans le compte, au cent près ?

2. a) Quelle expression, dans le schéma chronologique, représente la valeur de chaque dépôt ci-après au moment du dernier dépôt ?

i) Le quatrième dépôt ;   **iii)** Le deuxième dépôt ;

ii) Le troisième dépôt ;   **iv)** Le premier dépôt.

b) Ordonne les expressions établies en a) de façon à obtenir une série, en utilisant comme premier terme l'expression correspondant au quatrième dépôt.

c) Quel genre de série forme l'expression obtenue en b) ? Explique ta réponse.

d) Quel est le premier terme de la série ?

e) Quelle est la raison de la série ?

f) Combien y a-t-il de termes dans la série ?

3. a) Dans la série représentant le compte de Nigel, quelle est la valeur de :

i) a ?   **ii)** t ?   **iii)** n ?

b) Utilise les valeurs de a, de r et de n pour écrire la formule correspondant à la somme de la série.

c) Utilise la formule pour déterminer le montant dans le compte de Nigel au moment du dernier dépôt.

4. a) Le placement de Nigel étant une annuité de fin de période, détermine la formule du montant d'une annuité de fin de période : soit M le montant total ou la somme de la suite, R le dépôt (ou versement) effectué à la fin de chaque période d'intérêt composé, i le taux d'intérêt par période d'intérêt composé et n le nombre de périodes d'intérêt composé. Écris la formule correspondant à la somme M d'une annuité de fin de période en reportant ces variables dans la formule de la somme de la série correspondant au placement de Nigel. Simplifie le dénominateur.

b) Utilise la formule obtenue en a) pour déterminer le montant dans le compte de Nigel au moment du dernier dépôt.

5. Utilise les résultats obtenus pour décrire la relation entre une annuité de fin de période et le genre de série représenté par les dépôts effectués dans le compte de Nigel.

6. Un versement de 1000 $ est effectué le 20 juillet de chaque année durant 6 années consécutives, à 7 % d'intérêt composé annuellement. Utilise la formule de la question 4 pour déterminer le montant de cette annuité de fin de période au moment du dernier versement.

R est souvent appelé « rente périodique ».

La formule de la somme d'une suite géométrique peut servir à élaborer la formule du montant M d'une annuité de fin de période,

$$M = \frac{R[(1+i)^n - 1]}{i}$$

où M représente le montant au moment du dernier versement, R représente le versement effectué à la fin de chaque période d'intérêt composé, n représente le nombre de périodes d'intérêt composé et i représente le taux d'intérêt par période d'intérêt composé.

EXEMPLE 1 La détermination du montant d'une annuité avec les intérêts composés annuellement

Dans 4 mois, Janine commencera à déposer dans un compte une somme de 875 $ le 31 juillet, le 31 octobre, le 31 janvier et le 30 avril de chaque année pendant 3 ans. Si le taux d'intérêt est de 6 %, composé trimestriellement, combien aura-t-elle dans son compte lorsqu'elle effectuera le dernier versement ?

SOLUTION 1 Méthode papier-crayon

Utilise la formule de l'annuité de fin de période.

Chaque versement est de 875 $, donc $R = 875$.
Il y a 4 versements par an pendant 3 ans, donc $n = 12$.
Le taux d'intérêt est de 6 % par an, composé trimestriellement
$0,06 \div 4 = 0,015$, donc $i = 0,015$.

$$M = \frac{R[(1+i)^n - 1]}{i}$$

Reporte les valeurs connues dans l'équation : $= \dfrac{875[(1+0,015)^{12} - 1]}{0,015}$

Simplifie : $= \dfrac{875[(1,015)^{12} - 1]}{0,015}$

$\doteq 11\ 411,06$

Janine aura 11 411,06 $ dans son compte lorsqu'elle effectuera le dernier versement.

Solution 2 Méthode par calculatrice à affichage graphique

Établis les paramètres mode à 2 décimales. Dans le menu de l'application Finance, sélectionne TVM *Solver*.

Saisis les valeurs connues.
Il y a 4 versements par an pendant 3 ans, donc N = 12.
Le taux d'intérêt est de 6 % par an, donc I = 6.
Comme les versements sont remboursés, PMT est négatif.
Chaque versement est de 875 $, donc PMT = – 875.
Il y a 4 versements par an, donc P/Y = 4.
Les intérêts sont composés trimestriellement, donc C/Y = 4.
Les paiements étant effectués à la fin de chaque intervalle,
sélectionne END.

Déplace le curseur sur FV afin de déterminer la valeur future et
appuie sur ALPHA SOLVE.

Janine aura 11 411,06 $ dans son compte lorsqu'elle effectuera
le dernier versement.

Exemple 2 La détermination du versement mensuel d'une annuité

Marcel veut acheter une chaîne audiovisuelle domestique qui coûte 3799 $,
TPS et TVP en sus. Il projette de l'acheter dans 18 mois, croyant que le
prix restera le même. Il veut effectuer un versement dans un compte à la fin
de chaque mois pendant 18 mois. Le taux d'intérêt est de 9 % par an,
composé mensuellement.

a) À combien s'élèvera chaque versement ?
b) Combien d'intérêts Marcel aura-t-il obtenu ?

Solution 1 Méthode papier-crayon

a) Utilise la formule de l'annuité de fin de période.
Compte tenu de la TPS de 7 % et de la TVP de 8 %, le prix de la chaîne
audiovisuelle domestique équivaut à 115 % de 3799 $.
$1,15 \times 3799 = 4368,85$, donc $M = 4368,85$.
Marcel effectue un versement par mois pendant 18 mois, donc $n = 18$.
Le taux d'intérêt est de 9 % par an, composé mensuellement.
$0,09 \div 12 = 0,0075$, donc $i = 0,0075$.

$$M = \frac{R[(1 + i)^n - 1]}{i}$$

Reporte les valeurs connues dans l'équation : $4368,85 = \dfrac{R[(1 + 0,0075)^{18} - 1]}{0,0075}$

Simplifie : $\qquad\qquad\qquad\qquad\qquad 4368,85 = \dfrac{R[(1,0075)^{18} - 1]}{0,0075}$

Isole R : $\qquad\qquad\qquad\qquad\qquad\qquad R = \dfrac{4368,85(0,0075)}{1,0075^{18} - 1}$

Simplifie : $\qquad\qquad\qquad\qquad\qquad\qquad\quad \doteq 227,61$

Chaque versement effectué par Marcel sera de 227,61 $.

b) Marcel effectuera 18 versements de 227,61 $.

$18 \times 227,61 = 4096,98$

Marcel versera au total 4096,98 $.

Les intérêts accumulés sont égaux à 4368,85 $ moins 4096,98 $.

$4368,85 - 4096,98 = 271,87$

Marcel aura obtenu 271,87 $ d'intérêts.

Solution 2 Méthode par calculatrice à affichage graphique

a) Établis les paramètres mode à 2 décimales. Dans le menu de l'application Finance, sélectionne TVM *Solver*.

Saisis les valeurs connues.

Il y a un versement par mois pendant 18 mois, donc N = 18.

Le taux d'intérêt est de 9 % par an, donc I = 9.

Compte tenu de la TPS de 7 % et de la TVP de 8 %, le montant (ou la valeur future) équivaut à 115 % de 3799 $, donc FV = 1,15 × 3799.

Il y a 12 versements par an, donc P/Y = 12.

Les intérêts sont composés mensuellement, donc C/Y = 12.

Les paiements étant effectués à la fin de chaque intervalle, sélectionne END.

Déplace le curseur sur PMT afin de déterminer le versement et appuie sur ALPHA SOLVE. Comme le versement est remboursé, PMT est négatif.

Chaque versement effectué par Marcel sera de 227,61 $.

Saisis 1,15 × 3799 vis-à-vis de FV. La calculatrice affichera le résultat lorsque tu déplaceras le curseur vers une autre variable.

b) Marcel aura obtenu 271,87 $ d'intérêt, comme cela a été montré dans la solution 1b.

Concepts clés

- Une annuité est la somme obtenue à la suite d'une série de versements réguliers. Une annuité de fin de période est une annuité dont les versements sont effectués à la fin de chaque période d'intérêt composé.
- Le montant d'une annuité est une application financière de la somme d'une série géométrique.
- La formule du montant M d'une annuité de fin de période est $M = \dfrac{R[(1+i)^n - 1]}{i}$, où M représente le montant au moment du dernier versement, R représente le versement effectué à la fin de chaque période d'intérêt composé, n représente le nombre de périodes d'intérêt composé et i représente le taux d'intérêt par période d'intérêt composé.

Communique ce que tu as compris

1. À la fin de chaque mois pendant 2 ans, on dépose 200 $ dans un compte qui rapporte 6 % d'intérêt par an, composé mensuellement. Décris comment tu déterminerais le montant au moment du dernier versement.

2. On commencera dans 6 mois à déposer 1000 $, deux fois par année, dans un compte qui rapportera 8 % d'intérêt par an, composé semi-annuellement. Décris comment tu déterminerais le montant accumulé dans 4 ans.

3. Explique comment la relation entre une annuité de fin de période et une série géométrique est démontrée par leurs formules.

4. La valeur de la variable PMT d'une calculatrice à affichage graphique est-elle positive ou négative quand tu calcules le dépôt dans un compte ? Explique ta réponse.

Exercices

A

1. Détermine le nombre de versements dans chaque cas ci-après.

a) Un dépôt à la fin de chaque année pendant 8 ans ;

b) Un dépôt à la fin de chaque mois pendant 2 ans ;

c) Un dépôt à la fin de chaque trimestre pendant 15 mois.

2. Par quelle valeur remplacerais-tu i dans la formule de l'annuité, dans chaque cas ci-après ?

a) 4 % d'intérêt par an, composé semi-annuellement ;

b) 3,25 % d'intérêt par an, composé annuellement ;

c) 9 % d'intérêt par an, composé trimestriellement ;

d) 6 % d'intérêt par an, composé mensuellement.

3. Si tu utilisais une calculatrice à affichage graphique (TVM Solver), quelle valeur saisirais-tu sous P/Y pour chaque annuité ci-après ?

a) Un dépôt à la fin de chaque année pendant 3 ans ;

b) Un dépôt à la fin de chaque mois pendant 5 ans ;

c) Un dépôt à la fin de chaque trimestre pendant 2 ans.

4. Détermine le montant de chaque placement ci-après.

a) 1500 $ à la fin de chaque année pendant 6 ans, à 7,1 % d'intérêt par an, composé annuellement ;

b) 300 $ à la fin de chaque semestre pendant 12 ans, à 4,95 % d'intérêt par an, composé semi-annuellement ;

c) 36 versements mensuels de 100 $ à la fin de chaque mois pendant 3 ans, à 6 % d'intérêt par an, composé mensuellement.

5. Détermine le versement de chaque annuité de fin de période.

a) 20 versements semi-annuels qui donnent en tout 10 000 $, à 6 % d'intérêt par an, composé semi-annuellement ;

b) Un montant de 7000 $ avec des paiements trimestriels pendant 5 ans, à 6,15 % d'intérêt par an, composé trimestriellement ;

c) 36 versements mensuels qui donnent en tout 4000 $ à 7 % d'intérêt par an, composé mensuellement.

Application, résolution de problèmes, communication

6. L'épargne Lily commencera dans 6 mois à déposer 1000 $ dans un compte, le 1er mars et le 1er septembre de chaque année pendant 10 ans. Combien aura-t-elle au moment du dernier versement, si le taux d'intérêt est de 5,5 % par an, composé semi-annuellement ?

B

7. Un compte en banque Marianne a déposé 200 $ dans son compte à la fin de chaque mois pendant 8 mois.

a) Si le taux d'intérêt est de 2,9 % par an, composé mensuellement, combien y aura-t-il dans le compte au bout de 8 mois ?

b) Si Marianne double le montant déposé chaque mois, combien y aura-t-il dans le compte au bout de 8 mois ?

8. La retraite Afin de préparer sa retraite, David commencera, 6 mois après son 35e anniversaire, à déposer le même montant tous les 6 mois dans un compte qui rapportera 9 % d'intérêt par an, composé semi-annuellement. Utilise une calculatrice à affichage graphique pour déterminer le montant de chaque versement pour que David ait un demi-million de dollars le jour de ses 60 ans.

9. Un compte d'épargne Tian a ouvert un compte d'épargne le 1er janvier et il y a déposé 150 $. Le 1er juillet, le 1er janvier et le 1er juillet suivants, il a déposé chaque fois 150 $. Le taux d'intérêt est de 3,75 % par an, composé semi-annuellement.

a) Combien Tian aura-t-il dans son compte à la fin de la deuxième année ?

b) Combien d'intérêts aura-t-il obtenu à la fin de la deuxième année ?

10. Application Shannon projette d'acheter un nouveau tracteur dans 3 ans. En se basant sur le prix actuel, elle prévoit que, dans 3 ans, un tracteur coûtera 90 000 $, taxes comprises. Combien d'argent devrait-elle placer à la fin de chaque mois, à 9 % d'intérêt par an, composé mensuellement, pour avoir dans 3 ans la somme nécessaire ?

11. Communication Décris une situation financière comportant un placement sous forme d'annuité. Renseigne-toi sur les taux d'intérêt offerts.

a) Rédige l'énoncé d'un problème à partir de ces données.

b) Résous le problème formulé en a).

c) Fais résoudre ton problème par une ou un camarade de ta classe. Comparez vos solutions.

12. La prise de décisions financières Pour épargner en vue de l'université, Rachid décide, à la fin de la 9e année, de déposer 200 $ à la fin de chaque mois dans un compte qui rapporte 6,25 % d'intérêt par an, composé mensuellement. Combien aura-t-il dans son compte à la fin de la 12e année ?

C

13. Recherche et résolution de problèmes Décris une stratégie permettant de déterminer si le résultat du calcul d'une annuité est vraisemblable. Vérifie ta stratégie.

14. La comparaison de solutions Pierre a déposé 200 $ à la fin de chaque mois, pendant un an et demi, dans un compte d'épargne qui rapporte 3 % par an, composé mensuellement.

a) Utilise la formule du montant d'une annuité de fin de période pour déterminer combien d'argent Pierre a dans son compte après 14 mois.

b) Applique les valeurs de *a*, de *r* et de *n* à la formule de la somme d'une série géométrique, puis résous le problème à l'aide de cette formule.

c) Explique en quoi les solutions obtenues en a) et en b) sont les mêmes.

15. L'achat d'une voiture Nathalie achète une voiture de 30 000 $, taxes comprises. Elle espère la remplacer dans 4 ans par une voiture semblable. Elle estime que, dans 4 ans, le prix aura augmenté de 25 % et que sa voiture actuelle aura perdu 60 % de sa valeur. La TPS de 7 % s'applique à la différence entre le prix de la voiture neuve et la valeur de reprise de la vieille voiture. La TVP s'applique au prix de la voiture neuve. Nathalie commencera à épargner dans 3 mois, en effectuant un versement trimestriel dans un compte qui rapporte 8 % d'intérêt par an, composé trimestriellement.

a) À combien devra s'élever chaque versement pour que Nathalie puisse payer sa nouvelle voiture comptant dans 4 ans ?

b) Explique les hypothèses que tu as formulées pour déterminer la valeur du versement et donne ton avis au sujet de l'importance des hypothèses.

7.6 La valeur actuelle d'une annuité de fin de période

Les organisateurs d'une loterie dont le lot est de 240 000 $, versé par tranches de 1000 $ par mois pendant 20 ans, n'ont pas à disposer de la somme au complet lorsque le tirage aura lieu. Ils peuvent placer la somme disponible sous forme d'annuité de fin de période pour payer le lot. En effet, l'annuité rapportera de l'intérêt qui pourra servir à payer les 1000 $ par mois pendant 20 ans.

La somme placée au départ sous forme d'annuité de fin de période constitue la **valeur actuelle** de l'annuité. L'annuité produit des versements égaux à la fin de chaque intervalle. La valeur actuelle peut être calculée en fonction des valeurs connues suivantes : taux d'intérêt, période d'intérêt composé, nombre de versements et montant de chaque versement.

EXPLORATION ET RECHERCHE

L'an prochain, Jeanne retournera à l'université en vue d'obtenir un doctorat en psychologie. Elle veut savoir combien elle doit déposer maintenant dans un compte rapportant 6 % d'intérêt par an, composé annuellement, pour obtenir 5000 $ par an pendant 4 ans ; le premier versement sera effectué dans un an.

Le schéma chronologique ci-dessous indique la valeur de chaque dépôt au moment du dépôt de Jeanne.

Aujourd'hui	1 an	2 ans	3 ans	4 ans

$5000(1 + 0,06)^{-1}$
$5000(1 + 0,06)^{-2}$
$5000(1 + 0,06)^{-3}$
$5000(1 + 0,06)^{-4}$

1. a) Quel est le taux d'intérêt pour chaque période ?

b) Pendant combien d'années le premier versement aura-t-il été dans le compte ? Combien, au dixième de cent près, Jeanne doit-elle déposer maintenant dans le compte pour payer ce versement ?

c) Pendant combien d'années le deuxième versement aura-t-il été dans le compte ? Combien, au dixième de cent près, Jeanne doit-elle déposer maintenant dans le compte pour payer ce versement ?

Rappelle-toi d'arrondir à une décimale de plus que le résultat final prévu.

d) Pendant combien d'années le troisième versement aura-t-il été dans le compte ? Combien, au dixième de cent près, Jeanne doit-elle déposer maintenant dans le compte pour payer ce versement ?

e) Pendant combien d'années le quatrième versement aura-t-il été dans le compte ? Combien, au dixième de cent près, Jeanne doit-elle déposer maintenant dans le compte pour payer ce versement ?

f) Combien d'argent en tout, au cent près, Jeanne doit-elle déposer maintenant pour payer ces versements ?

2. a) Quelle expression, dans le schéma chronologique, représente la valeur de chaque versement au moment du dépôt de Jeanne ?

i) Le premier versement ;   **iii)** Le troisième versement ;

ii) Le deuxième versement ;   **iv)** Le quatrième versement.

b) Ordonne les valeurs établies en a) de façon à obtenir une série, en utilisant comme premier terme l'expression correspondant au premier versement.

c) Quel genre de série forme la somme obtenue en b) ? Explique ta réponse.

d) Quel est le premier terme de la série ?

e) Quelle est la raison de la série ?

f) Combien y a-t-il de termes dans la série ?

3. a) Dans la série représentant le compte de Jeanne, quelle est la valeur de :

i) a ?   **ii)** t ?   **iii)** n ?

b) Utilise les valeurs de a, de t et de n pour écrire la formule correspondant à la somme de la série.

c) Utilise la formule pour déterminer la valeur du dépôt de Jeanne.

4. a) Le placement de Jeanne étant une annuité de fin de période, détermine la formule de la valeur actuelle d'une annuité de fin de période : soit VA la valeur actuelle, R le versement effectué à la fin de chaque période d'intérêt composé, i le taux d'intérêt par période d'intérêt composé et n le nombre de périodes d'intérêt composé. Écris la formule correspondant à la valeur actuelle VA d'une annuité de fin de période en reportant ces variables dans la formule de la somme de la série correspondant au placement de Jeanne.

Utilise un exposant négatif pour exprimer $\dfrac{1}{1+i}$ sous la forme $(1+i)^{-1}$.

b) Utilise la formule obtenue en a) pour déterminer la somme que Jeanne doit déposer.

5. Utilise les résultats que tu as obtenus pour décrire la relation entre une annuité de fin de période et le genre de série représenté par les versements que Jeanne projette de recevoir.

6. Une somme est placée sous forme d'annuité de fin de période à 4 % d'intérêt par an, composé annuellement. L'annuité doit permettre de verser, dans un an, 1000 $ par an pendant 3 ans. Utilise la formule de la question 4 pour déterminer la valeur actuelle.

La formule de la somme d'une série géométrique peut servir à élaborer la formule de la valeur actuelle VA d'une annuité de fin de période,

$$VA = R\left[\frac{1-(1+i)^{-n}}{i}\right]$$

où VA représente la valeur actuelle, R représente le versement effectué à la fin de chaque période d'intérêt composé, n représente le nombre de périodes d'intérêt composé et i représente le taux d'intérêt par période d'intérêt composé.

EXEMPLE 1 La détermination de la valeur actuelle avec les intérêts composés semi-annuellement

Michel veut placer de l'argent de façon à toucher 4000 $ tous les 6 mois pendant 5 ans ; le premier versement sera effectué dans 6 mois. Combien d'argent devrait-il placer dès maintenant à 7 % d'intérêt par an, composé semi-annuellement ?

SOLUTION 1 Méthode papier-crayon

Utilise la formule de la valeur actuelle d'une annuité de fin de période.

Chaque versement est de 4000 $, donc $R = 4000$.
Il y a 2 versements par an pendant 5 ans, donc $n = 10$.
Le taux d'intérêt est de 7 % par an, composé semi-annuellement
$0{,}07 \div 2 = 0{,}035$, donc $i = 0{,}035$.

$$VA = R\left[\frac{1-(1+i)^{-n}}{i}\right]$$

Reporte les valeurs connues dans l'équation : $= 4000\left[\dfrac{1-(1+0{,}035)^{-10}}{0{,}035}\right]$

Simplifie : $= 4000\left[\dfrac{1-(1{,}035)^{-10}}{0{,}035}\right]$

$$\doteq 33\ 266{,}42$$

Michel devrait placer dès maintenant 33 266,42 $.

Solution 2 Méthode par calculatrice à affichage graphique

Établis les paramètres mode à 2 décimales. Dans le menu de l'application Finance, sélectionne TVM *Solver*.

Saisis les valeurs connues.

Il y a 2 versements par an pendant 5 ans, donc N = 10.

Le taux d'intérêt est de 7 % par an, donc I = 7.

Michel veut recevoir des versements de 4000 $, donc PMT = 4000.

Il y a 2 versements par an, donc P/Y = 2.

Les intérêts sont composés semi-annuellement, donc C/Y = 2.

Les paiements étant effectués à la fin de chaque intervalle, sélectionne END.

Déplace le curseur sur PV afin de déterminer la valeur actuelle et appuie sur ALPHA SOLVE.

Michel devrait placer dès maintenant 33 266,42 $.

Exemple 2 La détermination de la valeur actuelle avec les intérêts composés mensuellement

Carmen achète en promotion une jeep pour laquelle on offre un financement à 0 % d'intérêt sur 48 mois. Le prix négocié du véhicule est de 38 400 $, TPS et TVP en sus. Le total est divisé en 48 versements égaux, le premier versement devant être effectué à la date de l'achat. Carmen effectue le premier versement, puis elle place une somme qui devrait, à partir du mois suivant, lui permettre de payer chacun des autres versements mensuels. Combien doit-elle placer, à 6 % d'intérêt par an, composé mensuellement, pour avoir le montant de chaque versement mensuel ?

Solution 1 Méthode papier-crayon

Utilise la formule de la valeur actuelle d'une annuité de fin de période.

Compte tenu de la TPS de 7 % et de la TVP de 8 %, le prix de la jeep équivaut à 115 % de 38 400 $.

1,15 × 38 400 = 44 160

Le prix total est donc de 44 160 $.

Comme il y a 48 versements, divise le prix total par 48.

44 160 ÷ 48 = 920

Chaque versement est de 920 $, donc *R* = 920.

Il y a 12 versements par an pendant 4 ans, moins le premier versement qui a déjà été effectué, donc $n = 47$.

Le taux d'intérêt est de 6 % par an, composé mensuellement.

$0{,}06 \div 12 = 0{,}005$, donc $i = 0{,}005$.

$$VA = R\left[\frac{1 - (1 + i)^{-n}}{i}\right]$$

Reporte les valeurs connues dans l'équation :

$$= 920\left[\frac{1 - (1 + 0{,}005)^{-47}}{0{,}005}\right]$$

Simplifie :

$$= 920\left[\frac{1 - (1{,}005)^{-47}}{0{,}005}\right]$$

$$\doteq 38\,449{,}76$$

Carmen doit placer 38 449,76 $ au moment de l'achat.

Solution 2 Méthode par calculatrice à affichage graphique

Établis les paramètres mode à 2 décimales. Dans le menu de l'application Finance, sélectionne TVM *Solver*.

Saisis les valeurs connues.

Il y a 48 versements mensuels, mais le premier versement est effectué au moment de l'achat, donc N = 48 − 1.

Le taux d'intérêt est de 6 % par an, donc I = 6.

Compte tenu de la TPS de 7 % et de la TVP de 8 %, le prix total équivaut à 115 % de 38 400 $. Il y a 48 versements, y compris celui qui est effectué au moment de l'achat. Carmen veut toucher l'argent de chaque versement mensuel, donc

PMT = 1,15 × 38 400 ÷ 48.

Il y a 12 versements par an, donc P/Y = 12.

Les intérêts sont composés mensuellement, donc C/Y = 12.

Les paiements étant effectués à la fin de chaque intervalle, sélectionne END.

Déplace le curseur sur PV afin de déterminer la valeur actuelle et appuie sur ALPHA SOLVE. Comme la valeur actuelle est remboursée, PV est négatif.

Carmen doit placer 38 449,76 $ au moment de l'achat.

Saisis 1,15 × 38 400 ÷ 48 vis-à-vis de PMT. La calculatrice affichera le résultat lorsque tu déplaceras le curseur vers une autre variable.

EXEMPLE 3 **La détermination de la valeur des versements**

Pour pouvoir offrir une bourse d'études pendant 25 ans, une fondation place 50 000 $ dans un compte. La première bourse sera accordée un an après la date du placement. Quel sera le montant de la bourse si le taux d'intérêt est de 5,5 % par an, composé annuellement ?

SOLUTION 1 **Méthode papier-crayon**

Utilise la formule de la valeur actuelle d'une annuité de fin de période.

La somme placée est de 50 000 $, donc $VA = 50\,000$.
Il y a 1 versement par an pendant 25 ans, donc $n = 25$.
Le taux d'intérêt est de 5,5 % par an, composé annuellement, donc $i = 0,055$.

$$VA = R\left[\frac{1 - (1 + i)^{-n}}{i}\right]$$

Reporte les valeurs connues dans l'équation : $\quad 50\,000 = R\left[\dfrac{1 - (1 + 0,055)^{-25}}{0,055}\right]$

Simplifie : $\quad\quad\quad\quad\quad\quad\quad\quad\quad 50\,000 = R\left[\dfrac{1 - (1,055)^{-25}}{0,055}\right]$

Isole R : $\quad\quad\quad\quad\quad\quad\quad\quad\quad\quad R \doteq 3727,47$

Le montant de chaque bourse sera de 3 727,47 $.

SOLUTION 2 **Méthode par calculatrice à affichage graphique**

Établis les paramètres mode à 2 décimales. Dans le menu de l'application Finance, sélectionne TVM *Solver*.

Saisis les valeurs connues.
Il y a 1 versement par an pendant 25 ans, donc N = 25.
Le taux d'intérêt est de 5,5 % par an, donc I = 5,5.
Comme la somme placée est remboursée, PV est négatif.
La fondation place 50 000 $, donc PV = –50,000.
La bourse d'études est annuelle, donc P/Y = 1.
Les intérêts sont composés annuellement, donc C/Y = 1.
Les paiements étant effectués à la fin de chaque intervalle, sélectionne END.

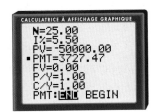

Déplace le curseur sur PMT afin de déterminer le versement et appuie sur ALPHA SOLVE.
Le montant de chaque bourse sera de 3 727,47 $.

Concepts clés

- La valeur actuelle d'une annuité correspond au capital qu'il faut placer pour obtenir une série de versements égaux à intervalles réguliers.
- La valeur actuelle d'une annuité est une application financière de la somme d'une série géométrique.
- La formule de la valeur accumulée *VA* d'une annuité de fin de période est $VA = R\left[\dfrac{1-(1+i)^{-n}}{i}\right]$, où *VA* représente la valeur actuelle, *R* représente le versement effectué à la fin de chaque période d'intérêt composé, *n* représente le nombre de périodes d'intérêt composé et *i* représente le taux d'intérêt par période d'intérêt composé.

Communique ce que tu as compris

1. Explique ce que représentent *n*, *R* et *i* dans la formule de la valeur actuelle d'une annuité de fin de période.

2. Décris comment tu déterminerais la somme à placer dès maintenant à 5 % d'intérêt par an, composé semi-annuellement, pour commencer à toucher, dans 6 mois, 10 versements semi-annuels de 500 $.

3. Décris comment tu déterminerais la valeur des 24 versements mensuels produits par un placement de 78 000 $ à 10 % d'intérêt par an, composé mensuellement, si le premier versement est effectué un mois après la date du placement.

Exercices

A

1. Jacques a déposé 11 718,83 $ dans un compte qui rapporte 4,4 % d'intérêt par an, composé mensuellement. Il commencera à toucher 1000 $ par mois un mois après le dépôt.

a) Quelle est la valeur actuelle ?

b) Quelle est la période d'intérêt composé ?

c) Quel est le taux d'intérêt par an ?

d) Quel est le taux d'intérêt par période d'intérêt composé ?

e) Quel est le montant du versement ?

2. Détermine la valeur actuelle de chaque placement si le premier versement doit être effectué dans un an. Le taux d'intérêt est de 4,1 % par an, composé annuellement.

a) 6 versements annuels de 3000 $;

b) 9 versements annuels de 1500 $.

3. Combien d'argent faut-il placer dans chaque cas ci-après à 6,25 % par an, composé mensuellement, si le premier versement doit être effectué dans un mois ?

a) 36 versements mensuels de 250 $;

b) 10 versements mensuels de 900 $.

4. Combien d'argent faut-il placer dès maintenant dans chaque cas ci-après pour toucher 12 versements de 1000 $?

a) 6 % d'intérêt par an, composé annuellement, des paiements annuels débutant dans 1 an ;

b) 6 % d'intérêt par an, composé semi-annuellement, des paiements tous les 6 mois débutant dans 6 mois ;

c) 6 % d'intérêt par an, composé trimestriellement, des paiements tous les 3 mois débutant dans 3 mois ;

d) 6 % d'intérêt par an, composé mensuellement, des paiements mensuels débutant dans 1 mois.

5. Examine les valeurs actuelles obtenues à la question 4. Qu'arrive-t-il à la valeur actuelle d'une annuité de fin de période à mesure que la durée de la période d'intérêt composé diminue ? Explique pourquoi il en est ainsi.

6. Quel sera, dans chaque cas ci-après, le montant du versement si la somme placée est de 25 000 $?

a) 8 % d'intérêt par an, composé annuellement, des paiements annuels débutant dans 1 an ;

b) 8 % d'intérêt par an, composé semi-annuellement, des paiements tous les 6 mois débutant dans 6 mois ;

c) 8 % d'intérêt par an, composé trimestriellement, des paiements tous les 3 mois débutant dans 3 mois ;

d) 8 % d'intérêt par an, composé mensuellement, des paiements mensuels débutant dans 1 mois.

7. Examine les versements obtenus à la question 6. Qu'arrive-t-il au montant des versements à mesure que la durée de la période d'intérêt composé diminue ? Explique pourquoi il en est ainsi.

Application, résolution de problèmes, communication

8. Un budget Un comité planifie l'ouverture d'une colonie de vacances dans un an. Estimant que l'exploitation de la colonie de vacances nécessitera 7000 $ de plus par an durant les 5 premières années, le comité décide de placer de l'argent à 5,3 % d'intérêt par an, composé annuellement, pour payer ce surplus. Combien d'argent devrait-il placer dès maintenant ?

B

9. Une loterie Un organisme de bienfaisance organise une loterie offrant un lot de 240 000 $. La gagnante ou le gagnant commencera à toucher, dans un an, 1000 $ par mois pendant 20 ans.

a) Combien d'argent doit-on placer maintenant, à 8,9 % d'intérêt par an, composé annuellement, pour pouvoir payer ce lot ?

b) Si l'organisme pouvait obtenir un taux d'intérêt de 9,3 % par an, composé annuellement, combien d'argent devrait-il placer ?

10. Application À sa retraite, la grand-mère de Julie a décidé de placer de l'argent afin de commencer à toucher, 6 mois plus tard, 10 000 $ tous les 6 mois pendant 10 ans. Le taux d'intérêt est de 5,9 % par an, composé semi-annuellement.

a) Combien d'argent doit-elle placer ?

b) Dessine un schéma chronologique afin d'illustrer l'évolution du placement. Explique comment ton schéma appuie ta réponse.

11. Un héritage Cora a hérité d'une somme de 80 000 $, qu'elle a placée à 5,2 % d'intérêt par an, composé mensuellement, afin de commencer à recevoir, un mois plus tard, un versement mensuel durant 10 ans.

a) Quel sera le montant du versement ?

b) Combien d'argent cet héritage lui rapportera-t-il en tout ?

12. L'université Un an avant l'entrée de Marion à l'université, ses parents ont placé 22 000 $ à 4,9 % d'intérêt par an, composé annuellement. Marion a ainsi pu recevoir le même montant tous les ans pendant ses 4 années d'université.

a) Quel était le montant du versement ?

b) Fais appel à tes habiletés dans la recherche pour déterminer si ce montant permet de payer les frais de scolarité annuels. Si ce n'est pas suffisant, combien manque-t-il ?

13. Le triathlon William s'est acheté un vélo de 2500 $ (TPS et TVP en sus) pour participer à des triathlons. Il s'est entendu avec le marchand pour effectuer un versement à la fin de chaque mois pendant 2 ans. Le taux d'intérêt est de 11 % par an, composé mensuellement.

a) Quel est le montant de chaque versement ?

b) Combien d'intérêts paiera William ?

14. La prise de décisions financières Jean a vendu son entreprise et projette de prendre sa retraite. Il veut placer suffisamment d'argent provenant de cette vente pour commencer à recevoir, dans un mois, 4000 $ par mois durant 20 ans. Il envisage de placer l'argent à 5,4 % d'intérêt par an, composé mensuellement.

a) Combien d'argent doit-il placer dès maintenant ?

b) Sur quelles hypothèses ce projet est-il basé ?

C

15. Communication Décris la différence, au point de vue des calculs, entre les annuités de fin de période de cette section et les annuités de fin de période de la section précédente. Ta description doit comprendre au moins une question de chaque section.

16. Une bourse d'études La classe de Martin a recueilli 2198,74 $ dans un fonds qui permettra d'offrir, dès l'an prochain, une bourse de 200 $ à l'élève présentant le meilleur rendement de l'école. La somme est placée à 4,8 % d'intérêt par an, composé annuellement.

a) Pendant combien d'années cette bourse sera-t-elle accordée ?

b) Explique pourquoi ce problème serait difficile à résoudre sans calculatrice à affichage graphique.

17. Recherche et résolution de problèmes Les parents de Nathalie ont décidé de commencer à déposer, dans 3 mois, une somme de 160 $ tous les 3 mois pendant 3 ans, dans un compte rapportant 5,7 % d'intérêt par an, composé trimestriellement. Trois mois après le dernier dépôt, ils retireront une somme tous les 3 mois afin de payer les 24 versements égaux des cours de musique de Nathalie. Quel sera le montant de chaque retrait ?

18. Une estimation Choisis une question dans cette section.

a) Fais une estimation afin de déterminer si ta réponse est vraisemblable.

b) Explique ta stratégie d'estimation à quelques camarades, puis indique par écrit si tu crois qu'ils l'ont trouvée logique.

19. Vrai ou faux Indique si les énoncés ci-après, qui concernent la valeur actuelle d'une annuité de fin de période, sont vrais ou faux. Justifie ta réponse par une explication ou par des exemples.

a) Plus le taux d'intérêt augmente, tandis que la période d'intérêt composé ne change pas, plus la valeur actuelle augmente.

b) Plus la période d'intérêt composé diminue, plus le montant à placer diminue.

c) Plus le versement mensuel augmente, plus la valeur actuelle diminue.

20. Renseigne-toi sur le coût d'établissement d'une annuité. En quoi cela pourrait-il influencer ta décision d'établir une annuité ?

VÉRIFIONS NOS PROGRÈS

Connaissance et compréhension • Réflexion, recherche et résolution de problèmes • Communication • Mise en application

Joanne a contracté un emprunt qui exige un versement initial de 1500 $ et des versements de 200 $ par mois pendant 10 ans. Le taux d'intérêt est de 9 % par an, composé mensuellement.

a) Quelle est la valeur de l'emprunt ?

b) Si Joanne n'effectue pas les 8 premiers versements, combien devra-t-elle payer à l'échéance du 9e versement pour être à jour ?

c) Si Joanne n'effectue pas les 8 premiers versements, combien devra-t-elle payer à l'échéance du 9e versement pour régler entièrement l'emprunt ?

7.7 La technologie : Les tableaux d'amortissement et les tableurs

En général, les gens empruntent de l'argent pour acheter une voiture, une maison ou un condominium. Ils contractent alors un **emprunt** ou une **hypothèque**. Les emprunts et les hypothèques sont des contrats signés entre un prêteur et un emprunteur afin de financer un achat. Le contrat exige habituellement de l'emprunteur qu'il rembourse l'emprunt par des versements égaux effectués à intervalles réguliers. Ces versements comprennent le capital et les intérêts.

Amortir une hypothèque signifie la rembourser sur une période donnée en effectuant des versements égaux à intervalles réguliers. Cette période s'appelle la **période d'amortissement**. Le **terme** d'une hypothèque représente la durée pendant laquelle le contrat est en vigueur.

EXPLORATION ET RECHERCHE

Tu peux créer un **tableau d'amortissement** afin de connaître le solde du capital à rembourser après chaque versement et le montant versé en intérêt ou en capital à chaque versement.

Supposons que tu empruntes 10 000 $ à 6 % d'intérêt par an, composé mensuellement. L'emprunt est remboursable en 12 versements mensuels égaux. Tu veux connaître le versement mensuel et savoir combien tu as remboursé en capital à tout moment durant l'année.

Tu peux utiliser une calculatrice à affichage graphique pour déterminer les versements mensuels et un tableur pour suivre les montants payés et les montants dus. Établis les paramètres mode à 2 décimales. Dans le menu de l'application Finance, sélectionne TVM *Solver*.

Saisis les valeurs connues.
Il y a 12 versements mensuels, donc N = 12.
Le taux d'intérêt est de 6 % par an, donc I = 6.

L'emprunt est de 10 000 $, donc PV = 10 000.

Un versement est effectué chaque mois, donc P/Y = 12.

Les intérêts sont composés mensuellement, donc C/Y = 12.

Les paiements étant effectués à la fin de chaque intervalle, sélectionne END.

Déplace le curseur sur PMT afin de déterminer le montant du versement, puis appuie sur ALPHA SOLVE. Comme les versements sont remboursés, PMT est négatif.

Le versement mensuel est de 860,66 $.

```
CALCULATRICE À AFFICHAGE GRAPHIQUE
N=12.00
I%=6.00
PV=10000.00
•PMT=-860.66
FV=0.00
P/Y=12.00
C/Y=12.00
PMT:END BEGIN
```

Utilise un tableau d'amortissement créé à l'aide d'un tableur pour suivre le remboursement de l'emprunt. Le tableur ci-dessous indique, en haut à gauche, les données de l'emprunt de 10 000 $ ainsi que les formules utilisées pour le calcul de l'emprunt. Les formules sont reproduites dans les autres rangées.

	A	B	C	D	E	F
1	10000,00	Emprunt ($)				
2	0,06	Taux/An				
3	=A2/12	Taux/Mois				
4	860,66	Versement ($)				
5						
6					Réduction du capital ($)	Capital qui reste ($)
7	Mois	Capital ($)	Intérêt ($)	Versement ($)		
8		=A1	=B8*A$3	=A$4	=D8•C8	=B8•E8
9	=A8+1	=F8	=B9*A$3	=A$4	=D9•C9	=B9•E9
10	=A9+1	=F9	=B10*A$3	=A$4	=D10•C10	=B10•E10

Pour en savoir davantage sur la création des tableurs utilisés dans ce chapitre, reporte-toi aux sections Excel de Microsoft et Quattro Pro de Corel, à l'annexe C.

1. a) Explique la valeur inscrite dans chacune des cellules ci-après.

A1   A2   A4   A8

b) Explique la formule inscrite dans chacune des cellules ci-après.

A3   A9   B8   B9   E8   F8

c) Que deviennent les formules inscrites dans les cellules énumérées en b) quand elles sont recopiées dans d'autres rangées? Généralise tes observations.

d) Trouve les cellules où il y a une formule comportant le symbole $.

e) Que deviennent les formules comportant le symbole $ quand elles sont recopiées dans d'autres rangées? Généralise tes observations.

2. En réalité, le tableur affiche uniquement les résultats des calculs effectués à partir des formules, comme le montre l'exemple de la page suivante. Pour voir la formule correspondant à une cellule en particulier, il faut sélectionner la cellule.

	A	B	C	D	E	F
1	10000,00	Emprunt ($)				
2	0,06	Taux/An				
3	0,005	Taux/Mois				
4	860,66	Versement ($)				
5						
6					Réduction	Capital
7	Mois	Capital ($)	Intérêt ($)	Versement ($)	du capital ($)	qui reste ($)
8	1	10000,00	50,00	860,66	810,66	9189,34
9	2	9189,34	45,95	860,66	814,71	8374,63
10	3	8374,63	41,87	860,66	818,79	7555,84

a) Pour chacune des cellules ci-après, explique comment la formule inscrite dans le premier tableur donne le résultat affiché dans le second tableur.

A3   A9   B8   B9   E8   F8

C8   C9   C10   D8   D9   D10

b) Quel lien existe-t-il entre les valeurs inscrites dans les cellules où les formules sont recopiées ? Généralise tes observations.

c) Quel lien existe-t-il entre les valeurs inscrites dans les cellules où sont recopiées les formules comportant le symbole $? Généralise tes observations.

3. a) Crée un tableur comme celui de la question 1. Sers-toi du tableur de la question 2 pour vérifier tes résultats.

b) Prédis dans combien de rangées la formule devra être recopiée pour cet emprunt. Recopie la formule et compare les résultats avec ta prédiction.

c) Établis à deux décimales le nombre de décimales des montants inscrits dans les cellules.

4. a) Choisis différents mois dans le tableur (dont le 12ᵉ mois) et indique, dans chaque cas, le montant en capital remboursé.

b) Explique si les résultats affichés par le tableur correspondent à ce que tu prévoyais.

Une **hypothèque** est un emprunt garanti par un bien immobilier. En général, une hypothèque sert à financer l'achat d'une propriété. On peut aussi contracter une hypothèque pour obtenir de l'argent dans un autre but. L'hypothèque sert alors de garantie sur l'emprunt.

En vertu de la loi canadienne, les intérêts sur les emprunts hypothécaires sont composés semi-annuellement. Les emprunts hypothécaires sont habituellement remboursés par des versements mensuels, même si d'autres intervalles peuvent être choisis. On ne procède donc pas de la même façon que pour les placements et les prêts examinés dans les sections précédentes, où la période d'intérêt composé et la période de versement étaient les mêmes. Cela explique pourquoi certains calculs associés aux hypothèques sont effectués différemment.

Supposons que tu contractes une hypothèque de 112 500 $ sur une maison. Le taux d'intérêt est de 7,5 % par an, composé semi-annuellement, et tu choisis d'effectuer des versements mensuels égaux. Si tu amortis l'hypothèque sur 25 ans, cela signifie que le montant payé chaque mois doit permettre de régler l'emprunt en 25 ans. En général, le terme d'un emprunt hypothécaire est de 3, 4 ou 5 ans. Pour pouvoir faire ta planification, tu dois connaître les versements mensuels. Tu voudrais sans doute savoir aussi combien tu as remboursé sur le capital de 112 500 $ à différents moments pendant la durée de l'emprunt.

Sers-toi d'une calculatrice à affichage graphique pour déterminer les versements mensuels de l'emprunt ainsi que le taux d'intérêt mensuel. Ce taux n'est pas calculé de la même façon pour une hypothèque, car la période d'intérêt composé et la période de versement ne sont pas les mêmes. Un tableur peut te fournir les sommes payées et les sommes dues.

Établis les paramètres mode à 2 décimales. Dans le menu de l'aplication Finance, sélectionne TVM *Solver*.

Saisis les valeurs connues.
Il y a 12 versements par an pendant 25 ans, donc N = 25 × 12.
Le taux d'intérêt est de 7,5 % par an, donc I = 7,5.
L'hypothèque est de 112 500 $, donc PV = 112 500.
Un versement est effectué chaque mois, donc P/Y = 12.
Les intérêts sont composés semi-annuellement, donc C/Y = 2.
Les paiements étant effectués à la fin de chaque intervalle, sélectionne END.
Déplace le curseur sur PMT afin de déterminer le montant du versement, puis appuie sur ALPHA SOLVE. Comme les versements sont remboursés, PMT est négatif.

Le versement mensuel est de 823,00 $.

Pour déterminer le taux d'intérêt mensuel, établis les paramètres mode à 9 décimales. Dans le menu de l'application Finance, sélectionne TVM *Solver*. Saisis les valeurs correspondant à 1 $ pour 1 mois d'emprunt.

Saisis les valeurs connues.
On veut connaître le taux d'intérêt par mois, donc N = 1.
Le taux d'intérêt est de 7,5 % par an, donc I = 7,5.
Utilise le montant négatif de 1 $ pour déterminer le montant payé par dollar, donc PV = −1.

> Pour un emprunt hypothécaire, la valeur de P/Y est de 12, mais la valeur de C/Y est de 2. Lorsque tu attribues une valeur à P/Y, la calculatrice modifie automatiquement C/Y pour qu'il corresponde à P/Y. Tu dois donc revenir à C/Y et saisir 2.

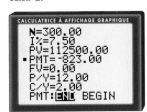

Les versements sont mensuels, donc P/Y = 12.

Les intérêts sont composés semi-annuellement, donc C/Y = 2.

Les paiements étant effectués à la fin de chaque intervalle, sélectionne END.

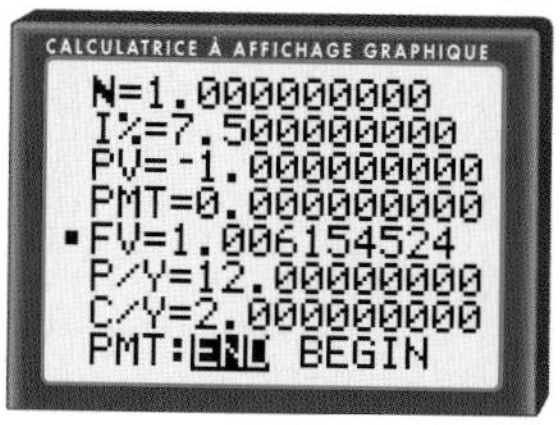

Déplace le curseur sur FV afin de déterminer la valeur future de 1 $, puis appuie sur ALPHA SOLVE.

La valeur future de 1 $ est de 1,006 154 524 $.

Comme la valeur future correspond à la valeur actuelle d'un placement de 1 $ plus les intérêts composés, $VA = C + i$, où i représente le taux d'intérêt mensuel.

Le montant est égal au capital plus l'intérêt. $$VA = C + i$$

Reporte les valeurs connues dans l'équation : $1{,}006\,154\,524 = 1 + i$

Isole i : $$i = 0{,}006\,154\,524$$

Le taux d'intérêt mensuel est de 0,006 154 524 ou 0,615 452 4 %.

Utilise un tableau d'amortissement créé à l'aide d'un tableur pour suivre le remboursement de l'emprunt. Le tableau ci-dessous indique, en haut à gauche, les données de l'emprunt hypothécaire de 112 500 $ ainsi que les formules utilisées pour le calcul de l'emprunt. Les formules sont reproduites dans les autres rangées.

	A	B	C	D	E	F
1	112500,00	Emprunt ($)				
2	0,075	Taux/An				
3	0,006154524	Taux/Mois				
4	823,00	Versement ($)				
5						
6					Réduction	Capital
7	Mois	Capital ($)	Intérêt ($)	Versement ($)	du capital ($)	qui reste ($)
8		=A1	=B8*A$3	=A$4	=D8·C8	=B8·E8
9	=A8+1	=F8	=B9*A$3	=A$4	=D9·C9	=B9·E9
10	=A9+1	=F9	=B10*A$3	=A$4	=D10·C10	=B10·E10

5. a) Explique la valeur inscrite dans chacune des cellules ci-après.

A1   A2   A4   A8

b) Explique la formule inscrite dans chacune des cellules ci-après et prédis la valeur qui sera affichée.

A9   B8   B9   E8   F8

c) Que deviennent les formules inscrites dans les cellules énumérées en b) quand elles sont recopiées dans d'autres rangées ? Généralise tes observations.

d) Prédis ce qui sera affiché dans les cellules où les formules énumérées en b) sont recopiées.

e) Que deviennent les formules comportant le symbole $ quand elles sont recopiées dans d'autres rangées ? Généralise tes observations.

f) Prédis ce qui sera affiché dans les cellules où les formules comportant le symbole $ sont recopiées.

6. a) Crée le tableur de la page 548.

b) Prédis dans combien de rangées la formule devra être recopiée pour cet emprunt hypothécaire. Recopie les formules et compare les résultats avec ta prédiction.

c) Établis à deux décimales le nombre de décimales des montants inscrits dans les cellules.

7. a) Choisis différents mois dans le tableur (dont la 25e année) et indique, dans chaque cas, le montant en capital remboursé.

b) La dernière valeur inscrite dans la colonne « Capital qui reste » devrait être 0,00 $. Étant donné qu'on a obtenu le versement mensuel de 823,00 $ en arrondissant au cent près, les valeurs arrondies ont produit cette différence au bout de 25 ans. Explique pourquoi.

c) Qu'arriverait-il, selon toi, si l'on utilisait toutes les valeurs décimales dans le tableur pour établir le versement mensuel ?

8. Explique si les résultats affichés par le tableur correspondent à ce que tu prévoyais.

EXEMPLE 1 **La détermination de la durée de remboursement d'un emprunt**

Gurjeet veut acheter des meubles d'une valeur de 1875,25 $. Son oncle lui offre un financement à 4 % d'intérêt par an, composé mensuellement. Gurjeet accepte de rembourser l'emprunt à raison de 125 $ par mois.

a) Utilise un tableur pour déterminer la durée de remboursement de l'emprunt.

b) Quelles sont les deux méthodes que tu peux utiliser pour déterminer le versement final de Gurjeet ? Comment peux-tu expliquer les résultats différents obtenus à l'aide de ces méthodes ?

SOLUTION

a) Saisis les données dans un tableur.

Gurjeet emprunte 1875,25 $, donc saisis 1875,25 dans la cellule A1.

Le taux d'intérêt annuel est de 4 %, donc saisis 0,04 dans la cellule A2.

Le taux d'intérêt mensuel est égal au taux d'intérêt annuel divisé par le nombre de mois dans l'année.

$0,04 \div 12 \doteq 0,003\ 333\ 333$ On arrondit à 9 décimales la décimale périodique du taux d'intérêt mensuel afin d'éviter une erreur dans le tableur en raison des valeurs arrondies utilisées dans les calculs.

Le versement mensuel de Gurjeet est de 125 $, donc saisis 125,00 dans la cellule A4.

Utilise les formules inscrites dans les tableurs de la rubrique *Exploration et recherche*.

Recopie les formules jusqu'à ce que le capital soit remboursé au complet.

	A	B	C	D	E	F
1	1875,25	Emprunt ($)		Emprunt de Gurjeet		
2	0,04	Taux/An				
3	0,003333333	Taux/Mois				
4	125,00	Versement ($)				
5						
6					Réduction du capital ($)	Capital qui reste ($)
7	Mois	Capital ($)	Intérêt ($)	Versement ($)		
8	1	1875,25	6,25	125,00	118,75	1756,50
9	2	1756,50	5,86	125,00	119,14	1637,36
10	3	1637,36	5,46	125,00	119,54	1517,81
22	15	176,26	0,59	125,00	124,41	51,84
23	16	51,84	0,17	125,00	124,83	-72,98

Une partie seulement du tableau d'amortissement de l'emprunt est reproduite ci-contre.

Le 16e mois est la dernière rangée où il reste du capital à rembourser. L'emprunt sera donc remboursé en 16 mois.

b) La première méthode consiste à additionner le capital et l'intérêt calculé sur ce capital au cours du 16e mois. Le dernier versement correspond donc à la somme des valeurs inscrites dans les cellules B23 et C23.

$51,84 + 0,17 = 52,01$

Si on additionne le capital et l'intérêt calculé sur ce capital au cours du 16e mois, le dernier versement de Gurjeet sera de 52,01 $.

La seconde méthode consiste à soustraire le montant du versement habituel de Gurjeet (125,00 $) du capital négatif qui reste le 16e mois.

$125,00 - 72,98 = 52,02$

Si on soustrait le montant du versement habituel du capital négatif qui reste le 16e mois, le dernier versement de Gurjeet sera de 52,02 $.

Les deux méthodes produisent des résultats différents en raison de l'arrondissement des valeurs dans le tableur.

EXEMPLE **2 La comparaison des effets produits par une modification de la période d'amortissement**

Robert et Josiane contractent une hypothèque de 200 000 $ auprès d'une banque pour leur nouvelle maison. L'emprunt comportera un intérêt de 8,36 % par an, composé semi-annuellement.

a) Pour une hypothèque amortie sur 25 ans, détermine :

i) les versements mensuels ;   **iii)** les intérêts totaux ;

ii) le taux d'intérêt mensuel ;   **iv)** le montant total des versements.

b) Si l'hypothèque est amortie sur 25 ans, combien Robert et Josiane devront-ils encore après 15 ans ?

c) Pour une hypothèque amortie sur 20 ans, détermine :

i) les versements mensuels ; **iii)** les intérêts totaux ;

ii) le taux d'intérêt mensuel ; **iv)** le montant total des versements.

d) Compare le coût d'un amortissement sur 25 ans avec le coût d'un amortissement sur 20 ans.

SOLUTION

a) i) Utilise une calculatrice à affichage graphique pour déterminer les versements mensuels. Établis les paramètres mode à 2 décimales. Dans le menu de l'application Finance, sélectionne TVM *Solver*.

Saisis les valeurs connues.

Il y a 12 versements par an pendant 25 ans, donc N = 25 × 12.

Le taux d'intérêt est de 8,36 % par an, donc I = 8,36.

L'hypothèque est de 200 000 $, donc PV = 200 000.

Un versement est effectué chaque mois, donc P/Y = 12.

Les intérêts sont composés semi-annuellement, donc C/Y = 2.

Les paiements étant effectués à la fin de chaque intervalle, sélectionne END.

Déplace le curseur sur PMT afin de déterminer le montant du versement, puis appuie sur ALPHA SOLVE. Comme les versements sont remboursés, PMT est négatif.

Le versement mensuel est de 1572,63 $.

ii) Utilise une calculatrice à affichage graphique pour déterminer le taux d'intérêt mensuel. Établis les paramètres mode à 9 décimales. Dans le menu de l'application Finance, sélectionne TVM *Solver*.

Saisis les valeurs connues.

On veut connaître le taux d'intérêt par mois, donc N = 1.

Le taux d'intérêt est de 8,36 % par an, donc I = 8,36.

Utilise le montant négatif de 1 $ pour déterminer le montant payé par dollar, donc PV = −1.

Les versements sont mensuels, donc P/Y = 12.

Les intérêts sont composés semi-annuellement, donc C/Y = 2.

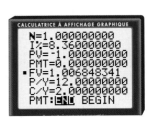

Les paiements étant effectués à la fin de chaque intervalle, sélectionne END.

Déplace le curseur sur FV afin de déterminer la valeur future de 1 $, puis appuie sur ALPHA SOLVE.

La valeur future de 1 $ est de 1,006 848 341 $.

Comme la valeur future correspond à la valeur actuelle d'un placement de 1 \$ plus les intérêts composés, $VA = C + i$, où i représente le taux d'intérêt mensuel.

$$VA = C + i$$

Reporte les valeurs connues dans l'équation : $\quad 1,006\ 848\ 341 = 1 + i$

Résous i : $\qquad\qquad\qquad\qquad\qquad\qquad i = 0,006\ 848\ 341$

Le taux d'intérêt mensuel est de 0,006 848 341 ou 0,684 834 1%.

iii) Saisis les données dans les cellules A1 à A4. Utilise les formules inscrites dans les tableurs de la rubrique *Exploration et recherche*. Recopie les formules jusqu'à la 25ᵉ année.

	A	B	C	D	E	F
1	200000,00	Hypothèque(\$)	Hypothèque sur 25 ans de Robert et Josiane			
2	0,0836	Taux/An				
3	0,006848341	Taux/Mois				
4	1572,63	Versement (\$)				
5						
6					Réduction	Capital
7	Mois	Capital (\$)	Intérêt (\$)	Versement (\$)	du capital (\$)	qui reste (\$)
8	1	200000,00	1369,67	1572,63	202,96	199797,04
9	2	199797,04	1368,28	1572,63	204,35	199592,69
10	3	199592,69	1366,88	1572,63	205,75	199386,94
11	4	199386,94			207,15	199179,77
177	170	135717,33	929,44	1572,63	643,19	135074,14
178	171	135074,14	925,03	1572,63	647,60	134426,55
179	172	134426,55	920,60	1572,63	652,03	133774,51
180	173	133774,51	916,13	1572,63	656,50	133118,02
181	174	133118,02	911,64	1572,63	660,99	132457,03
182	175	132457,03	907,11	1572,63	665,52	131791,51
183	176	131791,51	902,55	1572,63	670,08	131121,43
303	296	7701,39	52,74	1572,63	1519,89	6181,50
304	297	6181,50	42,33	1572,63	1530,30	4651,21
305	298	4651,21	31,85	1572,63	1540,78	3110,43
306	299	3110,43	21,30	1572,63	1551,33	1559,10
307	300	1559,10	10,68	1572,63	1561,95	-2,85
308		Totaux	271786,15	471789,00	200002,85	

Dans la cellule C308, saisis la formule de la somme des valeurs inscrites dans les cellules C8 à C307.

La somme inscrite dans la cellule C308 représente l'intérêt total : 271 786,15 \$.

iv) Dans la cellule D308, saisis la formule de la somme des valeurs inscrites dans les cellules D8 à D307. La somme inscrite dans la cellule D308 représente le total des versements : 471 789,00 \$.

La valeur négative inscrite dans la cellule F307 signifie que Robert et Josiane ont payé 2,85 \$ de trop. Si on avait utilisé toutes les décimales, le capital qui reste, inscrit dans la dernière rangée, serait de 0,00 \$.

Si on saisit dans la cellule E308 la formule de la somme des valeurs inscrites dans les cellules E8 à E307, on obtient également une différence causée par l'arrondissement. La somme de la colonne « Réduction du capital » dépasse de 2,85 \$ le montant de l'emprunt hypothécaire.

b) Méthode exigeant un tableur

Détermine le nombre de mois dans 15 ans.

$15 \times 12 = 180$

La rangée du tableau d'amortissement correspondant à 180 mois indique qu'il reste 128 394,92 $ de capital à rembourser.

Après 15 ans, Robert et Josiane doivent encore 128 394,92 $.

Méthode par calculatrice à affichage graphique

Établis les paramètres mode à 2 décimales. Dans le menu de l'application Finance, sélectionne TVM *Solver*.

Saisis les valeurs connues.
Après 15 ans, il reste 12 versements par an à effectuer pendant 10 ans, donc N = 10 × 12.
Le taux d'intérêt est de 8,36 % par an, donc I = 8,36.
Comme les versements hypothécaires sont remboursés, PMT est négatif. Les versements mensuels étant de 1572,63 $, PMT = –1572,63.
Un versement est effectué chaque mois, donc P/Y = 12.
Les intérêts sont composés semi-annuellement, donc C/Y = 2.
Les paiements étant effectués à la fin de chaque intervalle, sélectionne END.

Déplace le curseur sur PV afin de déterminer la valeur actuelle, puis appuie sur ALPHA SOLVE.

La différence entre ce résultat et le résultat obtenu avec le tableur est due à l'arrondissement.

Après 15 ans, Robert et Josiane doivent encore 128 396,17 $.

c) i) Utilise une calculatrice à affichage graphique pour déterminer les versements mensuels. Établis les paramètres mode à 2 décimales. Dans le menu de l'application Finance, sélectionne TVM *Solver*.

Saisis les valeurs connues.
Il y a 12 versements par an pendant 20 ans, donc N = 20 × 12.
Le taux d'intérêt est de 8,36 % par an, donc I = 8,36.
L'hypothèque est de 200 000 $, donc PV = 200 000.
Un versement est effectué chaque mois, donc P/Y = 12.
Les intérêts sont composés semi-annuellement, donc C/Y = 2.
Les paiements étant effectués à la fin de chaque intervalle, sélectionne END.

Déplace le curseur sur PMT afin de déterminer le montant du versement, puis appuie sur ALPHA SOLVE. Comme les versements sont remboursés, PMT est négatif.

Le versement mensuel est de 1700,12 $.

ii) Comme le taux d'intérêt mensuel est le même pour un amortissement sur 20 ans ou sur 25 ans, utilise le taux d'intérêt établi en a) ii).

Le taux d'intérêt mensuel est de 0,006 848 341 ou 0,684 834 1 %.

iii) Crée un tableau comme celui ci-dessous. Saisis les formules de la somme des colonnes dans la rangée 248.

	A	B	C	D	E	F
1	200000,00	Hypothèque($)	Hypothèque sur 20 ans de Robert et Josiane			
2	0,0836	Taux/An				
3	0,006848341	Taux/Mois				
4	1700,12	Versement ($)				
5						
6					Réduction	Capital
7	Mois	Capital ($)	Intérêt ($)	Versement ($)	du capital ($)	qui reste ($)
8	1	200000,00	1369,67	1700,12	330,45	199669,55
9	2	199669,55	1367,41	1700,12	332,71	199336,83
10	3	199336,83	1365,13	1700,12	334,99	199001,84
244	237	6664,13	45,78	1700,12	1654,34	5029,80
245	238	5029,80	34,45	1700,12	1665,67	3364,13
246	239	3364,13	23,04	1700,12	1677,08	1687,05
247	240	1687,05	11,55	1700,12	1688,57	-1,52
248		Totaux	208027,28	408028,80	200001,52	

On a reproduit uniquement les trois premiers mois et les trois derniers mois du tableau d'amortissement de l'emprunt.

La somme inscrite dans la cellule C248 représente les intérêts totaux : 208 027,28 $.

iv) La somme inscrite dans la cellule D248 représente le total des versements : 408 028,80 $.

La valeur négative inscrite dans la cellule F247 signifie que Robert et Josiane ont payé 1,52 $ de trop. Si on avait utilisé toutes les décimales, le capital qui reste, inscrit dans la dernière rangée, serait de 0,00 $.

Si on saisit dans la cellule E248 la formule de la somme des valeurs inscrites dans les cellules E8 à E247, on obtient également une différence causée par l'arrondissement. La somme de la colonne « Réduction du capital » dépasse de 1,52 $ le montant de l'emprunt hypothécaire.

d) Pour une hypothèque amortie sur 25 ans, la somme des versements correspond à la valeur inscrite dans la cellule D308 du tableur utilisé en a). Pour une hypothèque amortie sur 20 ans, la somme des versements correspond à la valeur inscrite dans la cellule D248 du tableur utilisé en c).

$$471\,789,00 - 408\,028,80 = 63\,760,20$$

Robert et Josiane épargneraient 63 760,20 $ en amortissant leur hypothèque sur 20 ans au lieu de 25 ans.

Concepts clés

- Une hypothèque est un emprunt qu'on effectue pour acheter un bien immobilier.
- Un tableau d'amortissement indique l'évolution du remboursement d'un emprunt ou d'une hypothèque sur une période donnée, lorsque des versements égaux sont effectués à intervalles réguliers. Les versements incluent en général le capital et les intérêts.
- Le terme d'une hypothèque correspond à la période durant laquelle le contrat hypothécaire est en vigueur.
- Les intérêts ne sont pas calculés de la même façon sur une hypothèque et sur un emprunt. Au Canada, les intérêts d'une hypothèque sont composés semi-annuellement, tandis que les intérêts d'un emprunt peuvent être composés mensuellement et calculés mensuellement.

Communique ce que tu as compris

1. Explique les avantages que présente l'utilisation d'un tableur pour créer des tableaux d'amortissement.

2. Décris comment tu utiliserais une calculatrice à affichage graphique pour déterminer le taux d'intérêt mensuel équivalent à un taux de 6 % par an, composé semi-annuellement.

3. Décris comment tu établirais le tableau d'amortissement d'une hypothèque de 95 000 $ amortie sur 25 ans et comportant un taux d'intérêt mensuel de 0,776 438 3 %.

4. Explique comment tu détermines :

a) le nombre de décimales affichées dans chaque cellule ;

b) le nombre de fois que tu recopies les formules dans les rangées.

Exercices

A

1. Utilise une calculatrice à affichage graphique pour déterminer le taux mensuel équivalent si le taux d'intérêt par an, composé semi-annuellement, est de :
a) 6 %   **b)** 10 %   **c)** 5,5 %   **d)** 20,46 %

2. Les taux d'intérêt mensuels calculés à la question 1 sont des taux hypothécaires. Pourquoi ce calcul est-il nécessaire ?

3. Utilise une calculatrice à affichage graphique pour déterminer le versement mensuel pour chaque prêt.

a) Un prêt-auto de 19 275 $ à 6 % par an, composé mensuellement, comportant des versements mensuels pendant 5 ans ;

b) Un prêt personnel de 12 000 $ à 9 % par an, composé annuellement, comportant des versements annuels pendant 15 ans ;

c) Un prêt hypothécaire de 275 000 $ à 6,95 % par an, composé semi-annuellement, comportant des versements mensuels pendant 15 ans.

4. Utilise une calculatrice à affichage graphique pour déterminer le taux d'intérêt mensuel si le taux d'intérêt par an, composé annuellement, est de :
a) 10 %   **b)** 7,5 %   **c)** 5,25 %
d) 3 %   **e)** 18 %

Application, résolution de problèmes, communication

5. Les systèmes informatiques Un système informatique constitué d'une imprimante, d'un numériseur et d'un logiciel coûte 3000 $. Un financement à 10 % par an, composé mensuellement, est offert moyennant des versements de 150 $ par mois.

a) Combien de temps faut-il pour payer le système ?

b) Quel est le montant du dernier versement ?

6. Une boutique Katie veut contracter une hypothèque de 134 000 $ pour acheter une boutique. La banque lui offre un taux d'intérêt de 9,75 % et un amortissement sur 25 ans.

a) Utilise une calculatrice à affichage graphique pour déterminer le taux d'intérêt mensuel.

b) Utilise un tableur pour déterminer les versements hypothécaires.

c) Combien de capital restera-t-il à payer après 4 ans ?

> Au Canada, on utilise pour les hypothèques un taux d'intérêt annuel, composé semi-annuellement. Cette information peut donc être sous-entendue.

B

7. Une nouvelle maison Andrée s'apprête à contracter une hypothèque de 140 000 $ pour sa nouvelle maison. La banque lui offre un taux de 7 % pour un emprunt remboursable sur 20 ans.

a) Utilise une calculatrice à affichage graphique pour déterminer le taux d'intérêt mensuel et les versements mensuels.

b) Utilise un tableur pour créer un tableau d'amortissement.

c) Si le taux d'intérêt passe à 7,25 % et que le montant des versements ne change pas, combien restera-t-il de capital à payer après 20 ans ?

d) Si le taux d'intérêt passe à 7,25 % et que le montant des versements ne change pas, combien de temps faudra-t-il à Andrée pour rembourser l'hypothèque ?

8. Une maison en rangée La famille Khan a contracté une hypothèque de 160 000 $ pour acheter une maison en rangée. Le taux d'intérêt est de 6,25 % et l'amortissement est de 25 ans.

a) Détermine le taux d'intérêt mensuel et les versements mensuels.

b) Quel pourcentage du versement mensuel sert à payer l'intérêt :

i) du premier versement ?   **iii)** du troisième versement ?

ii) du deuxième versement ?

c) Quelle tendance observes-tu en ce qui concerne le pourcentage des versements mensuels utilisés pour payer les intérêts ? Explique pourquoi cette tendance est logique.

9. Application Les Vandenberghe refinancent leur hypothèque de 155 000 $ afin de pouvoir la rembourser sur 25 ans. La banque leur offre un taux de 9 %. Utilise un tableur pour déterminer à quel moment la valeur inscrite dans la colonne « Réduction du capital » est, pour la première fois, supérieure à la valeur inscrite dans la colonne « Intérêt ». Quelle signification ces valeurs ont-elles pour l'hypothèque ?

10. Examine le tableur ci-contre.

a) Combien de capital reste-t-il à payer après 4 mois ?

b) Combien de temps faut-il pour rembourser au moins la moitié du capital ?

c) Crée un tableur dans lequel l'emprunt est remboursé après :

i) 6 mois ;

ii) 2 ans.

d) Explique à quelques camarades la méthode que tu as utilisée en c), puis décris leurs réactions.

	A	B	C	D	E	F
1	80000,08	Emprunt ($)				
2	0,08	Taux/An				
3	0,006666667	Taux/Mois				
4	695,91	Versement ($)				
5						
6					Réduction	Capital
7	Mois	Capital ($)	Intérêt ($)	Versement ($)	du capital ($)	qui reste ($)
8	1	8000,00	53,33	695,91	642,58	7357,42
9	2	7357,42	49,05	695,91	646,86	6710,56
10	3	6710,56	44,74	695,91	651,17	6059,39
11	4	6059,39	40,40	695,91	655,51	5403,88
12	5	5403,88	36,03	695,91	659,88	4743,99
13	6	4743,99	31,63	695,91	664,28	4079,71
14	7	4079,71	27,20	695,91	668,71	3411,00
15	8	3411,00	22,74	695,91	673,17	2737,83
16	9	2737,83	18,25	695,91	677,66	2060,17
17	10	2060,17	13,73	695,91	682,18	1377,99
18	11	1377,99	9,19	695,91	686,72	891,27
19	12	691,27	4,61	695,91	691,30	-0,03

11. Une comparaison Les Garcia viennent de contracter une hypothèque de 125 000 $ amortie sur 25 ans et comportant un taux d'intérêt de 8,5 %. Leurs nouveaux voisins, les Picard, ont contracté une hypothèque de 130 000 $ amortie sur 20 ans et comportant un taux d'intérêt de 7 % par an, composé annuellement.

a) Prédis laquelle des deux familles paie le plus par mois. Justifie ta prédiction.

b) Utilise un tableur pour déterminer laquelle des deux familles paie le plus par mois ainsi que la différence entre les deux versements.

c) Compare les valeurs de ton tableur avec ta prédiction.

12. Application Après l'université, Patricia a trouvé un emploi à Sudbury. Elle a contracté une hypothèque de 95 000 $ pour acheter un condo. Le taux d'intérêt était de 7,75 %, la période d'amortissement était de 25 ans et le terme, de 5 ans. À la fin du terme, elle a renégocié l'hypothèque. Comme le taux n'était que de 7,25 %, elle a décidé de ramener la période d'amortissement de 20 à 15 ans.

a) Utilise un tableur pour déterminer le nouveau versement mensuel.

b) Modifie le tableur de façon à montrer le tableau d'amortissement pour une période d'amortissement de 20 ans.

c) Quelle est la différence entre les versements affichés sur les deux tableurs en a) et en b) ?

d) Quelle est la différence entre la somme des versements obtenue en a) et en b) ?

13. Une ferme Les Singh ont acheté une petite ferme. Ils ont effectué un versement initial et contracté une hypothèque de 225 000 $ amortie sur 25 ans et comportant un taux d'intérêt de 6,75 %.

a) Combien d'intérêts paieront-ils au cours de la sixième année ?

b) Combien de capital leur restera-t-il à payer après la sixième année ?

c) Renseigne-toi sur les taux hypothécaires en vigueur à deux moments différents, à 10 ans d'intervalle. Refais les calculs en a) et en b) en utilisant les deux taux que tu auras trouvés.

14. L'achat d'une jeep Collin veut acheter une jeep. Une fois le versement initial effectué, il lui resterait 15 000 $ à payer. Le concessionnaire lui offre un financement sur 5 ans, à 9 % d'intérêt par an, composé mensuellement. Si Collin ne peut payer que 300 $ par mois, devrait-il acheter cette voiture ? Utilise un tableur pour justifier ta réponse.

C

15. Procéder par tâtonnements Crée un tableur illustrant l'amortissement d'un prêt de 20 000 $ qui comporte un taux d'intérêt de 8,5 % par an, composé mensuellement. Les versements mensuels sont étalés sur 3 ans. Au lieu d'utiliser une calculatrice à affichage graphique pour déterminer le versement mensuel, procède par tâtonnements pour déterminer le versement exact, au centième de cent près.

16. Un nuage de points Les Soligo projettent de contracter une hypothèque de 75 000 $ pour acheter un condo. La banque leur offre un taux d'intérêt de 8,5 % pour un emprunt amorti sur 15 ans.

Année	Montant dû
0	75 000,00
1	72 380,76
...	...
14	8 400,49
15	0,00

a) Utilise un tableur pour créer un tableau d'amortissement.

b) Utilise les valeurs du tableur pour déterminer le capital qui reste à payer après chaque année. Reproduis le tableau ci-contre et complète-le avec ces valeurs.

c) Saisis les valeurs de la colonne « Année » dans la liste L1 d'une calculatrice à affichage graphique et les valeurs de la colonne « Montant dû » dans la liste L2.

d) Crée un nuage de points correspondant à ces données.

e) Détermine l'équation de la courbe la mieux ajustée pour ces données.

f) Utilise cette équation pour déterminer le montant dû après :

i) 4 ans ; **ii)** 3 mois.

g) Compare la valeur obtenue en f) i) à la valeur affichée par le tableur.

17. Communication a) Quels sont les avantages d'une hypothèque amortie sur 15 ans ? Quels sont les inconvénients ?

b) Quels sont les avantages d'une hypothèque amortie sur 25 ans ? Quels sont les inconvénients ?

7.8 Les hypothèques

Le fait de comprendre le fonctionnement des hypothèques pourra t'aider à prendre des décisions éclairées lors de l'achat d'une propriété. La diversité des périodes d'amortissement, des termes, des montants empruntés et même des taux d'intérêt te permet d'effectuer différentes combinaisons. Ces choix peuvent avoir un impact considérable sur tes versements.

EXPLORATION ET RECHERCHE

Le **tableau d'amortissement** ci-dessous indique le montant des versements hypothécaires mensuels pour différents taux d'intérêt. Chaque versement comprend l'intérêt sur le capital qui reste à payer ainsi qu'une partie du capital. Une hypothèque est établie pour une durée précise, qu'on appelle le **terme** de l'hypothèque.

| Taux d'intérêt (%) | Versement mensuel pour chaque tranche de 1000 $ d'une hypothèque | | | |
| | Période d'amortissement | | | |
	10 ans	15 ans	20 ans	25 ans
5,0	10,581 493	7,881 238	6,571 250	5,816 050
5,5	10,821 941	8,137 981	6,843 913	6,103 915
6,0	11,065 099	8,398 828	7,121 884	6,398 066
6,5	11,310 931	8,663 695	7,405 004	6,698 238
7,0	11,559 399	8,932 494	7,693 106	7,004 158
7,5	11,810 465	9,205 137	7,986 021	7,315 549
8,0	12,064 090	9,481 529	8,283 575	7,632 135
8,5	12,320 234	9,761 579	8,585 592	7,953 635
9,0	12,578 856	10,045 189	8,891 895	8,279 774
9,5	12,839 914	10,332 261	9,202 305	8,610 276
10,0	13,103 367	10,622 699	9,516 644	8,944 872
10,5	13,369 173	10,916 402	9,834 734	9,283 297
11,0	13,637 287	11,213 269	10,156 396	9,625 292
11,5	13,907 667	11,513 201	10,481 456	9,970 606
12,0	14,180 269	11,816 096	10,809 741	10,318 996

1. Utilise le tableau d'amortissement à la page précédente.

a) Qu'arrive-t-il au versement mensuel lorsque le taux d'intérêt augmente ? Pourquoi cela est-il logique ?

b) Qu'arrive-t-il au versement mensuel lorsque la période d'amortissement diminue ? Pourquoi cela est-il logique ?

c) Quel est le versement mensuel d'une hypothèque à 7 %, amortie sur 25 ans, si le montant emprunté est de :

i) 1000 $ **ii)** 2000 $ **iii)** 3000 $ **iv)** 4000 $ **v)** 5000 $

vi) 100 000 $ **vii)** 200 000 $ **viii)** 300 000 $ **ix)** 400 000 $ **x)** 500 000 $

d) Quel est le versement mensuel d'une hypothèque à 11,5 %, amortie sur 10 ans, si le montant emprunté est de :

i) 1000 $ **ii)** 10 000 $ **iii)** 100 000 $ **iv)** 1 000 000 $

> En vertu de la loi canadienne, les intérêts sur les emprunts hypothécaires sont composés semi-annuellement.

2. Supposons que tu as contracté une hypothèque de 100 000 $ comportant un taux d'intérêt de 9 % pour un terme de 3 ans.

a) Quel serait le versement mensuel si l'hypothèque était amortie sur 25 ans ?

b) Combien de capital aurais-tu payé à la fin de la première année ?

c) Combien de capital aurais-tu payé à la fin du terme de 3 ans ?

3. Supposons que tu as contracté une hypothèque de 100 000 $ comportant un taux d'intérêt de 9 % pour un terme de 3 ans.

a) Quel serait le versement mensuel si l'hypothèque était amortie sur 20 ans ?

b) Combien de capital aurais-tu payé à la fin de la première année ?

c) Combien de capital aurais-tu payé à la fin du terme de 3 ans ?

4. Supposons que tu as contracté une hypothèque de 100 000 $ comportant un taux d'intérêt de 9 % pour un terme de 3 ans.

a) Quel serait le versement mensuel si l'hypothèque était amortie sur 15 ans ?

b) Combien de capital aurais-tu payé à la fin de la première année ?

c) Combien de capital aurais-tu payé à la fin du terme de 3 ans ?

5. Supposons que tu as contracté une hypothèque de 100 000 $ comportant un taux d'intérêt de 9 % pour un terme de 3 ans.

a) Quel serait le versement mensuel si l'hypothèque était amortie sur 10 ans ?

b) Combien de capital aurais-tu payé à la fin de la première année ?

c) Combien de capital aurais-tu payé à la fin du terme de 3 ans ?

6. a) Généralise tes observations au sujet de l'effet exercé par la période d'amortissement sur le montant d'une hypothèque.

b) Explique pourquoi on pourrait préférer une période d'amortissement plus courte.

c) Explique pourquoi on pourrait préférer une période d'amortissement plus longue.

7. Quels facteurs peuvent influencer la décision d'augmenter le versement initial afin de diminuer les versements hypothécaires?

8. a) À ton avis, pourquoi les montants inscrits dans le tableau ne sont-ils pas arrondis au cent près?

b) Propose un exemple montrant ce qui se produirait si les montants étaient arrondis au cent près.

EXEMPLE 1 **La détermination des versements hypothécaires**

Victor paie une maison 196 500 $. Il effectue un versement initial représentant 25 % du prix d'achat et il contracte, pour la somme qui reste, une hypothèque à 7,5 %, amortie sur 25 ans.

a) À combien s'élève l'hypothèque de Victor?

b) À combien s'élèvent les versements mensuels de Victor?

SOLUTION 1 **Méthode papier-crayon et tableau**

a) Le versement initial représente 25 % du prix ou 25 % de 196 500 $.

25 % de 196 500 = 49 125

L'hypothèque équivaut au prix d'achat, 196 500 $, moins le versement initial de 49 125 $.

196 500 − 49 125 = 147 375

L'hypothèque de Victor s'élève à 147 375 $.

b) Utilise le tableau d'amortissement de la rubrique *Exploration et recherche*. Comme le tableau indique les versements mensuels par tranche de 1000 $, divise l'hypothèque par 1000 afin de déterminer combien il y a de tranches de 1000 dans 147 375 $.

147 375 ÷ 1000 = 147,375

Pour une hypothèque à 7,5 % amortie sur 25 ans, le versement mensuel par tranche de 1000 $ est de 7,315 549. Donc, multiplie 147,375 fois 7,315 549 $.

147,375 × 7,315 549 ≐ 1078,13

> Arrondis le versement mensuel au cent près. On conserve les décimales additionnelles dans les calculs afin de ne pas utiliser des valeurs arrondies supérieures au versement.

Les versements mensuels de Victor s'élèvent à 1078,13 $.

Solution 2 Méthode par calculatrice à affichage graphique

a) Établis les parametres mode à 2 décimales. Dans le menu de l'application Finance, sélectionne TVM *Solver*.

Saisis les valeurs connues.

Il y a 12 versements par an pendant 25 ans, donc N = 25 × 12.

Le taux d'intérêt est de 7,5 % par an, donc I = 7,5.

L'hypothèque est égale au prix de la maison (196 500 $) moins le versement initial de 25 %, donc PV = 196 500 − 0,25 × 196 500.

Un versement est effectué chaque mois, donc P/Y = 12.

Les intérêts sont composés semi-annuellement, donc C/Y = 2.

Les paiements étant effectués à la fin de chaque intervalle, sélectionne END.

Déplace le curseur sur PMT afin de déterminer le versement hypothécaire, puis appuie sur ALPHA SOLVE. Comme les versements hypothécaires sont remboursés, PMT est négatif.

L'hypothèque de Victor est de 147 375 $.

b) Les versements mensuels de Victor sont de 1078,13 $, comme cela a été montré dans la solution 1.

> Rappelle-toi qu'au Canada les intérêts sur les hypothèques sont composés semi-annuellement.

Exemple 2 La détermination du coût d'une hypothèque

Pour acheter un condo, la famille Pin contracte une hypothèque de 85 000 $, amortie sur 20 ans, au taux de 8,9 %.

a) Quel est le versement mensuel ?

b) Les hypothèques sont renégociées à la fin du terme, lequel est bien souvent de 5 ans. Si les Pin conservaient l'amortissement sur 20 ans et si le taux d'intérêt restait le même, combien l'hypothèque leur coûterait-elle ?

Solution 1 Méthode par calculatrice à affichage graphique

a) Établis les parametres mode à 2 décimales. Dans le menu de l'application Finance, sélectionne TVM *Solver*.

Saisis les valeurs connues.

Il y a 12 versements par an pendant 20 ans, donc N = 20 × 12.

Le taux d'intérêt est de 8,9 % par an, donc I = 8,9.

L'hypothèque est de 85 000 $, donc PV = 85 000.

Un versement est effectué chaque mois, donc P/Y = 12.

Les intérêts sont composés semi-annuellement, donc C/Y = 2.

Les paiements étant effectués à la fin de chaque intervalle, sélectionne END.
Déplace le curseur sur PMT afin de déterminer le versement hypothécaire, puis appuie sur ALPHA SOLVE. Comme les versements sont remboursés, PMT est négatif.

Le versement mensuel est de 750,58 $.

b) Il y a 12 versements mensuels de 750,58 $ pendant 20 ans.
$12 \times 20 \times 750,58 = 180\ 139,20$
Le coût de l'hypothèque est de 180 139,20 $.

Solution 2 Méthode exigeant un tableur

Le montant du versement mensuel de la famille Pin, qui est de 750,58 $, est déterminé à l'aide d'une calculatrice à affichage graphique (voir la solution 1).

Utilise une calculatrice à affichage graphique pour déterminer le taux d'intérêt mensuel. Établis les paramètres mode à 9 décimales. Dans le menu de l'application Finance, sélectionne TVM *Solver*.
Saisis les valeurs correspondant à 1 $ pour 1 mois d'emprunt.

Saisis les valeurs connues.
On veut connaître le taux d'intérêt par mois, donc N = 1.
Le taux d'intérêt est de 8,9 % par an, donc I = 8,9.
Utilise le montant négatif de 1 $ pour déterminer le montant payé par dollar, donc PV = −1.
Les versements sont mensuels, donc P/Y = 12.
Les intérêts sont composés semi-annuellement, donc C/Y = 2.
Les paiements étant effectués à la fin de chaque intervalle, sélectionne END.

Déplace le curseur sur FV afin de déterminer la valeur future de 1 $, puis appuie sur ALPHA SOLVE.

La valeur future de 1 $ est de 1,007 282 775 $.

Comme la valeur future correspond à la valeur actuelle d'un placement de 1 $ plus les intérêts composés, $VA = C + i$, où i représente le taux d'intérêt mensuel.

$$VA = C + i$$

Reporte les valeurs connues dans l'équation : $1{,}007\,282\,775 = 1 + i$

Isole i :

$$i = 0{,}007\,282\,775$$

Le taux d'intérêt mensuel est de 0,007 282 775 ou 0,728 277 5 %.

Utilise des formules comme les formules ci-après pour créer un tableur. Établis à 2 décimales le nombre de décimales des montants inscrits dans les cellules.

L'hypothèque des Pin est de 85 000 $, donc inscris 85 000 dans la cellule A1.
Le taux d'intérêt par an est de 8,9 %, donc inscris 0,089 dans la cellule A2.
Le taux d'intérêt mensuel, sous forme décimale, est de 0,007 282 775, donc inscris 0,007 282 775 dans la cellule A3.
Le versement mensuel est de 750,58 $, donc inscris 750,58 dans la cellule A4.

	A	B	C	D	E	F
1	85000,00	Hypothèque ($)				
2	0,089	Taux/An				
3	0,007282775	Taux/Mois				
4	750,58	Versement ($)				
5						
6					Réduction	Capital
7	Mois	Capital ($)	Intérêt ($)	Versement ($)	du capital ($)	qui reste ($)
8	1	=A1	=B8•A$3	=A$4	=D8-C8	=B8-E8
9	=A8+1	=F8	=B9•A$3	=A$4	=D9-C9	=B9-E9
10	=A9+1	=F9	=B10•A$3	=A$4	=D10-C10	=B10-E10
244	=A243+1	=F243	=B244•A$3	=A$4	=D244-C244	=B244-E244
245	=A244+1	=F244	=B245•A$3	=A$4	=D245-C245	=B245-E245
246	=A245+1	=F245	=B246•A$3	=A$4	=D246-C246	=B246-E246
247	=A246+1	=F246	=B247•A$3	=A$4	=D247-C247	=B247-E247
248		Total		SOMME(D8:D247)		

Recopie les formules jusqu'à la 20ᵉ année.

	A	B	C	D	E	F
1	85000,00	Hypothèque($)				
2	0,089	Taux/An				
3	0,007282775	Taux/Mois				
4	750,58	Versement ($)				
5						
6					Réduction	Capital
7	Mois	Capital ($)	Intérêt ($)	Versement ($)	du capital ($)	qui reste ($)
8	1	85000,00	619,04	750,58	131,54	84868,46
9	2	84868,46	618,08	750,58	132,50	84735,95
10	3	84735,95	617,11	750,58	133,47	84602,49
244	237	2945,62	21,45	750,58	729,13	2216,49
245	238	2216,49	16,14	750,58	734,44	1482,06
246	239	1482,06	10,79	750,58	739,79	742,27
247	240	742,27	5,41	750,58	745,17	-2,90
248		Total		180139,20		

La somme inscrite dans la cellule D248 est de 180 139,20.

Si les Pin amortissent l'hypothèque sur 20 ans, ils paieront 180 139,20 $.

La solution obtenue avec la calculatrice à affichage graphique montre que l'hypothèque coûterait 180 139,20 $ au lieu de 180 138,12 $. De telles différences se produisent lorsqu'on arrondit la somme.

EXEMPLE 3 La comparaison des effets de la fréquence des versements

Pour acheter une maison, Noémie contracte une hypothèque de 100 000 $, amortie sur 15 ans, au taux de 9,2 %. Elle a le choix entre des versements mensuels et des versements bimensuels. Si elle choisit la seconde solution, elle paiera à chaque versement la moitié du montant qu'elle paierait chaque mois. Utilise une calculatrice à affichage graphique pour déterminer l'effet de ce choix sur la durée de remboursement de son emprunt hypothécaire.

SOLUTION

Pour déterminer la durée des versements bimensuels, calcule d'abord le versement mensuel.

Bimensuel signifie « deux fois par mois ».

Établis les paramètres mode à 2 décimales. Dans le menu de l'application Finance, sélectionne TVM *Solver*.

Saisis les valeurs connues des versements mensuels.
Il y a 12 versements par an pendant 15 ans, donc N = 15 × 12.
Le taux d'intérêt est de 9,2 % par an, donc I = 9,2.
L'hypothèque est de 100 000 $, donc PV = 100 000.
Un versement est effectué chaque mois, donc P/Y = 12.
Les intérêts sont composés semi-annuellement, donc C/Y = 2.
Les paiements étant effectués à la fin de chaque intervalle, sélectionne END.

Déplace le curseur sur PMT afin de déterminer le versement hypothécaire, puis appuie sur ALPHA SOLVE.
Comme les versements hypothécaires sont remboursés, PMT est négatif.

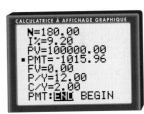

Les versements mensuels seraient de 1015,96 $.

Saisis les valeurs des versements bimensuels.
Le taux d'intérêt est de 9,2 % par an, donc I = 9,2.
L'hypothèque est de 100 000 $, donc PV = 100 000.
Comme les versements hypothécaires sont remboursés, PMT est négatif.
Noémie projette de payer toutes les deux semaines la moitié du versement mensuel, donc PMT = −1015,96 ÷ 2.
Il y a 52 semaines dans une année et un versement est effectué toutes les 2 semaines, donc P/Y = 52 ÷ 2.
Les intérêts sont composés semi-annuellement, donc C/Y = 2.
Les paiements étant effectués à la fin de chaque intervalle, sélectionne END.

Lorsque tu attribues une valeur à P/Y, la calculatrice modifie automatiquement C/Y pour qu'il corresponde à P/Y. Tu dois donc revenir à C/Y et saisir 2.

Déplace le curseur sur N afin de déterminer le nombre de versements, puis appuie sur ALPHA SOLVE.

Le nombre de versements bimensuels serait de 331,37.

Comme il y a 26 versements bimensuels dans une année, divise le nombre de versements par 26 pour déterminer le nombre d'années.
$331{,}37 \div 26 = 12{,}745$

Avec des versements bimensuels, Noémie rembourserait l'emprunt en 12,745 ans.

Pour déterminer le nombre de mois dans 0,745 an, multiplie 0,745 par 12.
$0{,}745 \times 12 = 8{,}94$
Il faudrait donc 12 ans et 8,94 mois (ou 12 ans et 9 mois) pour rembourser l'emprunt, le dernier versement étant inférieur à 507,98 $. Avec des versements mensuels, il faudrait 15 ans.

Concepts clés

- Le coût total d'une hypothèque dépend du montant de l'emprunt, du taux d'intérêt et de la fréquence des versements. En modifiant le terme d'une hypothèque, on modifie le total des intérêts et le total des versements.
- On peut calculer les versements hypothécaires mensuels à l'aide d'un tableau d'amortissement, d'une calculatrice à affichage graphique ou d'un tableur.
- Les versements hypothécaires sont habituellement mensuels, mais d'autres échéances (comme les versements bimensuels) sont également possibles.

Communique ce que tu as compris

1. Énumère et définis cinq termes se rapportant aux hypothèques.

2. Décris comment tu utiliserais le tableau d'amortissement de la rubrique *Exploration et recherche* pour déterminer le versement mensuel d'une hypothèque de 60 000 $, amortie sur 25 ans, au taux de 6,5 %.

3. Décris comment tu utiliserais une calculatrice à affichage graphique pour déterminer le versement mensuel d'une hypothèque de 91 000 $, amortie sur 18 ans, au taux de 9,9 %.

4. Explique pourquoi on ne donne pas la période d'intérêt composé dans les exemples.

Exercices

A

1. À combien s'élève chaque versement initial ?
a) 75 % sur un prix de 214 000 $;
b) 29 % sur un prix de 92 800 $;
c) 80 % sur un prix de 579 900 $;
d) 50 % sur un prix de 74 440 $.

2. À combien s'élève l'hypothèque ?
a) Un versement initial de 79 % sur une maison de 161 500 $;
b) Un versement initial de 40 000 $ sur un condo de 73 000 $;
c) Un versement initial de 90 % sur une ferme de 850 000 $;
d) Un versement initial de 12 000 $ sur un chalet de 19 000 $.

3. Utilise le tableau d'amortissement de la rubrique *Exploration et recherche* pour déterminer, dans chaque cas ci-après, le versement mensuel par tranche de 1000 $.
a) Une hypothèque amortie sur 25 ans au taux de 10 % ;
b) Une hypothèque amortie sur 10 ans au taux de 5,5 % ;
c) Une hypothèque amortie sur 15 ans au taux de 10,50 %.

4. Pourquoi n'a-t-on pas besoin du montant de l'hypothèque à la question 3 ?

5. Utilise dans chaque cas ci-après le tableau d'amortissement de la rubrique *Exploration et recherche* pour déterminer le versement mensuel.
a) Une hypothèque de 52 000 $, amortie sur 20 ans, au taux de 9 % ;
b) Une hypothèque de 154 800 $, amortie sur 25 ans, au taux de 6,5 % ;
c) Une hypothèque de 87 200 $, amortie sur 10 ans, au taux de 11,5 % ;
d) Une hypothèque de 600 000 $, amortie sur 15 ans, au taux de 8 %.

6. Utilise une calculatrice à affichage graphique pour déterminer le versement mensuel de chaque hypothèque ci-après.
a) Une hypothèque de 52 000 $, amortie sur 25 ans, au taux de 7,13 % ;
b) une hypothèque de 154 800 $, amortie sur 15 ans, au taux de 14,42 % ;
c) Une hypothèque de 87 200 $, amortie sur 23 ans, au taux de 8,7 % ;
d) Une hypothèque de 250 000 $, amortie sur 16 ans, au taux de 6,49 %.

7. Quel serait le coût total de chaque hypothèque de la question 6 si on conservait la période d'amortissement indiquée ?

Application, résolution de problèmes, communication

8. Un terrain à la campagne Julie contracte une hypothèque de 78 000 $, amortie sur 25 ans, pour acheter un terrain à la campagne. Le taux d'intérêt est de 8,5 %.
a) À combien s'élèvera le versement mensuel ?
b) Si Julie rembourse l'hypothèque sur 25 ans, combien paiera-t-elle en tout ?

B

9. Des bureaux Des investisseurs achètent deux bâtiments dans un parc industriel afin de les louer à des entreprises. Les deux bâtiments coûtent 780 000 $. Les investisseurs effectuent un versement initial de 30 % et contractent, pour le montant qui reste, une hypothèque amortie sur 20 ans au taux de 9,5 %. Le terme est de 9 ans et les versements sont mensuels.

a) À combien s'élève le versement mensuel ?

b) Combien les investisseurs devront-ils encore après 9 ans ?

10. Un condo a) Josée aimerait acheter un condo de 150 000 $. Elle peut effectuer un versement initial de 80 000 $. Détermine le montant des versements mensuels si le taux est de 12 % et si la période d'amortissement est de :

i) 10 ans ; **ii)** 15 ans ; **iii)** 20 ans ; **iv)** 25 ans.

b) Comment évolue le versement mensuel à mesure que la période d'amortissement augmente ? Pourquoi en est-il ainsi, selon toi ?

11. Prendre en charge une hypothèque a) Il y a 3 ans, les Beauchemin ont contracté sur leur maison une hypothèque de 81 000 $, amortie sur 25 ans, au taux de 6 % et comportant un terme de 5 ans. À combien s'élève le versement mensuel ?

b) Les Samuel achètent la maison et prennent en charge l'hypothèque des Beauchemin. Combien doivent-ils encore ?

Prendre en charge une hypothèque signifie reprendre l'hypothèque de l'ancien propriétaire sans modifier les dispositions.

12. Application Noémie et Kevin achètent une maison de 345 500 $. Ils effectuent un versement initial de 260 000 $. Les propriétaires acceptent de leur accorder un prêt hypothécaire, amorti sur 15 ans au taux de 5 %, avec la possibilité d'effectuer des versements mensuels ou bimensuels. Si Noémie et Kevin choisissent les versements bimensuels, chaque versement sera égal à la moitié de ce que serait le versement mensuel. Quelle échéance leur permettrait de rembourser l'hypothèque le plus rapidement ? Combien de temps de moins cela représenterait-il ?

13. Une hypothèse Jean contracte une hypothèque de 100 000 $, amortie sur 20 ans, au taux de 6,5 % par an.

a) À combien s'élèvent les versements mensuels ?

b) Si on suppose que le taux d'intérêt ne changera pas, combien Jean paiera-t-il en tout ? Jusqu'à quel point cette hypothèse est-elle fondée ? Justifie ta réponse.

14. Recherche et résolution de problèmes a) Les Cameron achètent une ferme de 700 000 $. Ils effectuent un versement initial de 425 000 $ et envisagent de contracter, pour le reste, une hypothèque amortie sur 25 ans au taux de 6,5 %. À combien s'élèveraient les versements hypothécaires ?

b) Si le taux diminuait à 6 % avant qu'ils ne signent les documents, à combien s'élèveraient les versements hypothécaires ?

c) Si le taux passait à 7 % avant qu'ils ne signent les documents, à combien s'élèveraient les versements hypothécaires ?

d) Quel effet les taux ont-ils sur les versements hypothécaires ? Généralise tes observations. Pourquoi cela est-il logique ?

15. Communication a) Quels avantages y a-t-il à utiliser un tableau d'amortissement pour déterminer le versement mensuel d'une hypothèque ?

b) Quels avantages y a-t-il à utiliser une calculatrice à affichage graphique pour déterminer le versement mensuel d'une hypothèque ?

16. La prise de décisions financières En 1982, Barbara a acheté une maison de 158 000 $. Elle a effectué un versement initial de 94 000 $ et contracté, pour le reste, une hypothèque amortie sur 15 ans au taux de 19,25 %. Le taux étant anormalement élevé, elle a choisi un terme de 1 an.

a) À combien s'élevaient ses versements mensuels ?

b) Combien aurait-elle payé en tout si le taux était resté le même pendant 15 ans ?

c) Un an plus tard, le taux avait diminué à 13 %. Barbara a négocié une nouvelle hypothèque, amortie sur 14 ans, pour le montant qui restait. À combien s'élevaient alors ses versements mensuels ?

d) Quels facteurs peuvent influencer les gens qui négocient le terme d'une hypothèque ?

C

17. Le remboursement d'une hypothèque Marc et Sophie effectuent un versement initial de 120 000 $ sur une maison de 192 000 $. Ils choisissent un terme de 5 ans pour une hypothèque amortie sur 25 ans au taux de 9 %.

a) À combien s'élèvent leurs versements mensuels ?

b) À la fin du terme de 5 ans, ils choisissent un terme de 3 ans au taux de 6,5 %. À combien s'élèvent maintenant leurs versements mensuels ?

c) S'ils continuent d'effectuer les mêmes versements qu'au début, alors que le taux était de 9 %, dans combien de temps auront-ils remboursé l'emprunt hypothécaire ?

18. L'estimation a) Utilise le tableau d'amortissement de la rubrique *Exploration et recherche* pour évaluer le versement mensuel, pour chaque tranche de 1000 $, d'une hypothèque amortie sur 25 ans au taux de :

i) 6,3 %   **ii)** 19,5 %

b) Explique pourquoi les stratégies d'estimation utilisées en a) sont vraisemblables.

c) Utilise les estimations que tu as faites en a) pour calculer le versement mensuel d'une hypothèque de 200 000 $, amortie sur 25 ans au taux de :

i) 6,3 %   **ii)** 19,5 %

d) Utilise la technologie pour déterminer les versements mensuels si le taux est de :

i) 6,3 %   **ii)** 19,5 %

19. L'augmentation des taux d'intérêt a) Quel effet produit l'augmentation des taux d'intérêt sur la durée du remboursement d'une hypothèque ? Fais une prédiction d'après ce que tu comprends des hypothèques.

b) Explique comment tu as pu en arriver à cette prédiction.

c) Imagine une méthode permettant de vérifier ta prédiction et applique-la.

d) Compare la réponse que tu as obtenue en c) avec la prédiction que tu as effectuée en a).

20. a) Renseigne-toi sur les hypothèques en rapport avec les questions suivantes.

- Quelle influence l'économie a-t-elle sur les taux hypothécaires ?
- Quelle influence les taux hypothécaires ont-ils sur les ventes de maisons ?
- Quelles techniques suggère-t-on pour déterminer le montant de l'hypothèque qu'on peut payer ?
- Quels coûts additionnels s'appliquent à l'achat d'une propriété et à l'établissement d'une hypothèque ?
- Quels sont les différents types d'hypothèque offerts ?

b) À partir des renseignements obtenus, décris une situation dans laquelle une personne doit prendre une décision financière au sujet d'une hypothèque. Explique ce que tu lui recommanderais et justifie ton explication par des faits et un raisonnement logique.

VÉRIFIONS NOS PROGRÈS

Connaissance et compréhension   •   **Réflexion, recherche et résolution de problèmes**   •   **Communication**   •   **Mise en application**

En juillet 1979, les taux d'intérêt au Canada étaient en moyenne de 11 %. Deux ans plus tard, ils atteignaient le niveau record de 22 %. Détermine les versements mensuels pour ces deux taux d'intérêt, en supposant que l'hypothèque est de 100 000 $, amortie sur 25 ans. Quel serait le montant total à rembourser dans chaque cas ? Détermine le montant total à rembourser en utilisant les taux et les termes en vigueur actuellement.

Exploration et application

Le coût d'une voiture

L'achat d'une voiture est la première grande décision financière que prennent de nombreuses personnes.

1. Ginette a repéré une voiture d'occasion qui date de 5 ans et qui coûte 12 500 $. Elle peut faire un versement initial de 2500 $.

a) Le vendeur lui offre la possibilité de payer le solde en 24 versements mensuels de 495 $. Combien paiera-t-elle de plus pour la voiture si elle choisit cette solution ?

b) La banque lui offre un prêt-auto de 2 ans à 8,5 % d'intérêt par an, composé trimestriellement. On divisera le montant par 24 pour déterminer les versements mensuels. À combien s'élèveront les versements mensuels si elle choisit le prêt-auto ?

c) Quelle source de financement coûte le moins cher, le vendeur ou la banque ? Renseigne-toi afin de déterminer si c'est habituellement le cas.

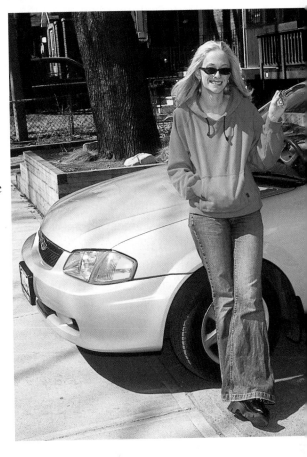

2. De nombreux facteurs influent sur le coût d'utilisation d'une voiture. Mentionnons, entre autres :
- la distance parcourue par mois ;
- le type de conduite (ville ou autoroute) ;
- la fréquence des réparations.

Quelle est la différence entre les frais fixes et les frais variables associés à l'utilisation d'une voiture ? Donne des exemples de chaque type de frais.

3. La dépréciation fait partie des frais d'utilisation d'une voiture, même si on l'oublie trop souvent. Pour calculer la dépréciation annuelle, on utilise souvent la méthode de l'amortissement décroissant à taux double. Cette méthode consiste à diviser 100 % par la durée de vie prévue de la voiture et à multiplier le résultat par 2 pour obtenir le taux de dépréciation. Utilise cette méthode pour déterminer la valeur de la voiture de Ginette lorsqu'elle l'aura utilisée pendant 3 ans, en supposant qu'elle peut la garder 5 ans.

4. a) Fais une estimation du coût d'utilisation total pour la première année. Énonce tes hypothèses.

b) À ton avis, le coût d'utilisation augmentera-t-il ou diminuera-t-il la deuxième année, et de combien ? Explique ta réponse.

5. Prépare un rapport dans lequel seront répartis par catégories tous les frais associés à l'utilisation de la voiture pendant deux ans. Indique tes hypothèses.

■ **7.2** Les intérêts composés

Reporte-toi à la rubrique *Concepts clés* de la page 507.

1. Détermine le montant de chaque placement.

a) 400 $ à 6 % d'intérêt par an, composé mensuellement pendant 5 ans ;

b) 1500 $ à 4,25 % d'intérêt par an, composé semi-annuellement pendant 4 ans ;

c) 3000 $ à 5,5 % d'intérêt par an, composé trimestriellement pendant 6 ans ;

d) 2000 $ à 6,5 % d'intérêt par an, composé annuellement pendant 20 ans.

2. Les études collégiales Pour payer ses études collégiales, Charlene a placé les 4200 $ gagnés durant l'été dans un compte qui rapporte 6,2 % d'intérêt par an, composé semi-annuellement. Elle projette de laisser l'argent dans le compte pendant 4 ans.

a) Combien d'argent aura-t-elle après 4 ans ?

b) Combien d'intérêts aura-t-elle obtenu ?

c) Charlene aurait pu placer son argent à 7 % d'intérêt par an, composé annuellement, pour la même période. Crois-tu qu'elle a fait le bon choix ? Pourquoi ? Appuie ta réponse sur des calculs.

3. Une comparaison Éric a 2300 $ à placer pendant 3 ans. Il peut placer l'argent dans le compte A, qui rapporte 5,95 % d'intérêt par an, composé trimestriellement, ou dans le compte B, qui rapporte 5 % d'intérêt par an, composé mensuellement.

a) S'il place 1000 $ dans le compte A et 1300 $ dans le compte B, combien aura-t-il après 3 ans ?

b) S'il place 1300 $ dans le compte A et 1000 $ dans le compte B, combien aura-t-il après 3 ans ?

c) À ton avis, quelle solution est la meilleure ? Pourquoi ?

4. Des taux différents Cecilia a 1000 $ à placer pendant 5 ans. Elle peut placer cette somme à 4,65 % d'intérêt par an, composé semi-annuellement, à 5,15 % d'intérêt par an, composé annuellement, ou encore à 4,25 % d'intérêt par an, composé trimestriellement. Si tu devais la conseiller, que lui recommanderais-tu ? Comment la convaincrais-tu de suivre ton conseil ?

7.4 La valeur actuelle

Reporte-toi à la rubrique *Concepts clés* de la page 522.

5. Détermine la valeur actuelle de chaque placement ci-après.

a) 3000 $ après 5 ans, à 4,9 % d'intérêt par an, composé trimestriellement;

b) 2500 $ après 2 ans, à 5,5 % d'intérêt par an, composé annuellement;

c) 2500 $ après 5 ans, à 3,9 % d'intérêt par an, composé semi-annuellement;

d) 9000 $ après 8 ans, à 5,25 % d'intérêt par an, composé trimestriellement.

6. Des meubles Amélie veut avoir 6500 $ pour acheter des meubles quand elle louera son premier appartement dans 3 ans. Combien doit-elle placer aujourd'hui à 6,3 % d'intérêt par an, composé mensuellement?

7. Les études Stéphane aura besoin de 5500 $ pour ses études dans 4 ans. Son emploi d'été lui a permis d'économiser 3200 $. Quel taux d'intérêt, composé semi-annuellement, doit-il obtenir lorsqu'il placera cet argent?

8. L'achat d'une voiture L'oncle de Michelle vient d'acheter une nouvelle voiture et il accepte de la lui vendre 9800 $ dans 6 ans. Combien Michelle doit-elle placer dans un compte rapportant 4,95 % d'intérêt par an, composé trimestriellement, pour pouvoir acheter la voiture?

7.5 Le montant d'une annuité de fin de période

Reporte-toi à la rubrique *Concepts clés* de la page 531.

9. Détermine le montant de chaque annuité de fin de période.

a) Un versement de 1500 $ à la fin de chaque période de 3 mois à 8 % d'intérêt par an, composé trimestriellement;

b) Un versement de 4000 $ à la fin de chaque année pendant 12 ans à 6,5 % d'intérêt par an, composé annuellement;

c) Un versement de 700 $ à la fin de chaque mois dans un compte qui rapporte 10 % d'intérêt par an, composé mensuellement;

d) Un versement de 2800 $ à la fin de chaque période de 6 mois pendant 5 ans, à 9 % d'intérêt par an, composé semi-annuellement.

10. Un voyage Le grand-père de Gail a déposé 400 $ à la fin de chaque mois pendant 18 mois en vue d'un voyage. Le compte rapporte 4,8 % d'intérêt par an, composé mensuellement. Combien y aura-t-il dans le compte au moment du dernier dépôt?

11. Un REER Bernard projette de placer 7000 $ dans un REER le 1er mars de chaque année pendant 8 ans, à compter de l'an prochain. Le taux d'intérêt est de 8,3 % par an, composé annuellement. Quel sera le montant accumulé au moment du dernier versement ?

12. Des économies Nancy dépose 300 $ dans un compte d'épargne à la fin de chaque période de 3 mois pendant 2 ans. Si le compte rapporte 3,5 % d'intérêt par an, composé trimestriellement, combien d'argent Nancy aura-t-elle dans son compte après 2 ans ?

7.6 La valeur actuelle d'une annuité de fin de période

Reporte-toi à la rubrique *Concepts clés* de la page 540.

13. Détermine la valeur actuelle de chaque annuité ci-après.

a) Un versement de 12 500 $ par an pendant 5 ans, commençant dans un an, à 6 % d'intérêt par an, composé annuellement ;

b) Un versement de 600 $ par mois pendant 24 mois, commençant dans un mois, à 10% d'intérêt par an, composé mensuellement ;

c) Un versement de 3000 $ tous les 6 mois pendant 3 ans, commençant dans 6 mois, à 7,5 % d'intérêt par an, composé semi-annuellement.

14. À combien s'élève chaque versement ci-après si la somme placée est de 32 000 $?

a) Un taux d'intérêt de 12 % par an, composé semi-annuellement, avec des versements tous les 6 mois commençant dans 6 mois ;

b) Un taux d'intérêt de 8,2 % par an, composé annuellement, avec des versements chaque année commençant dans un an ;

c) Un taux d'intérêt de 9,5 % par an, composé mensuellement, avec des versements tous les mois commençant dans un mois ;

d) Un taux d'intérêt de 4,3 % par an, composé trimestriellement, avec des versements tous les 3 mois commençant dans 3 mois.

15. Des frais de subsistance Marie veut commencer à toucher, dans 6 mois, 10 000 $ tous les 6 mois pendant 3 ans lorsqu'elle reprendra ses études. Combien doit-elle placer à 4,25 % par an, composé semi-annuellement ?

16. Un emprunt Sandy économise afin de pouvoir commencer, dans un an, à rembourser un emprunt à raison de 3000 $ par an pendant 5 ans. Combien doit-elle déposer dans un compte qui rapporte 7,2 % d'intérêt par an, composé annuellement ?

17. Un prix Denis a remporté un prix de 25 000 $, qu'il a déposé dans un compte rapportant 6,25 % d'intérêt par an, composé mensuellement. Il veut commencer, dans un mois, à retirer de l'argent tous les mois pendant 3 ans. Combien retirera-t-il chaque mois ?

7.7 La technologie : Les tableaux d'amortissement et les tableurs

Reporte-toi à la rubrique *Concepts clés* de la page 555.

18. Utilise une calculatrice à affichage graphique pour déterminer le taux d'intérêt mensuel équivalent aux taux semi-annuels ci-après.

a) 6 %   **b)** 10 %   **c)** 5,5 %   **d)** 20,46 %

19. Une comparaison Les Leblanc ont contracté une hypothèque de 70 000 $, amortie sur 25 ans, au taux de 8,5 %. Utilise un tableur pour déterminer dans combien de mois le capital sera inférieur à la moitié du capital de départ.

20. Un taux inférieur Pour acheter la maison qu'ils désirent, Coralie et Samuel devraient contracter une hypothèque de 102 000 $, amortie sur 25 ans. Le taux d'intérêt actuel est de 7,6 %. Utilise un tableur pour déterminer combien ils paieraient durant un terme de 5 ans.

21. Le coût d'une hypothèque Daniel a contracté une hypothèque de 67 000 $, amortie sur 20 ans, au taux de 9,25 %.

a) Utilise un tableur pour déterminer combien d'intérêts il aura payé à la fin de la quatrième année.

b) Combien de capital aura-t-il payé à la fin de la quatrième année ?

> Au Canada, les intérêts sur les hypothèques sont annuels et composés semi-annuellement. Cette information est donc sous-entendue.

7.8 Les hypothèques

Reporte-toi à la rubrique *Concepts clés* de la page 566.

22. Détermine le versement hypothécaire mensuel.

a) 100 000 $, amortis sur 25 ans, au taux de 11,5 % ;

b) 54 000 $, amortis sur 15 ans, au taux de 6 % ;

c) 93 000 $, amortis sur 10 ans, au taux de 12 % ;

d) 26 000 $, amortis sur 20 ans, au taux de 5,5 %.

23. Un condo Pour son condo, Carla a contracté une hypothèque de 155 000 $, amortie sur 15 ans, au taux de 12 %.

a) À combien s'élève le versement mensuel ?

b) Combien paiera-t-elle en tout si elle rembourse l'hypothèque en 15 ans ?

c) À combien s'élèverait le versement mensuel si elle avait pu payer 40 000 $ de plus comme versement initial ?

24. De l'argent comptant Pour agrandir son magasin, Thomas a dû hypothéquer sa maison. L'hypothèque est de 120 000 $, amortie sur 25 ans, au taux de 6,25 %.

a) À combien s'élève le versement mensuel ?

b) Si le taux d'intérêt ne changeait pas, combien Thomas paierait-il en tout ?

25. La vente d'une maison Gérard et Christine ont contracté une hypothèque de 79 000 $, amortie sur 20 ans, au taux de 8,5 %. Le terme était de 5 ans.

a) À combien s'élevaient leurs versements hypothécaires ?

b) À la fin du terme, ils ont décidé de rembourser l'hypothèque et de vendre la maison. Combien ont-il dû payer ?

26. Une décision Choisirais-tu d'amortir sur 20 ans ou sur 25 ans une hypothèque de 50 000 $ au taux de 5 % ? Explique ton choix. Appuie ton explication sur des calculs.

VÉRIFIONS NOS CONNAISSANCES

Les compétences à l'honneur

Compétences	Connaissance et compréhension	Réflexion, recherche et résolution de problèmes	Communication	Mise en application
Questions	Toutes	4, 8, 9	2, 8, 9	4, 7, 8, 9

1. Un CPG Jean-Paul économise pour s'acheter une voiture. Il place 4500 $ dans un certificat de placement garanti (CPG) qui rapporte 5,25 % d'intérêt par an, composé trimestriellement. Combien d'argent aura-t-il dans 3 ans ?

2. De l'épargne Mélanie a 9000 $ à placer. Elle peut placer cet argent à 6,2 % d'intérêt par an, composé semi-annuellement, ou à 5,75 % d'intérêt par an, composé trimestriellement. Quel est le meilleur choix si elle projette de laisser l'argent dans le compte pendant 8 ans ? Justifie ta réponse.

3. L'université Faris aura besoin de 5000 $ pour aller à l'université dans 3 ans. Ses parents envisagent de placer de l'argent dans un compte rapportant 7,1 % d'intérêt par an, composé trimestriellement. Combien d'argent doivent-ils placer maintenant pour avoir 5000 $ dans 3 ans ?

4. Un emprunt Sophie emprunte de l'argent pour payer les frais de démarrage de son site Web. Elle prévoit qu'elle pourra rembourser 17 000 $ en 2 ans. La banque lui offre un prêt à 9,8 % d'intérêt par an, composé mensuellement. À ce taux, combien peut-elle emprunter ?

5. La retraite La tante de Samuel commencera, dans 6 mois, à placer 1000 $ tous les 6 mois en vue de sa retraite. Le compte rapporte 7 % d'intérêt par an, composé semi-annuellement. Combien aura-t-elle accumulé dans 10 ans ?

6. La loterie Brigitte a gagné 100 000 $ à la loterie. La somme lui sera payée en 10 versements annuels de 10 000 $. Quelle est la valeur actuelle du gain si le taux d'intérêt est aujourd'hui de 6,4 % par an, composé annuellement ?

7. Un fonds Une entreprise place de l'argent afin de créer un fonds destiné à aider de jeunes artistes. Elle veut pouvoir commencer, dans un mois, à distribuer 3000 $ par mois pendant 10 ans. Combien d'argent doit-elle placer à 8,2 % d'intérêt par an, composé mensuellement ?

8. Une maison Irène négocie une hypothèque de 145 000 $ pour sa nouvelle maison.

a) Si le taux est de 5 % par an, composé semi-annuellement, à combien s'élèveront les versements mensuels d'une hypothèque amortie sur :

i) 25 ans ?   **ii)** 20 ans ?   **iii)** 15 ans ?

b) Combien Irène paierait-elle pour l'hypothèque amortie sur 15 ans si elle remboursait celle-ci en 15 ans ?

VÉRIFIONS NOS PROGRÈS

Connaissance et compréhension   •   Réflexion, recherche et résolution de problèmes   •   Communication   •   Mise en application

9. Au lieu de payer 4000 $ à la fin de la 5ᵉ année et 3000 $ à la fin de la 10ᵉ année, Élaine choisit d'effectuer des versements égaux pendant 10 ans. Détermine le versement mensuel si le taux d'intérêt est de 8 % par an, composé mensuellement. Explique ta méthode.

PROBLÈMES STIMULANTS

1. Achat ou location Une entreprise envisage d'acquérir du matériel informatique qui coûte 400 000 $. La valeur de récupération du matériel, après 6 ans d'utilisation, est évaluée à 50 000 $. Les frais d'entretien sont de 4000 $ par mois, payables à la fin de chaque mois. L'entreprise pourrait aussi louer le matériel 12 000 $ par mois, montant payable à la fin de chaque mois. Avec un bail de 6 ans, le locateur paie les frais d'entretien. En supposant que l'entreprise puisse obtenir 18 % d'intérêt par an, composé mensuellement, sur le capital, lui conseillerais-tu de louer ou d'acheter ?

2. Une mine Une entreprise doit décider si elle exploitera ou non une mine. Elle évalue à 7 000 000 $ la somme à investir pour démarrer la production. Après, les rentrées de fonds nettes seront de 1 700 000 $ à la fin de chaque année pendant 10 ans. À la fin de la 11e année, il faudra investir 3 200 000 $ pour remettre le terrain en bon état. Pour des projets de ce type, l'entreprise prévoit un rendement du capital d'au moins 20 % par année, composé semi-annuellement. Conseille à l'entreprise la meilleure solution.

3. Une hypothèque Julie et Claude ont contracté une hypothèque de 200 000 $, amortie sur 20 ans, au taux d'intérêt de 10 %. Comme ils sont payés tous les deux chaque semaine, ils décident de remplacer les versements mensuels par des versements hebdomadaires, le taux d'intérêt restant le même. Compare les versements hebdomadaires avec les versements mensuels.

4. Un fonds en fiducie Shani place 500 000 $ dans un fonds en fiducie afin que ses trois enfants puissent toucher le même montant à leur 21e anniversaire. Ses enfants ont actuellement 19, 15 et 13 ans. Si le fonds rapporte 7 % d'intérêt par an, composé semi-annuellement, combien recevra chaque enfant ?

RECOURIR À LA LOGIQUE

La capacité de raisonner logiquement peut s'améliorer au moyen de l'exercice et être mise à contribution à l'école, au travail et au quotidien.

Dans la plupart des problèmes de fausse monnaie, on utilise une balance à deux plateaux. Pour ce problème-ci, la balance n'a qu'un seul plateau. Soit trois gros sacs contenant chacun un nombre inconnu de pièces d'or. Deux des sacs ne contiennent que de vraies pièces pesant chacune 60 g. L'autre sac ne contient que de fausses pièces pesant chacune 61 g. Tu peux tirer des pièces de chaque sac et les soupeser, mais comme les masses sont à peu près égales, il te sera impossible de différencier une vraie pièce d'une fausse sans utiliser la balance. Quel est le nombre minimal de pesées permettant de reconnaître en toute certitude le sac contenant les fausses pièces ?

Comprendre le problème

1. Quels sont les renseignements fournis ?
2. Que dois-tu déterminer ?
3. Te demande-t-on une réponse exacte ou approximative ?

Établir un plan

Imagine différentes façons d'enlever des pièces des sacs et de déterminer leur masse.

Nomme les sacs A, B et C.

Tu peux tirer une pièce de chaque sac et en déterminer la masse. Cette méthode exige trois pesées, à moins que la chance ne te favorise et que la première ou la seconde pièce ne pèse 61 g. Une autre méthode consiste à tirer une pièce de chacun des deux sacs et à déterminer la masse de ces pièces en utilisant la balance une seule fois. Si tu as de la chance, la masse totale sera de 120 g, et tu sauras que les deux sacs d'où proviennent ces pièces contiennent de vraies pièces. Cependant, si le total est de 121 g, tu ne sauras pas laquelle des deux pièces est fausse.

Une méthode permettant, en une seule pesée, de reconnaître avec certitude le sac contenant les fausses pièces consiste à tirer une pièce du sac A, deux pièces du sac B et trois pièces du sac C, et à déterminer la masse totale des six pièces.

Si la masse totale est de 361 g, c'est le sac A qui contient les fausses pièces, puisque

61 + 120 + 180 = 361.

Si la masse totale est de 362 g, c'est le sac B qui contient les fausses pièces, puisque

60 + 122 + 180 = 362.

Si la masse totale est de 363 g, c'est le sac C qui contient les fausses pièces, puisque

60 + 120 + 183 = 363.

Revoir sa démarche

Donc, le nombre minimal de pesées permettant de reconnaître en toute certitude le sac contenant les fausses pièces est de une.

Y a-t-il une autre méthode qui donne la même réponse ?

Recourir à la logique

1. Structure les renseignements dont tu disposes.
2. Tire des conclusions à partir de ces renseignements.
3. Vérifie si la réponse est vraisemblable.

Application, résolution de problèmes, communication

1. Des cartes Il y a quatre cartes sur une table, comme ci-dessous. Chaque carte est rouge ou bleue d'un côté et porte un cercle ou un carré de l'autre côté.

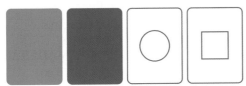

Pour déterminer si chaque carte rouge porte un carré, quel est le nombre minimal de cartes que tu dois retourner et lesquelles ?

2. Une grille de nombres Recopie la grille dans ton cahier. Dispose les nombres 1, 2, 3 et 4 sur la grille 4 × 4 de façon que :
• les nombres 1, 2, 3 et 4 figurent dans chaque rangée et dans chaque colonne ;
• les deux mêmes nombres ne se trouvent jamais côte à côte dans une rangée, une colonne ou en diagonale.
Deux nombres ont été disposés pour toi. Trouve trois solutions.

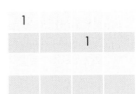

3. Les mois On te fournit l'information suivante.

Janvier = 2   Juin = 0
Février = 2   Juillet = 1
Mars = 1   Août = 2
Avril = 1   Septembre = 5
Mai = 1   Octobre = 4

Détermine les valeurs pour les mois de novembre et décembre.

4. Des matches de hockey Le tableau ci-dessous représente le classement des quatre équipes d'une ligue de hockey après que chaque équipe a joué contre les trois autres.

Équipe	MG	MP	MN	BP	BC
Lions	3	0	0	7	0
Tigres	1	1	1	1	1
Ours	0	1	2	2	7
Béliers	0	2	1	2	4

Détermine la marque de chaque match.

5. La vitesse d'une voiture Une piste circulaire a 1 km de long. Une voiture fait un tour de piste à 30 km/h. Y a-t-il une vitesse à laquelle la voiture peut effectuer le deuxième tour pour établir une moyenne de 60 km/h? Explique ta réponse.

6. Les probabilités Il y a quatre billes dans un sac: une jaune, une verte et deux blanches. Une personne tire deux billes du sac et déclare, après les avoir regardées, qu'une des billes est blanche. Quelle est la probabilité que l'autre bille soit blanche, elle aussi?

7. Des chatons Max et Sheba font partie d'une portée de chatons. Max a autant de sœurs que de frères. Sheba a deux fois plus de frères que de sœurs. Combien y a-t-il de mâles et de femelles dans cette portée?

8. Des coordonnées Les coordonnées des extrémités d'une des diagonales d'un carré sont (8, 11) et (4, 5). Détermine les coordonnées des extrémités de l'autre diagonale sans représenter le carré graphiquement.

9. Les nombres entiers Quelle est la plus grande liste de nombres naturels inférieurs à 100 dans laquelle aucun des nombres n'est la somme de deux autres nombres faisant partie de la liste?

10. Les faces d'un cube Trois des faces d'un cube sont représentées ci-contre. Chaque face a été divisée en quatre carrés. Chaque carré est rouge, bleu ou jaune. Il n'y a nulle part deux carrés de même couleur qui se touchent le long d'une arête. Combien y a-t-il de carrés de chaque couleur dans ce cube?

11. Les nombres entiers La somme de 17 nombres entiers consécutifs est de 306. Détermine le plus grand de ces 17 nombres.

12. Des chiffres impairs a) Combien de nombres différents de trois chiffres peux-tu former si les chiffres sont tous impairs?
b) Détermine la somme de ces nombres de trois chiffres sans les additionner.

13. L'énoncé de problèmes Écris un problème que l'on peut résoudre en recourant à la logique. Invite une ou un camarade à le résoudre.

RÉSOLUTION DE PROBLÈMES

L'APPLICATION DES STRATÉGIES

1. Un nombre réel Quelle est la plus petite valeur possible de l'expression $x + 10x^2$ si x est un nombre réel ?

2. Une régularité Détermine la régularité et trouve le nombre qui vient après.
1, 256, 2187, 4096, 3125, 1296, … .

3. Trois Trouve deux nombres dont le quotient et la différence égalent 3.

4. Un produit Trouve un nombre égal au produit de $\frac{1}{5}$ de lui-même et de $\frac{1}{9}$ de lui-même.

5. Des récipients Soit un récipient de 24 l rempli d'eau et 3 récipients vides de 5 l, 11 l, et 13 l. Comment peux-tu, avec ces récipients, diviser l'eau en trois parts égales ?

6. Un casse-tête Si tu retranches 8 d'un nombre et que tu multiplies le résultat par 8, tu obtiens le même nombre que si tu avais retranché 9 du nombre et multiplié le résultat par 9.
a) Quel est ce nombre ?
b) Utilise l'algèbre pour expliquer ce phénomène.

7. Un terrain clôturé Un terrain rectangulaire deux fois plus long que large est entièrement entouré d'une clôture de x mètres. Exprime l'aire du terrain en fonction de x.

8. Des solutions Détermine le nombre de solutions possibles de l'équation $2x + 3y = 715$ si x et y sont des entiers positifs.

9. Des matches de hockey Le tableau ci-dessous représente le classement des quatre équipes d'une ligue de hockey après que chaque équipe a joué contre les trois autres. Détermine la marque de chaque match.

Équipe	MG	MP	MN	BP	BC
Titans	2	0	1	5	2
As	2	1	0	6	3
Aigles	1	2	0	1	3
Pirates	0	2	1	0	4

10. Une puissance de 2 Évalue $79\,999\,999\,999^2$.

11. Deux nombres La somme de deux nombres est 4 et leur produit est 6. Quelle est la somme des carrés des inverses de ces nombres ?

12. Un système d'équations Résous le système d'équations ci-après.
$$a + b + c = 9$$
$$ab + bc + ac = 26$$
$$abc = 24$$

13. Les mêmes chiffres Un nombre formé de quatre chiffres identiques est divisé par la somme de ses chiffres.
Par exemple, $\frac{4444}{4+4+4+4} = \frac{4444}{16}$
$$= 277{,}75$$

Explique pourquoi le résultat est 277,75 pour tous les nombres formés de quatre chiffres identiques.

14. Un carré parfait Détermine n de façon que $\frac{n}{2}$ soit un carré parfait et que $\frac{n}{3}$ soit un cube parfait.

8 Les lieux géométriques et les coniques

Contenus d'apprentissage	Fonctions	Fonctions et relations
Construire un modèle géométrique pour représenter un lieu géométrique à partir de sa description, en déterminer les propriétés et les utiliser pour interpréter le lieu.		8.1, 8.2
Expliquer la démarche utilisée pour construire un lieu géométrique à partir de sa description.		8.1, 8.2
Déterminer l'équation d'un lieu géométrique à partir de sa description.		8.2
Construire des modèles géométriques pour représenter les sections coniques à partir de leur définition comme lieux géométriques.		8.3, 8.4, 8.5, 8.6, 8.7
Déterminer les équations de sections coniques à partir de leur définition comme lieux géométriques.		8.4, 8.5, 8.6, 8.7
Identifier les équations canoniques de paraboles, de cercles, d'ellipses et d'hyperboles de centre à (0, 0) et à (h, k).		8.4, 8.5, 8.6, 8.7
Identifier une conique à partir de l'équation $ax^2 + by^2 + 2gx + 2fy + c = 0$.		8.8
Déterminer les propriétés d'une conique à partir de l'équation $ax^2 + by^2 + 2gx + 2fy + c = 0$, à la main pour les cas simples.		8.8
Tracer le graphique d'une conique à partir d'une équation exprimée sous la forme $ax^2 + by^2 + 2gx + 2fy + c = 0$.		8.8
Illustrer des sections coniques comme des intersections de plans et de cônes, à l'aide de matériel concret ou de la technologie.		8.3
Décrire, en situation, l'importance du foyer d'une parabole, d'une ellipse et d'une hyperbole.		8.5, 8.6, 8.7
Poser et résoudre des problèmes portant sur une variété d'applications des sections coniques et communiquer les solutions de façon claire en justifiant les étapes de son raisonnement.		8.4, 8.5, 8.6, 8.7
Résoudre des problèmes portant sur l'intersection de droites et de sections coniques.		8.9

Le mouvement des corps célestes

Dans les questions de modélisation mathématique aux pages 616, 634, 650 et 663, tu vas résoudre le problème ci-après et d'autres encore ayant trait au mouvement de corps célestes.

La comète de Halley décrit autour du Soleil une orbite qu'elle met environ 76 ans à parcourir. Elle suit une trajectoire elliptique dont le Soleil occupe l'un des foyers. La distance la séparant du Soleil est de $8,8 \times 10^7$ km à son périhélie, c'est-à-dire au point de son orbite où la comète s'approche le plus du Soleil, et de $5,3 \times 10^9$ km à son aphélie, c'est-à-dire au point de son orbite où elle s'en éloigne le plus. Représente par une équation l'ellipse correspondant à l'orbite de la comète de Halley. Pour ce faire, suppose que le Soleil se trouve sur l'axe des x.

Réponds immédiatement aux questions suivantes en faisant appel à tes habiletés dans la recherche.

1. Quelle est l'année la plus récente où la comète de Halley a atteint son périhélie ?

2. La comète de Halley a une période courte, car elle met moins de 200 ans à parcourir son orbite autour du Soleil. Nomme la comète ayant la plus courte période connue. Indique sa période, ainsi que la distance la séparant du Soleil à son périhélie et à son aphélie.

3. Edmond Halley (1656-1742) ne fut pas le premier astronome à observer la comète de Halley. Alors, pourquoi porte-t-elle son nom ?

Les satellites de télécommunications

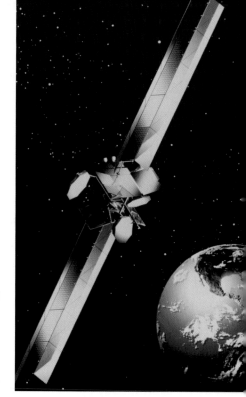

En 1972, le Canada devint le premier pays à se servir d'un satellite pour faciliter les communications sur son territoire. Le satellite *Anik A1* assurait en effet la diffusion d'émissions radiophoniques et télévisées partout au pays. Étant de type géostationnaire, il se déplaçait en suivant la rotation de la Terre et demeurait ainsi à une distance constante d'un point fixe de la surface terrestre. Son orbite était par conséquent circulaire.

Lancé en l'an 2000, le satellite *Anik F1* transmet aujourd'hui la plus grande partie des signaux de télévision au Canada. Il parcourt une orbite géostationnaire quelque 35 880 km au-dessus d'un point de l'équateur à 107,3° de longitude ouest. Le Canada possède cinq téléports servant à transmettre aux satellites géostationnaires les signaux de stations de radiodiffusion et de télévision. Ces téléports sont situés à Montréal, à Toronto, à Calgary, à Edmonton et à Vancouver.

1. Le rayon de la Terre égale environ 6370 km. Au kilomètre près, quelle distance le satellite *Anik F1* parcourt-il en une journée ?

2. Au mètre par seconde près, à quelle vitesse le satellite *Anik F1* se déplace-t-il autour de l'axe de la Terre ?

3. Au mètre par seconde près, à quelle vitesse un point quelconque de l'équateur se déplace-t-il autour de l'axe de la Terre ?

4. Au dixième d'unité près, combien de fois la vitesse de rotation du satellite *Anik F1* est-elle supérieure à celle d'un point quelconque de l'équateur ?

5. La vitesse v à laquelle un satellite se déplace autour de l'axe de la Terre, en mètres par seconde, varie selon la distance r qui le sépare du centre de la Terre, en mètres, et l'accélération due à la pesanteur g, exprimée en mètres par seconde au carré. Cette relation se traduit par l'équation

$$v = \sqrt{gr}$$

a) Isole g dans cette équation.

b) Détermine la valeur de g, au centième de mètre près par seconde au carré, à l'endroit où se trouve le satellite.

c) Sur la Terre, la valeur de g est d'environ 9,8 m/s². À l'unité près, combien de fois cette valeur excède-t-elle la valeur de g à l'endroit où se trouve le satellite ?

6. Quel téléport canadien se situe le plus près de 107,3° de longitude ouest ?

Révision des habiletés

Si tu as besoin d'aide pour maîtriser l'une ou l'autre des habiletés indiquées en violet, consulte l'annexe A.

1. La simplification d'expressions Développe et simplifie les expressions ci-après.

a) $5x(x-3) - 2x^2(x-1)$

b) $(2x-3)^2 - (4x+5)^2$

c) $2(3x+2)^2 - (x-1)^2$

d) $3(3x-1)^2 + 5(1-4x)^2$

2. La longueur de segments de droite Détermine la longueur des segments de droite reliant les points indiqués ci-après. Arrondis tes réponses au dixième près.

a) $(2, 5)$ et $(7, 2)$ b) $(-2, 3)$ et $(5, 1)$

c) $(5, -2)$ et $(0, -3)$ d) $(-1, -3)$ et $(-6, -9)$

3. Le milieu de segments de droite À l'aide de la formule, détermine les coordonnées du milieu des segments de droite limités par les points indiqués ci-après.

a) $(-2, 5)$ et $(4, -3)$ c) $(-3, -5)$ et $(2, -4)$

b) $(3, -2)$ et $(7, 10)$

4. La représentation graphique d'équations Représente graphiquement les équations ci-après.

a) $y = x - 4$ b) $y = 2x - 1$

c) $y = -x + 2$ d) $2x - y = -1$

5. Isole y dans les équations ci-après.

a) $3x + y = 4$ b) $x - 4y = 2$

c) $y^2 = 25$ d) $x^2 + y^2 = 25$

6. La résolution d'équations du second degré par factorisation Résous les équations ci-après par factorisation.

a) $x^2 - x - 6 = 0$ b) $2x^2 + 3x - 2 = 0$

c) $4x^2 - 13x + 3 = 0$ d) $6x^2 - 5x + 1 = 0$

e) $6x^2 - 13x - 5 = 0$ f) $5x^2 - 36x + 7 = 0$

7. La résolution à l'aide de la formule Résous les équations ci-après à l'aide de la formule. Arrondis tes réponses au dixième près, s'il y a lieu.

a) $x^2 + 3x - 10 = 0$ b) $2x^2 + 5x = 3$

c) $3x^2 + 2 = -7x$ d) $2x^2 + x - 4 = 0$

e) $4x^2 + x - 2 = 0$ f) $12x^2 = 5 - 16x$

8. Indique le terme constant qu'il faut ajouter à chacun des polynômes ci-après pour en faire un trinôme carré parfait.

a) $x^2 + 12x$ b) $x^2 - 8x$ c) $x^2 + 3x$

d) $x^2 - 6x$ e) $x^2 - 5x$ f) $x^2 + x$

9. La réécriture sous la forme $y = a(x - h)^2 + k$, où $a = 1$ Réécris les équations ci-après sous la forme $y = a(x - h)^2 + k$. Indique pour chacune la valeur maximale ou minimale de y et la valeur de x qui lui est associée.

a) $y = x^2 + 4x - 5$ b) $y = x^2 - 6x - 10$

c) $y = -x^2 - x + 30$ d) $y = x^2 - 11x + 2$

e) $y = -x^2 - 8x$ f) $y = x^2 + 5x$

10. La réécriture sous la forme $y = a(x - h)^2 + k$, où $a \neq 1$ Réécris les équations ci-après sous la forme $y = a(x - h)^2 + k$. Indique pour chacune la valeur maximale ou minimale de y et la valeur de x qui lui est associée.

a) $y = 2x^2 + 8x - 16$ b) $y = -3x^2 + 6x + 6$

c) $y = 3x^2 + 6x - 8$ d) $y = 4x^2 - 12x$

e) $y = 0,1x^2 + 2x + 1$ f) $y = -0,2x^2 - 6x$

11. La résolution de systèmes linéaires Résous les systèmes linéaires ci-après et vérifie tes solutions.

a) $3x + 2y = 7$
   $2x + y = 4$

b) $4x - y = 7$
   $3x + 2y = -3$

c) $3x + 2y = 11$
   $x - 3y = 11$

d) $3x + 4y = -18$
   $5x - 2y = -4$

12. Écris, sous sa forme cartésienne, l'équation des droites passant par les points indiqués ci-après.

a) $(5, 6)$ et $(4, 8)$ b) $(-3, 8)$ et $(0, -1)$

c) $(-2, -5)$ et $(-4, -6)$

d) $(-3, -4)$ et $(2, -2)$

8.1 La technologie : La construction de lieux géométriques à l'aide du *Cybergéomètre*

Un **lieu géométrique** consiste en un ensemble de points caractérisés par une propriété donnée.

L'ensemble des points équidistants d'un point fixe offre un exemple d'un lieu géométrique. Il s'agit en fait d'un cercle, chaque point du cercle se trouvant à une même distance d'un point fixe. Ce point fixe est le centre du cercle et la distance mentionnée, son rayon.

Tu vas construire ici différents lieux géométriques à l'aide du *Cybergéomètre*.

Les points équidistants de deux points donnés

Soit le segment de droite AB. Réalise les étapes indiquées ci-après afin de construire le lieu géométrique des points équidistants des points A et B. Le *Cybergéomètre* te permettra de trouver les points de ce lieu géométrique, en recourant à des cercles.

1. Construis un segment de droite AB dans la partie inférieure de la zone d'esquisse.

2. Construis un segment de droite CD dans le haut de la zone d'esquisse.

3. Le segment de droite CD étant sélectionné, choisis la commande Point sur un objet du menu Construction. Nomme le point créé E.

4. Sélectionne les points C et E. Choisis ensuite la commande Segment du menu Construction.

5. Sélectionne le point A et le segment de droite CE. Clique ensuite sur la commande Cercle de centre et de rayon du menu Construction.

6. Sélectionne le point B et le segment de droite CE. Clique ensuite sur la commande Cercle de centre et de rayon du menu Construction.

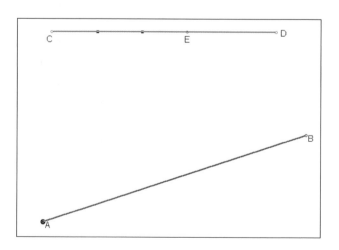

7. Sélectionne les deux cercles. Choisis ensuite la commande Point d'intersection du menu Construction. Nomme les points créés F et G.

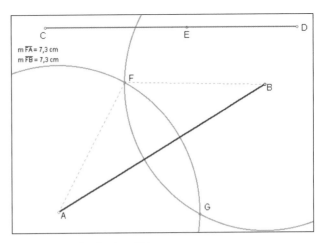

8. Sélectionne les points F et A, puis choisis la commande Segment du menu Construction. Détermine la longueur de $\overline{FA}$. Construis ensuite le segment de droite FB et détermine sa longueur. La longueur obtenue est-elle la même dans les deux cas? Si oui, le point F vérifie la propriété associée au lieu géométrique à construire. Les segments de droite GA et GB sont-ils eux aussi de cette même longueur? Si oui, le point G vérifie également la propriété associée au lieu géométrique.

9. Sélectionne les points F et G. Choisis ensuite la commande *Trace : Points* du menu Affichage.

10. Sélectionne les deux cercles. Choisis ensuite la commande Cacher : Cercles du menu Affichage.

11. Fais glisser le point E d'avant en arrière le long du segment de droite CD. Le tracé du déplacement des points F et G représente le lieu géométrique des points équidistants des points A et B.

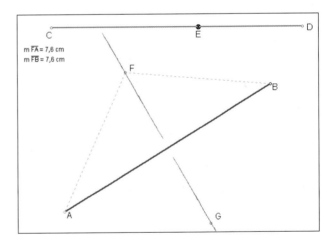

12. Sélectionne les points F et G, puis clique sur la commande Segment du menu Construction.

13. Sélectionne les segments de droite FG et AB. Choisis ensuite la commande Point d'intersection du menu Construction. Nomme le point créé H.

14. Détermine la mesure des angles AHF, AHG, BHF et BHG. Déplace le point A, le point B ou le point E. La mesure des angles énumérés a-t-elle changé?

15. Détermine la longueur des segments de droite AH et BH. Comment la longueur de l'un se compare-t-elle à celle de l'autre? La relation entre les deux demeurera-t-elle toujours la même?

16. Décris le lieu géométrique obtenu. Afin de vérifier cette construction et ta description, déplace le point A ou le point B et crée un nouveau lieu géométrique.

17. Approfondissement

a) Sélectionne le point E et le segment de droite CD. Clique ensuite sur la commande Boutons Action du menu Édition. Choisis

l'option Animer. Assure-toi que les éléments sélectionnés de la première et de la troisième liste déroulante sont ceux représentés ci-contre. Clique ensuite sur Animer. Un nouveau bouton ⟨Animer⟩ apparaîtra dans la zone d'esquisse. Clique deux fois sur ce bouton. Le point C se déplacera le long du segment de droite et le lieu géométrique sera dessiné à l'écran.

Afin de vérifier cette construction, modifie la position du point A ou du point B, puis clique deux fois sur le bouton Animer.

b) Sélectionne les points F et G, puis choisis la commande *Trace : Points* du menu Affichage. La marque en regard de *Trace : Points* disparaîtra, ce qui indique que la fonction a été désactivée. Sélectionne dans l'ordre les points F et E. Clique ensuite sur la commande Lieu géométrique du menu Construction. Les diverses positions successives du point F apparaîtront dans la zone d'esquisse et y demeureront visibles. Refais la même chose, en sélectionnant cette fois les points G et E. Déplace l'une des extrémités du segment de droite AB et décris ce qui se produit.

Les points équidistants des côtés d'un angle

Soit l'angle BAC qu'on obtient en traçant deux demi-droites, AB et AC. Le point D se situe sur la demi-droite AB et le point E, sur la demi-droite AC, de telle sorte que $\overline{AD} = \overline{AE}$. Réalise les étapes indiquées ci-après afin de déterminer le lieu géométrique des points équidistants des points D et E.

18. Clique sur la palette Règle de la boîte à outils et maintiens enfoncé le bouton gauche de la souris. Une fenêtre s'ouvrira, te donnant le choix entre un segment de droite, une demi-droite et une droite. Sélectionne la demi-droite et construis la demi-droite AB en procédant de la même façon que dans le cas d'un segment de droite. Construis ensuite la demi-droite AC.

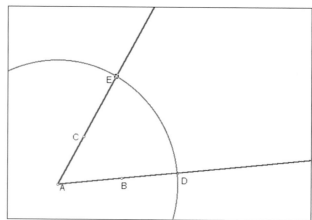

19. Sélectionne la demi-droite AB, puis choisis la commande Point sur un objet du menu Construction. Nomme le point créé D.

20. Sélectionne dans l'ordre les points A et D. Clique ensuite sur la commande Cercle de centre et passant par un point du menu Construction.

21. Sélectionne le cercle et la demi-droite AC. Choisis ensuite la commande Point d'intersection du menu Construction. Nomme le point créé E. Les points D et E se situent à une même distance du sommet A.

22. Sélectionne le cercle, puis clique sur la commande Cacher : Cercle du menu Affichage.

23. Construis un segment de droite FG au bas de la zone d'esquisse. Ce segment de droite étant sélectionné, choisis la commande Point sur un objet du menu Construction. Nomme ce nouveau point H.

24. Sélectionne les points F et H. Choisis ensuite la commande Segment du menu Construction.

25. Sélectionne le point D et le segment de droite FH. Clique ensuite sur la commande Cercle de centre et de rayon du menu Construction.

26. Sélectionne le point E et le segment de droite FH. Clique ensuite sur la commande Cercle de centre et de rayon du menu Construction.

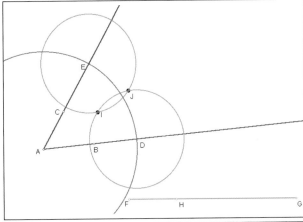

27. Sélectionne les deux cercles. Choisis ensuite la commande Point d'intersection du menu Construction. Nomme les points créés I et J.

28. Les points I et J étant sélectionnés, choisis la commande *Trace : Points* du menu Affichage.

29. Fais glisser le point H le long du segment de droite FG. Le lieu géométrique en cause forme une droite passant par les points A, I et J.

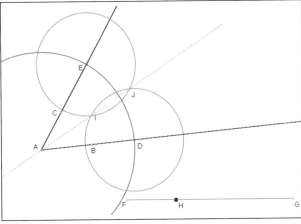

30. Sélectionne dans l'ordre les points J, A et D, puis clique sur la commande Angle du menu Mesures. Sélectionne ensuite dans l'ordre les points J, A et E, puis clique sur la commande Angle du menu Mesures. Comment ces deux angles se comparent-ils ? La relation entre leurs mesures demeurera-t-elle toujours la même ?

31. Décris le lieu géométrique obtenu. Afin de vérifier cette construction et ta description, déplace l'un des points A, B ou D, puis fais glisser le point H le long du segment de droite FG.

32. Approfondissement a) Sélectionne le point H et le segment de droite FG. Clique ensuite sur la commande Boutons Action du menu Édition. Choisis l'option Animer. Sélectionne « une fois » dans la première liste déroulante et « lentement » dans la troisième. Clique ensuite sur Animer. Un nouveau bouton Animer apparaîtra dans la zone d'esquisse. Clique dessus deux fois pour créer le lieu géométrique voulu.

b) Sélectionne les points J et I, puis choisis la commande *Trace : Points* du menu Affichage. Cela aura pour effet de désactiver la fonction *Trace* dans le cas de ces deux points. Sélectionne dans l'ordre les points J et H. Clique ensuite sur la commande Lieu géométrique du menu Construction. Sélectionne maintenant les points I et H. Clique sur la commande Lieu géométrique du menu Construction. Le lieu géométrique tracé par les points I et J lors du déplacement du point H le long du segment de droite FG apparaîtra dans la zone d'esquisse et y demeurera visible. Augmente ou réduis la mesure de l'angle initial en déplaçant le point C ou le point B. La construction réalisée est-elle valable pour un angle obtus ?

Les points équidistants de deux droites parallèles

Pour construire le lieu géométrique des points équidistants de deux droites parallèles, il faut d'abord créer deux points, un sur chaque droite, en les situant de telle manière que le segment de droite qui les relie soit perpendiculaire aux droites parallèles.

33. Construis une droite passant par les points A et B. Pour ce faire, assure-toi que tu sélectionnes la droite parmi les outils de la palette Règle à la gauche de la zone d'esquisse. Crée ensuite un point C au-dessus de cette droite.

34. Sélectionne le point C et la droite passant par les points A et B. Clique ensuite sur la commande Parallèle du menu Construction.

35. La droite générée à l'étape précédente étant sélectionnée, choisis la commande Point sur un objet du menu Construction. Nomme le point créé D.

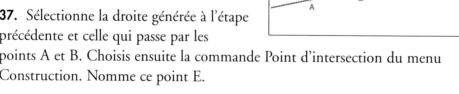

36. Sélectionne le point D et la droite passant par les points A et B. Clique ensuite sur la commande Perpendiculaire du menu Construction.

37. Sélectionne la droite générée à l'étape précédente et celle qui passe par les points A et B. Choisis ensuite la commande Point d'intersection du menu Construction. Nomme ce point E.

38. Sélectionne la droite passant par les points D et E, puis choisis la commande Cacher : Droite du menu Affichage.

39. Sélectionne les points D et E. Choisis le segment de droite parmi les outils de la palette Règle. Clique ensuite sur la commande Segment du menu Construction.

40. Construis un segment de droite FG au bas de la zone d'esquisse. Ce segment de droite étant sélectionné, choisis la commande Point sur un objet du menu Construction. Nomme le point créé H.

41. Sélectionne les points F et H. Choisis ensuite la commande Segment du menu Construction.

42. Sélectionne le point D et le segment de droite FH. Clique ensuite sur la commande Cercle de centre et de rayon du menu Construction.

43. Sélectionne le point E et le segment de droite FH. Clique ensuite sur la commande Cercle de centre et de rayon du menu Construction.

44. Sélectionne les deux cercles. Choisis ensuite la commande Point d'intersection du menu Construction. Nomme les points créés I et J. Ces deux points étant sélectionnés, choisis la commande *Trace : Points* du menu Affichage.

45. Fais glisser le point H le long du segment de droite FG.

46. Décris le lieu géométrique obtenu. Afin de vérifier cette construction et ta description, déplace l'un des points A, B ou C, puis fais glisser encore une fois le point H.

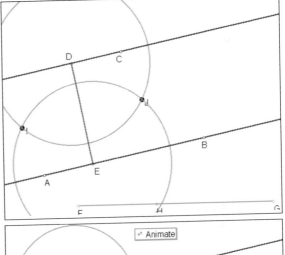

47. Approfondissement a) Sélectionne le point H et le segment de droite FG. Clique ensuite sur la commande Boutons Action du menu Édition.
Choisis l'option Animer. Sélectionne « une fois » dans la première liste déroulante et « lentement » dans la troisième. Clique ensuite sur Animer. Un nouveau bouton Animer apparaîtra dans la zone d'esquisse. Clique dessus deux fois pour créer le lieu géométrique voulu.

b) Sélectionne les points J et I, puis choisis la commande *Trace : Points* du menu Affichage pour désactiver cette fonction. Sélectionne dans l'ordre les points J et H. Clique ensuite sur la commande Lieu géométrique du menu

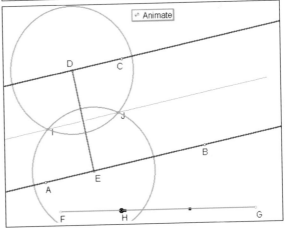

Construction. Sélectionne maintenant les points I et H. Clique sur la commande Lieu géométrique du menu Construction. Le lieu géométrique tracé par les points I et J lors du déplacement du point H le long du segment de droite FG apparaîtra dans la zone d'esquisse et y demeurera visible. Vérifie cette construction en déplaçant le point A ou le point B afin de modifier la pente des deux droites parallèles. Tout déplacement du point C fera varier la distance entre ces deux droites.

8.2 Les lieux géométriques et leurs équations

Un lieu géométrique consiste en un ensemble de points caractérisés par une propriété donnée. Soit un chien attaché à un piquet, au milieu d'une grande cour, à l'aide d'une corde de 10 m de longueur. Le lieu géométrique des points les plus éloignés que ce chien peut atteindre est un cercle de 10 m de rayon.

En géométrie analytique, on peut décrire ces lieux au moyen d'équations.

EXPLORATION ET RECHERCHE

1. a) Trace un diagramme montrant six points situés chacun à exactement 2 unités de l'axe des x.

b) Comment pourrais-tu modifier ce diagramme pour faire voir tous les points situés à exactement 2 unités de l'axe des x?

c) Écris une ou plusieurs équations définissant les points en b), c'est-à-dire le lieu géométrique des points situés à exactement 2 unités de l'axe des x.

2. a) Quelle relation y a-t-il entre les droites définies par $y = x + 5$ et $y = x - 7$?

b) Trace un diagramme présentant ces deux droites et le lieu géométrique des points équidistants de l'une et de l'autre.

c) Décris ce lieu géométrique à l'aide d'une équation.

3. a) Représente par un diagramme le lieu géométrique des points équidistants des deux axes du plan cartésien.

b) Décris ce lieu géométrique à l'aide d'une ou plusieurs équations.

Procède comme suit pour déterminer l'équation d'un lieu géométrique à partir de sa description.

Étape 1: Construis un diagramme à partir des renseignements fournis.

Étape 2: Situe plusieurs points ayant la propriété indiquée.

Étape 3: Trace une courbe ou une droite qui passe par ces points.

Étape 4: Écris l'équation du lieu géométrique.

EXEMPLE 1 **La construction d'un lieu géométrique**

Soit ∠ABC = 60°. Construis un modèle géométrique représentant le lieu
géométrique des points situés à l'intérieur de cet angle et équidistants
de ses deux côtés.

SOLUTION

Étape 1: Construis l'angle ABC.

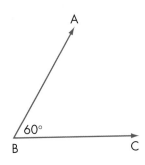

Étape 2: À l'aide de deux règles
en plastique transparent, établis
plusieurs points, chacun à égale
distance des côtés de l'angle.

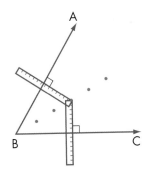

Étape 3: Trace une demi-droite
passant par ces points.

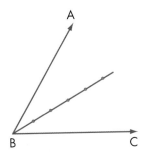

À l'exemple 1, le lieu géométrique des points situés à l'intérieur de l'angle
et équidistants de ses deux côtés est en fait la bissectrice de l'angle.

EXEMPLE 2 **La détermination de l'équation d'un lieu géométrique**

a) Détermine l'équation du lieu géométrique des points équidistants des points A(4, 3) et B(−2, 1).

b) Indique la relation existant entre le segment de droite AB et le lieu géométrique des points équidistants des points A(4, 3) et B(−2, 1).

SOLUTION

Étape 1 : Reporte les points A(4, 3) et B(−2, 1) dans un plan cartésien.

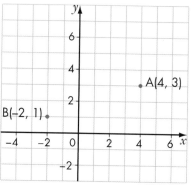

Étape 2 : Situe plusieurs points équidistants des points A et B.

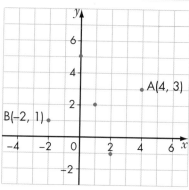

Étape 3 : Trace une droite passant par ces points.

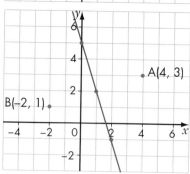

Étape 4: Afin de déterminer l'équation du lieu géométrique, recours à la formule indiquant la longueur d'un segment de droite, c'est-à-dire $l = \sqrt{(x_2 - x_1)^2 + (y_2 - y_1)^2}$.

Soit P(x, y) un point quelconque équidistant des points A(4, 3) et B(−2, 1). On a alors PA = PB.

$$\overline{PA} = \sqrt{(x_2 - x_1)^2 + (y_2 - y_1)^2}$$
$$= \sqrt{(x - 4)^2 + (y - 3)^2}$$
$$\overline{PB} = \sqrt{(x_2 - x_1)^2 + (y_2 - y_1)^2}$$
$$= \sqrt{(x - (-2))^2 + (y - 1)^2}$$
$$= \sqrt{(x + 2)^2 + (y - 1)^2}$$

Puisque PA = PB,

$$\sqrt{(x - 4)^2 + (y - 3)^2} = \sqrt{(x + 2)^2 + (y - 1)^2}$$

Élève chaque membre au carré : $(x - 4)^2 + (y - 3)^2 = (x + 2)^2 + (y - 1)^2$

Développe le tout : $x^2 - 8x + 16 + y^2 - 6y + 9 = x^2 + 4x + 4 + y^2 - 2y + 1$

Simplifie : $-12x - 4y + 20 = 0$

Divise chaque membre par −4 : $3x + y - 5 = 0$

L'équation du lieu géométrique est $3x + y - 5 = 0$.

b) La pente du segment de droite reliant le point A(4, 3) au point B(−2, 1) correspond à :

$$m_{AB} = \frac{y_2 - y_1}{x_2 - x_1}$$
$$= \frac{1 - 3}{-2 - 4}$$
$$= \frac{-2}{-6}$$
$$= \frac{1}{3}$$

On peut déterminer la pente du lieu géométrique en réécrivant l'équation en a) sous la forme $y = mx + b$, où m représente la pente.

$3x + y - 5 = 0$
$y = -3x + 5$

La pente du lieu géométrique est donc de −3.

Comme le produit des pentes $\frac{1}{3}$ et −3 égale −1, le lieu géométrique est perpendiculaire au segment de droite AB.

On peut déterminer le milieu du segment de droite reliant le point A(4, 3) au point B(−2, 1) à l'aide de la formule $\left(\dfrac{x_1 + x_2}{2}, \dfrac{y_1 + y_2}{2} \right)$.

$$\left(\frac{x_1 + x_2}{2}, \frac{y_1 + y_2}{2}\right) = \left(\frac{4 + (-2)}{2}, \frac{3 + 1}{2}\right)$$
$$= \left(\frac{2}{2}, \frac{4}{2}\right)$$
$$= (1, 2)$$

Le point $(1, 2)$ vérifie l'équation du lieu géométrique, $3x + y - 5 = 0$, puisque $3(1) + 2 - 5 = 0$. Par conséquent, le lieu géométrique coupe le segment de droite AB en son milieu.

Le lieu géométrique des points équidistants des points A(4, 3) et B(−2, 1) est ainsi la médiatrice du segment de droite AB.

Concepts clés

• Un lieu géométrique consiste en un ensemble de points caractérisés par une propriété donnée.
• Procède comme suit pour déterminer l'équation d'un lieu géométrique à partir de sa description.

Étape 1 : Construis un diagramme à partir des renseignements fournis.
Étape 2 : Situe plusieurs points ayant la propriété indiquée.
Étape 3 : Trace une courbe ou une droite qui passe par ces points.
Étape 4 : Écris l'équation du lieu géométrique.

Communique ce que tu as compris

1. Écris l'équation du lieu géométrique des points situés à 7 unités de l'origine dans un plan cartésien.
2. Peut-on représenter le lieu géométrique des points équidistants des sommets d'un rectangle par une équation du premier degré ? Justifie ta réponse.

Exercices

A

1. Esquisse à la main et décris le lieu géométrique des points d'un plan :
a) qui se situent à l'intérieur d'un angle droit, équidistants de ses deux côtés ;
b) qui sont équidistants de deux droites parallèles situées à 6 cm l'une de l'autre ;
c) qui se situent à n unités d'une droite donnée d ;

d) qui sont équidistants de deux cercles concentriques ayant respectivement 6 cm et 4 cm de rayon ;
e) qui sont équidistants des sommets d'un carré.

2. Détermine l'équation du lieu géométrique des points équidistants des droites définies par $x = -2$ et $x = 4$.

3. a) Quelle relation y a-t-il entre les droites définies par $y = 2x + 1$ et $y = 2x - 3$?

b) Détermine l'équation du lieu géométrique des points équidistants de ces deux droites.

4. Détermine l'équation du lieu géométrique des points équidistants des points de chaque paire ci-après.

a) $(4, -3)$ et $(2, -5)$ **b)** $(2, 4)$ et $(5, -2)$

c) $(-3, 5)$ et $(2, -1)$

5. a) Dans un même plan cartésien, construis deux cercles de centre $(0, 0)$ ayant respectivement 3 cm et 7 cm de rayon.

b) Détermine l'équation du lieu géométrique des points équidistants de ces deux cercles.

Application, résolution de problèmes, communication

6. Le poste d'ambulances Soit deux hôpitaux situés respectivement aux points $(4, -1)$ et $(3, 7)$. On veut construire un poste d'ambulances équidistant de l'un et de l'autre hôpital. Détermine l'équation du lieu géométrique des points équidistants de ces deux hôpitaux.

7. L'achat d'une maison Annette a décidé d'acheter une maison. Elle aimerait habiter près du centre-ville et de son lieu de travail, à une même distance de ces deux endroits. Or, l'hôtel de ville se situe au point $(-1, -3)$ et le bureau où travaille Annette, au point $(4, -5)$. Détermine l'équation du lieu géométrique des points équidistants de ces deux endroits.

B

8. La conduite sur l'autoroute Esquisse à la main le lieu géométrique des points générés par les éléments ci-après lorsqu'une automobile circule sur l'autoroute.

a) Le centre d'une roue ;

b) Un point du pourtour d'un pneu.

9. a) Vérifie que les points $(-3, 4)$ et $(4, 3)$ appartiennent au cercle d'équation $x^2 + y^2 = 25$.

b) Détermine l'équation du lieu géométrique des points équidistants des points $(-3, 4)$ et $(4, 3)$.

c) Décris la relation entre le centre du cercle et le lieu géométrique des points équidistants des points $(-3, 4)$ et $(4, 3)$.

10. Recherche et résolution de problèmes Soit les ensembles de couples ci-après. Esquisse une représentation graphique de chacun et indique une équation qui est vérifiée par tous ces points et qui définit un lieu géométrique.

a) $\{(-5, 0), (5, 0), (0, -5), (0, 5)\}$

b) $\{(0, 0), (-1, 1), (1, 1), (-2, 4), (2, 4), (-3, 9), (3, 9)\}$

c) $\{(0, 0), (1, 1), (4, 2), (9, 3), (16, 4), (25, 5)\}$

11. Détermine une ou plusieurs équations représentant le lieu géométrique des points équidistants des droites définies par chaque paire d'équations ci-après.

a) $y = x$ et $y = -x$ **b)** $y = 2x + 2$ et $y = -2x + 2$

c) $y = 2x$ et $y = 0,5x$

12. Détermine l'équation du lieu géométrique des points équidistants des courbes associées à chaque paire d'équations ci-après.

a) $y = -\sqrt{x}$ et $y = \sqrt{x}$ **b)** $y = \sqrt{x} + 4$ et $y = -\sqrt{x} - 6$

13. Détermine l'équation du lieu géométrique des points équidistants des points de la courbe représentative de $y = 2(x - 3)^2 + 2$.

14. Une plate-bande de fleurs Soit une fontaine dont le bord correspond au lieu géométrique des points situés à 2 m de son centre et une plate-bande de fleurs dont la limite extérieure correspond au lieu géométrique des points situés à 3 m du centre de la fontaine. Il n'y a aucun espace entre la plate-bande et la fontaine. Esquisse un schéma de la plate-bande et calcule son aire.

C

15. Décris et esquisse à la main le lieu géométrique des points d'un plan situés à 13 unités de l'origine et à 12 unités de l'axe des y.

16. Communication Esquisse à la main, dans un plan, les lieux géométriques décrits ci-après. Explique par quoi chacun est représenté sur ton diagramme.

a) Les points situés à 2 cm ou moins d'une droite donnée ;

b) Les points situés à 3 cm ou plus d'un point donné ;

c) Les points situés de 2 cm à 5 cm d'un point donné.

17. Application Il est possible de décrire un lieu géométrique en trois dimensions. Décris les lieux géométriques ci-après en deux et en trois dimensions.

a) Le lieu des points situés à 3 cm d'un point donné ;

b) Le lieu des points situés à 2 cm d'une droite donnée ;

c) Le lieu des points équidistants de deux points donnés ;

d) Le lieu des points équidistants de deux droites parallèles.

8.3 La technologie: Les lieux géométriques et les coniques

On peut voir ici un cône à deux nappes. Un point de ce cône est commun à ses deux nappes.

La courbe déterminée par l'intersection d'un cône à deux nappes et d'un plan porte le nom de **conique** ou **section conique**.

Lorsqu'un plan coupe un cône à deux nappes, la section ainsi créée peut consister en un cercle, une ellipse, une parabole ou une hyperbole. La section peut aussi consister en un point, une droite ou deux droites sécantes. Comment? Ce sont l'angle et la position du plan qui déterminent la nature de cette conique.

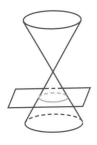 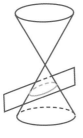  

Cercle   Ellipse   Parabole   Hyperbole

Tu vas utiliser ici la définition de l'ellipse, de l'hyperbole et de la parabole en tant que lieux géométriques afin de construire des modèles géométriques de ces coniques à l'aide du *Cybergéomètre*.

L'ellipse

Une **ellipse** se définit comme l'ensemble ou le lieu géométrique des points P d'un plan dont la somme des distances à deux points fixes F_1 et F_2 est constante.

$$F_1P + F_2P = k$$

Voici une façon de construire un tel lieu géométrique à l'aide du *Cybergéomètre*.

1. Construis un segment de droite dans la partie inférieure de la zone d'esquisse. Nomme ses extrémités F1 et F2.

2. Construis un segment de droite CD dans le haut de la zone d'esquisse. Celui-ci doit être plus long que le segment de droite F1F2.

3. Le segment de droite CD étant sélectionné, choisis la commande Point sur un objet du menu Construction. Nomme le point créé E.

4. Sélectionne les points C et E. Choisis ensuite la commande Segment du menu Construction.

5. Sélectionne les points D et E. Choisis ensuite la commande Segment du menu Construction.

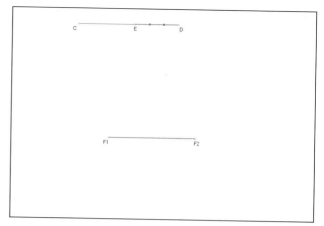

6. Sélectionne le point F1 et le segment de droite CE. Clique ensuite sur la commande Cercle de centre et de rayon du menu Construction.

7. Sélectionne le point F2 et le segment de droite DE. Clique ensuite sur la commande Cercle de centre et de rayon du menu Construction. Déplace le point E au besoin, afin que les deux cercles se coupent.

8. Sélectionne les deux cercles. Choisis ensuite la commande Point d'intersection du menu Construction. Nomme les points créés P1 et P2.

9. Sélectionne les points F1 et P1, puis choisis la commande Segment du menu Construction.

10. Sélectionne les points F2 et P1, puis choisis la commande Segment du menu Construction.

11. Sélectionne le segment de droite CD. Choisis ensuite la commande Cacher : Segment du menu Affichage.

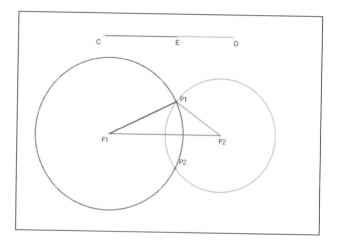

12. Sélectionne les segments de droite CE et F1P1 ainsi que le cercle de centre F1. Clique ensuite sur le bouton de droite de la souris et choisis une couleur pour ces trois objets.

13. Sélectionne les segments de droite ED et F2P1 ainsi que le cercle de centre F2. Clique ensuite sur le bouton de droite de la souris et choisis une couleur différente pour ces trois objets.

14. Sélectionne les points P1 et P2, puis clique sur la commande *Trace : Points* du menu Affichage. Fais glisser le point E le long du segment de droite CD afin de générer le lieu géométrique voulu. Décris sa forme.

15. Explique pourquoi $\overline{F1P1} + \overline{F2P1} = CD$. *Indice*: vérifie la couleur utilisée dans le cas de $\overline{F1P1}$ et $\overline{CE}$, puis la couleur utilisée dans le cas de $\overline{F2P1}$ et $\overline{DE}$.

16. Vérifie cette construction en modifiant la longueur du segment de droite reliant les points F1 et F2. Décris comment tu ferais varier la longueur de ce segment de droite pour obtenir une ellipse plus large ou plus étroite.

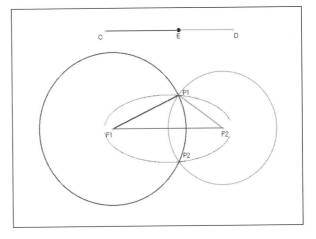

17. **Approfondissement a)** Sélectionne le point E et le segment de droite CD. Tu devras peut-être cliquer au préalable sur la commande Montrer tous les objets cachés du menu Affichage. Une fois ces objets sélectionnés, clique sur la commande Boutons Action du menu Édition. Choisis l'option Animer. Sélectionne « une fois » dans la première liste déroulante et « lentement » dans la troisième. Clique ensuite sur Animer pour fermer la fenêtre. Fais apparaître une ellipse en cliquant deux fois sur le bouton ![Animer]. Fais varier la position des points F1 et F2, ainsi que la longueur du segment de droite CD, afin de créer des ellipses plus larges ou plus étroites.

b) Clique sur la commande Montrer grille du menu Graphique. Situe les points F1 et F2 sur l'axe des x à une même distance de l'origine. Une fois la construction terminée, quelle distance sépare les points d'intersection du lieu géométrique et de l'axe des x ? Quelle relation y a-t-il entre cette distance et la longueur du segment de droite CD ?

c) Sélectionne les points P1 et P2, puis choisis la commande *Trace : Points* du menu Affichage. La fonction *Trace* sera alors désactivée. Supprime ensuite le bouton Animer. Cela fait, sélectionne dans l'ordre les points P1 et E, puis clique sur la commande Lieu géométrique du menu Construction. Fais la même chose dans le cas des points P2 et E. Tu auras ainsi un lieu géométrique de points pour P1 et un autre pour P2. Qu'arrive-t-il à ce lieu géométrique si tu déplaces le point F1 ?

L'hyperbole

La **valeur absolue** d'un nombre réel correspond à la distance qui sépare ce nombre de l'origine sur une droite numérique. Comme la distance est toujours positive ou nulle, la valeur absolue d'un nombre l'est toujours également.

On représente la valeur absolue d'un nombre réel x par l'expression $|x|$, qui dénote la valeur positive ou nulle de x.

La valeur absolue de −2 est 2 ou $|-2| = 2$.

De même, $|4 - 9| = |-5|$
$$= 5$$

Et $|9 - 4| = |5|$
$$= 5$$

Une **hyperbole** se définit comme l'ensemble ou le lieu géométrique des points P d'un plan dont la différence des distances à deux points fixes F_1 et F_2 est constante.

$$|F_1P - F_2P| = k$$

Voici une façon de construire un tel lieu géométrique à l'aide du *Cybergéomètre*.

18. Sélectionne la droite parmi les outils de la palette Règle et construis une droite passant par les points A et B. Situe ces deux points au haut de la zone d'esquisse, le plus près possible du centre.

19. La droite créée à l'étape précédente étant sélectionnée, choisis la commande Point sur un objet du menu Construction. Nomme le point créé C. Déplace-le au besoin, afin qu'il ne soit pas entre les points A et B.

20. Sélectionne le segment de droite parmi les outils de la palette Règle et construis un segment de droite au bas de la zone d'esquisse. Nomme ses extrémités F1 et F2.

21. Détermine les longueurs des segments de droite AB et F1F2. Déplace le point A ou le point B au besoin, afin que le segment de droite AB soit le plus court des deux.

22. Construis les segments de droite AC et BC. La différence entre leurs longueurs sera toujours égale à la longueur du segment de droite AB et servira de constante dans le cas du présent lieu géométrique.

23. Sélectionne le point F1 et le segment de droite AC. Clique ensuite sur la commande Cercle de centre et de rayon du menu Construction.

24. Sélectionne le point F2 et le segment de droite BC. Clique ensuite sur la commande Cercle de centre et de rayon du menu Construction.

25. Sélectionne les deux cercles. Choisis ensuite la commande Point d'intersection du menu Construction. Nomme les deux points créés P1 et P2.

26. Sélectionne les points P1 et F1, puis choisis la commande Segment du menu Construction.

27. Sélectionne les points P1 et F2, puis choisis la commande Segment du menu Construction.

28. Sélectionne les segments de droite AC, BC, P1F1 et P1F2, puis détermine leurs longueurs respectives. Clique ensuite sur la commande Calcul du menu Mesures. À l'aide de la calculatrice, détermine $|m(\overline{AC}) - m(\overline{BC})|$ et $|m(\overline{P1F1}) - m(\overline{P1F2})|$.

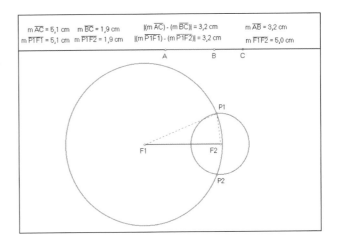

29. Fais glisser le point C le long de la droite passant par les points A et B. Prends note des segments de droite qui sont de même longueur et des valeurs calculées qui sont identiques.

30. Sélectionne les points P1 et P2. Choisis ensuite la commande *Trace : Points* du menu Affichage.

31. Sélectionne les deux cercles. Choisis ensuite la commande Cacher : Cercles du menu Affichage.

32. Déplace le point C le long de la droite passant par les points A et B. Pour rendre l'effet aussi évident que possible, fais-le glisser lentement d'une extrémité à l'autre de la zone d'esquisse.

33. Décris le lieu géométrique ici construit.

34. Approfondissement a) Modifie la longueur du segment de droite F1F2. Comment pourrait-on aplatir les courbes ? Est-il possible d'obtenir un effet semblable en modifiant la longueur du segment de droite AB ?

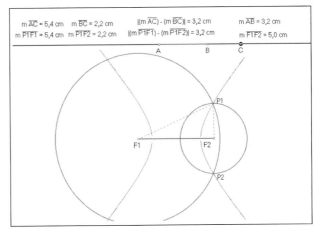

b) Sélectionne le point C et la droite passant par les points A et B. Clique ensuite sur la commande Boutons Action du menu Édition. Choisis l'option Animer. Sélectionne « une fois » dans la première liste déroulante et « lentement » dans la troisième. Clique ensuite sur Animer, puis clique deux fois sur le bouton 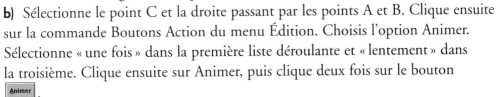.

c) Sélectionne les points P1 et P2, puis choisis la commande *Trace : Points* du menu Affichage. La fonction *Trace* sera alors désactivée. Supprime ensuite le bouton Animer. Cela fait, sélectionne dans l'ordre les points P1 et C, puis clique sur la commande Lieu géométrique du menu Construction. Fais la même chose dans le cas des points P2 et C. Tu auras ainsi un lieu géométrique de points pour P1 et un autre pour P2. Qu'arrive-t-il à ce lieu géométrique si tu déplaces le point F1 ? Qu'arrive-t-il lorsque le segment de droite F1F2 est plus court que le segment de droite AB ?

La parabole

Une **parabole** se définit comme l'ensemble ou le lieu géométrique des points P d'un plan qui sont équidistants d'un point fixe F et d'une droite fixe *d*.

$$PF = PD$$

Le point fixe F porte le nom de **foyer** et la droite fixe *d*, le nom de **directrice**.

Voici une façon de construire un tel lieu géométrique à l'aide du *Cybergéomètre*.

35. Construis une droite AB au bas de la zone d'esquisse. Nomme cette droite *d* pour « directrice ».

36. Crée un point n'appartenant pas à la droite *d*. Nomme-le F pour « foyer ».

37. Sélectionne le point A et la droite *d*, puis clique sur la commande Perpendiculaire du menu Construction.

38. La droite perpendiculaire générée à l'étape précédente étant sélectionnée, choisis la commande Point sur un objet du menu Construction. Nomme le point créé D.

39. Sélectionne les points A et D. Choisis le segment de droite parmi les outils de la palette Règle. Clique ensuite sur la commande Segment du menu Construction.

40. Sélectionne le point F et le segment de droite AD. Clique ensuite sur la commande Cercle de centre et de rayon du menu Construction. Il en résultera un ensemble de points situés à une distance donnée du foyer.

41. Crée maintenant un ensemble de points situés à la même distance de la droite *d*. Pour ce faire, sélectionne dans l'ordre les points A et D, puis choisis la commande Définir le vecteur « A→D » du menu Transformation.

42. Sélectionne la droite *d*. Clique ensuite sur la commande Translation du menu Transformation. Choisis l'option de vecteur défini, puis clique sur le bouton OK.

43. Sélectionne la nouvelle droite passant par le point D, de même que le cercle. Choisis ensuite la commande Point d'intersection du menu Construction. Nomme les points créés P et Q.

44. Les points P et Q étant sélectionnés, choisis la commande *Trace : Points* du menu Affichage.

45. Sélectionne le cercle et la droite passant par les points D et P. Clique ensuite sur la commande Cacher : Objets du menu Affichage.

46. Fais glisser le point D d'avant en arrière le long de la droite AD. Le tracé du déplacement des points P et Q représente le lieu des points équidistants du point F et de la droite *d*.

47. Décris le lieu géométrique que tu viens de construire.

48. Vérifie cette construction en faisant varier la position du point F. Décris le lieu géométrique lorsque le foyer (point F) se situe plus près de la directrice (droite AB). Décris-le lorsque le foyer est plus éloigné de la directrice.

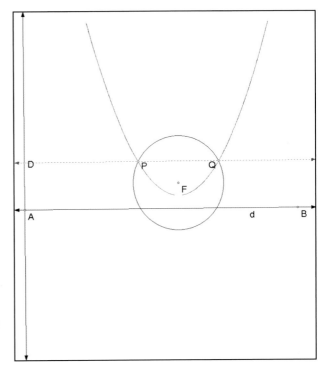

49. **Approfondissement a)** Afin de partir d'une grille, clique sur la commande Montrer grille du menu Graphique. Crée la directrice en construisant sous l'axe des *x* une droite parallèle à celui-ci. Situe ensuite le point F sur l'axe des *y*, à la même distance de l'axe des *x* que la directrice. Une fois cette construction terminée, où se trouve le sommet de la parabole ?

b) Sélectionne le point D et la droite AD. Clique ensuite sur la commande Boutons Action du menu Édition. Choisis l'option Animer. Sélectionne « une fois » dans la première liste déroulante et « lentement » dans la troisième. Clique ensuite sur Animer, puis clique deux fois sur le bouton [Animer] pour obtenir le lieu géométrique voulu.

c) Sélectionne les points P et Q, puis choisis la commande *Trace : Points* du menu Affichage. Cela aura pour effet de désactiver la fonction *Trace* dans le cas de ces deux points. Sélectionne maintenant les points P et D. Clique ensuite sur la commande Lieu géométrique du menu Construction. Un lieu géométrique sera alors créé. Sélectionne cette fois les points Q et D. Clique de nouveau sur la commande Lieu géométrique du menu Construction afin de compléter la figure apparaissant dans la zone d'esquisse. Fais varier la position du point F et observe comment le lieu géométrique se transforme. Décris l'effet de la position du point F sur ce lieu géométrique.

8.4 Le cercle

On appelle « épicentre » le point de la surface terrestre situé directement au-dessus du point d'origine d'un séisme. Les sismologues en déterminent la position en effectuant des mesures à partir de trois stations d'observation situées à des endroits différents. Chaque mesure indique la distance séparant l'épicentre de la station. Une seule mesure ne permet cependant pas de déterminer dans quelle direction se situe l'épicentre par rapport à cette station. Dans la présente section, nous ferons appel à des cercles pour localiser l'épicentre d'un séisme.

EXPLORATION ET RECHERCHE

Rappelons que l'équation d'un cercle de centre O(0, 0) et de rayon r est $x^2 + y^2 = r^2$. Celle d'un cercle de centre O(0, 0) et de rayon 6 sera par conséquent $x^2 + y^2 = 36$.

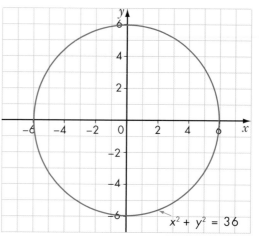

On peut voir ici un cercle de centre C(2, 3) et de rayon 6. Le point P(x, y) appartient à ce cercle. Le segment de droite CP correspond à son rayon.

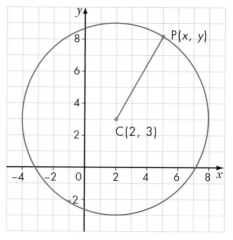

1. La formule indiquant la longueur d'un segment de droite est $l = \sqrt{(x_2 - x_1)^2 + (y_2 - y_1)^2}$. On peut la réécrire sous la forme $\sqrt{(x_2 - x_1)^2 + (y_2 - y_1)^2} = l$. Attribue les coordonnées du point P à x_2 et à y_2 dans cette seconde version de la formule et celles du point C à x_1 et à y_1. De même, attribue à l la valeur du rayon.

2. Élève les deux membres de l'équation au carré. Ne simplifie pas le résultat.

3. Décris comment l'équation du cercle défini par $x^2 + y^2 = 36$ se compare à celle que tu as obtenue à la question 2.

4. Décris comment le cercle d'équation $x^2 + y^2 = 36$ se compare au cercle dont tu as déterminé l'équation à la question 2.

5. Quelle modification peut-on faire subir à l'équation $x^2 + y^2 = 36$ pour obtenir l'équation d'un cercle de centre C(2, 3) et de rayon 6 ?

6. Écris l'équation d'un cercle de centre C(4, 5) et de rayon 6.

7. Écris l'équation d'un cercle de centre C(−2, −6) et de rayon 2.

8. Écris l'équation d'un cercle de centre C(h, k) et de rayon r.

9. Lorsque tu utilises un compas pour tracer un cercle, comment fais-tu appel à la définition du cercle en tant que lieu géométrique pour en construire un modèle géométrique ?

En géométrie, le **cercle** se définit comme l'ensemble ou le lieu géométrique des points d'un plan qui sont équidistants d'un point fixe. Ce point fixe porte le nom de **centre**. La distance qui sépare le centre de tout point du cercle constitue le **rayon**.

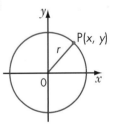

On peut établir l'équation d'un cercle de centre O(0, 0) et de rayon r à partir de la formule servant à déterminer la longueur d'un segment de droite. Soit P(x, y) un point quelconque du cercle.
On a alors OP = r.
Soit la formule de la longueur d'un segment de droite $l = \sqrt{(x_2 - x_1)^2 + (y_2 - y_1)^2}$.

Reporte dans cette formule r pour l, (x, y) pour (x_2, y_2) et (0, 0) pour (x_1, y_1).

$$l = \sqrt{(x_2 - x_1)^2 + (y_2 - y_1)^2}$$

Reporte les valeurs indiquées : $\quad r = \sqrt{(x - 0)^2 + (y - 0)^2}$

Simplifie : $\quad r = \sqrt{x^2 + y^2}$

Élève chaque membre au carré : $\quad r^2 = x^2 + y^2$

$$\text{ou } x^2 + y^2 = r^2$$

L'équation canonique d'un cercle de centre O(0, 0) et de rayon r est donc $x^2 + y^2 = r^2$.

Détermine l'équation d'un cercle de centre (0, 0) et de rayon 5.
Construis ce cercle.

SOLUTION

Soit l'équation d'un cercle de centre (0, 0) et de rayon r:
$$x^2 + y^2 = r^2$$
Reportes-y $r = 5$: $x^2 + y^2 = 5^2$
$$x^2 + y^2 = 25$$
L'équation d'un cercle de centre (0, 0) et de rayon 5 est
$x^2 + y^2 = 25$.

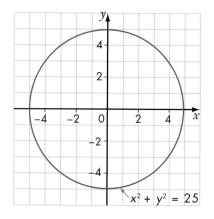

La formule indiquant la longueur d'un segment de droite permet aussi d'établir l'équation d'un cercle de centre C(h, k) et de rayon r.

Soit P(x, y) un point quelconque d'un cercle de centre C(h, k).
On a alors CP = r.
Soit la formule de la longueur d'un segment de droite, $l = \sqrt{(x_2 - x_1)^2 + (y_2 - y_1)^2}$.
Reporte dans cette formule r pour l, (x, y) pour (x_2, y_2) et (h, k) pour (x_1, y_1).

$$l = \sqrt{(x_2 - x_1)^2 + (y_2 - y_1)^2}$$

Reporte les valeurs indiquées: $r = \sqrt{(x - h)^2 + (y - k)^2}$
Élève chaque membre au carré: $r^2 = (x - h)^2 + (y - k)^2$
ou $(x - h)^2 + (y - k)^2 = r^2$

L'équation canonique d'un cercle de centre C(h, k) et de rayon r
est $(x - h)^2 + (y - k)^2 = r^2$.

Si l'on compare le cercle défini par
$(x - h)^2 + (y - k)^2 = r^2$ à celui défini par $x^2 + y^2 = r^2$,
• lorsque h a une valeur positive, le premier cercle est l'image
du second par une translation de h unités vers la droite;
• lorsque h a une valeur négative, le premier cercle est l'image
du second par une translation de h unités vers la gauche;
• lorsque k a une valeur positive, le premier cercle est l'image
du second par une translation de k unités vers le haut;
• lorsque k a une valeur négative, le premier cercle est l'image
du second par une translation de k unités vers le bas.

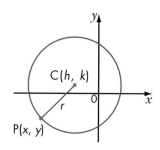

EXEMPLE 2 La détermination de l'équation d'un cercle de centre et de rayon connus

Écris, sous sa forme canonique, l'équation du cercle de centre $(3, -1)$ et de rayon 4. Construis ce cercle, puis indique le domaine et l'image de la relation qu'il représente.

SOLUTION

Reporte les valeurs connues dans l'équation canonique d'un cercle.

Dans le présent cas, $h = 3$, $k = -1$ et $r = 4$.

$$(x - h)^2 + (y - k)^2 = r^2$$
$$(x - 3)^2 + (y - (-1))^2 = 4^2$$
$$(x - 3)^2 + (y + 1)^2 = 16$$

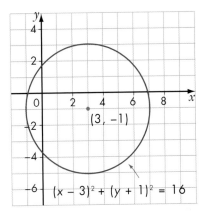

L'équation du cercle de centre $(3, -1)$ et de rayon 4 est $(x - 3)^2 + (y + 1)^2 = 16$.

Le domaine correspond ici aux réels x tels que $-1 \leq x \leq 7$ et l'image, aux réels y tels que $-5 \leq y \leq 3$.

EXEMPLE 3 La détermination de l'équation d'un cercle de centre connu passant par un point donné

Détermine, sous sa forme canonique, l'équation du cercle de centre C$(-2, 3)$ passant par le point P$(4, 1)$.

SOLUTION

Trace un diagramme.
Détermine la valeur de r^2 à l'aide du théorème de Pythagore.

$$r^2 = (4 - (-2))^2 + (1 - 3)^2$$
$$= 6^2 + (-2)^2$$
$$= 40$$

Reporte les valeurs connues dans l'équation canonique d'un cercle.

Dans le présent cas, $h = -2$, $k = 3$ et $r^2 = 40$.

$$(x - h)^2 + (y - k)^2 = r^2$$
$$(x - (-2))^2 + (y - 3)^2 = 40$$
$$(x + 2)^2 + (y - 3)^2 = 40$$

L'équation du cercle de centre C$(-2, 3)$ passant par le point P$(4, 1)$ est $(x + 2)^2 + (y - 3)^2 = 40$.

Exemple 4 Le basket-ball

Le rayon du cercle central d'un terrain de basket-ball égale 1,8 m. Ce terrain a 26 m de longueur et 14 m de largeur. Imagine qu'on le reproduit dans un plan cartésien sur du papier quadrillé, de telle manière que l'ensemble du terrain se trouve dans le quadrant I, l'un de ses angles étant situé à l'origine et deux de ses côtés se trouvant respectivement sur l'axe des x et sur celui des y. La longueur des côtés de chaque carré du quadrillage représente 2 m. Écris l'équation du cercle central lorsque le côté du terrain se trouvant sur l'axe des x:

a) est l'un des plus longs;

b) est l'un des plus courts.

Solution

a) Trace un diagramme.

Le centre du cercle se situe au centre du terrain, soit au point (13, 7).

L'équation d'un cercle étant
$$(x-h)^2 + (y-k)^2 = r^2,$$
on obtient $(x-13)^2 + (y-7)^2 = 1{,}8^2$
$$(x-13)^2 + (y-7)^2 = 3{,}24$$

L'équation du cercle central est donc
$(x-13)^2 + (y-7)^2 = 3{,}24$.

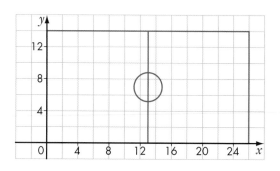

b) Trace un diagramme.

Le centre du cercle se situe au point (7, 13).

L'équation d'un cercle étant
$$(x-h)^2 + (y-k)^2 = r^2,$$
on obtient $(x-7)^2 + (y-13)^2 = 3{,}24$

L'équation du cercle central est donc
$(x-7)^2 + (y-13)^2 = 3{,}24$.

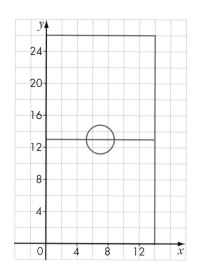

Il est possible de construire un cercle à l'aide d'une calculatrice à affichage graphique. Ainsi, pour représenter graphiquement $(x - 2)^2 + (y + 3)^2 = 16$, isole tout d'abord y.

$$(x - 2)^2 + (y + 3)^2 = 16$$
$$(y + 3)^2 = 16 - (x - 2)^2$$
$$y + 3 = \pm\sqrt{16 - (x - 2)^2}$$
$$y = -3 \pm \sqrt{16 - (x - 2)^2}$$

Saisis ensuite les deux équations obtenues dans l'éditeur Y=.

$$Y_1 = -3 + \sqrt{16 - (x - 2)^2} \qquad Y_2 = -3 - \sqrt{16 - (x - 2)^2}$$

Pour obtenir une figure circulaire, adapte la fenêtre d'affichage à l'aide de l'instruction *ZSquare*.

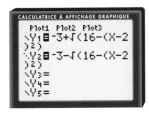
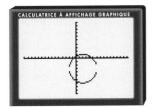

Soulignons qu'il est possible de construire les coniques étudiées dans ce chapitre en recourant à un logiciel comme Zap-a-Graph. Pour connaître la façon de procéder, reporte-toi à la section de l'annexe C traitant de ce logiciel.

On peut aussi construire un cercle en recourant à l'instruction *Circle*, laquelle exige les coordonnées du centre et la mesure du rayon. La saisie d'écran ci-contre fait voir un cercle centré au point (2, −3) dont le rayon égale 4. Nous avons adapté ici la fenêtre d'affichage à l'aide de l'instruction *ZSquare*.

Concepts clés

- Un cercle se définit comme l'ensemble ou le lieu géométrique des points d'un plan qui sont équidistants d'un point fixe. Ce point fixe porte le nom de centre. La distance qui sépare le centre de tout point du cercle constitue le rayon.
- L'équation canonique d'un cercle de centre O(0, 0) et de rayon r est $x^2 + y^2 = r^2$.
- L'équation canonique d'un cercle de centre C(h, k) et de rayon r est $(x - h)^2 + (y - k)^2 = r^2$.

Communique ce que tu as compris

1. Indique si les énoncés ci-après sont vrais ou faux dans le cas du cercle d'équation $x^2 + y^2 = 25$. Explique chaque fois ton raisonnement.

a) Ce cercle ne représente pas une fonction.

b) Il comporte un nombre infini d'axes de symétrie.

c) Le point $(6, -1)$ appartient à ce cercle.

2. Décris en quoi les cercles d'équation $(x - 3)^2 + (y + 2)^2 = 25$ et $(x + 3)^2 + (y - 2)^2 = 25$ se ressemblent et en quoi ils diffèrent.

3. Lesquelles parmi les équations ci-après définissent le cercle présenté ici? Justifie tes choix.

a) $x^2 + (y - 2)^2 = 25$ **b)** $(x + 2)^2 + y^2 = 25$

c) $(x - 2)^2 + y^2 = 25$ **d)** $(2 - x)^2 + y^2 = 25$

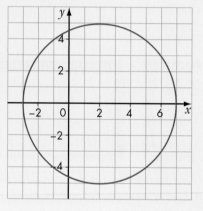

4. Décris comment tu déterminerais l'équation d'un cercle :

a) de centre $(2, 4)$ et de rayon 3 ;

b) de centre $(-1, -2)$ passant par le point $(3, 1)$.

Exercices

A

1. Écris, sous sa forme canonique, l'équation d'un cercle de centre $(0, 0)$ et de rayon :

a) 3 **b)** 7,3

c) $\sqrt{2}$ **d)** $3\sqrt{5}$

2. Écris, sous sa forme canonique, l'équation d'un cercle :

a) de centre $(2, 5)$ et de rayon 3 ;

b) de centre $(-1, 3)$ et de rayon 4 ;

c) de centre $(3, -2)$ et de rayon 5 ;

d) de centre $(0, 2)$ et de rayon 8 ;

e) de centre $(-3, -4)$ et de rayon $\sqrt{7}$;

f) de centre $(-5, 0)$ et de rayon $2\sqrt{5}$.

3. Esquisse à la main les cercles définis par les équations ci-après. Indique pour chacun le domaine et l'image de la relation qu'il représente.

a) $x^2 + y^2 = 100$

b) $x^2 + y^2 = 80$

c) $(x - 3)^2 + (y - 5)^2 = 64$

d) $(x + 4)^2 + y^2 = 49$

e) $x^2 + (y + 3)^2 = 121$

f) $(x + 2)^2 + (y - 7)^2 = 50$

4. Écris, sous sa forme canonique, l'équation des cercles présentés ici.

a)

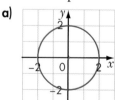

b)

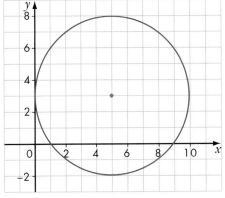

c)

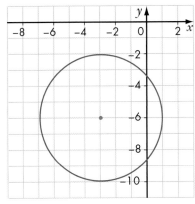

d)

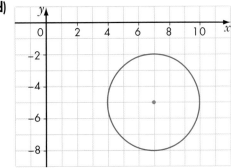

5. Écris, sous sa forme canonique, l'équation du cercle :

a) de centre (2, 3) passant par le point (5, 7) ;

b) de centre (−2, 4) passant par le point (3, 8) ;

c) de centre (3, −2) passant par le point (−2, −3) ;

d) de centre (−4, −1) passant par le point (3, 5).

6. Écris, sous sa forme canonique, l'équation du cercle :

a) de centre (4, −5) ayant l'abscisse à l'origine 3 ;

b) de centre (2, 4) ayant l'ordonnée à l'origine −1.

Application, résolution de problèmes, communication

7. Application Le rayon du cercle central d'un terrain de soccer égale environ 9 m. La longueur et la largeur du terrain peuvent varier. Soit un terrain de soccer de 100 m sur 60 m. On superpose à ce terrain un plan cartésien où chaque unité représente 1 m. Écris l'équation du cercle central si l'origine correspond :

a) au centre du cercle ;

b) à l'un des angles du terrain dont l'un des côtés plus longs est superposé à la partie positive de l'axe des x et l'un des côtés plus courts, à la partie positive de l'axe des y ;

c) à l'un des angles du terrain dont l'un des côtés plus courts est superposé à la partie négative de l'axe des x et l'un des côtés plus longs, à la partie négative de l'axe des y.

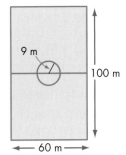

B

8. a) Construis les cercles définis par l'équation $(x − 1)^2 + (y + 3)^2 = r^2$ lorsque $r = 1, 2, 3$.

b) En quoi se ressemblent-ils ? En quoi diffèrent-ils ?

9. Le mouvement des corps célestes Soit un satellite géostationnaire en orbite à 35 880 km au-dessus d'un point de l'équateur. Écris une équation représentant sa trajectoire. Pour ce faire, suppose que l'origine se situe au centre de la Terre et que le rayon terrestre égale 6370 km.

10. Écris l'équation des cercles dont un diamètre est limité par les points indiqués ci-après.

a) $(-3, 5)$ et $(1, 3)$ **b)** $(2, -1)$ et $(-2, 3)$

c) $(-2, -3)$ et $(-5, 1)$ **d)** $(2, 5)$ et $(-3, -4)$

11. Des ronds dans l'eau Lorsqu'on lance un caillou dans un lac, des rides ou ondes circulaires apparaissent à la surface de l'eau. L'endroit où le caillou est tombé dans l'eau forme le centre de ces cercles concentriques. Suppose que leur rayon augmente de 20 cm par seconde. Écris une équation représentant le plus grand de ces cercles, 2,5 s après que le caillou a pénétré dans l'eau.

12. Une aire de jeu a) Louis a attaché son chien Milou à un piquet dans la cour. La corde qui retient Milou au piquet est longue de 7 m. Indique l'équation correspondant à l'aire de jeu circulaire maximale de Milou, si le piquet se situe à l'origine d'un plan cartésien.
b) Milou peut-il atteindre son bol d'eau si celui-ci occupe le point $(3, -2)$?

13. La recherche et le sauvetage Un avion privé a dû se poser d'urgence. Il a été repéré deux heures plus tard par un avion de recherche, aux coordonnées $(3, -1)$, mais le pilote manque à l'appel. Pour le retrouver, l'équipage de l'avion de recherche a défini une zone à explorer, en supposant que le pilote est parti à pied sitôt après avoir atterri et qu'il s'est éloigné en ligne droite à une vitesse moyenne de 3 km/h. Écris l'équation du cercle délimitant la zone à explorer.

14. Le point $(k, 2)$ appartient au cercle d'équation $(x - 2)^2 + (y - 3)^2 = 12$. Quelles sont les valeurs possibles de k?

15. La technologie À l'aide d'une calculatrice à affichage graphique, construis les cercles définis par les équations ci-après.

a) $(x - 4)^2 + (y - 2)^2 = 36$ **b)** $x^2 + (y - 2)^2 = 9$

c) $(x + 3)^2 + (y - 1)^2 = 49$

16. Les pièces de monnaie La Monnaie royale canadienne a utilisé du papier quadrillé au centimètre pour concevoir l'écrin d'un ensemble de pièces de monnaie. Écris, sous sa forme canonique, une équation représentant le pourtour de chaque pièce.

Pièce	Diamètre (mm)	Centre
de 2 $	28,00	(0, 5)
de 1 $	26,50	(3,5, 3,5)
de 25 ¢	23,88	(1,5, -4,5)
de 10 ¢	18,03	(3,5, -3)
de 5 ¢	21,20	(-1,5, -4,5)
de 1 ¢	19,05	(-3,5, -3)

17. Un cercle de rayon 2, centré à l'origine, coupe les deux axes en quatre points. On a construit quatre cercles de rayon 1 centrés à ces points d'intersection. Aux deux points où chacun de ces cercles coupe un axe, on a tracé un cercle de rayon $\frac{1}{2}$. Quelles sont les équations des huit cercles de rayon $\frac{1}{2}$?

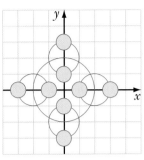

18. Les avions radioguidés Thomas fait décrire à son avion radioguidé, 30 m au-dessus du sol, une trajectoire circulaire correspondant à l'équation $(x - 5)^2 + (y - 2)^2 = 36$. Élise fait voler son avion à la même altitude, mais selon une trajectoire circulaire correspondant à l'équation $(x + 1)^2 + (y - 4)^2 = 25$. Les trajectoires des deux avions se coupent-elles ? Si oui, combien ont-elles de points d'intersection ?

19. Les tampons d'égout a) Un diamètre du tampon circulaire fermant la bouche d'un égout est limité par les points (0, 38) et (76, 38). Détermine l'équation du cercle représentant ce tampon.
b) Explique pourquoi les tampons d'égout sont ronds.

20. L'épicentre d'un séisme Lors d'un tremblement de terre, on a effectué des mesures à partir de trois stations d'observation. D'après ces mesures, l'épicentre du séisme se situait à 35 km de la station A, à 28 km de la station B et à 14 km de la station C.
a) Dessine un plan cartésien sur du papier quadrillé et reportes-y la position des trois stations situées respectivement aux points A(30, 20), B(−10, 10) et C(0, −20). À l'aide d'un compas, trace autour de chaque point un cercle dont le rayon représente la distance séparant cette station de l'épicentre. Pour ce faire, suppose que chaque unité du plan cartésien représente 1 km.
b) L'épicentre correspond au point d'intersection des trois cercles. Quelles sont ses coordonnées ?
c) Écris l'équation de chacun des cercles tracés en a).

21. Les transformations Nomme la transformation que l'on pourrait faire subir au cercle d'équation $x^2 + y^2 = 9$ pour obtenir chacun des cercles définis par les équations ci-après.
a) $(x - 1)^2 + (y - 2)^2 = 9$ **b)** $(x + 3)^2 + (y + 4)^2 = 9$
c) $x^2 + (y - 1)^2 = 9$ **d)** $(x + 2)^2 + y^2 = 9$
e) $(x - h)^2 + (y - k)^2 = 9$

22. Communication Décris les cercles définis par l'équation $(x - h)^2 + (y - 1)^2 = 16$ lorsque $h = 1, 2, 3$.

23. Indique si les équations ci-après définissent un cercle. Justifie tes réponses.

a) $(x - 3)^2 + (y + 4)^2 = 0$ **b)** $(x + 1)^2 + (y + 3)^2 = -10$

c) $(x + 1)^2 + (y + 3)^2 - 10 = 0$ **d)** $x^2 + (y + 3)^2 = \sqrt{3}$

e) $\left(x - \dfrac{1}{2}\right)^2 + 2(y - 1)^2 = 25$ **f)** $(x - 3) + (y + 4)^2 = 5$

24. Détermine l'équation du cercle centré à l'origine qui passe par le point d'intersection des droites définies respectivement par $3x - 2y - 2 = 0$ et $4x + 3y + 20 = 0$.

25. Une caractéristique des cordes Soit le cercle d'équation $(x + 3)^2 + (y - 4)^2 = 58$.

a) Démontre que le segment de droite limité par les points A$(0, -3)$ et B$(4, 1)$ est une corde de ce cercle.

b) Indique l'équation de la médiatrice de la corde AB.

c) Vérifie que la médiatrice de la corde passe par le centre du cercle.

C

26. Recherche et résolution de problèmes Les points $(7, 1)$, $(2, -4)$ et $(2, 6)$ appartiennent à un cercle. Détermine l'équation de ce cercle.

27. Quelle est l'équation du plus grand cercle que l'on peut inscrire dans un carré de 9 unités de côté, si les diagonales de ce carré se coupent au point $(-1, 3)$?

28. Le drapeau olympique Esquisse les cinq anneaux du drapeau olympique. Superposes-y un plan cartésien et écris l'équation de chaque anneau. Demande à une ou un camarade de classe de dessiner ces cinq anneaux à partir de tes équations. Jusqu'à quel point le résultat obtenu ressemble-t-il au drapeau olympique ?

29. On a dessiné dans chaque quadrant d'un plan cartésien un cercle de rayon 4 touchant les deux axes. Un cercle plus petit, centré à l'origine, touche chacun de ces cercles. Quelle est l'équation du cercle plus petit ?

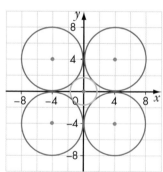

30. Les cercles de pierres mégalithiques Certaines civilisations de l'Europe occidentale des temps anciens ont érigé des cercles de pierres mégalithiques. Formé de 12 pierres, l'un de ces cercles peut être représenté par l'équation $x^2 + y^2 = 1$, les points $(1, 0)$, $(0, 1)$, $(-1, 0)$ et $(0, -1)$ correspondant chacun à l'emplacement d'une pierre. Quelles sont les coordonnées des huit autres pierres ?

8.5 L'ellipse

Les calculs rénaux sont des corps d'aspect cristallin pouvant se former dans les reins. Une intervention chirurgicale était autrefois nécessaire pour s'en débarrasser. De nos jours, cependant, la lithotritie extracorporelle permet de les détruire sans recourir à la chirurgie. On utilise alors un lithotriteur, appareil dont le nom, dérivé du grec, signifie « broyer la pierre ».

Un lithotriteur présente une forme elliptique. Sa conception fait appel aux caractéristiques de l'ellipse pour offrir une méthode de traitement des calculs rénaux comportant moins de risques. Cette méthode te sera expliquée à l'exemple 5.

Lien Internet
www.dlcmcgrawhill.ca

Pour en savoir plus sur les lithotriteurs, rends-toi à l'adresse donnée ci-haut. Puis clique sur la page couverture du manuel *Mathématiques 11*. Tu y trouveras les adresses nécessaires à ta recherche. Rédige un bref exposé expliquant le fonctionnement d'un lithotriteur.

Une **ellipse** se définit comme l'ensemble ou le lieu géométrique des points P d'un plan dont la somme des distances à deux points fixes F_1 et F_2 est constante.

$$F_1P + F_2P = k$$

Ces deux points fixes F_1 et F_2 constituent les **foyers** de l'ellipse, tandis que les longueurs des segments de droite F_1P et F_2P en représentent les **distances aux foyers**.

EXPLORATION ET RECHERCHE

Tu auras besoin de deux règles en plastique transparent, d'une feuille de papier et d'un crayon pour réaliser cette activité d'exploration.

Étape 1 : Trace un segment de droite de 10 cm de longueur, près du centre de ta feuille de papier. Nomme ses deux extrémités F_1 et F_2.

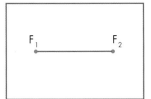

Étape 2 : Choisis une longueur k, exprimée en centimètres, supérieure à celle du segment de droite F_1F_2. Il vaut mieux que cette longueur soit inférieure à 20 cm.

Étape 3 : Choisis une longueur a et une longueur b, exprimées en centimètres, telles que $k = a + b$.

Étape 4 : À l'aide de tes deux règles, définis deux points situés à une distance *a* du point F_1 et à une distance *b* du point F_2.

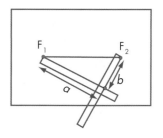

Étape 5 : Refais les étapes 3 et 4 en attribuant différentes valeurs à *a* et à *b*, jusqu'à ce que le nombre de points créés soit suffisant pour définir une courbe complète.

Étape 6 : Trace une courbe lisse passant par ces points. Voilà un exemple d'une ellipse.

1. Combien d'axes de symétrie cette ellipse possède-t-elle ?

2. Où se situe le point d'intersection des axes de symétrie par rapport aux points F_1 et F_2 ?

3. a) Pourquoi la longueur *k* doit-elle être supérieure à la longueur du segment de droite F_1F_2 ?

b) Quel diagramme obtiendrait-on si ces deux longueurs étaient égales ?

4. À l'étape 4, tu as situé deux points à partir des valeurs attribuées à *a* et à *b*. Existe-t-il des valeurs de *a* et de *b* ne permettant de définir qu'un seul point ? Si oui, quelles sont ces valeurs ? Où se situerait le point en cause sur l'ellipse ?

Le schéma ci-contre fait voir une autre façon de tracer une ellipse. Deux punaises, enfoncées aux points F_1 et F_2, retiennent une ficelle que l'on a nouée pour former une boucle et dont la longueur est plus de deux fois supérieure à celle de $\overline{F_1F_2}$. Il suffit de tendre la ficelle avec un crayon et de déplacer ce crayon, sans relâcher la ficelle, pour tracer l'ellipse.

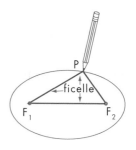

La longueur de la ficelle étant constante, la somme des distances représentées par F_1P et F_2P demeure la même pour toute position du point P.

Exemple 1 La détermination de l'équation d'une ellipse à partir de sa définition comme lieu géométrique

À l'aide de la définition de l'ellipse en tant que lieu géométrique, détermine l'équation de l'ellipse de foyers $F_1(-4, 0)$ et $F_2(4, 0)$ dont la somme constante des distances aux foyers égale 10.

Solution

Soit $P(x, y)$ un point quelconque de l'ellipse.

La définition de l'ellipse en tant que lieu géométrique peut s'exprimer algébriquement comme suit : $F_1P + F_2P = 10$.

À l'aide de la formule indiquant la longueur d'un segment de droite, c'est-à-dire $l = \sqrt{(x_2 - x_1)^2 + (y_2 - y_1)^2}$, réécris les termes F_1P et F_2P.

$$l = \sqrt{(x_2 - x_1) + (y_2 - y_1)^2}$$
$$F_1P = \sqrt{(x - (-4))^2 + (y - 0)^2}$$
$$= \sqrt{(x + 4)^2 + y^2}$$
$$F_2P = \sqrt{(x - 4)^2 + (y - 0)^2}$$
$$= \sqrt{(x - 4)^2 + y^2}$$

Reporte ces expressions
dans l'équation :
$$\sqrt{(x + 4)^2 + y^2} + \sqrt{(x - 4)^2 + y^2} = 10$$

Isole un radical :
$$\sqrt{(x + 4)^2 + y^2} = 10 - \sqrt{(x - 4)^2 + y^2}$$

Élève chaque membre au carré :
$$(x + 4)^2 + y^2 = 100 - 20\sqrt{(x - 4)^2 + y^2} + (x - 4)^2 + y^2$$

Simplifie :
$$x^2 + 8x + 16 + y^2 = 100 - 20\sqrt{(x - 4)^2 + y^2} + x^2 - 8x + 16 + y^2$$

Isole le radical :
$$16x - 100 = -20\sqrt{(x - 4)^2 + y^2}$$

Divise chaque membre par 4 :
$$4x - 25 = -5\sqrt{(x - 4)^2 + y^2}$$

Élève chaque membre au carré :
$$16x^2 - 200x + 625 = 25((x - 4)^2 + y^2)$$

Simplifie le tout :
$$16x^2 - 200x + 625 = 25(x - 4)^2 + 25y^2$$
$$16x^2 - 200x + 625 = 25(x^2 - 8x + 16) + 25y^2$$
$$16x^2 - 200x + 625 = 25x^2 - 200x + 400 + 25y^2$$
$$225 = 9x^2 + 25y^2$$

Divise chaque membre par 225 :
$$1 = \frac{x^2}{25} + \frac{y^2}{9}$$

L'équation de l'ellipse est $\dfrac{x^2}{25} + \dfrac{y^2}{9} = 1$.

Toute ellipse possède deux axes de symétrie formant chacun un segment de droite à l'intérieur de l'ellipse.

Le plus long de ces segments de droite porte le nom de **grand axe** et le plus court, de **petit axe**. Les extrémités du grand axe constituent les **sommets** principaux A_1 et A_2 de l'ellipse, tandis que les extrémités du petit axe en constituent les **sommets secondaires** B_1 et B_2.

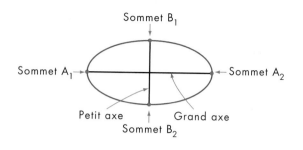

On peut voir ci-contre l'ellipse de l'exemple 1.
Ses sommets principaux A_1 et A_2 se situent aux points $(5, 0)$ et $(-5, 0)$.
La longueur de son grand axe est de 10.
Ses sommets secondaires B_1 et B_2 se situent aux points $(0, 3)$ et $(0, -3)$.
La longueur de son petit axe est de 6.

On peut écrire l'équation de cette ellipse sous la forme $\dfrac{x^2}{5^2} + \dfrac{y^2}{3^2} = 1$.

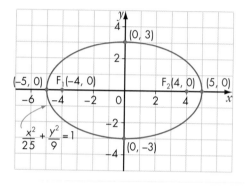

Dans l'équation sous cette forme, 5 correspond à la moitié de la longueur du grand axe (ou la moitié de la somme constante des distances aux foyers) et 3, à la moitié de la longueur du petit axe.

Sur le schéma ci-contre, a représente la moitié de la longueur du grand axe ; b, la moitié de la longueur du petit axe ; c, la moitié de la distance entre les deux foyers, qui se trouvent sur le grand axe.

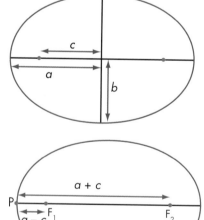

Si P est un point de l'ellipse de manière que $y = 0$, les distances aux foyers sont $F_1P = a - c$ et $F_2P = a + c$.
$$F_1P + F_2P = a - c + a + c$$
$$= 2a$$

La somme constante des distances séparant un point de l'ellipse de ses deux foyers égale donc $2a$, ce qui correspond à la longueur du grand axe.

Soit P un point de l'ellipse de manière que $x = 0$.
Puisque $F_1P + F_2P = 2a$ et $F_1P = F_2P$, on a
$F_1P = a$ et $F_2P = a$.

Or, selon le théorème de Pythagore, $a^2 = b^2 + c^2$,
où $a^2 > b^2$.

De fait, à l'exemple 1, $a = 5$, $b = 3$ et $c = 4$,
de sorte que $5^2 = 3^2 + 4^2$.

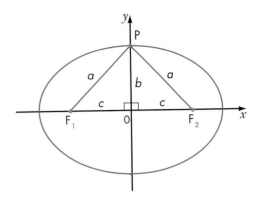

Par conséquent, le grand axe a une longueur de $2a$ unités et le petit axe, de $2b$ unités, la distance entre les deux foyers étant de $2c$ unités. Les schémas ci-après font voir les annotations associées aux principaux éléments des ellipses centrées à l'origine.

Grand axe horizontal   **Grand axe vertical**

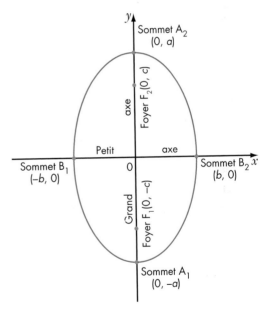

Voici un résumé de nos observations.

Ellipse centrée à l'origine dont le grand axe se trouve sur l'axe des x

L'équation canonique d'une ellipse centrée à l'origine dont le grand axe se trouve sur l'axe des x est

$$\frac{x^2}{a^2} + \frac{y^2}{b^2} = 1, \text{ où } a > b > 0.$$

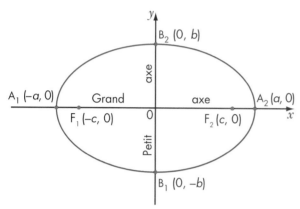

La longueur du grand axe est de $2a$.
La longueur du petit axe est de $2b$.
Les sommets principaux de l'ellipse se situent aux points $A_1(-a, 0)$ et $A_2(a, 0)$ et les sommets secondaires aux points $B_1(0, -b)$ et $B_2(0, b)$.
Ses foyers occupent les points $F_1(-c, 0)$ et $F_2(c, 0)$.
$a^2 = b^2 + c^2$

Ellipse centrée à l'origine dont le grand axe se trouve sur l'axe des y

L'équation canonique d'une ellipse centrée à l'origine dont le grand axe se trouve sur l'axe des y est

$$\frac{x^2}{b^2} + \frac{y^2}{a^2} = 1, \text{ où } a > b > 0.$$

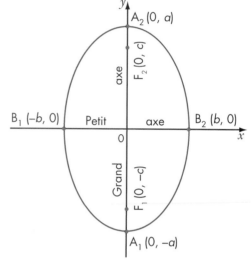

La longueur du grand axe est de $2a$.
La longueur du petit axe est de $2b$.
Les sommets principaux de l'ellipse se situent aux points $A_1(0, -a)$ et $A_2(0, a)$ et les sommets secondaires aux points $B_1(-b, 0)$ et $B_2(b, 0)$.
Ses foyers occupent les points $F_1(0, -c)$ et $F_2(0, c)$.
$a^2 = b^2 + c^2$

EXEMPLE 2 La construction d'une ellipse de centre (0, 0)

Construis l'ellipse d'équation $4x^2 + y^2 = 36$. Annote ton diagramme en y indiquant les foyers de l'ellipse.

SOLUTION

Réécris l'équation $4x^2 + y^2 = 36$ sous sa forme canonique.

$$4x^2 + y^2 = 36$$

Divise chaque membre par 36 : $\dfrac{x^2}{9} + \dfrac{y^2}{36} = 1$

Le dénominateur de x^2 étant inférieur à celui de y^2, l'équation est de la forme $\dfrac{x^2}{b^2} + \dfrac{y^2}{a^2} = 1$.

L'ellipse est centrée à l'origine et son grand axe se trouve sur l'axe des y. Comme $a^2 = 36$, $a = 6$ et les sommets principaux A_1 et A_2 occupent respectivement les points $(0, -6)$ et $(0, 6)$.

Comme $b^2 = 9$, $b = 3$ et les sommets secondaires B_1 et B_2 occupent respectivement les points $(-3, 0)$ et $(3, 0)$.

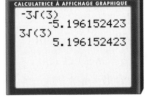

$$a^2 = b^2 + c^2$$
$$6^2 = 3^2 + c^2$$
$$36 - 9 = c^2$$
$$27 = c^2$$
$$3\sqrt{3} = c$$

Les foyers se situent aux points $F_1(0, -3\sqrt{3})$ et $F_2(0, 3\sqrt{3})$, leurs coordonnées approximatives étant $(0, -5,2)$ et $(0, 5,2)$.

Reporte les sommets de l'ellipse dans un plan. Trace une courbe lisse passant par ces points. Inscris sur ton diagramme l'équation de l'ellipse et les coordonnées de ses foyers.

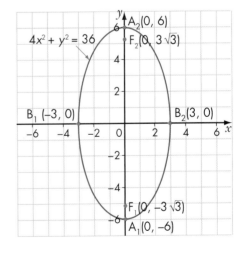

Il se peut qu'une ellipse ne soit pas centrée à l'origine. En effet, à l'exemple du cercle, une ellipse peut être de centre (h, k). Les règles associées à la translation d'un cercle s'appliquent également à celle d'une ellipse.

L'équation canonique d'une ellipse de centre (h, k) dont le grand axe est parallèle à l'axe des x est

$$\frac{(x-h)^2}{a^2} + \frac{(y-k)^2}{b^2} = 1, \text{ où } a > b > 0.$$

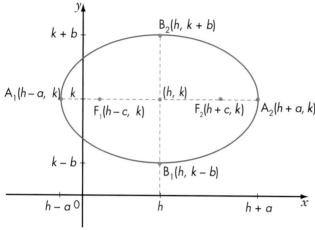

La longueur du grand axe est de $2a$.
La longueur du petit axe est de $2b$.
Les sommets principaux de l'ellipse se situent aux points $A_1(h - a, k)$ et $A_2(h + a, k)$ et les sommets secondaires aux points $B_1(h, k - b)$ et $B_2(h, k + b)$.
Ses foyers occupent les points $F_1(h - c, k)$ et $F_2(h + c, k)$.
$a^2 = b^2 + c^2$

L'équation canonique d'une ellipse de centre (h, k) dont le grand axe est parallèle à l'axe des y est

$$\frac{(x-h)^2}{b^2} + \frac{(y-k)^2}{a^2} = 1, \text{ où } a > b > 0.$$

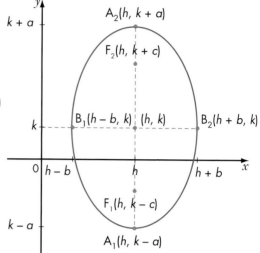

La longueur du grand axe est de $2a$.
La longueur du petit axe est de $2b$.
Les sommets principaux de l'ellipse se situent aux points $A_1(h, k - a)$ et $A_2(h, k + a)$ et les sommets secondaires aux points $B_1(h - b, k)$ et $B_2(h + b, k)$.
Ses foyers occupent les points $F_1(h, k - c)$ et $F_2(h, k + c)$.
$a^2 = b^2 + c^2$

EXEMPLE 3 La construction d'une ellipse de centre (h, k)

Construis l'ellipse d'équation $\dfrac{(x+1)^2}{25} + \dfrac{(y-3)^2}{16} = 1$.

Annote ton diagramme en y indiquant les foyers de l'ellipse.

SOLUTION

Le dénominateur de $(x + 1)^2$ étant supérieur à celui de $(y - 3)^2$, l'équation $\dfrac{(x+1)^2}{25} + \dfrac{(y-3)^2}{16} = 1$ est de la forme $\dfrac{(x-h)^2}{a^2} + \dfrac{(y-k)^2}{b^2} = 1$.

L'ellipse est centrée au point (h, k), ou $(-1, 3)$, et son grand axe est parallèle à l'axe des x.

$a^2 = 25$, d'où $a = 5$

$b^2 = 16$, d'où $b = 4$

Le grand axe, qui est parallèle à l'axe des x, a une longueur de $2a$ ou 10.

Le petit axe, qui est parallèle à l'axe des y, a une longueur de $2b$ ou 8.

Les sommets principaux A_1 et A_2 se situent respectivement aux points $(h - a, k)$ et $(h + a, k)$.

En reportant ici les valeurs connues de h, k et a, on obtient $A_1(-1 - 5, 3)$ et $A_2(-1 + 5, 3)$ ou $A_1(-6, 3)$ et $A_2(4, 3)$.

Les sommets secondaires B_1 et B_2 se situent respectivement aux points $(h, k - b)$ et $(h, k + b)$.

En reportant ici les valeurs connues de h, k et b, on obtient $B_1(-1, 3 - 4)$ et $B_2(-1, 3 + 4)$ ou $B_1(-1, -1)$ et $B_2(-1, 7)$.

Les foyers correspondent aux points $F_1(h - c, k)$ et $F_2(h + c, k)$.

Pour déterminer la valeur de c, utilise la formule $a^2 = b^2 + c^2$, en y reportant $a = 5$ et $b = 4$.

$$a^2 = b^2 + c^2$$
$$5^2 = 3^2 + c^2$$
$$25 = 16 + c^2$$
$$25 - 16 = c^2$$
$$9 = c^2$$
$$3 = c$$

Les foyers se situent donc aux points $F_1(-1 - 3, 3)$ et $F_2(-1 + 3, 3)$ ou $F_1(-4, 3)$ et $F_2(2, 3)$.

Reporte les sommets de l'ellipse dans un plan.

Trace une courbe lisse passant par ces points.

Inscris sur ton diagramme l'équation de l'ellipse et les coordonnées de ses foyers.

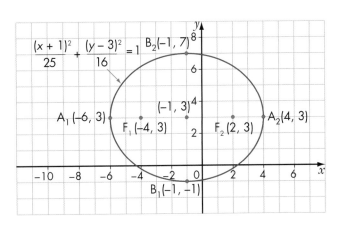

EXEMPLE 4 La détermination de l'équation d'une ellipse

Écris, sous sa forme canonique, l'équation des ellipses décrites ci-après.

a) Les coordonnées du centre de l'ellipse sont $(2, -1)$. Son grand axe a 16 unités de longueur et est parallèle à l'axe des x. Son petit axe a 4 unités de longueur.

b) Les coordonnées du centre de l'ellipse sont $(-2, 5)$. L'ellipse passe par les points $(-5, 5)$, $(1, 5)$, $(-2, -2)$ et $(-2, 12)$.

Solution

a) L'ellipse étant centrée au point $(2, -1)$, $h = 2$ et $k = -1$. Le grand axe est parallèle à l'axe des x.

La longueur du grand axe est de 16, d'où $a = 8$. Celle du petit axe est de 4, d'où $b = 2$.

Reporte ces valeurs dans l'équation canonique d'une ellipse dont le grand axe est parallèle à l'axe des x.

$$\frac{(x-h)^2}{a^2} + \frac{(y-k)^2}{b^2} = 1$$

$$\frac{(x-2)^2}{8^2} + \frac{(y-(-1))^2}{2^2} = 1$$

$$\frac{(x-2)^2}{64} + \frac{(y+1)^2}{4} = 1$$

L'équation de l'ellipse est $\dfrac{(x-2)^2}{64} + \dfrac{(y+1)^2}{4} = 1$.

b) Reporte dans un plan les points $(-5, 5)$, $(1, 5)$, $(-2, -2)$ et $(-2, 12)$. Trace une courbe passant par ces quatre points. Situe le centre au point $(-2, 5)$ et inscris ses coordonnées.

Ses coordonnées étant $(-2, 5)$, $h = -2$ et $k = 5$. Notre dessin révèle que le grand axe de l'ellipse est parallèle à l'axe des y et a 14 unités de longueur, d'où $a = 7$. Son petit axe a 6 unités de longueur, d'où $b = 3$.

Reporte ces valeurs dans l'équation canonique d'une ellipse dont le grand axe est parallèle à l'axe des y.

$$\frac{(x-h)^2}{b^2} + \frac{(y-k)^2}{a^2} = 1$$

$$\frac{(x-(-2))^2}{3^2} + \frac{(y-5)^2}{7^2} = 1$$

$$\frac{(x+2)^2}{9} + \frac{(y-5)^2}{49} = 1$$

L'équation de l'ellipse est

$$\frac{(x+2)^2}{9} + \frac{(y-5)^2}{49} = 1.$$

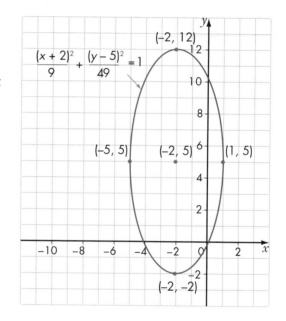

Mentionnons qu'il est possible de construire une ellipse à l'aide d'une calculatrice à affichage graphique. Comme dans le cas d'un cercle, il faut d'abord isoler y dans l'équation de l'ellipse.

$$\frac{(x+1)^2}{9} + \frac{(y-2)^2}{4} = 1$$

$$36 \times \frac{(x+1)^2}{9} + 36 \times \frac{(y-2)^2}{4} = 36 \times 1$$

$$4(x+1)^2 + 9(y-2)^2 = 36$$

$$9(y-2)^2 = 36 - 4(x+1)^2$$

$$(y-2)^2 = \frac{1}{9}(36 - 4(x+1)^2)$$

$$y-2 = \pm\sqrt{\frac{1}{9}(36 - 4(x+1)^2)}$$

$$y = 2 \pm \frac{1}{3}\sqrt{36 - 4(x+1)^2}$$

Saisis ensuite les deux équations obtenues dans l'éditeur Y=.

$$Y_1 = 2 + \frac{1}{3}\sqrt{36 - 4(x+1)^2} \text{ et } Y_2 = 2 - \frac{1}{3}\sqrt{36 - 4(x+1)^2}$$

Adapte les paramètres de la fenêtre d'affichage et fais appel à l'instruction *ZSquare*.

On a réglé ici les paramètres de la fenêtre d'affichage afin que Xmin = −5,3, Xmax = 5,3, Ymin = −2 et Ymax = 5.

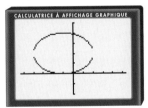

EXEMPLE 5 La lithotritie extracorporelle

La lithotritie extracorporelle fournit une autre méthode pour le traitement des calculs rénaux. On fait en sorte que le calcul à détruire occupe l'un des foyers du lithotriteur, qui est de forme elliptique. L'appareil émet des ondes de choc à partir de son autre foyer. Les propriétés réfléchissantes d'une ellipse ont pour effet de concentrer ces ondes, et le calcul rénal se trouvant au foyer se désintègre. Imagine que la longueur du grand axe d'un lithotriteur est de 60 cm et que la moitié de la longueur de son petit axe est de 25 cm.

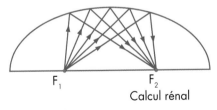

Calcul rénal

a) Fournis une équation représentant cette demi-ellipse. Suppose que son centre se situe à l'origine et que son grand axe se trouve sur l'axe des x.

b) Au dixième de centimètre près, à quelle distance le calcul rénal doit-il se trouver du point d'origine des ondes de choc?

SOLUTION

a) Trace un schéma.

L'ellipse est centrée à l'origine et son grand axe se trouve sur l'axe des x, de sorte que son équation est de la forme

$$\frac{x^2}{a^2} + \frac{y^2}{b^2} = 1$$

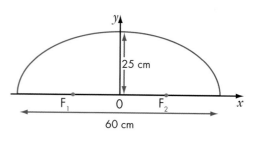

La longueur de son grand axe est de 60, d'où $a = 30$. La moitié de la longueur de son petit axe égale 25, d'où $b = 25$.

L'équation de la demi-ellipse est

$$\frac{x^2}{30^2} + \frac{y^2}{25^2} = 1, \text{ où } y \geq 0,$$

ou $\dfrac{x^2}{900} + \dfrac{y^2}{625} = 1$, où $y \geq 0$.

b) Détermine les coordonnées des foyers.

Les foyers correspondent aux points $F_1(-c, 0)$ et $F_2(c, 0)$.

$$a^2 = b^2 + c^2$$
$$30^2 = 25^2 + c^2$$
$$900 - 625 = c^2$$
$$275 = c^2$$
$$\sqrt{275} = c$$
$$5\sqrt{11} = c$$

Les foyers se situent donc aux points $F_1(-5\sqrt{11}, 0)$ et $F_2(5\sqrt{11}, 0)$. La distance qui les sépare est de

$10\sqrt{11} \doteq 33,2$.

Au dixième de centimètre près, le calcul rénal doit se trouver à 33,2 cm du point d'origine des ondes de choc.

Concepts clés

• Une ellipse se définit comme l'ensemble ou le lieu géométrique des points P d'un plan dont la somme des distances à deux points fixes F_1 et F_2 est constante.

• L'équation canonique d'une ellipse centrée à l'origine, pour laquelle $a > b > 0$, est soit $\dfrac{x^2}{a^2} + \dfrac{y^2}{b^2} = 1$ (grand axe se trouvant sur l'axe des x), soit $\dfrac{x^2}{b^2} + \dfrac{y^2}{a^2} = 1$ (grand axe se trouvant sur l'axe des y).

• L'équation canonique d'une ellipse de centre (h, k), pour laquelle $a > b > 0$, est soit $\dfrac{(x-h)^2}{a^2} + \dfrac{(y-k)^2}{b^2} = 1$ (grand axe parallèle à l'axe des x),

soit $\dfrac{(x-h)^2}{b^2} + \dfrac{(y-k)^2}{a^2} = 1$ (grand axe parallèle à l'axe des y).

Communique ce que tu as compris

1. Si l'on traçait le graphique de $\dfrac{(x+3)^2}{4} + \dfrac{(y-2)^2}{9} = 1$ et celui de

$\dfrac{(x+3)^2}{9} + \dfrac{(y-2)^2}{4} = 1$, quelles seraient les caractéristiques communes à ces deux ellipses? Quelles seraient les caractéristiques propres à chacune? Justifie ta réponse.

2. Indique si les énoncés ci-après sont toujours vrais, parfois vrais ou toujours faux dans le cas d'une ellipse. Justifie chaque fois ton raisonnement.

a) Le grand axe d'une ellipse est plus long que son petit axe.

b) Toute ellipse représente une fonction.

c) L'ellipse comporte un nombre infini d'axes de symétrie.

d) Dans le cas d'une ellipse, $\dfrac{x^2}{a^2} + \dfrac{y^2}{b^2} = 1$, où $a < 0$ et $b < 0$.

3. Décris comment tu déterminerais, à partir de la définition de l'ellipse en tant que lieu géométrique, l'équation de l'ellipse de centre $(0, 0)$ et de foyers $F_1(0, -4)$ et $F_2(0, 4)$ dont la somme des distances aux foyers égale 10.

4. Décris comment tu tracerais le graphique de $\dfrac{(x+2)^2}{9} + \dfrac{(y+4)^2}{16} = 1$.

Exercices

A

1. À l'aide de la définition de l'ellipse comme lieu géométrique, détermine, sous sa forme canonique, l'équation de l'ellipse :

a) de foyers $(-3, 0)$ et $(3, 0)$ dont la somme des distances aux foyers égale 10 ;

b) de foyers $(0, -3)$ et $(0, 3)$ dont la somme des distances aux foyers égale 10 ;

c) de foyers $(-8, 0)$ et $(8, 0)$ dont la somme des distances aux foyers égale 20 ;

d) de foyers $(0, 8)$ et $(0, -8)$ dont la somme des distances aux foyers égale 20.

2. Esquisse à la main les ellipses définies par les équations ci-après. Inscris sur chaque diagramme les coordonnées du centre, des sommets et des foyers.

a) $\dfrac{x^2}{25} + \dfrac{y^2}{16} = 1$ **b)** $\dfrac{x^2}{4} + \dfrac{y^2}{36} = 1$

c) $x^2 + 16y^2 = 64$ **d)** $4x^2 + y^2 = 36$

e) $25x^2 + 9y^2 = 225$

3. Soit chacune des ellipses ci-après. Détermine :

i) les coordonnées de son centre ;

ii) la longueur de son grand axe et celle de son petit axe ;

iii) les coordonnées de ses sommets ;

iv) les coordonnées de ses foyers ;

v) le domaine et l'image de la relation qu'elle représente ;

vi) l'équation de l'ellipse, sous sa forme canonique.

a)

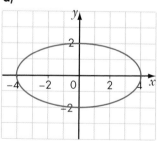

b)

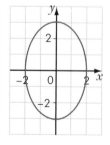

4. Écris, sous sa forme canonique, l'équation de l'ellipse de centre $(0, 0)$:

a) dont le grand axe se trouve sur l'axe des x et a une longueur de 14 et dont le petit axe a une longueur de 6 ;

b) dont le petit axe a une longueur de 6 et dont l'un des sommets principaux se situe au point $(-5, 0)$;

c) dont le grand axe a une longueur de 12 et dont l'un des sommets secondaires se situe au point $(5, 0)$;

d) dont l'un des sommets principaux se situe au point $(-8, 0)$ et l'un des foyers, au point $(\sqrt{55}, 0)$;

e) dont l'un des foyers se situe au point $(0, 2\sqrt{10})$ et dont le petit axe a une longueur de 6.

5. Esquisse à la main les ellipses définies par les équations ci-après, en déterminant pour chacune les coordonnées du centre, la longueur du grand axe et celle du petit axe ainsi que les coordonnées des foyers et des sommets.

a) $\dfrac{(x+2)^2}{25} + \dfrac{(y-3)^2}{9} = 1$

b) $\dfrac{(x-3)^2}{49} + \dfrac{(y+1)^2}{81} = 1$

c) $(x+1)^2 + 9(y-3)^2 = 36$

d) $16(x-3)^2 + (y+2)^2 = 16$

6. Soit chacune des ellipses ci-après. Détermine :

i) les coordonnées de son centre ;

ii) la longueur de son grand axe et celle de son petit axe ;

iii) les coordonnées de ses sommets ;

iv) les coordonnées de ses foyers ;

v) le domaine et l'image de la relation qu'elle représente ;

vi) l'équation de l'ellipse, sous sa forme canonique.

a)

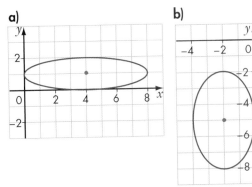

b)

c)

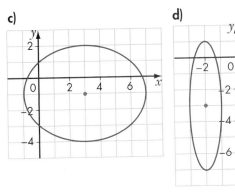

d)

7. Écris, sous sa forme canonique, l'équation de l'ellipse :

a) de centre $(2, -3)$ dont la longueur du grand axe est de 12 et celle du petit axe, de 4 ;

b) de centre $(3, -2)$ passant par les points $(-4, -2)$, $(10, -2)$, $(3, 1)$ et $(3, -5)$;

c) de centre $(-1, -2)$ passant par les points $(-5, -2)$, $(3, -2)$, $(-1, 4)$ et $(-1, -8)$;

d) de foyers $(0, 0)$ et $(0, 8)$ dont la somme des distances aux foyers égale 10 ;

e) de foyers $(-1, -1)$ et $(9, -1)$ dont la somme des distances aux foyers égale 26.

Application, résolution de problèmes, communication

B

8. La salle des murmures Statuary Hall, l'une des pièces du Capitole de Washington, où siège le Congrès américain, présente des murs elliptiques. Les propriétés réfléchissantes d'une ellipse lui ont valu le surnom de *Whisper Chamber* (salle des murmures).

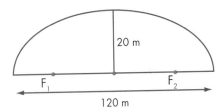

a) Comme son bureau occupait l'un des foyers de l'ellipse, le président John Quincy Adams était en mesure d'écouter de nombreuses conversations privées. Où ces conversations devaient-elles se dérouler pour qu'il puisse les entendre ? Justifie ta réponse.

b) Représente par une équation l'ellipse traduisant la forme de Statuary Hall. Suppose pour ce faire que la longueur du grand axe est de 120 m et celle du demi-petit axe (moitié du petit axe), de 20 m.

9. La première loi de Kepler C'est le physicien et astronome Johannes Kepler qui énonça les trois lois décrivant le mouvement des planètes. Selon la première loi, toutes les planètes de notre système gravitent autour du Soleil en décrivant une trajectoire elliptique dont l'un des foyers correspond au centre du Soleil. La distance séparant une planète du Soleil ne cesse de varier. La Terre se rapproche le plus du Soleil en janvier. La distance qui l'en sépare est de $1,47 \times 10^8$ km lorsque la Terre atteint son périhélie, soit le point de son orbite le plus proche du Soleil. À l'inverse, la Terre s'écarte le plus du Soleil en juillet. La distance qui l'en sépare est de $1,52 \times 10^8$ km lorsque la Terre atteint son aphélie, soit le point de son orbite le plus éloigné du Soleil. Représente par une équation l'ellipse correspondant à l'orbite de la Terre. Pour ce faire, suppose que le centre de l'ellipse se situe à l'origine et que son grand axe se trouve sur l'axe des x.

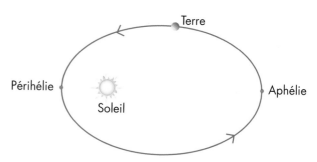

10. Le mouvement des corps célestes La comète de Halley décrit autour du Soleil une orbite qu'elle met environ 76 ans à parcourir. Elle suit une trajectoire elliptique dont le Soleil occupe l'un des foyers. La distance la séparant du Soleil est de $8,8 \times 10^7$ km à son périhélie, c'est-à-dire au point de son orbite où la comète s'approche le plus du Soleil, et de $5,3 \times 10^9$ km à son aphélie, c'est-à-dire au point de son orbite où elle s'en éloigne le plus. Représente par une équation l'ellipse correspondant à l'orbite de la comète de Halley. Pour ce faire, suppose que le Soleil se trouve sur l'axe des x.

11. Application La Lune décrit autour de la Terre une orbite elliptique. À son périgée, soit le point de son orbite le plus proche de la Terre, elle se trouve à environ 363 000 km de notre planète. À son apogée, soit le point de son orbite le plus éloigné de la Terre, la distance qui l'en sépare est d'environ 405 000 km. La Terre occupe ici l'un des foyers. Représente par une équation l'ellipse correspondant à l'orbite que décrit la Lune autour de la Terre. Pour ce faire, suppose que la Terre se trouve sur l'axe des y.

12. Soit l'équation $x^2 + y^2 = 49$, qui définit un cercle. Démontre que l'on peut la transformer pour qu'elle ressemble à l'équation canonique d'une ellipse.

13. Le *Spoutnik I* Le premier satellite artificiel à graviter autour de la Terre fut le *Spoutnik I*, lancé par l'URSS en 1957. Il décrivait une orbite elliptique. Si on représente l'orbite par une ellipse centrée à l'origine dont le grand axe se trouve sur l'axe des x, la longueur de son grand axe est de 13 920 km et celle de son petit axe, de 13 902 km. La Terre occupe l'un des foyers de l'ellipse.

a) Indique l'équation de l'ellipse représentant l'orbite décrite par ce satellite.

b) Quelle distance séparait ce satellite de la Terre lorsqu'il en était le plus près ?

c) Quelle distance séparait ce satellite de la Terre lorsqu'il en était le plus éloigné ?

14. Les pièces de monnaie On peut acheter une carte-présentoir de forme elliptique portant les 12 pièces canadiennes de 25 cents 2000 de l'ensemble-souvenir du millénaire « Espoirs et aspirations ».

a) Écris l'équation de cette ellipse, sachant que ses sommets principaux occupent les points (0, 7) et (30, 94, 7) alors que ses sommets secondaires occupent les points (15, 47, 0) et (15, 47, 14).

b) Quelle est la longueur de son grand axe ?

c) Quelle est la longueur de son petit axe ?

d) Esquisse un diagramme à l'échelle de la carte-présentoir.

15. Le projecteur Lorsqu'on le dirige vers la scène, un projecteur en illumine une portion elliptique. Suppose que l'un des foyers de cette ellipse se situe au point $(-1, 5)$ et que la somme de ses distances focales égale 6. Écris l'équation de l'ellipse si son grand axe se trouve sur l'axe des x.

16. Jupiter Comme toutes les autres planètes du système solaire, Jupiter décrit une trajectoire elliptique dont l'un des foyers correspond au centre du Soleil. Le schéma ci-contre indique, en millions de kilomètres, la distance approximative qui sépare Jupiter du Soleil aux points le plus rapproché et le plus éloigné de son orbite. Représente par une équation l'ellipse correspondant à l'orbite de Jupiter. Pour ce faire, suppose que le centre du Soleil se trouve sur l'axe des x.

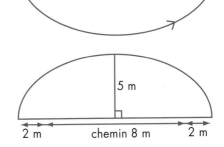

17. Une entrée couverte On a décidé de construire une marquise semi-elliptique au-dessus du chemin menant à un centre des arts. Ce chemin a 8 m de largeur et il est bordé de chaque côté d'un trottoir de 2 m de largeur. Si la hauteur libre au-dessus du chemin est de 5 m à son maximum, quelle sera-t-elle à son minimum, au centième de mètre près ?

18. La technologie À l'aide d'une calculatrice à affichage graphique, construis les ellipses définies par les équations ci-après.

a) $\dfrac{(x-2)^2}{16} + \dfrac{(y+1)^2}{4} = 1$ **b)** $\dfrac{(x+3)^2}{4} + \dfrac{(y+1)^2}{25} = 1$ **c)** $\dfrac{x^2}{36} + \dfrac{(y-3)^2}{16} = 1$

19. Communication a) À l'aide d'une calculatrice à affichage graphique, construis les ellipses définies par l'équation $\dfrac{x^2}{25} + \dfrac{y^2}{b^2} = 1$ lorsque $b = 1, 2, 3$.

b) Construis les ellipses définies par cette équation lorsque $b = \dfrac{1}{2}, \dfrac{1}{3}, \dfrac{1}{4}$.

c) En quoi ces ellipses se ressemblent-elles ? En quoi diffèrent-elles ?

d) Que leur arrive-t-il à mesure que b approche de zéro ?

20. Un cercle déformé On peut envisager une ellipse comme un cercle déformé.

a) Construis, dans un même plan cartésien, le cercle d'équation $x^2 + y^2 = 1$ et l'ellipse d'équation $\dfrac{x^2}{25} + \dfrac{y^2}{9} = 1$.

b) Dans quel rapport doit-on agrandir horizontalement le cercle en a) pour se rapprocher de l'ellipse ?

c) Dans quel rapport doit-on agrandir verticalement le cercle en a) pour obtenir l'ellipse ?

d) Construis, dans un même plan cartésien, le cercle d'équation $x^2 + y^2 = 1$ et l'ellipse d'équation $\dfrac{x^2}{4} + \dfrac{y^2}{36} = 1$.

e) Dans quel rapport doit-on agrandir horizontalement le cercle en d) pour se rapprocher de l'ellipse ?

f) Dans quel rapport doit-on agrandir verticalement le cercle en d) pour obtenir l'ellipse ?

g) Comment peut-on déterminer ces rapports d'agrandissement horizontal et vertical à partir de l'équation de l'ellipse ?

C

21. L'excentricité Une ellipse peut être longue et étroite ou presque circulaire. L'excentricité, que l'on exprime par un nombre, indique à quel point une ellipse est allongée ou aplatie. On détermine l'excentricité, de symbole e, à l'aide de la formule $e = \dfrac{c}{a}$.

a) Détermine l'excentricité des ellipses définies par les équations ci-après. Arrondis tes réponses au centième près.

i) $\dfrac{x^2}{9} + \dfrac{y^2}{4} = 1$ **ii)** $\dfrac{x^2}{16} + \dfrac{y^2}{25} = 1$ **iii)** $\dfrac{x^2}{36} + y^2 = 1$ **iv)** Un cercle

b) Recherche et résolution de problèmes Trouve l'excentricité maximale et minimale possible dans le cas d'une ellipse. Explique ton raisonnement.

22. La forme canonique Soit une ellipse de foyers $(-c, 0)$ et $(c, 0)$ dont le grand axe se trouve sur l'axe des x et dont les abscisses à l'origine sont a et $-a$ et les ordonnées à l'origine, aux points $(0, -b)$ et $(0, b)$.

a) À l'aide de la formule de la distance entre deux points, démontre que pour un point (x, y) de cette ellipse, $\sqrt{(x-c)^2 + y^2} + \sqrt{(x+c)^2 + y^2} = 2a$.

b) Isole l'un des radicaux de cette équation et procède aux étapes nécessaires pour en arriver à $\dfrac{x^2}{a^2} + \dfrac{y^2}{a^2 - c^2} = 1$.

c) Fais voir comment on en arrive à $\dfrac{x^2}{a^2} + \dfrac{y^2}{b^2} = 1$, soit l'équation canonique d'une ellipse dont le grand axe se trouve sur l'axe des x.

VÉRIFIONS NOS PROGRÈS

Connaissance et compréhension • **Réflexion, recherche et résolution de problèmes** • **Communication** • **Mise en application**

Le toit d'une patinoire intérieure présente une forme semi-elliptique. Il a 100 m de portée et 21 m de hauteur. Quelle est la longueur d'une poutre stabilisatrice installée à 5 m sous ce toit ?

8.6 L'hyperbole

Certains navires utilisent un système de radionavigation appelé « loran », de l'anglais *LOng RAnge Navigation* ou navigation à longue portée. Un navire muni de ce système capte les signaux radio émis simultanément par deux stations. Le loran mesure l'écart entre les temps d'arrivée de ces signaux et détermine la position du navire en faisant appel à la définition de l'hyperbole en tant que lieu géométrique.

Pour déterminer l'équation d'une hyperbole, il faut recourir à la valeur absolue des nombres. Or, la **valeur absolue** d'un nombre réel correspond à la distance qui le sépare de l'origine sur une droite numérique. On représente la valeur absolue d'un nombre réel x par l'expression $|x|$, qui dénote la valeur positive ou nulle de x.

Lien Internet

www.dlcmcgrawhill.ca

Pour en savoir plus sur le loran, rends-toi à l'adresse donnée ci-haut. Puis clique sur la page couverture du manuel *Mathématiques 11*. Tu y trouveras les adresses nécessaires à ta recherche. Rédige un bref exposé décrivant les origines du loran.

Le schéma ci-après montre que la valeur absolue de −3 est 3, tout comme celle de 3.

|−3| = 3 |3| = 3

−4 −3 −2 −1 0 1 2 3 4

3 unités   3 unités

Une **hyperbole** se définit comme l'ensemble ou le lieu géométrique des points P d'un plan dont la valeur absolue de la différence des distances à deux points fixes F_1 et F_2 est constante.

$$\left| F_1P - F_2P \right| = k$$

Ces deux points fixes F_1 et F_2 constituent les **foyers** de l'hyperbole, tandis que les longueurs des segments de droite F_1P et F_2P en représentent les **distances aux foyers**.

Tu auras besoin ici de deux règles en plastique transparent, d'une feuille de papier et d'un crayon.

Étape 1 : Trace un segment de droite de 10 cm de longueur, près du centre de ta feuille de papier. Nomme ses deux extrémités F_1 et F_2.

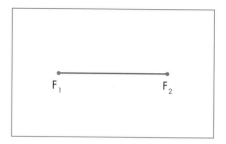

Étape 2 : Choisis une longueur k, exprimée en centimètres, inférieure à celle du segment de droite F_1F_2. Pour les besoins de la présente activité, attribue à k une valeur de 4 cm.

Étape 3 : Choisis une longueur a et une longueur b, exprimées en centimètres, telles que la valeur absolue de leur différence égale 4, c'est-à-dire telles que $|a - b| = 4$. Tu peux utiliser ici $a = 9$ cm et $b = 5$ cm ou $a = 5$ cm et $b = 9$ cm, car $|9 - 5| = 4$ et $|5 - 9| = 4$.

Étape 4 : À l'aide de tes deux règles, définis deux points situés à 9 cm du point F_1 et à 5 cm du point F_2. En utilisant la même méthode, définis ensuite deux points situés à 5 cm du point F_1 et à 9 cm du point F_2.

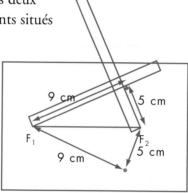
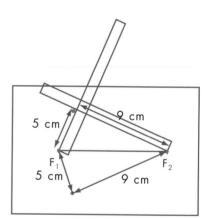

Étape 5 : Refais les étapes 3 et 4 en attribuant à a et à b différentes valeurs telles que $|a - b| = 4$, cela jusqu'à ce que le nombre de points créés soit suffisant pour définir deux courbes.

Étape 6 : Relie les points de chaque ensemble en traçant une courbe lisse. Les deux courbes obtenues forment une hyperbole.

1. Combien d'axes de symétrie cette hyperbole possède-t-elle ?

2. Où se situe le point d'intersection des axes de symétrie par rapport aux points F_1 et F_2 ?

3. À l'étape 4, tu as situé quatre points à partir des valeurs attribuées à a et à b. Existe-t-il des valeurs de a et de b ne permettant de définir que deux points ? Si oui, quelles sont ces valeurs ? Décris la position des points en cause sur l'hyperbole.

4. Les sommets de cette hyperbole se trouvent sur le segment de droite F_1F_2. Quelle relation y a-t-il entre la distance qui les sépare et la valeur de k ? Explique ta réponse.

EXEMPLE 1 La détermination de l'équation d'une hyperbole à partir de sa définition comme lieu géométrique

À l'aide de la définition de l'hyperbole en tant que lieu géométrique, détermine l'équation de l'hyperbole de foyers $F_1(-5, 0)$ et $F_2(5, 0)$ dont la différence constante des distances aux foyers égale 8.

SOLUTION

Soit $P(x, y)$ un point quelconque de l'hyperbole.

La définition de l'hyperbole en tant que lieu géométrique peut s'exprimer algébriquement comme suit : $|F_1P - F_2P| = 8$.

À l'aide de la formule indiquant la longueur d'un segment de droite, c'est-à-dire $l = \sqrt{(x_2 - x_1)^2 + (y_2 - y_1)^2}$, réécris les termes F_1P et F_2P.

$$l = \sqrt{(x_2 - x_1)^2 + (y_2 - y_1)^2}$$

$$F_1P = \sqrt{(x-(-5))^2 + (y-0)^2}$$

$$= \sqrt{(x+5)^2 + y^2}$$

$$F_2P = \sqrt{(x-5)^2 + (y-0)^2}$$

$$= \sqrt{(x-5)^2 + y^2}$$

Sans restreindre la portée générale, suppose que $F_1P > F_2P$ et reporte les expressions précédentes dans l'équation.

Reporte les expressions obtenues :
$$\sqrt{(x+5)^2 + y^2} - \sqrt{(x-5)^2 + y^2} = 8$$

Isole un radical :
$$\sqrt{(x+5)^2 + y^2} = 8 + \sqrt{(x-5)^2 + y^2}$$

Élève chaque membre au carré :
$$(x+5)^2 + y^2 = 64 + 16\sqrt{(x-5)^2 + y^2} + (x-5)^2 + y^2$$

$$x^2 + 10x + 25 + y^2 = 64 + 16\sqrt{(x-5)^2 + y^2} + x^2 - 10x + 25 + y^2$$

Isole le radical :
$$20x - 64 = 16\sqrt{(x-5)^2 + y^2}$$

Divise chaque membre par 4 :
$$5x - 16 = 4\sqrt{(x-5)^2 + y^2}$$

Élève chaque membre au carré :
$$25x^2 - 160x + 256 = 16((x-5)^2 + y^2)$$

Simplifie le tout :
$$25x^2 - 160x + 256 = 16(x^2 - 10x + 25 + y^2)$$

$$25x^2 - 160x + 256 = 16x^2 - 160x + 400 + 16y^2$$

$$9x^2 - 16y^2 = 144$$

Divise chaque membre par 144 :
$$\frac{x^2}{16} - \frac{y^2}{9} = 1$$

L'équation de l'hyperbole est $\dfrac{x^2}{16} - \dfrac{y^2}{9} = 1$.

On peut voir ci-contre l'hyperbole de l'exemple 1. Cette hyperbole possède deux axes de symétrie. Les points $(-4, 0)$ et $(4, 0)$ appartiennent à l'un de ces axes. Le segment de droite qui les relie porte le nom d'**axe transversal**. Dans le présent cas, sa longueur est de 8. Les extrémités de l'axe transversal constituent les **sommets** de l'hyperbole.

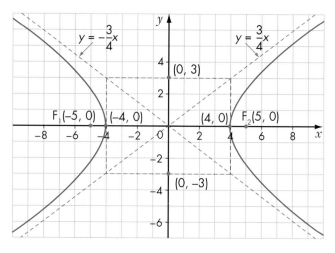

Les points $(0, -3)$ et $(0, 3)$ appartiennent à l'autre axe de symétrie. Le segment de droite qui les relie porte le nom d'**axe conjugué**. Dans le présent cas, sa longueur est de 6. Les extrémités de l'axe conjugué constituent les **sommets secondaires** de l'hyperbole conjuguée à la première. L'hyperbole conjuguée est expliquée à la page 650.

Le point d'intersection de l'axe transversal et de l'axe conjugué se définit comme le **centre** de l'hyperbole. Dans le présent cas, le centre se situe à l'origine, c'est-à-dire au point $(0, 0)$.

Les droites d'équation $x = -4$ et $x = 4$ forment un rectangle avec les droites d'équation $y = -3$ et $y = 3$. Les deux branches de l'hyperbole sont comprises entre les diagonales de ce rectangle. On donne à ces diagonales le nom d'asymptotes. Il s'agit de droites dont l'hyperbole se rapproche à mesure que les valeurs de x et de y augmentent.

On peut écrire l'équation de l'hyperbole de l'exemple 1 sous la forme $\dfrac{x^2}{4^2} - \dfrac{y^2}{3^2} = 1$.

Dans l'équation sous cette forme, 4 correspond à la moitié de la longueur de l'axe transversal (ou la moitié de la différence entre les distances aux foyers) et 3, à la moitié de la longueur de l'axe conjugué. Mentionnons également que les asymptotes sont définies par les équations $y = \dfrac{3}{4}x$ et $y = -\dfrac{3}{4}x$.

Les foyers se situent aux points $(-5, 0)$ et $(5, 0)$.
Soulignons que $4^2 + 3^2 = 5^2$.

L'équation canonique d'une hyperbole centrée à l'origine dont l'axe transversal se trouve sur l'axe des x et l'axe conjugué, sur l'axe des y est

$$\frac{x^2}{a^2} - \frac{y^2}{b^2} = 1.$$

- La longueur de l'axe transversal, se trouvant sur l'axe des x, est de $2a$.
- La longueur de l'axe conjugué, se trouvant sur l'axe des y, est de $2b$.
- Les sommets de l'hyperbole se situent aux points $S_1(-a, 0)$ et $S_2(a, 0)$.
- Les sommets de l'hyperbole conjuguée se situent aux points $(0, -b)$ et $(0, b)$.
- Les foyers de l'hyperbole occupent les points $F_1(-c, 0)$ et $F_2(c, 0)$, lesquels appartiennent à l'axe transversal.
- Les équations des asymptotes sont

$$y = \frac{b}{a}x \text{ et } y = -\frac{b}{a}x.$$

- $a^2 + b^2 = c^2$

L'équation canonique d'une hyperbole centrée à l'origine dont l'axe transversal se trouve sur l'axe des y et l'axe conjugué, sur l'axe des x est

$$\frac{y^2}{a^2} - \frac{x^2}{b^2} = 1.$$

- La longueur de l'axe transversal, se trouvant sur l'axe des y, est de $2a$.
- La longueur de l'axe conjugué, se trouvant sur l'axe des x, est de $2b$.
- Les sommets de l'hyperbole se situent aux points $S_1(0, -a)$ et $S_2(0, a)$.
- Les sommets de l'hyperbole conjuguée se situent aux points $(-b, 0)$ et $(b, 0)$.
- Les foyers de l'hyperbole occupent les points $F_1(0, -c)$ et $F_2(0, c)$, lesquels appartiennent à l'axe transversal.
- Les équations des asymptotes sont

$$y = \frac{a}{b}x \text{ et } y = -\frac{a}{b}x.$$

- $a^2 + b^2 = c^2$

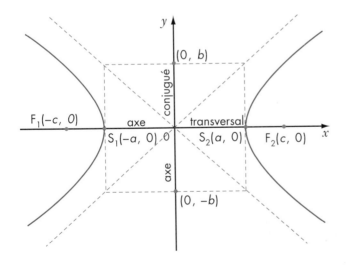

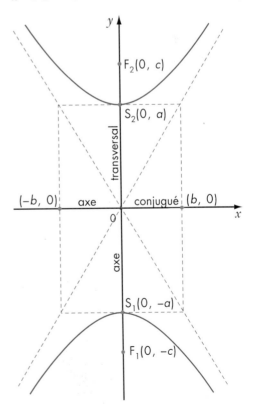

EXEMPLE 2 La construction d'une hyperbole de centre (0, 0)

Construis l'hyperbole d'équation $\dfrac{y^2}{36} - \dfrac{x^2}{4} = 1$. Inscris sur ton diagramme les coordonnées des foyers et l'équation des asymptotes.

SOLUTION

Puisque l'équation est de la forme $\dfrac{y^2}{a^2} - \dfrac{x^2}{b^2} = 1$, le centre se situe à l'origine et l'axe transversal se trouve sur l'axe des y.

Comme $a^2 = 36$, $a = 6$ et les sommets de l'hyperbole occupent les points $S_1(0, -6)$ et $S_2(0, 6)$.

Comme $b^2 = 4$, $b = 2$ et les sommets de l'hyperbole conjuguée occupent les points $(-2, 0)$ et $(2, 0)$.

La longueur de l'axe transversal est de $2a = 2(6)$
$$= 12$$
La longueur de l'axe conjugué est de $2b = 2(2)$
$$= 4$$

Les foyers correspondent aux points $F_1(0, -c)$ et $F_2(0, c)$.

Pour déterminer la valeur de c, utilise la formule $a^2 + b^2 = c^2$, en y reportant $a = 6$ et $b = 2$.

$c^2 = a^2 + b^2$
$ = 6^2 + 2^2$
$ = 36 + 4$
$ = 40$
$c = \sqrt{40}$
$ = 2\sqrt{10}$

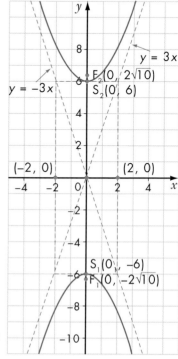

Les foyers se situent donc aux points $(0, -2\sqrt{10})$ et $(0, 2\sqrt{10})$, leurs coordonnées approximatives étant $(0, -6,32)$ et $(0, 6,32)$. Les équations des asymptotes sont $y = \dfrac{a}{b}x$ et $y = -\dfrac{a}{b}x$.

En reportant $a = 6$ et $b = 2$ dans ces équations, on obtient

$y = \dfrac{6}{2}x$ ou $y = 3x$ et $y = -\dfrac{6x}{2}$ ou $y = -3x$.

Pour esquisser l'hyperbole, reporte ses sommets et ceux de l'hyperbole conjuguée dans un plan. Construis ensuite un rectangle à l'aide des droites définies par $y = 6$, $y = -6$, $x = 2$ et $x = -2$. Dessine les asymptotes en prolongeant les diagonales de ce rectangle.

Comme l'axe transversal se trouve sur l'axe des y, l'hyperbole s'ouvre nécessairement vers le haut et vers le bas. Esquisse l'une de ses branches en traçant, à partir d'un sommet, une courbe qui va en s'approchant des asymptotes. Procède de la même façon pour esquisser l'autre branche. Inscris sur ton diagramme les coordonnées des foyers et l'équation des asymptotes.

Il se peut qu'une hyperbole ne soit pas centrée à l'origine. En effet, à l'exemple du cercle et de l'ellipse, une hyperbole peut être de centre (h, k). Les règles associées à la translation d'un cercle ou d'une ellipse s'appliquent également à celle d'une hyperbole.

L'équation canonique d'une hyperbole de centre (h, k) dont l'axe transversal est parallèle à l'axe des x et l'axe conjugué, à l'axe des y est

$$\frac{(x-h)^2}{a^2} - \frac{(y-k)^2}{b^2} = 1.$$

- La longueur de l'axe transversal, parallèle à l'axe des x, est de $2a$.
- La longueur de l'axe conjugué, parallèle à l'axe des y, est de $2b$.
- Les sommets de l'hyperbole se situent aux points $S_1(h - a, k)$ et $S_2(h + a, k)$.
- Les sommets de l'hyperbole conjuguée se situent aux points $(h, k - b)$ et $(h, k + b)$.
- Les foyers de l'hyperbole occupent les points $F_1(h - c, k)$ et $F_2(h + c, k)$, lesquels appartiennent à l'axe transversal.
- $a^2 + b^2 = c^2$

L'équation canonique d'une hyperbole de centre (h, k) dont l'axe transversal est parallèle à l'axe des y et l'axe conjugué, à l'axe des x est

$$\frac{(y-k)^2}{a^2} - \frac{(x-h)^2}{b^2} = 1.$$

- La longueur de l'axe transversal, parallèle à l'axe des y, est de $2a$.
- La longueur de l'axe conjugué, parallèle à l'axe des x, est de $2b$.
- Les sommets de l'hyperbole se situent aux points $S_1(h, k - a)$ et $S_2(h, k + a)$.
- Les sommets de l'hyperbole conjuguée se situent aux points $(h - b, k)$ et $(h + b, k)$.
- Les foyers de l'hyperbole occupent les points $F_1(h, k - c)$ et $F_2(h, k + c)$, lesquels appartiennent à l'axe transversal.
- $a^2 + b^2 = c^2$

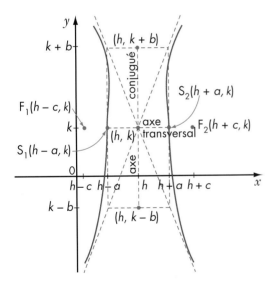

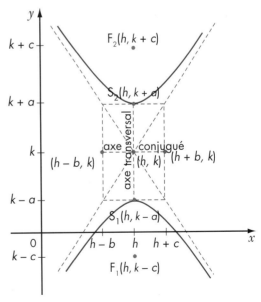

Exemple 3 La construction d'une hyperbole de centre (h, k)

Construis l'hyperbole d'équation $\dfrac{(x-2)^2}{36} - \dfrac{(y+1)^2}{16} = 1$. Annote ton diagramme en y indiquant les foyers de l'hyperbole.

Solution

Le centre se situe au point $C(h, k) = (2, -1)$.

Puisque l'équation est de la forme $\dfrac{(x-h)^2}{a^2} - \dfrac{(y-k)^2}{b^2} = 1$, l'axe transversal est parallèle à l'axe des x.

$a^2 = 36$, d'où $a = 6$
$b^2 = 16$, d'où $b = 4$

La longueur de l'axe transversal est de $2a$ ou 12.
La longueur de l'axe conjugué est de $2b$ ou 8.

Les sommets de l'hyperbole se situent aux points $S_1(h - a, k)$ et $S_2(h + a, k)$. En reportant ici les valeurs connues de h, k et a, on obtient $S_1(2 - 6, -1)$ et $S_2(2 + 6, -1)$ ou $S_1(-4, -1)$ et $S_2(8, -1)$.

Les sommets de l'hyperbole conjuguée se situent aux points $(h, k - b)$ et $(h, k + b)$.
En reportant ici les valeurs connues de h, k et b, on obtient $(2, -1 - 4)$ et $(2, -1 + 4)$ ou $(2, -5)$ et $(2, 3)$.

Les foyers correspondent aux points $F_1(h - c, k)$ et $F_2(h + c, k)$.
Pour déterminer la valeur de c, utilise la formule $a^2 + b^2 = c^2$, en y reportant $a = 6$ et $b = 4$.

$\begin{aligned} c^2 &= 6^2 + 4^2 \\ &= 36 + 16 \\ &= 52 \\ c &= \sqrt{52} \\ &= 2\sqrt{13} \end{aligned}$

CALCULATRICE À AFFICHAGE GRAPHIQUE
2-2√(13)
            -5.211102551
2+2√(13)
            9.211102551
■

Les foyers se situent donc aux points $(2 - 2\sqrt{13}, -1)$ et $(2 + 2\sqrt{13}, -1)$, leurs coordonnées approximatives étant $(-5{,}21, -1)$ et $(9{,}21, -1)$.

Pour tracer l'hyperbole, reporte ses sommets et ceux de l'hyperbole conjuguée dans un plan. Construis ensuite un rectangle défini par ces quatre points. Esquisse les asymptotes en prolongeant les diagonales de ce rectangle.

Comme l'axe transversal est parallèle à l'axe des *x*, l'hyperbole s'ouvre nécessairement vers la gauche et vers la droite. Esquisse l'une de ses branches en traçant, à partir d'un sommet, une courbe qui va en s'approchant des asymptotes. Procède de la même façon pour esquisser l'autre branche. Inscris sur ton diagramme les coordonnées des foyers.

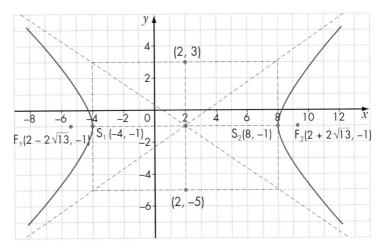

EXEMPLE 4 La détermination de l'équation d'une hyperbole

Écris l'équation d'une hyperbole de sommets $(2, -2)$ et $(2, 8)$, sachant que les sommets de l'hyperbole qui lui est conjuguée se situent aux points $(0, 3)$ et $(4, 3)$. Construis cette hyperbole.

SOLUTION

Les sommets $(2, -2)$ et $(2, 8)$ appartiennent à l'axe transversal, ce qui veut dire que celui-ci est parallèle à l'axe des *y*.

Le centre de l'hyperbole se situe à mi-chemin de ses sommets, ainsi qu'à mi-chemin de ceux de l'hyperbole conjuguée.
En reportant les coordonnées $(2, -2)$ et $(2, 8)$ dans la formule permettant de déterminer le milieu, on obtient

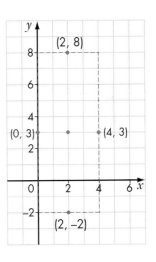

$$\left(\frac{x_1 + x_2}{2}, \frac{y_1 + y_2}{2}\right) = \left(\frac{2 + 2}{2}, \frac{-2 + 8}{2}\right)$$
$$= (2, 3)$$

Puisque l'axe transversal est parallèle à l'axe des *y* et que le centre ne se trouve pas à l'origine, l'équation canonique de cette hyperbole sera de la forme
$$\frac{(y - k)^2}{a^2} - \frac{(x - h)^2}{b^2} = 1.$$

Le centre étant situé au point $(2, 3)$, $h = 2$ et $k = 3$.

La longueur de l'axe transversal, qui est parallèle à l'axe des *y*, est de 10.
Or, si $2a = 10$, $a = 5$.
La longueur de l'axe conjugué, qui est parallèle à l'axe des *x*, est de 4.
Or, si $2b = 4$, $b = 2$.

L'équation de l'hyperbole est $\dfrac{(y-3)^2}{25} - \dfrac{(x-2)^2}{4} = 1$.

Ses foyers correspondent aux points $F_1(h, k - c)$ et $F_2(h, k + c)$.
Pour déterminer la valeur de c, utilise la formule $a^2 + b^2 = c^2$, en y reportant $a = 5$ et $b = 2$.

$$c^2 = a^2 + b^2$$
$$= 5^2 + 2^2$$
$$= 25 + 4$$
$$= 29$$
$$c = \sqrt{29}$$

Les foyers occupent les points $(h, k - c)$ et $(h, k + c)$. Ils se situent par conséquent aux points $(2, 3 - \sqrt{29})$ et $(2, 3 + \sqrt{29})$, leurs coordonnées approximatives étant $(2, -2{,}39)$ et $(2, 8{,}39)$.

Pour tracer l'hyperbole, reporte ses sommets et ceux de l'hyperbole conjuguée dans un plan. Construis ensuite un rectangle défini par ces quatre points. Esquisse les asymptotes en prolongeant les diagonales de ce rectangle.

Comme l'axe transversal est parallèle à l'axe des y, l'hyperbole s'ouvre nécessairement vers le haut et vers le bas. Esquisse l'une de ses branches en traçant, à partir d'un sommet, une courbe qui va en s'approchant des asymptotes. Procède de la même façon pour esquisser l'autre branche. Inscris sur ton diagramme les coordonnées des foyers.

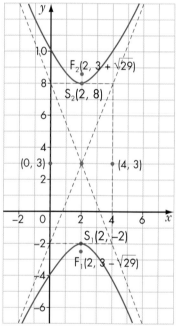

Mentionnons qu'il est possible de construire une hyperbole à l'aide d'une calculatrice à affichage graphique. Comme dans le cas d'un cercle ou d'une ellipse, il faut d'abord isoler y dans l'équation de l'hyperbole.

Dans le cas de $\dfrac{y^2}{4} - \dfrac{x^2}{9} = 1$, par exemple, on aura alors $y = \pm\dfrac{2}{3}\sqrt{9 + x^2}$.

Saisis dans l'éditeur Y= les deux équations obtenues.

$Y_1 = \dfrac{2}{3}\sqrt{9 + x^2}$ et $Y_2 = -\dfrac{2}{3}\sqrt{9 + x^2}$

Modifie les paramètres de la fenêtre d'affichage, au besoin, et fais appel à l'instruction *ZSquare*.

 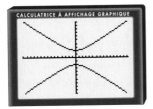

Concepts clés

• Une hyperbole se définit comme l'ensemble ou le lieu géométrique des points P d'un plan dont la valeur absolue de la différence des distances à deux points fixes F_1 et F_2 est constante.

$$|F_1P - F_2P| = k$$

• L'équation canonique d'une hyperbole centrée à l'origine est soit $\dfrac{x^2}{a^2} - \dfrac{y^2}{b^2} = 1$

(axe transversal se trouvant sur l'axe des *x*), soit $\dfrac{y^2}{a^2} - \dfrac{x^2}{b^2} = 1$

(axe transversal se trouvant sur l'axe des *y*).

• L'équation canonique d'une hyperbole centrée au point (*h, k*) est soit

$\dfrac{(x-h)^2}{a^2} - \dfrac{(y-k)^2}{b^2} = 1$ (axe transversal parallèle à l'axe des *x*), soit

$\dfrac{(y-k)^2}{a^2} - \dfrac{(x-h)^2}{b^2} = 1$ (axe transversal parallèle à l'axe des *y*).

Communique ce que tu as compris

1. Décris comment tu déterminerais, à partir de la définition de l'hyperbole en tant que lieu géométrique, l'équation de l'hyperbole de foyers $F_1(0, -5)$ et $F_2(0, 5)$ dont la différence constante des distances aux foyers égale 8.

2. Décris comment tu tracerais le graphique de $\dfrac{(x-2)^2}{25} - \dfrac{(y+4)^2}{9} = 1$.

3. Décris comment tu déterminerais, sous sa forme canonique, l'équation de l'hyperbole de sommets (3, −4) et (3, 6) ayant une hyperbole conjuguée de sommets (1, 1) et (5, 1).

4. Comment peut-on déterminer :

a) si une équation de forme canonique définit une ellipse ou une hyperbole ?

b) si un graphique représente une ellipse ou une hyperbole ?

5. Une hyperbole traduit-elle une fonction ? Justifie ta réponse.

Exercices

A

1. À l'aide de la définition de l'hyperbole comme lieu géométrique, détermine, sous sa forme canonique, l'équation de l'hyperbole :
a) de foyers $(-5, 0)$ et $(5, 0)$ dont la différence des distances aux foyers égale 6 ;
b) de foyers $(0, -5)$ et $(0, 5)$ dont la différence des distances aux foyers égale 6.

2. Soit chacune des hyperboles ci-après. Détermine :
i) les coordonnées de son centre ;
ii) les coordonnées de ses sommets et de ceux de l'hyperbole qui lui est conjuguée ;
iii) la longueur de son axe transversal et celle de son axe conjugué ;
iv) son équation, sous sa forme canonique ;
v) les coordonnées de ses foyers ;
vi) le domaine et l'image de la relation qu'elle représente.

a)

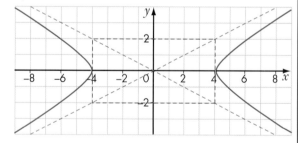

b)

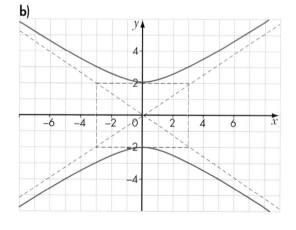

c)

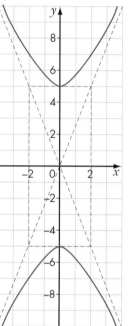

d)

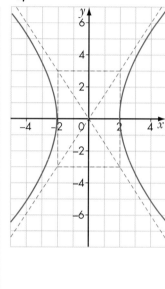

3. Esquisse à la main les hyperboles définies par les équations ci-après. Inscris sur chaque diagramme les coordonnées du centre, des sommets et des foyers de l'hyperbole, celles des sommets de l'hyperbole conjuguée et l'équation des asymptotes.

a) $\dfrac{x^2}{25} - \dfrac{y^2}{36} = 1$ **b)** $\dfrac{y^2}{16} - \dfrac{x^2}{49} = 1$

c) $25x^2 - 4y^2 = 100$ **d)** $4y^2 - 9x^2 = 36$

4. Détermine, sous sa forme canonique, l'équation de l'hyperbole :
a) de sommets $(0, -4)$ et $(0, 4)$ ayant une hyperbole conjuguée de sommets $(-5, 0)$ et $(5, 0)$;
b) de sommets $(-3, 0)$ et $(3, 0)$ et de foyers $(-5, 0)$ et $(5, 0)$;
c) de foyers $(-5, 0)$ et $(5, 0)$ dont la différence constante des distances aux foyers égale 4 ;
d) de foyers $(0, -3)$ et $(0, 3)$ dont la différence constante des distances aux foyers égale 5.

5. Soit chacune des hyperboles ci-après. Détermine :

i) les coordonnées de son centre ;

ii) les coordonnées de ses sommets et de ceux de l'hyperbole qui lui est conjuguée ;

iii) la longueur de son axe transversal et celle de son axe conjugué ;

iv) son équation, sous sa forme canonique ;

v) les coordonnées de ses foyers.

a)

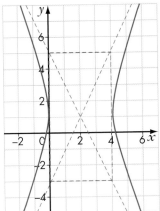

b)

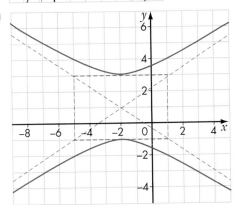

c)

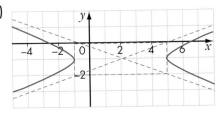

d)

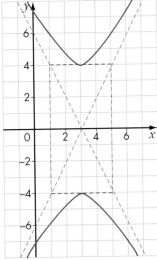

6. Esquisse à la main les hyperboles définies par les équations ci-après. Inscris sur chaque diagramme les coordonnées du centre, des sommets et des foyers de l'hyperbole et celles des sommets de l'hyperbole conjuguée.

a) $\dfrac{(x-3)^2}{16} - \dfrac{(y+1)^2}{9} = 1$

b) $\dfrac{(y+2)^2}{81} - \dfrac{(x-1)^2}{25} = 1$

c) $16x^2 - 9(y-2)^2 = 144$

d) $4(y-2)^2 - 9(x-5)^2 = 36$

7. Détermine, sous sa forme canonique, l'équation d'une hyperbole :

a) de sommets $(-2, -5)$ et $(6, -5)$ et de foyers $(-4, -5)$ et $(8, -5)$;

b) de centre $(0, 3)$ dont l'un des sommets se situe au point $(0, 5)$ et l'un des foyers, au point $(0, 6)$;

c) de centre $(-3, 1)$ dont l'un des foyers se situe au point $(-5, 1)$ et dont l'axe conjugué a une longueur de 4 ;

d) de centre $(-2, 2)$ dont l'un des foyers se situe au point $(-2, 5)$ et dont l'axe conjugué a une longueur de 6.

Application, résolution de problèmes, communication

B

8. La biologie marine Un navire surveille au radar les déplacements d'une bande de baleines. On peut représenter l'écran de ce radar par un plan cartésien où le navire se situe à l'origine. Les baleines semblent se déplacer selon une trajectoire courbe telle que la valeur absolue de la différence des distances les séparant des points (2, 7) et (2, −3) égale toujours 6. Écris, sous sa forme canonique, l'équation décrivant la trajectoire des baleines.

9. Le mouvement des corps célestes Certaines comètes se déplacent selon une trajectoire hyperbolique et ne repassent jamais au même endroit. Suppose que l'on représente la trajectoire d'une telle comète dans un plan cartésien où 1 unité correspond à 3 000 000 km. Son sommet est situé au point (2, 0) et son foyer, au point (6, 0). Écris, sous sa forme canonique, l'équation correspondant à la trajectoire hyperbolique de la comète.

10. Les hyperboles conjuguées a) Soit deux hyperboles de centre (1, 2). L'axe transversal de l'une d'entre elles est parallèle à l'axe des x et celui de l'autre, à l'axe des y. Ces deux hyperboles ont les mêmes asymptotes. De plus, les sommets principaux de l'une sont les sommets secondaires de l'autre. L'une est définie par l'équation $\dfrac{(y-1)^2}{25} - \dfrac{(x-2)^2}{9} = 1$. Détermine la longueur de l'axe transversal et celle de l'axe conjugué de l'autre hyperbole, de même que son équation, sous sa forme canonique.

b) Les deux hyperboles en a) portent le nom d'hyperboles conjuguées. Fournis l'équation de forme canonique de deux autres hyperboles conjuguées centrées en un même point différent de l'origine. Explique ton raisonnement.

11. Application Deux conservateurs de parc se trouvent du même côté d'un lac. Une distance de 6 km sépare leurs postes d'observation. Tous deux voient la foudre tomber de l'autre côté du lac et entendent le tonnerre.

a) Sachant que l'un d'eux a entendu le tonnerre 4 s avant l'autre, fournis une équation représentant tous les endroits où la foudre a pu tomber. Pour ce faire, suppose que les deux postes d'observation se situent sur l'axe des y, à une même distance de l'origine. La vitesse du son est d'environ 0,35 km/s.

b) Esquisse un schéma montrant tous les endroits où la foudre a pu tomber. Assure-toi que les deux postes d'observation y sont représentés.

12. La technologie À l'aide d'une calculatrice à affichage graphique, représente graphiquement les équations ci-après.

a) $\dfrac{(x+2)^2}{9} - \dfrac{(y-1)^2}{4} = 1$ **b)** $\dfrac{(x+3)^2}{4} - \dfrac{(y+1)^2}{16} = 1$

13. La navigation Le système de navigation loran fait appel à la définition de l'hyperbole comme lieu géométrique. Il mesure le décalage de temps entre la réception par un navire ou un avion des signaux radio provenant de deux stations. On convertit ensuite cet écart de temps pour indiquer la différence entre les distances séparant le navire ou l'avion des deux stations émettrices. Ces stations définissent deux hyperboles dont l'un des points d'intersection correspond à la position exacte du navire ou de l'avion.

a) Dans un plan cartésien où 1 unité représente 1 km, reporte les foyers $F_1(-6, 0)$ et $F_2(6, 0)$ d'une hyperbole, et nomme-les. Ces foyers représentent deux stations F_1 et F_2 qui transmettent des signaux radio à un même navire occupant le point P. Détermine l'équation de l'hyperbole si l'écart entre les temps d'arrivée des signaux au point P se traduit par une différence de distance de $|F_1P - F_2P| = 8$.

b) Dans le plan cartésien utilisé en a), reporte les foyers d'une autre hyperbole, soit $F_3(0, -5)$ et $F_4(0, 5)$, et nomme-les. Ces foyers représentent deux autres stations F_3 et F_4 qui transmettent elles aussi des signaux radio au navire situé au point P. Détermine l'équation de cette hyperbole, sachant que $|F_3P - F_4P| = 4$.

c) Esquisse ces deux hyperboles et détermine approximativement les coordonnées de leurs points d'intersection. Combien de points d'intersection ont-elles ?

d) À l'aide d'une calculatrice à affichage graphique, détermine, au dixième près, les coordonnées des points d'intersection des deux hyperboles. Si le quadrant II est le seul à renfermer une masse d'eau, quelles sont les coordonnées du navire ?

14. Communication a) À l'aide d'une calculatrice à affichage graphique, construis les hyperboles définies par l'équation $\dfrac{x^2}{25} - \dfrac{y^2}{b^2} = 1$ lorsque $b = 1, 2, 3$.

b) Construis les hyperboles définies par cette équation lorsque $b = \dfrac{1}{2}, \dfrac{1}{3}, \dfrac{1}{4}$.

c) En quoi ces hyperboles se ressemblent-elles ? En quoi diffèrent-elles ?

d) Que leur arrive-t-il à mesure que b approche de zéro ?

C

15. Recherche et résolution de problèmes L'excentricité e d'une hyperbole se traduit par la formule $e = \dfrac{c}{a}$. Comme $c > a$, il s'ensuit que $e > 1$.

a) Décris la forme générale d'une hyperbole dont l'excentricité excède à peine 1.

b) Décris la forme associée à une grande valeur de e.

16. Les hyperboles équilatères Les équations ci-après définissent des hyperboles équilatères.

i) $x^2 - y^2 = 4$ ii) $x^2 - y^2 = 9$ iii) $y^2 - x^2 = 16$ iv) $y^2 - x^2 = 25$

a) Qu'est-ce que ces équations ont en commun ?

b) Construis les hyperboles que ces équations définissent. Indique l'équation de leurs asymptotes.

c) Qu'est-ce qui caractérise toutes ces hyperboles et les distingue de celles que tu as construites précédemment ?

17. La forme canonique Soit une hyperbole de foyers $(-c, 0)$ et $(c, 0)$ et de sommets $(-a, 0)$ et $(a, 0)$ dont l'axe transversal est parallèle à l'axe des x.

a) À l'aide de la formule indiquant la longueur d'un segment de droite, soit

$l = \sqrt{(x_2 - x_1)^2 + (y_2 - y_1)^2}$, démontre que pour un point P(x, y) de l'hyperbole,

$\sqrt{(x - c)^2 + y^2} - \sqrt{(x + c)^2 + y^2} = 2a$ et $\sqrt{(x + c)^2 + y^2} - \sqrt{(x - c)^2 + y^2} = 2a$.

b) Transforme les équations en a) pour en arriver à $\dfrac{x^2}{c^2 - b^2} - \dfrac{y^2}{b^2} = 1$.

c) Fais voir comment on en arrive à $\dfrac{x^2}{a^2} - \dfrac{y^2}{b^2} = 1$, soit l'équation canonique d'une hyperbole de centre $(0, 0)$ dont l'axe transversal est parallèle à l'axe des x.

18. Les variations inverses Lorsqu'une variable augmente chaque fois qu'une autre diminue, de telle manière que leur produit demeure constant, on peut représenter la relation entre elles par $xy = k$, où $k \neq 0$. On dira alors que y varie inversement en fonction de x. Cette relation, appelée « variation inverse », se traduit graphiquement par l'une des branches d'une hyperbole pour laquelle $xy > 0$. Réponds aux questions ci-après à l'aide d'une calculatrice à affichage graphique.

a) Représente graphiquement $xy = 2$, $xy = 5$ et $xy = 10$. En quoi ces graphiques ressemblent-ils à celui de $xy = k$ et en quoi s'en distinguent-ils ?

b) Représente graphiquement $xy = -2$, $xy = -5$ et $xy = -10$. Compare ces graphiques à ceux que tu as obtenus en a).

c) Explique pourquoi les graphiques en a) et en b) ne passent pas par l'origine.

d) Peut-on représenter graphiquement $xy = 0$? Justifie ta réponse.

VÉRIFIONS NOS PROGRÈS

Connaissance et compréhension • **Réflexion, recherche et résolution de problèmes** • **Communication** • **Mise en application**

Détermine l'équation du lieu géométrique des points tels que le produit des pentes des droites qui les relient aux points $(6, 0)$ et $(-6, 0)$ égale 4.

8.7 La parabole

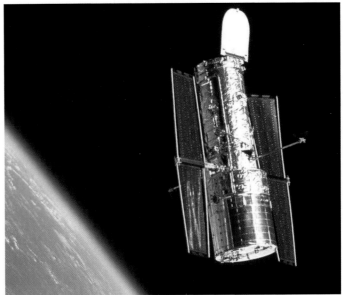

Le télescope spatial Hubble gravite autour de la Terre à quelque 600 km d'altitude. Il met environ 90 min à décrire une orbite complète.

Comme il se trouve au-dessus de l'atmosphère terrestre, ce télescope permet de réaliser divers travaux scientifiques sans les effets néfastes de l'atmosphère. Son réflecteur principal est de forme parabolique.

Une **parabole** se définit comme l'ensemble ou le lieu géométrique des points P d'un plan qui sont équidistants d'un point fixe F et d'une droite fixe *d*.

$$PF = PD$$

Le point fixe F porte le nom de **foyer** et la droite fixe *d*, le nom de **directrice**.

Le sommet d'une parabole se situe à mi-chemin de son foyer et de sa directrice. Une parabole ne coupe jamais sa directrice. Il s'agit là d'un renseignement utile pour la tracer.

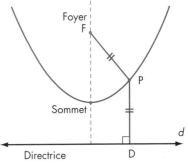

EXPLORATION ET RECHERCHE

Tu auras besoin ici de deux règles en plastique transparent, d'une feuille de papier et d'un crayon.

Étape 1 : Trace un segment de droite de 15 cm de longueur, près du bas de ta feuille. Nomme cette droite *d*. Crée un point situé à environ 4 cm au-dessus du milieu du segment de droite. Nomme-le F.

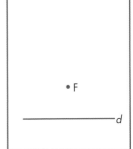

Étape 2: Choisis une longueur *k*, exprimée en centimètres, supérieure ou égale à la moitié de la distance séparant le point F de la droite *d*. Il vaut mieux que cette longueur soit inférieure à 8 cm.

Étape 3: Crée un point P situé à une distance *k* de la droite *d* et du point F. Pour ce faire, dispose une règle perpendiculairement à la droite *d* de manière que son repère 0 chevauche la droite. Dispose ensuite ton autre règle en plaçant son repère 0 au point F. Adapte la position de tes règles pour établir le point P à *k* centimètres de la droite *d* et du point F.

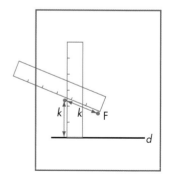

Étape 4: Crée un deuxième point situé lui aussi à une distance *k* de la droite *d* et du point F.

Étape 5: Refais les étapes 3 et 4 en attribuant différentes valeurs à *k*, jusqu'à ce que le nombre de points créés soit suffisant pour définir une courbe complète.

Étape 6: Trace une courbe lisse passant par ces points. Voilà un exemple d'une parabole.

1. Combien d'axes de symétrie cette parabole possède-t-elle ?

2. Aux étapes 3 et 4, tu as situé deux points en fonction de la distance *k* choisie. Existe-t-il des valeurs de *k* ne permettant de définir qu'un seul point ? Si oui, décris la position de ce point sur la parabole.

3. Quelle relation y a-t-il entre le sommet de la parabole, la droite *d* et le point F ?

4. À l'étape 2, pourquoi la valeur de *k* doit-elle être supérieure ou égale à la moitié de la distance séparant la droite *d* du point F ?

EXEMPLE 1 **La détermination de l'équation d'une parabole à partir de sa définition comme lieu géométrique**

À l'aide de la définition de la parabole en tant que lieu géométrique, détermine l'équation de la parabole de foyer F(0, 3) dont la directrice est définie par $y = -3$.

SOLUTION

Trace un diagramme.

Puisqu'il se situe à mi-chemin du foyer et de la directrice, le sommet occupe le point S(0, 0). Comme une parabole ne coupe jamais sa directrice, celle du présent exemple s'ouvre nécessairement vers le haut.

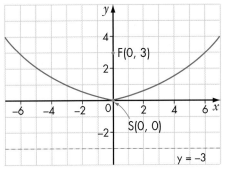

Soit P(x, y) un point quelconque de la parabole.
Soit F(0, 3) le point où se situe le foyer.
Soit D(x, -3) un point quelconque de la directrice.
La définition de la parabole en tant que lieu géométrique peut s'exprimer algébriquement comme suit : $\overline{PF} = \overline{PD}$.
À l'aide de la formule indiquant la longueur d'un segment de droite, c'est-à-dire $l = \sqrt{(x_2 - x_1)^2 + (y_2 - y_1)^2}$, réécris les termes PF et PD.

$$PF = \sqrt{(x - 0)^2 + (y - 3)^2}$$
$$= \sqrt{x^2 + (y - 3)^2}$$
$$PD = \sqrt{(x - x)^2 + (y - (-3))^2}$$
$$= \sqrt{(y + 3)^2}$$

Reporte ces expressions dans l'égalité : $\sqrt{x^2 + (y - 3)^2} = \sqrt{(y + 3)^2}$

Élève chaque membre au carré : $x^2 + (y - 3)^2 = (y + 3)^2$

Développe le tout : $x^2 + y^2 - 6y + 9 = y^2 + 6y + 9$

Isole y : $x^2 = 12y$

$$\frac{1}{12}x^2 = y$$

L'équation de la parabole est $y = \dfrac{1}{12} x^2$.

La parabole de l'exemple 1, dont le foyer se situe au point (0, 3) et dont la directrice est définie par $y = -3$, traduit l'équation $y = \dfrac{1}{12} x^2$. Or, $12 = 4 \times 3$.

De façon générale, lorsque le foyer d'une parabole se situe au point F(0, p) et que sa directrice est définie par $y = -p$, son équation est $y = \dfrac{1}{4p} x^2$.

L'équation canonique d'une parabole dont le sommet se trouve à l'origine et dont la directrice est horizontale est

$$y = \frac{1}{4p}\, x^2.$$

Le sommet se situe au point S(0, 0).
Lorsque $p > 0$, la parabole s'ouvre vers le haut.
Lorsque $p < 0$, elle s'ouvre vers le bas.
Son foyer occupe le point F(0, p).
L'équation de sa directrice est $y = -p$.
L'axe des y en constitue l'axe de symétrie.

L'équation canonique d'une parabole dont le sommet se trouve à l'origine et dont la directrice est verticale est

$$x = \frac{1}{4p}\, y^2.$$

Le sommet se situe au point S(0, 0).
Lorsque $p > 0$, la parabole s'ouvre vers la droite.
Lorsque $p < 0$, elle s'ouvre vers la gauche.
Son foyer occupe le point F(p, 0).
L'équation de sa directrice est $x = -p$.
L'axe des x en constitue l'axe de symétrie.

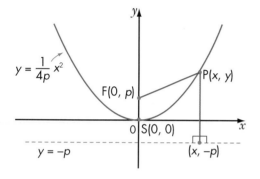

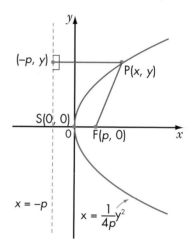

Exemple 2 La détermination de l'équation d'une parabole de sommet (0, 0)

Écris, sous sa forme canonique, l'équation de la parabole de foyer (4, 0) dont la directrice est définie par $x = -4$.

Solution

Le sommet étant situé à mi-chemin du foyer et de la directrice, il occupe le point S(0, 0). Comme une parabole ne coupe jamais sa directrice, celle du présent exemple s'ouvre nécessairement vers la droite.

Or, l'équation canonique d'une parabole qui s'ouvre vers la droite et dont le sommet se situe à l'origine est $x = \dfrac{1}{4p} y^2$.

L'équation de sa directrice est $x = -p$, d'où $p = 4$.

Comme $p = 4$, l'équation sera ici $x = \dfrac{1}{16} y^2$.

On peut représenter cette équation graphiquement.

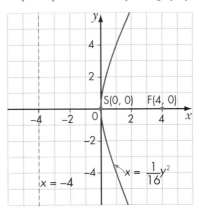

EXEMPLE 3 La détermination des caractéristiques d'une parabole à partir de son équation

Soit la parabole définie par $y = -\dfrac{1}{8} x^2$. Détermine l'orientation de son ouverture, les coordonnées de son sommet et de son foyer ainsi que l'équation de sa directrice.

SOLUTION

L'équation étant de la forme $y = \dfrac{1}{4p} x^2$, la parabole s'ouvre vers le haut ou vers le bas.

Détermine la valeur de p.

Réécris $y = -\dfrac{1}{8} x^2$ sous la forme $y = \dfrac{1}{4(-2)} x^2$.

Il en ressort que $p = -2$.

Comme $p < 0$, la parabole s'ouvre le bas.

Son sommet se situe au point $S(0, 0)$.

Son foyer occupe le point $F(0, p)$, soit $F(0, -2)$.

L'équation de sa directrice est $y = 2$.

On peut représenter l'équation graphiquement.

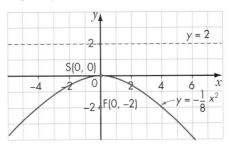

Rappelons qu'il est possible de transformer la parabole d'équation $y = ax^2$, dont le sommet se situe à l'origine, en la parabole d'équation $y = a(x - h)^2 + k$, cela en lui faisant subir une translation de h unités vers la gauche ou vers la droite et de k unités vers le haut ou vers le bas. Il en résulte une parabole de sommet (h, k). Or, on peut exprimer l'équation de cette parabole sous une forme canonique.

L'équation canonique d'une parabole de sommet S(h, k) dont la directrice est horizontale est

$$y - k = \frac{1}{4p}(x - h)^2.$$

Le sommet se situe au point S(h, k).
Lorsque $p > 0$, la parabole s'ouvre vers le haut.
Lorsque $p < 0$, elle s'ouvre vers le bas.
Son foyer occupe le point F(h, $k + p$).
L'équation de sa directrice est $y = k - p$.
L'équation de son axe de symétrie est $x = h$.

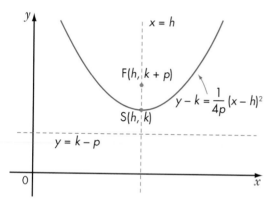

L'équation canonique d'une parabole de sommet S(h, k) dont la directrice est verticale est

$$x - h = \frac{1}{4p}(y - k)^2.$$

Le sommet se situe au point S(h, k).
Lorsque $p > 0$, la parabole s'ouvre vers la droite.
Lorsque $p < 0$, elle s'ouvre vers la gauche.
Son foyer occupe le point F($h + p$, k).
L'équation de sa directrice est $x = h - p$.
L'équation de son axe de symétrie est $y = k$.

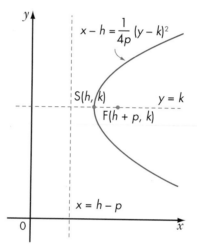

EXEMPLE 4 La détermination de l'équation d'une parabole de sommet (h, k)

Écris, sous sa forme canonique, l'équation de la parabole de foyer F(-2, 6) dont la directrice est définie par $x = 4$.

SOLUTION

Comme une parabole ne coupe jamais sa directrice, celle du présent exemple s'ouvre nécessairement vers la gauche.

Son équation sera donc de la forme canonique $x - h = \dfrac{1}{4p}(y - k)^2$.

Le sommet se situe à mi-chemin du foyer et de la directrice. Il se trouve par conséquent au point S(1, 6).
De ce fait, $h = 1$ et $k = 6$.

À l'aide du foyer, détermine la valeur de p.

Le foyer se trouve au point $F(h + p, k)$ ou $(-2, 6)$.

Par conséquent, $(1 + p, 6) = (-2, 6)$

$$1 + p = -2$$
$$p = -3$$

Reporte les valeurs connues dans l'équation canonique.

$$x - h = \frac{1}{4p}(y - k)^2$$

$$x - 1 = \frac{1}{4(-3)}(y - 6)^2$$

$$x - 1 = -\frac{1}{12}(y - 6)^2$$

On peut représenter cette équation graphiquement.

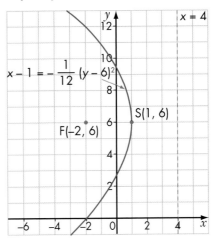

Sous sa forme canonique, l'équation de la parabole est $x - 1 = -\frac{1}{12}(y - 6)^2$.

Rappelons qu'il est possible de générer une parabole à l'aide d'une calculatrice à affichage graphique. Si l'on te fournit l'équation de forme canonique d'une parabole s'ouvrant vers la gauche ou vers la droite, isole d'abord y dans cette équation. Dans le cas de $x = -\frac{1}{4}y^2$, par exemple, tu auras alors $y = \pm\sqrt{-4x}$.

Saisis dans l'éditeur Y= les deux équations obtenues.

$Y_1 = \sqrt{-4x}$ $\qquad$ $Y_2 = -\sqrt{-4x}$.

Modifie les paramètres de la fenêtre d'affichage, au besoin, et fais appel à l'instruction *ZSquare*.

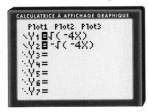

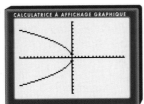

Concepts clés

• Une parabole se définit comme l'ensemble ou le lieu géométrique des points P d'un plan qui sont équidistants d'un point fixe F et d'une droite fixe d.

$$PF = PD$$

Le point fixe F porte le nom de foyer et la droite fixe d, le nom de directrice.

• Le sommet d'une parabole se situe à mi-chemin de son foyer et de sa directrice.

• L'équation canonique d'une parabole dont le sommet se situe à l'origine est

soit $y = \dfrac{1}{4p}x^2$ (ouverture vers le haut lorsque $p > 0$ et vers le bas lorsque $p < 0$),

soit $x = \dfrac{1}{4p}y^2$ (ouverture vers la droite lorsque $p > 0$ et vers la gauche

lorsque $p < 0$).

• L'équation canonique d'une parabole de sommet (h, k) est soit

$y - k = \dfrac{1}{4p}(x - h)^2$ (ouverture vers le haut lorsque $p > 0$ et vers le bas lorsque

$p < 0$), soit $x - h = \dfrac{1}{4p}(y - k)^2$ (ouverture vers la droite lorsque $p > 0$ et vers

la gauche lorsque $p < 0$).

Communique ce que tu as compris

1. Fournis ta propre définition des termes suivants :

a) Sommet ;   **b)** Directrice ;   **c)** Foyer.

2. Décris comment tu déterminerais, à partir de la définition de la parabole en tant que lieu géométrique, l'équation de la parabole de foyer F(2, 0) dont la directrice est définie par $x = -2$.

3. Décris la relation entre l'axe de symétrie et la directrice d'une parabole quelconque.

4. Soit les paraboles d'équation $y - 3 = \dfrac{1}{8}(x + 2)^2$ et $x - 3 = \dfrac{1}{8}(y + 2)^2$.

Explique en quoi elles se ressemblent et en quoi elles diffèrent.

5. Décris comment tu déterminerais, sous sa forme canonique, l'équation de la parabole de foyer F(1, 3) dont la directrice est définie par $y = 1$.

Exercices

A

1. À l'aide de la définition de la parabole comme lieu géométrique, détermine l'équation des paraboles dont les coordonnées du foyer et l'équation de la directrice figurent ci-après.

a) $(0, -2)$, $y = 2$

b) $(-1, -3)$, $x = -4$

2. Détermine les coordonnées du sommet des paraboles dont les coordonnées du foyer et l'équation de la directrice figurent ci-après.

a) $(6, 3)$, $x = 2$

b) $(3, 0)$, $y = 3$

c) $(-4, 2)$, $x = -1$

d) $(-3, -4)$, $y = -2$

3. Soit les paraboles dont les coordonnées du foyer et l'équation de la directrice figurent ci-après. Indique leur équation, sous sa forme canonique, et esquisse-les.

a) $(0, 6)$, $y = -6$

b) $(0, -4)$, $y = 4$

d) $(-8, 0)$, $x = 8$

e) $(0, -2)$, $y = 2$

f) $(1, 0)$, $x = -1$

g) $(0, 3)$, $y = -3$

h) $(-5, 0)$, $x = 5$

4. Soit les paraboles dont les coordonnées du foyer et l'équation de la directrice figurent ci-après. Indique leur équation, sous sa forme canonique, et esquisse-les.

a) $(6, -2)$, $x = 0$

b) $(0, 4)$, $y = 5$

c) $(2, 2)$, $x = -5$

d) $(-1, -4)$, $y = 2$

e) $(-3, 5)$, $x = 1$

5. Détermine l'orientation de l'ouverture, les coordonnées du sommet et du foyer et l'équation de la directrice des paraboles définies par les équations ci-après. Esquisse ces paraboles et indique pour chacune le domaine et l'image.

a) $y = \dfrac{1}{16}x^2$　　　**b)** $y = -\dfrac{1}{8}x^2$

c) $x = \dfrac{1}{8}y^2$　　　**d)** $x = -\dfrac{1}{16}y^2$

e) $y - 3 = \dfrac{1}{4}(x + 2)^2$　**f)** $x + 2 = \dfrac{1}{10}(y - 5)^2$

g) $x = \dfrac{1}{5}(y + 1)^2$　　**h)** $y + 3 = -\dfrac{1}{20}(x - 2)^2$

i) $x - 2 = -\dfrac{1}{12}(y + 6)^2$

Application, résolution de problèmes, communication

6. Les phares Les phares d'une automobile comportent un réflecteur parabolique. Une ampoule à deux filaments permet de créer le faisceau lumineux des feux de croisement et celui des feux de route. Le filament situé au foyer de la parabole est associé aux feux de route. Le réflecteur parabolique réfléchit, sous forme de rayons parallèles, la lumière générée par ce filament et la projette ainsi sur une plus grande distance. Imagine que le filament associé aux feux de route se trouve à 5 cm du sommet du réflecteur. Fournis, sous sa forme canonique, une équation représentant la parabole. Pour ce faire, suppose que le sommet se situe à l'origine et que le filament se trouve à 5 unités à la droite de l'origine, sur l'axe des *x*.

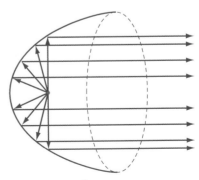

7. Les réflecteurs paraboliques Les télédiffuseurs se servent de réflecteurs paraboliques pour capter les bruits sur le terrain lors d'événements sportifs. Un tel réflecteur concentre les ondes sonores qu'il reçoit et les dirige vers un microphone, qui en occupe le foyer. Soit un réflecteur parabolique dont le microphone se trouve à 15 cm du sommet.

a) Fournis, sous sa forme canonique, une équation représentant ce réflecteur. Pour ce faire, suppose que le sommet correspond à l'origine et que le microphone se trouve à sa gauche, sur l'axe des x.

b) Détermine, au centimètre près, la largeur du réflecteur à une distance horizontale de 30 cm par rapport à son sommet.

8. Application Le jet d'eau de certaines fontaines présente la forme d'un arc parabolique. Soit une fontaine dont le jet d'eau atteint une hauteur maximale de 8 cm et s'étend sur une distance horizontale de 12 cm.

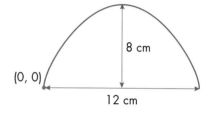

a) Fournis, sous sa forme canonique, une équation correspondant à la trajectoire décrite par le jet d'eau de cette fontaine. Pour ce faire, suppose que l'eau jaillit d'un point situé à l'origine.

b) Quelle est, au dixième de centimètre près, la hauteur du jet d'eau à une distance horizontale de 10 cm par rapport à l'origine ?

9. La planche à roulettes Le comité organisateur d'une épreuve de planche à roulettes souhaite utiliser une piste parabolique de 5 m de profondeur et de 15 m de largeur. Suppose que les planchistes s'élanceront du sommet de cette piste au point (0, 0), comme le montre le schéma ci-contre.

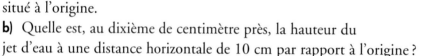

a) Fournis, sous sa forme canonique, une équation correspondant à cette piste parabolique.

b) Détermine, au dixième de mètre près, la profondeur de la piste à une distance horizontale de 10 m par rapport à l'origine.

10. Les antennes paraboliques Soit une antenne parabolique large de 320 cm à 50 cm de son sommet. Détermine la distance qui sépare son foyer de son sommet.

11. Le mouvement des corps célestes Un engin spatial décrit une orbite circulaire à 150 km au-dessus de la Terre. Une fois qu'il aura atteint la vitesse requise pour vaincre l'attraction terrestre, il adoptera une trajectoire parabolique dont le foyer correspond au centre de la Terre, comme on peut le voir ci-contre. Imagine que cet engin spatial atteint sa vitesse de libération au-dessus du pôle Nord. En supposant que la Terre a 6400 km de rayon, écris, sous sa forme canonique, l'équation décrivant la trajectoire parabolique de cet engin spatial.

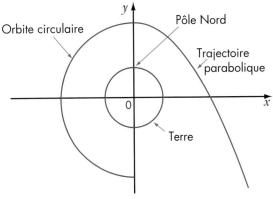

12. Le télescope spatial Hubble Le réflecteur principal du télescope spatial Hubble est de forme parabolique. Il a 4,27 m de diamètre et 0,75 m de profondeur.

a) Si un appareil photo est installé à l'endroit correspondant au foyer du réflecteur, à quelle distance se trouve-t-il du sommet, au centième de mètre près ?

b) Fournis, sous sa forme canonique, une équation correspondant à ce réflecteur parabolique. À l'aide d'un diagramme, fais voir la position du réflecteur dans le plan cartésien selon cette équation.

13. La technologie À l'aide d'une calculatrice à affichage graphique, génère les paraboles définies par les équations ci-après.

a) $y + 3 = \dfrac{1}{4}(x - 2)^2$

b) $x + 1 = \dfrac{1}{12}(y - 5)^2$

c) $x - 3 = \dfrac{1}{8}(y + 2)^2$

14. Communication a) À l'aide d'une calculatrice à affichage graphique, génère les paraboles définies par l'équation $y = \dfrac{1}{4p}x^2$ lorsque $p = 1, 2, 3$.

b) Génère les paraboles définies par cette équation lorsque $p = \dfrac{1}{2}, \dfrac{1}{3}, \dfrac{1}{4}$.

c) En quoi ces paraboles se ressemblent-elles ? En quoi diffèrent-elles ?

d) Que leur arrive-t-il à mesure que p approche de zéro ?

e) Qu'arrive-t-il à leur foyer à mesure que p approche de zéro ?

C

15. Recherche et résolution de problèmes À partir de la définition de la parabole en tant que lieu géométrique, établis l'équation canonique de la parabole de sommet $(0, 0)$ et de foyer $(0, p)$ dont la directrice est définie par $y = -p$.

16. La forme canonique À partir de la définition de la parabole en tant que lieu géométrique, établis l'équation canonique de la parabole de sommet $(0, 0)$ et de foyer $(p, 0)$ dont la directrice est définie par $x = -p$.

VÉRIFIONS NOS PROGRÈS

Connaissance et compréhension • Réflexion, recherche et résolution de problèmes • Communication • Mise en application

Soit un pont parabolique de 40 m de portée et de 25 m de hauteur. Quelle est la longueur d'une poutre stabilisatrice, parallèle à son tablier, se trouvant à une hauteur de 16 m?

LE MONDE DU TRAVAIL *Les communications*

La nécessité pour les gens de communiquer entre eux constitue un aspect important de l'histoire de l'humanité. De nos jours, la communication s'effectue de différentes façons, par une visite, une lettre, un appel téléphonique, etc. Pour être en mesure de soutenir la concurrence sur le plan économique, un pays aussi vaste que le Canada doit avoir un secteur des communications bien développé. Or, la transmission de l'information par des moyens électroniques, comme la radio, la télévision et Internet, revêt de plus en plus d'importance dans le secteur des communications.

1. Les antennes paraboliques Une antenne parabolique capte les signaux de télévision transmis par un satellite. Ces signaux se déplacent selon des trajectoires parallèles. Lorsqu'ils atteignent l'antenne, ils sont réfléchis vers son foyer, où se trouve un détecteur. Soit une antenne parabolique dont le foyer se situe à 20 cm du sommet.

a) Indique, sous sa forme canonique, une équation représentant la forme de cette antenne. À l'aide d'un diagramme, fais voir la position de l'antenne dans le plan cartésien selon cette équation.

b) Détermine la largeur de l'antenne à 20 cm de son sommet.

2. La recherche À l'aide de tes habiletés dans la recherche, renseigne-toi :

a) sur une profession du secteur des communications, y compris les études et la formation requises pour l'exercer ainsi que la nature du travail qui s'y rattache ;

b) sur l'œuvre de Marshall McLuhan (1911-1980), un Canadien reconnu partout dans le monde pour ses travaux axés sur la communication et les médias.

8.8 Les coniques définies par une équation de la forme $ax^2 + by^2 + 2gx + 2fy + c = 0$

Le CF-18 Hornet est un avion supersonique utilisé au Canada. Il atteint une vitesse maximale de Mach 1,8. Or, Mach 1 correspond à la vitesse du son. Lorsqu'un avion comme le Hornet franchit le mur du son, il en résulte une onde de choc conique appelée « bang ». Dans le cas d'un avion dont la trajectoire est parallèle au sol, l'intersection de cette onde de choc et du sol constitue la branche d'une hyperbole.

La forme canonique de l'équation d'une conique fournit un moyen pratique de reconnaître une conique et de la construire. L'équation d'une conique peut cependant s'écrire aussi sous la forme $ax^2 + by^2 + 2gx + 2fy + c = 0$.

Soit l'équation canonique d'une hyperbole

$$\frac{(x+2)^2}{9} - \frac{(y-1)^2}{4} = 1$$

Multiplie chaque membre par 36 :

$$4(x+2)^2 - 9(y-1)^2 = 36$$

Développe le membre de gauche et simplifie le tout :

$$4(x^2 + 4x + 4) - 9(y^2 - 2y + 1) = 36$$
$$4x^2 + 16x + 16 - 9y^2 + 18y - 9 = 36$$
$$4x^2 - 9y^2 + 16x + 18y - 29 = 0$$

De façon générale, $ax^2 + by^2 + 2gx + 2fy + c = 0$ est une équation du second degré lorsque soit a ou b, soit les deux n'égalent pas zéro.

EXPLORATION ET RECHERCHE

1. Reproduis la table ci-après et complète-la en développant et en simplifiant chaque équation. Fournis tes réponses sous la forme $ax^2 + by^2 + 2gx + 2fy + c = 0$.

	Équation canonique	$ax^2 + by^2 + 2gx + 2fy + c = 0$
a)	$\dfrac{(x-3)^2}{4} + \dfrac{(y+2)^2}{25} = 1$	
b)	$(x-3)^2 + (y-1)^2 = 9$	
c)	$y + 3 = 2(x-1)^2$	
d)	$\dfrac{(x-1)^2}{9} - \dfrac{(y+1)^2}{16} = 1$	

2. Indique la conique que définissent les équations canoniques de la question 1 : cercle, ellipse, hyperbole ou parabole.

3. a) Dans le cas de l'équation du cercle sous la forme $ax^2 + by^2 + 2gx + 2fy + c = 0$, que remarques-tu au sujet de la valeur de a et de b?
b) Dans le cas d'un cercle, quelles sont les coordonnées du centre lorsque $f = 0$ et $g = 0$?

4. a) Dans le cas de l'équation de l'ellipse sous la forme $ax^2 + by^2 + 2gx + 2fy + c = 0$, que remarques-tu au sujet du signe de a et de b?
b) Dans le cas d'une ellipse, quelles sont les coordonnées du centre lorsque $f = 0$ et $g = 0$?

5. a) Dans le cas de l'équation de la parabole sous la forme $ax^2 + by^2 + 2gx + 2fy + c = 0$, que remarques-tu au sujet de la valeur de a et de b?
b) Qu'est-ce qui est toujours vrai au sujet de la valeur de a ou de b dans le cas d'une parabole?

6. a) Dans le cas de l'équation de l'hyperbole sous la forme $ax^2 + by^2 + 2gx + 2fy + c = 0$, que remarques-tu au sujet du signe de a et de b?
b) Dans le cas d'une hyperbole, quelles sont les coordonnées du centre lorsque $f = 0$ et $g = 0$?

7. Si l'on te fournit une équation de la forme $ax^2 + by^2 + 2gx + 2fy + c = 0$, comment peux-tu déterminer quel type de conique elle définit, sans la réécrire sous sa forme canonique?

8. Soit les équations ci-après. Sans les réécrire sous leur forme canonique, nomme la conique qu'elles définissent.
a) $3x^2 + 24x - y + 50 = 0$ **b)** $16x^2 - y^2 - 32x - 10y - 25 = 0$
c) $4x^2 + y^2 + 8x - 4y + 4 = 0$ **d)** $x^2 + y^2 - 6x - 2y + 1 = 0$

On peut déterminer le type de conique défini par une équation de la forme $ax^2 + by^2 + 2gx + 2fy + c = 0$ à partir du signe et de la valeur de a et de b.

- Dans le cas d'un cercle, $a = b$.
- Dans le cas d'une ellipse, a et b sont de même signe et $a \neq b$.
- Dans le cas d'une parabole, $a = 0$ ou $b = 0$.
- Dans le cas d'une hyperbole, a et b sont de signes opposés.

EXEMPLE 1 **La construction d'une conique**

a) Indique le type de conique que définit l'équation $4x^2 + 9y^2 - 16x + 18y - 11 = 0$.
b) Réécris cette équation sous sa forme canonique.
c) Détermine les principales caractéristiques de la conique qu'elle définit et construis-la à la main.

a) Puisque $a = 4$ et $b = 9$, a et b sont de même signe et $a \neq b$. L'équation définit par conséquent une ellipse.

b) Afin de réécrire l'équation sous sa forme canonique, complète le carré dans le cas des deux variables.

$$4x^2 + 9y^2 - 16x + 18y - 11 = 0$$

Ajoute 11 à chaque membre : $\quad 4x^2 + 9y^2 - 16x + 18y = 11$

Groupe les termes renfermant la variable
x et les termes renfermant la variable y : $\quad 4x^2 - 16x + 9y^2 + 18y = 11$

Mets en évidence les facteurs communs : $\quad 4(x^2 - 4x) + 9(y^2 + 2y) = 11$

Complète le carré : $\quad 4(x^2 - 4x + 4 - 4) + 9(y^2 + 2y + 1 - 1) = 11$

$$4(x - 2)^2 - 16 + 9(y + 1)^2 - 9 = 11$$

$$4(x - 2)^2 + 9(y + 1)^2 = 36$$

Divise chaque membre par 36 : $\quad \dfrac{(x-2)^2}{9} + \dfrac{(y+1)^2}{4} = 1$

Sous sa forme canonique, l'équation devient $\dfrac{(x-2)^2}{9} + \dfrac{(y+1)^2}{4} = 1$.

c) L'équation est de la forme $\dfrac{(x-h)^2}{a^2} + \dfrac{(y-k)^2}{b^2} = 1$.

L'ellipse est centrée au point (h, k) ou $(2, -1)$ et son grand axe est parallèle à l'axe des x.

$a^2 = 9$, d'où $a = 3$

$b^2 = 4$, d'où $b = 2$

Le grand axe, qui est parallèle à l'axe des x, a une longueur de $2a$ ou 6.
Le petit axe, qui est parallèle à l'axe des y, a une longueur de $2b$ ou 4.

Les sommets principaux A_1 et A_2 se situent respectivement aux points $(h - a, k)$ et $(h + a, k)$.
En reportant ici les valeurs connues de h, k et a, on obtient $A_1(2 - 3, -1)$ et $A_2(2 + 3, -1)$ ou $A_1(-1, -1)$ et $A_2(5, -1)$.

Les sommets secondaires B_1 et B_2 se situent respectivement aux points $(h, k - b)$ et $(h, k + b)$.
En reportant ici les valeurs connues de h, k et b, on obtient $B_1(2, -1 - 2)$ et $B_2(2, -1 + 2)$ ou $B_1(2, -3)$ et $B_2(2, 1)$.

Les foyers correspondent aux points $F_1(h - c, k)$ et $F_2(h + c, k)$.

Pour déterminer la valeur de c, utilise la formule $a^2 = b^2 + c^2$, en y reportant $a = 3$ et $b = 2$.

$a^2 = b^2 + c^2$

$3^2 = 2^2 + c^2$

$9 = 4 + c^2$

$5 = c^2$

$\sqrt{5} = c$

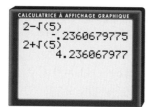

Les foyers se situent donc aux points $(2 - \sqrt{5}, -1)$ et $(2 + \sqrt{5}, -1)$, leurs coordonnées approximatives étant $(-0{,}24, -1)$ et $(4{,}24, -1)$.

Reporte les sommets de l'ellipse dans un plan. Trace une courbe lisse passant par ces points. Inscris sur ton diagramme l'équation de l'ellipse et les coordonnées de ses foyers.

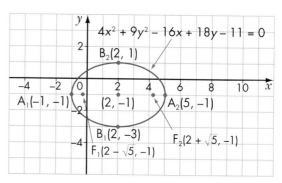

EXEMPLE 2 **La construction d'une conique**

a) Indique le type de conique que définit l'équation $y^2 + 8x + 2y - 15 = 0$.

b) Réécris cette équation sous sa forme canonique.

c) Détermine les principales caractéristiques de la conique qu'elle définit et construis-la à la main.

SOLUTION

a) Comme $a = 0$ et $b \neq 0$, l'équation définit une parabole.

b) Afin de réécrire l'équation sous sa forme canonique, complète le carré dans le cas de la variable y.

$$y^2 + 8x + 2y - 15 = 0$$

Ajoute 15 à chaque membre : $\qquad y^2 + 8x + 2y = 15$

Groupe les termes renfermant la variable y : $y^2 + 2y + 8x = 15$

Complète le carré : $\qquad y^2 + 2y + 1 - 1 + 8x = 15$

$$(y + 1)^2 - 1 + 8x = 15$$

$$(y + 1)^2 + 8x = 16$$

Dispose les termes autrement : $\qquad 8x - 16 = -(y + 1)^2$

Mets en évidence un facteur commun : $\qquad 8(x - 2) = -(y + 1)^2$

Divise chaque membre par 8 : $\qquad x - 2 = -\dfrac{1}{8}(y + 1)^2$

Sous sa forme canonique, l'équation devient $x - 2 = -\dfrac{1}{8}(y + 1)^2$.

c) L'équation est de la forme $x - h = \dfrac{1}{4p}(y - k)^2$.

Le sommet correspond au point S(h, k).

Puisque $h = 2$ et $k = -1$, le sommet se situe au point S(2, −1).

Détermine la valeur de p.

Selon l'équation,
$$\frac{1}{4p} = -\frac{1}{8}$$
$$4p = 4(-2)$$
$$p = -2$$

Comme $p < 0$, la parabole s'ouvre vers la gauche.
Son foyer occupe le point F($h + p$, k),
soit $(2 + (-2), -1)$ ou $(0, -1)$.

L'équation de sa directrice est $x = h - p$
$$x = 2 - (-2)$$
$$x = 4$$

L'équation de son axe de symétrie
est $y = k$ ou $y = -1$.

Esquisse la parabole et annote ton diagramme.

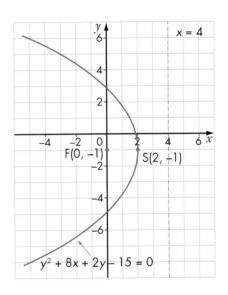

EXEMPLE 3 **L'onde de choc**

L'intersection du sol et de l'onde de choc générée par un avion franchissant le mur du son présente la forme d'une courbe d'équation $x^2 - 4y^2 + 4x + 24y - 36 = 0$.

a) Indique de quel type de conique il s'agit.

b) Réécris l'équation sous sa forme canonique.

c) Détermine les principales caractéristiques de la conique et construis-la à la main.

SOLUTION

a) Comme a et b sont de signes opposés, il s'agit d'une hyperbole.

b) Afin de réécrire l'équation sous sa forme canonique, complète le carré dans le cas des deux variables.

$$x^2 - 4y^2 + 4x + 24y - 36 = 0$$

Ajoute 36 à chaque membre : $\qquad x^2 - 4y^2 + 4x + 24y = 36$

Groupe les termes renfermant la variable
x et les termes renfermant la variable y : $\quad x^2 + 4x - 4y^2 + 24y = 36$

Mets en évidence un facteur commun : $\quad x^2 + 4x - 4(y^2 - 6y) = 36$

Complète le carré : $\quad x^2 + 4x + 4 - 4 - 4(y^2 - 6y + 9 - 9) = 36$

$$(x + 2)^2 - 4 - 4(y - 3)^2 + 36 = 36$$

$$(x + 2)^2 - 4(y - 3)^2 = 4$$

Divise chaque membre par 4 : $\qquad \dfrac{(x + 2)^2}{4} - (y - 3)^2 = 1$

Sous sa forme canonique, l'équation devient $\dfrac{(x + 2)^2}{4} - (y - 3)^2 = 1$.

c) L'équation est de la forme $\dfrac{(x - h)^2}{a^2} - \dfrac{(y - k)^2}{b^2} = 1$.

Le centre se situe au point $C(h, k) = (-2, 3)$.

L'axe transversal est parallèle à l'axe des x.

$a^2 = 4$, d'où $a = 2$

$b^2 = 1$, d'où $b = 1$

Les sommets de l'hyperbole se situent aux points $S_1(h - a, k)$ et $S_2(h + a, k)$. En reportant ici les valeurs connues de h, k et a, on obtient $S_1(-2 - 2, 3)$ et $S_2(-2 + 2, 3)$ ou $S_1(-4, 3)$ et $S_2(0, 3)$.

Les sommets de l'hyperbole conjuguée se situent aux points $(h, k - b)$ et $(h, k + b)$.

En reportant ici les valeurs connues de h, k et b, on obtient $(-2, 3 - 1)$ et $(-2, 3 + 1)$ ou $(-2, 2)$ et $(-2, 4)$.

La longueur de l'axe transversal est de

$$2a = 2(2)$$
$$= 4$$

La longueur de l'axe conjugué est de

$$2b = 2(1)$$
$$= 2$$

Les foyers correspondent aux points $F_1(h - c, k)$ et $F_2(h + c, k)$.

Pour déterminer la valeur de c, utilise la formule $c^2 = a^2 + b^2$, en y reportant $a = 2$ et $b = 1$.

$$c^2 = 2^2 + 1^2$$
$$= 5$$
$$c = \sqrt{5}$$

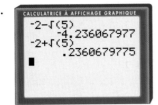

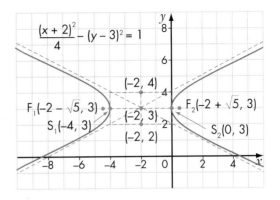

Les foyers se situent donc aux points $(-2 - \sqrt{5}, 3)$ et $(-2 + \sqrt{5}, 3)$, leurs coordonnées approximatives étant $(-4,24, 3)$ et $(0,24, 3)$.

Esquisse l'hyperbole et annote ton diagramme.

Concepts clés

- L'équation d'une conique peut s'écrire sous la forme $ax^2 + by^2 + 2gx + 2fy + c = 0$, où soit a ou b, soit les deux n'égalent pas zéro.
- On peut déterminer le type de conique défini par une équation de la forme $ax^2 + by^2 + 2gx + 2fy + c = 0$ à partir du signe et de la valeur de a et de b.
  * Dans le cas d'un cercle, $a = b$.
  * Dans le cas d'une ellipse, a et b sont de même signe et $a \neq b$.
  * Dans le cas d'une parabole, $a = 0$ ou $b = 0$.
  * Dans le cas d'une hyperbole, a et b sont de signes opposés.
- Pour construire une section conique définie par une équation de la forme $ax^2 + by^2 + 2gx + 2fy + c = 0$, réécris d'abord cette équation sous sa forme canonique en complétant le carré.

Communique ce que tu as compris

1. Nomme la conique que définissent les équations ci-après.

a) $x^2 + 4y^2 - 16 = 0$

b) $2x^2 - 2x - 6y - 3 = 0$

c) $x^2 + y^2 - 4x + 8y - 44 = 0$

d) $x^2 - 9y^2 - 14x + 36y + 4 = 0$

2. Décris comment tu réécrirais, sous sa forme canonique, l'équation de la conique définie par $4x^2 + 25y^2 - 16x + 50y - 9 = 0$.

Exercices

A

1. Par un simple examen, détermine le type de conique que définissent les équations ci-après.

a) $x^2 - 2y^2 - 6x + 4y - 2 = 0$

b) $2x^2 + y^2 - 6x - 4y - 3 = 0$

c) $x^2 + y^2 - 5x + 4y + 3 = 0$

d) $3y^2 + 6x - 6y - 9 = 0$

e) $2x^2 - 3y^2 - 6x - 1 = 0$

f) $3x^2 - 4y^2 + 3x + 6y - 1 = 0$

g) $2x^2 - 6x + 9y = 0$

2. Soit chacune des équations ci-après.

i) Indique le type de conique qu'elle définit.

ii) Réécris l'équation sous sa forme canonique.

iii) Détermine les principales caractéristiques de la conique définie et construis-la à la main.

a) $x^2 + y^2 - 2x - 6y - 15 = 0$

b) $4x^2 + y^2 + 24x - 4y - 24 = 0$

c) $x^2 + 6x - 8y + 25 = 0$

d) $y^2 - 4y - 8x + 12 = 0$

e) $x^2 + 16y^2 + 8x - 96y + 144 = 0$

f) $x^2 + y^2 + 4x - 6y - 23 = 0$

g) $2x^2 - 2y^2 + 4x - 4y + 1 = 0$

h) $y^2 - 4y + 4x + 8 = 0$

i) $x^2 - 2y^2 - 6x - 4y - 2 = 0$

3. Indique l'équation des coniques ci-après sous sa forme canonique et sous la forme $ax^2 + by^2 + 2gx + 2fy + c = 0$.

a)

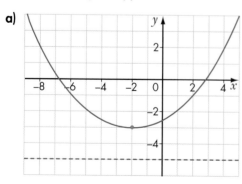

b)

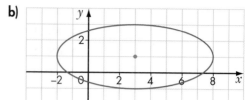

c)

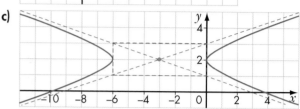

d)

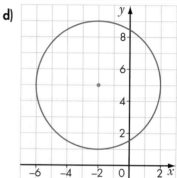

e)

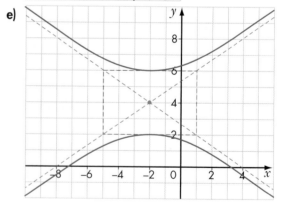

f)

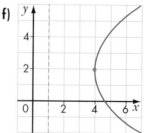

Application, résolution de problèmes, communication

B

4. Recherche et résolution de problèmes a) Soit l'équation
$x^2 + by^2 - 4 = 0$. Indique la ou les valeurs de b qui en font l'équation :

i) d'un cercle ; **ii)** d'une parabole ;

iii) d'une ellipse ; **iv)** d'une hyperbole.

b) Illustre chacune de tes réponses en a) par un exemple.

5. a) Soit l'équation $ax^2 - y^2 + 9 = 0$. Indique la ou les valeurs de a qui en
font l'équation :

i) d'un cercle ; **ii)** d'une parabole ;

iii) d'une ellipse ; **iv)** d'une hyperbole.

b) Illustre chacune de tes réponses en a) par un exemple.

6. Recherche et résolution de problèmes Les trois carrés du
schéma ci-contre sont centrés en un même point. L'aire de la bande
rouge est égale à celle du plus petit carré.

a) Quelle relation y a-t-il entre p et q ?

b) Représente graphiquement cette relation.

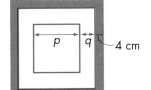

7. Application Lorsqu'un avion franchit le mur du son, il en résulte
une onde de choc conique. Dans le cas d'un avion dont la trajectoire est
parallèle au sol, l'intersection de cette onde de choc et du sol constitue la
branche d'une hyperbole.

a) À l'aide de tes connaissances relatives à l'intersection d'un plan et
d'un cône, explique pourquoi l'intersection de l'onde de choc et du sol
constitue la branche d'une hyperbole.

b) Décris la trajectoire d'un avion, sachant que l'on peut représenter
l'intersection de l'onde de choc et du sol par l'équation
$x^2 + 25y^2 - 8x + 100y + 91 = 0$.

c) Est-il possible que l'intersection d'une onde de choc et du sol
corresponde à l'équation $4x^2 + 4y^2 + 36y + 5 = 0$? Justifie ta réponse.

8. Les coniques dégénérées Les règles permettant de reconnaître une conique à son équation ne s'appliquent pas toujours. Ainsi, l'équation $x^2 + y^2 + 2x - 4y + 5 = 0$, où $a = b$, semble définir un cercle.

En complétant le carré, on obtient

$$x^2 + y^2 + 2x - 4y + 5 = 0$$
$$x^2 + 2x + y^2 - 4y + 5 = 0$$
$$x^2 + 2x + 1 - 1 + y^2 - 4y + 4 - 4 + 5 = 0$$
$$(x + 1)^2 + (y - 2)^2 = 0$$

Le couple $(-1, 2)$ vérifie cette équation. La solution est ici $(-1, 2)$. De ce fait, la représentation graphique de $x^2 + y^2 + 2x - 4y + 5 = 0$ consiste en un point et non en un cercle. Comme l'équation semble définir un cercle, on qualifie sa représentation graphique de « cercle dégénéré ».

Soit l'équation $x^2 + y^2 + 2x - 4y + 6 = 0$. En complétant le carré, on obtient $(x + 1)^2 + (y - 2)^2 = -1$.

Or, cette équation n'admet aucune solution, puisque la somme de deux carrés ne peut être négative. De ce fait, l'équation $x^2 + y^2 + 2x - 4y + 6 = 0$ définit une conique dégénérée.

i) Indique le type de conique que les équations ci-après semblent définir.

ii) Démontre que ces équations définissent chacune une conique dégénérée.

iii) Représente-les graphiquement, si cela est possible.

a) $4x^2 + y^2 - 8x + 2y + 6 = 0$

b) $x^2 + y^2 - 2x - 6y + 10 = 0$

c) $3x^2 + 4y^2 - 6x - 24y + 39 = 0$

d) $9x^2 - y^2 + 18x + 6y = 0$

Défi LOGIQUE

Quelles sont les quatre cases où X devrait ici éviter d'inscrire sa marque si X veut empêcher O de remporter la victoire ?

8.9 L'intersection de droites et de coniques

Le cercle central de la surface de jeu au hockey sur glace a 4,5 m de rayon. L'un de ses diamètres se trouve sur la ligne rouge centrale.

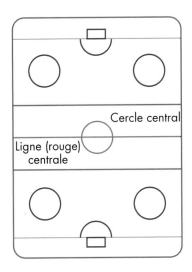

Cercle central

Ligne (rouge) centrale

EXPLORATION ET RECHERCHE

1. On reproduit la surface de jeu dans un plan cartésien sur du papier quadrillé, de telle manière que l'origine se situe au centre du cercle central et que l'axe des x corresponde à la ligne rouge. La longueur des côtés de chaque case du quadrillage représente 1 m.

a) Indique l'équation du cercle central.

b) Construis le cercle central sur du papier quadrillé ou à l'aide d'une calculatrice à affichage graphique.

2. La rondelle traverse la ligne rouge le long des droites définies par les équations ci-après. Trace ces droites et détermine en combien de points elles coupent ou touchent le cercle central. Indique les coordonnées de tout point d'intersection, en les arrondissant au dixième près, s'il y a lieu.

a) $y = x$ **b)** $y = 8 - x$ **c)** $y = 4,5$

3. a) Quel est le nombre maximal de points d'intersection d'une droite et d'un cercle ?

b) Quel est le nombre minimal de points d'intersection d'une droite et d'un cercle ?

4. Soit les droites définies par les équations ci-après. Sans les tracer, indique en combien de points elles coupent ou touchent le cercle central.

a) $y = 6$ **b)** $y = -4,5$ **c)** $y = -1$ **d)** $y = 3x$

Rappelons qu'un système d'équations consiste en deux ou plusieurs équations que l'on examine ensemble. Lorsque les deux équations d'un système définissent respectivement une droite et une conique, ce système n'admet aucune solution, en admet une seule ou en admet deux.

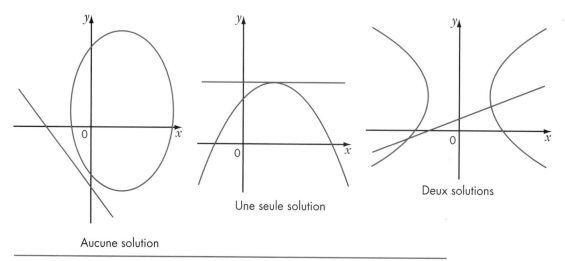

Aucune solution

Une seule solution

Deux solutions

EXEMPLE 1 La détermination des points d'intersection d'une droite et d'un cercle

Détermine les coordonnées des points d'intersection de la droite d'équation $y = x - 1$ et du cercle d'équation $x^2 + y^2 = 25$.

SOLUTION 1 Méthode papier-crayon

Résous ce système d'équations par substitution.

$y = x - 1$ (1)
$x^2 + y^2 = 25$ (2)

Reporte $y = x - 1$ dans (2) : $x^2 + (x - 1)^2 = 25$
Développe le membre de gauche : $x^2 + x^2 - 2x + 1 = 25$
Simplifie : $2x^2 - 2x - 24 = 0$
Divise chaque membre par 2 : $x^2 - x - 12 = 0$
Factorise le membre de gauche : $(x - 4)(x + 3) = 0$
Utilise la propriété du produit zéro : $x - 4 = 0$ ou $x + 3 = 0$
$x = 4$ ou $x = -3$

Reporte ces valeurs de x dans (1).

Lorsque $x = 4$,   Lorsque $x = -3$,
$y = x - 1$ $y = x - 1$
  $= 4 - 1$ $= -3 - 1$
  $= 3$ $= -4$

Vérifie tes solutions dans (1).

Soit (4, 3),

M.G. $= y$ **M.D.** $= x - 1$
$= 3$ $= 4 - 1$
                            $= 3$

Soit (−3, −4)

M.G. $= y$ **M.D.** $= x - 1$
$= -4$ $= -3 - 1$
                            $= -4$

Vérifie tes solutions dans (2).

Soit (4, 3),

M.G. $= x^2 + y^2$ **M.D.** $= 25$
$= 4^2 + 3^2$
$= 25$

Soit (−3, −4),

M.G. $= x^2 + y^2$ **M.D.** $= 25$
$= (-3)^2 + (-4)^2$
$= 25$

Les coordonnées des points d'intersection sont (4, 3) et (−3, −4).

Solution 2   Méthode par calculatrice à affichage graphique

Isole y dans l'équation du cercle.

$$x^2 + y^2 = 25$$
$$y^2 = 25 - x^2$$
$$y = \pm\sqrt{25 - x^2}$$

Fais apparaître ensemble dans la fenêtre d'affichage les graphiques de $y = x - 1$, $y = \sqrt{25 - x^2}$ et $y = -\sqrt{25 - x^2}$.

Utilise l'instruction *ZSquare* pour que le cercle présente une forme circulaire. Détermine les points d'intersection en recourant à l'opération Intersect.

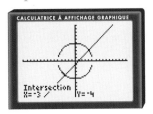 

Les coordonnées des points d'intersection sont (−3, −4) et (4, 3). On peut les vérifier en les reportant dans les équations initiales.

EXEMPLE 2   La détermination des points d'intersection d'une droite et d'une ellipse

Détermine les coordonnées des points d'intersection de la droite d'équation $2x + y = 1$ et de l'ellipse d'équation $4x^2 + y^2 = 25$.

SOLUTION

Résous ce système d'équations par substitution.

$2x + y = 1$ (1)
$4x^2 + y^2 = 25$ (2)

Isole y dans (1) :

$$2x + y = 1$$
$$y = 1 - 2x$$

Reporte $y = 1 - 2x$ dans (2) : $4x^2 + (1 - 2x)^2 = 25$
Développe le membre de gauche : $4x^2 + 1 - 4x + 4x^2 = 25$
Simplifie : $8x^2 - 4x - 24 = 0$
Divise chaque membre par 4 : $2x^2 - x - 6 = 0$
Factorise le membre de gauche : $(2x + 3)(x - 2) = 0$
Utilise la propriété du produit zéro : $2x + 3 = 0$ ou $x - 2 = 0$

$$x = -\frac{3}{2} \quad \text{ou} \quad x = 2$$

Reporte ces valeurs de x dans (1) pour déterminer les valeurs de y.

Lorsque $x = -\frac{3}{2}$,   Lorsque $x = 2$,

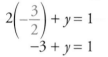
$$2(2) + y = 1$$
$$4 + y = 1$$
$$y = 1 - 4$$
$$= -3$$

On peut représenter ce système graphiquement.

Vérifie tes solutions dans (1).

Soit $\left(-\frac{3}{2}, 4\right)$,   Soit $(2, -3)$,

M.G. $= 2x + y$ **M.D.** $= 1$ **M.G.** $= 2x + y$ **M.D.** $= 1$
                                            $= 2(2) - 3$
       $= 2\left(-\frac{3}{2}\right) + 4$ $= 1$

       $= 1$

Vérifie tes solutions dans (2).

Soit $\left(-\frac{3}{2}, 4\right)$,   Soit $(2, -3)$,

M.G. $= 4x^2 + y^2$ **M.D.** $= 25$ **M.G.** $= 4x^2 + y^2$ **M.D.** $= 25$
                                           $= 4(2)^2 + (-3)^2$
       $= 4\left(-\frac{3}{2}\right)^2 + 4^2$ $= 16 + 9$
       $= 9 + 16$ $= 25$
       $= 25$

Les coordonnées des points d'intersection sont $\left(-\frac{3}{2}, 4\right)$ et $(2, -3)$.

EXEMPLE 3 La détermination des points d'intersection d'une droite et d'une parabole

Détermine les coordonnées des points d'intersection de la parabole définie par $y - 4 = -(x + 1)^2$ et

a) $y = -4x + 4$

b) $y = 3x + 13$

SOLUTION

a) Résous par substitution le système d'équations ci-après.

$y = -4x + 4$ (1)

$y - 4 = -(x + 1)^2$ (2)

Reporte $y = -4x + 4$ dans (2): $-4x + 4 - 4 = -(x + 1)^2$

Développe le membre de droite : $-4x + 4 - 4 = -(x^2 + 2x + 1)$

Simplifie : $-4x = -x^2 - 2x - 1$

$$x^2 - 2x + 1 = 0$$

Factorise le membre de gauche : $(x - 1)(x - 1) = 0$

Utilise la propriété du produit zéro : $x - 1 = 0$ ou $x - 1 = 0$

                                      $x = 1$ ou $x = 1$

Reporte $x = 1$ dans (1) pour déterminer la valeur de y.

$y = -4x + 4$

  $= -4(1) + 4$

  $= 0$

On peut représenter ce système graphiquement.

Vérifie ta solution dans (1).

M.G. $= y$ M.D. $= -4x + 4$

    $= 0$ $= -4(1) + 4$

                         $= 0$

Vérifie ta solution dans (2).

M.G. $= y - 4$ M.D. $= -(x + 1)^2$

    $= 0 - 4$ $= -(1 + 1)^2$

    $= -4$ $= -4$

Les coordonnées du point d'intersection sont $(1, 0)$.

b) Résous le système d'équations ci-après.

$y = 3x + 13$ (1)

$y - 4 = -(x + 1)^2$ (2)

Reporte $y = 3x + 13$ dans (2) : $3x + 13 - 4 = -(x + 1)^2$

Développe le membre de droite : $3x + 13 - 4 = -(x^2 + 2x + 1)$

Simplifie : $\qquad\qquad\qquad\qquad\qquad 3x + 9 = -x^2 - 2x - 1$

$$x^2 + 5x + 10 = 0$$

Dans le cas de $x^2 + 5x + 10 = 0$, $a = 1$, $b = 5$ et $c = 10$.

Fais appel à la formule pour résoudre l'équation.

$$x = \frac{-b \pm \sqrt{b^2 - 4ac}}{2a}$$

$$= \frac{-5 \pm \sqrt{5^2 - 4(1)(10)}}{2(1)}$$

$$= \frac{-5 \pm \sqrt{25 - 40}}{2}$$

$$= \frac{-5 \pm \sqrt{-15}}{2}$$

On peut représenter ce système graphiquement.

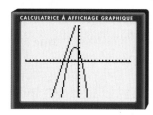

Aucun nombre réel n'étant la racine carrée d'un nombre négatif, il n'existe aucune solution réelle.

La parabole et la droite ne se coupent pas et ne se touchent pas.

EXEMPLE 4 **La détermination des points d'intersection d'une droite et d'une hyperbole**

Détermine les coordonnées des points d'intersection de la droite d'équation $y = x + 3$ et de l'hyperbole d'équation $y^2 - 4x^2 = 4$. Arrondis tes réponses au dixième près.

SOLUTION

Résous ce système d'équations par substitution.

$y = x + 3$ (1)

$y^2 - 4x^2 = 4$ (2)

Reporte $y = x + 3$ dans (2) : $\qquad\qquad (x + 3)^2 - 4x^2 = 4$

Développe le membre de gauche : $x^2 + 6x + 9 - 4x^2 = 4$

Simplifie : $\qquad\qquad\qquad\qquad\quad -3x^2 + 6x + 5 = 0$

Multiplie par -1 : $\qquad\qquad\qquad\quad 3x^2 - 6x - 5 = 0$

Résous cette équation à l'aide de la formule :

$$x = \frac{-b \pm \sqrt{b^2 - 4ac}}{2a}$$

$$= \frac{6 \pm \sqrt{(-6)^2 - 4(3)(-5)}}{2(3)}$$

$$= \frac{6 \pm \sqrt{36 + 60}}{6}$$

$$= \frac{6 \pm \sqrt{96}}{6}$$

$$\doteq 2,6 \text{ ou } -0,6$$

Reporte ces valeurs de x dans (1) pour déterminer les valeurs de y.

Lorsque $x = 2,6$, $y = 2,6 + 3$ Lorsque $x = -0,6$, $y = -0,6 + 3$
$= 5,6$ $= 2,4$

On peut représenter ce système graphiquement.

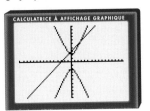

Au dixième près, les coordonnées des points d'intersection sont (2,6, 5,6) et (−0,6, 2,4).

EXEMPLE 5   La trajectoire de vol

Un petit avion volant à 200 km/h se dirige tout droit vers le centre d'une importante perturbation atmosphérique. Son pilote décide de changer de cap afin d'éviter le plus gros de la tempête. Dans un plan cartésien où l'avion se situe à l'origine et où chaque unité représente 1 km, la limite de la perturbation atmosphérique se traduit par l'équation $(x - 20)^2 + (y - 10)^2 = 49$. Après avoir changé de cap, l'avion suit la trajectoire correspondant à la droite d'équation $y = 0,2x$ dans le quadrant I. Évitera-t-il complètement la perturbation ? Dans la négative, combien de temps passera-t-il à l'intérieur de la perturbation, au dixième de minute près ?

Solution 1   Méthode papier-crayon

Résous le système d'équations ci-après.
$(x - 20)^2 + (y - 10)^2 = 49$ (1)
$y = 0,2x$ (2)
Reporte $y = 0,2x$ dans (1).
$$(x - 20)^2 + (0,2x - 10)^2 = 49$$
$$x^2 - 40x + 400 + 0,04x^2 - 4x + 100 = 49$$
$$1,04x^2 - 44x + 451 = 0$$

Résous cette équation à l'aide de la formule :

$$x = \frac{-b \pm \sqrt{b^2 - 4ac}}{2a}$$

$$= \frac{44 \pm \sqrt{(-44)^2 - 4(1,04)(451)}}{2(1,04)}$$

On a donc $x \doteq 24,87$ ou $x \doteq 17,43$.

Reporte ces valeurs dans (2).

Lorsque $x = 24,87$, Lorsque $x = 17,43$,

$y = 0,2(24,87)$ $y = 0,2(17,43)$

$\doteq 4,97$ $\doteq 3,49$

Les coordonnées approximatives des points d'intersection sont (17,43, 3,49) et (24,87, 4,97).

L'avion n'évitera donc pas complètement la perturbation.

À l'aide de la formule indiquant la longueur d'un segment de droite, détermine la distance qui sépare les deux points d'intersection.

$$d = \sqrt{(x_2 - x_1)^2 + (y_2 - y_1)^2}$$
$$= \sqrt{(24,87 - 17,43)^2 + (4,97 - 3,49)^2}$$
$$\doteq 7,59$$

L'avion parcourra une distance d'environ 7,59 km à l'intérieur de la perturbation.

À l'aide de la formule temps $= \dfrac{\text{distance}}{\text{vitesse}}$, détermine le temps qu'il passera à l'intérieur de la perturbation.

$$\text{temps} = \frac{7,59}{200}$$
$$= 0,037\ 95$$

Convertis cette portion d'heure en minutes.

$0,037\ 95 \times 60 = 2,277$

Au dixième de minute près, l'avion passera donc 2,3 min à l'intérieur de la perturbation.

SOLUTION 2 Méthode par calculatrice à affichage graphique

Isole y dans $(x - 20)^2 + (y - 10)^2 = 49$.

$$(x - 20)^2 + (y - 10)^2 = 49$$
$$(y - 10)^2 = 49 - (x - 20)^2$$
$$y - 10 = \pm \sqrt{49 - (x - 20)^2}$$
$$y = 10 \pm \sqrt{49 - (x - 20)^2}$$

Fais apparaître ensemble dans la fenêtre d'affichage les graphiques de $y = 0{,}2x$, $y = 10 + \sqrt{49 - (x - 20)^2}$ et $y = 10 - \sqrt{49 - (x - 20)^2}$.

Adapte les paramètres de la fenêtre d'affichage et fais appel à l'instruction *ZSquare*. Détermine les points d'intersection en recourant à l'opération Intersect.

On a réglé ici les paramètres de la fenêtre d'affichage afin que Xmin ≐ 4,8, Xmax ≐ 35,2, Ymin = 0 et Ymax = 20.

Les coordonnées approximatives des points d'intersection sont (17,43, 3,49) et (24,87, 4,97). L'avion n'évitera donc pas complètement la perturbation.

On peut déterminer combien de temps l'avion passera à l'intérieur de la perturbation, en faisant appel à la formule de la longueur d'un segment de droite et à la formule $\text{temps} = \dfrac{\text{distance}}{\text{vitesse}}$, comme nous l'avons expliqué dans le cas de la solution 1.

Au dixième de minute près, l'avion passera 2,3 min à l'intérieur de la perturbation.

Concepts clés

• Lorsque les deux équations d'un système définissent respectivement une droite et une conique, ce système n'admet aucune solution, en admet une seule ou en admet deux.

• Pour déterminer algébriquement les points d'intersection du graphique d'une équation du premier degré et de celui d'une équation du second degré :

a) isole l'une des variables dans l'équation du premier degré ;

b) reporte l'équation obtenue en a) dans l'équation du second degré ;

c) résous l'équation du second degré afin de déterminer toute valeur réelle de l'autre variable ;

d) reporte dans l'équation du premier degré toute valeur réelle de la variable en c), cela pour trouver la ou les valeurs de l'autre variable.

• Pour résoudre graphiquement un système d'équations définissant une droite et une conique, génère le graphique de chaque équation et détermine les coordonnées du ou des points d'intersection de la droite et de la conique, le cas échéant.

Communique ce que tu as compris

1. Décris comment tu déterminerais algébriquement les points d'intersection du graphique de $x - y = 2$ et de celui de $x^2 + y^2 = 16$.

2. Décris comment tu résoudrais graphiquement le système formé des équations $2x^2 + y^2 = 36$ et $2x - y = 1$.

3. Décris la solution algébrique d'un système formé d'une équation du premier degré et d'une équation du second degré dont les graphiques n'ont aucun point d'intersection.

Exercices

A

1. Résous les systèmes d'équations ci-après.

a) $y - 9 = 0$
$y - x^2 = 0$

b) $y + 25 = 0$
$x^2 + y = 0$

c) $y = 2x$
$y - x^2 = 0$

d) $y - x = 0$
$x^2 + y^2 - 32 = 0$

e) $y = 4x$
$x^2 - y + 4 = 0$

f) $y + 3x = 0$
$x^2 + y^2 = 10$

e) $4x^2 + y^2 = 64$
$\frac{1}{2}x + y = 10$

f) $y = 4x^2$
$12x - y - 9 = 0$

g) $y = x - 5$
$x^2 + y^2 = 4$

h) $9x^2 + 4y^2 = 36$
$2x + y = -4$

i) $x + y = 4$
$y = \frac{1}{2}x^2$

2. Résous les systèmes d'équations ci-après.

a) $y = x^2 + 3$
$3x + y = 1$

b) $x^2 + y^2 = 36$
$2x + y = -12$

c) $x^2 - y^2 = 9$
$x - y = 6$

d) $x^2 + 4y^2 = 16$
$5x - y = 2$

3. Résous les systèmes d'équations ci-après. Arrondis tes réponses au centième près, s'il y a lieu.

a) $x^2 + y^2 = 25$
$2x + y = -5$

b) $y = x^2 + 5$
$x + y = 2$

c) $x^2 + 4y^2 = 100$
$x - y = 5$

d) $x^2 - y^2 = 64$
$2x + y = 14$

e) $x^2 + y^2 = 16$
$x - 2y = 7$

f) $2y - x^2 = 0$
$2x + y = -2$

g) $x^2 + y^2 = 17$
$x + 2y = 2$

h) $25x^2 - 36y^2 = 900$
$x + 2y = -6$

i) $9x^2 + y^2 = 81$
$x + 3y = 3$

j) $x^2 + y^2 = 13$
$2x - y = 7$

k) $x^2 - 64y^2 = 1$
$x + 8y = 0$

l) $4x^2 - y^2 - 9 = 0$
$2x - y = 0$

4. Détermine, au centième près, la longueur de la corde AB dans le cas des cercles ci-après.

a)

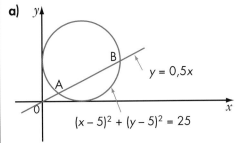

$y = 0,5x$

$(x - 5)^2 + (y - 5)^2 = 25$

b)

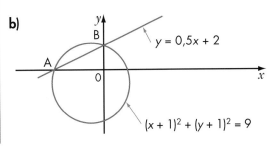

$y = 0,5x + 2$

$(x + 1)^2 + (y + 1)^2 = 9$

Application, résolution de problèmes, communication

5. La circulation aérienne Soit un radar ayant une portée de 50 km. On peut en représenter l'écran dans un plan cartésien par un cercle de rayon 50 centré à l'origine.

a) Écris l'équation correspondant à la limite de la zone balayée par le radar.

b) Un petit avion traverse cette zone à une vitesse de 180 km/h, selon la trajectoire définie par $y = -0,5x - 10$. Détermine, à la minute près, pendant combien de temps il sera à portée de radar.

B

6. Communication Soit un parc municipal où un arroseur asperge une aire dont le pourtour se traduit par l'équation $x^2 + y^2 = 20$. Cet arroseur se situe à l'origine d'un plan cartésien. L'équation $2x - y = 12$ y définit un sentier traversant le parc. Les gens qui empruntent ce sentier se feront-ils mouiller par l'arroseur ? Justifie ta réponse.

7. Application Le système de détection radar d'un phare a une portée dont la limite correspondant à l'équation $x^2 + y^2 = 5$ si l'on situe ce phare à l'origine d'un plan cartésien. Un navire suit la trajectoire définie par l'équation $x - y = 2$. Sera-t-il détecté par le système radar du phare ? Justifie ta réponse.

8. L'indice UV L'indice UV (rayons ultraviolets) dans le centre de l'Ontario, de 8 h à 18 h par une journée ensoleillée de juillet, correspondait à la fonction du second degré définie par $y = -0,15(x - 13)^2 + 7,6$, où y représente l'indice UV et x, le moment de la journée exprimé en heures selon le système horaire de 24 heures.

Lien Internet
www.dlcmcgrawhill.ca
Pour en savoir plus sur l'indice UV, rends-toi à l'adresse donnée ci-haut. Puis clique sur la page couverture du manuel *Mathématiques 11*. Tu y trouveras les adresses nécessaires à ta recherche. Rédige un bref exposé expliquant comment on détermine l'indice UV.

a) Construis un système d'équations permettant de déterminer de quelle heure à quelle heure l'indice UV a été égal ou supérieur à 7 durant la journée.

b) Résous le système d'équations en a) et indique la portion de la journée en cause.

9. Le radar Le radar d'une vedette de la police de la navigation a une portée de 28 km. Pendant que cette vedette mouille dans une baie, son radar détecte un navire dont la trajectoire linéaire est définie par $y = 0,7x + 20$. Si ce navire demeure visible à l'écran radar pendant 2 h, à quelle vitesse se déplace-t-il, au kilomètre à l'heure près ?

10. La consommation d'énergie La consommation d'énergie de la cafétéria d'un collège fluctue au cours de la journée. Elle se traduit approximativement par la fonction du second degré associée à $y = -0,25(x - 12)^2 + 50$, où y représente la consommation d'énergie, en kilowatts (kW), et x, le moment de la journée exprimé en heures selon le système horaire de 24 heures.

a) Construis un système d'équations qui permettrait de déterminer les moments de la journée où la consommation d'énergie est d'au moins 40 kW.

b) Résous le système d'équations en a) et indique la portion de la journée en cause, à l'heure près.

11. Recherche et résolution de problèmes La droite d'équation $x + 3y - 5 = 0$ coupe le cercle d'équation $(x - 5)^2 + (y - 5)^2 = 25$ aux points A et B.

a) Détermine les coordonnées des extrémités de la corde AB.

b) Démontre que la médiatrice de la corde AB passe par le centre du cercle.

12. Soit le cercle ci-contre, qui est centré à l'origine et a 5 unités de rayon. Détermine la longueur exacte de la corde MN.

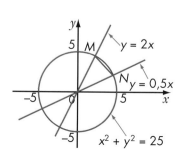

13. Le théâtre Un projecteur illumine une portion elliptique de la scène d'un théâtre. Dans un plan cartésien où 1 unité représente 1 m, cette ellipse se traduit par l'équation $2x^2 + y^2 = 9$. Une comédienne traverse la scène selon la trajectoire définie par $y = 2x - 1$. Détermine, au dixième de mètre près, la longueur de la portion de son trajet éclairée par le projecteur.

C

14. Les miroirs hyperboliques Un miroir hyperbolique présente la forme de l'une des branches d'une hyperbole. Les rayons lumineux dirigés vers le foyer d'un tel miroir sont réfléchis vers l'autre foyer de l'hyperbole, comme le montre le schéma ci-après.

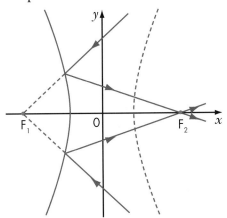

Soit un miroir que l'on peut représenter par la branche gauche de l'hyperbole d'équation $\dfrac{x^2}{9} - \dfrac{y^2}{16} = 1$. Une source lumineuse occupe le point $(0, -8)$. Détermine les coordonnées du point de la surface du miroir où la lumière provenant de cette source est réfléchie vers le point $(5, 0)$. Arrondis ces coordonnées au dixième près.

15. Résous les systèmes d'équations ci-après.

a) $x + y^2 = 2$
$2y - 2\sqrt{2} = x(\sqrt{2} + 2)$

b) $x^2 + y^2 = 1$
$y = 3x + 1$
$x^2 + (y + 1)^2 = 4$

Exploration et application

Les coniques confocales

Les sections coniques partageant un même foyer sont des coniques confocales. C'est le cas des orbites elliptiques associées aux planètes du système solaire. En effet, le Soleil occupe l'un des foyers de toutes ces orbites.

1. Écris quatre équations définissant respectivement un cercle, une ellipse, une hyperbole et une parabole qui ont un foyer au point (0, 2). Sache que le foyer d'un cercle correspond à son centre.

2. a) Le schéma ci-après fait voir un cercle, une ellipse, une parabole et une hyperbole qui ont un foyer au point (0, 1) et un sommet à l'origine. On n'a toutefois représenté que la branche supérieure de l'hyperbole.

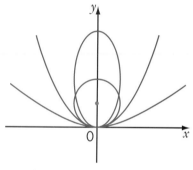

Écris quatre équations définissant respectivement un cercle, une ellipse, une parabole et une hyperbole qui présentent les caractéristiques indiquées.

b) Pourquoi n'y a-t-il qu'un seul cercle et une seule parabole ayant ces caractéristiques ?

c) Combien y a-t-il d'équations définissant une ellipse qui présentent ces caractéristiques ? Justifie ta réponse à l'aide d'exemples.

d) Combien y a-t-il d'équations définissant une hyperbole dont la branche supérieure présente ces caractéristiques ? Justifie ta réponse à l'aide d'exemples.

RÉVISION DES **CONCEPTS CLÉS**

■ **8.1–8.2** Les lieux géométriques et leurs équations

Reporte-toi à la rubrique *Concepts clés* de la page 598.

1. Esquisse à la main le lieu géométrique des points d'un plan situés à 2 cm d'un cercle de 5 cm de rayon.

2. a) Quelle relation y a-t-il entre les droites définies par $y = -2x - 3$ et $y = -2x - 9$?
b) Trace ces deux droites.
c) Construis le lieu géométrique des points équidistants de ces deux droites.
d) Représente ce lieu géométrique par une équation.

3. Détermine l'équation du lieu géométrique des points équidistants des points de chaque paire ci-après.
a) $(2, 1)$ et $(-3, -5)$
b) $(-3, 4)$ et $(6, 1)$

4. Détermine l'équation du lieu géométrique des points équidistants des courbes représentatives de $y = \sqrt{x + 2}$ et $y = -\sqrt{x + 2}$.

8.4 Le cercle

Reporte-toi à la rubrique *Concepts clés* de la page 613.

5. Esquisse à la main les cercles définis par les équations ci-après. Annote tes diagrammes et indique pour chacun le domaine et l'image de la relation définie par chaque équation.
a) $x^2 + y^2 = 81$
b) $x^2 + y^2 = 40$
c) $(x - 3)^2 + (y + 5)^2 = 25$
d) $(x + 1)^2 + (y - 4)^2 = 60$

6. Écris, sous sa forme canonique, l'équation du cercle :
a) de centre $(4, -2)$ et de rayon 3 ;
b) de centre $(2, -4)$ passant par le point $(3, 0)$;
c) dont le diamètre est limité par les points $(1, -4)$ et $(7, 2)$.

7. Les séismes On a découvert que l'épicentre d'un tremblement de terre se situe à 50 km d'une station d'observation sismologique. Il est cependant impossible de déterminer la direction à partir des mesures effectuées à cette seule station. Écris une équation représentant tous les endroits où peut se situer l'épicentre du séisme si la station d'observation occupe le point $(-2, 3)$.

8.5 L'ellipse

Reporte-toi à la rubrique *Concepts clés* de la page 631.

8. À l'aide de la définition de l'ellipse comme lieu géométrique, détermine, sous sa forme canonique, l'équation de l'ellipse :

a) de foyers $(-2, 0)$ et $(2, 0)$ dont la somme des distances aux foyers égale 6 ;

b) de foyers $(0, -3)$ et $(0, 3)$ dont la somme des distances aux foyers égale 8.

9. Esquisse à la main les ellipses définies par les équations ci-après. Inscris sur chaque diagramme les coordonnées du centre, des sommets et des foyers. Indique aussi le domaine et l'image de la relation définie par l'équation.

a) $\dfrac{x^2}{16} + \dfrac{y^2}{4} = 1$

b) $\dfrac{x^2}{9} + \dfrac{y^2}{25} = 1$

c) $\dfrac{(x-3)^2}{36} - \dfrac{(y+1)^2}{9} = 1$

d) $\dfrac{(x+1)^2}{16} - \dfrac{(y-2)^2}{49} = 1$

10. Écris, sous sa forme canonique, l'équation de l'ellipse :

a) de centre $(0, 0)$ dont le grand axe se trouve sur l'axe des x et a une longueur de 10 et dont le petit axe a une longueur de 5 ;

b) de centre $(0, 0)$ dont l'un des sommets principaux se situe au point $(0, -7)$ et l'un des foyers, au point $(0, 5)$;

c) de foyers $(-2, -2)$ et $(-2, 7)$ dont la somme des distances aux foyers égale 20 ;

d) de centre $(2, -1)$ passant par les points $(-3, -1)$, $(7, -1)$, $(2, 1)$ et $(2, -4)$.

11. Mercure Toutes les planètes du système solaire gravitent autour du Soleil en suivant une trajectoire elliptique dont le Soleil occupe l'un des foyers. La distance séparant Mercure du Soleil est de 4,60 millions de kilomètres au point le plus rapproché de son orbite et de 6,98 millions de kilomètres au point le plus éloigné de son orbite. Représente par une équation l'ellipse correspondant à l'orbite de Mercure. Pour ce faire, suppose que le Soleil se situe sur l'axe des x.

8.6 L'hyperbole

Reporte-toi à la rubrique *Concepts clés* de la page 647.

12. À l'aide de la définition de l'hyperbole comme lieu géométrique, détermine l'équation de l'hyperbole :

a) de foyers $(-5, 0)$ et $(5, 0)$ pour laquelle $|F_1P - F_2P| = 4$;

b) de foyers $(0, -4)$ et $(0, 4)$ pour laquelle $|F_1P - F_2P| = 2$.

13. Esquisse à la main les hyperboles définies par les équations ci-après. Inscris sur chaque diagramme les coordonnées du centre, des sommets et des foyers de l'hyperbole et celles des sommets de l'hyperbole conjuguée. Indique aussi le domaine et l'image de la relation définie par l'équation.

a) $\dfrac{x^2}{25} - \dfrac{y^2}{4} = 1$

b) $\dfrac{x^2}{4} - \dfrac{y^2}{36} = 1$

c) $\dfrac{(x+2)^2}{25} - \dfrac{(y-1)^2}{16} = 1$

d) $\dfrac{(x-1)^2}{49} - \dfrac{(y-3)^2}{36} = 1$

14. Détermine, sous sa forme canonique, l'équation de l'hyperbole :

a) de sommets $(-4, 0)$ et $(4, 0)$ ayant une hyperbole conjuguée de sommets $(0, -3)$ et $(0, 3)$;

b) de sommets $(-5, -2)$ et $(-5, 6)$ et de foyers $(-5, -4)$ et $(-5, 8)$;

c) de centre $(-2, 1)$ dont l'un des foyers occupe le point $(-4, 1)$ et dont la longueur de l'axe conjugué est de 4 ;

d) de foyers $(0, -6)$ et $(0, 6)$ dont la différence constante des distances aux foyers égale 4.

15. Les arches d'un toit Soit un complexe sportif dont le toit repose sur des arches hyperboliques ancrées au sol. Ces arches ont une portée de 60 m et une hauteur maximale de 20 m.

a) Détermine l'équation d'une hyperbole correspondant à l'une de ces arches.

b) Quelle est la hauteur de cette arche à une distance horizontale de 25 m de son point le plus élevé ?

8.7 La parabole

Reporte-toi à la rubrique *Concepts clés* de la page 660.

16. Indique, sous sa forme canonique, l'équation des paraboles dont les coordonnées du foyer et l'équation de la directrice figurent ci-après.

a) $(0, 3)$, $y = -3$

b) $(-3, 2)$, $x = 1$

c) $(5, -1)$, $y = 1$

d) $(1, 2)$, $y = 4$

e) $(3, -2)$, $x = -1$

17. Détermine les coordonnées du sommet et du foyer et l'équation de la directrice des paraboles définies par les équations ci-après. Esquisse ces paraboles et indique pour chacune le domaine et l'image de la relation représentée par chaque équation.

a) $y = \dfrac{1}{8}x^2$

b) $x = -\dfrac{1}{12}y^2$

c) $x - 3 = \dfrac{1}{2}(y + 1)^2$

d) $y + 1 = \dfrac{1}{4}(x - 5)^2$

18. À l'aide de la définition de la parabole comme lieu géométrique, détermine l'équation des paraboles dont les coordonnées du foyer et l'équation de la directrice figurent ci-après.

a) $(4, -2)$, $x = 2$ **b)** $(-2, -3)$, $y = 1$

c) $(4, 1)$, $x = 1$

19. Les antennes paraboliques Soit une antenne parabolique dont le foyer se situe à 25 cm du sommet.

a) Représente cette antenne par une équation sous sa forme canonique, sachant que la parabole s'ouvre vers le haut, que son sommet se situe à l'origine et que son foyer se trouve sur l'axe des y.

b) Détermine la largeur de l'antenne à 10 cm de son sommet. Arrondis ta réponse au dixième de centimètre près.

20. Le football Un joueur de football botte le ballon lors d'une tentative de placement. Le ballon atteint une hauteur maximale de 10 m et parcourt une distance horizontale de 50 m. Fournis, sous sa forme canonique, une équation représentant la trajectoire parabolique du ballon.

8.8 Les coniques définies par une équation de la forme $ax^2 + by^2 + 2gx + 2fy + c = 0$

Reporte-toi à la rubrique *Concepts clés* de la page 671.

21. Soit chacune des équations ci-après.

i) Indique le type de conique qu'elle définit.

ii) Réécris l'équation sous sa forme canonique.

iii) Détermine les principales caractéristiques de la conique définie et esquisse-la à la main.

a) $x^2 + y^2 + 6x - 4y + 12 = 0$ **b)** $4x^2 + 25y^2 + 8x - 100y + 4 = 0$

c) $2x^2 - y - 12x + 28 = 0$ **d)** $9x^2 + 4y^2 - 72x + 8y + 112 = 0$

e) $x^2 + y^2 - 6x - 10y + 23 = 0$ **f)** $9x^2 - y^2 - 36x - 8y - 16 = 0$

g) $y^2 - x + 4y + 7 = 0$ **h)** $x^2 - 4y^2 + 6x + 16y - 23 = 0$

22. Indique l'équation des coniques ci-après, sous sa forme canonique et sous la forme $ax^2 + by^2 + 2gx + 2fy + c = 0$.

a)

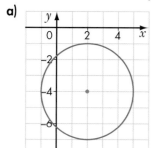

b)

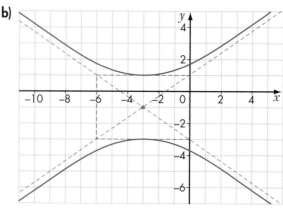

c)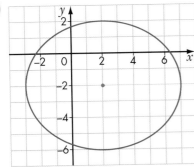

d)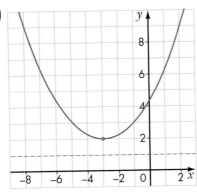

8.9 L'intersection de droites et de coniques

Reporte-toi à la rubrique *Concepts clés* de la page 684.

23. Résous les systèmes d'équations ci-après. Arrondis tes réponses au dixième près, s'il y a lieu.

a) $x^2 + y^2 = 25$
$2x + y = -5$

b) $y = x^2 - 3$
$2x + y = -3$

c) $x^2 + 9y^2 = 81$
$x - 2y = 6$

d) $x^2 - y^2 = 16$
$2x + y = 6$

e) $x^2 + y^2 = 64$
$x - y = -2$

f) $4x^2 + y^2 = 100$
$2x - y = 5$

g) $y = 4x^2$
$4x - y = 1$

h) $x^2 + y^2 = 25$
$\frac{1}{2}x - y = 7$

i) $9x^2 - y^2 = 36$
$3x + y = -12$

24. La circulation aérienne Dans un plan cartésien où 1 unité représente 1 km, les signaux radar du centre de la circulation aérienne d'un petit aéroport s'étendent à une région dont le pourtour correspond à l'équation $x^2 + y^2 = 30$. Soit un avion dont la trajectoire de vol se traduit par l'équation $y = \frac{1}{2}x + 3$.

Détermine, au dixième de kilomètre près, la distance sur laquelle le centre de la circulation aérienne pourra surveiller son vol.

VÉRIFIONS NOS CONNAISSANCES

Les compétences à l'honneur

Compétences	Connaissance et compréhension	Réflexion, recherche et résolution de problèmes	Communication	Mise en application
Questions	Toutes	10, 13, 15	5, 6, 8, 9, 15	9, 11–15

1. Détermine l'équation du lieu géométrique des points équidistants du graphique de $y = 8$ et de celui de $y = -4$.

2. Représente par des équations le lieu géométrique des points équidistants du graphique de $y = x + 1$ et de celui de $y = -x + 1$.

3. Représente par une équation le lieu géométrique des points situés à 5 unités du point $(-1, -2)$.

4. À l'aide de la définition de la parabole comme lieu géométrique, détermine l'équation de la parabole de foyer $(-2, 5)$ dont la directrice est définie par $y = 1$.

5. Esquisse à la main le cercle d'équation $(x + 7)^2 + (y - 2)^2 = 64$. Indique le domaine et l'image de la relation que ce cercle représente.

6. Esquisse à la main l'ellipse d'équation $\dfrac{(x - 2)^2}{36} + \dfrac{(y + 3)^2}{9} = 1$. Inscris sur ton diagramme les coordonnées du centre, des foyers et des sommets. Indique le domaine et l'image de la relation que cette ellipse représente.

7. À l'aide de la définition de l'ellipse comme lieu géométrique, détermine l'équation de l'ellipse de centre $(0, 0)$ et de foyers $(0, -12)$ et $(0, 12)$ dont la somme des distances aux foyers égale 26.

8. Esquisse à la main l'hyperbole d'équation $\dfrac{(y + 4)^2}{16} - \dfrac{(x - 2)^2}{9} = 1$.

Inscris sur ton diagramme les coordonnées du centre, des sommets et des foyers de l'hyperbole et celles des sommets de l'hyperbole conjuguée. Indique le domaine et l'image de la relation que cette hyperbole représente.

9. Esquisse la parabole d'équation $x - 2 = \dfrac{1}{2}(y - 3)^2$. Inscris sur ton diagramme les coordonnées du sommet et du foyer et l'équation de la directrice. Détermine le domaine et l'image de la relation que cette parabole représente.

10. Écris, sous sa forme canonique, l'équation :
a) du cercle dont l'un des diamètres est limité par les points $(-1, 4)$ et $(3, 6)$;
b) de l'hyperbole de foyers $(-5, 0)$ et $(5, 0)$ pour laquelle $|F_1P - F_2P| = 3$;
c) de l'ellipse de centre $(-1, 2)$ dont le grand axe est parallèle à l'axe des y et a une longueur de 10 et dont le petit axe a une longueur de 8.

11. Soit chacune des équations ci-après.

i) Indique le type de conique qu'elle définit.

ii) Réécris l'équation sous sa forme canonique.

iii) Détermine les principales caractéristiques de la conique définie et esquisse-la à la main.

a) $9x^2 + y^2 + 36x - 9 = 0$

b) $3x^2 + 12x - 4y - 12 = 0$

c) $x^2 + y^2 - 2x + 4y - 5 = 0$

d) $9x^2 - 4y^2 - 8y + 32 = 0$

12. Résous les systèmes d'équations ci-après. Arrondis tes réponses au dixième près, s'il y a lieu.

a) $x^2 + y^2 = 20$
 $x - 2y = 8$

b) $x - 2 = (y - 3)^2$
 $y + x = 5$

c) $x^2 - y^2 = 1$
 $y = 2x + 3$

13. L'énergie solaire On capte l'énergie solaire à l'aide de miroirs paraboliques qui concentrent les rayons du Soleil en leur foyer. Soit un type de miroir parabolique dont le foyer se situe à 5 m au-dessus du sommet. Suppose que ce miroir s'ouvre vers le haut et que son sommet correspond à l'origine d'un plan cartésien.

a) Fournis, sous sa forme canonique, une équation représentant ce miroir.

b) Détermine le diamètre du miroir à 10 m de son sommet. Arrondis ta réponse au dixième de mètre près.

14. L'étang Un étang aménagé dans un jardin botanique présente la forme d'une ellipse dont le grand axe a 6 m de longueur et le petit axe, 4 m de longueur. Suppose que le centre de cet étang correspond à l'origine d'un plan cartésien, où 1 unité représente 1 m, et que son grand axe se trouve sur l'axe des x.

a) Fournis, sous sa forme canonique, une équation définissant cette ellipse.

b) On peut représenter le pont enjambant l'une des extrémités de l'étang par l'équation $y = x + 2$. Détermine la longueur de ce pont, au dixième de mètre près.

VÉRIFIONS NOS PROGRÈS

Connaissance et compréhension • Réflexion, recherche et résolution de problèmes • Communication • Mise en application

15. On s'affaire à construire une arche de ballons en prévision d'une fête. Cette arche doit avoir une portée de 4 m et une hauteur de 2,2 m. Trouve une équation la décrivant si elle présente la forme :

a) d'une parabole ;

b) d'une demi-ellipse ;

c) d'une hyperbole.

PROBLÈMES STIMULANTS

1. Les lieux géométriques Soit le triangle défini par les sommets Q(−1, 0), R(3, 0) et P. Le sommet P est un élément quelconque du lieu géométrique des points tels que l'aire du triangle PQR correspond au carré de la distance du point P à l'axe des y. Détermine l'équation de ce lieu géométrique.

2. Le cercle Soit un cercle dont le centre se trouve sur l'axe des y. S'il passe par les points (−3, −1) et (4, 6), ce cercle coupe-t-il ou touche-t-il la droite d'équation $3x − 4y − 13 = 0$?

3. Le cercle et l'hyperbole Un cercle est centré sur l'un des foyers de l'hyperbole d'équation $x^2 − y^2 = k^2$. Détermine, en fonction de k, la longueur du segment de droite qui relie les points d'intersection du cercle avec l'axe des x, sachant que ce cercle ne présente qu'un seul point d'intersection avec l'axe des y.

4. Le motif Soit une ellipse de centre (0, 0) dont le grand axe se trouve sur l'axe des y. Dans le même plan, on trace une deuxième ellipse de centre (0, 0) dont le grand axe correspond au petit axe de la première. On construit ensuite une troisième ellipse de centre (0, 0) dont le grand axe correspond au petit axe de la deuxième. Cela fait, on trace une quatrième ellipse de centre (0, 0) dont le grand axe correspond au petit axe de la troisième. La première de ces ellipses passe par le point (0, 5) ; la deuxième, par le point $\left(2, \dfrac{3\sqrt{3}}{2}\right)$; la troisième, par les points (0, 3), (0, −3) et $\left(\dfrac{4\sqrt{2}}{3}, 1\right)$; et la quatrième, par le point $(\sqrt{2}, 1)$. Indique, sous sa forme canonique, l'équation de chaque ellipse.

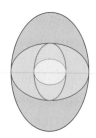

5. L'aire Détermine l'aire du plus grand rectangle que l'on peut inscrire dans l'ellipse d'équation $\dfrac{x^2}{25} + \dfrac{y^2}{9} = 1$.

6. La démonstration Démontre que l'aire d'un carré inscrit dans l'ellipse d'équation $\dfrac{x^2}{a^2} + \dfrac{y^2}{b^2} = 1$ est de $\dfrac{4a^2 b^2}{a^2 + b^2}$.

STRATÉGIE POUR LA RÉSOLUTION DE PROBLÈMES

UTILISER UNE BANQUE DE DONNÉES

Tu devras trouver certains renseignements pour résoudre un problème. Il existe toutefois de nombreuses sources de renseignements, dont Internet, les médias, les banques de données sur papier et les spécialistes de divers domaines.

On utilise une échelle des magnitudes apparentes pour décrire l'éclat des planètes et des étoiles telles que nous les apercevons de la Terre. Un corps céleste plus brillant se caractérise par une magnitude apparente plus faible. Une différence de 5 sur l'échelle des magnitudes dénote un éclat 100 fois plus grand. Ainsi, une étoile de magnitude 3 est 100 fois plus brillante qu'une étoile de magnitude 8, et une étoile de magnitude 0 est 100 fois plus brillante qu'une étoile de magnitude 5.

Une différence de 1 sur l'échelle des magnitudes dénote un éclat $\sqrt[5]{100}$ fois plus grand, et une différence de 2, un éclat $\sqrt[5]{100} \times \sqrt[5]{100}$ ou $\left(\sqrt[5]{100}\right)^2$ fois plus grand. En d'autres termes, une différence positive de d sur l'échelle des magnitudes se traduit par un éclat $\left(\sqrt[5]{100}\right)^d$ fois plus grand.

Mis à part le Soleil, l'étoile la plus brillante dans le ciel est Sirius. À l'unité près, combien de fois son éclat excède-t-il celui de l'étoile Polaire, aussi appelée « étoile du Nord » ?

Comprendre le problème

1. Quels sont les renseignements fournis ?
2. Que dois-tu déterminer ?
3. Te demande-t-on une réponse exacte ou approximative ?

Établir un plan

Effectue des recherches pour connaître la magnitude apparente de Sirius et celle de l'étoile Polaire. Détermine la différence positive d entre ces deux magnitudes. Reporte-la dans la formule $\left(\sqrt[5]{100}\right)^d$ afin de déterminer combien de fois l'éclat de Sirius excède celui de l'étoile Polaire.

La magnitude apparente de Sirius est de −1,5 et celle de l'étoile Polaire, de 2. La différence positive entre les deux est de $d = 2 - (-1,5)$

$$= 3,5$$

Reporte $d = 3,5$ dans la formule.

$$\left(\sqrt[5]{100}\right)^d = \left(\sqrt[5]{100}\right)^{3,5}$$
$$= \left(100^{\frac{1}{5}}\right)^{3,5}$$
$$= 100^{0,7}$$
$$\doteq 25$$

```
CALCULATRICE À AFFICHAGE GRAPHIQUE
100^.7
        25.11886432
```

À l'unité près, l'éclat de Sirius est donc 25 fois plus grand que celui de l'étoile Polaire.

Vérifie cette réponse en procédant par estimation.

Une différence de 1 sur l'échelle des magnitudes se traduit par un facteur de $\sqrt[5]{100}$, ce qui égale environ 2,5.

Une différence de 3 se traduit par un facteur d'environ $2,5 \times 2,5 \times 2,5$ ou 15.

Une différence de 4 se traduit par un facteur d'environ $2,5 \times 2,5 \times 2,5 \times 2,5$ ou 40.

Par conséquent, une différence de 3,5 sur l'échelle des magnitudes se traduit par un facteur compris entre 15 et 40 environ.

La réponse te semble-t-elle vraisemblable ?

Pourrait-on résoudre ce problème graphiquement ?

Utiliser une banque de données

1. Trouve les renseignements dont tu as besoin.
2. Résous le problème posé.
3. Vérifie la vraisemblance de ta réponse.

Application, résolution de problèmes, communication

Trouve les renseignements nécessaires et résous les problèmes ci-après.

1. Les satellites naturels La plupart des planètes du système solaire s'accompagnent de satellites naturels. Lesquelles ont un ou plusieurs satellites naturels plus gros que la planète Mercure ?

2. La superficie terrestre Imagine que l'on répartit la superficie terrestre de chaque province de manière égale entre toutes les personnes qui l'habitent. Dans quelle province chaque personne recevrait-elle :
a) la plus grande étendue ?
b) la plus petite étendue ?

3. Les espèces en péril On divise ces espèces en cinq catégories : disparues, disparues d'une région donnée, en voie ou en danger de disparition, menacées et vulnérables.

a) Que signifie chacun de ces termes ?

b) Que comprend le terme « espèce » dans ce contexte ?

c) Combien d'espèces en péril y a-t-il actuellement en tout au Canada ?

d) Quel est le taux annuel moyen d'augmentation du nombre des espèces en péril au Canada ?

e) Quel est actuellement le taux estimé de disparition des espèces à travers le monde ?

4. L'astronomie Certains corps célestes du système solaire peuvent se révéler plus brillants la nuit que les étoiles les plus lumineuses. C'est le cas de la Lune et de Vénus. Combien de fois l'éclat de la pleine lune excède-t-il celui de Vénus lorsque cette planète brille à son maximum ? Arrondis ta réponse à l'unité près.

5. Les déplacements routiers a) Quelle est la plus courte distance à parcourir pour se rendre de Sudbury à Brownsville (Texas) en automobile ?

b) Combien de temps ce voyage exigerait-il si l'on roulait un maximum de 10 h par jour, à une vitesse moyenne de 100 km/h ?

6. La dette nationale Si l'on répartissait la dette nationale actuelle du Canada d'une manière égale entre toutes les personnes habitant le pays, quelle serait la part de chacune ?

7. Les localités côtières Quel pourcentage de la population canadienne habite une localité côtière ?

8. La vérification de l'identité On a mis au point un système de vérification permettant de reconnaître une personne à la configuration de sa main. Ce système se prête bien à une utilisation dans un milieu n'exigeant pas une sécurité absolue.

a) Comment un tel système recourt-il aux dimensions de la main pour reconnaître une personne ?

b) Où pourrait-on utiliser ce système ?

9. L'énergie renouvelable a) Quel pourcentage de l'énergie du Canada provient de sources renouvelables, comme le soleil et le vent ?

b) Quel est le pourcentage prévu de croissance de l'utilisation de l'énergie renouvelable au cours des 25 prochaines années ?

c) Quel pays produit le plus d'énergie éolienne ? Comment la production d'énergie éolienne du Canada se compare-t-elle à celle de ce pays, en pourcentage ?

10. Le Canada a) Quel pourcentage de la population mondiale habite le Canada ?

b) Quel pourcentage de la consommation mondiale d'énergie est attribuable au Canada ?

11. L'approvisionnement en pétrole

a) Représente graphiquement la production annuelle mondiale de pétrole, réelle ou prévue, pour chaque décennie de 1950 à 2050.

b) Dans le même plan cartésien ou la même fenêtre d'affichage, représente graphiquement la consommation annuelle mondiale de pétrole, réelle ou prévue, pour chaque décennie de 1950 à 2050.

c) À l'aide de ces données, détermine si la consommation prévue de pétrole excédera la production avant l'an 2051.

12. L'énoncé de problèmes Énonce un problème à partir de renseignements tirés d'une banque de données. Fais-le résoudre par une ou un de tes camarades de classe.

L'APPLICATION DES STRATÉGIES

1. Les nombres Si A × B = 24, C × D = 32, B × D = 48 et B × C = 24, quelle est la valeur de A × B × C × D ?

2. La mesure Soit le schéma ci-après, où le diamètre du cercle est égal au rayon du demi-cercle. Quelle fraction de l'aire du demi-cercle la partie ombrée représente-t-elle ?

3. Les nombres et leurs propriétés Le nombre 153 a une propriété particulière. En effet,

$$1^3 + 5^3 + 3^3 = 1 + 125 + 27$$
$$= 153$$

Il existe trois autres nombres de trois chiffres présentant la même propriété. Deux d'entre eux débutent par le chiffre 3 et l'autre, par le chiffre 4. Trouve ces nombres.

4. Les nombres réels Soit a, b et c trois nombres réels différents dont la somme égale 0 et le produit, 2. Quelle est la valeur de $a^3 + b^3 + c^3$?

5. Les nombres entiers positifs Soit la régularité associée à l'agencement des entiers positifs ci-après. Si l'on prolonge la liste en respectant cette régularité, quel sera le nombre inscrit à la 19e colonne de la 65e rangée ?

```
1
2    3
4    5    6
7    8    9    10
11   12   13   14   15
```

6. Les équations En inscrivant le moins possible de symboles mathématiques entre les chiffres ci-après, crée une équation vraie.

$$1\ 2\ 3\ 4\ 5\ 6\ 7\ 8\ 9 = 100$$

7. Des rouleaux d'acier Soit trois rouleaux d'acier retenus ensemble par une courroie. Chacun de ces rouleaux a 1 m de diamètre. Quelle est la longueur de la courroie ?

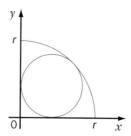

8. Le temps S'il est actuellement 9 h, quelle heure sera-t-il dans 99 999 999 999 h ?

9. Les cercles Détermine l'équation du plus grand cercle que l'on peut inscrire dans l'un des quadrants d'un cercle centré à l'origine et de rayon r.

10. Les lieux géométriques Soit un carré de 2 unités de côté. Détermine le lieu géométrique des points tels que la somme des carrés des distances les séparant des quatre sommets égale 16.

11. Le mont Everest Estime le nombre de camions à benne qu'il faudrait remplir de pierres pour déplacer le mont Everest.

RÉVISION CUMULATIVE : LES CHAPITRES 7 ET 8

Chapitre 7

1. Louise veut emprunter 65 000 $ pour quatre ans. Elle hésite entre un prêt à un taux annuel de 6,95 %, avec intérêts composés mensuellement, et un autre à un taux annuel de 7 %, avec intérêts composés annuellement.

a) Indique lequel de ces prêts est le plus avantageux.

b) Quel sera le total des intérêts à verser dans le cas du prêt le plus avantageux ?

2. Afin d'amasser les 7250 $ dont elle aura besoin au moment de retourner aux études dans un an et demi, Fatima va déposer une certaine somme dans un compte de placement tous les trois mois. Ainsi, elle commencera à mettre de l'argent de côté dans trois mois et continuera de le faire jusqu'à ce qu'elle retourne aux études. Le compte qu'elle a choisi rapporte des intérêts calculés selon un taux annuel de 5,2 % et composés trimestriellement.

a) Quelle somme Fatima doit-elle déposer tous les trois mois ?

b) Au moment d'effectuer son dernier dépôt, combien aura-t-elle gagné en intérêts ?

3. Dans son plan d'affaires, Léo prévoit commencer à toucher un revenu de placement semestriel de 25 000 $ dans six mois. Pour ce faire, quelle somme doit-il placer aujourd'hui, sachant qu'elle lui rapportera des intérêts calculés selon un taux annuel de 8,5 % et composés semestriellement ?

4. Raoul vient d'acquérir une maison de 242 000 $. Il a effectué un versement initial correspondant à 55 % du prix d'achat. Le prêt hypothécaire qu'il a obtenu est d'une durée de 5 ans et prévoit des intérêts calculés selon un taux annuel de 8,2 % et composés semestriellement, une période d'amortissement de 25 ans et un remboursement par versements mensuels.

a) Quel est le montant de ce prêt ?

b) À combien s'élèvent les versements mensuels requis ?

c) À l'aide d'un tableur, détermine la somme que Raoul devra encore à l'échéance de ce prêt.

Chapitre 8

1. a) Construis le lieu géométrique des points équidistants des droites définies par $y = 3x + 7$ et $y = 3x - 5$.

b) Décris ce lieu géométrique à l'aide d'une équation.

2. Esquisse à la main le cercle d'équation $(x - 3)^2 + (y + 5)^2 = 81$. Indique le domaine et l'image de la relation qu'il représente.

3. À l'aide de la définition de l'ellipse comme lieu géométrique, détermine l'équation de l'ellipse de foyers $(-12, 0)$ et $(12, 0)$ dont la somme des distances aux foyers égale 26.

4. Esquisse à la main les coniques définies par les équations ci-après. Inscris sur chaque diagramme les coordonnées du centre, des foyers et des sommets. Détermine le domaine et l'image de la relation représentée.

a) $\dfrac{(x - 5)^2}{144} + \dfrac{(y + 11)^2}{121} = 1$

b) $\dfrac{(x + 1)^2}{4} - \dfrac{(y + 3)^2}{9} = 1$

5. Esquisse la parabole d'équation $x + 2 = \dfrac{1}{2}(y - 4)^2$. Inscris sur ton diagramme les coordonnées du sommet et du foyer et l'équation de la directrice. Détermine le domaine et l'image de la relation que cette parabole représente.

6. Soit chacune des équations ci-après.

i) Indique le type de conique qu'elle définit.

ii) Réécris l'équation sous sa forme canonique.

iii) Détermine les principales caractéristiques de la conique définie et construis-la à la main.

a) $4x^2 + y^2 + 24x - 4y + 36 = 0$

b) $x^2 - 8x + 8y + 8 = 0$

c) $x^2 + y^2 + 4x - 6y - 3 = 0$

d) $2x^2 - y^2 - 4x - 6y - 3 = 0$

7. Résous les systèmes d'équations ci-après. Arrondis tes réponses au dixième près, s'il y a lieu.

a) $x^2 + y^2 = 16$
$x + y = 1$

b) $x + 4 = (y - 1)^2$
$y + x + 1 = 0$

ANNEXE A RÉVISION DES HABILETÉS

Les facteurs communs

Pour factoriser $3xy + 9xz - 6x$, mets en évidence le plus grand facteur commun, qui est $3x$.

$3xy + 9xz - 6x = 3x(y + 3z - 2)$

1. Factorise les expressions ci-après.

a) $4x + 6xy$

b) $3xy + 12xy^2 + 6x^3y^2$

c) $5m^2 - 30m$

d) $2xy - 6x^2y + 8xy^3$

e) $6c^3 - 4c^2d^2 + 2c^2d$

f) $2y^5 - 4y^3 + 8y^2$

g) $5ax + 10ay - 5az$

h) $3pqr + 4pqs - 5pqt$

i) $27xy - 18yz + 9y^2$

L'évaluation de racines carrées

Puisque $8 \times 8 = 64$, $\sqrt{64} = 8$.
Puisque $0,6 \times 0,6 = 0,36$, $\sqrt{0,36} = 0,6$.

1. Évalue les racines carrées ci-après.

a) $\sqrt{16}$

b) $\sqrt{81}$

c) $\sqrt{0,25}$

d) $\sqrt{1,44}$

e) $\sqrt{0,04}$

f) $\sqrt{6,25}$

g) $\sqrt{196}$

h) $\sqrt{0,49}$

2. Évalue les racines carrées ci-après.

a) $\sqrt{8^2 - 2(7)(2)}$

b) $\sqrt{5^2 - 2(-4)(7)}$

c) $\sqrt{4^2 + 4(-3)(-7)}$

L'évaluation d'expressions

Pour évaluer $3x^2 + 2y$ lorsque $x = 2$ et $y = -1$, attribue la valeur 2 à x et la valeur -1 à y dans cette expression. Simplifie ensuite le tout en respectant l'ordre de priorité des opérations.

$$3x^2 + 2y = 3(2)^2 + 2(-1)$$
$$= 3(4) + 2(-1)$$
$$= 12 - 2$$
$$= 10$$

1. Évalue les expressions ci-après lorsque $x = -2$, $y = 3$ et $z = 2$.

a) $2x + 3$

b) $3x + 2y - 2z$

c) $2(x + z)$

d) $2x^2 + y^2 - z^2$

e) $2yz - 3xy + 4$

f) $x^2 + 3y^2$

g) $(xy)^2$

h) $5(x + y - z)$

i) $2x(y + z)$

2. Évalue les expressions ci-après lorsque $x = 3$, $y = 4$ et $z = -2$.

a) $x - y + z$

b) $3y + 2z$

c) $2x - 3y - 4z$

d) $2xyz - 3$

e) $xy - yz + xz$

f) $x^2 + y^2 - z^2$

g) $4(3z + y)$

h) $3z(4x - 2y)$

i) $(x - y)(y + z)$

Les lois des exposants

Pour multiplier une puissance par une autre ayant la même base, additionne leurs exposants.

Pour diviser une puissance par une autre ayant la même base, soustrais de son exposant celui de l'autre puissance.

Pour élever une puissance à une puissance donnée, multiplie leurs exposants.

1. Simplifie les expressions ci-après à l'aide des lois des exposants. Exprime tes réponses sous forme exponentielle.

a) $3^2 \times 3^4$

b) $2^3 \times 2^2$

c) $5^2 \times 5^4 \times 5$

d) $4^5 \div 4^2$

e) $3^6 \div 3$

f) $(4^2)^3$

g) $(2^5)^2$

h) $x^3 \times x^5$

i) $z^9 \div z^3$

j) $(y^2)^7$

k) $2x^2 \times 4x^4$

l) $(-3y)(-5y^5)$

m) $(2x^3)^4$

n) $(-3z^2)^3$

o) $-12m^6 \div (-4m^3)$

La factorisation de $ax^2 + bx + c$, où $a = 1$

Pour factoriser $x^2 - 8x + 12$, où $a = 1$, $b = -8$ et $c = 12$, utilise une table afin de trouver deux entiers dont le produit égale 12 et dont la somme égale -8. Les deux seuls entiers répondant à ces critères sont -6 et -2.

Par conséquent, $x^2 - 8x + 12 = (x - 6)(x - 2)$.

Produit de 12		Somme
12	1	13
−12	−1	−13
6	2	8
−6	−2	−8
4	3	7
−4	−3	−7

(Ligne marquée d'un astérisque : −6, −2, −8)

1. Factorise les expressions ci-après.

a) $x^2 - x - 20$

b) $y^2 + 3y - 10$

c) $n^2 - 5n - 36$

d) $m^2 + 9m + 18$

e) $x^2 - 11x + 30$

f) $c^2 - 2c - 24$

g) $16 + 6y - y^2$

h) $x^2 + 12xy + 32y^2$

i) $c^2 - 3cd - 28d^2$

La factorisation de $ax^2 + bx + c$, où $a \neq 1$

Pour factoriser $3x^2 + 13x + 10$, où $a = 3$, $b = 13$ et $c = 10$, décompose le terme du milieu. Trouve deux entiers dont le produit égale $a \times c$ ou 30 et dont la somme égale b ou 13. Les deux seuls entiers répondant à ces critères sont 10 et 3.

Produit de 30		Somme
30	1	31
−30	−1	−31
15	2	17
−15	−2	−17
10	3	13
−10	−3	−13
6	5	11
−6	−5	−11

(Ligne marquée d'un astérisque : 10, 3, 13)

1. Factorise les expressions ci-après.

a) $3x^2 - 2x - 8$

b) $2c^2 + 7c - 4$

c) $4m^2 - 11m + 6$

d) $5y^2 + 8y + 3$

e) $3n^2 + n - 2$

f) $6x^2 - 17x - 3$

g) $3x^2 - 5xy - 12y^2$

h) $5x^2 - 14x + 8$

i) $4x^2 + 23x + 15$

j) $2p^2 + pq - q^2$

La détermination de la mesure d'un angle d'un triangle rectangle

Soit le triangle ci-après. Recours à la tangente pour déterminer, au degré près, la mesure de l'angle Z.

$$\tan Z = \frac{4}{9}$$
$$\angle Z \doteq 24°$$

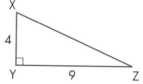

Au degré près, la mesure de l'angle Z est de 24°.

1. Soit les triangles ci-après. Détermine pour chacun la mesure de l'angle A, au degré près.

a)
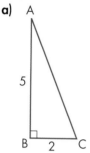

b)
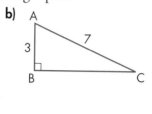

c)
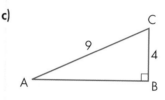

d)
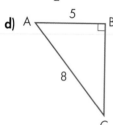

e)
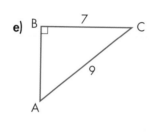

f)
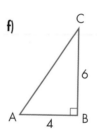

La détermination de la longueur d'un côté d'un triangle rectangle

Soit le triangle ci-contre. Recours au sinus pour déterminer, au dixième de mètre près, la longueur f.

$$\sin 44° = \frac{f}{18}$$
$$18\sin 44° = f$$
$$12,5 \doteq f$$

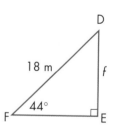

Au dixième de mètre près, la longueur f est de 12,5 m.

1. Soit les triangles ci-après. Détermine pour chacun la longueur x, au dixième de mètre près.

a)
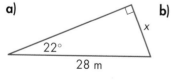

b)
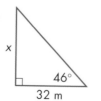

c)
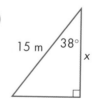

d)
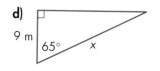

e)
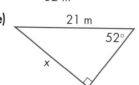

f)
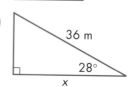

La représentation graphique d'équations

Pour tracer la droite d'équation $y = 2x + 3$ à partir d'une table de valeurs, choisis tout d'abord des valeurs convenables de x, telles que $\{-2, -1, 0, 1, 2\}$. Construis ensuite une table en déterminant la valeur de y correspondant à chacune de ces valeurs de x.

Reporte dans un plan cartésien les points ainsi définis et relie-les par une droite.

$y = 2x + 3$

x	y
–2	–1
–1	1
0	3
1	5
2	7

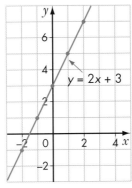

1. Produis le graphique des équations ci-après, à partir d'une table de valeurs.

a) $x + y = 6$ **b)** $x - y = 3$ **c)** $y = x + 4$

d) $y = x - 2$ **e)** $y = 3x - 2$ **f)** $y = 4x + 3$

La représentation graphique de fonctions du second degré

Pour esquisser la courbe représentative de $y = 2(x + 3)^2 - 8$, fais subir à celle de $y = x^2$ un agrandissement vertical de rapport 2, puis fais-lui subir une translation de 3 unités vers la gauche et de 8 unités vers le bas.

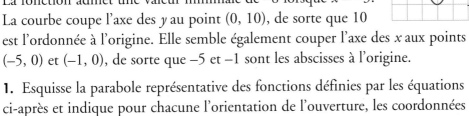

Les coordonnées du sommet sont $(-3, -8)$.
L'équation de l'axe de symétrie est $x = -3$.
Le domaine de la fonction représentée correspond à l'ensemble des nombres réels.
Son image correspond à l'ensemble des réels y tels que $y \geq -8$.
La fonction admet une valeur minimale de –8 lorsque $x = -3$.
La courbe coupe l'axe des y au point $(0, 10)$, de sorte que 10 est l'ordonnée à l'origine. Elle semble également couper l'axe des x aux points $(-5, 0)$ et $(-1, 0)$, de sorte que –5 et –1 sont les abscisses à l'origine.

1. Esquisse la parabole représentative des fonctions définies par les équations ci-après et indique pour chacune l'orientation de l'ouverture, les coordonnées du sommet, l'équation de l'axe de symétrie, le domaine et l'image ainsi que la valeur maximale ou minimale.

a) $y = x^2 + 2$ **b)** $y = -x^2 - 1$ **c)** $y = 2x^2$

d) $y = -4x^2 + 1$ **e)** $y = -2(x - 1)^2 + 4$ **f)** $y = (x + 5)^2 - 3$

g) $y = 0,5(x + 2)^2 + 3$ **h)** $y = -(x + 1)^2 - 5$

Les inéquations

Pour représenter sur une droite numérique l'ensemble des réels x tels que $x > -3$, représente graphiquement les nombres réels supérieurs à -3.

Pour représenter sur une droite numérique l'ensemble des réels x tels que $x \leq 2$, représente graphiquement les nombres réels inférieurs ou égaux à 2.

La flèche rouge indique que cet ensemble de réels se prolonge à l'infini.

1. Représente sur une droite numérique l'ensemble des réels x tels que :

a) $x \geq -4$; **b)** $x < 6$; **c)** $x \leq -2$; **d)** $x > 3$.

La longueur de segments de droite

Utilise la formule ci-après pour déterminer la longueur exacte du segment de droite reliant les points (3, 5) et (1, –4), de même que sa longueur approximative, au dixième près.

$$
\begin{aligned}
l &= \sqrt{(x_2 - x_1)^2 + (y_2 - y_1)^2} \\
&= \sqrt{(1 - 3)^2 + (-4 - 5)^2} \\
&= \sqrt{(-2)^2 + (-9)^2} \\
&= \sqrt{4 + 81} \\
&= \sqrt{85} \\
&\doteq 9,2
\end{aligned}
$$

La longueur exacte est de $\sqrt{85}$ et la longueur approximative, au dixième près, de 9,2.

1. Détermine la longueur exacte et la longueur approximative des segments de droite reliant les points indiqués ci-après.

a) A(6, 8) et B(2, 3)   **b)** W(3, 4) et X(–3, 2)
c) E(–1, 7) et F(–4, 3)   **d)** R(–8, 4) et T(5, –2)
e) U(1,5, –0,2) et V(–0,6, 2,4)

Le milieu de segments de droite

Utilise la formule ci-après pour déterminer les coordonnées du milieu du segment de droite limité par les points A(–3, 8) et B(5, 2).

$$
\begin{aligned}
\left(\frac{x_1 + x_2}{2}, \frac{y_1 + y_2}{2} \right) &= \left(\frac{-3 + 5}{2}, \frac{8 + 2}{2} \right) \\
&= (1, 5)
\end{aligned}
$$

Les coordonnées du milieu sont (1, 5).

1. Détermine les coordonnées du milieu des segments de droite limités par les points indiqués ci-après.

a) P(1, −8) et Q(−4, 4)

b) S(5, −1) et T(3, 3)

c) M(1, −4) et N(4, 0)

d) G(−3, −1) et H(−5, 2)

e) V(2,7, 3,1) et W(3,3, −4,3)

f) $A\left(2\frac{1}{2}, 1\frac{1}{2}\right)$ et $B\left(-1\frac{1}{2}, 2\frac{1}{2}\right)$

Les réflexions

Soit le triangle DEF défini par les sommets D(2, 5), E(4, 2) et F(6, 6). Pour construire son image par une réflexion par rapport à l'axe des *x*, trace d'abord le triangle DEF. Situe ensuite le point D′, de telle manière que la distance de ce point à l'axe des *x* soit égale à la distance du point D à l'axe des *x*. Les coordonnées du point D′ seront donc (2, −5). Situe de la même façon les points E′ et F′.

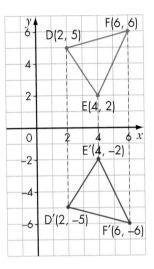

D(2, 5) → D′(2, −5)

E(4, 2) → E′(4, −2)

F(6, 6) → F′(6, −6)

Relie les points D′, E′ et F′. Le triangle D′E′F′ est l'image du triangle DEF à la suite d'une réflexion par rapport à l'axe des *x*.

1. Reproduis chaque triangle ci-après dans un plan cartésien sur du papier quadrillé et construis son image par une réflexion par rapport à l'axe des *x*.

a)

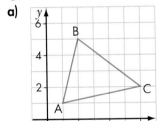

b)

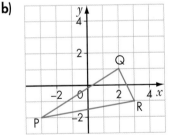

2. Reproduis chaque triangle ci-après dans un plan cartésien sur du papier quadrillé et construis son image par une réflexion par rapport à l'axe des *y*.

a)

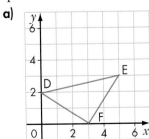

b)

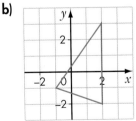

La réécriture sous la forme $y = a(x - h)^2 + k$, où $a = 1$

Pour réécrire l'équation $y = x^2 + 10x + 24$ sous la forme $y = a(x - h)^2 + k$, détermine tout d'abord ce qu'il faut ajouter à $x^2 + 10x$ pour en faire un trinôme carré parfait. Le carré de la moitié du coefficient de x égale 25. Comme il faut ajouter 25 à l'expression de départ, on doit également en soustraire 25 pour que la valeur de y demeure la même.

$$y = x^2 + 10x + 24$$

Ajoute et soustrais le carré de la moitié du coefficient de x: $\quad = x^2 + 10x + 25 - 25 + 24$

Groupe les termes du trinôme carré parfait : $\quad = (x^2 + 10x + 25) - 25 + 24$

Pose le trinôme carré parfait sous forme du carré d'un binôme : $\quad = (x + 5)^2 - 1$

Sous la forme $y = a(x - h)^2 + k$, l'équation devient $y = (x + 5)^2 - 1$.
La fonction correspondante admet une valeur minimale de -1 lorsque $x = -5$.

1. Réécris les équations ci-après sous la forme $y = a(x - h)^2 + k$. Indique pour chacune la valeur maximale ou minimale de y et la valeur de x qui lui est associée.

a) $y = x^2 + 6x + 4$ **b)** $y = x^2 + 4x + 9$ **c)** $y = x^2 - 12x - 7$

d) $y = x^2 - 10x + 5$ **e)** $y = x^2 + 8x - 2$ **f)** $y = x^2 - 2x - 11$

La réécriture sous la forme $y = a(x - h)^2 + k$, où $a \neq 1$

Pour réécrire l'équation $y = 4x^2 - 8x + 7$ sous la forme $y = a(x - h)^2 + k$, factorise les deux premiers termes par la mise en évidence du coefficient de x^2. Complète ensuite le carré comme tu le ferais si a égalait 1.

$$y = 4x^2 - 8x + 7$$

Groupe les termes renfermant la variable x: $\quad = [4x^2 - 8x] + 7$

Factorise les deux premiers termes par la mise
en évidence du coefficient de x^2: $\quad = 4[x^2 - 2x] + 7$

Complète le carré à l'intérieur des crochets : $\quad = 4[x^2 - 2x + 1 - 1] + 7$

Pose le trinôme carré parfait sous forme du carré d'un binôme : $\quad = 4[(x - 1)^2 - 1] + 7$

Développe pour supprimer les crochets : $\quad = 4(x - 1)^2 - 4 + 7$

Simplifie : $\quad = 4(x - 1)^2 + 3$

Sous la forme $y = a(x - h)^2 + k$, l'équation devient donc $y = 4(x - 1)^2 + 3$.
La fonction correspondante admet une valeur minimale de 3 lorsque $x = 1$.

1. Réécris les équations ci-après sous la forme $y = a(x - h)^2 + k$. Indique pour chacune la valeur maximale ou minimale de y et la valeur de x qui lui est associée.

a) $y = 3x^2 + 6x - 6$ **b)** $y = -2x^2 - 8x$ **c)** $y = 2x^2 - 12x + 3$

d) $y = -4x^2 + 16x - 9$ **e)** $y = 3x^2 - 24x$ **f)** $y = 4x^2 + 24x - 5$

La simplification d'expressions

Pour simplifier $2(x^2 - 2x + 1) - 3(2x^2 - x - 4) - (3x^2 + 5x + 2)$, élimine les parenthèses et groupe les termes semblables.

$$2(x^2 - 2x + 1) - 3(2x^2 - x - 4) - (3x^2 + 5x + 2)$$

$$= 2(x^2 - 2x + 1) - 3(2x^2 - x - 4) - 1(3x^2 + 5x + 2)$$

$$= 2x^2 - 4x + 2 - 6x^2 + 3x + 12 - 3x^2 - 5x - 2$$

$$= -7x^2 - 6x + 12$$

1. Simplifie les expressions ci-après.

a) $3(x^2 - 2x) + 4(3x^2 - x)$ **b)** $2(4a^2 + 3a) - (6a^2 - a)$ **c)** $-5(2c^2 - 3c) + 4c^2 - 2c$

d) $3a^2 - a + 2 - 3(a^2 + a - 2)$ **e)** $2(x^2 - x + 3) + 6x^2 - 4$ **f)** $3x^2 + 4(x^2 + 2x - 3) + 4x$

2. Simplifie les expressions ci-après.

a) $3(x^2 + 4x - 2) + 2(4x^2 - x - 3) - (5x^2 + 4x - 3)$

b) $-2(3x^2 - 5x + 4) - 3(2x^2 + 4x - 1) + 2(x^2 - 2x + 4)$

c) $-4(x^2 - 3x - 1) - 5(x^2 + 3x + 2) - (-4x^2 + 3x - 2)$

d) $6x^2 - (3x^2 - 2x + 1) - 4(2x^2 + 3x - 2) + 2(5x^2 + 3x - 6)$

La résolution d'équations du premier degré

Pour résoudre l'équation $3(x - 4) - 8 = 12 - 5x$, effectue les différentes opérations en respectant leur ordre de priorité. Commence par développer le membre de gauche pour éliminer les parenthèses.

$$3(x - 4) - 8 = 12 - 5x$$

$$3x - 12 - 8 = 12 - 5x$$

$$3x - 20 = 12 - 5x$$

$$3x - 20 \boxed{+ 20} = 12 - 5x \boxed{+ 20}$$

$$3x = 32 - 5x$$

$$3x \boxed{+ 5x} = 32 - 5x \boxed{+ 5x}$$

$$8x = 32$$

$$\frac{8x}{\boxed{8}} = \frac{32}{\boxed{8}}$$

$$x = 4$$

Vérifie ta solution en reportant $x = 4$ dans l'équation de départ.

$$\begin{array}{ll}
\textbf{M.G.} = 3(x - 4) - 8 & \textbf{M.D.} = 12 - 5x \\
\quad\quad = 3(4 - 4) - 8 & \quad\quad = 12 - 5(4) \\
\quad\quad = 3(0) - 8 & \quad\quad = 12 - 20 \\
\quad\quad = 0 - 8 & \quad\quad = -8 \\
\quad\quad = -8 &
\end{array}$$

Puisque M.G. = M.D., la solution est $x = 4$.

Pour résoudre l'équation $\dfrac{x-1}{3} + \dfrac{x+2}{6} = 7$, multiplie tous ses termes par leur plus petit dénominateur commun, soit 6.

Pose l'équation :
$$\dfrac{x-1}{3} + \dfrac{x+2}{6} = 7$$

Multiplie chaque membre par 6 :
$$6 \times \dfrac{(x-1)}{3} + 6 \times \dfrac{(x+2)}{6} = 6 \times 7$$

Simplifie :
$$2(x-1) + (x+2) = 42$$

Développe le membre de gauche :
$$2x - 2 + x + 2 = 42$$

Simplifie :
$$3x = 42$$

Divise chaque membre par 3 :
$$\dfrac{3x}{3} = \dfrac{42}{3}$$
$$x = 14$$

Vérifie ta solution en reportant $x = 14$ dans l'équation de départ.

$$\textbf{M.G.} = \dfrac{x-1}{3} + \dfrac{x+2}{6} \qquad \textbf{M.D.} = 7$$
$$= \dfrac{14-1}{3} + \dfrac{14+2}{6}$$
$$= \dfrac{13}{3} + \dfrac{16}{6}$$
$$= \dfrac{26}{6} + \dfrac{16}{6}$$
$$= \dfrac{42}{6}$$
$$= 7$$

Puisque M.G. = M.D., la solution est $x = 14$.

1. Résous les équations ci-après et vérifie chaque solution.

a) $3(2x + 3) = -3$

b) $3(x+1) + 10 = 8 - 2x$

c) $2(x+1) = (3x - 2) + 1$

d) $5(x+4) - (x+2) = 8x + 2$

e) $7(x-1) - 2(x-6) = 2(x-5) + 6$

2. Résous les équations ci-après et vérifie chaque solution.

a) $\dfrac{x+1}{2} - \dfrac{1-x}{5} = 1$

b) $\dfrac{y+3}{4} - \dfrac{y+1}{2} = -4$

c) $\dfrac{3z}{4} - \dfrac{2z}{3} - \dfrac{5}{6} = z$

d) $\dfrac{2x+6}{3} = \dfrac{5+3x}{2}$

La résolution de systèmes linéaires

Pour résoudre un système linéaire par élimination, multiplie l'une des équations qui le composent, ou les deux, par un nombre permettant d'obtenir deux équations où une variable est affectée du même coefficient ou de coefficients opposés. Soit :

$3x + 2y = 6$ (1)
$2x - 3y = 17$ (2)

Multiplie (1) par 2 : $\quad 6x + 4y = 12$
Multiplie (2) par 3 : $\quad \underline{6x - 9y = 51}$
Effectue la soustraction : $\quad 13y = -39$
$\quad\quad\quad\quad\quad\quad\quad\quad\quad y = -3$
Reporte $y = -3$ dans (1) : $\quad 3x + 2(-3) = 6$
$\quad\quad\quad\quad\quad\quad\quad\quad\quad 3x - 6 = 6$
$\quad\quad\quad\quad\quad\quad\quad\quad\quad 3x = 12$
$\quad\quad\quad\quad\quad\quad\quad\quad\quad x = 4$

La solution est $(4, -3)$.

Vérifie-la en reportant $x = 4$ et $y = -3$ dans les deux équations de départ.

1. Résous les systèmes d'équations ci-après par élimination. Vérifie chaque solution.

a) $4x + 3y = -5$
$\quad 3x + 8y = 2$

b) $3a - b = 17$
$\quad 2a + 3b = -7$

c) $\dfrac{x}{4} + \dfrac{y}{3} = 1$
$\quad \dfrac{x}{2} - \dfrac{y}{3} = 9$

d) $\dfrac{2x}{5} + \dfrac{2y}{3} = -4$
$\quad \dfrac{3x}{5} - \dfrac{5y}{3} = 2$

e) $0,5x - 0,2y = 2,4$
$\quad 0,6x + 0,3y = 1,8$

f) $0,4x + 0,5y = 1,1$
$\quad 0,8x - 0,2y = -1,4$

La résolution d'équations représentant des proportions

Une façon de résoudre les équations représentant des proportions fait appel à la propriété selon laquelle si $\dfrac{a}{b} = \dfrac{c}{d}$, alors $a \times d = b \times c$.

Ainsi, pour résoudre l'équation $0,8 : 1,2 = 3,2 : x$, écris-la d'abord sous forme de fractions.

$\dfrac{0,8}{1,2} = \dfrac{3,2}{x}$.

Recours ensuite à la propriété indiquée.

$\dfrac{0,8}{1,2} = \dfrac{3,2}{x}$
$0,8x = 1,2 \times 3,2$
$0,8x = 3,84$
$\quad x = 4,8$

1. Détermine la valeur de x dans les équations ci-après. Exprime tes réponses sous forme décimale. Arrondis-les au centième près, s'il y a lieu.

a) $\dfrac{x}{2,4} = 3,6$

b) $\dfrac{4,1}{x} = 2,5$

c) $1,8 = \dfrac{x}{4,5}$

d) $\dfrac{x}{1,2} = \dfrac{3,4}{2}$

e) $\dfrac{0,6}{x} = \dfrac{5,2}{1,8}$

f) $\dfrac{3,5}{1,4} = \dfrac{2,5}{x}$

g) $6,2 : x = 1,2 : 2,4$

h) $2,4 : 0,2 = 3,3 : x$

La résolution d'équations du second degré par factorisation

Pour résoudre l'équation $x^2 - 5x = 6$ par factorisation, écris-la d'abord sous la forme $ax^2 + bx + c = 0$.

$$x^2 - 5x - 6 = 0$$

Factorise le membre de gauche : $(x - 6)(x + 1) = 0$

Utilise la propriété du produit zéro : $x - 6 = 0$ ou $x + 1 = 0$

$$x = 6 \quad \text{ou} \quad x = -1$$

Les racines sont 6 et −1.

Pour résoudre l'équation $2x^2 + 9x = -10$ par factorisation, écris-la d'abord sous la forme $ax^2 + bx + c = 0$.

$2x^2 + 9x + 10 = 0$. Trouve ensuite deux entiers dont le produit égale $a \times c$ ou 20 et dont la somme égale b ou 9. Les deux seuls entiers répondant à ces critères sont 4 et 5.

$$2x^2 + 9x + 10 = 0$$

Décompose le terme du milieu : $\quad 2x^2 + 4x + 5x + 10 = 0$

Groupe les termes : $\quad (2x^2 + 4x) + (5x + 10) = 0$

Mets en évidence les facteurs communs : $\quad 2x(x + 2) + 5(x + 2) = 0$

Mets en évidence un facteur commun binomial : $\quad (2x + 5)(x + 2) = 0$

Utilise la propriété du produit zéro : $\quad 2x + 5 = 0$ ou $x + 2 = 0$

$$2x = -5 \quad \text{ou} \quad x = -2$$

$$x = -\frac{5}{2}$$

Les racines sont $-\dfrac{5}{2}$ et −2.

1. Résous les équations ci-après par factorisation.

a) $x^2 + 7x - 30 = 0$

b) $y^2 - 3y + 2 = 0$

c) $b^2 + 9b + 20 = 0$

d) $a^2 + 8a + 15 = 0$

e) $4x^2 - 20x = -25$

f) $3x^2 + x = 2$

g) $25y^2 - 9 = 0$

h) $3x^2 - 10x - 8 = 0$

i) $9x^2 - 4x = 0$

La résolution graphique d'équations du second degré

Pour résoudre graphiquement l'équation $x^2 + 3x - 4 = 0$, génère la courbe représentative de la fonction correspondante définie par $y = x^2 + 3x - 4$. Utilise pour ce faire un crayon et du papier, une calculatrice à affichage graphique ou un logiciel approprié.

Détermine les abscisses à l'origine.

x	y
2	6
1	0
0	−4
−1	−6
−2	−6
−3	−4
−4	0
−5	6

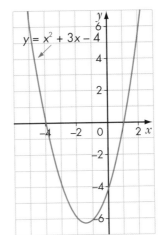

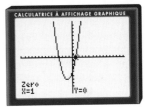

La courbe coupe l'axe des x aux points (1, 0) et (−4, 0). Les racines de l'équation $x^2 + 3x - 4 = 0$ sont 1 et −4.

1. Résous graphiquement les équations ci-après.

a) $x^2 - 4x - 5 = 0$ **b)** $x^2 + 5x + 4 = 0$ **c)** $x^2 - 16 = 0$

d) $-x^2 - 7x + 8 = 0$ **e)** $x^2 - 6x + 5 = 0$ **f)** $x^2 + 8x = -12$

Les agrandissements et les rétrécissements

Pour représenter graphiquement $y = x^2$, $y = \frac{1}{2}x^2$ et $y = 2x^2$, construis trois tables de valeurs ou fais appel soit à une calculatrice à affichage graphique, soit à un logiciel approprié.

$y = x^2$ $y = \frac{1}{2}x^2$ $y = 2x^2$

x	y
3	9
2	4
1	1
0	0
−1	1
−2	4
−3	9

x	y
3	4,5
2	2
1	0,5
0	0
−1	0,5
−2	2
−3	4,5

x	y
3	18
2	8
1	2
0	0
−1	2
−2	8
−3	18

Les ordonnées des points de la courbe représentative de $y = 2x^2$ sont égales au double de celles des points correspondants de la courbe représentative de $y = x^2$.

Les ordonnées des points de la courbe représentative de $y = \frac{1}{2}x^2$ sont égales

à la moitié de celles des points correspondants de la courbe représentative
de $y = x^2$.

1. Soit chaque paire d'équations ci-après. Esquisse les deux paraboles
qui y sont associées et décris la relation entre ces courbes.

a) $y = x^2$ et $y = 3x^2$ **b)** $y = x^2$ et $y = \frac{1}{4}x^2$

2. Décris ce qui arrive au point $(3, 9)$ de la courbe représentative
de $y = x^2$ lorsque l'on fait subir à cette parabole :

a) un agrandissement vertical de rapport 4 ;

b) un rétrécissement vertical de rapport $\frac{1}{3}$.

La résolution d'équations du second degré à l'aide d'une formule

Pour résoudre l'équation $5x^2 + 4x - 1 = 0$, reporte $a = 5$, $b = 4$ et $c = -1$
dans la formule ci-après.

$$x = \frac{-b \pm \sqrt{b^2 - 4ac}}{2a}$$

$$= \frac{-4 \pm \sqrt{4^2 - 4(5)(-1)}}{2(5)}$$

$$= \frac{-4 \pm \sqrt{16 + 20}}{10}$$

$$= \frac{-4 \pm \sqrt{36}}{10}$$

$$= \frac{-4 \pm 6}{10}$$

Par conséquent, $x = \dfrac{-4 + 6}{10}$ ou $x = \dfrac{-4 - 6}{10}$

$$= \frac{2}{10} \qquad\qquad = -\frac{10}{10}$$

$$= \frac{1}{5} \qquad\qquad = -1$$

Les racines sont $\frac{1}{5}$ et -1.

Pour résoudre l'équation $x^2 - 3x - 1 = 0$, reporte $a = 1$, $b = -3$ et $c = -1$ dans la formule ci-après.

$$x = \frac{-b \pm \sqrt{b^2 - 4ac}}{2a}$$

$$= \frac{3 \pm \sqrt{(-3)^2 - 4(1)(-1)}}{2(1)}$$

$$= \frac{3 \pm \sqrt{13}}{2}$$

Les racines exactes sont $\dfrac{3 + \sqrt{13}}{2}$ et $\dfrac{3 - \sqrt{13}}{2}$.

1. Résous les équations ci-après à l'aide de la formule.

a) $2x^2 - 3x + 1 = 0$ **b)** $10x^2 - 21x + 9 = 0$ **c)** $7x^2 - 3x = 0$

d) $2x^2 - x - 3 = 0$ **e)** $3x^2 - 5x + 2 = 0$

2. Résous les équations ci-après à l'aide de la formule. Indique tes réponses sous forme de racines exactes.

a) $5x^2 + 2x - 2 = 0$ **b)** $3x^2 - 2x - 2 = 0$ **c)** $2x^2 - 8x + 7 = 0$

d) $4x^2 + 4x - 14 = 0$ **e)** $10x^2 - 4x - 4 = 0$

Les translations

Pour faire subir au triangle ABC une translation de 3 unités vers la droite et de 4 unités vers le haut, déplace chacun de ses sommets de 3 unités vers la droite et de 4 unités vers le haut. Relie les points ainsi obtenus pour former le triangle A'B'C', qui est l'image par translation du triangle ABC. Ces deux triangles sont congruents, car leurs côtés et leurs angles correspondants sont congrus.

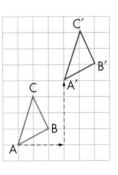

1. Reproduis chaque triangle ci-après sur du papier quadrillé. Dessine ensuite son image par la translation indiquée.

a)

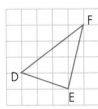

b)

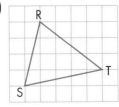

c)

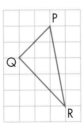

2 unités vers la gauche et 4 unités vers le bas

4 unités vers la droite et 3 unités vers le haut

2 unités vers la gauche et 5 unités vers le bas

Les rapports trigonométriques

Soit le triangle ci-contre. Utilise le théorème de Pythagore pour déterminer la longueur du côté AC.

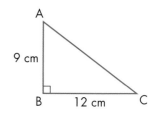

$(AC)^2 = 9^2 + 12^2$

$\quad\quad = 81 + 144$

$\quad\quad = 225$

$AC = \sqrt{225}$

$\quad\quad = 15$

$\sin A = \dfrac{\text{côté opposé}}{\text{hypoténuse}}$ $\cos A = \dfrac{\text{côté adjacent}}{\text{hypoténuse}}$ $\tan A = \dfrac{\text{côté opposé}}{\text{côté adjacent}}$

$\quad\quad = \dfrac{12}{15}$ $\quad\quad = \dfrac{9}{15}$ $\quad\quad = \dfrac{12}{9}$

$\quad\quad = \dfrac{4}{5}$ $\quad\quad = \dfrac{3}{5}$ $\quad\quad = \dfrac{4}{3}$

$\sin C = \dfrac{\text{côté opposé}}{\text{hypoténuse}}$ $\cos C = \dfrac{\text{côté adjacent}}{\text{hypoténuse}}$ $\tan C = \dfrac{\text{côté opposé}}{\text{côté adjacent}}$

$\quad\quad = \dfrac{9}{15}$ $\quad\quad = \dfrac{12}{15}$ $\quad\quad = \dfrac{9}{12}$

$\quad\quad = \dfrac{3}{5}$ $\quad\quad = \dfrac{4}{5}$ $\quad\quad = \dfrac{3}{4}$

1. Soit les triangles ci-après. Détermine pour chacun les rapports trigonométriques indiqués.

a)

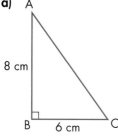

sin A   sin C

cos A   cos C

tan A   tan C

b)

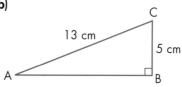

sin A   sin C

cos A   cos C

tan A   tan C

MODE D'EMPLOI DE LA CALCULATRICE À AFFICHAGE GRAPHIQUE

Note : Sauf indication contraire, les instructions fournies dans la présente annexe s'appliquent aux calculatrices à affichage graphique TI-83 et TI-83 Plus. On y parle aussi à quelques endroits des calculatrices à affichage graphique TI-92 et TI-92 Plus.

Fonction ou instruction et description	Séquence de touches, menu ou écran

L'instruction *Circle* (cercle)

L'instruction *Circle* permet de construire un cercle de centre (X, Y) et de rayon donné.

EXEMPLE :

Soit le cercle d'équation $(x - 1)^2 + (y + 2)^2 = 25$ dont le centre se situe au point $(1, -2)$ et dont le rayon égale 5.

Appuie sur les touches $\boxed{\text{2nd}}$ $\boxed{\text{PRGM}}$ 1 $\boxed{\text{ENTER}}$ pour effacer tout graphique existant.

Avant de générer le cercle, fais appel à l'instruction *ZSquare* afin d'adapter les paramètres de la fenêtre d'affichage pour obtenir une figure véritablement circulaire.

Fais apparaître le menu DRAW en appuyant sur les touches $\boxed{\text{2nd}}$ $\boxed{\text{PRGM}}$.

L'écran affichera :

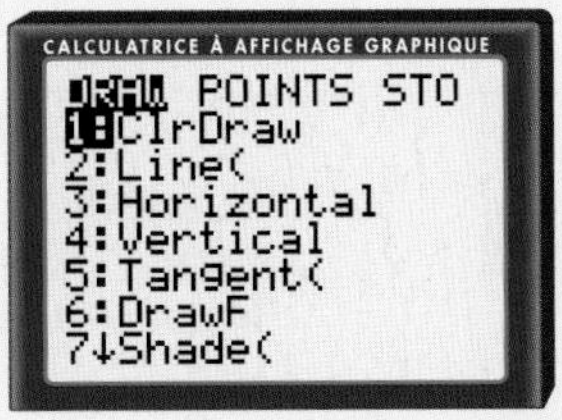

```
CALCULATRICE À AFFICHAGE GRAPHIQUE
DRAW POINTS STO
1:ClrDraw
2:Line(
3:Horizontal
4:Vertical
5:Tangent(
6:DrawF
7↓Shade(
```

Choisis l'option 9 : *Circle*, qui représente l'instruction *Circle*.

Saisis l'abscisse et l'ordonnée du centre ainsi que la mesure du rayon en appuyant sur les touches 1 $\boxed{\text{,}}$ -2 $\boxed{\text{,}}$ 5 $\boxed{\text{)}}$.

L'écran affichera :

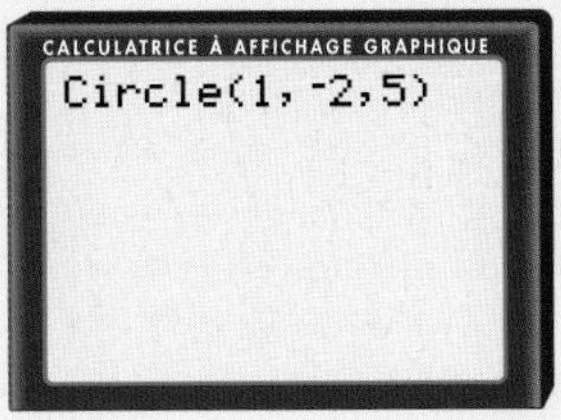

```
CALCULATRICE À AFFICHAGE GRAPHIQUE
Circle(1, -2,5)
```

Appuie sur la touche $\boxed{\text{ENTER}}$.

Fonction ou instruction et description	Séquence de touches, menu ou écran

L'écran affichera :

La fonction *cSolve* (calculatrices TI-92 et TI-92 Plus)

La fonction *cSolve* des calculatrices TI-92 et TI-92 Plus permet de résoudre une équation algébrique admettant des solutions complexes.

La fonction *cSolve* fait partie du sous-menu *complex* du menu *Algebra*. Appuie sur les touches (F2) A afin d'ouvrir ce sous-menu.
L'écran affichera :

Sélectionne la fonction *cSolve* en appuyant sur la touche 1. Exemple :

Pour trouver la valeur de x dans l'équation $x^2 + 2x + 2 = 0$, appuie sur les touches (F2) X (^) 2 (+) 2 (×) X (+) 2 (=) 0 (,) X ( )) (ENTER).

L'écran affichera :

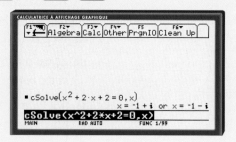

Fonction ou instruction et description	Séquence de touches, menu ou écran

La fonction *comDenom*

(dénominateur commun)

(calculatrices TI-92 et TI-92 Plus)

La fonction *comDenom* permet d'exprimer sous forme d'une seule expression rationnelle la somme ou la différence de deux ou plusieurs expressions rationnelles dont les dénominateurs diffèrent.

Appuie sur les touches ⬚F2⬚ 6 pour sélectionner la fonction *comDenom* à partir du menu *Algebra*.

EXEMPLE :

Pour effectuer l'addition $\dfrac{3x+2}{4} + \dfrac{5x-2}{3}$,

appuie sur les touches ⬚F2⬚ 6 ⬚(⬚ 3 X ⬚+⬚ 2 ⬚)⬚ ⬚÷⬚ 4 ⬚+⬚ ⬚(⬚ 5 X ⬚−⬚ 2 ⬚)⬚ ⬚÷⬚ 3 ⬚)⬚ ⬚ENTER⬚.

L'écran affichera :

L'instruction *DrawInv*

L'instruction *DrawInv* permet de générer le graphique de la réciproque d'une fonction.

Appuie sur les touches ⬚2nd⬚ ⬚PRGM⬚ 8 pour sélectionner l'instruction *DrawInv* à partir du menu DRAW.

EXEMPLE :

Pour représenter graphiquement la fonction définie par $y = x^2 + 3$ et sa réciproque, saisis l'équation de cette fonction dans l'éditeur Y= en l'associant à Y1.

Appuie sur les touches ⬚2nd⬚ ⬚PRGM⬚ 1 ⬚ENTER⬚ pour effacer tout graphique existant.

Sélectionne l'instruction *DrawInv* en appuyant sur les touches ⬚2nd⬚ ⬚PRGM⬚ 8.

Appuie sur les touches ⬚VARS⬚ ⬚▶⬚ 1 1 pour faire de Y1 l'équation à représenter graphiquement.

Fonction ou instruction et description	Séquence de touches, menu ou écran

L'écran affichera :

Appuie sur la touche (ENTER).

L'écran affichera :

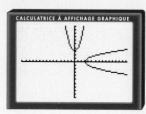

La fonction *expand*
(développement)
(calculatrices TI-92 et TI-92 Plus)

La fonction *expand* des calculatrices TI-92 et TI-92 Plus permet de développer et de simplifier un produit de polynômes.

Appuie sur les touches (F2) 3 pour sélectionner la fonction *expand* à partir du menu *Algebra*.

EXEMPLE :

Pour développer l'expression $(4x + 3y)(x - y)$,

appuie sur les touches (F2) 3 (4 (×) X (+) 3 (×) Y) (X (−) Y)) (ENTER).

L'écran affichera :

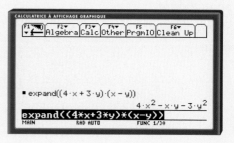

Fonction ou instruction et description	Séquence de touches, menu ou écran

La fonction *factor* (factorisation) (calculatrices TI-92 et TI-92 Plus)

La fonction *factor* des calculatrices TI-92 et TI-92 Plus permet de factoriser un polynôme.

Appuie sur les touches ⎡ F2 ⎤ 2 pour sélectionner la fonction *factor* à partir du menu *Algebra*.

EXEMPLE :

Pour factoriser le polynôme $3x^2 - 5x + 2$,

appuie sur les touches ⎡ F2 ⎤ 2 3 ⎡ × ⎤ X ⎡ ^ ⎤ 2 ⎡ − ⎤ 5 ⎡ × ⎤ X ⎡ + ⎤ 2 ⎡) ⎤ ⎡ENTER⎤.

L'écran affichera :

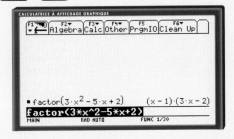

Le menu FINANCE

Pour faire apparaître le menu FINANCE, appuie sur les touches ⎡APPS⎤ 1 dans le cas de la calculatrice TI-83 Plus et sur les touches ⎡ 2nd ⎤ ⎡ x^{-1} ⎤ dans le cas de la calculatrice TI-83.

L'écran affichera :

Fonction ou instruction et description	Séquence de touches, menu ou écran

Les paramètres de mise en format

Les paramètres de mise en format permettent de définir l'affichage graphique. Ils s'appliquent à tous les modes graphiques.

Appuie sur les touches (2nd) (ZOOM) pour afficher les paramètres de mise en format. Leurs valeurs implicites figurent ici en surbrillance.

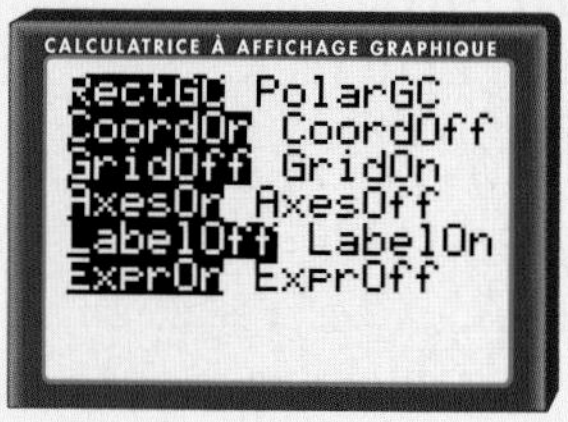

CALCULATRICE À AFFICHAGE GRAPHIQUE
RectGC PolarGC
CoordOn CoordOff
GridOff GridOn
AxesOn AxesOff
LabelOff LabelOn
ExprOn ExprOff

Pour modifier un paramètre, amène le curseur sur la valeur désirée, à l'aide des touches (▼) (,) (▶) (,) (▲) (,) et (◀), puis sélectionne cette valeur en appuyant sur la touche (ENTER).

La valeur implicite *GridOff*, par exemple, fait qu'aucun quadrillage n'apparaît à l'écran. Pour afficher un quadrillage, appuie sur les touches (▼) (,) (▼) (,) (▶) et (ENTER) afin de sélectionner *GridOn*.

La fonction ▶*Frac*

La fonction ▶*Frac* permet d'afficher une réponse sous forme fractionnaire.

Pour afficher une réponse sous forme fractionnaire, fais d'abord apparaître le menu MATH en appuyant sur la touche (MATH). Appuie ensuite sur la touche 1 pour sélectionner la fonction ▶*Frac* et convertir la réponse en un nombre fractionnaire.

EXEMPLE :

Pour déterminer le point d'intersection exact des droites définies par $y = 5x + 3$ et $y = -2x - 5$, saisis ces deux équations dans l'éditeur Y=, puis représente-les graphiquement. Recours ensuite à l'opération *Intersect* afin d'obtenir les coordonnées de leur point d'intersection, soit $x = -1,142857$ et $y = -2,714286$.

Pour déterminer la valeur exacte de x, appuie sur les touches (2nd) (MODE) (X,T,θ,n) (MATH) 1 (ENTER).

Pour déterminer la valeur exacte de y, appuie sur les touches (ALPHA) 1 (MATH) 1 (ENTER).

L'écran affichera :

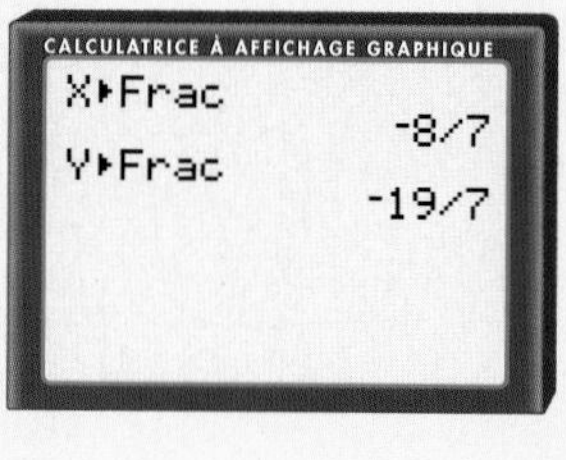

CALCULATRICE À AFFICHAGE GRAPHIQUE
X▶Frac
                -8/7
Y▶Frac
                -19/7

Le style des graphiques

En modifiant leur style, on peut rendre visuellement distincts deux ou plusieurs graphiques devant être affichés ensemble.

Pour définir le style du graphique d'une équation, ouvre d'abord l'éditeur Y= en appuyant sur la touche (Y=).

À l'aide de la touche (◀), amène le curseur à la gauche de l'équation à représenter. Appuie ensuite à plusieurs reprises sur la touche (ENTER) pour choisir le style à donner à son graphique.

Les styles possibles varient selon le mode graphique utilisé. Voici les choix offerts en mode de représentation graphique des fonctions (*Func*).

╲	Trait	Un trait continu relie les points définis. C'est le style implicite en mode *Connected* (relié).
╲	Trait épais	Un trait épais continu relie les points définis.
◥	Ombre au-dessus	L'aire surmontant le graphique est ombrée.
◣	Ombre au-dessous	L'aire comprise sous le graphique est ombrée.
◌	Trace	Un curseur circulaire parcourt le graphique en laissant une trace.
○	Animation	Un curseur circulaire parcourt le graphique sans laisser de trace.
⋰	Point	Chaque valeur est représentée par un petit point. C'est le style implicite en mode *Dot* (point).

EXEMPLE :

Pour représenter graphiquement $y = x^2$ et $y = x^2 - 3$ dans un même plan cartésien, saisis ces deux équations dans l'éditeur Y= sous la forme $Y1 = x^2$ et $Y2 = x^2 - 3$. Le graphique de Y1 présentera par défaut l'aspect d'un trait continu. Ne change rien à son apparence. À l'aide des touches de défilement, amène le curseur à la gauche de l'équation Y2. Appuie ensuite six fois sur la touche (ENTER) afin de sélectionner le style point. Règle les paramètres de la fenêtre d'affichage en adoptant des valeurs telles que Xmin = −8, Xmax = 8, Ymin = −5 et Ymax = 10. Appuie ensuite sur la touche (GRAPH) pour faire apparaître les deux graphiques.

L'écran affichera :

Mode d'emploi de la calculatrice à affichage graphique **723**

L'opération *Intersect*

L'opération *Intersect* permet de déterminer les coordonnées du point d'intersection de deux ou plusieurs graphiques.

Génère d'abord les graphiques dont tu veux connaître le point d'intersection. Assure-toi que leur point d'intersection apparaît à l'écran, ce qui est essentiel pour utiliser l'opération *Intersect*.

EXEMPLE :

Pour déterminer le point d'intersection des droites définies par $y = 3x - 2$ et $y = -x + 6$, saisis d'abord ces deux équations à l'aide de l'éditeur Y=, puis représente-les graphiquement.

Fais apparaître le menu CALCULATE en appuyant sur les touches [2nd] [TRACE].

Sélectionne l'opération *Intersect* en appuyant sur la touche 5.

L'écran affichera :

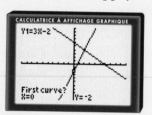

Amène le curseur sur le premier graphique en utilisant, au besoin, la touche [▼] ou [▲], puis appuie sur la touche [ENTER].

L'écran affichera :

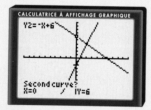

Amène le curseur sur le second graphique en utilisant, au besoin, la touche [▼] ou [▲], puis appuie sur la touche [ENTER].

L'écran affichera :

Fonction ou instruction et description	Séquence de touches, menu ou écran

À l'aide de la touche $\boxed{\blacktriangleright}$ ou $\boxed{\blacktriangleleft}$, amène le curseur là où tu crois que se trouve le point d'intersection. Appuie ensuite sur la touche $\boxed{\text{ENTER}}$.

L'écran affichera :

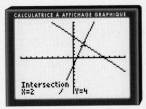

On peut voir que le curseur se trouve maintenant au point d'intersection et que les coordonnées de celui-ci sont affichées.

Le menu LIST MATH

Le menu LIST MATH permet d'effectuer des opérations portant sur une ou plusieurs listes de données.

Pour faire apparaître le menu LIST MATH, appuie sur les touches $\boxed{\text{2nd}}$ $\boxed{\text{STAT}}$ $\boxed{\blacktriangleright}$ $\boxed{\blacktriangleright}$

L'écran affichera :

Le menu LIST OPS

Le menu LIST OPS permet d'effectuer des opérations portant sur une ou plusieurs listes de données.

Pour faire apparaître le menu LIST OPS, appuie sur les touches $\boxed{\text{2nd}}$ $\boxed{\text{STAT}}$ $\boxed{\blacktriangleright}$

L'écran affichera :

Fonction ou instruction et description	Séquence de touches, menu ou écran

L'opération Maximum

L'opération Maximum permet de déterminer la valeur maximale d'une fonction à l'intérieur d'un intervalle défini.

EXEMPLE :

Pour déterminer la valeur maximale de la fonction définie par $y = -2x^2 + 6x + 2$, saisis son équation dans l'éditeur Y=.

Fais apparaître le menu CALCULATE en appuyant sur les touches (2nd) (TRACE).

Sélectionne l'opération Maximum en appuyant sur la touche 4.

L'écran affichera :

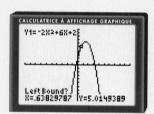

Appuie au besoin sur la touche (▼) ou (▲) afin que le curseur se trouve sur la courbe représentative de la fonction.

À l'aide de la touche (▶) ou (◀), amène le curseur en un point quelconque de la courbe à la gauche de son sommet (ou saisis une valeur). Appuie sur la touche (ENTER) pour faire de l'abscisse de ce point la borne inférieure de l'intervalle.

À l'aide de la touche (▶) ou (◀), amène le curseur en un point quelconque de la courbe à la droite de son sommet (ou saisis une valeur). Appuie sur la touche (ENTER) pour faire de l'abscisse de ce point la borne supérieure de l'intervalle.

Déplace le curseur à l'aide de la touche (▶) ou (◀) (ou saisis une valeur) afin d'attribuer une valeur approximative à l'abscisse du sommet, puis appuie sur la touche (ENTER).

L'écran affichera :

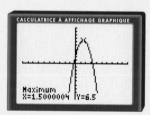

Le sommet de la courbe représentative de $y = -2x^2 + 6x + 2$ se situe au point (1,5, 6,5).

La valeur maximale de $y = -2x^2 + 6x + 2$ est 6,5 lorsque $x = 1,5$.

Fonction ou instruction et description	Séquence de touches, menu ou écran

L'opération Minimum

L'opération Minimum permet de déterminer la valeur minimale d'une fonction à l'intérieur d'un intervalle défini.

EXEMPLE :

Pour déterminer la valeur minimale de la fonction définie par $y = 2x^2 + 5x - 4$, saisis son équation dans l'éditeur Y=.

Fais apparaître le menu CALCULATE en appuyant sur les touches (2nd) (TRACE).

Sélectionne l'opération Minimum en appuyant sur la touche 3.

L'écran affichera :

Appuie au besoin sur la touche (▼) ou (▲) afin que le curseur se trouve sur la courbe représentative de la fonction.

À l'aide de la touche (▶) ou (◀), amène le curseur en un point quelconque de la courbe à la gauche de son sommet (ou saisis une valeur). Appuie sur la touche (ENTER) pour faire de l'abscisse de ce point la borne inférieure de l'intervalle.

À l'aide de la touche (▶) ou (◀), amène le curseur en un point quelconque de la courbe à la droite de son sommet (ou saisis une valeur). Appuie sur la touche (ENTER) pour faire de l'abscisse de ce point la borne supérieure de l'intervalle.

Déplace le curseur à l'aide de la touche (▶) ou (◀) (ou saisis une valeur) afin d'attribuer une valeur approximative à l'abscisse du sommet, puis appuie sur la touche (ENTER).

L'écran affichera :

Le sommet de la courbe représentative de $y = 2x^2 + 5x - 4$ se situe au point $(-1,25, -7,125)$.

La valeur minimale de $y = 2x^2 + 5x - 4$ est $-7,125$ lorsque $x = -1,25$.

Fonction ou instruction et description	Séquence de touches, menu ou écran

Les paramètres mode

Les paramètres mode permettent de définir la manière dont la calculatrice affiche et interprète les nombres et les graphiques.

Appuie sur la touche (MODE) pour afficher les paramètres mode. Leurs valeurs implicites figurent ici en surbrillance.

Pour modifier un paramètre, amène le curseur sur la valeur désirée à l'aide des touches (▼) (▶) (▲) et (◀) puis sélectionne cette valeur en appuyant sur la touche (ENTER).

La valeur implicite Radian, par exemple, fait du radian l'unité de mesure angulaire. Pour que les mesures d'angles soient exprimées en degrés, appuie sur les touches (▼) (▼) (▶) et (ENTER) afin de sélectionner *Degree*.

La fonction *sequence* (suite)

La fonction *sequence* permet de générer les termes d'une suite.

Appuie sur les touches (2nd) (STAT) (▶) 5 pour sélectionner la fonction *sequence* à partir du menu LIST OPS.

EXEMPLE :

Soit la suite dont le terme général est défini par $t_n = 3n - 2$. Pour générer ses cinq premiers termes, active d'abord le mode de représentation graphique des suites (*Seq*) en appuyant sur les touches (MODE) (▼) (▼) (▼) (▶) (▶) (▶). Sélectionne la fonction *sequence* et fournis l'expression devant servir à générer la suite. La touche (X,T,θ,*n*) te permettra de saisir la variable *n*.

Appuie sur la touche (,), puis indique la variable pour laquelle il faut évaluer cette expression, soit ici *n*. Appuie de nouveau sur la touche (,) et indique le rang du premier terme recherché, soit ici 1. Appuie une autre fois sur la touche (,) et indique le rang du dernier terme recherché, soit ici 5. Appuie une fois de plus sur la touche (,), puis définis le pas de progression du rang des termes, soit ici 1. Si l'on omet d'indiquer le pas de progression de *n*, celui-ci adopte par défaut la valeur 1. Appuie sur la touche ( )) puis sur la touche (ENTER).

L'écran affichera :

```
CALCULATRICE À AFFICHAGE GRAPHIQUE
seq(3n-2,n,1,5,1
)
        {1 4 7 10 13}
```

Fonction ou instruction et description	Séquence de touches, menu ou écran

L'éditeur Y= des suites

L'éditeur Y= des suites permet d'enregistrer et de représenter graphiquement des suites définies par les fonctions $u(n)$, $v(n)$ et $w(n)$.

Active le mode de représentation graphique des suites (*Seq*) en appuyant sur les touches [MODE] [▼] [▼] [▼] [▶] [▶] [▶].

Appuie sur la touche [Y=] pour faire apparaître l'éditeur Y= des suites.

L'écran affichera :

La valeur attribuée à *n*Min constitue la valeur minimale de *n* pour laquelle la fonction sera évaluée. Tu peux la modifier au besoin.

Si tu désires changer le style de la représentation graphique d'une suite, appuie sur la touche [◀] afin d'amener le curseur à la gauche de l'équation de la fonction $u(n)$, $v(n)$ ou $w(n)$, selon le cas. Appuie ensuite sur la touche [ENTER] pour passer d'un style à l'autre, les trois options offertes étant le point, le trait et le trait épais. En mode de représentation graphique des suites, le point constitue le style implicite.

EXEMPLE :

Pour saisir, à l'aide de l'éditeur Y= des suites, l'équation de la fonction définie par $f(n) = 4n + 3$, assure-toi d'abord que ta calculatrice est en mode de représentation graphique des suites (*Seq*).

Appuie ensuite sur la touche [Y=].

Saisis l'équation de manière qu'elle définisse la fonction $u(n)$, cela en appuyant sur les touches 4 [X,T,θ,n] [+] 3 [ENTER].

L'écran affichera :

Fonction ou instruction et description	Séquence de touches, menu ou écran

L'instruction *SinReg* **(régression sinusoïdale)**

L'instruction *SinReg* permet de déterminer l'équation de la fonction sinusoïdale la mieux ajustée à un ensemble défini de données. Les valeurs de *a*, *b*, *c* et *d* sont alors affichées pour une équation de la forme $y = a\sin(bx + c) + d$.

Avant d'utiliser l'instruction de régression sinusoïdale, saisis les données de l'ensemble sous forme de deux listes, à l'aide du menu STAT EDIT. Attribue des valeurs appropriées aux paramètres de la fenêtre d'affichage ou fais appel à l'instruction *ZoomStat* pour que la fenêtre d'affichage s'adapte automatiquement. À l'aide du menu STAT PLOTS, représente graphiquement les éléments de la liste L1 par rapport à ceux de la liste L2, sous forme d'un nuage de points.

Fais apparaître le menu STAT CALC en appuyant sur les touches (STAT) (▶). Sélectionne l'option C : *SinReg*, c'est-à-dire l'instruction de régression sinusoïdale.

L'écran affichera :

Indique le nom de la liste des *x* en appuyant sur les touches (2nd) 1 s'il s'agit de L1.

Indique le nom de la liste des *y* en appuyant sur les touches (,) (2nd) 2 s'il s'agit de L2.

Appuie sur les touches (,) (VARS) (▶) 1 pour générer la liste des variables Y= possibles. Sélectionne 1 : Y1 et appuie sur la touche (ENTER) afin d'enregistrer l'équation de régression en l'associant à Y1.

L'écran affichera :

Appuie sur la touche (ENTER).

Tu verras alors, par exemple :

L'équation de régression est enregistrée dans l'éditeur Y=. Si tu désires faire apparaître la courbe la mieux ajustée à ton nuage de points, appuie sur la touche (GRAPH).

Fonction ou instruction et description	Séquence de touches, menu ou écran

La fonction *solve*
(résolution)
(calculatrices TI-92 et TI-92 Plus)

La fonction *solve* des calculatrices TI-92 et TI-92 Plus permet d'isoler une variable donnée dans une équation algébrique.

Appuie sur les touches $\boxed{\text{F2}}$ 1 pour sélectionner la fonction *solve* à partir du menu *Algebra*.

EXEMPLE :

Pour isoler y dans l'équation $3x - 4y = -12$, appuie sur les touches $\boxed{\text{F2}}$ 1 3 $\boxed{\times}$ X $\boxed{-}$ 4 $\boxed{\times}$ $\boxed{\text{Y=}}$ $\boxed{(-)}$ 12 $\boxed{\text{,}}$ Y $\boxed{)}$ $\boxed{\text{ENTER}}$.

L'écran affichera :

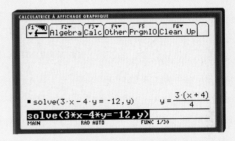

La fenêtre d'affichage standard

La fenêtre d'affichage standard correspond à la partie du plan cartésien souvent utilisée lors de l'affichage de graphiques.

Appuie sur les touches $\boxed{\text{MODE}}$ $\boxed{\blacktriangledown}$ $\boxed{\blacktriangledown}$ $\boxed{\blacktriangledown}$ $\boxed{\text{ENTER}}$ afin de t'assurer que le mode de représentation graphique des fonctions (*Func*) est activé.

Pour faire apparaître un graphique dans la fenêtre d'affichage standard, appuie sur les touches $\boxed{\text{ZOOM}}$ 6.

Pour vérifier les paramètres de la fenêtre d'affichage courante, appuie sur la touche $\boxed{\text{WINDOW}}$.

L'écran affichera :

Il s'agit ici des paramètres de la fenêtre d'affichage standard.

Fonction ou instruction et description	Séquence de touches, menu ou écran

Le menu STAT EDIT

Le menu STAT EDIT permet d'enregistrer, de modifier et d'afficher des listes de données dans l'éditeur de listes statistiques (STAT LIST).

Appuie sur la touche (STAT) pour faire apparaître le menu STAT EDIT.

L'écran affichera :

Appuie sur la touche (STAT) et sélectionne l'option 1 : *Edit* pour faire apparaître l'éditeur STAT LIST.

L'écran affichera :

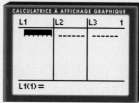

On peut enregistrer des données à l'intérieur de listes numéro-tées de L1 à L6. Pour effacer le contenu d'une liste en particu-lier, telle la liste L1, appuie sur la touche (STAT), sélectionne l'option 4 : *ClrList* et appuie sur les touches (2nd) 1 (ENTER).

Pour effacer le contenu de toutes les listes, appuie sur les touches (2nd) (+), puis choisis l'option 4 : *ClrAllLists*.

EXEMPLE :

Saisis les données de la table ci-contre dans les listes L1 et L2.

Appuie sur les touches (2nd) (+), sélectionne l'option 4 : *ClrAllLists* et appuie sur la touche (ENTER) afin d'effacer le contenu des listes L1 à L6.

L1	L2
2	0
3	12
4	24
5	36

Fais apparaître l'éditeur STAT LIST en appuyant sur la touche (STAT) pour ensuite choisir l'option 1 : *Edit*.

Pour saisir les données de la liste L1, appuie sur les touches 2 (ENTER) 3 (ENTER) 4 (ENTER) 5 (ENTER).

Pour saisir les données de la liste L2, appuie sur les touches (▶) 0 (ENTER) 12 (ENTER) 24 (ENTER) 36 (ENTER).

L'écran affichera :

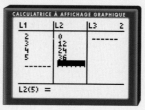

Le menu STAT PLOTS

Le menu STAT PLOTS permet de représenter graphiquement des données au moyen d'un nuage de points, d'un plan cartésien, d'un histogramme, d'un diagramme en boîte et en moustaches modifié, d'un diagramme en boîte et en moustaches ordinaire ou d'une courbe normale.

Appuie sur les touches [2nd] [Y=] pour faire apparaître le menu STAT PLOTS.

EXEMPLE :

Crée un nuage de points correspondant aux données ci-contre.

L1	L2
2	0
3	12
4	24
5	36

À l'aide du menu STAT EDIT, saisis ces données dans les listes L1 et L2. Appuie ensuite sur les touches [2nd] [Y=] pour faire apparaître le menu STAT PLOTS. L'écran affichera :

Sélectionne le graphique 1 (*Plot1*) en appuyant sur la touche [ENTER] ou mets en surbrillance la mention *Plot2* ou *Plot3*, à l'aide de la touche [▼], et sélectionne le graphique correspondant en appuyant sur la touche [ENTER]. Pour activer un graphique, appuie sur la touche [ENTER].

L'écran affichera :

Appuie sur les touches [▼] [ENTER] afin d'opter pour un nuage de points.

Si la liste L1 n'est pas déjà associée à *Xlist*, appuie sur les touches [▼] [2nd] 1 [ENTER].

Si la liste L2 n'est pas déjà associée à *Ylist*, appuie sur les touches [▼] [2nd] 2 [ENTER].

À l'aide de la touche [▶] ou [◀], mets en surbrillance le type de repère devant représenter les points de données et choisis-le en appuyant sur la touche [ENTER].

Fonction ou instruction et description	Séquence de touches, menu ou écran

Pour faire apparaître le graphique, sélectionne l'instruction *ZoomStat* en appuyant sur les touches (ZOOM) 9.

L'écran affichera :

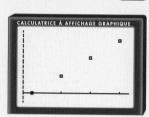

La fonction *Sum* (somme)

La fonction *Sum* permet de déterminer la somme des termes d'une série.

Active le mode de représentation graphique des suites (*Seq*) en appuyant sur les touches (MODE) (▼) (▼) (▼) (▶) (▶) (▶).

Appuie sur les touches (2nd) (STAT) (▶) (▶) 5 pour sélectionner la fonction *sum* à partir du menu LIST MATH.

EXEMPLE :

Soit la série 5 + 8 + 11 + … Pour déterminer la somme de ses 20 premiers termes, génère d'abord, à l'aide de la fonction *sequence*, les 20 premiers termes de la série définie par $f(n) = 3n + 2$ et enregistre-les dans la liste L1 en appuyant sur les touches (STO▸) (2nd) 1 (ENTER).

L'écran affichera :

Pour déterminer la somme recherchée, appuie sur les touches (2nd) (STAT) (▶) (▶) 5 (2nd) 1 ()) (ENTER).

L'écran affichera :

Fonction ou instruction et description	Séquence de touches, menu ou écran

L'écran TABLE SETUP

L'écran TABLE SETUP permet de générer et d'afficher une table de valeurs pour toute fonction donnée.

EXEMPLE :

Pour créer une table de valeurs associée à la fonction définie par $y = 2x^2 - 8$, saisis cette équation dans l'éditeur Y=.

Si tu veux que cette table de valeurs soit générée automatiquement, fais apparaître l'écran TABLE SETUP en appuyant sur les touches (2nd) (WINDOW). Inscris à la suite de la mention *TblStart* la valeur initiale que tu souhaites attribuer à la variable indépendante x à l'intérieur de la table, soit par exemple −3.

Règle le pas de progression des valeurs de la variable indépendante, soit par exemple 1, en modifiant au besoin la valeur de $\triangle Tbl$.

Si tu souhaites que la calculatrice affiche automatiquement les valeurs de la variable indépendante x et celles de la variable dépendante y, sélectionne les options *Indpnt : Auto* et *Depend : Auto*.

Dans le présent cas, l'écran affichera :

Fais apparaître la table de valeurs à l'aide de la touche (TABLE) en appuyant sur les touches (2nd) (GRAPH).

Dans le présent cas, l'écran affichera :

Fonction ou instruction et description	Séquence de touches, menu ou écran

Le menu TEST

Le menu TEST permet d'utiliser les opérateurs relationnels tels que =, ≠, >, ≥, < et ≤.

Pour faire apparaître le menu TEST, appuie sur les touches [2nd] [MATH].

L'écran affichera :

Le sous-menu test
(calculatrices TI-92 et TI-92 Plus)

Le sous-menu test permet d'utiliser des opérateurs relationnels tels que =, ≠, >, ≥, < et ≤.

Pour faire apparaître le sous-menu test, ouvre d'abord le menu MATH en appuyant sur les touches [2nd] 5. Appuie ensuite sur la touche 8 ou mets en surbrillance l'option 8 : Test à l'aide des touches de défilement, puis appuie sur la touche [ENTER].

L'écran affichera :

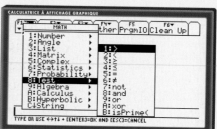

Tu peux choisir un opérateur soit en le mettant en surbrillance à l'aide des touches de défilement, pour ensuite appuyer sur la touche [ENTER], soit en saisissant la lettre ou le chiffre inscrit à sa gauche.

Pour refermer le sous-menu sans avoir choisi aucun de ses éléments, appuie sur la touche [◀] ou sur la touche [ESC].

L'instruction TRACE

L'instruction TRACE permet de déplacer le curseur le long du graphique d'une fonction. Les coordonnées des points du graphique s'affichent à l'écran.

Dans le cas d'un graphique créé à partir d'une équation enregistrée dans l'éditeur Y=, appuie sur la touche [TRACE] afin de situer le curseur sur le graphique. Utilise la touche [◀] ou [▶] pour le faire déplacer le long du graphique. Les coordonnées des points du graphique s'afficheront au bas de l'écran.

Dans le cas d'un nuage de points créé à l'aide du menu STAT PLOTS, appuie sur la touche [TRACE], puis sur la touche [◀] ou [▶], pour faire passer le curseur d'un point à l'autre du nuage. Les coordonnées de chaque point s'afficheront à l'écran.

Fonction ou instruction et description	Séquence de touches, menu ou écran

TVM *Solver* (outil financier TVM)

TVM *Solver* permet d'afficher les variables liées à l'évolution de la valeur de l'argent dans le temps. Si on lui fournit la valeur de quatre de ces variables, il déterminera la valeur de la cinquième.

Les cinq variables de TVM sont :
le nombre total de versements périodiques – N ;
le taux d'intérêt annuel – I % ;
la valeur actuelle – PV ;
le montant des versements – PMT ;
la valeur future – FV.

P/Y représente le nombre de versements par année pour une transaction donnée et C/Y, le nombre de périodes d'intérêt composé par année pour cette même transaction.

La ligne PMT : END BEGIN indique si les versements se font en fin (END) ou en début (BEGIN) de période.

Règle les paramètres mode de manière que les nombres affichés comportent deux décimales.

Pour recourir à l'outil financier TVM *Solver* d'une calculatrice TI-83 Plus, appuie sur la touche (APPS) et fais apparaître le menu FINANCE en choisissant l'option 1 : Finance, puis sélectionne l'option 1 : TVM *Solver*.

Pour recourir à l'outil financier TVM *Solver* d'une calculatrice TI-83, fais apparaître le menu FINANCE en appuyant sur les touches (2nd) (x^{-1}), puis choisis l'option 1 : TVM *Solver*.

L'écran affichera alors une liste semblable à celle-ci :

```
CALCULATRICE À AFFICHAGE GRAPHIQUE
N=360.00
I%=18.00
PV=100000.00
PMT=0
FV=0.00
P/Y=12.00
C/Y=12.00
PMT:END BEGIN
```

Saisis la valeur connue de quatre des cinq variables.

Il faut inscrire une valeur ou appuyer sur la touche 0 pour que le curseur passe à la variable suivante.

Indique la valeur de P/Y, puis celle de C/Y (si elle diffère de la valeur de P/Y).

Sélectionne END ou BEGIN.

Amène le curseur sur la variable dont tu cherches la valeur. Appuie ensuite sur les touches (ALPHA) [SOLVE]. La touche [SOLVE] est en fait la touche (ENTER) dont on utilise l'une des autres fonctions.

Fonction ou instruction et description	Séquence de touches, menu ou écran

L'écran affichera par exemple :

Un carré (■) précède la variable dont la calculatrice vient de déterminer la valeur.

Note : Dans le cas du montant des paiements, les sommes reçues se traduisent par un nombre positif et les sommes versées, par un nombre négatif.

L'opération *Value* (valeur)

L'opération *Value* permet d'évaluer une fonction pour une valeur donnée de *x*.

EXEMPLE :

Pour évaluer la fonction définie par $y = x^2 + 3x - 4$ lorsque $x = -3$, saisis son équation dans l'éditeur Y=.

Fais apparaître le menu CALCULATE en appuyant sur les touches (2nd) (TRACE).

Sélectionne l'opération *Value* en appuyant sur la touche (ENTER).

L'écran affichera :

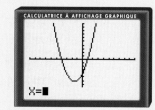

Attribue à *x* la valeur –3.

Appuie sur la touche (ENTER).

L'écran affichera :

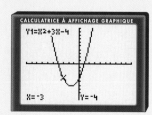

Note : La valeur pour laquelle tu évalues une fonction doit être comprise entre les valeurs des paramètres Xmin et Xmax de la fenêtre d'affichage utilisée pour générer le graphique.

Fonction ou instruction et description	Séquence de touches, menu ou écran

Les paramètres de la fenêtre d'affichage

Les paramètres de la fenêtre d'affichage permettent de définir la fenêtre d'affichage utilisée.

Appuie sur la touche [WINDOW] pour voir les paramètres de la fenêtre d'affichage courante. Pour modifier l'un de ces paramètres, amène le curseur sur lui, à l'aide de la touche [▼] ou [▲]. Saisis la valeur à attribuer au paramètre, puis appuie sur la touche [ENTER].

L'éditeur Y=

L'éditeur Y= permet de définir et de modifier l'équation d'une fonction.

Appuie sur les touches [MODE] [▼] [▼] [▼] [ENTER] afin de t'assurer que le mode de représentation graphique des fonctions (*Func*) est activé.

Affiche l'éditeur Y= en appuyant sur la touche [Y=].

Pour passer à l'équation de la fonction suivante, appuie sur la touche [ENTER] ou sur la touche [▼].

Pour faire déplacer le curseur d'une équation à l'autre, utilise la touche [▼] ou [▲].

Pour supprimer une équation, mets-la en surbrillance et appuie sur la touche [CLEAR].

La variable indépendante est X. Pour la saisir, appuie sur la touche [X,T,θ,n] ou sur les touches [ALPHA] [STO▸].

Dès que tu saisis le premier caractère d'une équation, son signe d'égalité est mis en surbrillance, ce qui indique que la fonction en cause est sélectionnée. Pour désélectionner une fonction, amène le curseur sur le signe d'égalité de son équation et appuie sur la touche [ENTER].

EXEMPLE :

Pour saisir l'équation $y = 3x - 2$ à l'aide de l'éditeur Y=, appuie sur la touche [Y=].

L'écran affichera :

Appuie sur les touches 3 [X,T,θ,n] [—] 2 [ENTER].

L'écran affichera :

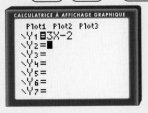

Fonction ou instruction et description	Séquence de touches, menu ou écran

L'opération *Zero* (**zéro**)

L'opération *Zero* permet de déterminer les zéros d'une fonction, c'est-à-dire les abscisses à l'origine de son graphique. Lorsque ce dernier présente plus d'une abscisse à l'origine, il faut déterminer séparément la valeur de chacune en utilisant à plusieurs reprises l'opération *Zero*.

EXEMPLE :

Pour déterminer les abscisses à l'origine de la courbe représentative de $y = x^2 + 2x - 8$, saisis cette équation dans l'éditeur Y=.

Fais apparaître le menu CALCULATE en appuyant sur les touches ⎡2nd⎤ ⎡TRACE⎤.

Sélectionne l'opération *Zero* en appuyant sur les touches ⎡▼⎤ ⎡ENTER⎤.

L'écran affichera :

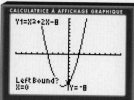

Appuie au besoin sur la touche ⎡▼⎤ ou ⎡▲⎤, afin que le curseur se trouve sur la courbe.

Pour déterminer l'abscisse à l'origine de gauche, amène le curseur en un point de la courbe à la gauche de celle-ci à l'aide de la touche ⎡▶⎤ ou ⎡◀⎤ (ou saisis une valeur). Sélectionne l'abscisse de ce point en appuyant sur la touche ⎡ENTER⎤.

À l'aide de la touche ⎡▶⎤ ou ⎡◀⎤, amène le curseur en un point de la courbe situé entre ses deux abscisses à l'origine (ou saisis une valeur). Sélectionne l'abscisse de ce point en appuyant sur la touche ⎡ENTER⎤.

Déplace le curseur à l'aide de la touche ⎡▶⎤ ou ⎡◀⎤ (ou saisis une valeur) afin d'attribuer une valeur approximative à l'abscisse à l'origine de gauche, puis appuie sur la touche ⎡ENTER⎤.

L'écran affichera :

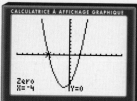

Pour déterminer l'abscisse à l'origine de droite, amène le curseur en un point de la courbe situé entre ses deux abscisses à l'origine à l'aide de la touche ⎡▶⎤ ou ⎡◀⎤ (ou saisis une valeur). Sélectionne l'abscisse de ce point en appuyant sur la touche ⎡ENTER⎤.

Fonction ou instruction et description	Séquence de touches, menu ou écran

À l'aide de la touche (▶) ou (◀), amène le curseur en un point de la courbe à la droite de l'abscisse à l'origine de droite (ou saisis une valeur). Sélectionne l'abscisse de ce point en appuyant sur la touche (ENTER).

Déplace le curseur à l'aide de la touche (▶) ou (◀) (ou saisis une valeur) afin d'attribuer une valeur approximative à l'abscisse à l'origine de droite, puis appuie sur la touche (ENTER).

L'écran affichera :

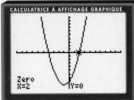

L'instruction *Zoom In*

L'instruction *Zoom In* permet d'agrandir la portion du graphique qui entoure l'emplacement du curseur.

Fais apparaître le menu ZOOM en appuyant sur la touche (ZOOM).

Sélectionne l'option 2 : *Zoom In*. Le curseur d'agrandissement (+) s'affichera sur le graphique.

À l'aide des touches de défilement, amène le curseur au point sur lequel tu désires centrer la nouvelle fenêtre d'affichage. Appuie sur la touche (ENTER).

La fenêtre d'affichage sera alors modifiée et mise à jour, le graphique de la fonction sélectionnée étant désormais centré sur l'emplacement du curseur.

Il est possible d'agrandir encore une partie du graphique. Pour ce faire, appuie sur la touche (ENTER) si tu veux agrandir davantage la portion entourant le même point ou amène le curseur au point sur lequel tu désires centrer la nouvelle fenêtre d'affichage et appuie sur la touche (ENTER).

Le menu ZOOM

Le menu ZOOM renferme des instructions qui permettent de modifier rapidement la fenêtre d'affichage.

Appuie sur la touche (ZOOM) pour faire apparaître le menu ZOOM.

L'écran affichera :

```
CALCULATRICE À AFFICHAGE GRAPHIQUE
ZOOM MEMORY
1:ZBox
2:Zoom In
3:Zoom Out
4:ZDecimal
5:ZSquare
6:ZStandard
7↓ZTrig
```

Fonction ou instruction et description	Séquence de touches, menu ou écran

L'instruction *ZoomStat*

L'instruction *ZoomStat* permet de redéfinir les paramètres de la fenêtre d'affichage afin que tous les points représentant des données statistiques soient visibles à l'écran.

Fais apparaître le menu ZOOM en appuyant sur la touche ZOOM.

Appuie sur la touche 9 pour afficher toutes les données à l'aide de l'instruction *ZoomStat*.

L'instruction *ZSquare*

L'instruction *ZSquare* permet de modifier la fenêtre d'affichage afin que l'échelle utilisée pour générer un graphique soit la même sur les deux axes.

Fais apparaître le menu ZOOM en appuyant sur la touche ZOOM.

Appuie sur la touche 5 pour afficher un graphique à l'aide de l'instruction *ZSquare*.

EXEMPLE :

Pour représenter graphiquement $y = x^2 - 4$ à l'aide de l'instruction *ZSquare*, saisis cette équation au moyen de l'éditeur Y=.

Fais apparaître le menu ZOOM en appuyant sur la touche ZOOM.

L'écran affichera :

Appuie sur la touche 5 pour afficher le graphique à l'aide de l'instruction *ZSquare*.

L'écran affichera :

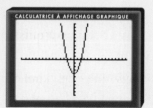

LE *CYBERGÉOMÈTRE*

La commande Préférences

Avant d'utiliser le *Cybergéomètre*, tu devras peut-être modifier certains de ses paramètres implicites. Si tel est le cas, clique sur l'intitulé du menu Affichage, puis sélectionne la commande Préférences.

Tu verras apparaître une fenêtre d'affichage semblable à celle qui est reproduite ci-contre. Assure-toi que l'unité de distance y est réglée à « cm » et non à « po ». Modifie également la valeur associée à la précision, qui devrait être « dixième » et non « unité ». Lorsque tu travailles avec des angles, veille aussi à ce que l'unité d'angle soit réglée à « degré(s) » et non à « radian(s) ». Pour terminer, coche l'option Points de la section Affichage automatique de l'étiquette, dans le coin supérieur gauche de la fenêtre.

Les outils et les menus

À gauche de la zone d'esquisse se trouve un ensemble de fonctions appelé « boîte à outils ». Pour sélectionner l'un de ces outils, clique sur son icône. L'icône de l'outil actuellement sélectionné est en surbrillance.

L'outil **Flèche de sélection** permet de sélectionner des objets de l'esquisse. Pour sélectionner un objet, clique sur l'outil Flèche de sélection, puis sur l'objet, qui sera alors en surbrillance. Pour sélectionner plus d'un objet, appuie sur la touche MAJ et maintiens-la enfoncée pendant que tu cliques sur ces objets.

L'outil **Point** permet de créer des points dans la zone d'esquisse. Il suffit de cliquer n'importe où dans la zone d'esquisse pour créer un point à cet endroit.

L'outil **Compas** permet de créer des cercles dans la zone d'esquisse. Pour l'utiliser, clique sur un point et maintiens le bouton gauche de la souris enfoncé. Tu créeras ainsi le centre d'un cercle, qui prendra forme lorsque tu feras glisser la souris. Relâche le bouton de la souris lorsque ce cercle présente la taille voulue. Nous verrons plus loin une autre façon de créer un cercle.

Les outils de la palette **Règle** permettent notamment de créer des segments de droite. Clique à l'endroit où doit se situer l'une des extrémités d'un segment de droite, puis fais glisser le pointeur jusqu'à son autre extrémité. Sache que la palette Règle peut également servir à créer une demi-droite ou une droite et qu'il existe une autre façon de construire un segment de droite. Nous y reviendrons plus loin.

L'outil **Texte** permet d'afficher, de masquer et de modifier l'étiquette associée à un objet.

Une barre de menus figure au-dessus de la zone d'esquisse. Voici une brève description de certains menus qui y sont associés.

Le menu Fichier

Clique sur la commande **Nouvelle esquisse** pour passer à une nouvelle esquisse.

Utilise la commande **Ouvrir** pour ouvrir un fichier déjà sauvegardé.

La commande **Sauvegarder sous** permet de sauvegarder une esquisse sur le disque.

La commande **Imprimer** permet de transmettre l'esquisse en cours à une imprimante.

La commande **Quitter** sert à quitter le *Cybergéomètre*.

Le menu Affichage

Lorsque tu entreprends une nouvelle esquisse, tu peux utiliser les commandes du menu **Affichage** pour régler le style du trait à « épais » et choisir une couleur.

Nous avons déjà parlé de la commande **Préférences**, qui est la dernière de ce menu. Utilise-la pour définir tes préférences lorsque tu travailles avec le *Cybergéomètre*.

Le menu **Affichage** permet aussi de visualiser le déplacement d'un point ou d'une droite en lui faisant laisser une trace. Dans la saisie d'écran ci-contre, la droite en bleu passant par le point E est en surbrillance. Lorsque l'on fait glisser le point C le long du segment de droite AB, cette droite en bleu laisse une trace à l'écran en se déplaçant.

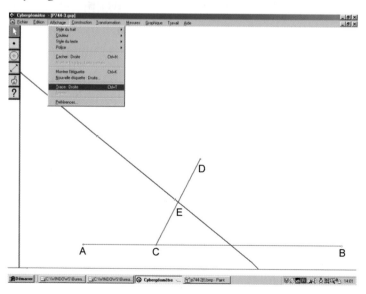

Le menu Édition

Le menu **Édition** regroupe des commandes permettant de couper et de coller des objets dans la zone d'esquisse et d'y créer des boutons Action.

Dans la saisie d'écran ci-contre, le point C et le segment de droite AB sont en surbrillance. En créant un bouton **Animer**, on pourra faire déplacer le point C le long du segment de droite AB.

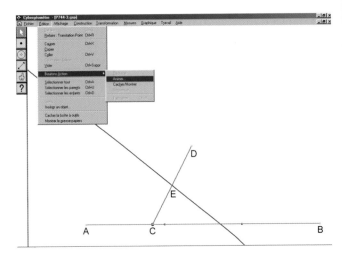

Le menu Construction

Le menu **Construction** renferme des commandes s'appliquant à l'objet sélectionné dans la zone d'esquisse. Dans la saisie d'écran ci-contre, un segment de droite est en surbrillance, de sorte que le menu offre la possibilité de créer un point sur ce segment de droite, d'en construire le milieu, etc. Nous expliquerons ces différentes commandes plus loin à mesure qu'elles s'avéreront nécessaires.

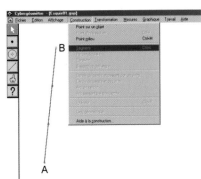

Le menu Mesures

Le menu **Mesures** renferme des commandes s'appliquant à l'objet sélectionné dans la zone d'esquisse. La saisie d'écran ci-contre fait voir les commandes de ce menu qui s'appliquent au segment de droite de l'exemple précédent. Les commandes offertes varient selon le type d'objet. Nous les expliquerons plus loin au besoin.

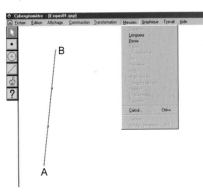

Les constructions et les mesures

La construction et la mesure d'un segment de droite

1. Clique sur l'outil **Point** à la gauche de l'écran. Une fois cet outil sélectionné, il suffit de cliquer n'importe où dans la zone d'esquisse pour y créer un point.

2. Crée deux points dans la zone d'esquisse.

3. Mets ces points en surbrillance. Pour ce faire, clique sur l'un d'eux, enfonce la touche MAJ, puis clique sur l'autre.

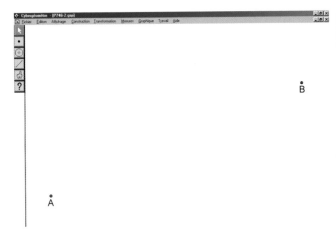

4. Sélectionne la commande **Segment** du menu **Construction**. Tu créeras ainsi un segment de droite reliant les deux points.

5. À l'aide de l'outil **Flèche de sélection**, clique sur le segment de droite. Deux petits carrés se superposeront au segment de droite pour t'indiquer qu'il est en surbrillance.

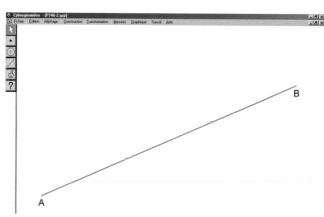

6. Choisis la commande **Longueur** du menu **Mesures**. La longueur du segment de droite s'affichera dans le coin supérieur gauche de la zone d'esquisse.

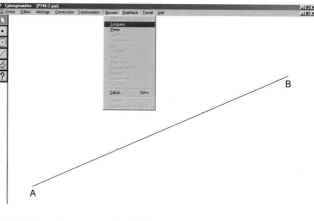

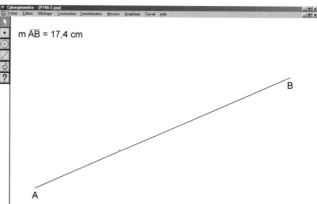

La construction d'un segment de droite à partir d'un autre

Au moment de construire une conique, il est souvent nécessaire de créer deux segments de droite dont la longueur totale demeure constante. Pour ce faire, on divise un segment de droite existant en deux segments plus courts.

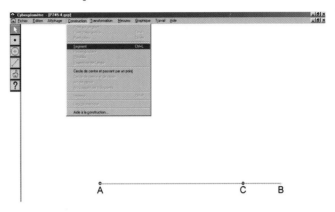

1. Construis un segment de droite AB.

2. Mets-le en surbrillance, puis choisis la commande **Point sur un objet** du menu **Construction**.

3. Mets en surbrillance l'extrémité A et le point nouvellement créé C.

4. Clique sur la commande **Segment** du menu **Construction**.

5. Reprends les étapes 3 et 4 pour l'extrémité B et le point C.

6. Fais glisser le point C le long du segment de droite AB. Tu remarqueras que la somme des longueurs $\overline{AC}$ et $\overline{BC}$ demeure toujours égale à la longueur du segment de droite AB.

La construction d'une droite

1. Clique sur l'icône de la **Règle** à la gauche de l'écran et maintiens le bouton gauche de la souris enfoncé. Une palette se déroulera vers la droite. Elle renferme trois outils : le premier est un segment de droite, le deuxième, une demi-droite et le troisième, une droite. Sélectionne ici la droite.

2. Clique sur l'outil **Point** et crée deux points quelque part dans la zone d'esquisse et sélectionne-les.

3. Clique sur la commande **Droite** du menu **Construction**. Une droite passant par les deux points s'affichera.

La construction du milieu d'un segment de droite

1. Construis un segment de droite AB.

2. Clique sur la commande **Point milieu** du menu **Construction**. Tu créeras ainsi un nouveau point C situé au milieu du segment de droite AB.

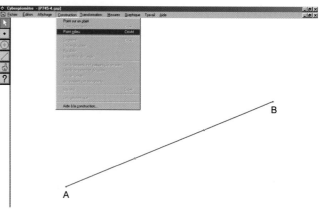

3. Construis deux autres segments de droite, du point A au point C et du point B au point C.

4. Détermine la longueur $\overline{AB}$, $\overline{AC}$ et $\overline{BC}$. Que remarques-tu dans le cas de $\overline{AC}$ et de $\overline{BC}$? Comment la longueur de ces deux segments de droite se compare-t-elle à celle de $\overline{AB}$?

5. Ces caractéristiques subsistent-elles lorsque tu modifies la position du point A?

La construction de la médiatrice d'un segment de droite

Une médiatrice est une droite qui coupe un segment de droite en son milieu et à un angle de 90°.

1. Construis un segment de droite AB.

2. Sélectionne la commande **Point milieu** du menu **Construction** afin de créer le milieu C du segment de droite.

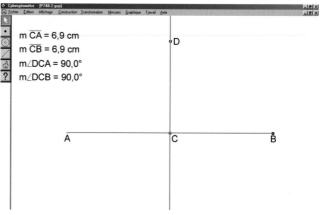

3. Clique sur le milieu puis sur le segment de droite pour les mettre en surbrillance.

4. Clique sur la commande **Perpendiculaire** du menu **Construction**.

5. La droite perpendiculaire étant en surbrillance, sélectionne la commande **Point sur un objet** du menu **Construction** afin de créer le point D.

6. Détermine la longueur $\overline{AC}$ et $\overline{BC}$ ainsi que la mesure de ∠DCA et de ∠DCB.

La construction d'un cercle de centre et de rayon donnés

Au moment de construire une conique, on fait souvent appel à une esquisse semblable à celle qui est présentée ci-contre. Le point D et le segment de droite AC sont ici en surbrillance. En cliquant sur la commande **Cercle de centre et de rayon** du menu **Construction**, on créera un cercle de centre D dont le rayon est égal à la longueur du segment de droite AC.

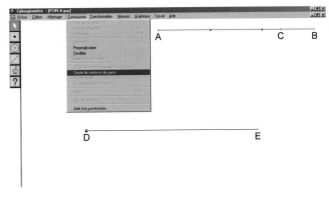

1. Construis ce cercle.

2. Fais glisser le point C le long du segment de droite AB.

3. Décris ce qui arrive au rayon du cercle.

ZAP-A-GRAPH

La définition d'une fonction

Dans *Zap-a-Graph*, on définit toute fonction à l'aide de menus.

- Ouvre le menu **Définir**.

- Sélectionne le type de fonction avec lequel tu souhaites travailler. On a ici choisi l'option **Parabole**.

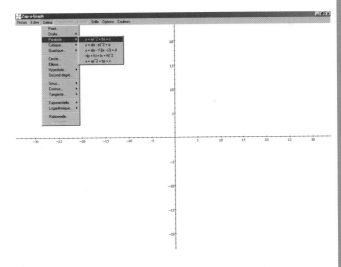

- Après avoir sélectionné une forme d'équation, tu verras apparaître une boîte de dialogue où l'on te demande d'inscrire les coefficients des termes de l'équation.

- Clique sur le bouton **Tracer**. Le graphique correspondant s'affichera et l'équation de la fonction sera indiquée au bas de l'écran.

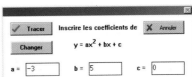

La définition de l'échelle

Chaque grande division de l'axe des x et de l'axe des y correspond par défaut à 5 unités. Voici comment modifier cette valeur.

• Clique sur la commande **Échelle** du menu **Grille**.

• Dans la boîte de dialogue, inscris la valeur à utiliser dans le cas de l'axe des x et celle à utiliser dans le cas de l'axe des y.

• Clique sur le bouton **OK**.

On peut voir ci-contre la commande à sélectionner et la boîte de dialogue permettant de définir l'échelle.

La détermination d'une valeur maximale ou minimale

Zap-a-Graph effectue l'analyse des fonctions. Dans le cas d'une fonction du second degré, on obtient les coordonnées du sommet de la parabole, de même que toute abscisse ou ordonnée à l'origine.

• Le graphique d'une fonction étant affiché, clique sur la commande **Analyser** du menu **Options**.

• Les coordonnées à l'origine et les coordonnées du sommet s'afficheront dans un encadré.

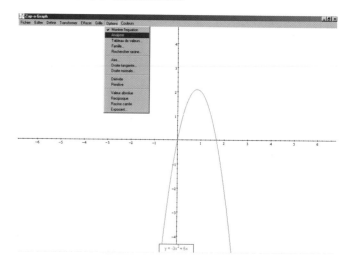

La transformation de fonctions

L'un des menus de *Zap-a-Graph* est consacré aux transformations. Voici comment procéder à une translation.

• Définis une fonction. Prenons celle dont l'équation est $y = -3x^2 + 5x$.

• Clique sur la commande **Translation** du menu **Transformer**.

• La boîte de dialogue qui s'affiche te permettra de définir une translation horizontale et une translation verticale.

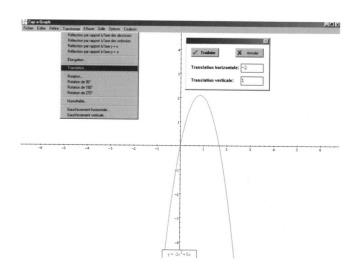

Voici comment procéder à une réflexion par rapport à l'axe des *x*.

• Définis la fonction dont l'équation est $y = -3x^2 + 5x$.

• Clique sur la commande **Réflection par rapport à l'axe des abscisses** du menu **Transformer**.

On peut voir ci-contre la commande à sélectionner et l'effet de cette réflexion.

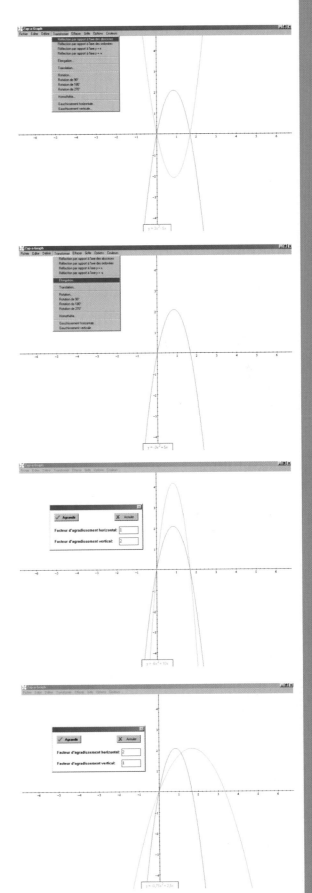

Voici comment procéder à un élongation verticale.

• Clique sur la commande **Élongation** du menu **Transformer**.

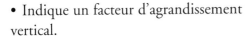

• Indique un facteur d'agrandissement vertical.

• Clique sur le bouton **Agrandir**.

On peut voir ci-contre la boîte de dialogue de la commande **Élongation** et l'image obtenue.

Voici comment procéder à un élongation horizontale.

• Clique sur la commande **Élongation** du menu **Transformer**.

• Indique un facteur d'agrandissement horizontal.

• Clique sur le bouton **Agrandir**.

On peut voir ci-contre la boîte de dialogue de la commande **Élongation** et l'image obtenue.

La combinaison de transformations

Il est possible de combiner des transformations en les effectuant une à une dans l'ordre approprié. Soit la courbe représentative de la fonction du second degré définie par $y = x^2$. Transforme-la pour obtenir celle de $y = 3(x + 2)^2 - 2$. Le graphique initial figure ici en bleu. Il subit trois transformations : une élongation verticale de rapport 3 (courbe en rouge), une translation de 2 unités vers la gauche (courbe en violet), puis une translation de 3 unités vers le bas (courbe en vert).

- Clique sur l'option **Parabole** du menu **Définir** et sélectionne l'équation de la forme $y = ax^2 + bx + c$.

- Conserve les valeurs implicites, soit $a = 1$, $b = 0$ et $c = 0$.

- Clique sur le bouton **Tracer**.

- Sélectionne la commande **Élongation** du menu **Transformer**.

- Inscris le facteur d'agrandissement vertical 3.

- Clique sur le bouton **Agrandir**.

- Sélectionne la commande **Translation** du menu **Transformer**.

- Définis une translation horizontale de −2.

- Clique sur le bouton **Traduire**.

- Sélectionne la commande **Translation** du menu **Transformer**.

- Définis une translation verticale de −2.

- Clique sur le bouton **Traduire**.

Note : *Zap-a-Graph* offre un autre moyen de générer la courbe représentative de $y = 3(x + 2)^2 - 2$. Sélectionne l'équation de la forme $y = a(x - p)^2 + q$ et inscris les coefficients $a = 3$, $p = -2$ et $q = -2$.

La réciproque d'une fonction

Une réflexion par rapport à la droite d'équation $y = x$ permet d'obtenir le graphique de la réciproque d'une fonction.

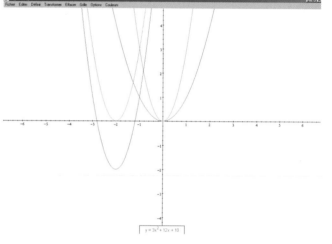

Voici comment procéder dans le cas d'une fonction du second degré.

- Définis une fonction du second degré comme celle dont l'équation est $y = -3x^2 + 5x$ et représente-la graphiquement.

- Sélectionne la commande **Réflexion par rapport à l'axe** $y = x$ du menu **Transformer**.

• Clique sur le bouton **Réfléchir**.

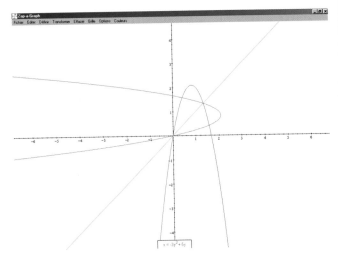

La construction d'une ellipse ou d'une hyperbole

Le menu **Définir** de *Zap-a-Graph* permet la création de coniques.

Voici comment construire une ellipse.

• Clique sur l'option **Ellipse** du menu **Définir**.

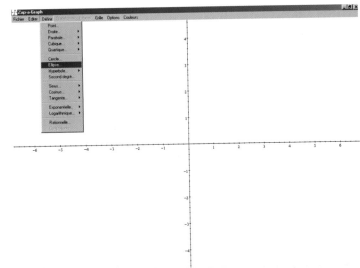

• Attribue la valeur 4 à *a* et la valeur 2 à *b*. Inscris la valeur de *h* et celle de *k* si l'ellipse n'est pas centrée à l'origine.

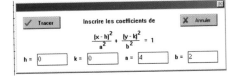

• Clique sur le bouton **Tracer**.

• Attribue différentes valeurs à *a* et à *b* afin de voir comment réagit le graphique. Tu devras peut-être modifier l'échelle des axes.

• Attribue différentes valeurs à *h* et à *k* pour faire déplacer le graphique.

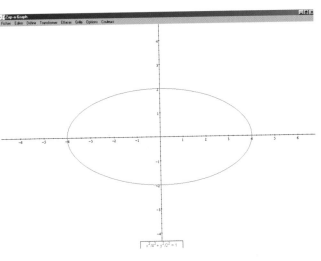

Voici comment construire une hyperbole.

• Clique sur l'option **Hyperbole** du menu **Définir** et sélectionne l'équation de la forme appropriée. On a choisi ci-contre l'équation d'une hyperbole dont l'axe transversal se situe sur l'axe des *x*.

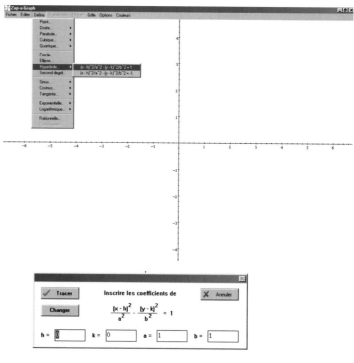

• Indique la valeur de *h* et de *k* seulement si l'hyperbole n'est pas centrée à l'origine.

• Clique sur le bouton **Tracer**.

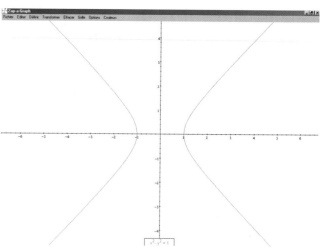

• Attribue différentes valeurs à *a* et à *b* afin de voir comment réagit le graphique. Tu devras peut-être modifier l'échelle des axes.

• Attribue différentes valeurs à *h* et à *k* pour faire déplacer le graphique.

• Clique sur l'option **Hyperbole** du menu **Définir** et sélectionne l'équation d'une hyperbole dont l'axe transversal se situe sur l'axe des *y*. Attribue différentes valeurs à *h*, à *k*, à *a* et à *b* pour créer des hyperboles plus larges ou plus étroites et faire varier leur position.

La représentation graphique de fonctions trigonométriques

On peut générer le graphique d'une fonction trigonométrique et le transformer en procédant comme dans le cas d'une fonction polynomiale. Il est également possible de modifier l'échelle pour qu'elle soit graduée en fractions de π.

Voici comment adopter une échelle graduée en fractions de π.

• Clique sur la commande **Échelle** du menu **Grille**.

• Dans le cas de l'échelle des x, inscris la lettre p. Le symbole π s'affichera. Saisis la valeur $\pi/2$.

• Dans le cas de l'échelle des y, inscris la valeur 1.

• Clique sur le bouton OK.

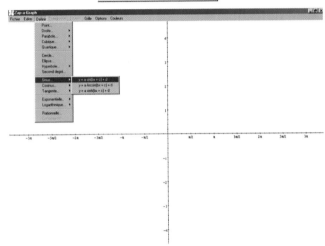

Voici comment définir une fonction sinus.

• Clique sur l'option **Sinus** du menu **Définir** et sélectionne la première équation.

• Clique sur le bouton **Tracer**.

La transformation de courbes trigonométriques

Voici comment faire subir une translation horizontale à une courbe sinusoïdale.

• Sélectionne la commande **Translation** du menu **Transformer**.

• Définis une translation horizontale de $\pi/2$.

• Clique sur le bouton **Traduire**.

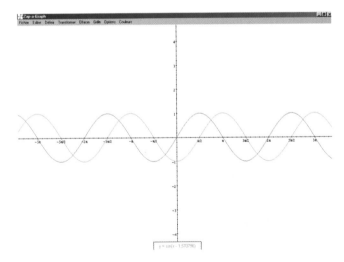

Voici comment faire subir une élongation verticale à une courbe sinusoïdale.

- Sélectionne la commande **Élongation** du menu **Transformer**.
- Inscris le facteur d'agrandissement vertical 3.
- Clique sur le bouton **Agrandir**.

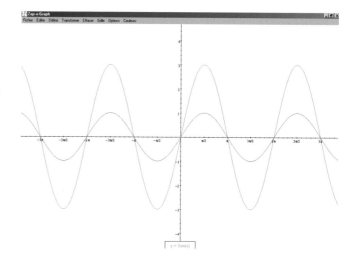

Voici comment faire subir une élongation horizontale à une courbe sinusoïdale.

- Sélectionne la commande **Élongation** du menu **Transformer**.
- Inscris le facteur d'agrandissement horizontal 1/2.
- Clique sur le bouton **Agrandir**.

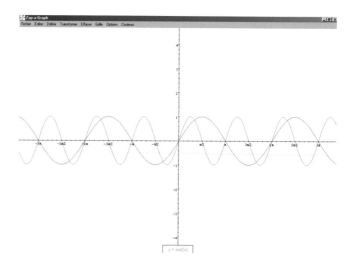

Voici comment faire subir une translation verticale à une courbe sinusoïdale.

- Sélectionne la commande **Translation** du menu **Transformer**.
- Définis une translation verticale de 2.
- Clique sur le bouton **Traduire**.

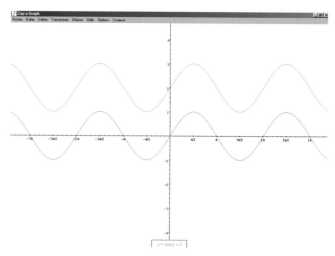

La combinaison de transformations de courbes trigonométriques

Soit la courbe représentative de la fonction définie par $f(x) = \sin x$.

Transforme-la pour obtenir celle de $y = 2\sin\left(x - \dfrac{\pi}{2}\right) + 1$. Le graphique

initial figure ici en bleu. Il subit trois transformations : une élongation

verticale de rapport 2 (courbe en rouge), une translation de $\dfrac{\pi}{2}$ unité vers

la droite (courbe en violet), puis une translation de 1 unité vers

le haut (courbe en vert).

• Clique sur l'option **Sinus** du menu **Définir** et sélectionne la première équation.

• Conserve les valeurs implicites, soit $a = 1$, $b = 1$, $c = 0$ et $d = 0$.

• Clique sur le bouton **Tracer**.

• Sélectionne la commande **Élongation** du menu **Transformer**.

• Inscris le facteur d'agrandissement vertical 2.

• Clique sur le bouton **Agrandir**.

• Sélectionne la commande **Translation** du menu **Transformer**.

• Définis une translation horizontale de $\pi/2$.

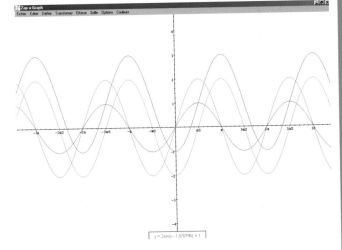

• Clique sur le bouton **Traduire**.

• Sélectionne la commande **Translation** du menu **Transformer**.

• Définis une translation verticale de 1.

• Clique sur le bouton **Traduire**.

Chaque transformation vient modifier l'équation affichée au bas de l'écran.

Note : *Zap-a-Graph* permet de générer directement la courbe représentative

de $y = 2\sin\left(x - \dfrac{\pi}{2}\right) + 1$. Il suffit d'inscrire les coefficients $a = 2$, $b = 1$,

$c = -\pi/2$ et $d = 1$.

LE TABLEUR EXCEL DE MICROSOFT

Les marches à suivre décrites ici s'appliquent à Excel 97. La façon de procéder peut différer légèrement dans le cas des autres versions.

L'écran de ce tableur présente notamment une barre de menus, des barres d'outils, une zone Nom, une barre de formule, des cellules disposées en rangées et en colonnes et des barres de défilement.

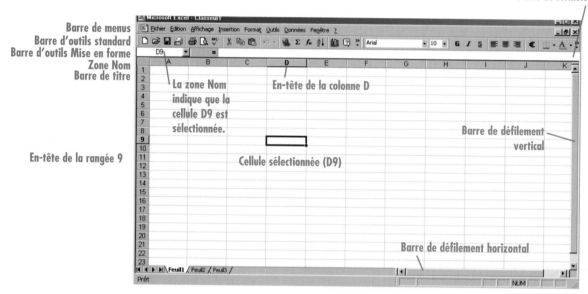

Pour passer d'une cellule à une autre :

• clique sur la seconde cellule.

Pour afficher un menu :

• clique sur son intitulé dans la **barre de menus**.

Pour effectuer des tâches courantes telles que sauvegarder un document, l'imprimer ou en vérifier l'orthographe :

• clique sur le bouton approprié de la **barre d'outils standard**.

Pour réaliser des opérations de mise en forme telles que sélectionner une police de caractères, en modifier la taille et la couleur ou associer une couleur de remplissage à une cellule :

• clique sur le bouton approprié de la **barre d'outils Mise en forme**.

Pour afficher ou masquer la barre de formule ou la barre d'état :

• ouvre le menu **Affichage** ;

• active ou désactive la case à cocher de la barre appropriée.

Pour afficher ou masquer une barre d'outils :

• sélectionne l'option **Barres d'outils** du menu **Affichage** ;

• active ou désactive la case à cocher de la barre d'outils appropriée.

L'obtention d'aide

Pour obtenir de l'aide :

- sélectionne l'un des éléments du menu **?** (Aide) ;

- suis les instructions fournies.

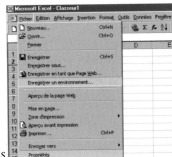

L'ouverture, la sauvegarde et la fermeture de classeurs

En sauvegardant fréquemment tout document,
tu éviteras de perdre le fruit de ton travail.

Pour ouvrir un document vierge :

- sélectionne l'option **Nouveau** du menu **Fichier**.

Pour sauvegarder un classeur :

- sélectionne l'option **Enregistrer** du menu **Fichier** ;

- indique le nom du document et l'endroit où le sauvegarder, puis
clique sur le bouton **Enregistrer**.

Pour fermer un classeur :

- sélectionne l'option **Fermer** du menu **Fichier**.

La sélection de cellules

On peut sélectionner une seule cellule, un groupe de cellules ou toutes les cellules d'une
rangée ou d'une colonne.

Pour sélectionner une cellule :

- clique dessus (son nom s'affichera dans la **zone Nom**).

Pour sélectionner des cellules contiguës :

- clique sur la première cellule et fais glisser le pointeur jusqu'à la dernière sans relâcher le
bouton de la souris ; ou

- clique sur la première cellule, enfonce la touche **MAJ** et clique sur la dernière.

Pour sélectionner des cellules non contiguës :

- enfonce la touche
CTRL et clique sur
les cellules à
sélectionner avant
de la relâcher.

Pour sélectionner
toutes les cellules
d'une rangée ou
d'une colonne :

- clique sur l'en-tête
de la rangée ou de
la colonne.

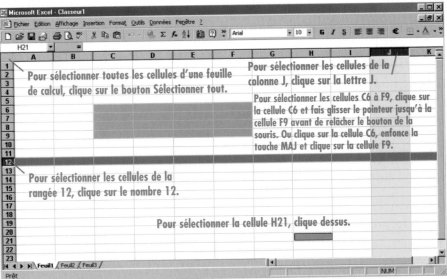

L'utilisation de formules

On peut incorporer des formules à une feuille pour réaliser divers calculs.

Voici comment saisir une formule comprenant une ou plusieurs opérateurs.

+ signe plus pour l'addition
− signe moins pour la soustraction
− signe négatif pour les valeurs négatives
* astérisque pour la multiplication
/ barre oblique pour la division
^ signe d'omission pour l'élévation à une puissance
% signe de pourcentage

• Sélectionne la cellule où le résultat doit s'afficher.

• Dans la **barre de formule**, tape le signe d'égalité (=), suivi de la formule comprenant les opérateurs. Sers-toi de parenthèses pour définir l'ordre des opérations. La formule **=6^3**, par exemple, détermine la valeur de 6^3 et la formule **=6^3+4-3**, celle de $6^3 + 4 - 3$.

• Clique sur le bouton ✔, appuie sur la touche **ENTRÉE** ou passe à une autre cellule.

• Si tu veux annuler la saisie d'une formule, clique sur le bouton ✘ de la **barre de formule**.

Voici comment saisir une formule qui copie dans une cellule la valeur inscrite dans une autre.

• Sélectionne la cellule où le résultat doit s'afficher.

• Saisis la formule. Si tu sélectionnes, par exemple, la cellule D3 et que tu saisis la formule **=A2**, la valeur de la cellule A2 sera copiée dans la cellule D3.

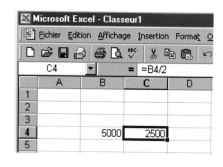

• Clique sur le bouton ✔, appuie sur la touche **ENTRÉE** ou passe à une autre cellule. Toute modification apportée à la valeur de la cellule A2 touchera aussi celle de la cellule D3.

Voici comment effectuer une opération faisant référence à une cellule.

• Sélectionne la cellule où le résultat doit s'afficher.

• Saisis une formule contenant l'adresse d'une cellule. Si tu sélectionnes, par exemple, la cellule C4 et que tu saisisses la formule **=B4/2**, la cellule C4 affichera la valeur de la cellule B4 divisée par 2.

• Clique sur le bouton ✔, appuie sur la touche **ENTRÉE** ou passe à une autre cellule. Si tu modifies la valeur de la cellule B4, la cellule C4 affichera désormais cette nouvelle valeur divisée par 2.

Voici comment modifier la formule inscrite dans une cellule.

• Sélectionne cette cellule, puis modifie l'expression affichée dans la **barre de formule**.

• Clique sur le bouton ✔ de la **barre de formule**, appuie sur la touche **ENTRÉE** ou passe à une autre cellule.

Voici comment effacer la formule inscrite dans une cellule.

• Sélectionne cette cellule, puis choisis la commande **Effacer** du menu **Édition**.

• Tu peux aussi sélectionner la cellule et appuyer sur la touche **SUPPR**.

La saisie de fonctions

On peut recourir à des fonctions, comme la **fonction SOMME**, pour effectuer certains calculs.

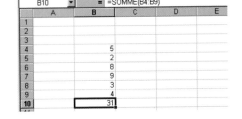

Voici comment additionner les valeurs inscrites dans une plage de cellules, à l'aide de la **fonction =SOMME(**.

• Sélectionne la cellule où le total doit s'afficher.

• Saisis le nom de la fonction (SOMME), suivi de l'adresse de la première cellule de la plage et de celle de la dernière, séparées par un deux-points. L'expression **=SOMME(B4 :B9)**, par exemple, fournit le total des valeurs contenues dans les cellules B4 à B9. Elle correspond à la formule **=B4+B5+B6+B7+B8+B9**.

Voici comment additionner les valeurs inscrites dans une plage de cellules, à l'aide du bouton **Somme automatique**.

• Sélectionne la cellule où le total doit s'afficher.

• Clique sur le bouton Σ de la **barre d'outils standard**.

• Si la **barre de formule** affiche l'expression **=SOMME(**, inscris-y l'adresse de la première cellule de la plage et celle de la dernière, séparées par un deux-points.

• Si l'expression affichée contient déjà des valeurs et qu'elles ne correspondent pas à la plage qui t'intéresse, modifie-la. L'expression **=SOMME(A4 :G4)**, par exemple, fournit le total des valeurs inscrites dans les cellules A4 à G4.

Voici comment effectuer une opération faisant appel à une fonction.

• Sélectionne la cellule où le résultat doit s'afficher.

• Saisis une formule renfermant la fonction SOMME. La formule **=5*SOMME(A4 :G4)**, par exemple, multiplie par 5 la somme des valeurs inscrites dans les cellules A4 à G4.

	H4		=	=5*SOMME(A4:G4)				
	A	B	C	D	E	F	G	H	I
1									
2									
3									
4	1000	5000	920	100	6	4000	2000	65130	
5									

La copie du contenu d'une cellule

Voici comment copier le contenu d'une cellule dans les cellules situées à sa droite ou en dessous d'elle.

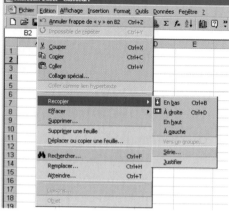

• Sélectionne la cellule dont tu veux copier le contenu, puis, tout en maintenant le bouton de la souris enfoncé, fais glisser le pointeur jusqu'à la dernière cellule de la plage où tu veux le recopier. Choisis ensuite la commande **Recopier** du menu **Édition**.

• Choisis l'option **En bas** ou **À droite**, selon que tu veux recopier le contenu de la cellule dans les cellules situées en dessous d'elle ou à sa droite. La formule copiée s'adaptera à son nouvel emplacement. Ainsi, lorsque l'on copie la formule =D2–C2 de la cellule E2 à la cellule E3, elle se transforme en =D3–C3.

Voici comment déplacer le contenu d'une cellule.

• Sélectionne la cellule dont tu souhaites déplacer le contenu, puis choisis la commande **Couper** du menu **Édition**.

• Sélectionne une cellule de destination.

• Clique sur la commande **Coller** du menu **Édition**.

Voici comment copier le contenu d'une cellule dans une autre.

• Sélectionne la cellule dont tu souhaites copier le contenu, puis choisis la commande **Copier** du menu **Édition**.

• Sélectionne une cellule de destination.

• Clique sur la commande **Coller** du menu **Édition**.

Voici comment saisir une formule qui demeure inchangée si on la déplace ou on la copie.

• Tape la formule en insérant le signe $ entre la lettre désignant une colonne et le nombre désignant une rangée. Lorsqu'on la copie de la cellule D8 à la cellule D9, la formule =A$4 demeure inchangée. Ainsi, lorsqu'on la copie de la cellule C8 à la cellule C9, la formule =B8*A$4 se transforme en =B9*A$4.

Lorsque l'on utilise un tableur, plusieurs opérations peuvent être effectuées de différentes façons.

Voici comment vérifier la formule inscrite dans une cellule.

• Sélectionne la cellule. La formule s'affiche alors dans la **barre de formule**.

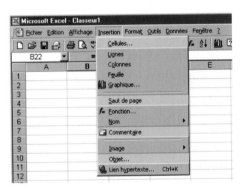

La mise en forme du texte et des nombres

La **barre d'outils Mise en forme** et le menu **Format** offrent de nombreuses possibilités pour la mise en forme du texte et des nombres.

Voici comment aligner des nombres.

• Sélectionne les cellules où ils se trouvent.

• Clique sur le bouton approprié de la **barre d'outils Mise en forme** pour aligner les nombres à gauche, les centrer ou les aligner à droite.

Voici comment modifier la largeur d'une colonne.

• Fais glisser la barre de séparation à droite de l'en-tête de la colonne.

Voici comment ajouter des cellules.

• Sélectionne une cellule.

• Choisis l'option **Cellules** du menu **Insertion**, puis clique sur l'option appropriée.

• Clique sur le bouton **OK.**

Voici comment supprimer des cellules.

• Sélectionne une cellule.

• Choisis la commande **Supprimer** du menu **Édition**, puis clique sur l'option appropriée.

• Clique sur le bouton **OK.**

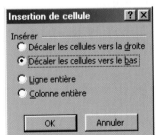

Voici comment choisir le mode d'affichage de nombres.

• Sélectionne les cellules renfermant ces nombres.

• Choisis l'option **Cellules** du menu **Format**.

• Clique sur l'onglet **Nombre**.

• Sous **Catégorie**, clique sur l'option **Nombre**.

• Choisis le nombre de décimales à afficher. Assure-toi que l'option « Utilisez le séparateur de milliers » n'est pas cochée.

• Clique sur le bouton **OK**.

Voici comment personnaliser le mode d'affichage de nombres.

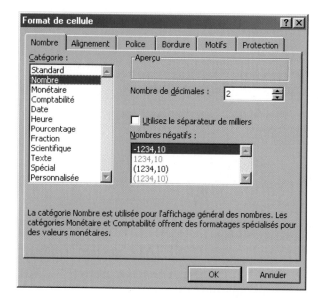

Cette forme ne comprend qu'une seule espace, soit entre les centaines et les milliers. Les centaines de milliers et les millions, par exemple, ne seront pas séparés par une espace.

• Sélectionne les cellules renfermant ces nombres.

• Choisis l'option **Cellules** du menu **Format**.

• Clique sur l'onglet **Nombre**.

• Sous **Catégorie**, clique sur l'option **Personnalisée**.

• Choisis un mode d'affichage. Remplace la virgule par une espace.

• Clique sur le bouton **OK**.

L'impression et la copie d'un tableur

Voici comment préparer l'impression ou la copie d'un tableur.

• Choisis la commande **Mise en page** du menu **Fichier**.

• Clique sur l'onglet **Page**, puis sur l'option **Portrait** ou **Paysage**.

• Clique sur le bouton **OK**.

Voici comment imprimer une partie d'un tableur.

• Sélectionne la partie de la feuille que tu souhaites imprimer.

• Choisis la commande **Imprimer** du menu **Fichier**.

• Clique sur le bouton **OK**.

Voici comment copier un tableur dans un autre document.

• Choisis la commande **Copier** du menu **Édition**.

• Passe au document dans lequel tu souhaites copier le tableur et colle-le à l'endroit voulu.

Voici comment copier une partie d'un tableur dans un autre document.

• Sélectionne la partie à copier et procède de la manière indiquée plus haut.

Le tableur Quattro Pro de Corel

Les marches à suivre décrites ici s'appliquent à Quattro Pro 8. La façon de procéder peut différer légèrement dans le cas des autres versions.

L'écran de ce tableur présente notamment une barre de menus, des barres d'outils, une zone Nom, une barre de formule, des cellules disposées en rangées et en colonnes et des barres de défilement.

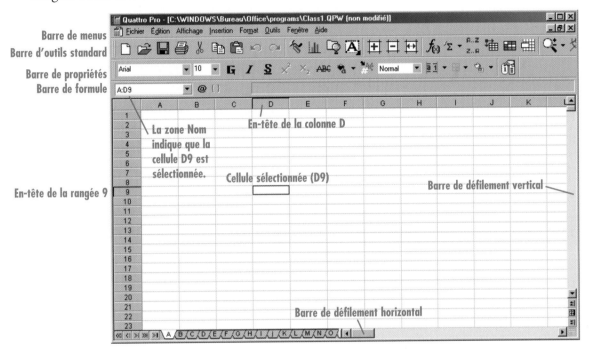

Pour passer d'une cellule à une autre :

• clique sur la seconde cellule.

Pour afficher un menu :

• clique sur son intitulé dans la **barre de menus**.

Pour effectuer des tâches courantes telles que sauvegarder un document, l'imprimer ou en vérifier l'orthographe :

• clique sur le bouton approprié de la **barre d'outils standard**.

Pour réaliser des opérations de mise en forme telles que sélectionner une police de caractères, en modifier la taille et la couleur ou associer une couleur de remplissage à une cellule :

• clique sur le bouton approprié de la barre d'outils appelée **barre de propriétés**.

Pour afficher ou masquer une barre d'outils :

• sélectionne l'option **Barres d'outils** du menu **Affichage** ;

• clique sur la case à cocher de la barre d'outils appropriée.

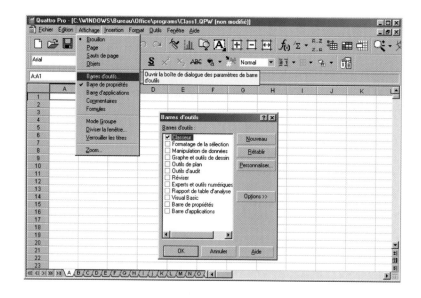

L'obtention d'aide

Pour obtenir de l'aide :

• sélectionne l'un des éléments du menu **Aide** ;

• suis les instructions fournies.

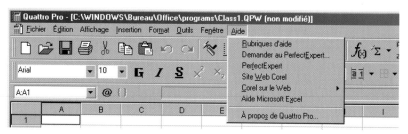

L'ouverture, la sauvegarde et la fermeture de classeurs

En sauvegardant fréquemment tout document, tu éviteras de perdre le fruit de ton travail.

Pour ouvrir un document vierge :

• sélectionne l'option **Nouveau** du menu **Fichier**.

Pour sauvegarder un classeur :

• sélectionne l'option **Enregistrer** du menu **Fichier** ;

• indique le nom du document et l'endroit où le sauvegarder, puis clique sur le bouton **Enregistrer**.

Pour fermer un classeur :

• sélectionne l'option **Fermer** du menu **Fichier**.

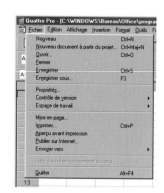

La sélection de cellules

On peut sélectionner une seule cellule, un groupe de cellules ou toutes les cellules d'une rangée ou d'une colonne.

Pour sélectionner une cellule :

• clique dessus (son nom s'affichera dans la **zone Nom**).

Pour sélectionner des cellules contiguës :

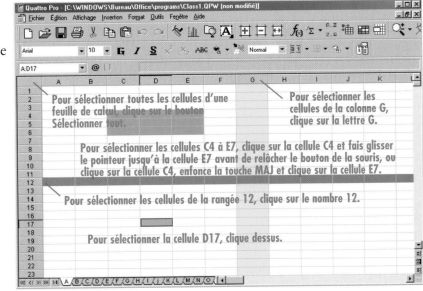

• clique sur la première cellule et fais glisser le pointeur jusqu'à la dernière sans relâcher le bouton de la souris ; ou

• clique sur la première cellule, enfonce la touche **MAJ** et clique sur la dernière.

Pour sélectionner des cellules non contiguës :

• enfonce la touche **CTRL** et clique sur les cellules à sélectionner avant de la relâcher.

Pour sélectionner toutes les cellules d'une rangée ou d'une colonne :

• clique sur l'en-tête de la rangée ou de la colonne.

La saisie de formules

On peut incorporer des formules à une feuille pour réaliser divers calculs.

Voici comment saisir une formule comprenant un ou plusieurs opérateurs.

• Sélectionne la cellule où le résultat doit s'afficher.

• Tape le signe +, suivi de la formule comprenant les opérateurs. L'expression s'affichera dans la cellule et dans la **barre de formule** à mesure que tu la saisis.

+	signe plus pour l'addition
–	signe moins pour la soustraction
–	signe négatif pour les valeurs négatives
*	astérisque pour la multiplication
/	barre oblique pour la division
^	signe d'omission pour l'élévation à une puissance
%	signe de pour cent dans le cas des pourcentages

Sers-toi de parenthèses pour définir l'ordre des opérations. La formule **+6^3**, par exemple, détermine la valeur de 6^3 et la formule **+6^3+4−3**, celle de $6^3 + 4 − 3$.

• Appuie sur la touche **ENTRÉE** ou passe à une autre cellule.

• Si tu veux annuler la saisie d'une formule, appuie sur la touche **SUPPR**.

Voici comment saisir une formule qui copie dans une cellule la valeur inscrite dans une autre.

A:D3	▼	@ {}		+A2	
	A	B	C	D	E
1	850				
2	740				
3	2100			740	
4					

• Sélectionne la cellule où le résultat doit s'afficher.

• Saisis la formule. Si tu sélectionnes, par exemple, la cellule D3 et que tu saisisses la formule **+A2**, la valeur de la cellule A2 sera copiée dans la cellule D3.

• Appuie sur la touche **ENTRÉE** ou passe à une autre cellule. Toute modification apportée à la valeur de la cellule A2 touchera aussi celle de la cellule D3.

Voici comment effectuer une opération faisant référence à une cellule.

• Sélectionne la cellule où le résultat doit s'afficher.

• Saisis une formule contenant l'adresse d'une cellule. Si tu sélectionnes, par exemple, la cellule C4 et que tu saisis la formule **+B4/2**, la cellule C4 affichera la valeur de la cellule B4 divisée par 2.

• Appuie sur la touche **ENTRÉE** ou passe à une autre cellule. Si tu modifies la valeur de la cellule B4, la cellule C4 affichera désormais cette nouvelle valeur divisée par 2.

Voici comment modifier la formule inscrite dans une cellule.

• Sélectionne cette cellule, puis modifie l'expression affichée dans la **barre de formule**.

• Appuie sur la touche **ENTRÉE** ou passe à une autre cellule.

Voici comment effacer la formule inscrite dans une cellule.

• Sélectionne cette cellule, puis choisis la commande **Effacer** du menu **Édition**.

• Tu peux aussi sélectionner la cellule et appuyer sur la touche **SUPPR**.

La saisie de fonctions

On peut recourir à des fonctions, comme la **fonction SOMME**, pour effectuer certains calculs.

Voici comment additionner les valeurs inscrites dans une plage de cellules, à l'aide de la **fonction @SOMME(**.

• Sélectionne la cellule où le total doit s'afficher.

• Saisis le nom de la fonction (SOMME), suivi de l'adresse de la première cellule de la plage et de celle de la dernière, séparées par deux points. L'expression **@SOMME(B4..B9)**, par exemple, fournit le total des valeurs contenues dans les cellules B4 à B9. Elle correspond à la formule **+B4+B5+B6+B7+B8+B9**.

A:B10	▼	@ {}		@SOMME(B4..B9)	
	A	B	C	D	E
1					
2					
3					
4		5			
5		2			
6		8			
7		9			
8		3			
9		4			
10		31			
11					

Voici comment additionner les valeurs inscrites dans une plage de cellules, à l'aide du bouton **Somme rapide**.

• Sélectionne la cellule où le total doit s'afficher.

• Clique sur le bouton Σ de la **barre d'outils standard**.

• Si la **barre de formule** affiche l'expression @SOMME(, inscris-y l'adresse de la première cellule de la plage et celle de la dernière, séparées par deux points.

A:H4		@ { }		+5*@SOMME(A4..G4)				
	A	B	C	D	E	F	G	H	I
1									
2									
3									
4	1000	5000	920	100	6	4000	2000	65130	
5									

Lorsque l'on utilise un tableur, plusieurs opérations peuvent être effectuées de différentes façons.

• Si l'expression affichée contient déjà des valeurs qui ne correspondent pas à la plage qui t'intéresse, modifie-la. L'expression **@SOMME(A4..G4)**, par exemple, fournit le total des valeurs inscrites dans les cellules A4 à G4.

Voici comment effectuer une opération faisant appel à une fonction.

• Sélectionne la cellule où le résultat doit s'afficher.

• Saisis une formule renfermant la fonction SOMME. La formule **+5*@SOMME(A4..G4)**, par exemple, multiplie par 5 la somme des valeurs inscrites dans les cellules A4 à G4.

La copie du contenu d'une ou de plusieurs cellules

Le tableur Quattro® Pro de Corel® permet d'effectuer ce type d'opération à l'aide des commandes **Copier** et **Coller** ou de la commande **Copier des cellules** du menu **Édition**.

Voici comment copier le contenu d'une ou de plusieurs cellules.

• Sélectionne la ou les cellules dont tu veux copier le contenu.

• Choisis la commande **Copier** du menu **Édition**.

• Clique sur la première cellule de la plage où tu souhaites copier les données, puis fais glisser le pointeur jusqu'à la dernière sans relâcher le bouton de la souris.

• Choisis la commande **Coller** du menu **Édition**.

Voici comment utiliser la commande **Copier des cellules**.

• Sélectionne la ou les cellules dont tu veux copier le contenu.

• Choisis la commande **Copier des cellules** du menu **Édition**.

• Une boîte de dialogue s'affichera. Clique sur la flèche à droite de la zone **Vers :**.

• Clique sur la première cellule de la plage où tu souhaites copier les données, puis fais glisser le pointeur jusqu'à la dernière sans relâcher le bouton de la souris.

• Appuie sur la touche **ENTRÉE** pour confirmer cette plage, puis clique sur le bouton **OK**.

Voici comment déplacer le contenu d'une cellule.

• Sélectionne la cellule dont tu souhaites déplacer le contenu, puis choisis la commande **Couper** du menu **Édition**.

• Sélectionne une cellule de destination, puis choisis la commande **Coller** du menu **Édition**.

Voici comment copier le contenu d'une cellule dans une autre.

• Sélectionne la cellule dont tu souhaites copier le contenu, puis choisis la commande **Copier** du menu **Édition**.

• Sélectionne une cellule de destination, puis choisis la commande **Coller** du menu **Édition**.

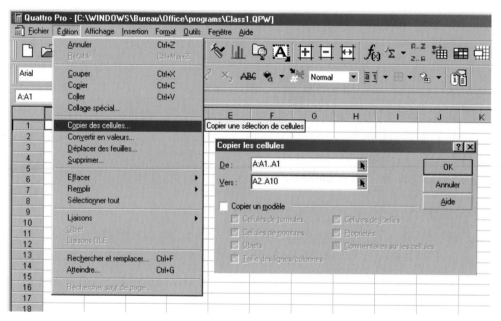

La formule copiée ou déplacée s'adaptera à son nouvel emplacement. Ainsi, lorsque l'on copie la formule **+D2–C2** de la cellule E2 à la cellule E3, elle se transforme en **+D3–C3**.

Voici comment saisir une formule qui demeure inchangée si on la déplace ou on la copie.

• Tape la formule en insérant le signe $ entre la lettre désignant une colonne et le nombre désignant une rangée. Lorsqu'on la copie de la cellule D8 à la cellule D9, la formule **+A$4** demeure inchangée. Ainsi, lorsqu'on la copie de la cellule C8 à la cellule C9, la formule **+B8*A$4** se transforme en **+B9*A$4**.

Voici comment vérifier la formule inscrite dans une cellule.

• Sélectionne la cellule. La formule s'affiche alors dans la **barre de formule**.

La mise en forme du texte et des nombres

La **barre de propriétés** et le menu **Format** offrent de nombreuses possibilités pour la mise en forme du texte et des nombres.

Voici comment aligner des nombres.

• Sélectionne les cellules où ils se trouvent.

• Clique sur le bouton approprié de la **barre de propriétés** pour aligner les nombres à gauche, les centrer ou les aligner à droite.

Voici comment modifier la largeur d'une colonne.

• Fais glisser la barre de séparation à droite de l'en-tête de la colonne.

Voici comment ajouter des cellules.

- Sélectionne une cellule.
- Choisis l'option **Cellules** du menu **Insertion**.
- Clique sur le bouton **OK**.

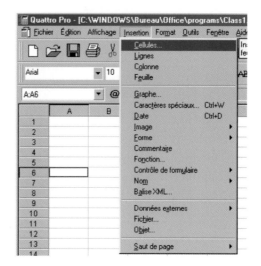

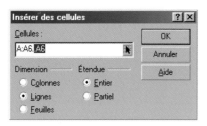

Voici comment supprimer des cellules.

- Sélectionne une cellule.
- Choisis la commande **Supprimer** du menu **Édition**. Coche les options appropriées.
- Clique sur le bouton **OK**.

Voici comment choisir le mode d'affichage de nombres.

- Sélectionne les cellules renfermant ces nombres.
- Choisis l'option **Sélectionner** du menu **Format**.
- Clique sur l'onglet **Format numérique**.
- Clique sur le bouton **Nombre**.
- Choisis le nombre de décimales à afficher.
- Clique sur le bouton **OK**.

L'impression et la copie d'un tableur

Voici comment préparer l'impression ou la copie d'un tableur.

• Choisis la commande **Mise en page** du menu **Fichier**.

• Clique sur l'onglet **Type de papier**, puis sur l'option **Portrait** ou **Paysage**.

• Clique sur le bouton **OK**.

Voici comment imprimer une partie d'un tableur.

• Sélectionne la partie du tableur que tu souhaites imprimer.

• Choisis la commande **Imprimer** du menu **Fichier**.

• Clique sur le bouton **OK**.

Voici comment copier un tableur dans un autre document.

• Choisis la commande **Copier** du menu **Édition**.

• Passe au document dans lequel tu souhaites copier le tableur et colle-le à l'endroit voulu.

Voici comment copier une partie du tableur dans un autre document.

• Sélectionne la partie à copier et procède de la manière indiquée plus haut.

RÉPONSES

Chapitre 1

Point de départ, p. 2

1. a) $250 \leq f \leq 21\,000$ **b)** $760 \leq f \leq 1520$ **2. a)** Oui
b) Non **3. a)** Non **b)** Oui **4.** La sauterelle
5. a) $1000 \leq f \leq 20\,000$ **b)** $\dfrac{1}{11}$ **6. a)** La soprano **b)** Sans doute pas

Révision des habiletés, p. 3

1. a) $24t - 30$ **b)** $-4w - 13$ **c)** $-4m + 32$ **d)** $10y - 26$
e) $6x^2 + 4x + 26$ **f)** $-x - 18y$ **g)** $-7x^2 + 4xy + 11y^2$ **2. a)** -3
b) 3 **c)** 5 **d)** 2 **e)** 5 **f)** -4 **g)** 3 **3. a)** $-\dfrac{3}{2}$ **b)** 19 **c)** $\dfrac{9}{4}$ **d)** -8 **e)** 5
f) 7 **g)** $10,5$ **h)** $9,25$ **i)** -27 **j)** 7 **4. a)** $7t^2(1 - 2t)$
b) $12x^5(3x^2 + 2)$ **c)** $2x(2y - z + 5)$ **d)** $4x(2x^2 - 4x + 1)$
e) $3xy(3x + 2 - y)$ **f)** $5a(2ab + b - 3)$ **5. a)** $(x+3)(x+4)$
b) $(y-4)(y+2)$ **c)** $(d+5)(d-2)$ **d)** $(x-3)(x-5)$
e) $(w-9)(w+9)$ **f)** $t(t-4)$ **g)** $(y-5)^2$ **h)** $(x-8)(x+5)$
6. a) $(x+3)(2x+1)$ **b)** $(x-1)(2x-1)$ **c)** $(t-5)(3t+4)$
d) $(y-1)(2y-5)$ **e)** $(2x+1)(3x-1)$ **f)** $(2x+3)^2$
g) $(3a-4)(3a+4)$ **h)** $(2s-3)(3s+1)$ **i)** $(u+2)(2u+3)$
j) $(3x-1)^2$ **k)** $(x+4)(3x-5)$ **l)** $2v(2v+5)$ **7. a)** $2, -1$
b) $3, -3$ **c)** $7, 0$ **d)** 2 **e)** $-2, -4$ **f)** Pas de racines **g)** $2, \dfrac{1}{2}$
h) $-\dfrac{1}{2}, -3$

Section 1.1, p. 9 et 10

1. a) 2^7 **b)** 2^4 **c)** 2^{12} **d)** 2^8 **e)** 2^{3+m} **f)** 2^{7-y} **g)** 2^{x-4} **h)** 2^{xy} **i)** 2^1
j) 2^3 **k)** 2^{-3} **l)** 2^{-4} **2. a)** $\dfrac{1}{9}$ **b)** 1 **c)** $\dfrac{1}{16}$ **d)** $\dfrac{1}{4}$ **e)** -1 **f)** 25 **g)** -4
h) $-\dfrac{1}{64}$ **3. a)** a^7 **b)** m^8 **c)** b^{12} **d)** a^5b^2 **e)** x^8y^5 **f)** $\dfrac{1}{x^2}$ **g)** $\dfrac{1}{m^9}$ **h)** $\dfrac{1}{y^2}$
i) a^5 **j)** $\dfrac{1}{ab^2}$ **4. a)** x^3 **b)** m^6 **c)** t^6 **d)** $\dfrac{1}{y^2}$ **e)** m^4 **f)** t^5 **5. a)** x^6 **b)** a^8b^{12}
c) $\dfrac{1}{x^2}$ **d)** 1 **e)** $\dfrac{a^2}{b^4}$ **f)** $\dfrac{1}{x^6y^9}$ **6. a)** $\dfrac{x^3}{8}$ **b)** $\dfrac{a^4}{b^4}$ **c)** $\dfrac{x^{10}}{y^{15}}$ **d)** $\dfrac{3}{x}$ **e)** $\dfrac{a^4}{b^6}$
7. a) $15m^6$ **b)** $-20a^4b^6$ **c)** $30a^2b^5$ **d)** $24m^4n^7$ **e)** 42 **f)** $-\dfrac{6}{y}$
g) $\dfrac{6}{a^4b^2}$ **h)** $5x^3$ **i)** $5ab^2$ **j)** $2m^4$ **k)** $\dfrac{2a^3}{b}$ **l)** $\dfrac{4a^2}{b^5}$ **m)** $7x^8$
n) $\dfrac{9a^7}{b^4}$ **o)** $-\dfrac{3n^8}{m^3}$ **p)** $\dfrac{4y^2}{x^8}$ **8. a)** $4m^6$ **b)** $-64x^6$ **c)** $9m^6n^4$ **d)** $\dfrac{c^6}{25d^6}$
e) $\dfrac{a^9b^6}{8}$ **f)** $\dfrac{y^8}{81x^{12}}$ **g)** $\dfrac{16x^2}{9y^2}$ **h)** $-\dfrac{8a^6}{27y^9}$ **i)** $\dfrac{81a^4}{b^{16}}$ **j)** $\dfrac{n^6}{4m^4}$ **k)** $27b^6$
l) $\dfrac{4x^{10}}{y^{12}}$ **9. a)** 3 **b)** 1 **c)** $\dfrac{3}{8}$ **d)** 12 **e)** 3 **10.** $12\,000$ ans
11. a) 1024 s **b)** $\dfrac{1}{32}$ s **12. a)** $2^{-2} \times (2^2 + 2^2) - 2^0 = 2^0$
b) $(3^{-4} - 3^{-2}) \div (3^0 - 3^2) = 3^{-4}$ **13.** 20^{100} est plus grand, car
$400^{40} = (20^2)^{40} = 20^{80}$. **14. a)** $\dfrac{37}{35}$ **b)** $\dfrac{12}{65}$ **c)** -1 **d)** 0
15. a) Aucune **b)** Toutes **16. a)** 2 **b)** 4 **c)** ± 3 **d)** 5 **17.** Toutes
les valeurs, sauf $x = 0$

Section 1.2, p. 16 à 18

1. a) $\sqrt[3]{2}$ **b)** $\sqrt{37}$ **c)** $\sqrt{x}$ **d)** $(\sqrt[5]{a})^3$ **e)** $(\sqrt[3]{6})^4$ **f)** $(\sqrt[4]{6})^3$ **g)** $\dfrac{1}{\sqrt{7}}$ **h)** $\dfrac{1}{\sqrt[5]{9}}$
i) $\dfrac{1}{(\sqrt[7]{x})^3}$ **j)** $\dfrac{1}{(\sqrt[5]{b})^6}$ **k)** $\sqrt{3x}$ **l)** $3\sqrt{x}$ **2. a)** $7^{\frac{1}{2}}$ **b)** $34^{\frac{1}{2}}$ **c)** $(-11)^{\frac{1}{3}}$
d) $a^{\frac{2}{5}}$ **e)** $6^{\frac{4}{3}}$ **f)** $b^{\frac{4}{3}}$ **g)** $x^{\frac{1}{2}}$ **h)** $a^{-\frac{1}{3}}$ **i)** $x^{-\frac{4}{5}}$ **j)** $2^{\frac{1}{3}}b$ **k)** $3^{\frac{1}{2}}x^2$ **l)** $5^{\frac{1}{4}}t^{\frac{3}{4}}$
3. a) 2 **b)** 5 **c)** $\dfrac{1}{2}$ **d)** -2 **e)** 5 **f)** $-\dfrac{1}{3}$ **g)** $\dfrac{1}{2}$ **h)** $0,2$ **i)** 3 **j)** $0,1$ **k)** $\dfrac{2}{3}$
l) $\dfrac{3}{2}$ **4. a)** 4 **b)** 8 **c)** 243 **d)** 27 **e)** $\dfrac{1}{8}$ **f)** 4 **g)** $-\dfrac{1}{32}$ **h)** $\dfrac{1}{9}$ **i)** 1 **j)** 1
k) $\dfrac{1000}{27}$ **l)** $\dfrac{4}{9}$ **5. a)** Impossible **b)** 1000 **c)** $\dfrac{9}{4}$ **d)** 3 **e)** -3 **f)** 4
g) -32 **h)** 4 **i)** Impossible **j)** 5 **k)** $\dfrac{11}{6}$ **l)** 27 **m)** Impossible
n) $\dfrac{50}{9}$ **o)** 5 **p)** 3 **q)** 5 **r)** 2 **s)** 3 **t)** 12 **6. a)** x **b)** x **c)** $3^{\frac{1}{4}}x^{\frac{3}{2}}$
d) $2^{\frac{1}{2}}x^{\frac{7}{6}}$ **e)** $3x^2$ **f)** x^2y **g)** a^4b^3 **h)** $-3x^{\frac{7}{3}}$ **i)** $3a^2b$ **j)** $\dfrac{9x^4}{y^6}$ **k)** $x^{\frac{11}{6}}$
l) $x^{\frac{17}{12}}$ **m)** $x^{\frac{19}{15}}$ **n)** $a^{\frac{4}{3}}b^{\frac{8}{3}}$ **o)** $a^{\frac{3}{8}}b^{\frac{5}{8}}$ **7.** Les estimations peuvent
varier. **a)** $2,05$ **b)** $21,67$ **c)** $0,19$ **d)** $1,71$ **e)** $0,31$ **f)** $2,68$
8. $2,7$ m/s **9. a)** Développer l'équation $r^2 + d^2 = (r + h)^2$,
puis la simplifier pour obtenir $d = (2rh + h^2)^{\frac{1}{2}}$.
b) 357 km, 1609 km **10.** 65 km **11. a)** $27,6$ m **12.** $277,2$,
$293,6$, $311,1$, $329,6$, $349,2$, $370,0$, $392,0$, $415,3$, $440,0$,
$466,1$, $493,8$, $523,2$ **13. a)** 5 **b)** 3 **c)** $2, 4, 6, \ldots$ **d)** 4 **e)** 2
f) $1, 3, 5, \ldots$ **14. a)** $4, 5$ **c)** $2^{\frac{1}{2}}, 5^{\frac{1}{2}}$ **d)** $2^{\frac{1}{2}}, 8^{\frac{1}{2}}; 5^{\frac{1}{2}}, 10^{\frac{1}{2}}$ **e)** On
peut créer 11 carrés différents. $2^{\frac{1}{2}}, 8^{\frac{1}{2}}; 5^{\frac{1}{2}}, 10^{\frac{1}{2}}, 17^{\frac{1}{2}}; 13^{\frac{1}{2}}$

Section 1.3, p. 23 à 25

1. a) 4 **b)** 3 **c)** 7 **d)** 3 **e)** 4 **f)** 3 **g)** 3 **h)** 5 **i)** 2 **j)** 4 **k)** 4 **l)** 3 **m)** 4
n) x n'importe quel nombre entier pair **o)** m n'importe quel
nombre entier impair **2. a)** 4 **b)** -1 **c)** -6 **d)** 1 **e)** 1 **f)** -2 **g)** 1
h) 1 **i)** Toutes les valeurs de x **3. a)** 3 **b)** 4 **c)** 2 **d)** 4 **e)** 2 **f)** -2
4. a) 0 **b)** -3 **c)** -3 **d)** 2 **e)** 1 **f)** -2 **5. a)** 1 **b)** 2 **c)** 6 **d)** -3
e) 5 **f)** 1 **6. a)** 5 **b)** -2 **c)** 2 **d)** -1 **e)** -2 **f)** 2 **7. a)** $\dfrac{3}{2}$ **b)** $\dfrac{2}{3}$
c) $\dfrac{1}{3}$ **d)** $-\dfrac{1}{2}$ **e)** $-\dfrac{1}{3}$ **f)** $-\dfrac{1}{4}$ **g)** 16 **h)** $-\dfrac{5}{2}$ **i)** $\dfrac{1}{4}$ **8. a)** $\dfrac{1}{2}$ **b)** $\dfrac{3}{4}$
c) $\dfrac{1}{2}$ **d)** $-\dfrac{1}{2}$ **e)** $\dfrac{2}{3}$ **f)** $-\dfrac{1}{2}$ **9. a)** 1 **b)** 9 **c)** $\dfrac{15}{2}$ **d)** -3 **e)** -6 **f)** -4
10. a) 0 **b)** 4 **c)** $\dfrac{1}{2}$ **d)** $-\dfrac{3}{2}$ **e)** $\dfrac{1}{4}$ **f)** -1 **11. a)** 4 **b)** 1 **c)** 5 **d)** -1
e) 3 **f)** -3 **g)** -2 **h)** 4 **i)** 2 **12.** L'équation se vérifie pour
toutes les valeurs de x, puisque chaque terme égale 2^{6x+6}.
13. 6 ans **14. a)** 56 ans **b)** 84 ans **c)** 140 ans **15. a)** $\dfrac{1}{8}$
b) 26 jours **16. a)** 2 m **b)** 11 % **17. a)** 5 h **b)** $20,4$ ans **c)** 30 s
18. $59,6$ h **19. a)** -1 **b)** 1 **c)** 1 **20. a)** $2, -3$ **b)** $1, 2$ **c)** $4, -3$
21. 16 jours **22. a)** -2 **b)** 7 **c)** 4 **23.** $x = -17$, $y = 2$

Le monde du travail: La microbiologie, p. 26

1. a) Le nombre de bactéries, N, est égal au nombre initial de bactéries, N_0, multiplié par le facteur multiplicateur, 2^{t+7}.
b) 21 h, 42 h, 56 h **c)** 6 h **d)** $N = 15\,000(2)^{t+6}$

Approfondissement technologique: La résolution d'équations exponentielles à l'aide d'une calculatrice à affichage graphique, p. 27

1. Le zéro du membre de gauche de l'équation réécrite correspond à l'abscisse du point d'intersection des courbes définies par les équations précédentes. **3. a)** Le membre de droite est équivalent au membre de gauche pour toute valeur de x; le graphique des solutions coïncide avec le graphique de $y = 0$. **5. a)** Il n'y a pas de solution. **b)** Chaque valeur de x est une solution.

Section 1.4, p. 29 à 34

1. a) $7x^2 + 2x + 1$ **b)** $5t^2 + t - 1$ **c)** $13m^2 + 8mn + 3n^2$
d) $y^2 - 4xy + x^2$ **e)** $9xy + 3x + 4$ **f)** $7x - 2xy - 2y$
2. a) $2x^2 - 12x + 5$ **b)** $-s^2 + 9s - 16$ **c)** $-x^2 - 7xy - 7y^2$
d) $-7r^2 + 5rs - 10s^2$ **e)** $2x + 5y - 4z$ **f)** $3m + 4n - 4$
3. $-x^2 - 7x + 10$ **4.** $5x + 6y - 13$ **5.** $3t^2 - 7t + 13$
6. $-2m^2 + 3m$ **7.** $x - 4y + z$ **8. a)** $6x + 8$ **b)** $-10 + 15x$
c) $8y^2 - 12y$ **d)** $-9m - 6n$ **e)** $8st - 10t^2$ **f)** $8b^2 + 4b - 4$
g) $-2q^2 + 10b + 8$ **h)** $6p^3 - 3p^2 + 12p$ **i)** $-4g - 12g^2 + 12g^3$
9. a) $-x + 7$ **b)** $3y^2 - 32y + 35$ **c)** $13x - 15y + 7$
d) $-20a - 20b + 32c$ **e)** $2x - 29$ **f)** $t - 21$ **g)** $1 - 2s - s^2$
h) $10x^2 + 14x$ **i)** $7a^2 - 12a$ **j)** $-4m^2 + m + 3$ **k)** $-4x^2 + 11x$
l) $20r^2 + 13r$ **10. a)** $12x - 69$ **b)** $18x - 6$ **c)** $22t + 6$
d) $-16y - 38$ **e)** $3x^2 - 8x$ **f)** $-3y^3 + 10y^2 - y - 2$
11. a) $x^2 - x - 42$ **b)** $t^2 + 3t - 40$ **c)** $y^2 - 12y + 27$
d) $12y^2 + 17y - 7$ **e)** $8x^2 + 34x + 21$ **f)** $15 - 14m - 8m^2$
g) $-10x^2 + 76x + 32$ **h)** $12x^2 - 60x + 75$ **i)** $36 - 25x^2$
12. a) $56x^2 - 33xy - 14y^2$ **b)** $6s^2 - 7st - 3t^2$
c) $12x^2 - 55xy + 50y^2$ **d)** $18w^2 + 21wx - 99x^2$
e) $15x^4 - 2x^3 - 8x^2$ **f)** $-3m^4 - 4m^3 + 4m^2$
g) $9x^2 - 24xy + 16y^2$ **h)** $-50x^2 + 72y^2$ **i)** $5 - 5x^2y^2$
13. a) $2x^2 + 2x + 5$ **b)** $-t^2 - 13t - 16$ **c)** $12x^2 + 53x - 54$
d) $-y^2 - 43y + 52$ **e)** $-m^2 - 44m - 51$ **f)** $8x^2 + 65x - 18$
g) $12y^2 - 8y - 102$ **h)** $10t^2 + 40t + 9$ **i)** $x^2 - 14xy + y^2 + 5$
j) $3r^2 + 17rt - 24t^2$ **14. a)** On détermine l'aire d'un rectangle de $2x + 1$ par $x + 2y + 3$ en additionnant les aires des rectangles qui le constituent et dont les dimensions correspondent aux termes des polynômes indiqués.
b) $2x^2 + 4xy + 7x + 2y + 3$ **15. a)** $x^3 + 5x^2 + 10x + 12$
b) $y^3 - 3y^2 - 3y + 10$ **c)** $6m^3 + 13m^2 - 6m - 8$
d) $2t^3 - 9t^2 - 19t - 7$ **e)** $x^4 + x^3 - 7x^2 - 7x + 4$
f) $y^4 - 4y^3 + 7y^2 - 7y + 2$ **g)** $3a^4 - 7a^3 - 9a^2 + 18a - 10$
h) $3x^6 - 14x^3 - 49$ **i)** $x^4 - 8x^3 + 18x^2 - 8x + 1$
j) $4n^4 - 4n^3 - 3n^2 + 2n + 1$
k) $4a^2 + b^2 + 9c^2 - 4ab - 6bc + 12ca$
l) $2x^4 - 5x^3 + 12x^2 - 11x + 3$ **m)** $-2x^3 - 8x^2 + 11x - 16$
n) $3x^2 + 7y^2 - 13z^2 - 14xy + 2yz - 10zx - x + y + 2z$
o) $6x^3 - 4x^2 - 13x + 5$ **16. a)** $x^3 - 7x - 6$ **b)** $x^3 - 7x - 6$

c) $x^3 - 7x - 6$ **d)** Non **17. a)** $8x^3 - 30x^2 + 13x + 15$
b) $2x^3 - 3x^2y - 11xy^2 + 6y^3$
c) $a^2 + b^2 + c^2 + d^2 + 2ab + 2bc + 2cd + 2da + 2ac + 2bd$
18. a) $10x^2 + 18x - 18$ **b)** $2x^3 + 5x^2 - 21x - 36$
c) 598 cm^2; 748 cm^3 **19.** $2xy + x - y - 2$ **20.** Non; par exemple, le produit $(x + y)(x - y) = x^2 - y^2$ n'est pas un trinôme. **21. a)** $x^2 - \dfrac{1}{x^2}$ **b)** $y^2 - \dfrac{6}{y^2} + 1$

Section 1.5, p. 40 à 43

1. a) $t^2 + 2t - 5$, $t \neq 0$ **b)** $\dfrac{2a+3}{4a}$, $a \neq 0$ **c)** $y(2y^2 + y - 3)$, $y \neq 0$

d) $\dfrac{7n^3 - 2n^2 + 3n + 4}{n}$, $n \neq 0$ **e)** $\dfrac{m - 2n}{n}$, m, $n \neq 0$

f) $\dfrac{y^2}{3x}$; x, $y \neq 0$ **g)** $\dfrac{4}{bc}$, a, b, $c \neq 0$ **h)** $-\dfrac{x}{5y}$, x, y, $z \neq 0$

i) $\dfrac{3(m - 4)}{m}$, $m \neq 0$ **2. a)** $\dfrac{x}{x+4}$, $x \neq -4$ **b)** $\dfrac{2t(t+5)}{t-5}$, $t \neq 0$, 5

c) $\dfrac{1}{2x}$, $x \neq 0$, 3 **d)** $\dfrac{m+2}{m+4}$, $m \neq 1$, -4 **e)** $\dfrac{x}{x+4}$, $x \neq -4$

f) $\dfrac{y}{y+2}$, $y \neq 0$, -2 **g)** $\dfrac{2}{x-3}$, $x \neq 0$, 3 **h)** $\dfrac{1}{4x^2 - 3}$, $x \neq 0$, $\pm\dfrac{\sqrt{3}}{2}$

i) $\dfrac{1}{2x - 4y}$, x, $y \neq 0$, $x \neq 2y$ **3. a)** 6, $t \neq 6$ **b)** $\dfrac{m+6}{2m-6}$, $m \neq 3$

c) $\dfrac{5}{3}$, $x \neq 2$ **d)** $\dfrac{a+2}{a-3}$, $a \neq 0$, 3 **e)** $\dfrac{4}{3}$, $x \neq 0$, $-\dfrac{1}{2}$ **f)** $\dfrac{x-1}{x+1}$,

$x \neq 0$, -1 **g)** $\dfrac{4}{5}$, $x \neq -y$ **h)** $\dfrac{2ab+4b}{3a-3}$, $a \neq 0$, 1 **i)** $\dfrac{5x}{2y}$, $y \neq 0$, -2

4. a) $\dfrac{1}{m-3}$, $m \neq 2$, 3 **b)** $y + 5$, $y \neq -5$ **c)** $\dfrac{2}{x-9}$, $x \neq 9$, -3

d) $\dfrac{r-2}{5}$, $r \neq -2$ **e)** $\dfrac{a}{a+1}$, $a \neq -1$ **f)** $\dfrac{x+3}{2xy}$, $x \neq 0$, 3, $y \neq 0$

g) $\dfrac{2}{2w+1}$, $w \neq -1$, $-\dfrac{1}{2}$ **h)** $\dfrac{t-2}{2t}$, $t \neq 0$, $\dfrac{2}{3}$ **i)** $\dfrac{2z}{3z-4}$, $z \neq \pm\dfrac{4}{3}$

j) $\dfrac{5x-2y}{3x}$, $x \neq 0$, $-y$ **5. a)** -1, $y \neq 2$ **b)** -1, $x \neq 3$ **c)** $-\dfrac{1}{4}$, $t \neq \dfrac{1}{2}$

d) $-\dfrac{2}{3}$, $w \neq \dfrac{3}{5}$ **e)** -1, $x \neq \pm 1$ **f)** $-\dfrac{1}{2}$, $y \neq \pm\dfrac{1}{2}$ **6. a)** $\dfrac{x+2}{x+3}$,

$x \neq -2$, -3 **b)** $\dfrac{a+3}{a-5}$, $a \neq 4$, 5 **c)** $\dfrac{m-2}{m+5}$, $m \neq 3$, -5 **d)** $\dfrac{y-3}{y+5}$,

$y \neq \pm 5$ **e)** $\dfrac{x-4}{x-6}$, $x \neq 6$ **f)** $\dfrac{n+1}{n+3}$, $n \neq 2$, -3 **g)** $\dfrac{p+4}{p-4}$, $p \neq \pm 4$

h) $\dfrac{2t+1}{t-2}$, $t \neq 1$, 2 **i)** $\dfrac{3v+1}{2v+1}$, $v \neq -\dfrac{1}{2}$, $-\dfrac{3}{2}$ **j)** $\dfrac{3x-2}{4x+3}$,

$x \neq -\dfrac{3}{4}$, $\dfrac{3}{2}$ **k)** $\dfrac{z-2}{3z-1}$, $z \neq \dfrac{1}{3}$ **l)** $\dfrac{m-n}{2m-3n}$, $m \neq -\dfrac{1}{2}n$, $\dfrac{3}{2}n$

7. a) $\dfrac{x^2+3x+2}{x+1}$ **b)** $x+2$, $x\neq -1$ **c)** 3:2 **8. a)** -1, $x\neq 1$

b) Impossible **c)** Impossible **d)** 1, $t\neq \dfrac{7}{3}$ **e)** $\dfrac{t-s}{s+t}$, $s\neq -t$

f) $\dfrac{x}{2}$ **9. a)** $x=y$ **b)** $x=-\dfrac{y}{3}$ **c)** $x=0$ **d)** $x=2$ **e)** $x=\pm 1$

f) $x=\pm\dfrac{3y}{2}$ **10. a)** Non ; les valeurs diffèrent lorsque, par exemple, $x=3$ **b)** Non ; la deuxième expression n'est pas définie quand $x=0$, alors que la première expression l'est. **c)** Oui ; les expressions ont la même valeur pour toutes les valeurs de x. **d)** Non ; les valeurs diffèrent lorsque, par exemple, $x=2$. **e)** Non ; les valeurs diffèrent lorsque, par exemple, $x=2$. **f)** Non ; les expressions diffèrent par un facteur de -1.

11. $\dfrac{x^3}{6x^2}=\dfrac{x}{6}$, $x>0$ **12.** $\dfrac{\frac{4}{3}\pi r^3}{4\pi r^2}=\dfrac{r}{3}$, $r>0$ **13. a)** $n+1$

b) $(n+1)(n+3)$ **c)** $n+3$ **d)** 13 **e)** 440 **f)** 35 **14.** $\dfrac{5x}{5x+4}$, $x>0$

15. $\dfrac{(x+4)(x-1)}{5x}$, $x>1$ **16.** Les réponses peuvent varier.

a) $\dfrac{1}{x-1}$ **b)** $\dfrac{y+2}{y^2+3y}$ **c)** $\dfrac{a}{8a^2+2a-3}$ **d)** $\dfrac{x}{x^3+x^2-3x-3}$

17. a) Les graphiques des deux fonctions semblent coïncider. **b)** Les tables des valeurs sont les mêmes, sauf au point $x=0$, où une des fonctions n'est pas définie.

18. a) $\dfrac{rh}{3(r+s)}$ **b)** $r=6$, $h=8$, $s=10$

Section 1.6, p. 50 à 52

1. a) $\dfrac{8y}{3}$, $y\neq 0$ **b)** $-\dfrac{x}{4}$, $x\neq 0$ **c)** $\dfrac{1}{9n^3}$, $n\neq 0$ **d)** $-\dfrac{8m}{3}$

2. a) $\dfrac{x}{4}$, $x\neq 0$ **b)** $-\dfrac{y}{2}$, $y\neq 0$ **c)** $-\dfrac{9m^2}{4}$, $m\neq 0$ **d)** $\dfrac{20t^2}{9}$, $t\neq 0$

e) $-\dfrac{32}{9x^3}$, $x\neq 0$ **f)** $-\dfrac{2}{3r}$, $r\neq 0$ **3. a)** $\dfrac{4x^2y}{3}$, $x, y\neq 0$

b) $\dfrac{16m}{5n}$, $m, n\neq 0$ **c)** $\dfrac{9}{xt^2}$, $x, y, t\neq 0$ **d)** $\dfrac{1}{2a^3b^3}$, $a, b\neq 0$

e) $\dfrac{9}{2mt}$, $m, t\neq 0$ **f)** $-\dfrac{45a}{32c^2}$, $a, b, c\neq 0$ **4. a)** $\dfrac{2xy^2}{3ab}$, $a, b, x, y\neq 0$

b) $\dfrac{4nx}{3}$, $m, n, x, y\neq 0$ **c)** $\dfrac{3x}{4}$, $x, y\neq 0$ **d)** $16a^2$, $a, b\neq 0$

e) $-9x^2y^3$, $x, y\neq 0$ **f)** $-\dfrac{2ab}{9c}$, $a, b, c\neq 0$ **5. a)** $\dfrac{1}{2}$, $x\neq 4$

b) $\dfrac{2m+4}{y+1}$, $y\neq -1$ **c)** $\dfrac{y-2}{2}$, $y\neq -1$ **d)** 2, $x\neq -1, 2$

e) $-\dfrac{a}{6b}$, $a\neq -b$, $a, b\neq 0$ **f)** $\dfrac{9m^2}{5}$, $m\neq 0, -4$ **6. a)** $\dfrac{8}{5}$, $x\neq \pm 1$

b) $\dfrac{15}{4}$, $m\neq 0, -3$ **c)** $-\dfrac{1}{a}$, $a\neq 0, -2$ **d)** $\dfrac{3(x+2)}{4}$, $x\neq 2, -3$

e) $\dfrac{2}{y(y-3)}$, $y\neq 0, \pm 3$ **f)** $\dfrac{2(m+5)}{m-4}$, $m\neq 5, \pm 4$ **g)** $\dfrac{1}{3x}$, $x\neq 0, \dfrac{3}{2}$, $y\neq 0$ **h)** $x+2$, $x\neq -2, -\dfrac{1}{2}$ **7. a)** $\dfrac{x+2}{x-1}$, $x\neq -6, -3, 1, 5$ **b)** $\dfrac{a+4}{a+2}$, $a\neq -2, \pm 3$ **c)** $\dfrac{m+1}{m}$, $m\neq -5, 0, 3, 4$ **d)** $\dfrac{4a-5}{2a+3}$, $a\neq \dfrac{1}{3}, \pm\dfrac{3}{2}$ **e)** 1, $x\neq -\dfrac{1}{2}, \dfrac{5}{2}, 3$

f) $\dfrac{(4w+1)(4w+5)}{(4w+7)(4w+3)}$, $w\neq -\dfrac{7}{4}, -\dfrac{5}{4}, -\dfrac{3}{4}, \dfrac{2}{3}, \dfrac{3}{2}$

8. a) $\dfrac{x+2y}{x-2y}$, $x\neq -4y, \pm 2y, 3y, 5y$ **b)** $\dfrac{x}{x+6y}$, $x\neq -6y, \pm 3y, 7y$

c) $\dfrac{a+7b}{a-9b}$, $a\neq -8b, -6b, 2b, 9b$ **d)** $\dfrac{3s+5t}{5s+t}$, $s\neq -\dfrac{5t}{3}, -\dfrac{t}{5}, \dfrac{6t}{5}, \dfrac{5t}{4}$ **9. a)** $\dfrac{10x^2}{27}$ **b)** $\dfrac{22x^2}{9}$ **c)** $\dfrac{33}{5}$

d) Non ; la réponse en c) est indépendante de x. **10.** x^2-5x+6 **11.** $3y+2$

12. a) $\dfrac{(6x-9)(2x+4)}{2}$ **b)** $\dfrac{(2x-3)(3x+6)}{2}$ **c)** 2

13. $\dfrac{x-2}{3(x-3)}$ **14.** Ni b ni d ne peut être égal à 0, sinon les fractions ne seront pas définies, et c ne peut pas être égal à 0, puisque la division par 0 n'est pas définie.

15. $(x+3)(2x-1)$ **16. a)** On peut simplifier le produit, ce qui donne $\dfrac{1}{2y+3}$. Ainsi, la valeur du produit se rapproche de 0 à mesure que y augmente. **b)** On peut simplifier le quotient, ce qui donne $\dfrac{3}{2}$. Ainsi, la valeur du quotient demeure $\dfrac{3}{2}$ à mesure que y augmente.

17. $\dfrac{3x+y}{x-y}$; $\dfrac{x+2y}{x+y}$; $\dfrac{3x+y}{x+y}$; $\dfrac{x+2y}{x-y}$ **18.** $\dfrac{4}{2x-1}$; $\dfrac{(x-1)^2}{x+3}$;

$\dfrac{4(x-1)}{2x-1}$, $\dfrac{x-1}{x+3}$; $\dfrac{4(x-1)^2}{2x-1}$, $\dfrac{1}{x+3}$; $\dfrac{4(x-1)^2}{x+3}$, $\dfrac{1}{2x-1}$

Section 1.7, p. 58 à 61

1. a) $\dfrac{1}{y}$, $y\neq 0$ **b)** $\dfrac{8}{x^2}$, $x\neq 0$ **c)** $\dfrac{9}{x+3}$, $x\neq -3$ **d)** $\dfrac{x-y}{x-2}$, $x\neq 2$

2. a) $\dfrac{2x+11}{2}$ **b)** $\dfrac{5y-7}{3}$ **c)** $\dfrac{-a-3}{a}$, $a\neq 0$ **d)** $\dfrac{x-2y}{3x}$, $x\neq 0$

e) $\dfrac{3x^2+4}{x+1}$, $x\neq -1$ **f)** $\dfrac{t-5}{7}$ **g)** $\dfrac{4z+3}{2z-1}$, $z\neq \dfrac{1}{2}$ **h)** $\dfrac{5x-1}{x^2-1}$, $x\neq \pm 1$

i) $\dfrac{7x+3}{x^2+5x+6}$, $x\neq -2, -3$ **j)** $\dfrac{-7y-2}{2x^2+3x+1}$, $x\neq -1, -\dfrac{1}{2}$

3. a) 60 **b)** 36 **c)** 120 **d)** 60 **4. a)** $\dfrac{4x}{3}$ **b)** $\dfrac{11a}{12}$ **c)** $\dfrac{2x-5y+7}{10}$

d) $-\dfrac{11m}{24}$ **5. a)** $\dfrac{20m+29}{14}$ **b)** $\dfrac{16x-1}{12}$ **c)** $\dfrac{-4y-1}{12}$

d) $\dfrac{-16x+11y}{10}$ e) $\dfrac{3t+1}{2}$ f) $\dfrac{-12a+19b}{18}$ g) $\dfrac{10x+39}{30}$

6. a) $\dfrac{-1}{x-2}$, $x\neq 2$ **b)** $\dfrac{2}{x-1}$, $x\neq 1$ **c)** $\dfrac{-5}{2a-3}$, $a\neq\dfrac{3}{2}$

d) $\dfrac{-y+1}{4y-3}$, $y\neq\dfrac{3}{4}$ **e)** $\dfrac{8x-4}{x^2-9}$, $x\neq\pm 3$ **f)** $\dfrac{3x^2}{4x^2-9}$, $x\neq\pm\dfrac{3}{2}$

7. a) $\dfrac{1191}{s}$ **b)** $\dfrac{685}{s}$ **c)** $\dfrac{1876}{s}$ **d)** 2,68 h **8. a)** $x+8$ **b)** $\dfrac{11x}{5}$

c) 15 cm sur 23 cm; 23 cm sur 33 cm **9.** $x(x+2)$

10. a) $\dfrac{6x^2+5x+1}{2x+1}$ **b)** $\dfrac{4x^2-4x-3}{2x+1}$ **c)** $\dfrac{-2x^2-9x-4}{2x+1}$

d) $\dfrac{2x^2+9x+4}{2x+1}$ **e)** Ils diffèrent par un facteur de -1.

11. a) $\dfrac{\pi d^2}{4}$ **b)** $\dfrac{\pi(d+1)^2}{4}$ **c)** $\dfrac{\pi(2d+1)}{4}$ **d)** 16,5 cm²

12. a) $\dfrac{(2x+1)(x-3)}{16}$ **b)** $\dfrac{(x-1)(x-3)}{4}$ **c)** $\dfrac{3(x-3)(2x-1)}{16}$

d) $\dfrac{4x-1}{4}$ **e)** $\dfrac{3(x-3)(2x-1)}{16}$ **f)** Elles sont égales.

13. a) $\dfrac{n(n+1)}{2}$ **b)** 15, 21, 28, 36, 45 **c)** On obtient un carré parfait. **d)** $\dfrac{(n+1)(n+2)}{2}$ **e)** $(n+1)^2$ **f)** $(n+1)^2$ est un carré parfait.

Section 1.8, p. 67 à 69

1. a) $\dfrac{24xy}{12x^2y^2}$, $x, y\neq 0$ **b)** $\dfrac{12x^3y}{12x^2y^2}$, $x, y\neq 0$ **c)** $\dfrac{20x}{12x^2y^2}$, $x, y\neq 0$

d) $\dfrac{-2y^3}{12x^2y^2}$, $x, y\neq 0$ **2. a)** $20a^2b^3$ **b)** $6m^2n^2$ **c)** $12x^3y^2$ **d)** $60s^2t^2$

3. a) $\dfrac{23}{10x}$, $x\neq 0$ **b)** $\dfrac{1}{y}$, $y\neq 0$ **c)** $\dfrac{2x^2+x-4}{2x^3}$, $x\neq 0$

d) $\dfrac{15n^2+8mn^2-10}{10m^2n^3}$, $m, n\neq 0$ **e)** $\dfrac{x^2+5x-2}{x}$, $x\neq 0$

f) $\dfrac{3m-2mn-n+4}{mn}$, $m, n\neq 0$ **g)** $\dfrac{-30x^2-10x+1}{15x^2}$, $x\neq 0$

h) $\dfrac{-3x^2-2y^2+5xy-4x-y}{xy}$, $x, y\neq 0$ **4. a)** $6(m+2)$

b) $15(y-1)(y+2)$ **c)** $12(m-2)(m-3)$ **d)** $20(2x-3)$

5. a) $\dfrac{21}{4(x+3)}$, $x\neq -3$ **b)** $\dfrac{-5}{3(y-5)}$, $y\neq 5$ **c)** $\dfrac{t}{3(t-4)}$, $t\neq 4$

d) $\dfrac{8}{3(m+1)}$, $m\neq -1$ **e)** $\dfrac{1}{12(y-2)}$, $y\neq 2$ **f)** $\dfrac{11}{6(2a+1)}$, $a\neq -\dfrac{1}{2}$

6. a) $\dfrac{5x+7}{(x+1)(x+2)}$, $x\neq -1, -2$ **b)** $\dfrac{m^2-3m+15}{(m-3)(m+2)}$, $m\neq -2, 3$

c) $\dfrac{8x-3}{x(x-1)}$, $x\neq 0, 1$ **d)** $\dfrac{11t-1}{5(t-1)}$, $t\neq 1$ **e)** $\dfrac{10x-x^2}{(x-2)(x+2)}$,

$x\neq\pm 2$ **f)** $\dfrac{15-n}{(3n-1)(2n+3)}$, $n\neq -\dfrac{3}{2}, \dfrac{1}{3}$ **g)** $\dfrac{5x-7}{4(x-1)(x-2)}$,

$x\neq 1, 2$ **h)** $\dfrac{2t^2-9t-5}{6(t+5)(t-4)}$, $t\neq -5, 4$ **i)** $\dfrac{-s^2+16s-10}{5(s-6)(s-1)}$, $s\neq 1, 6$

j) $\dfrac{11m^2-31m}{12(m-5)(m-2)}$, $m\neq 2, 5$ **7. a)** $(x+2)^2$

b) $(y-2)(y+2)(y+4)$ **c)** $(t+3)(t-4)(t+1)$

d) $2(x-2)(x+1)(x-4)$ **e)** $(m+3)^2(m-5)$

8. a) $\dfrac{2x+7}{(x+3)(x+2)}$, $x\neq -3, -2$ **b)** $\dfrac{-3y+16}{(y-4)(y+4)}$, $y\neq\pm 4$

c) $\dfrac{3x^2+5x}{(x-5)(x+1)}$, $x\neq -1, 5$ **d)** $\dfrac{9a-2a^2}{(a-3)(a-4)}$, $a\neq 3, 4$

e) $\dfrac{2x+6}{(2x+1)(x+1)}$, $x\neq -1, -\dfrac{1}{2}$ **f)** $\dfrac{18n-9}{(2n-1)(3n-1)}$,

$n\neq\dfrac{1}{3}, \dfrac{1}{2}$ **9. a)** $\dfrac{3}{(m+1)(m+4)}$, $m\neq -4, -3, -1$

b) $\dfrac{-2x-8}{(x+2)^2(x-2)}$, $x\neq\pm 2$ **c)** $\dfrac{a^2-6a-10}{(a-5)(a+5)(a-4)}$, $a\neq\pm 5, 4$

d) $\dfrac{6m^2-26m}{(m-3)(m-6)(m-5)}$, $m\neq 3, 5, 6$

e) $\dfrac{7x-3}{(3x+1)(x+1)(x-1)}$, $x\neq -\dfrac{1}{3}, \pm 1$

f) $\dfrac{2y^2-15y}{(2y-3)^2(2y+3)}$, $y\neq\pm\dfrac{3}{2}$ **10. a)** $\dfrac{t^2-3t-2}{(t-1)(t-4)}$, $t\neq 1, 4$

b) $\dfrac{y^2+4y+1}{(y-1)(y+2)}$, $y\neq -2, 1$ **c)** $\dfrac{-2x^2-2x-3}{(x+3)(x+1)}$, $x\neq -3, -1$

d) $\dfrac{4n+7}{3(n+4)(n-4)}$, $n\neq\pm 4$ **e)** $\dfrac{-4}{(m+3)(m-4)(m-1)}$,

$m\neq -3, 1, 4$ **f)** $\dfrac{5a+1}{(a-1)(a+1)^2}$, $a\neq\pm 1$

g) $\dfrac{5w^2-11w+5}{(w+1)(w+4)(w-2)}$, $w\neq -4, -1, 2$

h) $\dfrac{10x^2+3x}{(2x+1)(x+1)(3x+1)}$, $x\neq -1, -\dfrac{1}{2}, -\dfrac{1}{3}$

i) $\dfrac{-20z-26}{(2z-5)(2z+5)(2z+1)}$, $z\neq\pm\dfrac{5}{2}, -\dfrac{1}{2}$

11. a)

Expressions	Produit	PPCM	PGFC	PPCM × PGFC
$3x, 5x$	$15x^2$	$15x$	x	$15x^2$
12, 8	96	24	4	96
$15y^2, 9y$	$135y^3$	$45y^2$	$3y$	$135y^3$
$a+1, a-1$	a^2-1	a^2-1 si a est pair	1 si a est pair	a^2-1
		$\dfrac{a^2-1}{2}$ si a est impair	2 si a est impair	
$2t-2, 3t-3$	$6(t-1)^2$	$6(t-1)$	$t-1$	$6(t-1)^2$

b) Ils sont égaux. **c)** Tous les facteurs communs aux deux termes figurent une fois chacun dans le PPCM et dans le PGFC. Tous les autres facteurs figurent une fois dans le

PPCM. Donc, le produit de PPCM × PGFC contient tous les facteurs des deux expressions et il est, par conséquent, égal au produit des deux expressions. **12. a)** $\dfrac{45}{s}$ **b)** $\dfrac{45}{2s}$

c) $\dfrac{135}{2s}$ **d)** 6,75 h **13.** Les réponses peuvent varier.

14. a) $\dfrac{6m+3}{m+1}$, $m \neq -1, -2$ **b)** $\dfrac{-2x}{x+5}$, $x \neq -5, 1$

c) $\dfrac{2x-2}{x-4}$, $x \neq 3, 4, -1$ **d)** $\dfrac{2y-7}{y-4}$, $y \neq 2, 4$

e) $\dfrac{2z^2+3z-9}{2(z+1)}$, $z \neq \pm 1, -\dfrac{3}{2}$ **f)** $\dfrac{x^2-x+18}{(x-2)(x+3)}$, $x \neq 1, 2, -3$

15. Les réponses peuvent varier. **a)** $\dfrac{2}{x+2} + \dfrac{3}{x+1}$

b) $\dfrac{1}{2x-3} + \dfrac{1}{3x-2}$ **c)** $\dfrac{x}{x-3} + \dfrac{1}{x-1}$

d) $\dfrac{4x+3}{2(2x+3)} + \dfrac{3}{2(2x-3)}$

Approfondissement technologique : Les expressions rationnelles et la calculatrice à affichage graphique, p. 70 et 71

1. a) $\dfrac{1}{2x^3y^2}$ **b)** $\dfrac{-3a^5}{c^2}$ **c)** $\dfrac{-5p^5}{2qrs^4}$ **2. a)** $\dfrac{2x^2-3x+4}{x}$

b) $\dfrac{t}{4t^2+2t-1}$ **c)** $\dfrac{m+5}{3-m}$ **d)** $\dfrac{4x^2+3x-2}{5x^2+x+2}$ **3. a)** $\dfrac{x+5}{x-5}$

b) $\dfrac{x+y}{x-y}$ **c)** $\dfrac{3n-1}{2n+5}$ **d)** $\dfrac{5m-6}{4m-5}$ **e)** $\dfrac{x^2+2}{x^2-2}$ **f)** $\dfrac{a(a+b)}{3a+2b}$

4. a) $\dfrac{-2n}{5m}$ **b)** $\dfrac{2b}{5x}$ **c)** $\dfrac{1}{6a}$ **d)** $\dfrac{x+1}{x-2}$ **e)** $\dfrac{3x-2}{4x+3}$ **f)** $\dfrac{(4p-1)(2p-1)}{(3p+1)(3p+2)}$

5. a) $\dfrac{s}{6t}$ **b)** $\dfrac{-9my^2z}{2n}$ **c)** $\dfrac{4}{9}$ **d)** $\dfrac{(y-6)(y+5)}{(y-2)(y+4)}$ **e)** $\dfrac{3m-1}{2(3m-2)}$

f) $\dfrac{(4x+1)(3x+1)}{(3x+2)(5x+3)}$ **6. a)** $\dfrac{4q}{3} + \dfrac{1}{12}$ **b)** $\dfrac{16q+1}{12}$

7. a) $\dfrac{24x-13}{10}$ **b)** $\dfrac{2y^2+5y+3}{y^3}$ **c)** $\dfrac{25}{12(n-3)}$ **d)** $\dfrac{t}{2(t-1)}$

e) $\dfrac{5n^2+7n-2}{(n+2)^2(n-2)}$ **f)** $\dfrac{3c^2-2c+3}{2(2c+1)(c-1)(c+1)}$ **8. a)** $\dfrac{q}{3} - \dfrac{5}{12}$

b) $\dfrac{4q-5}{12}$ **9. a)** $\dfrac{z+13}{30}$ **b)** $\dfrac{9x-2}{6x^2}$ **c)** $\dfrac{4}{3(2r+3)}$

d) $\dfrac{x^2-17x}{(3x+4)(2x-1)}$ **e)** $\dfrac{-y^2}{(y-2)(y-1)(y-3)}$

f) $\dfrac{t^2-21t+21}{(3t+1)^2(2t-7)}$ **10. a)** $\dfrac{(x+3)(x-1)}{12}$ **b)** $\dfrac{7x+5}{6}$

c) $\dfrac{2(7x+5)}{(x+3)(x-1)}$ **d)** Non ; la longueur d'un des côtés du « rectangle » serait 0 et l'aire serait donc égale à 0.

Section 1.9, p. 78 à 81

1. a) $y < 2$ **b)** $w > -1$ **c)** $x \geq 3$ **d)** $z \leq -3$ **e)** $x > -2$ **f)** $t > -4$
g) $m \leq 3$ **h)** $n \geq 0$ **2. a)** $x > \dfrac{1}{2}$ **b)** $x < -\dfrac{2}{3}$ **c)** $y \leq -1$ **d)** $z \geq 5$
e) $x < 2$ **f)** $x > 1$ **g)** $x \leq 0$ **h)** $x \geq -\dfrac{1}{4}$ **3. a)** $x \leq 3$ **b)** $x > 2$

c) $x < -2$ **d)** $x > 1$ **e)** $y \geq -4$ **f)** $z \leq \dfrac{5}{4}$ **g)** $x > 4$ **h)** $x < \dfrac{5}{2}$

4. a) $x < 1$ **b)** $x > 1$ **c)** $y \leq -4$ **d)** $c \geq 2$ **e)** $x \leq 1$ **f)** $x > \dfrac{1}{3}$
g) $x \geq \dfrac{3}{2}$ **h)** $t < -\dfrac{3}{5}$ **5. a)** $y < -3$ **b)** $w > 2$ **c)** $x \geq \dfrac{3}{2}$ **d)** $z \leq -8$
e) $x > 3$ **f)** $x < -6$ **g)** $q \geq 2$ **h)** $n \geq 3$ **6. a)** $a > -2$ **b)** $x \geq 1$
c) $y < -1$ **d)** $n \geq -2$ **e)** $x > -\dfrac{1}{2}$ **f)** $x < 0$ **7. a)** $x < 1$ **b)** $x \leq \dfrac{3}{4}$
c) $z > 6$ **d)** $x \geq 1$ **8.** 8 **9.** $16 < x < 34$
10. a) $C = 1,55n + 12,25$ **b)** $12,25 + 1,55n \leq 20$; 5
11. $22,5 \leq x < 45$ **12. a)** À la fin d'une semaine où il a travaillé t heures, Mario a $15t - 75$ dollars.
b) $15t - 75 \geq 450$; 35 **13.** 63 **14.** La population d'Aylmer dépassera celle de Paris au début de l'année 2021.

15. a) $x > 7$ **b)** $x < 9$ **c)** $x > \dfrac{7}{3}$, car l'aire doit être supérieure

à 0. **16.** $\dfrac{5}{2} \leq x \leq 3$ **17.** $x \neq 1$ **18. a)** 63 \$ **b)** Le profit net prévu se situe entre 90 000 \$ et 121 500 \$. **19.** Les réponses peuvent varier. **20.** Hakim sera plus éloigné de Hamilton que Jacques entre 15 h et 17 h 45. **21. a)** $2 = -2$ **b)** Aucune valeur réelle de x ne satisfait à l'équation. **c)** $2 > -2$
d) Toutes les valeurs réelles de x satisfont à l'inéquation.

Approfondissement technologique : La résolution d'inéquations à l'aide d'une calculatrice à affichage graphique, p. 82

1. $x > 3$ **8. a)** $x \geq 2$ **b)** $x < 3$ **c)** $x > 1$ **d)** $x \leq -3$ **e)** $x \geq 1$
f) $x \leq 4$ **g)** $x \geq -2$ **h)** $x < -3$ **i)** $x \leq 3$ **j)** $x > 2$ **k)** $x < -1$ **l)** $x \geq 3$
m) $x \leq -\dfrac{1}{2}$ **n)** $x > \dfrac{1}{3}$

Révision des concepts clés, p. 85 à 89

1. a) $\dfrac{1}{25}$ **b)** 1 **c)** $\dfrac{1}{27}$ **d)** $\dfrac{1}{81}$ **e)** $\dfrac{1}{25}$ **f)** -3 **g)** 16 **h)** 4 **i)** $\dfrac{2}{3}$ **2. a)** m^7

b) $\dfrac{1}{y^5}$ **c)** t^3 **d)** $\dfrac{1}{m^5}$ **e)** x^8y^{12} **f)** 1 **g)** $\dfrac{x^4}{y^6}$ **h)** $\dfrac{m^{12}}{n^8}$ **i)** $\dfrac{x^6}{y^4}$ **3. a)** $10x^5y^7$

b) $9ab$ **c)** $12m^4$ **d)** $-5x$ **e)** $4a^{10}b^6$ **f)** $\dfrac{-m^9n^3}{27}$ **g)** $\dfrac{27m^6}{8n^9}$ **h)** $\dfrac{9x^6}{4y^8}$

i) $-2x^3y^3$ **j)** $\dfrac{6b^2}{5a}$ **k)** $\dfrac{-5t^6}{2s^7}$ **l)** $\dfrac{a^8b^4}{9}$ **4. a)** $\sqrt{6}$ **b)** $\dfrac{1}{\sqrt{5}}$ **c)** $(\sqrt[7]{7})^3$

d) $\dfrac{1}{(\sqrt[3]{10})^4}$ **5. a)** $(-8)^{\frac{1}{3}}$ **b)** $m^{\frac{5}{3}}$ **c)** $x^{\frac{2}{3}}$ **d)** $2^{\frac{1}{5}}a^{\frac{2}{5}}$ **6. a)** 5 **b)** $\dfrac{1}{3}$ **c)** $\dfrac{1}{7}$

d) 1 **e)** 0,3 **f)** $-\dfrac{1}{2}$ **g)** 5 **h)** 9 **i)** $-\dfrac{1}{8}$ **j)** $\dfrac{243}{32}$ **k)** $\dfrac{1}{243}$ **l)** $\dfrac{25}{9}$ **m)** 16

n) -2 **o)** 2 **7. a)** $y^{\frac{2}{3}}$ **b)** $3m^2$ **c)** $-2x^{\frac{1}{3}}$ **d)** x^2 **e)** $-4x$ **f)** $-4x^{\frac{1}{3}}$

8. $\dfrac{4}{25}$ unités cubes **9. a)** 6 **b)** 3 **c)** 4 **d)** 3 **e)** -2 **f)** $\dfrac{1}{4}$ **g)** 0 **h)** 3

10. a) 6 **b)** 6 **c)** -7 **d)** $\dfrac{1}{3}$ **e)** $\dfrac{5}{2}$ **f)** $-\dfrac{7}{3}$ **11. a)** 5 **b)** 4 **c)** 2 **12.** 30 h

13. a) $13x^2 - x - 5$ **b)** $6x^2 - 3xy - 4y^2$ **14. a)** $-2y^2 + y - 4$
b) $-2m^2 - 2mn + n^2$ **15. a)** $7x - 1$ **b)** $11s - 23t + 5$
c) $-x^2 - 2x$ **d)** $y^2 + 14y$ **16. a)** $-18y + 34$
b) $-2x^3 + 3x^2 + 24x - 3$ **17. a)** $y^2 - 17y + 72$
b) $-6x^2 - 10x + 56$ **c)** $27x^2 - 18x + 3$ **d)** $8x^2 - 14xy - 15y^2$
18. a) $2m^2 - 6m - 7$ **b)** $15x + 64$ **c)** $60y^2 - 10y + 27$
d) $-2x^2 + 22xy - 14y^2$ **19. a)** $x^3 - 6x^2 + 11x - 6$
b) $6t^3 + t^2 - 3t - 1$ **c)** $x^4 + x^3 - 5x - 3$

d) $6z^4 + 2z^3 - 11z^2 + 8z - 3$

20. $(2x+3)(x+1) - (2x+1)(x-1) = 6x + 4$ **21. a)** $\dfrac{x}{x+3}$,

$x \neq -3$ **b)** $\dfrac{4y - 5x}{2}$, $y \neq 0$ **c)** $\dfrac{5}{7}$, $x \neq y$ **d)** -2, $x \neq \dfrac{5}{3}$ **e)** $\dfrac{1}{w-4}$,

$w \neq 0$, 4 **f)** $\dfrac{3}{4}$, $m \neq 0$, 1 **g)** $\dfrac{1}{t-1}$, $t \neq 1$, 2 **h)** $2a + 3$, $a \neq 5$

i) $\dfrac{y+3}{y+4}$, $y \neq 3, -4$ **j)** $\dfrac{2n-3}{4n+1}$, $n \neq -\dfrac{1}{3}, -\dfrac{1}{4}$

22. a) $\dfrac{2x^2 + 4x + 2}{x+1} = 2(x+1)$ **b)** $2(x+1):(x+1) = 2:1$

23. a) $\dfrac{4x}{3}$, $x, y \neq 0$ **b)** $-2a^2 b$, $a, b \neq 0$ **c)** $\dfrac{5ax}{8b}$, $a, b, x, y \neq 0$

d) $\dfrac{b}{6x^2}$, $b, x, y \neq 0$ **e)** $\dfrac{5}{4}$, $x \neq \pm 1$ **f)** $\dfrac{14(m+2)}{3(m+3)}$, $m \neq -3$, $n \neq 1$

g) $\dfrac{(t+2)(t-3)}{3}$, $t \neq \pm 2$, 3 **h)** $\dfrac{(x+2)(2x+1)}{(x-1)(x-2)}$, $x \neq 1, 2, 3, \dfrac{1}{2}$

i) $\dfrac{(2y-1)(4y-1)(y+1)}{(3y-2)(4y+1)(y-1)}$, $y \neq \pm 1, \dfrac{1}{3}, \dfrac{2}{3}, \pm \dfrac{1}{4}$

24. a) $\dfrac{2t^2 - 3t + 1}{2t - 1}$ **b)** $\dfrac{3t^2 - 2t - 1}{3t + 1}$

c) $\dfrac{2t^2 - 3t + 1}{2t - 1} \times \dfrac{3t^2 - 2t - 1}{3t + 1} = (t-1)^2$, $t \neq -\dfrac{1}{3}, \dfrac{1}{2}$

d) C'est un carré ; la longueur et la largeur sont toutes deux égales à $t - 1$.

25. a) $\dfrac{-2}{x}$, $x \neq 0$ **b)** $\dfrac{5m - 4}{m - 2}$, $m \neq 2$ **c)** $\dfrac{z - 2}{z^2}$, $z \neq 0$ **d)** $\dfrac{t}{12}$

e) $\dfrac{26x - 1}{20}$ **f)** $\dfrac{-5a}{12}$ **g)** $\dfrac{2}{2y - 5}$, $y \neq \dfrac{5}{2}$ **h)** $\dfrac{2x^2 + 3}{x^2 - 4}$, $x \neq \pm 2$

i) $\dfrac{1}{x + 2}$, $x \neq -1, -2$ **26.** $\dfrac{3x + 1}{4}$ **27. a)** $\dfrac{y + 4}{y^2}$, $y \neq 0$

b) $\dfrac{4y^2 - 5xy + 2x^2}{x^2 y^2}$, $x, y \neq 0$ **c)** $\dfrac{3a + 4}{6(a - 1)}$, $a \neq 1$

d) $\dfrac{-2(x + 5)}{(x + 3)(x + 1)}$, $x \neq -1, -3$

e) $\dfrac{t - 3}{(t - 1)(t + 1)(t + 2)}$, $t \neq \pm 1, -2$ **f)** $\dfrac{3(x - 1)}{(3x + 1)(x - 2)}$,

$x \neq -1, -\dfrac{1}{3}, 2$ **28. a)** $y < 6$ **b)** $w > 2$ **c)** $x \geq -1$ **d)** $z \leq 2$

e) $k > -2$ **f)** $t > -8$ **g)** $m \leq 4$ **h)** $n \geq -4$ **29. a)** $x > -4$ **b)** $y < 0$

c) $m \leq -1$ **d)** $z > 11$ **e)** $b > 8$ **f)** $q > 1$ **g)** $b \leq 2$ **h)** $n \leq 4$

30. a) $m \leq 3$ **b)** $w < 2$ **c)** $x < 17$ **d)** $z \leq 1$ **e)** $y \leq -2$ **f)** $n < 3$

31. a) $x > 8$ **b)** $w \leq -15$ **c)** $m < 2$ **d)** $p \leq -2$ **e)** $x > 0$ **f)** $w \leq 5$

g) $y > -2$ **h)** $k \leq 4$ **32. a)** $x \geq 7$ **b)** $x < 9$ **33.** 256 ou plus

Vérifions nos connaissances, p. 90 et 91

1. a) $\dfrac{1}{25}$ **b)** 100 **c)** $\dfrac{3}{10}$ **2. a)** $s^6 t^9$ **b)** $-6a^3 b$ **c)** $9a^4 b^{10}$ **d)** $-5n^5$

e) $\dfrac{-s^2 t^7}{16}$ **3. a)** $-\dfrac{1}{1000}$ **b)** $\dfrac{1}{27}$ **c)** $\dfrac{9}{4}$ **4.** 7 unités carrées **5. a)** 4

b) 9 **c)** -2 **d)** $\dfrac{5}{2}$ **e)** -2 **f)** 0 **6. a)** -3 **b)** -4 **c)** -2 **d)** 1 **e)** 4

7. a) $9 - 3x - 18$ **b)** $-4y^2 - 12y + 2$ **8. a)** $-5t^2 - 31t$ **b)** $-19w$

c) $x^2 + 6x - 55$ **d)** $6x^2 - 21xy + 9y^2$ **e)** $-8s^2 - 24st - 18t^2$

f) $-4x^2 - 19x + 16$ **g)** $9x^2 + 2xy - 26y^2$ **9. a)** $\dfrac{3}{5}$, $x \neq y$

b) $\dfrac{2}{3}$, $y \neq 0, -2$ **c)** $\dfrac{t + 4}{t + 3}$, $t \neq -3$, 4 **d)** $\dfrac{2m + 3}{3m + 5}$, $m \neq 1$, $-\dfrac{5}{3}$

10. a) $\dfrac{x - 1}{x + 2}$, $x \neq -4, -3, \pm 2$ **b)** $\dfrac{(a - 1)(a - 3)}{(a + 1)(a - 2)}$,

$a \neq -1, -\dfrac{1}{2}, \dfrac{2}{3}, 2, 3$ **c)** $\dfrac{-8n - 1}{12}$ **d)** $\dfrac{5}{2x - 3}$, $x \neq \dfrac{3}{2}$

e) $\dfrac{-x - 20}{(x + 1)(x + 4)(x - 4)}$, $x \neq \pm 4, -1$ **11. a)** $z \geq -8$ **b)** $x > -1$

c) $z \leq -3$ **d)** $y \leq 12$ **e)** $h < 8$ **f)** $y < 5$ **12. a)** $\dfrac{1}{4}$ **b)** 15,9 ans

13. a) $\dfrac{13x + 1}{3}$ **b)** 2, 5, 8 **14. a)** $\dfrac{2ab}{a + b}$, $\dfrac{3abc}{ab + bc + ca}$,

$\dfrac{4abc}{abc + bcd + cda + dab}$, **b)** $\dfrac{1260}{337}$

Problèmes stimulants, p. 92

1. e) $\sqrt[8]{x^7}$ **2. d)** 11 **3. c)** $27a^2$ **4. d)** $x \leq -1$ ou $x > 2$ **5. b)** 2
6. 6 **7.** 2 **8.** (2, 5), (3, 5) **9.** $xyz = 7^4$ ou 2401

Stratégie pour la résolution de problèmes :
Applications, résolution de problèmes,
communication, p. 94

1. 22 000 **2. a)** Oui **b)** 400 $ **3.** 384 **4.** 400 cm^2

Résolution de problèmes : L'application des
stratégies, p. 95

1. Lundi, mardi, mercredi **2.** 400 **3.** 9, 81 **4.** 512 cm^2
5. 9 **8.** D = 1, F = 9 **10.** Les réponses peuvent varier.
11. F = 14, E = 10 **12.** 9 km

Chapitre 2

Point de départ, p. 98

1. 225 $ **2.** 25 **3.** 11 **4.** 39 **5.** 20, 21, 22, 23, 24, 25, 26, 27, 28, 29 et 30 **6. a)** Non **b)** Elle devrait embaucher 29 personnes. **c)** 315 172 $

Révision des habiletés, p. 99

1. a) 11 **b)** 15 **c)** 0,3 **d)** 1,3 **e)** 0,04 **f)** 4 **g)** 13 **h)** 20 **i)** 7 **j)** 10
2. a) Sommet : (0, −8), axe de symétrie : $x = 0$, valeur minimale : −8, ordonnée à l'origine : −8, abscisses à l'origine : 2, −2 **b)** Sommet : (0, 6), axe de symétrie : $x = 0$, valeur maximale : 6, ordonnée à l'origine : 6, abscisses à l'origine : $\sqrt{2}$, $-\sqrt{2}$ **c)** Sommet : (2, 3), axe de symétrie : $x = 2$, valeur minimale : 3, ordonnée à l'origine : 7
d) Sommet : (−1, 8), axe de symétrie : $x = -1$, valeur maximale : 8, ordonnée à l'origine : 6, abscisses à l'origine : 1, −3
3. a) −2, 3 **b)** −4, −1 **c)** −2, 2
d) 0, 6 **4. a)** 3, −4 **b)** 5 **c)** −3, −5 **d)** 8, −4 **e)** 3, $-\dfrac{1}{2}$ **f)** $-\dfrac{1}{3}$
g) $\dfrac{3}{2}$, $-\dfrac{4}{3}$ **h)** 4, $-\dfrac{3}{2}$ **i)** $-\dfrac{3}{5}$, −1 **j)** 4, $-\dfrac{1}{4}$ **k)** $\dfrac{3}{2}$, 0 **l)** $\dfrac{5}{3}$, $-\dfrac{5}{3}$

5. a) -2, -4 **b)** 5, -3 **c)** 1, $-\frac{3}{4}$ **d)** $\frac{3}{2}$, -1 **e)** $\frac{2}{3}$, $-\frac{3}{2}$ **f)** $\frac{4}{3}$, $-\frac{5}{2}$

6. a) $\frac{3+\sqrt{5}}{2}$, $\frac{3-\sqrt{5}}{2}$; $2,62$, $0,38$ **b)** $\frac{-3+\sqrt{21}}{2}$, $\frac{-3-\sqrt{21}}{2}$;

$0,79$, $-3,79$ **c)** $\frac{1+\sqrt{41}}{4}$, $\frac{1-\sqrt{41}}{4}$; $1,85$, $-1,35$

d) $\frac{1+\sqrt{13}}{6}$, $\frac{1-\sqrt{13}}{6}$; $0,77$, $-0,43$ **e)** $\frac{-7+\sqrt{33}}{8}$, $\frac{-7-\sqrt{33}}{8}$;

$-0,16$, $-1,59$ **f)** $\frac{1+\sqrt{5}}{2}$, $\frac{1-\sqrt{5}}{2}$; $1,62$, $-0,62$

g) $\frac{-5+\sqrt{17}}{4}$, $\frac{-5-\sqrt{17}}{4}$; $-0,22$, $-2,28$ **h)** $\frac{3+\sqrt{69}}{10}$, $\frac{3-\sqrt{69}}{10}$;

$1,13$, $-0,53$ **7. a)** 25 **b)** 36 **c)** 1 **d)** 16 **e)** 49 **f)** 4 **g)** 225 **h)** 81

8. a) $y=(x+1)^2-6$; minimum : -6 lorsque $x=-1$

b) $y=(x-2)^2+2$; minimum : 2 lorsque $x=2$ **c)** $y=(x+3)^2-7$;

minimum : -7 lorsque $x=-3$ **d)** $y=-(x-4)^2+10$;

maximum : 10 lorsque $x=4$ **e)** $y=-(x+3)^2+12$;

maximum : 12 lorsque $x=-3$ **f)** $y=-(x-1)^2-4$; maximum :

-4 lorsque $x=1$ **g)** $y=(x+5)^2-25$; minimum : -25 lorsque

$x=-5$ **h)** $y=-(x-2)^2+5$; maximum : 5 lorsque $x=2$

9. a) $y=2(x-2)^2-5$; minimum : -5 lorsque $x=2$

b) $y=3(x+1)^2-10$; minimum : -10 lorsque $x=-1$

c) $y=-2(x+3)^2+9$; maximum : 9 lorsque $x=-3$

d) $y=-4(x-1)^2+2$; maximum : 2 lorsque $x=1$

e) $y=2(x-5)^2-39$; minimum : -39 lorsque $x=5$

f) $y=-3(x-3)^2+32$; maximum : 32 lorsque $x=3$

g) $y=6(x-1)^2-6$; minimum : -6 lorsque $x=1$

h) $y=-5(x+2)^2+22$; maximum : 22 lorsque $x=-2$

Section 2.1, p. 106 à 109

1. a) $2\sqrt{3}$ **b)** $2\sqrt{5}$ **c)** $3\sqrt{5}$ **d)** $5\sqrt{2}$ **e)** $2\sqrt{6}$ **f)** $3\sqrt{7}$ **g)** $10\sqrt{2}$ **h)** $4\sqrt{2}$

i) $2\sqrt{11}$ **j)** $2\sqrt{15}$ **k)** $3\sqrt{2}$ **l)** $3\sqrt{6}$ **m)** $8\sqrt{2}$ **n)** $3\sqrt{10}$ **o)** $5\sqrt{5}$ **2. a)** $\sqrt{2}$

b) $\sqrt{5}$ **c)** $2\sqrt{5}$ **d)** $2\sqrt{2}$ **e)** $\sqrt{11}$ **f)** $\frac{\sqrt{7}}{2}$ **g)** $\frac{2\sqrt{5}}{3}$ **h)** 6 **i)** $9\sqrt{3}$ **j)** 15 **k)** 2

l) $\frac{2}{3}$ **3. a)** $2\sqrt{5}$ **b)** $3\sqrt{2}$ **c)** $5\sqrt{3}$ **d)** $\sqrt{77}$ **e)** $4\sqrt{21}$ **f)** 54 **g)** $12\sqrt{3}$

h) $30\sqrt{2}$ **i)** $36\sqrt{5}$ **j)** $56\sqrt{2}$ **k)** 6 **l)** 42 **4. a)** $2+3\sqrt{5}$ **b)** $3-\sqrt{6}$

c) $3+\sqrt{2}$ **d)** $4-\sqrt{3}$ **e)** $-2-\sqrt{2}$ **f)** $-3+\sqrt{3}$ **5. a)** $3i$ **b)** $5i$ **c)** $9i$

d) $i\sqrt{5}$ **e)** $i\sqrt{13}$ **f)** $i\sqrt{23}$ **g)** $2i\sqrt{3}$ **h)** $2i\sqrt{10}$ **i)** $3i\sqrt{6}$ **j)** $-2i\sqrt{5}$ **k)** $-2i\sqrt{5}$

l) $-2i\sqrt{15}$ **6. a)** -25 **b)** -6 **c)** -4 **d)** -12 **e)** 10 **f)** 18 **7. a)** $-i$

b) 1 **c)** i **d)** -20 **e)** -5 **f)** i **g)** -12 **h)** 64 **i)** 18 **j)** -2 **k)** 5 **l)** 6

m) -12 **n)** -50 **o)** 40 **8. a)** $4+2i\sqrt{5}$ **b)** $7-3i\sqrt{2}$ **c)** $10+5i\sqrt{3}$

d) $11-3i\sqrt{7}$ **e)** $-2-3i\sqrt{10}$ **f)** $-6-2i\sqrt{13}$ **9. a)** $3+4i\sqrt{5}$

b) $1-2i\sqrt{6}$ **c)** $5-2i$ **d)** $4+i\sqrt{3}$ **e)** $-2+i\sqrt{2}$ **f)** $-3-i\sqrt{2}$ **10. a)** 5

b) 5 **c)** 5 **d)** -5 **e)** -5 **f)** -5 **11. a)** Irrationnels, réels et

complexes **b)** Imaginaires purs, imaginaires et complexes

c) Irrationnels, réels et complexes **d)** Imaginaires et complexes

12. $\frac{\sqrt{15}}{2}$ **13.** $15\sqrt{3}$ cm **14. a)** 100 **b)** 144 **15. a)** $-1, -i, 1$,

$i, -1, -i, 1$, $i, -1, -i, 1$ **b)** Les valeurs $-1, -i, 1$ et i se

répètent. **c)** Écris n sous la forme $4k+j$, où k et j sont des

nombres entiers et $0 \le j \le 3$. Par la suite, si $j=0$, $i^n=1$; si

$j=1$, $i^n=i$; si $j=2$, $i^n=-1$; et si $j=3$, $i^n=-i$. **d)** $1, -1, i, -i$

16. a) $\sqrt{5}$; $2\sqrt{5}$; $3\sqrt{5}$ **b)** La longueur de la diagonale corres-

pond au produit de $\sqrt{5}$ et de la largeur. Elle est aussi égale

à la moitié du produit de $\sqrt{5}$ et de la longueur. **c)** $75\sqrt{5}$ cm

d) La longueur de la diagonale correspond au produit de $\sqrt{5}$

et de la racine carrée de la moitié de l'aire. **e)** $110\sqrt{5}$ cm

17. Oui, $x=-i\sqrt{3}$ est une solution de cette équation, car

$(-i\sqrt{3})^2+3=-3+3=0$. **18. a)** $2\sqrt[3]{2}$ **b)** $2\sqrt[3]{4}$ **c)** $3\sqrt[3]{2}$ **d)** $3\sqrt[3]{3}$

19. a) $\sqrt{7}$ **b)** $\sqrt{2}$ **c)** $3\sqrt{2}$ **d)** $\sqrt{6}$ **20. a)** Si $a<0$ et $b<0$, alors $\sqrt{ab}$

présente une valeur positive, tandis que $\sqrt{a}\sqrt{b}$ présente une

valeur négative. Par conséquent, $\sqrt{ab} \ne \sqrt{a}\sqrt{b}$. **b)** La division

par 0 est indéfinie.

Section 2.2, p. 115 à 119

1. a) 9 **b)** 100 **c)** $\frac{9}{4}$ **d)** $\frac{25}{4}$ **e)** $\frac{1}{4}$ **f)** $\frac{1}{4}$ **g)** $0,16$ **h)** $0,000\,625$

i) $1,44$ **j)** $46,9225$ **k)** $\frac{1}{9}$ **l)** $\frac{1}{144}$ **2. a)** Minimum : -43 lorsque

$x=-6$ **b)** Maximum : 10 lorsque $x=3$ **c)** Minimum : -87

lorsque $x=10$ **d)** Maximum : 44 lorsque $x=-7$

e) Maximum : 35 lorsque $x=-5$ **f)** Minimum : -18 lorsque

$x=-3$ **g)** Minimum : -1 lorsque $x=2$ **h)** Maximum : 3

lorsque $x=-1$ **i)** Minimum : -59 lorsque $x=3$ **j)** Minimum :

$-1,7$ lorsque $x=-2$ **k)** Minimum : $-0,1$ lorsque $x=-4$

l) Maximum : $3,6$ lorsque $x=-3$ **3. a)** Minimum : $-\frac{5}{4}$

lorsque $x=-\frac{3}{2}$ **b)** Minimum : $-\frac{9}{4}$ lorsque $x=\frac{1}{2}$

c) Minimum : $-\frac{1}{3}$ lorsque $x=-\frac{1}{3}$ **d)** Maximum : -8

lorsque $x=\frac{1}{2}$ **e)** Maximum : 7 lorsque $x=3$ **f)** Maximum :

$-\frac{7}{8}$ lorsque $x=\frac{3}{4}$ **g)** Maximum : $\frac{25}{4}$ lorsque $x=-\frac{5}{2}$

h) Minimum : $0,97$ lorsque $x=0,1$ **i)** Maximum : $-1,92$

lorsque $x=-0,2$ **j)** Minimum : $1,5$ lorsque $x=-1$

k) Maximum : $\frac{4}{3}$ lorsque $x=\frac{2}{3}$ **l)** Minimum : $-0,18$ lorsque

$x=0,6$ **m)** Maximum : $-3,19$ lorsque $x=0,9$ **n)** Maximum :

$-1,6875$ lorsque $x=1,25$ **4. a)** -36 **b)** $-6, 6$ **5. a)** $-20,25$

b) $-4,5, 4,5$ **6. a)** $132,25$ **b)** $11,5, 11,5$ **7. a)** $y=x^2-8x+35$

b) 19 ; 4 **8. a)** $y=375-10x-x^2$ **b)** 400 ; -5 **9. a)** $17,50$ \$

b) $9187,50$ \$ **10. a)** $84,5$ **b)** $6,5, 6,5$ **11. a)** Minimum :

-9 lorsque $x=0$ **b)** Maximum : 25 lorsque $x=0$

12. $21,125$ cm^2 **13. a)** $9,375$ unités carrées **b)** $1,25$

14. a) $62,1$ m **b)** $3,5$ s **15. a)** $3,0625$ unités carrées **b)** $0,875$

16. a) $3,23$ m **b)** $17,5$ m **c)** 2 m **17.** $0,05$ mm^2/h ; $2,5$ h

18. a) $32,52$ m **b)** 55 m **19. a)** $306,25$ m^2 **b)** $17,5$ m sur

$17,5$ m **c)** $612,5$ m^2 **d)** $17,5$ m sur 35 m **20. a)** Mercure :

$h=-2t^2+20t+2$; Neptune : $h=-6t^2+20t+2$; Vénus :

$h=-4,5t^2+20t+2$ **b)** Mercure : 52 m, 5 s ; Neptune :

$18,7$ m, $1,7$ s ; Vénus : $24,2$ m, $2,2$ s **21.** k doit être un

nombre entier positif. **22.** k doit être divisible par 4.

1. a) 25 **b)** 49 **c)** 12,25 **d)** 6,25 **e)** $\dfrac{4}{9}$ **f)** $\dfrac{1}{9}$ **g)** 0,49 **h)** 0,0009

2. a) 0, −6 **b)** 11, 9 **c)** 3, −1 **d)** 9, −1 **e)** $\dfrac{3}{2}, -\dfrac{5}{2}$ **f)** 0, $\dfrac{2}{3}$ **g)** 0, $-\dfrac{3}{2}$ **h)** 1,6, −0,6 **i)** −0,3, −0,5 **3. a)** $-3+\sqrt{5}$, $-3-\sqrt{5}$ **b)** $2+\sqrt{15}$, $2-\sqrt{15}$ **c)** $-4+\sqrt{23}$, $-4-\sqrt{23}$ **d)** $5+2\sqrt{7}$, $5-2\sqrt{7}$

e) $\dfrac{7+\sqrt{13}}{2}$, $\dfrac{7-\sqrt{13}}{2}$ **f)** $\dfrac{5+\sqrt{17}}{2}$, $\dfrac{5-\sqrt{17}}{2}$ **g)** $\dfrac{-1+\sqrt{13}}{2}$, $\dfrac{-1-\sqrt{13}}{2}$ **h)** $10+4\sqrt{6}$, $10-4\sqrt{6}$ **4. a)** $\dfrac{-4+\sqrt{6}}{2}$, $\dfrac{-4-\sqrt{6}}{2}$

b) $\dfrac{3+\sqrt{3}}{3}$, $\dfrac{3-\sqrt{3}}{3}$ **c)** $\dfrac{-3+\sqrt{57}}{12}$, $\dfrac{-3-\sqrt{57}}{12}$ **d)** 2, $-\dfrac{1}{3}$

e) $\dfrac{-1+\sqrt{31}}{5}$, $\dfrac{-1-\sqrt{31}}{5}$ **f)** $\dfrac{-1+\sqrt{6}}{5}$, $\dfrac{-1-\sqrt{6}}{5}$ **g)** $-1+3\sqrt{3}$, $-1-3\sqrt{3}$ **h)** $\dfrac{1+\sqrt{10}}{3}$, $\dfrac{1-\sqrt{10}}{3}$ **5. a)** 0,41, −2,41 **b)** 3,73,

0,27 **c)** 2,19, −3,19 **d)** 3,58, 0,42 **e)** −0,72, −2,78 **f)** 4,10, −1,10 **g)** −0,13, −3,87 **h)** 3,81, −1,31

6. a) $\dfrac{-1+i\sqrt{23}}{2}$, $\dfrac{-1-i\sqrt{23}}{2}$ **b)** $1+i\sqrt{7}$, $1-i\sqrt{7}$ **c)** $-3+2i\sqrt{2}$, $-3-2i\sqrt{2}$ **d)** $\dfrac{3+i\sqrt{39}}{4}$, $\dfrac{3-i\sqrt{39}}{4}$ **e)** $\dfrac{5+i\sqrt{7}}{4}$, $\dfrac{5-i\sqrt{7}}{4}$

f) $\dfrac{-4+2i\sqrt{2}}{3}$, $\dfrac{-4-2i\sqrt{2}}{3}$ **g)** $-1+i$, $-1-i$ **h)** $\dfrac{3+i\sqrt{11}}{2}$, $\dfrac{3-i\sqrt{11}}{2}$ **7. a)** 4, −7 **b)** 1, $-\dfrac{3}{2}$ **c)** $-\dfrac{1}{3}$, $-\dfrac{3}{4}$ **d)** $\dfrac{5}{2}$, $\dfrac{5}{2}$

8. a) 5, −8 **b)** 4, −3 **c)** 6, 6 **d)** 5, −6 **e)** 4, −1 **f)** 5, 0 **g)** 7, −2 **h)** 4, −4 **i)** −5, −5 **j)** 8, −2 **9. a)** 3, $-\dfrac{1}{4}$ **b)** 4, $\dfrac{1}{4}$ **c)** $-\dfrac{4}{3}$, $-\dfrac{4}{3}$

d) 3, $-\dfrac{5}{3}$ **e)** $\dfrac{5}{2}$, $-\dfrac{5}{2}$ **f)** $\dfrac{1}{2}$, −5 **g)** $\dfrac{1}{4}$, $-\dfrac{1}{2}$ **h)** $\dfrac{1}{2}$, $-\dfrac{2}{3}$ **i)** $-\dfrac{1}{2}$, $-\dfrac{2}{3}$ **j)** $\dfrac{6}{5}$, −10 **k)** $\dfrac{4}{3}$, $-\dfrac{4}{3}$ **l)** −3, −3 **10. a)** $\dfrac{5}{3}$, −3 **b)** 0, $-\dfrac{7}{3}$ **c)** $\dfrac{3}{2}$, $\dfrac{3}{2}$

d) 3, $-\dfrac{1}{4}$ **e)** $\dfrac{2}{3}$, −5 **f)** $\dfrac{5}{2}$, 0 **g)** 1, $-\dfrac{5}{6}$ **h)** $\dfrac{1}{3}$, $-\dfrac{3}{2}$ **i)** 4, $-\dfrac{3}{4}$ **j)** 1, $\dfrac{8}{9}$

k) −2, −2 **l)** 1, $-\dfrac{1}{3}$ **11. a)** $\dfrac{5}{2}$, $\dfrac{1}{2}$ **b)** $\dfrac{7}{3}$, −4 **c)** 3, $-\dfrac{5}{2}$ **d)** 1, $\dfrac{3}{2}$

e) 4, $-\dfrac{5}{3}$ **f)** 3, $-\dfrac{1}{4}$ **g)** 1, $-\dfrac{4}{5}$ **h)** $\dfrac{5}{3}$, $-\dfrac{3}{2}$ **12. a)** $\dfrac{-3+\sqrt{6}}{3}$,

$\dfrac{-3-\sqrt{6}}{3}$; −0,18, −1,82 **b)** $\dfrac{-3+\sqrt{3}}{2}$, $\dfrac{-3-\sqrt{3}}{2}$; −0,63, −2,37

c) $\dfrac{3+\sqrt{2}}{2}$, $\dfrac{3-\sqrt{2}}{2}$; 2,21, 0,79 **d)** $-3+\sqrt{5}$, $-3-\sqrt{5}$; −0,76,

−5,24 **e)** $\dfrac{3+\sqrt{7}}{2}$, $\dfrac{3-\sqrt{7}}{2}$; 2,82, 0,18 **f)** $\dfrac{\sqrt{22}}{2}$, $-\dfrac{\sqrt{22}}{2}$; 2,35,

−2,35 **g)** $\dfrac{3+\sqrt{21}}{6}$, $\dfrac{3-\sqrt{21}}{6}$; 1,26, −0,26 **h)** $\dfrac{-3+\sqrt{13}}{2}$,

$\dfrac{-3-\sqrt{13}}{2}$; 0,30, −3,30 **i)** $\dfrac{-3+\sqrt{15}}{3}$, $\dfrac{-3-\sqrt{15}}{3}$; 0,29, −2,29

j) $\dfrac{5+3\sqrt{5}}{2}$, $\dfrac{5-3\sqrt{5}}{2}$; 5,85, −0,85 **k)** $\dfrac{-3+\sqrt{17}}{4}$, $\dfrac{-3-\sqrt{17}}{4}$;

0,28, −1,78 **l)** $\dfrac{1+\sqrt{57}}{14}$, $\dfrac{1-\sqrt{57}}{14}$; 0,61, −0,47

m) $\dfrac{-1+\sqrt{73}}{12}$, $\dfrac{-1-\sqrt{73}}{12}$; 0,63, −0,80 **n)** $\dfrac{1+\sqrt{11}}{2}$, $\dfrac{1-\sqrt{11}}{2}$;

2,16, −1,16 **13. a)** $-1+i$, $-1-i$ **b)** $2+2i$, $2-2i$

c) $\dfrac{-5+i\sqrt{7}}{2}$, $\dfrac{-5-i\sqrt{7}}{2}$ **d)** $\dfrac{3+i\sqrt{3}}{2}$, $\dfrac{3-i\sqrt{3}}{2}$

e) $\dfrac{1+3i\sqrt{3}}{2}$, $\dfrac{1-3i\sqrt{3}}{2}$ **f)** $\dfrac{3+3i\sqrt{3}}{2}$, $\dfrac{3-3i\sqrt{3}}{2}$

g) $\dfrac{-3+i\sqrt{15}}{4}$, $\dfrac{-3-i\sqrt{15}}{4}$ **h)** $\dfrac{2+i\sqrt{2}}{3}$, $\dfrac{2-i\sqrt{2}}{3}$

i) $\dfrac{-5+i\sqrt{15}}{10}$, $\dfrac{-5-i\sqrt{15}}{10}$ **j)** $\dfrac{2+i}{5}$, $\dfrac{2-i}{5}$ **14. a)** $3i$, $-3i$

b) $4i$, $-4i$ **c)** $5i$, $-5i$ **d)** $10i$, $-10i$ **e)** $2i\sqrt{5}$, $-2i\sqrt{5}$ **f)** $2i\sqrt{3}$, $-2i\sqrt{3}$

g) $2i\sqrt{2}$, $-2i\sqrt{2}$ **h)** $i\sqrt{6}$, $-i\sqrt{6}$ **15.** 40 m sur 110 m **16.** 0,5 m

17. 4,3 cm **18.** 3,6 m sur 5,6 m **19.** 14 ou −15 **20.** 1,45

21. a) $7+2\sqrt{3}$, $7-2\sqrt{3}$ **b)** 3,536, 10,464 **22.** $1+3\sqrt{3}$, $1-3\sqrt{3}$

23. 8, 24 **24.** 5, 8 **25.** Oui, cela est possible, sauf si l'on veut

que l'édifice soit rectangulaire. **26. a)** Oui ; 10 m sur 10 m

ou 5 m sur 20 m **b)** Non **27. a)** Non **b)** Oui ; 11 cm sur

11 cm **c)** Oui ; 9 cm sur 13 cm **28. a)** $\dfrac{-7+3\sqrt{5}}{2}$, $\dfrac{-7-3\sqrt{5}}{2}$

b) $\dfrac{9+\sqrt{73}}{2}$, $\dfrac{9-\sqrt{73}}{2}$ **c)** $2+\sqrt{6}$, $2-\sqrt{6}$ **d)** $-3+2\sqrt{2}$,

$-3-2\sqrt{2}$ **29. a)** 4,1 s **b)** 2 s **30.** 9 cm, 12 cm, 15 cm

31. a) 15, 16 **b)** $\dfrac{31+\sqrt{41}}{2}$, $\dfrac{31-\sqrt{41}}{2}$ **c)** $\dfrac{31+i\sqrt{39}}{2}$,

$\dfrac{31-i\sqrt{39}}{2}$ **d)** $\dfrac{55}{2}$, $\dfrac{7}{2}$ **32.** Sur la calculatrice TI-83 Plus,

le message « erreur » s'affiche et signale qu'il n'y a pas de

changement de signe. Sur la calculatrice TI-92, le message

« erreur » s'affiche et signale qu'il n'y a pas de solutions.

33. 7, −7 **34. a)** Oui, au bout de 1 s et de 9 s **b)** Oui,

au bout de 5 s **c)** Non **35.** Non **36. a)** $\dfrac{3}{5}$, −7 **b)** 4, −4

c) 2 **d)** 6, −3 **37. a)** $-2+\sqrt{7}$, $-2-\sqrt{7}$; 0,65, −4,65

b) $\dfrac{-11+\sqrt{61}}{2}$, $\dfrac{-11-\sqrt{61}}{2}$; −1,59, −9,41 **c)** $\dfrac{-7+\sqrt{73}}{4}$,

$\dfrac{-7-\sqrt{73}}{4}$; 0,39, −3,89 **d)** $\dfrac{11+\sqrt{55}}{3}$, $\dfrac{11-\sqrt{55}}{3}$; 6,14, 1,19

38. a) $\dfrac{-17+i\sqrt{15}}{4}$, $\dfrac{-17-i\sqrt{15}}{4}$ **b)** $\dfrac{9+5i\sqrt{7}}{8}$, $\dfrac{9-5i\sqrt{7}}{8}$

c) $\dfrac{-2+i\sqrt{3}}{2}$, $\dfrac{-2-i\sqrt{3}}{2}$ **d)** $\dfrac{-1+\sqrt{19}}{3}$, $\dfrac{-1-\sqrt{19}}{3}$ **39.** 0,89 m

40. a) $-1+\sqrt{k+1}$, $-1-\sqrt{k+1}$ **b)** $\dfrac{1+\sqrt{1+k^2}}{k}$,

$\dfrac{1-\sqrt{1+k^2}}{k}$ lorsque $k\neq 0$; 0 lorsque $k=0$ **c)** $\dfrac{k+\sqrt{k^2+4}}{2}$,

$\dfrac{k-\sqrt{k^2+4}}{2}$ **41. a)** $x^2-5=0$ **b)** $x^2+4=0$ **42.** 5, 9

43. $\dfrac{-b+\sqrt{b^2-4c}}{2}$, $\dfrac{-b-\sqrt{b^2-4c}}{2}$ **44. a)** $\sqrt{t}$, $-\sqrt{t}$

b) $\sqrt{\dfrac{b}{a}}, -\sqrt{\dfrac{b}{a}}$ **c)** $0, -\dfrac{t}{r}$ **d)** $\dfrac{m+\sqrt{m^2+4t}}{2}, \dfrac{m-\sqrt{m^2+4t}}{2}$
45. a) $b^2-4ac=0$ **b)** $b^2-4ac>0$ **c)** $b^2-4ac<0$

Le monde du travail : L'édition, p. 133

1. a) La maison d'édition doit vendre 6000 exemplaires à 26 $ l'unité ou 6500 exemplaires à 24 $ l'unité. **b)** Non, les recettes maximales possibles étant de 156 250 $.

Approfondissement technologique : La résolution d'équations du second degré, p. 134

1. a) $\dfrac{-3+\sqrt{5}}{2}, \dfrac{-3-\sqrt{5}}{2}$ **b)** « False » (faux, car il n'y a aucune solution). **c)** $\dfrac{-1+\sqrt{17}}{4}, \dfrac{-1-\sqrt{17}}{4}$ **d)** « False » (faux, car il n'y a aucune solution). **2. a)** $\dfrac{-3+\sqrt{5}}{2}, \dfrac{-3-\sqrt{5}}{2}$

b) $1+i\sqrt{3}, 1-i\sqrt{3}$ **c)** $\dfrac{-1+\sqrt{17}}{4}, \dfrac{-1-\sqrt{17}}{4}$ **d)** $\dfrac{-1+i\sqrt{5}}{3}$,

$\dfrac{-1-i\sqrt{5}}{3}$ **3.** La fonction cSolve permet de déterminer aussi bien les racines imaginaires que les racines réelles, alors que la fonction Solve ne fournit que les racines réelles.

4. a) $\dfrac{-5+\sqrt{13}}{2}, \dfrac{-5-\sqrt{13}}{2}$ **b)** $2+\sqrt{6}, 2-\sqrt{6}$

c) $\dfrac{3+i\sqrt{15}}{2}, \dfrac{3-i\sqrt{15}}{2}$ **d)** $\dfrac{-3+i\sqrt{19}}{2}, \dfrac{-3-i\sqrt{19}}{2}$ **e)** $-4+\sqrt{19}$,

$-4-\sqrt{19}$ **f)** $\dfrac{5+i\sqrt{7}}{2}, \dfrac{5-i\sqrt{7}}{2}$ **g)** $\dfrac{-3+\sqrt{17}}{2}, \dfrac{-3-\sqrt{17}}{2}$

h) $4+i, 4-i$ **5. a)** $\dfrac{-1+\sqrt{13}}{3}, \dfrac{-1-\sqrt{13}}{3}$ **b)** $\dfrac{-2+i}{2}, \dfrac{-2-i}{2}$

c) $\dfrac{5+3\sqrt{5}}{5}, \dfrac{5-3\sqrt{5}}{5}$ **d)** $\dfrac{3+\sqrt{33}}{12}, \dfrac{3-\sqrt{33}}{12}$ **e)** $\dfrac{4+\sqrt{46}}{10}$,

$\dfrac{4-\sqrt{46}}{10}$ **f)** $\dfrac{3+3i\sqrt{7}}{4}, \dfrac{3-3i\sqrt{7}}{4}$ **g)** $-1+\sqrt{6}, -1-\sqrt{6}$

h) $\dfrac{1+i\sqrt{119}}{12}, \dfrac{1-i\sqrt{119}}{12}$ **6. a)** Oui ; 6,3 m sur 23,7 m

b) Oui ; 10 m sur 15 m **c)** Non **7. a)** Non **b)** Oui ; au bout de 2 s

Section 2.4, p. 139 à 142

1. a) $11\sqrt{5}$ **b)** $5\sqrt{3}$ **c)** $9\sqrt{2}$ **d)** $6\sqrt{7}$ **e)** $-\sqrt{10}$ **f)** 0 **g)** $4\sqrt{5}$
2. a) $8\sqrt{3}+2\sqrt{6}$ **b)** $4\sqrt{5}+4\sqrt{7}$ **c)** $7\sqrt{2}-\sqrt{10}$ **d)** $8\sqrt{6}-5\sqrt{13}$
e) $6\sqrt{11}+3\sqrt{14}$ **f)** $13+9\sqrt{7}$ **g)** $-1-2\sqrt{11}$ **3. a)** $5\sqrt{3}$ **b)** $5\sqrt{5}$
c) $\sqrt{2}$ **d)** $11\sqrt{2}$ **e)** $12\sqrt{3}$ **f)** $5\sqrt{6}+2\sqrt{2}$ **g)** $5\sqrt{7}+7\sqrt{3}$ **4. a)** $12\sqrt{7}$
b) $7\sqrt{2}$ **c)** $31\sqrt{3}$ **d)** $12\sqrt{2}$ **e)** $\sqrt{5}$ **f)** $9\sqrt{5}$ **g)** $24\sqrt{3}-20\sqrt{2}$
5. a) $2\sqrt{5}+4\sqrt{2}$ **b)** $3\sqrt{2}-\sqrt{3}$ **c)** $2\sqrt{3}+6$ **d)** $12\sqrt{3}-2\sqrt{6}$
e) $\sqrt{6}+4\sqrt{2}$ **f)** $12\sqrt{3}+6\sqrt{5}$ **g)** $23+4\sqrt{30}$ **h)** $16+\sqrt{3}$
i) $26+14\sqrt{14}$ **j)** $28+6\sqrt{3}$ **k)** $13-4\sqrt{10}$ **l)** 1 **m)** 4 **n)** -17

6. a) $\dfrac{\sqrt{3}}{3}$ **b)** $\dfrac{2\sqrt{5}}{5}$ **c)** $\dfrac{2\sqrt{7}}{7}$ **d)** $\dfrac{\sqrt{2}}{2}$ **e)** $\dfrac{5\sqrt{15}}{6}$ **f)** $\dfrac{2}{3}$ **g)** 2 **h)** $\sqrt{15}$ **i)** $\sqrt{2}$
j) $\dfrac{3\sqrt{15}}{20}$ **k)** $\dfrac{7\sqrt{33}}{6}$ **l)** $\dfrac{\sqrt{10}}{5}$ **7. a)** $\dfrac{2-\sqrt{2}}{2}$ **b)** $\dfrac{3+3\sqrt{5}}{4}$

c) $-\dfrac{3\sqrt{2}+2\sqrt{3}}{3}$ **d)** $\dfrac{2\sqrt{6}-2\sqrt{3}}{3}$ **e)** $\sqrt{5}+\sqrt{2}$ **f)** $3-\sqrt{6}$

g) $\dfrac{24-2\sqrt{6}}{23}$ **h)** $3-2\sqrt{2}$ **i)** $-\dfrac{5\sqrt{2}+2\sqrt{3}+2\sqrt{5}+\sqrt{30}}{4}$

j) $\dfrac{52+7\sqrt{35}}{43}$ **8.** $10\sqrt{5}$ **9.** $(\sqrt{3}+1)^2, \sqrt{3}(\sqrt{3}+1)$,

$(\sqrt{3}+1)(\sqrt{3}-1), (1-\sqrt{3})^2$ **10. a)** $6\sqrt{8}+\sqrt{8}-5\sqrt{8}$ **b)** Elle est deux fois supérieure aux autres. **11.** 1 **12. a)** $8\sqrt{6}-6$
b) $8\sqrt{2}+2\sqrt{3}$ **13.** $13-4\sqrt{10}$ **14.** $38\sqrt{15}-38\sqrt{2}$
15. $2\sqrt{7}+2\sqrt{5}$ **16. a)** $x^2-6x+7=0$ **b)** $x^2+2x-11=0$
c) $4x^2-8x-9=0$ **17. a)** $5\sqrt[3]{2}$ **b)** $5\sqrt[3]{3}$ **c)** $19\sqrt[3]{4}$ **d)** $13\sqrt[3]{2}$ **e)** $-\sqrt[3]{2}$
f) $\sqrt[3]{4}$ **g)** $3\sqrt[3]{5}$ **h)** $4\sqrt[3]{6}$ **18.** $97+56\sqrt{3}$ **19. a)** $8+4\sqrt{13}$
b) $3\sqrt{2}+2\sqrt{5}$ **20.** Cet énoncé est parfois vrai. Il n'est vrai que si la valeur de a ou de b ou les deux valeurs sont nulles.

Approfondissement technologique : Les radicaux et les calculatrices à affichage graphique, p. 143

1. a) $5\sqrt{17}$ **b)** $7\sqrt{6}$ **c)** $13\sqrt{3}$ **d)** $4\sqrt{5}$ **e)** $14\sqrt{15}$ **f)** $120\sqrt{3}$ **2. a)** $\dfrac{\sqrt{3}}{3}$
b) $\dfrac{5\sqrt{7}}{28}$ **c)** $-\dfrac{\sqrt{2}}{2}$ **d)** $4\sqrt{2}$ **e)** $\dfrac{5\sqrt{6}}{18}$ **f)** $\dfrac{2\sqrt{6}}{3}$ **3. a)** $5\sqrt{5}$ **b)** $24\sqrt{2}$ **c)** $\sqrt{7}$
d) $-\sqrt{6}$ **e)** $21\sqrt{3}$ **f)** $9\sqrt{10}$ **g)** $2\sqrt{5}$ **h)** $-5\sqrt{11}$ **4. a)** $5\sqrt{2}+5\sqrt{3}$
b) $6\sqrt{3}-3\sqrt{2}$ **c)** $18+60\sqrt{2}$ **d)** $84\sqrt{3}-56\sqrt{2}$ **e)** -7
f) $226+40\sqrt{22}$ **g)** $304-60\sqrt{15}$ **h)** $26\sqrt{6}-54$ **5. a)** $2\sqrt{3}-2\sqrt{2}$
b) $1+\sqrt{2}$ **c)** $\dfrac{6\sqrt{2}+3\sqrt{6}}{2}$ **d)** $\dfrac{8+\sqrt{10}}{9}$ **e)** $-3-2\sqrt{2}$ **f)** $\dfrac{-6-\sqrt{14}}{2}$

6. $\dfrac{48-12\sqrt{2}}{7}$

Section 2.5, p. 150 à 152

1. a) $7-2i$ **b)** $3-11i$ **c)** $2-5i$ **d)** $1+6i$ **e)** $-2+13i$
f) $-11+5i$ **g)** $-3-i$ **h)** $24-3i$ **i)** $14-17i$ **j)** $7-12i$
2. a) $8-6i$ **b)** $-6+3i$ **c)** $-20-12i$ **d)** $8-2i$ **e)** $14+2i$
f) $29-3i$ **g)** $-7-19i$ **h)** $26i$ **i)** $-3+4i$ **j)** $-7-24i$ **k)** $-2i$ **l)** 4
3. a) $-2i$ **b)** $-\dfrac{4i}{3}$ **c)** $-\dfrac{7i}{4}$ **d)** $\dfrac{6i}{5}$ **e)** $\dfrac{5i}{2}$ **f)** $\dfrac{3i}{7}$ **4. a)** $1-3i$

b) $-2-2i$ **c)** $\dfrac{2-5i}{2}$ **d)** $\dfrac{4+3i}{3}$ **e)** $\dfrac{-3+4i}{2}$ **5. a)** $3-2i$

b) $7+3i$ **c)** $5+4i$ **d)** $6-7i$ **6. a)** $\dfrac{6+3i}{5}$ **b)** $1-2i$ **c)** $\dfrac{-4+6i}{13}$

d) $\dfrac{3+4i}{25}$ **e)** $\dfrac{11+7i}{10}$ **f)** $\dfrac{2-4i}{5}$ **g)** $\dfrac{-5+12i}{13}$ **h)** $\dfrac{1+7i}{4}$

7. a) $-1+i, -1-i$ **b)** $2+2i, 2-2i$ **c)** $3+i, 3-i$
d) $-2+i\sqrt{2}, -2-i\sqrt{2}$ **e)** $1+i\sqrt{5}, 1-i\sqrt{5}$ **f)** $4+i\sqrt{3}, 4-i\sqrt{3}$

8. $-2i, -4, 16, 256$ **9. a)** $(35+4j)$ V **b)** $\dfrac{275-165j}{17}$ Ω

c) $\frac{33+11j}{2}$ A **10. a)** $-1+i, -1-i, 1-i, 1+i$

b) $-1+i, -1-i, 1-i, 1+i$; la régularité en cause est cyclique. **11. a)** $9+6i$ **b)** 0 **c)** $9-6i$ **12. a)** $7+2i$ **b)** $-2-36i$

c) $-8+9i$ **d)** $-17-18i$ **e)** 10 **f)** $20+40i$ **13.** $(a+bi)(a-bi)$

14. $\frac{a-bi}{a^2+b^2}$ **15. a)** $x^2-2x+2=0$ **b)** $4x^2-12x+13=0$

16. Puisque l'équation admet des racines imaginaires, $b^2-4ac<0$ et de sorte que le terme $\sqrt{b^2-4ac}$ de la formule est ici purement imaginaire. Les racines $\frac{-b+\sqrt{b^2-4ac}}{2a}$ et $\frac{-b-\sqrt{b^2-4ac}}{2a}$ sont par conséquent des nombres complexes conjugués. **17. a)** $x=5, y=-4$ **b)** $x=3, y=-6$ **c)** $x=6,5, y=3,5$ **d)** $x=2, y=-1$ **18. a)** $a=0$ **b)** Il peut s'agir de tout nombre réel. **19.** Une réflexion par rapport à l'axe véritable **20. a)** $2, -2$ **b)** $i, -i$ **c)** $1, -1, 2i, -2i$ **d)** $\sqrt{2}, -\sqrt{2}, \sqrt{3}, -\sqrt{3}$ **e)** $\sqrt{3}, -\sqrt{3}, i\sqrt{2}, -i\sqrt{2}$ **f)** $\frac{\sqrt{6}}{3}, -\frac{\sqrt{6}}{3}, 1, -1$

g) $i, -i, \frac{i\sqrt{6}}{2}, -\frac{i\sqrt{6}}{2}$ **h)** $\frac{\sqrt{6}}{2}, -\frac{\sqrt{6}}{2}, i\sqrt{2}, -i\sqrt{2}$ **i)** $\frac{\sqrt{2}}{2}, -\frac{\sqrt{2}}{2},$ $\frac{i\sqrt{2}}{2}, -\frac{i\sqrt{2}}{2}$ **j)** $0, 0, \frac{2}{3}, -\frac{2}{3}$ **21.** Non ; les racines imaginaires se présentent sous forme de paires de nombres complexes conjugués. **22. a)** $1, -1 ; i, -i$ **b)** $1, -1, i, -i$ **c)** $\frac{1+i}{\sqrt{2}}, -\frac{1+i}{\sqrt{2}}, \frac{-1+i}{\sqrt{2}}, \frac{1-i}{\sqrt{2}}$

Révision des concepts clés, p. 154 à 157

1. a) $3\sqrt{2}$ **b)** $4\sqrt{2}$ **c)** $10\sqrt{5}$ **2. a)** $\sqrt{5}$ **b)** $\sqrt{7}$ **c)** $6\sqrt{6}$ **d)** 10
3. a) $2\sqrt{15}$ **b)** $30\sqrt{2}$ **4. a)** $2+3\sqrt{5}$ **b)** $1+\sqrt{2}$ **c)** $2-\sqrt{5}$ **5. a)** $7i$
b) $3i\sqrt{2}$ **c)** $4i\sqrt{5}$ **6. a)** -30 **b)** 36 **c)** -16 **d)** -3 **7. a)** $5-6i$
b) $3+2i\sqrt{5}$ **c)** $2+i\sqrt{3}$ **8.** $30\sqrt{3}$ **9.** $20\sqrt{3}$ **10. a)** 25 **b)** 64 **c)** 6,25
d) 0,09 **11. a)** Minimum : -12 lorsque $x=-3$ **b)** Minimum : -15 lorsque $x=6$ **c)** Maximum : 18 lorsque $x=-4$
d) Maximum : 24 lorsque $x=5$ **e)** Minimum : 10,5 lorsque $x=-1,5$ **f)** Maximum : 3 lorsque $x=-2$ **g)** Minimum : $-3,25$ lorsque $x=2,5$ **h)** Maximum : $-3,75$ lorsque $x=0,5$
i) Minimum : $-1,25$ lorsque $x=-0,25$ **j)** Maximum : 1,125 lorsque $x=-1,5$ **12. a)** $-72,25$ **b)** $-8,5, 8,5$ **13.** 55,125 cm²
14. 56,25 m² **15. a)** 2,5 m **b)** 0 m **c)** 2,5 m **16. a)** 16 ; $(x+4)^2$ **b)** 81 ; $(y-9)^2$ **c)** $\frac{1}{4}$; $\left(m+\frac{1}{2}\right)^2$ **d)** 12,25 ; $(r-3,5)^2$
e) $\frac{9}{16}$; $\left(t+\frac{3}{4}\right)^2$ **f)** 0,0004 ; $(w-0,02)^2$ **17. a)** $-2+\sqrt{3},$ $-2-\sqrt{3}$; $-0,27, -3,73$ **b)** $3+\sqrt{13}, 3-\sqrt{13}$; 6,61, $-0,61$
c) $4+\sqrt{5}, 4-\sqrt{5}$; 6,24, 1,76 **d)** $5+\sqrt{11}, 5-\sqrt{11}$; 8,32, 1,68
e) $\frac{3+\sqrt{29}}{2}, \frac{3-\sqrt{29}}{2}$; 4,19, $-1,19$ **f)** $\frac{-7+3\sqrt{13}}{2}$,

$\frac{-7-3\sqrt{13}}{2}$; 1,91, $-8,91$ **g)** $\frac{-5+\sqrt{21}}{2}, \frac{-5-\sqrt{21}}{2}$; $-0,21,$ $-4,79$ **h)** $\frac{3+\sqrt{3}}{2}, \frac{3-\sqrt{3}}{2}$; 2,37, 0,63 **i)** $\frac{-5+\sqrt{13}}{6},$ $\frac{-5-\sqrt{13}}{6}$; $-0,23, -1,43$ **j)** $\frac{-1+\sqrt{31}}{6}, \frac{-1-\sqrt{31}}{6}$; 0,76, $-1,09$ **k)** 1, $-\frac{1}{6}$ **l)** $2+\sqrt{2}, 2-\sqrt{2}$; 3,41, 0,59 **18. a)** $-2+i,$ $-2-i$ **b)** $\frac{1+i\sqrt{3}}{2}, \frac{1-i\sqrt{3}}{2}$ **c)** $\frac{-3+i\sqrt{11}}{2}, \frac{-3-i\sqrt{11}}{2}$ **d)** $\frac{-1+i\sqrt{5}}{2}, \frac{-1-i\sqrt{5}}{2}$ **e)** $\frac{-3+i\sqrt{7}}{8}, \frac{-3-i\sqrt{7}}{8}$ **f)** $-2+i,$ $-2-i$ **19. a)** $-4, -9$ **b)** $8, -7$ **c)** $6, -6$ **d)** $3, 2$ **e)** $-12, -12$ **f)** $\frac{3}{2}, -\frac{3}{2}$ **g)** $-\frac{1}{2}, -2$ **h)** $-\frac{1}{3}, -3$ **i)** $2, -\frac{1}{3}$ **j)** $2, \frac{1}{3}$ **k)** $\frac{3}{2}, \frac{4}{3}$ **l)** $\frac{5}{3}, -\frac{4}{3}$ **20. a)** 10, -4 **b)** 6, -4 **c)** $\frac{-9+3\sqrt{5}}{2}, \frac{-9-3\sqrt{5}}{2}$; $-1,15, -7,85$ **d)** $5+\sqrt{34}, 5-\sqrt{34}$; 10,83, $-0,83$ **e)** $-3+\sqrt{3},$ $-3-\sqrt{3}$; $-1,27, -4,73$ **f)** 3, $\frac{1}{2}$ **g)** $\frac{4}{5}, -1$ **h)** $\frac{1+\sqrt{7}}{3}, \frac{1-\sqrt{7}}{3}$; 1,22, $-0,55$ **i)** $\frac{1+\sqrt{61}}{4}, \frac{1-\sqrt{61}}{4}$; 2,20, $-1,70$ **j)** $\frac{-4+\sqrt{10}}{2},$ $\frac{-4-\sqrt{10}}{2}$; $-0,42, -3,58$ **k)** $\frac{3+3\sqrt{33}}{16}, \frac{3-3\sqrt{33}}{16}$; 1,26, $-0,89$ **l)** $\frac{-5+\sqrt{73}}{6}, \frac{-5-\sqrt{73}}{6}$; 0,59, $-2,26$ **21. a)** $\frac{5+i\sqrt{11}}{2},$ $\frac{5-i\sqrt{11}}{2}$ **b)** $\frac{-1+i\sqrt{2}}{2}, \frac{-1-i\sqrt{2}}{2}$ **c)** $\frac{1+i\sqrt{11}}{3}, \frac{1-i\sqrt{11}}{3}$

d) $\frac{-9+i\sqrt{7}}{4}, \frac{-9-i\sqrt{7}}{4}$ **e)** $\frac{1+i\sqrt{79}}{4}, \frac{1-i\sqrt{79}}{4}$ **f)** $\frac{-1+2i\sqrt{6}}{5}$,

$\frac{-1-2i\sqrt{6}}{5}$ **22. a)** $4i, -4i$ **b)** $3i, -3i$ **c)** $\frac{2i}{3}, -\frac{2i}{3}$ **23.** 2,5 m

24. Oui **25. a)** Oui ; 5, 12 **b)** Oui ; 4, 13 **c)** Non **26. a)** $5\sqrt{2}$ **b)** $4\sqrt{3}+3\sqrt{6}$ **c)** $7\sqrt{5}$ **d)** $-\sqrt{3}$ **e)** $2\sqrt{2}$ **f)** $\sqrt{5}$ **g)** $\sqrt{10}-\sqrt{2}$ **h)** $-9\sqrt{7}$ **27. a)** $\sqrt{6}+5\sqrt{3}$ **b)** $2\sqrt{5}-2\sqrt{3}$ **c)** $-7-11\sqrt{10}$ **d)** $17+4\sqrt{15}$ **e)** 4 **f)** 4 **28. a)** $\frac{\sqrt{5}}{5}$ **b)** $\frac{\sqrt{6}}{3}$ **c)** $\frac{2\sqrt{2}}{3}$ **d)** $\frac{\sqrt{30}}{4}$ **29. a)** $1+\sqrt{3}$

b) $\frac{4\sqrt{5}-4\sqrt{2}}{3}$ **c)** $\frac{-2\sqrt{6}-10\sqrt{3}}{23}$ **d)** $\frac{48-7\sqrt{21}}{51}$

30. $(4-\sqrt{5})^2=21-8\sqrt{5}$ **31. a)** $12-3i$ **b)** $-2-6i$ **c)** $-25+19i$ **d)** $-5-12i$ **32. a)** $-\frac{3i}{2}$ **b)** $2i$ **c)** $3-4i$

d) $\frac{-2-5i}{3}$ **33. a)** $\frac{6-2i}{5}$ **b)** $\frac{-3+i}{5}$ **c)** $\frac{-7+6i}{17}$ **d)** $\frac{-1-13i}{10}$

34. a) $-1+i\sqrt{6}, -1-i\sqrt{6}$ **b)** $2+i\sqrt{7}, 2-i\sqrt{7}$ **c)** $-1+i\sqrt{2},$ $-1-i\sqrt{2}$ **35.** $-2i, -4-2i, 12+14i$

1. a) $5\sqrt{2}$ **b)** $2\sqrt{11}$ **c)** $4\sqrt{5}$ **d)** $\sqrt{35}$ **e)** $6\sqrt{2}$ **f)** $2\sqrt{3}$ **g)** $30\sqrt{5}$
h) $4-\sqrt{10}$ **2. a)** $6i$ **b)** $-4i\sqrt{3}$ **c)** -45 **d)** $6-6i$ **e)** $5+3i\sqrt{2}$
f) $4-i\sqrt{3}$ **3. a)** Maximum : 9 lorsque $x=-1$ **b)** Minimum :
$-\dfrac{41}{4}$ lorsque $x=\dfrac{7}{2}$ **c)** Maximum : $\dfrac{65}{8}$ lorsque $x=\dfrac{5}{4}$

4. a) $\dfrac{7+\sqrt{33}}{4}, \dfrac{7-\sqrt{33}}{4}$; 3,19, 0,31 **b)** $\dfrac{2+\sqrt{19}}{3}, \dfrac{2-\sqrt{19}}{3}$;
2,12, −0,79 **5. a)** $\dfrac{1+3i}{5}, \dfrac{1-3i}{5}$ **b)** $\dfrac{-2+i\sqrt{6}}{2}, \dfrac{-2-i\sqrt{6}}{2}$

6. a) $4, -\dfrac{1}{2}$ **b)** $\dfrac{2}{3}, -3$ **7. a)** $\dfrac{-3+\sqrt{29}}{2}, \dfrac{-3-\sqrt{29}}{2}$
b) $\dfrac{4+\sqrt{11}}{5}, \dfrac{4-\sqrt{11}}{5}$ **c)** $\dfrac{5+3i\sqrt{3}}{2}, \dfrac{5-3i\sqrt{3}}{2}$ **d)** $\dfrac{-3+5i\sqrt{3}}{6},$
$\dfrac{-3-5i\sqrt{3}}{6}$ **8.** 1,8 cm **9.** Factorisation, compléter le carré,
formule **10. a)** 0, 4 **b)** $k<0$ ou $k>4$ **c)** $0<k<4$ **11. a)** $3\sqrt{3}$
b) $7\sqrt{7}$ **12. a)** $14\sqrt{3}$ **b)** $-7+5\sqrt{3}$ **c)** $22-12\sqrt{2}$ **13. a)** $\dfrac{2\sqrt{7}}{7}$
b) $\dfrac{12+3\sqrt{3}}{-13}$ **c)** $\dfrac{10\sqrt{6}-5\sqrt{3}}{21}$ **14.** 7 unités carrées
15. a) $13-8i$ **b)** $-2+8i$ **c)** $27+24i$ **d)** $-\dfrac{5i}{3}$ **e)** $\dfrac{-4-5i}{2}$
f) $\dfrac{1-18i}{25}$

1. $y=-\dfrac{1}{2}x^2+3x+8$ **2.** $-k, -\dfrac{1}{k}$ **3.** 64 **4.** $k\geq -3+2\sqrt{2}$ ou
$k\leq -3-2\sqrt{2}$ **5.** 16, −16, 8, −8 **6.** (1, 9), (2, 8), (3, 7),
(4, 6), (5, 5), (6, 4), (7, 3), (8, 2), (9, 1) **7.** AB = 5, XY = 2

1. a) 2002, 3003, 4004, 5005, 6006 **b)** Lorsque le second
facteur du produit correspond à $7n$, le produit égale
$1000n+n$. **c)** Puisque $98 = 7(14)$, le produit égale
$1000(14) + 14$, ou 14 014. **2.** 49 **3. a)** $y=4x+6$; 42, 23,
214 **b)** $y=x^2+2$; 66, 11, 227 **c)** $y=2x-1$; 9, 19, 64
d) $y=\dfrac{x+3}{2}$; 7, 37, 51 **4. a)** 35 **b)** n^2+2n **c)** 960, 2600
d) La 21ᵉ **5.** 8 **6.** 17, 10 **7. a)** Il s'agit du même chiffre.
b) Leur somme est divisible par 9. **c)** Les réponses
peuvent varier ; 111 211 111, 12 222 122 221,
211 211 121 121 112 **8.** 5 **9.** 65 536 **10.** Q **11.** 7

1. À 252 km d'Ottawa à 15 h 36 **2.** 1,8 **3.** Il faut inscrire
le chiffre 0 sur trois des faces du dé et le chiffre 6 sur les trois
autres. **4.** $\dfrac{qst}{prx}$ **5.** 13 cm, 14 cm, 15 cm **6.** Coupe quatre
tiges en deux sections de 5 unités chacune et en une section
de 3 unités. Coupe cinq tiges en deux sections de 4 unités

chacune et en une section de 5 unités. Coupe trois tiges
en trois sections de 3 unités chacune et en une section de
4 unités. **7.** 10 240 **8.** R = −2, S = 4, T = −6 ou R = 6, S = 4,
T = 2 **9. a)** 37 **b)** $\dfrac{100c+10c+c}{c+c+c}=\dfrac{111c}{3c}=37$ **c)** Oui ;
oui ; oui **10.** 24 km **11.** 7π cm²

Chapitre 1 Des outils algébriques pour l'étude des fonctions

1. a) $-\dfrac{1}{64}$ **b)** 4 **c)** $\dfrac{32}{3}$ **d)** $\dfrac{1}{3}$ **e)** $-\dfrac{1}{8}$ **f)** $\dfrac{25}{4}$ **2. a)** $8x^4$ **b)** $-3a^5$
c) $-\dfrac{8z^6}{y^3}$ **d)** $\dfrac{x^5}{3y^4}$ **3. a)** $-\dfrac{1}{2}$ **b)** 1 **4. a)** $2x^2+6x+1$
b) $5a^2-2ab-b^2$ **5. a)** $-8y^3+12y^2+3y$
b) $6z^3-7z^2-15z-4$ **c)** $-4a^2+11ab+11b^2$
6. a) $\dfrac{2}{t+4}$, où $t\neq -2, -4$ **b)** $\dfrac{2x-1}{3x+1}$, où $x\neq 1, -\dfrac{1}{3}$
c) $\dfrac{3(t+3)}{3(t-3)}$, où $t\neq 3, -3$ **d)** $\dfrac{(2x+1)(x-1)}{(x-3)(2x-1)}$, où
$x\neq 3, 1, \dfrac{1}{2}, -\dfrac{3}{2}, -2$ **e)** $\dfrac{3(y+3)}{(1+3y)(1-3y)}$, où $y\neq \dfrac{1}{3}, -\dfrac{1}{3}$
f) $\dfrac{10}{(m-1)(m+3)(2m+1)}$, où $m\neq 1, -\dfrac{1}{2}, -3$
7. a) $k\leq 5$ **b)** $m>5$ **c)** $q\geq 7$

Chapitre 2 Les fonctions et les équations du second degré

1. a) $12\sqrt{7}$ **b)** $2\sqrt{2}$ **c)** $\dfrac{3+\sqrt{5}}{2}$ **d)** $3i\sqrt{6}$ **e)** $-2i\sqrt{6}$ **f)** 48 **g)** 10
h) $2-3i\sqrt{3}$ **i)** $2+\sqrt{5}$ **2. a)** Minimum : −7,25 lorsque $x=2,5$
b) Maximum : $\dfrac{10}{3}$ lorsque $x=\dfrac{2}{3}$ **3. a)** $-1, -\dfrac{4}{3}$ **b)** $\dfrac{4}{3}, -\dfrac{1}{2}$
4. a) $\dfrac{-3+i\sqrt{7}}{2}, \dfrac{-3-i\sqrt{7}}{2}$ **b)** $\dfrac{3+\sqrt{33}}{4}, \dfrac{3-\sqrt{33}}{4}$ **c)** $4+2\sqrt{3},$
$4-2\sqrt{3}$ **5. a)** $2+\sqrt{15}, 2-\sqrt{15}$ **b)** $1, -\dfrac{7}{3}$ **6.** 1,5 m
7. a) $-5\sqrt{3}-7\sqrt{5}$ **b)** $3\sqrt{2}+3\sqrt{7}$ **c)** $24-12\sqrt{6}-3\sqrt{10}+2\sqrt{15}$
d) $\dfrac{\sqrt{10}}{3}$ **e)** $\dfrac{12-5\sqrt{6}}{6}$ **f)** $-1-3i$ **g)** $27+5i$ **h)** $9+40i$
i) $\dfrac{-15+6i}{29}$ **j)** $2-i$

Chapitre 3

1. b) Le quadrant I, puisque $t\geq 0$ **2. b)** Les ordonnées des
points du graphique de $y=30x$ correspondent au sextuple
de celles des points du graphique de $y=5x$. **3. b)** Le temps
écoulé par rapport au nombre de litres de sang expulsés
4. b) Ils sont identiques. **5. a)** $y=12x$ **6.** $y=\dfrac{x}{12}$; en divisant
le nombre de respirations par 12, on obtient le nombre de
minutes.

1. a) $(-3, 2)$ **b)** $(-3, -8)$ **c)** $(-6, -2)$ **d)** $(2, -2)$ **e)** $(1, -4)$
f) $(-12, 6)$ **g)** $(-13, -9)$ **h)** $(8, 10)$ **2. a)** De 12 unités vers la
gauche **b)** De 8 unités vers le haut **c)** De 8 unités vers la
gauche et de 1 unité vers le bas **d)** De 6 unités vers la gauche
et de 5 unités vers le bas **e)** De 11 unités vers la droite et de
21 unités vers le bas **f)** De 7 unités vers la droite et de 19
unités vers le bas **3. a)** A′$(-3, 0)$, B′$(-6, -4)$, C′$(0, -6)$
b) A′$(4, 5)$, B′$(1, 1)$, C′$(7, -1)$ **c)** A′$(6, -1)$, B′$(3, -5)$,
C′$(9, -7)$ **4. a)** A′$(-2, -4)$, B′$(-4, -1)$, C′$(5, 2)$ **b)** A′$(2, 4)$,
B′$(4, 1)$, C′$(-5, -2)$ **c)** A′$(2, -4)$, B′$(4, -1)$, C′$(-5, 2)$
5. a) Un agrandissement vertical de rapport 3 **b)** Un
rétrécissement vertical de rapport $\frac{1}{3}$ **6.** Une réflexion
par rapport à l'axe des x **7. a)** De 3 unités vers le haut
b) De 7 unités vers le bas **c)** De 4 unités vers la droite
d) De 6 unités vers la gauche **e)** De 3 unités vers la gauche
et de 8 unités vers le bas **f)** De 7 unités vers la droite et de
2 unités vers le haut **8. a)** Vers le haut ; sommet : $(0, -4)$;
axe de symétrie : $x = 0$; domaine : ensemble des nombres
réels ; image : $y \geq -4$; valeur minimale : -4 **b)** Vers le bas ;
sommet : $(0, 5)$; axe de symétrie : $x = 0$; domaine : ensemble
des nombres réels ; image : $y \leq 5$ **c)** Vers
le haut ; sommet : $(2, 3)$; axe de symétrie : $x = 2$; domaine :
ensemble des nombres réels ; image : $y \geq 3$; valeur minimale : 3
d) Vers le bas ; sommet : $(-3, -5)$; axe de symétrie : $x = -3$;
domaine : ensemble des nombres réels ; image : $y \leq -5$;
valeur maximale : -5 **9. c)** Ils sont identiques. **f)** Il s'agit de
paraboles congruentes dont la position diffère. **g)** Dans le
cas de $y = x$, le graphique obtenu représente l'ensemble des
couples de la forme (x, x) ; la translation de ce graphique 1
unité vers le haut génère l'ensemble des couples $(x, x + 1)$,
lequel correspond à l'ensemble des couples $(x - 1, x)$,
résultant de la translation de 1 unité vers la gauche.

Section 3.1, p. 178 à 181

1. a) C'est une fonction. **b)** Ce n'est pas une fonction.
c) C'est une fonction. **d)** Ce n'est pas une fonction.
2. a) Domaine : $\{0, 1, 2, 3\}$; image : $\{5, 6, 7, 8\}$
b) Domaine : $\{1, 2\}$; image : $\{3, 4, 5\}$ **c)** Domaine :
$\{-2, -1, 0, 1, 2\}$; image : $\{-1, 0, 2\}$ **d)** Domaine :
$\{-2, 0, 3, 4, 7\}$; image : $\{1\}$ **e)** Domaine : $\{-2, -1, 0, 1, 2\}$;
image : $\{-5, -4, -1, 3, 5\}$ **f)** Domaine : $\{0\}$; image :
$\{-1, 0, 2, 4\}$ **3. a)** Domaine : ensemble des nombres réels ;
image : ensemble des nombres réels **b)** Domaine : $-4 \leq x \leq 3$;
image : $\{2\}$ **c)** Domaine : $\{-3\}$; image : ensemble des
nombres réels **d)** Domaine : ensemble des nombres réels ;
image : $y \geq 3$ **e)** Domaine : $x \geq 1$; image : ensemble des
nombres réels **f)** Domaine : $-4 \leq x \leq 5$; image : $-4 \leq y \leq 1$
g) Domaine : $-4 \leq x \leq 4$; image : $-4 \leq y \leq 4$ **h)** Domaine :
$-2 \leq x \leq 2$; image : $-3 \leq y \leq 3$ **4. b)** Oui **5. a)** C'est une
fonction. **b)** C'est une fonction. **c)** Ce n'est pas une fonction.
6. a) 3 **b)** 0 **c)** -4 **d)** -5 **e)** -7 **7. a)** 10 **b)** 4 **c)** 1 **d)** -5 **e)** 5,5
8. a) -1 **b)** 34 **c)** -1 **d)** 4,25 **e)** $-1,75$ **9. a)** 5 **b)** 176 **c)** 33 **d)** 5

e) 41 **10. a)** 5 **b)** 1 **c)** -59 **d)** -31 **e)** -4 **11.** $(-1, -8)$, $(0, -1)$,
$(2, 13)$, $(5, 34)$ **12. a)** 5 **b)** -2 **c)** 13 **d)** -5 **e)** 2,5 **13.** Il
s'agit d'un point. **14. a)** Variable dépendante : C ; variable
indépendante : n **b)** Oui, car il n'y a qu'un coût possible
pour chaque nombre de stylos achetés. **15. a)** C'est une
fonction ; variable dépendante : le temps ; variable indépendante : la vitesse. **b)** Ce n'est pas une fonction. **c)** C'est une
fonction ; variable dépendante : les recettes ; variable
indépendante : le nombre de billets vendus. **16.** 0 **17.** Non,
car sa représentation graphique échoue au test de la droite
verticale. **18. a)** $\{-5, -1, 0, 5\}$ **b)** $\{7, 47, 67\}$ **19. a)** Un salaire hebdomadaire de 400 \$ et une commission égale à 5 %
des ventes effectuées ; un salaire hebdomadaire de 400 \$ et
une commission égale à 6 % des ventes effectuées. **b)** Variable
dépendante : R ; variable indépendante : v **c)** Domaine : $v \geq 0$;
image : $R \geq 400$ **d)** 500 \$, 670 \$ **20.** Domaine : $r \geq 0$; image :
$A \geq 0$ **21. a)** Domaine : $-1 \leq x \leq 1$; image : $-1 \leq y \leq 1$
b) Non **22. a)** $S(r) = 0{,}75r$ **b)** 56 \$ **23. a)** $A(x) = 6x^2$
b) 37,5 cm² **24. a)** $A(x) = x(100 - 2x)$ **b)** 1250 m² ; 25 m sur
50 m **25.** Oui, car à chaque valeur de x est associée une
seule valeur de y. **26. a)** 1, -5 **b)** -2 **c)** 0, -4 **d)** -1, -3
28. a) Oui, car une période donnée passée à courir se traduit
par une et une seule distance parcourue possible. **b)** Oui, car
à tout moment précis, Carmen ne peut se trouver qu'à une
seule distance de son point de départ. **29.** Il s'agit de la
pente du segment de droite reliant les points $(1, 1)$ et $(4, 19)$
de ce graphique. **30.** -5 **31.** $A = \dfrac{C^2}{4\pi}$ **32. a)** $8a + 3$
b) $-1 - 3n$ **c)** $m^2 - 2m + 2$ **d)** $8k^2 + 8k - 1$ **e)** $9t^2 + 6t - 4$
f) $12w^2 - 32w + 25$

Section 3.2, p. 182 et 183

1. a) 0, 1, 2, 3, 4 **b)** La racine carrée n'est définie que pour
les valeurs non négatives de x et correspond à la racine carrée
positive. **c)** $x \geq 0$ **d)** Non, car elle est toujours croissante.
e) $y \geq 0$ **2. a)** 9, 4, 1, 0, 1, 4, 9 **b)** L'ensemble des nombres
réels **c)** $y \geq 0$ **3.** La courbe représentative de $f(x) = \sqrt{x}$ est
l'image de la portion de celle de $f(x) = x^2$ par une réflexion
par rapport à la droite d'équation $y = x$. **4. b)** Il s'agit de
l'image de la courbe représentative de $y = \sqrt{x}$ par une
réflexion par rapport à l'axe des x, et la courbe représentative
de $y = \sqrt{x}$ ne figure que dans le quadrant I. **c)** $x \geq 0$
d) $y \leq 0$ **e)** La courbe représentative de $f(x) = \sqrt{x}$ et celle
de $f(x) = -\sqrt{x}$ constituent ensemble l'image de la courbe
représentative de $f(x) = x^2$ par une réflexion par rapport à
la droite d'équation $y = x$. **5. a)** 4, 3, 2, 1, $\frac{1}{2}$, $\frac{1}{3}$, $\frac{1}{4}$; -4, -3,
-2, -1, $-\frac{1}{2}$, $-\frac{1}{3}$, $-\frac{1}{4}$ **b)** Lorsque $x > 0$, la valeur de $y = \dfrac{1}{x}$
est positive, de sorte que son graphique se situe dans le
quadrant I. Lorsque $x < 0$, la valeur de $y = \dfrac{1}{x}$ est négative, de
sorte que son graphique se situe dans le quadrant III.
6. Table 1 : 1, 0,1, 0,01, 0,001 ; 1, 10, 100, 1000 ;
Table 2 : -1, $-0{,}1$, $-0{,}01$, $-0{,}001$; -1, -10, -100, -1000
7. a) Elle diminue. **b)** Non, car la valeur de $\dfrac{1}{x}$ est différente

de zéro pour toute valeur de *x*. **c)** Elle augmente. **d)** Non, car la valeur de $\frac{1}{x}$ ne cesse de croître à mesure que celle de *x* s'approche de zéro par le côté positif. **8. a)** Elle augmente. **b)** Non, car la valeur de $-\frac{1}{x}$ est différente de zéro pour toute valeur de *x*. **c)** Elle diminue. **d)** Non, car la valeur négative de $-\frac{1}{x}$ ne cesse de croître à mesure que celle de *x* s'approche de zéro par le côté négatif. **9. a)** L'ensemble des nombres réels, à l'exception de 0 **b)** L'ensemble des nombres réels, à l'exception de 0 **10. b)** L'ensemble des nombres réels **c)** L'ensemble des nombres réels **11.** L'un est croissant, l'autre est décroissant.

Section 3.3, p. 189 à 193

1. a) Par une translation de 5 unités vers le haut **b)** Par une translation de 6 unités vers le bas **c)** Par une translation de 4 unités vers la droite **d)** Par une translation de 8 unités vers la gauche **e)** Par une translation de 3 unités vers le haut **f)** Par une translation de 7 unités vers le bas **g)** Par une translation de 3 unités vers la gauche et de 5 unités vers le bas **h)** Par une translation de 6 unités vers la droite et de 2 unités vers le haut **i)** Par une translation de 5 unités vers la droite et de 7 unités vers le bas **j)** Par une translation de 2 unités vers la gauche et de 9 unités vers le haut **2. a)** $h = 0$, $k = 6$ **b)** $h = 0$, $k = -8$ **c)** $h = 3$, $k = 0$ **d)** $h = -5$, $k = 0$ **e)** $h = -2$, $k = -4$ **f)** $h = 7$, $k = 7$ **3. a)** Domaine : ensemble des nombres réels ; image : ensemble des nombres réels **b)** Domaine : ensemble des nombres réels ; image : ensemble des nombres réels **c)** Domaine : ensemble des nombres réels ; image : $y \geq -3$ **d)** Domaine : ensemble des nombres réels ; image : $y \geq 0$ **e)** Domaine : ensemble des nombres réels ; image : $y \geq -1$ **f)** Domaine : $x \geq -1$; image : $y \geq 0$ **g)** Domaine : $x \geq 0$; image : $y \geq -5$ **h)** Domaine : $x \geq 3$; image : $y \geq 6$ **5. a)** $y = \sqrt{x} - 5$ **b)** $y = \sqrt{x+4}$ **c)** $y = \sqrt{x+2} + 4$ **d)** $y = (x+4)^2 - 4$ **9.** $f(\text{P-C1}) = -5t^2 + 210$, $f(\text{TBW}) = -5t^2 + 148$, $f(\text{CG}) = -5t^2 + 126$ **c)** Une translation du graphique de $f(\text{P-C1})$ de 62 unités vers le bas **d)** Une translation du graphique de $f(\text{CG})$ de 22 unités vers le haut **e)** Une translation du graphique de $f(\text{P-C1})$ de 84 unités vers le bas **10. a)** $C = 45 + 35t$ **b)** $C = 40 + 35t$ **c)** Le graphique obtenu dans le cas d'Hélène est l'image de celui qui est obtenu dans le cas de Marc, par une translation de 5 unités vers le haut. **11.** Ils sont identiques. Le graphique de $f(x) = 2x + 3$ consiste en une droite dont la pente est 2. Ainsi, lorsque l'on se déplace de 1 unité vers la droite à partir de ce graphique, il faut se déplacer de 2 unités vers le haut pour l'atteindre de nouveau. **12. a)** Une translation de 1000 unités vers le haut **b)** $S(a) = 26\,000 + 2250a$ **c)** Domaine : $0 \leq a \leq 45$; image : $26\,000 \leq S \leq 127\,250$ **13. a)** Chaque cercle plein représente une valeur possible de la fonction, tandis que chaque cercle vide dénote l'absence d'une telle valeur. **b)** Domaine : ensemble des nombres réels ; image : ensemble des nombres entiers **14. b)** 5 \$, 6 \$, 6 \$, 8 \$ **15. a)** Une translation de 7 unités vers la droite **b)** Une translation de 12 unités vers le bas **16.** Une translation de 2 unités vers le bas **17.** Les ensembles de couples générés par ces translations sont de la forme $(x, x+3)$ ou de la forme $(x-3, x)$ et représentent tous

deux la fonction définie par $f(x) = x + 3$.
18. a) $C(x) = \frac{20}{50 + x} \times 100\ \%$ **c)** $33\frac{1}{3}\ \%$
d) $C(x) = \frac{20}{40 + x} \times 100\ \%$ **f)** Une translation de 10 unités vers la gauche

Le monde du travail : La médecine vétérinaire, p. 193

1. b) La représentation graphique de l'âge équivalant chez l'être humain à celui d'un chien est l'image de la représentation graphique de l'âge équivalant à celui d'un chat, cela par une translation de 5 unités vers le haut. **c)** Il y a entre elles une différence de 5. **d)** Oui, car les deux graphiques ont la même pente. **e)** Non. Les chiens vieillissent plus vite, car au bout de 3 ans, l'âge d'un chien correspond à 32 ans chez l'être humain et celui d'un chat, à 27 ans.

Section 3.4, p. 203 à 206

2. a) $y = -\sqrt{x+3}$ **b)** $y = -x^2 + 3$ **c)** $y = -\sqrt{x} - 3$ **d)** $y = -2x + 2$
3. a) $y = -x - 3$ **b)** $y = \sqrt{2-x}$ **c)** $y = \sqrt{-x} - 2$ **d)** $y = (x+4)^2$
5. a) $-f(x) = 4 - 2x$, $f(-x) = -2x - 4$ **c)** Pour $-f(x)$: $(2, 0)$; pour $f(-x)$: $(0, -4)$ **d)** Le domaine et l'image de chaque fonction correspondent tous deux à l'ensemble des nombres réels. **6. a)** $-f(x) = 3x - 2$, $f(-x) = 3x + 2$
c) Pour $-f(x)$: $\left(\frac{2}{3}, 0\right)$; pour $f(-x)$: $(0, 2)$
7. a) $-f(x) = 4x - x^2$, $f(-x) = x^2 + 4x$ **c)** Pour $-f(x)$: $(0, 0)$, $(4, 0)$; pour $f(-x)$: $(0, 0)$ **8. a)** $-f(x) = 9 - x^2$, $f(-x) = x^2 - 9$
c) Pour $-f(x)$: $(3, 0)$, $(-3, 0)$; pour $f(-x)$: $(0, -9)$
9. a) $-f(x) = (x+4)(2-x)$, $f(-x) = (x-4)(x+2)$
c) Pour $y = f(x)$, domaine : ensemble des nombres réels ; image : $y \geq -9$; pour $y = -f(x)$, domaine : ensemble des nombres réels ; image : $y \leq 9$; pour $y = f(-x)$, domaine : ensemble des nombres réels ; image : $y \geq -9$
10. a) $-f(x) = -\sqrt{x+4}$, $f(-x) = \sqrt{4-x}$ **c)** Pour $y = f(x)$, domaine : $x \geq -4$; image : $y \geq 0$; pour $y = -f(x)$, domaine : $x \geq -4$; image : $y \leq 0$; pour $y = f(-x)$, domaine : $x \leq 4$; image : $y \geq 0$ **11. a)** $-f(x) = -\sqrt{x} - 4$, $f(-x) = \sqrt{-x} + 4$
c) Pour $y = f(x)$, domaine : $x \geq 0$; image : $y \geq 4$; pour $y = -f(x)$, domaine : $x \geq 0$, image : $y \leq -4$; pour $y = f(-x)$, domaine : $x \leq 0$; image : $y \geq 4$ **12. a)** L'arête AD, car l'équation dénote une pente positive. **b)** $y = -0,9x + 146$; il s'agit de la fonction définie par $y = f(-x)$, chaque arête étant l'image de l'autre par une réflexion par rapport à l'axe des *y*. **13.** Elles sont chacune l'image symétrique de l'autre par rapport à l'axe des *x*. Si l'une correspond à $y = f(x)$, l'autre correspond à $y = -f(x)$. **14. a)** $(0, -6)$, $(-2, 0)$, $(3, 0)$
15. a) $y = 0,7x + 1,9$ **b)** 1,9 m **c)** 5,4 m **d)** Pour la moitié de gauche, domaine : $-2,7 \leq x \leq 0$; image : $0 \leq y \leq 1,9$; pour la moitié de droite, domaine : $0 \leq x \leq 2,7$; image : $0 \leq y \leq 1,9$ **17.** $(0, 0)$, car chaque coordonnée doit vérifier l'équation $a = -a$. **18. a)** $-f(x) = -\sqrt{x-3}$, $f(-x) = \sqrt{-x-3}$, $-f(-x) = -\sqrt{-x-3}$ **c)** Pour $y = f(x)$, domaine : $x \geq 3$; image : $y \geq 0$; pour $y = -f(x)$, domaine : $x \geq 3$; image : $y \leq 0$; pour $y = f(-x)$, domaine : $x \leq -3$; image : $y \geq 0$; pour $y = -f(-x)$, domaine : $x \leq -3$; image : $y \leq 0$ **19. a)** $-f(x) = -(x+1)^2$, $f(-x) = (1-x)^2$, $-f(-x) = -(1-x)^2$ **c)** Pour $y = f(x)$, domaine : ensemble des nombres réels ; image : $y \geq 0$; pour

$y = -f(x)$, domaine : ensemble des nombres réels ; image : $y \leq 0$; pour $y = f(-x)$, domaine : ensemble des nombres réels ; image : $y \geq 0$; pour $y = -f(-x)$, domaine : ensemble des nombres réels ; image : $y \leq 0$ **20. a)** $n = p^2 - 8$ **b)** $n = -p^2 + 8$ **c)** Il s'agit d'images symétriques par rapport à l'axe des p. **21. a)** $-f(x) = -\sqrt{25 - x^2}$, $f(-x) = \sqrt{25 - x^2}$ **c)** Pour $y = -f(x)$: $(-5, 0)$, $(5, 0)$; pour $y = f(-x)$: $(0, 5)$ **d)** Pour $y = f(x)$, domaine : $-5 \leq x \leq 5$; image : $0 \leq y \leq 5$; pour $y = -f(x)$, domaine : $-5 \leq x \leq 5$; image : $-5 \leq y \leq 0$; pour $y = f(-x)$, domaine : $-5 \leq x \leq 5$; image : $0 \leq y \leq 5$; pour $y = -f(-x)$, domaine : $-5 \leq x \leq 5$; image : $-5 \leq y \leq 0$ **22.** Un, car il n'y a qu'une seule ordonnée à l'origine. **23. a)** Elles sont opposées. **b)** Elles sont opposées.

Section 3.5, p. 215 à 220

1. a) $f^{-1} = \{(2, 0), (3, 1), (4, 2), (5, 3)\}$ **b)** $g^{-1} = \{(-3, -1), (-2, 1), (4, 3), (0, 5), (1, 6)\}$ **2. a)** $f^{-1} = \{(3, -2), (2, -1), (0, 0), (-2, 4)\}$; c'est une fonction. **b)** $g^{-1} = \{(-2, 4), (1, 2), (3, 1), (-2, 0), (-3, -3)\}$; ce n'est pas une fonction. **4. a)** $x = \dfrac{f(x) - 2}{3}$ **b)** $x = \dfrac{12 - 3f(x)}{2}$ **c)** $x = \dfrac{3 - f(x)}{4}$ **d)** $x = 4f(x) - 3$ **e)** $x = 2f(x) + 10$ **f)** $x = \pm\sqrt{y - 3}$ **5. a)** $f^{-1}(x) = x + 1$ **b)** $f^{-1}(x) = 2x$ **c)** $f^{-1}(x) = x - 3$ **d)** $f^{-1}(x) = \dfrac{3}{4}x$ **e)** $f^{-1}(x) = \dfrac{x - 1}{2}$ **f)** $f^{-1}(x) = 3x - 2$ **g)** $g^{-1}(x) = \dfrac{2x + 8}{5}$ **h)** $h^{-1}(x) = 5x - 5$ **6. a)** $f^{-1}(x) = x - 2$ **b)** $f^{-1}(x) = \dfrac{x}{4}$ **c)** $f^{-1}(x) = \dfrac{x + 2}{3}$ **d)** $f^{-1}(x) = x$ **e)** $f^{-1}(x) = 3 - x$ **f)** $f^{-1}(x) = 3x + 2$ **7. a)** $f^{-1}(x) = \dfrac{x + 5}{2}$; oui **b)** $f^{-1}(x) = 4x - 3$; oui **c)** $f^{-1}(x) = 4x - 12$; oui **d)** $f^{-1}(x) = 5 - x$; oui **8. a)** Oui **b)** Oui **c)** Oui **d)** Non **e)** Non **f)** Non **g)** Oui **9. a)** Images par une réflexion par rapport à la droite d'équation $y = x$ **b)** Images par une réflexion par rapport à la droite d'équation $y = x$ **10. i) a)** $f^{-1}(x) = \pm\sqrt{x + 3}$ **c)** Pour f, domaine : ensemble des nombres réels ; image : $y \geq -3$; pour f^{-1}, domaine : $x \geq -3$; image : ensemble des nombres réels **ii) a)** $f^{-1}(x) = \pm\sqrt{x - 1}$ **c)** Pour f, domaine : ensemble des nombres réels ; image : $y \geq 1$; pour f^{-1}, domaine : $x \geq 1$; image : ensemble des nombres réels **iii) a)** $f^{-1}(x) = \pm\sqrt{-x}$ **c)** Pour f, domaine : ensemble des nombres réels ; image : $y \leq 0$; pour f^{-1}, domaine : $x \leq 0$; image : ensemble des nombres réels **iv) a)** $f^{-1}(x) = \pm\sqrt{-x - 1}$ **c)** Pour f, domaine : ensemble des nombres réels ; image : $y \leq -1$; pour f^{-1}, domaine : $x \leq -1$; image : ensemble des nombres réels **v) a)** $f^{-1}(x) = \pm\sqrt{x + 2}$ **c)** Pour f, domaine : ensemble des nombres réels ; image : $y \geq 0$; pour f^{-1}, domaine : $x \geq 0$; image : ensemble des nombres réels **vi) a)** $f^{-1}(x) = \pm\sqrt{x - 1}$ **c)** Pour f, domaine : ensemble des nombres réels ; image : $y \geq 0$; pour f^{-1}, domaine : $x \geq 0$; image : ensemble des nombres réels **11. a)** $y = \dfrac{x - 3}{2}$ **b)** $y = \pm\sqrt{x - 4}$ **12. a)** Non **b)** Non **13. a)** $f^{-1}(x) = \dfrac{x + 3}{2}$, domaine : ensemble des nombres réels ; image : ensemble des nombres réels **b)** $f^{-1}(x) = \dfrac{2 - x}{4}$, domaine : ensemble des nombres

réels ; image : ensemble des nombres réels **c)** $f^{-1}(x) = \dfrac{x + 6}{3}$, domaine : ensemble des nombres réels ; image : ensemble des nombres réels **d)** $f^{-1}(x) = 2x + 6$, domaine : ensemble des nombres réels ; image : ensemble des nombres réels **e)** $f^{-1}(x) = \pm\sqrt{x}$ **f)** $f^{-1}(x) = \pm\sqrt{x - 2}$ **g)** $f^{-1}(x) = \pm\sqrt{x + 4}$ **h)** $f^{-1}(x) = \pm\sqrt{\dfrac{2x + 2}{2}}$ **i)** $f^{-1}(x) = \pm\sqrt{x + 3}$ **j)** $f^{-1}(x) = \pm\sqrt{x - 2}$ **14. i) a)** $f^{-1}(x) = \sqrt{x}$ **c)** Pour f, domaine : $x \geq 0$; image : $y \geq 0$; pour f^{-1}, domaine : $x \geq 0$; image : $y \geq 0$ **ii) a)** $f^{-1}(x) = \sqrt{x + 2}$ **c)** Pour f, domaine : $x \geq 0$; image : $y \geq -2$; pour f^{-1}, domaine : $x \geq -2$; image : $y \geq 0$ **iii) a)** $f^{-1}(x) = -\sqrt{x - 4}$ **c)** Pour f, domaine : $x \leq 0$; image : $y \geq 4$; pour f^{-1}, domaine : $x \geq 4$; image : $y \leq 0$ **iv) a)** $f^{-1}(x) = \sqrt{3 - x}$ **c)** Pour f, domaine : $x \geq 0$; image : $y \leq 3$; pour f^{-1}, domaine : $x \leq 3$; image : $y \geq 0$ **v) a)** $f^{-1}(x) = \sqrt{x + 4}$ **c)** Pour f, domaine : $x \geq 4$; image : $y \geq 0$; pour f^{-1}, domaine : $x \geq 0$; image : $y \geq 4$ **vi) a)** $f^{-1}(x) = -\sqrt{x - 3}$ **c)** Pour f, domaine : $x \leq -3$; image : $y \geq 0$; pour f^{-1}, domaine : $x \geq 0$; image : $y \leq -3$ **15. a)** $f^{-1}(x) = x^2 + 2$, où $x \geq 0$ **b)** $f^{-1}(x) = 3 - x^2$, où $x \geq 0$ **c)** $f^{-1}(x) = \pm\sqrt{x^2 - 9}$, où $x \geq 3$ **16. i) a)** $f^{-1}(x) = \pm\sqrt{x - 3}$ **c)** $x \geq 0$ **ii) a)** $f^{-1}(x) = \pm\sqrt{\dfrac{2x}{2}}$ **c)** $x \geq 0$ **iii) a)** $f^{-1}(x) = \pm\sqrt{x + 1}$ **c)** $x \geq 0$ **iv) a)** $f^{-1}(x) = \pm\sqrt{-x}$ **c)** $x \geq 0$ **v) a)** $f^{-1}(x) = \pm\sqrt{1 - x}$ **c)** $x \geq 0$ **vi) a)** $f^{-1}(x) = \pm\sqrt{x + 2}$ **c)** $x \geq 2$ **vii) a)** $f^{-1}(x) = \pm\sqrt{x + 4}$ **c)** $x \geq 4$ **viii) a)** $f^{-1}(x) = \pm\sqrt{-x - 5}$ **c)** $x \geq -5$ **17. a)** $f^{-1}(x) = \dfrac{1}{x}$ **b)** Oui, car à chaque valeur de x n'est associée qu'une seule valeur de y. **18. a)** $f^{-1}(x) = x^2$, où $x \geq 0$ **b)** Oui **19. a)** $c(d) = 50 + 0,15d$ **b)** $d(c) = \dfrac{c - 50}{0,15}$ **c)** La réciproque représente la distance que l'on peut parcourir pour un coût de location donné. **d)** $c \geq 50$ **20. a)** $f(x) = 2\pi x$, où $x \geq 0$ **b)** $f^{-1}(x) = \dfrac{x}{2\pi}$ **c)** Oui **d)** La réciproque représente le rayon d'un cercle d'une circonférence donnée. **21. a)** $f(x) = 4\pi x^2$, où $x \geq 0$ **b)** $f^{-1}(x) = \dfrac{\sqrt{\pi x}}{2\pi}$ **c)** Domaine : $x \geq 0$; image : $y \geq 0$ **d)** Oui **e)** La réciproque représente le rayon d'une sphère d'une aire totale donnée. **22. a)** $f(x) = 0,7x$ **b)** $f^{-1}(x) = \dfrac{x}{0,7}$ **c)** La réciproque représente le prix régulier en fonction du prix réduit. **23. a)** $a(c) = 0,7c$ **b)** $c(a) = 1,43a$ **c)** 214,50 \$ **24. a)** $T(p) = 35p + 20$ **b)** $p(T) = \dfrac{T - 20}{35}$ **c)** 2 km **25. a)** $R(v) = 400 + 0,05v$ **b)** $v(R) = 20R - 8000$ **c)** La réciproque représente le total des ventes effectuées en fonction de la rémunération reçue. **d)** 3500 \$ **26. a)** 128,6° **b)** $n(i) = \dfrac{360}{180 - i}$ **c)** Le décagone **27. b)** $t(h) = \dfrac{\sqrt{400 - 5h}}{5}$ **c)** Oui, car le domaine de h se limite aux réels t tels que $t \geq 0$ **d)** La réciproque représente le temps qu'un objet met à tomber d'une hauteur de 80 m à une hauteur de h mètres au-dessus du sol. **e)** 3 s **f)** 4 s

28. a) $-f(x) = -2x + 4$, $f(-x) = -2x - 4$, $f^{-1}(x) = \dfrac{x+4}{2}$

c) Pour $-f(x)$: $(2, 0)$; pour $f(-x)$: $(0, -4)$; pour $f^{-1}(x)$: $(4, 4)$ **29. a)** $-f(x) = 3x - 2$, $f(-x) = 3x + 2$, $f^{-1}(x) = \dfrac{2-x}{3}$

c) Pour $-f(x)$: $\left(\dfrac{2}{3}, 0\right)$; pour $f(-x)$: $(0, 2)$; pour $f^{-1}(x)$: $\left(\dfrac{1}{2}, \dfrac{1}{2}\right)$ **30. a)** $-f(x) = -\sqrt{x+3}$, $f(-x) = \sqrt{3-x}$,

$f^{-1}(x) = x^2 - 3$, où $x \geq 0$ **31.** $y = 2$ **33.** Les réponses peuvent varier. $f(x) = x$, $f(x) = \dfrac{1}{x}$, $f(x) = 1 - x$,

$f(x) = \dfrac{3-x}{2x+1}$ **34. a)** Oui, car la fonction f pourrait être définie, entre autres, par $f(x) = x^2 - 6x + 11$. En pareil cas, $f(2) = 3$, et puisque $f(4) = 3$, f^{-1} comprendrait le couple $(3, 4)$. **b)** Non, car si la réciproque comprend $(4, 2)$, la fonction f doit inclure $(2, 4)$. Or, cela irait à l'encontre de la définition d'une fonction, puisque f comprend déjà $(2, 3)$.
35. 4 unités carrées **36. a)** Oui, car à chaque valeur de x n'est associée qu'une seule valeur de y, soit k. **b)** Non, car elle se traduit par la droite verticale d'équation $x = k$, laquelle ne représente pas une fonction. **37.** La fonction initiale **38.** Chacune est l'inverse de l'autre. **39. a)** D'une infinité de manières **b)** D'une infinité de manières

Section 3.6, p. 229 à 232

1. a) Domaine : $-4 \leq x \leq 4$; image : $0 \leq y \leq 8$ **b)** Domaine : $-4 \leq x \leq 4$; image : $0 \leq y \leq 2$ **c)** Domaine : $-2 \leq x \leq 2$; image : $0 \leq y \leq 4$ **d)** Domaine : $-8 \leq x \leq 8$; image : $0 \leq y \leq 4$ **e)** Domaine : $-8 \leq x \leq 8$; image : $0 \leq y \leq 8$ **f)** Domaine : $-8 \leq x \leq 8$; image : $0 \leq y \leq 2$ **g)** Domaine : $-2 \leq x \leq 2$; image : $0 \leq y \leq 8$ **h)** Domaine : $-2 \leq x \leq 2$; image : $0 \leq y \leq 2$ **2. a)** Domaine : $-3 \leq x \leq 3$; image : $0 \leq y \leq 18$ **b)** Domaine : $-3 \leq x \leq 3$; image : $0 \leq y \leq 3$ **c)** Domaine : $-1 \leq x \leq 1$; image : $0 \leq y \leq 9$ **d)** Domaine : $-9 \leq x \leq 9$; image : $0 \leq y \leq 9$ **e)** Domaine : $-6 \leq x \leq 6$; image : $0 \leq y \leq 9$ **f)** Domaine : $-1 \leq x \leq 1$; image : $0 \leq y \leq 3$ **3. a)** $g(x) = 2f(x)$, $h(x) = 3f(x)$ **b)** $g(x) = f(2x)$, $h(x) = f\left(\dfrac{1}{2}x\right)$ **4. i) b)** Un agrandissement vertical de rapport 2 ; un rétrécissement vertical de rapport $\dfrac{1}{2}$ **c)** $(0, 0)$ **ii) b)** Un agrandissement vertical de rapport 3 ; un rétrécissement vertical de rapport $\dfrac{1}{2}$ **c)** $(0, 0)$ **iii) b)** Un agrandissement vertical de rapport 3 ; un agrandissement vertical de rapport 1,5 **c)** $(0, 0)$ **iv) b)** Un agrandissement vertical de rapport 4 ou un rétrécissement horizontal de rapport $\dfrac{1}{2}$; un rétrécissement vertical de rapport $\dfrac{1}{4}$ ou un agrandissement horizontal de rapport 4 **c)** $(0, 0)$ **5. a)** Par un agrandissement vertical de rapport 3 **b)** Par un rétrécissement vertical de rapport $\dfrac{1}{2}$ **c)** Par un agrandissement vertical de rapport 2 **d)** Par un rétrécissement vertical de rapport $\dfrac{1}{3}$ **e)** Par un rétrécissement horizontal de rapport $\dfrac{1}{2}$ **f)** Par un agrandissement horizontal de rapport 2 **g)** Par un rétrécissement horizontal de rapport $\dfrac{1}{4}$ **6. a)** Par un agrandissement vertical de rapport 3 et un rétrécissement horizontal de rapport $\dfrac{1}{2}$

b) Par un rétrécissement vertical de rapport $\dfrac{1}{2}$ et un agrandissement horizontal de rapport 3 **c)** Par un agrandissement vertical de rapport 4 et un agrandissement horizontal de rapport 2 **d)** Par un rétrécissement vertical de rapport $\dfrac{1}{3}$ et un rétrécissement horizontal de rapport $\dfrac{1}{3}$ **e)** Par un agrandissement vertical de rapport 2 et un rétrécissement horizontal de rapport $\dfrac{1}{4}$ **f)** Par un agrandissement vertical de rapport 5 et un agrandissement horizontal de rapport 2 **7. a)** $f(x) = \dfrac{1}{2}x^2$ **b)** $f(x) = 2x + 2$ **c)** $f(x) = 3\sqrt{x}$ **8. a)** -4, 2 **b)** -8, 4 **c)** -2, 1 **9. a)** 38,4 m, 57,6 m, 256 m **b)** Domaine : $0 \leq v \leq 120$; images : $0 \leq d \leq 86,4$, $0 \leq d \leq 129,6$, $0 \leq d \leq 576$ **d)** On peut générer la courbe représentative de ces trois équations à partir de celle de $y = x^2$ au moyen de rétrécissements verticaux ou d'agrandissements horizontaux. **10. a)** $a = 4$, $k = 1$ **b)** $a = 1$, $k = 3$ **c)** $a = \dfrac{1}{2}$, $k = \dfrac{1}{3}$ **d)** $a = 2$, $k = 4$

11. a) Domaine : $-4 \leq x \leq 4$; image : $0 \leq y \leq 12$ **b)** Domaine : $-4 \leq x \leq 4$; image : $0 \leq y \leq 2$ **c)** Domaine : $-2 \leq x \leq 2$; image : $0 \leq y \leq 4$ **d)** Domaine : $-8 \leq x \leq 8$; image : $0 \leq y \leq 4$ **e)** Domaine : $-4 \leq x \leq 4$; image : $0 \leq y \leq 8$ **f)** Domaine : $-1 \leq x \leq 1$; image : $0 \leq y \leq 4$ **12. a)** 0, -1, 2 **b)** 0, -3, 6 **c)** 0, -6, 12 **d)** 0, $-\dfrac{3}{2}$, 3 **13.** Le premier graphique correspond à l'image du second par un rétrécissement vertical de rapport $\dfrac{1}{3}$. **14. b)** Un rétrécissement horizontal de rapport 0,4 **c)** Ce point est invariant dans le cas de la présente transformation parce qu'il correspond à la hauteur de laquelle on laisse tomber l'objet. **d)** Sur la Terre, domaine : $0 \leq t \leq 2$; image : $0 \leq h \leq 20$; sur la Lune, domaine : $0 \leq t \leq 5$; image : $0 \leq h \leq 20$ **16. a)** Un rétrécissement horizontal de rapport $\dfrac{1}{4}$ **b)** Un agrandissement vertical de rapport 2 **c)** Elles sont identiques. **d)** Elles sont équivalentes dans le cas de la présente fonction.

Section 3.7, p. 240 à 243

1. a) Par un agrandissement vertical de rapport 2 et une translation de 3 unités vers le haut **b)** Par un rétrécissement vertical de rapport $\dfrac{1}{2}$ et une translation de 2 unités vers le bas **c)** Par une translation de 4 unités vers la gauche et de 1 unité vers le haut **d)** Par un agrandissement vertical de rapport 3 et une translation de 5 unités vers la droite **e)** Par un agrandissement horizontal de rapport 2 et une translation de 6 unités vers le bas **f)** Par un rétrécissement horizontal de rapport $\dfrac{1}{2}$ et une translation de 1 unité vers le haut

2. a) Par un agrandissement vertical de rapport 2 et une réflexion par rapport à l'axe des x **b)** Par un rétrécissement vertical de rapport $\dfrac{1}{3}$ et une réflexion par rapport à l'axe des x **c)** Par un rétrécissement horizontal de rapport $\dfrac{1}{4}$ et une réflexion par rapport à l'axe des y **d)** Par un agrandissement horizontal de rapport 2 et une réflexion par rapport à l'axe des y **3. a)** Par un rétrécissement horizontal de rapport $\dfrac{1}{2}$ et une réflexion par rapport à l'axe des x **b)** Par un agrandissement vertical de rapport 3, un rétrécissement horizontal de rapport $\frac{1}{2}$ et une réflexion par rapport à l'axe des y **c)** Par un rétrécissement vertical de rapport $\frac{1}{2}$, un agrandissement horizontal de rapport 3 et une réflexion par rapport à l'axe des x **d)** Par un agrandissement vertical de rapport 4 et une translation de 6 unités vers la droite et de 2 unités vers le haut **e)** Par un agrandissement vertical de rapport 2, une réflexion par rapport à l'axe des x et une translation de 3 unités vers le bas **f)** Par une réflexion par rapport à l'axe des x et une translation de 3 unités vers la droite et de 1 unité vers le haut **g)** Par un agrandissement vertical de rapport 3, un rétrécissement horizontal de rapport $\frac{1}{2}$ et une translation de 6 unités vers le bas **h)** Par un rétrécissement vertical de rapport $\frac{1}{2}$, un agrandissement horizontal de rapport 2 et une translation de 4 unités vers le bas **4. a)** Domaine : $-2 \leq x \leq 6$; image : $2 \leq y \leq 6$; aucun point invariant **b)** Domaine : $-8 \leq x \leq 0$; image : $-4 \leq y \leq 0$; aucun point invariant **c)** Domaine : $-6 \leq x \leq 2$; image : $-3 \leq y \leq -1$; aucun point invariant **d)** Domaine : $-3 \leq x \leq 1$; image : $3 \leq y \leq 7$; aucun point invariant **e)** Domaine : $-6 \leq x \leq 2$; image : $-8 \leq y \leq 0$; points invariants : $(-6, 0)$, $(2, 0)$ **f)** Domaine : $-2 \leq x \leq 6$; image : $-2 \leq y \leq 2$; aucun point invariant **g)** Domaine : $-4 \leq x \leq 12$; image : $0 \leq y \leq 4$; point invariant : $(0, 4)$ **h)** Domaine : $-1 \leq x \leq 3$; image : $-2 \leq y \leq 0$; aucun point invariant **5. a)** Domaine : $1 \leq x \leq 7$; image : $0 \leq y \leq 8$ **b)** Domaine : $-2 \leq x \leq 4$; image : $-4 \leq y \leq 4$ **c)** Domaine : $-1 \leq x \leq 2$; image : $-6 \leq y \leq 2$ **d)** Domaine : $-2 \leq x \leq 4$; image : $-11 \leq y \leq 13$ **e)** Domaine : $-4 \leq x \leq 2$; image : $-1 \leq y \leq 7$ **f)** Domaine : $-4 \leq x \leq 2$; image : $-6 \leq y \leq 10$

7. a) Par un rétrécissement horizontal de rapport $\frac{1}{2}$ et une translation de 4 unités vers la droite **b)** Par une réflexion par rapport à l'axe des y et une translation de 1 unité vers la gauche et de 1 unité vers le bas **c)** Par un rétrécissement horizontal de rapport $\frac{1}{3}$ et une translation de 4 unités vers la gauche et de 5 unités vers le haut **d)** Par un agrandissement vertical de rapport 2, un rétrécissement horizontal de rapport $\frac{1}{4}$, une réflexion par rapport à l'axe des x et une translation de 2 unités vers la droite **e)** Par une réflexion par rapport à l'axe des y et une translation de 2 unités vers la droite **f)** Par un rétrécissement horizontal de rapport $\frac{1}{2}$ et une translation de 4 unités vers la gauche et de 4 unités vers le bas **g)** Par une réflexion par rapport à l'axe des y et une translation de 4 unités vers la droite et de 5 unités vers le haut **h)** Par un rétrécissement horizontal de rapport $\frac{1}{3}$ et une translation de 2 unités vers la droite et de 8 unités vers le haut **8. a)** Domaine : ensemble des nombres réels ; image : $y \geq 1$ **b)** Domaine : ensemble des nombres réels ; image : $y \geq -4$ **c)** Domaine : ensemble des nombres réels ; image : $y \geq 3$ **d)** Domaine : ensemble des nombres réels ; image : $y \leq -3$ **e)** Domaine : ensemble des nombres réels ; image : $y \geq 2$ **f)** Domaine : ensemble des nombres réels ; image : $y \leq -2$ **9. a)** Domaine : $x \geq 5$; image : $y \geq -4$ **b)** Domaine :

$x \geq -3$; image : $y \geq 2$ **c)** Domaine : $x \geq 1$; image : $y \geq -2$ **d)** Domaine : $x \geq 3$; image : $y \geq 1$ **e)** Domaine : $x \leq 0$; image : $y \leq 5$ **f)** Domaine : $x \leq 4$; image : $y \leq -3$ **10.** $y = -(x - 2)^2 - 3$ **11.** $k(x) = 3(x - 4)^2 - 2$ **12.** $g(x) = \sqrt{\dfrac{6 - x}{2}}$ **13. b)** Longueur des côtés congrus : $2\sqrt{34}$; longueur de l'autre côté : 12 ; hauteur : 10 **c)** Un agrandissement vertical de rapport $\frac{5}{3}$ et une translation de 10 unités vers le haut ; un agrandissement vertical de rapport $\frac{5}{3}$, une réflexion par rapport à l'axe des x et une translation de 10 unités vers le haut **14. a)** Par un agrandissement vertical de rapport 5, une réflexion par rapport à l'axe des x et une translation de 4 unités vers la droite et de 80 unités vers le haut **b)** Le sommet $(0, 0)$ de la courbe représentative de $y = x^2$ glisse jusqu'au point $(4, 80)$. Comme la parabole de la transformée s'ouvre vers le bas, la fusée atteint une hauteur maximale de 80 m, et ce, au bout de 4 s. **15. a)** -2, 6 **b)** -1, 3 **c)** 2, -6 **d)** -4, 12 **e)** -3, 5 **f)** 0, -8 **16. a)** Domaine : $-4 \leq x \leq 4$; image : $-2 \leq y \leq 0$ **b)** Domaine : $-2 \leq x \leq 2$; image : $0 \leq y \leq 4$ **c)** Domaine : $-4 \leq x \leq 4$; image : $5 \leq y \leq 7$ **d)** Domaine : $-4 \leq x \leq 4$; image : $-5 \leq y \leq -3$ **e)** Domaine : $-4 \leq x \leq 4$; image : $-5 \leq y \leq -1$ **f)** Domaine : $-10 \leq x \leq -2$; image : $-3 \leq y \leq 5$ **17. a)** $a = 3$, $k = -1$, $h = 0$, $q = 0$ **b)** $a = \frac{1}{3}$, $k = \frac{1}{2}$, $h = 6$, $q = -1$ **c)** $a = -2$, $k = -2$, $h = -7$, $q = 4$ **18. a)** Les deux courbes ont en commun le point $(5, 0)$, lequel indique que la hauteur d'un objet en chute libre diminue de 125 m sur la Terre à l'intérieur du laps de temps où elle diminue de 20 m sur la Lune. **c)** Un rétrécissement horizontal de rapport $\frac{1}{4}$ et une translation de 300 unités vers le haut, ou un agrandissement vertical de rapport 16 **d)** Les deux courbes ont en commun le point $(5, 0)$, lequel indique que la hauteur d'un objet en chute libre diminue de 320 m sur Jupiter à l'intérieur du laps de temps où elle diminue de 20 m sur la Lune. **e)** Sur la Lune, domaine : $0 \leq t \leq 5$; image : $0 \leq h \leq 20$; sur Jupiter, domaine : $0 \leq t \leq 5$; image : $0 \leq h \leq 320$ **19. a)** Par un agrandissement vertical de rapport 2 et une translation de 1 unité vers la gauche **b)** Par un rétrécissement horizontal de rapport $\frac{1}{4}$ et une translation de 1 unité vers la gauche **c)** Elles sont identiques. **20.** Par une réflexion par rapport à la droite d'équation $y = x$ et une translation de 2 unités vers la gauche et de 3 unités vers le bas **21. a)** Ils sont identiques. **b)** Non, le graphique obtenu sera celui de $y = 2x^2 + 12x + 13$.

Révision des concepts clés, p. 246 à 253

1. a) C'est une fonction. **b)** Ce n'est pas une fonction. **c)** Ce n'est pas une fonction. **d)** C'est une fonction. **e)** C'est une fonction. **f)** Ce n'est pas une fonction. **2. a)** Domaine : ensemble des nombres réels ; image : $y \geq -4$ **b)** Domaine : $-3 \leq x \leq 5$; image : $-2 \leq y \leq 4$ **c)** Domaine : $-4 \leq x \leq 5$; image : $-2 \leq y \leq 7$ **d)** Domaine : ensemble des nombres réels ; image : $y \leq 3$ **3. a)** -5 **b)** -17 **c)** 7 **d)** 10 **e)** 19 **f)** 5,5 **g)** 7,3 **h)** -293 **i)** $-14\ 993$ **4. a)** -5 **b)** -8 **c)** -2 **d)** 20 **e)** -7 **f)** -5

g) $-8,12$ **h)** 7252 **i)** 19 892 **5. a)** $\{-17, -9, 3, 11\}$ **b)** $\{-34, -6, -9, -41\}$ **6. a)** $15a + 2$ **b)** $32 - 7n$ **c)** $12k^2 + 40k + 28$
7. a) Variable dépendante : C; variable indépendante : n
b) Oui, car tout nombre donné de bouteilles n'est associé qu'à un seul coût. **8. a)** $A = 4\pi r^2$ **b)** Domaine : $r \geq 0$; image : $A \geq 0$ **9. a)** $x \geq 0$ **b)** $y \geq 0$ **10.** Le graphique de $y = \sqrt{x}$ est l'image de la moitié de droite de celui de $y = x^2$ par une réflexion par rapport à la droite d'équation $y = x$.

11. a) $x \neq 0$ **b)** $y \neq 0$ **12.** Le graphique de $y = \dfrac{1}{x}$ est symétrique par rapport à celui de $y = x$. **13. a)** Par une translation de 3 unités vers le bas **b)** Par une translation de 6 unités vers la gauche **c)** Par une translation de 4 unités vers la droite et de 5 unités vers le bas **d)** Par une translation de 5 unités vers le bas **14. a)** $y = (x+3)^2 - 2$ **b)** $y = \sqrt{x-1} + 2$
17. a) Domaine : $x \geq 0$; image : $y \geq -4$ **b)** Domaine : $x \geq -5$; image : $y \geq 0$ **c)** Domaine : $x \geq 2$; image : $y \geq 3$ **d)** Domaine : $x \geq -4$; image : $y \geq -3$ **18. a)** Domaine : ensemble des nombres réels ; image $y \geq 0$ **b)** Domaine : ensemble des nombres réels ; image : $y \geq 0$ **c)** Domaine : ensemble des nombres réels ; image : $y \geq -6$ **d)** Domaine : ensemble des nombres réels ; image : $y \geq 4$ **19. a)** Un coût fixe indépendant de la durée de la location **b)** Domaine : $0 \leq d \leq 62$; image : $100 \leq C \leq 7540$ **c)** Une translation verticale de 100 unités vers le haut **d)** $C(d) = 120d + 60$ **21. a)** Pour f, domaine : $x \geq -2$; image : $y \geq 0$; pour g, domaine : $x \leq 2$; image : $y \geq 0$ **b)** Pour f, domaine : ensemble des nombres réels ; image : ensemble des nombres réels ; pour h, domaine : ensemble des nombres réels ; image : ensemble des nombres réels **c)** Pour f, domaine : ensemble des nombres réels ; image : $y \geq 6$; pour k, domaine : ensemble des nombres réels ; image : $y \geq 6$ **22. a)** $-f(x) = 2x - 3$, $f(-x) = 2x + 3$
c) Pour $-f(x)$: $\left(\dfrac{3}{2}, 0\right)$; pour $f(-x)$: $(0, 3)$
23. a) $-f(x) = -x^2 - 6x$, $f(-x) = x^2 - 6x$ **c)** Pour $-f(x)$: $(0, 0)$, $(-6, 0)$; pour $f(-x)$: $(0, 0)$ **24. a)** $-f(x) = 4 - x^2$, $f(-x) = x^2 - 4$ **c)** Pour $-f(x)$: $(-2, 0)$, $(2, 0)$; pour $f(-x)$: $(0, -4)$ **25. a)** $-f(x) = 4 - \sqrt{x}$, $f(-x) = \sqrt{-x} - 4$ **c)** Pour $-f(x)$: $(16, 0)$; pour $f(-x)$: $(0, -4)$ **26. a)** $-f(x) = -\sqrt{x-5}$, $f(-x) = \sqrt{-x-5}$ **c)** Pour $-f(x)$: $(5, 0)$; pour $f(-x)$: aucun
27. a) $y = 1,6x + 4$ **b)** 4 m **c)** 5 m **d)** Pour la moitié de gauche, domaine : $-2,5 \leq x \leq 0$; image : $0 \leq y \leq 4$; pour la moitié de droite, domaine : $0 \leq x \leq 2,5$; image : $0 \leq y \leq 4$
28. b) Oui, car il n'existe qu'une seule ordonnée pour chaque abscisse. **29. a)** $f^{-1}(x) = x - 7$; pour f, domaine : ensemble des nombres réels ; image : ensemble des nombres réels ; pour f^{-1}, domaine : ensemble des nombres réels ; image : ensemble des nombres réels **b)** $f^{-1}(x) = 3x + 4$; pour f, domaine : ensemble des nombres réels ; image : ensemble des nombres réels ; pour f^{-1}, domaine : ensemble des nombres réels, image : ensemble des nombres réels **c)** $f^{-1}(x) = \dfrac{x+1}{3}$; pour f, domaine : ensemble des nombres réels ; image : ensemble des nombres réels ; pour f^{-1}, domaine : ensemble des nombres réels ; image : ensemble des nombres réels
d) $f^{-1}(x) = \pm\sqrt{x+5}$; pour f, domaine : ensemble des nombres réels ; image : $y \geq -5$; pour f^{-1}, domaine : $x \geq 5$; image : ensemble des nombres réels **e)** $f^{-1}(x) = \pm\sqrt{x-2}$; pour f, domaine : ensemble des nombres réels ; image : $y \geq 0$; pour f^{-1}, domaine : $x \geq 0$; image : ensemble des nombres

réels **f)** $f^{-1}(x) = x^2 + 3$; pour f, domaine : $x \geq 3$; image : $y \geq 0$; pour f^{-1}, domaine : $x \geq 0$; image : $y \geq 3$ **31. a)** Oui **b)** Non **32. a)** $f^{-1}(x) = \pm\sqrt{3 - x}$ **c)** $x \geq 0$ **e)** Pour f, domaine : $x \geq 0$; image : $y \leq 3$; pour f^{-1}, domaine : $x \leq 3$; image : $y \geq 0$ **33. a)** $(-1, -1)$ **b)** $(2, 2)$ **34. a)** $s(r) = 0,6r$
b) $r(s) = \dfrac{s}{0,6}$ **c)** La réciproque indique le prix régulier en fonction du prix réduit. **35. a)** Domaine : $-4 \leq x \leq 4$; image : $-6 \leq y \leq 6$ **b)** Domaine : $-8 \leq x \leq 8$; image : $-2 \leq y \leq 2$ **c)** Domaine : $-8 \leq x \leq 8$; image : $-4 \leq y \leq 4$
36. i) b) Un agrandissement vertical de rapport 4 ; un rétrécissement vertical de rapport 0,5 **c)** $(0, 0)$ **ii) b)** Un agrandissement vertical de rapport 2 ; un rétrécissement vertical de rapport 0,5 **c)** $(0, 0)$ **iii) b)** Un agrandissement vertical de rapport 2 ; un rétrécissement vertical de rapport $\dfrac{1}{4}$ **c)** $(-3, 0)$ **37. a)** $6, -4$ **b)** $3, -2$ **c)** $12, -8$ **38. a)** Domaine : $-6 \leq x \leq 6$; image : $0 \leq y \leq 12$ **b)** Domaine : $-6 \leq x \leq 6$; image : $0 \leq y \leq 3$ **c)** Domaine : $-2 \leq x \leq 2$; image : $0 \leq y \leq 6$
39. a) Par un agrandissement vertical de rapport 4 **b)** Par un rétrécissement horizontal de rapport $\dfrac{1}{3}$ **c)** Par un rétrécissement vertical de rapport $\dfrac{1}{2}$ et un rétrécissement horizontal de rapport $\dfrac{1}{2}$ **d)** Par un agrandissement vertical de rapport 3 et un agrandissement horizontal de rapport 2
41. a) Par un agrandissement vertical de rapport 3 et une translation de 2 unités vers la gauche et de 4 unités vers le bas **b)** Par un agrandissement vertical de rapport 2, une réflexion par rapport à l'axe des x et une translation de 5 unités vers le haut **c)** Par un rétrécissement vertical de rapport $\dfrac{1}{2}$, un rétrécissement horizontal de rapport $\dfrac{1}{4}$ et une translation de 2 unités vers le haut **d)** Par un rétrécissement horizontal de rapport $\dfrac{1}{2}$ et une translation de 1 unité vers la gauche **e)** Par un agrandissement horizontal de rapport 2, une réflexion par rapport à l'axe des x et une translation de 3 unités vers la droite et de 1 unité vers le haut **f)** Par un agrandissement vertical de rapport 3, une réflexion par rapport à l'axe des y et une translation de 4 unités vers la droite et de 7 unités vers le bas
42. a) Domaine : ensemble des nombres réels ; image : $y \geq -4$
b) Domaine : ensemble des nombres réels ; image : $y \leq 6$
c) Domaine : ensemble des nombres réels ; image : $y \geq -3$
d) Domaine : ensemble des nombres réels ; image : $y \leq 3$
43. a) Domaine : $x \geq 3$; image : $y \geq 4$ **b)** Domaine : $x \geq -4$; image : $y \leq -5$ **c)** Domaine : $x \leq 2$; image : $y \leq -2$
d) Domaine : $x \leq 6$; image : $y \geq 2$ **44.** $g(x) = 4\sqrt{-x-5} + 4$
46. a) $A = 1,06P + 2000$ **b)** Oui, car si l'on accorde d'abord l'augmentation liée à la productivité, elle fera partie de la somme assujettie à une indexation de 6 %.

Vérifions nos connaissances, p. 254 à 256

1. a) Non **b)** Oui **c)** Oui **2. a)** Domaine : $-3 \leq x \leq 2$; image : $-4 \leq y \leq 5$ **b)** Domaine : $x \geq 0$; image : $y \geq -4$ **c)** Domaine : $0 \leq x \leq 4$; image : $-2 \leq y \leq 2$ **3. a)** -47 **b)** -5 **c)** -47 **d)** 3 **e)** -95 **f)** $2,5$ **g)** $3 - 18a^2$ **h)** $1 - 8a^2 + 8a$ **4. a)** Domaine : $x \geq 0$; image : $y \geq 0$; la courbe part de l'origine et est croissante. **b)** Domaine : $x \neq 0$; image : $y \neq 0$; les deux branches du graphique, situées dans les quadrants I et III, sont décroissantes. **6. a)** Par une translation de 4 unités vers le haut **b)** Par une translation de 2 unités vers la droite et de 3 unités vers le bas **c)** Par une réflexion par rapport à l'axe des x et une translation de 5 unités vers la gauche et de 1 unité vers le bas **d)** Par un rétrécissement vertical de rapport $\frac{1}{3}$, un rétrécissement horizontal de rapport $\frac{1}{3}$, une réflexion par rapport à l'axe des y et une translation de 5 unités vers le haut **e)** Par un agrandissement vertical de rapport 2, un rétrécissement horizontal de rapport $\frac{1}{2}$, une réflexion par rapport à l'axe des x et une translation de 3 unités vers la gauche et de 6 unités vers le haut **f)** Par un agrandissement vertical de rapport 2, une réflexion par rapport à l'axe des y et une translation de 2 unités vers la droite et de 4 unités vers le bas **7. a)** $y = \sqrt{x+2} - 3$; domaine : $x \geq -2$; image : $y \geq -3$ **b)** $y = \frac{1}{2}x$; domaine : ensemble des nombres réels ; image : ensemble des nombres réels **c)** $y = -(x+2)^2 + 4$; domaine : ensemble des nombres réels ; image : $y \leq 4$ **8. a)** $f^{-1}(x) = \frac{x+5}{3}$; c'est une fonction. **b)** $f^{-1}(x) = \pm\sqrt{x+7}$; ce n'est pas une fonction. **10.** $y = 2(x+3)^2 + 4$; domaine : ensemble des nombres réels ; image : $y \geq 4$ **11.** $y = -\sqrt{2x+8}$; domaine : $x \geq -4$; image : $y \leq 0$ **12. a)** $-f(x) = 10x - x^2$, $f(-x) = x^2 + 10x$ **c)** Pour $-f(x)$: $(0, 0)$, $(10, 0)$; pour $f(-x)$: $(0, 0)$ **d)** Pour $y = f(x)$, domaine : ensemble des nombres réels ; image : $y \geq -25$; pour $y = -f(x)$, domaine : ensemble des nombres réels ; image : $y \leq 25$; pour $y = f(-x)$, domaine : ensemble des nombres réels ; image : $y \geq -25$ **13. a)** $-f(x) = 3 - \sqrt{x}$, $f(-x) = \sqrt{-x} - 3$ **c)** $-f(x)$: $(9, 0)$, $f(-x)$: $(0, -3)$ **d)** Pour $y = f(x)$, domaine : $x \geq 0$; image : $y \geq -3$; pour $y = -f(x)$, domaine : $x \geq 0$; image : $y \leq 3$; pour $y = f(-x)$, domaine : $x \leq 0$; image : $y \geq -3$ **14. a)** 40 **b)** $h = \frac{25p^2}{81}$; la réciproque indique le nombre d'heures de travail que nécessite la fabrication d'un nombre donné de portes. **c)** 193 h **15. a)** Augmentation de 1000 $: translation verticale de 1000 unités vers le haut ; hausse de 2,75 % : agrandissement vertical de rapport 1,0275 **b)** Augmentation de 1000 $: $S(a) = 26\,000 + 3000a - 150a^2$, $S(a) = 500\sqrt{a-10} + 41\,000$; hausse de 2,75 % : $S(a)\ 25\,687,5 + 3082,5a - 154,125a^2$, $S(a) = 513,75\sqrt{a-10} + 41\,100$ **c)** $0 \leq a \leq 10$ et $10 < a \leq 45$ **d)** L'augmentation de 1000 $ serait plus avantageuse, car elle ferait grimper ton salaire à 37 250 $, tandis qu'une hausse de 2,75 % ne le ferait passer qu'à 37 246,88 $. **e)** La hausse de 2,75 % serait plus avantageuse, car elle ferait grimper ton salaire à 42 641,25 $, tandis qu'une augmentation de 1000 $ ne le ferait passer qu'à 42 500 $.

Problèmes stimulants, p. 257

1. a) Autre **b)** Paire **c)** Autre **d)** Impaire **e)** Autre **2.** $3x - 2y + 6 = 0$ **3.** Lorsque l'exposant n est impair, f constitue une fonction impaire, et lorsqu'il est pair, f constitue une fonction paire. **4.** $f^{-1}(x) = \frac{b - dx}{cx - a}$ **5.** 5 **6.** $b = -7$, $c = -12$, $d = 25$

Stratégie pour la résolution de problèmes : Résoudre des problèmes d'estimation (enrichissement), p. 260

1–18. Les réponses varieront.

Résolution de problèmes : L'application des stratégies, p. 261

1. A : 60 kg, E : 61 kg, B : 62 kg, D : 63 kg, C : 64 kg **2.** 25° **3.** X = 2, Y = 7 **4.** 1 ¢, 2 ¢, 4 ¢, 7 ¢ **5.** A : 11 kg, B : 13 kg, C : 14 kg, D : 9 kg, E : 7 kg **6.** 11 **7.** 12 km **8.** 19, 22, 7 ; 4, 16, 28 ; 25, 10, 13 **9.** 9 **10. a)** 48 ou 60

Chapitre 4

Point de départ, p. 264

1. $8,5 \times 10^{-5}$ degrés **2.** $1,0 \times 10^{14}$ km **3.** 10,7 années-lumière **4.** $1,6 \times 10^{-4}$ degré

Révision des habiletés, p. 265

1. a) 10 cm ; $\sin A = \frac{4}{5}$, $\cos A = \frac{3}{5}$, $\tan A = \frac{4}{3}$; $\sin C = \frac{3}{5}$, $\cos C = \frac{4}{5}$, $\tan C = \frac{3}{4}$ **b)** 5 m ; $\sin X = \frac{5}{13}$, $\cos X = \frac{12}{13}$, $\tan X = \frac{5}{12}$; $\sin Z = \frac{12}{13}$, $\cos Z = \frac{5}{13}$, $\tan Z = \frac{12}{5}$ **c)** 29 m ; $\sin L = \frac{21}{29}$, $\cos L = \frac{20}{29}$, $\tan L = \frac{21}{20}$; $\sin M = \frac{20}{29}$, $\cos M = \frac{21}{29}$, $\tan M = \frac{20}{21}$ **d)** 24 cm ; $\sin P = \frac{7}{25}$, $\cos P = \frac{24}{25}$, $\tan P = \frac{7}{24}$; $\sin R = \frac{24}{25}$, $\cos R = \frac{7}{25}$, $\tan R = \frac{24}{7}$ **2. a)** 0,454 **b)** 0,559 **c)** 4,705 **d)** 0,993 **e)** 0,839 **f)** 0,883 **3. a)** 37° **b)** 72° **c)** 24° **d)** 66° **e)** 78° **f)** 18° **4. a)** 7,8 cm **b)** 7,5 cm **c)** 10,8 m **d)** 4,1 m **e)** 12,9 cm **f)** 94,6 m **5. a)** 39° **b)** 50° **c)** 37° **d)** 57° **e)** 39° **f)** 44° **6. a)** 37,17 **b)** 161,81 **c)** 78,37 **d)** 17,59 **e)** 2,16 **f)** 0,99

Section 4.1, p. 272 à 275

1. a) $\angle A = 57°$, $a = 47$ cm, $b = 30$ cm **b)** $\angle F = 49°$, $d = 80$ m, $e = 52$ m **c)** $\angle T = 42°$, $\angle U = 48°$, $u = 11$ m **d)** $\angle P = 32°$, $\angle R = 58°$, $q = 15$ cm **2. a)** $\angle X = 26,5°$, $x = 4,3$ cm, $y = 8,6$ cm **b)** $\angle M = 32,6°$, $m = 13,0$ m, $n = 24,1$ m **c)** $\angle G = 31,5°$, $\angle I = 58,5°$, $i = 20,9$ m **d)** $\angle K = 43,6°$, $\angle L = 46,4°$, $j = 99,8$ cm **3. a)** $\angle Y = 63,8°$, $\angle Z = 26,2°$, $y = 8,5$ cm **b)** $\angle L = 53°$, $k = 7,4$ cm, $l = 9,8$ cm **c)** $\angle C = 34,9°$, $a = 5,9$ m, $c = 3,3$ m **d)** $\angle D = 50,7°$, $\angle F = 39,3°$, $e = 23,5$ cm **4. a)** 49,4° **b)** 12,4° **c)** 44,7° **d)** 52,7° **5.** 7,3 m **6.** 27,4 cm **7.** 13,5 m **8.** 88,6 cm **9.** 3,7 cm **10.** 41 m **11.** 242 m **12.** 15 950 km **13.** 50,6 m **14.** 49,7 m² **15. a)** 37 670 km **16.** 491 m **17.** Le rayon, r, d'un parallèle de latitude est égal au rayon de l'équateur, r, multiplié par le cosinus de l'angle de latitude, θ : $r = r_e \cos \theta$. La longueur d'un parallèle de latitude est de $2\pi r$. Donc, $2\pi r = 2\pi r_e \times \cos \theta$, et $2\pi r$ représente la longueur de l'équateur. **18.** 26 299 cm³ **19.** 58° **20. a)** Si la base du triangle ABC est a, alors la hauteur est égale à $c \sin B$ et l'aire est égale à

0,5bh = 0,5acsin B. **b)** Si la base du triangle ABC est a, alors la hauteur est égale à $b$sin C et l'aire est égale à 0,5bh = 0,5absin C. **c)** A = 0,5bcsin A **d)** L'aire est égale à la moitié du produit de deux longueurs de côtés et du sinus de l'angle qu'ils forment. **e)** La longueur de deux côtés et la mesure de l'angle qu'ils forment. **f)** 28,9 m² **g)** 168,3 cm² **h)** Oui

Section 4.2, p. 281 et 282

1. a) $\sin A = \dfrac{4}{5}$, $\cos A = \dfrac{3}{5}$ **b)** $\sin A = \dfrac{12}{13}$, $\cos A = -\dfrac{5}{13}$
2. a) −0,8090 **b)** 0,9659 **c)** 0,2250 **d)** −0,0349 **e)** −0,7034
f) 0,8545 **g)** 0,0209 **h)** −0,3923 **i)** 0,4003 **3. a)** 30° ou 150° **b)** 60° **c)** 120° **d)** 14,9° ou 165,1° **e)** 62,9° **f)** 124,1°
g) 35,0° ou 145,0° **h)** 95,0° **i)** 90° **j)** 180° **4.** 90°
5. 45° et 135° **6. a)** $\dfrac{24}{25}$ **b)** $\dfrac{7}{24}, -\dfrac{7}{24}$ **7.** Le sinus de l'angle, égal à 0 au départ, est égal à 1 quand l'angle mesure 90°, puis il est de nouveau égal à 0 quand le livre est fermé. Le cosinus de l'angle, égal à −1 au départ, est égal à 0 quand l'angle mesure 90°, puis il est égal à 1 quand le livre est fermé. **8. a)** 0 cm, 7 cm, 10 cm, 7 cm, 0 cm **b)** Le pendule part de sa position d'équilibre à 0 s, il atteint son amplitude après 0,5 s et revient à sa position d'équilibre après 1 s.
9. a) Les réponses peuvent varier ; (30°, 60°), (60°, 30°), (20°, 70°). **b)** Ils sont complémentaires. **c)** (150°, 60°), (135°, 45°), (120°, 30°) **d)** La différence est de 90°.
10. a) 36,9° **b)** 22,6° **c)** 126,9° **d)** 163,7° **11.** Ils sont égaux.
12. Construire un triangle rectangle ABC, où ∠A = 90°, ∠B = θ, ∠C = 90° − θ. Donc, **a)** $\cos \theta = \cos B = \dfrac{c}{a}$ et $\sin (90° - \theta) = \sin C = \dfrac{c}{a}$. Donc, $\sin (90° - \theta) = \cos \theta$.
b) $\sin \theta = \sin B = \dfrac{b}{a}$ et $\cos (90° - \theta) = \cos C = \dfrac{b}{a}$. Donc, $\cos (90° - \theta) = \sin \theta$.

Section 4.3, p. 290 à 294

1. a) 13,3 **b)** 38,6 **c)** 2,4 **d)** 11,6 **e)** 73,1 **f)** 16,5 **2. a)** 79,1°
b) 51,9° **c)** 67,6° **d)** 25,3° **e)** 110,2° **f)** 36,0°
3. a) ∠B = 56°, b = 4,7 m, c = 3,6 m **b)** ∠P = 52,0°, ∠Q = 99,5°, q = 13,0 cm **c)** ∠L = 64,3°, ∠N = 53,7°, m = 16,6 m **d)** ∠U = 33,9°, u = 40,6 km, w = 60,4 km
e) ∠Y = 46,6°, ∠Z = 41,1°, x = 4,3 cm **f)** ∠F = 115,9°, ∠G = 37,4°, ∠H = 26,7° **4. a)** 12,4 m **b)** 31,0 mm
c) 13,7 m **d)** 4,8 cm **e)** 6,9 m **f)** 8,2 cm **5. a)** 104,3°
b) 74,2° **c)** 20,6° **d)** 7,8° **6.** ∠A = 40,7°, ∠B = 103,2°, ∠C = 36,1°, b = 18,7 cm, c = 11,3 cm **7. a)** 20,3 cm
b) 13,7 cm² **8.** 383 km **9.** 73 m **10.** 98 km
11. 31,3 m² **12. a)** 9,0 **b)** 9,0 **c)** La loi du cosinus donne $x^2 = 5,2^2 + 7,3^2 - 2(5,2)(7,3) \cos 90°$, mais comme $\cos 90° = 0$, l'équation devient $x^2 = 5,2^2 + 7,3^2$, ce qui équivaut au théorème de Pythagore. **13.** Chaque rapport est égal à b. **14.** 13 m **16.** 5,8 m² **17.** 991,4 m² **18.** 193 cm³
19. 480 m³ **20.** ∠P = 59,5°, ∠Q = 22,4°, ∠R = 98,1°

Le monde du travail : L'arpentage, p. 295

1. 820 m

Section 4.4, p. 308 à 311

1. a) x = 46,7°, y = 133,3° **b)** x = 130,1°, y = 49,9°
c) x = 161,7°, y = 18,3° **d)** x = 46,0°, y = 134,0°
e) x = 56,9°, y = 123,1° **f)** x = 120,0°, y = 60,0°
2. a) Un ; ∠B = 33,9°, ∠C = 104,1° **b)** Deux ; ∠A = 6,0°, ∠C = 147,0° ou ∠A = 120,0°, ∠C = 33,0° **c)** Un ; ∠Q = 90°, ∠R = 60° **d)** Deux ; ∠K = 102,8°, ∠L = 39,9° ou ∠K = 2,6°, ∠L = 140,1° **e)** Aucun triangle possible.
f) Deux ; ∠A = 65,1°, ∠C = 66,9° ou ∠A = 18,9°, ∠C = 113,1° **g)** Un ; ∠Y = 34,3°, ∠Z = 25,7°.
h) Aucun triangle possible. **3. a)** ∠B = 34,4°, ∠C = 100,6°, c = 41,7 cm **b)** ∠X = 14,5°, ∠Z = 132,8°, z = 73,3 cm
c) ∠P = 91,6°, ∠Q = 48,1°, p = 54,4 cm ou ∠P = 7,8°, ∠Q = 131,9°, p = 7,4 cm **d)** ∠F = 33,7°, ∠H = 41,3°, h = 4,2 cm **e)** Aucun triangle possible. **f)** ∠D = 32,3°, ∠F = 76,5°, d = 16,7 cm ou ∠D = 5,3°, ∠F = 103,5°, d = 2,9 cm **g)** Aucun triangle possible. **h)** ∠M = 84,5°, ∠N = 52,7°, m = 23,1 cm ou ∠M = 9,9°, ∠N = 127,3°, m = 4,0 cm **4. a)** ∠BCD = 54,3°, ∠BDA = 125,7°
b) 18,7 cm **5.** 7,2 m **6.** 5,3 cm **7. a)** 31,1 m **b)** 14,0 m
8. 162 m **9.** 15,2 m **10. a)** 24,78 **b)** 14,64 **11.** 4 km ou 9 km **12.** 1,5 m **13.** 3,6 h **14.** 0,004 s **15.** 20,4 m
16. a) (0, 12) **b)** (0, 5,76) ou (0, 18,24) **c)** N'existe pas.
d) (0, 26,14) **17.** △ABC : AB = $4\sqrt{2}$, AC = $2\sqrt{5}$, BC = 6, ∠ABC = 45°, ∠ACB = 63,43°, ∠CAB = 71,57° △ABD : AB = $4\sqrt{2}$, AD = $2\sqrt{5}$, BD = 2, ∠ABD = 45°, ∠ADB = 116,57°, ∠BAD = 18,43° **19.** 286°, 14°

Révision des concepts clés, p. 313 à 315

1. a) ∠A = 42,9°, a = 9,0 cm, b = 13,2 cm **b)** ∠E = 36,6°, ∠F = 53,4°, f = 4,2 cm **c)** ∠F = 65°, e = 2,2 cm, d = 5,3 cm
d) ∠L = 35,4°, ∠M = 54,6°, k = 15,2 cm **2.** 60,9° **3.** 8,7 m
4. 146 m **5.** 35,3° **6.** $\sin \theta = \dfrac{21}{29}$, $\cos \theta = \dfrac{20}{29}$ **7.** $\sin \theta = \dfrac{3}{5}$, $\cos \theta = -\dfrac{4}{5}$ **8. a)** 0,9994 **b)** −0,1736 **c)** 0,7738 **d)** −0,9598
9. a) 38,0° ou 142,0° **b)** 74,0° **c)** 82,0° ou 98,0° **d)** 154,0°
10. a) 60° **b)** 60° **11. a)** ∠A = 54,1°, a = 37,4 cm, c = 44,2 cm **b)** ∠R = 60,9°, ∠S = 52,9°, ∠T = 66,2°
c) ∠E = 46,1°, ∠G = 66,1°, g = 12,4 m **d)** ∠X = 77,3°, ∠Y = 44,4°, w = 27,4 cm **e)** ∠D = 30,9°, e = 47,0 cm, f = 35,5 cm **f)** ∠A = 21,4°, ∠C = 25,2°, b = 19,5 m
g) ∠Y = 11,8°, ∠Z = 39,4°, z = 25,5 m **h)** ∠S = 37,6°, ∠T = 112,2°, ∠U = 30,2° **i)** ∠P = 118,4°, ∠R = 30,2°, q = 9,0 m **12. a)** 30 cm² **b)** 113 m² **13. a)** 3,1 m **b)** 9,6 m
14. a) 47,8° **b)** 104,3° **15.** 139 m **16.** 31,2 km en suivant un cap de 194° **17.** 4273 \$ **18. a)** Deux ; ∠H = 58,8°, ∠I = 101,2°, i = 5,7 cm ou ∠H = 121,2°, ∠I = 38,8°, i = 3,7 cm **b)** Aucun triangle possible. **c)** Un ; ∠C = 20,3°, ∠A = 55,2°, a = 3,3 m **d)** Deux ; ∠K = 111,0°, ∠M = 42,9°, k = 8,9 m ou ∠K = 16,8°, ∠M = 137,1°, k = 2,8 m
19. ∠QRS = 62,7°, ∠QSP = 117,3°, RS = 3,6 cm

Vérifions nos connaissances, p. 316 et 317

1. a) ∠B = 50,2°, ∠C = 39,8°, b = 1,9 m **b)** ∠D = 58,2°, e = 59,1 cm, f = 31,1 cm **2.** 9,7 cm **3.** $\sin \theta = \dfrac{3}{5}$, $\cos \theta = -\dfrac{4}{5}$ **4. a)** 0,9910 **b)** 0,9403 **c)** 0,5075 **d)** −0,9348

5. a) 41,9° ou 138,1° **b)** 123,5° **6.** Non ; le cosinus d'un angle aigu est positif. **7.** Oui ; l'angle, au dixième de degré près, pourrait mesurer 157,8°. **8. a)** $\angle P = 68,4°$, $m = 14,3$ cm, $n = 10,6$ cm **b)** $\angle B = 63,0°$, $\angle C = 83,9°$, $d = 2,6$ m **c)** $\angle R = 48,7°$, $q = 17,6$ m, $r = 13,3$ m **d)** $\angle K = 35,0°$, $\angle M = 23,8°$, $l = 18,0$ cm **e)** $\angle A = 118,7°$, $\angle B = 35,1°$, $\angle C = 26,2°$ **f)** $\angle H = 44,2°$, $\angle I = 37,0°$, $i = 26,0$ cm **9.** 38,4 m **10. a)** Aucun triangle possible. **b)** Deux ; $\angle T = 56,2°$, $\angle U = 94,8°$, $u = 7,2$ cm ou $\angle T = 123,8°$, $\angle U = 27,2°$, $u = 3,3$ cm **c)** Un ; $\angle Y = 18,5°$, $\angle Z = 65,2°$, $z = 2,3$ m **d)** Deux ; $\angle F = 72,1°$, $\angle H = 66,2°$, $f = 10,3$ cm ou $\angle F = 24,5°$, $\angle H = 113,8°$, $f = 4,5$ cm **11.** 38 m ou 52 m **12.** 938 km

Problèmes stimulants, p. 318

1. e) $\dfrac{10}{\sqrt{3}}$ **2. b)** $\dfrac{1}{\sin \theta}$ **3.** $100\sqrt{3}$ ou $50\sqrt{3}$ **4.** 9 **5.** 120° **6.** $3r^2$ cm^2 **7.** 8

Stratégie pour la résolution de problèmes : Utiliser un schéma, p. 320 et 321

1. 67 m **2.** 65 cm **3.** 20 s **4.** Le nageur timide et le nageur hardi traversent. Le timide revient. Le timide retraverse avec un hardi. Le nageur hardi traverse et revient avec un timide. Le nageur hardi retraverse et revient avec un timide. Le nageur hardi retraverse et revient avec le dernier hardi. **5.** Le train A se dirige vers la droite et le train B, vers la gauche. Le train A tire 20 wagons dans la voie d'évitement et laisse les 20 autres sur la voie. Le train B pousse les 20 wagons restés sur la voie jusqu'à ce que le train A puisse sortir de la voie d'évitement en reculant. Le train B détache 20 de ses wagons. Le train A les attache et les tire sur la voie. Le train B recule avec ses 20 wagons sur la voie d'évitement. Le train A recule et attache ses 20 autres wagons. Le train A est maintenant à droite avec 60 wagons (ses 40 wagons et 20 wagons du train B au milieu). Le train B sort de la voie d'évitement et recule pour attacher 20 wagons du train A, qu'il laisse dans la voie d'évitement. Il recule de nouveau sur la voie pour attacher ses 20 autres wagons, avance vers la gauche, recule pour attacher les 20 wagons du train A qui sont dans la voie d'évitement et les tire sur la voie. Le train A recule pour attacher ses 20 autres wagons et les deux trains poursuivent leur route. **6.** 16,4 m **7.** $3\sqrt{2}$ cm **8.** (3, 10), (9, 6) **9.** 24 **10.** 5,8 cm ou 10,0 cm **13.** 1300 m

Résolution de problèmes : L'application des stratégies, p. 322

1. Utilise les 4 premiers pneus durant 12 000 km chacun et nomme les 5 autres pneus A, B, C, D et E. Fais une rotation de chacun des groupes de pneus suivants durant 3000 km : (A, B, C, D), (B, C, D, E), (C, D, E, A), (D, E, A, B), (E, A, B, C). **2.** 7 **3.** 12 cm **4.** Trois autres paires ; 17 et 71, 37 et 73, et 79 et 97 **5.** Les réponses peuvent varier. **6.** 6 km/h **7.** 9 cm^2 **8.** D **9.** 1982 **10.** 12 **11.** 25

Révision cumulative : Les chapitres 3 et 4, p. 323

Chapitre 3

1. a) 1 **b)** 4 **c)** 19 **d)** −1 **3. a)** $f^{-1}(x) = \dfrac{x-5}{2}$; est une fonction. **b)** $f^{-1}(x) = \pm\sqrt{x+4}$; n'est pas une fonction. **5. a)** domaine : $x \geq 0$; image : $y \geq 0$; domaine : $x \geq 2$; image : $y \leq 4$ **b)** domaine : tous les nombres réels ; image : $y \geq 0$; domaine : tous les nombres réels ; image : $y \geq -5$ **6. a)** Agrandissement vertical de rapport 5, réflexion par rapport à l'axe des x, translation de 3 unités vers le haut **b)** Agrandissement horizontal de rapport 2, agrandissement vertical de rapport 4, translation de 2 unités vers le haut **c)** Agrandissement vertical de rapport 2, translation de 3 unités vers la gauche, translation de 4 unités vers le bas **d)** Réduction horizontale de rapport $\dfrac{1}{7}$, translation de 5 unités vers la droite, translation de 1 unité vers le haut **e)** Réduction horizontale de rapport $\dfrac{1}{8}$, réflexion par rapport à l'axe des x, translation de 7 unités vers la gauche **f)** Réduction horizontale de rapport $\dfrac{1}{2}$, réduction verticale de rapport $\dfrac{1}{3}$, translation de 3 unités vers la droite, translation de 9 unités vers le bas **7. a)** $d(t) = 800t$ **b)** $t(d) = \dfrac{d}{800}$ **c)** L'inverse représente le temps qu'il faut pour parcourir une distance donnée.

Chapitre 4

1. 57,9° **2. a)** 140,6° **b)** 16,6° ou 163,4° **3.** $\sin \theta = \dfrac{21}{29}$, $\cos \theta = -\dfrac{20}{29}$ **4. a)** $\angle J = 34°$, $j = 12,5$ cm, $k = 18,3$ cm **b)** $\angle B = 78,6°$, $\angle C = 57,9°$, $a = 8,8$ cm **c)** Aucun triangle **5.** 10,6 m **6.** 39 km

Chapitre 5

Point de départ, p. 326

2. 15 h **3.** 8 **4. a)** 67 % **b)** 34 % **5.** Translation vers le bas **6.** Réflexion dans l'axe $y = 12$

Révision des habiletés, p. 327

1. a) $\sin E = 0,949$, $\cos E = 0,316$, $\tan E = 3$, $\sin F = 0,316$, $\cos F = 0,949$, $\tan F = 0,333$ **b)** $\sin A = 0,831$, $\cos A = 0,556$, $\tan A = 1,497$, $\sin C = 0,556$, $\cos C = 0,831$, $\tan C = 0,668$ **2. a)** $\sin \theta = 0,651$, $\cos \theta = 0,759$ **b)** $\sin \theta = 0,625$, $\cos \theta = -0,781$ **c)** $\sin \theta = 0,124$, $\cos \theta = -0,992$ **d)** $\sin \theta = 1$, $\cos \theta = 0$ **e)** $\sin \theta = 0$, $\cos \theta = -1$ **4. a)** Translation vers le bas de 8 unités **b)** Translation vers la droite de 7 unités **c)** Translation vers le haut de 9 unités et vers la gauche de 5 unités **d)** Translation vers la droite de 6 unités et vers le bas de 3 unités **6. a)** Agrandissement vertical de rapport 2 et translation vers le haut de 5 unités **b)** Réduction horizontale de rapport $\dfrac{1}{2}$;

translation vers la gauche de 1 unité et vers le bas de 2 unités
c) Réduction verticale de rapport $\frac{1}{3}$; agrandissement
horizontal de rapport 2 ; translation vers la droite de 4 unités
d) Agrandissement vertical de rapport 3 ; réflexion dans
l'axe des x; translation vers la droite de 1 unité et vers
le haut de 5 unités **8. a)** -6, 7 **b)** -5, -8 **c)** 10, 8 **d)** -9, 9
e) 3, $\frac{5}{3}$ **f)** $-\frac{2}{3}$, $-\frac{4}{5}$ **g)** $\frac{1}{4}$, $-\frac{5}{2}$ **h)** 0, $\frac{2}{3}$ **i)** $\frac{5}{2}$ **j)** $-\frac{3}{4}$, $\frac{3}{4}$

Section 5.1, p. 334 à 339

1. a) $60°$ **b)** $45°$ **c)** $360°$ **d)** $90°$ **e)** $135°$ **f)** $270°$ **g)** $720°$
h) $150°$ **i)** $10°$ **j)** $660°$ **k)** $210°$ **l)** $900°$ **2. a)** $\frac{2\pi}{9}$ **b)** $\frac{5\pi}{12}$
c) $\frac{\pi}{18}$ **d)** $\frac{2\pi}{3}$ **e)** $\frac{5\pi}{4}$ **f)** $\frac{7\pi}{4}$ **g)** $\frac{11\pi}{6}$ **h)** $\frac{4\pi}{3}$ **i)** 3π **j)** 6π
3. a) $143,2°$ **b)** $100,3°$ **c)** $20,1°$ **d)** $71,6°$ **e)** $128,6°$ **f)** $49,1°$
g) $235,4°$ **h)** $28,6°$ **i)** $179,9°$ **j)** $69,3°$ **4. a)** $1,05$ **b)** $2,62$
c) $1,40$ **d)** $2,53$ **e)** $4,01$ **f)** $5,67$ **g)** $0,98$ **h)** $2,24$ **i)** $4,46$
j) $5,42$ **5. a)** $11,9$ cm **b)** $26,8$ cm **c)** $26,2$ m
6. a) $1,38$ rad, $78,8°$ **b)** $1,89$ rad, $108,2°$ **c)** $2,29$ rad, $131,0°$
7. a) $11,4$ cm **b)** $12,1$ cm **c)** $16,0$ m **8. a)** $49,2$ m **b)** $7,0$ m
c) $2,56$ rad **9.** $\frac{5}{100}$ rad ou $0,05$ rad **10.** $\frac{\pi}{3}$ rad ou $1,05$ rad
11. 100π rad/s ou $314,16$ rad/s **12.** 5π rad ou $15,71$ rad
13. a) $\frac{7\pi}{8}$ **b)** $\frac{3\pi}{8}$ **14.** $\frac{\pi}{5}$ rad ou $0,63$ rad, $\frac{3\pi}{10}$ rad ou
$0,94$ rad **15.** $57,3$ **16. a)** 732π **b)** 10 h **c)** 28 h
17. $\frac{35\pi}{9}$ rad ou $12,2$ rad **18. a)** $6600°$ **b)** $\frac{110\pi}{3}$ rad ou
115 rad **19. a)** $6°$ **b)** $\frac{\pi}{30}$ rad ou $0,10$ rad **20. a)** 2 r/jour
b) 11π rad ou $34,56$ rad **21. a)** $\frac{50\pi}{3}$ rad ou $52,36$ rad
b) $1200°$ **c)** $36\,000°$, $120\,000°$, $150\,000°$ **d)** 160π rad
ou 503 rad **22. a)** $\frac{\pi}{15}$ rad/s **b)** 1206 m **23.** 311 km
24. a) $76,4$ r/min **b)** 1600 cm **25. a)** 3142 s **b)** $14,4$ km/s
26. $18\,400$ km **27. a)** 1 **b)** $\frac{1}{2}$ **c)** $\frac{1}{2}$ **d)** $-\frac{1}{2}$ **28. a)** $12,3$ r/s
b) 2315 rad **29. a)** Elles sont égales. **b)** Elle est plus grande
pour la personne qui se trouve à l'équateur.
30. a) 1, 0 **b)** $90°$, $\frac{\pi}{2}$ rad **c)** 1 rad $= \frac{200}{\pi}$ gr., 1 rad $= 63,66$ gr.

Le monde du travail : L'artisanat, p. 340

1. a) $18,85$ rad/s **b)** $30,2$ cm

Section 5.2, p. 348 à 350

1. a) $\sin\theta = \frac{15}{17}$, $\cos\theta = \frac{8}{15}$, $\tan\theta = \frac{15}{8}$ **b)** $\sin\theta = \frac{5}{\sqrt{34}}$,
$\cos\theta = -\frac{3}{\sqrt{34}}$, $\tan\theta = -\frac{5}{3}$ **c)** $\sin\theta = -\frac{3}{5}$, $\cos\theta = -\frac{4}{5}$,
$\tan\theta = \frac{3}{4}$ **d)** $\sin\theta = -\frac{5}{13}$, $\cos\theta = \frac{12}{13}$, $\tan\theta = -\frac{5}{12}$
e) $\sin\theta = -\frac{7}{\sqrt{53}}$, $\cos\theta = -\frac{2}{\sqrt{53}}$, $\tan\theta = \frac{7}{2}$ **f)** $\sin\theta = -\frac{2}{\sqrt{13}}$,

$\cos\theta = \frac{3}{\sqrt{13}}$, $\tan\theta = -\frac{2}{3}$ **2. a)** $\sin\theta = \frac{5}{\sqrt{61}}$, $\cos\theta = \frac{6}{\sqrt{61}}$,
$\tan\theta = \frac{5}{6}$ **b)** $\sin\theta = \frac{8}{\sqrt{65}}$, $\cos\theta = -\frac{1}{\sqrt{65}}$, $\tan\theta = -8$
c) $\sin\theta = -\frac{5}{\sqrt{29}}$, $\cos\theta = -\frac{2}{\sqrt{29}}$, $\tan\theta = \frac{5}{2}$ **d)** $\sin\theta = -\frac{1}{\sqrt{37}}$,
$\cos\theta = \frac{6}{\sqrt{37}}$, $\tan\theta = -\frac{1}{6}$ **e)** $\sin\theta = -\frac{2}{\sqrt{5}}$, $\cos\theta = \frac{1}{\sqrt{5}}$,
$\tan\theta = -2$ **f)** $\sin\theta = -\frac{3}{\sqrt{10}}$, $\cos\theta = -\frac{1}{\sqrt{10}}$, $\tan\theta = 3$
g) $\sin\theta = \frac{1}{\sqrt{2}}$, $\cos\theta = \frac{1}{\sqrt{2}}$, $\tan\theta = 1$ **h)** $\sin\theta = \frac{3}{\sqrt{10}}$,
$\cos\theta = -\frac{1}{\sqrt{10}}$, $\tan\theta = -3$ **3. a)** $\frac{1}{2}$ **b)** -1 **c)** $-\frac{1}{2}$ **d)** $-\frac{1}{\sqrt{3}}$
e) $-\frac{1}{\sqrt{2}}$ **f)** $\frac{1}{\sqrt{2}}$ **g)** $\frac{\sqrt{3}}{2}$ **h)** $-\frac{\sqrt{3}}{2}$ **4. a)** $-\frac{1}{\sqrt{2}}$ **b)** $-\frac{1}{\sqrt{3}}$ **c)** $\frac{\sqrt{3}}{2}$
d) $\frac{1}{\sqrt{2}}$ **e)** $\sqrt{3}$ **f)** $-\frac{\sqrt{3}}{2}$ **g)** $\frac{1}{2}$ **h)** $-\frac{1}{\sqrt{2}}$ **5. a)** $6(\sqrt{2}-1)$ m
b) $2,5$ m **6. a)** $\cos\theta = -\frac{3}{5}$, $\tan\theta = -\frac{4}{3}$ **b)** $\sin\theta = -\frac{\sqrt{5}}{3}$,
$\tan\theta = \frac{\sqrt{5}}{2}$ **c)** $\sin\theta = -\frac{5}{\sqrt{29}}$, $\cos\theta = \frac{2}{\sqrt{29}}$
d) $\cos\theta = -\frac{2\sqrt{10}}{7}$, $\tan\theta = \frac{3}{2\sqrt{10}}$ **7. a)** $\cos\theta = \frac{2\sqrt{2}}{3}$,
$\tan\theta = \frac{1}{2\sqrt{2}}$ ou $\cos\theta = -\frac{2\sqrt{2}}{3}$, $\tan\theta = -\frac{1}{2\sqrt{2}}$
b) $\sin\theta = \frac{4}{5}$, $\tan\theta = \frac{4}{3}$ ou $\sin\theta = -\frac{4}{5}$, $\tan\theta = -\frac{4}{3}$
c) $\sin\theta = \frac{1}{\sqrt{17}}$, $\cos\theta = \frac{4}{\sqrt{17}}$ ou $\sin\theta = -\frac{1}{\sqrt{17}}$,
$\cos\theta = -\frac{4}{\sqrt{17}}$ **d)** $\sin\theta = \frac{\sqrt{3}}{2}$, $\tan\theta = -\sqrt{3}$ ou $\sin\theta = -\frac{\sqrt{3}}{2}$,
$\tan\theta = \sqrt{3}$ **e)** $\sin\theta = -\frac{8}{\sqrt{89}}$, $\cos\theta = \frac{5}{\sqrt{89}}$ ou $\sin\theta = \frac{8}{\sqrt{89}}$,
$\cos\theta = -\frac{5}{\sqrt{89}}$ **f)** $\cos\theta = \frac{\sqrt{11}}{6}$, $\tan\theta = -\frac{5}{\sqrt{11}}$ ou
$\cos\theta = -\frac{\sqrt{11}}{6}$, $\tan\theta = \frac{5}{\sqrt{11}}$ **8. a)** $6(\sqrt{3}-\sqrt{2})$ m, $1,9$ m
b) $6(\sqrt{2}-1)$ m, $2,5$ m **9.** 40 m **10.** La paire qui forme un
angle de $45°$; $4,2$ m de plus. **11. a)** $45°$, $135°$ **b)** $60°$, $300°$
c) $45°$, $225°$ **d)** $60°$, $120°$ **e)** $135°$, $225°$ **f)** $120°$, $300°$
g) $150°$, $210°$ **h)** $210°$, $330°$ **i)** $135°$, $315°$ **j)** $150°$, $330°$
k) $120°$, $240°$ **12.** 0, 1, 0 ; 0, -1, 0 ; -1, 0, pas défini ;
0, 1, 0 **13. a)** $\frac{1}{\sqrt{2}}$ ou $-\frac{1}{\sqrt{2}}$ **b)** 1 ou -1 **14. a)** $\frac{\sqrt{3}}{2}$ ou
$-\frac{\sqrt{3}}{2}$ **b)** $\frac{1}{2}$ ou $-\frac{1}{2}$ **15.** $1,39$ **16.** $0,43$ **17. a)** $\frac{1}{\sqrt{2}}$ ou $-\frac{1}{\sqrt{2}}$
b) $-\frac{1}{\sqrt{2}}$ ou $\frac{1}{\sqrt{2}}$ **c)** -1 **18. a)** $\frac{\sqrt{6}}{8}$ **b)** $\frac{\sqrt{3}}{2}$ **c)** 1 **d)** $\frac{\sqrt{3}}{2}$ **e)** 10

Enrichissement : Les angles de rotation positifs et négatifs, p. 353 et 354

1. a) $\frac{1}{2}$, $\frac{\sqrt{3}}{2}$, $\frac{1}{\sqrt{3}}$ **b)** $\frac{1}{\sqrt{2}}$, $\frac{1}{\sqrt{2}}$, 1 **c)** $-\frac{1}{2}$, $\frac{\sqrt{3}}{2}$, $-\frac{1}{\sqrt{3}}$ **d)** 1, 0, pas défini **e)** $\frac{\sqrt{3}}{2}$, $\frac{1}{2}$, $\sqrt{3}$ **f)** $-\frac{1}{\sqrt{2}}$, $-\frac{1}{\sqrt{2}}$, 1 **g)** 0, −1, 0

h) $-\frac{\sqrt{3}}{2}$, $-\frac{1}{2}$, $\sqrt{3}$ **2. a)** $-\frac{1}{\sqrt{2}}$ **b)** $-\sqrt{3}$ **c)** $-\frac{\sqrt{3}}{2}$ **d)** 1 **e)** $\frac{1}{\sqrt{3}}$

f) $\frac{1}{2}$ **3. a)** $-\frac{\sqrt{3}}{2}$, $\frac{1}{2}$, $-\sqrt{3}$ **b)** $\frac{1}{\sqrt{2}}$, $-\frac{1}{\sqrt{2}}$, −1 **c)** −1, 0, pas défini **d)** $-\frac{1}{2}$, $-\frac{\sqrt{3}}{2}$, $\frac{1}{\sqrt{3}}$ **e)** 1, 0, pas défini

f) $\frac{1}{2}$, $\frac{\sqrt{3}}{2}$, $\frac{1}{\sqrt{3}}$ **g)** $-\frac{1}{\sqrt{2}}$, $-\frac{1}{\sqrt{2}}$, 1 **h)** 0, −1, 0 **4. a)** 0

b) 0 **c)** 1 **d)** $-\frac{\sqrt{3}}{2}$ **e)** $-\frac{1}{\sqrt{2}}$ **f)** $\frac{1}{\sqrt{2}}$

Section 5.3, p. 359 à 362

1. a) Périodique **b)** Périodique **c)** Non périodique **d)** Non périodique **2. a)** Période : 5 ; amplitude : 3 **b)** Période : 2 ; amplitude : 1 **c)** Période : 2 ; amplitude : 1,5 **d)** Période : 8 ; amplitude : 3 **e)** Période : 3 ; amplitude : 4,5 **f)** Période : 5 ; amplitude : 1 **3.** Les réponses peuvent varier. **4. a)** −2 **b)** −2 **c)** 9 **d)** 9 **5. a)** Valeur maximale : 4 ; valeur minimale : 0 ; amplitude : 2 ; période : 8 ; domaine : −4 ≤ x ≤ 12 ; image : 0 ≤ y ≤ 4 **b)** Valeur maximale : 1 ; valeur minimale : −2 ; amplitude : 1,5 ; période : 3 ; domaine : tous les nombres réels ; image : −2 ≤ y ≤ 1 **6. b)** Période : 2 min ; amplitude : 25 m **c)** Domaine : 0 ≤ t ≤ 6 ; image : 0 ≤ d ≤ 50

d) Période : plus petite $\left(\frac{20}{11}\right)$; amplitude : égale **7. a)** Oui **b)** Non **c)** Oui **8. b)** Période : 30 s ; amplitude : 16 m **c)** Domaine : 0 ≤ t ≤ 120 ; image : 2 ≤ d ≤ 34

9. b) Période : 365 jours ; amplitude : 18 **10.** Période : 12 h 25 min ; amplitude : 1,2 m **13.** La longueur de l'intervalle qui détermine le domaine est le produit d'un nombre entier et de la période. **14.** L'amplitude est égale à la moitié de la longueur de l'intervalle qui détermine l'image.

15. a) 24 h **b)** La moitié de la longueur de l'équateur, ou environ 20 100 km

Section 5.4, p. 363 à 366

1. 1, $\frac{\sqrt{3}}{2}$, $\frac{1}{2}$, 0, $-\frac{1}{2}$, $-\frac{\sqrt{3}}{2}$, −1, $-\frac{\sqrt{3}}{2}$, $-\frac{1}{2}$, 0 ; 1, 0,9, 0,5, 0, −0,5, −0,9, −1, −0,9, −0,5, 0 **3. a)** 1 **b)** $\frac{\pi}{2}$ rad ou 90°

4. a) −1 **b)** $\frac{3\pi}{2}$ rad ou 270° **5.** 1 **6. a)** Périodique

8. a) Périodique **10. a)** Oui **b)** 2π **11.** Applique le critère de la droite verticale durant une période.

12. a) Tous les nombres réels **b)** −1 ≤ y ≤ 1 **13.** 1, $\frac{\sqrt{3}}{2}$, $\frac{1}{2}$, 0, $-\frac{1}{2}$, $-\frac{\sqrt{3}}{2}$, −1, $-\frac{\sqrt{3}}{2}$, $-\frac{1}{2}$, 0, $\frac{1}{2}$, $\frac{\sqrt{3}}{2}$, 1 ; 1, 0,9, 0,5, 0, −0,5, −0,9, −1, −0,9, −0,5, 0, 0,5, 0,9, 1 **15.** 1

16. a) Périodique **18. a)** Périodique **20. a)** Oui **b)** 2π **21.** Applique le critère de la droite verticale durant une période. **22. a)** Tous les nombres réels **b)** −1 ≤ y ≤ 1 **23.** Les deux graphiques sont périodiques ; l'un d'eux est l'image de l'autre par une translation. **24.** 0, 1, 1,7, 2,7, 5,7, non défini, −5,7, −2,7, −1,7, −1, −0,6, 0, 1, 1,7, 2,7, 5,7, non défini, −5,7, −2,7, −1,7, −1, −0,6, 0 **26.** tan x augmente de façon illimitée. **27. a)** Indéfinie **b)** La droite x = 90° est une asymptote verticale. **28.** La valeur de tan x passe de l'infini négatif à l'infini positif. **29. a)** Indéfinie **b)** La droite x = 270° est une asymptote verticale.

30. a) Périodique **32. a)** Périodique **34. a)** Oui **b)** π **35.** Non ; non **36.** Applique le critère de la droite verticale durant une période. **37. a)** Tous les nombres réels, sauf les produits d'un nombre impair et de $\frac{\pi}{2}$ **b)** Tous les nombres réels

Section 5.5, p. 374 à 377

1. a) Domaine : 0 ≤ x ≤ 2π ; image : −3 ≤ y ≤ 3 **b)** Domaine : 0 ≤ x ≤ 2π ; image : −5 ≤ y ≤ 5 **c)** Domaine : 0 ≤ x ≤ 2π ; image : −1,5 ≤ y ≤ 1,5

d) Domaine : 0 ≤ x ≤ 2π ; image : $-\frac{2}{3} \leq y \leq \frac{2}{3}$ **2. a)** 60°, $\frac{\pi}{3}$ rad **b)** 90°, $\frac{\pi}{2}$ rad **c)** 540°, 3π rad **d)** 540°, 3π rad

e) 2160°, 12π rad **f)** 45°, $\frac{\pi}{4}$ rad **3. a)** Domaine : 0 ≤ x ≤ π ; image : −1 ≤ y ≤ 1 **b)** Domaine : 0 ≤ x ≤ $\frac{2\pi}{3}$; image : −1 ≤ y ≤ 1 **c)** Domaine : 0 ≤ x ≤ $\frac{\pi}{3}$; image : −1 ≤ y ≤ 1 **d)** Domaine : 0 ≤ x ≤ 8π ; image : −1 ≤ y ≤ 1

e) Domaine : 0 ≤ x ≤ $\frac{8\pi}{3}$; image : −1 ≤ y ≤ 1

f) Domaine : 0 ≤ x ≤ 6π ; image : −1 ≤ y ≤ 1

4. a) $y = 6\sin(2x)$ **b)** $y = 1{,}5\sin\left(\frac{3}{2}x\right)$ **c)** $y = 0{,}8\sin\left(\frac{2}{3}x\right)$

d) $y = 4\sin\left(\frac{1}{3}x\right)$ **5. a)** $y = 3\cos(2x)$ **b)** $y = 0{,}5\cos\left(\frac{1}{2}x\right)$

c) $y = 4\cos\left(\frac{1}{2}x\right)$ **d)** $y = 2{,}5\cos\left(\frac{2}{5}x\right)$ **7. a)** $y = 4\sin x$

b) $y = 2\sin\left(\frac{1}{2}x\right)$ **c)** $y = 5\sin\left(\frac{1}{2}x\right)$ **d)** $y = 3\sin(3x)$

8. a) $y = 3\cos\left(\frac{1}{4}x\right)$ **b)** $y = 3\cos\left(\frac{3}{5}x\right)$ **c)** $y = 4\cos\left(\frac{1}{2}x\right)$

d) $y = 8\cos(2x)$ **10. a)** $(n\pi, 0)$, n étant n'importe quel entier

b) (0, 0) **c)** (0, 0) **d)** (0, 0) **11. a)** $\left(n\pi + \frac{\pi}{2}, 0\right)$, n étant

n'importe quel entier **b)** (0, 1) **c)** Aucun **d)** Aucun

12. a) Domaine : tous les nombres réels ; image : −3,5 ≤ y ≤ 3,5 ; amplitude : 3,5 ; période : 2π

b) Domaine : tous les nombres réels ; image : −1 ≤ y ≤ 1 ; amplitude : 1 ; période : $\frac{4\pi}{5}$ **c)** Domaine : tous les nombres réels ; image : −2 ≤ y ≤ 2 ; amplitude : 2 ; période : 12π

d) Domaine : tous les nombres réels ; image : $-\frac{1}{4} \leq y \leq \frac{1}{4}$;

amplitude : $\dfrac{1}{4}$; période : 4π **13. a)** Jaune : $y = \sin\left(\dfrac{\pi}{290}x\right)$; verte : $y = \sin\left(\dfrac{\pi}{265}x\right)$; violette : $y = \sin\left(\dfrac{\pi}{205}x\right)$

b) Jaune : $y = \sin(0{,}011x)$; verte : $y = \sin(0{,}012x)$; violette : $y = \sin(0{,}015x)$ **14. a)** $45° < x < 225°$ **b)** $0° \le x < 45°$, $225° < x \le 360°$ **c)** $45°, 225°$ **15. a)** Amplitude : 10 ;

période : $\dfrac{1}{440}$ **b)** Agrandissement vertical de rapport 10 ;

réduction horizontale de rapport $\dfrac{1}{880\pi}$ **16. a)** $\dfrac{1}{2\pi}$ Hz

b) $\dfrac{1}{2\pi}$ Hz **c)** $\dfrac{1}{\pi}$ Hz **d)** $\dfrac{1}{4\pi}$ Hz **17. b)** $h(t) = 0{,}25\cos\left(\dfrac{\pi}{2}t\right)$

c) Réduction horizontale de rapport $\dfrac{1}{60}$;

$h(t) = 0{,}25\cos(30\pi t)$ **18. a)** $y = \sin\left(\dfrac{2\pi}{23}t\right)$, $y = \sin\left(\dfrac{\pi}{14}t\right)$,

$y = \sin\left(\dfrac{2\pi}{33}t\right)$ **c)** 58 ans **19. a)** Amplitude : 170 ;

période : $\dfrac{1}{60}$ **b)** 60 Hz **c)** 91,1 V

Section 5.6, p. 387 à 391

1. a) Translation verticale : 3 unités vers le haut ; déphasage : aucun **b)** Translation verticale : 1 unité vers le bas ; déphasage : aucun **c)** Translation verticale : aucune ; déphasage : 45° vers la droite **d)** Translation verticale : aucune ; déphasage $\dfrac{3\pi}{4}$ vers la droite **e)** Translation verticale : 1 unité vers le haut ; déphasage : 60° vers la droite **f)** Translation verticale : 4 unités vers le haut ; déphasage : $\dfrac{\pi}{3}$ vers la gauche **g)** Translation verticale : 0,5 unité vers le bas ; déphasage : $\dfrac{3\pi}{8}$ vers la gauche **h)** Translation verticale : 4,5 unités vers le bas ; déphasage : 15° vers la droite **2. a)** Translation verticale : 6 unités vers le haut ; déphasage : aucun **b)** Translation verticale : 3 unités vers le bas ; déphasage : aucun **c)** Translation verticale : aucune ; déphasage : $\dfrac{\pi}{2}$ vers la gauche **d)** Translation verticale : aucune ; déphasage : 72° vers la gauche **e)** Translation verticale : 2 unités vers le bas ; déphasage : 30° vers la droite **f)** Translation verticale : 1,5 unité vers le haut ; déphasage : $\dfrac{\pi}{6}$ vers la gauche **g)** Translation verticale : 25 unités vers le haut ; déphasage : 110° vers la gauche **h)** Translation verticale : 3,8 unités vers le bas ; déphasage : $\dfrac{5\pi}{12}$ vers la droite

3. a) Amplitude : 3 ; période : 2π ; domaine : $0 \le x \le 2\pi$; image : $-1 \le y \le 5$ **b)** Amplitude : 2 ; période : 2π ; domaine : $0 \le x \le 2\pi$; image : $-4 \le y \le 0$ **c)** Amplitude : 1,5 ; période : 2π ; domaine : $0 \le x \le 2\pi$; image : $-2{,}5 \le y \le 0{,}5$

d) Amplitude : $\dfrac{1}{2}$; période : 2π ; domaine : $0 \le x \le 2\pi$;

image : $\dfrac{1}{2} \le y \le \dfrac{3}{2}$ **4. a)** Amplitude : 2 ; période : 2π ;

domaine : $0 \le x \le 2\pi$; image : $-2 \le y \le 2$; déphasage : π

vers la droite **b)** Amplitude : 1 ; période : 2π ; domaine : $0 \le x \le 2\pi$; image : $-1 \le y \le 1$; déphasage : $\dfrac{\pi}{2}$ vers la droite

c) Amplitude : $\dfrac{1}{2}$; période : 2π ; domaine : $0 \le x \le 2\pi$;

image : $-\dfrac{1}{2} \le y \le \dfrac{1}{2}$; déphasage : $\dfrac{\pi}{2}$ vers la gauche

d) Amplitude : 3 ; période : 2π ; domaine : $0 \le x \le 2\pi$;

image : $-3 \le y \le 3$; déphasage : $\dfrac{\pi}{4}$ vers la gauche

e) Amplitude : 1 ; période : 2π ; domaine : $0 \le x \le 2\pi$;

image : $-1 \le y \le 1$; déphasage : $\dfrac{\pi}{2}$ vers la gauche

5. a) Amplitude : 2 ; période : 2π ; translation verticale : 3 unités vers le bas ; déphasage : aucun **b)** Amplitude : 0,5 ; période : π ; translation verticale : 1 unité vers le bas ; déphasage : aucun **c)** Amplitude : 6 ; période : $\dfrac{2\pi}{3}$;

translation verticale : aucune ; déphasage : $\dfrac{\pi}{9}$ vers la droite

d) Amplitude : 5 ; période : π ; translation verticale : 1 unité vers le haut ; déphasage : $\dfrac{\pi}{6}$ vers la droite **6. a)** Amplitude :

1 ; période : 2π ; translation verticale : 3 unités vers le haut ;

déphasage : aucun **b)** Amplitude : 1 ; période : $\dfrac{2\pi}{3}$;

translation verticale : aucune ; déphasage : $\dfrac{\pi}{2}$ vers la droite

c) Amplitude : 3 ; période : $\dfrac{\pi}{2}$; translation verticale : 5 unités

vers le haut ; déphasage : $\dfrac{\pi}{4}$ vers la droite **d)** Amplitude : 0,8 ;

période : 3π ; translation verticale : 7 unités vers le bas ;

déphasage : $\dfrac{\pi}{3}$ vers la droite **7. a)** Amplitude : 1 ; période : π ;

domaine : $0 \le x \le \pi$; image : $-1 \le y \le 1$; déphasage : $\dfrac{\pi}{4}$ vers

la gauche **b)** Amplitude : 2 ; période : π ; domaine :

$0 \le x \le \pi$; image : $-1 \le y \le 3$; déphasage : $\dfrac{\pi}{4}$ vers la droite

c) Amplitude : 3 ; période : 4π ; domaine : $0 \le x \le 4\pi$; image : $-5 \le y \le 1$; déphasage : π vers la droite **d)** Amplitude : 4 ; période : 6π ; domaine : $0 \le x \le 6\pi$; image : $-8 \le y \le 0$; déphasage : 2π vers la gauche **e)** Amplitude : 3 ; période : π ; domaine : $0 \le x \le \pi$;

image : $-1 \le y \le 5$; déphasage : $\dfrac{\pi}{4}$ vers la droite

8. a) Amplitude : 1 ; période : π ; domaine : $0 \le x \le \pi$;

image : $-1 \le y \le 1$; déphasage : $\dfrac{\pi}{4}$ vers la droite

b) Amplitude : 1 ; période : 4π ; domaine : $0 \le x \le 4\pi$;

image : $-3 \le y \le -1$; déphasage : 2π vers la droite

c) Amplitude : 2 ; période : $\dfrac{2\pi}{3}$; domaine : $0 \le x \le \dfrac{2\pi}{3}$;

image : $0 \le y \le 4$; déphasage : $\dfrac{\pi}{3}$ vers la droite

d) Amplitude : 3 ; période : π ; domaine : $0 \le x \le \pi$;

image : $-4 \le y \le 2$; déphasage : 2π vers la droite

9. a) $y = 8\sin x - 6$ **b)** $y = 7\cos 2x + 2$

c) $y = \sin\dfrac{1}{2}(x - \pi) + 3$ **d)** $y = 10\cos 4\left(x + \dfrac{\pi}{2}\right)$

10. a) Image : $0 \le y \le 4$ **b)** Image : $-3 \le y \le -1$

c) Image : $-3 \leq y \leq 3$ **d)** Image : $-5 \leq y \leq 3$

e) Image : $-1 \leq y \leq 3$ **f)** Image : $-0,5 \leq y \leq 7$

g) Image : $-2 \leq y \leq 2$ **11. a)** $a = 2$, $k = 3$, $d = \dfrac{\pi}{3}$, $c = -1$

b) $a = 5$, $k = \dfrac{1}{2}$, $d = \pi$, $c = 2$ **12. a)** $y = 5\sin \dfrac{\pi}{6}(t - 3) + 16$

c) i) 8 h, 20 h **ii)** 14 h, 2 h **iii)** 17 h, 23 h, 5 h, 11 h
d) i) 16 m **ii)** 20,3 m **e) i)** 16 h 13, 23 h 47, 4 h 13,
11 h 47 **ii)** 18 h 46, 21 h 14, 6 h 46, 9 h 14

iii) Entre 17 h 47 et 22 h 13 et entre 5 h 47 et 10 h 13,

chaque jour **13. b)** 4,8 cm **c)** $\dfrac{\pi}{6}$ ou 0,52 s

14. a) $y = 1,5\cos \dfrac{\pi}{6}t$ **c)** 3,75 m, 4,5 m, 3,75 m, 3 m

e) $y = 1,5\cos \dfrac{\pi}{6}(t - 6)$ **15. b)** $y = 15\sin \dfrac{5\pi}{2}t$

16. b) $y = 7\sin \dfrac{\pi}{8}(t - 4) + 8,5$ **d)** $y = 7\sin \dfrac{\pi}{10}(t - 5) + 8,5$

17. a) $y = 10\sin \dfrac{\pi}{6}t$ **b)** $y = 10\sin \dfrac{\pi}{6}(t + 2)$

c) $y = 10\sin \dfrac{\pi}{6}(t + 3)$ **18. a)** Non ; l'amplitude est déterminée

par la valeur de a. **b)** Non ; la période est déterminée par la
valeur de k. **c)** Oui ; la valeur maximale est $c + |a|$ et la
valeur minimale est $c - |a|$. **d)** Non ; le déphasage est
déterminé par la valeur de d. **19. b)** 12,2 h **c)** 11,5 h
21. a) $0 < |k| < 1$ **b)** $0 < |a| < 1$ **c)** $c = a\sin(kd)$
d) $|a| < |c|$ **22. a)** Égaux **23. a)** Égaux

Section 5.7, p. 398 à 401

1. Les réponses peuvent varier. **a)** $\sin^2 \theta$ **b)** $1 - \cos^2 \theta$

c) $1 - \sin^2 \theta$ **d)** $\dfrac{\sin^2 \theta}{\cos^2 \theta}$ **e)** $\dfrac{\sin^2 \theta}{\cos \theta}$ **f)** $\cos^2 \theta$ **g)** $\sin^2 \theta$

h) $\sin^2 \theta$ **i)** 1 **5. a)** Chaque formule donne $\dfrac{2g}{\sqrt{3}\omega^2}$.

8. a) $\sin\left(-\dfrac{\pi}{6}\right) = -\dfrac{1}{2}$, $\sqrt{\sin^2\left(-\dfrac{\pi}{6}\right)} = \dfrac{1}{2}$;

M.G. $\neq$ M.D. **b)** $\cos \dfrac{2\pi}{3} = -\dfrac{1}{2}$, $\sqrt{\cos^2 \dfrac{2\pi}{3}} = \dfrac{1}{2}$;

M.G. $\neq$ M.D. **11. a)** Une identité **b)** Pas une identité
c) Une identité **14.** Non ; le membre de gauche n'est
jamais négatif.

Section 5.8, p. 408 à 410

1. a) 0, π, 2π **b)** $\dfrac{2\pi}{3}$, $\dfrac{4\pi}{3}$ **c)** $\dfrac{\pi}{4}$, $\dfrac{5\pi}{4}$ **d)** $\dfrac{5\pi}{4}$, $\dfrac{7\pi}{4}$ **e)** $\dfrac{\pi}{6}$, $\dfrac{11\pi}{6}$

f) $\dfrac{4\pi}{3}$, $\dfrac{5\pi}{3}$ **2. a)** 270° **b)** 45°, 315° **c)** 60°, 120° **d)** 135°,

225° **e)** 210°, 330° **f)** 135°, 315° **3. a)** 60°, 300° **b)** 30°,
150° **c)** 210°, 330° **d)** 90°, 270° **e)** 45°, 135°, 225°, 315°

f) 210°, 270°, 330° **g)** 30°, 90°, 150° **4. a)** $\dfrac{3\pi}{2}$; 4,71

b) $\dfrac{\pi}{6}$, $\dfrac{5\pi}{6}$, $\dfrac{3\pi}{2}$; 0,52, 2,62, 4,71 **c)** 0, $\dfrac{2\pi}{3}$, π, $\dfrac{4\pi}{3}$, 2π ;

0, 2,09, 3,14, 4,19, 6,28 **d)** Pas de solution **e)** 0, π, $\dfrac{3\pi}{2}$, 2π ;

0, 3,14, 4,71, 6,28 **f)** $\dfrac{\pi}{6}$, $\dfrac{\pi}{2}$, $\dfrac{5\pi}{6}$, $\dfrac{3\pi}{2}$; 0,52, 1,57, 2,62, 4,71

5. a) 41,4°, 318,6° **b)** 19,5°, 160,5° **c)** 60°, 109,5°, 250,5°,
300° **d)** 19,5°, 160,5° **e)** Pas de solution **f)** 41,8°, 138,2°,
210°, 330° **6. a)** 0, 1,23, π, 5,05, 2π **b)** 1,23, $\dfrac{2\pi}{3}$, $\dfrac{4\pi}{3}$,

5,05 **c)** 1,82, 4,46 **d)** $\dfrac{2\pi}{3}$, 2,42, 3,86, $\dfrac{4\pi}{3}$ **7. a)** 28,9°

b) $0° < r < 48,8°$ **8. a)** $A = \dfrac{1}{2}bh = \dfrac{1}{2}b\left(\dfrac{b\tan \theta}{2}\right) = \dfrac{b^2\tan \theta}{4}$

b) 68,2° **9. c)** 15° ou 75° **10. a)** 0, 1,33, π, 4,47, 2π
b) 1,11, 1,25, 4,25, 4,39 **c)** 1,11, 4,25 **d)** 0,46, 0,59, 3,61,
3,73 **11. a)** 30°, 45°, 150°, 225° **b)** 45°, 180°, 225°
12. b) $30° \leq x \leq 150°$ **c)** $0° \leq x \leq 30°$, $150° \leq x \leq 360°$
13. b) $k = 2$ **14. a)** 45°, 225° **b)** 90°, 270° **c)** 15°, 75°, 195°,
255° **d)** 30°, 150°, 210°, 330° **e)** 22,5°, 157,5°, 202,5°,
337,5° **f)** 30°, 60°, 210°, 240° **g)** 75°, 105°, 255°, 285°
h) 0°, 90°, 180°, 270°, 360° **i)** 60°, 300° **15. a)** 0°, 120°,
240°, 360° **b)** 90°, 170° **c)** 0°, 45°, 135°, 180°, 225°, 315°,
360° **16. b)** 90°, 270°

Révision des concepts clés, p. 412 à 417

1. a) 120° **b)** 450° **c)** 108° **d)** 40° **e)** 480° **f)** 720° **2. a)** $\dfrac{5\pi}{18}$

b) $\dfrac{3\pi}{2}$ **c)** $\dfrac{3\pi}{4}$ **d)** $\dfrac{7\pi}{6}$ **e)** $\dfrac{5\pi}{4}$ **f)** 4π **3. a)** 200,5° **b)** 25,7°

c) 43,0° **d)** 81,8° **e)** 83,1° **f)** 96,9° **4. a)** 0,52 **b)** 2,09
c) 1,22 **d)** 0,81 **e)** 4,04 **f)** 5,50 **5. a)** 8,4 cm **b)** 30,2 cm
6. a) 1,33 rad ; 76,4° **b)** 2,29 rad ; 131,0° **7. a)** 7,7 cm

b) 5,6 m **8.** 80π rad/s, 251,33 rad/s **9. a)** $\dfrac{3\pi}{10}$ **b)** 36°, 54°

10. a) $\sin \theta = \dfrac{5}{\sqrt{41}}$, $\cos \theta = \dfrac{4}{\sqrt{41}}$, $\tan \theta = \dfrac{5}{4}$ **b)** $\sin \theta = \dfrac{7}{\sqrt{53}}$,

$\cos \theta = -\dfrac{2}{\sqrt{53}}$, $\tan \theta = -\dfrac{7}{2}$ **c)** $\sin \theta = -\dfrac{2}{\sqrt{5}}$, $\cos \theta = -\dfrac{1}{\sqrt{5}}$,

$\tan \theta = 2$ **d)** $\sin \theta = -\dfrac{4}{\sqrt{65}}$, $\cos \theta = \dfrac{7}{\sqrt{65}}$, $\tan \theta = -\dfrac{4}{7}$

11. a) $\dfrac{\sqrt{3}}{2}$ **b)** 1 **c)** $-\dfrac{1}{2}$ **d)** $-\dfrac{\sqrt{3}}{2}$ **12. a)** $\dfrac{1}{2}$ **b)** $-\dfrac{1}{2}$ **c)** -1

d) $-\dfrac{\sqrt{3}}{2}$ **13. a)** $\cos \theta = -\dfrac{\sqrt{21}}{5}$, $\tan \theta = -\dfrac{2}{\sqrt{21}}$

b) $\sin \theta = -\dfrac{\sqrt{33}}{7}$, $\tan \theta = \dfrac{\sqrt{33}}{4}$ **c)** $\sin \theta = -\dfrac{5}{\sqrt{61}}$,

$\cos \theta = \dfrac{6}{\sqrt{61}}$ **14. a)** 30°, 150° **b)** 45°, 315° **c)** 120°, 300°

d) 30°, 330° **15. a)** La régularité des valeurs de y, dans une
partie du graphique, se répète à intervalles réguliers.

b) Période : $\dfrac{5\pi}{2}$; amplitude : 2 **c) i)** 2 **ii)** -2 **iii)** 2

16. Les réponses peuvent varier. **17. b)** Période : 2π ;
amplitude : 1 ; image : $-1 \leq y \leq 1$; pour $y = \sin x$
et $y = \cos x$ **18. b)** Période : 180° ; domaine :
$-180° \leq x \leq 450°$, $x \neq -90°$, 90°, 270°, 450° ; image :
tous les nombres réels **19. a)** Domaine : $0 \leq x \leq 2\pi$;
image ; $-4 \leq y \leq 4$

b) Domaine : $0 \le x \le 2\pi$; image : $-\dfrac{1}{2} \le y \le \dfrac{1}{2}$

c) Domaine : $0 \le x \le \dfrac{2\pi}{3}$; image : $-1 \le y \le 1$

d) Domaine : $0 \le x \le \pi$; image : $-1 \le y \le 1$

e) Domaine : $0 \le x \le 6\pi$; image : $-1 \le y \le 1$

f) Domaine : $0 \le x \le \dfrac{8\pi}{3}$; image : $-1 \le y \le 1$

20. a) $180°$, π rad **b)** $240°$, $\dfrac{4\pi}{3}$ rad **c)** $720°$, 4π rad

d) $1440°$, 8π rad **21. a)** $y = 4\sin\left(\dfrac{2}{3}x\right)$ **b)** $y = 2\sin(2x)$

23. a) Image : $-5 \le y \le 5$; amplitude : 5 ; période : $\dfrac{\pi}{2}$

b) Image : $-0,5 \le y \le 0,5$; amplitude : $0,5$; période : $\dfrac{2\pi}{3}$

c) Image : $-3 \le y \le 3$; amplitude : 3 ; période : 6π

d) Image : $-2 \le y \le 2$; amplitude : 2 ; période : 3π

24. a) $y = 12\sin(\pi t)$ **25. a)** Domaine : $0 \le x \le 2\pi$; image : $-7 \le y \le 1$; amplitude : 4 ; période : 2π ; déphasage : aucun **b)** Domaine : $0 \le x \le 2\pi$; image : $-1 \le y \le 5$; amplitude : 3 ; période : 2π ; déphasage : aucun **c)** Domaine : $0 \le x \le 2\pi$; image : $-2 \le y \le 2$; amplitude : 2 ; période : 2π ; déphasage : $\dfrac{\pi}{2}$ vers la droite **d)** Domaine : $0 \le x \le 2\pi$; image : $-\dfrac{1}{2} \le y \le \dfrac{1}{2}$; amplitude : $\dfrac{1}{2}$; période : 2π ; déphasage : $\dfrac{\pi}{2}$ vers la gauche

26. a) Domaine : $0 \le x \le \dfrac{4\pi}{3}$; image : $-2 \le y \le 2$; amplitude : 2 ; période : $\dfrac{4\pi}{3}$, déphasage : aucun **b)** Domaine : $0 \le x \le 8\pi$; image : $-3 \le y \le 3$; amplitude : 3 ; période : 8π ; déphasage : aucun **27. a)** Domaine : $0 \le x \le \pi$; image : $-2 \le y \le 2$; amplitude : 2 ; période : π ; déphasage : $\dfrac{\pi}{4}$ vers la droite **b)** Domaine : $0 \le x \le \pi$; image : $-4 \le y \le 2$; amplitude : 3 ; période : π ; déphasage : $\dfrac{\pi}{4}$ vers la gauche **c)** Domaine : $0 \le x \le 6\pi$; image : $2 \le y \le 4$; amplitude : 1 ; période : 6π ; déphasage : 2π vers la droite **d)** Domaine : $0 \le x \le 4\pi$; image : $-1 \le y \le 3$; amplitude : 2 ; période : 4π ; déphasage : π vers la droite **e)** Domaine : $0 \le x \le 4\pi$; image : $-\dfrac{5}{2} \le y \le -\dfrac{3}{2}$; amplitude : $\dfrac{1}{2}$; période : 4π ; déphasage : 2π vers la droite **f)** Domaine : $0 \le x \le \dfrac{2\pi}{3}$; image : $0 \le y \le 4$; amplitude : 2 ; période : $\dfrac{2\pi}{3}$; déphasage : $\dfrac{\pi}{3}$ vers la droite

28. a) $y = 3\sin(x - \pi) - 4$ **b)** $y = 5\cos 2\left(x + \dfrac{\pi}{2}\right) + 1$

29. a) Image : $-5 \le y \le 1$ **b)** Image : $0 \le y \le 4$

c) Image : $-\dfrac{1}{2} \le y \le \dfrac{1}{2}$ **d)** Image : $-4 \le y \le 6$

e) Image : $-3 \le y \le 1$ **f)** Image : $-4 \le y \le 3,5$

30. a) $y = 9,5\sin\dfrac{\pi}{5}(t - 2,5) + 10,7$

31. a) $d(t) = 6\sin\dfrac{\pi}{6}(t + 3) + 14$ **35. a)** $\dfrac{\pi}{2}$, $\dfrac{3\pi}{2}$ **b)** $\dfrac{\pi}{6}$, $\dfrac{5\pi}{6}$

c) $\dfrac{3\pi}{4}$, $\dfrac{7\pi}{4}$ **d)** $\dfrac{\pi}{4}$, $\dfrac{3\pi}{4}$ **e)** $\dfrac{\pi}{6}$, $\dfrac{11\pi}{6}$ **f)** $\dfrac{4\pi}{3}$, $\dfrac{5\pi}{3}$ **g)** $\dfrac{3\pi}{4}$, $\dfrac{5\pi}{4}$

h) 0, 2π **i)** $\dfrac{\pi}{3}$, $\dfrac{4\pi}{3}$ **36. a)** 0, π, 2π **b)** $\dfrac{2\pi}{3}$, π, $\dfrac{4\pi}{3}$ **c)** $\dfrac{\pi}{2}$

d) 0, π, 2π **e)** $\dfrac{\pi}{6}$, $\dfrac{\pi}{2}$, $\dfrac{5\pi}{6}$ **f)** $\dfrac{\pi}{3}$, π, $\dfrac{5\pi}{3}$ **g)** 0, 2π **h)** $\dfrac{7\pi}{6}$, $\dfrac{11\pi}{6}$

i) Pas de solution **37. a)** $36,9°$, $323,1°$; $0,64$ rad, $5,64$ rad
b) $48,6°$, $131,4°$; $0,85$ rad, $2,29$ rad **c)** $109,5°$, $250,5°$;
$1,91$ rad, $4,37$ rad **d)** $30°$, $41,8°$, $138,2°$, $150°$; $\dfrac{\pi}{6}$ rad,
$0,73$ rad, $2,41$ rad, $\dfrac{5\pi}{6}$ rad

Vérifions nos connaissances p. 418 et 419

1. a) $300°$ **b)** $210°$ **c)** $97,4°$ **2. a)** $\dfrac{\pi}{3}$ ou $1,05$ **b)** $3,58$ **c)** $5,46$

3. a) $\sin \theta = \dfrac{3}{\sqrt{13}}$, $\cos \theta = -\dfrac{2}{\sqrt{13}}$, $\tan \theta = -\dfrac{3}{2}$

b) $\sin \theta = -\dfrac{3}{\sqrt{34}}$, $\cos \theta = \dfrac{5}{\sqrt{34}}$, $\tan \theta = -\dfrac{3}{5}$ **4. a)** 1 **b)** $-\dfrac{\sqrt{3}}{2}$

c) $-\dfrac{1}{2}$ **d)** $-\dfrac{1}{2}$ **5. a)** $225°$, $315°$ **b)** $30°$, $330°$ **c)** $135°$, $315°$

6. b) Période : π ; domaine : $-2\pi \le x \le \pi$, $x \neq -\dfrac{3\pi}{2}$, $-\dfrac{\pi}{2}$, $\dfrac{\pi}{2}$;

image : tous les nombres réels **7. a)** Domaine : $0 \le x \le \dfrac{2\pi}{3}$;

image : $-4 \le y \le 4$; amplitude : 4 ; période : $\dfrac{2\pi}{3}$;

déphasage : aucun **b)** Domaine : $0 \le x \le 4\pi$; image :
$-3 \le y \le 3$; amplitude : 3 ; période : 4π ; déphasage : aucun
c) Domaine : $0 \le x \le \pi$; image : $-2 \le y \le 2$; amplitude : 2 ;

période : π ; déphasage : $\dfrac{\pi}{4}$ vers la droite **d)** Domaine :

$0 \le x \le 4\pi$; image : $-2 \le y \le 6$; amplitude : 4 ; période : 4π ;

déphasage : π vers la gauche **e)** Domaine : $0 \le x \le \dfrac{2\pi}{3}$;

image : $-5 \le y \le 1$; amplitude : 3 ; période : $\dfrac{2\pi}{3}$;

déphasage : $\dfrac{\pi}{3}$ vers la droite **8. a)** Image : $-7 \le y \le 1$;

amplitude : 4 ; période : π ; déphasage : aucun

b) Image : $-2 \le y \le 2$; amplitude : 2 ; période : 4π ;

déphasage : π vers la droite **c)** Image $-4 \le y \le 2$;

amplitude : 3 ; période : π ; déphasage : $\dfrac{\pi}{2}$ vers la gauche

9. a) $d(t) = 2\sin\dfrac{\pi}{6}(t - 3)$ **10. b)** 1 **d)** $\dfrac{1}{2}$ **e)** 20 pour

chaque fonction **12. a)** $\dfrac{\pi}{6}$, $\dfrac{11\pi}{6}$ **b)** $\dfrac{\pi}{2}$, $\dfrac{3\pi}{2}$ **c)** $\dfrac{3\pi}{2}$ **d)** $\dfrac{\pi}{6}$, $\dfrac{5\pi}{6}$,

$\dfrac{7\pi}{6}$, $\dfrac{11\pi}{6}$ **13. a)** 3200 **b)** Février **c)** Mai et octobre

Problèmes stimulants, p. 420

1. Plus de 16 fois **2.** 3π **3.** $-\sin^2 \theta$

4. $\dfrac{3}{10}$ **5.** $-\dfrac{12}{\sqrt{481}}$ **6.** 3 **7.** $\dfrac{1}{3}$

1. -100 **2.** 55 **3.** $11\ 111\ 111\ 100\ 000\ 000\ 000$

4. 728 unités **5.** 46 **6.** 37 **8.** 14 **9. a)** $\dfrac{n(n+1)}{2}$ **b)** 741

c) 1562 **10.** $1\ 000\ 000$ **11. a)** $1, 8, 27$ **b)** $4913, 970\ 299$

Résolution de problèmes : L'application des stratégies, p. 423

1. $1, 1, 1, 2, 5$; $1, 1, 2, 2, 2$; $1, 1, 1, 3, 3$ **2. a)** $(3, 2, 4)$, $(1, 8, 3)$, $(-3, -4, 2)$ **b)** $(1, -5, -8)$, $(4, -2, -5)$, $(-2, 1, -20)$ **3.** Divise les pièces en groupes de trois et mets deux groupes dans les plateaux. S'ils sont en équilibre, la fausse pièce se trouve dans le troisième groupe ; sinon, le groupe le plus léger contient la fausse pièce. Procède de la même façon avec le groupe qui contient la fausse pièce. Mets deux pièces dans les plateaux. Si elles sont en équilibre, la troisième pièce est fausse ; sinon, c'est la pièce la plus légère sur la balance qui est fausse. **5. a)** $1, 2$ **b)** $\dfrac{3}{2}$

6. 60 **7.** $51\ \%$ **8.** 150 **9.** $7\pi\ \text{cm}^2$

Chapitre 6

Point de départ, p. 426

1. a) Chaque terme suivant correspond à celui qui le précède plus 3 ; $16, 19, 22$. **b)** Chaque terme suivant correspond au double de celui qui le précède ; $48, 96, 192$. **c)** Chaque terme suivant correspond au terme qui le précède augmenté de 1 et de la différence entre celui-ci et le terme précédent ; $22, 29, 37$. **d)** Pour obtenir chaque terme subséquent, il faut alternativement multiplier par 3 ou diviser par 2 le terme qui le précède ; $27, 13,5, 40,5$. **e)** Pour obtenir chaque terme subséquent, il faut alternativement additionner 1 au terme qui le précède ou le multiplier par 3 ; $31, 93, 94$. **f)** Chaque terme suivant correspond à la somme des deux termes qui le précèdent ; $47, 76, 123$. **g)** Cet ensemble est formé des multiples consécutifs impairs de 9 ; $81, 99, 117$. **h)** En calculant la différence entre chaque paire de termes successifs, on obtient un ensemble de nombres impairs consécutifs dont le premier est 3 ; $37, 50, 65$. **i)** Chaque terme suivant correspond à la différence entre les deux termes qui le précèdent ; $-9, 16, -25$. **2. a)** On a ici une lettre de l'alphabet sur trois dans l'ordre ; M, P, S. **b)** Pour obtenir chaque lettre subséquente, il faut alternativement avancer de trois lettres ou reculer de deux à l'intérieur de l'alphabet ; G, E, H. **c)** Pour obtenir chaque lettre subséquente, il faut alternativement avancer de deux lettres ou d'une seule à l'intérieur de l'alphabet ; L, M, O. **d)** Il y a ici alternance de lettres et de nombres. Chaque lettre subséquente correspond à la lettre suivante en ordre alphabétique inverse, tandis que chaque nombre subséquent correspond au nombre précédent augmenté de 1 et de la différence entre ce nombre et celui qui le précède ; W, 19, V.

3. a) 26; 32 **b)** La première figure comporte huit astérisques, et chaque figure subséquente en comprend six de plus que la précédente. **c)** $6n + 2$ **d)** 392; 602 **4. a)** 64; 256 **b)** Chaque figure subséquente comprend quatre fois plus de petits triangles intérieurs que la précédente. **c)** $262\ 144$ **d)** 4^{n-1}

Révision des habiletés, p. 427

1. a) 128 **b)** 81 **c)** 2187 **d)** 64 **e)** 4096 **f)** 96 **g)** -250 **h)** 384 **i)** -8 **2. a)** $15x^6$ **b)** $8y^7$ **c)** $-4x^4$ **d)** 12 **e)** $28t^8$ **f)** $-44g^8$ **3. a)** 4 **b)** 25 **c)** -8 **d)** -243 **e)** 16 **f)** 189 **4. a)** 18 **b)** 54 **c)** 9 **d)** -9 **e)** $\dfrac{1}{8}$ **f)** 36 **g)** $-\dfrac{3}{4}$ **h)** 4 **5. a)** $-2x - 22$ **b)** $3y^2 - 15y - 14$ **c)** $z - 16$ **d)** $15t + 31$ **6. a)** 2 **b)** 35 **c)** 37 **d)** -53 **e)** 1 **f)** -4 **7. a)** $-\dfrac{1}{2}$ **b)** 9 **c)** 15 **d)** -5 **e)** -8 **f)** 8 **8. a)** 30 **b)** -13 **c)** 0 **d)** $7,5$ **e)** 13 **9. a)** 4 **b)** 7 **c)** 5 **d)** 7 **e)** 4 **f)** 5 **11. a)** $(7, 3)$ **b)** $(-1, -2)$ **c)** $\left(\dfrac{1}{2}, 0\right)$ **d)** $(1, -4)$ **e)** $(8, 9)$ **f)** $(6, -10)$

Section 6.1, p. 433 à 435

1. a) $t_1 = 3, t_2 = 6, t_3 = 9, t_4 = 12, t_5 = 15$ **b)** $t_1 = 6, t_2 = 8, t_3 = 10, t_4 = 12, t_5 = 14$ **c)** $t_1 = 3, t_2 = 1, t_3 = -1, t_4 = -3, t_5 = -5$ **d)** $f(1) = 9, f(2) = 8, f(3) = 7, f(4) = 6, f(5) = 5$ **e)** $t_1 = 2, t_2 = 4, t_3 = 8, t_4 = 16, t_5 = 32$ **f)** $f(1) = 0, f(2) = 3, f(3) = 8, f(4) = 15, f(5) = 24$ **2. a)** $t_n = 5n$; $25, 30, 35$ **b)** $t_n = n + 1$; $6, 7, 8$ **c)** $t_n = 7 - n$; $2, 1, 0$ **d)** $t_n = n^2$; $25, 36, 49$ **e)** $t_n = 2n$; $10, 12, 14$ **f)** $t_n = -3(2)^{n-1}$; $-48, -96, -192$ **g)** $t_n = n - 2$; $3, 4, 5$ **h)** $t_n = 0,1n$; $0,5, 0,6, 0,7$ **i)** $t_n = \dfrac{n}{n+1}$; $\dfrac{5}{6}, \dfrac{6}{7}, \dfrac{7}{8}$ **j)** $t_n = nx$; $5x, 6x, 7x$ **k)** $t_n = 1 + (n-1)d$; $1 + 4d, 1 + 5d, 1 + 6d$ **3. a)** $0, 3, 6, 9$ **b)** $0, 1, 4, 9$ **c)** $1, \dfrac{1}{2}, \dfrac{1}{3}, \dfrac{1}{4}$ **d)** $2, \dfrac{3}{2}, \dfrac{4}{3}, \dfrac{5}{4}$ **e)** $0, 3, 8, 15$ **f)** $-1, 1, -1, 1$ **g)** $1, 2, 4, 8$ **h)** $1, 3, 7, 15$ **i)** $0, \dfrac{1}{3}, \dfrac{1}{2}, \dfrac{3}{5}$ **j)** $1, -1, 1, -1$ **k)** $\dfrac{1}{3}, \dfrac{1}{9}, \dfrac{1}{27}, \dfrac{1}{81}$ **l)** $\dfrac{3}{2}, \dfrac{5}{4}, \dfrac{9}{8}, \dfrac{17}{16}$ **4. a)** $19, 37$ **b)** $67, 83$ **c)** $27, 62$ **d)** $-7, -23$ **e)** $13, 53$ **f)** $1, 5$ **g)** $1, 144$ **5. a)** $0, 1, 2, 3$; $t_n = n - 1$ **b)** $-3, -1, 1, 3$; $t_n = 2n - 5$ **c)** $3, 6, 11, 18$; $t_n = n^2 + 2$ **d)** $1, 3, 9, 27$; $t_n = 3^{n-1}$ **6.** 156; 176 **7. a)** $202,5\ \text{t}$ **b)** $207\ \text{t}$ **c)** $288\ \text{t}$ **8. a)** $10,25\ \text{cm}, 10,5\ \text{cm}, 11,5\ \text{cm}$ **b)** 20 **9. a)** À partir de Vénus, on obtient chaque terme subséquent de la suite en doublant le terme qui est un multiple de 3 pour ensuite y additionner 4 et diviser le tout par 10. **b)** $\dfrac{0+4}{10}, \dfrac{3+4}{10}, \dfrac{6+4}{10}, \dfrac{12+4}{10}, \dfrac{24+4}{10}, \dfrac{48+4}{10}, \dfrac{96+4}{10},$ $\dfrac{192+4}{10}, \dfrac{384+4}{10}, \dfrac{768+4}{10}$ **c)** Mercure : $0,4$ U.A. ; Vénus : $0,7$ U.A. ; Terre : 1 U.A. ; Mars : $1,6$ U.A. ; astéroïdes : $2,8$ U.A. ; Jupiter : $5,2$ U.A. ; Saturne : 10 U.A. ; Uranus : $19,6$ U.A. ; Neptune : $38,8$ U.A. ; Pluton : $77,2$ U.A. **d)** Neptune **10. a)** $1020\ \text{kJ}, 1100\ \text{kJ}, 1300\ \text{kJ}$ **b)** $t_n = 1000 + 20n$ **11. a)** $30, 32, 34, 36, 38$ **b)** $t_n = 28 + 2n$ **c)** 148 **12.** Non, car beaucoup de suites différentes comportent ces mêmes trois premiers termes. En voici trois exemples : $1, 2, 4, 1, 2, 4, 1, \ldots$; $1, 2, 4, 7, 11, 16, \ldots$; $1, 2, 4, 8, 16, 32, \ldots$ **13.** Les réponses varieront. **14. a)** $48\ 000\ \$, 38\ 400\ \$$ **b)** $V(n) = 60\ 000(0,8)^n$ **c)** Huit

1. a) 15, 19, 23 **b)** 15, 9, 3 **c)** -8, -3, 2 **d)** 4, -3, -10 **e)** 10, 11,4, 12,8 **f)** $\frac{9}{4}, \frac{11}{4}, \frac{13}{4}$ **2. a)** 8, 11, 14, 17 **b)** -5, -3, -1, 1 **c)** 3, 7, 11, 15 **d)** 5, 4, 3, 2 **e)** -7, -12, -17, -22 **f)** 2, $\frac{5}{2}$, 3, $\frac{7}{2}$ **3. a)** 17 **b)** 49 **c)** -35 **d)** 1,5 **e)** 78,5 **f)** $\frac{23}{3}$ **4. a)** $a = 5$, $d = 4$ **b)** Non arithmétique **c)** Non arithmétique **d)** $a = -1$, $d = -3$ **e)** Non arithmétique **f)** Non arithmétique **g)** $a = -4$, $d = 1,5$ **h)** Non arithmétique **i)** $a = x$, $d = x$ **j)** $a = c$, raison arithmétique : $2d$ **5. a)** 7, 9, 11, 13, 15 **b)** 3, 7, 11, 15, 19 **c)** -4, 2, 8, 14, 20 **d)** 2, -1, -4, -7, -10 **e)** -5, -13, -21, -29, -37 **f)** $\frac{5}{2}$, 3, $\frac{7}{2}$, 4, $\frac{9}{2}$ **g)** 0, $-0,25$, $-0,5$, $-0,75$, -1 **h)** 8, $8 + x$, $8 + 2x$, $8 + 3x$, $8 + 4x$ **i)** 6, $7 + y$, $8 + 2y$, $9 + 3y$, $10 + 4y$ **j)** $3m$, $2m + 1$, $m + 2$, 3, $4 - m$ **6. a)** $t_n = 2n + 4$; $t_{10} = 24$, $t_{34} = 72$ **b)** $t_n = 4n + 8$; $t_{18} = 80$, $t_{41} = 172$ **c)** $t_n = 7n + 2$; $t_9 = 65$, $t_{100} = 702$ **d)** $t_n = 3n - 13$; $t_{11} = 20$, $t_{22} = 53$ **e)** $t_n = -5n + 1$; $t_{18} = -89$, $t_{66} = -329$ **f)** $t_n = \frac{2n-1}{2}$; $t_{12} = \frac{23}{2}$, $t_{21} = \frac{41}{2}$ **g)** $t_n = -6n + 11$; $t_8 = -37$, $t_{14} = -73$ **h)** $t_n = 3n + 4$; $t_{15} = 49$, $t_{30} = 94$ **i)** $t_n = -2n + 12$; $t_{13} = -14$, $t_{22} = -32$ **j)** $t_n = x + 4(n - 1)$, $t_{14} = x + 52$, $t_{45} = x + 176$ **7. a)** 49 **b)** 41 **c)** 36 **d)** 42 **e)** 35 **f)** 45 **g)** 44 **8. a)** $a = 4$, $d = 3$; $t_n = 3n + 1$ **b)** $a = -3$, $d = 5$; $t_n = 5n - 8$ **c)** $a = 42$, $d = 2$; $t_n = 2n + 40$ **d)** $a = -19$, $d = 7$; $t_n = 7n - 26$ **e)** $a = 131$, $d = -28$; $t_n = -28n + 159$ **f)** $a = 229$, $d = -9$; $t_n = -9n + 238$ **g)** $a = 1,3$, $d = 0,4$; $t_n = 0,4n + 0,9$ **h)** $a = 5$, $d = -0,5$; $t_n = -0,5n + 5,5$ **9. a)** 14 **b)** $t_n = 5n + 9$ **10. a)** 35, 28, 21, 14 **b)** $t_n = -7n + 42$ **11. a)** 5, 20, 35, 50, 65 **b)** 740 ; 2990 **12.** 2 **13. a)** 2, 8, 14, 20, 26 **b)** 10, 3, -4, -11, -18 **14. a)** $a = 1896$, $d = 4$ **b)** 1940, 1944. Ces Jeux olympiques ont été annulés en raison de la Seconde Guerre mondiale. **c)** 12, 13 **d)** Les réponses peuvent varier. **15.** 88 **16.** 7 **17. a)** 140 km **b)** 220 km **c)** $60 + 80t$ km **18.** 2016, 2023, 2030 **19. a)** 45 $ **b)** 285 $ **20.** 39 200 $, 42 600 $, 45 800 $ **21. a)** $t_n = 11,54 + 0,83n$ **b)** 22,33 mm **22. a)** 45 **b)** $t_n = 47 - 2n$ **c)** 23 **23. a)** $a = 8$, $d = 2$ **b)** $t_n = 6 + 2n$ **c)** 36 ; 1440 m **24.** 101 **25. a)** 16 **b)** $t_n = 4 + 3n$ **c)** 79 **d)** La 45ᵉ **26. a)** 248,55 **b)** 13 h 12 **27.** 3,8 **28. a)** Les premières différences égalent toutes d et sont par conséquent constantes. **b)** Le domaine est $\{1, 2, 3, \ldots\}$. **29. a)** 10 h 18 min 48 s ; 10 h 20 min 30 s **b)** 436 **30. a)** 10 h 25 min 24 s ; 10 h 30 min 30 s **b)** 146 **31. a)** 10 h 23 min 45 s ; 10 h 28 min **b)** 175 **32.** 6, 8, 10 **33.** 5, 11, 17 **34. a)** Elles sont égales, chacune correspondant à $2a + 3d$. **b)** Les réponses peuvent varier ; la somme du deuxième et du cinquième terme est égale à celle du premier et du sixième. **35.** 319 **36.** $5x + y$ **37. a)** 5 **b)** 4 **c)** -1 **d)** 8 **e)** -2 **38. a)** 2 **b)** 5 **c)** 0 ou 4 **39.** $a = 3 - 22x$, $d = 4,5x$, $t_n = 3 - 22x + (n - 1)4,5x$ **40.** $t_n - t_{n-1} = [a + (n-1)d] - [a + (n-2)d] = (a - a) + d[(n-1) - (n-2)] = d$

1. a) Autre ; 25, 36 **b)** Géométrique ; 16, 32 **c)** Arithmétique ; 35, 42 **d)** Autre ; 16, 22 **e)** Arithmétique ; 4, 0 **f)** Géométrique ; 2, 1 **g)** Autre ; $\frac{1}{3}, -\frac{4}{3}$ **h)** Géométrique ;

40,5, 121,5 **2. a)** 3 ; 81, 243, 729 **b)** 2 ; 80, 160, 320 **c)** -4 ; 512, -2048, 8192 **d)** -1 ; 7, -7, 7 **e)** 10 ; 5000, 50 000, 500 000 **f)** 2 ; $\frac{16}{3}, \frac{32}{3}, \frac{64}{3}$ **g)** $\frac{1}{2}$; 4, 2, 1 **h)** $-\frac{1}{2}$; 50, -25, 12,5 **3. a)** 4, 12, 36, 108, 324 **b)** 20, 80, 320, 1280, 5120 **c)** 1024, 512, 256, 128, 64 **d)** 0,043, 0,43, 4,3, 43, 430 **e)** 8, -8, 8, -8, 8 **f)** -10, 50, -250, 1250, -6250 **4. a)** 4, 8, 16, 32 **b)** 10, 30, 90, 270 **c)** 2, -4, 8, -16 **d)** 5, -15, 45, -135 **e)** -3, -6, -12, -24 **f)** -2, 6, -18, 54 **g)** 0,5, 2, 8, 32 **h)** -1, 1, -1, 1 **i)** 200, 100, 50, 25 **j)** -1000, 100, -10, 1 **5. a)** $t_n = 2(2)^{n-1}$; $t_7 = 128$, $t_{12} = 4096$ **b)** $t_n = 5^{n-1}$; $t_6 = 3125$, $t_9 = 390\,625$ **c)** $t_n = 4(3)^{n-1}$; $t_8 = 8748$, $t_{10} = 78\,732$ **d)** $t_n = 64(0,5)^{n-1}$; $t_7 = 1$, $t_{10} = 0,125$ **e)** $t_n = 6(0,1)^{n-1}$; $t_6 = 0,000\,06$, $t_8 = 0,000\,000\,6$ **f)** $t_n = -3(-2)^{n-1}$; $t_7 = -192$, $t_9 = -768$ **g)** $t_n = 729\left(-\frac{1}{3}\right)^{n-1}$; $t_6 = -3$, $t_{10} = -\frac{1}{27}$ **h)** $t_n = 4(-10)^{n-1}$; $t_8 = -40\,000\,000$, $t_{12} = -400\,000\,000\,000$ **6. a)** 7 **b)** 10 **c)** 10 **d)** 8 **e)** 10 **f)** 7 **g)** 8 **h)** 8 **7. a)** $t_n = 4(3)^{n-1}$ **b)** $t_n = -3(-2)^{n-1}$ **c)** $t_n = 512(0,5)^{n-1}$ **d)** $t_n = 4^{n-1}$ ou $t_n = -(-4)^{n-1}$ **e)** $t_n = 5(2)^{n-1}$ **f)** $t_n = 891\left(\frac{1}{3}\right)^{n-1}$ **8.** 8, $8\sqrt{3}$, 16 **9. a)** 20 000 cm³, 16 000 cm³, 12 800 cm³, 10 240 cm³, 8192 cm³ **b)** 0,8 **c)** 6553,6 cm³, 5242,88 cm³ **10.** 325 779 habitants **11.** 2 % **12.** six **13.** 4096 **14. a)** 3, 6, 9, 12, 15 **b)** 3, 6, 12, 24, 48 **c)** Les points représentant la suite arithmétique se situent sur une droite, tandis que les points représentant la suite géométrique se situent sur une courbe exponentielle. **15.** 7 **16. a)** $Q_n = Q_0(0,5)^n$ **b)** 2,5 mg **17.** Oui ; on pourrait établir cette suite à partir de la suite initiale en attribuant au paramètre a sa valeur initiale multipliée par le nombre en cause. **18. a)** 1000 $ **b)** 1562,50 $ **19. a)** Non linéaire **b)** Les premières différences des termes d'une suite géométrique ne sont pas constantes. **20. a)** 38,01 cm **b)** 32,64 cm **21.** $t_n \div t_{n-1} = \frac{ar^{n-1}}{ar^{n-2}} = r$ **22. a)** 10 **b)** 4 **23.** Oui, à condition que la raison géométrique ne soit pas trop élevée. Les termes 10, 15 et 22,5, par exemple, forment une suite géométrique et peuvent correspondre aux longueurs des côtés d'un triangle. **24.** $y = \frac{x^2}{w}$ **25. a)** 4 **b)** 30 **c)** $\sqrt{mn}$ **26. a)** $a = 3$, $r = 2$, $t_n = 3(2)^{n-1}$ **b)** $a = 6$, $r = -2$; $t_n = 6(-2)^{n-1}$ **27. a)** $a = 5x^2$, $r = x^2$; $f(n) = 5x^{2n}$ **b)** $a = 1$, $r = 2x$; $f(n) = (2x)^{n-1}$ **28. a)** $t_n = (2x)^n$, $t_{10} = 1024x^{10}$ **b)** $t_n = \frac{1}{2}\left(\frac{x}{2}\right)^{n-1}$; $t_6 = \frac{x^5}{64}$ **c)** $t_n = (x^2)^{n-3}$; $t_{25} = x^{44}$ **d)** $t_n = 3x^{10}\left(-\frac{1}{x}\right)^{n-1}$; $t_{20} = -\frac{3}{x^9}$

Le monde du travail : La comptabilité, p. 456

1. a) 14 406 $ **b)** 6174 $

1. a) 4, 7, 10, 13, 16 **b)** 3, 1, -1, -3, -5 **c)** -1, -2, -4, -8, -16 **d)** 48, 24, 12, 6, 3 **e)** 6, 10, 16, 24, 34 **f)** -2, -4, -7, -12, -23 **g)** 2, -1, -6, -13, -22 **h)** -3, 10, -16, 36, -68 **2. a)** 3, 5, -2, 7, -9 **b)** -2, 3, -1, 5, 3 **c)** 2, 1, -3, -10, -23 **d)** 1, -2, -2, 4, -8 **e)** -1, 2, 4, 8, 24 **f)** 1, 1, 2, 5, 29 **3. a)** 12, 18, 24, 30, 36, 42 **b)** 4, 12, 36, 108, 324, 972

c) 1,5, 2,5, 4, 6,5, 10,5, 17 **d)** −1, 1, −1, −1, 1, −1
4. a) 5, 6, 7, 8, 9, 10 **b)** 80, 40, 20, 10, 5, 2,5 **c)** −1, 0, 3, 12, 39, 120 **d)** 1, 1, 0, −1, −1, 0 **5. a)** $t_n = -4n + 5$
b) $t_n = 2(3)^{n-1}$ **c)** $t_n = 20\left(-\dfrac{1}{2}\right)^{n-1}$ **d)** $t_n = \left(\dfrac{1}{2}\right)^n$

6. La formule explicite de cette suite, soit $t_n = -2n + 12$, démontre qu'il s'agit d'une suite arithmétique. **7.** La formule explicite de cette suite, soit $t_n = 20(0,5)^{n-1}$, démontre qu'il s'agit d'une suite géométrique. **8.** Autre, car il n'y a ni raison arithmétique ni raison géométrique entre les termes consécutifs. **9. a)** 1, 6, 15, 28, 45, 66 **c)** 91, 120 **10. a)** 20, 22, 24, 26, 28, 30, 32, 34 **b)** $t_n = 2n + 18$ **11. a)** 3000 \$, 1200 \$, 480 \$, 192 \$, 76,80 \$, 30,72 \$
b) 60 % **c)** $t_n = 3000(0,4)^{n-1}$ **12. a)** 1, 4, 9, 16, 25, 36
b) Ce sont tous des carrés parfaits. **c)** $t_n = n^2$
13. a) $t_n = \dfrac{3}{2} - \dfrac{1}{n}$ **b)** $t_n = 2 - \dfrac{2}{n}$ **c)** $t_n = 1 + \dfrac{1}{n}$
15. a) $x, \dfrac{x^2}{2}, \dfrac{x^3}{4}, \dfrac{x^4}{8}, \dfrac{x^5}{16}$ **b)** $t_n = x\left(\dfrac{x}{2}\right)^{n-1}$ **16.** 0

17. a) $t_n = 2^{n-1}$, $t_n = -5(3)^{n-1}$, $t_n = 4(0,5)^{n-1}$ **b)** La formule de récurrence $t_1 = a$, $t_n = rt_{n-1}$ génère la suite géométrique associée à $t_n = ar^{n-1}$. **c)** $t_n = 1000(0,1)^{n-1}$ **18. a)** $t_n = 2n + 3$, $t_n = -2n + 8$, $t_n = 5n - 13$ **b)** La formule de récurrence $t_1 = a$, $t_n = t_{n-1} + d$ génère la suite arithmétique associée à $t_n = a + (n-1)d$. **c)** $t_n = -6n + 25$ **19. a)** 1,4 m, 0,98 m, 0,69 m, 0,48 m, 0,34 m **b)** $t_1 = 1,4$, $t_n = 0,7t_{n-1}$
c) $t_n = 1,4(0,7)^{n-1}$ **20. a)** Il faut faire passer l'anneau supérieur de la tige A à la tige B, puis transférer l'autre anneau à la tige C et faire passer le premier anneau de la tige B à la tige C. **b)** 7, 15, 31 **c)** $t_1 = 1$, $t_n = 2t_{n-1} + 1$
d) $t_n = 2^n - 1$ **e)** 255

Section 6.5, p. 469 à 471

1. a) 19 900 **b)** 15 050 **c)** −8900 **d)** −14 850 **2. a)** 110
b) 1150 **c)** 2550 **d)** 414 **e)** 780 **f)** 180 **3. a)** 10 098 **b)** 28 920
c) 400 **d)** 3275 **e)** −3960 **f)** −3738 **g)** 3382,5 **h)** −84
4. a) 135 **b)** 234 **c)** −40 **d)** −550 **e)** 132 **f)** 2015 **g)** 270
h) −270,3 **5. a)** 1275 **b)** 10 000 **c)** 8550 **d)** 10 100 **6.** 790
7. a) 25 250 **b)** 4410 **8.** Soit la série arithmétique définie par $t_n = a + (n-1)d$. Son premier terme correspond à a et son dernier terme, à $a + (n-1)d$. Le nombre de termes à l'intérieur de cette série est de n. Par conséquent, $\dfrac{n}{2}[2a + (n-1)d] = n \times \dfrac{a + [a + (n-1)d]}{2}$. **9.** 4950 **10.** 228

11. a) 1400 \$ **b)** 53 850 \$ **c)** La quatrième année **d)** 414 000 \$
12. 9, 10, 11 ; 8, 10, 12 ; 7, 10, 13 ; 6, 10, 14 **13.** 122,5 m
14. 312 **15.** 5900 m **16. a)** En cinq semaines **b)** 60 \$
17. a) 57 **b)** 105 **18.** 20 **19.** 888 **20.** 295 **21.** 110°, 114°, 118°, 122°, 126° **22.** Les réponses peuvent varier. 18, 19, 20, 21, 22 ; 16, 18, 20, 22, 24 ; 10, 15, 20, 25, 30 ; 0, 10, 20, 30, 40 **23.** 8, 11, 14 **24.** 10, 304 **25.** −2 ou 18
26. 2, 5, 8, 11, 14 **27. a)** $130x$ **b)** $10x + 55y$

Section 6.6, p. 476 à 478

1. a) 4095 **b)** 5461 **c)** 11 718 **d)** −3280 **e)** 513 **f)** 504 **g)** $\dfrac{4372}{3}$
h) 0,656 25 **2. a)** 16 400 **b)** −59 048 **c)** 1441 **d)** 7,9375
e) 90 910 **f)** −1302 **3. a)** 511 **b)** 3280 **c)** 342 **d)** 2735
e) 1093 **f)** 1333,3332 **4.** 818,4 **5.** 429 496 730 **6.** 2046

7. 177 144 cm² **8. a)** 40 920 cm **b)** 34 952 500 cm²
9. 5460 **10.** 165 984 \$ **11.** 153 m **12. a)** 13 **b)** 2 **c)** 160
13. a) 10 485,75 \$ **b)** 37 jours **c)** La somme à mettre de côté chaque jour devient trop élevée à la longue. **14.** 664,78 cm
15. 508 cm² **16.** 63 m **17.** 2, 8, 32 ou 50, −40, 32
18. 21 845 **19.** $\dfrac{3(x^{30} - 1)}{x^2 - 1}$, où $x \neq \pm 1$; 45 si $x = \pm 1$.

20. a) $2^{64} - 1$

Révision des concepts clés, p. 480 à 485

1. a) $t_1 = 3$, $t_2 = 5$, $t_3 = 7$, $t_4 = 9$, $t_5 = 11$ **b)** $t_1 = -2$, $t_2 = 1$, $t_3 = 6$, $t_4 = 13$, $t_5 = 22$ **c)** $f(1) = 5$, $f(2) = 3$, $f(3) = 1$, $f(4) = -1$, $f(5) = -3$ **d)** $t_1 = 2$, $t_2 = 8$, $t_3 = 26$, $t_4 = 80$, $t_5 = 242$
2. a) 4 **b)** 195 **3. a)** 26, 66 **b)** −13, −29 **c)** 44, 95 **d)** 5, 16
4. a) $t_n = 4n$; 48 **b)** $t_n = 2n - 1$; 23 **c)** $t_n = n^2 + 1$; 145
d) $t_n = -5n - 1$; −61 **5. a)** 15,6 mm **b)** 16,2 mm **c)** 17,4 mm
6. a) 27, 33, 39 **b)** −9, −14, −19 **c)** 4, 6,5, 9 **d)** $-\dfrac{1}{2}, -1, -\dfrac{3}{2}$
7. a) 7, 12, 17, 22 **b)** 3, 7, 11, 15 **c)** 3, 0, −3, −6 **d)** −2, −7, −12, −17 **e)** $\dfrac{1}{3}, 1, \dfrac{5}{3}, \dfrac{7}{3}$ **f)** 4,2, 4,4, 4,6, 4,8 **8. a)** 3, 8, 13, 18, 23 **b)** −5, −3, −1, 1, 3 **c)** 4, 1, −2, −5, −8 **d)** 0, −2,3, −4,6, −6,9, −9,2 **9. a)** $t_n = 2n + 1$; 61 **b)** $t_n = -4n + 2$; −98
c) $t_n = 7n - 11$; 115 **10. a)** 34 **b)** 32 **11. a)** $a = -15$, $d = 4$; $t_n = 4n - 19$ **b)** $a = 18$, $d = -2$, $t_n = -2n + 20$ **12. a)** 14, 16 **b)** $t_n = 2n + 6$ **c)** 56 **d)** Le 43ᵉ **13. a)** $t_n = 1987 + 4n$
b) 2127 **14. a)** Autre ; 125, 216 **b)** Géométrique ; 81, 243
c) Arithmétique ; 30, 36 **d)** Géométrique ; 4, −2 **e)** Autre ; 0, −6 **f)** Arithmétique ; 1,8, 1,5 **15. a)** 6, 24, 96, 384, 1536
b) 5, −10, 20, −40, 80 **c)** −3, 15, −75, 375, −1875 **d)** 10, 1, 0,1, 0,01, 0,001 **16. a)** 3, 6, 12, 24, 48 **b)** 2, −6, 18, −54, 162 **c)** 4, −8, 16, −32, 64 **d)** −1, −4, −16, −64, −256
e) −2, 4, −8, 16, −32 **f)** −1000, −500, −250, −125, −62,5
17. a) $t_n = 3(2)^{n-1}$; 1536 **b)** $t_n = 2(4)^{n-1}$; 32 768
c) $t_n = 27\left(\dfrac{1}{3}\right)^{n-1}$; $\dfrac{1}{9}$ **d)** $t_n = (-3)^{n-1}$; 729 **18. a)** 11 **b)** 8
19. a) $a = 3$, $r = 2$; $t_n = 3(2)^{n-1}$ ou $a = -3$, $r = -2$; $t_n = -3(-2)^{n-1}$ **b)** $a = -2$, $r = 3$; $t_n = -2(3)^{n-1}$
20. 112 millions **21. a)** $Q_n = Q_0(0,5)^n$ **b)** 12,5 mg
22. a) 19, 11, 3, −5, −13 **b)** −5, −2, 1, 4, 7 **c)** −1, 2, −4, 8, −16 **d)** 8, 4, 2, 1, 0,5 **e)** 3, 3, 6, 9, 15 **f)** −12, −6, 3, 15, 30
g) 11, 18, 27, 38, 51 **h)** −1, 1, −1, −1, 1 **23. a)** 2, 8, 32, 128, 512 ; géométrique **b)** 0, 1, 5, 18, 58 ; autre **c)** −3, −7, −11, −15, −19 ; arithmétique **24. a)** $t_n = 3n - 8$
b) $t_n = 3(4)^{n-1}$ **c)** $t_n = 40\left(\dfrac{1}{2}\right)^{n-1} + 2n - 2$ **25. a)** $t_1 = 3$;
$t_n = t_{n-1} + n + 1$ **b)** 21, 28 **c)** $t_n = \dfrac{(n+1)(n+2)}{2}$

26. a) 2,80 \$ **b)** 0,20 \$ **c)** $P = 2,80 + 2n$, où P représente le prix de la course en dollars et n, le nombre de kilomètres parcourus. **d)** 11,80 \$ **27. a)** 1010 **b)** 100 **c)** 1161 **28. a)** 847
b) −260 **c)** 808,5 **29. a)** 1425 **b)** −190 **30.** −1275 **31.** 8 cm, 11 cm, 14 cm **32.** 231 **33. a)** 2046 **b)** 4921 **c)** 2016
d) −5460 **34. a)** 9841 **b)** 258 **c)** 15,75 **d)** 0 **35.** 671 875
36. a) 2555 **b)** 6560 **c)** 728 **d)** 2735 **37.** 2044 cm² **38.** 29,5 m

Vérifions nos connaissances, p. 486 et 487

1. a) $t_1 = -1$, $t_2 = 1$, $t_3 = 3$, $t_4 = 5$, $t_5 = 7$ **b)** $f(1) = 4$, $f(2) = 7$, $f(3) = 12$, $f(4) = 19$, $f(5) = 28$ **2. a)** 40 **b)** 169

3. a) 47, 143 **b)** 116, 1208 **4. a)** 3,5, 4, 4,5, 5, 5,5
b) 2, −1, −4, −7, −10 **c)** 6, 12, 24, 48, 96 **d)** 10, −20,
40, −80, 160 **5. a)** $t_n = 4n + 2$; 86 **b)** $t_n = -6n + 1$; −125
6. a) $t_n = 4^{n-1}$; 1024 **b)** $t_n = 10\,000\left(-\dfrac{1}{2}\right)^{n-1}$; −312,5
7. a) 795 **b)** −110 **8.** 243 **9. a)** 3577 **b)** 1666,56 **10.** −1274
11. 23 h 30 **12.** 2 560 000 **13. a)** Non ; non. **b)** Oui ; non.
c) La suite obtenue n'est ni arithmétique ni géométrique.
14. a) 7, 4, 1, −2 **b)** −2, 0, 3, 7 **c)** 2000, −800, 320, −128
d) 2, 3, 1, −2 **15. a)** $t_n = 2(5)^{n-1}$ **b)** $t_n = 8n - 15$

Problèmes stimulants, p. 488

1. 34 **2.** n **3.** 9996 **4.** 114 **5.** Un mercredi **6.** La colonne C
7. 26 **8.** 108 **9.** Il s'agit de racines imaginaires.

Application, résolution de problèmes, communication, p. 490 et 491

1. Le Grand lac de l'Ours : 31 792 km² **3. a)** 15 000 km
4. a) 1255 **5.** En haut : 9 ; en bas : 2 ; au centre, de gauche à
droite : 8, 4, 1. **6.** 2660 cm³ **7.** A = 8, B = 7, C = 4 **8.** En
partant du haut et en procédant de gauche à droite, il faut
inscrire dans l'ordre 2, 6, 3, 7, 8, 5, 9, 4 et 1. **9.** M = 1,
E = 8, T = 2, O = 7 **10.** Neuf **11.** 7, 5, 8 ; 6, 1, 4 ;
3, 2, 9 **12.** Les réponses peuvent varier. 8 − 7 = 1,
20 ÷ 5 = 4, 9 − 6 = 3 **13.** A = 12, B = 20, C = 64, D = 4
14. a) 219, 438, 657 **b)** 327, 654, 981 ; 273, 546, 819

Résolution de problèmes : L'application des stratégies, p. 492

1. $\dfrac{2}{3}$ **2.** Trois **3.** 17 **4.** 5 **5.** 78° **6.** 18 **7.** Non **8.** 785 m
9. $x = 2y - z$ **10.** D = 1, E = 4, F = 8

Révision cumulative : les chapitres 5 et 6, p. 493

Chapitre 5

1. a) 20° **b)** 67,5° **c)** 177,6° **2. a)** $\dfrac{4\pi}{9}$ **b)** $\dfrac{13\pi}{9}$ **c)** $\dfrac{19\pi}{6}$
3. $\sin\theta = -\dfrac{3}{\sqrt{13}}$, $\cos\theta = -\dfrac{2}{\sqrt{13}}$, $\tan\theta = \dfrac{3}{2}$ **4. a)** $\dfrac{1}{\sqrt{2}}$
b) $-\dfrac{3}{\sqrt{2}}$ **c)** $\dfrac{1}{\sqrt{3}}$ **5. a)** 13 **b)** 13 **c)** −5 **6. a)** période : π,
amplitude : $\dfrac{1}{2}$ **b)** période : π, amplitude : 3 **7. a)** période : 2π,
amplitude : 1, translation verticale : 3 unités vers le bas,
déphasage : $\dfrac{\pi}{3}$ vers la droite **b)** période : $\dfrac{2\pi}{3}$, amplitude : $\dfrac{1}{2}$,
translation verticale : 5 unités vers le bas, déphasage : $\dfrac{\pi}{3}$ vers
la droite **9. a)** 210°, 330°

Chapitre 6

1. a) 0, 2, 4, 6, 8 **b)** 6, 9, 14, 21, 30 **c)** 0,5, 1, 2, 4, 8
2. a) $t_n = 6n + 3$ **b)** $t_{25} = 153$ **3. a)** 58 **b)** 8 **4.** $t_n = 1(-2)^{n-1}$;
$t_{12} = 2048$ **5.** 240 **6.** 384 **7.** 682 **8.** 855 **9.** 84°, 88°, 92°
10. a) −6, −1, 4, 9, 14 **b)** 800, −200, 50, −12,5, 3,125
c) −2, −1, 2, −2, −4 **11.** $t_n = -3n + 13$

Chapitre 7

Les réponses peuvent varier légèrement selon l'application
utilisée pour résoudre les problèmes. Ainsi, les réponses
obtenues à l'aide de tableaux peuvent différer légèrement des
réponses obtenues à l'aide du TVM Solver.

Point de départ : La comparaison des coûts, p. 496

1. Les réponses peuvent varier. **2. a) i)** 919 $ **ii)** 1000 $
iii) 1140 $ **b) i)** La formule C est la plus chère. Cette formule
serait toutefois préférable si Suzie ne peut payer que 95 $ par
mois et non la somme globale. Si elle interrompt les cours,
elle n'aurait peut-être plus à faire de versements mensuels.
ii) La formule A est la moins chère. Si Suzie peut payer la
somme globale et si elle suit tous les cours, cette formule lui
fait épargner de l'argent. **3.** Les réponses peuvent varier.

Révision des habiletés, p. 497

1. a) $100(0,05)^4$, $100(0,05)^5$, $100(0,05)^6$ **b)** 124, 130, 136
c) $(1 + 0,06)^4$, $(1 + 0,06)^5$, $(1 + 0,06)^6$ **2. a)** 1,2 **b)** 0,25
c) $\dfrac{250}{C}$ **d)** $\dfrac{I}{400}$ **e)** $\dfrac{3}{20t}$ **f)** $\dfrac{I}{Ct}$ **3. a)** 5000 **b)** 2000 **c)** 10 000
d) $\dfrac{I}{it}$ **4. a)** 2 **b)** 5 **c)** 6 **d)** 9 **e)** $\dfrac{I}{Ci}$ **5. a)** 1,1699 **b)** 0,7002
c) 1,3070 **d)** 0,0502 **e)** 0,5835 **f)** 1,9992 **g)** 1,1265 **h)** 2,4117
i) 0,5440 **j)** 0,4803 **k)** 0,8613 **l)** 3,6165 **6. a)** 6146,28
b) 360 149,28 **c)** 71 495,29 **d)** 40 331,81 **e)** 99 250,71
7. a) 5814,07 **b)** 7148,73 **c)** 605 384,93 **8. a)** 0,15 **b)** 0,0613
c) 0,008 **d)** 0,0475 **e)** 0,013 **f)** 0,0025 **g)** 0,07 **h)** 0,0305
9. a) 100 **b)** 75 **c)** 1650 **d)** 941,64 **e)** 551,25 **f)** 281,75 **g)** 90
h) 246,20 **10. a)** 2298,85 $ **b)** 24 742,25 $ **c)** 1723,85
d) 2182,70 $

Section 7.1, p. 498 à 500

1. a) 50 $ **b)** 1050 $ **c)** 50 $ **d)** 100 $ **e)** 1100 $ **2.**

Nombre d'années	Capital ($)	Taux d'intérêt (%)	Intérêt ($)	Montant ($)
1	1000	0,05	50	1050
2	1000	0,05	100	1100
3	1000	0,05	150	1150
4	1000	0,05	200	1200
5	1000	0,05	250	1250
6	1000	0,05	300	1300
7	1000	0,05	350	1350
8	1000	0,05	400	1400
9	1000	0,05	450	1450
10	1000	0,05	500	1500

4. a) Arithmétique ; il y a une raison arithmétique de 50.
b) 1050 **c)** 50 ; raison arithmétique **d)** $t_n = 1050 + 50(n - 1)$
5. a) 1050, 1100, 1150, 1200, 1250, 1300, 1350, 1400,
1450, 1500 **6. a)** Cit **b)** $I = Cit$ **c)** $M = C + I$ **d)** $M = C + Cit$
7. a) 1050, 1100, 1150, 1200, 1250, 1300, 1350, 1400,
1450, 1500 **8. a)** Une ligne droite **b)** 1000 **c)** Le placement
initial **d)** 50 **e)** L'intérêt simple par année **f)** $y = 50x + 1000$
9. a) Linéaires ; les points forment une droite. **b)** Pour une

fraction d'année, on touche une fraction de l'intérêt annuel.
e) 2000 **f)** 2000 ; elles sont égales. **10. a)** Linéaire
b) i) 1067,50 $ **ii)** 1135 $ **iii)** 1202,50 $ **iv)** 1270 $
v) 1337,50 $ **c)** Arithmétique **d)** 1067,50, 67,50
e) $t_n = 1067,50 + 67,50(n - 1)$ **g)** $y = 67,5x + 1000$
h) L'équation représente une droite.

Section 7.2, p. 508 à 511

1. a) 3 % **b)** 1,5 % **c)** 0,5 % **d)** 0,016 % **2. a)** 4 **b)** 1 **c)** 36
d) 5 **e)** 4 **f)** 24 **3. a)** 578,81 $ **b)** 75 898,37 $ **c)** 1208,80 $
d) 119 268,53 $ **e)** 269 367,02 $ **4. a)** 3524,68 $, 1524,68 $
b) 35 236,55 $, 2736,55 $ **c)** 11 209,55 $, 1209,55 $
d) 14 979,78 $, 6979,78 $ **5. a)** 3996,73 $ **b)** 7181,81 $
c) 16 468,41 $ **d)** 1 235 035,45 $ **6. a)** 1060,90 $
b) 1061,36 $ **c)** 1061,68 $ **7. a)** 13 387,77 $ **b)** 3887,77 $
8. 3526,79 $ **9.** 60,76 $ **10.** 8946,45 $ **11. a)** Obligation
d'épargne du Canada **b)** 46,57 $ **12.** 18 534,54 $,
10 217,39 $ **13.** 1658,84 $ **14.** 5,87 % **17. b)** 5 %,
composé annuellement ; 4,95 %, composé semi-
annuellement ; 4,9 %, composé mensuellement **18. a)** 2 ans,
9 mois **b)** 4 mois **19.** 12 074,28 $, 163,74 $ **20. a)** 6,95 %
21. a) 4 **b)** 6 **22. a)** Vrai **b)** Faux **c)** Vrai **d)** Vrai **e)** Faux

Section 7.3, p. 512 à 515

1.

Nombre d'années	Capital ($)	Taux d'intérêt (%)	Intérêt ($)	Montant ($)
1	1000,00	0,05	50,00	1050,00
2	1050,00	0,05	102,50	1102,50
3	1102,50	0,05	157,63	1157,63
4	1157,63	0,05	215,51	1215,51
5	1215,51	0,05	276,28	1276,28
6	1276,28	0,05	340,10	1340,10
7	1340,10	0,05	407,10	1407,10
8	1407,10	0,05	477,46	1477,46
9	1477,46	0,05	551,33	1551,33
10	1551,33	0,05	628,89	1628,89

3. a) Géométrique ; la raison de la suite est 1,05. **b)** 1050
c) 1,05 **d)** $t_n = 1000(1,05)^n$ **4. a)** 1050,00, 1102,50, 1157,63,
1215,51, 1276,28, 1340,10, 1407,10, 1477,46, 1551,33,
1628,89 **5. a)** 1050,00, 1102,50, 1157,63, 1215,51,
1276,28, 1340,10, 1407,10, 1477,46, 1551,33, 1628,89
c) $y = 1000(1,05)^x$ **6. a)** Exponentielle **b)** 1000 **c)** Le
placement initial **d)** Le montant à différents moments
7. a) Oui ; le terme $(1,05)^x$ augmente de façon exponentielle.
b) Non linéaires **c)** Ils sont exponentiels. **8. a)** Pour une
fraction d'une période d'intérêt composé, on touche une
fraction des intérêts de la période d'intérêt composé.
c) 2653,30 $ **d)** 2653,30 $ **e)** Ils sont égaux **9. a)** Croissance
exponentielle **b) i)** 1067,50 $ **ii)** 1139,56 $ **iii)** 1216,48 $
iv) 1298,59 $ **v)** 1386,24 $ **c)** Géométrique **d)** 1067,50,
1,0675 **e)** $t_n = 1000(1,0675)^n$ **g)** Le graphique représente une
fonction exponentielle.

11. Obligation d'épargne ordinaire

Année	Capital ($)	Intérêt ($)	Montant ($)
1	500	30	530
2	500	60	560
3	500	90	590
4	500	120	620
5	500	150	650
6	500	180	680
7	500	210	710
8	500	240	740

12. Arithmétique ; $t_n = 530 + 30(n - 1)$ **13.** 530, 650, 740
14. 650, 680 **15.** $y = 30x + 500$

16. Obligation d'épargne à intérêts composés

Année	Capital ($)	Intérêt ($)	Montant ($)
1	500,00	30	530
2	530,00	61,80	561,80
3	561,80	95,51	595,51
4	595,51	131,24	631,24
5	631,24	169,11	669,11
6	669,11	209,26	709,26
7	709,26	251,82	751,82
8	751,82	296,92	796,92

17. Géométrique ; $t_n = 500(1,06)^n$ **18.** 530,00, 669,11,
796,92 **19.** 669,11, 709,26 **20.** $y = 500(1,06)^x$ **21.** Le
graphique du montant avec intérêt simple représente une
croissance linéaire puisqu'il s'agit d'une suite arithmétique.
Le graphique du montant avec intérêts composés représente
une croissance exponentielle puisqu'il s'agit d'une suite
géométrique. **22.** Les réponses peuvent varier.

Section 7.4, p. 523 à 525

1. a) 2,25 % **b)** 1,275 % **c)** 8 % **d)** 0,75 % **2. a)** 7850,16 $
b) 7799,84 $ **c)** 7774,04 $ **d)** 7756,58 $ **3.** Des périodes
d'intérêt composé plus courtes donnent des valeurs actuelles
moins élevées. **4. a)** 6828,28 $ **b)** 46 091,89 $ **c)** 91 403,38 $
d) 51 700,54 $ **e)** 229 270,89 $ **5.** 17 102,75 $
6. 15 301,00 $ **7.** 6308,77 $ **8.** 21 616,27 $ **9.** 21 359,93 $
10. 5151,13 $ **11.** La période d'intérêt composé trimestrielle
exige 15,81 $ de plus. **12. a)** 7,2 % **14. a)** Les formules sont
identiques sauf que, dans le contexte de la valeur actuelle, on
calcule VA à partir de M au lieu de calculer M à partir de C.
b) On remplace C par la valeur de VA dans la formule des
intérêts composés. **15.** 34 178,92 $ **16.** 12 264,53 $
17. a) La valeur actuelle est multipliée par 2. **b)** Dans la
formule de la valeur actuelle, le numérateur est multiplié
par 2. **d)** Non **18.** 4568,47 $

Section 7.5, p. 531 à 533

1. a) 8 **b)** 24 **c)** 5 **2. a)** 0,02 **b)** 0,0325 **c)** 0,0225 **d)** 0,005
3. a) 1 **b)** 12 **c)** 4 **4. a)** 10 757,01 $ **b)** 9674,76 $ **c)** 3933,61 $
5. a) 372,16 $ **b)** 301,60 $ **c)** 100,18 $ **6.** 26 197,40 $
7. a) 1613,60 $ **b)** 3227,20 $ **8.** 2801,07 $ **9. a)** 617,09 $
b) 17,09 $ **10. a)** 2186,98 $ **12.** 7896,71 $ **13.** Les réponses
peuvent varier. **14. a)** 3677,53 $ **b)** $a = 200$, $t = 1,0025$,

$n = 18$ **c)** La formule du montant d'une annuité de fin de période découle de la formule de la somme d'une série géométrique. **15. a)** 1624,79 $ **b)** Le taux d'intérêt ne change pas pendant 4 ans.

Section 7.6, p. 540 à 543

1. a) 11 718,83 $ **b)** Mensuellement **c)** 4,4 % **d)** Environ 0,37 % **e)** 1000 $ **2. a)** 15 675,34 $ **b)** 11 102,35 $
3. a) 8187,23 $ **b)** 8747,47 $ **4. a)** 8383,84 $ **b)** 9954,00 $
c) 10 907,51 $ **d)** 11 618,93 $ **5.** Une période d'intérêt composé plus courte exige une valeur actuelle plus élevée, puisque l'intérêt s'accumule moins longtemps.
6. a) 3317,38 $ **b)** 2663,80 $ **c)** 2363,99 $ **d)** 2174,71 $
7. À mesure que la période d'intérêt composé diminue, le montant des versements diminue, car le placement n'accumule pas autant d'intérêts. **8.** 30 056,65 $
9. a) 111 943,89 $ **b)** 108 800,92 $ **10. a)** 149 464,83 $
11. a) 856,37 $ **b)** 102 764,40 $ **12. a)** 6189,85 $
13. a) 134 $ **b)** 341 $ **14. a)** 586 293,98 $ **b)** Le taux d'intérêt ne change pas pendant 20 ans. **15.** Les réponses peuvent varier. **16. a)** 16 ans **17.** 102,83 $ **19. a)** Faux **b)** Faux **c)** Faux

Section 7.7, p. 555 à 558

1. a) 0,493 862 2 % **b)** 0,816 484 6 % **c)** 0,453 168 2 %
d) 1,636 562 4 % **2.** Comme les versements sont effectués chaque mois, il faut établir le taux d'intérêt mensuel équivalent pour déterminer la partie « intérêt » du versement ainsi que le solde. **3. a)** 372,64 $ **b)** 1488,71 $ **c)** 2449,00 $
4. a) 0,797 414 0 % **b)** 0,604 491 9 % **c)** 0,427 312 8 %
d) 0,246 627 0 % **e)** 1,388 843 0 % **5. a)** 22 mois
b) 145,46 $ **6. a)** 0,796 471 4 % **b)** 1176,13 $
c) 127 665,84 $ **7. a)** 0,575 003 9 %, 1077,03 $
c) 10 827,03 $ **d)** 20 ans, 11 mois **8. a)** 0,514 178 4 %,
1162,05 $ **b) i)** 70,8 % **ii)** 70,6 % **iii)** 70,5 % **c)** Le pourcentage versé en intérêts diminue à chaque versement, puisque le capital qui reste est moins élevé après chaque versement. **9.** Au 207ᵉ versement **10. a)** 5403,88 $ **b)** 7 mois
11. a) Les réponses peuvent varier. **b)** Les Garcia ; 3,02 $ de plus **12. a)** 791,49 $ **c)** 107,30 $ **13. a)** 13 440,93 $
b) 199 140,73 $ **14.** Non ; les versements s'élèvent à 311,38 $. **15.** 631,3508 $ **17. a)** Les réponses peuvent varier ; avantages : terme plus court, moins d'intérêts payés en tout ; inconvénient : versements plus élevés. **b)** Les réponses peuvent varier ; avantage : versements moins élevés ; inconvénients : terme plus long, plus d'intérêts payés en tout.

Section 7.8, p. 567 à 570

1. a) 160 500 $ **b)** 26 912 $ **c)** 463 920 $ **d)** 37 220 $
2. a) 33 915 $ **b)** 33 000 $ **c)** 85 000 $ **d)** 7000 $
3. a) 8,944 872 $ **b)** 10,821 941 $ **c)** 10,916 402 $ **4.** On calcule uniquement le versement par tranche de 1000 $.
5. a) 462,38 $ **b)** 1036,89 $ **c)** 1212,75 $ **d)** 5688,92 $

6. a) 368,40 $ **b)** 2062,05 $ **c)** 723,01 $ **d)** 2084,32 $
7. a) 110 520 $ **b)** 371 169 $ **c)** 199 550,76 $ **d)** 400 189,44 $
8. a) 620,38 $ **b)** 186 114 $ **9. a)** 5024,46 $ **b)** 413 988,48 $
10. a) i) 992,62 $ **ii)** 827,13 $ **iii)** 756,68 $ **iv)** 722,33 $ **b)** Le versement diminue. **11. a)** 518,24 $ **b)** 76 354,12 $
c) 71 691,08 $ **12.** Bimensuel ; 20 mois de moins
13. a) 740,50 $ **b)** 177 720 $ **14. a)** 1842,02 $ **b)** 1759,47 $
c) 1926,14 $ **d)** Plus les taux sont élevés, plus les versements sont élevés. **15. a)** On peut facilement déterminer le montant du versement par tranche de 1000 $. **b)** On peut déterminer le montant du versement pour un éventail plus large de taux d'intérêt. **16. a)** 1054,73 $ **b)** 189 848,23 $
c) 803,88 $ **d)** Si on prévoit une hausse ou une baisse des taux d'intérêt. **17. a)** 596,14 $ **b)** 496,46 $ **c)** 14 ans, 5 mois
18. d) i) 1315,49 $ **ii)** 3155,45 $

Révision des concepts clés, p. 572 à 576

1. a) 539,54 $ **b)** 1774,79 $ **c)** 4163,53 $ **d)** 7047,29 $
2. a) 5361,90 $ **b)** 1161,90 $ **c)** Non ; à 7 % d'intérêt, composé annuellement, le placement aurait rapporté 1305,34 $ d'intérêts. **3. a)** 2703,76 $ **b)** 2713,48 $
4. 5,15 % d'intérêt, composé annuellement ; cette formule rapporte 27,02 $ d'intérêts de plus que la deuxième formule la plus rentable. **5. a)** 2351,61 $ **b)** 2246,13 $ **c)** 2060,95 $
d) 5929,60 $ **6.** 5383,27 $ **7.** 14 % **8.** 7295,12 $
9. a) 12 874,45 $ **b)** 69 482,85 $ **c)** 29 247,27 $
d) 34 406,99 $ **10.** 7450,10 $ **11.** 75 268,06 $
12. 7446,75 $ **13. a)** 52 654,55 $ **b)** 13 002,51 $
c) 15 855,21 $ **14. a)** 2549,73 $ **b)** 3090,15 $ **c)** 1469,26 $
d) 1519,84 $ **15.** 55 778,78 $ **16.** 12 235 $ **17.** 763,38 $
18. a) 0,493 862 2 % **b)** 0,816 484 6 % **c)** 0,453 168 2 %
d) 1,636 562 4 % **19.** 218 mois **20.** 45 156 $
21. a) 23 370,51 $ **b)** 5723,25 $ **22. a)** 997,06 $ **b)** 453,54 $
c) 1318,77 $ **d)** 177,94 $ **23. a)** 1831,49 $ **b)** 329 668,20 $
c) 1358,85 $ **24. a)** 785,69 $ **b)** 235 707 $ **25. a)** 678,26 $
b) 69 482,92 $

Vérifions nos connaissances, p. 577 et 578

1. 5262,22 $ **2.** Le meilleur choix est 6,2 % d'intérêt par an, composé semi-annuellement ; cette formule rapporte 14 668,35 $, tandis qu'à 5,75 % d'intérêt par an, composé trimestriellement, Mélanie n'obtiendrait que 14 210,05 $.
4. 4048,34 $ **5.** 13 985,34 $ **6.** 28 279,68 $ **7.** 72 225,92 $
8. 245 124,12 $ **9. a) i)** 843,33 $ **ii)** 952,83 $ **iii)** 1142,78 $
b) 205 700,26 $ **10.** 48,97 $

Problèmes stimulants, p. 579

1. L'entreprise devrait louer le matériel. **2.** L'entreprise ne devrait pas exploiter la mine. **3.** Les versements hebdomadaires s'élèvent à 437,86 $. Les versements mensuels s'élèvent à 1903,33 $. **4.** Shani devrait placer 206 509,61 $ pour son enfant de 19 ans, 156 825,78 $ pour son enfant de 15 ans et 136 664,61 $ pour son enfant de 13 ans.

Stratégie pour la résolution de problèmes : Recourir à la logique, p. 581

1. Deux ; on retourne la carte rouge et la carte portant un cercle. **3.** Novembre = 4 ; décembre = 5 **4.** Lions 0, Tigres 0 ; Tigres 0, Ours 0 ; Tigres 1, Béliers 0 ; Ours 2, Béliers 2 ; Lions 1, Béliers 0 ; Lions 5, Ours 0. **5.** Non ; la voiture devrait effectuer deux tours en 2 min. Or, il lui a déjà fallu 2 min pour effectuer le premier tour. **6.** $\frac{1}{5}$; sur les cinq paires possibles comprenant au moins une bille blanche, il n'y en a qu'une seule dans laquelle les deux billes sont blanches. **7.** 3 femelles, 4 mâles **8.** (9, 6) et (3, 10) **9.** Les nombres impairs de 1 à 99 **10.** 8 carrés de chaque couleur **11.** 26 **12. a)** 125 **b)** 69 375

Résolution de problèmes : L'application des stratégies, p. 583

1. $-\frac{1}{40}$ **2.** Régularité : $1^9, 2^8, 3^7, 4^6, 5^5, 6^4$; nombre suivant : 7^3 ou 343 **3.** $\frac{9}{2}, \frac{3}{2}$ ou $-\frac{9}{2}, -\frac{3}{2}$ **4.** 45 **5.** Une solution possible : remplir les récipients de 5 l et de 11 l ; il reste donc 8 l dans le récipient de 24 l. Remplir le récipient de 13 l avec le récipient de 5 l et une partie du récipient de 11 l ; il reste donc 3 l dans le récipient de 11 l. Remplir le récipient de 5 l à partir du récipient de 13 l ; il reste donc 8 l dans le récipient de 13 l. Verser le récipient de 5 l dans le récipient de 11 l, qui contiendra alors 8 l. **6. a)** 17 **b)** L'équation est $8(x-8) = 9(x-9)$. **7.** $\frac{x^2}{18}$ **8.** Titans 0, Pirates 0 ; Aigles 1, Pirates 0 ; As 3, Pirates 0 ; Titans 3, As 2 ; Titans 2, Aigles 0 ; As 1, Aigles 0 **9.** 119 (y peut être n'importe quel nombre impair de 1 à 237).

10. 6 399 999 999 840 000 000 001 **11.** $\frac{1}{9}$

12. $\{a, b, c\} = \{2, 3, 4\}$ **13.** Si le chiffre est x, alors $\frac{1000x + 100x + 10x + x}{x + x + x + x} = \frac{1111x}{4x} = \frac{1111}{4} = 277,75$.

14. 648

Chapitre 8

Point de départ : Les satellites de télécommunications, p. 586

1. 265 465 km **2.** 3073 m/s **3.** 463 m/s **4.** 6,6 **5. a)** $g = \frac{v^2}{r}$ **b)** 0,22 m/s² **c)** 45 **6.** Celui d'Edmonton

Révision des habiletés, p. 587

1. a) $-2x^3 + 7x^2 - 15x$ **b)** $-12x^2 - 52x - 16$ **c)** $17x^2 + 26x + 7$ **d)** $107x^2 - 58x + 8$ **2. a)** 5,8 **b)** 7,3 **c)** 5,1 **d)** 7,8 **3. a)** (1, 1) **b)** (5, 4) **c)** (−0,5, −4,5) **f)** (4, −7,5) **5. a)** $y = 4 - 3x$ **b)** $y = \frac{x-2}{4}$ **c)** $y = \pm 5$ **d)** $y = \pm\sqrt{25 - x^2}$ **6. a)** 3, −2 **b)** $\frac{1}{2}$, −2

c) 3, $\frac{1}{4}$ **d)** $\frac{1}{2}, \frac{1}{3}$ **e)** $\frac{5}{2}, -\frac{1}{3}$ **f)** 7, $\frac{1}{5}$ **7. a)** 2, −5 **b)** 0,5, −3 **c)** −2, $-\frac{1}{3}$ **d)** 1,2, −1,7 **e)** 0,6, −0,8 **f)** 0,3, −1,6 **8. a)** 36 **b)** 16 **c)** $\frac{9}{4}$ **d)** 9 **e)** $\frac{25}{4}$ **f)** $\frac{1}{4}$ **9. a)** $y = (x+2)^2 - 9$; valeur maximale : −9 lorsque $x = -2$ **b)** $y = (x-3)^2 - 19$; valeur minimale : −19 lorsque $x = 3$ **c)** $y = -\left(x + \frac{1}{2}\right)^2 + \frac{121}{4}$; valeur maximale : $\frac{121}{4}$ lorsque $x = -\frac{1}{2}$

d) $y = \left(x - \frac{11}{2}\right)^2 - \frac{113}{4}$; valeur minimale : $-\frac{113}{4}$ lorsque $x = \frac{11}{2}$ **e)** $y = -(x+4)^2 + 16$; valeur maximale : 16 lorsque $x = -4$ **f)** $y = \left(x + \frac{5}{2}\right)^2 - \frac{25}{4}$; valeur minimale : $-\frac{25}{4}$ lorsque $x = -\frac{5}{2}$ **10. a)** $y = 2(x+2)^2 - 24$; valeur minimale : −24 lorsque $x = -2$ **b)** $y = -3(x-1)^2 + 9$; valeur maximale : 9 lorsque $x = 1$ **c)** $y = 3(x+1)^2 - 11$; valeur minimale : −11 lorsque $x = -1$ **d)** $y = 4\left(x - \frac{3}{2}\right)^2 - 9$; valeur minimale : −9 lorsque $x = \frac{3}{2}$ **e)** $y = 0,1(x+10)^2 - 9$; valeur minimale : −9 lorsque $x = -10$ **f)** $y = -0,2(x+15)^2 + 45$; valeur maximale : 45 lorsque $x = -15$ **11. a)** (1, 2) **b)** (1, −3) **c)** (5, −2) **d)** (−2, −3) **12. a)** $2x + y - 16 = 0$ **b)** $3x + y + 1 = 0$ **c)** $x - 2y - 8 = 0$ **d)** $2x - 5y - 14 = 0$

Section 8.1, p. 588 à 593

8. Oui, oui **14.** Non, à moins que l'on n'ait amené le point E trop près du point C et qu'il soit impossible de construire un lieu géométrique. **15.** Elles sont égales ; oui. **16.** La médiatrice de AB **30.** Ils sont congrus ; oui. **31.** La bissectrice de $\angle$BAC **32. b)** Oui, à condition que les points H et G soient bien situés. **46.** Une droite parallèle aux deux droites données et située à mi-chemin de l'une et de l'autre.

Section 8.2, p. 598 à 600

1. a) La bissectrice de l'angle **b)** Une droite parallèle aux droites données et située à 3 cm de chacune. **c)** Deux droites parallèles à la droite d et situées de chaque côté de celle-ci. **d)** Un cercle de 5 cm de rayon ayant le même centre que les cercles donnés. **e)** Le centre du carré **2.** $x = 1$ **3. a)** Elles sont parallèles. **b)** $y = 2x - 1$ **4. a)** $x + y + 1 = 0$ **b)** $2x - 4y - 3 = 0$ **c)** $10x - 12y + 29 = 0$ **5. b)** $x^2 + y^2 = 25$ **6.** $2x - 16y + 41 = 0$ **7.** $10x - 4y - 31 = 0$ **9. b)** $y = 7x$ **c)** Le centre du cercle est équidistant de tous les points du cercle, vérifiant ainsi l'équation en b).

10. a) $x^2 + y^2 = 25$ **b)** $y = x^2$ **c)** $y = \sqrt{x}$ **11. a)** $xy = 0$ **b)** $xy - 2x = 0$ **c)** $x^2 - y^2 = 0$ **12. a)** $y = 0$ **b)** $y = -1$ **13.** Le lieu n'admet aucun point. **14.** 5π m² **15.** (12, 5), (12, −5), (−12, 5), (−12, −5) **16. a)** Une bande de 4 cm de largeur centrée sur la droite. **b)** L'ensemble des points situés à l'extérieur d'un cercle de 3 cm de rayon centré au point donné et des points appartenant à ce cercle. **c)** L'ensemble des points situés à l'extérieur d'un cercle de 2 cm de rayon et à l'intérieur d'un cercle de 5 cm de rayon tous deux centrés au point donné. **17. a)** Les points appartenant à un cercle de 3 cm de rayon centré au point donné ; les points appartenant à une sphère de 3 cm de rayon centrée au point donné. **b)** Les points appartenant à deux droites parallèles situées chacune à 2 cm de la droite donnée ; les points appartenant à un cylindre de 2 cm de rayon dont l'axe de symétrie correspond à la droite donnée. **c)** La médiatrice du segment de droite limité par les points donnés ; le plan qui coupe en son milieu le segment de droite limité par les points donnés et qui lui est perpendiculaire. **d)** Une droite parallèle aux deux droites données et centrée entre elles ; le plan qui coupe en son milieu de façon perpendiculaire un segment de droite perpendiculaire aux droites données et dont chaque extrémité se trouve sur l'une de ces droites.

Section 8.3, p. 601 à 607

14. C'est une ellipse. **15.** $\overline{F1P1} = \overline{CE}$ et $\overline{F2P1} = \overline{ED}$. Par conséquent, $\overline{F1P1} + \overline{F2P1} = \overline{CE} + \overline{ED} = \overline{CD}$. **16.** Lorsque les points F1 et F2 sont plus près l'un de l'autre, l'ellipse s'élargit et ressemble davantage à un cercle. Lorsque les points F1 et F2 sont plus éloignés l'un de l'autre, l'ellipse devient plus étroite et de forme plus ovale. **17. b)** Les points d'intersection se situent à une même distance de l'origine, et la distance totale qui les sépare est supérieure à la longueur de $\overline{F1F2}$. Elle correspond en fait à la longueur de $\overline{CD}$. **c)** L'ellipse devient plus étroite lorsque l'on éloigne le point F1 du point F2. À l'inverse, elle s'élargit et ressemble davantage à un cercle lorsque l'on rapproche le point F1 du point F2. **29.** $|m(\overline{AC}) - m(\overline{BC})| = |m(\overline{F1P1}) - m(\overline{P1F2})|$ et $\overline{P1F2} = \overline{BC}$ et $\overline{P1F1} = \overline{AC}$, à condition que le point C ne soit pas situé entre les points A et B. **33.** Une hyperbole à deux branches. L'une de ces branches est créée lorsque le point C se trouve à la gauche du segment de droite AB et l'autre, lorsqu'il se trouve à sa droite. **34. a)** En rapprochant les extrémités de $\overline{AB}$ tout en s'assurant que ce segment de droite demeure plus long que $\overline{F1F2}$; oui, en écartant les points A et B afin que la longueur de ce segment de droite soit plus près de celle de $\overline{F1F2}$. **c)** Le lieu géométrique obtenu ne correspond qu'à la moitié d'une hyperbole. Plus on éloigne le point F1 du point F2, plus l'hyperbole s'élargit. Plus on rapproche le point F1 du point F2, plus elle devient étroite jusqu'à ce que le lieu géométrique se transforme en une ellipse lorsque $\overline{F1F2} = \overline{AB}$. L'hyperbole disparaît alors en tant que lieu géométrique. **47.** Il s'agit d'une parabole, c'est-à-dire de l'ensemble des points équidistants du point F et de la droite d. **48.** La parabole devient plus étroite ; elle devient plus large. **49. a)** À l'origine **c)** Plus le point F est situé près de la directrice, plus la parabole est étroite.

Section 8.4, p. 614 à 618

1. a) $x^2 + y^2 = 9$ **b)** $x^2 + y^2 = 53,29$ **c)** $x^2 + y^2 = 2$ **d)** $x^2 + y^2 = 45$ **2. a)** $(x - 2)^2 + (y - 5)^2 = 9$ **b)** $(x + 1)^2 + (y - 3)^2 = 16$ **c)** $(x - 3)^2 + (y + 2)^2 = 25$ **d)** $x^2 + (y - 2)^2 = 64$ **e)** $(x + 3)^2 + (y + 4)^2 = 7$ **f)** $(x + 5)^2 + y^2 = 20$ **3. a)** Domaine : $-10 \leq x \leq 10$; image : $-10 \leq y \leq 10$ **b)** Domaine : $-4\sqrt{5} \leq x \leq 4\sqrt{5}$; image : $-4\sqrt{5} \leq y \leq 4\sqrt{5}$ **c)** Domaine : $-5 \leq x \leq 11$; image : $-3 \leq y \leq 13$ **d)** Domaine : $-11 \leq x \leq 3$;

image : $-7 \leq y \leq 7$ **e)** Domaine : $-11 \leq x \leq 11$; image : $-14 \leq y \leq 8$ **f)** Domaine : $-2 - 5\sqrt{2} \leq x \leq -2 + 5\sqrt{2}$; image : $7 - 5\sqrt{2} \leq y \leq 7 + 5\sqrt{2}$ **4. a)** $x^2 + y^2 = 4$ **b)** $(x - 5)^2 + (y - 3)^2 = 25$ **c)** $(x + 3)^2 + (y + 6)^2 = 16$ **d)** $(x - 7)^2 + (y + 5)^2 = 16$ **5. a)** $(x - 2)^2 + (y - 3)^2 = 25$ **b)** $(x + 2)^2 + (y - 4)^2 = 41$ **c)** $(x - 3)^2 + (y + 2)^2 = 26$ **d)** $(x + 4)^2 + (y + 1)^2 = 85$ **6. a)** $(x - 4)^2 + (y + 5)^2 = 26$ **b)** $(x - 2)^2 + (y - 4)^2 = 29$ **7. a)** $x^2 + y^2 = 81$ **b)** $(x - 50)^2 + (y - 30)^2 = 81$ **c)** $(x + 30)^2 + (y + 50)^2 = 81$

8. b) Ces cercles sont concentriques. Ils ont chacun une taille différente. **9.** $x^2 + y^2 = 42\,250^2$ **10. a)** $(x + 1)^2 + (y - 4)^2 = 5$ **b)** $x^2 + (y - 1)^2 = 8$ **c)** $(x + 3,5)^2 + (y + 1)^2 = 6,25$ **d)** $(x + 0,5)^2 + (y - 0,5)^2 = 26,5$ **11.** $x^2 + y^2 = 2500$ **12. a)** $x^2 + y^2 = 49$ **b)** Oui **13.** $(x - 3)^2 + (y + 1)^2 = 36$ **14.** $2 \pm \sqrt{11}$ **16.** Pièce de 2 \$: $(x + 0)^2 + (y - 5)^2 = 1,96$;
pièce de 1 \$: $(x - 3,5)^2 + (y - 3,5)^2 = 1,76$;
pièce de 25 ¢ : $(x - 1,5)^2 + (y + 4,5)^2 = 1,43$;
pièce de 10 ¢ : $(x - 3,5)^2 + (y + 3)^2 = 0,81$;
pièce de 5 ¢ : $(x + 1,5)^2 + (y + 4,5)^2 = 1,12$;
pièce de 1 ¢ : $(x + 3,5)^2 + (y + 3)^2 = 0,91$

17. $(x + a)^2 + y^2 = \dfrac{1}{4}$ et $x^2 + (y + a)^2 = \dfrac{1}{4}$ lorsque $a = 3, 1,$ $-1, -3$ **18.** Oui ; deux **19. a)** $(x - 38)^2 + (y - 38)^2 = 1444$ **b)** Pour éviter qu'ils ne tombent dans l'égout. **20. b)** $(10, -10)$ **c)** $(x - 30)^2 + (y - 20)^2 = 1296$, $(x + 10)^2 + (y - 10)^2 = 784$, $x^2 + (y + 20)^2 = 196$ **21. a)** Une translation de 1 unité vers la droite et de 2 unités vers le haut **b)** Une translation de 3 unités vers la gauche et de 4 unités vers le bas **c)** Une translation de 1 unité vers le haut **d)** Une translation de 2 unités vers la gauche **e)** Une translation de h unités vers la droite, si $h > 0$, ou de $|h|$ unités vers la gauche, si $h < 0$, et de k unités vers le haut, si $k > 0$, ou de $|k|$ unités vers le bas, si $k < 0$ **22.** Cercles de rayon 4 et de centres $(1, 1)$, $(2, 1)$ et $(3, 1)$ **23. a)** Non ; il s'agit de l'équation du point $(3, -4)$. **b)** Non, car aucun point ne vérifie l'équation. **c)** Oui ; il s'agit de l'équation du cercle de centre $(-1, -3)$ et de rayon $\sqrt{10}$. **d)** Oui ; il s'agit de l'équation du cercle de centre $(0, -3)$ et de rayon $\sqrt{3}$. **e)** Non ; il s'agit de l'équation d'une ellipse. **f)** Non ; il s'agit de l'équation d'une parabole. **24.** $x^2 + y^2 = 20$ **25. a)** Les points $(0, -3)$ et $(4, 1)$ vérifient tous deux l'équation du cercle et forment par conséquent les extrémités d'une corde du cercle. **b)** $x + y - 1 = 0$ **c)** Le point $(-3, 4)$ vérifie l'équation de la médiatrice. **26.** $(x - 2)^2 + (y - 1)^2 = 25$ **27.** $(x + 1)^2 + (y - 3)^2 = 20,25$ **29.** $x^2 + y^2 = 16(\sqrt{2} - 1)^2$ **30.** $\left(\dfrac{1}{2}, \dfrac{\sqrt{3}}{2}\right)$, $\left(\dfrac{1}{2}, -\dfrac{\sqrt{3}}{2}\right)$, $\left(-\dfrac{1}{2}, \dfrac{\sqrt{3}}{2}\right)$, $\left(-\dfrac{1}{2}, -\dfrac{\sqrt{3}}{2}\right)$, $\left(\dfrac{\sqrt{3}}{2}, \dfrac{1}{2}\right)$, $\left(\dfrac{\sqrt{3}}{2}, -\dfrac{1}{2}\right)$, $\left(-\dfrac{\sqrt{3}}{2}, \dfrac{1}{2}\right)$, $\left(-\dfrac{\sqrt{3}}{2}, -\dfrac{1}{2}\right)$

Section 8.5, p. 632 à 636

1. a) $\dfrac{x^2}{25} + \dfrac{y^2}{16} = 1$ **b)** $\dfrac{x^2}{16} + \dfrac{y^2}{25} = 1$ **c)** $\dfrac{x^2}{100} + \dfrac{y^2}{36} = 1$ **d)** $\dfrac{x^2}{36} + \dfrac{y^2}{100} = 1$ **3. a) i)** $(0, 0)$ **ii)** 8, 4 **iii)** $(4, 0)$, $(-4, 0)$,

$(0, 2), (0, -2)$ **iv)** $(2\sqrt{3}, 0), (-2\sqrt{3}, 0)$ **v)** Domaine : $-4 \le x \le 4$; image : $-2 \le y \le 2$ **vi)** $\dfrac{x^2}{16} + \dfrac{y^2}{4} = 1$ **b) i)** $(0, 0)$ **ii)** $6, 4$

iii) $(0, 3), (0, -3), (2, 0), (-2, 0)$ **iv)** $(0, \sqrt{5}), (0, -\sqrt{5})$

v) Domaine : $-2 \le x \le 2$; image : $-3 \le y \le 3$ **vi)** $\dfrac{x^2}{4} + \dfrac{y^2}{9} = 1$

4. a) $\dfrac{x^2}{49} + \dfrac{y^2}{9} = 1$ **b)** $\dfrac{x^2}{25} + \dfrac{y^2}{9} = 1$ **c)** $\dfrac{x^2}{25} + \dfrac{y^2}{36} = 1$

d) $\dfrac{x^2}{64} + \dfrac{y^2}{9} = 1$ **e)** $\dfrac{x^2}{9} + \dfrac{y^2}{49} = 1$ **5. a)** $(-2, 3)$; $10, 6$; $(-6, 3)$,

$(2, 3)$; $(-7, 3), (3, 3), (-2, 6), (-2, 0)$ **b)** $(3, -1)$; $18, 14$;

$(3, 3\sqrt{2} - 1), (3, -3\sqrt{2} - 1)$; $(3, 8), (3, -10), (-4, -1)$,

$(10, -1)$ **c)** $(-1, 3)$; $12, 4$; $(-1 + 4\sqrt{2}, 3), (-1 - 4\sqrt{2}, 3)$;

$(-7, 3), (5, 3), (-1, 5), (-1, 1)$ **d)** $(3, -2)$; $8, 2$;

$(3, -2 + \sqrt{15}), (3, -2 - \sqrt{15})$; $(3, 2), (3, -6), (2, -2), (4, -2)$

6. a) i) $(4, 1)$ **ii)** $8, 2$ **iii)** $(8, 1), (0, 1), (4, 0), (4, 2)$

iv) $(4 + \sqrt{15}, 1), (4 - \sqrt{15}, 1)$ **v)** Domaine : $0 \le x \le 8$;

image : $0 \le y \le 2$ **vi)** $\dfrac{(x - 4)^2}{16} + (y - 1)^2 = 1$ **b) i)** $(3, -1)$

ii) $8, 6$ **iii)** $(7, -1), (-1, -1), (3, 2), (3, -4)$ **iv)** $(3 + \sqrt{7}, -1)$,

$(3 - \sqrt{7}, -1)$ **v)** Domaine : $-1 \le x \le 7$; image : $-4 \le y \le 2$

vi) $\dfrac{(x - 3)^2}{16} + \dfrac{(y + 1)^2}{9} = 1$ **c) i)** $(-2, -5)$ **ii)** $6, 4$ **iii)** $(-2, -2)$,

$(-2, -8), (-4, -5), (0, -5)$ **iv)** $(-2, -5 + \sqrt{5}), (-2, -5 - \sqrt{5})$

v) Domaine : $-4 \le x \le 0$; image : $-8 \le y \le -2$

vi) $\dfrac{(x + 2)^2}{4} + \dfrac{(y + 5)^2}{9} = 1$ **d) i)** $(-2, -3)$ **ii)** $8, 2$ **iii)** $(-2, 1)$,

$(-2, -7), (-3, -3), (-1, -3)$ **iv)** $(-2, -3 + \sqrt{15}), (-2, -3 - \sqrt{15})$

v) Domaine : $-3 \le x \le -1$; image : $-7 \le y \le 1$

vi) $(x + 2)^2 + \dfrac{(y + 3)^2}{16} = 1$ **7. a)** $\dfrac{(x - 2)^2}{36} + \dfrac{(y + 3)^2}{4} = 1$

b) $\dfrac{(x - 3)^2}{49} + \dfrac{(y + 2)^2}{9} = 1$ **c)** $\dfrac{(x + 1)^2}{16} + \dfrac{(y + 2)^2}{36} = 1$

d) $\dfrac{(x - 4)^2}{25} + \dfrac{y^2}{9} = 1$ **e)** $\dfrac{(x - 4)^2}{169} + \dfrac{(y + 1)^2}{144} = 1$ **8. a)** À

l'endroit correspondant à l'autre foyer. **b)** $\dfrac{x^2}{3600} + \dfrac{y^2}{400} = 1$

9. $\dfrac{x^2}{2\,235\,025 \times 10^{10}} + \dfrac{y^2}{2\,234\,400 \times 10^{10}} = 1$

10. $\dfrac{x^2}{7\,257\,636 \times 10^{12}} + \dfrac{y^2}{466\,410 \times 10^{12}} = 1$

11. $\dfrac{x^2}{147\,015 \times 10^6} + \dfrac{y^2}{147\,456 \times 10^6} = 1$ **12.** $\dfrac{x^2}{49} + \dfrac{y^2}{49} = 1$

13. a) $\dfrac{x^2}{48\,441\,600} + \dfrac{y^2}{48\,312\,000} = 1$ **b)** 230 km **c)** 950 km

14. a) $\dfrac{(x - 15,47)^2}{239,3209} + \dfrac{(y - 7)^2}{49} = 1$ **b)** 30,94 **c)** 14

15. $\dfrac{x^2}{9} + \dfrac{(y - 5)^2}{8} = 1$ **16.** $\dfrac{x^2}{600\,625} + \dfrac{y^2}{599\,400} = 1$

17. 3,73 m **19. c)** Ces ellipses sont concentriques. Elles ont chacune une largeur différente. **d)** Les ellipses se rapprochent de leur grand axe. **20. b)** 5 **c)** 3 **e)** 2 **f)** 6 **g)** Le rapport

d'agrandissement horizontal correspond à la racine carrée du dénominateur du terme en x^2 et le rapport d'agrandissement vertical, à celle du dénominateur du terme en y^2.

21. a) i) 0,75 **ii)** 0,6 **iii)** 0,99 **iv)** 0 **b)** 1, 0

Section 8.6, p. 648 à 652

1. a) $\dfrac{x^2}{9} - \dfrac{y^2}{16} = 1$ **b)** $\dfrac{y^2}{9} - \dfrac{x^2}{16} = 1$ **2. a) i)** $(0, 0)$ **ii)** $(-4, 0)$,

$(4, 0)$; $(0, -2), (0, 2)$ **iii)** $8, 4$ **iv)** $\dfrac{x^2}{16} - \dfrac{y^2}{4} = 1$ **v)** $(-2\sqrt{5}, 0)$,

$(2\sqrt{5}, 0)$ **vi)** Domaine : $|x| \ge 4$; image : ensemble des nombres réels **b) i)** $(0, 0)$ **ii)** $(0, -2), (0, 2)$; $(-3, 0), (3, 0)$

iii) $4, 6$ **iv)** $\dfrac{y^2}{4} - \dfrac{x^2}{9} = 1$ **v)** $(0, \sqrt{13}), (0, -\sqrt{13})$ **vi)** Domaine :

ensemble des nombres réels ; image : $|y| \ge 2$ **c) i)** $(0, 0)$

ii) $(0, -5), (0, 5)$; $(-2, 0), (2, 0)$ **iii)** $10, 4$ **iv)** $\dfrac{y^2}{25} - \dfrac{x^2}{4} = 1$

v) $(0, \sqrt{29}), (0, -\sqrt{29})$ **vi)** Domaine : ensemble des nombres réels ; image : $|y| \ge 5$ **d) i)** $(0, 0)$ **ii)** $(-2, 0), (2, 0)$; $(0, -3)$,

$(0, 3)$ **iii)** $4, 6$ **iv)** $\dfrac{x^2}{4} - \dfrac{y^2}{9} = 1$ **v)** $(-\sqrt{13}, 0), (\sqrt{13}, 0)$

vi) Domaine : $|x| \ge 2$; image : ensemble des nombres réels

4. a) $\dfrac{y^2}{16} - \dfrac{x^2}{25} = 1$ **b)** $\dfrac{x^2}{9} - \dfrac{y^2}{16} = 1$ **c)** $\dfrac{x^2}{4} - \dfrac{y^2}{21} = 1$

d) $\dfrac{y^2}{6,25} - \dfrac{x^2}{2,75} = 1$ **5. a) i)** $(2, 1)$ **ii)** $(0, 1), (4, 1)$; $(2, -3)$,

$(2, 5)$ **iii)** $4, 8$ **iv)** $\dfrac{(x - 2)^2}{4} - \dfrac{(y - 1)^2}{16} = 1$ **v)** $(2 - 2\sqrt{5}, 1)$,

$(2 + 2\sqrt{5}, 1)$ **b) i)** $(-2, 1)$ **ii)** $(-2, -1), (-2, 3)$; $(-5, 1), (1, 1)$

iii) $4, 6$ **iv)** $\dfrac{(y - 1)^2}{4} - \dfrac{(x + 2)^2}{9} = 1$ **v)** $(-2, 1 - \sqrt{13})$,

$(-2, 1 + \sqrt{13})$ **c) i)** $(2, -1)$ **ii)** $(-1, -1), (5, -1)$; $(2, -2), (2, 0)$

iii) $6, 2$ **iv)** $\dfrac{(x - 2)^2}{9} - (y + 1)^2 = 1$ **v)** $(2 - \sqrt{10}, -1)$

$(2 + \sqrt{10}, -1)$ **d) i)** $(3, 0)$ **ii)** $(3, -4), (3, 4)$; $(1, 0), (5, 0)$

iii) $8, 4$ **iv)** $\dfrac{y^2}{16} - \dfrac{(x - 3)^2}{4} = 1$ **v)** $(3, -2\sqrt{5}), (3, 2\sqrt{5})$

7. a) $\dfrac{(x - 2)^2}{16} - \dfrac{(y + 5)^2}{20} = 1$ **b)** $\dfrac{(y - 3)^2}{4} - \dfrac{x^2}{5} = 1$

c) $\dfrac{(x + 3)^2}{5} - \dfrac{(y - 1)^2}{4} = 1$ **d)** $\dfrac{(y - 2)^2}{7} - \dfrac{(x + 2)^2}{9} = 1$

8. $\dfrac{(y - 2)^2}{9} - \dfrac{(x - 2)^2}{16} = 1$ **9.** $\dfrac{x^2}{4} - \dfrac{y^2}{32} = 1$ **10. a)** 10, 6,

$\dfrac{(x - 2)^2}{9} - \dfrac{(y - 1)^2}{25} = 1$ **b)** $\dfrac{(x - h)^2}{a^2} - \dfrac{(y - k)^2}{b^2} = 1$,

$\dfrac{(y - k)^2}{b^2} - \dfrac{(x - h)^2}{a^2} = 1$ **13. a)** $\dfrac{x^2}{16} - \dfrac{y^2}{20} = 1$ **b)** $\dfrac{y^2}{4} - \dfrac{x^2}{21} = 1$

c) 4 **d)** $(-1,1, 2,1)$ **14. c)** Ces hyperboles ont toutes les mêmes sommets. Celles qui traduisent une plus grande valeur de b sont plus plates. **d)** Elles se rapprochent de l'axe des x.

15. a) Ses branches sont très près de la droite comprenant son axe transversal. **b)** L'hyperbole est plate, ses asymptotes correspondant presque à son axe conjugué. **16. a)** Elles se traduisent toutes par des asymptotes d'équation $y = \pm x$.

b) $y = x$, $y = -x$ **18. c)** Le produit des coordonnées d'un point est positif et n'égale pas 0. **d)** Le graphique de $xy = 0$ correspond à l'axe des x et à celui des y.

Section 8.7, p. 661 à 664

1. a) $y = -\dfrac{1}{8}x^2$ **b)** $x + 2,5 = \dfrac{1}{6}(y + 3)^2$ **2. a)** $(4, 3)$ **b)** $(3, 1,5)$

c) $(-2,5, 2)$ **d)** $(-3, -3)$ **3. a)** $y = \dfrac{1}{24}x^2$ **b)** $y = -\dfrac{1}{16}x^2$

c) $x = -\dfrac{1}{32}y^2$ **d)** $y = -\dfrac{1}{8}x^2$ **e)** $x = \dfrac{1}{4}y^2$ **f)** $y = \dfrac{1}{12}x^2$ **g)** $x = -\dfrac{1}{20}y^2$

4. a) $x - 3 = \dfrac{1}{12}(y + 2)^2$ **b)** $y - 4,5 = -\dfrac{1}{2}x^2$

c) $x + 1,5 = \dfrac{1}{14}(y - 2)^2$ **d)** $y + 1 = -\dfrac{1}{12}(x + 1)^2$

e) $x + 1 = -\dfrac{1}{8}(y + 5)^2$ **5. a)** Vers le haut ; S(0, 0), F(0, 4),

$y = -4$; domaine : ensemble des nombres réels ; image : $y \geq 0$
b) Vers le bas ; S(0, 0), F(0, −2), $y = 2$; domaine : ensemble des nombres réels ; image : $y \leq 0$ **c)** Vers la droite ; S(0, 0), F(2, 0), $x = -2$; domaine : $x \geq 0$; image : ensemble des nombres réels **d)** Vers la gauche ; S(0, 0), F(−4, 0), $x = 4$; domaine : $x \leq 0$; image : ensemble des nombres réels **e)** Vers le haut ; S(−2, 3), F(−2, 4), $y = 2$; domaine : ensemble des nombres réels ; image : $y \geq 3$ **f)** Vers la droite ; S(−2, 5), F(0,5, 5), $x = -4,5$; domaine : $x \geq -2$; image : ensemble des nombres réels **g)** Vers la droite ; S(0, −1), F(1,25, −1), $x = -1,25$; domaine : $x \geq 0$; image : ensemble des nombres réels **h)** Vers le bas ; S(2, −3), F(2, −8), $y = 2$; domaine : ensemble des nombres réels ; image : $y \leq -3$ **i)** Vers la gauche ; S(2, −6), F(−1, −6), $x = 5$; domaine : $x \leq 2$; image : ensemble des nombres réels

6. $x = \dfrac{1}{20}y^2$ **7. a)** $x = -\dfrac{1}{60}y^2$ **b)** 85 cm

8. a) $y - 8 = -\dfrac{1}{4,5}(x - 6)^2$ **b)** 4,4 cm

9. a) $y + 5 = \dfrac{1}{11,25}(x - 7,5)^2$ **b)** 4,4 m **10.** 128 cm

11. $y - 6550 = -\dfrac{1}{26\,200}x^2$ **12. a)** 1,52 m **b)** $y = \dfrac{1}{6,08}x^2$

14. c) Ces paraboles ont toutes le même sommet. Chacune a un foyer différent. **d)** Elles deviennent plus étroites. **e)** Leur foyer s'éloigne de l'axe des x.

Le monde du travail : Les communications, p. 664

1. a) $y = \dfrac{1}{80}x^2$ **b)** 80 cm

Section 8.8, p. 672 à 674

1. a) Une hyperbole **b)** Une ellipse **c)** Un cercle **d)** Une parabole **e)** Une hyperbole **f)** Une hyperbole **g)** Une parabole **2. a) i)** Un cercle **ii)** $(x - 1)^2 + (y - 3)^2 = 25$

b) i) Une ellipse **ii)** $\dfrac{(x+3)^2}{16} + \dfrac{(y-2)^2}{64} = 1$

c) i) Une parabole **ii)** $y - 2 = \dfrac{1}{8}(x + 3)^2$ **d) i)** Une parabole

ii) $x - 1 = \dfrac{1}{8}(y - 2)^2$ **e) i)** Une ellipse

ii) $\dfrac{(x+4)^2}{16} + (y - 3)^2 = 1$ **f) i)** Un cercle

ii) $(x + 2)^2 + (y - 3)^2 = 36$ **g) i)** Une hyperbole

ii) $\dfrac{(y+1)^2}{0,5} - \dfrac{(x+1)^2}{0,5} = 1$ **h) i)** Une parabole

ii) $x + 1 = -\dfrac{1}{4}(y - 2)^2$ **i) i)** Une hyperbole

ii) $\dfrac{(x-3)^2}{9} - \dfrac{(y+1)^2}{4,5} = 1$ **3. a)** $y + 3 = \dfrac{1}{8}(x + 2)^2$,

$x^2 + 4x - 8y - 20 = 0$ **b)** $\dfrac{(x-3)^2}{25} + \dfrac{(y-1)^2}{4} = 1$,

$4x^2 + 25y^2 - 24x - 50y - 39 = 0$ **c)** $\dfrac{(x+3)^2}{9} - (y - 2)^2 = 1$,

$x^2 - 9y^2 + 6x + 36y - 36 = 0$ **d)** $(x + 2)^2 + (y - 5)^2 = 16$,

$x^2 + y^2 + 4x - 10y + 13 = 0$ **e)** $\dfrac{(y-4)^2}{4} - \dfrac{(x+2)^2}{9} = 1$,

$4x^2 - 9y^2 + 16x + 72y - 92 = 0$ **f)** $x - 4 = \dfrac{1}{12}(y - 1)^2$,

$y^2 - 2y - 12x + 49 = 0$ **4. a) i)** $b = 1$ **ii)** Aucune **iii)** $b > 0$ et $b \neq 1$ **iv)** $b < 0$ **5. a) i)** $a = -1$ **ii)** Aucune **iii)** $a < 0$ et $a \neq 1$ **iv)** $a > 0$ **6. a)** $p^2 - 16p - 32q - 64 = 0$ **7. b)** La trajectoire de l'avion est nécessairement oblique par rapport au sol. **c)** La trajectoire de l'avion devrait alors être perpendiculaire au sol.

8. a) i) Une ellipse **ii)** $(x - 1)^2 + \dfrac{(y+1)^2}{4} = -\dfrac{1}{4}$

b) i) Un cercle **ii)** $(x - 1)^2 + (y - 3)^2 = 0$

c) i) Une ellipse **ii)** $\dfrac{(x-1)^2}{4} + \dfrac{(y-3)^2}{3} = 0$

d) i) Une hyperbole **ii)** $(x + 1)^2 - \dfrac{(y-3)^2}{9} = 0$

Section 8.9, p. 684 à 687

1. a) $(-3, 9)$, $(3, 9)$ **b)** $(-5, -25)$, $(5, -25)$ **c)** $(0, 0)$, $(2, 4)$ **d)** $(-4, -4)$, $(4, 4)$ **e)** $(2, 8)$ **f)** $(1, -3)$, $(-1, 3)$ **2. a)** $(-1, 4)$, $(-2, 7)$ **b)** $(-6, 0)$, $(-3,6, -4,8)$ **c)** $(3,75, -2,25)$ **d)** $(0, -2)$, $(0,79, 1,96)$ **e)** Aucune solution **f)** $(1,5, 9)$ **g)** Aucune solution **h)** $(-2, 0)$, $(-0,56, -2,88)$ **i)** $(2, 2)$, $(-4, 8)$
3. a) $(0, -5)$, $(-4, 3)$ **b)** Aucune solution **c)** $(0, -5)$, $(8, 3)$ **d)** $(10, -6)$, $(8,67, -3,33)$ **e)** $(3,63, -1,69)$, $(-0,83, -3,91)$ **f)** $(-2, 2)$ **g)** $(4, -1)$, $(-3,2, 2,6)$ **h)** $(-6, 0)$, $(12,75, -9,38)$ **i)** $(3, 0)$, $(-2,93, 1,98)$ **j)** $(2, -3)$, $(3,6, 0,2)$ **k)** Aucune solution **l)** Aucune solution **4. a)** 8,94 **b)** 4
5. a) $x^2 + y^2 = 2500$ **b)** 33 min **6.** Non, car le sentier ne coupe pas le pourtour de l'aire arrosée. **7.** Oui, car sa trajectoire le fera passer à portée de radar.
8. a) $y = -0,15(x - 13)^2 + 7,6$, $y = 7$ **b)** De 11 h à 15 h
9. 23 km/h **10. a)** $y = -0,25(x - 12)^2 + 50$, $y = 40$ **b)** De 5 h 40 à 18 h 19 **11. a)** $(5, 0)$, $(2, 1)$ **12.** $\sqrt{10}$ **13.** 5,4 m
14. $(-3,5, -2,4)$ **15. a)** $(0, \sqrt{2})$, $(-2, -2)$ **b)** $(0, 1)$

Révision des concepts clés, p. 689 à 693

2. a) Elles sont parallèles. **d)** $y = -2x - 6$
3. a) $10x + 12y + 29 = 0$ **b)** $3x - y - 2 = 0$ **4.** $y = 0$
5. a) Domaine : $-9 \leq x \leq 9$; image : $-9 \leq y \leq 9$
b) Domaine : $-2\sqrt{10} \leq x \leq 2\sqrt{10}$; image : $-2\sqrt{10} \leq y \leq 2\sqrt{10}$
c) Domaine : $-2 \leq x \leq 8$; image : $-10 \leq y \leq 0$

d) Domaine : $-1 - 2\sqrt{15} \le x \le -1 + 2\sqrt{15}$; image :
$4 - 2\sqrt{15} \le y \le 4 + 2\sqrt{15}$ **6. a)** $(x-4)^2 + (y+2)^2 = 9$

b) $(x-2)^2 + (y+4)^2 = 17$ **c)** $(x-4)^2 + (y+1)^2 = 18$

7. $(x+2)^2 + (y-3)^2 = 2500$ **8. a)** $\dfrac{x^2}{9} + \dfrac{y^2}{5} = 1$

b) $\dfrac{x^2}{7} + \dfrac{y^2}{16} = 1$ **9. a)** $(0,0)$; $(4,0)$, $(-4,0)$, $(0,2)$, $(0,-2)$;
$(2\sqrt{3},0)$, $(-2\sqrt{3},0)$; domaine : $-4 \le x \le 4$; image : $-2 \le y \le 2$
b) $(0,0)$; $(0,5)$, $(0,-5)$, $(3,0)$, $(-3,0)$; $(0,4)$, $(0,-4)$;
domaine : $-3 \le x \le 3$; image : $-5 \le y \le 5$ **c)** $(3,-1)$; $(9,-1)$,
$(-3,-1)$, $(3,2)$, $(3,-4)$; $(3-3\sqrt{3},-1)$, $(3+3\sqrt{3},-1)$;
domaine : $-3 \le x \le 9$; image : $-4 \le y \le 2$ **d)** $(-1,2)$; $(-1,9)$,
$(-1,-5)$; $(3,2)$, $(-5,2)$, $(-1,2+\sqrt{33})$, $(-1,2-\sqrt{33})$;
domaine : $-5 \le x \le 3$; image : $-5 \le y \le 9$

10. a) $\dfrac{x^2}{25} + \dfrac{y^2}{6,25} = 1$ **b)** $\dfrac{x^2}{49} + \dfrac{y^2}{24} = 1$

c) $\dfrac{(x+2)^2}{79,75} + \dfrac{(y-2,5)^2}{100} = 1$ **d)** $\dfrac{(x-2)^2}{25} + \dfrac{(y+1)^2}{4} = 1$

11. $\dfrac{x^2}{33,5241} + \dfrac{y^2}{33,048} = 1$ **12. a)** $\dfrac{x^2}{4} - \dfrac{y^2}{21} = 1$

b) $y^2 - \dfrac{x^2}{15} = 1$ **13. a)** $(0,0)$; $(-5,0)$, $(5,0)$; $(-\sqrt{29},0)$,
$(\sqrt{29},0)$; $(0,2)$, $(0,-2)$; domaine : $|x| \ge 5$; image :
ensemble des nombres réels **b)** $(0,0)$; $(-2,0)$, $(2,0)$;
$(-2\sqrt{10},0)$, $(2\sqrt{10},0)$; $(0,6)$, $(0,-6)$; domaine : $|x| \ge 2\sqrt{10}$;
image : ensemble des nombres réels **c)** $(-2,1)$; $(3,1)$,
$(-7,1)$; $(-2-\sqrt{41},1)$, $(-2+\sqrt{41},1)$; $(-2,5)$, $(-2,-3)$;
domaine : $|x+2| \ge 5$; image : ensemble des nombres réels
d) $(1,3)$; $(1,9)$, $(1,-3)$; $(1,3+\sqrt{85})$, $(1,3-\sqrt{85})$;
$(8,3)$, $(-6,3)$; domaine : ensemble des nombres réels ;
image : $|y-3| \ge 6$

14. a) $\dfrac{x^2}{16} - \dfrac{y^2}{9} = 1$ **b)** $\dfrac{(y-2)^2}{16} - \dfrac{(x+5)^2}{20} = 1$

c) $\dfrac{(x+2)^2}{3} - (y-1)^2 = 1$ **d)** $\dfrac{y^2}{4} - \dfrac{x^2}{32} = 1$

15. a) $\dfrac{(y-35)^2}{225} - \dfrac{x^2}{202,5} = 1$ **b)** $4,7$ m **16. a)** $y = \dfrac{1}{12}x^2$

b) $x + 1 = -\dfrac{1}{8}(y-2)^2$ **c)** $y = -\dfrac{1}{4}(x-5)^2$ **d)** $y - 3 = -\dfrac{1}{4}(x-1)^2$

e) $x - 1 = \dfrac{1}{8}(y+2)^2$ **17. a)** $(0,0)$, $(0,2)$, $y = -2$; domaine :
ensemble des nombres réels ; image : $y \ge 0$ **b)** $(0,0)$, $(-3,0)$,
$x = 3$; domaine : $x \le 0$; image : ensemble des nombres réels
c) $(3,-1)$, $(3,5,-1)$, $x = 2,5$; domaine : $x \ge 3$; image :
ensemble des nombres réels **d)** $(5,-1)$, $(5,0)$, $y = -2$;
domaine : ensemble des nombres réels ; image : $y \ge -1$

18. a) $x - 3 = \dfrac{1}{4}(y+2)^2$ **b)** $y + 1 = -\dfrac{1}{8}(x+2)^2$

c) $x - 2,5 = \dfrac{1}{6}(y-1)^2$ **19. a)** $y = \dfrac{1}{100}x^2$ **b)** $63,2$ cm

20. $y - 10 = -\dfrac{1}{62,5}(x-25)^2$ **21. a) i)** Un cercle

ii) $(x+3)^2 + (y-2)^2 = 1$ **b) i)** Une ellipse

ii) $\dfrac{(x+1)^2}{25} + \dfrac{(y-2)^2}{4} = 1$ **c) i)** Une parabole

ii) $y - 10 = 2(x-3)^2$ **d) i)** Une ellipse

ii) $\dfrac{(x-4)^2}{4} + \dfrac{(y+1)^2}{9} = 1$ **e) i)** Un cercle

ii) $(x-3)^2 + (y-5)^2 = 11$ **f) i)** Une hyperbole

ii) $\dfrac{(x-2)^2}{4} - \dfrac{(y+4)^2}{36} = 1$ **g) i)** Une parabole

ii) $x - 3 = (y+2)^2$ **h) i)** Une hyperbole

ii) $\dfrac{(x+3)^2}{16} - \dfrac{(y-2)^2}{4} = 1$ **22. a)** $(x-2)^2 + (y+4)^2 = 36$,

$x^2 + y^2 - 4x + 8y - 16 = 0$ **b)** $\dfrac{(x-2)^2}{25} + \dfrac{(y+1)^2}{4} = 1$,

$4x^2 + 25y^2 - 16x + 50y - 59 = 0$ **c)** $\dfrac{(y+1)^2}{4} - \dfrac{(x+3)^2}{9} = 1$,

$4x^2 - 9y^2 + 24x - 18y + 63 = 0$ **d)** $y - 2 = \dfrac{1}{4}(x+3)^2$,

$x^2 + 6x - 4y + 17 = 0$ **23. a)** $(0,-5)$, $(-4,3)$ **b)** $(0,-3)$,
$(-2,1)$ **c)** $(0,-3)$, $(8,3,1,2)$ **d)** Aucune solution **e)** $(4,6,6,6)$,
$(-6,6,-4,6)$ **f)** $(4,6,4,1)$, $(-2,1,-9,1)$ **g)** $(0,5,1)$ **h)** $(1,0,4,9)$,
$(0,2,-5,0)$ **i)** $(-2,5,-4,5)$ **24.** $9,5$ km

Vérifions nos connaissances, p. 694 et 695

1. $y = 2$ **2.** $yx - x = 0$ **3.** $(x+1)^2 + (y+2)^2 = 25$

4. $y - 5 = \dfrac{1}{8}(x+2)^2$ **5.** Domaine : $-15 \le x \le 1$; image :
$-6 \le y \le 10$ **6.** $(2,-3)$; $(2+3\sqrt{3},-3)$, $(2-3\sqrt{3},-3)$;
$(8,-3)$, $(-4,-3)$, $(2,0)$, $(2,-6)$; domaine : $-4 \le x \le 8$;
image : $-6 \le y \le 0$ **7.** $\dfrac{x^2}{25} + \dfrac{y^2}{169} = 1$ **8.** $(2,-4)$; $(2,0)$,
$(2,-8)$; $(2,1)$, $(2,-9)$; $(5,-4)$, $(-1,-4)$; domaine :
ensemble des nombres réels ; image : $|y+4| \ge 4$ **9.** $(2,3)$,
$(2,5,3)$, $x = 1,5$; domaine : $x \ge 2$; image : ensemble des
nombres réels **10. a)** $(x-1)^2 + (y-5)^2 = 5$

b) $\dfrac{x^2}{2,25} - \dfrac{y^2}{22,75} = 1$ **c)** $\dfrac{(x+1)^2}{16} + \dfrac{(y-2)^2}{25} = 1$

11. a) i) Une ellipse **ii)** $\dfrac{(x+2)^2}{5} + \dfrac{y^2}{45} = 1$ **b) i)** Une parabole

ii) $y + 6 = \dfrac{3}{4}(x+2)$ **c) i)** Un cercle **ii)** $(x-1)^2 + (y+2)^2 = 10$

d) i) Une hyperbole **ii)** $\dfrac{(y+1)^2}{9} - \dfrac{x^2}{4} = 1$ **12. a)** $(4,-2)$,
$(-0,8,-4,4)$ **b)** $(2,3)$, $(3,2)$ **c)** $(-1,2,0,6)$, $(-2,8,-2,6)$

13. a) $y = \dfrac{1}{20}x^2$ **b)** $28,3$ m **14. a)** $\dfrac{x^2}{9} + \dfrac{y^2}{4} = 1$ **b)** $3,9$ m

15. a) $y - 2,2 = -\dfrac{11}{20}x^2$ **b)** $\dfrac{x^2}{4} + \dfrac{y^2}{4,84} = 1$

c) $\dfrac{(y-4)^2}{3,24} - \dfrac{x^2}{1,02} = 1$

Problèmes stimulants, p. 696

1. $y = \pm\dfrac{1}{2}x^2$, où $x \ne 0$ **2.** Oui, au point $(3,-1)$ **3.** $2k\sqrt{2}$

4. Première ellipse : $\dfrac{x^2}{16} + \dfrac{y^2}{25} = 1$; deuxième ellipse :

$\dfrac{x^2}{16} + \dfrac{y^2}{9} = 1$; troisième ellipse : $\dfrac{x^2}{4} + \dfrac{y^2}{9} = 1$; quatrième

ellipse : $\dfrac{x^2}{4} + \dfrac{y^2}{2} = 1$ **5.** 30

Stratégie pour la résolution de problèmes : Utiliser une banque de données, p. 698 et 699

1. Jupiter et Saturne **2. a)** À Terre-Neuve **b)** À l'Île-du-Prince-Édouard **3.** (Renseignements tirés du site Web du Musée canadien de la nature à l'adresse http://www.nature.ca.) **a)** Une espèce disparue n'existe plus ; une espèce disparue d'une région donnée n'existe plus à l'état sauvage dans une certaine région, mais subsiste ailleurs ; une espèce en voie ou en danger de disparition pourrait disparaître sous peu dans une région donnée ou partout où elle existe actuellement ; une espèce menacée risque d'être en voie de disparition si certains facteurs limitants ne sont pas enrayés ; une espèce vulnérable soulève des inquiétudes en raison de caractéristiques qui la rendent particulièrement sensible à l'activité humaine ou à des phénomènes naturels. **b)** Tous les êtres vivants, végétaux et animaux **4.** 70 **5. a)** Les réponses peuvent varier selon l'itinéraire choisi ; 4415 km. **b)** Environ 4,5 jours **8. a)** Il enregistre une image tridimensionnelle de la main et détermine la forme et les dimensions des doigts et des jointures. (Renseignements tirés du site Web à l'adresse http://homepages.go.com/~nuts4pi/edt6030/biometrics.htm.) On fournit ces données à un ordinateur, qui peut ensuite reconnaître la personne en cause chaque fois qu'elle présente la main à un appareil de sécurité pour examen. **b)** Les réponses peuvent varier. Exemples : aéroports, lieux de travail haute sécurité, bureaux de l'État.

Résolution de problèmes : L'application des stratégies, p. 700

1. 768 **2.** $\frac{1}{2}$ **3.** 370, 371, 407 **4.** 6 **5.** 2099 **6.** Les réponses peuvent varier. Exemple : $123 + 45 - 67 + 8 - 9 = 100$.
7. $\pi + 3$ ou environ 6,14 m **8.** Minuit
9. $[x - (\sqrt{2} - 1)r]^2 + [y - (\sqrt{2} - 1)r]^2 = (3 - 2\sqrt{2})r^2$ **10.** Cercle de rayon $\sqrt{2}$ dont le centre est le centre du carré.

Révision cumulative : Les chapitres 7 et 8, p. 701

Chapitre 7

1. a) Le prêt à un taux annuel de 7 %, avec intérêts composés annuellement, est plus avantageux. **b)** 20 201,74 $ **2. a)** 1169,65 $ **b)** 232,10 $ **3.** 129 993,50 $ **4. a)** 108 900 $ **b)** 845,08 $ **c)** 100 558,89 $

Chapitre 8

1. b) $y = 3x + 1$ **2.** Domaine : $-6 \leq x \leq 12$; image : $-14 \leq y \leq 4$ **3.** $\frac{x^2}{169} + \frac{y^2}{25} = 1$ **4. a)** $(5, -11)$; $(5 - \sqrt{23}, -11), (5 + \sqrt{23}, -11)$; $(-7, -11), (17, -11)$; $(5, 0), (5, -22)$; domaine : $-7 \leq x \leq 17$; image : $-22 \leq y \leq 0$ **b)** $(-1, -3)$; $(-1 - \sqrt{13}, -3), (-1 + \sqrt{13}, -3)$; $(-3, -3), (1, -3)$; $(-1, -6), (-1, 0)$; domaine : $-3 \leq x \leq 1$; image : $-6 \leq y \leq 0$ **5.** $(-2, 4), (-1,5, 4), x = -2,5$; domaine : $x \geq -2$; image : ensemble des nombres réels

6. a) i) Une ellipse **ii)** $(x + 3)^2 + \frac{(y-2)^2}{4} = 1$ **b) i)** Une parabole **ii)** $y - 1 = -\frac{1}{8}(x - 4)^2$ **c) i)** Un cercle **ii)** $(x + 2)^2 + (y - 3)^2 = 16$
d) i) Une hyperbole **ii)** $\frac{(y+3)^2}{4} - \frac{(x-1)^2}{2} = 1$
7. a) $(3,28, -2,28), (-2,28, 3,28)$ **b)** $(0, -1), (-3, 2)$
8. 10 cm

Annexe A

Les facteurs communs, p. 702

1. a) $2x(2 + 3y)$ **b)** $3xy(1 + 4y + 2x^2y)$ **c)** $5m(m - 6)$
d) $2xy(1 - 3x + 4y^2)$ **e)** $2c^2(3c - 2d^2 + d)$ **f)** $2y^2(y^3 - 2y + 4)$
g) $5a(x + 2y - z)$ **h)** $pq(3r + 4s - 5t)$ **i)** $9y(3x - 2z + y)$

L'évaluation de racines carrées, p. 702

1. a) 4 **b)** 9 **c)** 0,5 **d)** 1,2 **e)** 0,2 **f)** 2,5 **g)** 14 **h)** 0,7 **2. a)** 6 **b)** 9 **c)** 10

L'évaluation d'expressions, p. 702

1. a) -1 **b)** -4 **c)** 0 **d)** 13 **e)** 34 **f)** 31 **g)** 36 **h)** -5 **i)** -20 **2. a)** -3
b) 8 **c)** 2 **d)** -51 **e)** 14 **f)** 21 **g)** -8 **h)** -24 **g)** -2

Les lois des exposants, p. 703

1. a) 3^6 **b)** 2^5 **c)** 5^7 **d)** 4^3 **e)** 3^5 **f)** 4^6 **g)** 2^{10} **h)** x^8 **i)** z^6 **j)** y^{14} **k)** $8x^6$
l) $15y^6$ **m)** $16x^{12}$ **n)** $-27z^6$ **o)** $3m^3$

La factorisation de $ax^2 + bx + c$, où $a = 1$, p. 703

1. a) $(x - 5)(x + 4)$ **b)** $(y + 5)(y - 2)$ **c)** $(n - 9)(n + 4)$
d) $(m + 6)(m + 3)$ **e)** $(x - 6)(x - 5)$ **f)** $(c - 6)(c + 4)$
g) $(8 - y)(2 + y)$ **h)** $(x + 8y)(x + 4y)$ **i)** $(c - 7d)(c + 4d)$

La factorisation de $ax^2 + bx + c$, où $a \neq 1$, p. 703

1. a) $(3x + 4)(x - 2)$ **b)** $(2c - 1)(c + 4)$ **c)** $(m - 2)(4m - 3)$
d) $(y + 1)(5y + 6)$ **e)** $(3n - 2)(n + 1)$ **f)** $(x - 3)(6x + 1)$
g) $(x - 3y)(3x + 4y)$ **h)** $(x - 2)(5x - 4)$ **i)** $(x + 5)(4x + 3)$
j) $(2p - q)(p + q)$

La détermination de la mesure d'un angle d'un triangle rectangle, p. 704

1. a) $22°$ **b)** $65°$ **c)** $24°$ **d)** $51°$ **e)** $51°$ **f)** $56°$

La détermination de la longueur d'un côté d'un triangle rectangle, p. 704

1. a) 10,5 m **b)** 33,1 m **c)** 11,8 m **d)** 21,3 m **e)** 16,5 m
f) 31,8 m

La représentation graphique d'équations, p. 705

1. a)

x	y
–2	8
–1	7
0	6
1	5
2	4

b)

x	y
–2	–5
–1	–4
0	–3
1	–2
2	–1

c)

x	y
–2	2
–1	3
0	4
1	5
2	6

d)

x	y
–2	–4
–1	–3
0	–2
1	–1
2	0

e)

x	y
–2	–8
–1	–5
0	–2
1	1
2	4

f)

x	y
–2	–5
–1	–1
0	3
1	7
2	11

La représentation graphique de fonctions du second degré, p. 705

1. a) Vers le haut ; sommet : $(0, 2)$; axe de symétrie : $x = 0$; domaine : ensemble des nombres réels ; image : $y \geq 2$; valeur minimale : 2 **b)** Vers le bas ; sommet : $(0, -1)$; axe de symétrie : $x = 0$; domaine : ensemble des nombres réels ; image : $y \leq -1$; valeur maximale : –1 **c)** Vers le haut ; sommet : $(0, 0)$; axe de symétrie : $x = 0$; domaine : ensemble des nombres réels ; image : $y \geq 0$; valeur minimale : 0 **d)** Vers le bas ; sommet : $(0, 1)$; axe de symétrie : $x = 0$; domaine : ensemble des nombres réels ; image : $y \leq 1$; valeur maximale : 1 **e)** Vers le bas ; sommet : $(1, 4)$; axe de symétrie : $x = 1$; domaine : ensemble des nombres réels ; image : $y \leq 4$; valeur maximal : 4 **f)** Vers le haut ; sommet : $(-5, -3)$; axe de symétrie : $x = -5$; domaine : ensemble des nombres réels ; image : $y \geq -3$; valeur minimale : –3 **g)** Vers le haut ; sommet : $(-2, 3)$; axe de symétrie : $x = -2$; domaine : ensemble des nombres réels ; image : $y \geq 3$; valeur minimale : 3 **h)** Vers le bas ; sommet : $(-1, -5)$; axe de symétrie : $x = -1$; domaine : ensemble des nombres réels ; image : $y \leq -5$; valeur maximale : –5

La longueur de segments de droite, p. 706

1. a) $\sqrt{41}$, 6,4 **b)** $2\sqrt{10}$, 6,3 **c)** 5 **d)** $\sqrt{205}$, 14,3 **e)** $\sqrt{11,17}$, 3,3

Le milieu de segments de droite, p. 706

1. a) $(-1,5, -2)$ **b)** $(4, 1)$ **c)** $(2,5, -2)$ **d)** $(-4, 0,5)$ **e)** $(3, -0,6)$ **f)** $(0,5, 2)$

La réécriture sous la forme $y = a(x - h)^2 + k$, où $a = 1$, p. 708

1. a) $y = (x + 3)^2 - 5$; valeur minimale : –5 lorsque $x = -3$
b) $y = (x + 2)^2 + 5$; valeur minimale : 5 lorsque $x = -2$
c) $y = (x - 6)^2 - 43$; valeur minimale : –43 lorsque $x = 6$
d) $y = (x - 5)^2 - 20$; valeur minimale : –20 lorsque $x = 5$
e) $y = (x + 4)^2 - 18$; valeur minimale : –18 lorsque $x = -4$
f) $y = (x - 1)^2 - 12$; valeur minimale : –12 lorsque $x = 1$

La réécriture sous la forme $y = a(x - h)^2 + k$, où $a \neq 1$, p. 708

1. a) $y = 3(x + 1)^2 - 9$; valeur minimale : –9 lorsque $x = -1$
b) $y = -2(x + 2)^2 + 8$; valeur minimale : 8 lorsque $x = -2$
c) $y = 2(x - 3)^2 - 15$; valeur minimale : –15 lorsque $x = 3$
d) $y = -4(x - 2)^2 + 7$; valeur minimale : 7 lorsque $x = 2$

e) $y = 3(x - 4)^2 - 48$; valeur minimale : –48 lorsque $x = 4$
f) $y = 4(x + 3)^2 - 41$; valeur minimale : –41 lorsque $x = -3$

La simplification d'expressions, p. 709

1. a) $15x^2 - 10x$ **b)** $2a^2 + 7a$ **c)** $-6c^2 + 13c$ **d)** $-4a + 8$ **e)** $8x^2 - 2x + 2$ **f)** $7x^2 + 12x - 12$ **2. a)** $6x^2 + 6x - 9$ **b)** $-10x^2 - 6x + 3$ **c)** $-5x^2 - 6x - 4$ **d)** $5x^2 - 4x - 5$

La résolution d'équations du premier degré, p. 709

1. a) –2 **b)** –1 **c)** 3 **d)** 4 **e)** 4 **f)** –3 **2. a)** 1 **b)** 17 **c)** $-\dfrac{10}{11}$ **d)** $-\dfrac{3}{5}$

La résolution de systèmes linéaires, p. 711

1. a) $(-2, 1)$ **b)** $(4, -5)$ **c)** $\left(\dfrac{40}{3}, -7\right)$ **d)** $(-5, -3)$ **e)** $(4, -2)$ **f)** $(-1, 3)$

La résolution d'équations représentant des proportions, p. 711

1. a) 8,64 **b)** 1,64 **c)** 8,1 **d)** 2,04 **e)** 0,21 **f)** 1 **g)** 12,4 **h)** 0,275

La résolution d'équations du second degré par factorisation, p. 712

1. a) –10, 3 **b)** 1, 2 **c)** –5, –4 **d)** –5, –3 **e)** $\dfrac{5}{2}$ **f)** –1, $\dfrac{2}{3}$ **g)** $-\dfrac{3}{5}, \dfrac{3}{5}$ **h)** $-\dfrac{2}{3}$, 4 **i)** 0, $\dfrac{4}{9}$

La résolution graphique d'équations du second degré, p. 713

1. a) –1, 5 **b)** –4, –1 **c)** –4, 4 **d)** –8, 1 **e)** 1, 5 **f)** –6, –2

Les agrandissements et les rétrécissements, p. 713

1. a) Les ordonnées des points de la courbe représentative de $y = 3x^2$ sont égales au triple de celles des points correspondants de la courbe représentative de $y = x^2$. **b)** Les ordonnées des points de la courbe représentative de $y = \dfrac{1}{4}x^2$ sont égales au quart de celles des points correspondants de la courbe représentative de $y = x^2$. **2. a)** Le point $(3, 9)$ a pour image par transformation le point $(3, 36)$. **b)** Le point $(3, 9)$ a pour image par transformation le point $(3, 3)$.

La résolution d'équations du second degré à l'aide d'une formule, p. 714

1. a) $\dfrac{1}{2}$, 1 **b)** $\dfrac{3}{5}, \dfrac{3}{2}$ **c)** 0, $\dfrac{3}{7}$ **d)** –1, $\dfrac{3}{2}$ **e)** $\dfrac{2}{3}$, 1 **2. a)** $\dfrac{-1 - \sqrt{11}}{5}$, $\dfrac{-1 + \sqrt{11}}{5}$ **b)** $\dfrac{1 - \sqrt{7}}{3}$, $\dfrac{1 + \sqrt{7}}{3}$ **c)** $\dfrac{4 - \sqrt{2}}{2}$, $\dfrac{4 + \sqrt{2}}{2}$ **d)** $\dfrac{-1 - \sqrt{15}}{2}$, $\dfrac{-1 + \sqrt{15}}{2}$ **e)** $\dfrac{1 - \sqrt{11}}{5}$, $\dfrac{1 + \sqrt{11}}{5}$

Les rapports trigonométriques, p. 716

1. a) $\sin A = \dfrac{3}{5}$, $\cos A = \dfrac{4}{5}$, $\tan A = \dfrac{3}{4}$; $\sin C = \dfrac{4}{5}$, $\cos C = \dfrac{3}{5}$, $\tan C = \dfrac{4}{3}$ **b)** $\sin A = \dfrac{5}{13}$, $\cos A = \dfrac{12}{13}$, $\tan A = \dfrac{5}{12}$; $\sin C = \dfrac{12}{13}$, $\cos C = \dfrac{5}{13}$, $\tan C = \dfrac{12}{5}$

GLOSSAIRE

A

Abscisse à l'origine Abscisse du point où une droite ou une courbe coupe l'axe des *x*.

Agrandissement Transformation consistant en une élongation d'un rapport supérieur à 1.

Aire totale Nombre d'unités carrées nécessaires pour recouvrir la surface d'un solide.

Algorithme Ensemble particulier d'instructions pour effectuer une opération.

Amortissement Remboursement d'un prêt hypothécaire à l'intérieur d'un laps de temps donné, par des versements périodiques égaux.

Amplitude Moitié de la distance séparant les valeurs maximale et minimale d'une fonction périodique représentée graphiquement.

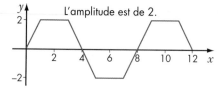

L'amplitude est de 2.

Angle aigu Angle qui mesure plus de 0° et moins de 90°.

Angle au centre Angle dont le sommet est situé au centre d'un cercle et dont les côtés correspondent à deux rayons de ce cercle.

Angle de dépression Angle mesuré entre l'horizontale et une ligne de visée descendante.

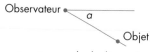

∠a est un angle de dépression.

Angle d'élévation Angle mesuré entre l'horizontale et une ligne de visée ascendante.

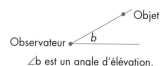

∠b est un angle d'élévation.

Angle droit Angle qui mesure 90°.

Angle obtus Angle qui mesure plus de 90° et moins de 180°.

Angle plat Angle qui mesure 180°.

Angle rentrant Angle qui mesure plus de 180° et moins de 360°.

Angle trigonométrique Angle dont le sommet se situe à l'origine et dont le côté initial se trouve sur la partie positive de l'axe des *x*.

Angles coterminaux Angles trigonométriques ayant le même côté terminal.

Angles supplémentaires Angles dont la somme des mesures est de 180°.

Annuité Somme constante versée périodiquement.

Annuité de fin de période Somme périodique constante versée à la fin de chaque période.

Arc Portion d'un cercle limitée par deux points.

Asymptote Droite dont une courbe se rapproche de plus en plus.

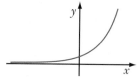

L'axe des *x* est ici une asymptote.

Axe conjugué Axe de symétrie d'une hyperbole, qui est perpendiculaire à son axe transversal.

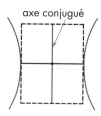

Axe de réflexion Droite par rapport à laquelle une figure correspond à son image par réflexion.

Axe de symétrie Ligne de pliure d'une figure symétrique.

Axe des imaginaires Axe vertical du plan complexe.

Axe des réels Axe horizontal du plan complexe.

Axe transversal Segment de droite qui relie les sommets d'une hyperbole et constitue l'un de ses axes de symétrie.

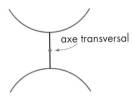

B

Base d'une puissance Nombre utilisé comme facteur dans une multiplication répétée. Dans 6^3, la base est 6.

Binôme Somme algébrique irréductible de deux monômes.

$3x + 4$ est un binôme.

Bissectrice Demi-droite qui divise un angle en deux angles congrus.

C

Calculatrice à affichage graphique Appareil portatif capable de réaliser différentes opérations mathématiques telles que représenter graphiquement une équation, créer un nuage de points, déterminer l'équation de la droite la mieux ajustée à un nuage de points, effectuer des calculs statistiques et procéder à des manipulations symboliques rudimentaires. Plusieurs calculatrices à affichage graphique peuvent être reliées à des appareils de mesure scientifiques permettant de recueillir des données matérielles relatives entre autres à la position, à la température ou à la force.

Capital Somme initialement placée ou empruntée.

Carré magique Tableau comportant un nombre égal de rangées et de colonnes où sont inscrits des nombres disposés de telle manière que la somme des éléments de chaque rangée, chaque colonne et chaque diagonale est la même.

Centre d'une ellipse Point d'intersection du grand axe et du petit axe d'une ellipse.

Centre d'une hyperbole Point d'intersection de l'axe transversal et de l'axe conjugué d'une hyperbole. Il se situe à mi-chemin des sommets de l'hyperbole ainsi qu'à mi-chemin de ceux de l'hyperbole conjuguée.

Cercle Lieu géométrique de tous les points d'un plan qui sont équidistants d'un point fixe appelé « centre ».

Circonférence Périmètre d'un cercle.

Coefficient Facteur qui multiplie une variable. Ainsi, le coefficient du terme $8y$ est 8 et celui du terme ax est a.

Contre-exemple Exemple qui démontre qu'une hypothèse est fausse.

Coordonnée à l'origine Dans un plan cartésien, abscisse à l'origine ou ordonnée à l'origine d'une droite ou d'une courbe.

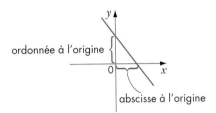

Coordonnées Paire de nombres servant à situer un point dans un plan cartésien.

Corde Segment de droite qui relie deux points d'une courbe.

Cosinus Dans un triangle rectangle, rapport de la mesure du côté adjacent à un angle à celle de l'hypoténuse.

$$\text{cosinus} = \frac{\text{côté adjacent}}{\text{hypoténuse}}$$

Côté initial Demi-droite d'un angle trigonométrique se trouvant sur la partie positive de l'axe des x.

Côté terminal Côté d'un angle trigonométrique qui tourne autour de l'origine.

Cycle Série complète de valeurs d'une fonction périodique.

D

Demi-vie Temps que met la moitié de tout échantillon d'un isotope radioactif à se désintégrer. On dit aussi *période radioactive*.

Déphasage Translation horizontale d'une fonction trigonométrique. On dit aussi parfois *angle de phase* ou *variation de phase*.

Dépréciation Perte de valeur subie par un bien.

Directrice Droite telle que tout point de la parabole se situe à une même distance de cette droite et du foyer.

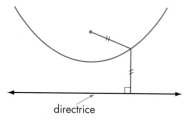

directrice

Discontinuité Valeur pour laquelle une fonction n'est pas définie. Le graphique de la fonction comporte une brisure au point correspondant.

La fonction définie par $f(x) = \dfrac{1}{x}$

a une discontinuité au point où $x = 0$.

Discriminant Quantité inscrite sous le radical de la formule pour résoudre une équation du second degré, soit $b^2 - 4ac$.

Distance entre deux points Longueur du segment de droite reliant ces deux points. Dans le cas des points (x_1, y_1) et (x_2, y_2), valeur correspondant

à $d = \sqrt{(x_2 - x_1)^2 + (y_2 - y_1)^2}$.

Distance euclidienne Racine carrée de la somme des carrés des différences entre les coordonnées correspondantes de deux points.

Distances aux foyers Longueur des segments de droite reliant le point P d'une ellipse ou d'une hyperbole à ses foyers.

Distributivité (de la multiplication sur l'addition) Propriété selon laquelle $a(b + c) = ab + ac$.

Domaine Ensemble des premiers éléments des couples d'une relation.

Durée d'un prêt hypothécaire Période pendant laquelle un prêt hypothécaire est en vigueur.

E

Élément Membre d'un ensemble.

Ellipse Lieu géométrique de tous les points d'un plan dont la somme des distances à deux points fixes, appelés « foyers », est constante.

Équation de droite de la forme pente-ordonnée à l'origine Dans le cas d'une droite dont la pente est m et l'ordonnée à l'origine, b, équation donnée par la formule $y = mx + b$.

Équation de droite de la forme pente-point Dans le cas d'une droite qui passe par le point (x_1, y_1) et dont la pente est m, équation donnée par la formule $y - y_1 = m(x - x_1)$.

Équation du quatrième degré Équation polynomiale dont au moins un terme comporte une variable affectée de l'exposant 4 et dont aucun terme ne comporte une variable affectée d'un exposant supérieur à 4.

Équation du second degré Équation de la forme $ax^2 + bx + c = 0$, où a, b et c sont des nombres réels et $a \neq 0$.

Équation exponentielle Équation comportant une variable en exposant.

$3^x = 81$ est une équation exponentielle.

Équation trigonométrique Équation comportant un ou plusieurs rapports trigonométriques.

Excentricité Mesure de la forme d'une ellipse ou d'une hyperbole se traduisant par $e = \dfrac{c}{a}$.

Exposant Nombre surélevé qui indique la multiplication répétée d'une base. L'exposant de $3x^4$ est 4.

Expression comportant un radical Expression où figure la racine carrée d'une inconnue.

Expression rationnelle Quotient de deux polynômes.

$\dfrac{3}{k-1}$ et $\dfrac{a^2 + b^2}{a + b}$ sont des expressions rationnelles.

Expression irréductible Expression qui ne renferme pas de termes semblables. Ainsi, l'expression $2x + 7$ est irréductible, mais l'expression $5x + 1 + 6 + 3$ ne l'est pas.

Extrapolation Action d'obtenir une valeur estimée qui se trouve à l'extérieur de l'étendue des données fournies. Faire une extrapolation à partir d'un graphique consiste à estimer les coordonnées d'un point situé au-delà de ceux qui sont représentés.

F

Facteur Chacun des termes constitutifs (nombres ou expressions algébriques) d'une multiplication.

Factorisation Écriture d'un nombre sous forme du produit de deux ou plusieurs nombres ou écriture d'une expression algébrique sous forme du produit de deux ou plusieurs autres expressions algébriques.

Fonction Ensemble de couples qui associe à chaque valeur de x une seule valeur de y.

Fonction affine Relation entre deux variables qui peut être représentée par une équation de la forme $y = ax + b$.

Fonction du plus grand entier Fonction définie par $f(x) = [x]$, où $[x]$ représente le plus grand entier inférieur ou égal à x.
$[2,5] = 2$, $[-3,6] = -4$ et $[0,0] = 0$.

Fonction du second degré Fonction définie par une équation de la forme $y = ax^2 + bx + c$, où a, b et c sont des nombres réels et $a \neq 0$.

Fonction exponentielle Fonction comportant une variable en exposant. On peut la définir par une équation de la forme $y = ab^x$, où $a \neq 0$, $b > 0$ et $b \neq 1$.

Fonction non affine Relation entre deux variables qui ne peut être représentée par une équation de la forme $y = ax + b$.

Fonction périodique Fonction où les valeurs de y se répètent à intervalles réguliers.

Fonction sinusoïdale Fonction pouvant être définie par une équation de la forme $y = a\,\text{sn}\, k(x - d) + c$ et servant à représenter des données périodiques.

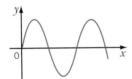

Fonctions réciproques Deux fonctions qui s'annulent l'une l'autre. La réciproque de la fonction f est notée f^{-1} et est définie par $f^{-1}(b) = a$ lorsque $f(a) = b$.

Forme algébrique Forme $a + bi$ d'un nombre complexe, où le couple (a, b) fournit les coordonnées du point correspondant dans le plan complexe.

Formule de récurrence Formule comprenant au moins deux parties, lesquelles fournissent la valeur du ou des premiers termes d'une suite, de même qu'une équation permettant de déterminer la valeur de tout autre terme de la suite à partir de celle du ou des termes qui le précèdent.
$t_1 = 1$, $t_n = t_{n-1} + 3$ est une formule de récurrence décrivant la suite arithmétique 1, 4, 7, 10, … .

Formule explicite Formule représentant le $n$ième terme d'une suite et permettant de déterminer les termes de cette suite en attribuant à n les valeurs 1, 2, 3, etc.
$t_n = 2n + 1$ est une formule explicite décrivant la suite arithmétique 3, 5, 7, 9, … .

Formule des racines de l'équation du second degré Formule permettant de déterminer les racines d'une équation du second degré de la forme $y = ax^2 + bx + c$, où $a \neq 0$. Elle s'écrit $\dfrac{-b \pm \sqrt{b^2 - 4ac}}{2a}$.

Foyer d'une parabole Point tel que tout point de la parabole se situe à une distance égale de ce point et de la directrice.

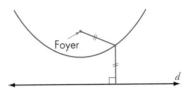

Foyers d'une ellipse Deux points d'un plan, F_1 et F_2, tels que la valeur de $\overline{PF_1} + \overline{PF_2}$ demeure constante pour tout point P de l'ellipse.

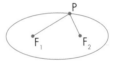

Foyers d'une hyperbole Deux points d'un plan, F_1 et F_2, tels que la valeur de $|\overline{PF_1} - \overline{PF_2}|$ demeure constante pour tout point P de l'hyperbole.

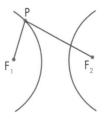

Fractale Forme géométrique non linéaire qu'on obtient en remplaçant chaque côté de la forme initiale par une génératrice et en répétant maintes fois le processus.

Fréquence des versements Intervalle séparant les versements successifs d'une annuité.

G

Généralisation Action d'établir une règle ou une conclusion générale à partir d'exemples. En particulier, action d'établir une règle générale pour représenter une régularité ou une relation entre des variables.

Glissement Translation d'un objet dans le plan.

Grade Unité de mesure d'angle correspondant au 400e d'une révolution complète.

Grand axe Le plus long des deux segments de droite formant les axes de symétrie d'une ellipse.

Graphique continu Graphique formé d'une droite ou d'une courbe non brisée.

Groupement des termes semblables Action de simplifier une expression qui renferme des termes semblables en additionnant leurs coefficients.

H

Homothétie Transformation qui modifie la taille d'un objet à partir d'un centre et d'un rapport. Elle suscite un agrandissement ou une réduction de rapport k.

Hyperbole Lieu géométrique de tous les points d'un plan dont la valeur absolue de la différence des distances à deux points donnés du plan, appelés « foyers », est constante.

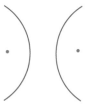

Hyperboles conjuguées Deux hyperboles partageant les mêmes asymptotes, l'axe transversal de l'une correspondant à l'axe conjugué de l'autre.

Hypoténuse Côté le plus long d'un triangle rectangle.

Hypothèse Généralisation ou supposition éclairée reposant sur un raisonnement inductif.

I

Identité Équation qui se vérifie pour toute valeur attribuée à la variable en fonction de laquelle ses deux membres sont définis.

Identité de Pythagore En trigonométrie, identité selon laquelle $\sin^2 \theta + \cos^2 \theta = 1$ pour toute valeur de θ.

Identité du quotient En trigonométrie, identité selon laquelle $\dfrac{\sin \theta}{\cos \theta} = \tan \theta$ pour toute valeur de θ.

Image d'une relation Ensemble des seconds éléments des couples d'une relation.

Image par réflexion Image d'une figure ayant subi une réflexion dans un plan.

Image par translation Image d'une figure plane ayant subi une transformation par glissement.

Inégalité Énoncé mathématique comportant le symbole $<$, $\leq$, $>$, $\geq$ ou $\neq$.

Inéquation double Énoncé mathématique décrivant une plage de valeurs au moyen de deux relations d'inégalité.

L'inéquation double $0 < n \leq 5$ indique que $n > 0$ et $n \leq 5$.

Inéquation du premier degré Inéquation dans laquelle l'exposant de la variable est 1.
$3x + 5 > 2x - 4$ est une équation du premier degré.

Intérêt simple Intérêt calculé uniquement sur le capital initial, à l'aide de la formule $I = Ci$.

Intérêts composés Intérêts calculés à intervalles réguliers et ajoutés au capital pour le calcul des intérêts à la période suivante.

Interpolation Action d'obtenir une valeur estimée qui se trouve à l'intérieur de l'étendue des données fournies. Faire une interpolation à partir d'un graphique consiste à estimer les coordonnées d'un point situé entre ceux qui sont représentés.

Itération Méthode consistant à évaluer une fonction pour une valeur initiale donnée et à attribuer le résultat de ce calcul à la variable pour évaluer de nouveau la fonction, et ainsi de suite.

L

Lieu géométrique Ensemble de points caractérisés par une propriété donnée.

Logiciel graphique Logiciel doté de fonctions semblables à celles de la calculatrice à affichage graphique.

Loi des sinus Relation entre les mesures des côtés de tout triangle et celles des angles qui leur sont opposés.

$$\frac{a}{\sin A} = \frac{b}{\sin B} = \frac{c}{\sin C}$$

Loi du cosinus Relation entre la mesure des côtés de tout triangle et le cosinus de l'un de ses angles.

$$a^2 = b^2 + c^2 - 2bc\cos A$$

Losange Parallélogramme dont les quatre côtés sont congrus.

M

Médiane (géométrie) Segment de droite qui relie l'un des sommets d'un triangle au milieu de son côté opposé.

Médiatrice d'un segment de droite Droite qui est perpendiculaire à un segment de droite et qui le divise en deux parties égales.

Milieu Point qui divise un segment de droite en deux parties égales. Les coordonnées du milieu du segment de droite limité par les points (x_1, y_1) et (x_2, y_2) sont $\left(\dfrac{x_1 + x_2}{2}, \dfrac{y_1 + y_2}{2}\right)$.

Modèle mathématique Représentation mathématique d'une situation du monde réel. Peut comprendre un schéma, un graphique, une table de valeurs, une équation, une formule, un modèle physique ou un modèle informatique.

Modélisation mathématique Fait de présenter une situation du monde réel sous forme d'un modèle mathématique.

Monôme Expression algébrique comportant un seul terme étant le produit de nombres réels et de variables.

Montant Somme du capital et des intérêts lorsque l'on place ou que l'on emprunte de l'argent.

Moyenne arithmétique Quotient de la somme des valeurs d'un ensemble par le nombre d'éléments de cet ensemble.
La moyenne arithmétique de 2, 4, 6 et 8 égale 5.

Moyenne géométrique Nom donné à la valeur x lorsque a, x et b sont trois termes consécutifs d'une suite géométrique, x constituant alors la moyenne géométrique de a et b.

N

Nombre complexe Nombre de la forme $a + bi$, où a et b sont des nombres réels et i représente la racine carrée de −1.

Nombres conjugués Nombres présentant respectivement la forme $a\sqrt{b} + c\sqrt{d}$ et $a\sqrt{b} - c\sqrt{d}$, où a, b, c et d sont des nombres rationnels. Leur produit est un nombre rationnel.

Nombre entier Élément de l'ensemble des nombres naturels et de leurs opposés.

Nombre imaginaire Nombre complexe de la forme $a + bi$, où $a \neq 0$, $b \neq 0$ et $i^2 = -1$.

Nombre imaginaire pur Nombre que l'on peut exprimer sous la forme $i\sqrt{x}$, où $i^2 = -1$ et x est un nombre réel.

Nombre irrationnel Nombre que l'on ne peut pas exprimer sous forme du rapport de deux entiers.
$\sqrt{2}$, $\sqrt{3}$ et π sont des nombres irrationnels.

Nombre naturel Nombre faisant partie de la suite 1, 2, 3, 4, … .

Nombre premier Nombre qui admet exactement deux diviseurs, lui-même et 1.
2, 5 et 13 sont des nombres premiers.

Nombre rationnel Nombre que l'on peut exprimer sous forme d'un rapport de deux entiers où le diviseur n'est pas zéro.
0,75, $\dfrac{3}{8}$, et −2 sont des nombres rationnels.

Nombre réel Élément de l'ensemble des nombres rationnels et irrationnels.

Nombres complexes conjugués Nombres complexes ayant respectivement la forme $a + bi$ et $a - bi$. Leur produit est un nombre réel.

Nombres inverses Deux nombres dont le produit égale 1.
x et $\dfrac{1}{x}$ sont des nombres inverses.

Notation scientifique Méthode de représentation des nombres très grands ou très petits comportant plusieurs zéros. On exprime ces nombres sous la forme $a \times 10^n$, où a est un nombre supérieur ou égal à 1 mais inférieur à 10 et où n est un entier.

O

Ordonnée à l'origine Ordonnée du point où une droite ou une courbe coupe l'axe des y.

Origine Point d'intersection de l'axe des x et de l'axe des y d'un plan cartésien.

P

Parabole Représentation graphique d'une fonction du second degré dont le domaine correspond à l'ensemble des nombres réels. Lieu géométrique de tous les points P d'un plan qui sont équidistants d'un point fixe F, appelé « foyer », et d'une droite fixe d, appelée « directrice ».

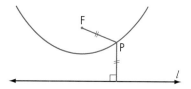

Partie imaginaire Partie bi d'un nombre complexe de la forme $a + bi$, où $a \neq 0$, $b \neq 0$ et $i^2 = -1$.

Partie réelle Partie a d'un nombre complexe de la forme $a + bi$, où $a \neq 0$, $b \neq 0$ et $i^2 = -1$.

PEDMAS Acronyme qui permet de mémoriser l'ordre de priorité des opérations. **P**arenthèses, **E**xposants, **D**ivision, **M**ultiplication, **A**ddition, **S**oustraction.

Pente Mesure de l'inclinaison d'une droite. La pente m d'une droite passant par les points $P(x_1, y_1)$ et $Q(x_2, y_2)$ est :

$$m = \frac{\text{variation verticale}}{\text{variation horizontale}} \text{ ou } \frac{\text{déplacement vertical}}{\text{déplacement horizontal}}$$

$$= \frac{\Delta y}{\Delta x}$$

$$= \frac{y_2 - y_1}{x_2 - x_1}, \; x_2 \neq x_1$$

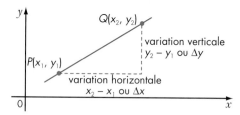

Périmètre Distance autour d'un polygone.

Période Longueur horizontale d'un cycle de la représentation graphique d'une fonction périodique.

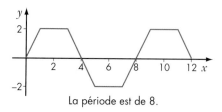

La période est de 8.

Période (d'un pendule) Temps que met un pendule à effectuer une oscillation.

Période d'amortissement Temps nécessaire pour rembourser intégralement un prêt hypothécaire en effectuant des versements périodiques égaux.

Période d'intérêt composé Chacune des périodes pendant lesquelles s'accumulent les intérêts composés à recevoir ou à payer.

Période radioactive *Voir* Demi-vie.

Petit axe Le plus court des deux segments de droite formant les axes de symétrie d'une ellipse.

petit axe

Plan complexe Plan permettant la représentation bidimensionnelle des nombres complexes par rapport à un axe des réels et à un axe des imaginaires.

Plus grand facteur commun (de monômes) Monôme qui a le plus grand coefficient numérique ainsi que le degré le plus élevé et qui est un facteur de deux ou de plusieurs monômes.
Le plus grand facteur commun de $12ab$ et de $8bc$ est $4b$.

Plus petit dénominateur commun (PPDC) Plus petit commun multiple des dénominateurs de deux ou de plusieurs fractions.

Points alignés Points qui appartiennent à une même droite.

Point d'intersection Point commun à deux droites non parallèles ou à deux courbes.

Point invariant Point qui demeure inchangé à la suite d'une transformation.

Polyèdre Solide dont les faces sont des polygones.

Polynôme Expression algébrique résultant de l'addition ou de la soustraction de monômes.

Polynôme à une variable Expression algébrique de la forme $a + bx + cx^2 + \ldots$, où a, b et c sont des nombres.

Polynôme du second degré Polynôme dont au moins un terme comporte une variable affectée de l'exposant 2 et dont aucun terme ne comporte une variable affectée d'un exposant supérieur à 2.

$x^2 + 5x - 7$ est un polynôme du second degré.

Prêt hypothécaire Contrat de prêt particulier où l'emprunteur offre au prêteur un immeuble en garantie du remboursement de la dette.

Prisme Solide dont les deux bases sont des polygones congruents et parallèles et dont les faces latérales sont des parallélogrammes. On distingue un prisme d'après la forme de ses bases : prisme à base rectangulaire, prisme à base triangulaire.

Prisme à base rectangulaire Prisme dont les deux bases sont des rectangles parallèles et congruents.

Prisme droit Prisme dont les faces latérales sont perpendiculaires aux bases.

Probabilité Rapport du nombre de résultats favorables au nombre de résultats possibles.

Proportion Égalité entre deux rapports. Quatre nombres a, b, c et d sont en proportion si le rapport de a à b est égal au rapport de c à d.

Propriété du produit zéro Propriété faisant en sorte que, lorsque le produit de deux nombres réels est nul, au moins un de ces deux nombres est lui-même nul.

Puissance Produit d'une base multiplié par elle-même. On dira ainsi que 5^3 est la troisième puissance de 5, que x^6 est la sixième puissance de x et que a^m est la $m$ième puissance de a. L'expression 5^3 se lit « 5 puissance 3 » ou « 5 exposant 3 ».

Q

Quadrant Une des quatre régions délimitées par l'intersection de l'axe des x et de l'axe des y.

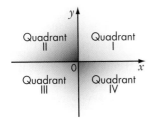

R

Racine Solution d'une équation.

Racine carrée Nombre que l'on multiplie par lui-même pour obtenir un autre nombre.

Racine carrée non négative Nombre non négatif que l'on multiplie par lui-même pour obtenir un autre nombre.

Racine double Solution d'une équation du second degré dont les deux racines sont identiques.

Radian Unité de mesure d'angle correspondant à la mesure d'un angle au centre interceptant un arc d'une longueur égale au rayon du cercle.

Radical Symbole $\sqrt{}$. Expression numérique ou algébrique notée à l'aide de ce symbole.

Radical composé Nombre tel que $3\sqrt{10}$ ou $\frac{1}{2}\sqrt{7}$.

Radical simple Nombre tel que $\sqrt{29}$ ou $\sqrt{\frac{5}{3}}$.

Radicande Expression inscrite sous un radical. Le radicande de $\sqrt{ab}$ est ab.

Radicaux semblables Nombres qui présentent le même radicande.

$2\sqrt{3}$ et $8\sqrt{3}$ sont des radicaux semblables.

Raison arithmétique Constante que l'on additionne à tout terme d'une suite arithmétique pour en connaître le terme suivant.

La raison arithmétique de la suite 1, 4, 7, 10, … est 3.

Raison géométrique Rapport entre deux termes consécutifs d'une suite géométrique.

La raison géométrique de la suite 1, 2, 4, 8, 16, … est 2.

Rapport Comparaison de deux quantités exprimées à l'aide des mêmes unités.

Rationalisation du dénominateur Procédé consistant à multiplier par une même quantité le numérateur et le dénominateur d'une expression irrationnelle pour convertir son dénominateur en un nombre rationnel.

$$\frac{4}{\sqrt{3}} = \frac{4(\sqrt{3})}{\sqrt{3}(\sqrt{3})}$$
$$= \frac{4\sqrt{3}}{3}$$

Rayon Distance du centre d'un cercle à un point quelconque de ce cercle. Se dit aussi du segment qui joint ces points.

Réduction Transformation générant une image plus petite que l'original, c'est-à-dire où $0 < k < 1$.

Réflexion Transformation où les points sont réfléchis par rapport à un axe.

Relation Lien défini entre deux variables qui peut être représenté par un ensemble de couples, une table de valeurs, un graphique ou une équation.

Repère cartésien du plan Système de coordonnées établi en fonction de l'intersection de deux droites appelées « axes », lesquelles sont en général perpendiculaires. L'axe horizontal du plan constitue l'axe des x et son axe vertical, celui des y. Leur point d'intersection porte le nom d'origine.

Représentation algébrique Fait de représenter une relation par une équation ou par une formule, ou de représenter une régularité numérique par une expression algébrique.

Résolution d'un triangle Action de déterminer la mesure de tous les côtés et des angles inconnus d'un triangle.

Restriction Toute valeur que l'on ne peut attribuer à une variable. L'expression $\dfrac{8y}{y+1}$ s'accompagne de la restriction $y \neq -1$.

Rétrécissement Transformation consistant en une élongation d'un rapport inférieur à 1.

S

Sécante Droite qui coupe une figure géométrique.

Segment de droite Portion d'une droite reliant deux points.

Série Expression de l'addition des termes d'une suite.

Série arithmétique Expression de l'addition des termes d'une suite arithmétique.

Série géométrique Expression de l'addition des termes d'une suite géométrique.

Sinus Dans un triangle rectangle, rapport de la mesure du côté opposé à un angle à celle de l'hypoténuse.

$$\text{sinus} = \frac{\text{côté opposé}}{\text{hypoténuse}}$$

Sommet Point où se rencontrent deux côtés d'un polygone.

Sommet d'une parabole Point où une parabole coupe son axe de symétrie. Il se situe à mi-chemin du foyer et de la directrice.

Sommets de l'hyperbole conjuguée Extrémités de l'axe transversal d'une hyperbole conjuguée à une autre, lesquelles correspondent aux extrémités de l'axe conjugué de l'autre hyperbole.

Sommets d'une ellipse Extrémités du grand axe et du petit axe d'une ellipse.

Sommets d'une hyperbole Extrémités de l'axe transversal d'une hyperbole.

Suite Ensemble de nombres classés dans un ordre déterminé et généralement séparés les uns des autres par une virgule.

Suite arithmétique Suite où la différence entre deux termes consécutifs est une constante.

Suite géométrique Suite où le rapport de deux termes consécutifs est constant. Son premier terme étant connu, on obtient chaque terme subséquent en multipliant par un même nombre celui qui le précède.

Symétrie Caractère d'une figure plane que l'on peut plier le long d'une ligne de manière qu'une moitié de la figure en recouvre exactement l'autre moitié.

Système d'équations Deux ou plusieurs équations examinées ensemble.

T

Tableau d'amortissement Tableau qui indique, pour chaque versement, la part consacrée au paiement des intérêts et la part consacrée au remboursement du capital, ainsi que le capital restant dû après le versement.

Tableur Logiciel permettant la saisie de formules pour la réalisation de calculs répétés.

Tangente Dans un triangle rectangle, rapport de la mesure du côté opposé à un angle à celle de son côté adjacent.

$$\text{tangente} = \frac{\text{côté opposé}}{\text{côté adjacent}}$$

Taux d'intérêt Pourcentage appliqué à une somme pour déterminer les intérêts à recevoir ou à payer.

Terme Nombre, variable, ou encore produit ou quotient de nombres et de variables. L'expression $x^2 + 5x$ comprend deux termes : x^2 et $5x$.

Terme constant Terme qui ne contient pas de variable.

Termes semblables Termes qui comportent la ou les mêmes variables affectées du ou des mêmes exposants. $3x^2$, $-x^2$ et $2,5x^2$ sont des termes semblables.

Test de la droite verticale Procédé servant à déterminer si l'on est en présence d'une fonction. Lorsqu'une quelconque droite verticale coupe le graphique d'une relation en plus d'un point, cette relation n'est pas une fonction.

Théorème de Pythagore Proposition selon laquelle, dans un triangle rectangle, le carré de la mesure du côté le plus long est égal à la somme des carrés des mesures des deux autres côtés.

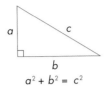

$$a^2 + b^2 = c^2$$

Transformation Règle qui associe à tout point une image unique.

Translation Transformation qui s'effectue par un glissement.

Trapèze Quadrilatère ayant au moins une paire de côtés parallèles.

Trapèze isocèle Trapèze dont les deux côtés non parallèles sont de même longueur.

Triangle acutangle Triangle dont tous les angles intérieurs sont aigus.

Triangle équilatéral Triangle dont tous les côtés sont congrus.

Triangle isocèle Triangle ayant exactement deux côtés congrus.

Triangle obtusangle Triangle dont l'un des angles est obtus.

Triangle rectangle Triangle ayant un angle de 90°.

Triangle scalène Triangle dont les côtés sont de longueurs différentes.

Trinôme Somme algébrique irréductible de trois monômes.
$x^2 + 3x - 1$ est un trinôme.

Trinôme carré parfait Trinôme déterminé par l'élévation au carré d'un binôme.

U

Unité astronomique Distance séparant la Terre du Soleil, soit environ 150 000 000 km.

Unité imaginaire Nombre i tel que $i^2 = -1$ et $i = \sqrt{-1}$.

V

Valeur absolue Distance qui sépare un nombre de l'origine sur une droite numérique.

Valeur actuelle Capital qu'il faut placer aujourd'hui à des conditions données (taux d'intérêt, période de calcul de l'intérêt et durée) pour obtenir au bout du compte une somme déterminée.

Valeur actuelle d'une annuité Capital qu'il faut placer aujourd'hui à des conditions données (taux d'intérêt, période de calcul de l'intérêt et fréquence des versements) pour en tirer un revenu périodique pendant une durée déterminée.

Variable Lettre ou symbole, tel que x, servant à représenter un nombre indéterminé. L'expression $2x + 3y$ renferme ainsi les variables x et y.

Variable dépendante À l'intérieur d'une relation, variable dont la valeur est déterminée par celle de la variable indépendante. Dans un plan cartésien, les valeurs de la variable dépendante se trouvent sur l'axe vertical.
La variable dépendante de $d = 4{,}9t^2$ est d.

Variable indépendante À l'intérieur d'une relation, variable dont la valeur détermine celle de la variable dépendante. Dans un plan cartésien, les valeurs de la variable indépendante se trouvent sur l'axe horizontal.
La variable indépendante de $d = 4{,}9t^2$ est t.

Volume Espace occupé par un objet, exprimé en unités cubes.

Z

Zéro d'une fonction Toute valeur de x telle que la valeur $f(x)$ de la fonction f égale 0.

INDEX TECHNOLOGIQUE

INDEX